KB090294

책의 구성

이 책은 두 가지 축, 즉 핵심 모형과 그 확장을 중심으로 구성했다. 이 책의 신축적인 구조를 활용해 강의자는 수업에 맞게 이론, 모형, 응용을 구성하면서 거시경제학에 대한 통합적 관점을 강조할 수 있다.

아래 그림은 각 장이 어떻게 구성되어 있고 책의 전반적 구조와 어떻게 부합하는지를 간단히 보여준다. 전체 구조에 대한 상세한 설명과 강의 진행 방법은 vi쪽에서 다룬다.

서론

세계 경제로의 여행   1장
책으로의 여행   2장

핵심 모형

단기

재화시장   3장
금융시장 I   4장
재화시장과 금융시장 : *IS-LM* 모형   5장
금융시장 II : *IS-LM* 모형의 확장   6장

중기

노동시장   7장
필립스 곡선, 자연실업률, 인플레이션   8장
단기에서 중기로 : *IS-LM-PC* 모형   9장

장기

경제성장에 관한 사실   10장
저축, 자본축적, 산출   11장
기술진보와 성장   12장
경제성장의 과제   13장

확장

기대

금융시장과 기대   14장
금융시장과 기대, 투자   15장
기대, 산출, 정책   16장

개방경제

재화시장과 금융시장 개방   17장
개방경제에서 재화시장   18장
산출, 이자율, 환율   19장
환율제도   20장

정책에 대한 검토

정책에 대한 제약   21장
재정정책 : 종합   22장
통화정책 : 종합   23장

결론

후기 : 거시경제학의 역사   24장

거시경제학 ^{제8판}

Olivier Blanchard 지음 | 최희갑 옮김

Σ 시그마프레스

거시경제학, 제8판

발행일 | 2023년 3월 10일 1쇄 발행

지은이 | Olivier Blanchard
옮긴이 | 최희갑
발행인 | 강학경
발행처 | ㈜ 시그마프레스
디자인 | 김은경, 우주연
편 집 | 문승연, 김은실, 이호선, 윤원진
마케팅 | 문정현, 송치헌, 김미래, 김성옥

등록번호 | 제10-2642호
주소 | 서울특별시 영등포구 양평로 22길 21 선유도코오롱디지털타워 A401~402호
전자우편 | sigma@spress.co.kr
홈페이지 | http://www.sigmapress.co.kr
전화 | (02)323-4845, (02)2062-5184~8
팩스 | (02)323-4197

ISBN | 979-11-6226-429-4

Macroeconomics, 8th Edition

＊ 책값은 책 뒤표지에 있습니다.

역자 서문

이 책은 케인지언 거시경제학의 본산인 MIT에서 거시경제학 연구를 오랫동안 선도하고 있는 올리비에 블랑샤르 교수의 거시경제학 제8판이다. 현대 거시경제학의 역사는 케인스의 고용, 이자율, 화폐에 관한 일반이론의 발간과 더불어 약 80년 전인 1936년에 시작했다. 케인지언 거시경제학은 시장경제에서 과도하게 오랫동안 그리고 심각할 정도로 지속되는 경기변동을 시장 불완전성에 초점을 맞추어 이해하는 동시에 과도한 경기변동을 완화하기 위한 정책 처방을 제안하며 거시경제학 발전에 기여했다. 때로는 시장경제에 대한 과도한 정부개입을 야기한다는 오해가 있지만, 그럼에도 케인지언 거시경제학은 시장경제와 정부의 행태에 대한 이해의 지평을 끊임없이 넓혀 왔다.

이 책은 단순한 거시경제학 교과서를 넘어 학술적 · 실용적으로 의미가 매우 각별한 책이라 할 수 있다. 우선 학술적으로 이 책은 케인지언 거시경제학을 주도하고 있는 경제학자 스스로의 입을 통해 케인지언 거시경제학의 진수를 직접 체험할 수 있게 한다. 여러분은 이 책을 읽으며 케인지언 거시경제학의 근본적인 사고방식을 마주할 것이다. 이런 점에서 이 책은 다른 거시경제학 교과서와 근본적으로 다르다. 결과적으로 여러분은 이 책을 통해 논쟁의 종류나 학파의 종류보다는 관점을 얻을 것이다. 실용적으로 볼 때 이 책은 두 가지 혜택을 제공한다. 첫째로 정부에 대한 일정한 역할을 부지불식간에 요구하는 우리 한국의 현실에 비추어볼 때 이 책의 내용은 상당히 한국적이다. 하지만 그동안의 거시경제학 연구 성과가 잘 보여주듯이 이 책은 매우 조심스럽게 정부의 역할을 요청한다. 결과적으로 이 책을 통해 여러분은 우리의 현실에 적합한 정부 정책의 내용은 무엇이 되어야 할지를 반추해볼 기회를 가질 것이다.

둘째로 이 책은 뚜렷한 케인지언의 관점을 주는 만큼 그에 비례해 우리가 접하는 매일의 경제적 현상을 해석할 수 있는 힘을 여러분에게 주리라고 믿는다. 기존의 거시경제학 교과서들은 학파 간 논쟁을 지나치게 부각했다. 덕분에 과거 독자들은 거시경제 현상과 정책에 대한 비판적 시각을 키우는 데는 꽤 도움을 받았지만 대신 머릿속에 남게 된 것은 학파들과 그 논쟁거리들이었지 경제 현상을 바라보는 독자 스스로의 관점은 아니었다. 그러나 이 책에서 보여주듯이 거시경제학은 논쟁이 치열하긴 하지만 그 과정에서 합의된 의견도 상당히 축적된 경제학 분과이기도 하다. 감히 역자는 여러분이 이 책을 통해 현실의 거시경제에 대한 스스로의 관점을 확고하게 갖출 것이라고 믿고 싶다.

마지막으로 이 번역서는 환율 표기방식을 원서와 달리 우리나라에 정착해 있는 직접표시(direct quotation) 또는 유럽식 표시(European terms)를 따랐음에 유의하길 바란다. 즉 명목환율 E는 외국통화 1단위에 대해 지불하는 자국통화 단위를 나타낸다. 예를 들어 E가 원/달러 명목환율로서 1,000이라면 이는 1달러에 대해 1,000원을 지불해야 함을 나타낸다. 이에 따라 예를 들어 원/달러 환율 E의 상승은 원화의 가치 하락, 즉 절하를 의미하며, 반대로 원/달러 환율 E의 하락은 원화의 가치 상승, 즉 절상을 의미한다. 우리가 국내에서 신문이나 방송에서 매일 접하고 있는 비로 그 정의이다. 실질환율 ε 역시 명목환율을 따라 직접표시 방법에 의해 외국재 1단위에 대해 지불하는 국내재 단위를 나타내도록 했다. 이러한 환율 표기 방법의 변경은 번역된 경제학 교과서를 배운 학생이라 해도 일상생활 속에서 거시경제학을 혼란 없이 사용하도록 하기 위함이다. 좌우를 구분하지 못하면 운전을 하기 곤란하듯이, 미국 기준의 환율 표기를 사용한다면 개방경제의 이해나 분석도 곤란해질 것이다.

마지막으로 잦고 다양한 세계 경제의 변화로 말미암아 빈번하게 이루어질 수밖에 없는 이 책의 개정 작업에 매번 정성을 다하는 (주)시그마프레스 강학경 사장님과 편집부 여러분께 깊은 감사를 드린다.

2023년 2월

최희갑

저자 서문

이 책에는 두 가지 중요한 목표가 있다.

- 현재 발생하고 있는 거시경제 문제들에 친숙하게 한다. 거시경제학은 세계 경제문제에 시사점을 주기 때문에 흥미진진하다. 2000년대 말 이래 세계 경제를 에워싸고 있는 글로벌 금융위기, 미국의 재정적자, 유로 지역 문제, 중국의 고성장 등이 대표적이다. 이 문제들 그리고 그 외에 더 많은 문제가 이 책에 설명되어 있다. 그것도 주석이 아니라 본문과 상세한 별도의 초점상자를 통해서이다. 초점상자는 이러한 문제를 이해하는 데 있어 배운 것을 어떻게 사용하는지 보여준다. 초점상자는 거시경제학에 '생명'을 불어넣을 뿐만 아니라 모형의 시사점을 분명히 해 모형을 보다 구체적이고 보다 이해하기 쉽게 한다.
- 거시경제학에 대한 통합적 시각을 제공한다. 이 책은 한 가지 기초적 모형을 토대로 쓰였다. 이 모형은 재화시장, 금융시장, 노동시장을 포함한 세 종류 시장에서의 균형 조건이 제공하는 시사점을 유도한다. 당면한 문제에 따라 직접 관련된 부분이 보다 상세히 발전되며 다른 부분들은 단순화하거나 배경으로 남겨진다. 그러나 기초적 모형은 항상 동일하다. 이 방식을 따르면 여러분은 거시경제학을 모형들의 모임보다는 일관성 있는 전체로 볼 것이다. 그리고 과거의 거시경제 문제뿐만 아니라 미래에 펼쳐질 문제들에 대해서도 의미를 찾을 수 있을 것이다.

이 책의 구성

이 책은 두 가지 축으로 구성되었다. 핵심 모형과 두 가지 중요한 확장이 그것이다. 핵심 모형에 앞서 서론이 제공된다. 모형의 확장은 정책에 대한 검토로 이어진다. 책은 거시

경제학의 역사를 소개하며 끝난다. 책 앞의 면지에 실은 그림은 어떻게 각 장이 구성되었으며 책의 전반적 구조 내에서 어떻게 부합하는지를 이해하기 쉽게 한다.

- 1장과 2장은 **거시경제하에 대한 기초적 사실과 이슈**를 소개한다. 1장은 유로 지역에서 미국, 중국까지 세계 경제를 여행한다. 일부 교수님은 1장을 나중에(아마도 2장이 끝난 후에) 다루는 것을 선호할 것이다. 2장은 기초 개념을 소개하고 단기, 중기, 장기 개념을 명료하게 하고 독자에게 책을 빨리 살펴볼 수 있는 기회를 제공한다.

  2장은 국민소득계정의 기초를 제공하지만 국민소득계정의 자세한 내용은 책 끝부분에서 다룬다. 이 책을 처음 읽는 이의 부담을 덜고, 부록에서 보다 자세한 학습이 가능하게 하기 위함이다.

- 3~13장은 **핵심**(core) 모형을 다룬다.

  3~6장은 **단기**(short run)에 초점을 맞춘다. 이 4개 장은 재화시장과 금융시장에서의 균형을 특징지으며 산출의 단기적 움직임을 연구하는 데 사용되는 기초 모형인 *IS-LM* 모형을 유도한다. 6장은 금융시스템의 역할을 반영해 기본 *IS-LM* 모형을 확장한다. 이어서 이를 사용해 위기의 초기 단계를 설명한다.

  7~9장은 **중기**(medium run)에 초점을 맞춘다. 7장은 노동시장 균형에 초점을 맞추고 자연실업률을 소개한다. 8장은 필립스 곡선으로 불리는 실업과 인플레이션의 관계를 도출한다. 9장은 재화시장, 금융시장, 노동시장에서의 균형을 고려한 *IS-LM-PC*(*PC*는 필립스 곡선) 모형을 발전시킨다. 이 모형은 단기와 중기 모두에서 경제활동의 변화와 인플레이션의 변화를 이해하는 데 어떻게

사용되는지를 보여준다.

10~13장은 **장기(long run)**에 초점을 맞춘다. 10장은 경제성장의 경험을 다루며, 국가별·시기별로 산출의 추이를 살펴본다. 11장과 12장은 성장 모형을 발전시켜 어떻게 자본축적과 기술진보가 성장을 결정하는지 살펴본다. 새로운 13장은 불평등에서 기후 변화까지 성장에 대한 도전 과제에 초점을 맞춘다.

■ 14~20장은 핵심 모형을 두 가지 측면에서 **확장(extension)**한다.

14~16장은 단기와 중기에서의 기대(expectation)의 역할에 초점을 맞춘다. 기대는 대다수 경제적 의사결정에서 주요한 역할을 하며 그에 따라 산출 결정에서도 주요한 역할을 한다.

17~20장은 현대 경제의 특징인 개방성(openness)이 제공하는 시사점을 살펴본다. 20장은 변동환율제도에서 고정환율제도, 통화위원회, 달러라이제이션까지 상이한 환율제도가 제공하는 시사점에 초점을 맞춘다.

■ 21~23장은 **거시경제정책(macroeconomic policy)**으로 되돌아간다. 비록 처음 20개 장의 대부분도 여러 가지 형태로 거시경제정책을 지속적으로 논의하지만 21~23장은 이러한 실들을 함께 엮는다. 21장은 거시경제정책의 역할과 한계를 개관한다. 22장과 23장은 통화정책과 재정정책을 검토한다. 일부 교수님은 이 장들의 일부를 앞선 장을 학습할 때 다루려 할 수 있다. 예를 들어 22장의 정부 예산제약의 논의나 23장의 인플레이션 목표제 논의를 앞에서 미리 다룰 수 있을 것이다.

■ 24장은 책의 결론이다. 지난 70년간의 거시경제학 추이를 살펴보고 현재의 연구 방향과 글로벌 금융위기가 거시경제학에 주는 교훈을 논의함으로써 거시경제학을 역사적 관점에서 검토한다.

강의 구성 방식

책 내용이 광범위하므로 다양한 방식으로 강의를 구성할 수 있다. 각 장은 일반적인 교과서보다 짧게 서술되었으므로 경험에 비추어 본다면 각 장은 1시간 30분 내에 마칠 수 있다. 5장, 9장 같은 일부 장은 두 번의 강의가 필요할 것이다.

■ 단기 강의(15강의 이하)

단기 강의는 2개의 서론적 장과 핵심 모형을 중심으로 구성할 수 있다(연속성을 유지하면서 13장을 제외할 수 있다). 핵심 모형의 확장 중 1개 또는 2개 장을 평이하게 소개하면 모두 14개의 강의가 될 수 있다. 예를 들어 기대에 관해서는 16장(이는 다른 장에 의존하지 않고 강의할 수 있다)을, 그리고 개방경제에서는 17장을 평이하게 다루면 될 것이다.

단기 강의에서는 성장(장기)에 관한 연구를 생략할 수 있다. 이 경우 강의는 서론적 장들, 핵심 모형의 3~9장까지를 중심으로 구성할 수 있다. 이는 모두 13개 강의가 되므로 기대에 관한 16장과 개방경제에 대한 17~19장을 다루기에 충분할 것이다.

■ 장기 강의(20~25강의)

완전한 1학기 강의의 경우 핵심 모형과 1개 이상의 확장 그리고 정책에 대한 검토를 다루는 데 충분한 시간을 가질 수 있다. 핵심 모형의 확장은 핵심 모형에 대한 이해를 가정하지만, 대부분 독립적으로 학습할 수 있다. 다양한 선택을 할 수 있지만, 이 책의 순서 그대로가 최선일 것이다. 기대의 역할을 학습한 뒤에는 이자율 평형조건과 환율 위기의 속성을 이해하기 쉬울 것이다.

이 책의 혁신적 특징

이 책은 현실 세계와 무관하게 이론만 소개되지 않도록 했다. 책 본문에서 현실 세계에 대해 논의했을 뿐만 아니라 수많은 초점상자(Focus box)를 포함해서 세계 각국의 거시경제 사건이나 사실들을 논의했다. 이번 개정판에는 새로운 초점상자가 많이 더해졌다.

강의실에서 나타나는 학생과 교수 간의 상호작용이 재현될 수 있도록 본문 바로 옆의 여백에 측주를 실었다. 측주를 통해 독자와의 대화가 이루어지도록 함으로써 본문의 더 어려운 내용을 평이하게 하고 그에 따라 개념과 결과에 대한 독자의 이해를 돕고 심화할 것이다.

거시경제학을 더 탐구하고 싶은 학생을 위해 다음 두 가지 항목을 도입했다.

- 일부 장에 주어진 '짧은 부록'은 본문의 주요사항을 확장한다.
- 대다수 장의 끝부분에 소개한 '더 읽을거리'는 핵심적인 인터넷 주소를 포함해 추가적인 정보를 발견할 수 있는 곳을 알려준다.

각 장은 서론의 말미에 한두 문장의 요약에서 시작하고 해당 장의 내용을 확실히 소화할 수 있도록 세 가지 항목으로 마무리하고 있다.

- 각 장의 주요 요점 요약
- 핵심 용어
- 각 장 끝부분의 연습문제 : '기초문제'는 쉽고, '심화 문제'는 다소 어려우며, '추가문제'는 통상 인터넷이나 스프레드시트 프로그램의 사용을 요구한다.
- 책 뒷면의 기호들은 본문에서 사용한 기호들의 의미를 쉽게 떠올리게 할 것이다.

8판에서 새로워진 내용

새로 추가한 13장은 경제성장에 대한 도전을 다룬다. 로봇의 도입이 대량실업으로 이어질지 여부, 경제성장과 불평등의 관계, 기후 변화의 도전이 포함된다.

필립스 곡선을 다루는 8장은 미국 경제의 중대한 변화를 반영해 개정되었다. 필립스 곡선은 인플레이션의 변화와 실업 간의 관계라기보다는 인플레이션 수준과 실업 간의 관계로 변모했다.

새롭게 개정한 9장은 필립스 곡선 관계의 변화가 어떻게 통화정책의 변화로 이어졌는지를 다룬다.

1장에는 새 부록 '거시경제학자가 하는 일'이 추가되었다. 이는 거시경제학에 전문화한다면 어떤 직업을 갖게 될지 감을 잡을 수 있게 해줄 것이다.

아울러 개정된 초점상자는 다음을 포함한다.

- "비트코인이 달러를 대체할 것인가"(4장)
- "헨리 포드와 효율성 임금"(7장)
- "성장의 현실 : 1851년 미국 노동자의 가계부"(10장)
- "넛지 : 미국 가계의 저축 유인"(11장)
- "중국 경제성장의 배경"(12장)
- "불확실성과 경제변동"(16장)
- "미국의 무역적자와 트럼프 행정부의 관세"(19장)

올리비에 블랑샤르(Olivier Blanchard)

 프랑스인으로 미국 케임브리지에서 직업 생활의 대부분을 보냈다. 1977년 MIT에서 경제학을 전공한 그는 1982년 하버드대학교에서 MIT로 돌아왔다. 1998년부터 2003년까지 경제학과장을 역임했다. 2008년에는 IMF의 연구부서를 이끌었고, 2015년 10월부터 워싱턴 소재 피터슨국제경제연구소(Peterson Institute for International Economics)에서 Fred Bergsten Senior Fellow로 활동하고 있다. 또한 MIT의 Robert M. Solow 명예교수이다.

그는 통화정책의 역할에서부터 투기거품의 속성, 노동시장의 성격과 실업의 결정요인, 과거 공산국가의 이행, 글로벌 위기의 배경까지 다양한 거시경제 문제를 연구해 왔다. 이 과정에서 여러 국가 및 국제기구와 협력했다.

그는 피셔(Stanley Fischer)와 함께 저술한 대학원 교과서를 포함해 많은 책과 논문을 저술했다. *Quarterly Journal of Economics*와 *NBER Macroeconomics Annual*의 편집장, *AEJ Macroeconomics*의 설립 편집장도 역임했다. 또한 Econometric Society의 회원이자 위원이며, American Economic Association의 부회장직을 역임했고, American Academy of Sciences의 회원이다.

요약 차례

차례

핵심 모형

핵심 모형의 확장

제5부 기대

부록

서론

1부에 있는 2개 장은 거시경제학의 주요 문제와 접근 방법을 소개한다.

Chapter 1

1장에서는 거시경제 현상을 중심으로 세계 경제 여행을 떠나며, 2000년대 후반 이후 세계 경제를 지배했던 경제위기를 살펴보는 데서 출발한다. 미국, 유로 지역, 중국 등 세계 주요 경제대국을 여행한다.

Chapter 2

2장에서는 이 책을 여행해본다. 우선 거시경제학의 3대 변수인 산출, 실업, 인플레이션을 정의한다. 이어서 이 책의 각 장을 묶어주는 세 가지 개념인 단기, 중기, 장기를 소개한다.

세계 경제로의 여행

거시경제학이란 무엇인가? 형식적 정의보다는 세계 경제를 여행하면서 주요한 경제적 변화를 살펴보고 거시경제학자와 정책 당국자를 잠 못 들게 하는 문제를 보는 것이 더 낫다.

이 책을 집필할 당시(2019년 초) 정책 당국자는 수년 전에 비해 편히 잠을 자고 있다. 2008년에 세계 경제는 대공황 이래 가장 심각한 거시경제적 위기 상황으로 들어섰다. 통상 연 4~5% 수준을 보였던 세계 경제성장률은 2009년에 음(−)의 값을 보였다. 이후 성장률은 양(+)의 값으로 돌아섰고 세계 경제는 서서히 회복되고 있다. 하지만 위기는 많은 상처를 남겼고, 많은 사람이 남겨진 상처를 걱정한다.

이 장은 이러한 상황에 감을 갖도록 하고 오늘날 각국이 겪고 있는 거시경제 문제의 일부를 다루는 데 목적이 있다. 위기에 대한 개요에서 시작해 세계 3대 경제대국, 즉 미국, 유로 지역, 중국에 초점을 맞출 것이다.

1-1절은 위기를 개관한다.

1-2절은 미국을 살펴본다.

1-3절은 유로 지역을 다룬다.

1-4절은 중국을 검토한다.

1-5절은 결론을 내리고 미래를 조망한다.

신문 기사를 읽듯이 이 장을 읽자. 단어의 정확한 의미나 모든 논점을 완전히 이해할 수 없다고 걱정하지 말자. 단어들은 나중에 정의할 것이고 논점은 자세히 다룰 것이다. 거시경제의 주요 문제를 다루기 위한 배경 설명으로 간주하자. 1장을 즐겁게 읽는다면 이 책 전체를 즐길 것이다. 이 책을 모두 읽고 난 후 ◀ 그렇지 않다면 사과를 하고 1장으로 돌아와 주요 문제에 대한 자신의 입장을 검토하고 여러분의 거시경제학 수준이 얼마나 높아졌는 싶다. 지 판단해보자.

이 장의 메시지 : 높은 실업, 경기침체, 금융위기, 저성장 등 경제도 사람과 마찬가지로 병에 걸린다.
거시경제학은 왜 그런 일이 일어났으며 또 어떻게 대응할 수 있는지에 대한 것이다. ▶ ▶ ▶

그림 1-1은 2000년 이후 세계 경제의 성장률을 선진국과 신흥경제국 및 개발도상국으로 나누어 보여준다. 보다시피 2000~2007년 세계 경제는 지속적으로 성장했다. 연평균 세계 경제성장률은 4.5%였고 30여 개의 부국으로 구성된 선진국은 매년 2.7%로 성장했으며 나머지 신흥경제국과 개발도상국은 매년 6.6%로 더 빨리 성장했다.

그러나 2007년에 경제팽창이 끝나가고 있다는 신호가 나타나기 시작했다. 2000년 이후 두 배로 올랐던 미국의 주택가격은 하락하기 시작했다. 경제학자들은 걱정하기 시작했다. 낙관론자는 주택가격 하락이 주택건축 위축과 소비 감소로 이어질 수 있지만, 연방준비은행(Federal Reserve Board, 미국 중앙은행으로 약어로는 Fed이며 이하에서는 '연준'으로 표기함)이 이자율을 낮추어 수요를 자극하고 경기침체를 피할 수 있다고 믿었다. 비관론자는 금리 인하가 수요를 지탱하기에는 역부족이고 미국은 단기 침체를 겪을 수도 있다고 믿었다.

하지만 비관론자조차 충분히 비관적이지 못한 것으로 드러났다. 주택가격이 계속 하락하면서 문제가 더 심각하다는 것이 분명해졌다. 과거 확장기에 집행된 많은 주택담보대출이 불량이었다. 많은 차입자가 대출을 지나치게 받았고, 원리금 상환능력이 갈수록 악화했다. 그리고 주택가격이 하락해 주택담보대출금액을 밑돌게 되어 채무를 이행하지 않을 유인을 낳았다. 이것이 최악은 아

여기서 '은행'은 실제로는 '은행과 여타 금융기관'을 의미한다. 그러나 명칭이 너무 길고 1장에서 다루기에는 복잡하기 때문에 단순하게 표현했다. ▶

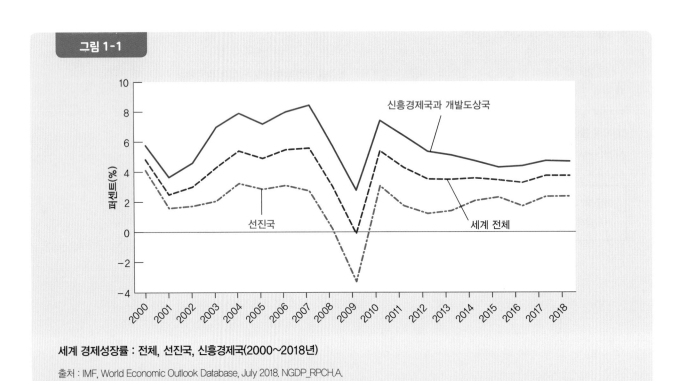

그림 1-1

세계 경제성장률 : 전체, 선진국, 신흥경제국(2000~2018년)

출처 : IMF, World Economic Outlook Database, July 2018, NGDP_RPCH,A.

니었다. 담보대출을 실행했던 은행들은 이들 대출을 묶어 새로운 증권으로 포장한 후 다른 은행과 투자자에게 매각했다. 이 증권들은 종종 또 다른 증권으로 반복해서 재포장되었다. 그 결과 많은 은행이 주택담보대출 대신 이 증권들을 갖게 되었다. 하지만 이들 증권은 너무 복잡해져 그 가치를 평가하는 것이 사실상 불가능했다.

이러한 복잡성과 불투명성으로 인해 주택가격 하락이 중대한 금융위기로 전환되었지만, 이를 예상했던 경제학자는 소수였다. 다른 은행들이 대차대조표에 가지고 있는 자산의 등급을 몰랐기 때문에 은행들은 서로 금융거래를 꺼리게 되었다. 빌려준 은행이 상환하지 못할 수도 있다는 두려움 때문이었다. 차입이 어려워지고 보유자산의 가치가 불확실해졌기 때문에 많은 은행이 곤경에 처했다. 2008년 9월 15일에 주요 은행인 리먼브러더스가 파산했다. 파급효과는 극적이었다. 리먼브러더스와 다른 은행들 간의 거래관계가 매우 불투명했기 때문에, 많은 다른 은행 역시 파산할 것처럼 보였고 몇 주 내에 금융시스템 전체가 붕괴될 것처럼 보였다.

◀ 저자는 리먼브러더스가 파산하기 2주 전에 IMF에서 수석 경제학자로서 일을 시작했다. 이후 저자는 빠르게 배워갔다.

이 금융위기는 곧 중대한 경제위기로 바뀌었다. 주가는 폭락했다. 그림 1-2는 2007~2010년 미국, 유로 지역, 신흥경제국 주가지수를 보여준다. 지수는 출발점인 2007년 1월을 1.0으로 두었다. 그러나 2008년 말 주가는 이전 최고치 대비 절반 또는 그 이상의 가치를 잃었다. 또한 위기가 미국

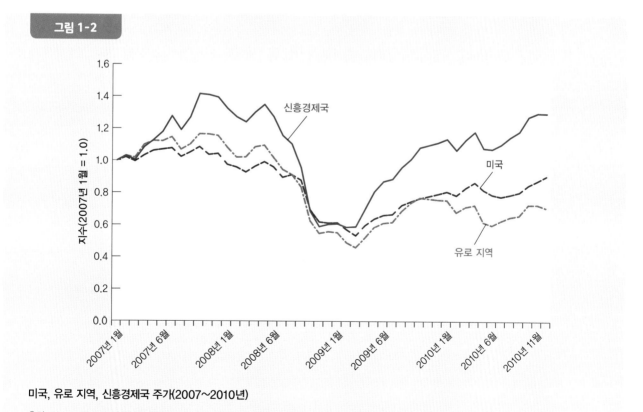

그림 1-2

미국, 유로 지역, 신흥경제국 주가(2007~2010년)

출처 : Haver Analytics USA(S111ACD), Eurogroup(S023ACD), emerging markets(S200ACD), 월평균

에서 시작했지만, 유럽과 신흥시장의 주가 역시 미국만큼 하락했다. 후에 이를 다시 다룰 것이다.

주택가격 하락과 주가 폭락에 타격을 입고 이것이 또 다른 대공황의 시작이 될 것을 우려한 사람들은 소비를 급격히 줄였다. 매출과 미래에 대한 불안으로 기업도 투자를 대폭 줄였다. 주택가격이 하락하고 빈집이 늘면서 소수의 주택만이 신축되었다. 이자율을 0%까지 인하한 미 연준과 조세를 인하하고 지출을 늘린 미국 정부의 강력한 조치에도 불구하고 수요는 감소했고 산출도 감소했다. 2008년 3분기 미국의 경제성장률은 마이너스로 돌아섰고 2009년까지 그 상태를 유지했다.

위기가 대체로 미국에만 머물기를 바랐을지 모른다. 하지만 그림 1-1과 그림 1-2가 보여주듯이 그렇지 못했다. 미국의 위기는 곧 세계의 위기가 되었다. 다른 국가들은 두 가지 경로를 통해 영향을 받았다.

첫째 경로는 무역이었다. 미국의 소비자와 기업이 지출을 줄임에 따라, 감소의 일부는 외국재 수입의 감소로 나타났다. 각국의 대미수출은 감소했고, 이는 다시 각국의 생산을 위축시켰다.

둘째 경로는 금융이었다. 미국에서 자금이 절실했던 미국은행이 다른 국가들로부터 자금을 회수함에 따라 다른 국가들의 은행에도 문제가 생겼다. 은행이 어려움에 빠지자 대출이 중단되고 지출과 생산이 감소했다. 또한 몇몇 유럽 국가의 정부는 부채가 크게 쌓였고 상당한 적자를 기록했다. 투자자들은 빚을 갚을 수 있을지 걱정하기 시작했고 훨씬 더 높은 이자율을 요구했다. 높아진 금리 때문에 정부는 지출 감소와 세금 인상을 통해 적자를 대폭 줄여야 했다. 이는 수요와 생산을 더욱 감소시켰다. 유럽에서는 생산 감소가 극심해서 이른바 유로 위기(Euro Crisis)가 생겨났다. 요약하면, 미국의 경기침체는 세계의 경기침체로 변했다. 2009년경 선진국의 평균 성장률은 대공황 이래 가장 낮은 −3.4%를 기록했다. 신흥경제국과 개발도상국의 경제성장률은 계속 플러스였지만 2000~2007년 평균보다 거의 3.5%p 가까이 낮아졌다.

이후 강력한 통화 및 재정 정책과 금융시스템의 점진적 회복 덕분에 대부분의 경제는 반전되었다. 그림 1-1에서 보듯이 선진국의 성장은 2010년부터 재개되었고 이후 성장세를 이어가고 있다. 일부 선진국, 특히 미국에서 현재 실업률은 매우 낮다. 그러나 유로 지역은 여전히 어려움을 겪고 있다. 성장은 보이지만 저조하고, 실업률은 여전히 높다. 신흥경제국과 개발도상국의 경제성장도 회복되었으나 그림 1-1에서 보듯이 위기 이전보다는 낮다.

무대를 마련했으니 이제 세계 3대 경제대국인 미국, 유로 지역, 중국을 둘러보자.

1-2 미국

경제학자가 특정 국가를 살펴볼 때 처음 던지는 질문은 두 가지다. 경제적 관점에서 국가 규모가 얼마나 되는가? 생활 수준은 얼마나 되는가? 첫 번째 질문에 대한 답을 얻기 위해 산출, 즉 국가 전체의 생산 수준을 살펴본다. 두 번째 질문에 답하기 위해서는 1인당 산출을 검토한다. 미국에 대한 답은 그림 1-3에 있다. 미국은 대국으로 2018년 산출이 20조 5,000억 달러에 달해 전 세계 산출의

그림 1-3

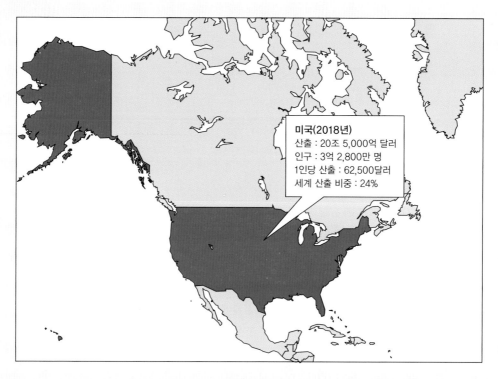

미국(2018년)
산출 : 20조 5,000억 달러
인구 : 3억 2,800만 명
1인당 산출 : 62,500달러
세계 산출 비중 : 24%

미국(2018년 현재)

24%를 차지한다. 미국은 생활 수준 또한 매우 높아 1인당 산출은 62,500달러로 세계에서 가장 높지는 않지만 정상에 가깝다.

경제학자는 국가의 건강상태를 더 자세히 살펴보고자 할 때 세 가지 기본 변수에 주목한다.

■ **경제성장률** — 산출 변화율

■ **실업률** — 고용되지 않아 직업을 찾고 있는 노동자의 비율

■ **인플레이션율** — 경제 내 상품의 평균 가격 증가율

미국에 대한 이 세 변수의 값은 표 1-1에 있다. 전체적인 개요를 파악할 수 있도록 첫째 열은 경제성장률, 실업률, 인플레이션율의 평균값을 위기 이전인 1990~2007년 기간에 대해 보여준다. 둘째 열은 위기가 심했던 2008년과 2009년의 수치를 보여준다. 셋째 열은 2010~2017년의 수치를, 넷째 열은 2018년의 수치를 나타낸다.

2018년 수치를 보면 경제학자가 현 시점에 미국 경제에 대해 왜 낙관적인지 알 수 있다. 2018년 성장률은 1990~2007년 평균치에 근접한 2.9%다. 위기와 그 여파로 2010년 10%까지 높아졌던 실

◀ 미국보다 생활 수준이 높은 국가는 어디일까? 힌트 : 산유국과 국제금융센터를 생각해보라. 답을 알고 싶다면 WEO데이터베이스(이 장 부록의 웹주소를 참고하라)를 방문해 'Gross Domestic Product per capita, in current prices'를 찾아보라.

표 1-1

퍼센트(%)	1990~2007년 (평균)	2008~2009년 (평균)	2010~2017년 (평균)	2018년
경제성장률	3.0	−1.3	2.2	2.9
실업률	5.4	7.5	6.8	3.7
인플레이션율	2.3	1.3	1.6	2.3

경제성장률 : 산출(GDP)의 연간 성장률, 실업률 : 연평균, 인플레이션율 : 물가(GDP 디플레이터)의 연간 변화율.

출처 : IMF, World Economic Outlook, October 2018.

업률은 꾸준히 감소해 현재 3.7%인데 이는 1990~2007년 평균 수준보다 상당히 낮다. 인플레이션 역시 1990~2007년 평균과 같은 낮은 수준이다. 간단히 말해 미국 경제는 위기의 영향을 뒤로 한 양호한 상태인 것으로 보인다.

그렇다면 미국 정책 당국이 직면한 주요 거시경제 문제는 무엇일까? 두 가지를 고를 수 있다. 첫째는 단기적으로 정책 당국이 경기침체에 대처하는 데 필요한 도구를 가지고 있는지다. 둘째는 장기적으로 생산성 증가율을 어떻게 높일 것인지다. 두 가지 문제를 차례로 살펴보자.

정부는 다음 경기침체를 다룰 도구를 가지고 있는가

미국에서 금융위기의 회복은 2009년 6월에 시작되었다. 이후 산출 증가세가 호조를 보였고, 이 책 집필 당시로 보면 115개월 동안 확장세가 지속되었다. 2019년 7월까지 계속된다면 확장세는 1945년 이후 기록상 최장 기간의 확장이 된다.

그러나 역사가 하나의 지침이라면 확장세는 영원히 지속되지 않으며, 미국은 조만간 또 다른 경기침체를 겪을 것이라는 슬픈 현실이 있다. 경기침체는 여러 이유에서 비롯할 수 있다. 예를 들어 수출 급감을 낳는 무역전쟁에 의해 촉발될 수도 있다. 불확실성이 커져 사람들이 소비를 줄이고 기업이 투자를 덜해 발생할 수도 있다. 2009년 이후 위험을 완화하기 위해 취해진 조치에도 불구하고 또 다른 금융위기로 인해 발생할 수 있다. 아니면 과거에도 여러 번 그랬듯이 생각지도 못했던 사건으로부터 올 수도 있다.

경기침체가 닥치면 정책 당국자가 산출 위축을 억제하기 위해 무엇을 할 수 있는지가 관건이다. 연준은 두 가지 이유로 중심적 역할을 해야 한다. 첫째, 실제로 연준의 임무 중 하나가 경기침체와 싸우는 것이기 때문이다. 둘째, 연준은 산출 위축을 억제하는 데 있어 최상의 정책수단이라 할 수 있는 이자율통제 수단을 갖고 있기 때문이다. 이자율을 인하함으로써 연준은 수요를 자극하고 산출을 늘리며 실업률을 낮출 수 있다. 이자율을 인상함으로써 수요를 둔화시키고 실업률을 높일 수 있다.

그러나 현 시점에서 연준이 당면한 문제는 2000년 이후 정책이자율(연방기금금리)를 보여주는

도널드 럼스펠드(Donald ▶ Rumsfeld) 전 국방장관은 아주 통찰력 있는 인용구를 썼다. "알려졌지만 미지의 것이 있다. 알려지지 않은 미지의 것도 있다. 후자의 부류가 어려운 경향이 있다."

그림 1-4

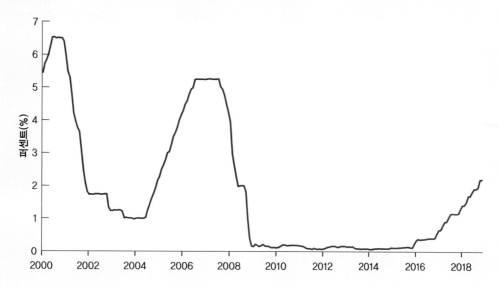

2000년 이후 미국 연방기금금리

그림 1-4에 나타나 있다. 위기가 닥쳤을 때 연준은 이자율을 2008년 7월 5.3%에서 2008년 12월 0% 수준까지 인하했다. 이후 이자율은 2015년 말까지 0%에 가깝게 유지되었으며 이후 약간 높아져 현재 2.4%에 머물고 있다.

연준은 왜 0%에서 멈추었을까? 더 낮추고 싶었지만 이자율이 음수일 수 없기 때문에 그럴 수 없었다. 만약 그렇다면 아무도 채권을 보유하지 않을 것이다. 현금은 언제든지 0%의 이자율을 지불하기 때문에 모두 현금을 대신 보유할 것이다. 이 제약조건은 **명목이자율** 하한(zero lower bound)이라 하며, 이것이 연준이 2008년 12월에 도달한 한계이다.

이제 이자율이 인상되었는데 왜 명목이자율 하한이 여전히 문제일까? 과거 기준으로 볼 때 이자율이 여전히 매우 낮기 때문이다. 그리고 이는 연준이 이자율을 인하할 여지가 거의 없다는 것을 시사한다. 만약 또 다른 경기침체가 발생한다면 연준은 정책이자율을 2%p 정도만 낮출 수 있어 수요에 큰 영향을 미치기에는 턱없이 부족하다.

연준이 사용할 수 있는 다른 도구는 없을까? 재정 정책이 도움이 될 수 있을까? 이 책의 뒷부분에서 보겠지만 두 질문에 대한 대답은 모두 '그렇다'이다. 그러나 이들 다른 수단으로 충분할지는 확실치 않다. 많은 경제학자가 다음 경기침체의 깊이를 제한하기 어려울 수 있다고 우려하는 이유가 바로 이것이다.

◀ 거액을 현금으로 보관하는 것은 불편하고 위험하기 때문에 사람들은 약간의 마이너스 이자를 지불하더라도 일부 채권을 기꺼이 보유할 수 있다. 그러나 사람들이 채권에서 현금으로 돌아서기까지 금리가 얼마나 마이너스가 될 수 있는지는 분명한 한계가 있다.

여러분이 이 책을 읽을 무렵 경기침체가 시작되었을 수도 있다. 그렇다면 적절한 답변이 ◀ 무엇인지 알 것이다.

표 1-2 노동생산성 증가(1990~2018년, 10년 평균)			
퍼센트 변화 : 연율(평균)	1990년대	2000년대	2010~2018년
비농업기업 부문	2.2	2.8	0.9
제조업	4.1	3.6	0.4

출처 : FRED database PRS85006092, MPU490063

생산성의 저조한 증가는 얼마나 걱정해야 하는가

단기적으로 방금 논의한 것처럼 경제에 어떤 일이 일어날지는 수요의 움직임과 중앙은행의 결정에 달려 있다. 그러나 장기적으로 성장은 다른 요인들에 의해 결정된다. 주요 요인은 생산성 증가로, 생산성 증가가 없다면 1인당 소득의 지속적 증가가 있을 수 없다. 바로 이 점에 있어 걱정스러운 뉴스가 있다. 표 1-2는 1990년 이래 미국에서 비농업 민간 부문과 제조업 부문의 평균 생산성 증가율을 10년 단위로 보여준다. 보다시피, 2010년대의 생산성 증가율은 지난 20년보다 훨씬 낮아졌다.

이 점을 얼마나 걱정해야 할까? 생산성 증가율은 매년 크게 변하며, 일부 경제학자는 단지 몇 년간 좋지 않았던 것일 수 있으므로 걱정할 필요가 없다고 본다. 다른 이들은 측정 문제로 인해 산출 측정이 어렵고 생산성 증가가 과소평가될 수 있다고 본다. 예를 들어 신형 스마트폰의 생산성을 구형 모델과 어떻게 비교해 측정할까? 신형 스마트폰은 구형 모델과 같은 가격으로 구형 모델보다 더 많은 기능을 갖고 있을 것이다. 다시 말해 신형 스마트폰이 훨씬 더 생산적이지만, 이러한 생산성 향상을 측정하는 것이 미흡할 수 있다. 그러나 또 다른 경제학자는 미국이 실제로는 생산성 저성장기에 들어섰고, 현재 IT 혁신의 주요 성과는 이미 실현되었으며 적어도 당분간은 기술진보가 둔화할 것이라고 보고 있다.

IT는 정보기술(Information ▶
Technology)의 약어이다.

특별히 걱정해야 할 것 중 하나는 생산성 증가의 둔화가 불평등 확대라는 맥락에서 일어나고 있다는 것이다. 생산성 증가가 높으면 불평등이 커져도 대부분의 사람들이 이익을 볼 것이다. 가난한 사람이 부유한 사람보다 혜택을 덜 받을 수 있지만 그래도 생활 수준은 높아질 것이다. 오늘날 미국은 그렇지 못하다. 2000년 이래 고졸 이하 학력을 가진 노동자의 실질소득은 실제로 감소했다. 정책 당국이 이 추세를 뒤집으려면 생산성 증가를 높이거나 불평등 증가를 억제하거나 아니면 둘 다 해야 한다. 이것이 오늘날 미국의 정책 당국이 직면한 두 가지 주요 과제이다.

1-3 유로 지역

1957년 유럽 6개국이 사람과 상품이 자유롭게 이동할 수 있는 경제지대인 공동 유럽시장을 형성하기로 결정했다. 이후 22개 국가가 추가되어 총 28개국이 되었다. 이 그룹은 **유럽연합**(European

Union, EU)으로 불리며 그 범위는 경제 영역을 넘어선다. 2016년 영국은 국민투표를 실시해 정부에 EU 탈퇴 권한을 부여했다. 협상이 여전히 진행 중이지만 영국이 탈퇴하면 27개국이 남게 된다.

1999년, EU는 한 발 더 나아가 각국 통화를 단일 통화인 유로(euro)로 교체하기 시작했다. 처음에는 11개국만이 참여했지만 이후 8개국이 추가되었다. 현재 19개국이 **유로 지역**(euro area)으로 알려진 이 **공동통화지역**(common currency area)에 속해 있다.

수년 전까지만 하더라도 공식 명칭은 '유럽공동체(European Community, EC)'였으며 아직도 이 명칭을 볼 수 있다. 현재 EC는 유럽연합의 집행부인 European Commission을 의미한다.

그림 1-5의 수치가 보여주듯 유로 지역은 강력한 경제력을 갖고 있다. 유로와 달러의 현재 환율로 보면 유로 지역의 산출 규모는 미국 산출의 3분의 2에 해당한다. (EU 전체의 산출은 미국 산출의 90%에 달한다.)

유로 지역은 '유로존(Euro-zone)'이나 '유로랜드(Euro-land)'라고도 불린다. 전자는 지나치게 기술적이고 후자는 디즈니랜드 같은 인상을 주므로 이 책에서는 이를 피한다.

표 1-3은 1990~2007년, 2008~2009년, 2010~2017년, 2018년의 경제성장률, 실업률, 인플레이션율을 나타낸다. 미국과 마찬가지로 위기가 급박했던 2008~2009년에는 마이너스 성장이 특징으로 나타났다. 이후 미국은 회복했지만 유로 지역의 성장은 여전히 부진했다. 표에는 나타나 있지 않지만 2012년과 2013년 모두 경제성장률은 마이너스였다. 현재 경제성장률이 높아져 2018년에는 2%에 이르렀지만 실업률은 8.3%로 여전히 높다. 인플레이션은 매우 낮은 수준을 유지해, 유럽중앙은행(European Central Bank, ECB)의 목표치 2%보다 낮다.

유로 지역은 오늘날 두 가지 주요 과제에 직면해 있다. 첫째는 실업을 줄일 방법이다. 둘째는 공동통화지역으로서 효율적으로 기능할 수 있을지 여부와 그 방법이다. 두 과제를 차례로 보자.

유럽의 실업률을 감소시킬 수 있는가

2018년만 보더라도 8.3% 수준인 유로 지역의 높은 평균 실업률은 국가별로 나타나는 큰 차이를 숨기고 있다. 그리스와 스페인의 실업률은 각각 20%와 15%이다. 반면 독일의 실업률은 3%에 가깝다. 중간에는 프랑스, 이탈리아와 같은 국가가 있으며, 실업률은 각각 9%와 11%이다. 따라서 실업률을 감소시키는 방법은 각국의 특성에 맞추어 조정되어야 함이 분명하다.

문제의 복잡성을 보려면 실업률이 높은 스페인과 같은 국가를 살펴보는 것이 유용하다. 그림 1-6은 1990년 이후 스페인 실업률의 극적인 변화를 보여준다. 1990년대 중반에 시작된 장기 호황 이후 실업률은 1994년 25%에서 2007년 8%로 감소했다. 그러나 위기와 함께 실업은 다시 폭증해 2013년에 25%를 넘어섰다. 그 이후 감소하긴 했으나 여전히 15%에 머물고 있다. 그림은 두 가지 결론을 제시한다.

■ 오늘날 높은 실업률의 일부는 1-1절에서 논의한 위기와 수요 급감의 결과일 것이다. 주택시장은 활황에서 붕괴로 전환되었고, 여기에 급격한 금리 인상이 더해져 2008년부터 실업이 증가했다. 결국 수요는 계속 증가할 것이고 이에 따라 실업이 추가로 더 감소할 것이라 기대할 수 있다.

■ 활황이 최고조에 달했을 때에도 스페인의 실업률은 8% 미만으로 하락하지 않았다. 이는 위기와 수요 감소를 넘어서는 다른 문제가 있음을 시사한다. 지난 20년의 대부분 기간 동안 실업률이 10%를 초과했다는 점은 노동시장에 문제가 있다는 것을 말해준다. 그렇다면 과제는 이들 문

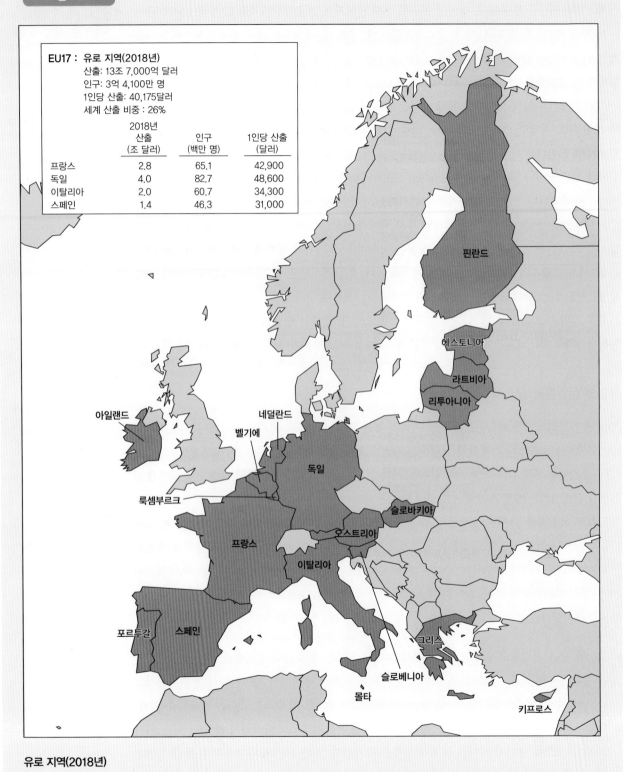

그림 1-5

유로 지역(2018년)

표 1-3	유로 지역의 성장, 실업, 인플레이션 : 1990~2018년			
퍼센트(%)	1990~2007년 (평균)	2008~2009년 (평균)	2010~2017년 (평균)	2018년
경제성장률	2.1	−2.0	1.3	2.0
실업률	9.4	8.6	10.6	8.3
인플레이션율	2.1	1.5	1.0	1.5

경제성장률 : 산출(GDP)의 연간 성장률, 실업률 : 연평균, 인플레이션율 : 물가(GDP 디플레이터)의 연간 변화율.

출처 : IMF, World Economic Outlook, October 2018.

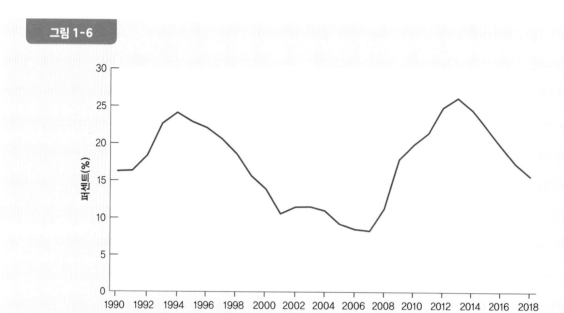

그림 1-6

1990년 이후 스페인에서의 실업

출처 : International Monetary Fund, World Economic Outlook, October 2018.

제가 정확히 무엇인지 파악하는 것이다.

일부 경제학자는 유럽 국가가 노동자를 지나치게 보호하고 있는 것이 문제라고 믿고 있다. 노동자의 실직을 막기 위해 노동자의 해고를 어렵게 만들었다. 그러나 이로 인해 기업이 고용을 꺼리게 되었고 결국 실업이 증가하는 의도하지 않았던 파급효과가 생겨났다. 실업자를 보호하기 위해 유럽 국가는 후한 실업보험을 제공한다. 그러나 그렇게 함으로써 실업자의 구직 의욕이 감퇴하고, 이 역시 실업률을 높이게 된다. 이들이 주장하는 해법은 노동자 보호를 완화하고, 노동시장 경직성

(labor market rigidity)을 제거하고, 미국식 노동시장 제도를 받아들이는 것이다. 영국이 대체로 이러한 조치를 취해 왔고 실업률은 낮다.

그러나 저자를 포함한 다른 경제학자는 더 회의적이다. 이들은 유럽의 모든 국가에서 실업률이 높은 것은 아니었다는 사실을 지적한다. 그러나 대부분의 국가가 노동자를 보호하며 관대한 사회보험도 제공한다. 이는 문제가 보호의 강도보다는 구현되는 방식에 있을 수 있음을 시사한다. 경제학자들은 저실업 국가들의 어떤 정책이 적절하고, 또 그 정책을 다른 유럽 국가들에도 적용할 수 있는지를 이해하는 것이 도전과제라고 주장한다.

이 의문들을 해소하는 것이 유럽의 거시경제학자와 정책 당국이 직면한 주요 과제 중 하나이다.

유로는 유럽에 어떤 영향을 미쳤는가

유로화 지지자는 우선 유로의 상징적 중요성을 지적한다. 과거 유럽 국가들 간에 발생했던 많은 전쟁에 비추어볼 때 공동통화 채택은 영구적인 분쟁 종식에 대한 가장 좋은 증거다. 그들은 또한 공동통화 사용의 경제적 이점을 지적한다. 유럽 기업은 더 이상 환율 변화를 고민할 필요가 없으며 국경을 넘을 때의 환전도 사라졌다. 유럽 국가 간 무역장벽의 제거와 더불어 유로는 경제대국의 탄생에 기여할 것이라고 주장한다. 유로로의 전환이 21세기를 시작하는 데 있어 주요 경제사건 중 하나라는 점은 의심의 여지가 없다.

그러나 다른 사람들은 유로의 상징성이 상당한 경제적 비용을 수반한다고 우려한다. 위기 이전에도 이들은 공동통화가 공동의 통화정책을 의미하며, 모든 유럽 국가의 이자율이 같다는 것을 의미한다고 지적했다. 어떤 국가는 경기침체에 빠져드는데 다른 국가는 경기활황에 놓여 있으면 어떻게 될까? 경기침체를 겪는 국가는 지출과 생산의 증가를 위해 낮은 이자율이 필요하지만, 경기가 활황인 나라는 경제를 둔화시키기 위해 금리를 높일 필요가 있다. 만약 두 나라의 이자율이 동일해야 한다면 어떻게 될까? 특정 국가가 오랫동안 경기침체를 겪게 될 위험은 없는가? 아니면 경기과열을 식히지 못할 수 있지 않을까? 또한 공동통화는 유로 지역 내에서 정책수단으로 환율을 사용할 수 없다는 것을 의미한다. 무역적자가 과도해서 경쟁력이 높아질 필요가 있는 국가는 어떻게 해야 할까? 환율을 조정할 수 없다면, 경쟁자들에 비해 가격을 낮추어야만 한다. 이는 고통스럽고 오랜 시간이 걸리는 과정일 것이다.

유로화 위기(euro crisis) 이전까지만 하더라도 이러한 논쟁은 다소 추상적이었으나 더는 그렇지 않다. 위기로 말미암아 아일랜드와 포르투갈, 그리스까지 많은 유로 회원국이 심각한 경기침체를 겪었다. 자국통화를 가졌다면 통화가치를 절하시켜 수출을 증가시킬 수 있었을 것이다. 그러나 이웃 국가들과 통화를 공유했기 때문에 불가능했다. 따라서 일부 경제학자는 몇몇 국가가 유로화를 탈퇴해 통화정책과 환율에 대한 통제력을 회복해야 한다고 결론 내린다. 다른 경제학자는 탈퇴가 현명한 것도 아니고 심지어 파괴적이기도 하다고 주장한다. 유로화 사용의 장점을 포기하는 것은 현명하지 못한 것이고, 기존의 경제 문제를 더 심화시킬 수 있기 때문에 파괴적인 것이다. 이 문제는 앞으로 한동안 뜨거운 쟁점으로 남을 것 같다.

이 책 집필 당시 일부 이탈리아 정치인은 저성장에 시달리는 이탈리아가 유로화 밖에서 더 잘 살 수 있을 것이라며 유로화 탈퇴를 주장했다.

중국은 매일 뉴스거리가 되고 있다. 중국은 세계 주요 경제대국의 하나로 여겨지고 있다. 이러한 관심은 정당한가? 그림 1-7의 지표들을 처음 보면 그렇지 않을 수 있음을 알 수 있다. 물론 중국의 인구수는 막대해 미국의 4배를 넘는다. 그러나 중국의 화폐인 위안화 기준의 값을 달러/위안 환율로 곱해 달러로 표시하면 산출 규모는 13조 5,000억 달러로 미국의 약 60%에 불과하다. 1인당 산출은 단지 9,700달러로 미국 1인당 산출의 약 15%에 불과하다.

그렇다면 왜 중국에 관심이 집중될까? 주로 두 가지 때문이다. 첫째 이유를 보기 위해 1인당 산출로 되돌아가자. 미국과 같은 부국의 1인당 산출과 중국처럼 상대적으로 빈곤한 국가를 비교할 때는 주의해야 한다. 빈곤한 국가에서는 많은 재화의 가격이 낮기 때문이다. 예를 들어 뉴욕시에 있는 평범한 식당의 평균 식사가격은 약 40달러지만, 베이징에서는 약 50위안으로 현재 환율 기준으로 약 7.5달러이다. 달리 말해 동일한 소득(달러 기준)으로 뉴욕시보다 베이징에서 더 많은 물건을 살 수 있다. 생활 수준을 비교하려면 이러한 차이를 교정해야 한다. 이 차이를 교정한 척도를 PPP(purchasing power parity, 구매력평가) 기준이라 한다. PPP 기준을 따르면 중국의 산출은

그림 1-7

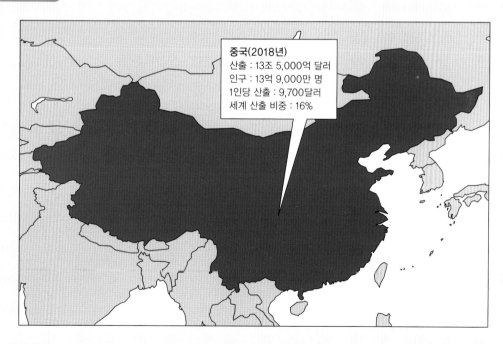

중국(2018년)
산출 : 13조 5,000억 달러
인구 : 13억 9,000만 명
1인당 산출 : 9,700달러
세계 산출 비중 : 16%

중국(2018년 현재)

출처 : IMF, World Economic Outlook, October 2018.

25조 3,000억 달러로 추정되어 미국보다 크다. 그리고 중국의 1인당 산출은 약 18,100달러로 미국 1인당 산출의 3분의 1 수준보다 조금 적다. 이것이 중국의 생활 수준에 대한 보다 정확한 그림이다. 분명히 미국이나 다른 부유한 국가들보다 훨씬 낮지만, 그림 1-7에 나타난 것보다는 높다.

부국들을 비교할 경우 이러한 ▶ 문제는 작아진다. 따라서 앞에서 미국과 유로 지역의 생활 수준을 비교할 때 이 문제는 크지 않았다.

둘째, 그리고 더 중요하게, 중국은 30년 이상 빠르게 성장해왔다. 이것은 1990~2007년, 2008~2009년, 2010~2017년, 2018년 경제성장률, 실업률, 인플레이션율을 보여주는 표 1-4에 나타나 있다.

표의 첫 행은 기본적인 이야기를 해준다. 1990년 이래(실제로 10년을 더 연장하면 1980년 이래) 2000년대 말까지 중국은 매년 10% 가까이 성장했다. 이것은 매 7년마다 생산 규모가 2배 증가한

70법칙(rule of 70) : 어떤 변수가 2배가 되는 연수는 그 변수의 증가율로 70을 나눈 값과 ▶ 일치한다.

것을 의미한다. 이 수치를 미국과 유럽에 비교해보면 중국이 주요국으로 포함된 신흥경제국들의 비중이 세계 경제에서 왜 그렇게 빠르게 커졌는지를 이해할 수 있다.

표 1-4에는 두 가지 흥미로운 측면이 있다.

첫째는 데이터에서 위기의 영향을 찾아보기 어렵다는 점이다. 2008~2009년간 성장률은 거의 감소하지 않았고, 실업률도 거의 증가하지 않았다. 이것은 중국이 여타 세계와 폐쇄적인 상태에 있어서가 아니다. 중국의 수출은 위기 동안 둔화되었다. 그러나 수요에 대한 악영향은 중국 정부의 공공투자 중심의 상당한 재정팽창으로 거의 상쇄되었다. 그 결과 수요 그리고 그에 따라 생산이 지속적으로 성장했다.

둘째는 경제성장률이 위기 이전 10%에서 위기 이후 8% 미만으로, 2018년에는 6.6%로 감소했다는 것이다. 이는 중국이 어떻게 그렇게 오랫동안 높은 성장률을 유지했는지, 그리고 이제 중국이 새로운 저성장 시기로 접어들고 있는지에 대한 의문을 제기한다.

그에 앞서 수치의 정확성 여부도 의문이 된다. 중국의 성장이 과거에도 그랬고 지금도 과장된 것은 아닐까? 결국, 중국은 여전히 공식적으로는 공산주의 국가이고, 공무원이 자신과 관련된 부문이나 지방의 성과를 과장할 유인을 가질 수 있다. 이를 주의 깊게 살펴본 경제학자들은 그렇지는 않을 수도 있다고 결론짓는다. 통계지표는 선진국만큼 신뢰할 수 없지만, 뚜렷한 왜곡은 없고 중국에서의 경제성장률은 실제로 매우 높다. 그렇다면, 중국의 성장은 어디에서 오는 것일까? 분

표 1-4	중국의 성장, 실업, 인플레이션(1990~2018년)			
퍼센트(%)	1990~2007년 (평균)	2008~2009년 (평균)	2010~2017년 (평균)	2018년
경제성장률	10.2	9.4	7.9	6.6
실업률	3.3	4.3	4.1	4.0
인플레이션율	5.9	3.7	2.9	2.2
경제성장률 : 산출(GDP)의 연간 성장률, 실업률 : 연평균, 인플레이션율 : 물가(GDP 디플레이터)의 연간 변화율.				
출처 : IMF, World Economic Outlook, October 2018.				

명히 두 가지 원인에서 비롯한다. 첫째, 매우 높은 수준의 자본 축적이다. 중국의 투자율(산출 대비 투자 비율)은 46%로 매우 높다. 반면 미국의 투자율은 21%에 지나지 않는다. 자본이 증가하면 생산성이 높아지고 산출도 증가한다. 둘째, 급속한 기술진보이다. 중국 정부의 전략은 외국기업이 중국에 진출해 생산하도록 장려하는 것이다. 외국기업은 중국기업보다 훨씬 더 생산적이기 때문에 이는 생산성과 산출을 증가시켰다. 또 다른 전략은 외국기업과 중국기업 간의 합작투자를 장려하는 것이다. 중국기업이 외국기업과 함께 일하고 배워서 중국의 생산성은 극적으로 증가했다.

이러한 기술이전은 그 일부가 불법적이라고 주장하는 미국 정부가 강력히 비판하는 대상이며 양국 간 무역분쟁의 원천 ◀ 이다.

이런 식으로 설명하면, 높은 생산성 및 경제성장률의 달성은 쉬워 보인다. 모든 가난한 국가도 따를 수 있고 따라야만 하는 쉬운 처방전이다. 그러나 사실상 현실은 덜 분명하다. 중국은 계획경제에서 시장경제로 전환한 많은 국가 중 하나이다. 러시아와 중부 유럽을 포함한 체제전환국들은 시장경제로 전환하던 시기에 산출이 크게 감소했다. 대부분의 국가가 아직 중국보다 크게 낮은 성장률을 보이고 있다. 많은 국가에서 기업들은 광범위한 부패와 열악한 재산권 때문에 투자하기를 꺼린다. 그렇다면 중국은 왜 훨씬 더 좋은 성과를 보였을까? 경제학자는 이에 대해 확신을 갖지 못한다. 일부는 전환 속도가 빠르지 않은 데 따른 결과라고 본다. 중국이 취한 첫 번째 개혁은 1980년에 농업 부문에서 이루어졌고 현재까지도 많은 기업이 국가 소유로 남아 있다. 다른 이들은 공산당이 여전히 통제하고 있다는 사실이 실제로 경제 전환에 도움을 주었다고 한다. 엄격한 정치적 통제가 최소한 신설기업에게나마 재산권을 더 잘 보호해 투자동기를 제공했다. 이 질문들에 대한 답을 얻고 그에 따라 다른 가난한 국가들이 중국의 경험으로부터 무엇을 취할 수 있지 배움으로써 중국뿐만 아니라 다른 국가에 대해서도 큰 차이를 분명히 만들 수 있다.

◀ 엄격한 정치적 통제는 부패를 확대시키고, 부패는 투자를 위협할 수 있다. 중국은 현재 강력한 반부패 운동을 펼치고 있다.

이와 동시에 최근 중국 경제의 성장 둔화는 일련의 새로운 의문을 제기한다. 경기 둔화는 어디에서 비롯한 것일까? 중국 정부는 고성장을 유지해야 하는가, 아니면 저성장을 받아들여야 하는가? 대부분의 경제학자 그리고 실제로 중국 당국 스스로도 이제 저성장이 바람직하며 투자율 감소는 산출을 소비로 더 전환함으로써 중국 국민에게 유리하게 작용할 것이라고 믿고 있다. 투자에서 소비로의 전환은 중국 당국이 직면한 주요 도전과제이다.

1-5 앞으로의 논의

이것으로 세계 경제 여행은 끝났다. 물론 살펴볼 만한 다른 많은 지역이 있다.

- 인도 : 13억 3,000만 명의 인구를 가진 가난한 대국으로, 중국과 마찬가지로 빠르게 성장해 세계 경제대국이 되고 있다.
- 일본 : 제2차 세계대전 이후 40년간 경제성장 실적이 매우 인상적이어서 경제 기적이라 불렸다. 하지만 지난 20년간은 매우 저조했다. 1990년대 초 주식시장이 폭락한 후 일본은 연평균 1% 미만의 경제성장률을 보이며 불황에 빠져 있다.
- 남미 : 1990년대에 인플레이션이 낮아지며 강력한 성장세를 지속했다. 그러나 최근에는 부분적

으로 상품가격 하락으로 인해 성장 둔화를 경험하고 있다.

- 중부 및 동부 유럽 : 1990년대 초반 대부분의 국가가 계획경제체제에서 시장경제체제로 전환했다. 대부분의 국가에서 이러한 전환은 초기에 산출 급락을 낳았다. 그러나 그 이후로는 높은 성장률을 달성하며 서부 유럽을 추격하고 있다.

- 사하라 사막 이남 아프리카 : 수십 년간 경제 정체로 고통 받았지만, 일반적인 인식과는 달리 2000년 이후 경제성장률이 높아져 매년 5%의 연평균 성장률을 보였고, 대륙의 대부분 국가에서 성장이 이루어지고 있다.

그러나 이 첫 장에서 소화할 수 있는 내용에는 한계가 있다. 드러난 질문들을 생각해보자.

- 글로벌 금융위기가 촉발한 큰 문제들 : 위기의 원인은 무엇인가? 위기는 미국에서 여타 국가로 왜 그렇게 빨리 번졌는가? 돌이켜보면, 위기를 막기 위해 무엇을 할 수 있었고 했어야 했는가? 통화 및 재정 대응은 적절했는가? 유럽에서 경기회복은 왜 그렇게 느린가? 중국은 위기 동안 어떻게 고도성장을 유지할 수 있었는가?

- 경기침체에 대응해 통화정책과 재정정책을 어떻게 사용할 수 있는가? 유로 지역과 같은 공동통화지역에 가입하는 장점과 단점은 무엇인가? 지속되는 고실업을 줄이기 위해 유럽은 어떤 조치를 취할 수 있는가?

- 왜 경제성장률은 국가마다 그렇게 다르고, 장기간에 걸쳐서도 왜 그런 차이가 나타나는가? 선진국 경제가 불평등을 심화하지 않고 지속적인 성장을 이룰 수 있는가? 가난한 나라들이 중국을 모방해 같은 속도로 성장할 수 있겠는가? 중국은 성장 속도를 낮추어야 하는가?

이 책의 목적은 이러한 질문에 대해 생각하는 방법을 제공하는 것이다. 필요한 분석 수단을 발전시켜 가면서 이러한 질문으로 되돌아와 이들 수단을 어떻게 사용하는지 살펴보고 이들이 보여주는 답을 검토할 것이다.

핵심 용어

글로벌 금융위기(Great Financial Crisis)

유로 지역(euro area)

유럽연합(European Union, EU)

공동통화지역(common currency area)

연습문제

기초문제

1. 이 장의 내용에 기초해 다음에 대해 '사실', '거짓', '불확실' 여부를 밝히고 그 이유를 간단히 설명하라.

   a. 2009년에 선진국과 신흥 및 개발도상국의 경제성장률은 음(−)의 값을 보였다.

   b. 세계 경제성장률은 2009년 이후 위기 이전 수준으로 회복했다.

   c. 전 세계 주가는 2007~2010년간 하락한 후 위기 이전 수준으로 회복했다.

   d. 영국의 실업률은 유럽의 다른 지역보다 훨씬 낮다.

   e. 중국의 높은 성장률은 신화이다. 이것은 오도하는 공식 통계의 산물일 뿐이다.

   f. 유럽의 높은 실업률은 주요 유럽 국가가 공동통화를 수용했을 때 시작되었다.

   g. 중앙은행은 경기침체를 피하고 싶을 때는 이자율을 낮추고, 경제성장률을 낮추고 싶을 때는 이자율을 높인다.

   h. 유로 지역, 미국, 중국의 1인당 산출은 상당히 다르다.

   i. 미국의 이자율은 2009~2018년까지 0%대에 있다.

2. 유럽에서의 거시경제정책

   복잡한 거시경제 문제에 대한 간단한 답들을 조심하자. 다음 주장을 검토하고 고려하지 않은 점은 없는지 논의하라.

   a. 유럽의 높은 실업률 문제에 대한 간단한 해결책이 있다. 노동시장 경직성을 완화하면 된다.

   b. 경제력을 규합하고 공동통화를 받아들이는 데 무슨 문제가 있는가? 유로는 유럽을 위해 분명히 좋은 선택이다.

심화문제

3. 중국의 경제성장은 지난 20년간 세계 경제에 있어 가장 두드러진 특징이다.

   a. 2018년에 미국 산출은 20조 5,000억 달러였고, 2017년 중국의 산출은 13조 5,000억 달러였다. 2017년부터 중국은 연간 7.9%로 성장하고, 미국은 2018년부터 2.2%로 성장한다고 하자. 이것은 본문의 표 1-1과 표 1-4에서 가장 최근 해에 양국이 보였던 수치이다. 이 가정과 스프

   레드시트 프로그램을 이용해 미국과 중국의 2017년과 2018년 이후 100년간의 산출을 각각 계산하고 그림으로 나타내라. 중국의 산출이 미국의 산출과 같아지는 데 몇 년이나 걸리는가?

   b. 총산출에 있어 중국이 미국을 추격하면, 중국인은 미국인과 동일한 생활 수준을 가질 수 있는가? 설명하라.

   c. 1인당 산출은 생활 수준을 가리키는 다른 표현이다. 중국은 지난 20년간 어떻게 1인당 산출을 높였는가? 이러한 방법은 미국에 적용 가능한가?

   d. 생활 수준(1인당 산출)을 높이는 데 있어 중국의 경험은 개발도상국이 따를 만한 모형을 제공한다고 생각하는가?

4. 2015년 현재 1인당 경제성장률은 미국이 직면한 주요 경제 문제로 확인되었다. '2018 Economic Report of the President' (www.whitehouse.gov/wp-content/uploads/2018/02/ERP_2018_Final-FINAL.pdf)를 구해 'Productivity and Related Data' 표를 찾아라(Table B-16). 이 테이블은 엑셀 파일로 다운로드할 수 있다.

   a. 비농업기업 부문의 근로시간당 산출이 나타난 열을 찾는다. 이 수치는 2009년 값이 100인 지수로 표현되었다. 2009~2010년 근로시간당 산출 증가율을 계산하라. 이 값의 의미는 무엇인가?

   b. 이제 스프레드시트를 사용해 1970~1979년, 1980~1989년, 1990~1999년, 2000~2009년, 2010~2017년의 근로시간당 산출의 평균 증가율을 계산하라. 지난 10년간의 생산성 성장을 다른 10년과 비교하라.

   c. 더 최근의 Economic Report of the President를 찾아 2017년을 포함해 근로시간당 산출의 평균 증가율 추정치를 다시 계산하라. 생산성 증가가 개선되었는가?

추가문제

5. 미국의 경기침체

   이 문제는 지난 60년간의 경기침체를 살펴본다. 이를 위해 우선 미국 경제분석국(BEA) 웹사이트(www.bea.gov)에서 1960년부터 최근까지의 미국 분기별 경제성장률을 구하라. BEA의 Survey of Current Business 책자에서 표 1.1.1은 실질 GDP의 % 변화

율을 보여준다. 이 자료는 스프레드시트로 복사할 수 있다. 1960년 1분기부터 가장 최근 분기까지 분기별 GDP 증가율을 그림으로 나타내라. 음(−)의 성장률을 보인 분기가 있는가? 2분기 또는 그 이상 연속적으로 음의 성장률이 나타나는 시기로 정의되는 경기침체에 대한 표준적 정의에 기초해 다음 문제에 답하라.

   a. 미국은 1960년 이래 경기침체를 몇 차례나 경험했는가?

   b. 각 경기침체는 몇 분기 동안 지속되었는가?

   c. 기간과 정도를 기준으로 가장 심각했던 2개의 경기침체를 찾아라.

6. 5번 문제에서 여섯 차례 전통적 경기침체를 경험했던 분기를 찾아라. 세인트루이스 연방준비은행(Federal Reserve Bank of St. Louis, FRED) 데이터베이스에서 계절 조정된 실업률에 대한 월별 시계열 civilian unemployment rate을 찾아라. 1969년부터 최근까지의 월별 실업률 시계열을 복사하라. 모든 시계열은 계절 조정된 수치를 사용하라.

   a. 1969년 이래 개별 경기침체를 검토하자. 음의 성장률을 보인 첫 분기 첫 달의 실업률은 몇 %였는가? 음의 성장률을 보인 마지막 분기 마지막 달의 실업률은 몇 %였는가? 얼마나 증가했는가?

   b. 어떤 경기침체에서 실업률 증가가 가장 컸는가? 산출이 처음 하락한 분기 직전의 실업률에서 시작해 다음 경기침체가 발생하기 전에 경험한 가장 높은 실업률까지를 살펴보라.

7. 유럽의 실업률

FRED 데이터베이스에는 유럽연합 전체와 개별 국가의 실업률(계절 조정)과 스페인 실업률(그림 1-6)의 최근치가 포함되어 있다. 2000년부터 최근 데이터까지 아래의 실업률에 대한 월별 자료를 검색하라.

Harmonized Unemployment Rate: Total: All Persons for the European Union

Harmonized Unemployment Rate: Total: All Persons for Spain

Harmonized Unemployment Rate: Total: All Persons for the United Kingdom

   a. 영국의 가장 최근 실업률이 유럽연합이나 스페인보다 훨씬 낮은가?

   b. 스페인 실업률의 2013년 4월 정점 대비의 변화를 유럽연합 실업률의 2013년 5월 정점 대비의 변화와 비교하라.

부록 1 : 거시경제 데이터의 출처

지난 5년간 독일의 인플레이션율을 알고 싶다고 하자. 50년 전의 답은 독일어를 배우고, 독일 책이 있는 도서관을 방문해, 인플레이션율이 적힌 페이지를 찾아 옮겨 적고, 깨끗한 종이 위에 손으로 그림을 그려 보는 것이었다. 오늘날 데이터 수집 방법의 개선, 컴퓨터 및 전자 데이터베이스의 발전, 인터넷 접속 덕분에 이런 일은 훨씬 쉬워졌다. 이 부록은 데이터를 찾는 방법을 알려준다. 데이터는 작년의 말레이시아 인플레이션율일 수도 있고, 1959년 미국의 소비일 수도 있으며, 1980년대 아일랜드의 실업률일 수도 있다.

데이터를 찾으려면

무료로 쉽게 다운로드할 수 있는 네 가지 좋은 데이터 소스는 다음과 같다.

- FRED(Federal Reserve Economic Database): 세인트루이스 연방준비은행이 지속적으로 업데이트하며 관리하는 자료로, 미국뿐 아니라 다른 국가의 많은 거시경제와 금융자료를 제공한다. https://fred.stlouisfed.org/

- WEO(World Economic Outlook Database) : 세계 대부분의 국가(현재 189개국)를 포함하는 국제기구인 국제통화기금(IMF)이 관리하는 자료원이다. 1년에 두 번 업데이트되어 모든 회원국에 대한 기본적인 거시경제 자료를 제공한다. 2018년 10월 자료는 www.imf.org/external/pubs/ft/weo/2018/02/weodata/index.aspx에서 확인할 수 있다.

- OECD.stat : 세계 대부분의 부국을 포함하는 국제기구인

경제협력개발기구(OECD)에서 유지하는 자료이다. 이들 국가는 세계 산출의 약 70%를 담당한다. OECD 자료의 한 가지 장점은 많은 변수를 회원국 간에 비교할 수 있다(또는 비교할 수 없는 경우 알려준다)는 것이다. https://stats.oecd.org/

- AMECO : 유럽연합위원회가 관리하는 연간 거시경제 자료로 모든 유럽연합 회원국에 대한 상세한 거시경제 자료를 제공한다. http://ec.europa.eu/economy_finance/ameco/user/serie/ SelectSerie.cfm

(때때로 훨씬) 더 긴 과거 시계열의 경우 다음이 좋은 자료이다.

- 미국의 경우 미국 상무부 인구조사국에서 발행하는 *Historical Statistics of the United States, Colonial Times to 1970*, Parts 1 and 2(www.census.gov/prod/www/statistical_abstract.html).
- 많은 국가에 대한 장기 역사적 통계로 앵거스 매디슨(Angus Maddison)의 *Monitoring the World Economy*, 1820–1992, Development Centre Studies, OECD, Paris, 1995. 이 연구는 56개국에 대해 1820년까지 올라가는 데이터를 제공한다. 더 광범위한 자료로는 앵거스 매디슨의 *The World Economy: A Millennial Perspective*, Development Studies, OECD, 2001과 *The World Economy: Historical Statistics*, Development Studies, OECD 2004가 있다.

최신 상태를 유지하려면

이 장을 읽을 때쯤이면 새로운 사건이 많이 발생했을 것이다. 현재의 경제상황에 대한 정보를 계속 얻으려면 다음 세 가지 자료가 매우 유용함을 알게 될 것이다.

- WEO : 세계 전체와 특정 회원국의 주요 경제 문제를 설명한다.
- OECD Economic Outlook : OECD가 회원국의 주요 경제 문제를 설명한다(연 2회 발행). www.oecd.org/eco/outlook/economic-outlook/
- *The Economist* : 전 세계 경제 및 정치 문제에 대해 매우 유익한 정보를 주지만 종종 의견이 갈리는 잡지이다. 마지막 4쪽은 많은 국가의 산출, 실업률, 인플레이션, 환율, 이자율, 주가에 대한 가장 최근 수치를 제공한다. 안타깝게도 대부분의 기사와 자료는 유료다.

핵심 용어

경제협력개발기구(Organization for Economic Cooperation and Development, OECD)

국제통화기금(International Monetary Fund, IMF)

부록 2 : 거시경제학자가 하는 일

거시경제학을 수강하는 데는 여러 이유가 있을 수 있다. 일부는 단순히 주변에서 일어나는 일을 더 잘 이해하기를 원한다. 일부는 전공을 이수하고 경제학 학사 학위를 취득하고 취업하기 위해 수업을 듣고 있다. 또 다른 사람은 경제학 석사나 박사 학위를 취득하기 위해서이다.

거시경제학을 전공하는 사람은 어떤 직업을 가질 수 있는지, 어떤 일을 할지, 얼마나 벌 수 있는지 알고 싶을 것이다. 간단히 말해 학사 학위를 취득하면 대기업이든 금융기관이든 민간 부문에서 일하며 경제상황을 평가하는 데 도움이 될 것으로 기대할 수 있다. 연준과 같은 중앙은행이나 IMF나 세계은행과 같은 국제기구에서 일하려면 박사 학위가 필요하다. 학계의 일자리도 이와 요건이 비슷하다. 미국경제학회(American Economic Association, AEA) 홈페이지에서 경제학 전공자의 경력에 대한 정보를 얻을 수 있다. www.aeaweb.org/resources/students/careers

책으로의 여행

매일 신문이나 저녁 뉴스에 산출, 실업, 인플레이션이라는 단어가 등장한다. 따라서 1장에서 이 단어를 사용했을 때 여러분은 무슨 말을 하는지 대충 알고 있었다. 이제 이 장의 처음 세 절을 통해 단어를 정확히 정의해보자.

2-1절은 산출을 살펴본다.

2-2절은 실업률을 살펴본다.

2-3절은 인플레이션율을 살펴본다.

2-4절은 이 세 변수 사이의 두 가지 중요한 관계인 오쿤(Okun)의 법칙과 필립스(Phillips) 곡선을 소개한다.

2-5절은 이 책을 묶어 주는 세 가지 중심 개념을 소개한다.

- 단기 : 매년 경제에는 무슨 일이 발생하는가?
- 중기 : 10년 정도의 기간 동안 경제에는 무슨 일이 발생하는가?
- 장기 : 50년 이상의 기간에 경제에는 무슨 일이 발생하는가?

2-6절에서는 이 세 가지 개념에 기초해 이 책의 나머지 부분을 개관한다.

이 장의 메시지 : 세 가지 중심적인 거시경제변수는 산출, 실업, 인플레이션이다. ▶ ▶ ▶

19세기 또는 대공황 시기에 경제활동을 연구한 경제학자에게는 국민경제의 총체적 활동 (aggregate activity, 'aggregate'는 거시경제학자가 'total'의 의미로 사용하는 단어이다)에 대한 척도가 없었다. 대신 철광 출하액, 백화점 매출액 등 단편적 정보를 모아 경제 전반에 무슨 일이 발생하는지 추측해야 했다.

제2차 세계대전이 끝나서야 **국민소득과 생산계정**[national income and product accounts (NIPA), 짧게는 국민소득계정(national income accounts)이라고 함]이 취합되었다. 미국의 경우 1947년 10월 이후 총산출에 대한 측정치가 정기적으로 발표되었다. (이전 총산출은 공표된 수치를 소급해 작성되었다.)

다른 회계시스템처럼 국민소득계정은 먼저 개념을 정의하고 그에 해당하는 척도를 구성한다. 이 계정을 아직 개발하지 않은 국가들의 통계를 살펴보면 국민계정통계가 정확성과 일관성 면에서 얼마나 중요한지 알 수 있다. 이들이 없다면 합산된 숫자가 남거나 모자라며, 이를 파악하려 해도 마치 다른 사람이 작성한 회계장부를 맞추려는 느낌이 든다. 그렇다고 국민계정의 상세한 부분 때문에 고생할 필요는 없다. 그러나 때때로 변수의 정의와 변수 간 관계를 알아야 하기 때문에 이 책의 부록 1에서는 오늘날 미국(그리고 약간의 수정만 거치면 대부분의 다른 국가)에서 사용하고 있는 기초적인 국민소득계정을 소개한다. 경제자료를 살펴볼 일이 있을 때 이 부록을 참고하면 매우 유용할 것이다.

GDP : 생산과 소득

국민계정에서 **총산출**(aggregate output) 측정치는 **국내총생산**(gross domestic product) 또는 짧게 **GDP**라 불린다. GDP가 계산되는 방식을 알기 위해서는 간단한 예를 보는 것이 좋다. 두 기업만으로 구성된 경제를 고려하자.

- 기업 1은 노동자와 기계로 철강을 생산한다. 이 기업은 자동차를 생산하는 기업 2에게 철강을 100원에 판매한다. 기업 1은 노동자에게 80원을 지불하고 20원은 이윤으로 남긴다.
- 기업 2는 구입한 철강으로 노동자와 기계에 의존해 자동차를 생산한다. 자동차 판매로 얻는 수입은 200원이다. 200원 중 100원은 철강 구입대금으로 사용하고, 70원은 노동자에게 가고, 30원은 이윤으로 남는다.

이 내용을 표로 요약할 수 있다.

하버드대학교의 쿠즈네츠 (Simon Kuznets)와 케임브리지대학교의 스톤(Richard Stone)은 대단한 지적, 실증적 성과인 국민소득과 생산계정의 발전에 대한 기여로 노벨상을 수상했다.

*때때로 **국민총생산**(gross national product, GNP)이라 불리는 또 다른 명칭을 만날 수 있다. '국내'와 '국민' 간에서처럼 GDP와 GNP 간에도 미묘한 차이가 있다. 이 차이는 18장에서 검토한다(부록 1에서도 검토한다). 그러나 일단 무시하자.*

현실적으로 철강 생산에는 노동자와 기업뿐만 아니라 전기, 철광석 및 다른 재료도 필요하다. 그러나 예를 단순화하기 위해 다른 투입물을 무시할 것이다.

철강회사(기업 1)		자동차회사(기업 2)	
매출액	100	매출액	200
비용	80	비용	170
임금	80	임금	70
		철강 구입	100
이윤	20	이윤	30

이렇게 두 기업만 있는 경제에서 총산출은 어떻게 정의할까? 생산된 모든 재화의 가치를 합산할까? 이 경우 철강 생산으로부터 얻은 100원과 자동차 생산으로부터 얻은 200원을 합한다면 총산출은 300원이다. 아니면 자동차의 가치만으로 총산출을 정의할까? 이 경우는 200원이다.

약간만 생각해보면 정답은 200원임을 알 수 있다. 왜일까? 철강이 **중간재**(intermediate goods)이기 때문이다 : 철강은 자동차 생산에 사용되었다. 일단 자동차 생산액을 계산하고 나면, 자동차를 만드는 데 투입된 재화의 생산은 다시 계산할 필요가 없다.

이상은 GDP의 첫 번째 정의로 이어진다.

1. GDP는 주어진 기간 동안 경제 내에서 생산된 최종재화와 용역의 가치이다.

여기서 중요한 단어는 최종(final)이다. 즉 중간재가 아니라 **최종재**(final goods)의 생산만을 포함해야 한다. 앞의 예를 사용해 다른 방법으로 이 점을 살펴보자. 두 기업이 합병했다고 가정하자. 이 경우 철강 매출액은 새로운 기업의 내부에서 발생하며 더 이상 기록되지 않게 된다. 새 기업의 계정은 다음 표와 같다.

◀ 중간재는 다른 재화의 생산에 사용되는 재화이다. 일부 재화는 최종재와 중간재로 모두 사용될 수 있다. 감자는 소비자에게 직접 판매될 경우 최종재이다. 감자 과자를 생산하기 위해 사용되는 감자는 중간재이다. 또 다른 예를 생각해볼 수 있는가?

철강 및 자동차회사	
매출액	200
비용(임금)	150
이윤	50

여기서 볼 수 있는 것이라곤 자동차를 200원에 판매하는 기업이 노동자에게 80 + 70 = 150원을 지불하고 20 + 30 = 50원을 이윤으로 얻고 있다는 점이다. 측정치 200원은 당연히 바뀌지 않아야 한다. 총산출의 측정치는 합병 여부에 의존하지 않아야 하는 것이다.

첫 번째 정의는 GDP를 구축하는 한 가지 방법을 제공한다. 최종재의 생산액을 기록하고 합산하는 것이다. 사실 이 방식이 실제 GDP가 합산되는 방식이다. 하지만 이것은 GDP를 합산하는 두 번째 방식도 제공한다.

2. GDP는 주어진 기간 동안 경제 내에서 부가된 가치, 즉 부가가치의 합계이다.

부가가치(value added)라는 용어는 문자 그대로의 의미를 갖는다. 기업이 부가한 가치는 해당 기업이 생산한 생산물의 가치에서 생산에 사용된 중간재의 가치를 뺀 값으로 정의된다.

두 기업으로 구성된 경제에서 철강회사는 중간재를 사용하지 않는다. 이 기업이 부가하는 가치는 단순히 자신이 생산한 철강의 가치인 100원과 같다. 그러나 자동차회사는 철강을 중간재로 사용한다. 따라서 자동차회사가 부가한 가치는 자신이 생산한 자동차의 가치에서 생산에 사용된 철강의 가치를 차감한 값이다(200 − 100 = 100원). 경제 전체에서 부가된 총가치 또는 GDP는 100 + 100 = 200원과 일치한다. (총부가가치는 철강회사와 자동차회사가 합병해 하나의 기업이 되더라도 마찬가지다. 이 경우 중간재 생산 규모를 알 수 없다. 기업 내에서 생산된 철강이 그대로 자동차 생산에 투입될 것이다. 기업이 부가한 가치는 단순히 생산된 자동차의 가치 또는 200원과 일치한다.)

이 정의는 GDP를 이해하는 두 번째 방법을 제공한다. 종합하면, 두 정의는 최종재화와 용역의 가치(GDP의 첫 번째 정의)를 경제 내 모든 기업에 의해 부가된 가치의 합(GDP의 두 번째 정의)으로도 생각해볼 수 있음을 보여준다.

지금까지는 GDP를 생산 측면에서 살펴보았다. GDP는 소득 측면에서도 파악할 수 있다. 예로 돌아가서 중간재에 대금 지불을 한 뒤 기업에 남겨진 수입을 생각해보자. 수입의 일부는 노동자에게 돌아가며 **노동소득**(labor income)이라 불린다. 나머지는 기업에 가며 **자본소득**(capital income) 또는 **이윤**(profit income)이라 불린다(자본소득인 이유는 생산에 사용된 자본의 소유자에 대한 보상으로 볼 수 있기 때문이다).

철강회사가 부가한 가치인 100원 중에서 80원은 노동자에게 가고(노동소득), 나머지 20원은 기업에게 간다(자본소득). 자동차회사가 부가한 가치 100원 중에서 70원은 노동소득으로, 30원은 자본소득으로 돌아간다. 경제 전체에 대해 노동소득은 150(= 80 + 70)원이고 자본소득은 50(= 20 + 30)원이다. 따라서 부가가치는 노동소득과 자본소득의 합으로 200(= 150 + 50)원이다.

이상의 논의는 GDP의 세 번째 정의를 제공한다.

▶ 이 예에서 노동배분 비중은 75%이다. 선진국에서 노동배분 비중은 실제로 통상 65~75% 수준이다.

3. GDP는 주어진 기간 동안 경제에서의 소득의 합계이다.

▶ 두 가지 교훈을 기억해야 한다. 1. GDP는 총산출의 측정치이다. 이는 생산 측면(총생산)이나 소득 측면(총소득)으로 생각할 수 있다. 2. 총생산과 총소득은 항상 일치한다.

요약하면 : 총산출, 즉 GDP는 세 가지 다르지만 대등한 방식으로 파악할 수 있다.

■ **생산 측면** : GDP는 주어진 기간 동안 한 국가에서 생산된 재화와 용역의 가치와 같다.

■ **생산 측면** : GDP는 주어진 기간 동안 한 국가에서 부가된 가치의 합계이다.

■ **소득 측면** : GDP는 주어진 기간 동안 한 국가에서 발생한 소득의 합계이다.

명목 GDP와 실질 GDP

▶ 경고! 사람들은 종종 '명목'을 수량이 사소한 상황을 지칭할 때 사용한다. 경제학자는 현재 가격으로 표시된 변수에 '명목'이라는 단어를 사용한다. 그리고 분명히 이는 사소한 수량을 나타내지 않는다. 수량은 통상 십억 달러나 조 달러 단위로 표시한다.

미국의 GDP는 2018년에 20조 5,000억 달러로 1960년의 5,430억 달러와 잘 대비된다. 미국의 2018년 생산 규모가 실제로 1960년보다 38배 커졌을까? 당연히 아닐 것이다. 생산 규모의 상당 부분은 생산량 증가보다는 가격 상승을 반영한다. 이는 명목 GDP와 실질 GDP 간의 구별로 이어진다.

명목 GDP(nominal GDP)는 생산된 최종재화의 수량에 현재 가격을 곱해 합계한 것이다. 이 정의에 비추어볼 때 명목 GDP는 두 가지 이유 때문에 증가할 수 있음이 분명하다.

■ 첫째, 대부분의 재화 생산은 점차 증가한다.

■ 둘째, 대부분의 재화 가격도 점차 상승한다.

만약 생산 규모와 그 변화를 측정하는 데 목적이 있다면, GDP의 측정치에서 가격 상승 효과를 제거해야 한다. 이 때문에 **실질 GDP**(real GDP)는 최종재화의 수량에 현재의 가격(또는 **경상가격**) 보다는 일정한 가격(또는 **불변가격**)을 곱한 뒤에 합계하는 방식으로 구축된다.

만약 어떤 국민경제가 한 가지 최종재, 예를 들어 특정한 자동차 모델 한 가지만을 생산한다면 실질 GDP의 구축은 쉬울 것이다. 특정 연도의 자동차 가격을 선택하고 각 연도에 생산된 자동차 의 수량을 곱하면 된다. 예를 보면 도움이 된다. 자동차만 생산하는 경제를 고려하자. 아울러 후에 다룰 문제를 피하기 위해 매년 동일한 모델이 생산된다고 하자. 3년간 자동차 수량과 가격이 다음 과 같다고 하자.

이 3개 연도를 선택한 이유는 미국의 실제 수치를 설명할 때 ◀ 제시된다.

연도	자동차 생산량	자동차 가격 (만 원)	명목 GDP (만 원)	실질 GDP (2012년 기준, 만 원)
2011년	10	200	2,000	2,400
2012년	12	240	2,880	2,880
2013년	13	260	3,380	3,120

자동차 생산량과 그 가격의 곱인 명목 GDP는 2011년 2,000만 원에서 2012년 2,880만 원으로 증가했다(44% 증가). 그리고 2012년 2,880만 원에서 2013년에는 3,380만 원으로 증가했다(17% 증가).

- 실질 GDP를 구축하려면 매년 생산된 자동차 대수에 **공통가격**을 곱해야 한다. 2012년의 자동차 가격을 공통가격으로 사용한다고 하자. 이 방식은 2012년 기준 실질 GDP를 낳는다.
- 이 방식을 사용하면 2011년 GDP(2012년 불변가격)는 10대×대당 240만 원 = 2,400만 원이다. 2012년 실질 GDP(2012년 불변가격)는 12대×대당 240만 원 = 2,880만 원이며 이는 2012년의 명목 GDP와 일치한다. 한편 2013년의 실질 GDP(2012년 불변가격)는 13대×대당 240만 원 = 3,120만 원이다.

  따라서 실질 GDP는 2011년 2,400만 원에서 2012년 2,880만 원으로 20% 상승했고, 2012년 2,880만 원에서 2013년 3,120만 원으로 다시 8% 상승했다.
- 만약 실질 GDP 계산에 있어 2012년 가격 대신 2013년 가격을 사용했다면 계산 결과는 달라질 까? 당연히 달라질 것이다(2013년의 가격은 2012년과 다르기 때문이다). 그러나 연간 증가율은 위에 나타낸 표와 동일할 것이다.

확인을 원한다면, 2013년 달 러 기준으로 실질 GDP를 계산 하고 이어서 2011년부터 2012 년까지, 그리고 2012년부터 2013년까지의 성장률을 계산 ◀ 해보라.

실제로 실질 GDP 계산에 있어 중요한 문제는 국민경제 내에 1개 이상의 최종재가 있다는 점이 다. 실질 GDP는 모든 최종재 생산물의 가중평균으로 정의되어야 하는데, 이것은 가중치가 무엇이 되어야 하는지의 문제를 낳는다.

자연스러운 가중치는 재화의 상대가격일 것이다. 어떤 재화의 단위당 가격이 다른 재화보다 2배 높다면, 실질 산출을 계산하는 데 있어 그 재화는 다른 재화보다 2배로 반영되어야 한다. 하지만 이것은 새로운 질문을 낳는다. 일반적인 경우처럼 상대가격이 변한다면 어떻게 될까? 특정 상대가격을 계속 사용해야 할까, 아니면 바꿔야 할까? 가중치 선정과 미국에서의 실질 GDP 계산 방법에 대한 상세한 논의는 이 장의 부록에 있다. 다만 미국의 경우 실질 GDP의 측정은 상대가격 변화를 반영하는 가중치를 사용한다는 점을 알아야 한다. 이러한 GDP 측정치를 **연쇄 (2012년 기준) 실질 GDP**[real GDP in chained (2012) dollars]라 부른다. 여기서 2012년 기준이라 한 것은 실질 GDP와 명목 GDP가 일치하는 해가 2012년이기 때문이다. 현 단계에서 이런 GDP 계산 방식이 최선인 것이며 그 수치 변화는 미국의 산출량이 어떻게 증가해 왔는지를 보여준다.

물가지수를 구축하는 데 사용한 연도(여기선 2012년)는 '기준년(base year)'이라 한다. 기준년은 주기적으로 바뀌어 가며, 독자가 이 책을 읽고 있을 때 변경되어 있을 수 있다. ▶

실질 GDP가 2012년 달러 기준 대신 2000년 달러 기준으로 측정되었다고 하자. 그림에서 명목 GDP선과 실질 GDP선은 어디에서 교차하겠는가? ▶

그림 2-1은 1960년 이래 명목 GDP와 실질 GDP의 추이를 보여준다. 계산 방식으로 인해 2012년에 대한 두 수치는 일치한다. 2018년의 실질 GDP는 1960년의 약 5.7배로 상당한 증가로 보이지만 같은 기간 38배 증가한 명목 GDP보다는 증가 규모가 확실히 작다. 두 지표 간 이러한 차이는 물론 물가 상승에 기인한다.

명목 GDP와 실질 GDP는 종종 달리 불리며 이 용어들을 자주 마주치게 될 것이다.

- 명목 GDP는 **경상 GDP**(GDP in current dollars)라고도 한다.
- 실질 GDP는 **불변 GDP**(GDP constant dollars), **인플레이션 조정 GDP**(GDP adjusted for inflation), **2012년 기준 GDP**(GDP in 2012 dollars)라고 한다. 2012년은 실질 GDP와 명목 GDP가 일치하는 해로서 현재 미국은 이 기준을 사용한다.

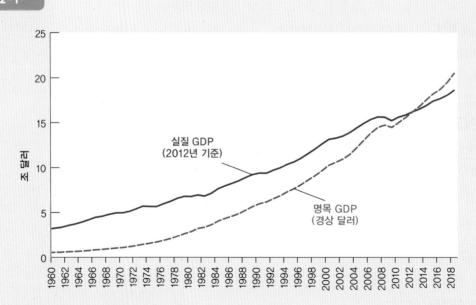

그림 2-1

미국의 명목 GDP와 실질 GDP(1960~2018년)
명목 GDP는 1960년부터 2018년까지 32배 증가했고, 실질 GDP는 5.7배 증가했다.

출처 : FRED. Series GDPC, GDP.

이 책에서는 달리 언급하지 않는 한

- 실질 GDP는 GDP라 하고, Y_t는 t년도의 실질 GDP를 나타낸다.
- 명목 GDP 또는 현재 가격으로 측정된 변수는 앞에 달러($) 기호를 붙인다. 예를 들어 $\$Y_t$는 t년 도의 명목 GDP를 말한다.

GDP : 절대 수준과 성장률

지금까지는 실질 GDP의 절대 규모에 집중했다. 이 지표는 한 국가의 경제 규모를 나타내는 중요한 수치다. 다른 나라의 두 배에 달하는 GDP를 가진 국가는 경제 규모가 두 배다. 마찬가지로 또는 더 중요한 것이 실질 GDP를 그 나라의 인구수로 나눈 **1인당 실질 GDP**(real GDP per person)이다. 그 나라의 평균 생활 수준을 대표하기 때문이다.

경제학자는 매년 경제성과를 평가할 때 실질 GDP의 성장률 또는 **경제성장률**(GDP growth)에 초점을 맞춘다. 양(+)의 경제성장률을 보이는 상태를 **경기팽창**(expansion)이라 하고, 음(−)의 경제성장률을 보이는 상태를 **경기침체**(recession)라 부른다.

1960년 이래 미국 경제의 경제성장률 추이는 그림 2-2와 같다. t년도 경제성장률은 $(Y_t - Y_{t-1})/$

◀ 경고! 비교하는 방법에 주의해야 한다. 중국의 생활 수준에 대한 1장의 논의를 참조하라. 이에 대해서는 10장에서 더 자세히 다룬다.

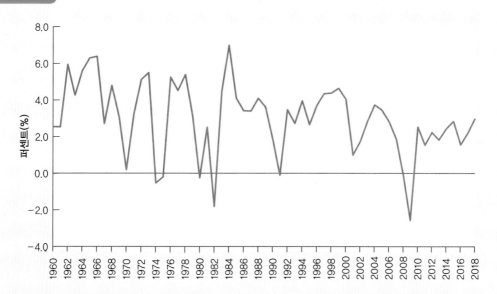

그림 2-2

미국 GDP의 성장률(1960~2018년)
1960년 이래 미국 경제는 짧은 경기침체로 방해받은 일련의 경기팽창을 경험했다. 2008~2009년의 경기침체는 1960~2018년 동안 발생한 것 중에서 가장 심각한 경기침체였다.

출처 : 그림 2-1의 GDPC 시계열을 사용해 계산함.

실질 GDP, 기술진보, 컴퓨터 가격

실질 GDP 계산에서 어려운 문제는 기존 상품의 질적 변화를 어떻게 다루냐이다. 가장 어려운 사례 중 하나가 컴퓨터이다. 2019년형 개인용 컴퓨터가 20년 전에 제작된 개인용 컴퓨터와 성능이 동일하다고 가정하는 것은 분명히 터무니없다. 2019년형은 1999년형보다 훨씬 더 기능이 많다. 하지만 얼마나 더 많을까? 또 그것을 어떻게 측정할까? 속도, RAM이나 하드 디스크 크기, 인터넷 접속 속도의 개선 등을 어떻게 감안해야 할까?

경제학자가 품질 향상을 감안하기 위해 사용하는 접근법은 특정 연도에 상이한 특성을 가진 컴퓨터가 어떤 가치를 갖는지 보는 것이다. 예를 들어 시장에서 판매 중인 다른 모형의 가격에 대비할 때 사람들은 3GHz 컴퓨터에 비해 4GHz(4,000MHz) 컴퓨터에 대해 10% 더 지불할 용의가 있다고 하자. (1996년에 이 책의 초판이 출판되었을 때는 50MHz와 16MHz의 두 가지 컴퓨터를 비교했다.) 이러한 변화는 기술진보의 좋은 예다. (기술진보의 복잡성에 대한 또 다른 사례는 최근에 올수록 기술진보가 프로세서 속도의 향상보다는 멀티코어 프로세서 사용에서 비롯한다는 것이다. 이런 측면은 더 이상 다루지 않겠지만, 국민계정 담당자는 이러한 점을 고려해야 한다.) 아울러 금년의 신형 컴퓨터 가격이 작년의 신형 컴퓨터 가격과 같다고 하자. 이 경우 경제학자는 금년의 새로운 컴퓨터 가격이 사실상 전년보다 10% 낮아졌다고 결론 내릴 것이다.

이러한 접근 방식은 **헤도닉 가격 책정**(hedonic pricing)이라 불리며 재화의 특성들 각각에 암묵적 가격을 부과한다(컴퓨터의 경우에는 속도, 메모리 등이다)[그리스어 '헤돈(hedone)'은 '쾌락'을 의미한다. 재화의 가치는 그것이 제공하는 효용('쾌락')의 정도이다]. 실질 GDP를 구축하는 미국 상무부에서는 헤도닉 가격 책정을 이용해 자동차나 컴퓨터 같은 복잡하고 빠르게 변화하는 재화의 가격 변화를 추정한다.

이 접근 방식을 사용해 미국 상무부는 가격이 일정하다고 할 때 신형 노트북의 품질이 1999년 이래 연평균 20%씩 증가했다고 추정한다(이는 FRED 데이터베이스에서 PCU33411133411172로 제공한다). 즉 2019년의 대표적인 노트북은 1999년의 일반 노트북보다 $1.20^{21} = 46$배 더 빠른 속도로 연산한다. (흥미롭게도 1장에서 논의한 미국의 생산성 성장 둔화에 비추어볼 때 최근의 품질 향상 속도는 크게 감소해 10% 가까이 하락했다.)

노트북은 더 많은 서비스를 제공할 뿐만 아니라 가격도 낮아지고 있다. 1999년 이래 가격은 매년 약 7% 하락했다. 이를 앞의 정보와 종합하면, 품질조정 가격이 매년 평균 20% + 7% = 27% 하락했다는 것을 의미한다. 다시 말해 오늘날 노트북에 지출된 1달러는 1999년에 노트북에 지출되었던 1달러보다 $1.27^{21} = 151$배 더 많은 연산능력을 살 수 있는 것이다.

Y_{t-1}로 정의된다. 그림은 미국이 일련의 경기팽창기를 거쳤으며, 단기적인 경기침체로 방해받아 왔음을 보여준다. 최근 위기의 영향도 확인할 수 있다. 2008년에 제로 성장을 보였고, 2009년에는 대규모의 마이너스 성장을 보였다.

GDP는 총경제활동에 관한 측정치이므로 거시경제변수 중 가장 중요하다. 그러나 다른 두 변수, 즉 실업과 인플레이션은 경제성과의 다른 중요한 측면을 말해준다. 이 절은 실업에 초점을 맞춘다.

두 가지 정의에서 출발하자. **취업자 수**(employment)는 직업을 가진 사람의 수이며, **실업자 수**(unemployment)는 직업이 없어 찾고 있는 사람의 수이다. 따라서 취업자 수와 실업자 수를 더하면 **경제활동인구**(labor force)가 된다.

$$L \quad = \quad N \quad + \quad U$$

경제활동인구 = 취업자 수 + 실업자 수

실업률(unemployment rate)은 경제활동인구 중 실업 상태에 있는 사람의 비율이다.

$$u = \frac{U}{L}$$

실업률 = 실업자 수/경제활동인구

실업률의 도출은 겉보기와 달리 쉽지 않다. 고용 여부와 달리 실업 여부를 결정하는 것은 어렵다. 실업자 정의에서 보면, 실업자로 분류되려면 두 조건, 즉 (1) 일자리가 없고 (2) 일자리를 찾고 있어야 한다. 이 두 번째 조건을 만족하는지를 평가하는 것이 쉽지 않다.

1940년대까지 미국에서 그리고 최근까지 대부분의 다른 국가에서 이용 가능한 유일한 실업자 관련 자료원은 실업급여사무소에 등록된 사람들의 숫자였다. 결국 이들만이 실업자로 계산되었다. 이 방식은 실업자를 정확하게 측정하지 못하는 문제를 낳았다. 일자리를 찾는 사람 중 얼마나 많은 사람이 실제로 실업급여사무소에 등록하는지는 나라마다, 시기마다 달랐다. 실업급여를 다 받았기 때문에 등록할 동기를 상실한 사람들은 군이 실업급여사무소로 가지 않을 것이다. 결국 이 사람들은 실업자에 포함되지 않을 것이다. 실업자에게 충분한 실업수당을 주지 못하는 나라일수록 실업자 규모가 작을 것이며 실업률도 낮게 측정될 것이다.

오늘날 대부분의 부유한 국가는 실업률 계산을 위해 대규모 가계조사를 실시한다. 미국의 경우 이 조사를 **인구동향조사**(Current Population Survey, CPS)라 부르며 인구조사국에서 이 업무를 수행한다. 인구조사국은 매월 6만 가구를 조사한다. 이 조사는 조사 시점에서 직업을 갖고 있으면 취업자로 분류한다. 만약 직업을 갖지 않고 동시에 지난 **4주 동안 직업을 찾기 위해 노력했다면** 실업자로 분류한다. 대부분의 다른 국가도 유사한 실업자 정의를 사용한다. 미국에서 2018년 12월 실시한 CPS 조사에 기초한 추정치를 보면, 평균 1억 5,700만 명이 취업자이고 630만 명이 실업자여서 실업은 6.3/(157 + 6.3) = 3.9%였다.

일자리를 찾는 사람만이 실업자로 계산된다는 점에 주의해야 한다. 직업이 없는데도 직업을 찾지 않는다면 **비경제활동인구**(not in the labor force)로 계산된다. 실업률이 높으면 실업자 중 일

◀ 미국 전체 인구의 표본으로 6만 가구가 선정된다. 따라서 표본은 진체 인구의 싱황에 대한 좋은 추정치를 제공한다.

그림 2-3

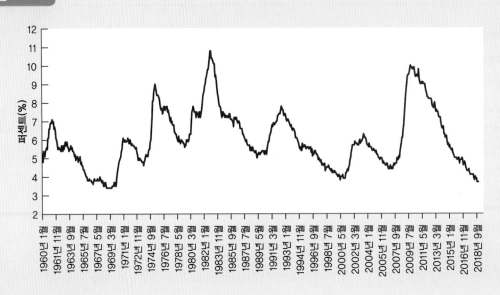

미국의 실업률(1960~2018년)
1960년 이후 미국의 실업률은 3~11% 사이에서 변동해 왔다.

출처 : FRED Series: UNRATE.

부는 일자리 찾는 것을 포기하게 되어 결국 더는 실업자에 포함되지 않는다. 이런 사람을 **실망실업자**(discouraged worker)라 부른다. 극단적인 예를 보자. 만약 직업이 없는 모든 노동자가 직업 찾기를 포기한다면 실업률은 0%일 것이다. 이 문제 때문에 실업률은 노동시장 상황을 적절히 반영하지 못한다. 물론 이 예는 너무 극단적이다. 실제로 성장이 둔화하면 실업률도 증가하고 경제활동을 포기하는 사람도 증가한다. 다시 말해 실업률이 증가하면 통상적으로 **경제활동참가율**(participation rate)의 하락도 병행된다. 여기서 경제활동참가율이란 생산가능인구 대비 경제활동인구의 비율로 정의된다.

실업률과 고용률이 함께 상승 ▶ 했다면 어떤 결론을 내릴 수 있겠는가?

그림 2-3은 1960년 이래 미국에서의 실업률 추이를 보여준다. 1960년 이래 미국 실업률은 3~11%에서 변동을 보여 왔다. 즉 실업률은 경기가 팽창하면 하락하고 경기가 침체하면 상승했다. 최근의 위기에 따른 효과도 볼 수 있다.

경제학자가 실업에 관심을 두는 이유

경제학자는 두 가지 이유 때문에 실업에 관심을 둔다. 첫째, 실업이 실업자의 복지에 직접적인 영향을 미치기 때문에 실업에 유의한다. 오늘날의 실업급여는 과거 대공황기보다 훨씬 좋아졌지만, 실업은 아직도 금전적, 심리적 고통과 종종 관련된다. 고통의 정도는 실업의 속성에 의존한다.

실업과 관련된 하나의 이미지는 장기간 실업자 상태로 남아 있는 사람이 정체의 늪에 빠진 것처럼 보인다는 것이다. 평상시 미국에서 이러한 모습은 사실과 다르다. 매월 많은 사람이 실업자가 되며, 많은 실업자가 직업을 갖게 된다. 실업률이 상승하면 이러한 모습은 더 명확해진다. 더 많은 사람이 실업자가 될 뿐만 아니라 이들 중 많은 수가 장기간 실업에 머문다. 예를 들어 평균 실업기간은 2000~2007년간 평균 16주에서 2011년 40주로 증가했다. 실업률이 높아지면 실업이 더 널리 퍼질 뿐만 아니라 실업자에게도 고통이 가중된다.

둘째, 실업률이 경제에서 자원의 일부가 효율적으로 사용되지 못하고 있음을 알려주기 때문에 경제학자는 실업에 주의한다. 일하고 싶은 많은 노동자가 직업을 얻지 못하고, 경제는 인적자원을 효율적으로 활용하지 못한다. 이 관점에서 볼 때 매우 낮은 실업률도 문제가 될 수 있을까? 당연하다. 너무 빠른 속도로 달리는 엔진과 마찬가지로, 매우 낮은 실업률을 가진 경제의 경우 인적자원을 지나치게 활용하고 있는 셈이고 결국 노동력 부족 문제에 봉착할 수 있다. 얼마나 낮아야 '지나치게 낮다'고 할 수 있을까? 이는 답하기 어려운 질문이지만 2019년 초에는 중요한 문제이다. 현재 실업률은 4% 미만으로, 그림 2-3에서 볼 수 있듯이 역사적으로 낮은 수준이다. 추가 하락을 허용해야 하는지 아니면 현재 수준에서 안정화해야 하는지는 오늘날 연준이 직면한 주요 정책문제 중 하나이다.

◀ 이 주장 때문에 경제학은 '우울한 과학(dismal science)'으로 불리는 것 같다.

2-3 인플레이션율

인플레이션(inflation)은 **물가**(price level)의 지속적인 상승 현상이다. **인플레이션율**(inflation rate)은 물가의 상승률이다. [반대로, **디플레이션**(deflation)은 물가의 지속적인 하락 현상을 말하며 마이너스 인플레이션율에 해당한다.]

실질적 문제는 물가를 어떻게 정의해 인플레이션율을 측정하는지다. 거시경제학자는 일반적으로 GDP 디플레이터와 소비자물가지수 두 가지 **물가 측정치**에 의존한다.

◀ 디플레이션은 드물지만 실제로 발생한다. 미국은 대공황 기간이던 1930년대에 디플레이션을 경험했다(9장 초점상자 참조). 일본은 1990년대 말 이래 디플레이션을 경험하고 있다. 보다 최근에 유로 지역은 짧은 기간이나마 디플레이션을 경험했다.

GDP 디플레이터

앞에서 명목 GDP의 증가가 실질 GDP의 증가나 물가 상승에서 비롯한다고 했다. 다시 말해 명목 GDP가 실질 GDP보다 빨리 증가한다면, 그 차이는 반드시 물가 상승에서 비롯해야 한다.

이 논의는 GDP 디플레이터에 대한 정의를 낳는다. t년도의 **GDP 디플레이터**(GDP deflator) P_t는 t년도의 실질 GDP 대비 명목 GDP의 비율로 정의된다.

$$P_t = \frac{\text{명목 GDP}_t}{\text{실질 GDP}_t} = \frac{\$Y_t}{Y_t}$$

계산 방식에 의해 실질 GDP와 명목 GDP가 일치하는 해(미국은 2012년)의 경우 물가는 1의 값

실업과 행복

실업은 얼마나 고통스러울까? 이 질문에 답하기 위해서는 특정 개인에 관한 정보와 실업 상태에서 이들의 행복이 어떻게 변하는지를 알아야 한다. 이 정보는 독일사회경제패널 조사에서 구할 수 있다. 이 조사는 1984년 이래 매년 약 11,000가구를 추적하며, 가계 구성원의 취업 상태, 소득, 행복에 대해 많은 질문을 던졌다. 행복에 관한 설문조사에서 사용된 질문은 구체적으로 다음과 같다. "현재 당신의 삶에 대해 전반적으로 얼마나 만족합니까?" 대답은 0('완전히 불만족')부터 10('완전 만족')까지로 평가된다.

이 방식으로 정의된 행복에 대한 실업의 효과가 그림 1에 나타나 있다. 이 그림은 1년 동안 실업 상태였고 4년 전과 4년 후에 고용된 사람들의 평균적인 삶의 만족도를 보여준다. 0년도는 실업한 해이고, −1∼−4년은 실업 이전의 해이고, 1∼4년은 다시 고용된 후의 해이다.

그림은 세 가지 결론을 제시한다. 첫 번째이자 가장 중요한 결론은 실업자가 되면 행복이 크게 감소한다는 것이다. 그 정도에 대해 다른 연구들은 실업에 따른 행복의 감소가 이혼이나 별거로 인한 행복의 감소에 가깝다고 한다. 둘째, 실업이 실제로 시작되기 전부터 행복이 감소한다. 이는 노동자가 실업 가능성이 높아진다는 것을 인지하거나 또는 직업 만족도가 점차 감소하고 있음을 나타낸다. 셋째, 실업 기간이 끝나고 4년 후에도 행복은 완전히 회복되지 않는다. 이는 실업 그 자체의 경험 때문에 또는 새로운 직업이 과거 직업만큼 만족스럽지 않기 때문에 실업이 영구적인 손상을 줄 수 있음을 시사한다.

실업에 대처하는 방법을 고려할 때, 실업이 행복을 감소시키는 경로를 이해하는 것이 필수적이다. 이 점에서 한 가지 중요한 발견은 행복의 감소가 실업수당 크기에 크게 의존하지 않는다는 것이다. 즉 실업의 경우 심리문제만큼 금융문제가 행복에 큰 영향을 미치지 않는다는 것이다. 노벨상 수상자 애커로프(George Akerlof)를 인용하면, "실업자는 소득만 상실하는 것이 아니라 인간으로서 기대되는 의무를 다하고 있다는 느낌도 상실한다."[1]

그림 1

실업이 행복에 미치는 영향

출처 : Winkelmann 2014.

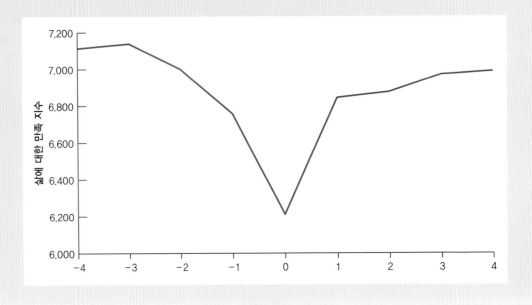

---

1 이 초점상자의 일부 내용(특히 그림)은 다음 출처에서 비롯했다. "Unemployment and Happiness," by Rainer Winkelmann, *IZA World of Labor, 2014*: 94, pp 1-9.

을 갖는다는 점에 주의해야 한다. 이 점은 강조할 필요가 있다. GDP 디플레이터는 **지수**(index number)의 하나이다. 지수의 크기는 임의로 선택되어 2012년은 1과 같은데, 이는 아무런 경제적 의미가 없다. 그러나 그 변화율 $(P_t - P_{t-1})/P_{t-1}$(이하에서는 이를 π_t로 표기)은 분명한 경제적 의미를 갖는다. 이것은 일반 물가의 증가율, 즉 인플레이션율을 말한다.

◀ 기준년의 지수는 종종 1보다는 100으로 둔다. FRED의 GDP 디플레이터 시계열 GDPDEF를 보면 2012년은 기준년으로 그 수치는 100이며 2013년은 101.7이다.

물가를 GDP 디플레이터로 정의할 경우, 정의에 의해 **명목** GDP, **실질** GDP, GDP 디플레이터 간에는 단순한 관계가 성립한다.

$$명목\ GDP = P_t Y_t$$

즉 **명목** GDP는 GDP 디플레이터에 실질 GDP를 곱한 것과 같다. 또는 변화율로 나타내면 명목 GDP 증가율은 인플레이션율에 실질 GDP 증가율을 더한 값과 같다.

◀ 2012년 자동차 가격을 공통가격으로 해 실질 GDP를 계산했던 2-1절의 자동차 예로 돌아가서 2011년부터 2012년까지 그리고 2012년부터 2013년까지의 GDP 디플레이터와 인플레이션율을 구하라. 수준변수에서 변화율을 계산하려면 이 책 부록 2의 명제 7을 참조하라.

소비자물가지수

GDP 디플레이터는 산출, 즉 한 국가 내에서 **생산된** 최종재화의 평균가격을 나타낸다. 그러나 소비자들은 소비재, 즉 자신이 소비하는 재화의 평균가격에 관심이 있다. 이 두 가격이 같을 필요는 없다. 한 국가에서 생산되는 재화의 종류와 소비자가 구입하는 재화의 종류는 두 가지 이유로 같지 않다.

■ GDP에 포함된 일부 재화는 소비자가 아니라 기업(예 : 공작 기계), 정부 또는 외국인에게 판매된다.

■ 소비자가 구입하는 일부 재화는 국산품이 아니라 외국에서 수입된 것이다.

소비의 평균가격 또는 **생계비**(cost of living)를 측정하기 위해서 거시경제학자는 또 다른 지수인 **소비자물가지수**(Consumer Price Index, CPI)를 살펴본다. 미국의 경우 CPI는 1917년부터 사용되기 시작했으며 매월 발표된다. (참고로 GDP와 GDP 디플레이터는 분기별로 계산되고 발표된다.)

◀ CPI와 PPI(생산자물가지수, producer price index)를 혼동하지 말라. PPI는 국내 제조업, 광업, 농업, 어업, 임업, 전기 생산업에서 생산된 재화의 물가지수이다.

CPI는 특정한 재화와 용역 목록의 달러 표시 비용의 변화를 보여준다. 소비지출의 상세한 연구에 기초한 이 목록은 전형적인 도시 소비자의 소비 바구니를 나타내며 대체로 2년마다 한 번씩 갱신된다.

미국의 경우 매월 노동통계청(Bureau of Labor Statistics, BLS) 직원들이 상점을 방문해 목록에 있는 재화의 가격에 어떤 변화가 생겼는지를 살펴본다. 가격은 38개 노시, 211개 항목을 내상으로 수집된다. 이어서 이 가격들은 CPI를 계산하는 데 사용된다.

GDP 디플레이터(총산출인 GDP와 관련된 물가)와 마찬가지로 CPI 역시 지수이다. 소비자물가지수는 기준으로 선택된 기간에서는 100의 값을 갖는다. 이런 점에서 소비자물가지수의 절대적 수준은 특별한 의미가 없다. 미국의 경우 현재의 기준 기간은 1982~1984년이고 이 기간에 대한 소비자물가지수 평균은 100이다. 2018년 소비자물가지수는 250이었는데, 이는 동일한 소비 바구

왜 이렇게 이상해 보이는 기준년을 선택했는지 묻지 않길 바란다. 아무도 기억하지 못하고 ◀ 있는 것 같다.

니를 구매하기 위해 1982~1984년의 기간보다 대체로 2.5배 더 비용이 든다는 것을 말해준다.

그렇다면 GDP 디플레이터로 계산되느냐 아니면 CPI로 계산되느냐에 따라 인플레이션율이 달라질 수 있을까? 이에 대한 답이 두 방식으로 계산된 1960년 이래 미국의 인플레이션율을 보여주는 그림 2-4에 나타나 있다. 이 그림은 두 가지 결론을 제시한다.

■ CPI와 GDP 디플레이터가 대부분 함께 움직인다. 연도별 인플레이션율을 비교해보면 두 인플레이션율은 대부분 1% 미만의 차이를 보인다.

■ 그러나 분명한 예외도 있다. 1979년과 1980년에 CPI 증가율은 GDP 디플레이터 증가율보다 상당히 컸다. 그 이유를 어렵지 않게 찾을 수 있다. GDP 디플레이터는 국내에서 **생산된** 재화의 가격이며, CPI는 국내에서 **소비된** 재화의 가격이다. 즉 수입재 가격이 국산재 가격에 비해 상승하면 CPI가 GDP 디플레이터보다 더 빨리 상승한다. 1979년과 1980년에 바로 이 일이 발생했다. 유가가 2배가 되었다. 미국도 산유국이지만, 국내 생산규모는 국내 소비규모의 절반밖에 안 된다. 미국은 여전히 주요 원유수입국이다. 따라서 CPI는 GDP 디플레이터보다 더 빠르게 상승했다.

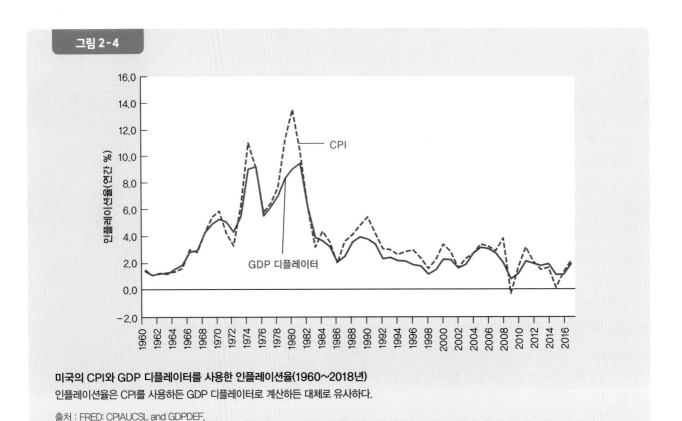

그림 2-4

미국의 CPI와 GDP 디플레이터를 사용한 인플레이션율(1960~2018년)
인플레이션율은 CPI를 사용하든 GDP 디플레이터로 계산하든 대체로 유사하다.

출처 : FRED: CPIAUCSL and GDPDEF.

이제부터는 논의의 편의를 위해 두 지수가 함께 움직인다고 가정할 것이다. 다시 말해 두 지수의 차이를 애써 구별하지 않도록 하자. 두 지수는 똑같이 **물가**라 할 것이고 P_t로 표기할 것이다.

경제학자는 왜 인플레이션에 유념하는가

높은 인플레이션이 모든 가격과 임금이 비례적으로 상승한 결과라면[이런 경우를 순수 **인플레이션** (pure inflation)이라 부른다], 인플레이션은 단지 약간의 불편함에 그칠 것이다. 재화 간의 상대가격은 변하지 않았기 때문이다.

예를 들어 노동자의 **실질임금**, 즉 화폐가 아닌 재화 단위로 측정한 임금을 생각해보자. 물가상승률이 2%이고 임금상승률이 4%이므로 생산성 증가를 반영해 실질임금이 매년 2%씩 증가한다고 가정하자. 이제 대신 물가상승률이 4%이고 임금상승률이 6%였다고 가정해보자. 실질임금은 여전히 6% − 4% = 2%로 증가할 것이다. 즉 인플레이션이 높아져도 실질임금(또는 기타 상대가격)에는 영향을 미치지 않는다. 하지만 인플레이션이 전혀 무관한 것은 아닐 것이다. 사람들은 의사결정을 하려면 계속 가격과 임금이 상승하는 상황을 추적해야 한다.

그렇다면 경제학자는 왜 인플레이션에 유념할까? 바로 이 세상에 순수한 인플레이션이라는 것은 없기 때문이다.

- 인플레이션 기간 동안 모든 가격과 임금이 비례적으로 상승하지는 않는다. 그렇지 않기 때문에 인플레이션은 소득 분배에 영향을 미친다. 예를 들어 많은 국가에서 은퇴한 사람들은 물가 상승에도 불구하고 이전과 동일한 연금을 받기 때문에 인플레이션이 심화하면 다른 집단에 비해 손해를 본다. 미국의 경우 이런 일이 생겨나지는 않는다. 소비자물가지수가 상승하면 사회보장급여도 그에 따라 자동적으로 인상되어 퇴직자를 보호하기 때문이다. 그러나 예를 들어 1990년대 러시아에서 생겨났던 매우 높은 인플레이션 기간 동안 퇴직연금은 인플레이션을 따라가지 못했다. 결국 많은 퇴직자가 거의 기아 상태로까지 몰릴 수밖에 없었다.
- 인플레이션으로 인한 왜곡은 그뿐만이 아니다. 상대가격 변동은 불확실성을 증폭시켜 투자와 같은 미래에 관한 의사결정을 더욱 어렵게 만든다. 어떤 가격은 규제에 의해 고정되어 다른 가격에 비해 상승이 지연되고 결국 상대가격의 변화가 발생한다. 한편 조세제도는 인플레이션과 상호작용하며 더 심한 왜곡을 야기한다. 세금을 부과하는 기준이 되는 소득이 인플레이션에 따라 조정되지 않는다면, 실질소득은 똑같은데 명목소득이 증가한다는 이유만으로 더 많은 세금을 내야만 하는 소득세층으로 옮겨 가게 된다. ◀

만약 인플레이션이 그렇게 나쁘다면, 디플레이션(음의 인플레이션)은 좋다는 것일까? 그렇지 않다. 우선 높은 디플레이션(높은 음의 인플레이션율)은 경제적 왜곡부터 불확실성의 증폭까지 높은 인플레이션이 낳는 것과 동일한 문제를 상당수 야기한다. 둘째로, 나중에 4장에서 보겠지만 낮은 수준의 디플레이션조차도 통화정책 당국이 산출에 영향을 미칠 수 있는 능력을 제한한다. 그

이는 (납세자의) 세율 등급의 *점진적 상승*(bracket creep)으로 알려져 있다. 미국에서 세율 등급은 인플레이션율에 따라 자동적으로 조정된다. 만약 인플레이션율이 5%이면, 모든 세율 등급 역시 5% 상승한다. 다시 말해 세율 등급의 점진적 상승은 없다. 대조적으로, 1970년대 후반 인플레이션율이 평균 17%였던 이탈리아에서는 소득세 면제율이 소득세의 거의 9%p에 달하는 수준으로 상승했다.

신문에서는 때때로 디플레이션과 경기침체를 혼동한다. 이들은 함께 진행될 수도 있지만 같은 것은 아니다. 디플레이션은 물가 하락을 의미하며, 경기침체는 실질산출의 하락을 의미한다.

23장에서 상이한 수준의 인플레이션율의 장단점을 살펴본다. ▶

렇다면 어떤 수준이 '최선의' 인플레이션율일까? 대다수 거시경제학자는 최선의 인플레이션율은 1~4% 정도의 낮고 안정적인 인플레이션율이라고 믿고 있다.

2-4 산출, 실업, 인플레이션율 : 오쿤의 법칙과 필립스 곡선

지금까지 국민경제의 전체 활동을 경제성장률, 실업률, 인플레이션의 세 가지 측면으로 나누어 보았다. 분명히 이들은 서로 독립적인 것은 아니며, 이 책의 많은 부분에서 이들 간의 관계를 자세히 분석할 것이다. 하지만 일단 잠시 살펴보면 유용할 것이다.

오쿤의 법칙

오쿤(Arthur Okun)은 1960년대에 미국 케네디 대통령의 경제자문위원회에서 활동했다. 물론 오쿤의 법칙은 법률이 아니라 실증적 규칙성이다.

직관적으로 경제성장률이 높다면 실업률은 감소할 것인데, 이는 실제로 그렇다. 미국 경제학자 오쿤(Arthur Okun)이 이 관계를 처음 검토해 **오쿤의 법칙**(Okun's law)이라고 알려졌다. 그림 2-5는 2000년 1분기 이후 미국을 대상으로 수평축에 경제성장률, 수직축에 실업률의 변화를 나타내고 있다. 아울러 그림의 점들을 가장 잘 설명하는 직선을 추가했다. 직선은 두 가지 결론을 제시한다.

한 변수의 값과 그 변수에 대응하는 다른 변수의 값을 동시에 나타내는 그림을 산포도(散布度, scatter plot)라 한다. 직선은 회귀선(regression line)이라 한다. 회귀에 대한 더 자세한 내용은 부록 3을 참조하라. ▶

■ 직선은 우하향하며 전체 점을 상당히 잘 설명한다. 경제학 용어로 말하면, 두 변수 간에 긴밀한 상관관계가 존재한다. 즉 경제성장률의 증가는 실업률 하락으로 이어진다. 직선의 기울기는 −0.3이다. 이는 경제성장률이 1% 상승하면 평균적으로 실업률은 0.3% 하락할 것임을 시사한

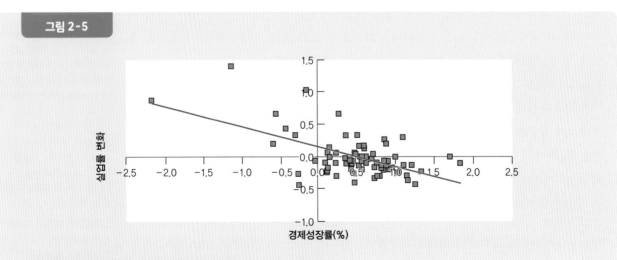

그림 2-5

미국에서의 실업률 변화와 경제성장률(2000년 1분기~2018년 4분기)
통상적인 경우보다 높아진 경제성장률은 실업률 하락과 관련된다. 통상적인 경우보다 낮아진 경제성장률은 실업률 상승과 관련된다.

출처 : FRED Series GDPC, UNRATE.

다. 이것이 바로 실업률이 경기침체기에 증가하고, 경기팽창기에 감소하는 이유이다. 이 관계는 단순하지만 중요한 시사점을 준다. 실업률을 감소시키는 열쇠는 충분히 높은 경제성장률이다.

■ 분기별 경제성장률이 대체로 0.5%와 일치할 때 또는 연간 경제성장률이 2%일 때 직선은 수평 선과 교차한다. 경제학 용어로 말하면, 실업률을 일정하게 유지하려면 약 2%의 경제성장률이 필요하다는 것이다. 이는 두 가지 이유 때문이다. 첫째, 인구 그리고 그에 따라 생산가능인구가 점차 증가하므로 고용 역시 점차 증가해야 실업률이 일정하게 유지된다. 둘째, 노동자 1인당 산 출 역시 점차 증가하므로 경제성장률은 고용 증가율보다 높아야 한다. 예를 들어 생산가능인구 가 1%로 증가하고 1인당 산출이 1%로 증가한다고 하자. 이 경우 실업률을 일정하게 유지하기 위해서는 경제성장률이 2%(1% + 1%)가 되어야 한다.

필립스 곡선

오쿤의 법칙은 경제성장이 충분하다면 실업률을 매우 낮은 수준으로 낮출 수 있음을 시사한다. 그 러나 직관적으로 실업률이 매우 낮아질 때 경제는 과열될 가능성이 높고, 이는 인플레이션 상승 압력으로 이어질 것이다. 그리고 대체로 이것은 사실이다. 이 관계는 뉴질랜드 경제학자 필립스 (A. W. Phillips)가 1958년에 처음 지적해 **필립스 곡선**(Phillips curve)이라 불린다. 필립스는 실 업률과 인플레이션율을 그림으로 나타냈다. 그림 2-6은 수직축에 분기별 **근원 인플레이션**(core inflation rate, 식량, 에너지 등의 변동성 물가를 제외한 물가상승률)을, 수평축에 실업률을 표시 하고 2000년 1분기 이후 미국의 분기별 데이터를 가장 잘 설명하는 직선을 추가하며 동일한 작업 을 한 것이다. 그림은 다시 두 가지 결론을 제시한다.

◀ 필립스 관계(Phillips relation) 가 더 적절한 이름이겠지만 바 꾸기에는 너무 늦었다.

■ 직선은 오쿤의 법칙만큼 긴밀하지는 않지만 우하향한다. 즉 높은 실업률은 평균적으로 인플레 이션율 감소로 이어진다. 낮은 실업률은 인플레이션율 증가로 이어진다. 그러나 이것은 평균적 으로만 그렇다. 8장에서 보겠지만, 필립스 곡선 관계는 오쿤의 법칙만큼 긴밀하지 않을 뿐만 아 니라 시간이 지남에 따라 변화해 인플레이션과 실업을 모두 걱정해야 하는 중앙은행의 업무가 심각하게 복잡해졌다.

■ 회귀선을 사용해 주어진 인플레이션율과 관련된 실업률을 계산할 수 있다. 예를 들어 이 선은 연준을 비롯한 많은 중앙은행이 현재 목표 인플레이션율을 2%로 맞추기를 원한다면 실업률이 대체로 5%에 달해야 한다는 것을 시사한다. 경제적 측면에서 실업률이 5%를 밑돌았던 2000년 이후 인플레이션은 일반적으로 2% 이상이었다. 실업률이 5% 이상일 때 인플레이션은 일반적 으로 2% 미만이었다. 그러나 다시 말하지만, 그 관계는 필요한 실업률을 정확하게 고정할 수 있을 만큼 긴밀하지 않다. 실제로 집필 당시 실업률은 4% 미만이고 근원 인플레이션은 2.2%로 2%를 약간 웃돌고 있다.

분명히 성공적인 경제는 높은 경제성장률, 낮은 실업률, 낮은 인플레이션율이 결합된 경제이다. 이들 목표를 모두 동시에 달성할 수 있을까? 낮은 실업률이 낮지만 안정적인 인플레이션과 양립할

그림 2-6

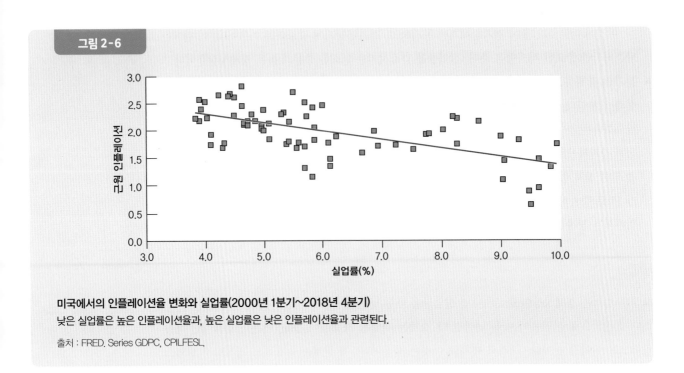

미국에서의 인플레이션율 변화와 실업률(2000년 1분기~2018년 4분기)
낮은 실업률은 높은 인플레이션율과, 높은 실업률은 낮은 인플레이션율과 관련된다.

출처 : FRED, Series GDPC, CPILFESL.

수 있는가? 정책 당국은 낮은 인플레이션율을 유지하면서 성장을 지속하고 낮은 실업률도 동시에 달성할 수 있는 정책수단을 갖고 있는가? 이 책 전체에 걸쳐 이 질문들이 다루어질 것이다. 이어지는 두 절은 이 책에서 다룰 내용에 관한 개요이다.

2-5 단기, 중기, 장기

무엇이 한 경제의 총산출 수준을 결정할까? 다음 세 가지 답을 고려할 수 있다.

■ 신문기사를 보면 첫 번째 답이 떠오른다. 산출 변화는 수요의 변화에 기인한다. 다음과 같이 시작하는 신문기사를 본 적이 있을 것이다. "소비자 신뢰의 급등으로 소비자들의 자동차 대리점 방문 횟수는 신기록을 기록했고 자동차 생산과 매출이 지난달에 더 커졌다." 이러한 이야기는 총산출을 결정하는 데 있어 수요가 하는 역할을 부각시킨다. 이들은 수요에 영향을 미치는 요인, 예를 들어 소비자 신뢰부터 이자율까지 다양한 요인을 지적한다.

■ 그러나 인도에서 아무리 많은 인도인이 자동차 대리점에 나타난다 해도 인도의 산출 규모가 미국의 산출 수준까지 증가할 수는 없다. 이는 두 번째 답변으로 이어진다. 총산출과 관련된 논의에서 중요한 것은 공급 측면, 즉 한 나라에서 얼마나 많은 재화를 생산할 수 있느냐이다. 얼마나 많이 생산할 수 있는지는 그 국가의 기술이 얼마나 발전해 있고, 얼마나 많은 자본 설비와 노

동자의 능력이 사용되고 있는지에 달렸다. 소비자 신뢰가 아닌 바로 이러한 요소들이 한 나라의 산출 수준을 결정하는 근본적인 요인이다.

- 이제 이 주장은 한 단계 더 나아갈 수 있다. 기술이나 자본, 숙련도 중 그 무엇도 주어진 것은 아니다. 한 나라의 기술적 정교함은 신기술을 혁신하고 도입하는 능력에 달려 있다. 한 나라의 자본 규모는 사람들이 얼마나 많이 저축하는지에 달려 있다. 노동자의 숙련도는 교육시스템의 질에 의존한다. 다른 요인도 마찬가지로 중요하다. 예를 들어 기업이 효율적으로 경영되려면 기업이 지켜야 할 법률체계가 분명해야 하며 이 법률을 집행하는 정부 역시 정직해야 한다. 이 논의는 세 번째 답변으로 이어진다. 즉 산출의 진정한 결정 요인은 그 국가의 교육시스템, 저축률, 정부의 특성과 같은 것이다. 만약 산출 수준을 결정하는 요인을 이해하고 싶다면 이 요인들을 살펴보아야 한다.

이 시점에서 이들 세 가지 답 중 무엇이 옳은 것일지 고민스러울 것이다. 사실 세 답변이 모두 맞다. 그러나 각각은 다른 기간에 대해 적용되어야 한다. ◀ 이 세 가지 내용이 이 책에서 가장 중요한 교훈이다.

- 2년 등 **단기**(short run)에 있어서는 첫 번째 답변이 적절하다. 산출의 연간 변화는 주로 수요 변화에 의해 주도된다. 수요 변화, 이를테면 소비자 신뢰의 변화나 다른 요인들의 변화에 따른 수요 변화는 산출 감소(경기침체)나 산출 증가(경기팽창)로 이어질 수 있다.
- 10년과 같은 **중기**(medium run)에 있어서는 두 번째 답변이 적절하다. 중기에 경제는 자본 규모, 기술 수준, 노동력 규모와 같은 공급 요인에 의해 결정되는 산출 수준으로 복귀하는 경향이 있다. 아울러 10여 년 동안 이들 요인의 변화는 매우 느리기 때문에 변하지 않는다고 간주할 수 있다.
- 20~30년 또는 그 이상의 **장기**(long run)에는 세 번째 답변이 적절하다. 1980년 이래 중국이 미국보다 빠른 속도로 성장했는지를 이해하기 위해서는 왜 중국의 자본 및 기술 수준이 미국에 비해 그렇게 더 빠르게 증가했는지를 설명해야 한다. 이를 위해서 주목할 요인들은 교육체계, 저축률, 정부의 역할 등이다.

산출 결정 요인에 대한 이러한 사고방식은 거시경제학의 기초가 되며 이 책의 구성도 이에 기초하고 있다.

2-6 책으로의 여행

이 책은 핵심 모형, 두 가지 확장 모형, 거시경제정책의 역할에 관한 논의 총 3부로 나뉜다. 책의 구성은 그림 2-7에 나타나 있다. 이를 좀 더 상세히 살펴보자.

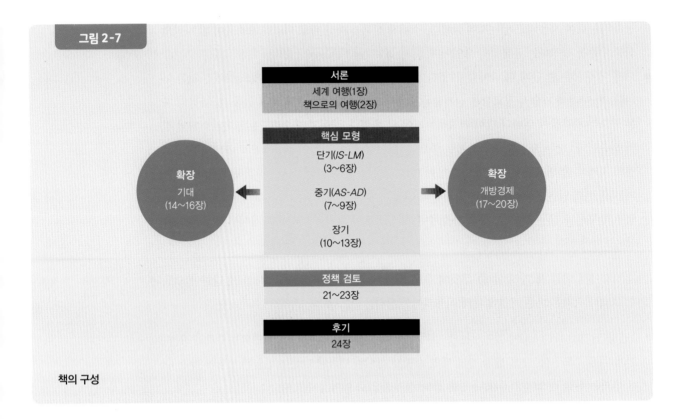

그림 2-7

책의 구성

핵심 모형

핵심 모형은 단기, 중기, 장기의 세 부분으로 나뉜다.

- 3~6장에서는 단기에 산출이 어떻게 결정되는지 살펴본다. 수요의 역할에 초점을 맞추기 위해 기업은 주어진 가격에서 어떤 산출 규모라도 모두 공급하려 한다고 가정한다. 다시 말해 공급상 제약은 존재하지 않는다. 3장은 수요가 산출 수준을 어떻게 결정하는지 본다. 4장은 통화정책이 금리 수준을 어떻게 결정하는지 본다. 5장은 3장과 4장에서 수요가 금리에 의존하도록 허용하고, 산출결정에 있어서 통화정책과 재정정책의 역할을 본다. 6장은 보다 포괄적인 금융시스템을 도입해 모형을 확장한 뒤 최근 금융위기 동안 발생한 현상들을 설명한다.

- 7~9장은 공급 측면을 발전시키고 중기 산출결정을 살펴본다. 7장은 노동시장을 도입한다. 8장은 그 위에서 인플레이션과 실업의 관계를 도출한다. 9장은 모든 논의를 모아 단기와 중기 모두에서의 산출, 실업, 인플레이션의 결정을 살펴본다.

- 10~13장은 장기에 초점을 맞춘다. 10장은 산출의 증가 또는 경제성장에 관한 각국의 오랜 시간에 걸친 경험을 살펴보며 관련 사실을 소개한다. 11장과 12장은 자본 축적과 기술진보가 어떻게 성장을 결정하는지를 논의한다. 13장은 불평등에서 지구 온난화에 이르기까지 성장에 대한 도전 과제를 살펴본다.

확장 모형

핵심 모형은 단기, 중기, 장기에 있어 산출(그리고 실업과 인플레이션)이 어떻게 결정되는지에 관한 사고방식을 제공한다. 그러나 이 모형은 상당 부분을 누락하고 있으므로 두 가지 방향으로 확장한다.

- 기대는 거시경제학에서 핵심적 역할을 한다. 자동차 매입이든 채권과 주식 간의 선택이든 또는 새로운 공장의 설립이든 거의 모든 의사결정은 미래의 이익, 미래의 이자율 등에 관한 기대에 기초한다. 재정 및 통화정책은 직접적 효과뿐만 아니라 사람과 기업의 기대에 대해 간접적 영향을 통해 경제활동에 영향을 미친다. 핵심 모형에서 이들 문제를 다루었지만, 14~16장은 이를 더 자세히 다루고 재정 및 통화정책에 대한 시사점을 살펴본다.
- 핵심 모형은 다른 나라와의 상호작용이 무시된 **폐쇄**경제를 중심으로 분석한다. 그러나 사실은 경제가 점점 **개방**되어 각국 상호 간에 재화, 서비스, 금융자산이 거래되고 있다. 결국 각국은 더욱더 상호 의존적으로 변모하고 있다. 이러한 상호 의존성의 특성과 통화 및 재정정책에 대한 시사점이 17~20장까지의 주제이다.

정책 검토

이 책의 거의 대부분 장이 통화정책과 재정정책을 논의한다. 그러나 핵심 모형과 확장 모형을 다루고 나면 되돌아가 정책의 역할을 평가하기 위해 모든 것을 다시 모아 볼 필요가 있다.

21장은 정책에 관한 일반적 문제를 다룬다. 예를 들어 거시경제학자는 정책을 안정화 수단으로 사용하기에 충분할 정도로 경제의 작동 방식을 알고 있는지 살펴본다. 아울러 정책 당국이 적절한 정책을 시행하는 데 있어 믿을 만한지도 다룬다.

22~23장은 통화 및 재정정책의 역할을 다룬다.

후기

거시경제학은 고정된 지식체계가 아니다. 시간이 지남에 따라 진화한다. 마지막 24장은 거시경제학의 역사를 다루며 어떻게 거시경제학자가 오늘날과 같은 사고체계를 갖게 되었는지 살펴본다. 통상적으로 거시경제학자는 '케인지언', '통화주의자', '새로운 고전학파', '공급 중시 경제학자' 등 여러 학파로 분할된 분야로 그려진다. 그러나 그런 이미지와 달리 거시경제학에 있어 실제 연구 과정은 보다 질서정연하고 생산적이다. 이 장에서는 거시경제학자 간의 주요한 차이점을 구별해 내는 한편, 오늘날 거시경제학의 핵심을 정의하는 일련의 명제를 밝힌다.

요약

- 총산출의 측정치인 GDP는 세 가지 대등한 방식으로 정의할 수 있다. (1) GDP는 주어진 기간 동안 경제 내에서 생산된 최종재화와 용역의 가치이다. (2) GDP는 주어진 기간 동안 경제에서 부가된 가치의 합계이다. (3) GDP는 주어진 기간 동안 경제 내에서 발생한 소득의 합계이다.

- 명목 GDP는 최종재들의 생산량에 각각의 현재 가격을 곱한 뒤 합한 것이다. 이것은 명목 GDP의 변화가 수량 변화와 가격 변화를 동시에 반영한다는 것을 의미한다. 실질 GDP는 산출의 측정치이다. 실질 GDP의 변화는 수량 변화만을 반영한다.

- 직업이 없어 구직 중인 개인은 실업자로 분류된다. 실업률은 경제활동인구(노동력) 대비 실업자 수의 비율이다. 경제활동인구는 취업자 수와 실업자 수의 합이다.

- 경제학자가 실업에 주의를 기울이는 것은 실업이 낳는 인간적 비용 때문이다. 경제학자는 경제가 그 자원을 얼마나 효율적으로 사용하는지에 관한 신호를 제공하기 때문에 실업을 살펴본다. 높은 실업률은 경제가 인적자원을 효율적으로 사용하고 있지 못함을 보여준다.

- 인플레이션은 일반적 가격 수준, 즉 물가의 지속적 상승을 말한다. 인플레이션율은 물가가 상승하는 속도이다. 거시경제학자는 물가의 두 가지 측정치를 살펴본다. 첫째는 GDP 디플레이터로서 경제 내에서 생산된 재화의 평균가격이다. 둘째는 소비자물가지수(CPI)로서 경제 내에서 소비된 재화의 평균가격이다.

- 인플레이션은 소득 분배를 변화시킨다. 아울러 왜곡과 불확실성의 증가도 낳는다.

- 산출, 실업, 인플레이션 간에는 두 가지 중요한 관계가 있다. 첫째는 오쿤의 법칙으로 경제성장률과 실업률 변화의 관계이다. 높은 경제성장률은 일반적으로 실업률의 감소를 낳는다. 둘째는 필립스 곡선으로 실업률과 인플레이션율 변화의 관계이다. 낮은 실업률은 일반적으로 인플레이션율 증가로 이어진다.

- 거시경제학자는 단기(수년), 중기(10년), 장기(20~30년 이상)를 구별한다. 단기에 산출은 수요에 의해 결정된다. 중기에 산출은 기술 수준, 자본 축적, 노동력에 의해 결정된다. 장기에 산출은 교육, 연구, 저축, 정부의 질 등과 같은 요인에 의해 결정된다.

핵심 용어

경기침체(recession)

경기팽창(expansion)

경상 GDP(GDP in current dollars)

경제성장률(GDP 성장률, GDP growth)

경제활동인구(labor force)

경제활동참가율(participation rate)

국내총생산(gross domestic product, GDP)

국민소득과 생산계정(national income and product accounts, NIPA)

국민총생산(gross national product, GNP)

근원 인플레이션(core inflation)

단기(short run)

디플레이션(deflation)

명목 GDP(nominal GDP)

물가(price level)

부가가치(value added)

비경제활동인구(not in the labor force)

생계비(cost of living)

소비자물가지수(Consumer Price Index, CPI)

실망실업자(discouraged workers)

실업률(unemployment rate)

실업자 수(unemployment)

실질 GDP(real GDP)

연쇄 (2012년 기준) 실질 GDP[real GDP in chained (2012) dollars]

오쿤의 법칙(Okun's law)

인구동향조사(Current Population Survey, CPS)

인플레이션(inflation)

인플레이션율(inflation rate)

장기(long run)

재화로 표시한 GDP(GDP in terms of goods), 불변 GDP(GDP constant dollars), 인플레이션 조정 GDP(GDP adjusted for inflation), 2012년 기준 실질 GDP(GDP in 2012 dollars)

중간재(intermediate good)

중기(medium run)

지수(index number)

총산출(aggregate output)

최종재(final good)

취업자 수(employment)

필립스 곡선(Phillips curve)

헤도닉 가격 책정(hedonic pricing)

1인당 실질 GDP(real GDP per person)

GDP 디플레이터(GDP deflator)

연습문제

기초문제

1. 이 장의 내용에 기초해 다음에 대해 '사실', '거짓', '불확실' 여부를 밝히고 그 이유를 간단히 설명하라.

    a. 2018년 미국 GDP는 1960년에 비해 38배 더 크다.

    b. 실업률이 높으면 경제활동참가율도 높을 가능성이 크다.

    c. 실업률은 경기팽창기에 하락하고 경기침체기에 상승한다.

    d. 현재 일본의 CPI가 108이고 미국의 CPI가 104라면, 일본의 인플레이션율은 미국의 인플레이션율보다 높다.

    e. CPI를 사용해 계산된 인플레이션율은 GDP 디플레이터를 사용해 계산된 인플레이션율보다 더 양호한 인플레이션 지수이다.

    f. 오쿤의 법칙은 경제성장률이 정상 수준보다 낮아지면 실업률이 상승하는 경향이 있음을 보여준다.

    g. 음(−)의 경제성장률이 나타나는 시기를 경기침체라 한다.

    h. 경제가 정상적으로 작동하면 실업률은 0%이다.

    i. 필립스 곡선은 물가 수준과 실업률 수준의 관계이다.

2. 경제 내에서 생산된 모는 새화와 용역의 최종 가치를 합산해 미국 GDP를 측정하려 한다고 하자. 다음 거래가 GDP에 미치는 파급효과를 결정하라.

    a. 해산물 식당에서 어부로부터 물고기를 100달러어치 구입한다.

    b. 어떤 가족이 해산물 식당에서 저녁 식사에 100달러를 지출한다.

    c. 델타항공이 보잉으로부터 새로운 제트기를 2억 달러에 구입한다.

    d. 그리스국립항공이 보잉으로부터 새로운 제트기를 2억 달러에 구입한다.

    e. 델타항공이 제트기 한 대를 제니퍼 로렌스에게 1억 달러에 매각한다.

3. 어떤 해에 다음 활동이 발생했다.

    i. 은을 채굴하는 회사는 노동자가 은을 75파운드 채굴하면 20만 달러를 지불한다. 이 은은 귀금속 제조업체에 30만 달러에 팔린다.

    ii. 귀금속 제조업체는 은목걸이를 제조한 노동자에게 25만 달러를 지급한다. 은목걸이는 소비자에게 100만 달러에 팔린다.

    a. '최종재 생산' 접근 방식을 사용하면 이 경제의 GDP는 얼마인가?

    b. 각 생산 단계에서 부가된 가치는 무엇인가? '부가가치' 접근 방식을 사용하면 GDP는 얼마인가?

    c. 벌어들인 총임금과 이윤은 얼마인가? 소득 접근 방식을 사용하면 GDP는 얼마인가?

4. 경제에서 자동차, 컴퓨터, 오렌지의 세 가지 재화를 생산한다. 2012년과 2013년 단위당 수량과 가격은 다음과 같다.

	2012년		2013년	
	수량	가격(달러)	수량	가격(달러)
자동차	10	2,000	12	3,000
컴퓨터	4	1,000	6	500
오렌지	1,000	1	1,000	1

a. 2012년과 2013년 명목 GDP는 얼마인가? 2012년 대비 2013년 명목 GDP는 몇 % 변화했는가?

b. 2012년 가격을 공통가격으로 사용하면 2012년과 2013년의 실질 GDP는 얼마인가? 2012년 대비 2013년 실질 GDP는 몇 % 변화했는가?

c. 2013년 가격을 공통가격으로 사용하면 2012년과 2013년의 실질 GDP는 얼마인가? 2012년 대비 2013년 실질 GDP는 몇 % 변화했는가?

d. 왜 (b)와 (c)에서 계산한 두 경제성장률이 상이한가? 어떤 것이 정확한가? 답을 설명하라.

5. 4번 문제에서 설명한 경제를 고려하자.

a. 2012년 가격을 2012년과 2013년의 공통가격으로 사용해 2012년과 2013년의 실질 GDP를 계산하는 데 사용한다고 하자. 2012년과 2013년에 대한 GDP 디플레이터를 계산하라. 그리고 2012년 대비 2013년의 인플레이션율을 계산하라.

b. 2013년 가격을 2012년과 2013년의 공통가격으로 사용해 2012년과 2013년의 실질 GDP를 계산하는 데 사용한다고 하자. 2012년과 2013년에 대한 GDP 디플레이터를 계산하라. 그리고 2012년 대비 2013년의 인플레이션율을 계산하라.

c. 왜 위의 두 인플레이션율은 상이한가? 어떤 것이 정확한가? 답을 설명하라.

6. 4번 문제에서 설명한 경제를 고려하자.

a. 2년에 걸친 각 재화의 평균가격을 사용해 2012년과 2013년 실질 GDP를 계산하라.

b. 2012~2013년간 실질 GDP는 몇 % 증가했는가?

c. 2012년과 2013년 GDP 디플레이터를 계산하라. 계산한 GDP 디플레이터를 이용해 2012~2013년 인플레이션율을 계산하라.

d. 이 방법이 4번과 5번 문제에서 지적한 문제(즉 사용된 공통가격의 종류에 따라 두 가지 상이한 성장률과 인플레이션율이 나타나는 문제)에 대한 적절한 해법인가? (답은 '그렇다'이며 이것이 바로 연쇄 유형의 디플레이터를 계산하는 이유이다. 더 자세한 논의는 이 장의 부록을 참조하라.)

7. 소비자물가지수

소비자물가지수는 가계가 소비하는 재화의 평균가격을 나타낸다. 소비자물가지수에는 수천 개의 상품이 포함된다. 여기서는 소비자가 음식(피자)과 석유만을 사는 것으로 가정한다. 아래 표는 미국 경제분석국(Bureau of Economic Analysis)이 소비자물가지수 구성을 위해 수집하는 데이터의 종류를 보여준다. 기준년인 2012년의 경우 구입한 상품의 가격과 수량을 모두 수집한다. 다음 해에는 가격만 수집한다. 매년 경제분석국은 당해 재화의 가격을 수집하고 정확히 동일한 두 개념을 나타내는 물가지수를 구성한다. 당해 연도에 동일한 재화품목을 구매하는 데 기준년에 비해 얼마나 많은 돈이 소요되는가? 당해 연도의 상품 묶음으로 측정한 화폐의 구매력은 기준 연도에 비해 얼마나 하락했는가?

자료 : 2012년 평균적인 주에 경제분석국은 수많은 소비자를 설문조사해서 평균적인 소비자는 매주 피자 2판과 석유 6갤런을 구매한다고 정했다. 각 연도의 피자와 석유 가격은 아래와 같다.

연도	피자 가격(달러)	석유 가격(달러)
2012	10	3
2013	11	3.30
2014	11.55	3.47
2015	11.55	3.50
2016	11.55	2.50
2017	11.55	3.47

a. 2012년에 소비자가 위의 재화 묶음을 구매하는 데 지출한 비용은 얼마인가?

b. 2013년 이후 소비자가 위의 재화 묶음을 구매하는 데 지출한 비용은 얼마인가?

c. 소비자의 연간 구매비용을 지수로 나타내라. 2012년 지수값은 100으로 두라.

d. 지수값을 이용해 2013년 이후 연간 인플레이션율을 계산하라.

다음 표를 채우며 계산하면 도움이 될 것이다.

연도	소비자물가지수 2012년=100	인플레이션율
2012	100	
2013		
2014		
2015		
2016		
2017		

e. 인플레이션율이 마이너스인 해가 있는가? 왜 이런 일이 생겼는가?

f. 2015년에 발생한 인플레이션의 원인은 무엇인가? 이는 2013년과 2014년의 원인과 어떻게 다른가?

g. 2012년에 100달러로 재화 묶음을 얼마나 살 수 있는가? 2017년에는 그 100달러로 재화 묶음을 얼마나 살 수 있는가? 화폐의 구매력 변화율은 얼마인가? 화폐의 구매력 변화율 하락은 2012~2017년 물가지수의 변화와 어떻게 관련되는가?

h. 2013년부터 2015년까지 피자 가격은 변하지 않았지만 석유 가격은 상승했다. 소비자는 이런 변화에 어떻게 반응하겠는가? 2016년에 석유 가격이 하락했다. 이러한 상대가격의 변화는 소비자물가지수를 계산하는 데 어떤 영향을 미치겠는가?

i. 경제분석국이 2017년에 소비자가 주당 평균 피자 2판과 석유 7갤런을 구매한다고 정했다고 하자. 스프레드시트를 사용해서 소비자물가지수를 계산하라. 단, 2017년의 지수값은 100으로 두고, 2017년의 재화 묶음을 사용해 2012년부터 2017년까지의 지수값을 거꾸로 계산하라. 다음 표를 채워라.

연도	소비자물가지수 2017년=100	인플레이션율
2012		
2013		
2014		
2015		
2016		
2017	100	

왜 (d)와 (i) 문제에서 인플레이션율이 조금이나마 다르

게 나타나는가?

8. 거시경제 관계를 사용하라.

a. 오쿤의 법칙은 경제성장률이 정상보다 높아지면 실업률이 하락하는 경향이 있다고 한다. 왜 정상적인 경제성장률은 양(+)의 값을 갖는가?

b. 경제성장률이 2%인 연도와 −2%인 연도 중 실업률이 더 상승한 연도는 언제인가?

c. 필립스 곡선은 인플레이션율의 변화와 실업률 수준의 관계이다. 필립스 곡선에 따르면, 인플레이션율이 상승도 하락도 하지 않는 경우 실업률은 0%인가?

d. 필립스 곡선은 음의 기울기를 가진 직선으로 그려지기도 한다. 그림 2−6에서 기울기는 약 −0.17이다. 기울기가 −0.5로 더 컸다면 더 좋겠는가, 아니면 −0.1로 더 작았다면 좋겠는가?

심화문제

9. 헤도닉 가격 책정

2장의 첫 번째 초점상자에서 설명한 것처럼 특성이 변하는 재화에 대한 가격 상승의 적절한 값을 측정하는 것은 어렵다. 이런 재화의 경우 가격 상승의 일부분은 품질 개선에 기인할 수 있다. 헤도닉 가격 책정은 품질 향상으로 인한 재화의 특성 변화가 반영된 가격 상승, 즉 품질조정(quality-adjusted) 가격 상승을 계산하는 방법을 제공한다.

a. 종합건강검진 서비스의 가격 변화를 측정하기 위해 헤도닉 가격 모형을 사용해야 하는 이유를 설명하라.

이제 임산부의 건강검진을 고려하자. 새로운 초음파 검진법이 도입되었다고 하자. 새로운 검진법을 이용할 수 있는 첫해에 의사들의 절반이 새로운 검진법을 사용하고 나머지 절반은 기존 검진법을 사용한다고 하자. 새로운 검진법은 기존 검진법보다 비용이 10% 더 많이 든다.

b. 퍼센트 기준으로 새로운 검진법은 기존 검진법에 비해 얼마나 품질 향상이 이루어진 것인가? (힌트 : 일부 여성은 기존 방법을 사용하는 의사보다 새로운 방법을 사용하는 의사를 선택한다는 점을 고려하자.)

이제 추가적으로 검진법이 이용 가능하게 된 첫해에 새로운 검진법을 사용한 검진 가격이 (모든 사람이 기존의 방법을 사용한) 전

년의 검진 가격보다 15% 높아졌다고 하자.

c. (전년의 검진과 비교할 때) 새로운 방법을 사용한 검진의 가격 상승 중 얼마가 검진 가격의 상승을 반영하고 얼마가 품질 상승을 반영하는가? 달리 말해, 새로운 검진법을 사용한 검진의 품질조정 가격은 전년의 검진가격에 비해 얼마나 높아졌는가?

많은 경우 (b)와 (c)에서 사용한 종류의 정보는 이용할 수 없다. 예를 들어 새로운 초음파 방법이 도입된 해에 모든 의사가 새 방법을 사용해서 기존 방법이 더 이상 사용되지 않는다고 하자. 이와 더불어 새 방법이 도입된 해에 검진 가격은 (모든 사람이 기존 방법을 사용했던) 전년의 검진가격에 비해 15% 높아졌다고 가정하자. 따라서 검진 가격이 15% 상승했지만, 검진 품질이 좋아졌다고 가정하자.

d. 이 가정하에서 검진의 품질조정 가격 상승을 계산하는 데 필요한 정보가 누락된 것이 있는가? 누락된 정보가 없다 해도 검진의 품질조정 가격 상승에 대해 언급할 수 있는 것은 없는가? 15%를 상회하겠는가, 아니면 15%를 하회하겠는가? 설명하라.

10. 측정된 GDP와 실제 GDP

1시간을 들여 저녁을 준비하는 대신, 1시간 동안 추가로 일을 해서 12달러를 벌기로 했다. 이어서 10달러짜리 중국음식을 배달받았다.

a. GDP 측정치는 얼마나 증가하겠는가?

b. 측정된 GDP의 증가는 일하기로 한 결정이 산출에 미친 파급효과를 정확히 반영하는가? 설명하라.

11. 2000년 경기침체와 2008년 경기침체 비교

거시경제 데이터에 대한 아주 손쉬운 자료원 중 하나가 FRED 데이터베이스이다. 실질 GDP를 측정하는 시계열은 GDPC1으로 각 연도의 분기별 실질 GDP가 계절조정된 연율(SAAR로 표현)이다. 실업률에 대한 월별 시계열은 UNRATE이다. 이 시계열들은 FRED 데이터베이스에서 얻을 수 있다.

a. 1999~2001년 분기별 실질 GDP 데이터와 2007~2009년 분기별 실질 GDP 데이터를 살펴보라. GDP 증가율이 가장 큰 음의 값을 보였던 경기침체는 2000년 경기침체인가, 아니면 2008년 경기침체인가?

b. 실업률 UNRATE 시계열에 따르면 실업률은 2001년 경기침체와 2009년 경기침체 중 언제 더 높았는가?

c. 경기침체 시점을 계산하는 전미경제연구소(National Bureau of Economic Research, NBER)는 2001년 3월에 시작해 2001년 11월에 끝나는 기간을 경기침체로 식별했다. 다음에 생긴 더 긴 경기침체기는 2007년 12월부터 2009년 6월까지였다. 달리 말해 NBER에 따르면 경제는 2001년 11월과 2009년 6월부터 경기회복을 시작했다. (a)와 (b)의 답에 기초해볼 때 노동시장은 GDP만큼 빠르게 회복되었는가? 설명하라.

NBER의 경기침체 시점에 대한 보다 자세한 내용을 보려면 웹페이지 www.nber.org를 방문하라. 이들은 경기침체 시점의 역사와 사용하는 방법도 논의하고 있다.

더 읽을거리

- 1995년에 미국 상원은 CPI를 연구하고 수정 권고안을 만들기 위해 위원회를 구성했다. 위원회는 CPI를 사용해 계산한 인플레이션율이 평균적으로 약 1%p 정도 지나치게 높다고 결론 내렸다. 이 결론이 맞다면 실질임금(명목임금/CPI)이 현재 보고되고 있는 것보다 연간 1% 더 상승했다는 것을 시사한다. 위원회의 결론에 대한 보다 상세한 내용과 이어졌던 의견 교환을 보려면 다음을 참조하라. "Consumer Prices, the Consumer Price Index, and the Cost of Living", by Michael Boskin et al., *Journal of Economic Perspectives*,

1998, 12(1): pp. 3-26.
- 국민계정의 구축에 관한 간단한 역사는 다음을 참조하라. *GDP: One of the Great Inventions of the 20th Century*, Survey of Current Business, January 2000, 1-9(www.bea.gov/scb/pdf/BEAWIDE/2000/0100od. pdf).
- 경제활동의 측정과 관련된 문제들에 대한 논의를 위해서는 다음을 참조하라. Katherine Abraham, "What We Don't Know Could Hurt US; Some Reflections on the Measurement of Economic Activity," *Journal of*

Economic Perspectives, 2005, 19(3): pp. 3–18.

- 물가와 산출을 적절히 측정하기 어려운 이유를 이해하려면 다음을 참조하라. "Viagra and the Wealth of Nations" by Paul Krugman, *New York Times*, August 23, 1998(www. pkarchive.org/ theory/viagra.html). (폴 크루그먼은 노벨 상 수상자이며 뉴욕타임스의 칼럼니스트이다. 그의 칼럼은 의견이 분명하고 통찰력 있으며 재미있다.)
- CPI의 기초가 되는 데이터는 일반적으로 매장 방문을 통해 매월 수집된다. 인터넷과 빅데이터 방식의 등장으로

그 과정은 구식처럼 보일 수 있다. 실제로 Billion Prices Project(www.thebillionpricesproject.com/)는 20개국 900개 소매업체의 1,500만 개 제품을 기반으로 일별 가격지수를 구축한다. 이 프로젝트는 아르헨티나에서 보고된 인플레이션을 최소화하기 위해 정부가 공식 수치를 조작하기 시작한 2000년대 후반에 특히 유용했다. 이 프로젝트는 실제 인플레이션율이 정부가 보고한 수치의 2배 이상임을 보여줄 수 있었다.

부록 : 실질 GDP의 구축, 연쇄 지수

이 장에서 사용했던 예는 오직 한 가지 최종재(자동차)만을 고려했고 그에 따라 실질 GDP 계산이 용이했다. 그렇다면 한 가지 이상의 최종재가 존재할 경우 실질 GDP는 어떻게 계산할 수 있을까? 이 부록은 그 답을 보여준다.

최종재가 다양한 경제에서의 실질 GDP 구축 방법은 최종재가 2개만 존재하는 경제를 고려하는 것으로 충분하다. 재화가 2개만 존재하는 경우에 적용되는 방식은 수백만 개의 재화가 존재하는 경우에도 그대로 적용된다.

이에 따라 우리는 두 가지 최종재, 예를 들어 포도주와 감자만을 생산하는 경제를 가정하자.

- 0년도에 파운드당 1달러로 감자 10파운드를 생산하고, 병당 2달러로 포도주 5병을 생산한다.
- 1년도에 파운드당 1달러로 감자 15파운드를 생산하고, 병당 3달러로 포도주 5병을 생산한다.
- 이 경우 0년도와 1년도의 명목 GDP는 각각 20달러와 30달러로 계산된다.
- 계산 방법은 다음 표에 정리되어 있다.

0년도와 1년도의 명목 GDP

| | 0년도 | | |
	수량	가격(달러)	총액(달러)
감자(파운드)	10	1	10
포도주(병)	5	2	10
명목 GDP			20

| | 1년도 | | |
	수량	가격(달러)	총액(달러)
감자(파운드)	15	1	15
포도주(병)	5	3	15
명목 GDP			30

이 수치를 이용하면 0년도에서 1년도까지의 명목 GDP 증가율은 (30달러−20달러)/20달러 = 50%로 계산되는데, 실질 GDP 증가율은 어떻게 계산되겠는가?

이를 위해서는 각 연도에 대해 실질 GDP를 계산해야 한다. 실질 GDP 계산에 사용하는 아이디어는 각 연도의 생산 수량을 동일한 가격을 사용해 평가한다는 데 있다.

예를 들어 0년도 가격을 선택했다고 하자. 이 경우 0년도는 **기준년**(base year)이라 불리며 계산은 다음과 같다.

- 0년도의 실질 GDP는 두 재화에 대한 0년도의 생산 수량에 0년도의 가격을 곱한 뒤 합한 것이다. 즉 (10×1달러)+(5× 2달러)=20달러.
- 1년도의 실질 GDP는 두 재화에 대한 0년도의 생산 수량에 1년도의 가격을 곱한 뒤 합한 것이다. 즉 (15×1달러)+(5× 2달러)=25달러.
- 0년도에서 1년도로의 실질 GDP 증가율은 이제 (25달러−20달러)/20달러 또는 25%로 계산된다.

그러나 이 계산법에는 중요한 문제가 있다. 기준년으로 0년

도 대신 1년도를 사용할 수도 있고 다른 연도를 사용할 수도 있다. 예를 들어 기준년으로 1년도를 사용했다고 하자. 그러면

- 0년도의 실질 GDP는 (10×1달러+5×3달러)=25달러이다.
- 1년도의 실질 GDP는 (15×1달러+5×3달러)=30달러이다.
- 0년도에서 1년도로의 실질 GDP 증가율은 5달러/25달러 또는 20%이다.

따라서 1년도를 기준년으로 사용한 실질 GDP는 0년도를 기준년으로 사용한 실질 GDP와 다를 것이다. 기준년 선택에 따라 산출 증가율 계산 결과가 이렇게 달라진다면 어떤 기준년을 선택해야 하는가?

1990년대 중반까지 미국에서 그리고 오늘날 아직도 대부분 국가에서의 관행은 기준년을 선택한 뒤 그리 빈번하지 않게, 예를 들어 매 5년마다 기준년을 바꾸는 것이다. 예를 들어 미국에서 1987년은 1991년 12월부터 1995년 12월까지 사용된 기준년이었다. 즉 1994년 발표된 1994년과 이전 연도의 실질 GDP의 추정치는 1987년 가격을 사용해 구축되었다. 국민소득계정은 1995년 12월에 기준년을 1992년으로 변경했다. 따라서 모든 이전 연도의 실질 GDP 측정치는 1992년 가격을 사용해 다시 계산되었다.

이러한 관행은 논리적 호소력이 없다. 기준년이 변경되고 새로운 가격이 사용될 때마다 실질 GDP의 모든 과거 수치(그리고 모든 과거의 경제성장률)가 다시 계산되기 때문이다. 결과적으로 경제의 역사가 5년마다 다시 쓰이는 셈이 된다. 이를 감안해 GDP 수치를 생산하는 미국 경제분석국(BEA)은 1995년 12월부터 이 문제가 발생하지 않는 새로운 GDP 계산법을 사용하기 시작했다.

새로운 GDP 계산법은 네 단계를 거친다.

1. 두 가지 서로 다른 방식으로 t년도에서 $t+1$년도까지의 실질 GDP 변화율을 계산한다. 우선 t년도로부터의 가격을 공통가격으로 사용하고 두 번째는 $t+1$년의 가격을 공통가격으로 사용한다. 예를 들어 2017~2018년까지의 GDP 변화율은 다음과 같이 계산된다.

    - 2017년 가격을 공통가격으로 사용해 2017년의 실질 GDP와 2018년의 실질 GDP를 계산하고 2017년부터 2018년

까지의 GDP 증가율을 계산
    - 2018년 가격을 공통가격으로 사용해 2017년의 실질 GDP와 2018년의 실질 GDP를 계산하고 2017년부터 2018년까지의 GDP 증가율을 계산

2. 이 두 변화율의 평균으로 실질 GDP 변화율을 구축한다.

3. 각 연도의 변화율을 연결해(연쇄해) 실질 GDP 수준에 대한 지수를 구축한다. 이때 임의의 특정 연도를 선정해 1로 둔다. 이 책이 쓰인 시기에 임의의 특정 연도는 2012년이었다. BEA에 계산한 2012~2013년간 변화율이 1.7%이므로, 2013년의 지수는 (1 + 1.7%) = 1.017과 같았다. 2014년 지수는 2013년 지수에 2014년의 변화율을 곱해 구한다.

4. 이 지수를 2012년의 명목 GDP로 곱하면, 연쇄 (2012년) 달러 기준 실질 GDP가 유도된다. 2012년의 지수가 1이므로, 이는 2012년의 실질 GDP는 2012년의 명목 GDP와 동일하다는 것을 시사한다.

연쇄는 변화율을 연결했음을 의미한다. (2012년)은 계산 과정상 실질 GDP와 명목 GDP가 일치하는 해를 말한다.

이 지수는 1995년 이전에 사용된 지수에 비해 구축하기가 더 복잡하다. [각 단계의 이해를 확실히 하려면 앞의 예에서 1년도에 대해 연쇄 (0년도) 달러 기준 실질 GDP를 구축해보라.]* 그러나 이는 분명히 개념적으로 우월하다 : 인접한 두 연도에서 실질 GDP를 평가하는 데 사용하는 가격은 해당하는 2년의 평균 가격이 적절한 가격이다. 그리고 한 해에서 다음 해로의 변화율은 임의적인 기준년 가격보다는 2년만의 가격을 사용해 구축되므로, 기준년을 5년마다 변경하는 실질 GDP 구축 방법과는 달리 5년마다 다시 변경되지 않는다.

* 기준년을 변경하거나 실질 GDP 성장률이 변화하면 실질 GDP 측정치는 어떻게 되겠는가?
(보다 상세한 내용은 www.bea.gov/scb/pdf/national/nipa/1995/0795od.pdf를 참조하라.)

핵심 용어

기준년(base year)

단기

단기에 수요는 산출을 결정한다. 소비자 신뢰부터 금융시스템의 상태, 재정 및 통화 정책까지 많은 요인이 수요에 영향을 미친다.

Chapter 3

3장은 재화시장에서의 균형과 산출의 결정을 살펴본다. 수요, 생산, 소득 간의 상호작용에 초점을 맞춘다. 또한 어떻게 재정정책이 산출에 영향을 미치는지를 살펴본다.

Chapter 4

4장은 금융시장과 이자율의 결정을 살펴본다. 통화정책이 이자율에 어떻게 영향을 미치는지를 살펴본다.

Chapter 5

5장은 재화시장과 금융시장을 함께 살펴본다. 단기에 있어 무엇이 산출과 이자율을 결정하는지를 보여주며, 재정정책과 통화정책의 역할도 검토한다.

Chapter 6

6장은 보다 포괄적인 금융시스템을 도입해 모형을 확장한 뒤 최근의 위기기간 동안 발생한 상황을 설명한다.

재화시장

경제학자가 매년의 경제활동을 생각할 때는 생산, 소득, 수요 간의 상호작용에 초점을 맞춘다.

- 재화에 대한 수요 변화는 생산 변화로 이어진다.
- 생산 변화는 소득 변화로 이어진다.
- 소득 변화는 수요 변화로 이어진다.

다음의 만화 이상으로 이를 잘 설명해주는 것은 없을 것이다.

3장은 이들 간의 상호작용과 그에 따른 시사점을 살펴본다.

3-1절은 GDP의 구성요소를 살펴보고 수요의 상이한 원천을 검토한다.

3-2절은 재화의 수요를 결정하는 요인을 살펴본다.

3-3절은 재화의 생산이 재화에 대한 수요와 일치해야 한다는 조건이 어떻게 균형을 결정하는지 살펴본다.

3-4절은 투자와 저축의 일치 조건에 기초해 균형을 생각하는 방식을 소개한다.

3-5절은 재정정책이 균형산출에 미치는 영향을 살펴본다.

이 장의 메시지 : 단기적으로 수요가 산출 수준을 결정한다. ▶ ▶ ▶

기업의 기계 구입, 소비자의 식당 선택, 정부의 전투기 구입은 매우 다른 의사결정이며 매우 상이한 요인에 의존한다. 따라서 무엇이 재화의 수요를 결정하는지 알고 싶다면 재화별로 그리고 이들 재화에 대한 구매자별로 총산출을 분해하는 것이 합리적이다.

거시경제학자가 GDP(이 책에서는 Y로 표시한다)를 분해할 때 일반적으로 사용하는 방법이 표 3-1에 있다(더 상세하고 정확한 정의는 책 끝의 부록 1에 있다).

▶ '산출'과 '생산'은 동의어이다. 무엇을 사용해야 하는지에 관한 규칙은 없다. 듣기에 더 적절한 것을 사용하라.

■ 첫째, **소비**(consumption, C)다. 이는 소비자가 구매하는 재화와 서비스로 식료품, 항공권, 휴가, 신차 등이 포함된다. 소비는 GDP 중 비중이 가장 크며, 2018년에 미국 GDP의 68%를 차지했다.

▶ 주의 : 많은 사람에게 투자는 금, GM 주식과 같은 금융자산의 구입을 의미한다. 경제학자는 '투자'를 (새로운) 기계, (새로운) 빌딩, (새로운) 주택과 같은 신규 자본재의 구입을 나타내기 위해 사용한다. 경제학자가 금이나 GM 주식 또는 다른 금융자산의 구입을 나타내고자 할 때는 '금융투자'라는 용어를 사용한다.

■ 둘째, **투자**(investment, I)다. 투자는 재고투자와 구별하기 위해 **고정투자**(fixed investment)로도 불린다. 투자는 **비주거용 투자**(nonresidential investment)와 **주거용 투자**(residential investment)로 나뉘는데, 전자는 기업에 의한 새 공장이나 새 기계설비(터빈에서 컴퓨터까지)의 구입을 말하며, 후자는 신축 주택의 구입에 해당한다.

비주거용 투자와 주거용 투자, 그리고 이들에 대한 의사결정은 처음 볼 때보다 공통점이 많다. 기업은 미래의 생산을 위해 공장이나 기계설비를 구입한다. 사람들은 미래에 주거 서비스를 얻으려 주택을 구입한다. 두 경우 모두 구입 결정은 이들 재화가 미래에 낳을 서비스에 의존한다. 따라서 이들을 함께 다루는 것이 적절하다. 2018년 주거용 투자와 비주거용 투자의 합계는 GDP의 17.5%에 달한다.

■ 셋째, **정부지출**(government spending, G)이다. 이는 중앙 및 지방정부에 의한 재화와 용역의 구입을 나타낸다. 정부가 구입하는 재화는 비행기에서 사무실 집기까지 매우 다양하다. 한편 용역에는 공무원이 제공하는 서비스가 포함된다. 국민계정에서는 마치 공무원이 제공하는 서비스를 정부가 구매해 이를 대중에게 무료로 제공하는 것처럼 간주한다.

G에는 정부의 **이전지출**(government transfer)이 포함되지 않는다. 정부의 이전지출은 의료보험, 사회보장 지출, 국가채무에 대한 이자 지급을 말한다. 이들은 분명히 정부지출이긴 하지만 재화와 용역의 구입은 아니다. 그렇기 때문에 재화와 용역에 대한 정부지출 규모(표 3-1)는 GDP의 17.2%로서 정부의 이전지출과 이자 지급을 포함한 총정부지출(2018년의 경우 GDP의 약 33.0%에 달했다)보다 작다.

■ 표 3-1의 처음 3행의 합은 소비자, 기업, 정부가 구입한 재화와 용역의 규모를 나타낸다. 미국의 재화와 용역에 대한 지출 규모를 결정하기 위해서는 두 단계가 더 필요하다. 첫째, 외국인에 의한 미국 재화와 용역의 구입인 **수출**(export, X)을 더해주어야 한다. 둘째, 소비자, 기업, 정부에 의한 외국 재화와 용역의 구입인 **수입**(import, IM)을 차감해야 한다. 수출과 수입의 차이($X - IM$)는 **순수출**(net exports) 또는 **무역수지**(trade balance)라 불린다. 수출이 수입을 초과하면 **무역흑자**(trade surplus)가 발생했다 하고 수출이 수입보다 적다면 **무역적자**(trade deficit)가

▶ 수출 > 수입 ⇔ 무역흑자
수출 < 수입 ⇔ 무역적자

표 3-1	미국 GDP의 구성(2018년)	10억 달러	GDP 대비 비중(%)
	GDP(Y)	20,500	100.0
1	소비(C)	13,951	68.0
2	투자(I) 비주거용 주거용	3,595 2,800 795	17.5 13.6 3.8
3	정부지출(G)	3,522	17.2
4	순수출 수출(X) 수입(IM)	−625 2,550 −3,156	−3.0 12.4 −15.4
5	재고투자	56	0.2

출처 : Survey of Current Business, February 2019, Table 1-1-5

발생했다고 한다. 2018년에 미국 수출은 GDP의 12.4%에 달한다. 수입은 15.4%이므로 GDP의 3.0%에 달하는 무역적자를 보인 셈이다.

■ 지금까지 2018년 중 미국 재화와 용역에 대한 다양한 구입(판매)의 원천을 살펴보았다. 2018 년 중 미국의 생산규모를 결정하려면 한 단계가 더 필요하다. 어느 해에 대해서도 생산과 판매 가 같을 필요가 없다. 특정 연도에 생산된 재화 중 일부는 그 해에 팔리지 않고 다음 해에 판매 될 수 있다. 그리고 어떤 해에 판매된 재화 중 일부는 수년 전에 생산된 것일 수 있다. 특정 연도 에 생산된 재화와 판매된 재화의 차, 즉 생산과 판매의 차는 **재고투자**(inventory investment) 라 한다.

이는 '재고투자'라 불리지만, '투자'라는 단어는 다소 오해를 낳는다. 기업의 결정을 나타내 는 고정투자와 달리 재고투자 는 기업이 생산계획을 수립할 때 판매를 정확하게 예측하지 못했다는 사실을 반영해 부분 ◀ 적으로 비자발적이다.

생산이 판매를 초과하면 그 결과로 기업은 재고를 축적하며 재고투자는 양(＋)의 값을 갖는다. 생산이 판매를 하회하면 기업의 재고가 감소하고 재고투자는 음(−)의 값을 갖는다. 재고투자는 통상 어떤 해는 작은 양의 값을 갖고 다른 해는 작은 음의 값을 갖는다. 2018년 중 재고투자는 양 의 값을 가져 정확히 560억 달러였다. 달리 말해 생산은 매출보다 560억 달러만큼 컸다.

이제 첫 번째 산출결정 모형을 발전시키기 위해 필요한 것을 모두 얻었다.

◀ 생산, 매출, 재고투자 간의 관 계를 말하는 세 가지 대등한 방 식을 모두 확실하게 이해하라.
재고투자＝생산−매출
생산＝매출＋재고투자
매출＝생산−재고투자

3-2 재화에 대한 수요

재화에 대한 총수요를 Z로 나타내자. 3-1절에서 보았던 GDP의 구성요소를 사용하면 Z를 다음과 같이 쓸 수 있다.

$$Z \equiv C + I + G + X - IM$$

이 방정식은 **항등식**(identity)이다. 그래서 등호 부호 $=$ 대신 '$\equiv$' 기호를 사용한 것이다. 이 식은 Z를 소비, 투자, 정부지출, 수출의 합에서 수입을 차감한 것으로 **정의**한다.

재고투자는 수요의 일부분이 아니라는 점을 기억하자.

이제 Z의 결정 요인을 생각해보자. 작업을 더 쉽게 하기 위해 먼저 몇 가지를 단순화하자.

- 모든 기업은 한 가지 재화만 생산하고 그 재화는 소비자, 기업, 정부 각각에 의해 소비, 투자, 정부지출로 사용된다고 가정하자. 이러한 과감한 단순화를 통해 시장 하나만을(유일한 재화에 대한 시장만을) 분석할 수 있고 그 시장에서 무엇이 수요와 공급을 결정하는지를 쉽게 생각해볼 수 있다.

모형은 거의 대부분 '가정하자' (또는 '~라고 하자')로 시작한다. 이것은 눈앞의 문제에 초점을 맞추기 위해 현실 세계가 단순화될 것임을 나타낸다.

- 기업은 일정한 가격 P에서 재화를 얼마든지 공급한다고 가정하자. 이 가정은 물론 산출결정에 있어 수요가 하는 역할에 초점을 맞추기 위해서이다. 나중에 보겠지만 이 가정은 단기에만 적절하다. 7장부터 중기를 다루기 시작하면 이 가정을 버려야 한다. 그러나 이 가정은 단기에 있어 논의를 단순화함으로써 이해를 돕는다.

- 경제가 국제교역으로부터 **폐쇄**되어 있다고 가정하자. 즉 다른 나라와 무역을 하지 않으며, 그에 따라 수출과 수입 모두 0의 값을 갖는다. 이 가정은 분명히 현실 세계와 어울리지 않는다. 현대 경제는 다른 국가와 교역을 한다. 경제가 개방되었을 때 어떤 일이 일어나는지를 살펴보기 시작하는 17장부터 이 가정은 완화된다. 하지만 당분간 무엇이 수출과 수입을 결정하는지 생각할 필요가 없으므로 이 가정은 논의를 단순화할 것이다.

경제가 국제교역으로부터 패쇄되었다는 가정하에서 $X = IM = 0$이 성립하며 재화 Z에 대한 수요는 단순히 소비, 투자, 정부지출의 합계이다.

$$Z \equiv C + I + G$$

이제 이 세 가지 구성요소를 순서대로 살펴보자.

소비(C)

소비 결정은 다양한 요인에 의존한다. 그러나 가장 중요한 것은 당연히 소득, 보다 정확하게는 **가처분소득**(disposable income)이다. 가처분소득은 소비자가 정부에게서 받은 이전지출을 포함하고 정부에 지불한 세금을 차감한 뒤 남는 소득이다. 가처분소득이 증가하면 사람들은 보다 많은 재화를 사겠지만, 가처분소득이 하락하면 더 적은 재화를 살 수밖에 없다.

소비를 C, 가처분소득을 Y_D로 표기하면 다음과 같이 쓸 수 있다.

$$C = C(Y_D) \tag{3.1}$$
$$(+)$$

이는 소비가 가처분소득 Y_D의 함수라는 점을 말해주는 식이다. 함수 $C(Y_D)$는 **소비함수**(consumption function)라 한다. Y_D 아래의 양(+)의 기호는 가처분소득이 증가할 때 소비도 증가한다는 사실을 반영한다. 경제학자는 이 방정식을 **행태방정식**(behavioral equation)이라 부르는데, 이것은 이 방정식이 행태(이 경우 소비자의 행태)를 보여주기 때문이다.

이 책은 변수 간 관계를 함수를 사용해 나타낼 것이다. 그렇지만 함수에 대해 알아야 할 것은 그리 많지 않으며 책 끝의 부록 2를 참고하는 것으로 충분하다. 부록은 책을 소화하는 데 필요한 수학을 소개한다. 함수 때문에 걱정할 필요는 없다. 앞으로 새로운 함수를 접하기 전에 그에 대한 설명을 미리 할 것이다.

종종 함수의 형태를 좀 더 구체화하는 것이 유용하다. 소비함수의 경우가 바로 그런데, 소비와 가처분소득 간에 다음과 같은 단순한 관계가 성립한다고 가정하는 것이 적절하다.

$$C = c_0 + c_1 Y_D \tag{3.2}$$

즉 소비함수가 **선형관계**(linear relation)를 갖는다고 가정하는 것이 적절하다. 여기서 소비와 가처분소득의 관계는 두 **모수**(parameter) c_0와 c_1에 의해 특징지어진다.

◀ 여러분 자신의 소비행태를 생각해보라. 여러분의 c_0와 c_1의 값은 얼마인가?

■ c_1은 **소비성향**(propensity to consume) 또는 한계소비성향이라 불린다. 이는 가처분소득이 1,000원 증가할 때 소비에 미치는 효과를 보여준다. c_1이 0.6이라는 것은 가처분소득이 1,000원 증가할 경우 소비가 $1,000 \times 0.6 = 600$원 증가함을 말한다.

가처분소득의 증가는 소비 증가로 이어질 것이므로 c_1의 값은 양수로 제한하는 것이 적절하다. 마찬가지로 c_1이 1보다 작다고 제한하는 것이 적절하다. 사람들은 증가한 가처분소득의 일부만 소비하고 나머지는 저축할 것이기 때문이다.

■ c_0는 단순한 의미를 갖는다. 이는 가처분소득이 0이면 사람들이 얼마나 소비할지 알려준다. 식 (3.2)에서 Y_D가 0이면, $C = c_0$이다. 현재 소득이 0이어도 소비는 여전히 양수로 제한하는 것이 적절할 것이다. 소득이 있든 없든 사람들은 먹어야 산다! 즉 c_0는 양수이다. 어떻게 소득이 0인데도 소비가 양수일 수 있을까? 사람들이 음의 저축(dissave)을 하기 때문이다. 즉 사람들은 자산의 일부를 팔거나 차입해 소비한다.

■ c_0는 직관적이지 않지만 더 일반적인 방법으로 해석할 수도 있다. c_0의 변화는 가처분소득이 일정한데도 나타나는 소비의 변화를 반영한다. c_0의 증가는 소득이 일정한데도 나타나는 소비의 증가를 반영하며, c_0의 감소는 소득이 일정한데도 나타나는 소비의 감소를 반영한다. 가처분소득이 일정한데도 사람들이 소비를 변화시키는 이유는 많다. 예를 들어 돈을 차입하는 것이 어려워졌거나 쉬워진 경우도 있을 수 있고, 미래에 대한 태도가 낙관적으로 바뀌거나 비관적으로 바뀐 경우도 있을 수 있다. c_0가 감소하는 한 가지 예가 초점상자 '리먼 파산, 대공황 재현의 공포 그리고 소비함수의 이동'에 나와 있다.

식 (3.2)에 나타난 소비와 가처분소득의 관계는 그림 3-1에 나타나 있다. 이 식은 선형관계이므

그림 3-1

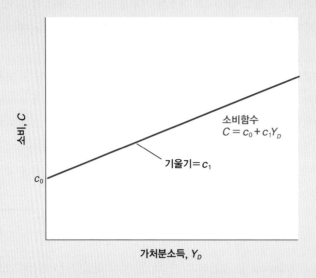

기울기＝c_1

소비함수
$C = c_0 + c_1 Y_D$

소비, C

c_0

가처분소득, Y_D

소비와 가처분소득

가처분소득이 증가하면 소비도 증가하지만, 소비의 증가 규모는 소득의 증가 규모보다 작다. c_0가 감소하면 소비함수는 아래로 이동한다.

로 직선으로 나타냈다. 수직축과의 절편은 c_0이고 그 기울기는 c_1이다. c_1은 1보다 작으므로 직선의 기울기는 1보다 작다. 즉 직선은 45° 선보다 평평하다. (혹시 그래프, 기울기, 절편에 대한 간단한 논의를 보려면 책 끝의 부록 2를 참조하면 된다.)

이제 가처분소득 Y_D를 정의하자. 가처분소득은 다음과 같이 주어진다.

$$Y_D \equiv Y - T$$

여기서 Y는 소득이며 T는 소비자가 납부한 세금에서 소비자가 받은 정부의 이전지출을 뺀 값이다. 편의상 T를 단순하게 세금이라 하겠지만 실제로는 세금에서 이전지출을 뺀 것이라는 점을 기억해야 한다. 이 방정식 역시 항등식으로서 '$\equiv$'가 이를 나타낸다.

식 (3.2)에서 Y_D를 이 식으로 바꾸어 주면 다음과 같다.

$$C = c_0 + c_1(Y - T) \tag{3.3}$$

식 (3.3)은 소비 C가 소득 Y와 세금 T의 함수임을 나타낸다. 소득이 높아지면 소비가 증가하지만 소비의 증가 규모는 소득의 증가 규모보다 작다. 세금이 높아지면 소비가 감소하지만 소비의 감소 규모는 세금의 증가 규모보다 작다.

미국에서 개인이 지불하는 두 ▶ 가지 중요한 세금은 소득세와 사회보장보험료이다. 정부 이전지출의 주요 원천은 사회보장급부, 메디케어(은퇴자를 위한 의료보장)와 메디케이드(빈곤 계층을 위한 의료보장)이다. 2018년에 개인이 납부한 세금은 2조 9,900억 달러였고 개인에 대한 이전지출은 3조 달러였다.

투자(*I*)

경제학에서 다루는 모형은 일반적으로 두 가지 유형의 변수를 갖는다. 어떤 변수는 모형 내의 다른 변수들에 의존하며, 결과적으로 이런 변수는 모형 내에서 설명된다. 이 변수들은 **내생변수**(endogenous variables)라 부른다. 앞서 보았던 소비가 이에 해당한다. 다른 변수들은 모형 내에서 설명되지 않고 대신 모형 밖에서 주어진 것으로 간주된다. 이 변수들은 **외생변수**(exogenous variables)라 불린다. 투자는 외생변수로 간주될 것이다. 즉 투자는 주어진 것으로 간주되어 다음과 같이 나타낸다.

$$I = \bar{I} \tag{3.4}$$

I 위의 줄은 투자를 주어진 것으로 간주한다는 것을 나타낸다.

모형의 단순화를 위해 투자를 주어진 것으로 간주했지만 이 가정이 현실적인 것은 아니다. 뒤에 생산 변화의 파급효과를 다루는데, 이 가정이 맞다면 생산이 변하더라도 투자는 변하지 않는다는 것을 시사한다. 이는 현실 세계를 잘못 묘사한 것이라 할 수 있다. 생산이 증가하는 상황에서 기업은 더 많은 기계를 필요로 할 것이고 그에 따라 투자도 증가할 것이다. 하지만 당분간 이 과정을 모형에서 배제하기로 한다. 5장에서는 투자의 행태를 보다 현실화한다.

▶ 내생변수 : 모형 내에서 설명된 변수
외생변수 : 주어진 것으로 간주되는 변수

정부지출(*G*)

모형에서 수요의 세 번째 구성요소는 정부지출 *G*이다. 세금 *T*와 더불어 *G*는 정부에 의한 세금과 지출의 선택, 즉 **재정정책**(fiscal policy)을 묘사한다. 투자와 마찬가지로 *G*와 *T* 역시 외생변수로 간주할 것이다. *G*와 *T*를 외생변수로 가정하는 이유는 투자를 외생변수로 가정하는 이유와 다르다. 이는 두 가지 이유 때문이다.

▶ '세금'은 세금에서 정부 이전지출을 차감한 값을 나타낸다는 점을 기억하자.

- 첫째, 정부는 소비자나 기업처럼 일정한 행동규칙을 갖고 행동하지 않는다. 따라서 소비에 대해 사용했던 것과 같은 믿을 만한 행동규칙을 *G* 또는 *T*에 적용할 수 없다. (물론 이 행동규칙이 전적으로 옳은 것은 아니다. 정부가 소비자처럼 단순한 행동규칙을 따르지 않아도 이들 행동의 상당 부분은 예측 가능하다. 이 문제는 후에 22장과 23장에서 다루어질 것이므로 일단 미루어 두자.)

- 둘째, 더 중요한 것은 거시경제학자의 임무 중 하나가 다양한 정부지출과 조세 결정이 국민경제에 미치는 파급효과를 생각해보는 데 있다는 것이다. "만약 정부가 *G*와 *T*에 대해 이런 값을 선택하면, 이런 일이 발생할 것이다"라는 식의 분석을 하고 싶은 것이다. 이 책에서는 통상 *G*와 *T*를 정부가 선택하는 변수로 간주하고 모형 내에서 설명하지는 않을 것이다.

▶ (거의 항상) *G*와 *T*를 외생변수로 간주할 것이기 때문에 이들 변수를 나타낼 때 변수 위에 줄을 긋지 않을 것이다. 기호를 단순화하기 위해서이다.

3-3 균형산출의 결정

이제 지금까지 소개한 내용들을 모아보자.

수출과 수입이 모두 0이라고 가정하면, 재화에 대한 수요는 소비, 투자, 정부지출의 합이다.

$$Z \equiv C + I + G$$

식 (3.3)과 식 (3.4)를 C와 I에 대입하면 다음을 얻는다.

$$Z = c_0 + c_1(Y - T) + \bar{I} + G \tag{3.5}$$

재화에 대한 수요 Z는 소득 Y, 조세 T, 투자 $\bar{I}$, 정부지출 G에 의존한다.

이제 재화시장의 **균형**(equilibrium) 그리고 생산과 수요 간의 관계로 돌아가보자. 기업이 재고를 보유하고 있다면, 생산이 수요와 일치할 필요는 없다. 예를 들어 기업은 증가하는 수요를 기존의 재고로 대응할 수 있는데, 이 경우 음(−)의 재고투자가 발생한다. 아울러 수요 감소에 대해서는 생산을 계속하는 동시에 재고를 축적함으로써 대응할 수 있다. 이 경우 양(＋)의 재고투자가 발생한다. 하지만 이런 복잡한 경우는 무시하고 기업이 재고를 보유하지 않는다고 가정하자. 이 경우 재고투자는 항상 0이며 **재화시장의 균형**(equilibrium in the goods market)은 생산 Y가 수요 Z와 일치할 것을 요구한다.

▶ 이발 서비스만 생산하는 경제를 생각하자. 이발 서비스의 재고(생산되었지만 판매되지 않은 이발 서비스)라는 것은 있을 수 없으므로 생산은 항상 수요와 일치한다.

$$Y = Z \tag{3.6}$$

이 방정식은 **균형조건**(equilibrium condition)이라 한다. 일반적으로 경제모형은 항등식, 행태방정식, 균형조건의 세 가지 방정식을 포함한다. 앞에서 이미 각각의 예를 살펴보았다. 가처분소득을 정의하는 방정식은 항등식이고, 소비함수는 행태방정식이며 생산과 수요가 일치하는 조건은 균형조건이다.

▶ 세 가지 유형의 방정식 또는 식이 있다 : 항등식, 행태방정식(행태식), 균형조건

식 (3.6)에서 수요 Z에 식 (3.5)를 대입하면 다음을 얻는다.

$$Y = c_0 + c_1(Y - T) + \bar{I} + G \tag{3.7}$$

식 (3.7)은 이 장을 시작하면서 언급했던 내용을 수식으로 나타낸 것이다.

균형에서 생산 Y(방정식의 좌변)는 수요(우변)와 일치한다. 수요는 다시 소득 Y에 의존하는데, 소득 자체는 생산과 일치한다.

▶ 이 문장을 이 장 시작 부분의 만화와 연결해보라.

여기서 생산과 소득에 대해 모두 동일한 기호 Y를 사용하고 있다는 점에 주목하자. 우연히 그렇게 된 것은 아니다! 2장에서 살펴보았듯이, GDP는 생산 측면에서 볼 수도 있고 소득 측면에서 볼 수도 있다. 생산과 소득은 항등적으로 일치한다.

모형을 구축했으므로 이제 모형의 해를 구해 무엇이 산출을 결정하는지 살펴보자. 예를 들어 정

부지출이 증가했을 때 산출은 어떻게 반응하는지 알아보자. 모형을 푼다는 것은 수식상으로 해를 구한다는 것뿐만 아니라 왜 결과가 그렇게 되는지를 이해하는 것이기도 하다. 이 책에서 모형을 푼다는 것은 때때로 수식을 완전히 무시하고 그래프를 사용해 결과의 특성을 알아보는 것을 의미하기도 하며 결과와 그 과정을 일상어로 묘사하는 것을 의미하기도 한다. 거시경제학자는 항상 다음 세 가지 도구를 사용한다.

1. 논리가 옳다는 것을 확인해주는 수식
2. 직관을 구축해주는 그래프
3. 결과를 해설해주는 일상어

여러분도 같은 방식으로 하는 데 익숙해지길 바란다.

수식을 통한 이해

균형조건 (3.7)을 다음과 같이 고쳐 써보자.

$$Y = c_0 + c_1 Y - c_1 T + \bar{I} + G$$

$c_1 Y$를 좌변으로 옮기고 우변을 정렬하면

$$(1 - c_1)Y = c_0 + \bar{I} + G - c_1 T$$

이고, $(1 - c_1)$으로 양변을 나누면 다음과 같다.

$$Y = \frac{1}{1 - c_1}\left[c_0 + \bar{I} + G - c_1 T \right] \tag{3.8}$$

식 (3.8)은 생산과 수요를 일치시키는 산출 수준, 즉 균형산출을 특징지어 준다. 이제 두 번째 항부터 시작해서 우변의 두 항을 보자.

■ $(c_0 + \bar{I} + G - c_1 T)$ 부분은 재화의 수요 중 산출에 의존하지 않는 부분을 나타낸다. 이런 이유로 이들을 **독립적 지출**(autonomous spending)이라 부른다.

　독립적 지출은 항상 양(+)의 값을 가질까? 반드시는 아니지만 그럴 가능성이 매우 높다. 괄호 안의 첫 두 항 c_0와 $\bar{I}$는 양수다. 나머지 항 $G - c_1 T$는 어떠한가? 정부가 조세수입과 정부지출이 일치하는 예산, 즉 **균형예산**(balanced budget)을 보인다고 하자. 만약 $T = G$이고, 한계소비성향(c_1)이 지금까지처럼 1보다 작다면, $G - c_1 T$는 양수이며 독립적 지출 역시 양수일 것이다. 조세수입이 정부지출보다 매우 커서 정부가 막대한 규모의 재정흑자를 보인다면, 독립적 지출은 음수일 것이다. 하지만 안심하고 이 경우를 무시할 수 있다.

■ 첫 항 $1/(1 - c_1)$을 살펴보자. 소비성향(c_1)이 0과 1 사이 값을 가지므로 $1/(1 - c_1)$은 1보다 크다.

◀ autonomous는 독립적(independent)이라는 의미가 있다. 이 경우에는 산출로부터 독립적이다.

◀ $T = G$이면 $(G - c_1 T) = (T - c_1 T)$ $= (1 - c_1)T > 0$이 성립한다.

이런 이유로 독립적 지출을 몇 배로 증폭시키는 이 수를 **승수**(multiplier)라 한다. c_1값이 1에 가까워질수록 승수의 값은 커진다.

승수는 어떤 의미를 가질까? 소득 수준이 일정한 상황에서 소비자가 소비를 더 늘리기로 했다고 하자. 보다 정확히 식 (3.3)에서 c_0를 10억 원 증가시켰다고 하자. 식 (3.8)은 산출이 10억 원 이상 증가할 것임을 말해준다. 예를 들어 c_1이 0.6이라면 승수는 $1/(1-0.6) = 1/0.4 = 2.5$이고 결국 산출은 2.5×10억 원 = 25억 원만큼 증가한다.

이상에서 소비가 증가하는 경우를 보았지만, 식 (3.8)은 투자 변화든, 정부지출 변화든, 조세 변화든 간에 상관없이 독립적 지출의 변화는 동일한 효과를 낳음을 명확히 보여준다. 즉 독립적 지출에 대한 직접적 효과 이상으로 산출을 증가시킬 것이다.

이러한 승수효과는 어디에서 비롯하는 것일까? 식 (3.7)을 되돌아보면 실마리를 얻을 수 있다. c_0의 증가는 수요를 증가시킨다. 이러한 수요 증가는 이어서 생산 증가를 유발한다. 생산 증가는 다시 똑같은 규모로 소득을 증가시킨다(생산과 소득은 항등적으로 같다는 점을 기억하자). 소득 증가는 소비를 더 증가시키며, 이것은 다시 수요 증가를 낳는다. 이러한 연쇄반응은 계속된다. 이러한 현상을 묘사하는 최선의 방법은 그래프를 이용해 균형을 나타내는 것이다. 실제로 이를 해보자.

그래프를 통한 이해

이제 그래프를 사용해 균형을 특징지어 보자.

- 첫째로, 생산을 소득의 함수로 나타내자.

  그림 3-2에서 수직축은 생산을, 수평축은 소득을 나타낸다. 생산을 소득의 함수로 나타내는 것은 간단하다. 생산과 소득은 항상 같기 때문에 이들의 관계는 45° 선으로 나타나며 그 기울기는 1과 같다.

- 둘째로, 수요를 소득의 함수로 나타내자.

  수요와 소득의 관계는 식 (3.5)에 나타나 있다. 편의상 이 관계를 다시 쓰고 독립적 지출 항목을 괄호로 묶어보자.

$$Z = (c_0 + \bar{I} + G - c_1 T) + c_1 Y \qquad (3.9)$$

수요는 독립적 지출뿐만 아니라 소비에 대한 영향을 통해 소득에 의존한다. 수요와 소득의 관계는 그림에서 선 ZZ로 나타나 있다. 수직축과의 절편은 소득이 0일 때의 수요 수준에 해당하는데, 독립적 지출과 일치한다. 선의 기울기는 소비성향 c_1에 해당한다. 소득이 1단위 증가하면 수요는 c_1단위 증가한다. 이 0보다 크지만 1보다는 작다는 제약 때문에 직선은 우상향하지만 기울기는 1보다 작다.

그림 3-2

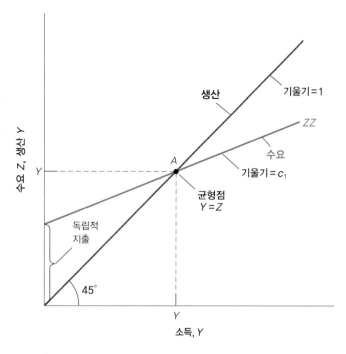

재화시장에서의 균형
균형산출은 생산과 수요가 일치한다는 조건에 의해 결정된다.

■ 균형에서 생산은 수요와 일치한다.

따라서 균형산출 Y는 $45°$ 선과 수요함수의 교점 A에서 발생한다. A의 왼쪽에서는 수요가 생산을 초과하며, 오른쪽에서는 생산이 수요를 초과한다. A에서만 수요와 생산이 일치한다.

경제가 그림에서 점 A로 나타난 초기 균형 상태에 놓여 생산이 Y와 일치한다고 하자.

이제 독립적 지출 c_0가 10억 원 증가했다고 하자. 초기 소득 수준에서, 즉 T가 변하지 않은 점 A와 관련된 가처분소득 수준에서 소비자가 소비를 10억 원 증가시켰다고 하자. 어떤 일이 일어나는지는 그림 3-3에 나타나 있다.

식 (3.9)에 따르면 모든 소득 수준에 대해 수요가 10억 원만큼 증가한다. c_0가 증가하기 전에 수요와 소득의 관계는 선 ZZ로 주어졌다. c_0가 10억 원 증가한 후 수요와 소득의 관계는 선 ZZ'으로 주어진다. ZZ'은 ZZ와 평행하지만 10억 원만큼 높아졌다. 즉 수요곡선 ZZ는 10억 원만큼 위로 이동한다. 새로운 균형은 새로운 수요곡선 ZZ'과 $45°$ 선의 교점인 점 A'에서 발생한다.

균형산출은 Y에서 Y'으로 증가한다. 수평축이나 수직축 어느 쪽에서 측정하든 산출 증가 $Y'-Y$는 최초의 소비 증가 규모인 10억 원보다 크다. 이것이 바로 승수효과이다.

◀ 이는 c_0의 변화에 대해 두 번째 해석을 사용한다. 주어진 소득 수준에서 소비자는 소비를 얼마나 더 늘리겠는가?

◀ 수직축을 보라. 수직축에서 Y와 Y'의 거리는 A와 B의 거리 (10억 원)보다 더 길다.

그림 3-3

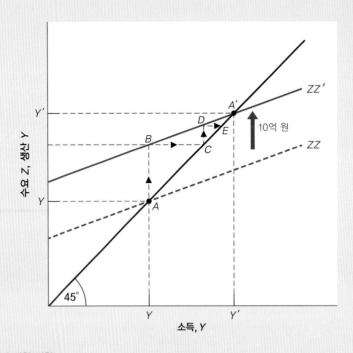

독립적 지출 증가의 산출에 대한 영향
독립적 지출의 증가는 균형 산출에 일대일 이상의 효과를 낳는다.

그래프의 도움으로 어떻게 그리고 왜 경제가 A에서 A'으로 움직였는지 이해하기 쉬워졌다. 처음 소비가 증가하면, 수요는 10억 원만큼 증가한다. 초기 소득 수준 Y에서 수요 규모는 점 B로 나타난다. 수요가 10억 원 증가하면 높아진 수요를 만족시키기 위해 기업은 생산을 10억 원 증가시킨다. 생산의 10억 원 증가는 소득이 10억 원 증가할 것임을 시사한다(소득과 생산이 일치한다는 점을 기억하자). 이에 따라 경제는 점 C로 이동한다. (다시 말해 생산과 소득 모두 10억 원 높아진다.) 그러나 이것이 이야기의 끝이 아니다. 소득 증가는 수요의 추가 증가로 이어진다. 수요는 이제 점 D로 나타난다. 점 D는 더 높은 수준의 생산으로 이어지며, 이러한 연쇄반응은 경제가 A'에 도달할 때까지 계속된다. A'에서 생산과 수요는 다시 똑같아진다. 따라서 이 점이 새로운 균형이다.

이러한 설명 방식을 더 확대할 수 있는데, 이는 승수에 대한 또 다른 이해 방법을 제공한다.

- 1단계에서의 수요 증가는 그림 3-3에서 거리 AB로 나타나며 10억 원과 일치한다.
- 1단계에서의 수요 증가는 동일한 금액, 즉 10억 원의 생산 증가를 낳는데, 이 역시 거리 AB로 나타난다.
- 1단계에서의 생산 증가는 소득을 동일한 규모로 증가시키는데, 이는 거리 BC로 나타나며 10억 원과 일치한다.

- 2단계에서의 수요 증가는 거리 CD로 나타나며 10억 원(1단계에서의 소득 증가)에 소비성향 c_1 을 곱한 금액, 즉 $c_1 \times 10$억 원이다.

- 2단계에서의 수요 증가는 동일한 규모(거리 CD)의 생산 증가를 낳으며, 이는 다시 동일한 규모 (거리 DE)의 소득 증가로 이어진다.

- 3단계에서의 수요 증가는 2단계에서의 수요 증가 $c_1 \times 10$억 원에 한계소비성향 c_1을 곱한 금액 인 $c_1 \times c_1 \times 10$억 원 $= c_1^2 \times 10$억 원과 일치하며 이 과정은 계속된다.

이 논리를 따라가면, $n+1$단계에서 생산의 전체 증가 규모는 10억 원에 $1 + c_1 + c_1^2 + \cdots + c_1^n$ 을 곱한 규모와 일치한다. 이러한 합을 **기하급수**(geometric series)라 한다. 기하급수는 이 책에 자주 등장하며, 간략한 소개는 책 끝의 부록 2에 있다. 기하급수의 한 가지 중요한 특징은 여기서처럼 c_1이 1보다 작을 때 n이 계속 커지면 그 합이 계속 증가하지만 일정한 극한값에 수렴한다는 점이다. 극한값은 $1/(1-c_1)$에 해당하는데, 결국 산출의 최종적인 증가 규모는 $1/(1-c_1) \times 10$억 원이다.

$1/(1-c_1)$은 익숙해질 필요가 있는 표현이다. 이는 승수이며 다른 방식으로 유도될 수 있지만, 위 방식은 승수에 대해 보다 직관적으로 생각하는 방법을 제공한다. 즉 최초의 수요 증가는 생산 에서의 연속적인 증가를 촉발하고, 각 단계에서의 생산 증가는 소득 증가로 이어진다. 각 단계에 서의 소득 증가는 다시 수요 증가로 이어지고, 이것은 다시 생산의 추가적인 증가를 낳는 연쇄반 응이 계속된다. 승수는 바로 생산에서의 이러한 연속적 증가를 더한 것이다.

일상적 표현을 통한 이해

위에서 발견한 것을 어떻게 일상적 표현으로 요약할 수 있을까?

생산은 수요에 의존하며, 수요는 소득에 의존하고, 소득은 다시 생산과 일치한다. 정부지출 증 가와 같은 수요 증가는 생산 증가와 그에 대응한 소득 증가를 낳는다. 이러한 소득 증가는 수요의 추가 증가로 이어지고 생산의 추가 증가를 낳으며 이 과정은 지속된다. 최종 결과는 생산의 증가 규모가 수요에서의 최초 증가 규모의 수배에 달하는데, 배수는 승수와 일치한다.

승수 크기는 소비성향의 값과 직접 관련된다. 소비성향이 클수록 승수도 커진다. 오늘날 미국에 서 소비성향은 얼마나 될까? 이 질문에 답하기 위해 그리고 보다 일반적으로 행태방정식과 그 모 수를 추정하기 위해 경제학자는 **계량경제학**(econometrics)을 사용한다. 계량경제학은 경제학에 서 사용하는 통계적 방법을 모아 놓은 것이다. 계량경제학이 무엇이고 어떻게 사용되는지에 대해 감을 잡으려면 책 끝의 부록 3을 참조하면 된다. 이 부록은 계량경제학을 간단히 소개하고 실제로 소비성향을 어떻게 추정하는지 보여준다. 부록의 결론에 따르면, 오늘날 미국에서 소비성향은 약 0.6에 달한다(부록 3의 회귀식 추정에 따르면 0.5와 0.8의 두 값을 보인다). 다시 말해 소득이 추가 적으로 1원 증가하면 소비는 평균적으로 0.6원 증가한다. 이는 승수가 $1/(1-c_1) = 1/(1-0.6) = 2.5$임을 말해준다.

◀ 미묘한 질문 : 승수를 연속되 는 단계의 결과로 생각해보라. 각기 이어지는 단계에서 소비 성향 c_1이 1보다 크면 어떤 일 이 발생할까?

실증분석에 따르면 승수는 일 반적으로 이보다 작다. 이 장에 서 발전시킨 단순 모형은 중요 한 몇 가지 메커니즘을 배제했 기 때문이다. 예를 들어 지출 변화에 대응해 통화정책의 변 화가 발생할 수 있거나 증가한 수요의 일부가 수입재에 할당 될 수 있다. 앞으로 논의가 진 행됨에 따라 이러한 문제를 다 ◀ 루게 될 것이다.

산출이 조정되는 데 얼마나 오래 걸리는가

이제 앞에서 다룬 예로 돌아가 c_0가 10억 원 증가했다고 하자. 앞의 논의에 따르면, 산출은 승수 $1/(1-c_1)$에 10억 원을 곱한 금액만큼 증가할 것이다. 그러나 산출이 이렇게 높아진 금액에 도달하는 데 얼마나 오래 걸릴까?

지금까지의 가정에 따르면 '즉시' 이루어진다. 균형조건 식 (3.6)에서는 생산이 항상 수요와 일치한다고 가정했다. 즉 생산은 수요 변화에 즉각 반응한다고 가정했다. 소비함수 식 (3.2)에서도 소비는 가처분소득의 변화에 즉각 반응한다고 가정했다. 이들 두 가정하에서 경제는 그림 3-3의 점 A에서 점 A'으로 즉각 이동한다. 수요 증가는 생산의 즉각적 증가로 이어지며, 생산 증가와 관련된 소득 증가는 수요의 즉각적 증가로 이어지고 이 과정이 지속된다. 조정 과정을 앞에서 했던 것처럼 연속적 단계로 생각해볼 수도 있다. 하지만 이들 방정식은 이 모든 단계가 한 번에 발생함을 나타낸다는 점에 주의할 필요가 있다.

앞서 보았던 모형에서 기업은 ▶ 재고를 보유하지 않는다고 가정함으로써 이 가능성을 배제했다. 따라서 증가한 수요를 만족시키기 위해 재고를 활용할 수 없다.

물론 이러한 즉각적 조정은 현실과 다소 괴리가 있다. 수요 증가에 직면한 기업은 생산 조정을 하기보다는 기다리기로 하는 한편, 대신 재고를 이용해 수요를 해소할 것이다. 소득이 증가한 노동자가 소비를 즉각 늘리지 않을 수 있다. 이러한 지연은 산출 조정에 시간이 소요될 것임을 시사한다.

경제학자가 조정 **동학**(dynamics)이라고 부르는 방정식을 사용해 산출의 이러한 조정 과정을 엄밀하게 묘사하고 복잡해진 모형을 푸는 일은 현 단계에서는 지나치게 어렵다. 그러나 말로 하면 그리 어렵지 않다.

- 예를 들어 기업이 각 분기 초에 생산 수준에 관한 의사결정을 한다고 하자. 일단 결정이 이루어지면, 생산은 분기의 남은 기간 동안 조정될 수 없다. 만약 수요가 생산보다 크다면, 기업은 재고를 이용해 수요에 대응할 것이다. 그러나 수요가 생산보다 작다면, 기업은 재고를 쌓아 갈 것이다.

- 이제 소비자가 소비를 늘리기로 결정해 c_0를 증가시켰다고 하자. 이러한 변화가 발생한 분기 동안에 수요는 증가하지만 생산은 아직 변하지 않는다. 생산 규모는 매 분기 초에 결정되기 때문이다. 결과적으로 소득도 변하지 않는다.

- 수요 증가를 경험한 기업은 다음 분기에 생산 규모를 더 높게 잡을 것이다. 생산 증가는 그에 상응하는 소득 증가를 낳고 이로 인해 수요는 더 증가한다. 만약 소비자의 수요가 생산을 여전히 상회하면, 기업은 다음 분기에도 생산을 증가시킬 것이며, 이런 과정은 계속된다.

- 간단히 말해 소비 증가에 반응해 산출은 새로운 균형으로 즉각 도약하기보다는 Y에서 Y'으로 서서히 증가해 간다.

이 조정기간이 얼마나 소요될지는 기업이 자신의 생산계획을 어떻게 그리고 얼마나 자주 변경하는지에 달려 있다. 기업이 생산계획을 과거의 수요 증가에 대응해 보다 자주 변경한다면,

리먼 파산, 대공황 재현의 공포 그리고 소비함수의 이동

소비자들은 가처분소득이 변하지 않았는데도 왜 소비를 위축할까? 또는 식 (3.2)를 기준으로, 왜 c_0는 감소하며 그에 따라 수요, 산출 등의 위축을 낳는 것일까?

떠오르는 첫 번째 이유는 현재 소득이 변하지 않아도 미래에 대해 걱정하기 시작해 더 많이 저축하기로 결심하기 때문이다. 이것이 바로 2008년 말과 2009년 초 위기가 시작되었을 때 일어난 일이다. 기본적 사실들은 아래의 그림 1과 같다. 그림은 2008년 1분기부터 2009년 3분기까지 세 가지 변수, 즉 가처분소득 및 총소비와 더불어 승용차, 컴퓨터 등을 포함하는 내구재 소비의 행태를 보여준다(책 끝의 부록 1은 보다 정확한 정의를 제공한다). 단순화를 위해 모든 변수의 2008년 1분기 값을 1로 두었다.

그림에서 두 가지 사항에 주의하자. 첫째, 이 기간 중 위기가 GDP의 큰 위축을 낳았지만, 가처분소득은 처음에는 많이 움직이지 않았다. 2008년 1분기에는

증가하기도 했다. 그러나 소비는 1분기에서 2분기까지 변동이 없었으며 가처분소득이 감소하기 전에 위축되었다. 2009년에 소비는 가처분소득보다 2008년 대비 3%p 정도 더 위축되었다. 그림 1에서 가처분소득선과 소비선의 거리는 확대되었다. 둘째, 2008년 3분기 그리고 4분기 동안 특히 내구재 소비가 급감했다. 2008년 4분기경에 내구재 소비는 1분기 대비 10% 위축되었고 2009년 초 회복되었다가 다시 위축되었다.

가처분소득의 비교적 경미한 변화에도 불구하고 왜 소비, 특히 내구재 소비는 2008년 말에 위축되었을까? 몇 가지 요인이 작용했지만, 주된 요인은 금융위기의 심리적 여파였다. 2008년 9월 15일 초대형은행인 리먼브러더스가 파산했고, 이어지는 몇 주 동안 더 많은 은행이 그 뒤를 따를 것이며 금융시스템은 붕괴할 것으로 보였다는 1장의 논의를 상기하자. 대부분의 사람에게 문제의 주요 징후는 신문에서 읽는 내용들이

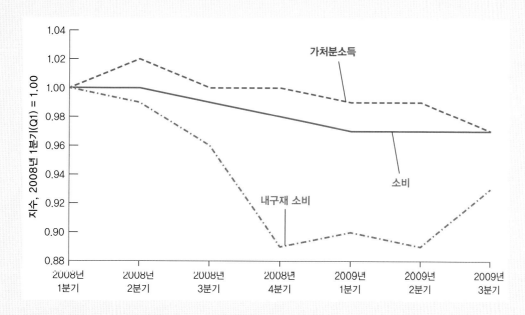

그림 1

미국의 가처분소득, 소비, 내구재 소비 추이 : 2008년 1분기~2009년 3분기

출처 : FRED: DPIC96, PCECC96, PCDGCC96.

었다. 비록 그들은 여전히 직업을 가지고 있고 월급을 받았지만, 사건들은 대공황과 그에 따른 고통에 대한 이야기를 상기시켰다. 이를 보는 한 가지 방법이 2008년 1월부터 2009년 9월까지의 'Great Depression' 검색 횟수를 제공하는 구글 트렌즈(Google Trends)를 살펴보는 것인데, 아래 그림 2가 이를 보여준다. 시계열은 2년간의 평균값이 1이 되도록 정규화했다. 이 시계열은 2008년 10월에 급격히 정점을 기록했고 2009년 들어서는 천천히 하락했다. 위기가 심각하지만 정책 당국이 대공황 재발을 막기 위해 무엇이든 다 하려 할 것이 분명해졌기 때문이었다.

경제가 대공황에 빠질 것이라고 느낀다면 어떻게

하겠는가? 가처분소득이 아직 감소하지 않았는데도 실업자가 되거나 소득이 미래에 하락할 수 있다는 걱정을 하며 소비를 줄일 것이다. 그리고 전개되는 상황에 대한 불확실성으로 인해 미룰 수 있는 새로운 자동차나 TV와 같은 품목의 구매는 미루기도 할 것이다. 그림 1이 보여주듯 이것이 바로 2008년 말 소비자가 한 일이다. 총소비는 감소했고 내구재 소비는 급감했다. 2009년 안개가 서서히 걷히고 최악의 상황이 발생할 가능성이 점차 감소함에 따라 내구재 소비는 반등했다. 그러나 그때쯤에는 다른 많은 요인이 위기에 기여하고 있었다.

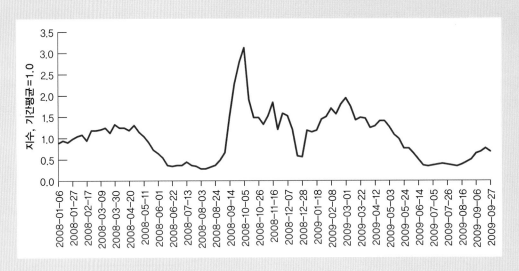

그림 2
구글에서 'Great Depression' 검색 횟수(2008년 1월~2009년 9월)

출처 : Google Trends, 'Great Depression'

조정은 더 빨리 진행될 것이다.

조금 전처럼 앞으로 자주 이런 과정을 반복할 것이다. 우선 균형산출 규모의 변화를 살펴본 뒤, 어떻게 경제가 이전의 균형에서 새로운 균형으로 옮겨 가는지를 일상적 표현으로 묘사할 것이다. 이 방식은 경제에서 무엇이 발생하는지를 보다 현실적으로 느끼게 할 뿐만 아니라 왜 균형이 바뀌는지에 대한 직관을 강화할 것이다.

이 절에서는 수요 증가에 초점을 맞추었다. 그러나 조정 과정은 반대 방향으로도 그대로 작동한다. 즉 수요 감소는 산출 감소로 이어진다. 2008~2009년 경기침체는 네 가지 독립적 지출 중 2개의 지출이 동시에 대규모로 감소한 결과이다. 기억을 되살리면, 독립적 지출은 $[c_0 + I + G - c_1 T]$였다. 초점상자 '리먼 파산, 대공황 재현의 공포 그리고 소비함수의 이동'은 위기가 시작될 때 가처분소득이 아직 감소하지 않았는데도 미래에 대한 우려로 소비자가 지출을 줄인다는 것을 보여준다. 즉 c_0가 감소한다. 주택가격이 하락함에 따라 주택 신축의 타당성은 위축되었다. 신규주택은 독립적 투자지출의 일부이므로 I 또한 급격히 위축한다. 독립적 지출이 감소함에 따라 재화에 대한 총수요는 감소하고, 그에 따라 산출도 감소한다. 이 책의 많은 곳에서 위기의 배경이 되었던 요인과 메커니즘으로 되돌아가서 이야기를 풍성하게 할 것이다. 그러나 독립적 지출에 대한 이러한 파급효과는 이야기의 핵심 요소로 남을 것이다.

3-4 투자와 저축의 일치 : 재화시장 균형에 대한 또 다른 사고 방법

지금까지는 생산과 재화에 대한 수요가 일치해야 한다는 관점에서 재화시장에서의 균형을 살펴보았다. 재화시장의 균형에 대한 유사하지만 또 다른 관점은 저축과 투자에 초점을 맞추는 것이다. 이 방법은 케인스(John Maynard Keynes)가 1936년에 저서 고용, 이자 및 화폐에 관한 일반이론(The General Theory of Employment, Interest and Money)에서 도입한 방법이다.

먼저 저축부터 살펴보자. 저축은 민간저축과 정부저축의 합계이다.

■ 정의에 따르면, 소비자에 의한 저축인 **민간저축**(private saving, S)은 소비자의 가처분소득에서 소비를 뺀 값과 일치한다.

$$S \equiv Y_D - C$$

가처분소득의 정의를 사용하면 민간저축은 소득에서 세금과 소비를 뺀 값으로 나타낼 수 있다.

$$S \equiv Y - T - C$$

■ 정의에 의해, **정부저축**(public saving)은 세금(이전지출을 차감한)에서 정부지출을 뺀 값과 같다($T - G$). 세금이 정부지출을 초과하면 정부는 **재정흑자**(budget surplus)를 기록하고 정부저축은 양의 값을 갖는다. 한편 세금이 정부지출보다 작다면 정부는 **재정적자**(budget deficit)를 기록하고 정부저축은 음의 값을 갖는다.

■ 이제 전에 유도했던 재화시장의 균형식으로 돌아가자. 생산은 수요와 일치해야 하며 수요는 소비, 투자, 정부지출의 합이다.

$$Y = C + I + G$$

◀ 민간저축은 모든 이윤을 분배하지 않고 내부유보를 투자자금으로 사용하는 기업에 의해서도 발생할 수 있다. 단순화를 위해 여기서는 기업저축을 무시한다. 그러나 식 (3.10)에서의 투자와 저축의 일치는 이러한 단순화 가정에 의존하지 않는다.

◀ 정부저축 ⇔ 재정흑자

양변 모두에서 세금(T)을 빼고 소비를 좌변으로 옮기면 다음을 얻는다.

$$Y - T - C = I + G - T$$

이 식의 좌변은 민간저축(S)이므로

$$S = I + G - T$$

이고, 이는 다시

$$I = S + (T - G) \tag{3.10}$$

로 고쳐 쓸 수 있다. 이 식의 좌변은 투자이며 우변은 저축이다. 여기서 저축은 **민간저축**과 **정부저축**의 합이다.

식 (3.10)은 재화시장의 균형에 대한 다른 관점을 제공한다. 이 식은 재화시장의 균형을 위해 투자와 **저축**(saving, 민간저축과 정부저축의 합)이 일치할 것을 요구한다. 균형에 이런 방식으로 접근하는 것은 재화시장의 균형조건을 **IS 관계**(IS relation)로 부르는 이유를 설명한다. IS 관계는 '투자(Investment)와 저축(Saving)이 일치한다'는 것을 말한다. 기업이 투자하고자 하는 규모는 국민과 정부가 저축하고자 하는 규모와 일치해야 한다.

식 (3.10)을 이해하기 위해 경제 내에 오직 한 사람만이 살고 그가 소비, 투자, 저축 규모를 결정하는 '로빈슨 크루소' 경제를 상상해보자. 로빈슨 크루소에게 있어 저축과 투자결정은 하나이며 똑같은 것이다. 그는 투자하는(예를 들면 토끼를 저녁식사로 먹기보다는 계속 사육하는) 만큼 자동적으로 저축한다. 그러나 현대경제에 있어 투자 결정은 기업이 하지만 저축 결정은 소비자와 정부가 한다. 식 (3.10)에 따르면 균형에서 모든 의사결정은 일관성이 있어야 한다. 즉 투자는 저축과 일치해야 한다.

요약하면, 재화시장에서의 균형을 위한 조건을 나타내는 두 가지 동등한 방법이 있다.

$$\text{생산} = \text{수요}$$

$$\text{투자} = \text{저축}$$

앞에서는 첫 번째 조건식 (3.6)을 사용해 균형을 특징지었다. 지금은 두 번째 조건식 (3.10)을 사용해 균형을 다시 특징지었다. 결과는 같지만 유도 과정은 균형에 대한 새로운 관점을 제공할 것이다.

■ 우선 소비와 저축 의사결정은 하나이며 동일하다는 점에 주의할 필요가 있다. 가처분소득이 일정한 상황에서 소비자가 일단 소비를 결정하고 나면 저축은 자연히 결정되며, 그 역도 성립한다. 소비행태를 설정했던 방식은 민간저축이 다음과 같이 주어져야 함을 말한다.

$$S = Y - T - C$$
$$= Y - T - c_0 - c_1(Y - T)$$

이를 정렬하면 다음을 얻는다.

$$S = -c_0 + (1 - c_1)(Y - T) \tag{3.11}$$

- c_1을 소비성향이라 했듯이 $1 - c_1$을 **저축성향**(propensity to save)이라 할 수 있다. 저축성향은 소득이 한 단위 증가할 때 얼마나 저축할지를 말해준다. 앞에서의 가정, 즉 소비성향 c_1이 0과 1 사이 값을 갖는다는 가정에 따르면, 저축성향 $1 - c_1$ 역시 0과 1 사이의 값을 가져야 한다. 민간 저축은 가처분소득이 증가할 때 같이 증가하지만 그 증가 규모는 가처분소득의 증가 규모보다 작을 것이다.

균형에서 투자는 저축(민간저축과 정부저축의 합)과 일치해야 한다. 식 (3.10)의 민간저축에 위의 식을 대입하면 다음을 얻는다.

$$I = -c_0 + (1 - c_1)(Y - T) + (T - G)$$

이를 산출에 대해 풀면 다음을 얻을 수 있다.

$$Y = \frac{1}{1 - c_1}[c_0 + \bar{I} + G - c_1 T] \tag{3.12}$$

식 (3.12)는 식 (3.8)과 완전히 일치한다. 물론 놀랄 일은 아니다. 똑같은 균형조건을 다른 관점에서 접근했을 뿐이다. 하지만 새로운 관점은 이 책에서 매우 다양한 방식으로 유용하게 사용될 것이다. 초점상자는 케인스가 처음 강조했고 종종 '저축의 역설'이라 불리는 응용 사례를 보여준다.

3-5 정부는 전능한가? 경고

식 (3.8)은 정부가 정부지출(G)과 세금(T) 규모를 선택함으로써 원하는 산출 규모를 선택할 수 있다는 것을 말한다. 만약 산출 수준이 10억 원만큼 높아지기를 바란다면, G의 규모를 $(1 - c_1) \times 10$억 원만큼 늘리기만 하면 된다. 정부지출을 이만큼 늘리면, 이론상으로 산출은 $(1 - c_1) \times 10$억 원에 승수 $1/(1 - c_1)$을 곱한 금액 또는 10억 원이 증가할 것이다.

그렇다면 정부가 실제로 자신이 원하는 산출 수준을 마음껏 선택할 수 있을까? 분명히 그렇지 않다. 만약 그렇고 또 앞의 내용처럼 쉬워 보인다면, 왜 미국 정부가 2008년에 성장이 멈추고 2009년에는 산출이 실제로 위축되는 것을 허용했겠는가? 왜 정부는 지금 당장 성장률을 높여서 실업률이 더 빨리 감소하도록 하지 않겠는가? 현실 세계의 많은 측면이 우리 모형에는 포함되어 있지 않으며 바로 이들이 정부의 역할을 복잡하게 만든다. 앞으로 때가 되면 다루겠지만, 어떤 것들이 있

◀ 보다 긴 목록을 개관하고 싶다면 22-1절 '재정정책 : 지금까지 학습한 내용과 현 위치'를 참조하라.

저축의 역설

우리는 자라면서 절약의 미덕에 대해 듣게 된다. 소득을 모두 써버리는 자는 빈곤으로 끝날 것이라고 비난받는다. 저축하는 사람은 행복한 삶을 약속받는다. 마찬가지로 정부는 저축하는 경제가 더 강하게 성장하고 번영할 것이라고 말한다! 그러나 이 장에서 본 모형은 다른 놀라운 이야기를 한다.

가처분소득이 일정한데 소비자가 저축을 더 하기로 결정했다 하자. 즉 소비자가 주어진 가처분소득 수준에서 c_0를 감소시켜 소비를 줄이고 저축을 증가시킨다고 하자. 산출과 저축은 어떻게 될까?

식 (3.12)는 균형산출이 감소한다는 것을 분명히 한다. 초기 소득 수준에서 저축이 커지면 소비는 감소한다. 그러나 이러한 소비 감소는 수요를 위축시키고 생산을 감소시킨다.

저축은 어떻게 될지 알 수 있을까? 민간저축에 대한 식 (3.11)로 돌아가자(정부저축은 일정하다고 가정했으므로 저축과 민간저축은 함께 움직인다).

$$S = -c_0 + (1 - c_1)(Y - T)$$

한편으로는 $-c_0$가 증가한다. 즉 소비자는 소득 수준과 상관없이 저축을 더 한다. 그러나 다른 한편으로는 소득이 낮아지는데, 이는 저축을 감소시킨다. 순효과는 모호해 보인다. 그러나 어떤 방향으로 움직일지 말할 수 있다. 투자와 저축이 일치해야 한다는 균형조건인 식 (3.10)으로 돌아가자.

$$I = S + (T - G)$$

가정에 의해 투자는 변화하지 않는다 : $(I = \bar{I})$. T나 G도 변화하지 않는다. 따라서 균형조건은 균형에서 민간저축 S 역시 변화하지 않을 것을 요구한다. 사람들이 주어진 소득에서 저축을 더 하려 하지만, 소득 감소로 말미암아 저축은 변화하지 않는다.

이는 사람들이 저축을 증가시킬수록 산출이 감소하고 저축은 변하지 않는다는 것을 의미한다. 이러한 놀라운 결과는 저축의 역설(paradox of saving) 또는 절약의 역설로 알려져 있다. 민간저축 대신 정부저축을 살펴보아도 같은 결과를 얻을 수 있다는 점에 유의하자. 재정적자 규모가 감소하면 산출이 감소하고 전반적인 (정부 및 민간) 저축이 발생한다. 그리고 모형을 확장해 투자가 일정하다고 가정하는 대신 산출 감소를 낳도록 하면(5장에서 다룬다) 결과는 훨씬 더 극적일 것이다. 소비자나 정부가 저축을 증가시키면 산출 감소, 투자 감소, 그리고 그에 따라 저축 감소라는 결과로 이어질 것이다!

그렇다면, 옛 지혜는 잊어야 할까? 정부는 국민에게 덜 절약하라고 해야 할까? 아니다. 이러한 단순한 모형의 결과들은 단기와 더 깊은 관련성이 있다. 소비자들이 저축을 늘리려는 욕구는 바로 이전 초점상자에서 보았던 금융위기와 같은 많은 경기침체에 있어 중요한 요인으로 작용했다. 그러나 나중에 보겠지만 중기와 장기에는 점차 다른 메커니즘이 작동하며 저축률 증가가 저축 증가와 소득 증가를 낳게 될 것이다. 그러나 경고는 남는다. 저축 장려 정책은 중기와 장기에는 좋을 수 있다. 그러나 단기에는 수요와 산출의 감소를 낳을 수 있고 심지어 경기침체도 야기할 수 있다.

는지 간단히 살펴보자.

- 정부지출과 세금을 변화시키는 것은 쉬운 일이 아니다. 국회는 정부가 제안한 법안을 통과시키는 데 늘 시간이 필요하다. 법안에 있는 내용을 이행하는 데는 훨씬 더 많은 시간이 걸린다(21, 22장).

- 투자는 일정하게 유지된다고 가정되었다. 그러나 투자는 환경이 바뀌면 변화한다. 수입 역시 마찬가지다. 소비자와 기업의 증가한 수요의 일부는 국내 재화보다는 외국 재화로 돌려질 것이다. 이러한 모든 반응은 복잡하고 동태적인 효과를 낳을 것이고 정부는 이들을 확실하게 평가하기 어렵다(5장과 9장, 18~20장).

- 기대 역시 문제가 된다. 예를 들어 감세에 대한 소비자의 반응은 감세를 일시적이라 생각하느냐 영구적이라 생각하느냐에 따라 크게 달라질 수 있다. 감세를 영구적인 것으로 인정할수록 소비의 반응은 커진다(14~16장).

- 목표로 하는 산출 수준을 달성하는 것은 부작용을 초래할 수 있다. 높은 산출 수준을 달성하기 위한 노력은 인플레이션을 심화시킬 수 있으며, 이러한 이유로 정책적 노력은 중기에 있어 지속 가능하지 않을 수 있다(9장).

- 세금을 줄이거나 정부지출을 늘리는 것은 단기적으로는 매력적으로 보일지 모르지만 막대한 재정적자와 정부 부채 누적으로 이어질 수 있다. 정부 부채의 증가는 장기적으로 역효과를 낳을 수 있다. 실제로 정부 부채 문제는 오늘날 거의 모든 선진국에서 뜨거운 논란거리다(9장, 11장, 16장, 22장).

간단히 말하면, 단기적으로 정부가 재정정책을 사용해 수요와 산출에 영향을 미칠 수 있다는 명제는 중요하고 적절한 것이다. 그러나 분석을 다듬어 갈수록 정부의 역할 그리고 재정정책의 성공적 사용이 어려운 과제임을 알게 될 것이다. 정부는 이 장에서처럼 그렇게 뛰어날 수 없을 것이다.

요약

GDP의 구성요소에 대해 기억해야 할 사항은 다음과 같다.

- GDP(Y)는 소비, 투자, 정부지출, 재고투자, 수출−수입의 합계이다.
- 소비(C)는 소비자에 의한 재화와 용역의 구입이다. 소비는 수요의 가장 큰 항목이다.
- 투자(I)는 비주거용 투자(기업에 의한 새로운 공장과 기계의 구입)와 주거용 투자(사람들에 의한 신축 수택의 구입)의 합계이다.
- 정부지출(G)은 정부에 의한 재화와 용역의 구매이다.
- 수출(X)은 외국인에 의한 국내 재화의 구매이다. 수입(IM)은 소비자, 기업, 정부에 의한 외국 재화의 구매이다.
- 재고투자는 생산과 구매의 차이다. 음과 양의 값을 모두 가질 수 있다.

산출 결정에 관한 첫 번째 모형에서 기억할 내용은 다음과 같다.

- 단기에는 수요가 생산을 결정한다. 생산은 소득과 일치한다. 소득은 다시 수요에 영향을 미친다.
- 소비함수는 소비가 어떻게 가처분소득에 의존하는지를 보여준다. 소비성향은 주어진 가처분소득의 증가에 대해 소비가 얼마나 증가하는지를 묘사한다.
- 균형산출은 생산과 수요가 일치하는 산출 수준이다. 균형에서 산출은 독립적 지출에 승수를 곱한 값과 일치한다. 독립적 지출은 소득에 의존하지 않는 수요 부분이다. 승수는 $1/(1 - c_1)$과 같은데, 여기서 c_1은 소비성향이다.
- 소비자 신뢰, 투자수요, 정부지출, 세금 감소는 모두 단기에

균형산출을 증가시킨다.

■ 재화시장의 균형조건을 나타내는 또 다른 방법으로 투자가 저축과 일치한다는 조건이 있다. 여기서 저축은 민간저축과 정부저축의 합이다. 이 이유로 균형조건은 *IS* 관계라 불린다 [*I*는 투자(investment), *S*는 저축(saving)을 대표한다].

핵심 용어

가처분소득(disposable income, Y_D)

계량경제학(econometrics)

고정투자(fixed investment)

균형(equilibrium)

균형예산(balanced budget)

균형조건(equilibrium condition)

기하급수(geometric series)

내생변수(endogenous variables)

독립적 지출(autonomous spending)

동학(dynamics)

모수(parameter)

무역수지(trade balance)

무역적자(trade deficit)

무역흑자(trade surplus)

민간저축(private saving, S)

비주거용 투자(nonresidential investment)

선형관계(linear relation)

소비(consumption, C)

소비성향(propensity to consume, c_1)

소비함수(consumption function)

수입(import, IM)

수출(export, X)

순수출(net exports, $X - IM$)

승수(multiplier)

외생변수(exogenous variables)

이전지출(government transfers)

재고투자(inventory investment)

재정적자(budget deficit)

재정정책(fiscal policy)

재정흑자(budget surplus)

재화시장의 균형(equilibrium in the goods market)

저축(saving)

저축성향(propensity to save)

저축의 역설(paradox of saving)

정부저축(public saving, $T - G$)

정부지출(government spending, G)

주거용 투자(residential investment)

투자(investment, I)

항등식(identity)

행태방정식(behavioral equation)

IS 관계(*IS* relation)

연습문제

기초문제

1. 이 장의 내용에 기초해 다음에 대해 '사실', '거짓', '불확실' 여부를 밝히고 그 이유를 간단히 설명하라.

   a. GDP의 가장 큰 항목은 소비이다.

   b. 2018년 정부지출은 이전지출을 포함해 GDP의 17.4%이다.

   c. 소비성향은 양(+)의 값을 가져야 한다. 하지만 어떤 양의 값을 가져도 상관없다.

   d. 2009년 경기침체의 한 요인은 모수 c_0의 하락이었다.

   e. 재정정책은 정부지출과 세금의 선택과 관련되는데 본문의 재화시장 모형에서는 외생변수로 간주한다.

   f. 재화시장의 균형조건은 소비와 산출이 일치한다는 것을 말한다.

   g. 정부지출의 한 단위 증가는 균형산출의 한 단위 증가를

낳는다.

　h. 소비성향의 증가는 산출 감소를 낳는다.

2. 경제를 다음 행태방정식으로 특징지을 수 있다고 하자.

$$C = 160 + 0.6Y_D$$
$$I = 150$$
$$G = 150$$
$$T = 100$$

다음을 구하라.

　a. 균형 GDP(Y)

　b. 가처분소득(Y_D)

　c. 소비지출(C)

3. 2번 문제에서 다룬 경제를 고려하자.

　a. 균형산출을 구하라. 총수요를 계산하라. 생산과 일치하는가? 설명하라.

　b. G가 이제 110과 같다고 하자. 균형산출을 구하라. 총수요를 계산하라. 생산과 일치하는가? 설명하라.

　c. G가 110과 같아 산출이 (b)의 답으로 주어진다고 하자. 민간저축과 정부저축의 합계를 구하라. 이것은 투자와 일치하는가? 설명하라.

심화문제

4. 균형예산승수

정치적 · 거시경제적 이유로 정부는 종종 재정적자를 기록하는 것을 피하려 한다. 여기서는 재정수지의 균형을 유지하는 G와 T에서의 정책 변화가 거시경제적으로 중립적인지 검토한다. 다시 말해 재정균형이 유지되도록 G와 T를 변화시킬 때 산출이 영향을 받는지 검토한다. 식 (3.8)에서 출발하자.

　a. G가 한 단위 증가하면 Y는 얼마나 증가하는가?

　b. T가 한 단위 증가하면 Y는 얼마나 감소하는가?

　c. 왜 (a)와 (b)에 대한 답이 다른가?

경제가 균형예산에서 출발했다고 하자($G = T$). G의 증가 규모와 T의 증가 규모가 같다면 예산은 균형을 지속한다. 이제 균형예산승수를 계산해보자.

　d. G와 T 모두 한 단위씩 증가했다고 하자. (a)와 (b)에 대한 답을 사용한다면 균형 GDP의 변화는 얼마인가? 균형예산을 유지하도록 G와 T를 변화시킨다면, 이것은 거시

경제적으로 중립적인가?

　e. 소비성향의 값이 달라지면 (a)에 대한 답이 영향을 받는가? 왜 그런가?

5. 자동안정장치

지금까지는 재정정책변수 G와 T가 소득과는 독립적이라고 가정했다. 그러나 실제 세계에서는 그렇지 못하다. 조세는 통상 소득에 의존하며, 이로 인해 소득이 높아지면 세금도 증가한다. 이 문제에서는 조세의 자동적 반응으로 말미암아 독립적 지출의 산출에 대한 파급효과가 어떻게 감소될 수 있는지 살펴본다. 다음 행태방정식을 고려하자.

$$C = c_0 + c_1 Y_D$$
$$T = t_0 + t_1 Y$$
$$Y_D = Y - T$$

G와 I는 모두 일정한 상수이다. t_1은 0과 1 사이의 값이라 하자.

　a. 균형산출값을 구하라.

　b. 승수는 얼마인가? 경제는 t_1이 0일 때 독립적 지출의 변화에 더 크게 반응하는가, 아니면 1일 때 더 크게 반응하는가? 설명하라.

　c. 왜 이 경우에 재정정책은 자동안정장치라 불리는가?

6. 균형예산과 자동안정장치

균형예산을 위한 조치는 실제로 불안정한 파급효과를 낳는다고 주장되기도 한다. 이를 이해하기 위해 5번 문제의 경제를 다시 고려하자.

　a. 균형산출값을 구하라.

　b. 균형에서 세금 규모를 구하라.

정부예산이 균형일 때 c_0가 하락했다고 가정하자.

　c. Y는 어떻게 변화하는가? 세금은 어떻게 변화하는가?

　d. 이제 정부가 균형예산을 위해 지출을 삭감한다고 하자. Y에 대한 영향은 어떠한가? 예산을 균형으로 유지하기 위해 필요한 정부지출 삭감조치는 c_0 하락의 파급효과를 감소시키는가, 아니면 강화시키는가? (수식을 풀려 하지 말라. 직관을 사용하고 일상적 표현을 이용해 답하라.)

7. 세금과 이전지출

세금 T는 이전지출을 차감한 값으로 정의된다. 즉 다음과 같다.

$$T = 세금 - 이전지출$$

a. 정부가 가계에게 이전지출을 증가시켰지만, 이전지출에 필요한 자금이 세금 인상을 통해 조달되지는 않았다고 하자. 대신 정부는 이전지출을 위해 차입을 했다. 이 정책이 균형산출에 미치는 영향을 (그림 3-2와 같은) 그림을 이용해 예시하고 설명하라.

b. 정부가 이전지출 증가에 대해 동일한 크기만큼 세금을 인상해 자금을 조달했다고 하자. 이 경우 이전지출의 증가는 산출에 어떤 영향을 미치는가?

c. 전체 인구에 두 유형의 사람들이 포함된다고 하자. 한 유형은 높은 소비성향을 가진 사람들이고, 다른 유형은 낮은 소비성향을 가진 사람들이다. 이전지출 정책이 취해져서 높은 소비성향을 가진 사람에 대한 이전지출을 위해 낮은 소비성향을 가진 사람에 대한 세금을 인상했다고 하자. 이 정책은 균형산출에 어떤 영향을 미치는가?

d. 소득 수준에 따라 개인별로 소비성향이 달라지는가? 다시 말해 고소득층의 소비성향과 저소득층의 소비성향은 다른가? 설명하라. 여러분의 답에 기초해, 세금 인하조치가 어떤 소득계층에 집중되는 것이 산출 증가에 보다 효과적이라고 생각하는가? 저소득층인가, 아니면 고소득층인가?

8. 투자와 소득

이 문제는 투자가 산출 수준에 의존할 경우의 시사점을 검토한다. 5장에서는 분석을 더 확장해 이 문제에서는 검토하지 않는 본질적 관계, 즉 이자율의 투자에 대한 파급효과를 도입한다.

a. 경제를 다음과 같은 행태방정식으로 특징지을 수 있다고 하자.

$$C = c_0 + c_1 Y_D$$
$$Y_D = Y - T$$
$$I = b_0 + b_1 Y$$

정부지출은 여전히 일정하다. 이제 투자는 산출이 증가하면 같이 증가한다. (5장에서 이 관계에 대한 이유를 논의할 것이다.) 균형산출을 구하라.

b. 승수는 얼마인가? 투자와 산출의 관계가 승수에는 어떤 영향을 미치는가? 승수가 양의 값을 갖기 위해 $c_1 + b_1$이

만족해야 하는 조건은 무엇인가? 답을 설명하라.

c. $c_1 + b_1 > 1$이면 어떻게 되겠는가? (지출의 각 단계마다 어떤 일이 발생할지 생각해보라.)

d. 때때로 기업 신뢰도(business confidence)라 불리는 b_0가 증가했다고 하자. 균형산출은 영향을 받는가? 투자 변화는 b_0의 변화보다 큰가, 아니면 작은가? 왜 그런가? 국민저축에는 어떤 변화가 발생하겠는가?

추가문제

9. 저축의 역설을 다시 검토하자.

(a)를 답하는 데 그림이 도움이 되겠지만 이 문제는 계산 없이 할 수 있어야 한다. 이 문제에서는 경제변수의 변화 방향만 중요하지 변화의 크기는 계산할 필요가 없다.

a. 8번 문제에서 다룬 경제를 고려하자. 소비자가 가처분소득은 일정한데 소비를 줄이기로(그에 따라 저축을 늘리기로) 결정했다고 하자. 구체적으로 소비자의 신뢰도(c_0)가 떨어졌다고 하자. 산출은 어떻게 되겠는가?

b. (a)에서 답한 산출에 대한 파급효과로 인해 투자는 어떻게 되겠는가? 민간저축은 어떠한가? 설명하라. (힌트 : 균형을 저축과 투자가 일치하는 조건으로 파악하라.) 소비에 대한 파급효과는 어떠한가?

c. 소비자가 소비지출을 증가시키기로 했다고 하자. 즉 c_0가 증가했다. 산출, 투자, 민간저축에 대한 파급효과는 어떠한가? 설명하라. 소비에 대한 파급효과는 어떻게 되겠는가?

d. 다음 논리에 대해 논하라. "산출이 지나치게 낮을 때 필요한 것은 재화와 용역에 대한 수요의 증가이다. 투자는 수요를 구성하는 한 요소이며 저축은 투자와 일치한다. 따라서 정부가 가계를 설득해 저축을 늘리도록 하면 투자와 산출이 증가할 것이다."

산출만이 투자에 영향을 미치는 변수는 아니다. 경제에 대한 모형을 발전시킴에 따라 앞으로 다루는 문제에서 저축의 역설을 더 다룰 것이다.

10. 2009년 경기침체를 피하기 위한 재정정책의 사용

2009년 GDP는 대략 15조 달러이다. 2009년에 GDP는 약 3%p 하락했다.

a. 15조 달러의 3%p는 몇 달러인가?

b. 소비성향이 0.5라면, 산출 위축을 막기 위해 정부지출은 얼마나 증가해야 하는가?

c. 소비성향이 0.5라면, 산출 위축을 막기 위해 조세는 얼마나 감소해야 하는가?

d. 의회가 2009년에 조세를 인상하는 동시에 같은 금액만큼 정부지출을 증가시켰다고 하자. 2009년의 산출 위축을 막기 위해 필요한 정부지출과 조세의 증가 규모는 얼마인가?

11. '출구 전략(exit strategy)' 문제

위기와 관련된 경기침체를 다루면서 조세는 인하되었고 정부지출은 증가했다. 결과적으로 대규모 재정적자가 생겨났다. 재정적자를 줄이기 위해서는 조세가 인상되거나 정부지출이 감소해야 한다. 이를 대규모 재정적자로부터의 '출구 전략'이라 한다.

a. 각 방법으로 적자를 감소시키면 단기에 있어 균형산출 수준에 어떤 영향을 미치겠는가?

b. 어떤 방법이 균형산출을 더 감소시키겠는가?
 (i) G를 1,000억 달러 감소
 (ii) T를 1,000억 달러 증가

c. (b)에 대한 답은 소비성향의 크기에 어떻게 의존하는가?

d. 재정적자 감축이 소비자와 기업의 신뢰를 개선해 재정적자 감축에 따른 산출의 위축 규모를 줄여줄 것이라는 주장을 들을 수 있다. 이러한 주장은 타당한가?

12. 가장 단순한 모형에서의 재정정책과 2018년의 활황

2017년 12월 의회는 감세 및 고용법을 통과시켰다. GDP는 2017년 18조 달러(2012년 달러)에서 2018년 18조 5,000억 달러(2012년 달러)로 증가했다.

a. 2017년부터 2018년까지 실질 GDP는 몇 퍼센트 증가했는가?

b. 의회예산국의 추정에 따르면 2018년 감세 및 고용법과 관련된 감세액은 약 1,500억 달러(경상 달러 기준)였다. 2018년(2012 = 100)의 GDP 디플레이터는 110이었다. 2012년 달러로 측정된 감세 규모는 얼마인가?

c. 한계소비성향이 0.6이라면 감세에 따른 실질 GDP 증가폭은 얼마인가?

d. 한계소비성향이 0.6이라면 2017~2018년의 실질 GDP 성장률 중 감세로 인한 것은 얼마인가?

e. 감세는 소비자와 기업의 신뢰를 높이고 수요를 평소보다 더 크게 증가시킬 것이라는 주장이 있다. 미국 실질 GDP의 정상적인 성장률이 2%라면, 2018년 감세 효과는 이러한 주장을 뒷받침하는가? 미국 실질 GDP의 정상적인 성장률이 1%라면 답은 달라지는가? 1장에서 본 바에 따르면 노동생산성의 정상적인 성장률이 최근 몇 년 동안 1%에 근접했다.

금융시장 I

금융시장은 위협적이다. 은행부터 머니마켓 펀드, 뮤추얼 펀드, 투자 펀드, 헤지 펀드에 이르기까지 복잡한 기관들을 포함한다. 거래에는 채권, 주식, 스왑, 옵션과 같은 이국적인 이름의 금융 청구권이 포함된다. 신문의 금융면은 다양한 국채, 회사채, 단기채권, 장기채권의 금리를 인용해 혼란스러워지기 쉽다. 그러나 금융시장은 경제에서 필수적인 역할을 한다. 이들은 기업, 가계, 정부를 위한 자금비용을 결정하고, 이는 다시 그들의 지출 결정에 영향을 미친다. 이들의 역할을 이해하려면 단계를 밟아야 한다.

이 장에서는 이들 금리에 영향을 미치는 중앙은행의 역할에 초점을 맞춘다. 이를 위해 현실을 대폭 단순화해 경제에 이자를 지급하지 않는 화폐와 이자를 지급하는 채권 두 가지 금융자산만 존재한다고 가정한다. 이를 통해 채권에 대한 이자율이 어떻게 결정되는지, 그리고 이 결정에서 중앙은행[미국의 경우 **연방준비은행**(Federal Reserve Bank) 또는 **연준**(Fed)]의 역할이 무엇인지 이해할 수 있다.

다음 장인 5장에서는 이전 장에서 발전시킨 재화시장 모형과 이 장에서 발전시킨 금융시장 모형을 결합해 균형산출에 대해 다시 한 번 살펴본다. 그 뒤 6장의 금융시장으로 돌아와 더 많은 금융자산과 금리를 허용하고 은행과 기타 금융기관의 역할을 살펴본다. 이는 더 풍부한 모형을 제공해 최근의 위기를 더 잘 이해하게 해줄 것이다.

4장은 4개의 절로 구성된다.

4-1절은 통화수요를 살펴본다.

4-2절은 중앙은행이 통화공급을 직접 통제한다고 가정한다. 통화에 대한 수요와 공급이 일치한다는 조건에 의해 어떻게 이자율이 결정되는지를 살펴본다.

4-3절은 은행을 통화공급의 주체로 도입하고 이자율 결정에 대한 논의를 확대하는 한편, 그러한 맥락에서 중앙은행의 역할을 설명한다.

4-4절은 채권 이자율이 마이너스가 될 수 없다는 사실에서 비롯하는 통화정책의 제약을 살펴본다. 이 제약은 위기에서 중요한 역할을 했다.

이 장의 메시지 : 단기에는 중앙은행이 이자율을 결정한다. ▶ ▶ ▶

4-1 통화수요

이 절에서는 **통화수요**의 결정 요인을 살펴본다. 시작하기 전에 주의사항을 살펴보자. '통화', '부'와 같은 단어들은 경제학에서 매우 구체적인 의미를 가져 일상 대화에서의 의미와는 다를 수 있다. 초점상자 '의미상의 함정 : 통화, 소득, 자산'은 이로 인한 함정을 피하도록 돕기 위한 것이다. 우선 잘 읽어보고 가끔 다시 참고하길 바란다.

얼마나 저축할지 결정(시간에 걸쳐 자산 규모를 얼마나 증가 시킬 것인지에 대한 결정)하는 문제와 주어진 자산의 화폐와 채권 간 배분 문제는 확실히 구분해야 한다.

과거에 소득의 일부분을 꾸준히 저축한 결과 이제 금융자산이 5,000만 원에 달했다고 하자. 누구나 저축을 통해 미래에 부를 계속 증가시키려 할 것이다. 하지만 현 시점에서 부의 규모는 주어져 있다. 지금 할 수 있는 유일한 선택은 5,000만 원을 통화와 채권에 어떻게 배분해야 하는지다.

- **돈, 화폐 또는 통화(money)**는 거래에 사용할 수 있지만 이자를 얻지 못한다. 현실 세계에는 두 가지 유형의 통화가 있다. 동전, 지폐와 같은 **현금(currency)**뿐만 아니라 필요하면 언제든지 은행에서 찾을 수 있고 수표도 발행할 수 있는 은행예금인 **요구불예금(checkable deposit, demand deposit)**도 통화이다. 앞으로 통화공급을 살펴볼 때 이들 둘 사이의 구별이 중요해진다. 현재로서는 둘의 차이가 중요하지 않으므로 무시하고 현금에 초점을 맞추자.
- **채권(bond)**은 양(+)의 이자율 i를 제공하지만 거래에는 사용될 수 없다. 현실 세계에는 다양한 채권이 있으며 각각은 특정 이자율과 관련된다. 잠시 이러한 현실도 무시하고 투자 가능한 채권의 종류는 오직 하나밖에 없으며 이자율 i를 지급한다고 하자.

채권을 사고파는 데 약간의 비용이 든다고 가정하자. 이 비용에는 중개인에게 전화를 거는 것, 거래수수료를 지급하는 것 등이 포함될 것이다. 5,000만 원 중 통화와 채권으로 각각 얼마씩 보유해야 할까? 우선 모든 부를 통화 형태로 보유하면 매우 편할 것이 틀림없다. 증권사 직원에게 전화할 필요도 없고 수수료를 지불할 일도 없을 것이다. 그러나 동시에 이자수입도 기대하지 않아야 한다. 반면에, 모든 부를 채권 형태로 보유한다면 전체 금액에 대해 이자수입을 얻겠지만 증권사 직원에게 전화 걸 일은 많을 것이다. 지하철을 타고 커피값을 내는 등의 이유로 통화가 필요할 때마다 수고스러운 과정을 거쳐야 한다. 당연히 이런 식의 삶은 불편하다.

신용카드로 지불하고 통화를 피할 수도 있다. 하지만 신용카드 회사에 돈을 지불할 때 당좌계좌에 돈이 있어야 한다.

이렇게 보면 누구나 통화와 채권이 모두 필요한 것이 분명하지만 어느 정도의 비율로 보유해야 하는가? 이는 두 가지 변수에 의존한다.

- **거래 규모** : 통화를 확보하기 위해 채권을 지나치게 자주 매각하는 것을 피하려면 수중에 충분한 통화를 갖고 있어야 한다. 예를 들어 여러분이 한 달에 보통 300만 원을 지출한다고 하자. 이 경우, 평균적으로 두 달 치의 지출액에 해당하는 금액, 즉 600만 원을 통화로 보유하고 나머지 5,000만 원 − 600만 원 = 4,400만 원은 채권으로 보유할 것이다. 여러분이 한 달에 보통 400만 원을 지출한다면 800만 원을 통화로 그리고 4,200만 원을 채권으로 보유할 것이다.
- **채권에 대한 이자율** : 부를 채권 형태로 보유하려는 유일한 이유는 이자를 얻을 수 있기 때문이

의미상의 함정 : 통화, 소득, 자산

사람들은 '돈'이라는 단어를 다양한 용도로 매일 사용한다. '돈을 벌기 위해'에서 '돈'은 소득(income)과 같은 말이다. '저 사람은 돈이 많다'에서 '돈'은 순자산(wealth)과 같은 말이다. 하지만 경제학에서는 더 조심해야 한다. 다음은 관련된 용어에 대한 경제학에서의 기본 지침과 정확한 의미이다.

돈은 학술적으로는 화폐 또는 **통화**(money)라 불리며 거래에 따른 대금 결제에 사용될 수 있는 것이다. 통화는 현금(currency)과 은행의 요구불예금(checkable deposits, 당좌예금)으로 구성된다.

소득(income)은 근로의 대가로 받는 임금에 수령한 이자 및 배당을 더한 것이다. 일정한 기간을 기준으로 나타내므로 **유량**(flow)변수이다. 예를 들어 주간 소득, 월간 소득, 연간 소득으로 표현된다. 석유왕 게티(J. Paul Getty)에게 소득이 얼마냐고 물었을 때 그는 '1,000달러'라고 답했다. 그는 1분당 1,000달러를 의미했겠지만 그렇게 말하지는 않았다!

저축(saving)은 세후소득 중 지출하지 않은 부분을 말한다. 이 역시 유량변수이다. 소득의 10%를 저축한다면, 월소득이 3,000달러일 때 월 300달러를 저축하는 것이다. 영어로 'saving'의 복수는 'savings'인데, 이 단어는 때때로 **순자산**(savings)에 대한 동의어로 사용되어 시간을 두고 축적된 것의 가치를 뜻한다. 경제학 서적에서는 혼란을 피하기 위해 'savings'라는 단어의 사용을 피한다.

금융 순자산(financial wealth) 또는 간단히 순자산(wealth)은 모든 금융자산(finanical asset)의 가치에서 모든 금융부채(financial liability)의 가치를 뺀 값이다. 유량변수인 소득이나 저축과 달리 금융 순자산은 **저량**(stock)변수이다. 즉 주어진 특정 시점에서의 순자산 가치이다.

시간의 흐름이 멈춘 특정 시점에서 금융 순자산의 총액은 변화가 불가능하다. 시간이 흐르면서 저축이 이루어지거나 자산과 부채의 가치가 변화해야만 금융 순자산이 변화할 수 있다. 하지만 순자산의 구성은 바뀔 수 있다. 예를 들어 요구불예금으로 주택담보대출의 일부 금액을 상환할 수 있다. 이 경우 부채가치의 감소(주택담보대출의 감소)와 그에 상응하는 자산가치의 감소(요구불예금의 감소)가 발생하지만 금융 순자산은 바뀌지 않는다.

재화를 구매하는 데 직접 사용될 수 있는 금융자산이 **통화**(money)이다. 부유한 사람일지라도 통화보유액은 소액에 그칠 수 있다. 예를 들어 100만 달러의 자산을 갖고 있어도 요구불예금에는 500달러만 갖고 있을 수 있다. 아울러 소득은 많아도 통화보유액이 소액에 그치는 사람도 있을 수 있다. 예를 들어 월 10,000달러의 소득을 버는 사람이 요구불예금에는 1,000달러만 갖고 있을 수 있다.

투자(investment)는 경제학자가 기계부터 공장, 사무 빌딩까지 새로운 자본재의 매입을 나타내기 위해 사용하는 단어이다. 주식이나 다른 금융자산의 매입을 얘기하고 싶다면 **금융투자**(financial investment)라는 표현을 사용해야 한다.

단어를 경제학적으로 올바르게 사용하는 방법을 배우자.

"메리는 돈을 많이 벌고 있어"라고 하지 말고 "메리의 소득 수준은 높다"고 하자.

"조는 돈을 많이 갖고 있어"라고 하지 말고 "조는 매우 부유하다"고 하자.

다. 이자율이 높을수록 채권을 사고파는 데 따른 불편함과 비용을 더 감수할 것이다. 이자율이 매우 높으면 평균 2주에 대한 지출액, 즉 150만 원(매월 지출액이 300만 원이라고 가정)만을 통화로 보유하려 애를 쓸 것이다. 이런 식으로 평균 4,850만 원을 채권으로 보유할 것이며 결과적으로 보다 많은 이자수입을 얻을 것이다.

이제 이 마지막 내용을 더 구체화해보자. 여러분 중 대부분은 채권을 보유하고 있지 않을 것이며 증권사와도 접촉하지 않았을 것이다. 그러나 여러분 중 상당수는 금융기관에 단기 금융투자 계정(money market account)을 보유함으로써 간접적으로 채권을 보유할 것이다. **MMF**(money market funds, 단기 금융투자신탁으로 미국의 경우 'money market mutual funds'의 약어이다)는 많은 사람의 자금을 한데 모아 채권, 특히 정부채권을 사는 데 사용한다. MMF는 편입된 채권에 대한 이자율보다 약간 낮지만 매우 근사한 이자율을 지급한다. 이 차이는 펀드를 운영하는 관리비용과 이윤 마진에 기인한다.

이들 펀드에 대한 이자율이 1980년대 초반 14%(현재 기준으로는 매우 높은 이자율)에 이르렀을 때, 이전에 자신의 모든 자산을 요구불예금(없거나 무시할 만한 수준의 이자를 제공)에 예치했던 개인들은 자산의 일부를 MMF로 옮길 경우 많은 이자를 얻을 수 있음을 깨달았다. 현재는 이자율이 크게 낮아졌으므로 개인들은 MMF에 많은 돈을 가능한 두려 하지 않는다. 즉 거래 규모가 일정하다고 할 때, 이제 개인은 1980년대 초반보다 더 많은 재산을 화폐로 보유한다.

통화수요의 유도

이제 이상의 논의에서 통화수요를 설명하는 식으로 넘어가자.

사람들이 보유하려는 통화의 양(**통화수요**)을 M^d로 나타내자(여기서 위첨자는 'demand'의 'd'를 나타낸다). 경제 전체에서 통화수요는 경제 내에 있는 사람들의 개별적인 통화수요를 모두 합한 값이다. 따라서 경제 전체의 통화수요는 경제의 전반적인 거래 규모에 의존한다. 경제의 전반적인 거래 규모는 측정하기 어렵지만 대체로 명목소득(원화로 측정한 소득)에 비례할 것이다. 명목소득이 10% 증가하면 경제 전체의 거래 규모는 대체로 10%가량 증가할 것이라고 보는 것이 합리적일 것이다. 따라서 통화수요, 명목소득, 이자율의 관계를 다음처럼 표시할 수 있다.

$$M^d = PY\, L(i) \tag{4.1}$$
$$(-)$$

여기서 PY는 명목소득을 나타낸다. 이 방정식은 다음과 같이 읽을 수 있다. 통화수요 M^d는 명목소득 PY에 이자율 i의 함수를 곱한 것과 같다. 단, 이자율의 함수는 $L(i)$로 나타낸다. $L(i)$의 i 밑에 있는 마이너스 부호는 이자율이 통화수요에 대해 음($-$)의 효과를 갖는다는 사실을 나타낸다. 이자율의 상승은 사람들로 하여금 보다 많은 부를 채권으로 보유하게 함으로써 통화수요를 감소시킨다.

식 (4.1)은 지금까지 논의한 내용을 요약한다.

철강회사와 자동차회사로 구성된 경제에 관한 2장의 예를 다시 검토해보라. 이 경제에서의 거래 규모와 GDP의 관계를 계산해보라. 철강회사와 자동차회사의 규모가 2배 증가하면 거래 규모와 GDP에는 어떤 변화가 발생하겠는가?

그림 4-1

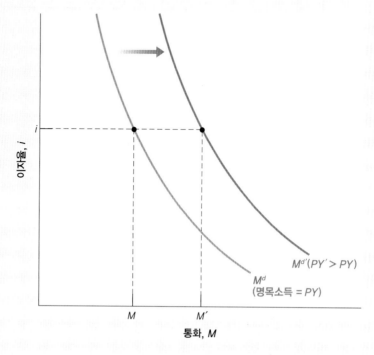

통화수요

명목소득이 일정할 때 이자율 하락은 통화수요를 증가시킨다. 이자율이 일정할 때 명목소득 증가는 통화수요곡선을 오른쪽으로 이동시킨다.

- 첫째, 통화수요는 명목소득에 비례해 증가한다. 명목소득이 PY에서 $2PY$로 2배가 되면 통화수요 역시 $PYL(i)$에서 $2PYL(i)$로 2배가 된다.

- 둘째, 통화수요는 이자율과 음($-$)의 관계를 갖는다. 이는 함수 $L(i)$와 그 밑의 음의 기호로 나타난다. 이자율 상승은 통화수요를 감소시킨다.

식 (4.1)이 대표하는 통화수요, 명목소득, 이자율의 관계가 그림 4-1에 나타나 있다. 이자율 i는 수직축으로, 통화 M은 수평축으로 측정되었다.

명목소득이 일정할 때 통화수요와 이자율의 관계는 M^d 곡선으로 나타난다. 곡선은 우하향하는 기울기를 갖는다. 즉 이자율이 하락할수록(i가 낮음수록) 사람들이 보유하려는 통화량은 증가한다.

이자율이 일정할 때 명목소득의 증가는 통화수요를 증가시킨다. 즉 명목소득의 증가는 통화수요곡선을 M^d에서 오른쪽의 $M^{d'}$으로 이동시킨다. 예를 들어 이자율이 i인 상황에서 명목소득이 PY에서 PY'으로 증가하면 통화수요는 M에서 M'으로 증가한다.

◀ 여기서 관련된 것은 실질소득이 아니라 달러표시 소득, 즉 명목소득이다. 실질소득이 변화하지 않고 물가가 2배가 되면 명목소득은 2배가 되고, 사람들은 동일한 소비 바구니를 구매하기 위해 2배에 달하는 통화를 보유해야 한다.

누가 미국의 통화를 보유하는가?

가계조사에 따르면, 2006년 미국의 평균 가계는 현금(지폐와 동전)으로 1,600달러를 보유했다. 미국의 가구 수(약 1억 1,000만)로 곱하면 미국 가계가 보유한 총현금은 약 1,700억 달러다.

그러나 달러화를 발행하기 때문에 통화 규모를 알고 있는 연준에 따르면 유통 중인 통화는 실제로 이보다 훨씬 많은 7,500억 달러였다. 여기에 수수께끼가 있다. 가계가 통화를 보유하지 않는다면 이 모든 통화는 어디에 있었을까?

분명히 일부 통화는 기업이 보유하고 있다. 일부는 지하경제나 불법 활동과 관련된 사람들이 보유하고 있다. 마약을 거래할 때는 수표가 아닌 달러화가 결제수단이 된다[그리고 지금은 비트코인(bitcoin)]. 그러나 기업 조사와 국세청의 지하경제 추정치에 따르면 이들 금액은 많아야 800억 달러 정도이다. 설명되지 않는 돈은 이제 총금액의 66%인 5,000억 달러이다. 이 돈은 어디에 있을까? 답은 외국인에 의해 미국 밖에서 보유되고 있다는 것이다.

에콰도르, 엘살바도르 등의 국가들은 실제로 달러를 자국의 통화로 채택했다. 따라서 이들 국가의 국민은 미국 달러화를 자국 내에서 거래 목적으로 사용한다. 그러나 이들 두 국가는 경제 규모가 작아 수수께끼를 풀지 못한다.

과거에 심한 인플레이션으로 고통 받았던 많은 국가에서 사람들은 자국 통화의 가치가 빠르게 사라지는 것을 경험했던 터라 달러를 안전하고 편리한 자산으로 간주한다. 아르헨티나와 러시아의 경우가 대표적이다. 미 재무부의 추정치에 따르면 아르헨티나와 러시아는 각각 500억 달러, 800억 달러 이상의 달러화를 보유해, 이를 합하면 미국 가계의 달러화 보유 규모를 넘어선다.

다른 국가들의 경우, 미국으로 이민 간 사람들이 모국으로 달러화를 가져오기도 하고, 여행자가 달러화로 결제를 해 그 달러가 이들 국가에 계속 머물기도 한다. 멕시코와 태국의 경우가 그렇다.

외국인이 이렇게 큰 비중의 달러화를 보유한다는 사실은 거시경제적 관점에서 두 가지 시사점이 있다. 첫째, 미국을 제외한 국가들이 기꺼이 달러화를 보유함으로써 사실상 미국에게 5,000억 달러의 무이자 대출을 해준 셈이 된다. 둘째, (현금과 요구불예금을 포함한) 통화수요가 이자율과 거래 규모에 의해 결정된다고 간주한다면, 미국의 통화수요는 다른 요인에도 의존함이 분명하다. 예를 들어 미국 이외 국가들에서의 달러화 수요가 증가하면 미국의 통화수요에 어떤 변화가 생기는지 추측해볼 수 있겠는가?

4-2 이자율 결정 I

통화에 대한 수요를 살펴보았으므로, 이제 통화의 공급과 균형을 살펴보자.

현실 세계에는 두 가지 종류의 통화, 즉 은행이 공급하는 요구불예금과 중앙은행이 공급하는 현금이 있다. 이 절에서는 요구불예금이 존재하지 않는다고 가정한다. 결국 경제 내에 존재하는 통화는 현금밖에 없다. 다음 절에서는 요구불예금을 다시 고려할 것이며 은행이 하는 역할을 살펴본다. 은행을 도입하면 보다 현실적인 논의를 할 수 있지만 통화공급 과정을 복잡하게 만드는 것도 사실이다. 이를 감안해 두 단계로 나누어 논의를 전개하자.

그림 4-2

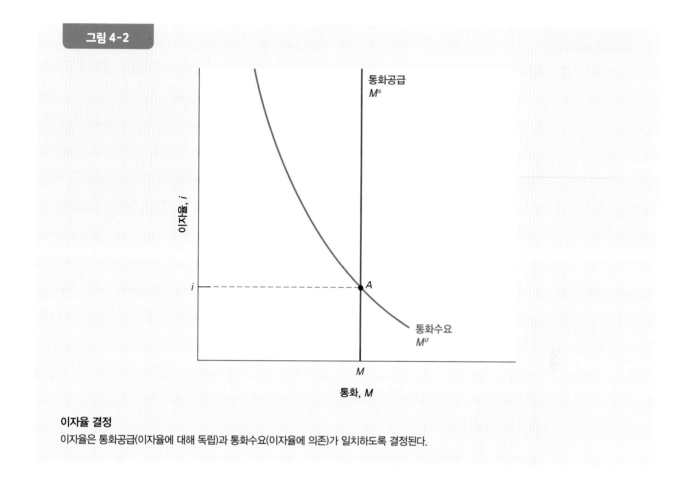

이자율 결정
이자율은 통화공급(이자율에 대해 독립)과 통화수요(이자율에 의존)가 일치하도록 결정된다.

통화수요, 통화공급, 균형이자율

중앙은행이 M에 해당하는 통화를 공급하기로 했다고 하자. 즉 다음과 같다.

$$M^s = M$$

여기서 위첨자 s는 **공급**(supply)을 의미한다. (중앙은행이 정확히 어떻게 이런 규모의 통화량을 공급하는지는 잠시 잊자. 이 문제는 잠시 후에 다룬다.)

금융시장에서의 균형은 통화공급이 통화수요와 일치할 것을, 즉 $M^s = M^d$를 요구한다. 여기서 통화공급 식 $M^s = M$과 통화수요 식 (4.1)을 이용하면 균형조건은 다음과 같다.

$$통화공급 = 통화수요$$
$$M = PY L(i) \qquad (4.2)$$

이 방정식은 명목소득이 PY로 주어졌을 때 사람들이 보유하려는 통화량이 존재하는 통화의 공급량 M과 일치하도록 i가 결정된다는 것을 말해준다.

이 균형조건은 그림 4-2에 나타나 있다. 그림 4-1에서처럼 통화는 수평축, 이자율은 수직축으

이 절에서 통화(money)는 '중앙은행 통화(central bank money)' 또는 '현금(currency)'을 나타낸다. ◀

그림 4-3

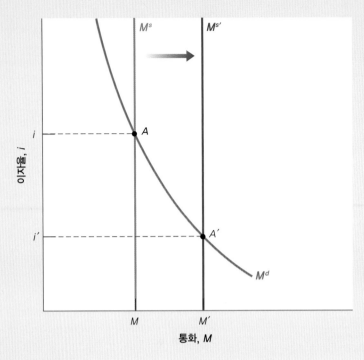

통화공급 증가의 이자율에 대한 파급효과
통화공급 증가는 이자율 하락을 낳는다.

로 측정된다. 명목소득 PY가 일정한 상태에서 그려진 통화수요 M^d는 음($-$)의 기울기를 가진다. 이자율이 높아지면 통화수요는 감소한다. 통화공급은 M^s로 표시한 수직선으로 나타나 있다. 통화공급은 M과 일치하며 이자율과는 독립적이다. 균형은 점 A에서 발생하며, 이때 균형이자율은 i로 결정된다.

이제 균형을 결정했으므로 명목소득이나 중앙은행에 의한 통화공급의 변화가 어떻게 균형이자율에 영향을 미치는지 살펴보자.

- 그림 4-3은 통화공급의 증가가 이자율에 미치는 파급효과를 보여준다.

최초의 균형은 점 A에서 발생하고 그때의 이자율은 i이다. $M^s = M$에서 $M^{s'} = M'$으로의 통화공급 증가는 통화공급곡선을 M^s에서 $M^{s'}$으로 이동시킨다. 이제 균형은 점 A에서 점 A'으로 내려가고 이자율은 i에서 i'으로 감소한다.

즉 중앙은행에 의한 통화공급 증가는 이자율 하락을 낳는다. 이자율 하락은 통화수요를 증가시켜 증가한 통화공급과 일치하도록 한다.

- 그림 4-4는 명목소득의 증가가 이자율에 미치는 영향을 보여준다.

그림 4-4

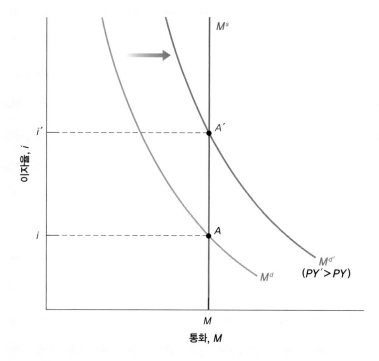

명목소득의 이자율에 대한 파급효과
통화공급이 일정한 상황에서 명목소득 증가는 이자율 상승으로 이어진다.

우선 이 그림은 그림 4-2를 반복하는데, 최초의 균형은 점 A로 주어진다. 명목소득이 PY에서 PY′으로 증가하면 거래 규모도 증가하며 이는 다시 모든 이자율 수준에서 통화에 대한 수요를 증가시킨다. 통화수요곡선은 오른쪽으로, 즉 M^d에서 $M^{d'}$으로 이동한다. 이에 따라 균형은 A에서 A′으로 이동하며 균형이자율은 i에서 i′으로 상승한다.

즉 통화공급이 일정한 상황에서 **명목소득의 증가는 이자율 상승으로 이어진다.** 초기 이자율에서 통화수요가 통화공급을 초과하기 때문이다. 사람들이 보유하고자 하는 통화량을 감소시켜 다시 균형이 성립하기 위해서는 이자율의 상승이 필요하다.

통화정책과 공개시장조작

그림 4-3과 그림 4-4에 나타난 결과를 보다 잘 이해하는 방법이 있다. 중앙은행이 어떻게 통화공급을 변화시키는지와 그에 따라 생겨나는 일을 좀 더 자세히 살펴보면 된다.

중앙은행이 통화공급을 변화시키는 통상적인 방법은 채권시장에서 채권을 매매하는 것이다. ◀ 중앙은행이 경제 내에 존재하는 통화량을 증가시키려면 채권을 사고 통화를 발행해 구입한 채권

중앙은행은 다른 자산을 매매하며 은행과의 대부 차입 관계를 갖기도 한다. 그러나 이를 잠시 잊기로 하자.

에 대한 대가로 지급하면 된다. 이와 반대로 경제 내의 통화량을 감소시키려면 채권을 팔고 채권의 대가로 받은 통화를 더 이상 민간에 유통되지 않도록 하는 것이다. 이러한 행동을 **공개시장조작**(open market operation)이라 한다. 채권의 매매가 이루어지는 '공개된 시장'에서 이러한 행동이 이루어지기 때문이다.

중앙은행의 대차대조표

은행(기업 또는 개인)의 대차대조표는 특정 시점에서 자신이 보유한 자산과 부채의 일람표이다. 자산은 특정 시점에 은행이 소유한 것과 대출과 같이 제3자가 은행에 대해 지불의무가 있는 것의 합계이다. 부채는 은행의 다른 경제주체에 대한 지불 의무를 나타낸다. 그림 4-5는 중앙은행의 실제 대차대조표보다 훨씬 단순하지만 우리의 목적에는 충분하다. ▶

공개시장조작이 무엇인지 이해하려면 그림 4-5의 중앙은행 대차대조표에서 시작하는 것이 유용하다. 중앙은행 자산은 중앙은행이 포트폴리오로 보유하고 있는 채권들이며, 부채는 경제 내에 존재하는 통화량이다. 공개시장조작은 자산과 부채가 똑같은 크기만큼 변화하도록 한다.

예를 들어 중앙은행에서 100억 원에 달하는 채권을 매입하면 중앙은행이 보유한 채권의 규모는 100억 원만큼 증가하며, 경제 내에 존재하는 통화량도 같은 규모인 100억 원만큼 증가한다. 이 조작은 중앙은행이 통화공급을 증가(팽창)시키기 때문에 **팽창적 공개시장조작**(expansionary open market operation)이라 한다.

만약 중앙은행이 100억 원에 달하는 채권을 매각하면 중앙은행이 보유한 채권의 양과 경제 내에 존재하는 통화량이 모두 100억 원만큼 감소한다. 이 조작은 중앙은행이 통화공급을 감소(긴축)시키기 때문에 **긴축적 공개시장조작**(contractionary open market operation)이라 한다.

채권가격과 채권 이자율

지금까지는 채권에 대한 이자율에 초점을 맞추었다. 사실상 채권시장에서 결정되는 것은 이자율

그림 4-5

대차대조표

자산	부채
채권	통화(현금)

**팽창적 공개시장
조작의 파급효과**

자산	부채
채권 보유액 변화 :
+100억 원	통화량 변화 :
+100억 원

중앙은행의 대차대조표와 팽창적 공개시장조작의 효과
중앙은행의 자산은 중앙은행이 보유하는 채권의 양이고, 부채는 경제 내에 존재하는 통화의 양이다. 중앙은행이 채권을 매입하고 통화를 발행하는 공개시장조작은 중앙은행의 자산과 부채를 동일한 규모만큼 증가시킨다.

이 아니라 채권가격이다. 그러나 이자율과 채권가격은 직접적으로 관련된다. 이자율과 채권가격의 관계를 이해하는 것은 지금 당장을 위해서뿐만 아니라 나중에도 유용하다.

■ 경제 내에 오직 하나의 채권만이 존재한다고 하자. 이 채권은 1년 뒤 일정한 액수, 예를 들어 100달러를 지급할 것을 약속한다. 미국의 경우, 정부에서 발행한 채권으로 1년 또는 그에 못 미치는 기간 내에 지급을 약속하는 채권을 **미국 재무부 단기채권**(Treasury bills 또는 **T-bills**)이라 부른다. 현재 시점에서 채권가격이 P_B라 하자. 여기서 아래첨자 B는 '채권(bond)'을 나타낸다. 만약 오늘 채권을 사서 1년간 보유하면 채권의 1년 보유 수익률은 $(100 - P_B)/P_B$이다. 따라서 채권에 대한 이자율은 다음과 같다.

$$i = \frac{100 - P_B}{P_B}$$

채권가격(P_B)이 99원이면 이자율은 연간 $1/99 = 0.010$ 또는 연간 1.0%이다. P_B가 90원이면 이자율은 연간 $10/90 = 11.1\%$이다. 요약하면, **채권가격이 상승할수록 이자율은 낮아진다.**

■ 만약 이자율이 주어지면 동일한 공식을 이용해 채권가격을 알아낼 수 있다. 위의 공식을 재구성하면 1년 뒤에 100원을 지급하는 1년 만기 채권의 현재 시점 가격은 다음과 같다.

$$P_B = \frac{100}{1 + i}$$

현재 시점의 채권가격은 최종 지급액을 '1 + 이자율'로 나눈 값과 일치한다. 이자율이 양이면 채권가격은 최종 지급액보다 작고, **이자율이 높아질수록 현재 시점에서의 채권가격은 낮아진다.** 신문에서 '채권시장이 오늘 상승했다'고 하는 것은 **채권가격이 상승했고 그에 따라 이자율은 하락했음을 뜻한다.**

◁ 이자율은 채권으로부터 1년 뒤 얻게 되는 금액(100달러)에서 현재 지급한 금액(P_B)을 뺀 값을 현재의 채권가격(P_B)으로 나눈 것이다.

공개시장조작의 재검토

이제 공개시장조작의 파급효과와 화폐시장의 균형에 미치는 영향으로 돌아갈 준비가 되었다.

우선 팽창적 공개시장조작을 고려하자. 즉 중앙은행이 채권시장에서 채권을 산 뒤 통화를 발행해 지급했다고 하자. 중앙은행이 채권을 매입함에 따라 채권수요는 커지고 이에 따라 채권가격은 상승한다. 역으로, 채권에 대한 이자율은 하락한다. 중앙은행이 채권 매입대금으로 통화를 지급함으로써 통화공급을 증가시켰다는 점에 주의하자.

거꾸로 긴축적 공개시장조작을 고려해보자. 즉 중앙은행이 채권시장에서 채권을 매각해 통화공급을 감소시키는 정책의 효과를 고려하자. 이 경우에는 채권가격이 하락하고 이자율이 상승한다. 가계가 보유하던 통화와 교환해 채권을 제공함으로써 중앙은행은 통화공급을 감소시켰다.

통화정책이 이자율에 어떻게 영향을 미치는지 이런 방식으로 설명하는 것이 보다 직관적이다. 화폐와 교환해 채권을 매매함으로써 중앙은행은 채권가격에 영향을 미치고, 그에 따라 채권 이자율에 영향을 미친다.

이제 두 절에서 지금까지 배운 내용을 요약하자.

- 이자율은 통화공급과 통화수요가 일치할 때 결정된다.
- 중앙은행은 통화공급을 변화시킴으로써 이자율에 영향을 미칠 수 있다.
- 중앙은행은 채권의 매입이나 매각, 즉 공개시장조작을 통해 통화공급을 변화시킨다.
- 중앙은행이 채권을 매입해 통화공급을 증가시키는 공개시장조작은 채권가격 상승과 이자율 하락을 낳는다. 그림 4-3에서 중앙은행이 채권을 매입하면 통화공급곡선은 오른쪽으로 이동한다.
- 중앙은행이 채권 매각을 통해 통화공급을 감소시키는 공개시장조작은 채권가격 하락과 이자율 상승으로 이어진다. 그림 4-3에서 중앙은행이 채권을 매각하면 통화공급곡선은 왼쪽으로 이동한다.

통화량 선택 또는 이자율 선택?

더 진행하기 전에 문제 하나를 생각해보자. 위에서는 중앙은행이 통화공급량을 선택하고 이자율은 통화공급과 통화수요가 일치하는 지점에서 결정되도록 했지만, 그 대신 중앙은행이 이자율을 선택하고 이 이자율이 성립하도록 통화공급이 조정된다는 식으로 설명할 수도 있다.

이를 보기 위해 그림 4-3으로 돌아가자. 그림 4-3은 중앙은행이 통화공급을 M^s에서 $M^{s'}$으로 증가시킴으로써 이자율이 i에서 i'으로 하락하는 효과를 낳는다는 것을 보여주었다. 그러나 이는 중앙은행이 이자율을 i에서 i'으로 낮추는 의사결정을 함으로써 통화공급을 M^s에서 $M^{s'}$으로 증가시키는 파급효과를 낳는다고 설명할 수도 있다.

그림 4-4에서도 이를 볼 수 있다. 그림 4-4는 명목소득의 증가 효과를 보여주는데, 통화수요곡선은 M^d에서 $M^{d'}$으로 이동해 이자율은 i에서 i'으로 상승한다. 그러나 중앙은행이 이자율의 상승을 원하지 않는다고 하자. 그러면 균형이자율은 변하지 않고 i와 같아질 때까지 통화공급을 오른쪽으로 이동할 수 있다. 이 경우 통화수요 증가는 통화공급의 균등한 증가로 완전히 반영될 것이다.

왜 중앙은행이 이자율을 선택하는 방식으로 생각하는 것이 유용할까? 왜냐하면 이것이 현대의 중앙은행이 통화정책을 실시하는 전형적인 방식이기 때문이다. 중앙은행은 달성하고자 하는 이자율을 정하고 실제로 달성하기 위해 통화공급량을 변경한다. 뉴스에서 '오늘 중앙은행이 통화공급을 증가시키기로 했다'는 표현을 듣지 못하고 대신 '오늘 중앙은행이 이자율을 인하하기로 했다'는 표현을 듣게 되는 이유가 이 때문이다. 중앙은행은 통화공급을 적절히 증가시켜 목표로 발표한 이자율 수준을 달성하려 한다.

4-2절에서는 경제의 모든 화폐가 중앙은행이 공급한 통화로만 구성된다고 가정하면서 단순화했다. 현실 세계에서 화폐는 중앙은행이 공급한 통화뿐만 아니라 요구불예금도 포함한다. 요구불예금은 중앙은행이 아닌 (민간)은행이 제공한다. 이 절에서는 요구불예금을 다시 도입하고 결론이 어떻게 바뀌는지 살펴본다. 결론적으로 이렇게 복잡한 경우에도 중앙은행은 중앙은행 통화를 변화시켜 이자율을 통제할 수 있고 또 실제로 통제한다.

현금과 요구불예금이 함께 하는 경제에서 이자율을 결정하는 요인을 파악하기 위해서는 우선 은행이 하는 일을 볼 필요가 있다.

은행의 역할

현대 경제는 많은 종류의 **금융중개기관**(financial intermediary) 또는 간단히 금융기관이 공존하는 것이 특징이다. 여기서 금융기관은 가계와 기업으로부터 자금을 받아 이 자금을 채권이나 주식을 매입하거나 다른 가계나 기업에게 대출을 하기 위해 사용한다. 금융기관의 자산은 주식, 채권, 대출로 구성되며, 부채는 자금을 맡긴 가계와 기업에 대한 채무로 구성된다.

은행 역시 금융기관의 하나이다. 일반적인 금융기관 대신 은행에 초점을 두는 이유, 즉 은행을 특별하게 취급해야 하는 이유는 바로 은행의 부채가 통화이기 때문이다. 사람들은 자신의 은행계정에 넣어둔 금액 내에서 거래대금을 지불할 수 있다. 이제 은행이 하는 일을 보다 자세히 살펴보자.

은행의 대차대조표는 그림 4-6(b)에 있다.

◀ 은행은 요구불예금 외에 다른 형태의 부채를 가지며, 채권을 보유하거나 대출을 하는 것 외에 다른 활동에도 참여한다. 잠시 이렇게 복잡한 사항은 무시하자. 이는 6장에서 다룬다.

- 은행은 가계와 기업으로부터 자금을 받아들인다. 이들은 직접 자금을 예금하거나 요구불예금 계정에 자금이 이체되도록(예 : 고용주로 하여금 급여를 입금하게 함) 한다. 어떤 시점에서든 가계와 기업은 예금했던 금액을 모두 인출할 수 있다. 결국 은행의 부채는 이들 **요구불예금** 계정에 예치된 금액과 같다.
- 은행은 받아들인 자금의 일부를 **지급준비금**(reserve)으로 남겨둔다. 지급준비금의 일부는 현금으로 보유하고 다른 일부는 중앙은행의 해당 은행계정에 예치한다. 중앙은행에 예치된 금액은 필요하면 언제든 인출할 수 있다. 은행이 지급준비금을 보유하는 것은 네 가지 이유 때문이다.

특정 일자에 어떤 예금자는 요구불예금 계정에서 현금을 인출하고 다른 사람은 요구불예금 계정에 현금을 예치한다. 은행 입장에서 현금의 유입액과 유출액이 일치할 이유는 없으며 결국 은행은 금고에 현금을 보유하고 있어야만 한다.

마찬가지로 특정 일자에 한 은행에 계정을 가진 사람은 다른 은행에 계정을 보유한 사람에게 자금을 이체하며, 그 역도 성립한다. 이 거래의 결과로 특정 은행이 가진 다른 은행에 대한 청구권은 다른 은행의 이 은행에 대한 청구권보다 적을 수도 있고 클 수도 있다. 이러한 이유 때문에 은행은 지급준비금을 보유해야 한다.

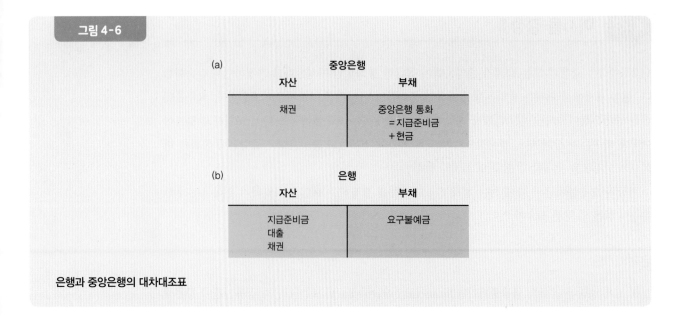

그림 4-6

(a) **중앙은행**

자산	부채
채권	중앙은행 통화 =지급준비금 +현금

(b) **은행**

자산	부채
지급준비금 대출 채권	요구불예금

은행과 중앙은행의 대차대조표

이상의 두 가지 이유는 그럴 필요가 없는 경우에도 은행이 일정한 지급준비금을 보유하려 할 것임을 말해준다. 그러나 은행은 지급준비금 보유 규제를 받는데, 이는 은행이 요구불예금의 일정 비율을 지급준비금으로 보유할 것을 강제하는 규제이다. 미국의 경우 필요지급준비금 규모는 연준이 설정하며, 은행은 요구불예금 총액의 10% 이상을 지급준비금으로 보유해야 하고, 나머지로 대출을 하거나 채권을 살 수 있다.

마지막 이유는 미국을 비롯한 많은 국가에서 중앙은행이 지급준비금에 대한 이자를 지급하고 있기 때문이다. 준비금에 대한 이자율이 높을수록 은행은 채권을 사거나 대출을 증가시키는 것보다 준비금을 보유하는 것이 덜 불리하므로 보유하려는 준비금이 더 커진다. 이 장에서는 편의를 위해 준비금에 이자가 지급되지 않는다고 가정할 것이다. 그러나 준비금에 대한 이자율은 점점 더 중요한 통화정책 수단이 되고 있으며, 23장에서 이 문제를 다시 검토한다.

대출과 채권의 구별은 '지불인출 쇄도(bank runs)'의 가능성부터 연방예금보험의 역할까지 다른 목적을 위해서는 중요할 수 있다. 이 주제는 6장에서 더 자세히 다룬다.

■ 대출은 지급준비금을 제외한 은행 자산의 약 70%를 점하고 있으며 채권이 나머지 30%를 차지한다. 채권과 대출의 구분은 통화공급이 어떻게 결정되는지를 이해하려는 이 장의 목적에서 볼 때 그리 중요한 것은 아니다. 이에 논의를 단순화하기 위해 은행은 대출을 하지 않고 오직 지급준비금과 채권만을 자산으로 보유한다고 가정할 것이다.

그림 4-6(a)는 은행이 존재하는 경제에서의 중앙은행 대차대조표를 보여준다. 은행이 있는 경우의 대차대조표는 은행이 없는 경우의 대차대조표를 나타낸 그림 4-5와 유사하다. 이전과 같이 중앙은행의 자산은 자신이 보유하는 채권이다. 중앙은행의 부채는 중앙은행이 발행한 통화, 즉 **중앙은행 통화**(central bank money)이다. 새로운 부분은 일반 대중이 중앙은행 통화 전부를 보유하고 있지 않다는 것이다. 즉 그중 일부는 은행이 지급준비금으로 보유한다.

중앙은행 통화에 대한 공급과 수요

그렇다면 보다 현실적인 상황에서 균형은 어떻게 이해할 수 있을까? 전과 마찬가지로, **중앙은행 통화에 대한 수요와 공급** 측면에서 살펴보면 된다.

- 중앙은행 통화에 대한 수요는 가계 및 기업의 현금 수요와 은행의 지급준비금 수요와 같다.
- 중앙은행 통화의 공급은 중앙은행이 직접 통제한다.
- 균형이자율은 이렇게 결정된 중앙은행 통화에 대한 수요와 공급이 일치하도록 결정된다.

중앙은행 통화에 대한 수요

중앙은행 통화에 대한 수요는 이제 두 가지로 구성된다. 첫째는 개인들의 현금 수요이며, 둘째는 은행의 지급준비금 수요이다. 단순화를 위해 이제 개인들이 오직 요구불예금 형태로만 통화를 보유하며, 현금은 전혀 보유하지 않는다고 가정하자. 이 가정을 완화하면 논의가 복잡해지지만 기본적인 결론은 같다.

이제 중앙은행 통화에 대한 수요는 은행의 지급준비금 수요가 전부이다. 이 수요는 개인들의 요구불예금 수요에 의존한다. 이제 여기서부터 시작하자. 개인이 현금을 보유하지 않는다는 가정하에, 요구불예금 수요는 개인들의 화폐 수요와 정확히 같다. 따라서 요구불예금에 대한 수요를 설명하기 위해 앞에서 사용한 식[식 (4.1)]을 다시 사용할 수 있다.

$$M^d = PY\,L(i) \tag{4.3}$$
$$(-)$$

개인은 거래 규모가 클수록, 이자율이 낮을수록 더 많은 요구불예금을 보유하려 한다.

이제 은행의 지급준비금 수요로 관심을 돌려 보자. 요구불예금이 커질수록 예방적·규제적 이유로 은행이 보유해야 하는 지급준비금 규모도 커진다. θ(그리스 소문자 세타)를 요구불예금 1단위당 은행이 보유하는 지급준비금, 즉 **지급준비율**(reserve ratio)이라 하자. 지급준비금이 이자를 지급하지 않는다는 가정하에 은행은 법적 요건보다 더 많은 지급준비금을 보유하지 않을 것이다. 따라서 θ는 필요지급준비율로 간주할 수 있다.

식 (4.3)을 이용해 은행의 지급준비금 수요 H^d는 다음과 같이 구한다.

$$H^d = \theta M^d = \theta PY\,L(i) \tag{4.4}$$

첫 번째 등호는 지급준비금 수요가 요구불예금 수요에 비례한다는 사실을 반영한다. 두 번째 등호는 요구불예금 수요가 명목소득과 이자율에 의존한다는 사실을 반영한다. 따라서 중앙은행 통화에 대한 수요, 즉 은행의 지급준비금 수요는 개인들의 통화 수요의 θ배에 해당한다.

◀ 기호 H를 사용하는 것은 중앙은행 통화가 균형이자율을 결정하는 데 미치는 영향을 고려해 종종 **고성능 화폐**(high-powered money)로 불리기 때문이다. 하지만 중앙은행 통화는 **본원통화**(monetary base)라고도 한다.

그림 4-7

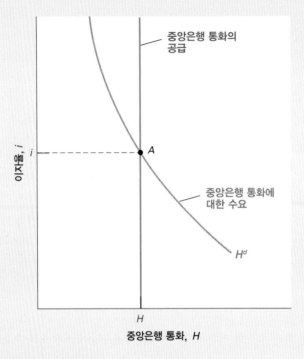

중앙은행 통화에 대한 시장에서의 균형과 이자율 결정
균형이자율은 중앙은행 통화공급과 중앙은행 통화에 대한 수요가 일치하게 되는 이자율이다.

중앙은행 통화에 대한 시장 균형

이전처럼 중앙은행 통화의 공급, 즉 중앙은행에 의한 지급준비금 공급은 중앙은행의 통제하에 있다. 중앙은행 통화의 공급을 H로 두자. 이전처럼 중앙은행은 공개시장조작을 통해 H의 규모를 변경할 수 있다. 균형조건은 중앙은행 통화에 대한 수요와 공급이 일치해야 한다는 것이다.

$$H = H^d \tag{4.5}$$

또는 식 (4.4)를 사용하면 다음과 같다.

$$H = \theta PY\, L(i) \tag{4.6}$$

균형조건인 식 (4.6)을 그림 4-7과 같이 그래프로 나타낼 수 있다. 그래프는 그림 4-2와 동일하지만 수평축은 통화(M)가 아닌 중앙은행 통화(H)를 사용했다. 이자율은 수직축에 나타냈다. 중앙은행 통화에 대한 수요 H^d는 명목소득이 일정하다는 가정하에 그래프로 나타냈다. 이자율이 높을수록 개인의 요구불예금 수요와 그에 따른 은행의 지급준비금 수요가 낮아지므로 중앙은행 통화에 대한 수요가 낮아진다는 것을 시사한다. 통화의 공급은 고정되며 H를 지나는 수직선으로 표시한다. 균형은 이자율이 i인 점 A에 놓인다.

명목소득의 변화나 중앙은행 통화공급 변화의 효과는 질적으로 앞 절과 같다. 특히 중앙은행 통화공급 변화는 수직의 공급곡선을 오른쪽으로 이동시킨다. 이는 낮은 이자율을 낳는다. 앞에서와 같이 중앙은행 통화의 증가는 이자율 하락으로 이어진다. 역으로 중앙은행 통화공급의 감소는 이자율 상승으로 이어진다. 따라서 기초적 결론은 4-2절과 같다. 중앙은행은 통화공급을 통제함으로써 채권에 대한 이자율을 결정할 수 있다.

연방기금시장 및 연방기금금리

지급준비금의 수요와 공급이 이자율을 결정하는 실제 시장이 있을까? 실제로 미국의 경우 지급준비금에 대한 수요와 공급의 균형을 맞추기 위해 이자율이 조정되는 은행 준비금에 대한 시장이 존재한다. 이 시장은 **연방기금시장**(federal funds market)이라 하며 이 시장에서 결정된 이자율을 **연방기금금리**(federal funds rate)라 한다. 연방준비은행은 실제로 중앙은행기금의 공급을 변경함으로써 원하는 수준의 연방기금금리를 선택할 수 있으므로 연방기금금리는 일반적으로 미국 통화정책의 주요 지표로 간주된다. 이 때문에 연방기금금리에 많은 관심이 집중되며, 연방기금금리 변화가 통상적으로 첫 뉴스로 게재된다.

4-4　유동성 함정

앞선 세 절의 중요한 결론은 중앙은행이 중앙은행 통화의 공급을 선택함으로써 원하는 이자율을 선택할 수 있다는 것이다. 중앙은행은 이자율을 높이려면 통화 규모를 감소시키고, 이자율을 낮추고 싶다면 통화 규모를 증가시킨다. 이 절은 이 결론에 주의할 점이 있음을 보여준다. 이자율은 **명목이자율 하한**(zero lower bound)으로 알려진 0% 이하로 내려갈 수 없다. 이자율이 0%로 떨어지면 통화정책은 이자율을 더 낮출 수 없다. 통화정책은 더 이상 효과가 없고, 경제는 **유동성 함정**(liquidity trap)에 빠져 있다고 한다.

15년 전 명목이자율 하한은 사소한 문제로 보였다. 대부분의 경제학자는 중앙은행이 어떤 경우에도 마이너스 금리를 원하지 않으므로 제약에 속박되지 않을 것이라고 믿었다. 그러나 금융위기는 이러한 인식을 변화시켰다. 많은 중앙은행이 이자율을 0%로 낮추었으며, 그보다 더 낮추려 했을 것이다. 그러나 명목이자율 하한은 존재하며 실제로 정책에 있어 심각한 제약으로 드러났다.

논쟁을 더 자세히 살펴보자. 4-1절에서 화폐 수요를 도출했을 때, 이자율이 0%가 될 때 어떤 일이 발생할지 묻지 않았다. 이제 질문을 해야 할 때다. 이에 대한 답은 일단 사람들이 거래적 목적을 위해 충분한 통화를 보유하고 나면 나머지 금융자산을 통화로 보유할지 아니면 채권으로 보유할지에 대해 무차별하다는 것이다. 둘 간의 차이가 없는 것은 통화와 채권이 모두 동일한 명목이자

유동성 함정[통화량('유동성')을 증가시키는 것이 이자율에 영향을 미치지 않는(유동성이 '함정에 빠졌다') 상황]이라는 개념은 1930년대 케인스가 발전시켰고, 이후 이에 대한 용어가 등장했다.

그림 4-1에서는 유동성 함정 문제를 다루지 않기 위해 이자율이 0에 근접하는 경우 화폐에 대한 수요를 일부러 나타내지 않았다.

비트코인이 달러를 대체할 것인가

비트코인은 거래에 사용할 수 있는 가상 자산이다. 비트코인의 사용은 제3자가 관여하지 않고도 거래가 이루어지도록 하는 기술에 의존한다. 2018년 12월 기준으로 비트코인의 총유통량은 1,730만 개이다. 비트코인 1개는 3,900달러의 가치가 있으므로 비트코인 주식의 총가치는 670억 달러이다. 크게 보이겠지만, 미국 통화의 총가치인 1조 5,000억 달러에 비하면 매우 작은 금액이다. 그럼에도 불구하고 일부 비트코인 지지자들은 언젠가 비트코인이 대부분의 거래에서 사용되는 통화로 달러(유로와 엔)를 대체할 것이라고 주장한다. 이런 일이 생겨나면 통화공급은 연준(또는 다른 중앙은행)이 아니라 새로운 비트코인의 생성을 결정하는 기계적 규칙에 의해 결정된다. 우리가 알고 있는 통화정책은 사라질 것이다(그리고 거시경제학 교과서의 많은 부분을 다시 작성해야 할 것이다).

상상할 수 있는 일일까? 모든 가격과 이자율이 비트코인으로 표시되고 사람과 기업이 모든 거래를 비트코인으로 표시하는 세상을 상상할 수 있다. 그러면 달러를 보유할 이유가 없어지고 실제로 달러가 사라질 것이다. 실제로 이러한 상황이 실현될 가능성이 있을까? 세 가지 이유 때문에 그렇지 못하다.

첫째, 경제적 이유 때문이다. 대부분의 가격이 달러로 표시되는 한 비트코인 거래에는 '가격 위험'이 수반된다. 달러로 환산한 비트코인 가격이 안정적이라면 위험은 제한적이겠지만, 그렇지 못하다. 아래 그림 1과 같이 비트코인 가격은 도입 이후 크게 변동했다. 2017년 초 약 1,000달러에서 2017년 말 19,300달러까지 치솟았다가 2018년 말에는 3,900달러로 떨어

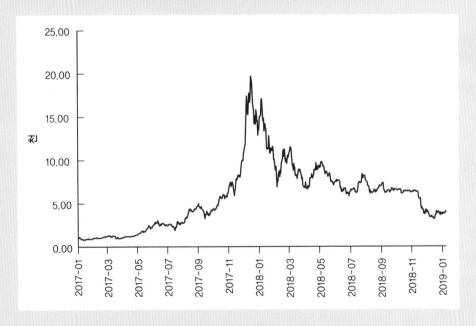

그림 1

비트코인의 달러 표시 가격추이(2017~2018년)

비트코인에 대한 보다 자세한 참고 논문 : Rainer Böhme, Nicolas Christin, Benjamin Edelman, Tyler Moore, "Bitcoin: Economics, Technology, and Governance," *Journal of Economic Perspectives*, 2015, 29(2) : pp. 213-238.

졌다. 비트코인을 보유하는 것은 매우 위험한 방법이며 앞으로도 그럴 것이다.

둘째, 기술적 이유 때문이다. 비트코인 기술에 있어서 검증 과정이나 생성이 극도로 높은 비용을 필요로 한다. 오늘날 비트코인 관련 작업을 위해 컴퓨터가 사용하는 전기는 미국 400만 가구에 전기를 공급하기에 충분하다. 비트코인의 사용이 극적으로 증가하면 비용이 따를 가능성이 크다.

셋째, 정치적 이유 때문이다. 국가는 통화정책을 계속 통제하기를 원하며 이를 민간에 양도하지 않을 것이다. 비트코인이 주요 통화가 되거나 유일한 통화가 되는 균형으로 이동하려면 가격 결정자 간의 대규모 조정이 필요하다. 거의 모든 사람이 가격을 달러로 표시하면 사람들은 비트코인으로 가격을 표시하고 싶지 않을 것이다. 거의 모든 사람이 비트코인으로 가격을 표시하는 경우에만 그렇게 할 것이다. 하나의 균형에서 다른 균형으로 이동하는 조정은 국가의 도움이 있어야만 달성할 수 있다. 그리고 국가들은 자신들의 통화를 기꺼이 포기하지 않을 것이다.

율, 즉 0%를 제공하기 때문이다. 따라서 통화수요는 그림 4-8에 나타난 바와 같다.

- 명목이자율이 하락함에 따라 사람들은 더 많은 통화 그리고 더 적은 채권을 보유하려 한다. 따라서 통화수요는 증가한다.
- 명목이자율이 0%와 같아짐에 따라 사람들이 보유하려는 통화 규모는 최소한 OB의 거리와 같다. 이것이 바로 거래적 목적을 위해 필요한 규모다. 그러나 사람들은 훨씬 더 많은 통화 그리고 그에 따라 훨씬 더 적은 채권을 기꺼이 보유하려 한다. 통화와 채권 간에 무차별하기 때문이다. 따라서 통화수요곡선(M^d)은 점 B를 넘어서면 수평이 된다.

이제 통화공급 증가의 효과를 고려하자(당분간 은행을 무시하고, 4-2절에서와 같이 모든 화폐가 현금이라고 가정해 그림 4-2와 같은 도표를 사용해 통화수요곡선이 수평선으로 나타나는 경우로 확장하자. 이하에서는 은행과 예금 통화를 다시 다룰 것이다).

- 통화공급이 M^s여서 금융시장 균형과 일관성 있는 명목이자율이 양의 값을 갖고 i와 일치하는 경우를 고려하자(이 경우가 바로 4-2절에서 살펴본 것이다). 이 균형으로부터 출발해서 통화공급이 증가하면(선 M^s의 오른쪽 이동) 명목이자율은 하락한다.
- 이제 통화공급이 $M^{s\prime}$이 되어 균형이 점 B가 되는 경우나 통화공급이 $M^{s\prime\prime}$이어서 균형이 점 C로 주어지는 경우를 고려하자. 두 경우 모두에서 처음의 명목이자율은 0%이다. 그리고 두 경우 모두에서 통화공급 증가는 명목이자율에 아무런 영향을 미치지 못한다.

중앙은행이 통화공급을 증가시키기로 했다고 가정하자. 중앙은행은 채권을 매입하고 그에 대한 대금을 지급함으로써 통화를 창출하는 공개시장조작을 통해 통화공급을 증가시킨다. 명목이자율이 0%이므로 사람들은 통화와 채권 보유 간에 무차별하다. 따라서 동일한 명목이자

◀ 실제로 대규모로 현금을 보유하는 데 따른 불편함과 위험 때문에 개인과 기업은 이자율이 마이너스여도 채권을 기꺼이 보유할 것이다. 이런 복잡한 문제는 다루지 않기로 한다.

그림 4-8

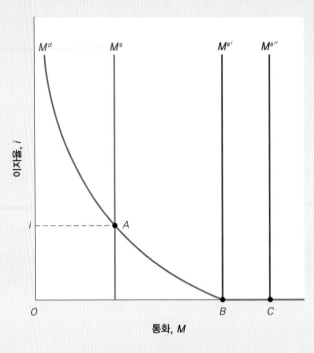

통화수요, 통화공급, 유동성 함정

명목이자율이 0%일 때 사람들이 일단 거래적 목적으로 충분한 통화를 보유하게 되면, 통화를 보유할지 아니면 채권을 보유할지에 대해 무차별하게 된다. 통화수요는 수평선이 된다. 이것은 명목이자율이 0%와 같을 때 통화공급 증가가 명목이자율에 아무런 영향을 미치지 못한다는 것을 시사한다.

율, 즉 0%에서 사람들은 기꺼이 채권 보유 규모를 감소시키고 통화 보유량을 더 늘리려 한다. 통화공급은 증가하지만 명목이자율에는 아무런 영향도 미치지 못하고 명목이자율은 0%에 머문다.

4-3절을 따라 요구불예금과 은행의 역할을 다시 고려하면 어떻게 될까? 방금 논의한 모든 점이 개인의 화폐수요에도 그대로 적용된다. 이자율이 0%일 경우, 개인은 화폐를 보유할지 채권을 보유할지 관심이 없다. 둘 다 아무런 이자도 없기 때문이다. 지금도 유사한 주장이 은행과 은행의 문제, 즉 지급준비금을 보유할지 채권을 보유할지의 문제에도 적용된다. 이자율이 0%일 경우, 은행은 지급준비금을 보유할지 채권을 보유할지 관심이 없다. 둘 다 아무런 이자도 낳지 않기 때문이다. 따라서 이자율이 0%로 내려가고 중앙은행이 통화공급을 늘리면 요구불예금이 증가하고 이자율이 0%인 은행준비금이 늘어날 가능성이 있다. 초점상자 '유동성 함정의 실제'가 보여주듯, 이것이 위기 때 경험했던 것이다. 연준이 이자율을 0%로 낮추고 통화공급을 계속 확대함에 따라 개인의 요구불예금과 은행의 지급준비금이 모두 꾸준히 증가했다.

유동성 함정의 실제

1장에서는 금융위기가 시작되었을 때 연준이 어떻게 연방기금금리를 2007년 중반 5%에서 2008년 말 명목이자율 하한인 0%로 낮추었는지를 보았다. 명목이자율은 7년 동안 0%에 머물다 다시 천천히 상승하기 시작했다.

연준은 어떻게 했는가? 2008년 말부터 공개시장 조작을 통해 화폐공급을 계속 증가시켜 화폐를 대가로 채권을 매입했다. 본문의 분석에 따르면 이자율이 0%로 유지되었지만, 가계의 요구불예금이 증가하고 은행 지급준비금이 증가했어야 한다. 그리고 그림 1에서 보듯이 실제로 그런 일이 생겨났다. 신용카드 사용 증가로 2007년 이전에 감소했던 가계와 기업의 요구불예금은 2008년 중반 6,200억 달러에서 2015년 말 1조 7,000억 달러로 증가했다. 은행준비금은 2008년 중반 100억 달러에서 2008년 말 7,000억 달러, 2015년 말 2조 5,000억 달러로 크게 증가했다. 즉 중앙은행 통화공급의 대폭적인 증가는 가계와 은행에 자발적으로 흡수되었고 그 결과 이자율은 변동 없이 0%로 유지되었다.

그러나 그림 1과 함께 이상의 간략한 설명을 보면 두 가지 질문이 생긴다.

0%로 유지되던 연방기금금리에 아무런 영향을 미치지 못함에도 불구하고 연준은 왜 통화공급을 계속 늘려갔을까? 그 이유는 6장에서 보게 될 것이다 : 실질적으로 경제에는 다양한 채권이 존재하고 공개시장조작은 다른 채권의 이자율에 영향을 미치고 그에 따라 경제에도 영향을 미칠 수 있다.

2015년 말부터 이자율이 인상되기 시작했을 때 은행들은 왜 높은 수준의 준비금을 기꺼이 유지하려고 했을까? 그 이유는 22장에서 볼 수 있다 : 은행이 높은 수준의 지급준비금을 유지하도록 유도하기 위해 연준은 지급준비금에 대한 금리를 인상했으며 이 정책 수단은 점점 더 중요해지고 있다.

그림 1

요구불예금과 은행의 지급준비금(2005~2018년, 단위 : 십억 달러)

출처 : FRED : TCP, WRESBAL.

요약

- 통화수요는 경제에서의 거래 규모와 양의 관계를 갖고 이자율과는 음의 관계를 갖는다.
- 이자율은 통화공급과 통화수요가 일치한다는 균형조건에 의해 결정된다.
- 통화공급이 일정할 때 소득 증가는 통화수요를 증가시키며 이자율 증가를 낳는다. 통화공급의 증가는 이자율 하락을 낳는다.
- 통화공급 변화는 중앙은행의 공개시장조작을 통해 이루어진다.
- 중앙은행이 채권 매입을 통해 통화공급을 증가시키는 팽창적 공개시장조작은 채권가격의 상승과 이자율의 하락을 가져온다.
- 중앙은행이 채권 매각을 통해 통화공급을 감소시키는 긴축적 공개시장조작은 채권가격의 하락과 이자율의 상승을 가져온다.

- 통화가 현금과 요구불예금을 포함하면 이자율은 중앙은행 통화의 공급과 수요가 일치한다는 조건에 의해 결정되는 것으로 간주할 수 있다.
- 중앙은행 통화의 공급은 중앙은행이 통제한다. 중앙은행 통화에 대한 수요는 전반적인 통화수요, 사람들이 현금으로 보유하려는 통화의 비율, 은행이 선택하는 요구불예금 대비 지급준비금 비율에 의존한다.
- 은행 준비금 시장은 연방기금시장이라 하고, 이 시장에서 결정되는 이자율을 연방기금금리라고 한다.
- 중앙은행이 선택한 이자율은 0% 이하로 내려갈 수 없다. 이자율이 0%와 일치할 때, 개인과 은행은 화폐로 보유할지 채권으로 보유할지 무관심하다. 통화공급의 증가는 통화수요의 증가와 은행의 준비금 증가를 가져오지만 이자율에는 아무런 변화도 없다. 이 경우를 유동성 함정이라 한다. 유동성 함정에서 통화정책은 더 이상 이자율에 영향을 미치지 않는다.

핵심 용어

고성능 화폐(high-powered money)

공개시장조작(open market operation)

금융순자산(financial wealth)

금융중개기관 또는 금융기관(financial intermediaries)

금융투자(financial investment)

긴축적 공개시장조작(contractionary open market operation)

명목이자율 하한(zero lower bound)

미국 재무부 단기채권(Treasury bills, T-bills)

본원통화(monetary base)

소득(income)

순자산(savings)

연방기금금리(federal funds rate)

연방기금시장(federal funds market)

연방준비은행(Fed)

요구불예금(checkable deposit)

유동성 함정(liquidity trap)

유량(flow)

저량(stock)

저축(saving)

중앙은행 통화(central bank money)

지급준비금(reserve)

지급준비율(reserve ratio)

채권(bond)

통화(money)

투자(investment)

팽창적 공개시장조작(expansionary open market operation)

현금(currency)

MMF(money market funds)

연습문제

기초문제

1. 이 장의 내용에 기초해 다음에 대해 '사실', '거짓', '불확실' 여부를 밝히고 그 이유를 간단히 설명하라.

   a. 소득과 금융자산은 모두 저량변수이다.

   b. 경제학자들은 투자라는 단어를 채권과 주식의 구입을 언급할 때 사용한다.

   c. 채권만이 이자를 지급하므로 통화에 대한 수요는 이자율에 의존하지 않는다.

   d. 미국 통화의 상당 부분은 미국 이외의 국가가 보유하고 있는 것으로 보인다.

   e. 중앙은행은 채권시장에서 채권을 매각함으로써 통화공급을 증가시킬 수 있다.

   f. 연준은 통화공급을 결정할 수 있지만 이자율을 바꿀 수는 없다.

   g. 채권가격과 이자율은 항상 반대방향으로 움직인다.

   h. 통화공급이 증가하지 않을 때 소득(GDP) 증가는 항상 금리 인상을 동반한다.

   i. 이자율이 일단 0%가 되면, 중앙은행은 더 이상의 정책대안이 없다.

2. 어떤 개인의 연소득이 6만 달러라 하자. 그리고 이 사람의 통화수요 함수가 다음과 같다고 하자.

$$M^d = PY(0.35 - i)$$

   a. 이자율이 5%일 때 이 사람의 통화에 대한 수요는 얼마인가? 10%일 때는 얼마인가?

   b. 이자율이 통화수요에 미치는 영향을 설명하라.

   c. 이자율이 10%라 하자. 이 사람의 연소득이 50% 감소하면 통화수요에는 얼마가 되는지 %로 나타내라.

   d. 이자율이 5%라 하자. 이 사람의 연소득이 50% 감소하면 통화수요에는 얼마가 되는지 %로 나타내라.

   e. 소득 변화가 통화수요에 미치는 영향을 요약하라. 이자율에는 어떻게 의존하는가?

3. 1년에 100달러를 지급하기로 약속한 채권을 고려하자.

   a. 현재 채권가격이 75달러이면 채권에 대한 이자율은 얼마인가? 85달러, 95달러이면 얼마인가?

   b. 채권가격과 이자율 간에는 어떤 관계가 존재하는가?

   c. 이자율이 8%이면 현재 채권가격은 얼마인가?

4. 통화수요가 다음과 같이 주어졌다고 하자.

$$M^d = PY(0.25 - i)$$

   단, PY는 100달러이다. 아울러 통화의 공급이 20달러라고 하자. 금융시장은 균형 상태에 있다고 가정한다.

   a. 균형이자율은 얼마인가?

   b. 중앙은행이 이자율 i를 10%p 증가시키면(예 : 2%에서 12%로) 통화공급을 얼마로 설정해야 하는가?

심화문제

5. 어떤 사람의 자산이 5만 달러이고 연소득이 6만 달러라고 하자. 아울러 이 사람의 통화수요는 다음과 같다.

$$M^d = PY(0.35 - i)$$

   a. 채권에 대한 수요를 유도하라. 이자율이 10%p 상승했다고 하자. 채권에 대한 수요는 얼마로 변화하는가?

   b. 자산 증가가 통화와 채권의 수요에 미치는 파급효과는? 말로 설명하라.

   c. 소득 증가가 통화와 채권의 수요에 미치는 파급효과는? 말로 설명하라.

   d. "사람들이 현금을 더 벌게 되면, 분명히 채권을 더 보유할 것이다." 이 주장은 무엇이 잘못되었는가?

6. 채권에 대한 수요

   이 장에서 이자율 상승은 채권의 매력도를 높이기 때문에 사람들은 자기가 보유한 자산 중 더 많은 부분을 통화보다는 채권 형태로 보유한다고 배웠다. 또한 이자율 상승은 채권가격을 하락시킨다는 것도 배웠다.

   이자율 상승이 어떻게 채권의 매력도를 높이고 그 가격을 낮출 수 있는가?

7. ATM과 신용카드

   이 문제는 ATM과 신용카드 도입이 통화수요에 미치는 영향을 검토한다. 단순화하기 위해 4일간의 통화수요를 검토하자. ATM과 신용카드가 도입되기 이전에 어떤 사람이 은행에 각 4일의 기간이 처음 시작되는 시점에 한 번 방문해서 4일간 필요한 현금을 저축계정에서 모두 인출한다고 하자. 그는 하루에 4달러를 지출한다.

a. 그는 은행에 갈 때마다 얼마의 현금을 인출하겠는가? 그 사람의 1일부터 4일까지 현금 보유 규모(인출한 현금을 소비하기 전인 아침의 현금 보유 규모)를 계산하라.

b. 그가 평균적으로 보유하는 통화의 규모는 얼마인가?

ATM이 도입되자 그 사람은 2일마다 현금을 인출한다고 하자.

c. (a)에 대한 답을 다시 계산하라.

d. (b)에 대한 답을 다시 계산하라.

마지막으로, 신용카드가 도입되자 모든 소비를 신용카드를 사용해 지급한다고 하자. 그는 4일이 되는 날까지 어떤 현금도 인출하지 않는다. 4일이 되어서야 이전 4일간 신용카드로 지출한 규모에 해당하는 전체 현금을 인출한다.

e. (a)에 대한 답을 다시 계산하라.

f. (b)에 대한 답을 다시 계산하라.

g. 위의 답에 기초해볼 때 ATM과 신용카드 사용은 통화수요에 어떤 영향을 미쳤는가?

8. 화폐와 은행시스템

4-3절은 단순한 은행을 포함하는 통화시스템을 설명했다. 다음을 가정하자.

i. 일반 대중은 아무런 현금도 보유하지 않는다.

ii. 예금에 대한 지급준비율은 0.1이다.

iii. 통화에 대한 수요는 다음과 같다.

$$M^d = PY(0.8 - 4i)$$

처음에 본원통화는 1,000억 달러였고 명목소득은 5조 달러였다고 하자.

a. 중앙은행 통화에 대한 수요는 얼마인가?

b. 중앙은행 통화에 대한 수요와 중앙은행 통화의 공급을 같게 설정해 균형이자율을 구하라.

c. 전체적인 통화공급은 얼마인가? (b)에서 구한 이자율 수준에서 이는 전체 통화수요와 일치하는가?

d. 중앙은행 통화가 3,000억 달러로 증가하면 이자율은 얼마가 되겠는가?

e. 전체 통화공급이 3,000억 달러 증가하면 i는 얼마가 되겠는가?[힌트 : (c)에서 알게 된 내용을 사용하라.]

9. 금리 안정화에 필요한 중앙은행의 조치에 대한 이해

아래 그림은 세 가지 통화수요곡선과 목표 금리 i^*를 보여준다.

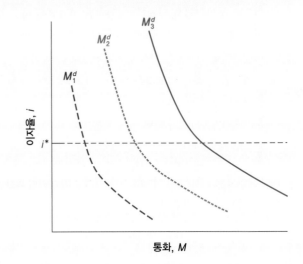

3행의 예를 따라 표를 채워라.

| 실질소득 Y와 물가 P에 대한 초기 통화수요곡선 | | | | 실질소득 Y와 물가 P에 대한 최종 통화수요곡선 | | | | 이자율 i^*를 유지하기 위해 필요한 중앙은행 정책 |
초기 M^d 곡선	Y	P	PY	최종 M^d 곡선	Y	P	PY	설명
M^d_2	250	100	250	M^d_3	300	105	315	명목소득이 상승(실질소득과 물가의 상승)함에 따라 연준은 통화공급을 증가시켜야 함
M^d_2	200	80			250	100		
M^d_2	250	100			300	100		
M^d_2	250	100			200	95		
	250	100			275	80		

10. 통화량 선택과 이자율 선택

통화수요가 다음과 같이 주어진다고 가정하자.

$$M^d = PY(0.25 - i)$$

단, PY는 100달러이다.

a. 중앙은행이 5%의 이자율 목표를 설정하면 창출해야 하는 통화량은 얼마인가?

b. 중앙은행이 i를 5%에서 10%로 높이려면 중앙은행이 설정해야 하는 새로운 수준의 통화공급은 얼마인가?

c. 5%에서 10%로의 이자율 상승이 연준의 대차대조표에 미치는 영향은 무엇인가?

11. 유동성 함정하에서의 통화정책

이자율이 양(+)일 경우 통화수요가 다음과 같다고 하자.

$$M^d = PY(0.25 - i)$$

아래 질문에서는 이자율이 0%인 상황을 가정한다.

a. 이자율이 0%이고 PY=80일 때 통화수요는 얼마인가?

b. PY=80일 때 이자율을 0%로 만드는 통화공급 중 최솟값은 얼마인가?

c. 이자율이 0%일 때 중앙은행은 통화공급을 계속 증가시킬 수 있는가?

d. 미국은 2008년 이후 오랫동안 제로 금리를 경험했다. 이 기간 중 통화공급이 계속 증가했다는 증거가 있는가?

e. FRED라고 알려진 세인트루이스 연준의 데이터베이스를 참고하라. BOGGMBASE(본원통화) 시계열을 찾아 2010~2015년의 변화를 살펴보자. 본원통화에는 어떤 변화가 있었는가? 같은 기간 연방기금금리는 어떻게 되었는가?

추가문제

12. 현재의 통화정책

연방준비위원회의 웹사이트(www.federalreserve.gov)를 방문해 연방공개시장위원회(Federal Open Market Committee, FOMC)의 최근 통화정책과 관련된 보도자료를 구하라. 가장 최근의 연준 보도자료가 아니라 가장 최근의 FOMC 보도자료인지 확인하라.

a. 현재의 통화정책 기조는 어떠한가? (통화정책은 통화공급의 증감이 아니라 연방기금금리의 인상이나 인하로 표현된다는 점에 주의하자.)

b. 만약 최근에 연방기금금리가 변화했다면 이 변화가 연준의 채권 보유 규모에 어떤 시사점을 갖는가? 연준은 자신의 채권 보유 규모를 감소시키고 있는가, 아니면 증가시키고 있는가?

마지막으로 현재의 정책 기조에 관한 FOMC의 설명을 읽고 싶을 것이다. 지금으로서는 감을 잡기 어려울 것이다. 하지만 5장을 위해 기억하고 있길 바란다.

더 읽을거리

■ 이 책에서 금융제도의 다양한 측면을 살펴보겠지만, 심화 학습을 위해 통화와 은행에 대한 교과서를 읽어보고 싶을 것이다. 다음 네 권의 교과서를 참조하라. Laurence Ball(2017), *Money, Banking, and Financial Markets*, Worth; Stephen Cecchetti and Kermit Schoenholtz(2017), *Money, Banking, and Financial Markets*, McGraw-Hill/Irwin; Hubbard R. Glenn(2013), *Money, the Financial System and the Economy*, Addison-Wesley; Frederic Mishkin(2018), *The Economics of Money, Banking, and the Financial System*, Pearson.

■ 미 연준은 금융시장에 관한 데이터뿐만 아니라 연준의 역할, 연준의장의 최근 의회 증언 등에 관한 정보를 담고 있는 유용한 웹사이트를 관리한다(http://www.federalreserve.gov).

재화시장과 금융시장 :
IS-LM 모형

3장에서 재화시장, 4장에서 금융시장을 살펴보았다. 이제 재화시장과 금융시장을 함께 보자. 이 장을 마치면 단기에 산출과 이자율이 어떻게 결정되는지 생각할 수 있는 틀이 마련될 것이다.

이 틀을 발전시키면서 1930년대 후반과 1940년대 초반에 활동한 경제학자인 힉스(John Hicks)와 한센(Alvin Hansen)이 밟았던 경로를 쫓아간다. 경제학자 케인스(John Maynard Keynes)가 1936년에 *일반이론*(General Theory)을 발표했을 때, 그의 책은 근본적이면서도 거의 공격할 데가 없다는 공감대가 형성되었다. 실제로 이 책을 읽어보면 공감할 것이다. 케인스가 '정말 말하려 했던 것'이 무엇인지에 대한 수많은 논쟁이 있었다. 1937년에 힉스는 케인스의 중요한 기여라고 여겨지는 내용을 요약했다. 그것은 재화시장과 금융시장의 통합적 설명이었다. 그의 분석은 후에 한센이 확장했는데, 힉스와 한센은 자신들이 공식화한 내용을 *IS-LM* 모형이라 불렀다.

거시경제학자는 1940년대 초반 이래 상당한 진전을 이루었다. 그래서 *IS-LM* 모형이 24장이 아닌 5장과 6장에서 다루어지는 것이다. 여러분이 40년 전에 거시경제학을 배웠다면 이미 과정이 거의 끝났을 것이다. 그러나 대부분의 경제학자에게 있어 *IS-LM* 모형은 단순하지만 여전히 *단기*에 경제에서 발생하는 많은 일을 파악하게 하는 핵심적 체계이다. 이것이 *IS-LM* 모형을 아직도 학습하고 사용하는 이유다.

이 장은 기초적인 *IS-LM* 모형을 발전시키며, 5개의 절로 구성된다.

◀ 이 책에 소개된 *IS-LM* 모형은 힉스와 한센이 개발한 모형과 약간 다르긴 하지만 더 간단하다. 이는 4장에서 보았듯이 중앙은행의 통화정책 집행 방식이 통화량 통제에서 이자율 통제로 변화한 것을 반영한다.

5-1절은 재화시장의 균형을 살펴보고 *IS* 관계를 도출한다.

5-2절은 금융시장의 균형을 살펴보고 *LM* 관계를 도출한다.

5-3절과 **5-4절**은 *IS* 관계와 *LM* 관계를 통합하고 그에 따른 *IS-LM* 모형을 사용해 재정정책과 통화정책의 효과를 연구한다.

5-5절은 동태적 요소를 도입하고 *IS-LM*이 단기에 경제에서 발생하는 현상을 어떻게 파악해내는지 살펴본다.

> 이 장의 메시지 : 단기에서 산출은 재화시장과 금융시장의 균형에 의해 결정된다. ▶ ▶ ▶

우선 3장에서 배운 것을 요약하자.

- 재화시장의 균형은 생산 Y가 재화에 대한 수요 Z와 일치한다는 조건으로 특징지었다. 이 조건을 *IS* 관계라 불렀다.
- 수요는 소비, 투자, 정부지출의 합으로 정의되었다. 아울러 소비는 가처분소득(세금을 차감한 소득)의 함수라 가정했고 투자지출, 정부지출, 세금이 모두 일정하게 주어진 것으로 간주했다.

$$Z = C(Y - T) + \bar{I} + G$$

  3장에서는 계산 과정의 단순화를 위해 소비 C와 가처분소득 $Y-T$의 관계가 선형이라고 가정했다. 하지만 이 장에서는 이 가정 대신 보다 일반적 형태인 $C = C(Y-T)$를 사용한다.
- 이제 균형조건은 다음과 같다.

$$Y = C(Y - T) + \bar{I} + G$$

  이 균형조건을 사용해 균형산출을 변화시키는 요인을 살펴보았다. 특히 정부지출과 소비수요의 변화에 따른 파급효과를 살펴보았다.

  이 첫 번째 모형에서 가장 중요한 단순화는 이자율이 재화수요에 아무런 영향도 미치지 않는다는 것이었다. 이 장에서 우선 해야 할 일은 더 이상 이러한 단순화 가정을 하지 않고 대신 이자율을 재화시장의 균형 모형에 도입하는 것이다. 우선 이자율이 투자에 미치는 효과에만 초점을 맞추고

이자율이 소비와 투자에 미치는 영향에 대한 보다 상세한 논의는 15장에서 한다.

▶ 수요의 다른 구성요소에 미치는 효과에 대한 논의는 뒤로 미루자.

투자, 매출, 이자율

3장에서 투자는 일정하다고 가정했다. 이는 단순화를 위해서였다. 사실 투자는 일정하다고 보기 어려우며 주로 두 가지 요인에 의존한다.

- 매출 규모 : 매출이 증가해 생산을 늘려야 하는 기업을 고려하자. 생산을 늘리려면 새로운 기계를 추가로 구입하거나 공장을 추가로 지어야 한다. 다시 말해 투자를 해야 한다. 한편 매출이 저조한 기업은 그럴 필요가 없으며 투자에도 거의 지출하지 않을 것이다.

기업이 내부자금을 사용해도 ▶ 이 주장은 성립한다. 이자율이 높을수록 새로운 기계를 매입하기보다는 자금을 대여하는 것이 더 매력적이다.

- 이자율 : 새로운 기계를 구매할지 결정해야 하는 기업을 고려하자. 새로운 기계를 구매하기 위해서는 자금을 차입해야 한다고 하자. 이자율이 높을수록 자금을 빌려 기계를 구매하는 것이 덜 매력적일 것이다. [잠시 단순화를 위해 두 가지 가정을 한다. 우선 모든 기업이 동일한 이자율(4장에서 결정한 채권 이자율)로 차입할 수 있다고 가정한다. 사실 많은 기업이 은행에서 차입하며, 적용 이자율은 기업마다 다르다. 아울러 명목이자율(화폐 기준으로 나타낸 이자율)과 실

질이자율(재화 기준으로 나타낸 이자율)을 구분하지 않을 것이다. 물론 이러한 구분은 중요하며 6장에서 다시 다룬다.] 이자율이 충분히 높아지면 새로운 기계를 사용하는 데 따른 추가적 이윤은 이자를 지급하기에 부족할 것이고 새로운 기계는 매입할 가치가 없을 것이다.

이상의 두 효과를 포착하기 위해 투자관계를 다음과 같이 설정할 수 있다.

$$I = I(Y, i) \tag{5.1}$$
$$(+, -)$$

식 (5.1)은 투자 I가 산출 Y와 이자율 i에 의존한다는 것을 나타낸다. 여기서도 재고투자는 없다고 가정될 것인데, 그에 따라 생산과 판매는 항상 일치한다. 따라서 Y는 판매를 나타내는 동시에 생산을 나타내기도 한다. Y 아래의 양($+$)의 기호는 생산 증가(마찬가지로 판매 증가)가 투자 증가로 이어진다는 것을 나타낸다. 이자율 i 아래의 음($-$)의 기호는 이자율 상승이 투자 감소를 낳는다는 것을 나타낸다.

▶ 산출 증가는 투자 증가로 이어진다. 이자율 상승은 투자 감소로 이어진다.

산출 결정

투자관계식 (5.1)을 고려하면 재화시장에서의 균형조건은 다음과 같아진다.

$$Y = C(Y - T) + I(Y, i) + G \tag{5.2}$$

생산(식의 좌변)은 재화에 대한 수요(우변)와 일치해야 한다. 식 (5.2)는 확장된 *IS* 관계이다. 이제 이자율이 변화할 때 산출에 어떤 변화가 발생하는지를 살펴볼 수 있다.

우선 그림 5-1에서 출발하자. 재화에 대한 수요는 수직축으로 측정된다. 이자율 i가 일정할 때 수요는 두 가지 이유로 산출의 증가함수가 된다.

■ 산출 증가는 소득과 가처분소득의 증가로 이어진다. 가처분소득의 증가는 소비 증가를 낳는다. 이 관계는 이미 3장에서 검토했다.
■ 산출 증가는 투자 증가로 이어지기도 한다. 투자와 생산의 이러한 관계는 이 장에서 소개한다.

간단히 말해 산출 증가는 소비와 투자에 대한 파급효과를 통해 재화에 대한 수요 증가를 낳는다. 이자율이 일정할 때 수요와 산출의 관계는 우상향하는 곡선 ZZ로 나타난다. 그림 5-1의 곡선은 두 가지 특징을 보여준다.

■ 식 (5.2)에서 소비와 투자 관계가 선형이라고 가정하지 않으므로 ZZ는 일반적으로 직선이 아닌 곡선의 형태를 취한다. 따라서 ZZ는 그림 5-1에서 곡선으로 표시되었다. 하지만 소비와 투자 관계가 선형이고 ZZ가 직선이어도 앞으로 논의할 내용은 그대로 적용된다.
■ ZZ는 45°선에 비해 더 평평하다. 즉 산출 증가는 일대일에 못 미치는 수요 증가로 이어진다고 가정했다. 투자가 일정하다고 가정한 3장에서, 이러한 제약은 소비자가 늘어난 소득의 전부가

▶ 이 두 주장이 같은 의미를 갖는지 스스로 확인해보라.

그림 5-1

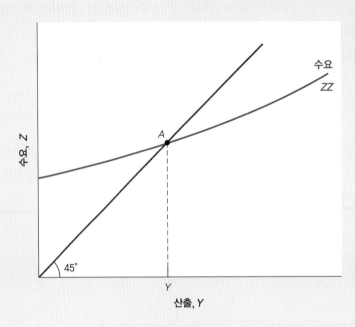

재화시장에서의 균형
재화에 대한 수요는 산출의 증가함수가 된다. 균형은 재화에 대한 수요가 산출과 일치할 것을 요구한다.

아니라 일부만을 소비한다는 가정으로부터 자연스럽게 유도되었다. 그러나 여기서 생산은 투자에 영향을 미친다고 했으므로 이러한 제약은 더 이상 성립하지 않을 수 있다. 산출이 증가할 때 소비 증가와 투자 증가의 합은 최초의 산출 증가 규모를 초과할 수 있다. 이론적으로 이런 일이 발생할 수 있지만 실증분석 증거들은 실제로 이런 일이 생겨나지 않음을 보여준다. 그래서 수요는 산출이 증가할 때 일대일에 못 미치는 반응을 보이며 곡선은 45° 선보다 평평하다.

재화시장의 균형은 재화에 대한 수요와 산출이 일치하는 점에서 이루어진다. 즉 곡선 ZZ와 45° 선이 교차하는 점 A에서 재화시장의 균형이 발생한다. 이때 균형산출 수준은 Y로 결정된다.

지금까지는 3장의 분석을 그대로 확장한 것이다. 하지만 이제 IS 곡선을 유도할 준비가 다 되었다.

IS 곡선의 유도

이상에서는 이자율이 일정하다는 가정하에 그림 5-1에서 수요관계 ZZ를 유도했다. 이제 그림 5-2에서 이자율이 변화하면 어떤 변화가 발생하는지 살펴보자.

그림 5-2(a)에서 수요곡선이 ZZ로 주어지고 초기 균형은 점 A에 있다고 하자. 이자율이 처음 i

그림 5-2

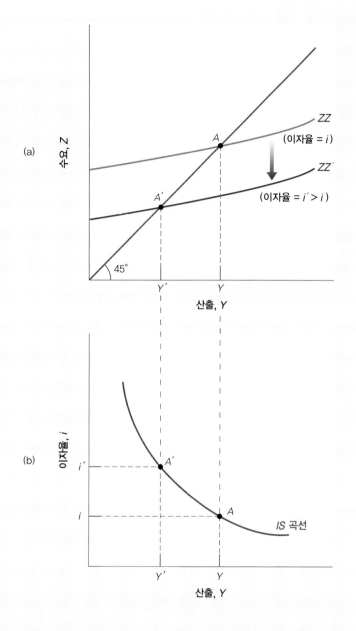

IS 곡선의 유도
(a) 이자율 증가는 모든 산출 수준에서 재화에 대한 수요를 감소시킨다. (b) 재화시장의 균형은 이자율 상승이 산출 감소로 이어진다는 것을 시사한다. 따라서 IS 곡선은 음의 기울기를 갖는다.

수준에서 i' 수준으로 높아졌다고 하자. 산출 수준이 일정할 때 높아진 이자율은 투자와 수요를 낮춘다. 수요곡선 ZZ는 아래로 이동해 ZZ'이 된다. 주어진 산출 수준에서 수요가 낮아진다. 새로운 균형은 낮아진 수요곡선 ZZ'과 45°선이 교차하는 점 A'에서 발생한다. 이제 균형산출은 Y'과 같다.

그림을 통해 통화승수의 크기 ▶
를 보여줄 수 있을까? (힌트 :
투자의 최초 감소 규모 대비
균형산출의 감소 규모 비율을
살펴보라.)

즉 이자율의 상승은 투자 위축을 낳는다. 투자 위축은 산출 감소를 낳고 이는 다시 승수효과를 통해 소비와 투자의 감소를 가져온다.

그림 5-2(a)를 사용하면 특정 이자율 수준과 관련된 균형산출 수준을 찾아낼 수 있다. 이에 따른 균형산출과 이자율의 관계는 그림 5-2(b)와 같이 유도된다.

그림 5-2(b)는 균형산출 Y를 수평축에, 이자율을 수직축에 나타냈다. 그림 5-2(b)에서 점 A는 그림 5-2(a)의 점 A에 대응하며, 그림 5-2(b)의 점 A'은 그림 5-2(a)의 점 A'에 대응한다. 이자율이 높아질수록 더 낮은 산출 수준이 대응한다.

이자율과 산출의 이러한 관계는 그림 5-2(b)에서 우하향하는 곡선으로 나타났는데, 이 곡선을

재화시장 균형은 이자율 상승
이 산출 감소를 낳을 것임을
시사한다. 이 관계는 음의 기울
기를 갖는 IS 곡선으로 나타낼
수 있다.

▶ IS 곡선(IS curve)이라 한다.

IS 곡선의 이동

그림 5-2에서는 세금 T와 정부지출 G가 변하지 않는다는 가정하에 IS 곡선을 유도했다. T나 G의 변화는 IS 곡선의 이동을 낳는다.

이를 보기 위해 그림 5-3을 참조하자. 그림에서 IS 곡선은 균형산출을 이자율의 함수로 나타낸다. 단, 세금과 정부지출은 일정하다고 가정한 상태에서 도출된다. 이제 세금이 T에서 T'으로 인상

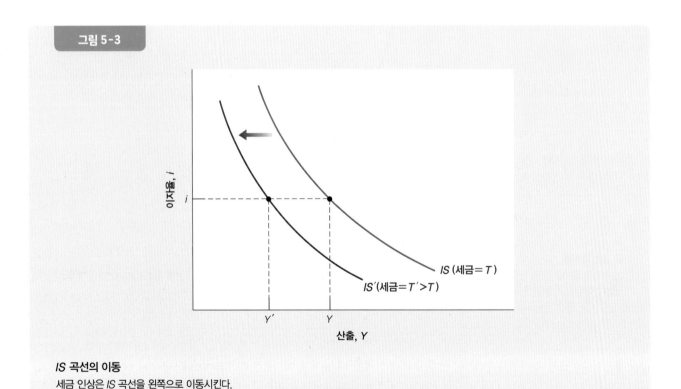

그림 5-3

IS 곡선의 이동
세금 인상은 IS 곡선을 왼쪽으로 이동시킨다.

되었다고 하자. 일정한 이자율, 예를 들어 i 수준에서 가처분소득이 감소하면 소비가 감소하고, 이는 다시 재화에 대한 수요의 감소와 균형산출의 하락으로 이어진다. 균형산출 수준은 Y에서 Y'으로 하락한다. 다시 말해 IS 곡선은 왼쪽으로 이동한다. 주어진 이자율 수준에서 균형산출은 세금이 인상되기 전에 비해 감소한다.

이자율이 일정할 때 세금 인상은 산출 감소를 낳는다. 다시 말해 세금 인상은 IS 곡선을 왼쪽으로 이동시킨다.

보다 일반적으로, 주어진 이자율에 대해 균형산출을 하락시키는 모든 요인은 IS 곡선을 왼쪽으로 이동시킨다. 지금까지는 세금이 인상되는 경우를 살펴보았다. 그러나 동일한 변화가 정부지출이 감소하거나 소비자 신뢰가 약화(이는 가처분소득이 일정해도 소비를 감소시킨다)하는 경우에도 발생한다. 이에 반해 이자율이 일정할 때 균형산출을 증가시키는 모든 요인(세금 인하, 정부지출 증가, 소비자 신뢰 개선)은 IS 곡선을 오른쪽으로 이동시킨다.

이제 요약해보자.

정부가 사회보장제도에 문제가 있어 앞으로 퇴직수당을 축소한다고 발표했다고 하자. 소비자는 어떻게 반응하겠는가? 현재의 수요와 산출은 어떻게 반응하겠는가?

- 재화시장의 균형은 이자율 상승이 산출 감소로 이어진다는 것을 시사한다. 이 관계는 우하향하는 IS 곡선으로 대표된다.
- 이자율이 일정할 때 재화에 대한 수요를 감소시키는 변화는 IS 곡선을 왼쪽으로 이동시킨다. 반면에 이자율이 일정할 때 재화에 대한 수요를 증가시키는 변화는 IS 곡선을 오른쪽으로 이동시킨다.

5-2 금융시장과 *LM* 관계

이제 금융시장으로 관심을 돌려보자. 4장에서 이자율은 통화에 대한 수요와 공급이 일치하는 수준에서 결정된다는 것을 알았다.

$$M = PY\, L(i)$$

여기서 좌변의 M은 명목통화량이다. 여기서는 4-3절과 4-4절에서 다루었던 자세한 통화공급 과정은 무시하고 단순히 중앙은행이 M을 직접 통제한다고 간주한다.

우변은 명목소득 PY와 명목이자율 i의 함수로서 통화에 대한 수요를 나타낸다. 4-1절에서처럼 명목소득 증가는 통화수요 증가를 낳는다. 이자율 상승은 통화수요를 위축시킨다. 균형은 통화공급(식의 좌변)이 통화수요(식의 우변)와 일치할 것을 요구한다.

실질통화, 실질소득, 이자율

식 $M = PY\, L(i)$는 통화, 명목소득, 이자율 간의 관계를 제공한다. 이는 실질통화(즉 재화 단위로 표시한 통화), 실질소득(즉 재화 단위로 표시한 소득), 이자율 간의 관계로 다시 나타내는 것이 편리하다.

2장에서 명목 GDP가 실질 ▶
GDP×GDP 디플레이터, 즉
Y×P와 일치한다고 두었다.
달리 말해 실질 GDP는 명목
GDP PY를 GDP 디플레이터 P
로 나눈 값과 일치한다. 즉 Y=
PY/P

명목소득을 물가로 나누면 실질소득 Y와 같다는 점을 기억해보자. 마찬가지로 식의 양변을 물가 P로 나누면 다음을 얻는다.

$$\frac{M}{P} = Y\,L(i) \tag{5.3}$$

따라서 균형조건은 **실질통화공급**(재화의 단위로 표시한 통화량)이 실질소득 Y와 이자율 i에 의존하는 **실질통화수요**와 일치한다는 조건으로 다시 표현되었다.

통화에 대한 '실질'수요라는 개념은 다소 추상적이다. 예를 들면 이해가 빠를 것이다. 일반적인 통화수요를 모두 생각하기보다는 동전에 대한 수요만을 생각하자. 매일 여러분이 두 잔의 커피를 사기 위해 주머니에 동전을 갖고 다니려 한다고 하자. 만약 커피 한 잔에 1,200원이라면 2,400원의 동전이 필요할 것이다. 이것이 바로 동전에 대한 명목수요다. 마찬가지로 여러분은 주머니에 충분한 동전을 보유해 두 잔의 커피를 사려 할 것이다. 이것이 바로 재화단위로 표시한 동전에 대한 수요이다. 물론 여기서는 커피의 잔 수로 표시한 것이다.

이제부터 식 (5.3)을 *LM* 관계라 하자. 균형조건을 이렇게 나타내는 것은 **명목소득 PY** 대신 **실질소득 Y**가 우변에 나타난다는 장점 때문이다. 왜냐하면 실질소득(즉 실질산출)은 재화시장의 균형을 분석할 때 초점이 되는 변수이기 때문이다. 이 식을 읽을 때 편리함을 위해 식 (5.3)의 좌변과 우변을 정확하지만 번잡한 '실질통화공급'과 '실질통화수요'라고 하기보다는 단순히 '통화공급'과 '통화수요'로 부를 것이다. 마찬가지로 '실질소득' 역시 '소득'으로 부르기로 하자.

LM 곡선의 유도

IS 곡선을 유도할 때 정부지출 G와 세금 T의 두 가지 정책변수를 고려했다. *LM* 곡선을 유도할 때는 통화정책을 통화량 M의 선택 문제로 할지 이자율 i의 선택 문제로 할지를 결정해야 한다.

통화정책을 명목통화공급량 M의 선택 문제로 보면, 단기에는 고정된 것으로 가정되는 물가하에서 통화정책은 실질통화량 M/P을 선택하는 문제가 된다. 이 경우 식 (5.3)은 우변의 실질통화수요가 좌변의 주어진 실질통화공급과 일치해야 한다. 예를 들어 실질소득이 증가할 경우 화폐수요가 증가하는데, 이때 화폐수요가 고정된 화폐공급과 일치하려면 이자율이 상승해야 한다. 즉 통화

그림 4-4를 확인해보라. ▶

공급이 일정할 때 소득 증가는 자동적으로 이자율 상승으로 이어진다.

이상은 *LM* 관계와 그에 따른 *LM* 곡선을 유도하는 전통적인 방법이다. 그러나 중앙은행이 통화량을 선택하고 이자율이 그에 따라 조정되도록 한다는 가정은 오늘날의 현실과 맞지 않다. 과거에는 중앙은행이 통화공급을 통화정책변수로 생각했지만, 오늘날에는 이자율에 직접 초점을 맞추고 있다. 중앙은행은 특정 이자율 수준 $\bar{i}$를 선택하고 이를 달성하기 위해 통화공급을 조정한다. 따라서 이하에서는 중앙은행이 이자율을 선택한다고(그리고 그 이자율을 달성하기 위해 적절한 통

가정에 따라 *LM* 관계는 단순한
수평선이다. 그러나 전통을 따라
'곡선'이라는 용어를 사용했다. ▶

화공급을 한다고) 가정할 것이다. 이는 그림 5-4에서 매우 단순한 *LM* 곡선, 즉 중앙은행이 선택한 이자율 $\bar{i}$의 값에서 수평인 *LM* 곡선을 낳는다.

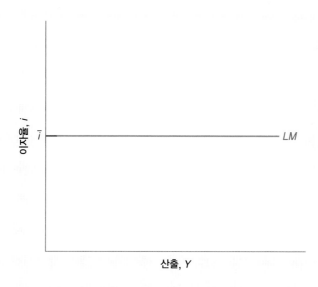

그림 5-4

LM 곡선
중앙은행은 이자율을 선택한다(그리고 이 이자율을 유지하기 위해 통화공급을 조절한다).

5-3 *IS* 관계와 *LM* 관계의 결합

IS 관계는 재화시장 균형에서 유도되고, *LM* 관계는 금융시장 균형에서 유도되는데, 두 관계는 동시에 성립해야 한다.

$$IS \text{ 관계} : Y = C(Y - T) + I(Y, i) + G$$
$$LM \text{ 관계} : i = \bar{i}$$

두 관계는 함께 산출 수준을 결정한다. 그림 5-5는 *IS* 곡선과 *LM* 곡선을 동시에 나타낸다. 수평축은 산출 또는 생산이나 소득을, 수직축은 이자율을 측정한다.

우하향하는 *IS* 곡선의 각 점은 재화시장의 균형에 대응하며, 우상향하는 *LM* 곡선의 각 점은 금융시장의 균형에 대응한다. 점 *A*에서만 두 균형조건이 모두 만족한다. 이는 *Y*의 산출 수준과 *i*의 이자율 수준과 관련된 점 *A*가 재화시장과 금융시장에서 균형이 동시에 성립하는 점이라는 것을 의미한다.

여기서 한 가지 의문이 생길 것이다. 균형이 점 *A*라는 것이 어떤 의미일까? 이 사실은 현실 세계와 직접적으로 어떻게 관련될까? 아직 낙담하기에는 이르다. 그림 5-5는 거시경제학의 수많은 질문에 대한 답을 갖고 있다. 적절히 사용된다면 이는 중앙은행이 통화량을 증가시켰을 때, 또는 정부가 세금을 인상했을 때, 또는 소비자가 미래에 대해 비관적으로 바뀔 때 산출과 이자율에 어떤

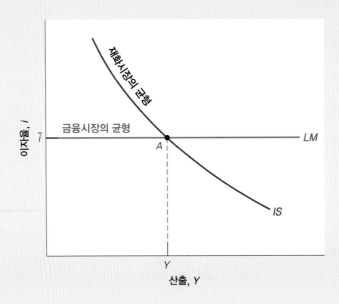

그림 5-5

IS-LM 모형

재화시장의 균형은 이자율 증가가 산출 감소로 이어진다는 것을 의미한다. 이는 *IS* 곡선으로 표현된다. 금융시장의 균형은 수평의 *LM* 곡선으로 표현된다. 두 곡선이 교차하는 점 *A*에서만 재화시장과 금융시장이 동시에 균형을 보인다.

앞으로 이어지는 장에서는 금융위기, 기대의 역할 또는 개방경제에서 정책의 역할을 검토하는 방법을 제시한다. ▶ 변화가 생겨날지를 이해하도록 도와준다.

이제 통화정책과 재정정책의 효과를 통해 *IS-LM* 모형의 시사점을 살펴보자.

재정정책

*G−T*의 감소 ⇔ 재정긴축 ⇔ 재정위축, *G−T*의 증가 ⇔ 재정팽창 ▶ 정부가 재정적자를 축소시키기 위해 정부지출은 그대로 유지하지만 세금을 인상했다고 하자. 이러한 재정정책 변화는 종종 **재정긴축**(fiscal contraction) 또는 **재정위축**(fiscal consolidation)이라 한다. 이에 대칭적으로 정부지출 증가나 세금 인하로 인한 재정적자의 증가는 **재정팽창**(fiscal expansion)이라 한다. 정부가 재정적자를 감축하기로 하고, 이를 증세에 의존하기로 했다고 하자. 재정긴축은 산출, 산출의 구성, 이자율에 어떤 영향을 미칠까?

정책 변화 또는 보다 일반적으로 외생변수 변화의 효과에 관한 이러한 질문에 답할 때는 항상 다음 3단계를 거치는 것이 좋다.

1. 변화가 재화시장의 균형과 금융시장의 균형에 어떻게 영향을 미칠지 질문하라. 즉 변화는 *IS* 곡선과 *LM* 곡선을 어떻게 이동시키겠는가?
2. 변화가 *IS*와 *LM* 곡선의 교점에 미치는 파급효과를 파악하라. 즉 변화는 균형산출과 균형이

그림 5-6

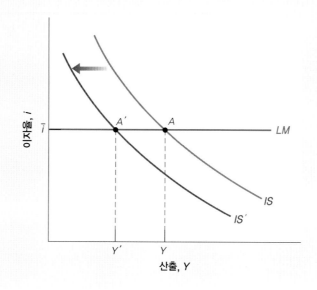

세금 인상의 파급효과
세금 인상은 *IS* 곡선을 왼쪽으로 이동시킨다. 이것은 균형산출 수준을 감소시킨다.

자율에 어떤 영향을 미치겠는가?

3. 파급효과를 일상적 표현으로 설명하라.

시간과 경험이 쌓이게 되면 곧장 세 번째 단계로 갈 수 있다. 그때쯤이면 매일매일의 경제 문제를 즉각 평가할 수 있을 것이다. 하지만 그런 수준의 전문성에 도달하기 전까지는 한 단계씩 나아가자.

우리의 경우 3단계는 간단하지만, 이를 살펴보는 것이 어쨌든 좋은 연습이다.

- 첫 질문은 세금 인상이 재화시장에서의 균형, 즉 *IS* 곡선으로 포착된 산출과 이자율 사이의 관계에 어떤 영향을 미치는지다. 이전에는 그림 5-3에서 그 해답을 도출했다. 주어진 이자율에서, 세금 인상은 산출을 감소시킨다. *IS* 곡선은 그림 5-6의 *IS*에서 *IS′*으로 왼쪽으로 이동한다.

  다음으로, *LM* 곡선에 어떤 일이 발생하는지 보자. 가정에 따라 재정정책의 변화만 살펴보므로 중앙은행은 이자율을 변경하지 않는다. 따라서 *LM* 곡선, 즉 $i = \bar{i}$에서의 수평선은 변하지 않는다 — *LM* 곡선은 이동하지 않는다.

- 이제 균형을 결정하는 2단계를 고려하자.

  세금 인상 전에 균형은 *IS* 곡선과 *LM* 곡선의 교차하는 점 *A*로 주어진다. 세금 인상과 *IS* 곡선의 *IS*에서 *IS′*으로의 왼쪽 이동 후에, 새로운 균형은 점 *A′*으로 주어진다. 산출은 *Y*에서 *Y′*으

◀ 그리고 확신이 생기면 TV에 출연해 경제 문제를 설명해보라(왜 그렇게 많은 TV 출연 경제학자가 나비넥타이를 매는지는 수수께끼다).

세금의 증가는 *IS* 곡선을 이동시키지만 *LM* 곡선은 그대로이다. 경제는 *LM* 곡선을 따라 움직인다. ▶

로 감소한다. 가정에 의해 이자율은 변하지 않는다. 따라서 *IS* 곡선이 이동함에 따라 경제는 *LM* 곡선을 따라 *A*에서 *A′*으로 이동한다. 이 단어들을 고딕체로 표시한 이유는 곡선의 이동(여기서는 *IS* 곡선의 이동)과 곡선상의 이동(여기서는 *LM* 곡선상의 이동)을 구별하는 것이 항상 중요하기 때문이다. 이들을 구별하지 않을 경우 많은 실수가 생긴다.

■ 3단계는 말로 표현하는 것이다.

이상은 3장의 초점상자 '저축의 역설'에서 다룬 공공저축 증가의 파급효과에 대한 비공식적 토론을 공식적으로 다루었을 뿐이다. ▶

　　주어진 이자율에서 세금이 인상되면 가처분소득이 줄어들어 개인은 소비를 감소시킨다. 이러한 수요 감소는 결과적으로 승수를 통해 산출과 소득을 감소시키며, 그에 따라 투자가 감소한다.

통화정책

이제 통화정책으로 넘어가자. 중앙은행이 이자율을 인하한다고 가정하자. 이를 위해 중앙은행은 통화공급을 증가시키므로 통화정책의 이러한 변화를 **통화팽창**(monetary expansion)이라 한다. [반대로 통화공급의 감소를 통해 이루어진 이자율 인상은 **통화긴축**(monetary contraction, monetary tightening)이라 한다.]

i 하락 ⟺ *M* 증가 ⟺ 통화팽창, *i* 상승 ⟺ *M* 감소 ⟺ 통화긴축 ▶

■ 다시 1단계는 *IS*와 *LM* 곡선의 이동 여부와 이동 방향을 확인하는 것이다.

IS 곡선이 왜 이동하지 않는지 확인하라. ▶

　　먼저 *IS* 곡선을 보자. 이자율 변화는 산출과 이자율 사이의 관계를 변화시키지 않으므로, *IS* 곡선은 이동하지 않는다. 그러나 이자율 변화는 *LM* 곡선의 이동을 낳는다: *LM* 곡선은 수평선 $i = \bar{i}$에서 수평선 $i = \bar{i}′$으로 아래로 이동한다.

■ 2단계는 이러한 이동이 균형에 어떤 영향을 주는지 살펴보는 것이다. 균형은 그림 5-7에 나타나 있다. *IS* 곡선은 이동하지 않는다. *LM* 곡선은 아래로 이동한다. 경제는 *IS* 곡선을 따라 이동하고 균형은 점 *A*에서 점 *A′*으로 이동한다. 산출은 *Y*에서 *Y′*으로 증가하고 이자율은 *i*에서 *i′*으로 하락한다.

■ 3단계는 말로 표현하는 것이다. 이자율이 낮을수록 투자가 증가하고 수요와 산출이 증가한다. 산출의 구성요소를 살펴보면 산출 증가와 이자율 하락은 모두 투자 증가로 이어진다. 소득의 증가는 가처분소득의 증가로 이어지고 소비 증가를 낳는다. 따라서 소비와 투자가 모두 증가한다.

5-4 정책 조합의 활용

지금까지는 통화정책과 재정정책을 따로 살펴보았다. 이상에서의 목적은 각 정책이 어떻게 작동하는지를 보는 것이었다. 그러나 현실 세계에서 두 정책은 종종 함께 사용된다. 통화정책과 재정정책의 조합은 **통화-재정정책 조합**(monetary-fiscal policy mix) 또는 단순히 **정책 조합**(policy mix)으로 불린다.

　　때때로 올바른 정책 조합은 재정정책과 통화정책을 같은 방향으로 사용하는 것을 의미한다. 예

그림 5-7

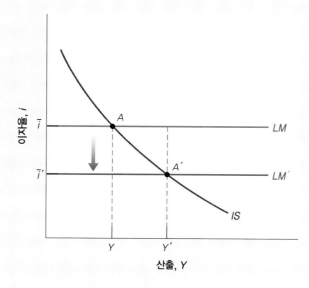

이자율, i

$\bar{i}$

A

LM

$\bar{i}'$

A'

LM´

IS

Y Y'

산출, Y

이자율 하락의 파급효과

통화팽창은 LM 곡선을 아래로 이동시키고 산출 증가를 낳는다.

를 들어 경제가 침체되어 있고 산출 수준이 너무 낮다고 가정하자. 이 경우 재정정책과 통화정책을 모두 사용해 산출을 늘릴 수 있다. 이 조합은 그림 5-8에 나타나 있다. 초기 균형은 IS와 LM이 교차하는 점 A로 나타나고 그에 상응하는 산출은 Y이다. 확장적 재정정책은 세금 감면을 통해 IS 곡선을 IS에서 IS'으로 우측 이동시킨다. 확장적 통화정책은 LM 곡선을 LM에서 LM'으로 이동시킨다. 새로운 균형은 점 A'에서 이루어지고 그에 상응하는 산출은 Y'이다. 따라서 재정정책과 통화정책 모두 산출 증가에 기여한다 : 소득의 증가와 세금의 감소는 소비 증가를 낳으며, 이는 다시 산출 증가와 이자율의 하락이 가세해 투자 증가로 이어진다.

재정정책과 통화정책의 이러한 조합은 일반적으로 경기침체에 대처하는 데 사용된다. 초점 상자 '2001년 미국의 경기침체'가 한 가지 예이다.

여기서 질문이 생겨날 수 있다. 두 정책 중 하나만 사용해도 원하는 결과를 얻을 수 있는데 두 정책을 모두 사용해야 하는 이유는 무엇인가? 앞의 절에서 보았듯이 원칙적으로 재정정책을 사용하는 것만으로도 산출 증가를 달성할 수 있다. 정부지출을 충분히 크게 늘리거나 세금을 충분히 줄이면 된다. 아니면 통화정책을 사용해 이자율이 충분히 크게 인하되면 가능하다. 대답은 정책당국이 정책 조합을 사용하고자 하는 이유가 다양하다는 것이다.

■ 재정팽창은 정부지출 증가나 세금 인상 또는 둘 다를 의미해, 재정적자의 증가(또는 예산이 초기에 흑자였다면 흑자의 감소)를 시사한다. 나중에 보겠지만, 이미 큰 적자를 기록하고 정부 부

책 후반부에 다른 예들을 볼 것이다. 6-5절은 글로벌 금융위기 시에서 재정정책과 통화정책의 역할을 검토한다.

그림 5-8

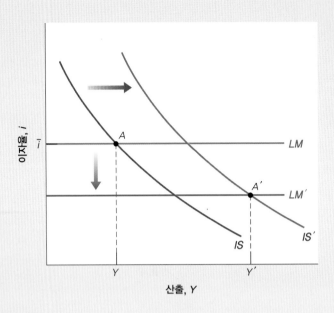

재정팽창과 통화팽창 조합의 파급효과
재정팽창은 *IS* 곡선을 오른쪽으로 이동시킨다. 통화팽창은 *LM* 곡선을 아래로 이동시킨다. 두 정책의 조합은 높은 산출을 낳는다.

이에 대한 추가 논의는 22장을 ▶ 참조하라.

채가 늘어나는 상황에서 이것이 왜 위험한지 쉽게 추측할 수 있다. 이 경우 적어도 부분적으로 통화정책에 의존하는 것이 좋다.

■ 통화팽창은 이자율의 하락을 의미한다. 이자율이 매우 낮으면 통화정책을 사용할 여지가 제한될 수 있다. 이 경우 재정정책의 역할이 커진다. 이자율이 이미 0%인 경우 모든 역할은 재정정책이 담당해야 한다. 1장에서 보았듯이 미국의 이자율은 양(+)이 되었지만 여전히 낮다. 즉 수요가 감소한다면 이자율을 낮출 수 있는 통화정책의 여력이 제한되고 재정정책이 주된 역할을 해야 한다.

■ 재정정책과 통화정책은 산출 구성에 다른 영향을 미친다. 예를 들어 소득세가 감소하면 투자 대비 소비가 증가하는 경향이 있다. 이자율 하락은 소비보다 투자에 더 큰 영향을 미친다. 따라서 산출의 초기 구성에 따라 정책 당국은 통화정책과 재정정책의 상대적 역할을 조정할 것이다.

■ 재정정책이나 통화정책의 작동은 완전하지 않다. 세금이 감소해도 소비가 증가하지 않을 수 있다. 금리가 하락해도 투자가 증가하지 않을 수 있다. 따라서 특정 정책이 제대로 작동하지 않을 경우 두 정책을 모두 사용하는 것이 좋다.

때때로 두 정책을 반대 방향으로 사용(예를 들어 재정긴축과 통화팽창을 병행하는 경우)하는 것이 적절한 정책일 수 있다. 예를 들어 정부가 막대한 재정적자를 보여 이를 감축하고 싶지만 경기

2001년 미국의 경기침체

1992년 미국 경제는 장기 팽창을 시작했다. 1990년대의 남은 기간 동안 경제성장률은 높았다. 그러나 2000년에 팽창이 종결되었다. 2000년 3/4분기부터 2001년 4/4분기까지 경제성장률은 미소한 양의 값을 갖거나 음의 값을 가졌다. 당시 이용 가능한 자료에 기초할 때 2001년 첫 3분기 동안 성장률은 음의 값이었던 것으로 보인다. 그림 1과 같이 수정된 데이터에 기초할 때 1999년 1분기부터 2002년 4분기까지의 경제성장률은 2분기에 실제로 작지만 양의 값이었던 것으로 보인다. (이런 자료 수정은 자주 있다. 그래서 특정 시점에 국민소득통계 담당자가 인식했던 것이 실제로 그렇지 않았음을 보게 된다) 전통적으로 미국의 경기침체와 팽창의 시점을 발표하는 비영리 단체인 NBER(National Bureau of Economic Research)은 미국이 실제로 2001년에 경기침체를 경험했다(2001년 3월에 시작해

2001년 12월에 종결)고 결론 내렸다. 이 기간은 그림에서 음영 처리된 부분으로 나타나 있다.

경기침체를 야기했던 것은 투자수요의 급락이었다. 비주거용 투자(기업에 의한 건물과 장비에 대한 수요)는 2001년에 4.5% 감소했다. 원인은 그린스펀이 '비합리적 과열(irrational exuberance)'의 시기라 불렀던 것의 종결에 있었다. 1990년대 후반에 기업은 미래에 대해 극히 낙관적이었고 투자율은 매우 높았다. 1995년부터 2000년까지 연평균 투자 증가율은 10%를 초과했다. 그러나 2001년이 되자 기업이 지나치게 낙관적이었고 투자를 너무 많이 했다는 점이 분명해졌다. 이는 결국 기업의 투자 감축을 야기해 수요 감소를 낳는 한편 승수효과를 통해 GDP 감소를 야기했다.

경기침체는 훨씬 더 악화할 수도 있었다. 그러나 거시경제정책의 강력한 대응으로 경기침체의 기간과 강

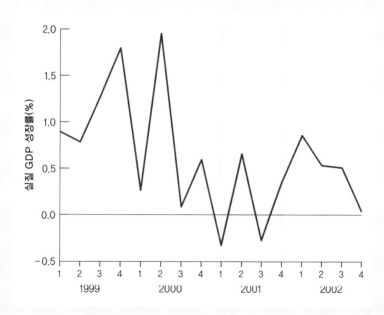

그림 1

미국 성장률(1999년 1분기~2002년 4분기)

출처 : Federal Reserve Economic Data(FRED)의 GDPC1 시계열을 사용해 계산, http://research.stlouisfed.org/fred2/

도가 분명히 제한되었다.

우선 통화정책을 보자. 2001년 초부터 연준은 경기가 위축되고 있음을 감지하고 공격적으로 통화공급을 늘리고 연방기금금리를 인하하기 시작했다. (그림 2는 1991년 1분기부터 2002년 4분기까지의 연방기금금리 행태를 보여준다.) 연준은 이 정책을 연중 내내 지속했다. 기금금리는 1월에 6.5%에 머물렀지만 연말에는 2%를 밑돌았는데, 이는 역사적으로 보아도 매우 낮은 수준이었다.

재정정책으로 관심을 돌려보자. 2000년 선거 캠페인 기간 동안 부시(George Bush) 대통령 후보는 낮은 세금을 정강으로 하는 선거전을 치렀다. 연방예산이 흑자이므로 예산을 균형으로 유지하면서 세율을 인하할 여지가 있다는 주장이었다. 부시 행정부가 2001년에 출범했을 때 경제 속도가 둔화되는 것이 분명해졌으므로 세금 인하의 이유가 커졌다. 즉 수요를 증가시켜 경기침체와 싸우기 위해 세금 인하를 사용해야 한다는 것이었다. 2001년과 2002년 예산은 모두 세율의 상당한 하락을 포함했다. 지출 측면에서는 2001년 9·11 사태가 대부분 국방과 국내 방위에 집중된 지출 증가를 낳았다.

그림 3은 1999년 1분기~2002년 4분기 중 연방정부 세입과 지출의 추이를 보여준다. 두 수치 모두 GDP 대비 비율이다. 2001년 3분기부터 시작된 세입의 급격한 감소에 주목하라. 세율 인하가 없었더라도 경기침체 기간 동안 세입은 감소했을 것이다. 산출 감소와 소득 감소는 기계적으로 낮은 세수입을 시사한다. 그러나 세금 인하 때문에 2001년과 2002년 중 세입 감소는 경기침체가 설명할 수 있는 규모보다 훨씬 컸다. 같은 시점 근방에서 시작한 지출의 더 작긴 하지만 지속적인 증가에도 주목하자. 결과적으로 재정흑자(세입과 지출의 차이)는 2000년까지 양의 값을 보였지만 2001년에 음으로 돌아섰고 2002년에는 더 심화했다.

이 상황에서 제기할 수 있는 네 가지 질문을 다루면

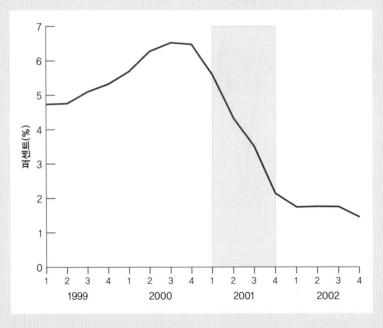

그림 2
연방기금금리(1999년 1분기~2002년 4분기)

출처 : GDP, FGRECPY, FGEXPND 시계열을 사용해 계산, Federal Reserve Economic Data (FRED) http://research.stlouisfed.org/fred2/

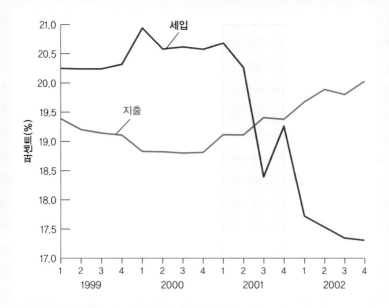

그림 3

미국 연방정부의 세입과 지출(GDP 대비 비율, 1999년 1분기~2002년 4분기)

출처 : Federal Reserve Economic Data(FRED)의 GDP, FGRECPY, FGEXPND 시계열을 사용해
계산, http://research.stlouisfed.org/fred2

서 마무리하자.

- 왜 통화 및 재정정책은 단지 경기침체 제한을 넘어 경기침체를 막는 데까지 사용되지 않았을까? 이유는 정책 변화가 수요와 산출에 영향을 미치는 데 시간이 걸리기 때문이다(이에 대한 추가 논의는 5-5절 참조). 따라서 미국 경제가 경기침체에 진입했음이 분명해진 시점에서는 정책을 사용해 경기침체를 피하기에는 이미 너무 늦었던 것이다. 정책이 달성했던 것은 경기침체의 기간과 강도를 감소시키는 것이었다.

- 2001년 9·11 사태도 경기침체의 원인이 아닐까? 답은 간단하게 '아니요'이다. 지금까지 보았듯이 경기침체는 9월 11일 이전에 시작되었고 그 이후 곧 끝났다. 사실상 경제성장률은 2001년 4분기에 양의 값으로 반전되었다. 사실 대부분의 경제학자가 예상했듯이 9·11 사태는 산출에 대규모의 부정적 영향을 미쳤고 특히 소비자

와 기업으로 하여금 향후 전망이 보다 분명해질 때까지 지출결정을 미루도록 했다고 생각할 수 있다. 사실 지출이 감소한 기간은 짧았으며 감소 규모도 제한적이었다. 9·11 사태 이후 연방기금금리의 하락이(그리고 2001년 4분기에서의 자동차 생산기업의 대규모 할인이) 해당 기간 동안 소비자 신뢰와 소비지출을 유지하는 데 결정적이었다고 여겨지고 있다.

- 경기침체에 대처하기 위해 사용된 통화-재정정책 조합은 어떻게 정책이 실시되어야 하는지에 관한 교과서적인 예인가?

이에 대한 답은 경제학자마다 다르다. 대부분의 경제학자는 경제 속도가 느려지자마자 연준이 이자율을 강력하게 인하한 것에 높은 점수를 주고 있다. 그러나 대부분의 경제학자는 2001년과 2002년에 도입된 세금 인하가 대규모의 지속적인 재정적자를 야기했다는 점을 우려한다. 이

들은 미국 경제가 경기침체에서 탈출할 수 있도록 세금 인하가 필요했지만, 그것은 일시적이어야 했고 경기침체에서 탈출한 이후에는 세금 인하를 중지했어야 한다고 주장한다.

■ 왜 통화재정정책으로 현재의 위기와 2009년 미국 산출의 급락을 피할 수 없었을까? 간단히 말해 답은 두 가지다. 충격이 훨씬 컸고 대응하기에 너무 어려웠다. 그리고 정책 대응의 여지가 훨씬 제한적이었다. 이 두 가지 점에 대해서는 6장에서 다룬다.

그림 5-9

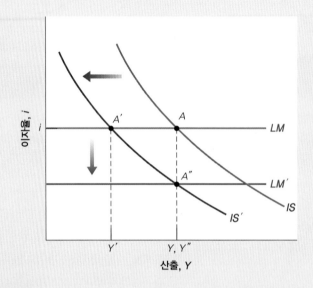

재정긴축과 통화팽창 조합의 파급효과
재정긴축은 IS 곡선을 왼쪽으로 이동시킨다. 통화팽창은 LM 곡선을 아래로 이동시킨다. 두 정책의 조합은 산출을 변화시키지 않지만, 재정적자는 감소시킨다.

침체를 촉발하고 싶지 않다고 가정해보자. 그림 5-9의 관점에서, 초기 균형은 IS 곡선과 LM 곡선이 교차하는 점 A로 주어진다. 산출은 적정 수준으로 판단되지만, 재정적자 $T-G$는 지나치게 크다.

정부가 T를 늘리거나 G를 줄여 적자를 줄이면 IS 곡선은 IS에서 IS′으로 좌측 이동한다. 균형은 A′으로 나타나며 산출은 Y′ 수준을 보일 것이다. 주어진 이자율에서, 세금 증가나 지출 감소는 수요를 줄이며 승수를 통해 산출을 감소시킨다. 따라서 적자 축소는 경기침체로 이어질 것이다.

그러나 통화정책도 동시에 사용된다면 경기침체를 피할 수 있다. 중앙은행이 이자율을 $i′$으로 낮추면 균형은 점 A″으로 나타나고, 이때 산출은 $Y″=Y$로 주어진다. 따라서 두 정책을 동시에 사용하는 정책 조합으로 적자는 감소하지만 경기침체를 피할 수 있다.

재정적자 감소 : 투자에 좋은 것일까?

이전에 다음과 같은 주장을 들어본 적이 있을 것이다. "민간저축은 재정적자 용도나 투자자금으로 사용될 수 있다. 재정적자 감축은 투자에 이용 가능한 저축을 늘려 투자가 증가한다는 결론은 천재가 아니라도 생각할 수 있다."

이 주장은 설득력 있게 들린다. 그러나 본문에서 보았듯이 잘못된 것이다. 예를 들어 적자 감소가 이자율 하락을 수반하지 않는다면 산출이 감소한다는 것을 알고 있으며(그림 5-7 참조), 그에 따라 산출에 의존하는 투자 역시 감소할 것이다. 이 경우 무슨 일이 일어나고 있는 것일까?

식 (3.10)으로 다시 가보자. 거기서는 재화시장의 균형조건을 다음과 같이 생각해볼 수 있음을 배웠다.

$$투자 = 민간저축 + 공공저축$$
$$I = S + (T-G)$$

균형에서 투자는 민간저축에 공공저축을 더한 값과 일치한다. 공공저축이 양의 값을 갖는다면 정부는 재정흑자를 보인다고 하고, 공공저축이 음의 값을 갖는다면 정부는 재정적자를 보인다고 한다. 따라서 민간저축이 **일정할 때** 정부가 재정적자를 감축하면(세금 인상이나 정부지출 감소를 통해 $T-G$가 올라가면) 투자는 증가해야 한다. S가 일정할 때 $T-G$의 상승은 I의 상승을 시사한다.

그러나 이 주장에서 중요한 부분은 '민간저축이 일정할 때'이다. 초점은 재정긴축이 민간저축에도 영향을 미친다는 데 있다. 긴축은 산출 감소를 낳고 그에 따라 소득 하락을 야기한다. 소비가 소득보다 덜 하락하므로 민간저축 역시 감소한다. 그리고 재정적자가 감소하는 것보다 더 하락할 수 있어 투자를 증가시키기보다는 감소시킬 수 있다. 위의 식을 기준으로 S는 $T-G$가 증가한 이상 감소하므로 I는 감소한다. (대수를 통해 저축이 실제로 $T-G$ 증가 이상으로 감소한다는 것을 확인할 수 있다.)

이는 적자 감소가 투자를 항상 감소시킨다는 것을 의미하는 것일까? 대답은 분명히 '아니요'다. 이는 이미 그림 5-9에서 보았다. 적자가 감소하면 중앙은행은 산출을 일정하게 유지하기 위해 이자율을 낮추고 투자는 필연적으로 증가한다. 산출이 변하지 않아도 금리가 낮으면 투자가 증가한다.

이 초점상자의 교훈은 분명하다. 재정적자 감소가 투자 증가로 연결되는지는 모호하다. 이는 통화정책의 대응에 따라 달라질 수 있다.

이 경우 소비와 투자는 어떻게 될까? 적자를 어떻게 감소하느냐에 따라 소비 변화가 달라진다. 세금 감면보다 정부지출 감소의 형태로 적자가 축소되면 소득도 변하지 않고 가처분소득도 변하지 않으므로 소비는 변하지 않는다. 적자 감소가 소득세 증가의 형태를 취하면 가처분소득은 낮아지고 소비도 감소한다. 투자에 어떤 일이 발생할지도 분명하다. 산출이 변하지 않고 이자율이 낮아지면 투자는 증가한다. 재정적자 감소와 투자의 관계는 초점상자 '재정적자 감소 : 투자에 좋은 것일까?'에서 더 자세히 논의한다.

이러한 정책 조합이 1990년대 초 미국에서 사용되었다. 빌 클린턴 대통령이 1992년 대통령에 선출되었을 때 우선순위로 둔 정책 중 하나는 정부지출 삭감과 세금 인상의 결합을 통해 재정적자를 줄이는 것이었다. 그러나 클린턴은 이러한 재정긴축이 수요 감소로 이어지고 또 다른 경기침체를 촉발할 것이라고 우려했다. 적절한 전략은 적자 해소를 위한 재정긴축과 (수요와 산출의 유지를 위한) 통화팽창을 결합하는 것이었다. 실제로 빌 클린턴(재정정책을 담당)과 앨런 그린스펀(통화정책을 담당)은 이 정책 조합을 채택하고 수행했다. 이러한 정책 조합으로 말미암아, 그리고 약간의 행운과 더불어 1990년대에 재정적자는 꾸준히 감소(1990년대 말에 재정흑자로 전환)했고 산출은 꾸준히 증가했다.

유사한 논의가 오늘날 유로 지역에서도 진행되고 있지만 약간의 차이가 있다. 정부는 높은 국가부채를 우려해 재정적자를 감소시켜 부채를 줄이는 이른바 **재정긴축**(fiscal austerity)으로 알려진 정책을 사용할 것이다. 그러나 문제는 이미 이자율이 매우 낮아 재정긴축이 생산에 미치는 부정적 영향을 통화정책으로 상쇄할 여지가 거의 없다는 것이다. 생산에 부정적 영향을 미치더라도 재정긴축이 필요하다는 의견과 통화정책이 생산에 미치는 부정적 영향을 상쇄할 수 있을 때까지 기다려야 한다는 의견이 팽팽하게 맞서고 있다.

5-5 *IS-LM* 모형은 현실을 얼마나 잘 설명할까?

지금까지는 동학을 무시했다. 예를 들어 그림 5-6에서 세금 인상의 파급효과를 살펴볼 때나 그림 5-7에서 통화팽창의 파급효과를 살펴볼 때 경제가 A에서 A'으로 즉각 움직이는 것처럼, 즉 산출이 Y에서 Y'으로 즉각 변화하는 것처럼 분석했다. 분명히 이는 비현실적이다. 산출이 조정되는 데는 반드시 시간이 필요하다. 이 시간 요인을 고려하기 위해 동학을 다시 도입할 필요가 있다.

동학을 자세히 살펴보는 것은 어렵다. 그러나 3장에서처럼 일상적 표현으로 기본적인 메커니즘을 묘사할 수 있다. 이 메커니즘의 일부는 3장에서 논의한 바 있어 익숙하겠지만 일부는 새로운 것이다.

■ 가처분소득의 변화에 따라 소비자가 소비를 조정하는 데 시간이 걸릴 수 있다.
■ 매출이 변화함에 따라 기업이 투자를 조정하는 데 시간이 걸릴 수 있다.
■ 이자율이 변화함에 따라 기업이 투자지출을 조정하는 데 시간이 걸릴 수 있다.
■ 매출이 변화함에 따라 기업이 생산을 조정하는 데 시간이 걸릴 수 있다.

따라서 세금 인상이 발생하면 그에 따른 가처분소득 하락에 대응해 소비지출을 조정하는 데 시간이 걸리고, 소비지출 하락에 대응해 생산을 조정하는 데 시간이 걸리며, 동시에 매출 감소에 대응해 투자를 감소시키는 데도 시간이 더 걸린다. 이러한 과정은 계속 이어진다.

통화팽창이 발생하면 그에 따른 이자율 하락에 대응해 투자를 조정하는 데 시간이 걸리고, 수요증가에 대응해 생산을 증가시키는 데 시간이 걸리며, 동시에 생산 증가에 따라 소비지출과 투자지출을 늘리는 데도 시간이 걸린다. 이러한 과정은 꼬리에 꼬리를 물고 이어진다.

이러한 동학의 모든 요인이 시사하는 조정 과정을 묘사하는 것은 분명히 복잡하다. 그러나 기본

그림 5-10

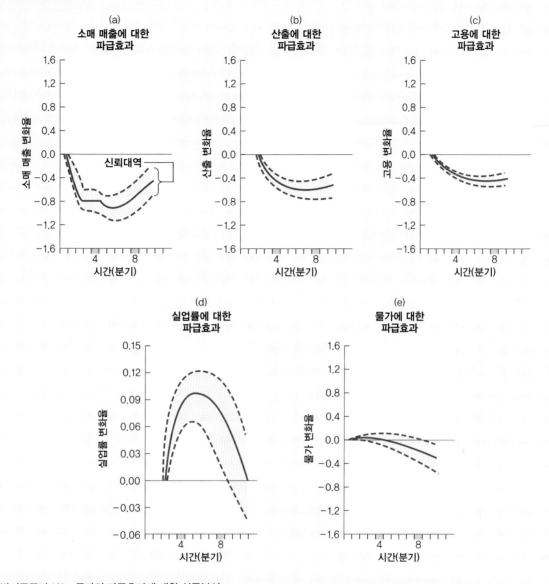

(a)
**소매 매출에 대한
파급효과**

신뢰대역

(b)
**산출에 대한
파급효과**

(c)
**고용에 대한
파급효과**

(d)
**실업률에 대한
파급효과**

(e)
**물가에 대한
파급효과**

연방기금금리 1%p 증가의 파급효과에 대한 실증분석

단기에 있어 연방기금금리 인상은 산출 감소와 실업 증가로 이어진다. 그러나 물가에 대한 영향은 미미하다.

출처 : Lawrence Christiano, Martin Eichenbaum, and Charles Evans, "The Effects of Monetary Policy Shocks: Evidence from the Flow of Funds," *Review of Economics and Statistics*, 1996, 78 (February): pp. 16–34.

적인 시사점은 뚜렷하다. 통화 및 재정정책이 변화에 따라 산출이 조정되는 데는 시간이 필요하다
는 것이다. 얼마나 많은 시간이 필요할까? 이에 대한 답은 실제 자료를 살펴보고 계량경제학을 사
용해야 구할 수 있다. 그림 5-10은 1960~1990년 미국 경제를 대상으로 한 계량경제학 연구 결과

를 보여준다.

연방기금시장과 연방기금금리는 4-3절에서 다루었다. ▶

이 연구는 중앙은행이 연방기금금리를 1% 인상할 때 다양한 거시경제변수에 나타나는 전형적인 파급효과를 추적하고 있다.

그림 5-10의 각 패널은 이자율 변화가 해당 변수에 미친 파급효과를 보여준다. 각 패널은 세 가지 선을 담고 있다. 각 대역의 중심에 있는 실선은 이자율 변화가 패널에서 보고자 하는 변수에 미친 파급효과에 대한 최우량(best) 추정치를 나타낸다. 두 점선 사이의 엷은 배경색이 있는 공간은 **신뢰대역**(confidence band)을 나타낸다. 신뢰대역은 파급효과가 60%의 확률로 놓여 있을 공간을 나타낸다.

계량경제학에서는 계수의 정확한 값이나 한 변수의 다른 변수에 대한 정확한 영향의 크기와 같은 것을 알려 하지 않는다. 그보다는 오히려 최우량 추정치(여기서는 실선)와 추정치에 대한 신뢰도(여기서는 신뢰대역)를 제공한다.

■ 그림 5-10(a)는 연방기금금리의 1% 상승이 소매 매출에 미친 파급효과가 시간이 지남에 따라 어떻게 변하는지 보여준다. 소매 매출의 변화율은 수직축에, 분기 단위의 시간은 수평축에 나타나 있다.

최우량 추정치(실선)를 보면 연방기금금리의 1% 상승이 소매 매출의 위축을 낳는다는 것을 알 수 있다. 소매 매출이 −0.9%의 최대 하락률을 보이는 시점은 5분기가 지나서이다.

■ 그림 5-10(b)는 매출 감소가 어떻게 산출 하락을 낳는지 보여준다. 매출 위축에 대응해 기업은 생산을 감축하지만 생산 감소 규모는 매출 감소 규모보다 작다. 다시 말해 기업은 일정 기간 재고를 축적한다. 생산 조정은 매출 조정보다 훨씬 완만하고 지연된다. 생산이 가장 큰 감소율(−0.7%)을 보이는 시점은 8분기가 지나서이다.

이는 통화정책이 2001년 경기 침체(초점상자 '2001년 미국의 경기침체'를 참조하라)를 막을 수 없었던 이유를 설명한다. 2001년이 시작되었을 때 연준은 연방기금금리를 인하하기 시작했지만 이미 너무 늦어 2001년에는 큰 효과를 볼 수 없었다. ▶

다시 말해 통화정책은 위력을 발휘하지만, 오랜 시차를 두고 작동한다. 통화정책이 생산에 완전한 효과를 갖기까지 거의 2년이 소요된다.

■ 그림 5-10(c)는 산출 감소가 어떻게 고용 위축으로 이어지는지를 나타낸다. 기업은 생산을 감소시킬 때 고용도 함께 줄인다. 산출과 더불어 고용은 천천히 그리고 지속적으로 감소하며 8분기 후에 −0.5%의 감소율에 도달한다. 고용 감소는 그림 5-10(d)의 실업률 증가에 반영되고 있다.

■ 그림 5-10(e)는 물가의 행태를 보여준다. *IS-LM* 모형의 가정 중 하나가 바로 물가가 일정하게 주어진다는 것이므로 수요가 변화하더라도 물가는 변화하지 않는다. 그림 5-10(e)는 이 가정이 단기에 있어 현실을 묘사하는 데 그리 나쁘지 않은 근사치가 될 수 있음을 잘 보여준다. 물가는 처음 6분기가량 거의 변하지 않는다. 첫 6분기가 지난 뒤에야 물가는 하락하는 것처럼 보인다. 이는 중기로 분석기간이 확장되면 왜 *IS-LM* 모형의 신뢰성이 감소하는지를 잘 보여준다. 중기에서는 더 이상 물가가 일정하다고 가정할 수 없으며 물가의 움직임이 중요해진다.

그림 5-10은 두 가지 중요한 교훈을 제공한다. 첫째, 통화정책에 따른 산출과 다른 거시경제변수의 동태적 조정에 대한 감을 제공한다.

둘째, 그리고 보다 근본적으로, 경제에서 실제로 관찰되는 것이 *IS-LM* 모형의 시사점과 일관성이 있음을 보여준다. 물론 *IS-LM* 모형이 올바른 모형임을 **증명**하는 것은 아니다. 실제 경제에서 관찰되는 것은 완전히 다른 메커니즘의 결과이며 *IS-LM* 모형이 잘 들어맞는다는 것은 우연의 일치일 수 있다. 그러나 그럴 가능성은 낮아 보인다. *IS-LM* 모형은 단기에 있어 경제활동의 움직임을 관찰할 때 견고한 기반이 될 수 있는 것으로 보인다. 후에 *IS-LM* 모형을 확장해 기대의 역할을 살펴보고(14~16장) 재화시장과 금융시장이 개방됨에 따른 시사점도 살펴볼 것이다(17~20장). 그러나 이에 앞서 중기에 있어 산출이 무엇에 의해 결정되는지를 이해해야 한다. 이것이 바로 7, 8, 9장의 주제이다.

요약

- *IS-LM* 모형은 재화시장과 금융시장 모두에서의 균형이 주는 시사점을 구체화한다.
- *IS* 관계와 *IS* 곡선은 재화시장의 균형과 일관성 있는 이자율과 산출 수준의 조합을 보여준다. 이자율 상승은 산출 감소를 낳는다. 따라서 *IS* 곡선은 음의 기울기를 갖는다.
- *LM* 관계와 *LM* 곡선은 금융시장의 균형과 일치하는 이자율과 산출 수준의 조합을 보여준다. 중앙은행이 이자율을 선택한다고 가정할 때, *LM* 곡선은 중앙은행이 선택한 이자율에서 수평선으로 나타난다.
- 재정팽창에 따라 *IS* 곡선이 오른쪽으로 이동해 산출이 증가한다. 재정긴축으로 *IS* 곡선이 왼쪽으로 이동해 산출이 감소한다.
- 통화팽창은 *LM* 곡선을 아래로 이동시켜 이자율을 하락시키고 산출을 증가시킨다. 통화긴축은 *LM* 곡선을 위로 이동시켜 이자율을 높이고 산출을 감소시킨다.
- 통화정책과 재정정책의 병행은 통화–재정정책 조합 또는 간단히 정책 조합으로 불린다. 통화정책과 재정정책은 때로는 같은 방향으로, 때로는 반대 방향으로 사용된다. 재정긴축과 통화팽창은 예를 들어 산출 감소를 피하면서 재정적자를 감소시킬 수 있다.
- *IS-LM* 모형은 단기에 경제의 행태를 잘 묘사하는 것으로 보인다. 특히 통화정책의 효과는 일단 동학이 모형에 도입되면 *IS-LM* 모형이 시사하는 것과 유사하게 보인다. 통화긴축에 따른 이자율의 상승은 약 8분기가 경과한 후 최대 효과를 발생하면서 산출의 지속적 하락을 낳는다.

핵심 용어

신뢰대역(confidence band)
재정긴축(fiscal austerity)
재정긴축(fiscal contraction)
새성위축(fiscal consolidation)
재정팽창(fiscal expansion)

통화긴축(monetary contraction, monetary tightening)
통화–재정정책 조합(monetary-fiscal policy mix)
통화팽창(monetary expansion)
IS 곡선(*IS* curve)
LM 곡선(*LM* curve)

연습문제

기초문제

1. 이 장의 내용에 기초해 다음에 대해 '사실', '거짓', '불확실' 여부를 밝히고 그 이유를 간단히 설명하라.

   a. 투자의 주요 결정 요인은 매출 수준과 이자율이다.

   b. IS 관계의 모든 외생변수가 일정하다면, 이자율을 인하하면 산출 수준을 높일 수 있다.

   c. IS 곡선은 음의 기울기를 갖는다. 재화시장 균형은 세금 인상이 산출 수준을 낮출 것을 시사하기 때문이다.

   d. 정부지출과 세금이 동일한 규모만큼 증가하면 IS 곡선은 이동하지 않는다.

   e. LM 곡선은 중앙은행이 선택한 이자율 수준에서 수평선이다.

   f. LM 곡선상에서 실질통화공급은 일정하다.

   g. 명목통화공급이 4,000억 달러이고 물가지수가 100에서 103으로 상승하면 실질통화공급이 증가한다.

   h. 명목통화공급이 4,000억 달러에서 4,200억 달러로 증가하고 물가지수가 100에서 102로 상승하면 실질통화공급이 증가한다.

   i. IS-LM 모형에서 정부지출의 증가는 투자를 감소시킨다.

2. 3장에서 보았듯이 투자가 일정한 재화시장 모형을 고려하자. 소비는 다음과 같다. 단, I, G, T는 일정하다.

$$C = c_0 + c_1(Y - T)$$

   a. 균형산출을 구하라. 승수는 얼마인가?

   이제 투자가 매출액과 이자율에 모두 의존한다고 하자.

$$I = b_0 + b_1 Y - b_2 i$$

   b. 3장의 방법을 따라 균형산출을 구하라. 주어진 이자율에서 (a)에서보다 더 큰 독립적 지출의 변화가 발생하면 그 효과는 어떠한가? 왜 그런가? ($c_1 + b_1 < 1$을 가정한다.)

   c. 중앙은행이 $\bar{i}$의 이자율을 선택했다고 가정하자. 이 이자율하에서 균형산출을 구하라.

   d. IS-LM 곡선을 사용해 이 경제의 균형을 구하라.

3. 재정정책에 대한 경제의 반응

   a. IS-LM 그림을 사용해 정부지출 감소가 산출과 이자율에 미치는 효과를 보여라. 투자에 발생하는 변화를 설명할 수 있는가? 왜 그런가?

   이제 다음과 같은 IS-LM 모형을 고려하자.

$$C = c_0 + c_1(Y - T)$$
$$I = b_0 + b_1 Y - b_2 i$$
$$Z = C + I + G$$
$$i = \bar{i}$$

   b. 이자율이 $\bar{i}$일 때 균형산출을 구하라. $c_1 + b_1 < 1$이라고 가정하라. (힌트 : 이 단계를 어렵게 느낀다면 2번 문제를 다시 검토하라.)

   c. 투자의 균형 수준을 구하라.

   d. 화폐시장 무대의 뒤로 가보자. 화폐시장의 균형조건 $M/P = d_1 Y - d_2 i$를 이용해 $i = \bar{i}$일 때 실질통화공급의 균형 수준을 구하라. 정부지출의 변화에 따라 실질통화공급은 어떻게 달라지는가?

4. 이 장의 수평 LM 곡선에 대한 이해도를 높이기 위해 화폐시장을 고려하자.

   LM 관계식[식 (5.3)]은 $\dfrac{M}{P} = Y L(i)$이다.

   a. 식 (5.3)의 좌변을 설명하라.

   b. 식 (5.3)의 우변을 설명하라.

   c. 그림 4-2에서 함수 $L(i)$는 어떻게 나타내는가?

   d. 그림 4-2를 수정해 식 (5.3)을 두 가지 방법으로 나타낼 수 있다. 수평축에는 어떤 변수가 되겠는가? 이제 통화수요함수를 이동시키는 변수는 무엇이겠는가? 적절한 변수를 이용해 그림 4-2를 수정하라.

   e. 수정된 그림 4-2를 사용해 (1) 산출이 증가할 때 이자율을 일정하게 유지하려면 중앙은행이 실질통화공급량을 증가시켜야 하며, (2) 산출이 감소할 때 이자율을 일정하게 유지하려면 실질통화공급을 감소시켜야 한다는 것을 보여라.

5. 다음과 같은 IS-LM 모형을 고려하자.

$$C = 200 + 0.25Y_D$$
$$I = 150 + 0.25Y - 1000i$$
$$G = 250$$
$$T = 200$$
$$\bar{i} = .05$$

a. IS 관계를 유도하라. (힌트 : 이 관계식에서는 좌변에 Y 가, 나머지 변수는 모두 우변에 나타날 것이다.)

b. 중앙은행은 이자율을 5%로 설정한다. 이러한 결정은 방정식에서 어떻게 나타나겠는가?

c. 이자율이 5%일 때 실질통화공급량은 얼마인가? 다음 식을 사용하라.

$$(M/P) = 2Y - 8000i$$

d. C와 I에 대한 균형값을 구하고 C, I, G를 더해 구한 Y의 값이 앞에서 구한 Y와 동일한지 보여라.

e. 중앙은행이 금리를 3%로 인하했다고 가정하자. LM 곡선은 어떻게 변화하겠는가? Y, I, C에 대해 식의 해를 구하고, 확장적 통화정책의 효과를 말로 표현하라. M/P 공급의 새로운 균형수준은 얼마인가?

f. 중앙은행이 설정한 이자율이 5%인 원래의 상황으로 돌아가자. 이제 정부지출이 $G = 400$으로 증가한다고 가정하자. Y, I, C에 대한 확장 재정정책의 효과를 요약하라. 확장 재정정책이 실질통화공급에 미치는 영향은 무엇인가?

g. 이자율 5%와 정부지출 250단위에서 시작해 정부지출을 400으로 높이고 실질화폐공급을 1600으로 고정하자. [힌트 : 화폐시장은 균형상태에 있어야 하므로 $1600 = 2Y - 8000i$[문항 (c)]이고 상품시장도 균형상태에 있어야 하므로 동일한 값의 Y와 i에서 $Y = C + I + G$이다.] 정부지출 증가의 Y, I, C에 대한 영향을 (g)에서의 동일한 G 증가의 경우와 비교하고 그 차이를 설명하라.

심화문제

6. 투자와 이자율

이 장에서는 이자율이 상승할 때 투자가 감소하는 이유를 '이자율이 상승할 때 차입비용 역시 증가하며 이는 투자 유인을 감소시킨다'는 것으로 설명했다. 그러나 기업은 종종 자기 자신의 자금을 사용해 투자 자금을 조달한다.

이 경우 실제로 아무런 차입도 발생하지 않는데, 이자율이 상승하면 투자가 위축되겠는가? 설명하라. (힌트 : 여러분 자신이 일정 이익을 거둔 기업의 소유주라 간주하고, 자신의 이익을 신규 투자를 위한 재원으로 활용할지 아니면 채권 매입에 사용할지 결정해야 한다고 상상해보자. 신규 투자에 대한 결정이 이자율에 영향을 받겠는가?)

7. 부시-그린스펀 정책 조합

2001년에 연준은 매우 팽창적인 통화정책을 추구했다. 동시에 부시 대통령은 소득세 인하를 추진했다.

a. 이 정책 조합이 산출에 미치는 효과를 설명하라.

b. 이 정책 조합은 클린턴-그린스펀 성책 조합과 어떻게 다른가?

c. 2001년에 산출에는 어떤 일이 일어났는가? 재정 및 통화정책이 팽창적이라는 사실과 2002년에 성장이 크게 낮았다는 사실은 어떻게 조화될 수 있는가? (힌트 : 이 외에 어떤 일이 발생했는가?)

8. 아래에 주어진 목표를 달성하기 위한 통화정책과 재정정책의 적절한 조합은 무엇인가?

a. $\bar{i}$가 일정한 상태에서 Y를 증가시키자. 투자 I가 변화하겠는가?

b. Y를 일정하게 유지하면서 재정적자를 감축하자. 왜 $\bar{i}$도 변하겠는가?

9. (덜 역설적인) 저축의 역설

3장 연습문제에서는 투자가 산출에는 의존하지만 이자율에는 의존하지 않는 경우 소비자 신뢰의 위축이 민간저축과 투자에 미치는 파급효과를 고려했다. 이제 IS-LM 모형하에서 투자가 이자율과 산출에 모두 의존한다고 할 때 소비자 신뢰의 위축이 미치는 영향을 다시 검토하자.

a. 가계가 저축을 더하기로 결정했다고 하자. 즉 소비자 신뢰가 위축되었다고 하자. IS-LM 그림을 통해 소비자 신뢰가 산출과 이자율에 미치는 영향을 보여라.

b. 소비자 신뢰의 위축이 소비, 투자, 민간저축에 어떤 영향을 미치는가? 저축을 더 하려는 시도가 반드시 더 많은 저축을 낳는가? 이 시도가 반드시 저축의 감소로 이어지는가?

10. 재정정책과 투자. 초점상자 '재정적자 감소 : 투자에 좋은 것일까?'를 읽어보라.

아래의 각 경우에 재정긴축이 있다고 하자. 재화시장의 균형조건을 다음과 같이 나타낼 수 있다는 점을 기억하자.

$$I = S + (T - G)$$

a. 재정긴축은 어떻게 공공저축을 증가시키는가? 공공저축의 변화와 민간저축의 변화를 계산하라. (a), (b), (c)에서의 변화를 설명하기 위해 목표이자율은 어떻게 되어야 하는가?

a.

연	Y	C	I	G	T	S
정책 전	1000	500	200	300	200	
정책 후	950	400	300	250	250	

b.

연	Y	C	I	G	T	S
정책 전	1000	500	200	300	200	
정책 후	900	450	250	200	200	

c.

연	Y	C	I	G	T	S
정책 전	1000	500	200	300	200	
정책 후	975	480	195	300	300	

추가문제

11. 클린턴-그린스펀 정책 조합

본문에서 보듯이 클린턴 행정부 동안 정책 조합은 재정정책의 긴축성 강화와 통화정책의 팽창성 강화로 변화했다. 이 문제는 정책 조합에 있어 이러한 변화가 주는 시사점을 이론과 사실 양면에서 살펴본다.

a. 연방준비은행은 G가 하락하고 T가 상승하더라도 이러한 정책 조합이 산출에 영향을 미치지 않도록 하려면 무엇을 해야 하는가? 이러한 정책의 효과를 $IS\text{-}LM$ 그림으로 표시하라. 이자율과 투자는 어떻게 되겠는가?

b. 미국 정부의 Economic Report of the President 웹사이트(www.govinfo.gov/app/collection/erp/2019)를 방문하라. 통계부록의 표 B-46을 보자. 1992~2000년 연방정부의 세수입, 지출, 재정적자의 GDP 대비 비율에 어떤 변화가 발생했는가? (연방정부지출에는 $IS\text{-}LM$ 모형에서 정의된 G에서는 누락된 이전지출이 포함된다. 하지만 이 차이를 무시하자.)

c. 미국 연방준비은행은 최근의 연방기금금리를 www.federalreserve.gov/release/h15/data.htm에 발표한다. 일별, 주별, 월별, 연도별로 주어진 기간을 선택해야 한다. 1992~2000년의 연도별 데이터를 보자. 통화정책은 언제 더 팽창적으로 되었는가?

d. Economic Report of the President의 표 B-2에서 1992~2000년 실질 GDP와 실질 총국내투자 데이터를 구하자. 각 연도에 대해 GDP 대비 투자율을 계산하라. 이 기간 중 투자에 어떤 변화가 있었는가?

e. 표 B-31에서 1인당 실질 GDP(2005년 기준 연쇄가격) 데이터를 구하라. 각 연도의 경제성장률을 계산하라. 1992~2000년간 연평균 성장률은 얼마인가? 10장에서 1950~2004년 미국의 1인당 실질 GDP의 연평균 성장률이 2.6%인 것을 보게 될 것이다. 1992~2000년의 성장을 제2차 세계대전 이후의 평균과 비교하라.

12. 2001년의 소비, 투자, 경기침체

이 문제는 2001년 경기침체를 기준으로 2001년 이전, 연중, 이후의 투자와 소비 움직임을 검토한다. 아울러 2001년 9·11 사태에 대한 투자와 소비의 반응을 검토한다.

경제분석국(Bureau of Economic Analysis, www.bea.gov)의 웹사이트를 방문하라. 실질 GDP와 그 구성의 변화율을 보여주는 NIPA에 관한 표, 특히 표 1.1.1의 분기별 수치, 그리고 GDP 구성요소의 GDP 전체 변화율에 대한 기여도를 보여주는 표 1.1.2를 찾아보라. 표 1.1.2는 구성요소 변화율을 그 규모만큼 가중한다. 투자는 소비보다 더 변동성이 크지만 소비는 투자보다 그 규모가 더 크다. 따라서 소비 변화율이 투자 변화율보다 작아도 GDP에는 동일한 영향을 미칠 수 있다. 분기별 변화율이 연간 증가율로 전환되었음에 주목하라. 표 1.1.1과 1.1.2로부터 1999~2002년 실질 GDP, 소비, 총 민간 국내투자, 비주거용 고정투자에 대한 분기별 자료를 구하라.

a. 2000~2001년에 음의 성장률이 나타난 분기를 찾아라.

b. 이제 2000~2001년에 걸쳐 소비와 투자를 추적하라. 표

1.1.1에서 이 기간 중 가장 큰 변화율을 보인 변수는 무엇인가? 비주거용 고정투자와 전체 고정투자를 비교하라. 어떤 변수가 더 큰 변화율을 보였는가?

c. 표 1.1.2에서 1999~2001년 기간에 대해 소비와 투자의 GDP 성장률에 대한 기여도를 계산하라. 각 연도에 대해 각 변수에 대한 분기별 기여도의 평균을 계산하라. 이제 2000년과 2001년에 대해 각 변수의 기여도에 있어서의 변화를 계산하라(즉 2000년 소비의 평균 기여도에서 1999년 소비의 평균 기여도를 차감하고, 2001년 소비의 평균 기여도에서 2000년 소비의 평균 기여도를 차감하라. 그리고 투자에 대해서도 동일한 계산을 하라). 어떤

변수가 성장률에 대한 기여도에서 더 큰 감소를 보였는가? 2001년 경기침체에 대한 가장 근사한 원인은 무엇인가?(투자수요 감소인가, 아니면 소비수요 감소인가?)

d. 이제 9·11 사태 이후 2001년 3분기와 4분기, 그리고 2002년 첫 두 분기의 소비와 투자에 어떤 일이 발생했는지 살펴보라. 2001년 말의 소비 감소가 이해되는가? 투자 감소는 얼마나 오랫동안 지속되었는가? 이 시기에 소비에는 어떤 변화가 발생했는가? 특히 2001년의 소비 변화를 어떻게 설명하겠는가? 9·11 사태가 2001년의 경기침체를 유발했는가? 이 부분의 질문에 답을 할 때 본문의 논의와 직관에 의존하라.

더 읽을거리

- '비합리적 과열'의 시기부터 2001년 경기침체까지의 미국 경제 그리고 통화 및 재정정책에 대한 설명은 다음을 참조하라. Paul Krugman, *The Great Unraveling*, W.W. Norton, 2003, New York. (경고 : 크루그먼은 부시 행정부나 그 정책들을 좋아하지 않는다!)

금융시장 II : *IS-LM* 모형의 확장

6

지금까지는 단지 2개의 금융자산, 즉 화폐와 채권만 존재한다고 가정했다. 그리고 이자율은 통화정책에 따라 결정되는 채권에 대한 이자율 하나만 있다고 가정했다. 잘 알다시피 금융시스템은 이보다 훨씬 복잡하다. 이자율도 많고 금융기관도 많다. 그리고 금융시스템은 경제에서 중요한 역할을 한다. 미국에서 금융시스템 전체는 GDP의 7%로 큰 비중을 차지한다.

2008년 위기 이전에는 거시경제학에서 금융시스템의 중요성이 경시되었다. 모든 이자율은 통화정책에 의해 결정된 이자율과 함께 움직이는 것으로 종종 간주되었으므로, 통화정책에 의해 결정되는 이자율에만 초점을 맞추고 다른 이자율은 함께 움직일 것이라고 가정되었다. 위기는 이러한 가정이 너무 단순하며 금융시스템이 위기에 빠져 중대한 거시경제적 파급효과를 낳을 수 있다는 점을 고통스럽게도 분명하게 보여주었다. 이 장은 금융시스템의 역할과 거시경제적 시사점을 자세히 살펴본 다음, 글로벌 금융위기 동안 일어난 일을 설명한다.

이 장은 금융교과서를 대체할 수 없다. 그렇지만 금융시스템에 대한 이해가 왜 거시경제학에서 핵심적인지를 설명할 것 ◀ 이다.

6-1절에서는 명목이자율과 실질이자율의 차이를 소개한다.

6-2절에서는 위험의 개념과 이것이 상이한 차입자들에게 부과하는 이자율에 어떻게 영향을 미치는지 소개한다.

6-3절은 금융중개기관의 역할을 살펴본다.

6-4절은 이상의 내용을 통합하기 위해 *IS-LM* 모형을 확장한다.

6-5절은 확장된 *IS-LM* 모형을 사용해 최근의 금융위기와 그 거시경제적 의미를 설명한다.

이 장의 메시지 : 금융제도가 중요하며 금융위기는 거시경제적으로 큰 영향을 미칠 수 있다. ▶ ▶ ▶

6-1 명목이자율과 실질이자율

이 책을 집필하는 시점에서 미국 재무부 1년 단기채권 이자율은 더 낮아 0%에 상당히 근접한다. 우리들의 목적에 비추어볼 때 1981년과 2006년을 비교하는 것이 이 절에서 보여주고 싶은 포인트를 가장 잘 보여줄 것이다.

1980년 1월에 1년 만기 미국 재무부 단기채권 이자율(1년 만기 T-bill rate)은 10.9%였다. 2006년 1월에 1년 만기 재무부 단기채권 이자율은 단지 4.2%에 지나지 않았다. 2006년의 차입비용은 1981년에 비해 크게 낮아졌다.

실제로 그런 것일까? 1980년 1월에 인플레이션율은 9.5%였지만 2006년 1월에는 약 2.5%로 하락했다. 인플레이션율은 이자율과 깊은 관계가 있어 보인다. 이자율은 지금 1달러를 추가로 차입하면 미래에 달러를 얼마나 상환해야 하는지를 나타낸다. 돈을 빌릴 때 정말 알고 싶은 것은 지금 얻는 재화에 대한 대가로 미래에 얼마나 많은 재화를 포기해야 하는지다. 마찬가지로 돈을 빌려주는 입장이라면 현재의 재화를 포기한 대가로 얼마나 많은 돈을 얻을 수 있는지보다는 얼마나 많은 재화를 얻을지에 관심이 있다. 인플레이션 때문에 이러한 구별이 중요하다. 돈을 빌려준 뒤 인플레이션율이 너무 높아져 상환받은 돈으로 구입할 수 있는 재화가 지금보다 훨씬 적어진다면 높은 이자율은 아무런 의미가 없는 것일까?

이 때문에 명목이자율과 실질이자율의 구별이 중요하다.

명목이자율은 달러 기준 이자율을 말한다.

■ **명목이자율**(nominal interest rate)은 화폐단위로 표시한 이자율이다. 일간지에서 매일 보는 이자율이 바로 명목이자율이다. 예를 들어 1년 만기 국채의 이자율이 4.2%라는 것은 정부가 1년 만기 국채를 1원 발행한다면, 1년 뒤에 1.042원을 지급하겠다는 것이다. 더 일반적으로 t년도에 명목이자율이 i_t이면 금년에 1원을 차입할 경우 1년 뒤에 $1 + i_t$원을 갚아야 한다(여기서 '오늘'과 '금년'을 그리고 '1년 뒤 오늘'과 '1년 뒤'를 구분하지 않고 사용한다).

실질이자율은 재화를 기준으로 한 이자율을 말한다.

■ **실질이자율**(real interest rate)은 재화의 단위로 표시한 이자율이다. 일반적으로 만약 t년도에 실질이자율이 r_t라면, 금년에 재화 한 단위를 차입했다면 1년 뒤에 $1 + r_t$ 규모의 재화를 갚아야 한다.

명목이자율과 실질이자율 간에는 어떤 관계가 성립할까? 매일 접하는 명목이자율로부터 관찰할 수 없는 실질이자율을 어떻게 유도할까? 직관적으로 명목이자율을 기대 인플레이션율로 조정해야 할 것이다. 이제 순서대로 이 관계를 도출해보자.

국민경제 내에 오로지 한 가지 재화, 예를 들어 빵만이 있다고 하자(후에는 잼과 다른 재화를 추가로 고려할 것이다). 1년 명목이자율을 i_t로 나타내자. 만약 올해 1원을 빌린다면 내년에 $1 + i_t$원을 갚아야 한다. 그러나 우리의 관심은 달러화에 있지 않다. 우리가 알고 싶은 것은 올해 빵 1개를 빌렸다면 내년에 빵을 얼마나 갚아야 하는지다.

그림 6-1은 답을 얻는 데 도움을 준다. 그림의 최상단은 1년 실질이자율의 정의를 나타내고 그림의 최하단은 1년 명목이자율과 빵의 가격에 대한 정보로부터 1년 실질이자율을 유도하는 과정을 보여준다.

그림 6-1

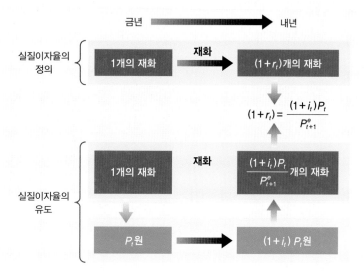

실질이자율의 정의와 유도

- 그림 6-1 왼쪽 밑의 하향하는 화살표부터 시작하자. 여러분이 올해에 빵 1개를 더 먹고 싶다고 하자. 만약 올해 빵 1개의 가격이 P_t원이라면 빵 1개를 더 먹으려면 P_t원을 차입해야만 한다.

- 이제 i_t가 1년 명목이자율(원으로 나타낸 이자율)인데 P_t원을 차입했다면 내년에 $(1 + i_t)P_t$원을 상환해야 한다. 그림 6-1의 가장 아랫부분에 있는 오른쪽으로의 화살표가 이를 나타내고 있다.

- 물론 여러분의 실질적 관심은 달러화가 아니라 빵에 있다. 따라서 남은 단계는 달러를 내년의 빵 개수로 바꾸는 것이다. 이제 P_{t+1}^e을 내년에 예상되는 빵 가격이라 하자. (여기서 위첨자 e는 기대치를 나타낸다. 즉 여러분은 내년에 빵 가격이 정확히 어떻게 될지 아직 모른다.) 결국 내년에 얼마나 상환해야 하는지를 빵의 개수로 나타내면, 내년에 여러분이 상환해야 할 $(1 + i_t)P_t$를 내년의 예상 빵 가격 P_{t+1}^e로 나눈 $(1 + i_t)P_t/P_{t+1}^e$이 된다. 이는 바로 그림 6-1의 오른쪽 밑부분에서 위를 향하는 화살표로 대표된다.

그림 6-1에서 위쪽 부분과 아래쪽 부분을 함께 놓아보면 1년 실질이자율 r_t는 다음으로 주어진다.

$$1 + r_t = (1 + i_t)\frac{P_t}{P_{t+1}^e} \tag{6.1}$$

내년에 1만 원을 지불해야 하고 내년에 빵 가격이 파운드당 2천 원이 될 것으로 기대된다면 내년에 10000/2000 = 5파운드에 해당하는 빵을 상환할 것으로 기대된다. 이 때문에 $(1 + i_t)$ P_t원을 내년에 기대되는 빵 가격 P_{t+1}^e로 나누어준 것이다.

다소 복잡해 보이는 관계이므로 약간의 조작을 통해 익숙한 관계로 바꾸어보자.

- t기와 $t + 1$기 간의 기대인플레이션을 π_{t+1}^e이라 하자. 오직 하나의 재화, 즉 빵만 있다고 했으

므로 기대인플레이션율은 원으로 나타낸 빵 가격의 t기와 $t+1$기 간의 기대된 변화를 t기의 빵 가격으로 나눈 값이다.

식 (6.2)의 양변에 1을 더하면 다음과 같다.

$$1+\pi^e_{t+1}=1+\frac{P^e_{t+1}-P_t}{P_t}$$

다시 정리하면

$$1+\pi^e_{t+1}=\frac{P^e_{t+1}}{P_t}$$ 이고,

양변의 역수를 취하면

$$\frac{1}{1+\pi^e_{t+1}}=\frac{P_t}{P^e_{t+1}}$$ 이다.

식 (6.1)에 대체하면 식 (6.3)을 구할 수 있다.

$$\pi^e_{t+1} \equiv \frac{(P^e_{t+1} - P_t)}{P_t} \tag{6.2}$$

식 (6.2)를 사용하면 식 (6.1)의 P_t/P^e_{t+1}는 $1/(1 + \pi^e_{t+1})$이므로 식 (6.1)은 다음과 같이 나타낼 수 있다.

$$(1 + r_t) = \frac{1 + i_t}{1 + \pi^e_{t+1}} \tag{6.3}$$

즉 '1 + 실질이자율'은 '1 + 명목이자율'을 '1 + 기대인플레이션율'로 나눈 값과 같다.

■ 식 (6.3)은 실질이자율의 명목이자율과 기대인플레이션에 대한 정확한 관계식을 제공한다. 그러나 명목이자율과 기대인플레이션율이 지나치게 높지 않다면, 예를 들어 연간 10%를 넘지 않는다면 이 관계식을 더 단순한 식으로 근사($\approx$로 표시)할 수 있다.

이 책 끝에 있는 부록 2의 명제 6을 참조하라. $i=10\%$, $\pi^e=5\%$라 하자. 정확한 식 (6.3)에 따르면 $r_t=4.8\%$이다. 식 (6.4)에 기초한 근삿값은 5%로 충분히 가깝다. 그러나 i와 π^e의 차이가 크면 근삿값은 크게 좋지 않을 수 있다. $i=100\%$이고 $\pi^e=80\%$이면 정확한 관계는 $r=11\%$를 제공하지만 근사식은 $r=20\%$로 상당히 큰 차이를 보인다.

$$r_t \approx i_t - \pi^e_{t+1} \tag{6.4}$$

식 (6.4)를 확실하게 기억할 필요가 있다. 이 식은 실질이자율이 (근사적으로) 명목이자율에서 기대인플레이션율을 차감한 것과 동일하다는 것을 보여준다. (지금부터는 이 식을 등식으로 사용할 것이다. 하지만 이 식은 근사식이라는 점을 기억하라.)

이제 식 (6.4)가 제공하는 몇 가지 시사점을 살펴보자.

■ 기대인플레이션이 0%이면 명목이자율과 실질이자율은 동일하다.
■ 통상 기대인플레이션율은 양(+)의 값을 가지므로 실질이자율은 명목이자율보다 낮다.
■ 명목이자율이 일정할 때 기대인플레이션율의 상승은 실질이자율을 낮춘다.

기대인플레이션율이 명목이자율과 같아지는 경우를 더 깊게 살펴볼 필요가 있다. 명목이자율과 기대인플레이션 모두 10%로 동일한데, 차입을 하려 한다고 하자. 올해에 1원을 차입하면 내년에 1.10원을 갚아야만 한다. 그러나 원화는 내년에 빵으로 나타내면 10% 낮은 가치를 갖는다. 따라서 빵 1개에 상응하는 돈을 빌렸다면 내년에 빵 1개에 상응하는 돈을 갚아야 한다. 실질 차입비용, 즉 실질이자율은 이 경우 0%와 같다. 이제 돈을 빌려주는 대여자를 고려해보자. 올해에 1원을 빌려주면 내년에 1.10원을 받을 것이다. 괜찮아 보이는 거래지만 빵으로 환산해보면 내년에 원화는 10% 덜한 가치를 가질 것이다. 만약 올해에 빵 1개에 해당하는 돈을 빌려주면 내년에 빵 1개에 해당하는 돈을 돌려받을 것이다. 명목이자율은 10%에 달하지만 실질이자율은 0%에 지나지 않는다.

지금까지는 오직 한 가지 재화, 즉 빵만 있다고 가정했다. 그렇지만 지금까지의 논의는 그대로

수많은 재화로 일반화할 수 있다. 이를 위해 필요한 것은 식 (6.1)이나 식 (6.3)에서 빵의 가격을 물가수준(재화 묶음의 가격)으로 바꾸는 것이 전부다. 만약 소비자물가지수(CPI)로 물가수준을 측정한다면 실질이자율은 오늘 소비재를 한 단위 더 소비하면 내년에 얼마나 많은 소비재를 포기해야 하는지를 알려준다.

1978년 이후 미국에서의 명목이자율과 실질이자율의 추이

이 절을 시작했을 때 제기된 질문으로 돌아가자. 그 질문은 다음과 같이 바꾸어볼 수 있다. 2006년의 실질이자율은 1981년보다 낮아졌는가? 더 일반적으로 지난 40년 동안 미국에서 실질이자율에 어떤 일이 발생했는가?

이에 대한 답은 1978년 이후 명목이자율과 실질이자율을 함께 보여준 그림 6-2에 나타나 있다. 매년 명목이자율은 연초의 1년 만기 재무부 단기채권에 대한 명목이자율이다. 실질이자율을 구하기 위해서는 기대인플레이션, 더 정확하게는 연초에 기대된 인플레이션율이 필요하다. 그림 6-2는 이를 위해 전년도 말에 OECD에서 발표한 다음 해의 인플레이션 예측치를 사용했다. 예를 들어 2006년 실질이자율을 구축하기 위해 사용한 인플레이션 예측치는 2005년 11월 OECD에서 발표한 2006년 인플레이션 예측치 2.5%이다.

실질이자율 $i - \pi^e$가 기대인플레이션율에 기초한다는 점에 주의하자. 실제 인플레이션율이 기대인플레이션율과 다른 것으로 밝혀지면 실현된 실질이자율 $i - \pi$는 (기대된) 실질이자율과 다를 것

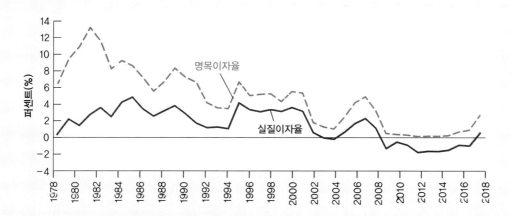

그림 6-2

1978년 이후 미국 재무부 1년 단기채권의 명목 및 실질이자율
1980년대 초 이후 명목이자율은 크게 하락했지만, 기대인플레이션율도 하락했기 때문에 실질이자율은 명목이자율보다 덜 하락했다.

출처 : 명목이자율은 전년도 12월의 미국 재무부 1년 단기채권에 대한 이자율이다. FRED의 TR1YR 시계열, http://research.stlouisfed.org/fred2/(2001, 2002, 2003, 2004년 12월의 TB6MS 시계열). 기대인플레이션율은 OECD Economic Outlook의 전년도 대비 12개월 후 예측치이다.

이다. 이런 이유로 실질이자율은 때때로 사전적(ex-ante) 실질이자율('ex-ante'는 '사실에 앞서'라는 의미로 여기서는 인플레이션율이 알려지기 전을 의미한다)로 불린다. 실현된 실질이자율은 사후적(ex-post) 실질이자율로 불린다('ex-post'는 '사실 후'라는 의미로 여기서는 인플레이션율이 알려진 이후를 의미한다).

그림 6-2는 인플레이션을 조정하는 것이 얼마나 중요한지 보여준다. 비록 2006년 명목이자율은 1981년보다 낮아졌지만 실질이자율은 높아졌다. 1981년에 실질이자율은 1.4%에 불과했지만 2006년에는 1.7%에 달했다. 달리 말해 명목이자율의 상당한 하락에도 불구하고 차입비용은 1981년보다 2006년에 크게 높아졌다. 이는 인플레이션 그리고 그와 함께 기대인플레이션이 1980년대 초 이후 꾸준히 하락했기 때문이다.

명목이자율과 실질이자율 : 명목이자율 하한과 디플레이션

IS 관계에 어떤 이자율을 사용해야 할까? 분명히 소비나 투자 결정을 할 때 개인이나 기업에게 중요한 것은 실질이자율, 즉 재화 기준의 이자율이다. 이는 통화정책에 직접적 시사점을 갖는다. (4장에서 보듯이) 중앙은행은 명목이자율을 선택하지만, 실질이자율에 주의한다. 지출 결정에 영향을 미치는 이자율은 실질이자율이기 때문이다. 원하는 실질이자율을 설정하려면 기대인플레이션을 고려해야 한다.

중앙은행이 실질이자율을 r로 설정하기를 원한다면, 인플레이션이 π^e로 기대될 때 실질이자율 $r = i - \pi^e$가 원하는 수준이 되도록 명목이자율 i를 선택해야 한다. 예를 들어 실질이자율이 4%이고 기대인플레이션이 2%라면, 명목이자율 i는 6%로 설정된다.

그러나 4장의 유동성 함정에서 논의했듯이, 명목이자율 하한은 명목이자율이 음수가 될 수 없다는 것을 의미한다. 그렇지 않다면 사람들은 채권을 보유하지 않을 것이다. 이는 실질이자율이 인플레이션의 음의 값보다 낮을 수 없음을 시사한다. 예를 들어 기대인플레이션이 2%라면, 가능한 가장 낮은 실질이자율은 0% - 2% = -2%가 될 수 있다. 따라서 기대인플레이션이 양의 값을 갖는 한, 이는 실질이자율이 음의 값이 될 수 있음을 의미한다. 그러나 기대인플레이션이 마이너스로 바뀌어 사람들이 디플레이션을 예상하면 실질이자율의 하한은 양의 값을 가지며, 높은 값을 가질 수도 있다. 예를 들어 기대디플레이션율이 2%라면 실질이자율은 2%보다 낮을 수 없다. 이는 재화에 대한 수요를 크게 증가시킬 만큼 충분히 낮은 수준이 아닐 수 있으며, 경제는 침체상태에 계속 머물 수 있다. 6-5절에서 보겠지만, 2008년 위기 상황에서 명목이자율 하한은 심각한 문제로 드러났다.

6-2 위험 및 위험프리미엄

지금까지는 채권의 종류가 한 가지뿐이라고 가정했다. 그러나 현실 세계에는 다양한 채권이 존재한다. 우선 채권은 원리금을 상환하기로 한 기간, 즉 만기가 다를 수 있다. 예를 들어 1년 국채는 1년에 1회 지급을 약속하며, 10년 국채는 10년에 걸친 원리금 상환을 약속한다. 또한 채권마다 위험이 다르다. 일부 채권은 거의 위험이 없다. 따라서 차입자가 상환하지 않을 확률은 무시할 수 있다. 일부 채권은 위험이 커서 차입자가 상환하지 못하거나 상환하려 하지 않을 확률을 무시하지 못할 수 있다. 이 장에서는 위험에 초점을 맞추며 만기의 문제는 제쳐두고 다룰 것이다.

◀ 14장에서는 기대를 상세히 다룬 후에 상이한 만기를 가진 채권들의 이자율과 만기 간의 관계를 다시 다룬다.

개인은 연준이 정한 연방기금금리 수준으로 자금을 빌릴 수 없다. 또한 미국 국채금리 수준으로도 차입할 수 없다. 여기에는 그럴 만한 이유가 있다. 개인에게 자금을 대여하는 기관들은 누구든 개인이 상환하지 못할 가능성이 있다는 것을 알고 있다. 채권을 발행하는 기업도 마찬가지다. 어떤 기업은 위험이 적고, 어떤 기업은 더 크게 나타난다. 위험을 보상하기 위해 채권투자자는 **위험 프리미엄**(risk premium)을 요구한다.

무엇이 이 위험프리미엄을 결정할까?

■ 첫 번째 결정요인은 채무를 이행하지 않을 확률이다. 이 확률이 높을수록 투자자가 요구하는 이자율이 높아진다. 더 엄밀하게 무위험 채권의 명목이자율을 i라 하고, 위험 채권의 명목이자율을 $i + x$로 두자. 여기서 위험 채권은 채무를 이행하지 않을 확률이 p인 채권이라 하자. x를 위험프리미엄으로 두자. 이어서 무위험 채권에서와 같이 위험 채권에서 동일한 기대수익률을 얻으려면 다음 관계가 성립해야 한다.

$$(1 + i) = (1 - p)(1 + i + x) + p(0)$$

좌변은 무위험 채권에 대한 수익률이고 우변은 위험 채권에 대한 기대수익률이다. 확률 $(1 - p)$로 채무불이행이 없고 채권은 $(1 + i + x)$를 지불한다. 채무불이행은 p의 확률로 발생하며 채권은 아무것도 지불하지 않는다. 이를 정리하면 다음을 얻는다.

$$x = (1 + i)\,p/(1 - p)$$

예를 들어 무위험 채권의 이자율이 4%이고 채무불이행 확률이 2%라면 무위험 채권과 동일한 기대수익률을 낳는 데 필요한 위험프리미엄은 2.1%이다.

◀ i와 p가 충분히 작은 값을 가질 경우 이 공식에 대한 근사치는 간단히 $x = p$이다.

■ 두 번째 요소는 채권투자자의 **위험 기피도**(risk aversion)이다. 위험 채권에 대한 기대수익률이 무위험 채권과 같아도 위험으로 말미암아 위험 채권에 대한 투자를 꺼린다. 따라서 위험을 보상하기 위해 더 높은 프리미엄을 요구할 것이나. 얼마나 너 원할시는 위험 기피도에 따라 달라진다. 그리고 위험 기피도가 커질수록 채무불이행 확률이 변하지 않더라도 위험프리미엄은 상승할 것이다.

왜 이 문제가 중요한지 보이기 위해 그림 6-3은 2000년 이후 세 가지 유형의 채권에 대한 이자율을 보여준다. 첫째는 거의 위험이 없는 미국 국채이고, 둘째는 평가기관이 안전(AAA)하다고 평

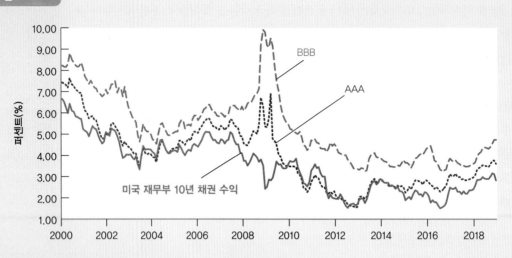

2000년 이후 미국 재무부 10년 채권과 AAA, BBB 회사채에 대한 수익률
2008년 9월 금융위기는 기업이 차입할 수 있는 이자율의 급격한 상승을 낳았다.

출처 : FRED: Series DGS10; For AAA and BBB corporate bonds, Bank of America Merrill Lynch Series BAMLC0A4CBBB, BAMLC0A1CAAAEY

평가기관마다 서로 다른 평가 시스템을 사용한다. 여기에 사용한 등급은 스탠더드앤드푸어스의 것으로 AAA(거의 위험 부담이 없음)와 BBB에서 C(채무불이행 가능성이 높은 채권)의 범위를 갖는다.

▶ 가한 회사채이며, 셋째는 평가기관이 덜 안전(BBB)하다고 평가한 회사채이다.

그림에서 세 가지에 유의해야 한다. 첫째, 최고등급(AAA)의 회사채에 대한 이자율은 미국 국채 이자율보다 평균적으로 약 1% 높다. 미국 정부는 미국 기업보다 저렴한 이자율로 차입할 수 있다. 둘째, 저등급(BBB) 회사채의 이자율은 종종 최고등급 채권의 이자율보다 2% 이상 높은 초과이자율을 보인다. 셋째, 금융위기가 전개된 2008년과 2009년에 발생했던 일에 주의하자. 국채 이자율은 하락했지만 연준이 정책금리를 인하한다는 결정을 반영해 저등급 채권의 이자율이 급등해 위기가 고조되었을 때에는 10%에 달했다. 다시 말해 연준이 정책금리를 0%로 낮추었지만, 저등급 회사가 차입할 수 있는 이자율은 훨씬 높아져서 이들 기업이 투자에 큰 어려움을 겪었다. *IS-LM* 모형으로 볼 때, 이는 *IS* 관계에 사용한 금리가 정책금리라는 가정을 왜 완화해야 하는지를 보여준다. 많은 차입자가 차입할 수 있는 이자율은 정책금리보다 훨씬 높을 수 있다.

요약 : 마지막 두 절에서는 실질이자율 대비 명목이자율의 개념과 위험프리미엄의 개념을 도입했다. 6-4절에서 두 개념을 모두 포함하기 위해 모형을 확장할 것이다. 그에 앞서 금융중개기관의 역할을 살펴보자.

금융중개기관의 역할

지금까지는 **직접금융**(direct finance), 즉 최종적 차입자가 최종적 대출자로부터 직접 차입하는 경우를 살펴보았다. 실제로 차입과 대출의 상당 부분은 투자자로부터 자금을 받은 후 다른 사람에게 빌려주는 금융기관인 금융중개기관을 경유해 이루어진다. 이러한 기관에는 은행뿐만 아니라 주택 담보대출기관, 머니마켓 펀드, 헤지 펀드 등 '비은행' 금융기관도 있다.

금융중개기관은 중요한 기능을 수행한다. 이들은 특정 차입자에 대한 전문지식을 발전시키고 구체적 요구에 맞추어 대출을 조정할 수 있다. 평상시에 이들 기관은 유연하게 기능한다. 이들은 차입하고 빌려주면서 차입이자율보다 약간 높은 대출이자율을 청구해 수익을 확보한다. 그러나 때때로 이들 기관은 어려움에 처하는데, 최근의 위기에서 실제로 그랬다. 이유를 보기 위해 우선 은행에 집중해서 크게 단순화한 그림 6-4의 은행 대차대조표를 사용하자(논의는 비은행에도 적용되며 나중에 다시 살펴본다).

자산이 100, 부채가 80, 자본이 20인 은행을 고려하자. 이는 은행의 소유주가 자신의 자금 20을 직접 투자하고, 이어서 다른 투자자로부터 80을 빌려 100으로 다양한 자산을 구입했다고 생각해 볼 수 있다. 부채는 요구불예금, 이자지급 예금 또는 투자자와 다른 은행으로부터의 차입으로 구성된다. 자산은 지급준비금(중앙은행 통화), 소비자에 대한 대출, 기업에 대한 대출, 다른 은행에 대한 대출, 주택담보대출, 국채 또는 다른 형태의 유가증권으로 구성된다.

4장에서 은행의 대차대조표를 그릴 때 자본은 무시되었다(대신 지급준비금과 다른 자산의 구분에 초점을 맞추었다). 4장에서는 자본을 무시하는 것이 중요하지 않았지만, 여기서는 중요하다. 왜 그런지 보자.

▶ 금융시스템의 비은행 부문은 은행의 '그림자' 속에서 성장하므로 **그림자 은행**(shadow banking)이라 불린다. 그러나 현재 그림자 은행은 그 규모가 커서, 더 이상 그림자 속에서 활동하는 것도 아니다.

▶ 은행의 대차대조표가 간단하고 투명하길 희망한다. 그랬다면 위기는 훨씬 더 제한적이었을 것이다.

레버리지의 선택

두 가지 정의에서 시작하자. 은행의 **자본 비율**(capital ratio)은 자본 대비 자산의 비율로 정의되는데, 그림 6-4의 은행의 경우 20/100 = 20%이다. 은행의 **레버리지 비율**(leverage ratio)은 자산 대비

그림 6-4

은행 대차대조표

| 자산 100 | 부채 80 |
| | 자본 20 |

은행의 자산, 자본, 부채

자본의 비율(자본 비율의 역수)로 예에서 100/20 = 5이다. 논의는 전통을 따라 레버리지 관점에서 생각하고 레버리지 비율에 초점을 맞추겠지만, 자본 비율의 관점에서도 동일하게 적용될 수 있다.

어떤 레버리지 비율을 선택해야 할지 생각할 때, 은행은 두 가지 요소 사이에서 균형을 맞추어야 한다. 레버리지 비율이 높을수록 기대수익률이 높아진다. 그러나 레버리지 비율이 높을수록 파산위험 또한 높아진다. 각 요소를 차례로 살펴보자.

만약 은행이 0의 레버리지를 갖는다면 자본 한 단위당 기대수익은 어떻게 될까? 은행이 완전한 레버리지(자본이 없는 상태)를 취한다면 어떻게 될까? (두 번째 질문은 곤란한 질문이다.)

■ 자산에 대한 기대수익률을 5%, 부채에 대한 기대수익률을 4%로 두자. 이 경우 은행의 기대수익은 (100×5%−80×4%) = 1.8%이다. 은행 소유주는 20의 자기자본을 투입했으므로 자본 1단위당 기대수익은 1.8/20 = 9%이다. 이제 은행 소유주가 10의 자기자본만 넣고 90을 빌린다고 가정하자. 이 경우 은행의 자본 비율은 10/100 = 10%이고 레버리지는 10이 된다. 기대수익은 (100×5%−90×4%) = 1.4%여야 한다. 자본 1단위당 기대수익은 14%로 상당히 높다. 레버리지를 늘리고 자본을 줄임으로써 은행은 자본당 기대수익을 높일 수 있다.

자산가치가 부채가치를 초과하는 경우 은행은 지급가능(solvent)하지만, 그렇지 않을 경우 지급불능(insolvent)이라 한다.

■ 그렇다면 은행이 높은 레버리지 비율을 선택하지 않아야 할 이유가 무엇일까? 레버리지가 높을수록 자산가치가 부채가치보다 낮아지는 위험이 커지므로 **부도위험**(insolvency)이 높아질 수 있다. 그림 6-4의 은행의 경우 자산가치가 80까지 하락하더라도 유동성 부족으로 파산하지는 않을 수 있다. 그러나 레버리지 비율을 10으로 선택하면 자산가치가 90 미만으로 하락할 경우 은행은 지급불능 상태가 된다. 파산의 위험은 훨씬 더 높을 수 있다.

따라서 은행은 두 가지 요소를 모두 고려한 레버리지 비율을 선택해야 한다. 레버리지 비율이 너무 낮으면 이익이 적고, 레버리지 비율이 너무 높으면 파산의 위험이 너무 커진다.

레버리지와 대출

은행이 선호하는 레버리지 비율을 선택한 것으로 가정하고 자산가치가 하락했다고 하자. 예를 들어 그림 6-4의 은행자산이 부실대출의 결과로 100에서 90으로 감소했다고 하자. 이제 은행의 자본은 90−80 = 10으로 떨어지고, 레버리지 비율은 5에서 9로 증가한다. 은행은 여전히 지급가능하지만 이전보다 훨씬 위험해졌다. 은행은 어떻게 할까? 다른 투자자에게 자금을 제공하도록 요청해서 자본을 늘리려 할 수 있다. 그러나 대차대조표의 크기를 줄이려 할 수도 있다. 예를 들어 40에 달하는 대출을 회수해 자산을 90−40 = 50으로 줄일 수 있고 40을 사용해 부채를 80−40 = 40으로 줄이면 자본 비율은 10/50 = 20%로 되어 원래 비율로 복귀할 수 있다. 그러나 은행의 자본 비율이 목표 수준으로 돌아와도 이로 말미암아 은행 대출의 급격한 감소라는 파급효과가 발생한다.

한 단계 더 나가보자. 그림 6-4의 대차대조표에서 자산가치 하락이 커서 100에서 70으로 낮아졌다고 가정해보자. 이 경우 은행은 지급불능이 되어 파산한다. 은행에 의존하는 차입자들은 다른 대출기관을 찾는 데 어려움을 겪을 수 있다.

왜 이것이 중요한가? 은행들이 지급가능하지만 대출을 줄이거나 부실화되면 대출이 감소해서 중대한 거시경제적 파급효과가 발생할 수 있다. 거시경제적 함의에 대한 논의는 다음 절로 연기하고, 대신 논의를 더 전개해보자.

유동성

이상에서는 은행의 자산가치 하락이 은행 대출의 감소를 낳는다는 것을 살펴보았다. 이제 투자자가 은행 자산의 가치를 확신할 수 없어서 옳건 그르건 은행 자산의 가치가 하락했다고 믿는 경우를 생각해보자. 이 경우 레버리지는 재앙적인 파급효과를 낳을 수 있다. 왜 그런지 보자.

- 투자자가 은행 자산의 가치에 의문을 가지면, 안전한 방법은 은행에서 자금을 인출하는 것이다. 그러나 이는 은행에 심각한 문제를 야기한다. 투자자에게 상환할 자금을 확보해야 하기 때문이다. 은행은 이미 이루어진 대출을 쉽게 취소할 수 없다. 통상적으로 차입자는 빌린 자금을 더 이상 갖고 있지 않다. 이들은 청구서를 지불했거나, 자동차를 샀거나, 기계를 구입하는 데 이미 자금을 사용한 뒤일 것이다. 자신의 대출자산을 다른 은행에 매각하는 것도 어려울 것이다. 다른 은행이 이 은행의 대출자산가치를 평가하는 것은 어렵다. 이 은행이 알고 있는 차입자에 대한 구체적인 정보를 갖고 있지 못하기 때문이다.

- 일반적으로 제3자가 은행의 자산가치를 평가하는 것이 어려울수록 은행은 대출자산을 매각할 수 없거나, 아니면 매각하더라도 대출자산의 실질가치보다 크게 낮은 **급매가격**(fire sale prices)일 가능성이 높다. 더욱이 이러한 급매로 은행의 문제가 더 악화한다. 자산가치가 하락하면 은행은 지급불능이 되어 파산할 수 있다. 이 경우 투자자는 이런 상황이 발생할 것을 우려해 자신의 자금을 인출할 동기가 더욱 커진다. 결국 급매는 더욱 심해지고 문제는 더 악화한다. 비록 은행 자산이 처음부터 하락하지 않아서 투자자가 처음에 가졌던 의심이 아무런 근거가 없었다 해도 이런 일은 생겨날 수 있다. 투자자가 자금 인출을 요청하려는 결정과 이로 인한 급매는 건전한 은행을 지급불능 상황으로 내몰 수 있다.

- 투자자가 예고 없이 자금을 인출할 경우 문제는 더 심각해진다는 점에도 주의해야 한다. 은행의 요구불예금이 분명히 여기에 해당한다. **요구불예금**(demand deposit)은 고객이 요구할 경우 즉시 자금을 지급해야 하기 때문에 붙여진 이름이다. 은행 자산은 주로 대출로 구성되지만, 부채는 주로 요구불예금으로 구성된다는 사실 때문에 은행은 **은행인출쇄도**(bank runs)의 위험이 크며 금융시스템 역사는 은행인출쇄도의 사례로 가득 차 있다. 은행인출쇄도의 경우 은행 자산의 건전성에 대한 우려가 인출쇄도로 이어지고 결국 은행 폐쇄를 강제한다. 은행인출쇄도는 대공황의 주요 특징이었으며, 초점상자 '은행인출쇄도'에서 논의한 바와 같이 중앙은행은 이를 제한하기 위한 조치를 취해 왔다. 그러나 이 장 뒷부분에서 보듯이, 이러한 조치가 인출쇄도 문제를 완전히 해소하지 못했으며, 현대적 형태의 인출쇄도(이번에는 은행이 아니라 다른 금융중개기관에 대한 인출쇄도)가 이번 글로벌 금융위기에서 다시 중요한 역할을 했다.

방금 배운 것을 자산과 부채의 유동성 측면에서 요약할 수 있다. 자산의 **유동성**(liquidity)이 낮을수록(즉 매각이 어려울수록) 급매의 위험이 높아지고 은행이 지급불능이 되어 파산할 위험도 높

은행인출쇄도

건전한 은행, 즉 양질의 대출 포트폴리오를 가진 은행을 생각해보자. 은행이 영업을 잘못해 일부 대출이 상환되지 않을 것이라는 소문이 돌기 시작했다고 하자. 은행이 파산할 수도 있다고 믿으면 해당 은행에 예금한 사람들은 계좌를 폐쇄하고 현금을 인출할 것이다. 만약 충분한 수의 사람들이 그렇게 하면, 은행의 지급준비금은 바닥이 난다. 대출이 상환될 수 없으므로 은행은 현금 수요를 만족할 수 없을 것이며 은행을 폐쇄해야만 할 것이다.

결론 : 은행이 폐쇄될 것이라는 두려움 때문에 모든 대출이 양호해도 실제로 은행이 폐쇄될 수 있다. 1930년대까지 미국의 금융 역사는 이러한 은행인출쇄도로 가득 찼다. 한 은행이 합당한 이유로, 즉 불량대출 때문에 파산했다고 하자. 그러면 이는 또 다른 은행의 예금자들을 공포로 내몰고 자신의 거래은행에서 예금을 인출하게 해 이들도 파산으로 내몬다. 매년 크리스마스를 전후해 TV에서 방영되는 스튜어트(James Stewart)의 오래된 영화 〈멋진 인생(It's a Wonderful Life)〉을 본 적이 있을 것이다. 스튜어트의 도시에서 다른 은행이 파산한 후 그가 관리하는 저축은행의 예금자들은 공포에 사로잡혔고 자신들의 예금도 인출하려 했다. 스튜어트는 이들에게 이 생각이 좋지 않다는 점을 성공적으로 설득한다. 이 영화는 해피엔딩이었다. 그러나 현실 세계에서 대부분의 은행인출쇄도는 결말이 좋지 않다. [유명한 영화에서의 은행인출쇄도와 그 시작 과정에 대해서는 〈메리 포핀스(Marry Poppins)〉를 보라.]

은행인출쇄도를 피하려면 무엇을 할 수 있는가? 한 가지 해법이 **내로우 뱅킹**(narrow banking)이다. 내로우 뱅킹은 은행으로 하여금 재무부 단기채권과 같이 유동성 있고 안전한 정부채권만을 보유하도록 제한하는 것이다. 대출은 은행 이외의 금융기관에서 이루어질 것이다. 이는 은행인출쇄도뿐만 아니라 예금보험의 필요성도 소멸시킬 것이다. 최근 이 방향으로 미국의 규제에서 변화가 생겨나고 있다. 이는 예금에 의존하는 은행의 업무영역을 제한하는 규제지만 내로우 뱅킹에는 미치지 못한다.

대부분의 선진국에서 정부가 사용하는 다른 해법이 예금보험(deposit insurance)이다. 예를 들어 미국은 1934년에 **연방예금보험**(federal deposit insurance)을 도입했다. 미국 정부는 2008년 이후 25만 달러를 한도로 각 예금 계좌를 보호한다. 결과적으로 예금자들은 은행으로 달려가 예금을 인출할 이유가 없다.

그러나 연방예금보험은 그 자체가 문제를 야기한다. 자신의 예금을 걱정할 필요가 없는 예금자들은 더 이상 자신이 예금을 맡긴 은행의 상태를 감시하지 않는다. 이 경우, 은행은 예금보험이 없었다면 하지 않을 잘못된 행동을 할 수 있다. 그들은 너무 큰 위험을 떠안고 너무 심한 레버리지를 감수할 수 있다.

그리고 2008~2009년 위기가 안타깝게도 보여주듯이 예금보험만으로는 더 이상 충분하지 않다. 첫째, 은행은 예금 이외의 자금원에 의존하는데, 종종 다른 금융기관과 투자자로부터 하룻밤의 초단기 차입을 한다. 이러한 다른 자금은 예금보험 대상이 아니며, 위기동안 사실 많은 은행이 전통적 예금자가 아니라 도매 금융기관에게서 자금을 조달했다. 둘째, 은행 이외의 금융기관도 같은 문제에 노출될 수 있다. 투자자는 자금을 빨리 회수하고 싶지만, 자산은 그리 쉽게 처분될 수 없기 때문이다.

따라서 인출쇄도를 완전히 예방하지 못하는 한 중앙은행은 은행이 실제 인출쇄도에 직면할 경우 자금을 공급하는 프로그램을 가지고 있어야 한다. 이 상황에서 중앙은행은 은행의 자산가치를 담보로 은행에 대출을 제공할 것이다. 이렇게 해 은행은 자산을 매각할 필요가 없어지고 급매를 피할 수 있다. 이러한 자금공급 대상은 전통적으로 은행으로 제한되었다. 그러나 최근의 위기는 다른 금융기관도 인출쇄도에 봉착할 수 있고 마찬가지의 자금공급이 필요할 수 있다는 것을 보여주었다.

예금보험처럼, 중앙은행에 의한 **유동성 공급**(liquid-ity provision)이 완전한 해법이 될 수 없다. 현실 세계에서 중앙은행은 어려운 선택 문제에 봉착해 있다. 은행 외에 어떤 금융기관을 유동성 공급 대상으로 볼지는 미묘한 문제이다. 자산가치를 평가해 금융기관에 대한 대출 규모를 결정하는 것 역시 어려울 수 있다.

실제로 중앙은행은 부실한 은행에는 유동성 공급을 꺼릴 것이다. 그러나 금융위기의 와중에 부실은행과 유동성이 부족한 은행을 구분하는 것은 어려울 수 있다.

영화 〈멋진 인생〉에서 은행인출쇄도를 보려면 www.youtube.com/watch?v=lbwjS9iJ2Sw를 방문하라. 〈메리 포핀스〉에서 은행인출쇄도를 보려면 www.youtube.com/watch?v=C6DGs3qjRwQ를 방문하라.

아진다. 부채의 유동성이 높을수록(즉 투자자가 예고 없이 자금을 확보하는 것이 쉬울수록) 급매 위험도 높아지며, 은행이 지급불능이 되어 파산할 위험이 높아진다. 다시 말하지만, 이것이 중요한 이유는 파산은 일단 발생하면 중대한 거시경제적 파급효과를 초래할 수 있기 때문이다. 이것이 다음 절의 주제이다.

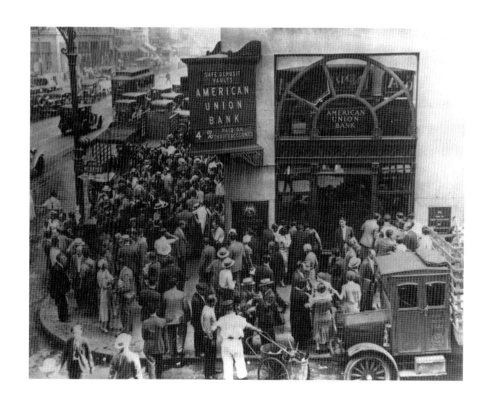

5장에서 소개한 *IS-LM* 모형은 하나의 이자율만을 가졌다. 이 이자율은 중앙은행이 결정했으며, 지출 의사결정에 영향을 미쳤다. 이는 *LM* 관계와 *IS* 관계에서 모두 나타났다. 이 모형은 유용한 첫 단계지만, 이 장의 처음 세 절을 통해 현실 세계는 훨씬 복잡해서 모형의 확장이 필요하다는 확신을 주었을 것이다.

첫째, 명목이자율과 실질이자율을 구별해야 한다. 둘째, 중앙은행이 설정한 정책금리와 차입자가 직면한 이자율을 구별해야 한다. 지금까지 보았듯이, 이 이자율은 차입자와 관련된 위험과 금융중개기관의 건전성에 달려 있다. 위험이 커질수록, 또는 금융중개기관의 레버리지 비율이 높을수록 차입자가 지불해야 하는 이자율이 높아진다. 다음과 같은 방법으로 *IS-LM* 모형을 구성함으로써 이 두 가지 측면을 포착한다.

$$IS \text{ 관계} : Y = C(Y - T) + I(Y, i - \pi^e + x) + G$$
$$LM \text{ 관계} : i = \bar{i}$$

중앙은행은 통화공급 조정을 통해 명목이자율을 통제한다. 4장을 참조하라.

▶ *LM* 관계는 이전과 같다. 중앙은행은 여전히 명목이자율을 통제한다. 그러나 *IS* 관계에는 두 가지 변화, 즉 기대인플레이션 π^e와 위험프리미엄 x가 추가되었다.

■ 기대인플레이션은 지출 의사결정이 명목이자율보다는 실질이자율 $r = i - \pi^e$에 의존한다는 사실을 반영한다.

■ 위험프리미엄 x는 앞에서 논의한 요인을 간단하게 포착한다. 대출기관은 차입자가 상환하지 않을 위험이 높다고 인식하거나, 위험기피도가 높기 때문에 위험프리미엄이 높을 수 있다. 아니면 금융중개기관이 지급 여력이나 유동성에 대한 우려로 대출을 감소시키고 있기 때문에 높을 수도 있다.

두 가지 중요한 구분 : 실질이자율과 명목이자율, 그리고 정책이자율과 차입이자율

두 식은 *LM* 식의 이자율 i가 *IS* 식의 이자율 $r + x$와 더 이상 같지 않음을 분명히 한다. *LM* 식의 이자율은 통화정책에 의해 결정되므로 (명목) **정책이자율**(policy rate)로, 그리고 *IS* 식의 이자율은 (실질) **차입이자율**(borrowing rate, 소비자와 기업이 차입할 수 있는 이자율이므로)로 부르자.

▶ 단순화 : 6-2절에서 논의했듯이, 중앙은행이 명목이자율을 공식적으로 채택하더라도 목표로 하는 실질이자율을 달성할 수 있도록 명목이자율을 선택할 수 있다(이는 명목이자율 하한의 문제를 무시하는데 다시 다루어질 것이다). 따라서 중앙은행이 실질 정책이자율을 직접 선택한다고 간주해 두 식을 다음과 같이 구성할 수 있다.

$$IS \text{ 관계} : Y = C(Y - T) + I(Y, r + x) + G \tag{6.5}$$
$$LM \text{ 관계} : r = \bar{r} \tag{6.6}$$

여기서 중앙은행은 실질 정책이자율 r을 선택한다. 그러나 지출 결정과 관련된 실질이자율은 차

그림 6-5

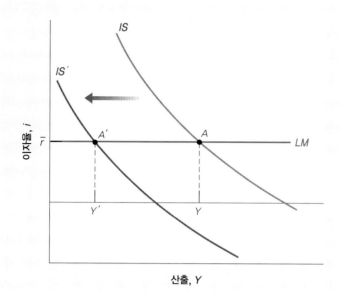

금융충격과 산출

x의 증가는 *IS* 곡선의 왼쪽 이동과 균형산출 감소로 이어진다.

입이자율 $r + x$로 정책이자율뿐만 아니라 위험프리미엄에도 의존한다.

이 두 식은 그림 6-5에 나타나 있다. 수직축은 정책이자율, 수평축은 산출이다. *IS* 곡선은 G, T, x가 일정하다는 가정하에서 그려졌다. 다른 조건이 일정할 때 실질 정책금이자율의 인상은 지출을 감소시키고 이어서 산출을 감소시킨다. *IS* 곡선은 우하향의 기울기를 가진다. *LM*은 정책이자율에서 수평선으로 나타나며, 실질이자율은 암묵적으로 중앙은행에 의해 선택된다. 균형은 점 A로 주어지는데, 이때 산출은 Y로 주어진다.

금융충격과 정책

어떤 이유로 x가 증가했다고 가정하자. 여기에는 여러 가지 시나리오가 있을 수 있다. 예를 들어 투자자의 위험기피도가 커져 위험프리미엄이 더 높아지거나, 아니면 금융기관이 파산해 투자자가 다른 은행들의 선선성을 걱정하고 인출쇄도가 시작되어 다른 은행이 대출을 줄여야만 하기 때문에 발생할 수도 있다. 그림 6-5에서 *IS* 곡선은 왼쪽으로 이동한다. 동일한 정책이자율 r에서 차입이자율 $r + x$가 상승해 수요와 산출의 감소를 초래한다. 새로운 균형은 점 A'에서 발생한다. 금융 시스템 문제가 경기침체를 초래하고, 금융위기는 거시경제 위기가 된다.

정책으로 무엇을 할 수 있을까? 5장에서처럼 G의 증가든 T의 감소든 팽창적 재정정책은 *IS* 곡선을 오른쪽으로 이동시키고 산출을 증가시킬 수 있다. 그러나 지출의 대규모 증가나 세금 인하는

단순화를 위해 x의 외생적 증가를 검토했다. 그러나 x 자체는 산출에도 의존한다. 예를 들어 경기침체로 인한 산출의 감소는 일부 차입자가 원금을 상환하지 못할 확률을 높인다 : 실업자가 된 개인은 대출을 상환하지 못할 수 있고, 매출이 감소한 기업은 파산할 수 있다. ◀ 위험 증가는 위험프리미엄의 추가적 증가를 낳고, 그에 따라 차입이자율은 추가 상승하며 이는 산출을 더욱 위축시킨다.

재정적자를 크게 증가시킬 수 있으므로 정부가 이를 꺼릴 수 있다.

낮은 산출의 원인이 차입자가 직면하는 이자율이 너무 높은 데서 비롯할 경우 통화정책이 더 적절한 도구로 보인다. 실제로 그림 6-6에서 보듯이 정책이자율을 충분히 낮추면 경제는 A''으로 이동해 산출을 초기 수준으로 되돌릴 수 있다. 사실 x의 증가에도 불구하고 중앙은행은 지출 결정과 관련된 이자율인 $r + x$를 그대로 유지하기 위해 r을 하락시켜야 한다.

수요를 충분히 증가시키고 산출을 이전 수준으로 복귀시키는 데 필요한 정책이자율이 음의 값일 수 있다. 실제로 그림 6-6의 균형이 이를 나타낸다. 예를 들어 초기 균형에서 r이 2%였고 x는 1%였다고 하자. 이어서 x가 1%에서 5%로 4% 증가한다고 가정하자. $r + x$를 일정하게 유지하기 위해서는 중앙은행이 정책이자율을 2%에서 2%−4% = −2%로 낮추어야 한다. 이는 명목이자율 하한으로 인해 발생하는 제약에 대한 문제를 제기한다.

명목이자율에 대한 0%의 하한이 주어지면 중앙은행이 달성할 수 있는 가장 낮은 실질이자율은 $r = i - \pi^e = 0 - \pi^e = -\pi^e$로 주어진다. 즉 중앙은행이 달성할 수 있는 가장 낮은 실질 정책이자율은 인플레이션의 음(−)의 값이다. 인플레이션이 충분히 높으면, 예를 들어 5%라 하면, 0%의 명목이자율은 −5%의 실질이자율을 의미하며, 이는 x의 상승분을 상쇄할 만큼 충분히 낮을 것이다. 그러나 인플레이션이 낮거나 심지어 음의 값을 가진다면 중앙은행이 달성할 수 있는 가장 낮은 실질이자율은 x의 증가를 상쇄하기에 충분하지 않을 수 있다. 이는 경제를 초기 균형으로 되돌리기에

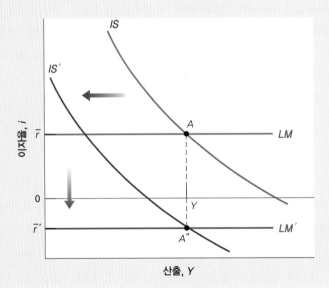

그림 6-6

금융충격, 통화정책, 산출
정책이자율의 하락이 충분히 큰 경우 원칙적으로 위험프리미엄의 증가를 상쇄할 수 있다. 그러나 명목이자율 하한은 실질이자율의 하락을 제한할 수 있다.

는 미흡할 수 있다. 앞으로 보겠지만, 최근 위기는 x의 대규모 증가와 낮은 실질 및 기대인플레이션이라는 두 가지 특징을 보여, 중앙은행이 통화정책을 사용해 x의 증가분을 상쇄할 수 있는 여지를 제한했다.

이제 2008년 금융위기를 촉발하고 그것이 어떻게 중대한 거시경제 위기로 변모했는지를 이해하는 데 필요한 요소를 얻었다. 이것이 다음 절이자 이 장 마지막 절 주제이다.

6-5 주택문제에서 금융위기에 이르기까지

2006년 미국에서 주택가격 하락이 시작했을 때, 대다수 경제학자는 이것이 수요 감소와 성장 둔화로 이어질 것이라고 예측했다. 이것이 거시경제 위기를 초래할 것으로 예상한 경제학자는 거의 없었다. 대부분의 경제학자가 예상하지 못했던 것은 주택가격 하락이 금융시스템 그리고 그에 따라 거시경제에 미치는 영향이었다.

주택가격과 서브프라임 모기지

그림 6-7은 2000년 이후 미국 주택가격 지수의 추이다. 이 지수는 이를 만들어낸 두 경제학자의 이름을 딴 케이스-쉴러(Case-Shiller) 지수이다. 지수는 2000년 1월에 100의 값을 갖도록 표준화 ◀ 되었다. 2000년대 초반에 주택가격이 크게 상승한 뒤, 이후에는 크게 하락했음을 알 수 있다. 지수

이 지수와 최근 추이를 보려면 'Case-Shiller'를 웹에서 검색해보라.

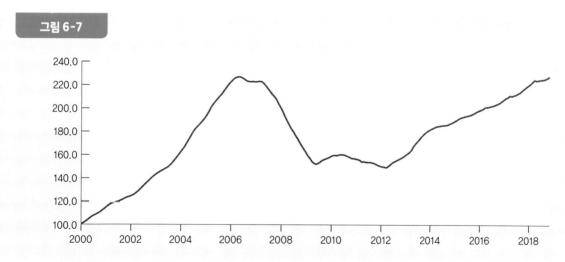

그림 6-7

2000년 이후 미국의 주택가격
주택가격은 2000년부터 2006년까지 급격히 증가했지만 2006년 이후부터 같은 정도로 급격히 하락했다.

출처 : FRED: Case-Shiller Home Price Indices, 10-city home price index, Series SPCS10RSA

가 2000년 100에서 2006년 중반 226 수준으로 상승했다. 이어서 하락하기 시작했다. 금융위기가 시작된 2008년 말까지 지수는 162로 내려갔다. 2012년 초 150 아래에 도달해 이후 회복하기 시작했다. 이 책 집필 당시에는 227을 기록해 2006년 중반의 정점에 근접했다.

2000~2006년까지의 주택가격 급등은 정당화될 수 있을까? 되돌아보았을 때 이후의 붕괴를 고려하면 분명히 그렇지 못하다. 그러나 당시에 주택가격이 상승하고 있을 때, 경제학자들은 그리 확신을 갖지 못했다. 가격 상승의 일부는 분명히 정당화될 수 있었다.

주택담보대출을 통해 주택을 구입하지 않는다고 해도 낮은 이자율은 여전히 주택가격 상승을 낳을 수 있다. 이에 대한 추가적 논의는 14장의 현재할인가치를 논의할 때 다룬다. ▶

- 2000년대는 비정상적으로 금리가 낮았던 시기였다. 결과적으로 주택담보대출 금리 역시 낮았기 때문에 주택수요가 증가했고 주택가격 상승을 견인했다.
- 다른 요인들도 작용하고 있었다. **주택담보대출기관**(mortgage lender)은 더 위험한 차입자에게 기꺼이 대출을 해주었다. **서브프라임 모기지**(subprime mortgage) 또는 간단히 **서브프라임**(subprime)이라 알려진 주택담보대출은 1990년대 중반부터 존재했지만 2000년대에 더욱 보편화되었다. 2006년에 이르러 미국 주택담보대출 총액의 약 20%가 서브프라임으로 이루어졌다. 이게 잘못된 것인가? 다시 당시 기준으로 본다면 대부분의 경제학자는 이를 매우 긍정적인 발전으로 보았다. 이 제도는 사람들이 자가주택을 갖도록 했고 주택가격이 하락하지 않을 것이라는 가정하에서 주택가격 대비 주택담보대출의 가치가 하락할 것이고 결국 대출금융기관이나 차입자 모두 안전하다고 생각했다. 그리고 당시 기준으로 볼 때 주택가격이 하락하지 않을 것이라는 가정은 합당해 보였다. 그림 6-7에서 볼 수 있듯이 2000~2001년 경기침체기에도 주택가격은 하락하지 않았다.

일부 경제학자는 가격이 상승한다 해도 걱정을 한다. 케이스-쉴러 지수를 만들어낸 쉴러(Robert Shiller)가 이에 속하는데, 그는 가격 상승은 후에 결국 붕괴할 가능성이 큰 버블이었다고 경고한다. 쉴러는 자산가격에 대한 연구실적으로 2013년 노벨상을 수상했다. ▶

돌이켜보면 이런 상황 전개는 대부분의 경제학자가 생각했던 것보다 좋지 않았다. 첫째, 2006년 이후 상황에서 분명해졌듯이 주택가격은 하락할 수 있다. 이런 일이 발생하면 많은 차입자의 주택담보대출액이 주택가치를 넘어서는 상황에 빠져든다[주택담보대출액이 주택가치를 초과하는 경우, 주택담보대출은 **부실대출**(underwater)이 된다]. 둘째, 많은 경우 주택담보대출은 사실 대출기관이 주장했거나 차입자가 이해했던 것보다 훨씬 위험했다. 많은 경우 차입자들은 초기에 '티저금리(teaser rate)'라 알려진 낮은 이자율로 담보대출을 받아 초기 이자 상환액이 적었기 때문에 후에 상환액이 급증할 수 있다는 점을 충분히 인식하지 못했다. 주택가격이 하락하지 않는다 해도 차입자의 다수는 주택담보대출을 상환할 수 없었을 것이다.

이들 대출의 일부는 (아무런 소득도, 직업도, 자산도 없는) 닌자(NINJA) 대출로 불린다. ▶

따라서 주택가격이 하락세로 돌아서자 많은 차입자가 채무를 상환하지 못했으며, 많은 은행과 주택담보대출기관이 대규모 손실에 직면했다. 2008년 중반에 주택담보대출로 인한 손실은 약 3,000억 달러로 추정되었다. 이 금액은 컸지만 미국 경제의 규모에 비추어보면 그리 큰 수치는 아니다. 3,000억 달러는 미국 GDP의 약 2% 정도이다. 이에 비추어 미국 금융시스템은 충격을 흡수할 수 있고 산출에 대한 부정적인 파급효과는 제한적일 것이라고 생각할 수 있다. 하지만 그렇지 않았다. 위기를 촉발한 것은 주택가격의 하락이었지만, 그 파급효과는 거대하게 증폭되었다. 주택가격 하락을 예상했던 경제학자들조차도 증폭 메커니즘이 얼마나 강할지 알지 못했다. 증폭 메커니즘을 이해하려면 금융중개기관의 역할로 돌아가야 한다.

금융중개기관의 역할

앞 절에서는 높은 레버리지, 자산의 유동성 부족, 부채 유동성이 모두 금융시스템의 문제가 낳는 위험을 증가시켰음을 확인했다. 이들 세 요소가 모두 2008년에 나타났으며 최악의 상황을 만들어 냈다.

레버리지

은행의 레버리지 수준은 매우 높았다. 왜 그랬을까? 여러 가지 이유가 있다. 첫째, 은행은 자신들이 취한 위험을 과소평가했을 것이다. 시절은 좋았으며, 좋은 시절에는 은행도 개인처럼 나쁜 상황에서의 위험을 과소평가하는 경향이 있다. 둘째, 보상과 보너스 제도 때문에 경영자는 파산위험을 충분히 고려하지 않은 채 높은 기대수익을 추구할 동기를 가졌다. 셋째, 금융규제로 은행이 자기자본비율을 일정 수준 이상으로 유지하도록 요구했지만, 은행은 **구조화 투자회사**(structured investment vehicle, SIV)라는 새로운 금융수단을 만들어 규제를 피할 수 있는 새로운 방법을 찾아냈다.

부채 측면에서 SIV는 통상적으로 단기 채무의 형태로 투자자들로부터 차입을 했다. 자산 측면에서 SIV는 다양한 증권을 보유했다. 투자자에게 상환될 것이라는 확신을 주기 위해 통상적으로 SIV는 자신을 설립한 은행으로부터 필요할 경우 SIV에 자금을 제공할 것이라는 보증을 확보했다. 첫 SIV는 1988년 시티그룹에 의해 설립되었지만, SIV가 급증한 것은 2000년대였다. 은행은 왜 별도의 기업 설립 없이 간단하게 자신의 대차대조표 내에서 스스로 이 모든 것을 하려 하지 않았을까? 가장 큰 이유는 레버리지를 높이기 위해서였다. 은행이 작업을 스스로 했다면, 이는 대차대조표에 등장했을 것이고 규제자본 요건에 따라 파산위험을 제한하기에 충분한 자본을 보유해야 했을 것이다. 하지만 SIV를 통한다면 은행이 자본을 투입할 필요가 없었다. 이런 이유로 은행은 SIV를 설립해 레버리지와 기대수익을 높일 수 있었고 또 그렇게 했다.

주택가격이 하락하기 시작하고 많은 주택담보대출이 부실한 것으로 드러나자 SIV가 보유한 유가증권은 가치가 하락했다. SIV의 지급능력에 대한 의문이 제기되었고, 필요시 은행이 SIV에 자금을 지원한다는 보증 때문에 은행 자체의 지급능력이 의문시되었다. 이어서 증권화와 도매금융의 두 요인이 작동하기 시작했다.

증권화와 자산 유동성

1990년대와 2000년대의 또 다른 중요한 발전은 **증권화**(securitization)의 진전이다. 전통적으로 대출이나 주택담보대출(mortgage)을 제공한 금융기관은 이들 자산이 대차대조표에 나타나도록 했다. 이에는 분명한 단점이 있었다. 특정 지역에 집중된 대출과 주택담보대출을 장부에 갖고 있는 지역 은행은 해당 지역의 경제 상황에 크게 노출되었다. 예를 들어 유가가 1980년대 중반 급락하고 텍사스가 경기침체를 겪었을 때 많은 지역 은행이 파산했다. 이들 은행이 미국의 다양한 지역에서 이루어진 주택담보대출을 가져 포트폴리오가 더 다변화되었더라면 파산을 피할 수 있었을 것이다.

이 점이 증권화 뒤에 숨겨진 아이디어이다. 증권화는 대출이나 주택담보대출과 같은 자산의 묶음에 기초해 증권을 창조해내는 것이다. 예를 들어 **주택저당증권**(mortgage-backed security, MBS)은 주택담보대출의 묶음으로부터 발생하는 수입에 대한 청구권으로, 기반이 되는 주택담보대출은 수만 건에 달한다. MBS의 장점은 많은 투자자가 주택담보대출은 직접 보유하고 싶어 하지 않지만 주택저당증권은 보유할 의향이 있다는 데 있다. 이들 증권의 매각을 통한 투자자로부터의 자금공급은 차입비용을 낮출 수 있다.

다른 형태의 증권화도 생각해볼 수 있다. 예를 들어 기반이 되는 자산의 묶음에 대한 수익에 동일한 청구권을 발행하기보다는 상이한 청구권을 발행할 수 있다. 예를 들면 두 가지 유형의 증권을 발행할 수 있다. **선순위 증권**(senior security)은 자산의 묶음이 낳는 수익에 대해 우선적 청구권을 갖고, 이들 선순위 증권에 지급이 이루어진 후 남는 것이 있다면 **후순위 증권**(junior security)에 대한 지급이 이루어진다. 선순위 증권은 위험을 줄이고자 하는 투자자에게 적절하고 후순위 증권은 위험을 더 감수하려는 투자자에게 매력적이다. **부채담보부증권**(collateralized debt obligation, CDO)이라 불리는 이 증권은 1980년대에 처음 발행되었고 1990년대와 2000년대를 거치면서 더 중요해졌다. 증권화는 갈수록 심화해, 이미 발행된 CDO를 묶어서 또 다른 CDO로 발행하는 CDO^2로 이어졌다.

금융시스템을 이해하는 주요 장애요인 중 하나가 SIV, MBS, CDO 등의 다양한 약어이다.

증권화는 기업과 가계를 대상으로 하는 대출에 참여하는 투자자를 확대하고 위험을 분산하는 좋은 아이디어로 보일 수 있다. 실제로 그렇기는 하다. 그러나 이는 두 가지 문제를 동반하며, 위기 동안 이 점이 명확해졌다. 첫째, 은행이 증권화를 위해 사용했던 주택담보대출을 매각해서 더 이상 보유하지 않는다면, 은행이 차입자가 상환하도록 노력할 유인은 적어진다. 둘째, 다양한 증권에 대한 위험도를 평가하는 기업인 **신용평가기관**(rating agencies)이 크게 놓친 위험에 대한 것이다. 기반이 된 주택담보대출이 부실화하면 MBS의 대상이 되었던 기초자산이나 CDO의 대상이 되었던 MBS의 가치를 평가하는 것이 극도로 어려워진다. 이들 자산은 **독성자산**(toxic asset)으로 알려져 있다. 투자자들은 최악의 상황을 가정하고 이들 자산을 스스로 보유하거나 또는 이들 자산을 보유하고 있는 SIV와 같은 금융기관에 자금을 계속 빌려주는 것을 극도로 꺼린다. 이전의 논의에 비추어볼 때 은행, SIV 등의 금융기관이 보유한 많은 자산이 유동성이 없었다. 이들 자산은 그 가치를 평가하기 매우 어려웠고, 그 결과 급매가격이 아니고서는 매각도 어려웠다.

도매금융과 부채의 유동성

그러나 1990년대와 2000년대에 전개된 또 다른 변화는 예금 이외의 새로운 수단이 은행의 자금조달원으로 생겨났다는 것이다. 은행은 점차 다른 은행이나 다른 투자자로부터 단기 부채 형태의 차입에 대한 의존도를 늘려 갔다. 이 과정은 **도매금융**(wholesale funding)이라 불리는데, 은행에 의해 설립된 금융기관인 구조화 투자회사(SIV)는 이러한 도매금융을 통해 모든 자금을 조달했다.

　도매금융 역시 좋은 아이디어로 보인다. 대출을 하거나 자산을 매입하는 데 있어 은행이 사용할 수 있는 자금조달 규모를 증가시키기 때문이다. 그러나 마찬가지로 위기 상황에서 분명해지는 비용도 생겨난다. 요구불예금 보유자는 예금보험의 보호 때문에 자신들의 예금 가치를 걱정할 필요가 없었지만, 다른 투자자들은 그렇지 못했다. 따라서 이들 투자자들은 은행이나 SIV가 보유한 자산의 가치가 걱정되자 자금을 돌려달라고 요구했다. 앞에서 보았듯이 은행과 SIV가 가진 유동부채는 자산보다 유동성이 훨씬 높았다.

　높은 레버리지, 비유동자산, 유동부채의 결합이 낳은 결과는 중대한 금융위기였다. 주택가격이 하락하고 일부 주택담보대출이 악화하면서 은행과 SIV의 자본이 급감했다. 이 때문에 은행과 SIV는 자산의 일부를 매각해야만 했다. 이들 자산은 종종 가치평가가 어려웠기 때문에 급매가격으로 매각해야 했다. 이는 이어서 은행과 SIV나 다른 금융중개기관의 대차대조표상에 남아 있는 유사한 자산의 가치를 감소시켜, 자본비율의 추가 하락과 자산 매각 및 가격의 추가 하락이 생겨났다. 은행과 SIV가 보유한 증권의 복잡성으로 인해 지급능력을 평가하기가 어려웠다. 투자자들은 자금 제공을 지속하기를 꺼렸고, 도매금융이 중단되어 추가로 자산 매각과 가격 하락이 발생했다. 은행들 간에도 서로 빌려주길 주저했다. 2008년 9월 15일에 자산 규모가 6,000억 달러를 넘어서는 대형은행인 리먼브러더스(Lehman Brothers)가 파산을 선언했고, 이로 말미암아 금융시장 참여자들은 대부분이 아니더라도 상당수의 다른 은행과 금융기관이 사실상 위험하다고 결론을 내리게 되었다. 2008년 9월의 끝무렵, 금융시스템은 마비되었다. 은행들은 서로 간에나 다른 이들에게나 대출하는 것을 그만두었다. 대체로 금융위기에 머물렀던 것이 거시경제 위기로 빠르게 전환되었다.

거시경제적 시사점

금융위기의 거시경제에 대한 즉각적 파급효과는 두 가지였다. 첫째, 가계와 기업이 차입할 수 있는 이자율이 크게 상승했다. 둘째, 신뢰도가 크게 악화되었다.

　그림 6-3은 금융위기가 상이한 이자율에 미친 파급효과를 보여준다. 2008년 말 우량채(AAA) 이자율은 7%를 넘어섰고, 비우량채(BBB)는 10%로 증가했다. 갑자기 대부분 기업의 차입이자율이 극도로 높아졌다. 채권을 발행하기에는 규모가 너무 작아 은행 대출에 의존했던 많은 기업의 경우 차입 자체가 거의 불가능해졌다.

　2008년 9월의 사건들은 소비자와 기업에게 광범위한 우려를 촉발했다. 대공황 재발에 대한 우려, 그리고 더 일반적으로는 금융시스템에서 발생하고 있는 혼란과 누려움으로 말미암아 신뢰는 크게 위축되었다. 미국 소비자와 기업의 신뢰지수 추이가 그림 6-8에 나타나 있다. 두 지수 모두 2007년 1월에 100의 값을 갖도록 표준화되었다. 소비자 신뢰는 2007년 중반부터 하락하기 시작해 2008년 가을에 급락했고 2009년 초 22라는 낮은 수준에 도달했다. 이 수준은 과거 기록했던 최저 수준보다 훨씬 더 낮았다. 신뢰도 하락과 주택 및 주식 가격의 하락으로 소비는 급감했다.

3장 초점상자 '리먼 파산, 대공황 재현의 공포 그리고 소비함수의 이동'을 참조하라. ◀

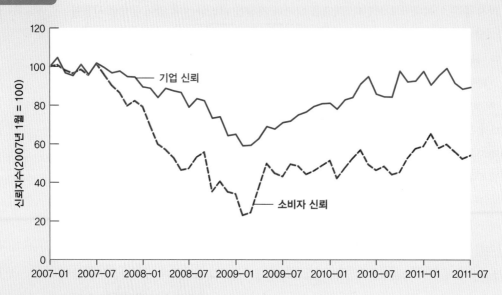

그림 6-8

신뢰지수(2007년 1월 = 100)

기업 신뢰

소비자 신뢰

2007~2011년 미국의 소비자 신뢰지수와 기업 신뢰지수
2009년 초 금융위기는 신뢰의 급락을 낳았다.

출처 : Bloomberg L. P.

정책 대응

높은 차입비용, 주가 하락, 신뢰도 위축이 모두 결합해 재화 수요를 감소시켰다. *IS-LM* 모형 기준으로 *IS* 곡선은 그림 6-5에서 보았듯이 왼쪽으로 급격하게 움직였다. 수요의 이러한 급감에 직면해, 정책 당국은 소극적으로 머물지 않았다.

금융정책

가장 긴박한 조치는 금융시스템 강화를 목표로 했다.

■ 예금자들의 은행인출쇄도를 막기 위해 연방예금보험의 한도를 10만 달러에서 25만 달러로 높였다. 그러나 은행이 필요한 자금의 상당 부분은 예금이 아니라 투자자에게 발행했던 단기채권에서 조달되었다. 은행이 도매금융을 통해 지속적으로 자금을 조달하도록 하기 위해 연방정부는 은행이 발행한 새로운 채무에 대한 지급보증 프로그램을 제공했다.

■ 연준은 금융시스템에 광범위한 유동성을 공급했다. 앞서 투자자가 이들 자금을 되돌려 받길 원하면 은행들은 종종 특별할인가에서도 이들 자산을 매각할 수밖에 없었다. 많은 경우 이런 상황은 파산을 의미할 것이다. 이를 피하기 위해 연준으로부터의 차입을 보다 용이하게 하기 위해 많은 **유동성 공급장치**(liquidity facility)를 만들어냈다. 은행은 할인창구를 통해 언제든지 차입

할 수 있었지만, 전통적으로 이를 꺼렸고 이 창구는 거의 사용되지 않았다. 연준은 차입비용을 낮추고 은행들의 차입유인을 높였다. 아울러 그때까지만 하더라도 은행만이 연준으로부터의 차입이 허용되었지만, 연준은 차입 가능한 금융기관을 확대했다. 연준은 또한 금융기관이 연준으로부터 차입할 때 사용할 수 있는 **담보**(collateral)를 확대했다(담보는 차입자가 대출자에게서 차입할 때 보증하는 수단이다. 차입자가 원리금 상환을 이행하지 않으면 자산은 대출자에게 넘겨진다). 이 수단들은 함께 작용해 은행과 금융기관이 자산을 매각하지 않고 투자자에게 상환을 할 수 있도록 했다. 아울러 이 수단들은 은행의 파산위험을 감소시켜 자금을 상환받으려는 투자자들의 유인도 감소시켰다.

■ 미국 재무부는 은행 정상화를 목적으로 **부실자산 구제 프로그램**(Troubled Asset Relief Program, TARP)이라 불리는 제도도 도입했다. 2008년 10월에 도입된 7,000억 달러 규모의 이 프로그램의 초기 목표는 은행의 대차대조표로부터 복잡한 자산을 제거해 불확실성을 감소시킴으로써 투자자 신뢰를 회복하고 개별 은행의 건전성을 평가하는 것이 더 용이해지도록 하는 것이었다. 그러나 재무부는 민간 투자자와 같은 문제에 직면했다. 이들 복잡한 자산이 재무부 채권과 교환되어야 한다면 어떤 가격에 교환되어야 할까? 수 주 내에 이들 자산의 개별 가치를 평가하는 일은 극히 어려우며 장기간이 소요된다는 점이 분명해졌고 결국 최초의 목표는 포기되었다. 새로운 목표는 은행의 자본금을 증가시키는 것이 되었다. 이것은 정부가 주식을 매입함으로써 미국에서 대부분의 대형은행에 자금을 공급함으로써 현실화되었다. 프로그램의 아이디어는 은행의 자본비율을 높이고 그에 따라 레버리지를 감소시킴으로써 은행이 파산을 피하고 정상화하도록 하는 것이었다. 2009년 9월 말 기준으로 TARP하에서의 총지출은 3,600억 달러였고 이 중 2,000억 달러는 은행주식을 매입하는 데 지출되었다.

이 책을 집필하던 시기에 모든 은행은 자사주식을 되샀다. 실제로 최종 추계에서 TARP는 약간의 이윤을 남겼다. ◀

재정정책과 통화정책 역시 공격적으로 사용되었다.

통화정책

2007년 여름부터 연준은 성장둔화를 걱정하기 시작했고, 정책이자율을 인하하기 시작했다. 이자율 인하는 처음에는 속도가 완만했지만, 위기의 증거가 쌓여감에 따라 더 빨라졌다. 2000년 이후의 연방기금금리 추이가 그림 1-4에 있다. 2008년 12월까지 이자율은 0%로 떨어졌다. 그러나 그때까지 통화정책은 명목이자율 하한에 의해 제약받았다. 정책이자율은 더 낮아질 수 없었다. 이 상황에서 연준은 **비전통적 통화정책**(unconventional monetary policy)을 사용하기 시작했다. 즉 연준은 차입자가 지급하는 이자율에 직접 영향을 주기 위해 기존에 매입하지 않던 자산들을 매입했다. 23장에서 비전통적 통화정책의 다양한 측면을 검토할 것이다. 현재로서는 이러한 조치들이 유용했지만, 그럼에도 불구하고 통화정책의 효과는 명목이자율 하한으로 인해 크게 제약받았다고만 말해두자.

차입자가 직면한 이자율은 $r + x$임에 주의하라. 전통적인 통화정책은 r을 선택하는 것으로, 비전통적인 통화정책은 x를 감소시키는 조치도 볼 수 있다. ◀

재정정책

부정적인 충격의 규모가 분명해지자, 미국 정부는 재정정책으로 방향을 돌렸다. 2009년 오바마 행정부가 들어섰을 때, 우선순위는 수요를 자극하고 경기침체 강도를 줄여줄 재정 프로그램을 설계하는 것이었다. 2009년 2월에 이러한 재정 프로그램으로 **미국 경제회복 및 재투자법**(American Recovery and Reinvestment Act, ARRA)이 통과되었다. 이것은 2009~2010년간 감세와 지출 확대를 위해 모두 7,800억 달러를 요구했다. 미국의 재정적자는 2007년 GDP의 1.7%에서 2010년에는 9.0%의 매우 높은 수준으로 증가했다. 증가는 대체로 위기의 기계적 파급효과에서 비롯했다. 산출 감소는 자동적으로 세수를 감소시켰고 대신 실업수당과 같은 이전지출을 증가시켰다. 그러나 이는 동시에 민간지출이나 정부지출을 증가시키는 것을 목표로 하는 재정 프로그램의 조치들이 낳은 결과이기도 하다. 일부 경제학자는 상황의 심각성을 감안할 때 지출 증가와 세금 인하가 더 커야 한다고 주장했다. 그러나 다른 경제학자는 재정적자가 너무 커져서 공공부채가 폭증할 수 있으며 그 규모를 줄여야 한다고 우려했다. 2011년부터 적자는 줄어들어 2015년 2.4%로 감소했다.

앞서 발전시킨 *IS-LM* 모형을 이용해 지금까지의 논의를 요약할 수 있다. 그림 6-9를 보자. 금융위기로 *IS* 곡선이 *IS*에서 *IS'*으로 크게 이동했다. 정책 변화가 없다면 균형은 점 *A*에서 점 *B*로

2015년 이후 재정적자는 증가해 2018년 4%에 달했다. 이러한 증가의 대부분은 트럼프 행정부의 대폭적 감세를 반영한다. 더 자세한 사항은 22장을 참조하라.

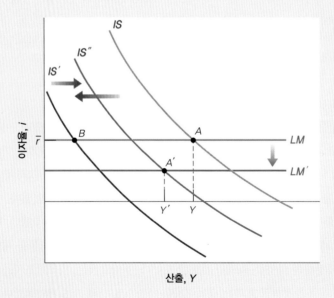

그림 6-9

금융위기와 금융, 재정 및 통화정책의 사용
금융위기로 인해 *IS*가 왼쪽으로 이동했다. 금융재정정책은 *IS*를 일부 오른쪽으로 되돌렸다. 통화정책은 *LM*을 아래쪽으로 이동시켰다. 그러나 이러한 정책들은 심각한 경기침체를 피하기에는 역부족이었다.

이동했을 것이다. 통화재정정책은 이동의 일부를 상쇄시켜 IS 곡선은 IS′ 대신 IS″으로 이동했다. 그리고 통화정책은 LM 곡선을 LM에서 LM′으로 이동시켰고, 그 결과 균형은 점 A′에서 이루어졌다. 점 A는 명목이자율 하한 때문에 실질이자율이 더 낮아질 수 없음을 시사했다. 그 결과 산출은 Y에서 Y′으로 감소했다. 초기 충격이 너무 커서 금융, 재정, 통화정책의 결합만으로는 산출의 급감을 피하기에 충분하지 못했고 결국 2009년 미국 GDP는 3.5% 감소했으며 이후 회복도 더디게 이루어졌다.

◀ 이러한 정책이 없을 경우 상황이 어떻게 전개되었을지 알기 어렵다. 산출 위축이 훨씬 커져 대공황이 반복되었을 것이라고 생각하는 것이 합리적일 것이다. 물론 증명은 불가능하다.

요약

- 명목이자율은 지금 빌린 1원에 대해 미래에 몇 원을 상환해야 하는지를 알려준다.
- 실질이자율은 지금 빌린 1단위의 재화에 대해 미래에 재화 몇 단위를 상환해야 하는지를 알려준다.
- 실질이자율은 명목이자율에서 기대인플레이션율을 차감한 값에 근사한다.
- 명목이자율에 대한 0%의 하한(명목이자율 하한)은 실질이자율이 기대인플레이션의 음의 값보다 낮아질 수 없음을 의미한다.
- 채권 이자율은 채권발행기관의 채무불이행 확률과 채권 보유자의 위험기피도에 의존한다. 채무불이행 확률이 높을수록 또는 위험기피도가 심할수록 이자율이 높아진다.
- 금융중개기관은 투자자로부터 자금을 받아 이들 자금을 다른 사람에게 대출한다. 레버리지 비율을 선택할 때, 금융중개기관은 지급불능 위험을 고려한 기대수익을 고려한다.
- 레버리지로 인해 금융시스템은 지급불능과 유동성 부족 위험에 노출된다. 지급불능과 유동성 부족은 모두 금융중개기관의 대출 감축을 낳을 수 있다.

- 레버리지 비율이 높을수록, 자산의 유동성이 낮을수록, 부채의 유동성이 높을수록 은행 또는 보다 일반적으로 금융중개기관에 대한 인출쇄도의 위험이 높아진다.
- 명목이자율과 실질이자율의 차이 그리고 중앙은행이 선택한 정책이자율과 민간이 차입할 수 있는 이자율의 차이를 고려해 IS-LM 모형을 확장해야 한다.
- 금융시스템에 충격을 가하면 정책이자율이 일정할 때 민간이 차입할 수 있는 이자율이 상승하며, 이는 산출 감소로 이어진다.
- 2000년대 후반의 금융위기는 주택가격 하락에 의해 촉발되었고, 금융시스템에 의해 증폭되었다.
- 위기 상황에서 금융중개기관의 레버리지가 높았다. 증권화로 이들 자산을 평가하기 어려웠고 유동적이지 못했다. 도매금융 때문에 이들 부채는 유동적이었다. 인출쇄도는 금융중개기관의 대출 감소를 낳았으며, 산출에 강력한 악영향을 미쳤다.
- 금융, 재정, 통화정책이 사용되었으나 심각한 경기침체를 막기에는 충분하지 않았다.

핵심 용어

구조화 투자회사(structured investment vehicle, SIV)
그림자 은행(shadow banking)
급매가격(fire sale prices)
내로우 뱅킹(narrow banking)

담보(collateral)
도매금융(wholesale funding)
독성자산(toxic asset)
레버리지 비율(leverage ratio)

명목이자율(nominal interest rate)
미국 경제회복 및 재투자법(American Recovery and
　　Reinvestment Act, ARRA)
부도위험(insolvency)
부실대출(underwater)
부실자산 구제 프로그램(Trouble Asset Relief Program,
　　TARP)
부채담보부증권(collateralized debt obligation, CDO)
비전통적 통화정책(unconventional monetary policy)
서브프라임 모기지(subprime mortgage) 또는 서브프라임
　　(subprime)
선순위 증권(senior security)
신용평가기관(rating agencies)
실질이자율(real interest rate)
연방예금보험(Federal Deposit Insurance)

요구불예금(demand deposits)
유동성(liquidity)
유동성 공급(liquidity provision)
유동성 공급장치(liquidity facilities)
위험 기피도(risk aversion)
위험프리미엄(risk premium)
은행인출쇄도(bank runs)
자본 비율(capital ratio)
정책이자율(policy rate)
주택담보대출기관(mortgage lender)
주택저당증권(mortgage-based security, MBS)
증권화(securitization)
직접금융(direct finance)
차입이자율(borrowing rate)
후순위 증권(junior securities)

연습문제

기초문제

1. 이 장의 내용에 기초해 다음에 대해 각각 '사실', '거짓', '불확실' 여부를 밝히고 그 이유를 간단히 설명하라.

   a. 명목이자율은 재화를 기준으로 측정한다. 실질이자율은 화폐를 기준으로 측정한다.

   b. 기대인플레이션이 대체로 일정하게 유지되는 한, 실질이자율 변화는 명목이자율 변화와 대체로 일치한다.

   c. 2019년 미국에서 명목 정책이자율은 명목이자율 하한에 도달했다.

   d. 기대인플레이션이 상승하면 실질이자율이 하락한다.

   e. 모든 채권은 동일한 채무불이행 위험을 가지며 따라서 동일한 이자율을 지불한다.

   f. 명목 정책이자율은 중앙은행이 결정한다.

   g. 은행의 레버리지 비율이 증가하면 은행의 기대이익과 파산위험이 증가하는 경향이 있다.

   h. 실질 차입이자율과 실질 정책이자율은 항상 같은 방향으로 움직인다.

   i. 은행과 기타 금융중개기관의 자산가치를 평가하는 것은 어려울 수 있다. 특히 금융위기 상황에서 그렇다.

   j. 은행의 레버리지가 높고 유동성이 낮은 경우 자산을 급매 가격으로 판매해야만 할 수 있다.

   k. 은행과 기타 금융중개기관은 부채보다 유동성이 낮은 자산을 보유한다.

   l. 주택가격은 2000년 이후 계속 상승했다.

   m. 금융위기에 대응하기 위해 미국이 채택한 재정팽창 프로그램은 총수요 감소를 상쇄하고 경기침체의 강도를 줄이는 데 도움이 되었다.

   n. 미국이 채택한 재정팽창 프로그램에는 GDP 대비 재정적자의 대규모 증가를 포함했다.

2. (a)~(c)에 나열된 각 가정의 집합에 대한 정확한 공식과 근사 공식을 사용해 실질이자율을 계산하라.

   a. $i=4\%$, $\pi^e=2\%$

   b. $i=15\%$, $\pi^e=11\%$

   c. $i=54\%$, $\pi^e=46\%$

3. 다음 페이지의 표를 채우고 표의 데이터와 관련된 질문에 답하라.

   a. 어떤 상황이 4장에서 정의한 유동성 함정에 해당하는가?

   b. 어떤 상황이 명목 정책이자율이 명목이자율 하한에 있는

상황	명목 정책 이자율	기대 인플레이션	실질 정책 이자율	위험 프리미엄	명목 차입 이자율	실질 차입 이자율
A	3	0		0		
B	4		2	1		
C	0	2		4		
D				2	6	3
E	0	−2				5

경우에 해당하는가?

  c. 어떤 상황에서 위험프리미엄이 가장 높은가? 채권시장의 어떤 두 요인이 양의 위험프리미엄으로 이어지는가?

  d. 명목 정책이자율이 명목이자율 하한에 있을 때 양의 기대인플레이션을 유지하는 것이 왜 그렇게 중요한가?

4. 현대적 은행인출쇄도

자산 100, 자본 20, 예금 80을 갖는 간단한 은행을 고려하자. 4장에서 보듯이 요구불예금은 은행의 부채이다.

  a. 은행의 대차대조표를 설정하라.

  b. 이제 은행자산의 평가가치가 10으로 하락했다고 가정하자. 은행자본의 가치는 얼마로 변하는가? 은행의 레버리지 비율은 얼마인가?

  c. 예금이 정부에 의해 보증된다고 가정하자. 은행의 자본가치 하락에도 불구하고 예금자가 은행에서 자금을 인출할 이유가 있는가? 은행자산의 평가가치가 15, 20, 25로 떨어지면 답이 바뀌는가? 설명하라.

이제 자산 100, 자본 20이지만 요구불예금 대신 단기 차입이 80인 다른 은행을 고려하자. 만기가 되었을 때 단기 차입은 상환되거나 롤오버(재차입)되어야 한다.

  d. 이 은행의 대차대조표를 설정하라.

  e. 은행자산의 평가가치가 하락했다고 가정하자. 대출기관이 이 은행의 지급능력을 걱정한다면, 낮은 이자율로 단기 신용을 계속 제공할 의향이 있겠는가?

  f. 은행이 추가로 자본을 조달할 수 없다고 가정하면, 부채 상환에 필요한 자금을 어떻게 조달할 수 있는가? 많은 은행이 동시에 이러한 상황에 놓인다면(그리고 은행이 유사한 유형의 자산을 보유하고 있다면), 이들 은행의 자산가치는 어떻게 되겠는가? 이는 대출기관의 단기 차입 제공 의사에 어떻게 영향을 미치는가?

5. 보다 복잡한 금융시장을 가진 *IS-LM* 모형 본문에서 그림 6-6의 경제를 고려하자.

  a. 그림 6-6의 수직축 단위는 무엇인가?

  b. 명목이자율이 5%이고 기대인플레이션율이 3%라면 *LM* 곡선의 수직축 절편값은 얼마인가?

  c. 명목이자율이 5%라고 가정하자. 기대인플레이션이 3%에서 2%로 하락할 경우, *LM* 곡선을 이동하지 않게 하려면 중앙은행이 명목이자율에 어떻게 해야 하는가?

  d. 기대인플레이션율이 3%에서 2%로 하락하면 *IS* 곡선은 이동하는가?

  e. 기대인플레이션율이 3%에서 2%로 하락하면, *LM* 곡선은 이동하는가?

  f. 위험 채권에 대한 위험프리미엄이 5%에서 6%로 상승하면 *LM* 곡선이 이동하는가?

  g. 위험 채권에 대한 위험프리미엄이 5%에서 6%로 상승하면 *IS* 곡선이 이동하는가?

  h. 위험 채권에 대한 위험프리미엄의 상승이 산출 감소로 이어지는 것을 막을 수 있는 재정정책은 무엇인가?

  i. 위험 채권에 대한 위험프리미엄의 상승이 산출 감소로 이어지는 것을 막을 수 있는 통화정책은 무엇인가?

심화문제

6. 세계 각국의 명목이자율과 실질이자율

  a. 세계 각국에서 마이너스 명목이자율이 나타난 몇 가지 사례가 있다. 여러분이 이 책을 읽고 있는 시점에도 일부 국가에서 명목이자율이 마이너스일 수 있다. 연방기금 금리에 대응하는 스위스 명목이자율은 FRED 데이터베이스의 IRSTCI01CHM156N 시계열이다. 스위스 명목 정책금리는 2014~2018년에 마이너스였다. 그렇다면 채권 대신 현금을 보유해야 할 것인가? 미국의 경우 연준은 명목 정책금리를 아직 0% 이하로 설정하지 않았다.

  b. 실질이자율은 종종 음의 값을 갖는다(그림 6-2 참조). 어떤 상황에서 음의 값을 가질 수 있는가? 그 경우 채권 대신 현금을 보유하는 것이 좋지 않은가?

  c. 마이너스 실질이자율이 차입과 대출에 미치는 영향은 무엇인가?

d. 이코노미스트(The Economist)의 최근 호를 찾아 뒤표지의 'Economic and financial indicators' 표를 보자. 3개월 화폐시장 이자율을 명목 정책금리의 대리변수로, 소비자물가의 가장 최근 3개월간 변화율을 기대인플레이션율의 척도로 사용하자(두 수치 모두 연율로 표현하자). 명목이자율이 가장 낮은 국가는 어디인가? 명목정책금리가 마이너스인 국가는 어디인가? 실질이자율이 가장 낮은 국가는 어디인가? 실질이자율이 마이너스인 국가는 어디인가?

7. 부실자산 구제 프로그램(TARP)

자산 100, 자본 20, 단기 차입 80인 은행을 고려하자. 은행의 자산은 증권화된 자산으로 그 가치는 주택가격에 의존한다. 이 자산의 가치는 50이다.

a. 은행의 대차대조표를 설정하라.

주택가격 하락의 결과로 은행의 증권화된 자산의 가치가 하락해 현재 25~45 정도로 추정된다고 하자. 증권화된 자산을 '부실자산'이라 하자. 다른 자산의 가치는 50으로 유지된다. 은행자산의 가치에 대한 불확실성으로 말미암아 대출기관은 단기 신용(은행 입장에서는 단기 차입) 제공을 꺼린다.

b. 은행의 자산가치에 대한 불확실성을 감안할 때 은행 자본 가치의 범위는 얼마인가?

이 문제에 대응해 정부는 시장이 안정화된 후 다시 매각할 의도로 부실자산을 구매할 것을 고려한다(이것은 처음 의도했던 TARP의 내용이다).

c. 정부가 부실자산에 25를 지급하면 은행의 자본가치는 얼마가 될 것인가? 은행의 자본가치가 음의 값을 갖지 않도록 하려면 정부는 부실자산에 얼마를 지불해야 하는가? 정부가 부실자산에 대해 45를 지급했지만, 실제 가치가 이보다 훨씬 낮은 것으로 나타나면 누가 이 잘못된 평가의 비용을 부담하는가? 설명하라.

정부는 부실자산을 매입하는 대신 정부가 시장이 안정화된 후 다시 매각할 의도로 주식을 매입해 은행에 자본을 제공한다고 가정하자(이것이 최종적인 TARP의 구조였다). 정부는 은행의 주식과 국채(은행의 자산이 됨)를 교환한다.

d. 정부가 은행 주식에 25의 국채를 지급한다고 가정하자.

부실자산이 25의 가치만 갖는 최악의 시나리오를 가정해 은행의 대차대조표를 새로 설정하라. (은행은 이제 건전자산 50, 부실자산 25, 국채 25의 세 가지 자산을 잡는다.) 은행자본 총가치는 얼마인가? 은행은 파산하겠는가?

e. 이상에서 구한 답과 본문의 내용을 고려할 때, 왜 자본강화가 부실자산 매입보다 더 나은 정책일 수 있는가?

8. 채권에 대한 위험프리미엄 계산

본문에서 다음의 식을 도출했다.

$$(1 + i) = (1 - p)(1 + i + x) + p(0)$$

p는 채권발행기관이 파산해서 아무런 상환도 하지 않아 수익이 0일 확률이다. i는 명목 정책이자율이고, x는 위험프리미엄이다.

a. 파산확률이 0일 경우 위험채권에 대한 이자율은 얼마인가?

b. 위험한 차입자에 대한 명목이자율이 8%이고 명목 정책금리가 3%일 때 파산확률을 계산하라.

c. 파산확률이 1%이고 명목 정책이자율이 4%일 때 차입자의 명목이자율을 계산하라.

d. 파산확률이 5%이고 명목 정책이자율이 4%일 때 차용자의 명목이자율을 계산하라.

e. 이 공식은 파산 시 지급액이 0이라고 가정한다. 실제로는 종종 지급액이 양일 수 있다. 이 경우 수식은 어떻게 바뀌겠는가?

9. 비전통적 통화정책 : 금융정책과 양적 완화

IS-LM 모형이 다음과 같다.

$$IS \text{ 관계} : Y = C(Y - T) + I(Y, r + x) + G \quad (6.5)$$
$$LM \text{ 관계} : r = \bar{r} \quad (6.6)$$

이자율은 기대인플레이션이 차감된 연방기금금리, 즉 연준의 실질 정책이자율로 해석하라. 기업의 차입이자율이 연방기금금리보다 훨씬 높아 IS 식에서 프리미엄 x가 높다고 가정하자.

a. 정부가 금융시스템의 지급능력을 개선하기 위한 조치를 취한다고 가정하자. 정부의 조치가 성공하고 은행의 (서로 간의 그리고 비금융기관에 대한) 대여 의사가 높아질 경우 프리미엄에 어떤 일이 일어날 것인가? 그림 6-6에 기초할 때 IS-LM 그림은 어떻게 되겠는가? 금융정책을

거시경제정책의 일종으로 간주할 수 있겠는가?

b. 명목이자율이 0%인 상황에서 연준은 금융시장에서 신용흐름을 촉진하기 위해 증권을 직접 매입하기로 결정했다고 가정하자. 이 정책을 양적 완화라고 한다. 양적 완화가 성공적이어서 금융기관과 비금융 기업이 신용을 얻는 것이 쉬워진다면, 프리미엄은 어떻게 되겠는가? 이는 *IS-LM* 그림에 어떤 영향을 미치겠는가? 양적 완화 정책이 효과가 있다면 연방기금금리가 0%일 때 연준이 경제를 자극할 정책대안이 없다는 것이 사실인가?

c. 후에 살펴볼 양적 완화 정책에 대한 한 가지 주장은 양적 완화가 기대인플레이션을 증가시킨다는 것이다. 양적 완화가 기대인플레이션을 증가시킨다고 가정하자. 이는 그림 6-6의 *LM* 곡선에 어떤 영향을 주는가?

추가문제

10. 무위험 채권과 위험 채권 간의 스프레드

본문은 그림 6-3을 사용해 10년 만기 미국 국채의 무위험 이자율과 10년 AAA 및 BBB 회사채 이자율 간에 존재하는 스프레드의 변동을 설명했다. 이 스프레드는 세인트루이스 FRED 데이터베이스를 이용해 업데이트할 수 있다. 10년 만기 국채 이자율은 변동 DGS10이다. 무디스(Moody's)의 10년 기발행 AAA등급 채권은 DAAA 시계열이다. 마지막으로 뱅크오브아메리카 BBB 채권 수익률은 BAMLC0A4CBBBEY 시계열이다.

a. 현재 시점과 가장 가까운 요일의 세 가지 이자율 수치를 구하라. 어느 것이 최고 이자율을 보이고 어느 것이 최저

이자율을 보이는가? BBB와 AAA 이자율 간의 스프레드는 얼마인가? BBB와 AAA 이자율 간의 스프레드는 얼마인가?

b. 과거 1년간의 동일한 이자율을 찾아 스프레드를 계산하라. 아래 표를 작성하라.

시점	BBB	AAA	재무부 채권	BBB-AAA	재무부 채권 AAA	재무부 채권 BBB
현재						
1년 전						

c. 지난 1년간 위험프리미엄의 변화에 대한 증거가 있는가? 아니면 비교적 안정적이었는가? 설명하라.

11. 인플레이션 연동(Inflation-indexed) 채권

미국 재무부가 발행하는 일부 국채는 인플레이션에 연동된 지급을 한다. 인플레이션 연동 채권은 이렇게 채권자에게 인플레이션을 보상하는 특징이 있다. 따라서 이들 채권에 대한 현재의 금리는 실질이자율, 즉 재화를 기준으로 한 이자율이다. 이들 이자율은 명목이자율과 함께 기대인플레이션을 측정하는 데 사용할 수 있다. 어떻게 하는지 살펴보자.

연준 웹사이트에 가서 이자율을 포함한 가장 최근의 통계공개목록(www.federalreserve.gov/releases/h15/Current)을 구하라. 5년 만기 국채에 대한 현재의 명목이자율을 구하라. 이제 5년 만기 '인플레이션 연동' 국채의 현재 이자율을 구하라. 금융시장 참가자들은 향후 5년 동안 평균 물가 상승률이 어떻게 될 것이라고 생각하고 있겠는가?

더 읽을거리

■ 이 장과 같은 맥락에서 무슨 일이 일어났는지에 대한 더 자세한 설명은 다음을 참조하라. Mark Gertler and Simon Gilchrist(2018) "What Happened: Financial Factors in the Great Recession," *Journal of Economic Perspectives*, 32(3), pp. 3-30.

■ 금융위기에 대해 설명한 좋은 책은 많다. Michael Lewis (2010), *The Big Short*와 Gillian Tett(2009)의 *Fool's Gold*가 대표적이다. 이 책들은 금융시스템이 붕괴하기까지 어떻게 위험이 높아져 갔는지 보여준다. 두 책 모두 탐정소설 같아서

많은 액션과 매력적인 등장인물이 나타난다. *The Big Short*는 2015년에 영화로 제작되었다.

■ 월스트리트저널의 경제 편집장인 David Wessel(2009)이 작성한 *In Fed We Trust*는 언준이 위기상황에서 어떻게 대응했는지 설명한다. 이 또한 매력적인 책이다. 더불어 위기 내 연준 의장이었던 Ben Bernanke(2015)의 *The Courage to Act: A Memoir of a Crisis and Its Aftermath*를 통해 내부자의 이야기도 읽어보라.

중기

중기에 경제는 자연실업률과 관련된 산출 수준으로 복귀한다.

Chapter 7

7장에서는 노동시장의 균형을 살펴본다. 경제가 중기적으로 복귀하는 실업률 수준, 즉 자연실업률을 논의한다.

Chapter 8

8장에서는 인플레이션과 실업의 관계인 필립스 곡선(Phillips curve)을 살펴본다. 단기에 실업률은 통상적으로 자연율에서 벗어난다. 인플레이션의 변화는 실업률과 자연실업률의 편차에 의존한다.

Chapter 9

9장에서는 단기와 중기 모형을 다룬다. 모형은 *IS-LM* 모형과 필립스 곡선을 결합하므로 *IS-LM-PC* 모형이라고 한다. 단기와 중기 모두에서 산출 및 실업의 동학을 설명한다.

노동시장

수 요 증가에 대응해 기업이 생산을 증가시킬 때 어떤 변화가 발생하는지 생각해보자. 생산 증가는 고용 증가를 유발한다. 고용 증가는 실업률을 낮춘다. 실업 감소는 임금 상승을 낳는다. 임금 상승은 생산비용을 높이고 기업은 제품가격 인상으로 대응한다. 가격 상승은 노동자로 하여금 높은 임금을 요구하게 한다.

지금까지는 이러한 연쇄반응을 무시했다. 물가가 일정하다고 가정함으로써 실질적으로 기업이 주어진 가격에서 어떤 규모의 산출량도 공급할 수 있으며, 또한 실제로 공급한다고 가정한 셈이 되었다. 분석의 초점이 *단기*에 있는 한 이러한 가정은 납득할 만하다. 그러나 분석의 초점을 중기로 옮길 경우 이러한 가정은 완화되어야 하고, 시간이 지남에 따라 가격과 임금이 어떻게 변화하고 산출에 어떤 영향을 미치는지 살펴보아야 한다. 이 장과 이어지는 2개 장은 이러한 주제를 다룬다. ◀ 그림 5-10에서 물가의 행태를 참고하라.

이러한 연쇄반응의 중심에 임금이 결정되는 *노동시장*이 있다. 그래서 이 장에서는 6개의 절로 나누어 노동시장을 살펴본다.

7-1절은 노동시장을 개관한다.

7-2절은 실업에 초점을 맞추어 실업이 어떻게 변해 가며 실업의 움직임이 어떻게 개별 노동자에게 영향을 미치는지 살펴본다.

7-3절과 7-4절은 임금과 가격 결정을 살펴본다.

7-5절은 노동시장의 균형을 다룬다. 중기에 있어 경제가 복귀하려는 실업률 수준인 *자연실업률*의 특성을 살펴본다.

7-6절은 다음에 어디로 향할지 살펴본다.

> 이 장의 메시지 : 자연실업률은 노동자가 요구하는 임금 수준이 기업이 결정하는 가격 수준과 일관성이 있을 때의 실업률이다. ▶ ▶ ▶

7-1 노동시장 개관

2018년 미국의 총인구는 3억 2,720만 명이다(그림 7-1). 근로연령(16세) 미만이거나 군대나 감옥에 있는 사람을 제외하고 고용될 수 있는 사람, 즉 **생산가능인구**(noninstitutional civilian population)는 2억 5,770만 명이다.

경제활동인구(labor force, 일하고 있는 사람과 일을 찾고 있는 사람의 합)는 단지 1억 6,200만 명이다. 나머지 9,570만 명은 **비경제활동인구**(out of the labor force)로 시장에서 노동활동을 하지 않거나 일자리를 찾지 않고 있는 사람들이 이에 해당한다. 따라서 생산가능인구에 대비한 경제활동인구의 비율로 정의되는 **경제활동참가율**(participation rate)은 16,200/25,770 또는 62%이다. 경제활동참가율은 꾸준히 증가해 왔는데 이는 여성의 경제활동참가율 증가를 대부분 반영한다. 여성은 1950년에 3명 중 1명꼴로 경제활동인구에 속했지만 지금은 3명 중 2명꼴로 경제활동인구에 속하고 있다.

▶ 요리나 육아 등 가사 노동은 공식 통계에서 노동으로 분류되지 않는다. 이는 이 활동을 측정하기 어렵다는 점을 반영한 것이지 노동이 무엇이어야 하는지에 대한 가치판단 때문은 아니다.

생산가능인구 중 1억 5,570만 명이 고용되어 있고 630만 명은 실업 상태에 있어 일자리를 찾고 있다. 따라서 경제활동인구 대비 실업자의 비율로 정의되는 **실업률**(unemployment rate)은 3.9%이다.

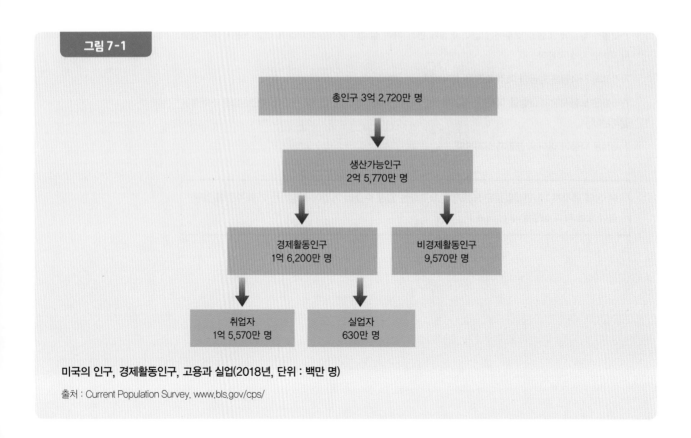

그림 7-1

미국의 인구, 경제활동인구, 고용과 실업(2018년, 단위 : 백만 명)

출처 : Current Population Survey. www.bls.gov/cps/

노동자의 대규모 흐름

개별 노동자에게 있어 일정한 실업률이 무엇을 의미하는지 감을 잡기 위해 다음을 생각해보자.

먼저 여행객으로 가득 찬 공항을 상상해보자. 공항이 붐비는 이유는 많은 항공기가 오가고 많은 여행객이 공항을 빠르게 진출입하기 때문일 것이다. 또는 날씨가 좋지 않아 비행기 운항이 지연되고 승객들의 발이 묶여 날씨가 좋아지기만을 기다리고 있기 때문일 수 있다. 공항의 승객 수는 두 경우 모두 높겠지만 내부 사정은 크게 다르다. 두 번째 상황에 놓인 고객들은 그리 유쾌하지 않을 것이다.

마찬가지로 똑같은 실업률이라 해도 매우 다른 상황을 반영할 수 있다. 크게 활성화된 노동시장을 반영할 수도 있고, 동맥경화 상태를 보이는 노동시장을 반영할 수도 있다. 활성화된 노동시장에서는 **입직**(hirc)도 활발하고 **이직**(separation)도 활발해 많은 노동자가 실업 상태에 들어갔다가 곧 빠져나온다. 경직된 노동시장에서는 입직도, 이직도 적어 정체된 실업군을 형성한다.

총실업률 뒤에 숨어 있는 실제 상황을 이해하기 위해서는 노동자 이동에 관한 데이터가 필요하다. 미국의 경우 **인구동향조사**(Current Population Survey, CPS)라 불리는 월간 조사 자료를 활용하면 된다. 1994년부터 2018년까지 미국 CPS로부터 계산된 월평균 흐름이 그림 7-2에 나타나 있다. (CPS에서의 노동자 유출입에 관한 자세한 논의는 초점상자 '인구동향조사'를 참조하라.)

그림 7-2에는 세 가지 두드러진 특징이 있다.

■ 취업 상태에서 유출입하는 노동자의 흐름이 매우 크다.

평균적으로 매월 850만 명의 이직(취업자 1억 3,200만 명)이 발생하며 300만 명이 한 직장에서 다른 직장으로 직접 이동(그림 맨 위쪽의 원형 화살표)한다. 또 다른 370만 명은 고용 상태에서 비경제활동 상태로 옮겨 간다(고용에서 비경제활동으로 향하는 화살표). 그리고 180만 명은 고용 상태에서 실업 상태로 이동한다(고용에서 실업으로 향하는 화살표).

왜 이렇게 많은 이직이 매월 발생할까? 모든 **이직**(quit)의 3/4은 보다 나은 대안을 찾아 직장을 떠나는 노동자이고 나머지 1/4은 **해고**(layoff)다. 해고는 기업별로 고용 규모가 달라지는 데서 대부분 기인한다. 서서히 변화하는 총취업자 수는 각 기업에서 발생하는 끊임없는 직업 소멸과 생성의 현실을 감추고 있다. 매 순간 일부 기업은 수요 침체로 고통을 받으며 고용을 줄이지만, 다른 기업은 수요 증가를 즐기며 고용을 늘린다.

■ 실업에서 유출입하는 사람들의 규모가 실업자 규모에 비해 더 크다. 실업 상태에서 빠져나오는 노동자가 월평균 380만 명이다. 이 중 200만 명은 새로운 일자리를 얻지만 190만 명은 일자리 찾기를 포기하고 경제활동인구에서 빠져나간다. 다시 말해 실업자 중 실업 상태를 벗어나는 사람이 매월 44%(380/880)에 달한다. 즉 평균 **실업지속기간**(duration of unemployment, 사람들이 실업에 놓여 있는 평균 기간)은 2~3개월이다.

이 사실은 중요한 시사점을 제공한다. 실업자를 무작정 직장을 찾아 기다리는 사람들로 구성된 정체된 집단으로 생각하면 안 된다. 실업자가 모두 다 그런 것은 분명히 아니지만 대부분에

의학용어인 *경화증*(sclerosis)은 동맥이 경화되는 것을 의미한다. 이 용어는 경제학에서 기능이 제대로 작동하지 못하고 거래가 미미한 시장을 묘사하기 위해 사용된다.

그림 7-1에서 고용, 실업, 비경제활동인구 수치는 2018년 기준이다. 그림 7-2의 동일한 변수에 대한 수치는 1994~2018년간 평균값이다. 이로 인해 두 수치가 다르다.

보다 극적으로 달리 말한다면 평균적으로 미국에서 매일 6만 명의 노동자가 실업자가 된다.

실업의 평균 지속기간은 매월 실업 상태를 벗어나는 실업자 비율의 역수(逆數)이다. 한 가지 예를 보자. 실업자 수가 일정해 100명이라 하고 각 실업자는 2개월간 실업 상태로 남는다고 하자. 결국 매 시점에서 1개월간 실업 상태에 있는 사람이 50명이 실업 상태에 있는 사람이 50명이 있다. 매월 2개월간 실업 상태에 있던 50명이 실업 상태를 벗어난다. 이 예에서 실업 상태를 벗어나는 실업자의 비율은 매월 50/100 또는 50%이다. 이 경우 실업 지속기간은 2개월로 1/50%의 역수이다.

그림 7-2

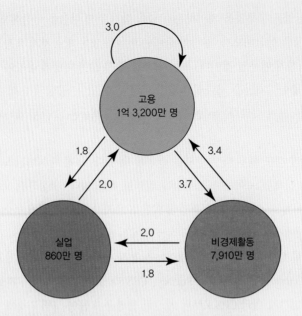

미국에서의 고용, 실업, 비경제활동의 평균적인 월별 흐름(1994~2018년, 단위 : 백만 명)
(1) 고용에서 유·출입하는 노동자 규모가 크다. (2) 실업에서 유·출입하는 노동자 규모가 실업자 규모에 비해 상대적으로 크다. (3) 경제활동인구로부터도 대규모의 유·출입이 있는데 상당수가 고용으로부터의 직접적인 유·출입이다.

출처 : Calculated from the series constructed by Fleischman and Fallick, www.federalreserve.gov/econresdata/researchdata/feds200434.xls

게 실업 상태는 직장 간의 긴 대기시간보다는 빠른 이전기간으로 보아야 한다. 하지만 이 지점에서 두 가지를 지적해야겠다. 첫째, 미국은 이 점에서 예외적이다. 많은 유럽국가의 평균 실업 지속기간은 미국보다 훨씬 길다. 둘째, 아래에서 보겠지만 미국에서조차도 오늘날처럼 실업률이 높을 때는 평균 실업지속기간이 훨씬 길어진다. 실업 상태가 훨씬 고통스러워진다.

■ 경제활동 상태로부터 유출입하는 노동자 역시 놀라울 정도로 많다. 매월 550만 명(370만 명 + 180만 명)의 노동자가 경제활동을 포기한다. 그리고 이보다 약간 더 적은 540만 명(340만 명 + 200만 명)이 경제활동에 참여한다. 이러한 두 가지 흐름이 학교를 졸업하고 처음 노동시장에 진입하는 사람들과 은퇴하는 사람들로 구성되었을 것이라고 예상할 수 있다. 그러나 실제로 이런 사람들은 그리 많지 않다. 매월 45만 명의 새로운 노동자가 노동시장에 진입하고 35만 명만이 은퇴할 뿐이다. 그러나 노동시장에 유출입하는 실제 규모는 1,090만 명으로 약 14배 정도 크다.

이 사실이 의미하는 것은 '노동시장을 빠져나오는' 또는 '경제활동 상태로부터의 이탈'로 분류되는 많은 사람이 실제로는 일할 의사를 갖고 있으며 노동시장을, 또는 경제활동 상태와 비경제활동 상태를 넘나든다는 것이다. 사실상 비경제활동 상태라고 분류되는 사람 중 상당수는 직장을 찾고 있지 않지만 '직장을 원한다'고 답하고 있다. 이 표현이 실제 무엇을 의미하는지 불분

인구동향조사

인구동향조사(CPS)는 미국의 노동력, 고용, 경제활동 참가, 소득에 대한 주요 통계 자료원이다.

1940년에 CPS가 시작되었을 때는 8,000가계에 대한 설문조사에 기초했다. 이후 표본은 상당히 커졌고, 현재는 매월 6만 가계 이상에 설문조사가 이루어지고 있다. 가계는 표본이 미국 인구를 대표할 수 있도록 선택되었다. 각 가계는 4개월간 표본에 포함되고, 이후 8개월간 표본에서 누락된 후 다시 4개월 동안 표본에 포함되며 이후에는 표본에서 영원히 사라진다.

조사는 컴퓨터의 도움을 받은 인터뷰에 기초한다. 인터뷰는 사람이 직접 하거나(이 경우 조사자는 노트북 컴퓨터를 사용한다) 전화로 이루어진다. 일부 질문은 모든 조사에서 사용되지만 다른 질문은 노동시장의 특별한 측면을 파악하기 위해 특정 조사에서만 사용된다.

노동부는 이 자료를 이용해 고용, 실업 그리고 연령별, 성별, 교육수준별, 산업별 참여율에 대한 수치를 계산하고 발표한다. 경제학자는 이 컴퓨터 파일자료를 두 가지 방식으로 사용한다.

첫째는 노동시장이 각 시점에서 어떤 상황에 있는지에 대한 스냅사진을 얻기 위해 다음과 같은 질문에 답을 구하는 것이다 : 초등교육만을 받은 스페인계 미국 노동자에 대한 임금 분포는 어떠한가? 그리고 이러한 분포는 10년 전 또는 20년 전의 동일한 분포와 어떻게 비교되는가?

둘째는 그림 7-2가 한 예로서 설문조사가 사람들의 동태적 행태를 조사한다는 사실을 활용한다. 동일한 사람을 대상으로 인접한 두 달을 살펴봄으로써, 예를 들면 지난달에 실업자였던 사람 중 얼마나 많은 사람이 이번 달에 고용되었는지를 조사할 수 있다. 이 수치는 전월의 실업자가 직업을 발견할 확률에 대한 추정치를 제공한다.

CPS에 대한 보다 자세한 내용을 알아보려면 CPS 홈페이지(www.bls.gov/cps/home.htm)를 방문하라.

명하지만, 이들에게 직장이 제공되면 많은 사람이 실제로 직장을 선택한다고 한다.

이 사실은 또 다른 중요한 시사점을 갖는다. 경제학자, 정책 당국, 언론에서 보여주는 실업률에 대한 민감한 관심은 부분적으로 그 방향이 잘못되었다는 것이다. '경제활동인구에서 이탈'하는 일부 사람들을 마치 실업자인 것처럼 분류한다. 사실 이들은 **실망실업자(discouraged workers)**이다. 이들은 적극적으로 직장을 찾지는 않지만, 직장을 발견할 수 있다면 취업할 것이다.

이런 이유로 경제학자는 때때로 실업률보다는 생산가능인구 중 고용된 인구의 비율인 **고용률(employment rate)**에 초점을 맞춘다. 실업률이 높을수록, 또는 경제활동인구에서 빠져나오는 인구가 많을수록 고용률은 낮아진다.

이 책에서는 전통을 따라 실업률에 초점을 맞추지만, 실업률이 취업할 수 있는 사람들에 대한 최선의 추정치가 아니라는 점을 기억해야 한다.

반대방향으로도 작용한다. 실업자 중 일부는 자신에게 주어진 취업기회를 받아들이려 하지 않을 수 있기 때문에 실업자로 계산되어서는 안 될 것이다. 실제로는 적극적으로 직장을 찾고 있지 않기 때문이다.

2018년에 취업자 수는 1억 5,570만 명이고 생산가능인구는 2억 5,770만 명이다. 이에 따라 고용률은 60.4%였다. 고용률은 때때로 '인구 대비 취업자 수의 비율'이라고도 불린다.(왜 고용률과 실업률의 합은 1이 아닌지 확실히 이해하라. 분모가 다르다.)

이제 실업률의 변화를 살펴보자. 그림 7-3은 1948년 이래 연평균 실업률을 보여준다. 음영 부분은 경기침체기를 나타낸다.

그림 7-3은 두 가지 중요한 특성을 보여준다.

■ 실업률의 연도별 추이는 경기침체 및 확장과 밀접한 관련이 있다. 예를 들어 그림 7-3에서 최근 실업률의 4개 정점을 보자. 가장 최근의 정점인 2010년의 9.6%는 위기의 결과였다. 2001년과 1990~1991년의 경기침체와 관련된 이전 2개의 정점은 약 7%로 훨씬 낮았다. 실업률이 9.7%에 달했던 1982년의 경기침체만이 최근의 위기에 견줄 만하다. (연평균치는 연내의 더 큰 수치를 숨길 수 있다. 1982년 경기침체기에 연평균 실업률은 9.7%였지만 실제로 11월의 실업률은 10.8%에 달했다. 마찬가지로 글로벌 금융위기에서 월별 실업률은 2009년 10월 10.0%로 정점을 찍었다.)

실업률은 때때로 경기침체가 발생한 해가 아니라 그다음 해에 정점에 도달한다. 예를 들어 2001년 경기침체 때도 그랬다. 산출이 높아지고 성장률이 양의 값을 보여 경제가 더 이상 경기침체는 아니지만, 산출 증가는 새로운 일자리가 충분히 생겨나지 않더라도 실업률 감소로 이어질 수 있다. ▶

■ 기본적인 추세는 없어 보인다. 1980년대 중반까지만 해도 미국의 실업률은 1950년대 평균 4.5%에서 1960년대 4.7%, 1970년대 6.2%, 1980년대 7.3%로 상승세를 보였다. 그러나 1980년대 이후 실업률은 대체로 20년 이상 하락했다. 2006년에는 4.6%로 하락했다. 위기와 함께 실업률은 급증했지만 다시 하락했다. 이 책의 집필 당시에는 3.9%로 1968년 이후 최저 수준이다.

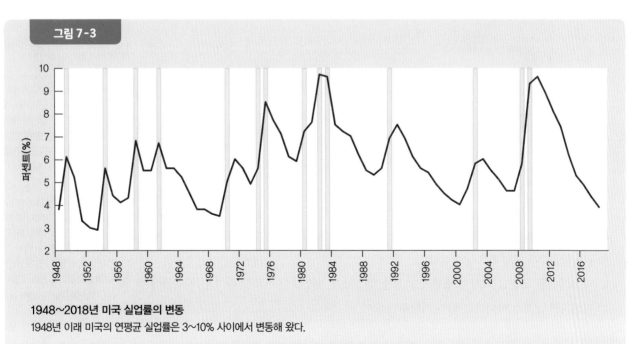

그림 7-3

1948~2018년 미국 실업률의 변동
1948년 이래 미국의 연평균 실업률은 3~10% 사이에서 변동해 왔다.

출처 : Series UNRATE: Federal Reserve Economic Data(FRED), http://research.stlouisfed.org/fred2/

이러한 경제 전체의 실업률 변화는 개별 노동자에게 어떤 영향을 미칠까? 이는 중요한 질문인데, 이에 대한 답이 다음의 두 효과를 결정하기 때문이다.

- 실업률 변화가 개별 노동자의 후생에 미치는 파급효과
- 실업률의 임금에 대한 파급효과

이제 기업이 수요 위축에 대응해 어떻게 고용을 감소시킬 수 있는지부터 보자. 기업은 신규 채용 규모를 감소시키거나 기존 노동자를 해고할 수 있다. 일반적으로 기업은 우선 신규 채용을 지연시키거나 중단하고, 퇴직과 은퇴를 통해 고용 규모를 감소시키는 것을 선호한다. 그러나 수요위축이 크다면 이것만으로는 부족하며 결국 노동자를 해고한다.

이제 취업자와 실업자에 대한 시사점을 보자.

- 만약 고용조정이 신규 채용 억제를 통해 이루어진다면 실업자가 직장을 얻을 기회는 줄어든다. 채용 감소는 일자리가 적어졌다는 것이고 실업률 증가는 직장 지원자가 많아졌다는 것을 의미한다. 일자리 감소와 지원자 증가는 함께 결합해 실업자의 구직을 어렵게 만든다.
- 대신 고용조정이 해고를 통해 이루어진다면 취업자가 직장을 잃을 위험이 커진다.

일반적으로 기업은 두 가지 형태의 고용조정 방식을 모두 사용한다. 결국 높은 실업률은 실업자가 직장을 발견할 가능성을 낮추고, 취업자가 직장을 잃을 가능성을 높인다. 그림 7-4와 그림 7-5는

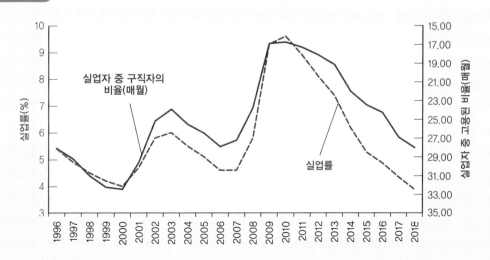

그림 7-4

실업률과 구직자 비율(1996~2018년)
실업률이 높아지면 직장을 잡은 실업자의 비율은 낮아진다. 오른쪽의 수직축에서 위치가 높을수록 비율이 낮아진다.

출처 : FRED: Unemployment: UNRATE; Percent of unemployed workers becoming employed each month; Series constructed by Fleischman and Fallick, www.federalreserve.gov/econresdata/researchdata/.

그림 7-5

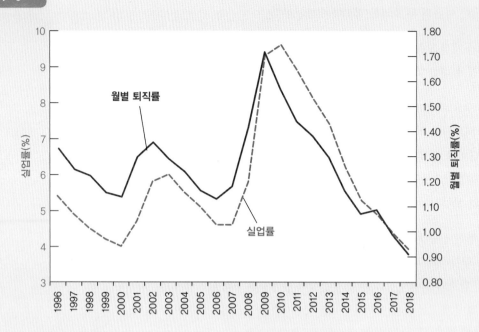

실업률과 실업전환률(1996~2018년)

실업률이 높아지면 보다 많은 노동자가 실업 상태로 빠져든다.

출처 : FRED. Unemployment rate UNRATE: Federal Reserve Economic Data; Proportion of employed workers becoming unemployed each month; Fleischman and Fallick, www.federalreserve.gov/econresdata/research data/feds200434.xls.

1996년부터 2018년까지의 미국을 대상으로 이 두 효과를 보여준다.

그림 7-4는 실업률(왼쪽의 수직축)과 매월 직장을 얻은 실업자의 비율(오른쪽의 수직축)의 추이를 보여준다. 이 비율은 월중 실업에서 취업으로의 흐름을 월초의 실업자 수로 나누어 구한 것이다. 이들 두 변수 간의 관계를 보다 분명히 보기 위해 직장을 찾은 실업자 비율의 추이는 축을 뒤집어 나타냈다. 따라서 오른쪽 수직축에서는 축에서의 위치가 높을수록 비율이 낮아진다는 점에 주의해야 한다.

직장을 잡은 실업자의 비율과 실업률의 관계는 놀랍다. 실업률이 높아진 시기에는 직장을 잡은 실업자의 비율이 훨씬 낮다. 예를 들어 실업률이 10%에 근접한 2010년에 월중에 직장을 잡은 노동자의 비율은 약 17%에 지나지 않았는데, 실업률이 훨씬 낮았던 2007년의 28%와 잘 대비된다.

유사하게 그림 7-5는 실업률(왼쪽 수직축)과 고용으로부터 실업으로 전환되는 비율(오른쪽 수직축)의 추이를 보여준다. 이 비율은 월중 취업에서 실업으로 전환되는 규모를 월중의 취업자 수로 나누어 구했다. 실업으로 전환되는 비율과 실업률의 관계는 분명하다. 실업률이 높아지면 실업으로 전환되는 확률도 높아진다. 실업률이 높은 시기의 이 확률은 실업률이 낮은 시기에 비해 거의 2배 가까이 높아진다.

이상의 논의를 요약해보자 : 실업률이 높아지면 노동자는 두 가지 방식으로 열악해진다.

◀ 이직률(separation rate)을 보아도 유사한 결론에 도달한다. 이직은 실업 상태로 전환되는 인구와 비경제활동인구로 전환되는 인구의 합이다.

- 취업자는 직장을 잃을 가능성이 높아진다.
- 실업자는 직장을 발견할 가능성이 낮아져 오랫동안 실업 상태를 지속할 수 있다.

7-3 임금 결정

실업을 보았으므로 임금이 어떻게 결정되는지와 임금과 실업의 관계를 살펴보자.

임금은 여러 방식으로 결정된다. 때때로 임금은 기업과 노조의 협상, 즉 **단체협상**(collective bargaining)에 의해 결정된다. 그러나 미국의 경우 단체협상의 역할은 적으며 비제조업의 경우에는 더욱 그러하다. 오늘날 미국 노동자 중 10%를 조금 상회한 인원만이 단체협상으로 임금을 결정한다. 나머지는 고용주가 결정하거나 개별 노동자가 결정한다. 해당 직업에서 필요한 기능 수준이 높을수록 협상이 발생할 가능성이 크다. 맥도날드와 같이 노동시장에 최초로 진입하는 사람에게 제시되는 임금은 무조건 받아들이거나 거절해야 하는 임금이다. 다른 한편으로, 갓 졸업한 대학생은 통상 계약의 일부 항목만을 협상한다. 하지만 기업의 최고경영자나 야구 스타는 보다 많은 계약 내용을 협상할 수 있다.

◀ **단체협상**은 노동조합(또는 노동조합 집단)과 기업(또는 기업 집단) 간의 협상이다.

단체협상은 국가별로 큰 차이가 있다. 일본과 대부분의 유럽국가에서는 단체협상이 중요한 역할을 한다. 협상은 기업 단위에서 이루어지기도 하고 산업 단위에서 이루어지기도 하며 경제 전체의 임금이 협상되기도 한다. 때때로 협상된 임금은 협상에 동의한 기업에게만 적용되지만, 다른 경우 해당 산업이나 경제 전체의 모든 기업과 노동자에게 자동적으로 확장되기도 한다.

노동자별·국가별로 이러한 차이가 존재하는데 과연 임금 결정에 관한 일반이론과 같은 것을 기대할 수 있을까? 답은 '그렇다'이다. 비록 제도적 차이가 임금 결정에 영향을 미치지만 모든 국가에서 작동하는 공통 요인은 존재한다. 특히 두 가지 사실이 부각된다.

- 노동자는 통상적으로 자신의 **유보임금**(reservation wage)을 넘어서는 임금을 지급받는다. 유보임금은 취업 상태에 있거나 실업 상태에 있거나 노동자에게는 무차별한 임금 수준이다. 다시 말해 대부분의 노동자는 실업보다는 취업해 있는 편이 유리할 만큼 충분히 높은 임금을 받고 있다.
- 임금은 통상적으로 노동시장의 상황에 의존한다. 실업률이 낮을수록 임금은 높다. (이에 대해서는 다음 절에서 더 자세히 다룬다.)

이러한 두 가지 사실을 고려하기 위해 경제학자는 두 가지 설명 방식에 초점을 맞추어 왔다. 첫째로 단체협상 과정을 거치지 않는다 해도 노동자는 자신의 유보임금을 넘어서는 임금을 받을 수 있고, 또한 실제 받는 데 사용할 수 있는 일종의 협상력을 갖는다. 둘째로 기업은 다양한 이유 때문에 노동자에게 유보임금 이상의 임금을 지불하길 원한다. 각각의 설명을 차례로 살펴보자.

협상

노동자가 얼마나 강한 **협상력**(bargaining power)을 갖는지는 두 가지 요인에 좌우된다. 첫째는 기업이 퇴직하는 노동자를 대체하는 데 얼마나 많은 비용을 치를지다. 둘째는 퇴직할 경우 노동자가 다른 직장을 잡는 것이 얼마나 어려운지다. 기업이 퇴직노동자를 대체하는 것이 어려울수록 그리고 노동자가 다른 직장을 찾는 것이 쉬울수록 노동자는 더 강한 협상력을 갖는다. 이는 두 가지를 시사한다.

- 노동자가 얼마나 강한 협상력을 갖는지는 우선 직업의 성격에 의존한다. 맥도날드에서 노동자를 대체하는 것은 그리 많은 비용이 들지 않는다. 필요한 기능은 쉽게 가르칠 수 있고 수많은 사람이 이미 지원서를 제출해 놓고 있다. 이 상황에서 노동자는 그리 강한 협상력을 갖지 못할 것이다. 노동자가 임금을 올려 달라고 하면 기업은 그를 해고하고 최소비용으로 대체인력을 찾을 수 있다. 반대로 기업이 어떻게 움직이는지 자세히 알고 있는 매우 숙련된 노동자를 대체하기란 쉽지 않고 비용이 뒤따른다. 결국 노동자는 보다 강한 교섭력을 가지며, 해당 노동자가 높은 임금을 요구하면 기업은 임금을 올려주는 것이 최선이라고 판단할 것이다.

피터 다이아몬드(Peter A. Diamond), 데일 모텐슨 (Dale Mortensen), 크리스토퍼 피서라이즈(Christopher Pissarides)는 노동시장의 특성을 대규모의 유동적 흐름과 임금협상으로 규명한 업적으로 2010년에 노벨 경제학상을 받았다.

- 노동자가 얼마나 강한 협상력을 갖는지는 노동시장 상황에도 의존한다. 기업은 실업률이 낮을 때 만족할 만한 대체인력을 찾기가 더 어렵다. 동시에 노동자로서는 새로운 직장을 찾기가 더 쉽다. 이런 상황에서 노동자는 강해진 협상력을 가지며 더 높은 임금을 획득할 수도 있을 것이다. 역으로, 실업률이 높아지면 기업으로서는 양질의 대체인력을 찾기 쉽고 노동자로서는 새로운 직장을 잡기가 쉽지 않다. 협상력이 약화된 상태에서 노동자는 낮은 임금을 받아들이는 것 외에는 대안이 없을 것이다.

효율성 임금

노동자의 협상력과 상관없이 기업은 유보임금보다 더 많이 지불하려 할 수 있다. 기업은 노동자가 생산적이길 원하고 높은 임금은 이러한 목표를 달성하는 데 도움이 될 수 있다. 예를 들어 노동자가 직무를 제대로 수행하는 것을 배우기까지 시간이 걸린다면, 기업 입장에서는 노동자가 좀 더 오랫동안 머물기를 원할 것이다. 그러나 유보임금만 지불된다면 노동자는 해당 기업에 머물거나 떠나는 것 간에 무차별하게 느낄 것이다. 이 경우 많은 노동자가 그만둘 것이고 노동자의 이직률은 높아질 것이다. 유보임금 이상을 지불하면 노동자로서는 머무는 것이 금전적으로 더 유리하다.

2001년 9월 11일 이전에 항공보안에 대한 접근방식은 저임금 노동자를 고용하되 그로 말미암은 높은 이직률을 감수하는 것이었다. 그러나 이제 항공보안은 매우 높은 우선권을 갖게 되었기 때문에 이 일자리를 더 매력적으로 만들기 위해 임금 인상을 도모하고 있다. 이를 통해 근로 동기가 더 강하고 더 능력 있는 노동자를 얻는 한편 이직률도 줄이고자 하는 것이다. 현재 항공보안청의 이직률은 서비스산업의 평균 이직률과 대체로 일치한다.

이러한 예의 배경에는 보다 일반적인 명제가 담겨 있다. 대부분의 기업은 소속 노동자가 자신들의 직무에 좋은 감정을 갖길 원한다. 만족감은 작업의 질을 개선하고 높은 생산성으로 이어진다. 높은 임금은 기업이 이러한 목적을 달성하는 데 사용할 수 있는 한 가지 수단일 수 있다(초점상자 '헨리 포드와 효율성 임금'을 참조하라). 노동자의 생산성 또는 효율성을 지급받는 임금과 관련짓는 이론을 경제학자는 **효율성 임금이론**(efficiency wage theory)이라 한다.

협상에 기초한 이론처럼 효율성 임금이론 역시 임금이 직무의 속성과 노동시장 상황에 의존한

헨리 포드와 효율성 임금

1914년 당시 세계에서 가장 대중적인 차인 모델 T(Model T)를 제조했던 헨리 포드(Henry Ford)는 놀라운 발표를 했다. 모든 적격 노동자에게 일당(8시간) 최소 5달러를 지급할 것이라고 했다. 이는 대다수 노동자에게 매우 큰 폭의 임금 증가였다. 당시 노동자는 일당(9시간) 평균 2.30달러를 받고 있었다. 포드의 관점에서 이러한 임금 증가는 무시할 수 없는 수준으로 당시 회사 이윤의 약 절반에 해당했다.

포드의 동기가 무엇이었는지는 분명하지 않았다. 포드는 너무 많은 이유를 제시했기 때문에 그가 실제로 믿었던 것이 무엇인지 알 수 없다. 이전의 임금으로 노동자를 고용하는 데 어려움이 있었기 때문은 아니었다. 그러나 노동자를 회사에 계속 다니게 하는 데 어려움이 있었다는 것은 분명했다. 노동자의 이직률과 불만이 매우 높았다.

포드의 결정에 담긴 이유가 무엇이든 표 1에서 보듯이 임금 인상의 결과는 놀라웠다.

연간 이직률(이직자 수/노동자 수)은 1913년 370%

의 높은 수준에서 1915년 16%의 낮은 수준으로 급락했다. (연간 이직률이 370%라는 것은 평균적으로 회사 노동자의 31%가 매월 회사를 떠난다는 것을 의미한다. 이에 따라 연중 고용 대비 이직의 비율은 31%× 12 = 370%였다.) 해고율은 62%에서 거의 0%로 급락했다. 표에 나타나지 않은 평균 결근율은 1913년에 10%에 가까웠지만 1년 뒤 2.5%로 하락했다. 높아진 임금이 이런 변화의 주요 원천이라는 점에는 의문의 여지가 없다.

포드에서 생산성은 이런 임금 상승 비용을 상쇄하기에 충분했는가? 이에 대한 답은 덜 분명하다. 생산성은 1913년보다 1914년에 훨씬 높아졌다. 30~50%의 범위에 속하는 생산성 추정치의 증가율이 나타났다. 높아진 임금에도 불구하고 이윤 역시 1913년보다 1914년에 더 높아졌다. 그러나 이러한 이윤 증가의 어느 정도가 노동자의 행태 변화에 기인한 것인지 아니면 모델 T의 성과에 기인한 것인지는 밝히기 더 어렵다.

이상의 효과는 효율성 임금이론을 지지하지만, 최소한 이윤극대화의 시각에서 볼 때 일당 5달러의 임금 상승액은 지나친 것일 것이다. 그러나 헨리 포드는 다른 목표도 염두에 두었다. 여기에는 노동조합의 약화, 자신과 기업의 대중성 제고 등이 포함된다. 이러한 목표는 달성되어 노동조합은 약화되었고 포드 자신이나 회사의 지명도는 확실히 높아졌다.[1]

표 1 포드의 노동자 이동률과 해고율(1913~1915년)

	1913년	1914년	1915년
이동률(%)	370	54	16
해고율(%)	62	7	0.1

다고 하고 있다.

■ 노동자의 사기와 헌신이 작업의 질에 있어 핵심적이라고 보는 점단산업 기업은 노동자의 삭업이 보다 정형적인 산업의 기업보다 더 많은 임금을 지불할 것이다.

1 출처 : *Daniel Raff and Lawrence Summers, "Did Henry Ford Pay Efficiency Wages?"* Journal of Labor Economics, *1987, 5(4), Part 2: pp. S57-S87. Louise Matsakis, "Why Amazon Really Raised Its Minimum Wage to $15," Wired, October 2, 2018, www.wired.com/story/why-amazon-really-raised-minimum-wage.*

- 노동시장 상황은 임금에 영향을 미친다. 낮은 실업률하에서 노동자는 퇴직하는 것이 보다 유리할 것이다. 즉 실업이 감소할 때 퇴직이 늘어나는 것을 피하고자 하는 기업은 노동자가 기업에 머물도록 하기 위해 임금을 인상해야만 할 것이다. 이런 일이 벌어지면 낮은 실업률은 고임금으로, 높은 실업률은 저임금으로 이어질 것이다.

임금, 물가, 실업

다음 식은 임금 결정에 대한 지금까지의 논의를 나타낸다.

$$W = P^e \, F(u, z) \qquad (7.1)$$
$$(-, +)$$

즉 국민경제 전체의 명목임금 W는 세 가지 요인에 의존한다.

- 기대물가 수준 P^e
- 실업률 u
- 임금 결정에 영향을 미칠 수 있는 그 외 모든 기타 변수 z

이제 각 요인을 차례로 살펴보기로 하자.

기대물가 수준

우선 기대물가와 실제물가의 차이를 무시하고 '왜 물가는 임금에 영향을 미치는가?'를 검토하자. 이에 대한 답은 노동자나 기업 모두 명목임금이 아닌 **실질임금**에 관심을 갖기 때문이라는 것이다.

- 노동자는 얼마나 많은 금액을 받는지에는 관심 없지만 그 돈으로 얼마나 많은 재화를 살 수 있는지에는 주의한다. 즉 노동자가 관심 있는 것은 명목임금이 아니라 자신이 구매하는 재화의 가격 P에 대비한 명목임금이다. 노동자는 W/P에 초점을 맞춘다.
- 마찬가지로 기업이 관심 있는 것은 지급하는 명목임금이 아니라 자신이 판매하는 재화의 가격(P)에 대비한 명목임금(W), 즉 W/P이다.

다른 방식으로 생각하자. 노동자는 자신이 구매하는 재화의 가격, 즉 물가가 2배가 될 것으로 예상한다면 명목임금이 2배가 되기를 요구한다. 기업은 자신이 판매하는 재화의 가격, 즉 물가가 2배가 될 것으로 기대한다면 명목임금을 2배 지불하려 한다. 따라서 노동자와 기업이 물가가 2배가 될 것으로 기대한다면, 양자는 명목임금을 2배로 인상해 실질임금을 일정하게 만드는 데 동의할 것이다. 이러한 논리가 식 (7.1)에 담겨 있다. 물가가 2배 상승할 것으로 기대된다면 임금이 설정될 때 2배가 되는 명목임금이 선택될 것이다.

왜 임금은 실제물가 P보다는 기대물가 P^e에 의존할까? 이것은 임금이 명목 단위 또는 화폐 단위

기대물가의 상승은 동일한 비율만큼의 명목임금 상승을 낳는다.

로 설정되기 때문이며, 더욱이 임금이 설정될 때 관련된 물가는 아직 알려지지 않았기 때문이다. 예를 들어 미국은 대부분의 노조 계약에서 명목임금이 미래의 3년을 대상으로 설정된다. 노조와 기업은 향후 3년에 걸친 물가가 어떻게 될 것인지에 관한 예상에 기초해 향후 3년에 걸친 명목임금을 결정해야 한다. 임금을 기업이 결정하거나 기업과 각 노동자 간의 협상으로 결정할 때조차도 통상 향후 1년을 대상으로 명목임금이 결정된다. 설령 물가가 연중에 예상치 않게 상승해도 명목임금은 통상 재조정되지 않는다. (노동자와 기업이 물가에 대한 기대를 어떻게 형성하는지는 다음 2개의 장 내내 주된 관심사가 될 것이다. 하지만 잠시 이 문제를 제쳐두자.)

실업률

식 (7.1)에서 총임금에 영향을 미치는 중요한 요인으로 실업률 u를 들 수 있다. u 밑의 음의 기호는 실업률 증가가 임금을 **감소**시킨다는 것을 나타낸다.

임금이 실업률에 의존한다는 사실은 앞에서 내렸던 중요한 결론 중 하나이다. 만약 임금이 협상에 의해 결정되는 것으로 간주한다면, 높은 실업률은 노동자의 협상력을 약화시켜 낮은 임금을 받아들이게 만들 것이다. 만약 효율성 임금요인이 고려되어 임금이 결정된다면 실업이 높아질 때 기업은 좀 더 낮은 임금을 지불하더라도 노동자의 노동의욕을 전과 같이 유지할 수 있다.

◀ 실업률 상승은 명목임금 하락을 낳는다.

기타 요인

식 (7.1)의 세 번째 변수 z는 기대물가 수준과 실업률이 일정할 때 임금에 영향을 미치는 다른 모든 요인을 나타낸다. 관례상 z의 상승이 임금의 상승을 시사하도록 z변수를 정의하기로 하는데, z변수 밑의 양의 기호는 바로 이를 나타낸다. 앞에서 논의한 대로라면 수많은 잠재적 요인이 이에 속한다.

◀ z의 정의에 따라 z의 상승은 명목임금 상승을 낳는다.

예를 들어 노동자가 직장을 잃었을 때 받게 되는 실업급여의 지급, 즉 **실업보험**(unemployment insurance)을 생각하자. 직장을 잃었지만 다른 직장을 찾는 데 어려움을 겪는 노동자에게 사회가 일정한 보험을 제공해야 하는 당연한 이유가 있다. 하지만 여유로운 실업급여는 실업 가능성에 따른 스트레스를 줄이므로 실업률이 일정해도 임금 상승을 야기할 수 있다. 극단적 예로 실업보험이 존재하지 않는다고 가정하자. 일부 노동자는 생활의 근거가 사라질 것이고 실업 상태로 남아 있는 것을 피하려 매우 낮은 임금을 기꺼이 받아들일 것이다. 그러나 실업급여가 존재하면 실업자는 보다 높은 임금을 바라며 기다릴 것이다. 이 경우 z는 실업급여의 규모를 나타낸다. 실업률이 일정할 때 실업수당의 상승은 임금을 상승시킨다.

다른 요인들도 쉽게 이해될 수 있다. 최저임금 인상은 최저임금을 상승시킬 뿐만 아니라 최저임금 바로 위의 임금 역시 상승시킬 것이다. 결국 실업률이 일정하다고 해도 평균임금 W가 상승할 것이다. 아니면 **고용보호**(employment protection)가 강화되었다고 하자. 이 경우 기업이 노동자를 해고하는 비용이 높아진다. 이러한 변화는 해당 규제의 도움을 받을 수 있는 노동자의 협상력을 높일 것이고(기업으로서는 노동자를 해고하거나 다른 노동자를 고용하는 것에 더 많은 비용을 지불해야 한다) 결국 실업률이 일정하다고 해도 임금 상승으로 이어진다.

앞으로 논의가 진행됨에 따라 이 요인들을 심도 있게 살펴볼 것이다.

7-4 가격 결정

임금 결정을 살펴보았으므로 이제 가격 결정으로 관심을 돌리자.

기업이 결정하는 가격은 자신들의 비용에 의존한다. 그리고 이들 비용은 생산 과정에 사용된 투입요소와 생산된 산출의 관계인 **생산함수**(production function)의 특성과 이들 투입요소의 가격에 의존한다.

기업이 노동만을 투입해 재화를 생산한다고 가정하자. 이 경우 생산함수는 다음과 같다.

$$Y = AN$$

여기서 Y는 산출, A는 노동생산성, N은 고용이다. 이러한 생산함수는 노동자 1인당 산출로 정의되는 **노동생산성**(labor productivity)이 일정하며 A와 같다는 것을 시사한다.

▶ 미시경제학 용어를 사용하면 이 가정은 '생산에서 노동에 대한 수확불변'을 시사한다. 기업이 고용인원을 2배 증가시키면 생산하는 산출물 역시 2배 증가한다.

당연히 이는 지나치게 단순화한 것이다. 현실 세계에서 기업은 노동 외에 다양한 생산요소를 사용한다. 기계와 공장 등 자본을 사용하며 석유와 같은 원자재도 사용한다. 더욱이 기술은 계속 진보해 노동생산성 A는 일정하지 않으며 지속적으로 상승한다. 후에 이러한 요인을 모두 고려할 것이다. 석유가격 변화에 따른 파급효과를 분석하는 9장에서 원자재를 도입할 것이다. 10~13장에서는 장기에 있어서의 산출 결정 문제를 다룰 때 자본의 역할과 기술진보에 초점을 맞출 것이다. 하지만 여기서 설정한 산출과 고용의 단순한 관계는 현재의 목적에 충분하다.

노동생산성 A가 일정하다는 가정하에 논의를 더 단순화할 수 있다. 즉 노동자가 1단위의 산출을 생산한다고 산출 단위를 표준화하자. 즉 A를 1로 두자. (이러한 가정을 하면 문자 A를 계속 끌고 다닐 필요가 없고 수식을 단순화할 수 있다.) 즉 생산함수는 이제 다음과 같다.

$$Y = N \tag{7.2}$$

이 생산함수는 산출 1단위를 생산하는 비용이 W의 임금으로 노동자를 1명 더 고용하는 비용임을 시사한다. 미시경제학 용어를 사용한다면 산출을 1단위 더 생산할 때의 비용, 즉 생산의 한계비용은 W와 같다.

재화시장이 완전경쟁적이면 산출 1단위의 가격은 한계비용과 일치한다. 즉 P는 W와 일치한다. 그러나 많은 재화시장이 경쟁적이지 못하며 기업은 제품가격을 자신의 한계비용보다 더 높게 설정한다. 이 사실을 나타내는 단순한 방식이 바로 기업이 제품가격을 다음 식을 따라 설정한다고 가정하는 것이다.

$$P = (1 + m) W \tag{7.3}$$

여기서 m은 제품가격 중 비용을 초과하는 부분으로 **마크업**(markup)이라 한다. 재화시장이 경쟁적이지 못하고 기업이 시장지배력을 가지면 m은 양의 값을 가지며 제품가격 P는 임금 W를 $1 + m$ 만큼 초과한다.

7-5 자연실업률

이제 임금과 가격 설정이 실업률에 제공하는 시사점을 보자.

이 장의 나머지에서는 명목임금이 기대물가 P^e보다는 실제 물가 P에 의존한다고 가정한다(왜 이 가정이 필요한지는 곧 분명해진다). 이 가정을 추가하면 **자연실업률**(natural rate of unemployment)이라 불리는 균형실업률은 임금 설정과 가격 설정에 의해 결정된다. 이제 어떻게 이런 결과에 도달하는지 살펴보자.

▶ 이 장의 나머지는 $P^e = P$의 가정에 기초한다.

임금 설정 관계

명목임금이 기대물가(P^e)보다는 실제 물가(P)에 의존한다는 가정하에 임금 설정의 특성을 규정하는 식 (7.1)은 다음과 같이 된다.

$$W = P \, F(u, z)$$

양변을 물가로 나누면 다음과 같다.

$$\frac{W}{P} = F(u, z) \tag{7.4}$$
$$(-, +)$$

결국 임금 설정식은 실질임금 W/P와 실업률 u 간에 음의 관계가 성립함을 시사한다. **실업률이 높아질수록 임금 설정자가 선택하는 실질임금은 낮아진다.** 직관적으로 보면 당연하다. 실업률이 높아질수록 노동자의 협상력은 약화되며 결국 실질임금도 낮아진다.

실질임금과 실업률의 관계는 통상 **임금 설정 관계**(wage-setting relation)라 하며 그림 7-6과 같이 나타낼 수 있다. 여기서 수직축은 실질임금, 수평축은 실업률이다. 임금 설정 관계는 **음**의 기울기를 갖는 곡선 WS('wage setting'의 첫 글자)로 나타나 있다. 실업률이 높을수록 실질임금은 낮아진다.

단체협상에 의해 임금이 설정되면 '임금 설정자'는 노조와 기업이 되고, 노동자별로 설정되면 임금 설정자는 개인 노동자와 기업이 되며, 양자택일 식으로 결정되면 임금 설정자는 ▶ 기업이 된다.

가격 설정 관계

이제 가격 설정의 시사점을 보자. 가격 설정식 (7.3)을 명목임금으로 나누면 다음을 얻는다.

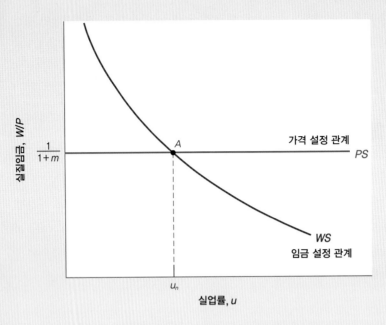

임금, 물가, 자연실업률
자연실업률은 임금 설정에서 선택된 실질임금이 가격 설정이 시사하는 실질임금과 동일한 실업률이다.

$$\frac{P}{W} = 1 + m \tag{7.5}$$

기업의 가격 설정 행태가 시사하는 임금에 대한 물가의 비율은 (1 + 마크업)이다. 이제 식의 양변에 역수를 취하면 실질임금에 관한 식을 얻을 수 있다.

$$\frac{W}{P} = \frac{1}{1 + m} \tag{7.6}$$

이 식이 무엇을 말하는지 주의하자. 기업이 가격을 설정하면, 이와 동시에 기업이 지급하는 실질임금이 결정되는 것이다. 마크업의 상승은 기업이 지급해야 하는 임금이 일정한 상태에서 제품가격의 인상을 낳는다. 다시 말해 마크업 상승은 실질임금 하락을 낳는다.

식 (7.5)에서 식 (7.6)으로의 변환은 수식으로는 간단하다. 그러나 실제로 어떻게 가격 설정이 기업이 지불하는 실질임금을 결정하는지는 직관적으로는 분명하지 않을 수 있다. 이렇게 생각해보자. 여러분이 일하는 기업에서 마크업을 증가시켰고 그에 따라 제품가격이 상승했다고 하자. 여러분의 실질임금은 크게 변화하지 않았다. 여러분은 여전히 똑같은 임금을 지급받고 여러분이 일하는 기업에서 생산한 제품이 여러분 소비에서 차지하는 비중도 아주 적다. 이제 여러분이 일하는 기업뿐만 아니라 경제 내 모든 기업이 모두 마크업을 증가시켰다고 하자. 이 경우 모든 가격이 상승한다. 여러분은 똑같은 명목임금을 받지만 이번에는 여러분의 실질임금이 하락한다. 따라서 기업이 설정하는 마크업이 높아질수록 여러분의 실질임금은 낮아진다. 식 (7.6)은 이를 보여준다.

식 (7.6)의 **가격 설정 관계**(price-setting relation)는 그림 7-6의 수평선 *PS*('price setting'의 첫 글자)로 나타나 있다. 가격 설정 관계가 시사하는 실질임금은 $1/(1+m)$이며 이는 실업률에 의존하지 않는다.

균형 실질임금과 실업

노동시장 균형은 임금 설정에서 선택된 실질임금이 가격 설정에서 시사하는 실질임금과 일치할 것을 요구한다. (물론 이런 식으로 균형조건을 나타내는 것이 이상하게 보일 수 있다. 미시경제학을 배운 사람이라면 당연히 노동수요와 노동공급으로 균형을 바라보는 사고방식을 배웠을 것이기 때문이다. 임금 및 가격 설정과 노동수요 및 공급은 첫인상보다 훨씬 밀접한 관계를 가지며 이는 부록에서 더 깊이 다룬다.) 그림 7-6에서 균형은 결국 점 *A*로 결정되며 균형실업률은 u_n으로 주어진다.

균형은 수식으로도 나타낼 수 있다. 식 (7.4)와 식 (7.6)에서 실질임금 W/P를 소거하면 다음을 얻는다.

$$F(u_n, z) = \frac{1}{1+m} \tag{7.7}$$

여기서 균형실업률 u_n은 임금 설정 관계(좌변)에서 선택된 실질임금과 가격 설정 관계(우변)가 시사하는 실질임금이 일치하는 실업률이다.

균형실업률 u_n은 **자연실업률**(natural rate of unemployment, 이런 이유로 아래첨자 *n*이 사용된 것이다)이라 불린다. 사실 이런 용어는 표준적이지만 그리 적절한 단어는 아니다. '자연'이라는 단어는 제도나 정책에 의해 영향을 받지 않는 자연의 본성을 시사한다. 도출 과정에서 분명히 알 수 있듯이, '자연'실업률이란 자연스러운 것이 아니다. 임금 설정 곡선과 가격 설정 곡선의 위치, 균형실업률은 모두 *z*와 *m*에 동시에 의존한다. 두 가지 예를 살펴보자.

▶ 웹스터 사전에 따르면 '자연'은 '인공에 의한 변화 없이 자연에 의해 주어진 상태'를 의미한다.

- **실업급여의 증가.** 실업급여의 증가는 *z*의 증가로 나타난다. 실업급여의 증가는 실업에 처할 경우 예견되는 고통을 완화하므로 실업률 수준이 똑같아도 임금 설정자가 설정하는 임금을 높이게 된다. 따라서 실업급여 증가는 임금 설정 관계를 *WS*에서 *WS'*으로 상승시키며(그림 7-7) 경제는 *PS*선을 따라 *A*에서 *A'*으로 움직여 간다. 자연실업률은 u_n에서 u'_n으로 증가한다.

  즉 실업률이 일정할 때 실업급여가 증가하면 실질임금이 상승한다. 실질임금을 기업이 기꺼이 지불하려는 수준까지 하락시키려면 실업률의 증가가 필요하다.

실업급여의 증가는 임금 설정 곡선을 위로 이동시킨다. 이때 경제는 가격 설정 곡선을 따라 이동하며 균형실업률은 증가한다. 그렇다면 실업급여는 좋지 않은 생각일까? (힌트 : 그렇지 ◀ 않다. 하지만 부작용이 있다.)

이는 일부 경제학자로 하여금 실업을 '흐려 수다'으로 부르게 ◀ 만들었다. 실업률 증가는 기업이 지급하려는 수준으로 임금을 복귀시키는 수단이라는 것이다.

- **독점규제의 완화.** 규제 완화에 따라 기업들이 보다 쉽게 결탁하고 시장지배력을 높일 수 있다면

그림 7-7

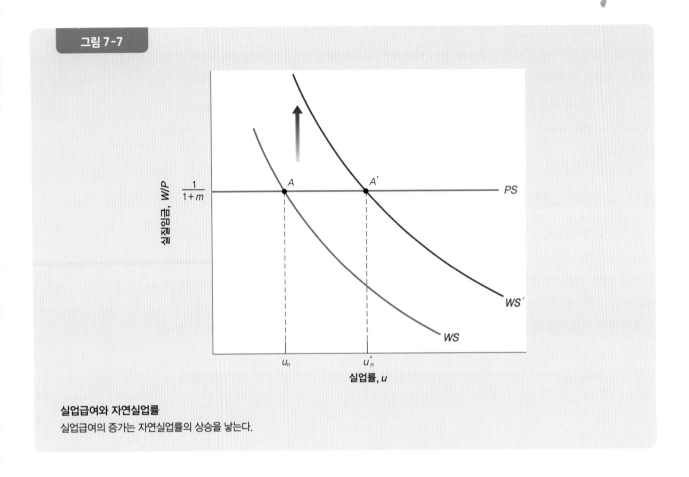

실업급여와 자연실업률
실업급여의 증가는 자연실업률의 상승을 낳는다.

마크업의 상승은 가격 설정 곡선(이 경우는 가격 설정선)을 이동시킨다. 경제는 임금 설정 곡선을 따라 이동하고 균형실업률은 증가한다.

이 이름은 컬럼비아대학교의 펠프스(Edmund Phelps)가 제안했다. 펠프스는 2006년에 노벨 경제학상을 수상했다. 펠프스의 업적에 대한 보다 자세한 내용은 8장과 24장을 참조하라.

이는 결국 마크업 증가로 이어진다. 마크업 m의 증가는 기업이 지불하는 실질임금의 하락을 시사하며, 그림 7-8에서 임금 설정 관계는 PS에서 PS'으로 하향 이동한다. 즉 경제는 WS를 따라 움직이고 균형은 A에서 A'으로 이동하므로 균형실업률은 u_n에서 u'_n으로 증가한다.

마크업의 상승은 실질임금을 높이고 자연실업률을 증가시킨다. 즉 독점규제의 완화는 명목임금이 일정하더라도 가격 상승을 가능하게 하고 이는 결국 실질임금의 하락을 낳는다. 실업률이 높아진 상황에서 노동자는 낮아진 실질임금을 수용할 수밖에 없으므로 자연실업률의 증가가 생겨난다.

실업급여의 증가나 독점규제 완화와 같은 요인은 자연의 결과물이라 보기 어렵다. 이들은 오히려 경제 구조가 갖는 다양한 특성을 반영한다. 이런 이유로 균형실업률을 **구조적 실업률**(structural rate of unemployment)이라 부르는 것이 더 나을 것이다. 하지만 지금까지 이런 명칭은 그리 널리 사용되고 있지 못하다.

그림 7-8

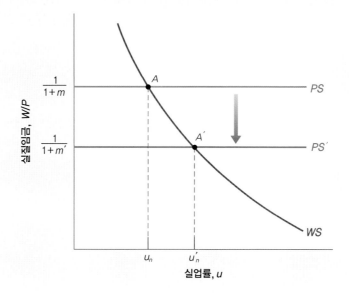

마크업과 자연실업률
마크업 증가는 자연실업률 증가로 이어진다.

7-6 어디로 가는가?

지금까지 노동시장 균형이 어떻게 균형실업률을 결정하는지를 보았다. (이렇게 결정된 균형실업률을 **자연실업률**이라 했다.) 정확한 도출은 9장에서 다루겠지만, 노동력이 일정할 때 실업률은 고용 수준을 결정하며, 생산함수가 일정할 때 고용 규모가 산출 수준을 결정한다는 것이 분명하다. 따라서 자연실업률에 대해 **자연산출 수준**이 상응한다.

현 시점에서 보았을 때 지난 4개의 장에서 한 것은 무엇일까? 만약 노동시장에서의 균형이 실업률과 그에 따른 산출 수준을 결정한다면 왜 재화시장과 금융시장을 분석하는 데 그렇게 많은 시간을 보냈을까? 아울러 산출 수준이 통화정책, 재정정책, 소비자 신뢰와 같은 요인에 의해 결정된다고 앞서 결론 내린 바 있다. 그러나 이러한 요인들은 식 (7.7)에 포함되어 있지 않고 따라서 자연산출 수준에 영향을 미치지 않는 것이 아닌가?

답은 단기와 **중기**의 차이를 통해 살펴볼 수 있다.

■ 자연실업률과 그에 대응하는 산출 수준을 두 가지 가정하에서 도출했다. 첫째, 노동시장의 균형을 가정했다. 둘째, 물가가 기대물가와 일치한다고 가정했다.

■ 그러나 단기에 두 번째 가정이 성립할 근거가 없다. 실제 물가는 명목임금이 결정될 때 기대했

단기에 산출의 변화를 결정하는 요인은 앞선 4개 장에서 초점을 맞춘 요인들로 통화정책, 재정정책 등이다. ▶

던 물가와 얼마든지 다를 수 있다. 따라서 단기에 실제 실업률이 자연실업률과 또는 산출이 자연산출 수준과 일치할 이유는 없다.

9장에서 보겠지만, 단기에 산출의 움직임을 결정하는 요인은 사실상 앞서 3개 장에서 다루었던 요인, 즉 통화정책, 재정정책 등이었다. 여러분이나 저자나 시간을 낭비한 것은 아니다.

중기에 산출은 자연 수준으로 복귀하는 경향이 있으며 산출을 결정하는 요인은 이 장에서 초점을 맞춘 요인들이다. ▶

■ 그러나 기대가 체계적으로 항상 잘못될(예를 들어 기댓값이 항상 지나치게 높거나 낮을) 가능성은 크지 않다. 바로 이런 이유로 **중기**에 실업률이 자연 수준으로 복귀하는 경향이 있으며 산출은 자연산출 수준으로 복귀하는 경향을 갖는다. 중기에 있어 실업과 산출을 결정하는 요인은 식 (7.7)에 나타나는 것들이다.

요약하면 이것이 이 장의 첫 문장에서 던졌던 질문들에 대한 답이다. 이어지는 2개의 장에서는 이들 답변을 더 자세히 발전시킨다. 8장은 물가가 기대물가와 일치한다고 가정하고 필립스 곡선으로 알려진 인플레이션과 실업의 관계를 유도한다. 9장은 이 모든 것을 종합한다.

요약

■ 노동력 또는 경제활동인구는 일하고 있는 사람(취업자)과 일자리를 찾고 있는 사람(실업자)으로 구성된다. 실업률은 경제활동인구 수에 대비한 실업자 수의 비율과 같다. 경제활동참가율은 생산가능인구 대비 경제활동인구의 비율과 같다.

■ 미국의 노동시장은 고용, 실업, '경제활동인구로부터의 이탈' 간에 발생하고 있는 대규모 흐름으로 특징지어진다. 월평균 실업자의 약 44%가 직업을 갖거나 경제활동인구로부터 이탈함으로써 실업 상태에서 벗어난다.

■ 실업률은 경기침체기에 높아지고 경기팽창기에 낮아진다. 실업률이 높은 기간 동안 일자리를 잃을 확률은 높아지지만 직업을 얻을 확률은 낮아진다.

■ 임금은 기업이 일방적으로 결정하거나 노동자와 기업의 협상에 의해 결정된다. 임금은 실업률이 증가할 때 감소하며 기대물가가 상승하면 같이 상승한다. 임금이 기대물가에 의존하는 이유는 통상 명목가치를 기준으로 일정 기간 동안 고정되기 때문이다. 이 기간 동안 물가가 기대했던 수준과 다르게 실현되어도 임금은 통상 재조정되지 않는다.

■ 기업이 설정한 가격은 임금과 임금 대비 가격의 마크업 수준에 의존한다. 기업이 선택한 마크업이 높아질수록 가격 설정 의사결정이 시사하는 실질임금은 낮아질 것이다.

■ 노동시장에서의 균형은 임금 설정에서 선택된 실질임금과 가격 설정이 시사하는 실질임금이 일치할 것을 요구한다. 기대물가가 실제 물가와 일치한다는 추가적인 가정하에서 노동시장의 균형은 실업률을 결정한다. 이 실업률은 **자연실업률**로 알려져 있다.

■ 일반적으로 실제 물가는 임금 설정자가 기대한 물가와 다르게 실현될 수 있다. 따라서 실업률이 자연실업률과 일치할 필요는 없다.

■ 이어지는 장들은 단기에 실업률과 산출이 이전 4개 장에서 초점을 맞추어 온 요인들에 의해 결정된다는 것을 보일 것이다. 그러나 중기에 실업률은 자연실업률로 다시 돌아가는 경향이 있으며, 산출 역시 자연산출 수준으로 다시 돌아가는 경향이 있다.

핵심 용어

가격 설정 관계(price-setting relation)

경제활동인구(labor force)

경제활동참가율(participation rate)

고용률(employment rate)

고용보호(employment protection)

구조적 실업률(structural rate of unemployment)

노동생산성(labor productivity)

단체협상(collective bargaining)

마크업(markup)

비경제활동인구(out of the labor force)

생산가능인구(noninstitutional civilian population)

생산함수(production function)

실망실업자(discouraged workers)

실업지속기간(duration of unemployment)

실업률(unemployment rate)

실업보험(unemployment insurance)

유보임금(reservation wage)

이직(quit)

이직(seperation)

인구동향조사(Current Population Survey, CPS)

임금 설정 관계(wage-setting relation)

입직(hire)

자연실업률(natural rate of unemployment)

해고(layoff)

협상력(bargaining power)

효율성 임금이론(efficiency wage theory)

연습문제

기초문제

1. 이 장의 내용에 기초해 다음에 대해 '사실', '거짓', '불확실' 여부를 밝히고 그 이유를 간단히 설명하라.

   a. 1950년 이래 미국의 경제활동참가율은 대체로 60% 수준에서 일정하게 머물렀다.

   b. 매월 고용 상태에서 유·출입하는 흐름은 경제활동인구의 규모에 비해 매우 작다.

   c. 실업자의 10% 미만이 매년 실업자군을 이탈한다.

   d. 실업률은 경기침체기에 높아지며 경기팽창기에는 낮아진다.

   e. 대부분의 노동자는 통상 자신의 유보임금을 받는다.

   f. 노조에 속하지 않은 노동자는 협상력이 없다.

   g. 노동자가 생각하는 유보임금보다 더 높은 임금을 지급하는 것이 고용주에게 유리할 수 있다.

   h. 자연실업률은 정책 변화에 영향을 받지 않는다.

2. 이 장의 내용에 기초해 다음 질문에 답하라.

   a. 근로 상태에서 유출입(고용과 이직)하는 노동자의 규모는 취업자 대비 몇 %인가?

   b. 실업 상태에서 유출입하는 노동자의 규모는 실업자 대비 몇 %인가?

   c. 매월 실업 상태에서 벗어나는 전체 규모는 실업자 대비 몇 %인가? 평균 실업지속기간은 얼마인가?

   d. 매월 경제활동인구에서 유출입하는 총인구 규모는 경제활동인구 대비 몇 %인가?

   e. 본문에서는 매월 45만 명의 새로운 노동자가 경제활동인구가 된다는 점을 보았다. 경제활동인구로 유입되는 인구 중 몇 %가 경제활동인구로 포함되는 신규 노동자에서 기인하는가?

3. 자연실업률

   기업의 비용 대비 마크업이 5%이고 임금 설정식은 다음과 같다.

   $$W = P(1 - u)$$

   여기서 u는 실업률이다.

   a. 임금 설정식에 의해 결정되는 실질임금 수준은 얼마인가?

   b. 자연실업률은 얼마인가?

   c. 기업이 책정하는 비용 대비 가격의 마크업이 10%로 증

가했다고 하자. 자연실업률은 어떻게 바뀌겠는가? 여러분의 답을 얻는 데 사용한 논리를 설명하라.

심화문제

4. 유보임금

1980년대 중반 어떤 유명한 슈퍼모델은 1만 달러(아마도 일당 기준)보다 적은 금액으로는 침대에서 나오지 않을 것이라고 말했다.

a. 여러분의 유보임금은 얼마인가?

b. 첫 직장에서의 임금은 여러분의 유보임금을 초과하겠는가?

c. 각 직장에 들어갈 당시의 유보임금에 비교해볼 때 어떤 직장의 임금이 더 높았는가? 첫 번째 직장인가, 아니면 10년 뒤 여러분이 기대하는 직장인가?

d. 효율성 임금이론에 기초해 (a)~(c)의 답을 설명하라.

e. 위기에 대한 정책대응 중 하나가 실업급여를 받는 기간을 연장하는 것이었다. 이러한 변화가 영구적인 것이라면 유보임금에 어떤 영향을 미치겠는가?

5. 협상력과 임금 결정

단체협상이 없더라도 노동자는 자신의 유보임금보다 더 높은 임금을 갖도록 해주는 일종의 협상력을 갖는다. 각 노동자의 협상력은 자신의 직업이 갖는 특성과 경제 전체의 노동시장 조건에 모두 의존한다. 각 요인을 순서대로 검토하자.

a. 배송업과 컴퓨터 네트워크 관리업을 비교하라. 노동자는 어떤 직업에서 더 많은 협상력을 갖는가? 왜 그런가?

b. 직업은 일정하다고 할 때 노동시장 여건은 노동자의 협상력에 어떤 영향을 미치는가? 노동시장 여건을 평가하기 위해 어떤 노동시장 변수를 참고할 것인가?

c. 노동시장 여건[(b)에서 고려했던 변수]은 일정하지만 경제 전반에서 노동자의 협상력이 증가했다고 하자. 이러한 변화는 중기에 실질임금에 어떤 영향을 미치겠는가? 단기에는 어떠한가? 이 장에서 설명한 모형에서 어떤 요인이 실질임금을 결정하겠는가?

6. 실업의 존재

a. 이 장의 부록에서 〈그림 1〉의 임금 설정 관계가 우상향하는 이유는 무엇인가? N이 L에 접근하면 실업률은 어

떻게 되겠는가?

b. 가격 설정 관계는 수평선으로 나타난다. 마크업의 상승은 부록 그림 1의 가격 설정 관계의 위치에 어떤 영향을 미치는가? 이 마크업의 상승은 자연실업률에 어떤 영향을 주는가?

7. 비공식 노동시장

2장에서는 집에서의 비공식적 일(예 : 식사 준비, 아동 보호 등)은 GDP에 포함되지 않는다고 했다. 아울러 이러한 일은 노동시장 통계에서 고용에 포함되지 않는다. 이러한 관찰을 염두에 두고 두 경제를 고려하자. 각 경제에는 100명의 사람이 4명씩 한 가구가 되어 25가구로 나뉘어 있다. 각 가구에서 한 사람은 집에 머물며 음식을 준비하고 두 사람은 음식업 이외의 업종에서 직업을 갖고 있으며, 한 사람은 실업자이다. 직업을 갖고 있는 두 사람은 각 경제에서 동일한 규모의 산출을 만들어낸다고 가정하자.

첫 번째, '내식' 경제에서는 25명의 음식 준비 노동자가 집에서 자기 가족을 위해 요리를 하고 집 밖에서는 일을 하지 않는다. 모든 음식은 집에서 준비되고 소비된다. 이 경제에서 25명의 음식 준비 노동자는 공식적 노동시장에서 일자리를 찾지 않는다(따라서 근로 여부를 질문하면 일자리를 찾지 않고 있다고 답한다). 두 번째, '외식' 경제에서는 25명의 음식 준비 노동자가 모두 식당에 고용되어 있다. 모든 음식은 식당에서 구입된다.

a. 각 경제에서 고용, 실업, 경제활동인구의 통계치를 계산하라. 각 경제에서 실업률과 경제활동참가율의 통계치를 계산하라. 어떤 경제에서 GDP 통계치가 더 높은가?

b. 이제 내식 경제가 변화했다고 하자. 몇 개의 식당이 장사를 시작했고 10가구의 10명의 음식 준비 노동자가 이들 식당에서 일자리를 잡았다. 나머지 15명의 음식 준비 노동자는 집에서 일을 계속하고 공식부문에서는 일자리를 찾지 않는다. 수치 없이 내식 경제에는 실업, 고용, 경제활동인구, 실업률, 경제활동참가율의 통계에 어떤 변화가 생기겠는가? 내식 경제에서 GDP 통계에는 어떤 일이 발생하겠는가?

c. 여러분이 집에서 하는 일을 GDP와 고용통계에 포함하려 한다고 하자. GDP에서는 집에서 하는 일의 가치를 어떻게 측정하겠는가? 고용, 실업, 비경제활동인구의 정의를 어떻게 변화시키겠는가?

d. (c)에서의 새로운 정의에 따른다면 외식 경제와 내식 경

제의 노동시장 통계에는 차이가 있는가? 이들 경제에서 생산된 음식이 동일한 가치를 갖는다고 가정한다면 (b)에서의 실험이 내식 경제의 노동시장이나 GDP 통계에 어떤 영향을 미치겠는가?

추가문제

8. 실업기간과 장기 실업

이 장에서 소개된 데이터에 따르면 실업자 중 44%가 매월 실업 상태를 벗어난다.

a. 모든 실업자가 실업에서 벗어날 확률이 동일하다고 하자. 실업자가 한 달이 지나도 여전히 실업 상태에 놓일 확률은 얼마인가? 2개월이 지나면 얼마인가? 6개월이 지나면 얼마인가?

이제 실업자의 구성을 살펴보자. 6개월 이상 실업 상태에 있는 실업자의 비율을 결정하기 위한 단순한 실험을 하고자 한다. 실업자의 수가 상수 x로 일정하다고 하자. 매월 실업자의 47%가 일자리를 가지며, 동일한 인원만큼 노동자가 실업자가 된다고 하자.

b. 이달에 실업 상태에 있던 x명의 노동자 집단을 고려하자. 1개월 후에 이 집단의 몇 %가 여전히 실업 상태에 있겠는가?(힌트 : 실업자의 47%가 매월 일자리를 갖는다면 원래의 실업자 x명 중 몇 %가 첫 번째 달에 일자리를 얻지 못하겠는가?)

c. 2개월 후에 원래의 실업자 x명 중 몇 %가 최소한 2개월간 실업 상태에 있었겠는가? [힌트 : (b)에서의 답이 주어졌을 때, 최소한 1개월간 실업 상태에 있는 실업자 중 몇 %가 두 번째 달에 일자리를 갖지 못하겠는가?] 6개월 후에 원래의 실업자 x명 중 몇 %가 최소한 6개월간 실업 상태에 있었겠는가?

d. *Economic Report of the President*의 표 B-28을 사용해 2000~2019년간 6개월(27주) 이상 실업 상태에 있는 실업자의 비율을 계산하라. 위기 이전인 2000~2008년간의 이 수치는 (c)에서 구한 답과 어떻게 비교되는가? 이를 실제 수치와 계산된 수치 간의 차이를 낳은 원인은 무엇이라고 생각하는가? (힌트 : 실업 상태에서 벗어날 확률은 실업지속기간이 증가하면 하락한다.)

e. 2009~2011년 금융위기 기간 동안 6개월 이상 실업 상태에 있었던 실업자의 비율은 어떻게 되었는가?

f. 6개월 이상 실업 상태에 있었던 실업자 비율에서 금융위기가 끝났음을 보여주는 증거를 찾아볼 수 있는가?

g. 위기에 대한 정책대응 중 하나는 실업자가 실업급여를 수령하는 기간을 확대하는 것이었다. 이러한 변화는 6개월 이상 실업상태에 있는 노동자의 비중에 어떤 영향을 미치겠는가? 실제로 그런 일이 벌어졌는가?

9. 미국 노동통계국 웹사이트(www.bls.gov)를 방문해 최근의 Employment Situation Summary를 찾아보라. 'National Employment' 링크 밑을 찾아보라.

a. 가장 최근의 미국 경제활동인구, 실업자 수, 실업률은 얼마나 되는가?

b. 얼마나 많은 사람이 취업해 있는가?

c. 표에서 첫 번째 수치에 비해 가장 최근의 실업자 수는 얼마나 변화했는가? 노동자 수는 얼마나 변화했는가? 실업 감소 규모는 고용 증가 규모와 일치하는가? 말로 설명하라.

10. 경기침체기의 통상적인 실업률 동학

다음 표는 세 차례의 경기침체기에 나타난 연간 경제성장률의 행태이다. 이 데이터는 *Economic Report of the President*의 표 B-4에 나타나 있다.

연도	경제성장률	실업률
1981	2.5	
1982	−1.9	
1983	4.5	
1990	1.9	
1991	−0.2	
1992	3.4	
2008	0.0	
2009	−2.6	
2010	2.9	

*Economic Report of the President*의 표 B-35를 이용해 위 표의 연간 실업률을 채우고 다음 질문에 답하라.

a. 경기침체기에 실업률은 언제 더 높아지는가? 산출이 감소한 해인가, 아니면 그다음 해인가? 이유를 설명하라.

b. 경기가 회복됨에 따라 실망실업자가 경제활동에 참여할 때 경기침체 후의 실업률 패턴을 설명하라.

c. 위기로 야기된 2009년 경기침체 이후에 실업률은 상당히 높아졌다. 당시의 경기침체기에 실업급여는 6개월에서 12개월로 연장되었다. 모형에 따르면 이러한 정책은 자연실업률에 어떤 영향을 미쳤겠는가? 데이터는 이러한 예측을 지지하는가?

11. 주(state) 단위 노동시장 변화에 대한 추가 검토

러스트 벨트(Rust Belt)의 쇠퇴와 주 단위 노동시장 간 차이에 대한 논의가 빈번하다. 아래 표는 금융위기 이전인 2003년, 위기가 최고조에 달했던 2009년, 위기 이후 2018년의 캘리포니아, 오하이오, 텍사스 노동시장을 요약한 것이다. 오하이오는 러스트 벨트에 포함된다.(출처 : www.bls.gov/lau/ex14tables.htma.)

주	캘리포니아	오하이오	텍사스
변수	경제활동참가율		
2003년	65.9	67.4	68.0
2009년	65.1	66.0	60.8
2018년	62.4	62.4	61.7
변수	고용률		
2003년	61.5	63.3	63.4
2009년	57.8	59.2	60.8
2018년	59.8	59.5	61.7

주	캘리포니아	오하이오	텍사스
변수	실업률		
2003년	6.7	6.1	6.8
2009년	11.3	11.8	7.5
2018년	4.2	4.5	3.8

a. 2003~2018년 중 경제활동참가율이 가장 많이 하락한 주는 어디인가? 이는 러스트 벨트의 경제적 쇠퇴에 대한 이야기와 일치하는가?

b. 2003년부터 2009년까지의 실업률 증가를 사용해 경제적 스트레스를 측정한다면, 금융위기로 가장 큰 타격을 입은 주는 어디인가?

c. 2003년부터 2009년까지의 참가율 하락을 사용해 경제적 스트레스를 측정한다면, 금융위기로 가장 큰 타격을 입은 주는 어디인가?

d. 2018년 기준으로 세 가지 통계를 모두 사용할 때 노동시장이 가장 취약한 주는 어디인가?

더 읽을거리

- 이 장의 내용과 관련해 실업에 대한 추가적 논의는 다음을 참조하라. Richard Layard, Stephen Nickell, and Richard Jackman, *The Unemployment Crisis*(1994, Oxford University Press).

- 경기침체가 다양한 집단에 미치는 영향에 대한 상세한 설명은 다음을 참조하라. Hilary Hoynes, Douglas Miller, and Jessamyn Schaller(2012), "Who Suffers During Recessions?" *Journal of Economic Perspectives*, 26(3): pp. 27-48.

부록 : 임금 및 가격 설정 관계와 노동수요 및 노동공급

미시경제학에서 노동수요와 노동공급을 이용해 노동시장 균형을 살펴보았을 것이다. 따라서 다음과 같은 질문이 떠오를 것이다. 임금 설정과 가격 설정에 의한 노동시장 모형과 미시경제학의 노동시장 모형은 어떤 관련이 있을까?

중요한 의미에서 두 가지 모형은 유사하다.

이유를 보기 위해 실질임금을 수직축, 고용 규모(실업률 대신)를 수평축으로 해 그림 7-6을 다시 그려 보자. 이는 그림 1에 나타나 있다.

수평축은 취업자 수 N을 측정한다. 고용 규모는 틀림없이 0과 경제활동인구 L 사이에 놓일 것이다. 고용은 일자리에 이용 가능한 사람의 수, 즉 경제활동인구를 초과할 수 없다. 고용 규모가 N이면 실업자 수는 $u = L - N$으로 주어진다. 즉 실업자 수는 L부터 시작해서 수평축을 따라 **왼쪽으로 움직이면** 측정할 수 있다. 실업자 수는 L과 N 사이의 거리로 주어진다. 고용 규모 N이 낮아질수록 실업자 수는 증가하며 그에 따라 실업률 u는 증가한다.

이제 임금 설정과 가격 설정 관계를 나타내고 균형의 특성을 살펴보자.

- 고용 증가(수평축을 따라 오른쪽으로의 이동)는 실업 감소 그리고 그에 따른 임금 설정에서 선택된 실질임금의 증가를 시

사한다. 따라서 임금 설정 관계는 양의 기울기를 갖는다. 고용 증가는 실질임금의 상승을 낳는다.

- 가격 설정 관계는 여전히 $W/P = 1/(1+m)$에서 수평축으로 주어진다.

- 균형은 점 A로 주어지며, '자연'고용 수준은 N_n이다. 그리고 그에 따른 자연실업률은 $u_n = (L - N_n)/L$이다.

이 그림에서 임금 설정 관계는 노동공급 관계처럼 보인다. 고용이 증가함에 따라 노동자에게 지급되는 실질임금 역시 상승한다. 이런 이유로 임금 설정 관계는 때때로 '노동공급' 관계라 불린다.

가격 설정 관계는 평평한 노동수요 관계와 유사하다. 음의 기울기 대신 수평인 것은 생산에서의 노동에 대한 수확이 일정하다는 가정과 관련된다. 보다 전통적인 방식을 따라 생산에서 노동에 대한 수확체감이 있다고 한다면 가격 설정 곡선은 표준적인 노동수요곡선과 마찬가지로 음의 기울기를 갖는다. 고용이 증가함에 따라 생산의 한계비용은 증가하고, 결국 기업은 자신이 지급하는 임금에 대비해 가격을 인상한다. 다시 말해 고용이 증가함에 따라 가격 설정이 시사하는 실질임금은 감소한다.

그러나 많은 점에서 두 접근방식은 다르다.

- 표준적인 노동공급 관계는 일하려 하는 노동자 수에 특정 임금 수준이 대응한다. 임금이 높을수록 더 많은 노동자가 일하려 한다.

반대로, 임금 설정 관계에서 주어진 고용 수준에 대응하는 임금은 노동자와 기업 간의 협상 과정이나 기업에 의해 일방적으로 설정된 임금의 산물이다. 단체협상 구조나 임금을 이용한 사직 억제 등과 같은 요인이 임금 설정 관계에 영향을 미친다. 현실 세계에서 이러한 요인은 중요한 역할을 하는 것으로 보인다. 그러나 표준적인 노동공급 관계에서 이들은 아무런 역할을 하지 못한다.

- 표준적인 노동수요 관계는 주어진 실질임금하에서 기업이 선택한 고용 수준을 보여준다. 이 관계는 기업이 경쟁적인 재화 및 노동시장에서 운영되고 이에 따라 임금과 가격, 실질임금을 주어진 것으로 간주한다는 가정하에서 유도된다.

반대로, 가격 설정 관계는 대부분의 시장에서 실제로 기업

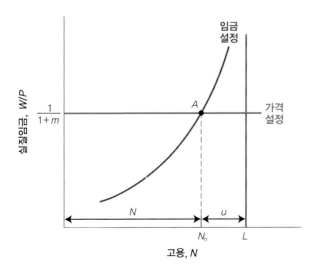

그림 1
임금 및 가격 설정과 자연고용 규모

이 가격을 설정한다는 사실을 반영한다. 재화시장에서의 경쟁도와 같은 요인은 마크업에 영향을 미침으로써 가격 설정 관계에 영향을 미친다. 그러나 이러한 요인은 표준적인 노동시장에서 고려되지 않는다.

■ 노동공급과 노동수요 모형에서 실업자는 **기꺼이 실업 상태에** 있으려 한다. 균형 실질임금에서 이들은 일하기보다는 실업 상태를 더 선호한다.

　　반대로, 임금 및 가격 설정 모형에서 실업은 비자발적일 것이다. 예를 들어 기업이 (유보임금을 상회하는) 효율성 임금을 지급하면, 노동자는 실업 상태에 있기보다는 고용되기를 원할 것이다. 그러나 균형에서 여전히 비자발적 실업이 존재한다. 이 역시 전통적인 노동수요–공급 관계보다 현실을 더 잘 포착하는 것으로 보인다.

　　이상이 이 장에서 균형의 특징을 살펴보는 데 있어 노동수요–공급 모형보다는 임금 및 가격 설정 관계에 의존한 이유이다.

8

필립스 곡선, 자연실업률, 인플레이션

필립스(A. W. Phillips)는 1958년 영국을 대상으로 1861년부터 1957년까지 각 연도에 대해 실업률과 인플레이션을 도표화했다. 그는 인플레이션과 실업 간에 음의 관계가 존재한다는 명백한 증거를 찾아냈다. 실업률이 낮으면 인플레이션은 높고, 실업률이 높으면 인플레이션은 낮았으며 종종 음의 값을 보이기도 했다.

2년 뒤 새뮤얼슨(Paul Samuelson)과 솔로(Robert Solow)는 1900년부터 1960년까지의 미국 데이터를 사용해 필립스가 한 작업을 다시 반복해보았다. 그림 8-1은 이들의 발견을 다시 만든 것인데 인플레이션 측정치는 CPI를 사용했다. 1930년대의 매우 높은 실업률이 나타난 시기를 제외하곤 미국에서도 인플레이션과 실업 간에 음의 관계가 나타나고 있다(1931~1939년까지는 삼각형으로 표시되어 있으며 그림의 다른 점들에 비해 오른편에 놓여 있다). 새뮤얼슨과 솔로가 **필립스 곡선**(Phillips curve)이라 불렀던 이 관계는 빠르게 거시경제적 사고방식과 정책의 중심에 놓이게 되었다. 각국은 실업과 인플레이션의 상이한 조합 중에서 선택이 가능한 것처럼 보였다. 각국은 높은 인플레이션만 감수한다면 낮은 실업률을 달성할 수 있다. 아니면 높은 실업률을 감수한다면 물가안정(0%의 인플레이션율)을 달성할 수 있다. 거시경제정책에 대한 논의의 대부분은 사실 필립스 곡선 상에서 어떤 점을 선택하느냐에 관한 논쟁이 되었다.

그러나 1970년대 들어 이러한 관계는 무너졌다. 미국과 대부분의 OECD 국가에서 높은 인플레이션과 높은 실업률이 병행되었다. 이것은 분명히 원래의 필립스 곡선과 모순된다. 관계가 다시 나타나긴 했다. 그러나 그것은 실업률과 인플레이션율 *변화* 간의 관계로 나타났다. 1990년대에 관계가 다시 한 번 변해 실업과 인플레이션의 기존 관계가 다시 나타났다. 이 장의 목적은 이러한 필립스 곡선의 변화를 탐구하는 한편 보다 일반적으로는 인플레이션과 실업의 관계를 이해하는 데 있다. 우선 7장의 노동시장 모형으로부터 필립스 곡선을 유도한다. 이어서 필립스 곡선의 변형은 사람과 기업이 기대를 형성하는 방식에 있어서의 변화에 기인한다는 것을 본다.

이 장은 4개의 절로 구성되었다.

8-1절은 총공급 관계를 인플레이션, 기대인플레이션, 실업 간의 관계로 간주할 수 있음을 살펴본다.

8-2절은 이 관계를 사용해 필립스 곡선의 변형을 해석한다.

8-3절은 필립스 곡선과 자연실업률의 관계를 본다.

8-4절은 실업과 인플레이션의 관계를 국가와 시간을 달리하며 추가로 논의한다.

이 장의 메시지 : 낮은 실업률은 인플레이션에 상승 압력을 가하지만 관계의 형태는 개인과 기업이 기대를 형성하는 방식에 크게 의존한다. ▶ ▶ ▶

◀ 필립스는 런던경제대학에서 교수로 있었던 뉴질랜드인이다. 그는 젊은 시절에 악어 사냥꾼이었으며, 거시경제의 행태를 묘사하는 유압기계를 만들었다. 영국 케임브리지에 작동 가능한 기계가 여전히 전시되고 있다.

그림 8-1

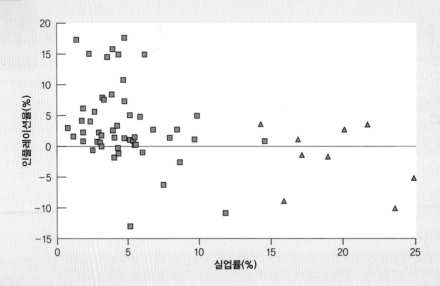

미국의 인플레이션과 실업률(1900~1960년)

1900~1960년 미국에서 낮은 실업률은 통상 높은 인플레이션율과 관련이 있었고, 높은 실업률은 통상 낮은 또는 음의 인플레이션율과 관련이 있었다.

출처 : Historical Statistics of the United States, http://hsus.cambridge.org/HSUSWeb/index.do

8-1 인플레이션, 기대인플레이션, 실업

7장에서 임금 결정에 대한 식[식 (7.1)]을 도출했다.

$$W = P^e F(u, z)$$

임금 설정자가 설정하는 명목임금 W는 기대물가 P^e, 실업률 u, 실업급여에서 단체협상까지 임금 결정에 영향을 미치는 다른 모든 요인을 포함한 변수 z에 의존한다.

함수 F가 다음의 구체적 형태를 갖는다고 가정하는 것이 편리하다.

$$F(u, z) = 1 - \alpha u + z$$

이는 실업률이 높을수록 명목임금이 낮아지고, z가 높을수록(예 : 실업급여가 후할수록) 명목임금이 높아진다는 개념을 포착한다. 모수 α(그리스어 소문자 알파)는 실업이 임금에 미치는 영향의 강도를 나타낸다. 위 방정식에서 함수 F를 이 특정 형식으로 바꾸면 다음과 같다.

$$W = P^e(1 - \alpha u + z)$$

또한 7장에서 가격 결정에 대한 식도 도출했다[식 (7.3)].

$$P = (1 + m) W$$

기업이 설정한 가격(P)은 명목임금(W)에 1 + 마크업(m)을 곱한 것과 같다. 실제 물가가 기대물가와 일치한다는 가정을 추가한 뒤 이 두 식을 사용해서 자연실업률을 도출했다. 이제 이 추가적 가정이 없는 경우를 살펴보자.

두 번째 식의 명목임금을 첫 번째 식에 대입한다.

$$P = P^e(1 + m)(1 - \alpha u + z) \tag{8.1}$$

이는 물가, 기대물가, 실업률 간의 관계를 제공한다. π를 인플레이션율, π^e를 기대인플레이션율이라 하자. 그러면 식 (8.1)은 다음과 같이 인플레이션율, 기대인플레이션율, 실업률 간의 관계로 다시 나타낼 수 있다.

$$\pi = \pi^e + (m + z) - \alpha u \tag{8.2}$$

▶ 지금부터 읽기 쉽게 하기 위해 종종 '인플레이션율'을 단순히 '인플레이션', '실업률'을 '실업'으로 부를 것이다.

식 (8.1)에서 식 (8.2)를 유도하는 것은 어렵지 않지만 다소 지루하므로 이 장의 부록으로 남겨두었다. 중요한 것은 식 (8.2)가 거시경제학에서 가장 중요한 식 중 하나라는 점이다. 이 식에서 작동하는 각 효과를 이해하는 것이 중요하다.

■ 기대인플레이션 π^e의 상승은 실제 인플레이션 π의 상승을 낳는다.

이유를 알기 위해 식 (8.1)부터 보자. 기대물가 P^e의 상승은 일대일로 실제 물가 P의 상승으로 이어진다. 만약 임금 설정자가 더 높은 물가를 기대하면 그에 따라 더 높은 명목임금을 설정하고 이는 결국 물가 상승으로 이어진다.

이제 지난 기의 물가가 일정할 때 이번 기의 더 높아진 물가는 전기 대비 금기의 물가 상승률이 더 높아졌다는 것을, 즉 인플레이션율의 상승을 의미한다. 마찬가지로 지난 기의 물가가 주어졌을 때 이번 기의 기대물가 상승은 전기 대비 금기의 기대물가 상승률이 더 높아졌다는 것을, 즉 기대인플레이션율의 상승을 의미한다. 따라서 기대물가의 상승이 실질물가의 상승을 낳는다는 사실은 다음과 같이 다시 나타낼 수 있다 : 기대인플레이션율의 상승은 인플레이션율의 상승을 낳는다.

◀ π^e의 상승 ⇒ π의 상승

■ 기대인플레이션율 π^e가 일전할 때, 마크업 m의 상승 또는 임금 결정에 영향을 미치는 요인의 강화(z의 상승)는 인플레이션율 π의 상승으로 이어진다.

식 (8.1)로부터 기대물가 P^e가 일정할 때 m 또는 z의 상승은 물가 P를 상승시킴을 알 수 있다. 앞에서와 같은 논리를 사용해 이 명제를 인플레이션과 기대인플레이션으로 나타낼 수 있다 : 기대인플레이션율 π^e가 일정할 때, m이나 z의 상승은 인플레이션율 π의 상승을 낳는다.

◀ m이나 z의 상승 ⇒ π의 상승

■ 기대인플레이션율 π^e가 일정할 때, 실업률 u의 하락은 실제 인플레이션율 π의 상승으로 이어진다.

식 (8.1)로부터 기대물가 P^e가 일정할 때 실업률 u의 하락은 명목임금의 상승을 낳고, 이는 다시 물가 P의 상승을 낳는다. 이를 인플레이션과 기대인플레이션으로 다시 나타내보자 : 기대인플레이션율 π^e가 일정할 때, 실업률 u의 하락은 실제 인플레이션율 π의 상승으로 이어진다.

u의 하락 ⇒ π의 상승 ▶

필립스 곡선의 논의로 되돌아가려면 한 단계가 더 필요하다. 이 장의 나머지에서 인플레이션과 실업의 변동을 살펴볼 때 종종 시간첨자를 사용해 특정 연도의 인플레이션, 기대인플레이션, 또는 실업률 등의 변수를 언급하면 편리하다. 그래서 식 (8.2)를 다음과 같이 다시 써 볼 수 있다.

$$\pi_t = \pi_t^e + (m + z) - \alpha u_t \tag{8.3}$$

여기서 변수 π_t, π_t^e, u_t는 각각 t년도의 인플레이션율, 기대인플레이션율, 실업률을 나타낸다. m이나 z에 시간첨자가 없다는 점에 주의하자. m과 z는 변화할 수 있지만, 실업률과 인플레이션의 변화에 비해서는 천천히 변화하므로 상수로 취급한다.

식 (8.3)을 가지고 필립스 곡선과 그 변형으로 돌아가자.

8-2 필립스 곡선과 그 변형

이제 필립스, 새뮤얼슨, 솔로에 의해 처음 발견되었을 때의 실업과 인플레이션의 관계에서 출발해보자.

원래의 필립스 곡선

인플레이션율이 $\bar{\pi}$를 중심으로 매년 변화한다고 가정하자. 인플레이션이 지속성이 없는 경우 올해의 인플레이션율은 다음 해의 인플레이션율을 예측할 수 있는 좋은 지표가 되지 못한다. 필립스 또는 솔로와 새뮤얼슨이 연구하던 기간 동안은 그랬다. 이런 환경에서 임금 설정자는 전년의 인플레이션율이 무엇이든 올해의 인플레이션율은 단순히 $\bar{\pi}$라고 가정하는 것이 합리적이다. 이 경우 $\pi_t^e = \bar{\pi}$이고 식 (8.3)은 다음과 같이 나타낼 수 있다.

$$\pi_t = \bar{\pi} + (m + z) - \alpha u_t \tag{8.4}$$

이 경우 실업과 인플레이션 사이에는 음의 관계가 나타날 것이다. 이것이 바로 필립스가 영국에서, 그리고 솔로와 새뮤얼슨이 미국에서 발견한 실업과 인플레이션 간 음의 관계이다. 실업률이 높아진 경우 인플레이션율은 낮았으며 때로는 음의 값을 보였다. 실업률이 낮아진 경우 인플레이션율은 양의 값을 가졌다.

이 결과를 발표할 때 이들은 정책 당국이 인플레이션과 실업의 상충관계에 직면하고 있다고 제안했다. 정책 당국이 더 높은 인플레이션을 받아들인다면 실업률을 낮출 수 있다. 이는 매력적인

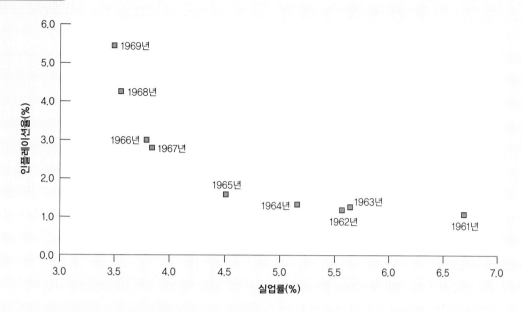

그림 8-2

미국의 인플레이션과 실업률 추이(1961~1969년)
1960년대 미국 실업률의 지속적 하락은 인플레이션의 지속적 상승과 관련이 있다.

출처 : FRED: Series UNRATE, CPIAUSCL

상충관계로 비추어졌고, 1960년대 초부터 미국의 거시경제 정책은 점차 실업을 감소시키는 것을 목표로 삼았다. 그림 8-2는 1961~1969년까지 매년의 미국 인플레이션율과 실업률 조합을 나타낸다. 1960년대 대부분의 기간 동안 지속된 장기간의 경제팽창기 동안 식 (8.4)에 상응하는 실업과 인플레이션 간의 관계가 얼마나 잘 유지되었는지 주목하자. 1961~1969년까지 실업률은 6.8%에서 3.4%로 꾸준히 하락했으며 인플레이션율은 1.0%에서 5.5%로 꾸준히 상승했다. 간단히 말해 미국 경제는 원래의 필립스 곡선을 따라 움직였다. 정책 당국이 높은 인플레이션율을 수용한다면 실업률을 낮출 수 있음이 실제로 나타났다.

기대 수준의 해제

그러나 그림 8-2에서 그렇게 뚜렷했던 인플레이션율과 실업률의 관계는 1970년경 무너졌다. 그림 8-3은 1970년 이래 미국의 연도별 인플레이션율과 실업률 조합을 보여준다. 점들은 대체로 대칭적인 구름 형태로 산재해 있다. 실업률과 인플레이션율 간에는 뚜렷한 관계가 보이지 않는다.

왜 원래의 필립스 곡선은 사라졌을까? 임금 설정자가 인플레이션에 대한 기대를 형성하는 방식을 변화시켰기 때문이다.

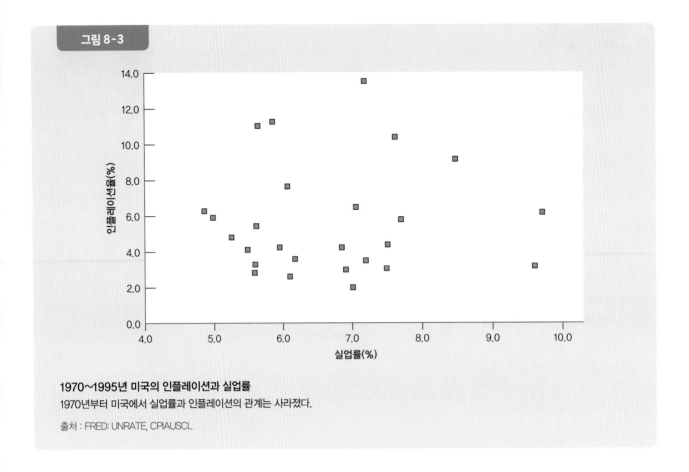

그림 8-3

1970~1995년 미국의 인플레이션과 실업률
1970년부터 미국에서 실업률과 인플레이션의 관계는 사라졌다.

출처 : FRED: UNRATE, CPIAUSCL

이 변화는 인플레이션의 움직임에 변화를 낳았다. 인플레이션은 지속성이 높아졌다. 한 해의 높은 인플레이션이 다음 해의 높은 인플레이션으로 이어질 가능성이 커졌다. 그 결과 사람들은 기대를 형성할 때 인플레이션의 지속성을 고려하기 시작했다. 이어서 기대 형성의 변화는 실업과 인플레이션 간 관계의 본질을 변화시켰다. 거시경제학 용어로 말하면, 이전에 일정한 수준에 **고정**(anchored)되었던 기대가 **해제된**(de-anchored) 것이다.

이제 바로 앞 구절의 주장을 보다 자세히 살펴보자. 우선 인플레이션 기대가 다음과 같이 형성된다고 가정하자.

$$\pi_t^e = (1 - \theta)\overline{\pi} + \theta\pi_{t-1} \tag{8.5}$$

즉 올해의 기대인플레이션은 $1 - \theta$의 비중으로 $\overline{\pi}$의 값에 의존하며, θ의 비중으로 지난해의 인플레이션 π_{t-1}에 의존한다. θ가 클수록 올해에 노동자와 기업이 인플레이션에 대한 기대치를 수정할 때 지난해의 인플레이션을 더 반영하고, 그에 따라 기대인플레이션율이 더 높아진다.

1970년대에 발생한 일은 θ의 값이 높아진 것으로 해석할 수 있다.

- 인플레이션이 지속되지 않는 한, 노동자와 기업이 과거의 인플레이션을 무시하고 인플레이션이 일정할 것이라 가정하는 것이 합리적이다. 필립스, 새뮤얼슨, 솔로가 다룬 기간 동안 θ는 0에 근접했고, 기대는 대체로 $\pi^e = \bar{\pi}$로 나타났다. 필립스 곡선은 식 (8.4)로 주어졌다.

- 그러나 인플레이션의 지속성이 커지자 노동자와 기업은 기대 형성 방식을 바꾸기 시작했다. 노동자와 기업은 인플레이션이 작년에 높아졌으므로 금년에도 높을 것이라고 가정하기 시작했다. 작년의 인플레이션율이 금년의 기대인플레이션율에 미치는 효과를 나타내는 모수 θ는 커졌다. 실증분석 결과를 보면 1970년대 중반쯤 사람들은 금년의 인플레이션율이 작년의 인플레이션율과 같을 것이라고 예상하는 식으로 기대를 형성했음을 알 수 있다. 다시 말해 θ는 1과 같아졌다.

◀ 그림 8-2로 돌아가서 1966년에서 1969년에 해당하는 점들을 보자. 1969년에 노동자들은 1970년에 인플레이션이 어떻게 될 것이라고 가정했겠는가? 그에 따라 얼마큼 명목임금의 인상을 요구했겠는가?

이제 상이한 θ값이 인플레이션율과 실업률의 관계에 제공하는 시사점으로 관심을 돌려보자. 이를 위해 식 (8.5)를 이용해 식 (8.2)를 바꾸어보자.

$$\pi_t = \overbrace{(1-\theta)\bar{\pi} + \theta\pi_{t-1}}^{\pi^e} + (m+z) - \alpha u_t$$

- 여기서 θ가 0과 같으면 원래의 필립스 곡선, 즉 인플레이션과 실업률의 관계를 얻는다.

$$\pi_t = \bar{\pi} + (m+z) - \alpha u_t$$

- θ가 양이면 인플레이션율은 실업률뿐만 아니라 지난해 인플레이션율에도 의존한다.

$$\pi_t = [(1-\theta)\bar{\pi} + (m+z)] + \theta\pi_{t-1} - \alpha u_t$$

- θ가 1이면 다음의 관계를 얻을 수 있다(작년 인플레이션율을 식의 좌변으로 이동).

$$\pi_t - \pi_{t-1} = (m+z) - \alpha u_t \tag{8.6}$$

따라서 $\theta = 1$일 때 실업률은 인플레이션율보다는 인플레이션율의 **변화**에 영향을 미친다. 높은 실업률은 **하락**하는 인플레이션율을 낳고 낮은 실업률은 **상승**하는 인플레이션율로 이어진다.

이러한 논의가 1970년부터 계속 발생했던 상황의 핵심에 해당한다. θ가 0에서 1로 커짐에 따라 실업률과 인플레이션율의 단순한 관계는 소멸했다. 이러한 소멸은 그림 8-3에서 이미 보았던 것이다.

그러나 새로운 관계가 출현했지만 이번에는 식 (8.6)이 예측하는 것처럼 실업률과 **인플레이션율의 변화**에 관한 관계였다. 이 관계는 그림 8-4에 나타나 있는데, 이는 1970~1995년 연도별 인플레이션율의 변화와 실업률의 조합이다. 이 그림은 실업률과 인플레이션율 변화 간에 뚜렷한 음의 관계를 보인다. 이 그림에서 산재한 점에 가장 잘 맞는 식은 다음으로 주어진다.

그림 8-4

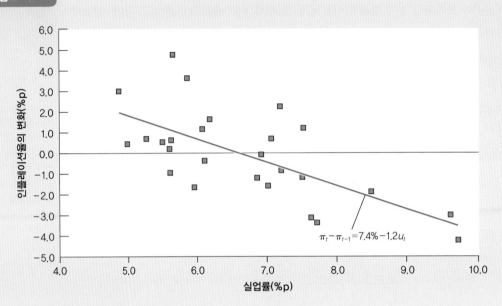

미국 인플레이션의 변화와 실업률(1970~1995년)
1970년부터 1995년까지 미국 인플레이션율의 변화와 실업률 간에는 음의 관계가 존재한다.

출처 : FRED: CPIAUCSL, UNRATE

$$\pi_t - \pi_{t-1} = 7.4\% - 1.2\, u_t \tag{8.7}$$

실업률이 낮을수록 인플레이션율 상승폭이 커진다. 아래에서 이 식을 다시 다룰 것이다. 따라서 필립스 곡선은 인플레이션과 실업률의 관계 대신 인플레이션율의 변화와 실업률의 관계 형태를 취했다. 이를 원래의 필립스 곡선과 구별하기 위해 **가속도론자의 필립스 곡선**(accelerationist Phillips curve)으로 불리게 되었다(낮은 실업률이 인플레이션율을 높임으로써 물가 상승이 가속화한다는 것을 나타낸다).

원래의 필립스 곡선 : u_t의 하락 ⇒ 인플레이션율의 상승.

가속도론자의 필립스 곡선 : u_t의 하락 ⇒ 인플레이션율 상승 속도의 증가

기대의 재고정

1990년대에 통화정책의 변화로 인해 필립스 곡선 관계가 다시 변화했다. 1980년대 초반부터 연준을 비롯한 많은 중앙은행이 낮고 안정적인 인플레이션을 유지하겠다는 약속을 점점 더 강조했다. 이들 중 다수는 인플레이션을 주어진 목표, 일반적으로 약 2%에 가깝게 유지할 것이라고 밝혔다.

1990년대 중반까지 연준은 목표를 대체로 달성했다. 인플레이션은 10년 이상 안정적이었고, 그래서 사람들이 기대치를 형성하는 방식이 다시 바뀌었다. 특정 연도의 인플레이션율이 목표치보다 높더라도 사람들은 중앙은행이 미래에 인플레이션율을 목표치로 되돌리기 위한 조치를 취할

그림 8-5

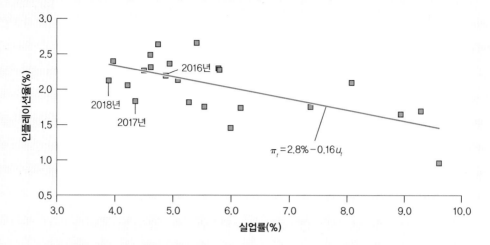

미국의 인플레이션과 실업(1996~2018년)
1990년대 중반 이후 필립스 곡선은 인플레이션율과 실업의 관계로 되돌아갔다.

출처 : FRED: CPILFESL, UNRATE

것이라고 기대했으며, 기대인플레이션은 중앙은행이 설정한 목표 인플레이션과 거의 동일하게 유지되었다. 1970년대와 1980년대에 고정되지 않았던 인플레이션에 대한 기대가 다시 고정되어 실제 인플레이션율의 변화에 거의 또는 전혀 반응하지 않았다.

방정식 (8.5)에서 θ는 다시 0으로 돌아갔고 필립스 곡선은 방정식 (8.4)에 의해 주어진 인플레이션율과 실업의 관계로 돌아간 것이다.

$$\pi_t = \overline{\pi} + (m + z) - \alpha u_t$$

그림 8-5에서 1996년부터 2018년까지 인플레이션율과 실업률 사이의 음의 관계를 볼 수 있다. 실업률이 높아지면 인플레이션이 낮아졌고, 실업률이 낮아지면 인플레이션이 높아졌다. 이 그림은 또한 1996~2018년 동안 점들에 가장 잘 맞는 선으로 다음을 제시한다.

$$\pi_t = 2.8\% - 0.16\, u_t \tag{8.8}$$

그래서 우리는 원래의 필립스 곡선으로 돌아간 것일까? 그렇다. 하지만 중요한 교훈을 얻었다.

필립스 곡선 관계는 인플레이션, 기대인플레이션, 실업률 간의 관계이다. 따라서 인플레이션과 실업이 관계에 대해 필립스 곡선이 시사하는 바는 기대 형성 방식에 크게 의존한다. 그리고 이는 다시 인플레이션의 실제 움직임에 크게 의존한다.

오늘날 인플레이션이 오랫동안 안정적이었기 때문에 인플레이션에 대한 기대치는 거의 일정하고 필립스 곡선은 다시 인플레이션율과 실업률의 관계를 나타내고 있다. 그러나 인플레이션이 다시 목표치에서 크게 벗어나면 사람들이 기대를 형성하는 방식이 바뀌고 인플레이션과 실업의 관계가 다시 변경되어 아마도 1970년대와 1980년대의 가속도론자의 필립스 곡선으로 돌아갈 것임을 알고 있다.

8-3 필립스 곡선과 자연실업률

필립스 곡선의 역사는 7장에서 소개한 자연실업률 개념의 발견과 밀접한 관련이 있다.

원래의 필립스 곡선은 자연실업률과 같은 것은 없다는 점을 함축했다. 정책 당국자가 높아진 인플레이션율을 인내할 수 있다면 낮은 실업률을 영원히 유지할 수 있다. 그리고 실제로 1960년대 내내 그것이 옳았던 것처럼 보였다.

1960년대 말 원래의 필립스 곡선이 자료를 잘 설명하고 있었지만, 경제학자 프리드먼(Milton

프리드먼은 1976년에 노벨 경제학상을 수상했고, 펠프스는 2006년에 노벨 경제학상을 수상했다. ▶ Friedman)과 펠프스(Edmund Phelps)는 실업과 인플레이션율의 상충관계에 의문을 가졌다. 이들은 논리적 기초 위에서 이 상충관계를 무시했다. 즉 상충관계는 임금 설정자가 체계적으로 인플레이션율을 예측하지 못해야만 발생 가능하며, 임금 설정자가 동일한 실수를 계속하지는 않을 것이라고 주장했다. 아울러 프리드먼과 펠프스는 정부가 높은 인플레이션율을 인정함으로써 낮은 실업률을 지속하려 한다면 상충관계가 결국 사라질 것이라고 주장했다. 실업률은 일정 수준(이들이 **자연실업률**이라 불렀던 수준) 이하의 상태에서 지속될 수 없다. 이후에 전개된 상황들은 이들의 주장이 옳았음을 보여주었으며 실업률과 인플레이션율의 상충관계는 사라졌다. (초점상자 '시간을 앞섰던 이론 : 프리드먼과 펠프스'를 참조하라.) 다음 절에서 보게 될 많은 단서 하에서지만 오늘날 대부분의 경제학자는 자연실업률 개념을 받아들이고 있다.

이제 필립스 곡선과 자연실업률의 관계를 명시적으로 다루자.

정의에 의해(7장 참조) 자연실업률은 실제 물가가 기대물가와 같을 때의 실업률이다. 같은 의미로 현재의 맥락에서 보다 편리하게 정의하면 자연실업률은 실제 인플레이션율이 기대인플레이션율과 일치할 때의 실업률이다. 자연실업률을 u_n(여기서 n은 '자연'을 의미)으로 나타내고 식 (8.3)에서 실제 인플레이션율과 기대인플레이션율이 동일하다($\pi = \pi^e$)는 조건을 부과하면 다음을 얻을 수 있다.

$$0 = (m + z) - \alpha u_n$$

m과 z가 일정하다는 가정하에서 자연율 역시 일정하므로 시간첨자를 생략할 수 있다. m과 z가 변화하는 경우는 나중에 다룬다. ▶ 자연실업률 u_n에 대해 풀면

$$u_n = \frac{m + z}{\alpha} \tag{8.9}$$

시간을 앞섰던 이론 : 프리드먼과 펠프스

경제학자는 중요한 변화가 실제로 발생하기 전에 예측하는 일을 일반적으로 잘하지 못하며, 사실에 기초해 통찰력의 대부분을 이끌어낸다. 여기에 한 가지 예외가 있다.

원래의 필립스 곡선 관계가 마술처럼 잘 작동하던 시기였던 1960년대 말에 2명의 경제학자 프리드먼과 펠프스는 인플레이션과 실업 간 상충관계의 출현은 환상이라고 주장했다.

다음은 프리드먼의 주장을 인용한 것이다. 필립스 곡선에 대해서 그는 이렇게 말했다.

"암묵적으로 필립스의 논문은 모든 사람이 명목가격이 안정적이라고 기대하고 실제 가격과 임금에 어떤 일이 생기든 상관없이 이러한 기대가 실제로 실현되며 변하지 않는 세계에 관한 것이다. 반대로, 예를 들어 수년 전에 브라질에서처럼 모든 사람이 물가가 연간 75% 이상의 속도로 상승한다고 기대한다 하자. 그러면 임금은 단순히 실질임금을 유지하기 위해서라도 상승해야만 한다. 노동의 초과공급(프리드먼의 경우에는 높은 실업률을 의미한다)은 임금의 절대적 하락이 아니라 기대된 물가보다 더 낮은 속도의 명목임금 상승

으로 반영될 것이다."

그는 계속해서 말했다.

"[나의] 결론을 달리 말하면, 인플레이션과 실업 간에는 일시적 상충관계가 항상 존재하지만 영원한 상충관계는 존재하지 않는다. 일시적 상충관계는 인플레이션 그 자체가 아니라 인플레이션율의 상승으로부터 생겨난다."

이어서 그는 미국에서 인플레이션과 실업의 명백한 상충관계가 얼마나 오래 지속될지 추측하려 했다.

"그러나 여러분은 '일시적'이라는 것이 얼마나 긴 것이냐고 물을 것이다. 일부 역사적 증거에 대한 분석에 기초해 개인적인 판단을 감히 한다면 기대되지 않았던 인플레이션율 상승의 초기 효과는 2~5년 정도 지속될 것이며, 이러한 초기적 효과는 이후 반전되기 시작한 뒤, 새로운 인플레이션율로의 완전한 조정은 이자율에서처럼 고용에서도 이를테면 수십 년이 걸릴 것이다."

프리드먼의 지적은 상당히 적절했다. 원래의 필립스 곡선은 정확히 수년 뒤에 프리드먼의 예측대로 사라지기 시작했다.[1]

이며, 여기서 마크업 m이 높을수록 또는 임금 설정에 영향을 미치는 요인 z가 강해질수록 자연실업률은 높아진다는 것을 알 수 있다.

이제 식 (8.3)을 다시 쓰면 다음과 같다.

$$\pi_t - \pi_t^e = -\alpha\left(u_t - \frac{m + z}{\alpha} \right)$$

식 (8.9)로부터 우변의 변수가 u_n이므로 이를 다시 쓰면

---

1 출처 : *Milton Friedman*, *"The Role of Monetary Policy,"* American Economic Review, 1968, 58(1): pp. 1-17. 다음 논문은 동일한 주장을 보다 엄밀하게 보였다. *Edmund Phelps(1968)*, *"Money-Wage Dynamics and Labor-Market Equilibrium,"* Journal of Political Economy, 76(4-part 2): pp. 678-711.

$$\pi_t - \pi_t^e = -\alpha(u_t - u_n) \tag{8.10}$$

이다. 이는 기억해야 할 중요한 식으로 인플레이션율, 기대인플레이션율, 실업률과 자연율의 편차를 연결한다. 실업률이 자연률과 일치하면 인플레이션은 기대인플레이션과 같아질 것임을 말한다. 실업률이 자연률보다 낮으면 인플레이션이 기대 수준보다 높아질 것이다. 실업률이 자연률보다 높으면 인플레이션이 기대 수준보다 낮아질 것이다.

식은 또한 자연실업률의 추정치를 얻는 방법을 제공한다. 예를 들어 1970년부터 1995년까지의 기간 동안 π^e는 전년의 물가 상승률 π_{t-1}과 같으므로 자연실업률은 $\pi_t - \pi_t^e = \pi_t - \pi_{t-1} = 0$을 만족한다. 방정식 (8.7)을 사용해 $\pi_t - \pi_{t-1} = 0$을 대입하면 자연률은 다음으로 주어진다.

$$0 = 7.4\% - 1.2u_n => u_n = 7.4\%/1.2 = 6.2\%$$

따라서 자연율은 약 6.2%이다. 왜 '약'인가? 그림 8-3에서 보듯이 회귀의 적합도가 다소 낮기 때문에 추정된 방정식의 계수를 확신할 수 없기 때문이다. 해당 기간 동안 자연율이 6~7% 사이에 놓였을 것이라고 하는 것이 더 적절한 표현일 것이다.

1990년대 중반부터 지배적인 필립스 곡선 관계를 살펴보자. 서베이 결과에 따르면 기대인플레이션은 연준의 목표 인플레이션인 2%에 가깝게 유지되었으므로 이 기간 동안의 자연실업률은 인플레이션이 2%에 해당하는 실업률이었다. 방정식 (8.8)을 사용하고 $\pi_t = 2\%$를 대입하면 다음을 얻는다.

$$2\% = 2.8\% - 0.16u_n => u_n = 0.8/0.16 = 5.0\%$$

예를 들어 실업률에 대한 실제 계수가 0.16이 아닌 0.20이라고 가정하자. 이는 자연실업률이 0.8/0.2=4%임을 시사한다.

이는 해당 기간 동안의 자연실업률이 약 5.0%였음을 시사한다. 다시 말하지만, '약'이라는 표현이 중요하다. 회귀선의 적합도가 그리 좋지 않고 계수의 정확한 값을 확신할 수 없다. 함축적으로 자연율의 정확한 값을 확신할 수 없다. 이 불확실성은 통화정책에 중요한 시사점을 제공하는데, 이 점은 책의 뒷부분에서 다시 다룰 것이다.

8-4 요약과 경고

지금까지의 학습 내용을 요약하자.

■ 인플레이션과 실업의 관계는 임금 결정자들이 인플레이션에 대한 기대를 어떻게 형성하느냐에 달려 있다.
■ 1960년대처럼 1990년대 중반 이후에도 기대치가 계속 고정된다면 필립스 곡선은 인플레이션과 실업의 관계 형태를 취한다. 실업률이 자연률보다 낮으면 인플레이션율은 기대 수준보다 높으며, 실업률이 자연률보다 높으면 기대 수준보다 낮다.

■ 그러나 1970년대와 1980년대처럼 기대치가 고정되어 있지 않고 올해의 기대인플레이션율이 작년의 인플레이션율과 같다면 필립스 곡선 관계는 인플레이션 변화와 실업률의 관계가 된다. 실업률이 자연률보다 낮으면 인플레이션율이 상승하고, 실업률이 자연률보다 높으면 인플레이션율은 하락한다.

간단히 말해 인플레이션과 실업의 관계는 복잡해서 유감스럽게도 주의가 더 필요하다. 자연률 자체는 시간이 지남에 따라 변화하며 또한 국가마다 다르다. 인플레이션율이 매우 높아지면 실업과 인플레이션의 관계가 완전히 사라질 수 있다. 인플레이션율이 낮아지고 디플레이션으로 바뀌어도 사라질 수 있다. 이러한 문제를 차례로 살펴보자.

시간에 따른 자연실업률의 변동

식 (8.7) 또는 (8.8)을 추정하는 데 있어 $m + z$가 일정하다고 간주했다. 그러나 시간이 흐르면서 m과 z가 변한다고 믿을 만한 좋은 이유가 있다. 기업의 독점력 정도, 임금협상 구조, 실업수당 체계 등은 시간이 지남에 따라 변화해 m과 z의 변화를 낳고 결국 자연실업률의 변화를 가져온다.

실제로 1970~1995년 자연실업률 추정치는 6.2%였지만, 1995년부터 시작되는 기간의 추정치는 5%로 감소했다. 그리고, 이보다 최근에도 자연률이 일정하게 유지되었는지는 불분명하다. 그림 8-5에서 보듯이 2016년 이후 실업률은 5% 미만으로 낮아졌지만, 인플레이션율은 2%에 근접한다. 이 책을 쓰고 있는 현재, 자연율이 실제로 5% 미만으로, 아마도 3.5% 수준까지 낮아졌다고 보아야 하는지에 대한 격렬한 논쟁이 있다. 초점상자 '1990년 이후 미국의 자연실업률 변화'를 통해 왜 이런 현상이 나타날 수 있는지 살펴보라.

자연률은 앞으로도 낮게 유지될 것인가? 세계화, 고령화, 교도소, 임시보호기관, 우버(Uber)와 같은 플랫폼 회사의 성장, 인터넷의 역할 증가는 계속될 것이며, 이는 가까운 장래에 자연율이 실제로 낮게 유지될 것임을 시사한다.

국가별 자연실업률 차이

식 (8.9)에서 자연실업률은 임금 설정에 영향을 미치는 모든 요인 z, 기업이 설정하는 마크업 m, 인플레이션의 실업률에 대한 반응 α에 의존한다는 것을 배운 바 있다. 이러한 요인들이 국가별로 다르다면, 모든 국가가 동일한 자연실업률을 가지리라 기대할 이유는 없다. 그리고 사실상 자연실업률은 국가별로 다르며 때때로 그 차이가 상당히다.

예를 들어 1990년 이후 평균 수준이 10%에 근접해 온 유로지역의 실업률을 보자. 짧은 몇 년간의 높은 실업률은 실업률이 자연실업률로부터 이탈한 것을 잘 반영할 것이다. 하지만 29년간의 높은 평균 실업률은 높은 자연실업률을 반영할 것이다. 이는 어디에서 그 답을 구해야 하는지도 알려준다. 임금 설정과 가격 설정 관계를 결정하는 요인들이 바로 그것이다. ◀ 1장으로 되돌아가서 표 1-3을 참조하라.

관련 요인을 찾는 것은 쉬운가? 종종 유럽이 가진 주요 문제 중 하나가 **노동시장 경직성(labor**

1990년 이후 미국의 자연실업률 변화

본문에서 논의했듯이, 미국의 자연실업률은 1980년대 6~7%에서 오늘날 4%에 가깝게 하락한 것으로 보인다. 연구자들은 여러 가지 설명을 제시했다.

■ 기업이 일부 사업장을 해외로 더 쉽게 이전할 수 있다는 점은 노동자와 교섭할 때 기업의 교섭력을 강화하는 반면, 노조를 약화시킨다. 1970년대 중반 25%였던 미국의 노조 조직률은 현재 10% 안팎이다. 7장에서 보았듯이 노동자의 교섭력이 약해지면 자연실업률이 낮아질 가능성이 높다.

■ 노동시장의 성격이 바뀌었다. 대기 근로자, 임시직, 독립 계약직을 포함하는 새로운 형태의 고용계약에 해당하는 노동자가 꾸준히 증가해 현재 노동력의 약 10%를 차지한다. 이 노동자들은 교섭력이 거의 없다. 새로운 고용 형태의 성장으로 말미암아 많은 노동자가 실업자가 아닌 취업자 상태에서 일자리를 찾을 수 있게 되었다. 인터넷 기반 구직 사이트의 역할이 커지면서 직업과 근로자의 매칭이 쉬워졌다. 이러한 모든 변화는 실업률 하락을 낳고 있다.

다른 일부 설명은 다소 놀랍다. 예를 들어 연구자들은 다음을 지적한다.

■ 미국 인구의 고령화 : 청년노동자의 비율(16~24세 노동자)은 1980년 24%에서 현재 15%로 하락했다. 이것은 1960년대 중반에 끝났던 베이비붐 여파의 종결을 반영한다. 청년노동자는 직장을 옮겨 가며 노동자로서의 삶을 시작하는 경향이 있고 통상 다른 노동자보다 더 높은 실업률을 보인다. 따라서 청년노동자 비율의 감소는 전체 실업률의 감소로 이어진다.

■ 교도소 수감 인원의 증가 : 미국에서 교도소 수감 인원의 비율은 지난 40년간 3배 증가했다. 1980년에 미국 노동인구의 0.3%가 교도소에 있었지만, 오늘날 이 비율은 0.9%로 높아졌다. 교도소 수감자 중 많은 사람들은 투옥되지 않았다면 실업 상태에 놓였을 가능성이 크므로 실업률에 일정한 영향을 미쳤다고 할 수 있다.

■ 장애노동자 수의 증가 : 1984년 이래 장애 기준의 완화는 장애보험수당 대상 노동자를 계속 증가시켜 전체 근로인구 중 장애노동자의 비율은 1984년 2.2%에서 현재 3.9%로 증가했다. 법규에 변화가 없었다면 장애보험수당을 받는 노동자의 일부는 실업 상태에 놓였을 것이다.

■ 2008~2009년 금융위기 동안 큰 폭의 실업률 증가 (2010년 10%에 근접)가 결국 자연실업률 증가로 이어질 수 있다는 우려가 있었다. 이런 상황이 발생하는 메커니즘은 이력현상(hysteresis, 경제학에서 이력현상은 '충격이 발생한 후 충격이 사라졌음에도 불구하고 변수가 원래 수준으로 복귀하지 않는 현상'을 의미하는 데 사용된다)으로 알려져 있다. 장기간 실직했던 노동자는 갖고 있던 숙련기술이나 사기를 잃고 사실상 고용 불가능한 상태가 되어 결국 높은 자연실업률을 낳을 수 있다는 것이다. 2010년에 평균 실업기간은 33주로 역사적으로 보아도 예외적으로 높다. 실업자의 43%가 6개월 이상, 28%는 1년 이상 실업 상태를 지속했다. 경제가 회복되었을 때 얼마나 많은 사람이 실업경험으로 상처 받고 재취업에 어려움을 겪고 있었을까? 아직 최종 판단을 하기는 어렵다. 그러나 현재 실업률이 상대적으로 낮아졌고 인플레이션 압력이 없다는 점을 감안할 때 최소한 거시경제 수준에서 이 걱정은 합당해 보이지 않는다.

유럽 실업률의 결정요인

부정적인 사람들은 유럽을 괴롭히는 '노동시장 경직성'에 대해 이야기할 때 무엇을 염두에 두는가? 이들이 염두에 두는 점에는 특히 다음과 같은 사항이 포함된다.

■ 관대한 실업보험제도 : 유럽에서 대체율(실업급여이 세후임금을 대체하는 정도)은 종종 높으며, 실업급여의 지속기간(실업자가 급부에 대한 권리를 갖는 기간)도 종종 수년에 달한다.

　어떤 형태로든 실업보험은 분명히 필요하다. 그러나 관대한 실업급여는 최소한 두 가지 방식으로 실업률을 높일 수 있다. 우선 실업자가 직업을 찾는 유인을 감소시킨다. 아울러 기업이 지급하는 임금도 증가시킬 수 있다. 7장의 효율성 임금에 대한 논의를 기억하자. 실업급여가 높을수록 노동자를 자극하고 유지하기 위해 기업이 지급해야 하는 임금도 높아진다.

■ 높은 수준의 고용보호 : 경제학 관점에서 고용보호란 기업의 노동자 해고비용을 높이는 규칙들을 말한다. 여기에는 기업이 해고할 때 지급해야 하는 높은 퇴직금, 노동자가 법적으로 대항해 해고를 철회시킬 수 있는 가능성 등이 포함된다.

　고용보호의 목적은 해고를 감소시켜 실업위험으로부터 노동자를 보호하는 데 있다. 그러나 고용보호는 동시에 기업의 노동비용을 높여 고용을 감소시키고 결국 실업자들이 직장을 구하는 것을 더 어렵게 만든다. 실증분석에 따르면 고용보호가 반드시 실업을 증가시키지는 않지만, 그 특성을 변화시킨다. 실업으로의 유입과 유출의 흐름을 감소시키지만 평균 실업지속기간은 상승한다. 실업지속기간의 상승은 노동자의 기능과 의지를 상실시켜 고용가능성을 감소시킨다.

■ 최저임금 : 대다수 유럽국가는 국가별로 최저임금제를 갖고 있다. 일부 국가에서는 중위임금 대비 최저임금의 비율이 매우 높다. 높은 최저임금은 분명히 기능 수준이 가장 낮은 노동자의 고용 규모를 감소시켜 고용 가능성을 낮추는 위험을 높인다.

■ 협상 규칙 : 대부분의 유럽국가에서 노동계약은 **확대조항**(extension agreement)을 갖고 있다. 일부 노동자와 노조가 협의한 계약은 해당 부문의 모든 기업으로 자동 확대되어 적용될 수 있다. 이것은 비노조 기업의 경쟁력을 제한함으로써 노조의 협상력을 크게 강화한다. 7장에서 보듯이, 노조의 강한 협상력은 실업 증가를 낳을 수 있다. 노동자의 요구와 기업이 지급하는 임금을 조율하기 위해서는 실업 증가가 불가피하다.

이들 노동시장제도는 유럽의 높은 실업을 잘 설명하는가? 불 보듯 뻔한 것인가? 그렇지 않다. 두 가지 중요한 사실을 상기해야 한다.

사실 1 : 유럽에서 실업률이 항상 높았던 것은 아니다. 1960년대에 유럽대륙 주요 4개국의 실업률은 미국보다 낮은 2~3%에 머물렀다. 미국 경제학자들은 '유럽의 실업률 기적'을 연구하러 탐방을 했다. 오늘날 이들 국가의 자연실업률은 약 8~9% 수준이다. 이러한 상승을 어떻게 설명해야 하는가?

하나의 가설은 제도가 달랐으며 노동시장 경직성은 지난 40년 동안만 등장했다는 것이다. 그러나 이는 사실과 다른 것으로 드러났다. 1970년대의 부정적 충격(특히 유가 상승에 이어진 두 차례의 경기침체)에 대응해 많은 유럽 정부가 실업보험의 관대함과 고용보호의 강도를 높였다. 그러나 1960년대에도 유럽의 노동시장제도는 미국의 노동시장제도와 전혀 달랐다. 유럽에서 사회보호이 강도는 높았지만 실업률은 낮았다.

보다 설득력 있는 다른 설명은 제도와 경제적 충격의 상호작용에 초점을 맞춘다. 일부 노동시장제도는 일정한 환경에서는 큰 문제가 되지 않지만 다른 환경에서는 그 비용부담이 매우 크다. 고용보호를 보자. 기업 간 경쟁이 제한적이면 각 기업에서 고용을 조절할 필요성 역시 제한적이며 고용보호 비용 역시 낮을 수 있다. 그러나 국내기업에서 비롯되든 외국기업에서 비롯되든 경쟁이 심해지면 고용보호의 비용은 크게 높아질 수 있다. 고용 규모를 빠르게 조절할 수 없는 기업은 경쟁할 수 없고 결국 사업을 접어야 할 것이다.

사실 2 : 유럽국가의 자연실업률에는 큰 차이가 있다. 이는 2006년 15개 유럽국가(회원국이 27개로 늘기 전 EU의 15개 회원국)의 실업률을 보여주는 그림 1에 나타나 있다. 두 가지 이유로 2006년을 선택했다. 첫째, 2006년 이후 금융위기는 실업률을 자연율을 뛰어넘는 수준으로 크게 증가시켰다. 둘째, 이들 대부분 국가에서 2006년에는 인플레이션이 안정적이고 낮았는데, 이는 실업률이 자연률과 거의 같았음을 시사한다.

보는 것처럼 실업률은 유럽대륙의 주요 4개국인 프랑스, 스페인, 독일, 이탈리아에서 높았다. (독일의 자연실업률은 그 이후로 많이 감소한 것으로 보인다. 2018년 실제 실업률은 3.5%였으며 인플레이션의 징후는 거의 없었다. 이는 시간이 지남에 따른 자연실업률의 변화를 보여주는 또 다른 예이다.)

그러나 일부 국가, 특히 덴마크, 아일랜드, 네덜란드의 실업률이 얼마나 낮았는지에 주목하자. 이들 저실업 국가는 실업급여가 낮고, 고용보호가 저조하며, 노조가 취약한가? 아쉽게도 상황은 그리 간단하지 않다. 스페인은 안전망이 여유롭고 평균 실업률이 매우 높다. 그러나 평균 실업률이 낮은 네덜란드도 마찬가지다.

그렇다면 어떤 결론을 내려야 하는가? 경제학자 간에 새로이 의견이 수렴되고 있는데, 문제는 제도의 상세한 내역에 있다는 것이다. 관대한 사회적 보호는 낮은 실업률과 일관성이 있다. 그러나 고용보호는 효과적으로 제공되어야만 한다. 예를 들어 실업자가 직장

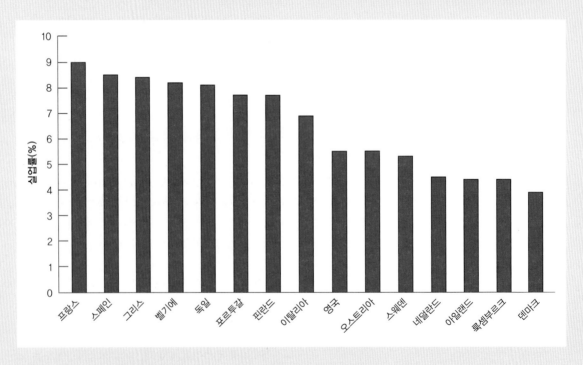

그림 1

15개 유럽국가에서의 실업률(2006년)

출처 : WEO database.

을 선택하도록 강제할 수 있다면 실업급여는 관대하게 주어질 수 있다. 기업들이 노동자를 해고할 때 장기간의 행정적 또는 법적 어려움을 우려하지 않는다면 관대한 퇴직금과 같은 일부 고용보호 조치가 반드시 높은 실업률로 이어질 이유는 없다. 덴마크와 같은 국가들은 이러한 목표의 달성에 있어 더 성공적이었던 것

으로 보인다. 많은 유럽정부의 개혁 아젠다에는 실업자가 취업할 유인을 창출하고 고용보호의 규칙을 단순화하고자 하는 내용이 담겨 있다. 미래에 이들이 자연실업률의 하락을 낳을 것이라고 기대된다.

주 : 유럽의 실업에 대한 추가적 논의는 다음을 참조하라. Olivier Blanchard, "European Unemployment: The Evolution of Facts and Ideas," *Economic Policy*, 2006 21(45): pp. 1-54.

market rigidity)이라는 주장을 듣는다. 이 주장은 경직성이 높은 실업률에 책임이 있다고 한다. 이런 주장에 다소의 진실은 담겨 있지만, 현실 세계는 더 복잡하다. 초점상자 '유럽 실업률의 결정요인'은 이들 문제에 대해 더 논의하고 있다.

과도한 인플레이션율과 필립스 곡선 관계

1970년대에 인플레이션이 보다 지속적인 현상으로 자리 잡고 임금 설정자가 인플레이션 기대를 형성하는 방식을 변화시킴에 따라 미국의 필립스 곡선이 어떻게 변화했는지를 상기해보자. 이것이 주는 교훈은 보편적이다. 실업과 인플레이션의 관계는 인플레이션의 수준 및 지속성과 함께 변화할 것이다. 높은 인플레이션을 보이는 국가들에 대한 증거들이 이를 확인해준다. 노동자와 기업의 기대 형성 방식뿐만 아니라 제도 역시 변화한다.

인플레이션율이 높아지면 인플레이션 변동성도 커지는 경향이 있다. 그 결과 노동자와 기업은 장기간 명목임금을 고정시키는 노동계약에 합의하기를 더 꺼린다. 인플레이션율이 기대보다 높게 실현되면 실질임금은 급락하고 노동자는 생활 수준의 급격한 악화로 고통 받는다. 반대로 인플레이션율이 기대보다 낮아지면 실질임금은 급격히 상승할 것이다. 기업들은 임금을 지급하지 못할 수 있고, 일부는 파산할 수도 있다.

이런 이유로 임금협상의 조건은 인플레이션에 따라 변화한다. 명목임금이 설정되는 기간은 보다 짧아져 연간에서 월간으로 또는 더 짧게 줄어들 수 있다. 인플레이션에 따라 임금을 자동적으로 증가시키는 조항인 **물가연동임금제도**(wage indexation, 물가연동제)가 더 보편화된다.

이러한 변화는 다시 실업에 대한 인플레이션의 반응을 더 강하게 만든다. 이를 보기 위해서는 물가연동제에 기초한 예가 도움이 된다. 두 유형의 노동계약이 존재하는 경제를 고려하자. 노동계약 중 λ(그리스어 소문자 람다) 비율만큼이 물가에 연동되었다고 하자. 이들 계약에서 명목임금은 실제 물가의 변화에 따라 일대일로 변화한다. 노동계약 중 $1-\lambda$ 비율만큼은 물가에 연동되어 있지 않다. 명목임금은 기대인플레이션에 기초해 설정된다.

이러한 가정하에서 식 (8.10)은 다음과 같아진다.

보다 구체적으로 말하면, 인플레이션이 연평균 2%를 기록할 때, 임금 설정자들은 인플레이션이 1~3% 사이라고 확신할 수 있다. 인플레이션이 평균적으로 연 30%를 기록할 때, 임금 설정자들은 인플레이션이 20~40% 사이라고 확신할 수 있다. 첫 번째 경우에 실질임금은 명목임금을 설정할 때 기대했던 것보다 1% 더 높게 또는 더 낮게 받게 될 수 있다. 두 번째 경우에는 기대했던 것보다 10% 더 높게 또는 더 낮게 받게 될 수 있다. 두 번째 경우에 훨씬 더 많은 불확실성이 존재한다.

$$\pi_t = [\lambda\pi_t + (1 - \lambda)\pi_t^e] - \alpha(u_t - u_n)$$

우변에서 대괄호 안의 항은 임금계약 중 λ 비율만큼이 물가에 연동되어 실제 인플레이션(π_t)에 반응하고, $(1-\lambda)$ 비율만큼은 기대인플레이션(π_t^e)에 반응한다는 사실을 담고 있다. 이제 금년의 기대인플레이션율이 전년의 실제 인플레이션율과 같다($\pi_t^e = \pi_{t-1}$)고 가정하면 다음을 얻는다.

$$\pi_t = [\lambda\pi_t + (1 - \lambda)\pi_{t-1}] - \alpha(u_t - u_n) \tag{8.11}$$

$\lambda = 0$일 때, 모든 임금은 전년의 인플레이션율 π_{t-1}과 일치하는 기대 인플레이션율에 기초해 설정되고 위 식은 다음과 같이 된다.

$$\pi_t - \pi_{t-1} = -\alpha(u_t - u_n)$$

그러나 λ가 양의 값을 가지면 임금 중 λ 비율이 기대인플레이션보다는 실제 인플레이션에 기초해 설정된다. 이것의 시사점을 보기 위해 식 (8.11)을 다시 정리하자. 대괄호의 항을 좌변으로 보낸 뒤, 좌변을 $(1-\lambda)$로 묶고 이어서 $1-\lambda$로 나누면 다음이 구해진다.

$$\pi_t - \pi_{t-1} = -\frac{\alpha}{(1 - \lambda)}(u_t - u_n)$$

물가연동제는 실업의 인플레이션에 대한 효과를 높인다. 물가에 연동된 임금계약의 비율 λ가 높아질수록 실업의 인플레이션 변화에 대한 효과[즉 계수 $\alpha/(1-\lambda)$]는 커진다.

이에 대한 직관은 다음과 같다. 물가연동제가 없는 경우 실업 감소는 임금을 상승시키고, 이는 다시 물가 상승을 낳는다. 그러나 임금이 물가에 즉각 반응하지 않으므로 연중에는 추가적인 물가 상승은 없다. 그러나 물가연동제가 존재할 경우, 물가 상승은 연중에 추가적인 임금 상승을 낳고, 이는 다시 추가적인 물가 상승으로 이어지며 이러한 과정이 반복된다. 결과적으로 연중에 실업의 인플레이션에 대한 영향은 더 높아진다.

만약 모든 노동계약에서 물가연동을 허용해 λ가 1에 가깝게 되면 실업률의 사소한 변화가 인플레이션의 아주 큰 변화를 낳을 수 있다. 다시 말해 실업률에는 거의 아무런 변화가 없음에도 불구하고 큰 규모의 인플레이션 변화가 발생할 수 있다. 인플레이션율이 매우 높은 국가에서 이런 일이 생겨난다. 인플레이션과 실업의 관계는 점차 희미해지고 결국 완전히 사라진다.

인플레이션이 매우 높을 때 인플레이션 동학에 대한 추가적 논의는 22장을 참조하라. ▶

디플레이션과 필립스 곡선 관계

방금 인플레이션율이 매우 높아질 때 필립스 곡선에 어떤 일이 발생하는지 보았다. 또 다른 문제는 인플레이션이 낮을 때 그리고 음의 값을 가질 때, 즉 디플레이션이 있을 때 어떤 일이 발생하는지다.

이러한 의문을 제기하는 한 가지 이유는 이 장 도입부에서 언급했지만 미루었던 그림 8-1의 한

가지 측면에서 비롯한다. 이 그림에서 1930년대에 대응하는 점(삼각형의 점으로 나타남)들이 다른 점들의 오른쪽에 어떻게 위치해 있는지 주의하라. 실업률이 비정상적으로 높을 뿐만 아니라(이는 놀랄 일이 아니다. 대공황기의 연도를 보고 있기 때문이다.) 실업률이 이렇게 높은데도 인플레이션율이 놀랄 정도로 높다. 다시 말해 매우 높은 실업률하에서는 단순한 디플레이션이 아니라 높은 디플레이션율을 기대했어야 할 것이다. 실제로 디플레이션은 제한적이었고, 1934~1937년에 인플레이션율은 양의 값을 가졌다.

이 사실을 어떻게 해석해야 할까? 두 가지 잠정적 설명이 있다.

첫 번째 설명은 대공황이 실제 실업률의 증가뿐만 아니라 자연실업률의 증가와도 관련된다는 것이다. 이 설명은 그럴듯해 보이지 않는다. 대부분의 경제사학자는 공황을 주로 총수요의 대규모 위축에 따른 결과로 보아 자연실업률 그 자체의 증가보다는 자연실업률을 상회하는 실제 실업률의 증가가 발생한 것으로 본다.

두 번째 설명은 경제가 디플레이션을 경험하기 시작할 때 필립스 곡선 관계가 무너진다는 것이다. 한 가지 이유는 노동자들이 명목임금의 인하를 주저한다는 것이다. 노동자들은 명목임금이 인플레이션율보다 천천히 증가함에 따라 발생하는 실질임금의 하락은 불가피하게 수용할 것이다. 그러나 똑같은 실질임금의 감소가 명목임금의 명백한 인하로 인해 비롯된다면 투쟁에 나설 것이다. 금융위기 동안 일부 국가에서 이러한 메커니즘이 분명히 작동했다.

예를 들어 그림 8-6은 포르투갈에서의 1984년과 2012년 분포를 보여준다. 1984년에 인플레이션율은 27%로 매우 높았고, 2012년에는 단지 2.1%에 머물렀다. 1984년에 임금 변화율은 대칭적으로 분포했지만, 2012년에는 0%에 집중되었고 음의 임금 변화율은 거의 나타나지 않았다. 이러

u와 함께 u_n이 증가하면 u가 높더라도 $u-u_n$은 낮게 유지되어, u가 높다 해도 인플레이션에 대한 하락 압력 역시 낮은 수준에 머물 것이다.

두 가지 시나리오를 고려하자. 어떤 경우에는 인플레이션율이 4%이고 여러분의 명목임금은 2% 올라간다. 다른 경우에는 인플레이션율이 0%이고 여러분의 명목임금은 2% 삭감된다. 어느 것을 더 싫어하겠는가? 둘 사이에 무차별해야만 한다. 두 경우 모두에 있어 실질임금은 2% 하락한다. 그러나 대부분의 사람들이 첫 번째 시나리오가 덜 고통스럽다고 생각한다는 부분적 증거가 있다. 이에 대한 추가 논의는 24장을 참조하라.

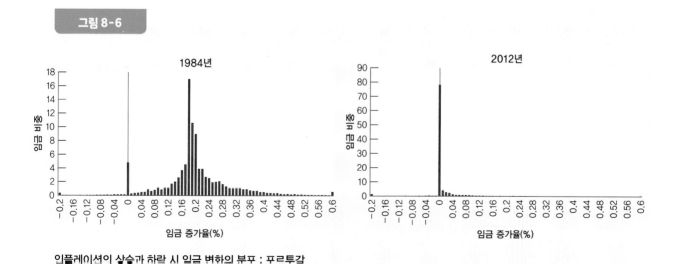

그림 8-6

인플레이션이 상승과 하락 시 임금 변화의 분포 ; 포르투갈

출처 : Pedro Portugal, based on Portuguese household survey.

한 메커니즘이 작동하는 한, 경제가 0%의 인플레이션율에 근접할 경우 인플레이션 변화와 실업률 간의 필립스 곡선 관계가 사라지거나 최소한 약화될 것임을 시사한다.

요약

- 노동시장 균형은 인플레이션, 기대인플레이션, 실업 간의 관계를 의미한다. 실업률이 일정할 때 기대인플레이션의 상승은 인플레이션 상승으로 이어진다. 기대인플레이션이 일정할 때 실업률이 높을수록 인플레이션은 낮아진다.
- 인플레이션에 대한 기대가 고정되어 있고, 기대인플레이션율이 거의 일정하다면 필립스 곡선은 인플레이션율과 실업률의 관계로 나타난다. 이것이 영국의 필립스와 미국의 솔로와 새뮤얼슨이 1950년대 후반 실업과 인플레이션의 움직임을 보고 찾아낸 것이다.
- 1970년대에 인플레이션이 더 높아지고 지속적으로 변화하자 인플레이션에 대한 기대는 변화하기 시작해 과거 인플레이션율에 더 의존적으로 바뀌었다. 필립스 곡선은 인플레이션 변화치와 실업률의 관계로 나타났다. 높은 실업률은 인플레이션율의 하락을 낳고, 낮은 실업률은 인플레이션율의 상승을 낳았다.
- 1980년대부터 연준은 인플레이션을 낮고 안정적으로 유지하기 위해 노력해왔다. 1990년대까지 인플레이션에 대한 기대는 다시 고정되었고 기대인플레이션율은 거의 일정해졌다. 필립스 곡선은 다시 물가 상승률과 실업률의 관계가 되었다.
- 자연실업률은 인플레이션율과 기대인플레이션율이 일치할 때의 실업률이다. 인플레이션 기대가 고정되어 있고, 기대인플레이션율이 중앙은행의 목표치와 같다면, 이는 자연실업률에서 실제 인플레이션이 목표치와 같다는 것을 의미한다. 실제 실업률이 자연실업률을 초과할 때 인플레이션율은 목표치보다 낮다. 실제 실업률이 자연실업률보다 낮으면 인플레이션율은 목표치보다 높다.
- 자연실업률은 일정하지 않아 국가별·시기별로 달라진다. 미국보다 유럽에서 더 높으며, 유럽에서는 1960년대 이후 자연율이 크게 높아졌고 미국에서는 1990년대 초반부터 낮아진 것으로 보인다.
- 시간에 따라 인플레이션율이 변동하는 방식의 변화는 임금 설정자가 기대를 형성하는 방식에 영향을 미치고 물가에 연동하는 임금 설정 방식을 얼마나 사용하는지에도 영향을 미친다. 물가연동임금제도가 광범위해지면 실업률의 사소한 변화도 인플레이션율에 매우 큰 변화가 생겨날 수 있다. 인플레이션율이 크게 높아지면 인플레이션율과 실업의 관계는 완전히 사라진다.
- 매우 낮거나 음의 인플레이션율하에서 필립스곡선 관계는 보다 약해진다. 대공황기 동안 매우 높은 실업률조차 제한적인 디플레이션을 야기했다. 오늘날 많은 국가가 낮은 인플레이션율을 가지므로 이 문제는 중요하다.

핵심 용어

가속도론자의 필립스 곡선(accelerationist Phillips curve)

고정된 기대(anchored expectation)

노동시장 경직성(labor market rigidity)

물가연동임금제도(wage indexation)

원래의 필립스 곡선(original Phillips curve)

이력현상(hysteresis)

필립스 곡선(Phillips curve)

확대조항(extension agreement)

연습문제

기초문제

1. 이 장의 내용에 기초해 다음에 대해 '사실', '거짓', '불확실' 여부를 밝히고 그 이유를 간단히 설명하라.

   a. 원래의 필립스 곡선은 처음 영국에서 관찰된 실업률과 인플레이션율 간 음의 관계이다.

   b. 원래의 필립스 곡선은 국가나 시간 흐름에 상관없이 안정적인 것으로 나타났다.

   c. 과거 일부 시기 동안에 연간 인플레이션의 지속성은 매우 높았다. 다른 시기 동안에는 금년의 인플레이션이 다음 해의 인플레이션을 예측하는 데 있어 좋은 지표가 되지 못했다.

   d. 정책 당국자는 실업과 인플레이션의 상충관계를 일시적으로만 활용할 수 있다.

   e. 기대인플레이션은 항상 실제 인플레이션과 같다.

   f. 1960년대 말에 경제학자 프리드먼과 펠프스는 정책 당국자가 원하는 만큼 낮은 실업률을 달성할 수 있다고 주장했다.

   g. 사람들이 인플레이션이 작년과 같다고 가정하면 필립스 곡선 관계는 인플레이션율 변화와 실업률의 관계가 될 것이다.

   h. 특정 국가 내에서 자연실업률 수준은 일정하다.

   i. 자연실업률 수준은 모든 국가에서 동일하다.

   j. 디플레이션은 인플레이션율이 음인 상황이다.

   k. 인플레이션에 대한 기대가 고정되면 필립스 곡선 관계는 인플레이션율의 변화와 실업률의 관계이다.

   l. 인플레이션에 대한 기대가 고정되면 실제 인플레이션이 기대인플레이션과 일치하기 때문에 실질임금은 일정할 것이다.

2. 다음 수상을 논의하라.

   a. 필립스 곡선은 실업률이 높을 때 인플레이션이 낮으며 그 역도 성립할 것임을 시사한다. 따라서 높은 인플레이션이나 실업을 경험해야 하다 그러나 결코 두 현상을 동시에 경험하지는 않을 것이다.

   b. 높은 인플레이션을 우려하지 않는 한 원하는 만큼 낮은 실업률을 달성할 수 있다. 우리가 해야 할 것은 팽창적 재정정책을 사용해 재화와 용역에 대한 수요를 증가시키는 것이 전부이다.

   c. 디플레이션 기간 동안 가격이 실제로 하락하고 있음에도 불구하고 노동자들은 명목임금의 인하에 저항한다.

3. 자연실업률

   a. 필립스 곡선은 $\pi_t = \pi_t^e + (m+z) - \alpha u_t$이다. 이 관계를 실업률의 자연실업률과의 격차, 인플레이션, 기대인플레이션 간의 관계로 전환하라.

   b. 이전 장에서는 자연실업률을 유도했다. 이를 유도할 때 물가와 기대물가에 대해 어떤 조건을 부과했는가? 이는 (a)에 부과된 조건과 어떻게 관련되는가?

   c. 자연실업률은 마크업과 어떤 관계를 갖는가?

   d. 자연실업률은 변수 z와 어떤 관계를 갖는가?

   e. 국가별, 시간별로 자연실업률 변동의 두 가지 중요한 원인을 설명하라.

4. 기대인플레이션의 형성

   본문은 다음의 기대인플레이션 모형을 제시했다.

   $$\pi_t^e = (1 - \theta)\,\bar{\pi} + \theta \pi_{t-1}$$

   a. $\theta = 0$일 때 기대인플레이션의 형성 과정을 설명하라.

   b. $\theta = 1$일 때 기대인플레이션의 형성 과정을 설명하라.

   c. 여러분은 자신의 기대인플레이션을 어떻게 형성하는가? (a)에 가까운가, 아니면 (b)에 가까운가?

5. 필립스 곡선의 변형

   필립스 곡선은

   $$\pi_t = \pi_t^e + 0.1 - 2u_t$$

   기대인플레이션은

   $$\pi_t^e = (1 - \theta)\,\bar{\pi} + \theta \pi_{t-1}$$

   로 주어졌다고 하자. 또한 θ는 처음에는 0의 값을 갖는 것으로 하고, $\bar{\pi}$는 주어진 값으로 변하지 않는다고 하자. $\bar{\pi}$는 0 또는 양의 값을 가질 수 있다. 처음에 실업률은 자연실업률과 일치한다고 가정하자. t년도에 정책 당국은 실업률을 3% 하락시켜 이후 그 수준을 계속 유지하기로 했다.

a. $t+1$, $t+2$, $t+3$, $t+4$, $t+5$기의 인플레이션율을 결정하고 $\bar{\pi}$와 비교하라.

b. (a)에서 주어진 답을 확신하는가? 왜 그런가? (힌트 : 사람들이 어떻게 인플레이션 기대를 형성할 것인지를 생각해보라.)

이제 $t+6$년도에 θ가 0에서 1로 증가했다고 하자. 정부는 여전히 실업률을 3%로 계속 유지하려 한다고 가정하자.

c. 왜 θ가 이런 식으로 증가하는가?

d. $t+6$, $t+7$, $t+8$년의 인플레이션율은 얼마인가?

e. $\theta=1$이고 실업률이 자연실업률보다 낮게 유지되면 인플레이션은 어떻게 되는가?

f. $\theta=1$이고 실업률이 자연실업률로 유지되면 인플레이션은 어떻게 되는가?

심화문제

6. 물가연동 임금 설정의 거시경제적 효과

   필립스 곡선이 다음과 같다고 하자.

   $$\pi_t - \pi_t^e = 0.1 - 2u_t$$

   단,

   $$\pi_t^e = \pi_{t-1}$$

   이다. 이제 $t-1$년도의 인플레이션율이 0이라 하자. t년도에 정책 당국은 실업률을 4%에서 영원히 유지하기로 결정했다.

   a. t, $t+1$, $t+2$, $t+3$년도의 인플레이션율을 계산하라.

   이제 노동자의 절반이 노동계약에서 임금을 물가에 연동했다고 하자.

   b. 필립스 곡선은 어떻게 바뀌겠는가?

   c. (b)의 답에 기초해 (a)의 답을 다시 계산하라.

   d. 물가연동임금제도는 π와 u 간의 관계에 어떤 영향을 미치겠는가?

7. 자연실업률에 대한 검토

   a. 1970년부터 1995년까지의 필립스 곡선식은 다음과 같다.

   $$\pi_t - \pi_{t-1} = 7.4\% - 1.2u_t$$

   이 곡선을 사용해 자연실업률을 계산하고 정의하라.

   b. 1996년부터 2018년까지의 필립스 곡선식은 다음과 같다.

   $$\pi_t = 2.8\% - 0.16u_t$$

   여기서 자연실업률은 이 필립스 곡선에 의해 즉시 계산할 수 없다. 이유를 설명하라.

   c. 필립스 관계 $\pi_t=2.8\%-0.16u_t$를 수직축이 인플레이션, 수평축이 실업인 그래프로 표시하라. 세로축의 절편을 계산하고 해석하라. 이것이 바람직하지 않은 결과일 수 있는 이유는 무엇인가? 가로축의 절편을 계산하고 해석하라. 이것이 바람직하지 않은 결과일 수 있는 이유는 무엇인가? 인플레이션이 2%라면 실업률은 얼마인가?

   d. $\bar{\pi}=2.0\%$의 값을 가정할 때 $\pi_t=2.8\%-0.16u_t$ 관계에 기초한 자연실업률은 얼마인가? 계산 논리를 설명하라.

   e. 1970~1995년과 1996~2018년 사이에 자연실업률은 어떻게 변했는가?

   f. 1980년대와 2000년대 사이의 자연실업률 변화에 대해 설명하라.

8. 아래의 각 표를 고려하라. 제시한 데이터가 임금 결정에 대한 필립스 곡선 모형과 일치하는가? 각 표에는 점 A와 점 B가 있다. 사실/거짓/불확실로 답하고 설명하라.

   a. 자연실업률=5%

점	실업률	기대인플레이션율	임금 상승률
A	6%	3%	3%
B	6%	2%	2%

   b. 자연실업률=5%

점	실업률	기대인플레이션율	임금 상승률
A	4%	2%	3%
B	3%	2%	2%

   c. 자연실업률=4%

점	실업률	기대인플레이션율	임금 상승률
A	4%	6%	7%
B	4%	2%	3%

d. 자연실업률=5%

점	실업률	기대인플레이션율	임금 상승률
A	12%	2%	0%
B	12%	−2%	0%

추가문제

9. 실업률을 사용한 1996~2018년 인플레이션 예측

그림 8-5에서 추정된 필립스 곡선은 다음과 같다.

$$\pi_t = 2.8\% - 0.16\, u_t$$

FRED 데이터베이스에서 데이터를 구한 후 위의 필립스 곡선을 사용해 아래 표를 채워라. 월별 시계열은 실업률인 UNRATE와 소비자물가지수인 CPIAVCSL이다. FRED에서는 이러한 시계열의 연평균치를 구할 수 있다. 인플레이션율을 연간 CPI 지수의 백분율 변화로 구해야 한다. 스프레드시트 프로그램을 사용해도 좋다. 다음 질문에 답하라.

a. 2006년 이후 기간에 대한 필립스 곡선의 인플레이션 예측력을 평가하라. 평균 예측오차는 얼마인가?

b. 금융위기를 경험했던 2009~2010년 기간 동안 필립스 곡선의 인플레이션 예측력을 평가하라. 무슨 일이 일어난 것인가?

c. 2018년 이후의 연도를 표에 추가할 수 있다. 2018년 이후의 인플레이션을 예측하기 위해 2018년에 끝나는 데이터로 추정된 기대가 추가된 필립스 곡선의 예측력을 평가하라.

연도	인플레이션율	실업률	기대인플레이션	인플레이션−기대인플레이션
2006				
2007				
2008				
2009				
2010				
2011				
2012				
2013				
2014				
2015				
2016				
2017				
2018				

10. 상이한 기간별 인플레이션율과 기대인플레이션율

다음 표에서 1960년대를 사용해 인플레이션과 기대인플레이션 값을 채워라. 이를 위해서는 FRED 데이터베이스가 필요하다. 해당 시계열은 9번 문제에 있다. 스프레드시트를 사용하면 편리할 것이다.

1960년대부터 :

연도	π_t 실제 인플레이션율	π_{t-1} 시차 인플레이션율	π_t^e 가정별 기대인플레이션율		$\pi_t^e - \pi_t$ 가정별 기대인플레이션과 실제 인플레이션의 차이	
			$\theta=0$과 $\bar{\pi}=0$을 가정	$\theta=1.0$을 가정	$\theta=0$과 $\bar{\pi}=0$을 가정	$\theta=1.0$을 가정
1963						
1964						
1965						
1966						
1967						
1968						
1969						

1970년대와 1980년대부터:

연도	π_t 실제 인플레이션율	π_{t-1} 시차 인플레이션율	π_t^e 가정별 기대인플레이션율		$\pi_t^e - \pi_t$ 가정별 기대인플레이션과 실제 인플레이션의 차이	
			$\theta=0$과 $\bar{\pi}=0$을 가정	$\theta=1.0$을 가정	$\theta=0$과 $\bar{\pi}=0$을 가정	$\theta=1.0$을 가정
1973						
1974						
1975						
1976						
1977						
1978						
1979						
1980						
1981						

2010년대부터(이에 대해서는 9번 문제에서 일부 해보았다.) :

연도	π_t 실제 인플레이션율	π_{t-1} 시차 인플레이션율	π_t^e 가정별 기대인플레이션율		$\pi_t^e - \pi_t$ 가정별 기대인플레이션과 실제 인플레이션의 차이	
			$\theta=0$과 $\bar{\pi}=2.0$을 가정	$\theta=1.0$을 가정	$\theta=0$과 $\bar{\pi}=2.0$을 가정	$\theta=1.0$을 가정
2013						
2014						
2015						
2016						
2017						
2018						

a. 1960년대의 θ값으로 0이 적절한가? $\bar{\pi}$의 값으로 $\bar{\pi}=0$이 적절한가? 이러한 판단을 어떻게 했는가?

b. 1960년대의 θ값으로 1은 적절한가? 이 판단은 어떻게 했는가?

c. 1970년대의 θ나 $\bar{\pi}$의 값으로 0이 적절한가? 이러한 판단을 어떻게 했는가?

d. 1970년대의 θ값으로 1은 적절한가? 이 판단은 어떻게

했는가?

e. 고정된 인플레이션율이 2%인 모형은 2012년 이후 데이터를 얼마나 잘 설명하는가? 왜 그렇게 판단하는가?

f. 2010년대의 θ값으로 1은 좋은 선택인가? 왜 그런가?

g. 이 세 기간에 있어서의 인플레이션 추이, 평균 수준, 지속성을 비교하라.

부록 : 물가와 실업 관계에서 인플레이션과 실업으로

이 부록은 식 (8.1)에 주어진 물가, 기대물가, 실업률에 관한 다음의 관계

$$P = P^e(1 + m)(1 - \alpha u + z)$$

로부터 식 (8.2)에 주어진 인플레이션, 기대인플레이션, 실업률에 관한 관계를 유도하는 과정을 보인다.

$$\pi = \pi^e + (m + z) - \alpha u$$

우선 물가, 기대물가, 실업률 시간첨자를 붙이자. 따라서 P_t, P_t^e, u_t는 각각 t년도에 있어서 물가, 기대물가, 실업률을 나타낸다. 식 (8.1)은 다음과 같이 된다.

$$P_t = P_t^e(1 + m)(1 - \alpha u_t + z)$$

이어서 물가를 인플레이션율로 바꾸어보자. 양변을 전년의 물가 P_{t-1}로 나누면 다음과 같다.

$$\frac{P_t}{P_{t-1}} = \frac{P_t^e}{P_{t-1}}(1 + m)(1 - \alpha u_t + z) \qquad (8A.1)$$

왼쪽의 P_t/P_{t-1}를 다음과 같이 써보자.

$$\frac{P_t}{P_{t-1}} = \frac{P_t - P_{t-1} + P_{t-1}}{P_{t-1}} = 1 + \frac{P_t - P_{t-1}}{P_{t-1}} = 1 + \pi_t$$

여기서 첫 번째 등식은 분자에서 P_{t-1}을 더하고 다시 빼서 구한 것이고, 두 번째 등식은 $P_{t-1}/P_{t-1} = 1$이라는 사실에서 유도된다. 그리고 세 번째 등식은 인플레이션율에 대한 정의 $\pi_t \equiv (P_t - P_{t-1})/P_{t-1}$에서 유도된다.

오른쪽의 분수 P_t^e/P_{t-1}에 대해서도 기대인플레이션율에 대한 정의 $\pi_t^e \equiv (P_t^e - P_{t-1})/P_{t-1}$을 사용해 동일한 과정을 반복하라.

$$\frac{P_t^e}{P_{t-1}} = \frac{P_t^e - P_{t-1} + P_{t-1}}{P_{t-1}} = 1 + \frac{P_t^e - P_{t-1}}{P_{t-1}} = 1 + \pi_t^e$$

식 (8A.1)에서 P_t/P_{t-1}와 P_t^e/P_{t-1}을 방금 유도한 표현으로 바꾸면 다음과 같다.

$$(1 + \pi_t) = (1 + \pi_t^e)(1 + m)(1 - \alpha u_t + z)$$

이것은 인플레이션(π_t), 기대인플레이션(π_t^e), 실업률(u_t) 간의 관계를 제공한다. 남은 단계는 이 관계를 더 분명하게 보여줄 것이다.

양변을 $(1 + \pi_t^e)(1 + m)$으로 나눠라.

$$\frac{(1 + \pi_t)}{(1 + \pi_t^e)(1 + m)} = 1 - \alpha u_t + z$$

인플레이션, 기대인플레이션, 마크업이 아주 크지 않은 한 $1 + \pi_t - \pi_t^e - m$이 방정식의 좌변에 대한 좋은 근사치가 될 것이다(이 책 끝부분 부록 2의 명제 3과 명제 6을 참조하라). 위 방정식의 좌변을 이로 대체하고 정리하면 다음을 얻을 수 있다.

$$\pi_t = \pi_t^e + (m + z) - \alpha u_t$$

시간첨자를 빼면 본문의 식 (8.2)와 같으며, 시간첨자를 유지하면 본문의 식 (8.3)과 같다.

인플레이션 π_t, 기대인플레이션 π_t^e와 실업률 u_t에 의존한다. 이 관계는 마크업 m, 임금 설정에 영향을 미치는 요인들 z, 실업률의 임금에 대한 효과 α에도 의존한다.

단기에서 중기로 : *IS-LM-PC* 모형

3장에서 6장까지 재화시장과 금융시장의 균형을 살펴보았고, 단기적으로 산출이 수요에 의해 어떻게 결정되는지 보았다. 7장과 8장에서 노동시장의 균형을 살펴보고 실업이 인플레이션에 어떻게 영향을 미치는지 도출했다. 이제 이 둘을 모아 단기와 중기에서의 산출, 실업, 인플레이션 행태를 분석하자. 특정 충격이나 정책에 관한 거시경제 질문에 직면할 때, *IS-LM-PC(PC*는 필립스 곡선)라 부르는 이 모형은 여러 면에서 유용하게 사용될 수 있다.

이 장은 다음과 같이 구성된다.

9-1절은 *IS-LM-PC* 모형을 발전시킨다.

9-2절은 경제가 단기 균형에서 중기 균형으로 어떻게 조정되는지 보여준다.

9-3절은 복잡한 문제를 다루고 상황이 어떻게 잘못될 수 있는지를 설명한다.

9-4절은 재정긴축의 동태적 파급효과를 검토한다.

9-5절은 유가 상승의 동태적 효과를 살펴본다.

9-6절은 결론을 맺는다.

이 장의 메시지 : 단기에 산출은 수요에 의해 결정된다. 중기에는 정책의 도움으로 산출이 잠재 수준으로 복귀한다. ▶ ▶ ▶

6장은 재화시장과 금융시장에서 균형의 의미를 살펴보았다. 재화시장의 균형조건으로부터 단기에서의 산출에 대한 다음 식[식 (6.5)]을 도출했다.

$$Y = C(Y - T) + I(Y, r + x) + G \tag{9.1}$$

단기에 산출은 수요에 의해 결정된다. 수요는 소비, 투자, 정부지출의 합이다. 소비는 세후소득, 즉 가처분소득에 의존한다. 투자는 산출과 실질 차입금리에 의존한다. 투자 결정과 관련된 실질이자율는 중앙은행이 선택한 실질 정책이자율 r과 위험프리미엄 x를 더한 차입이자율과 일치한다. 정부지출은 외생적이다.

6장에서와 같이 세금 T, 위험프리미엄 x, 정부지출 G가 일정하게 주어졌을 때 식 (9.1)이 시사하는 산출 Y와 정책이자율 r 사이의 관계에 기초해 IS 곡선을 그릴 수 있다. 이는 그림 9-1의 상단에 나타나 있는데 곡선은 우하향한다. 실질 정책이자율 r이 낮아질수록 균형산출 수준은 커진다. 이 관계에 담긴 메커니즘은 이제 익숙할 것이다 : 정책이자율 인하는 투자를 증가시킨다. 투자가 많을수록 수요가 늘어난다. 수요 증가는 산출 증가를 낳는다. 산출 증가는 소비와 투자를 더욱 증가시켜 수요를 더욱 높이며, 상호작용은 계속된다.

재화시장과 금융시장 균형 : 실질이자율의 하락은 수요와 산출을 증가시킨다.

금융시장 균형으로부터 평평한 LM 곡선을 도출했는데, 이는 중앙은행이 선택한 실질이자율 r을 보여준다. (4장에서는 원하는 이자율을 달성하기 위해 중앙은행이 배후에서 화폐공급을 어떻게 조정하는지 살펴보았다.) 상단 그림에서 r에서의 수평선으로 나타나 있다. 산출의 단기 균형수준은 우하향하는 IS 곡선과 수평의 LM 곡선의 교점에서 구할 수 있다.

8장의 노동시장 균형으로부터 인플레이션과 실업의 관계에 대한 다음의 필립스 곡선 식[식 (8.10)]을 도출했다. (여기서는 불필요한 시간첨자를 제외했다.)

$$\pi - \pi^e = -\alpha(u - u_n) \tag{9.2}$$

실업률이 자연률보다 낮으면 인플레이션은 기대 수준보다 높아진다. 실업률이 자연률보다 높으면 인플레이션은 기대 수준보다 낮아진다.

첫 번째 관계[식 (9.1)]는 산출을 기준으로 나타냈으므로, 첫 단계는 실업 대신 산출을 기준으로 필립스 곡선을 다시 유도하는 것이다. 쉽지만 몇 단계가 필요하다.

우선 실업률과 고용의 관계에서 출발하자. 정의에 따르면, 실업률은 실업을 노동력으로 나눈 값과 동일하다.

환기를 위해 2장을 검토하라.

$$u \equiv U/L = (L - N)/L = 1 - N/L$$

여기서 N은 고용, L은 노동력이다. 첫 번째 등식은 단순히 실업률의 정의이다. 두 번째 등식은 실

그림 9-1

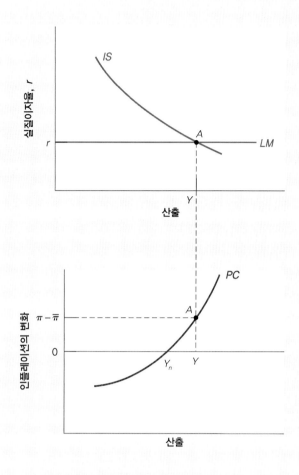

IS-LM-PC 모형

(a) 정책이자율 하락은 산출 증가를 낳는다. (b) 산출 증가는 인플레이션의 변화를 높인다.

업의 정의를 따른 것이며, 세 번째 등식은 단순화한 것이다. 실업률은 1에서 고용률(노동력 대비 고용의 비율)을 뺀 것과 같다. u의 함수로 N을 나타내기 위해 정리하면 다음을 얻는다.

$$N = L(1 - u)$$

즉 고용은 노동력에 (1 − 실업률)을 곱한 것과 같다. 산출을 보면, 7장에서 사용한 단순화를 위한 가정, 즉 산출이 단순히 고용과 같다는 가정을 다시 사용한다.

$$Y = N = L(1 - u)$$

여기서 두 번째 등식은 앞의 방정식을 따른 것이다.

따라서 실업률이 자연율 u_n과 일치하면 고용은 $N_n = L(1 - u_n)$으로 주어지고 산출은 $Y_n = L(1 - u_n)$과 같다. N_n을 고용의 자연적 수준(줄여서 자연고용), Y_n을 산출의 자연적 수준(줄여서 자연산출)이라고 부른다. Y_n은 **잠재산출**(potential output)이라고도 하는데, 앞으로도 이 표현을 종종 사용할 것이다.

실업률의 자연율로부터의 편차를 기준으로 다음 식이 가능하다.

$$Y - Y_n = L((1 - u) - (1 - u_n)) = -L(u - u_n)$$

이는 산출의 잠재 수준으로부터의 편차와 실업률의 자연율로부터의 편차 간의 단순한 관계를 제공한다. 산출과 잠재산출의 편차를 **산출갭**(output gap)이라 한다. 실업률이 자연율과 일치하면 산출은 잠재 수준과 일치하고 산출갭은 0이다. 실업률이 자연율보다 높아지면 산출은 잠재 수준보다 낮아지고, 산출갭은 음수이다. 실업률이 자연율보다 낮아지면 산출은 잠재 수준보다 높아지고 산출갭은 양수이다. (이 식과 오쿤의 법칙, 즉 산출과 실업의 관계는 초점상자 '시간별·국가별 오쿤의 법칙'에서 더 자세히 다룬다.)

식 (9.2)에서 $u - u_n$을 대체하면 다음을 얻을 수 있다.

$$\pi - \pi^e = (\alpha/L)(Y - Y_n) \tag{9.3}$$

미국 이외의 국가에 거주하는 경우 이 가정이 옳지 않을 수 있다. 예를 들어 임금 설정자들은 올해의 인플레이션이 작년의 인플레이션과 같을 것으로 기대할 수 있다.

마지막 단계를 밟자. 8장에서 임금 결정자가 인플레이션에 대한 기대를 형성하는 방식이 시간이 지남에 따라 변화함을 보았다. 8장에 비추어볼 때 현재 미국에서 인플레이션 기대치가 고정되어 있고 임금 결정자들은 인플레이션을 연준이 설정한 목표치($\bar{\pi}$로 표시)와 일치할 것으로 예상한다는 합리적 가정을 할 수 있다. 이는 중요한 가정이며, 이 장의 다양한 지점에서 이 가정이 성립하지 않을 때 어떤 일이 발생하는지 다시 설명할 것이다. 이 가정으로부터 인플레이션과 산출의 관계는 다음으로 주어진다.

$$\pi - \bar{\pi} = (\alpha/L)(Y - Y_n) \tag{9.4}$$

즉 산출이 잠재 수준보다 높고 산출갭이 양수이면 인플레이션은 상승한다. 산출이 잠재산출보다 낮아서 산출갭이 음수이면 인플레이션이 하락한다. 산출과 인플레이션 변화의 양(+)의 관계는 그림 9-1의 아래쪽에서 우상향하는 곡선으로 나타난다. 수평축은 산출을, 수직축은 인플레이션 변화를 측정한다. 산출이 잠재 수준과 일치할 때, 달리 말해 산출갭이 0일 때 인플레이션의 변화는 0이다. 따라서 필립스 곡선은 산출이 잠재 수준과 일치하는 점을 지나간다.

$Y > Y_n \Rightarrow \pi > \bar{\pi}$
$Y < Y_n \Rightarrow \pi < \bar{\pi}$
$Y = Y_n \Rightarrow \pi = \bar{\pi}$

이 절에서는 두 가지 관계를 도출했다. 첫 번째 관계는 재화시장과 금융시장 균형에서 유도한 것으로 실질이자율과 산출을 연결한다. 두 번째 관계는 노동시장 균형에서 유도한 것으로 산출을 인플레이션과 연결한다. 이 두 관계를 사용해 이제 단기와 중기에 어떤 일이 발생하는지 설명할 수 있다. 이것이 다음 절에서 할 일이다.

시간별·국가별 오쿤의 법칙

본문에서 유도한 산출과 실업의 관계는 2장에서 오쿤의 법칙으로 알려진 실증적 관계와 어떻게 관련될까?

이 질문에 답하기 위해 먼저 본문의 관계를 다시 정리해 비교를 쉽게 해보자. 몇 단계에 걸친 유도에 앞서 최종 결과부터 보자. 본문에서 유도된 실업과 산출의 관계는 다음과 같이 정리된다.

$$u - u(-1) \approx -g_Y \qquad (9B.1)$$

즉 실업률 변화는 경제성장률의 음의 값과 근사적으로 일치한다. (기호 $\approx$는 근사적으로 일치한다는 의미를 갖는다.)

다음이 유도 과정이다. 고용, 노동력, 실업률 간의 관계식 $N = L(1-u)$에서 시작하자. 노동력 L이 일정하다는 가정하에서 전년도에 대해서도 $N(-1) = L(1-u(-1))$이 성립한다. 두 관계식을 정리하면 다음과 같다.

$$N - N(-1) = L(1 - u) - L(1 - u(-1))$$
$$= -L(u - u(-1))$$

즉 고용 변화는 실업률 변화와 노동력의 곱에 마이너스를 취한 값과 같다. 양측을 $N(-1)$로 나누면 다음과 같다.

$$(N - N(-1))/N(-1) = -(L/N(-1))(u - u(-1))$$

좌변은 고용 증가율인데 g_N으로 두자. 산출이 고용에 비례한다고 가정하면 g_Y라고 하는 경제성장률은 g_N과 일치한다. 또한 $L/N(-1)$은 1에 근접한다. 예를 들어 실업률이 5%라면 노동력의 고용 대비 비율은 1.05이다. 그래서 이를 1로 반올림해 다음과 같이 정리할 수 있다.

$$g_Y \approx -(u - u(-1))$$

이 식을 정리하면 원하는 식을 얻을 수 있다.

$$u - u(-1) \approx -g_Y \qquad (9B.1)$$

이제 실업률 변화와 경제성장률의 실제 관계를 보자. 이는 2장의 그림 2-5에서 살펴본 바 있는데 여기서는 그림 1로 다시 나타냈다. 그림 1에는 모든 점을 가장 잘 설명하는 회귀선이 나타나 있다.

$$u - u(-1) = -0.4(g_Y - 3\%) \qquad (9B.2)$$

식 (9B.2)는 식 (9B.1)처럼 실업률 변화와 산출량 증가의 음의 관계를 보여준다. 그러나 식 (9B.1)과 두 가지 면에서 다르다.

- 첫째, 실업률 상승을 막기 위해서는 연간 경제성장률이 최소 3% 이상이어야 한다. 이는 유도 과정에서 무시한 두 가지 요인, 즉 노동력 증가와 노동생산성 증가 때문이다. 일정한 실업률을 유지하려면 고용은 노동력과 동일한 비율로 증가해야 한다. 노동력이 연간 1.7% 증가한다고 가정하면, 고용은 매년 1.7%씩 성장해야 한다. 또한 노동생산성(즉 노동자 1인당 산출)이 연간 1.3% 증가하면, 이는 산출이 연간 1.7%+1.3%=3% 증가해야 함을 의미한다. 다시 말해 실업률을 일정하게 유지하려면 경제성장률이 노동력 증가와 노동생산성 증가의 합과 같아야 한다는 것이다. 미국의 경우 노동력 증가율과 노동생산성 증가율의 합은 1960년 이래로 연평균 3%에 이르고 이 때문에 식 (9B.2)의 우변에 3%라는 수치가 등장한 것이다. (그러나 지난 10년간 생산성 증가가 둔화되었고 일정한 실업률을 유지하는 데 필요한 성장률이 3%보다 2%에 근접한다는 일부 증거가 있다. 이는 후에 다루어진다).

- 식 (9B.2) 우변의 계수는 식 (9B.1)의 -1.0에 비해 -0.4에 지나지 않는다. 달리 말해 식 (9B.2)에 따르면 정상보다 1% 높은 경제 성장은 실업률의 0.4% 감소로 이어질 뿐이다. 이유는 두 가지이다.

기업은 경제성장이 정상 수준과 다를 때 고용 규모를 일대일 미만으로 조성한다. 보다 구체적으로, 경제성장률이 1년 동안 정상 수준보다 1% 높은 경우 고용률은 0.6%만 증가할 뿐이다. 한 가지 이유는 산출 수준에 관계없이 일부 노동자는 반드시 필요하다는 것이다. 예를 들어 회사 매출이 정상보다 많든 적든 회계 부서는 대략 같은 수의 직원을 필요로 한다. 또 다른 이유는 신입사원 교육에 많은 비용이 든다는 것이다. 이 때문에 기업은 생산이 정상 수준에 못 미칠 때 노동자를 해고하기보다는 계속 고용하며, 생산이 정상 수준을 넘어설 때 신입사원을 고용하기보다는 초과근무를 요구한다. 경기가 안 좋은 시기에 기업은 호시절에 필요한 노동을 효과적으로 저장(hoard)한다. 이런 이유로 기업의 이런 행동을 **노동저장**(labor hoarding)이라 부른다.

고용률 증가는 실업률의 일대일 감소로 이어지지 않는다. 보다 구체적으로, 고용률이 0.6% 증가하면 실업률은 0.4%만 감소한다. 이유는 경제활동참가율이 증가하기 때문이다. 고용이 증가하면 모든 새로운 일자리가 실업자로 채워지는 것은 아니다. 일부 일자리는 그동안 구직에 나서지 않았던 비경제활동인구에게 주어진다.

또한 실업자의 노동시장 전망이 개선됨에 따라

이전에 비경제활동인구로 분류되던 일부 실망실업자가 일자리를 적극적으로 찾기 시작할 것이고 그에 따라 실업자로 분류된다. 두 가지 이유로 실업률 감소폭은 고용 증가폭보다 작다.

두 단계를 합쳐보자. 실업은 고용의 변화에 대해 일대일에 못 미치게 반응하는데, 고용 그 자체도 산출의 변화에 대해 일대일에 못 미치게 반응한다. 산출 증가의 실업률 변화에 대한 영향의 크기를 측정하는 계수(여기서는 0.4)를 **오쿤의 계수**(Okun coefficient)라고 한다. 이 계수를 결정하는 요인을 고려할 때, 오쿤의 계수는 국가마다 다를 것으로 예상할 수 있으며 실제로 그렇다. 예를 들어 평생고용의 전통을 가진 일본의 경우 기업은 산출량 변화에 따라 고용을 훨씬 덜 조정하므로 오쿤의 계수는 0.1에 불과하다. 산출 변동폭이 같더라도 일본의 실업률 변동폭은 미국보다 훨씬 작다.

국가별·시기별 오쿤의 법칙에 대한 자세한 내용은 Laurence Ball, Daniel Leigh, and P. Loungani(2012) "Okun's Law: Fit at 50?" working paper 606, Johns Hopkins University를 참조하라.

그림 1

미국의 실업률과 경제성장률 변화 (1960~2018년)
높은 경제성장률은 실업률 하락, 낮은 성장률은 실업률 증가와 관련이 있다.

출처 : FRED: *Series* GDPCA, UNRATE

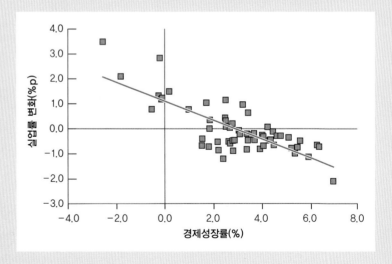

9-2 단기에서 중기로

그림 9-1로 돌아가자. 중앙은행이 선택한 정책이자율이 r이라고 가정하자. 그림의 상단은 이 정책이자율과 관련해 산출 수준이 Y로 주어진다는 것을 보여준다. 그림의 하단은 이러한 수준의 산출 Y가 π의 인플레이션율을 시사한다는 것을 말한다. 그림에서 나타난 방식을 참고하면, Y는 Y_n보다 커서 산출은 잠재 수준을 상회한다. 양의 산출갭이 발생하는 것으로 이는 인플레이션율이 목표치보다 높다는 것을 시사한다. 즉 경제는 과열되어 인플레이션에 압력을 가하고 있다. 이는 단기 균형(short-run equilibrium)이다.

시간이 지나면 어떻게 될까? 중앙은행이 실질이자율을 r로 유지한다고 가정하자. 그러면 산출은 잠재 수준 이상으로 유지되고, 인플레이션은 목표치를 초과한다. 그러나 어느 시점에서 중앙은행은 두 가지 이유 때문에 높은 인플레이션에 대응할 가능성이 높다.

첫째, 인플레이션을 목표치에 가깝게 유지하는 것이 중앙은행의 임무이다. 둘째, 만약 대응하지 않으면 1970년대와 1980년대에 일어났던 일이 다시 발생할 것이라는 점이다. 인플레이션 기대치는 변화할 것이다. 인플레이션이 계속 목표치를 초과하는 것을 보면, 임금 결정자들은 기대치를 형성하는 방식을 바꿀 것이다. 예를 들어 인플레이션이 과거 인플레이션과 같을 것으로 기대한다면 필립스 곡선 관계는 **인플레이션 변화치와 산출갭의 관계**가 될 것이다. 산출갭이 양($+$)으로 유지되면 인플레이션이 목표치보다 높을 뿐만 아니라 상승하기 시작할 것이다. 중앙은행은 인플레이션이 상승하는 것을 막고 결국에는 목표치로 되돌리기 위한 조치를 취해야 할 것이다. 기대가 변화하기 전에 일찍 대응하는 편이 좋을 것이다.

따라서 두 가지 이유로 중앙은행은 실질이자율를 인상해 양의 산출갭에 대응해 인플레이션을 줄이고 산출을 위축시킨다. 조정 과정은 그림 9-2에 설명되어 있다. 초기 균형은 상단 및 하단 그래프에서 점 A로 표시한다. 중앙은행은 시간이 지남에 따라 실질이자율을 인상해 LM 곡선을 위로 이동시키므로, 경제는 IS 곡선을 따라 A에서 A'으로 이동한다. 이에 따라 산출이 감소한다. 이제 하단의 그래프를 보자. 산출이 감소하고 산출갭이 줄어들면 경제는 곡선을 따라 A에서 A'으로 하향 이동한다.

점 A'에서 경제는 **중기 균형**에 도달한다. 이를 좀 더 자세히 보자.

중기에 산출은 원래 수준으로 되돌아간다 : $Y = Y_n$. 동시에 실업은 자연실업률로 되돌아간다 : $u = u_n$. 실업률이 자연률이 되면 인플레이션율은 목표치 $\pi = \bar{\pi}$로 되돌아간다.

이자율의 경우 : 실질이자율은 재화수요가 잠재산출과 같아야 하므로 그림 9-2에서 $r - r_n$으로 표시된다. 이 이자율은 (자연실업률 또는 자연산출 수준과 관련된 이자율이라는 사실을 반영하기 위해) 종종 **자연이자율**(natural rate of interest)이라고 부른다. 때에 따라 **중립이자율**(neutral rate of interest) 또는 **빅셀이자율**(Wicksellian rate of interest)이라고도 한다[이 개념은 19세기 말 이를 특징지었던 스웨덴 경제학자 빅셀(Knut Wicksell)이 도입했기 때문이다]. 실질 차입이자율은 이제 다음으로 주어진다.

◀ *PC* 곡선이라는 표현에서 C는 곡선을 나타내므로 중복되지만 그대로 사용하기로 한다.

그림 9-2

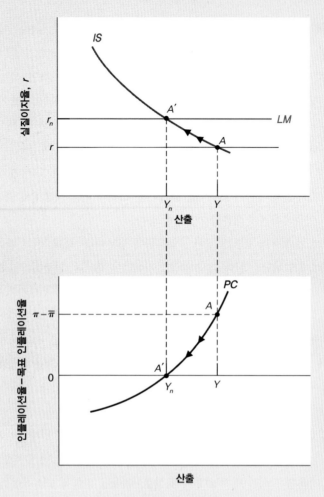

중기 산출과 인플레이션

중기적으로 경제는 잠재산출로 수렴하며, 인플레이션은 목표 인플레이션으로 수렴한다.

$$r_n + x \ (x\text{는 위험프리미엄})$$

명목이자율 i는 어떻게 될까? 6장[식 (6.4)]의 명목이자율과 실질이자율의 관계를 되돌아보자. 실질이자율은 명목이자율에서 기대인플레이션을 뺀 값과 같다. 마찬가지로 명목이자율은 실질이자율에 기대인플레이션을 더한 것과 같다 : $i = r + \pi^e$. 이 상황에서 중기적으로 실질이자율은 중립이자율과 같고, 기대인플레이션은 실제 인플레이션과 같게 된다. 실제 인플레이션 자체는 목표 인플레이션과 같을 것인데, 이는 명목이자율이 $i = r_n + \bar{\pi}$여야 함을 시사한다. 결국 목표 인플레이션율이 높을수록 명목이자율이 높아지는 것이다.

마지막으로 통화와 통화 증가율은 어떻게 될까? 통화의 실질 공급이 실질 통화수요와 같다는 ▶ 잠시 경제성장은 무시하고 있음에 주의하자. 5장에서의 균형조건[식 (5.3)]의 특징을 고려하자 : $M/P = YL(i)$. 산출이 잠재 수준과 같고 명목이 자율이 위에서처럼 결정된다면 이 식을 다음과 같이 다시 쓸 수 있다.

$$\frac{M}{P} = Y_n L(r_n + \overline{\pi})$$

우변의 세 변수인 자연산출, 자연이자율, 목표 인플레이션은 모두 정상 상태에서 일정하므로 통화에 대한 실질수요 역시 정상 상태에서 일정하다. 이는 좌변인 통화의 실제 공급이 일정해야 한다는 것을 의미한다. 그리고 이는 물가 P가 명목통화 M과 같은 속도로 성장해야 함을 시사한다. 즉 통화 증가율을 g_M으로 두면, 이는 $\pi = g_M$임을 시사한다. 이를 명목이자율 식에 대입하고 $\overline{\pi} = \pi$라는 사실을 이용하면 명목이자율을 $i = r_n + g_M$으로 다시 쓸 수 있다. 즉 중기적으로 명목이자율은 실질 중립이자율에 명목통화 증가율을 더한 것과 같다.

▶ 중기 결과의 요약 : $Y = Y_n$, $u = u_n$, $\pi = \overline{\pi} = g_M$, $r = r_n$, $i = r_n + g_M$

요약 : 중기적으로 실질 변수는 그것이 산출이든, 실업률이든 또는 실질이자율이든 간에 통화정책과는 무관하다. 통화정책이 결정하는 것은 인플레이션율과 명목이자율이다. 중기적으로 더 높은 통화 증가율은 더 높은 인플레이션과 명목이자율을 초래할 뿐이다. 통화정책이 중기적으로 실질변수에 영향을 미치지 않는다는 사실을 **화폐 중립성**(neutrality of money)이라고 한다.

9-3 추가로 고려할 상황

9-2절에서 중·장기 균형으로의 조정 과정은 순조롭고 쉬워 보였다. 실제로 여러분이 이 책을 읽는 동안 중앙은행이 인플레이션을 $\overline{\pi}$로, 산출을 Y_n으로 되돌리는 데 있어 실질이자율을 r에서 r_n으로 왜 즉시 인상하지 않았는지 궁금했을 것이다. 그렇게 했다면 즉시 중기 균형에 도달했을 것이다.

답은 중앙은행이 실제로 경제를 Y_n에 유지하길 원한다는 것이다. 그림 9-2에서 그렇게 하기는 쉬워 보이지만, 현실은 더 복잡하다.

첫째, 잠재산출이 정확히 어느 수준이며 그에 따라 산출이 잠재 수준에서 얼마나 멀리 떨어져 있는지 중앙은행이 정확히 파악하기 어려운 경우가 종종 있다. 인플레이션의 변화는 자연율의 추정치에 대한 신호를 제공한다. 그러나 인플레이션율은 2.3%로 목표치인 2%를 간신히 넘고 있다. 실업률이 자연율보다 훨씬 낮은데, 이 경우 연준은 경제가 둔화되고 실업률이 상승해도 이자율을 인상해야 할까? 아니면 자연이자율이 하락했으므로 긴축할 이유가 없어졌다고 보아야 할까? 이것이 오늘날 연준과 신문의 경제면에서 논의되는 주요 주제이다.

둘째, 3장에서 재정정책의 맥락을 논의한 바와 같이 경제가 반응하는 데는 시간이 걸린다. 조정은 즉시 이루어지지 않는다. 기업들이 투자 결정을 조정하는 데 시간이 걸린다. 실질이자율 인상에 따라 투자지출이 둔화되어 수요 감소, 산출 감소, 소득 감소로 이어질 때 소비자가 소득 감소에 적응하고 기업이 매출 감소에 적응하는 데는 시간이 걸린다. 한마디로, 중앙은행이 신속하게 조치를 취하더라도 경제가 잠재산출 수준으로 돌아가려면 시간이 걸린다.

그림 9-2에서 중앙은행이 직면하고 있는 어려운 문제에 주목하자. 산출 수준과 인플레이션율이 너무 높다. 수요와 산출을 너무 빨리 줄이는 것은 어렵거나 심지어는 역효과를 낳을 수도 있다. 그러나 너무 느리게 진행하는 것도 위험을 수반한다. 즉 인플레이션이 너무 오랫동안 목표치를 초과하면 인플레이션 기대치가 변화해 인플레이션이 증가하고 나중에 중앙은행은 더 많은 조정비용을 부담해야 한다. 다음 소절에서는 중앙은행이 명목이자율 하한에 직면할 때 발생하는 매우 중요한 위험을 살펴본다.

명목이자율 하한과 디플레이션 함정

예를 들어 산출갭에 따르면 인플레이션이 목표치보다 4% 낮으며($\pi - \bar{\pi} = -4\%$), 목표인플레이션율 $\bar{\pi}$가 4%인 경우, 인플레이션이 2% − 4% = −2%와 같다는 것을 의미한다.

그림 9-2에서는 산출이 잠재산출 이상이고 인플레이션이 목표치 이상인 경우를 고려했다. 대신 그림 9-3에 표시된 것처럼 경제가 침체에 빠져 있는 경우를 고려하자. 실질이자율 r과 IS 곡선의 위치가 주어지면 균형은 점 A에서 발생한다. 산출 Y는 Y_n보다 낮으므로 산출갭은 음수이며, 이는 인플레이션이 목표 인플레이션보다 낮다는 것을 의미한다. 산출갭이 매우 커서 인플레이션이 목표인플레이션보다 크게 낮으면 인플레이션은 음수이며 경제가 디플레이션을 겪고 있음을 의미할 수 있다.

실질이자율이 음수라고 해서 $r+x$의 실질이자율로 차입하는 개인과 기업도 음의 실질이자율에 직면한다는 것을 의미하지는 않는다. x가 충분히 크면 실질이자율이 음수라도 차입할 수 있는 실질이자율은 양수이다.

이 경우 중앙은행이 할 일은 간단해 보인다. 산출이 자연 수준으로 다시 높아질 때까지 실질이자율을 인하해야 한다. 그림 9-3과 같이 실질이자율을 r에서 r_n으로 인하해야 한다. r_n에서 산출은 Y_n과 같고 인플레이션은 목표치와 같다. 경제가 충분히 침체된 경우 산출을 자연 수준으로 되돌리는 데 필요한 실질이자율 r_n이 매우 낮을 수 있으며 어쩌면 음수일 수도 있다. 그림에서는 실질이자율이 음수가 되도록 그렸다.

그러나 통화정책이 달성할 수 있는 가장 낮은 수준의 명목이자율이 0%이기 때문에 명목이자율 하한은 음의 실질이자율을 달성하지 못하게 할 수 있다. 다만 디플레이션이 있다면, 이는 통화정책이 달성할 수 있는 가장 낮은 실질이자율이 실제로 양수이며, 디플레이션율과 같다는 것을 의미한다.

예를 들어 명목이자율이 0%이고 인플레이션이 −2%라고 가정하자. 이 경우 실질이자율은 $r = i - \pi = 0\% - (-2\%) = -2\%$이다.

이는 중앙은행이 산출을 잠재 수준으로 되돌릴 만큼 충분히 실질이자율을 낮추지 못할 수 있다는 것을 의미한다. 복잡해지는 것을 피하기 위해 중앙은행이 실질이자율을 r 이하로 낮출 수 없다고 가정하자.(대신에 실질이자율을 어느 정도 인하시킬 수 있지만 r_n까지 감소하지는 않는다고 가정할 수 있다.) 그러면 어떻게 될까?

첫 번째 답은 경제가 점 A에 머물고 있으며, 산출갭과 디플레이션이 모두 크며 좋은 결과는 아니라는 것이다. 그러나 올바른 답은 상황이 악화할 것이라는 것이다. 사람들은 인플레이션이 목표치보다 낮고 경제가 디플레이션을 겪고 있다는 것을 알게 되면서 기대치를 형성하고 디플레이션을 예상하는 방식을 바꾸기 시작한다. 기대는 변화하고 음의 산출갭은 이제 단지 디플레이션일 뿐만 아니라 점점 더 심한 디플레이션으로 이어진다. 뿐만 아니라 디플레이션이 심화함에 따라 (디

그림 9-3

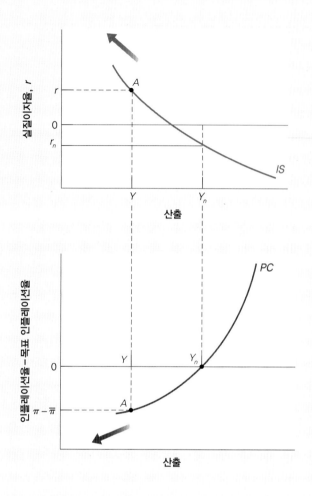

디플레이션 함정

명목이자율 하한으로 인해 통화정책이 산출을 증가시키지 못한다면 디플레이션 악순환이 나타날 수 있다. 디플레이션의 심화는 실질 정책이자율의 상승을 낳으며, 후자는 산출 하락과 디플레이션 악화로 나타난다.

플레이션율과 일치하는) 실질이자율이 상승한다. 디플레이션이 커질수록 실질이자율은 높아지고, 산출은 낮아지는 등의 **디플레이션 악순환**(deflation spiral) 또는 **디플레이션 함정**(deflation trap)으로 불리는 상황이 발생한다. 그림에서 2개의 화살표로 표시된 깃치럼 경제는 중기 균형으로 돌아가지 않고 더 멀리 이동해 산출은 더 낮아지고 디플레이션은 더 커진다.

이 악몽 같은 시나리오는 단지 이론적인 문제만은 아니며, 실제로 대공황 동안 전개되었던 상황이다. 초점상자 '대공황에서의 디플레이션'에서 보듯이 1929년부터 1933년까지 인플레이션은 점점 더 큰 디플레이션으로 바뀌었고, 다른 정책이 취해지고 경제가 반전되기 전까지 꾸준히 실질이자율이 높아지고 지출과 산출이 감소했다.

◀ 예를 들어 명목이자율이 0%라고 가정하자. 디플레이션이 2%일 때 실질이자율은 2%와 같다. 디플레이션이 2%에서 3%로 높아짐에 따라 실질이자율은 2%에서 3%로 상승하며 소비와 생산은 더욱 위축되어 더 큰 디플레이션으로 이어진다.

FOCUS

대공황에서의 디플레이션

1929년 주식시장 붕괴 후에 미국 경제는 공황에 빠졌다. 표 1의 첫 두 열이 보여주듯이, 실업률은 1929년 3.2%에서 1933년 24.9로 상승했으며, 경제성장률은 4년 연속 큰 음의 값을 보였다. 경제는 1933년부터 계속 천천히 회복되었지만, 1940년경 실업률은 여전히 14.6%라는 매우 높은 수준에 머물렀다.

대공황은 현재의 위기와 많은 요소를 공유한다. 붕괴 전 현 위기의 주택가격, 대공황기의 주가와 같은 자산가격 급등과 이러한 충격의 은행시스템을 통한 증폭이 그것이다. 동시에 중요한 차이도 있다. 표 1의 경제성장률과 실업률을 1장의 현재 위기와 비교하면 대공황기의 산출 위축과 실업 증가가 훨씬 더 컸다. 이 초점상자에서는 대공황의 한 가지 면, 즉 명목이자율과 실질이자율의 추이와 디플레이션의 위험에만 초점을 맞출 것이다.

표의 3열에서 볼 수 있듯이 연준은 비록 천천히 진행했지만 명목이자율을 인하했다. 명목이자율은 1929년 5.3%에서 1933년 2.6로 하락했다. 동시에 4열에서 보듯이 산출 감소와 실업률 상승은 인플레이션의 급락을 낳았다. 인플레이션은 1929년에 0%였고 1930년에는 음으로 돌아섰으며 1931년 −9.2%, 1932년에는 −10.8를 기록했다. 만약 기대 디플레이션율이 실제 디플레이션율과 매년 일치한다는 가정을 할 경우 실질이자율 시계열을 계산할 수 있다. 결과는 표의 마지막 열에 나타나 있는데, 이는 왜 산출이 1933년까지 계속 하락했는지에 대한 힌트를 제공한다. 실질이자율은

1931년에 12.3%, 1932년 14.8%에 달했지만, 1933년에도 7.8%로 여전히 아주 높은 수준에 머물렀다. 이렇게 높은 이자율에서 소비와 투자수요가 매우 낮은 수준에 머물고 공황이 악화한다는 것은 그리 놀랄 일이 아니다.

1933년에 경제는 디플레이션 함정에 놓인 것으로 보였다. 경제활동의 부진이 디플레이션 심화, 실질이자율 상승, 지출 감소 등을 낳았던 것이다. 그러나 1934년부터 디플레이션이 인플레이션으로 반전되어 실질이자율은 큰 폭으로 하락했고 경제는 회복되기 시작했다. 매우 높은 실업률에도 불구하고 미국 경제가 어떻게 추가적인 디플레이션을 피할 수 있었는지는 경제학에서 뜨거운 논쟁거리로 남아 있다. 일부 경제학자는 통화정책의 변화를 지적해 통화공급의 막대한 증가가 기대인플레이션의 변화를 낳았다고 한다. 다른 경제학자들은 뉴딜 정책, 특히 임금의 추가 하락을 막은 최저임금법의 도입을 지적한다. 이유가 무엇이건 이것으로 디플레이션 함정은 종식되었고, 장기간의 경제회복이 시작되었다.

대공황에 대해 더 알고 싶다면 다음을 참조하라.

Lester Chandler, *America's Greatest Depression*(Harper and Row, 1970)는 기초적인 사실을 제공한다. John A. Garraty, *The Great Depression*(Anchor, 1986)도 마찬가지다. Peter Temin, *Did Monetary Forces Cause the Great Depression?*(W. W. Norton, 1976)은 거시경제적 문제를 더 자세히 살펴본다. 1993년 봄에 있었던 *Journal of Economic Perspectives*의 대공황 심포지엄에서의 논문들도 마찬가지다. 미국 이외의 국가에서 대공황 상황을 살펴보려면 Peter Temin, *Lessons from the Great Depression*(MIT Press, 1989)를 참조하라.

표 1 실업률, 경제성장률, 명목이자율, 인플레이션율, 실질이자율(1929~1933년)

연도	실업률(%)	경제성장률(%)	명목이자율(%)	인플레이션율(%)	실질이자율(%)
1929	3.2	−9.8	5.3	0.0	5.3
1930	8.7	−7.6	4.4	−2.5	6.9
1931	15.9	−14.7	3.1	−9.2	12.3
1932	23.6	−1.8	4.0	−10.8	14.8
1933	24.9	9.1	2.6	−5.2	7.8

보다 최근에 대침체(Great Recession)는 비슷한 우려를 낳았다. 주요 선진국의 명목이자율이 0%로 하락하면서 인플레이션율이 마이너스로 전환돼 비슷한 악순환을 일으킬 것이라는 우려가 나왔다. 다행히 그런 일은 일어나지 않았다. 인플레이션은 감소했고 일부 국가(예 : 그리스, 스페인, 포르투갈)에서는 디플레이션으로 전환되었다. 이로 인해 중앙은행이 실질이자율을 낮추고 산출을 높일 수 있는 능력을 제한했지만, 디플레이션은 여전히 제한적이었고 디플레이션 악순환은 발생하지 않았다. 이에 대한 한 가지 이유는 기대 형성에 대한 앞서의 논의와 관련되는데 인플레이션 기대가 대체로 고정되어 있다는 것이 그것이다. 낮은 산출은 낮은 인플레이션과 어떤 경우에는 경미한 디플레이션으로 이어졌지만 대공황 기간처럼 지속적으로 커지는 디플레이션으로 이어지지는 않았다.

9-4 재정긴축의 재검토

이제 IS-LM-PC 모형을 검토할 수 있다. 이 절은 5장에서 논의한 재정긴축으로 되돌아가는데, 단기 효과뿐만 아니라 중기 효과도 살펴볼 수 있다.

산출이 잠재 수준에 있다고 가정하면 경제는 그림 9-4의 상단 그림과 하단 그림 모두에서 점 A로 나타난다. 산출 Y는 Y_n이고, 정책이자율은 r_n이며, 인플레이션은 안정적이다. 재정적자를 기록하고 있는 정부가 세금 인상 등으로 재정적자를 감축하기로 결정했다고 하자. 그림 9-4와 관련해, 세금 인상은 IS 곡선을 IS에서 IS'으로 좌측 이동시킨다. 새로운 단기 균형은 그림 9-4의 상단 그림과 하단 그림에서 점 A'으로 주어진다. 주어진 정책이자율 r_n에서 산출은 Y_n에서 Y'으로 감소하고 인플레이션은 낮아진다. 다시 말해 산출이 처음에 잠재 수준에서 출발한다면, 다른 이유에서 바람직했을 재정긴축이 불경기를 낳을 수 있다. 이것이 5-3절에서 특징지었던 단기 균형이다. 소득이 감소하고 세금이 증가함에 따라 소비는 두 가지 측면 모두에서 감소한다. 또한 산출이 감소하면 투자도 감소한다. 단기에 거시경제적 측면에서 재정긴축은 좋아 보이지 않는다. 소비와 투자 모두 감소하기 때문이다.

이제 동학과 중기를 생각해보자. 산출이 너무 낮고 인플레이션이 목표치에 미달함에 따라 중앙은행은 산출이 다시 잠재 수준으로 복귀할 때까지 정책이자율을 인하할 것이다. 그림 9-4로 보면, 경제는 상단 그림에서 IS' 곡선이 아래로 이동하고 산출이 증가한다. 산출이 증가함에 따라 경제는 하단 그림의 PC 곡선을 상향 이동시키고, 산출은 잠재 수준으로 복귀한다. 따라서 중기 균형은 상단 그림과 하단 그림 모두에서 점 A''으로 주어진다. 산출은 Y_n으로 복귀하고 인플레이션은 다시 안정화된다. 산출을 잠재 수준으로 유지하는 데 필요한 정책이자율은 이전보다 낮아져 r_n이 아닌 r'_n이 된다.

이제 새로운 균형에서 산출의 구성을 살펴보자. 소득은 재정긴축 이전과 동일하지만 세금이 높아졌으므로 소비는 단기에서만큼 낮지 않지만 그래도 낮아졌다. 산출은 이전과 같지만 이자율이

그림 9-4

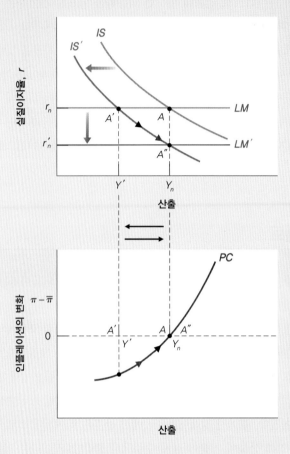

단기와 중기에서 재정긴축의 효과
재정긴축은 단기에 산출 감소를 낳는다. 중기에 산출은 잠재 수준으로 복귀하고 이자율은 낮아진다.

여기서 재정긴축 또는 정부저축의 증가를 보았다. 민간저축의 증가에도 같은 논의가 적용된다. 정책이자율을 올리면 단기적으로는 투자가 감소하지만 중기에는 투자가 증가한다 (이러한 결과에 비추어 3장 '저축의 역설'과 5장 '재정적자 감소 : 투자에 좋은 것일까?' 초점상자를 다시 보라).

낮아져 투자는 이전보다 높다. 즉 소비 감소가 투자 증가로 상쇄되므로 수요에는 변화가 없다. 이는 단기 균형과 잘 대비되며 재정긴축을 보다 바람직하게 보이도록 만든다. 투자는 단기에 감소하지만 중기에는 증가한다.

이 논의는 앞 절에서 논의한 것과 동일한 몇 가지 문제를 제기한다. 첫째, 단기에 산출 감소 없이 재정긴축이 진행될 수 있는 것처럼 보인다. 필요한 것은 중앙은행과 정부가 조심스럽게 협조하는 것뿐이다. 재정긴축이 진행되면서 중앙은행은 산출을 자연 수준으로 유지하기 위해 정책이자율을 인하해야 한다. 다시 말해 재정정책과 통화정책을 적절히 조합하면 단기에서도 중기 균형의 결과를 달성할 수 있다. 그러한 협조는 실제로 이루어지기도 한다. 5장에서 보았듯이, 1990년대 미국에서 재정긴축이 통화 팽창을 동반했다. 그러나 항상 그런 것은 아니다. 한 가지 이유는 중앙은행이 정책이자율을 충분히 낮추지 못할 수도 있기 때문이다. 이는 이전에 논의한 또 다른 문제인 명목이자율 하한 문제로 되돌아가게 한다. 중앙은행은 정책이자율을 인하할 여지가 제한적일 수 있다. 이는 최근의 위기에서 유로 지역의 사례에 해당한다. 유로 지역의 명목이자율이 0%일 때, 통화정책은 재정 건전화의 부작용을 상쇄할 수 없었다. 그 결과 유럽 중앙은행이 정책이자율을 더 인하할 수 있는 상황과 비교할 때 재정긴축의 산출에 대한 영향이 더 강력하고 오래 지속되는 부작용이 있었다. 이는 대침체 기간 동안 유로 지역에서 나타났던 상황이다 : 명목 정책이자율이 0%인 상태에서 통화정책은 재정긴축이 산출에 미치는 역효과를 상쇄할 수 없었다. 그 결과 유럽 중앙은행이 실질이자율을 더 낮출 수 있었을 경우보다 재정긴축의 역효과가 더 강하고 오랫동안 지속되었다.

이로 인해 2010년부터 유럽에서 진행된 재정긴축이 정당화될 수 있는지에 대한 격렬한 논쟁이 벌어졌다. 이에 대한 자세한 내용은 22장에서 확인할 ◀ 수 있다.

9-5 : 유가 상승

지금까지 총수요곡선을 이동시키는 변수인 통화공급 증가와 재정적자 감소의 파급효과를 살펴보았다. 그러나 총수요와 총공급에 동시에 영향을 미치면서 경제변동에 중요한 역할을 하는 다른 충격들이 있다. 가장 대표적인 예가 국제유가일 것이다. 이를 보기 위해 그림 9-5를 참조하자.

그림 9-5는 2개의 시계열을 보여준다. 파란 선은 1970년 이래 국제유가의 달러표시 명목가격(석유 1배럴의 달러가격)으로, 왼쪽의 수직축으로 측정된다. 이 수치는 거의 매일 신문에서 인용되는 시계열이다. 그러나 경제적 의사결정에 있어 중요한 것은 명목가격이 아니라 실질가격, 즉 명목유가를 물가로 나눈 실질유가이다. 따라서 그림에 붉은 선으로 나타낸 두 번째 시계열은 국제유

그림 9-5

1970~2018년 명목유가와 실질유가
지난 40년간 실질유가는 두 차례 급등했다. 첫 번째 급등은 1970년대에 발생했고, 두 번째는 2000년대에 발생했다.

출처 : FRED: OILPRICE, CPIAUSCL, 왼쪽 수직축은 명목유가(배럴당 달러), 오른쪽 수직축은 실질유가지수로 1970년의 값을 100으로 두었다.

가를 미국 소비자물가지수로 나눈 실질 국제유가이다. 단, 여기서 실질 국제유가는 1970년 값이 100으로 정규화된 지수라는 점에 주의하자.

그림에서 눈에 띄는 것은 실질유가의 변화폭이다. 지난 50년간 미국 경제는 1970년대에 처음으로, 그리고 2000년대에 두 번째로 5배의 실질유가 상승으로 타격을 입었다. 그 후 금융위기는 2008년 후반 급락으로 이어졌고 부분적인 회복이 뒤따랐다. 두 차례의 대폭적 인상 이면에는 무엇이 있었는가? 1970년대에는 독점적 역할을 하며 가격을 인상할 수 있었던 산유국 카르텔 **석유수출국기구**(Organization of Petroleum Exporting Countries, **OPEC**)의 결성, 중동의 전쟁과 혁명으로 인한 혼란이 주요 요인이었다. 2000년대의 주요 요인은 상당히 달랐다. 즉 신흥경제국, 특히 중국의 빠른 성장으로 인해 세계 석유수요가 급증했고 결국 실질 유가가 꾸준히 상승했다.

최근인 2008년과 2014년 두 차례 하락의 원인은 무엇일까? 2008년 말의 하락은 위기의 영향으로 큰 폭의 경기침체로 이어졌고 그결과 석유 수요가 큰 폭으로 급감했다. 2014년 이후의 하락 원인은 여전히 논의 중이다. 대부분은 미국의 셰일유 생산 증가와 OPEC 카르텔의 부분적 붕괴로 인한 공급 증가의 조합으로 보고 있다.

두 가지 큰 폭의 상승에 초점을 맞추자. 원인은 다르지만 미국 기업과 소비자에 대한 시사점은 더 값비싼 석유라는 면에서 동일했다. 문제는 그러한 유가 상승의 단기와 중기 효과이다. 이 질문에 답하려는 순간 분명히 문제가 있다는 것이 확실해진다. 유가는 지금까지 발전시킨 모형 어디에도 등장하지 않는다! 이렇게 된 이유는 지금까지 산출이 오로지 노동에 의해서만 생산된다고 가정했기 때문이다. 모형을 확장하는 한 가지 방법은 산출이 노동과 다른 생산요소(에너지를 포함한)에 의해 생산된다고 설정한 뒤 유가 상승이 기업이 설정하는 가격에 미치는 영향 그리고 산출과 고용의 관계에 미치는 영향을 파악하는 것이다. 사실 우리가 사용할 방법은 더 쉬운 것으로 유가 상승을 단순하게 명목임금에 대한 가격의 마크업 m의 상승으로 간주하는 것이다. 이유는 분명하다. 임금이 일정한 상태에서 유가 상승은 생산비용을 증가시키므로 기업은 가격을 올릴 수밖에 없다.

이 가정을 한 후 **마크업 상승**이 산출 및 물가에 미치는 동태적 효과를 추적할 수 있다.

자연실업률에 대한 효과

우선 실질유가가 상승할 때 자연실업률에 생겨나는 변화부터 살펴보자(편의상 이하에서는 '실질'을 생략한다). 그림 9-6은 그림 7-8의 노동시장 균형을 다시 나타낸 것이다.

임금 설정 곡선은 음의 기울기를 가진다. 실업률 상승은 실질임금 하락으로 이어진다. 가격 설정 관계는 $W/P = 1/(1 + m)$에서 수평선으로 나타난다. 최초의 균형은 점 A에서 발생하고 최초의 자연실업률은 u_n이다. 마크업의 상승은 가격 설정선을 PS에서 PS'으로 하향 이동시킨다. 마크업이 높아질수록 가격 설정 관계가 시사하는 실질임금은 낮아진다. 균형은 A에서 A'으로 이동한다. 실질임금은 낮아지고 자연실업률은 높아진다. 이는 기업이 더 많은 유류비를 지불해야 하므로 임금지급 여력이 작아지기 때문이다. 노동자가 낮아진 실질임금을 받아들이도록 하려면 실업률 증가가 필요하다. 임금이 일정할 때 유가가 상승하면 생산 원가가 상승한다. 기업은 동일한 이윤율

기업들은 얼마간 이익의 감소를 용인해 대처할 수 있고 따라서 그림보다 가격을 덜 인상할 수 있다. 하지만 유가가 계속 높은 상태를 유지하면 결국 기업은 기존의 이윤마진을 다시 확보하려 할 것이다. ▶

그림 9-6

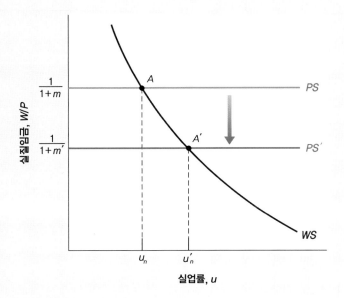

유가 상승이 자연실업률에 미치는 파급효과
유가 상승은 마크업 증가와 동일하다. 실질임금은 하락하고 자연실업률은 높아진다.

을 유지하려면 가격을 인상해야 한다.

자연실업률의 증가는 물론 자연고용의 감소를 낳는다. 고용과 산출의 관계가 변하지 않는다고 가정하면, 즉 산출의 각 단위가 에너지 투입과 더불어 노동자의 투입도 필요로 한다면, 자연고용의 감소는 잠재산출의 동등한 감소를 초래한다. 이상을 종합해보자 : 유가 상승은 잠재산출의 하락을 초래한다.

이제 다시 그림 9-7의 *IS-LM-PC* 모형으로 돌아가자. 초기 균형은 상단과 하단 그림의 점 A에서 발생하고, 산출은 잠재 수준을 보여 Y는 Y_n이며, 인플레이션은 안정적이고 정책금리는 r_n과 같다고 가정하자. 유가 상승에 따라 Y_n에서 Y'_n으로 자연산출이 감소한다(이는 방금 본 내용이다). *PC* 곡선은 *PC*에서 *PC*′으로 이동한다. *IS* 곡선이 이동하지 않고(이 가정은 후에 다시 검토한다) 중앙은행이 정책금리를 변경하지 않는다면 산출은 변하지 않지만, 동일 수준의 산출이 이제는 더 높아진 인플레이션율과 관련된다. 임금이 일정한 상황에서 유가 상승은 기업의 가격 인상을 유도해 인플레이션을 더 높인다. 단기 균형은 상단 및 하단 그림에서 점 A'으로 나타난다. 단기적으로는 산출은 변하지 않지만, 인플레이션은 더 높다.

동학을 살펴보자. 중앙은행이 정책이자율을 그대로 두면, 산출은 낮아진 잠재산출 수준을 계속 초과할 것이고, 인플레이션은 계속 높아질 것이다. 따라서 어느 시점에 중앙은행은 인플레이션 안정화를 위해 정책이자율을 인상할 것이다. 이 경우 경제는 상단 그림의 *IS* 곡선을 따라 A'에

이는 유가 상승이 항구적이라는 것을 가정한다. 만약 중기에 유가가 원래 수준으로 복귀하면 자연실업률은 분명히 변하지 않는다.

그림 9-7

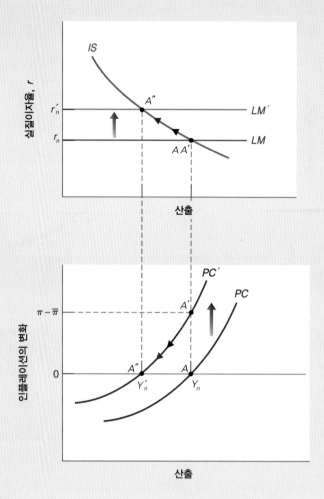

유가 상승의 단기 및 중기 효과
단기에 유가 상승은 인플레이션을 높인다. 유가 상승이 항구적이면 중기에 산출이 낮아진다.

서 A''으로 상향 이동하고, 하단 그림의 PC 곡선을 따라 A'에서 A''으로 하향 이동한다. 산출이 감소함에 따라 인플레이션은 다시 안정화될 때까지 속도는 느려지지만 계속 상승한다. A''일 때, 경제는 중기 균형에 놓인다. 잠재산출이 낮아졌으므로 유가 상승은 산출의 항구적 감소로 반영된다. 이 과정에서 **산출 감소는 인플레이션율 상승**을 병행하는데, 이는 경제학자가 **스태그플레이션** (stagflation)이라 하는 조합(stagnation의 stag과 inflation의 flation이 결합)과 관련된다.

앞의 절에서 보듯이 이상의 설명은 많은 의문을 제기한다.

첫째는 IS 곡선이 이동하지 않는다는 가정이다. 사실 유가 상승이 수요에 영향을 미쳐 PC 곡선뿐만 아니라 IS 곡선을 이동시키는 경로는 다양하다. 유가가 상승하면 기업은 투자계획을 변경하

스태그플레이션 : 산출은 낮아지고 인플레이션율은 높아지는 상황

고 일부 투자 프로젝트를 취소하며 에너지 집약적인 장비로 전환할 수 있다. 유가 상승은 또한 수입을 석유 구매자로부터 석유 생산자에게 재분배한다. 석유 생산자는 석유 구매자보다 지출이 적어 수요가 감소할 수 있다. 따라서 *IS* 곡선이 왼쪽으로 이동해 중기뿐만 아니라 단기에도 산출이 감소할 수 있다.

둘째는 유가 상승의 지속성과 관련이 있다. 그림 9-7에서 살펴본 것은 영구적 상승은 결국 잠재산출의 영구적 감소로 이어졌다는 것이다. 중앙은행은 긴축을 통해 인플레이션을 억제하는 것 외에 다른 대안이 없었다. 그러나 유가 상승이 일시적이라면 중앙은행은 유가가 높을 때 인플레이션이 높아지도록 해, 유가가 하락할 때 인플레이션이 저절로 목표치로 되돌아올 것을 기대할 수 있다. 그러나 이는 위험한 전략일 수 있다. 유가가 빠르게 하락하지 않으면 인플레이션이 한동안 높은 수준에 머물 것이다. 인플레이션에 대한 기대는 변화해 인플레이션율은 점점 더 높아지고 궁극적인 조정을 더 고통스럽게 만들 수 있다. 이는 그림 9-7에서 제시된 것보다 중앙은행의 업무가 훨씬 더 어려워지는 이유를 보여준다. 유가 상승이 일시적인지 영구적인지, 그리고 인플레이션 기대치의 변화 여부와 그 시기를 평가하는 것은 실제로 매우 어렵다.

이 논의는 충격의 동적 효과에 있어 기대 형성의 중요성을 다시 보여준다. 이는 또한 유가가 높은 인플레이션과 상당한 경기침체를 초래한 1970년대와 유가가 훨씬 더 우호적인 영향을 미쳤던 2000년대의 차이를 설명하는 데 도움이 된다. 이는 초점상자 '유가 상승 : 2000년대는 1970년대와 왜 그렇게 다른가?'에서 더 자세히 설명한다.

9-6　결론

이 장에서는 상당히 많은 주제를 다루었다. 핵심적인 아이디어를 반복하고 결론을 내리자.

단기 대 중기

이 장이 주는 한 가지 핵심적 시사점은 외부 충격이나 정책 변화가 단기와 중기에 있어 상이한 효과를 가질 수 있다는 것이다. 다양한 정책의 효과에 대한 경제학자의 의견 충돌은 염두에 두고 있는 기간이 다른 데서 종종 기인한다. 단기 산출과 투자에 대해 걱정한다면 재정긴축을 꺼릴 것이다. 그러나 중기나 장기에 초점을 맞춘다면 재정긴축이 투자를 돕고 결국 자본 축적의 증가를 통해 산출이 증가할 것이라고 생각할 것이다. 한 가지 시사전은 어떤 기간을 염두에 두는지는 특히 충격이 발생할 때 경제가 얼마나 빠른 속도로 조정된다고 생각하는지에 달려 있다는 것이다. 산출이 잠재 수준으로 복귀하는 데 오랜 시간이 걸린다고 믿는다면 단기에 초점을 맞출 것이고, 중기 효과가 없거나 부정적이라 해도 단기의 산출 증가를 도모할 정책을 사용하려 할 것이다. 대신 산출이 잠재 수준으로 빠르게 회복한다고 믿는다면 중기적 시사점에 더 큰 비중을 둘 것이고 그에 따라 이상의 정책을 꺼리게 될 것이다.

유가 상승 : 2000년대는 1970년대와 왜 그렇게 다른가?

유가 상승이 1970년대에는 스태그플레이션을 동반했는데, 왜 2000년대에는 경제에 그리 뚜렷한 영향을 미치지 않았는가?

첫 번째 설명은 2000년대와 달리 1970년대에는 유가 상승 외의 다른 요인도 작용했다는 것이다. 1970년대에는 유가만 상승했던 것이 아니라 다른 원자재가격들도 상승했다. 따라서 파급효과는 유가만 상승했을 경우보다 더 컸다.

그러나 계량경제학적 연구는 이보다 더 많은 요인이 작동했고 다른 요인을 고려하더라도 유가 상승의 파급효과가 1970년대 이후 변화했다고 밝히고 있다. 그림 1은 2개의 상이한 기간을 대상으로 유가의 100% 상승이 산출과 물가에 미친 영향을 나타낸다. 검은색 선과 파란색 선은 1970년 1분기~1986년 4분기 자료에 기초해 유가 상승이 CPI와 GDP에 미친 영향을 보여주고, 초록색 선과 빨간색 선은 1987년 1분기~2006년 4분기 자료에 기초해 동일한 실험을 한 것이다. (수평축은 분기 기준이다.) 이 그림은 두 가지 중요한 결론을 제시한다. 첫째, 우리 모형이 예측하듯이 두 기간 모두에 있어서 유가 상승은 CPI 상승과 GDP 감소를 초래했다. 둘째, 유가 상승의 CPI와 GDP에 대한 파급효과는 이전보다 대체로 절반 정도 작아졌다.

유가 상승의 부정적 충격은 왜 작아졌을까? 이는 여전히 중요한 연구 주제이다. 그러나 현 단계에서는 두 가지 가설이 타당해 보인다.

첫 번째 가설은 현재 미국 노동자의 협상력이 1970년대보다 약화되었다는 것이다. 따라서 유가가 상승할 때 노동자는 좀 더 쉽게 임금 하락을 받아들여 자연실업률의 상승을 제한했다.

두 번째 가설은 통화정책과 관련 있다. 8장에서 논의했듯이 1970년대에 유가가 상승했을 때 인플레이션 기대는 변화하기 시작했다. 인플레이션이 처음에 유가 상승으로 높아졌을 때 임금 설정자들은 인플레이션이 계속 높게 유지될 것으로 가정했고, 그에 따라 명목

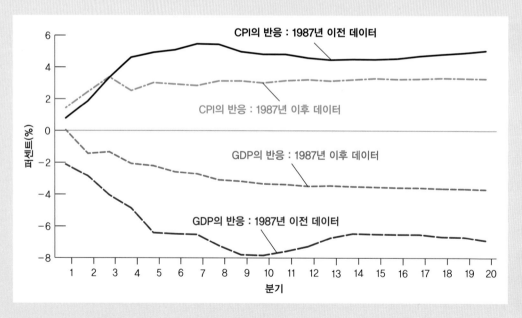

그림 1

유가의 항구적인 100% 상승이 CPI와 GDP에 미치는 파급효과
유가 상승의 물가와 산출에 대한 영향은 과거에 비해 감소했다.

임금 상승을 요구했으며 이는 인플레이션의 추가 상승을 낳았다. 반대로 2000년대에 인플레이션은 훨씬 더 고정되었다. 처음 인플레이션이 상승하는 것을 보자 임금설정자들은 이것을 일회적 사건으로 이해했고 1970년대와 달리 미래의 기대인플레이션을 변화시키지 않았다. 따라서 인플레이션의 효과는 훨씬 더 작았으며, 중앙은행의 정책이자율인상을 통한 인플레이션 통제의 필요성이나 산출의 위축은 훨씬 더 제한적이었다.

충격과 전달경로

이 장은 때때로 **경기변동**(business cycle)이라 부르는 추세를 중심으로 한 **산출변동**(output fluctuation)에 대한 일반적인 사고방식을 제공하기도 한다(지금까지는 추세를 무시했으며 10~13장에서 집중적으로 다룬다).

경제는 지속적으로 총공급 또는 총수요에 대한 **충격**(shocks)을 경험한다. 이들 충격은 소비자 신뢰의 변화로 인한 소비 변화, 투자 변화, 통화수요 변화, 유가 변화 등을 포함할 수 있다. 또는 새로운 세법의 도입부터 새로운 사회간접자본 투자 프로그램, 통화공급을 억제해 인플레이션을 진정시키려는 중앙은행의 결정까지도 포함한다.

각각의 충격은 산출과 그 구성에 동태적 효과를 갖는다. 이들 동태적 효과는 충격의 **전달경로**(propagation mechanism)라 불린다. 전달경로는 충격이 달라질 때마다 달라진다. 경제활동에 대한 충격의 영향은 충격이 시작되었을 때 가장 크고 시간이 지남에 따라 감소할 수 있다. 아니면 충격이 일정 기간 누적되다가 약화되고 이윽고 사라질 수도 있다. 때때로 일부 충격은 충분히 크거나 부정적인 방식으로 결합해 경기침체를 야기한다. 1970년대의 두 차례 경기침체는 대체로 두 차례의 유가 상승에 기인했고, 1980년대 초반 경기침체는 통화의 급격한 위축에서 기인했다. 1990년대 초반의 경기침체는 주로 소비자 신뢰의 급격한 위축에서 비롯됐고 2001년의 침체는 투자지출의 급감에 기인했다. 현재의 위기와 2009년의 산출 급감은 주택시장 문제, 중대한 금융충격의 발생, 그리고 이어진 산출의 급감에서 비롯되었다. 우리가 **경제변동**(economic fluctuation)이라 부르는 것은 이러한 충격의 결과이자 이들의 산출에 대한 동태적 파급효과인 것이다.

일반적으로 경제는 시간이 지남에 따라 중기 균형으로 복귀한다. 주요 문제는 경제가 스스로 균형으로 돌아갈 것으로 기대될 수 있는지, 아니면 적극적인 정책 대응이 필요한지 여부이다. 논란의 여지가 있지만 경제는 저절로 안정되지 않으며 통화정책이든 재정정책이든 적극적 정책 대응이 필요하다. 실제로 이 장에서 본 모든 사례에서 중앙은행의 반응은 산출이 시간이 지남에 따라 잠재산출로 되돌아가는 메커니즘이었다. 정책 대응이 없다면 인플레이션은 꾸준히 높아지거나 낮아질 것이며, 결국 더 고통스러운 정책 조정이 필요할 것이다. 이는 명목이자율 하한에 대한 논의에서 특히 분명했다. 통화정책을 더 이상 사용할 수 없을 정도로 경제가 디플레이션 악순환에 빠질 위험이 있다. 대침체 기간 동안 최악의 상황은 피했는데, 이는 부분적으로는 금융시스템이 천천히 회복되었기 때문이고, 부분적으로는 재정정책을 사용했기 때문이다.

◀ '충격'을 정의하는 것은 생각보다 어렵다. 동유럽 국가의 경제 프로그램 실패가 이 국가에 정치적 혼돈을 야기하고, 이것이 이 지역의 핵전쟁 위험을 증가시키고, 이것이 다시 미국에서 소비자 신뢰를 위축시키며, 이것이 다시 미국에서 경기침체를 낳았다고 하자. 무엇이 '충격'인가? 실패한 프로그램? 민주주의의 위축? 핵전쟁의 위험 증가? 소비자 신뢰의 위축? 현실적으로 이러한 인과 고리를 어디에선가 끊어야 한다. 따라서 소비자 신뢰의 위축을 충격이라 부르고 이를 낳은 요인들을 무시할 것이다.

요약

- 단기적으로 산출은 수요에 의해 결정된다. 산출과 잠재산출의 차이로 정의되는 산출갭은 인플레이션에 영향을 미친다.
- 양의 산출갭은 인플레이션을 높인다. 인플레이션 상승은 중앙은행이 정책이자율을 인상하도록 유도한다. 정책이자율 인상은 산출량 감소로 이어져 결국 산출갭은 감소한다. 대칭적으로, 산출갭이 음수이면 인플레이션이 낮아진다. 인플레이션율이 낮으면 중앙은행이 정책이자율을 낮출 수 있다. 정책이자율 하락은 산출을 증가시키므로 산출갭을 감소시킨다.
- 중기에 산출은 잠재산출과 일치한다. 산출갭은 0이고 인플레이션은 안정적이다. 잠재산출과 일치하는 산출과 관련된 이자율을 자연이자율이라고 한다.
- 산출갭이 음수이면 명목이자율 하한과 디플레이션의 조합은 디플레이션 악순환으로 이어질 수 있다. 산출이 낮아지면 인플레이션이 낮아지고, 이는 높은 실질이자율로 이어진다. 인플레이션이 낮거나 마이너스로 유지되면 인플레이션 기대가 변화해 디플레이션이 점점 더 심화되고 실질이자율은 높아지며 산출이 추가로 위축될 수 있다.
- 단기에 세금 인상을 통한 재정긴축은 정책이자율을 변경하지 않고 산출 감소, 소비 감소, 투자 감소를 낳는다. 중기에 산출은 잠재 수준으로 복귀한다. 소비는 감소하지만 투자는 증가한다.
- 유가 상승은 단기에 인플레이션 상승을 낳는다. 유가 상승이 수요에 미치는 영향에 따라 산출이 감소할 수도 있다. 높은 인플레이션과 낮은 산출의 조합을 스태그플레이션이라고 한다. 중기에 유가 상승은 잠재산출을 낮추고 그에 따라 실제 산출도 낮춘다.
- 정책의 단기 효과와 중기 효과의 차이는 경제학자의 정책 권고의 차이를 낳는 이유 중 하나이다. 일부 경제학자는 경제가 중기 균형에 빠르게 적응할 것으로 믿으므로 중기 정책의 영향을 강조한다. 다른 이들은 산출이 잠재 수준으로 돌아가는 조정 메커니즘은 느린 과정이라고 생각하며, 그에 따라 정책의 단기 효과에 보다 중점을 둔다.
- 경제변동은 총공급, 총수요에 대한 지속적 충격의 흐름과 이들 충격의 산출에 대한 동태적 효과의 결과물이다. 때때로 충격은 충분히 부정적이어서 단독으로나 복합적으로 경기침체를 낳는다.

핵심 용어

경기변동(business cycle)

노동저장(labor hoarding)

디플레이션 악순환(deflation spiral)

디플레이션 함정(deflation trap)

빅셀이자율(Wicksellian rate of interest)

산출갭(output gap)

산출변동(output fluctuation)

석유수출국기구(Organization of Petroleum Exporting Countries, OPEC)

스태그플레이션(stagflation)

오쿤의 계수(Okun coefficient)

자연이자율(natural rate of interest)

잠재산출(potential output)

전달경로(propagation mechanism)

중립이자율(neutral rate of interest)

충격(shocks)

화폐 중립성(neutrality of money)

연습문제

기초문제

1. 이 장의 내용에 기초해 다음에 대해 '사실', '거짓', '불확실' 여부를 밝히고 그 이유를 간단히 설명하라.

   a. IS 곡선은 G가 증가하거나, T가 증가하거나, x가 증가하면 위로 이동한다.

   b. $(u-u_n)$이 0보다 큰 경우 $(Y-Y_n)$은 0보다 크다.

   c. $(u-u_n)$이 0이면 산출은 잠재 수준에 있다.

   d. $(u-u_n)$이 0보다 작으면 산출갭은 음수이다.

   e. 산출갭이 양수이면 인플레이션은 기대인플레이션보다 높다.

   f. 오쿤의 법칙에 따르면 경제성장률이 1%p 증가하면 실업률은 1%p 하락한다.

   g. 자연실업률에서 인플레이션은 상승도 하락도 하지 않는다.

   h. 중기 균형에서 인플레이션율은 0에서 안정적이다.

   i. 중앙은행은 언제나 산출을 잠재산출과 동일하게 유지할 수 있다.

   j. 충격이 영구적인 경우 경제를 중기 균형으로 되돌리려면 통화정책이나 재정정책의 적극적인 변경이 필요하다.

   k. 정부지출이 항구적으로 상승할 때 인플레이션이 안정적으로 유지되기 위해서 중앙은행은 실질 정책이자율을 더 높게 유지해야 한다.

   l. 유가가 크게 상승하면 자연실업률이 높아진다.

2. 중기 균형의 성립 여부와 중기 균형을 위해 필요한 중앙은행 정책

   다음과 같은 가상 경제가 있다고 하자.

   $$Y_n=1000,\ u_n=5\%,\ r_n=2\%,\ x=1\%,\ \pi^e=2\%$$

   아울러 다양한 경제 상황에 대한 수치 표는 다음과 같다.

상황	Y_n	Y	C	I	G	$i(\%)$	$\pi(\%)$	$u(\%)$	$x(\%)$
A	1000	1000	700	150	150	4	2	5	1
B	1000	1060	730	170	150	2	3	3	1
C	1000	950	670	130	150	4	1	8	3
D	1000	950	670	150	130	4	1	8	1
E	1000	1050	730	150	170	4	3	3	1

   a. 상황 A가 중기 균형이고 상황 B, C, D, E가 중기 균형이 아닌 이유를 설명하라.

   b. 상황 B에서 중기 균형으로 이동하기 위해 중앙은행이 취해야 할 조치는 무엇인가?

   c. 상황 C에서 중기 균형으로 이동하기 위해 중앙은행이 취해야 할 조치는 무엇인가?

   d. 상황 D에서 중기 균형으로 이동하기 위해 중앙은행이 취해야 할 조치는 무엇인가?

   e. 상황 E에서 중기 균형으로 이동하기 위해 중앙은행이 취해야 할 조치는 무엇인가?

3. 중기 균형은 다음 네 가지 조건으로 특징지어진다.

   산출은 잠재산출과 일치($Y=Y_n$)하며, 중앙은행은 실질 정책이자율 r_n을 다음이 성립하도록 선택한다:

   실업률은 자연율과 일치($u=u_n$)한다.

   실질 정책이자율은 자연이자율 r_n과 같다. 여기서 r_n은 정책이자율로 정의되며, $Y_n=C(Y_n-T)+I(Y_n,\ r_n+x)+G$가 성립한다.

   기대 및 실제 인플레이션율 π^e는 고정 또는 목표 인플레이션율 $\bar{\pi}$와 같다. 이는 명목 정책이자율이 $i=r_n+\bar{\pi}$임을 시사한다.

   a. π^e가 $\bar{\pi}$와 일치하도록 기대인플레이션이 형성될 때 중기 균형에서 인플레이션의 특징을 밝혀라.

   b. IS 관계를 $Y=C(Y-T)+I(Y,\ r+x)+G$로 나타내자. r_n을 2%라고 가정하자. x가 3%에서 5%로 증가하면, 중앙은행은 기존의 중기 균형을 유지하려면 r_n을 어떻게 변경해야 하는가? 말로 설명하라.

   c. G가 항구적으로 증가한다고 가정하자. 중앙은행은 기존의 중기 균형을 유지하기 위해 r을 어떻게 변경해야 하는가? 말로 설명하라.

   d. T가 영구적으로 감소한다고 가정하자. 중앙은행은 기존의 중기 균형을 유지하기 위해 r을 어떻게 변경해야 하는가? 말로 설명하라.

   e. '중기에 재정팽창은 자연이자율의 상승을 낳는다'는 주장을 평가하라.

4. 이 장은 기대인플레이션이 중앙은행의 목표 인플레이션율과 동일하다고 가정한다. 8장의 필립스 곡선에 대한 논의에서 기대인플레이션은 전기 인플레이션과 동일하며 중앙은행의 목표 인플레이

션율에 의해 고정되지 않는다는 점에 주목했다. 이 문제는 통화정책이 일정하게 주어졌을 때 수요의 영구적 변화의 효과에 있어서 기대인플레이션에 대한 이 두 가지 가정의 의미를 검토한다.

이 문제에서 검토하는 수요의 영구적 변화는 3장의 모수 c_0가 더 큰 값을 취한다는 의미에서 소비자 신뢰의 증가이다.

한 가지 가정은 기대인플레이션 수준이 전기(lagged)의 인플레이션과 동일하므로 시간이 지남에 따라 변한다는 것이다. 다른 가정은 기대인플레이션 수준이 중앙은행의 목표 인플레이션율에 고정되어 있으며 절대 변하지 않는다는 것이다.

기간 t에서 실제 인플레이션과 기대인플레이션이 2%인 중기 균형에서 시작해, $t+1$기에 소비자 신뢰가 증가했다고 하자.

문제 (a), (b), (c)는 각 기의 기대인플레이션이 전기의 인플레이션율과 같다고 가정한다. 예를 들어 $t+2$기에 $\pi_{t+2}^e = \pi_{t+1}$이고 $t+1$기에는 $\pi_{t+1}^e = \pi_t$이다.

a. $t+1$기에 IS 곡선은 어디로 이동하는가? t기의 기대인플레이션율은 얼마인가? 중앙은행이 $t+1$기에 실질 정책이자율을 변경하지 않는 경우 t기와 $t+1$의 단기 균형산출과 인플레이션율을 비교하라.

b. 이제 $t+2$기의 균형을 고려하자. $\pi_{t+2}^e = \pi_{t+1}$이고 소비자 신뢰가 여전히 높다고 가정하자. 중앙은행이 실질 정책이자율을 변경하지 않을 때 $t+2$기와 $t+1$기의 인플레이션율을 비교하라.

c. $t+2$기에 실질 정책이자율을 변경하지 않고 유지하는 중앙은행 정책에 대해 어떻게 평가하는가? 지속 가능한가?

문제 (d), (e), (f)는 기대인플레이션이 목표 인플레이션과 일치한다고 가정한다. 즉 모든 기에 대해 $\pi^e = \bar{\pi}$가 성립한다.

d. $\pi^e = \bar{\pi}$라는 가정하에서 $t+1$기 균형을 고려하자. 중앙은행이 실질 정책이자율을 변경하지 않고 그대로 두었을 때 t기와 $t+1$기의 인플레이션율을 비교하라. t기와 $t+1$기의 산출 수준을 비교하라.

e. $\pi_{t+2}^e = \bar{\pi}$라는 가정하에서 $t+2$기 균형을 고려하자. 중앙은행이 실질 정책이자율을 변경하지 않는 경우 $t+1$기와 $t+2$기의 인플레이션율을 비교하라. $t+1$기와 $t+2$기의 산출을 비교하라.

f. $t+1$기에 실질 정책이자율을 원래 수준으로 유지하는 정책이 지속 가능하지 못한 이유를 설명하라.

(a), (b), (c)의 결과와 (d), (e), (f)의 결과 비교

g. 인플레이션, 기대인플레이션, 산출에 대해 (a), (b), (c)의 결과와 (d), (e), (f)의 결과를 비교하라.

h. 기대인플레이션에 대한 어떤 가정이 더 현실적인가? 논의하라.

5. 기대인플레이션 형성에 대한 가정이 달라지면 총공급에 대한 충격의 파급효과가 달라질 것이다. 4번 문제에서와 같이 첫 번째 가정은 기대인플레이션이 전기의 인플레이션과 같다는 것이다. 이때 시간이 지남에 따라 기대인플레이션 수준은 변화한다. 두 번째 가정은 기대인플레이션 수준이 중앙은행의 목표치에 고정되며 절대 변하지 않는다는 것이다. t기에 실제 인플레이션과 기대인플레이션이 2%가 되는 중기 균형에서 시작하자. 이어서 $t+1$기에 유가가 영구적으로 상승한다고 하자.

(a), (b), (c)에서 각 기의 기대인플레이션이 전기의 인플레이션과 같다고 가정한다. 예를 들어 $t+2$기에서 $\pi_{t+2}^e = \pi_{t+1}$과 $t+1$에서 $\pi_{t+1}^e = \pi_t$이다.

a. $t+1$기에 PC 곡선은 어떻게 이동하는가? 중앙은행이 실질 정책이자율을 변경하지 않는다고 가정하자. t기와 $t+1$기의 산출 수준을 비교하라. t기와 $t+1$기의 인플레이션율을 비교하라.

b. $\pi_{t+2}^e = \pi_{t+1}$이고 중앙은행이 실질 정책이자율을 변경하지 않는다는 가정하에 $t+2$기의 균형을 고려하자. $t+1$기와 $t+2$기의 인플레이션율을 비교하라. $t+1$기와 $t+2$기의 산출을 비교하라.

c. t기 수준으로 실질 정책이자율을 유지하는 정책은 지속 가능한가?

(d), (e), (f)는 기대인플레이션이 목표 인플레이션과 동일하다고 가정하므로 모든 기에 $\pi^e = \bar{\pi}$이다.

d. $\pi_{t+1}^e = \bar{\pi}$의 가정하에 $t+1$기 균형을 고려하자. 중앙은행이 실질 정책이자율을 변경하지 않고 그대로 둘 때 t기와 $t+1$기의 인플레이션율을 비교하라.

e. $\pi_{t+2}^e = \bar{\pi}$라는 가정과 중앙은행이 실질 정책이자율을 변경하지 않는다는 가정하에 $t+2$기의 균형을 고려하자. $t+1$기와 $t+2$기의 인플레이션율을 비교하라.

f. t기에 실질 정책이자율을 유지하는 정책은 지속가능한가?

(a), (b), (c)의 결과와 (d), (e), (f)의 결과 비교

g. (a), (b), (c)의 인플레이션 및 산출 수준과 (d), (e), (f)의 인플레이션 및 산출 수준을 비교하라.

h. 기대인플레이션에 대한 어떤 가정이 더 현실적이라고 생각하는가? 논의하라.

심화문제

6. 오쿤의 법칙이 $u - (u-1) = -0.4(g_y - 3\%)$로 나타났다.

a. 경기침체기에 $u - u(-1)$은 양인가, 음인가? 경기회복기에서 $u - u(-1)$의 부호는 무엇인가?

b. 3%라는 수치의 출처를 설명하라.

c. $(g_y - 3\%)$의 계수가 왜 -1이 아닌 -0.4인지 설명하라.

d. 미국에 1년간 입국 가능한 이민자 수가 급증했다고 가정하자. 오쿤의 법칙은 어떻게 바뀌겠는가?

7. 재정긴축과 명목이자율 하한

경제가 명목이자율 하한 0%에 놓여 있다고 가정하자. 초기 균형상태에서 이 경제는 양의 목표 인플레이션과 잠재산출에 놓여 있었지만 t기에 대규모 정부적자가 발생했다. 새로이 선출된 정부는 $t+1$기와 이후의 기간에 G를 삭감하고 T를 인상해 재정적자를 영구적으로 줄이겠다고 약속했다.

a. 이 상황에서 초기 균형을 검토하고 기대인플레이션이 초기 수준에 고정된다는 가정하에 $t+1$, $t+2$기의 산출 수준에 대한 정책효과를 계산하라.

b. 인플레이션이 지속적으로 목표 인플레이션보다 낮다면 기대인플레이션은 하락한다. 이 상황에서 인플레이션은 언제 마이너스가 되는가? 기대인플레이션이 음수로 바뀌면 실질 정책이자율은 어떻게 되겠는가? 기대인플레이션이 마이너스가 되는 기간의 산출에 어떤 영향을 미치는가?

c. 명목이자율 하한이 0인 경우 재정 건전화가 더 어려워지는 이유는 무엇인가? 이 정책은 디플레이션 악순환으로 이어질 수 있는가?

추가문제

8. 초점상자 '대공황에서의 디플레이션'의 데이터를 고려하자.

a. 1933년에 산출이 잠재 수준으로 회복했다고 생각하는가?

b. 어느 해가 그림 9-3에 묘사된 것과 같은 디플레이션 악순환을 보였다고 생각하는가?

c. 기대인플레이션율이 1929년 인플레이션의 실제 값에 고정되어 있었다면 대공황은 그다지 심하지 않을 것이라는 주장을 하라.

d. 1930년의 막대한 재정팽창은 대공황의 심각성을 완화했다는 주장을 하라.

9. 초점상자 '대공황에서의 디플레이션'의 데이터를 고려하자.

a. 기대인플레이션율이 전년의 인플레이션율과 같다는 가정하에 매년의 실질이자율을 계산하라. 1928년의 인플레이션율은 -1.7%였다. 실질이자율의 변화는 기대인플레이션율이 현재 인플레이션율이라고 가정할 때보다 실질 산출 증가율과 실업률에 대한 데이터를 더 잘 설명하는가?

b. 1930~1933년까지 매년 오쿤의 법칙 계수를 계산하라. 이를 위해 잠재산출이 증가하지 않았다고 가정하라. 산출 증가율이 9.1%인데도 불구하고 기업들은 왜 1933년에 추가 근로자를 고용하지 않았는가? [힌트 : 잠재산출이 증가하지 않는다면 오쿤의 법칙은 $u - u(-1) = -\alpha g_Y$가 된다.]

10. 영국에서의 대공황

뒤페이지 표에 있는 정보를 기초로 다음 질문에 답하라.

a. 1929년부터 1933년까지 영국에서 디플레이션 악순환의 증거가 있는가?

b. 높은 실질이자율이 산출에 미친 영향의 증거가 있는가?

c. 중앙은행이 실질 정책이자율을 잘못 선택했다는 증거가 있는가?

1929~1933년 영국의 명목이자율, 인플레이션, 실질이자율					
연도	실업률(%)	경제성장률(%)	1년 명목이자율(%), i	인플레이션율(%), π	1년 실질이자율(%), r
1929	10.4	3.0	5.0	−0.9	5.9
1930	21.3	−1.0	3.0	−2.8	5.8
1931	22.1	−5.0	6.0	−4.3	10.3
1932	19.9	0.4	2.0	−2.6	4.6
1933	16.7	3.3	2.0	−2.1	4.1

11. 2018년의 연준 정책에 대한 트럼프 대통령의 불만이 뉴스가 되었다. 2017년 12월 22일 트럼프 대통령은 2018년 연방 세금을 대폭 인하하는 감세 및 고용법(Tax Cuts and Jobs Act) 법안에 서명했다.

a. 2018년 11월 20일 블룸버그 통신은 트럼프 대통령이 기자들에게 중앙은행이 '문제'이며 '연준이 금리를 낮추기를 원한다'고 말했다고 보도했다. 이 논평은 영구적인 재정팽창 모형으로 어떻게 평가되는가?

b. 2018년 9월 25일 블룸버그 통신에 따르면 연준이 금리를 0.25%p 인상하자 트럼프 대통령은 뉴욕에서 열린 기자회견에서 다음과 같이 이야기했다. "우리는 국가로서 잘하고 있다. 불행히도 우리가 너무 잘하고 있기 때문에 그들은 금리를 약간 인상했을 뿐이다. 이런 상황은 기분이 좋지 않다."

이 말은 필립스 곡선 모형으로 어떻게 평가되는가?

장기

다음 4개 장은 장기에 초점을 맞춘다. 장기에 국민경제를 지배하는 것은 변동이 아니라 성장이다. 지금부터 답을 구하는 질문은 '무엇이 경제성장을 결정하는가?'이다.

Chapter 10

10장은 경제성장에 관한 사실을 검토한다. 1950년 이래로 부국에서 산출은 크게 증가했다. 인류 역사 전체로 시야를 넓혀 보면 이러한 성장은 최근에 국한된 현상임을 알 수 있다. 그리고 보편적인 현상도 아니다. 많은 빈국이 아직도 저성장이나 정체로 고통 받고 있다.

Chapter 11

11장은 경제성장에서 자본축적의 역할을 살펴본다. 자본축적은 산출 수준에 영향을 미치지만 그 자체만으로는 경제성장을 지속시키지 못한다. 높은 저축률은 일반적으로 처음에는 소비를 낮추지만 장기적으로 소비를 높인다.

Chapter 12

12장은 기술진보로 관심을 돌린다. 장기에 경제성장률이 어떻게 기술진보율에 의존하는지 살펴본다. 이어서 기술진보에 있어 R&D와 제도의 역할을 살펴본다.

Chapter 13

13장은 단기, 중기, 장기에 있어 기술진보가 제기하는 다양한 문제를 검토한다. 단기와 중기에서는 기술진보, 실업, 임금 불평등 간의 관계를 논의한다. 장기에서는 기술진보와 성장을 지속하는 데 있어서 제도가 갖는 역할을 논의한다.

경제성장에 관한 사실

경제 상황에 관한 인식은 종종 경제활동의 연간 변동성에 의해 지배받는다. 경기침체는 비관으로 이어지고 경기활황은 낙관을 낳는다. 그러나 한 발 물러나 장기(예 : 수십 년)에 걸친 경제활동을 보면 전체 그림이 바뀐다. 변동은 희미해지고 **성장**(growth, 총산출의 지속적인 증가)이 그림을 지배한다.

그림 10-1(a)와 (b)는 1890년 이래 미국의 GDP와 1인당 GDP(둘 다 2012년 달러 기준)의 추이를 각각 보여준다. [그림 10-1의 수직축에 나타난 GDP 척도는 **로그값**(logarithmic scale)이다. 수직축에서 거리가 동일한 두 점은 로그값으로 나타낸 변수이므로 동일한 증가율을 나타낸다.]

1929~1933년은 대공황기의 대폭적인 산출 감소에 대응하고 1980~1982년은 전후 최대의 경기침체에 대응하며, 2008~2010년은 최근의 위기에 대응하는데, 모두가 이 책의 다른 부분에서 다루는 대상이다. 이러한 3개 사례조차도 지난 130년간 산출의 지속적 증가에 비추어보면 사소해 보인다. 247쪽의 만화는 훨씬 더 분명하게 산출과 경기변동에 대한 동일한 요점을 보여주고 있다.

이제 이를 염두에 두고 경기변동에서 경제성장으로 관심을 돌려보자. 즉 *단기 및 중기*(경기변동이 지배하는 시기)에서의 산출 결정에 관한 연구에서 *장기*(성장이 지배하는 시기)에서의 산출 결정 문제로 관심을 돌리자. 이 장의 목표는 무엇이 성장을 결정하며, 왜 일부 국가만 성장하고 다른 국가는 그렇지 못한지, 그리고 왜 일부 국가는 부유하고 다른 국가는 여전히 가난한지를 이해하는 데 있다.

10-1절은 핵심적인 측정 문제, 즉 '어떻게 생활 수준을 측정하는가'를 다룬다.

10-2절은 미국과 여타 부국에서의 지난 50년간 경제성장을 살펴본다.

10-3절은 시간적 · 공간적으로 시야를 넓혀 본다.

10-4절은 경제성장에 관한 기초 지식을 제공하고 이어지는 장들에서 발전시킬 모형을 소개한다.

이 장의 메시지 : 장기간에 걸쳐 경제성장은 경제변동을 사소하게 만든다. 지속적 경제성장을 위한 (복잡한) 핵심은 기술진보이다. ▶ ▶ ▶

1995년 노벨 경제학상 수상자인 루카스(Robert Lucas)의 유명한 인용구가 있다 : "한 번 성장에 대해 생각하기 시작하 ◀ 면, 다른 어떤 것도 생각하기 어렵다."

로그값에 대해서는 이 책 끝의 ◀ 부록 2를 참조하라.

그림 10-1

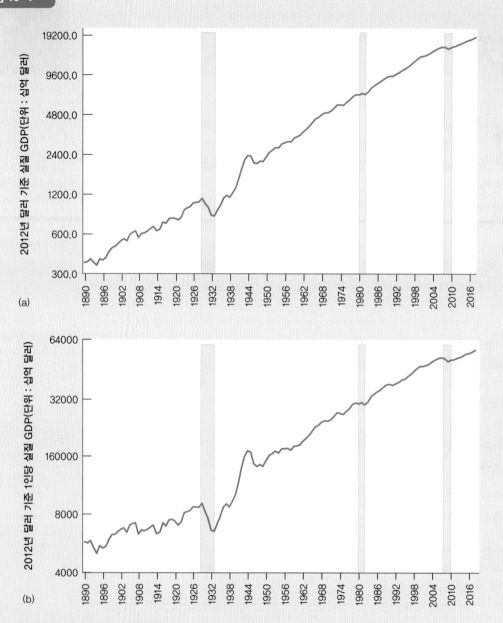

1890년 이후 미국의 GDP와 1인당 GDP 추이

(a) 1890년 이래 미국 산출은 51배에 달하는 막대한 증가를 기록했다. (b) 산출 증가는 미국 인구가 6,300만 명에서 출발해 3억 2,000만 명 이상으로 늘어난 데 기인한 것만은 아니다. 1인당 산출은 10배 증가했다.

출처 : 1890~1947년 : *Historical Statistics of the United States*. http://hsus.cambridge.org/HSUSWeb/toc/hsusHome.do. 1948~2014년 : *National Income and Product Accounts*. 인구추정치(1890~2014년) : Louis Johnston and Samuel H. Williamson, "What Was the US GDP Then?" Measuring Worth, 2015, www.measuringworth.com/datasets/usgdp/. 더 최근 자료 : FRED: GDPC1, B230RC0Q173SBEA.

경제성장에 유념하는 근본적 이유는 바로 국가의 평균 **생활 수준**(standard of living)에 유념하기 때문이다. 우리는 시간의 흐름을 따라가며 생활 수준이 얼마나 개선되었는지를 알고자 한다. 국가 별로 특정 국가의 생활 수준이 다른 국가에 비해 얼마나 높은지를 알고자 한다. 따라서 시간별로 또는 국가별로 초점을 맞추어 비교하고자 하는 변수는 산출 그 자체가 아니라 **1인당 산출**(output per person)이다.

우리가 풀어야 할 실질적 문제는 국가별로 1인당 산출을 어떻게 비교하느냐이다. 국가별로 다른 통화를 사용하므로, 각국의 산출은 자국의 통화로 표시된다. 자연스러운 해결책은 환율을 사용하는 것이다. 예를 들어 인도의 1인당 산출과 미국의 1인당 산출을 비교할 때 인도의 1인당 GDP를 루피로 계산하고, 환율을 사용해 달러 기준으로 변환하고, 이를 달러로 표시된 미국의 1인당 GDP와 비교한다. 그러나 이처럼 단순한 접근방식은 두 가지 이유로 적절하지 않다.

■ 첫째, 환율은 크게 변할 수 있다(이에 대해서는 17~20장에서 더 자세히 검토한다). 예를 들어 1980년대에 달러는 미국의 무역상대국들 통화에 대비해 약 50% 절상된 후 이어서 다시 절하되었다. 하지만 미국의 생활 수준이 같은 기간에 50% 높아진 후 다시 50% 낮아졌다고 할 수 없음은 분명하다. 그러나 환율을 이용해 1인당 GDP를 비교할 경우 이런 결론에 도달할 수 있다.

■ 두 번째 이유는 환율 변동을 넘어선다. 현재 환율 기준으로 2018년 인도의 1인당 GDP는 2,016 달러로 미국의 62,517달러와 잘 비교된다. 분명히 미국에서 어느 누구도 연간 2,016달러로 살

우리는 성장의 다른 차원에도 관심을 갖는데, 특히 생활 수준 증가가 다른 것보다 더 많은 편익을 주는지, 성장이 불평등을 병행하는지 여부에 관심이 있다. 이에 대한 자세한 내용은 13장에서 확인할 수 있다.

1인당 산출의 영어 표현은 'output per person'인데 여기서 'person'을 라틴어로 '머리'를 의미하는 capita로 대체해 'output per capita'라고도 한다.

"사실이야 카이사르. 로마는 쇠퇴하고 있어. 하지만 다음 분기에 반등할 거야."

PPP값의 계산

미국과 러시아를 예로 들어보자. 다만 이 두 국가의 특징에 밀접하게 맞추려는 의도는 없다.

다음을 가정하자 : 미국에서 1인당 연간 소비는 20,000달러이다. 미국에서 사람들은 각기 두 가지 재화를 구매한다. 매년 새로운 승용차를 10,000달러에 사고 그 나머지는 식품에 지출하는데, 연간 식품 묶음의 가격은 10,000달러이다.

또 다음을 가정하자 : 러시아에서 1인당 연간 소비는 120,000루블이다. 사람들은 자신의 승용차를 15년간 보유한다. 승용차 가격은 600,000루블로 각 개인은 매년 평균 40,000루블(600,000/15)을 승용차에 지출한다. 러시아에서 연간 식품 묶음의 가격은 80,000루블이다.

러시아와 미국의 승용차는 같은 품질이며, 식품 역시 마찬가지다. (이러한 가정의 현실성에 의문을 제기할 수 있다. X국가의 승용차가 Y국가의 승용차와 동일할지 여부는 PPP 수치를 구축하려는 경제학자가 직면한 문제와 매우 유사하다.) 환율은 1달러가 60루블과 같게 설정되어 있다. 미국의 1인당 소비 대비 러시아에서의 1인당 소비는 얼마나 되는가?

이에 답하는 한 가지 방법이 러시아의 1인당 소비를 선택해 이를 환율을 이용해 달러로 전환하는 것이다. 이 방법을 사용하면 러시아의 1인당 소비는 2,000달러이다(120,000루블을 달러당 60루블인 환율로 나눈다). 이 수치에 따르면 러시아의 1인당 소비는 미국의 1인당 소비의 10%에 지나지 않는다.

이 답은 적절한가? 그렇다. 러시아인은 더 가난하지만, 음식은 러시아에서 더 저렴하다. 미국 소비자가 자신의 20,000달러를 모두 식품에 지출하면 식품 두 묶음을 구입할 수 있다(20,000달러/10,000달러). 러시아 소비자가 120,000루블을 모두 식품에 소비하면 식품 1.5묶음을 살 수 있다(120,000루블/80,000루블). 식품 묶음 기준으로는 미국과 러시아의 1인당 소비 차이는 훨씬 더 작아 보인다. 그리고 미국에서의 소비의 절반 그리고 러시아에서의 소비의 2/3가 식품 지출이므로 이 결과는 적절한 계산으로 보인다.

첫 번째 답을 개선할 수 있을까? 물론 그렇다. 한 가지 방법이 두 국가에 대해 동일한 가격체계를 사용해 각국에서 소비되는 각 재화의 수량을 이 공통가격으로 측정하는 것이다. 예를 들어 미국 가격체계를 사용한다고 하자. 미국 가격 기준으로 미국의 1인당 연간 소비는 여전히 20,000달러임이 분명하다. 러시아는 얼마인가? 매년 평균적인 러시아인은 약 0.07대의 승용차(매 15년마다 승용차 1대)와 식품 한 묶음을 구입한다. 미국 가격을 사용하면, 즉 차에 10,000달러, 식품 묶음에 10,000달러를 사용하면 러시아의 1인당 소비는 [(0.07×10,000달러) + (1×10,000달러)] = 700달러 + 10,000달러 = 10,700달러이다. 따라서 미국의 가격체계를 사용해 두 국가에서의 소비를 계산하면 러시아의 1인당 연간 소비는 미국의 1인당 연간 소비의 10,700달러/20,000달러 = 53.5%이다. 이는 앞에서 얻은 상대적 생활 수준에 대한 추정치(단지 10%에 지나지 않았다)보다 더 나은 수치이다.

이러한 유형의 계산, 즉 동일한 가격체계를 사용해 국가별 경제변수를 계산하는 것이 PPP 추정치를 만드는 방법이다. 예에서 이들 추정치는 미국의 달러가격보다는 국가별 가격의 평균치를 사용한다. (미국 대신 러시아 아니면 프랑스 가격체계를 사용하지 않는 이유는 무엇인가?) 이 평균가격을 국제 달러가격이라 한다. 이 책의 다른 곳에서 사용한 추정치는 'Penn World Table'(Penn은 펜실베이니아대학교를 나타내는데, 여기서 프로젝트가 진행되었다)이라 불리는 의욕 넘친 프로젝트의 결과이다. 지난 40년 이상 경제학자 크래비스(Irving Kravis), 서머스(Robert Summers), 헤스턴(Alan Heston)의 주도로 소비뿐만 아니라 (앞의 예에서 처리한 바와 같이) 더 일반적으로 GDP에 대해서도 세계 대부분 국가에 대해 1950년까지 거슬러 올라가는 PPP를 구축하는 프로젝트를 추진했다.

Robert C. Feenstra, Robert Inklaar, and Marcel P. Timmer, "The Next Generation of the Penn World Table," *American Economic Review*, 2015, 105(10): pp. 3150-3182를 참조하라. PPP 데이터는 www.ggdc.net/pwt에서 구할 수 있다.

아갈 수 없다. 그러나 인도에서는 아주 여유롭지는 않지만 사람들이 그 돈으로 살고 있다. 인도에서 생필품 가격은 미국보다 훨씬 낮다. 미국의 평균적인 개인 소비 수준은 인도에서 대부분의 생필품을 소비하는 평균적인 개인 소비 수준의 31배가 아니다. 이 점은 다른 국가에도 적용된다. 일반적으로 1인당 산출이 낮은 국가일수록 식료품과 기초적인 서비스재 가격이 더 낮다. ◄ 1장에서 중국의 1인당 산출을 검토할 때 유사한 논의를 한 바 있다.

결국 생활 수준의 비교에 초점을 맞출 때 방금 언급한 두 가지 효과(환율 변동과 국가 간 가격의 체계적 차이)를 수정해야 더 의미 있게 비교할 수 있다. 비교 방법의 구체적 내용은 복잡하지만 원리는 단순하다. GDP 수치와 1인당 GDP는 모든 국가에 대해 동일한 가격으로 계산되어야 한다. 이렇게 조정된 실질 GDP 수치들은 시간별·국가별로 **구매력**(purchasing power)의 척도라고 생각할 수 있으므로 **구매력평가**(purchasing power parity, PPP)값이라 한다. 추가적 논의는 초점상자 'PPP값의 계산'에 있다.

부유한 국가와 가난한 국가를 비교할 때 PPP에 기초한 수치와 현재 환율에 기초한 수치는 크게 다를 수 있다. 인도와 미국의 비교로 되돌아가자. 앞서 현재 환율에서 인도의 1인당 GDP 대비 미국의 1인당 GDP 비율은 31.3이었다. PPP를 이용하면 이 비율은 8에 지나지 않는다. 비록 이 차이도 여전히 크지만, 현재 환율을 사용했을 때보다는 훨씬 작다. 부유한 국가들 간의 PPP에 기초한 수치와 현재 환율에 기초한 수치의 차이는 일반적으로 더 작다. 예를 들어 현재 환율을 사용해 구축한 수치 기준으로 미국의 2018년 1인당 GDP는 독일의 1인당 GDP의 128%와 같았다. 사실상 PPP 기준으로 미국의 1인당 GDP는 독일의 1인당 GDP의 118%와 같다.(더 일반적으로 PPP 기준에 기초할 때 미국은 여전히 세계 주요국 중에서 1인당 GDP가 가장 높은 국가이다.) ◄ 핵심은 국가별로 생활 수준을 비교할 때는 분명히 PPP값을 사용해야 한다는 것이다.

경제성장으로 옮겨 가 자세히 살펴보기 전에 세 가지 사항에 주의하자.

선진국 중 미국보다 1인당 PPP GDP가 높은 나라는 아일랜드와 스위스뿐이다(WEO 데 ◄ 이터베이스 참조). PPP GDP가 높은 다른 나라로는 쿠웨이트와 카타르가 있다. 왜일까?

■ 사람들의 후생 수준에서 중요한 것은 소비지 소득은 아니다. 따라서 생활 수준을 비교할 때는 1인당 산출보다는 1인당 소비를 사용해야 한다. (실제로 초점상자 'PPP값의 계산'도 이에 따른 것이다.) 통상 국가별 산출 대비 소비 비율은 유사하므로 1인당 소비를 사용하든 1인당 산출을 사용하든 국가별 순위는 대체로 유사하다.

■ 생산 측면을 다룰 경우 국가별 생활 수준 격차보다는 생산성 격차에 관심이 있다. 이 경우 적절한 척도는 1인당 산출보다는 노동자 1인당 산출 또는 총근로시간이 이용 가능하다면 **근로시간당 산출**이다. 1인당 산출과 노동자 1인당(또는 근로시간당) 산출은 국가별 인구 대비 노동자 수의 비율에 따라 달라질 것이다. 앞서 지적한 미국과 독일의 1인당 산출 격차 대부분은 생산성 차이

보다는 1인당 근로시간 차이 때문에 발생한다. 다시 말해 독일 노동자는 미국 노동자만큼 생산성이 높다. 그러나 독일 노동자의 근로시간이 적기 때문에 생활 수준이 더 낮다. 대신 더 많은 여가시간을 즐긴다.

■ 우리가 생활 수준에 유념하는 궁극적인 이유는 아마도 행복에 유념하기 때문일 것이다. 따라서 질문을 분명히 할 필요가 있다. 생활 수준이 높을수록 행복 수준도 높아질까? 이에 대한 답은 초점상자 '돈은 행복을 낳는가?'에 담겨 있다. 답은 대체로 그렇지만 몇 가지 고려할 점이 있다.

10-2 1950년 이래 부국의 경제성장

1950년 이래 부국의 성장경험을 살펴보며 시작하자. 다음 절에서는 시간별로 그리고 더 광범위한 국가들을 대상으로 살펴본다.

표 10-1은 1950년 이래 프랑스, 일본, 영국, 미국에서의 1인당 산출(PPP로 측정한 GDP를 인구수로 나눈 값)의 추이를 나타낸다. 이 4개국이 선택된 것은 이들이 세계의 주요 경제대국이어서가 아니라 이들에게 발생한 일들이 지난 50년에 걸쳐 다른 선진국에서 발생한 일을 대체로 대표하기 때문이다.

표 10-1은 두 가지 중요한 결론을 제시한다.

■ 1인당 산출이 현격히 증가했다.
■ 국가별 1인당 GDP는 수렴해 왔다.

이들 각각의 결론을 차례대로 살펴보자.

표 10-1 1950년 이래 4개 부국의 1인당 산출 추이

	1인당 경제성장률(%)	1인당 실질산출(2011년 달러)		
	1950~2017년	1950년	2017년	2017년/1950년
프랑스	2.6	7,025	39,461	5.6
일본	4.1	2,531	40,374	15.9
영국	2.1	9,354	39,128	4.2
미국	2.0	14,569	54,995	3.8
평균	2.7	8,370	43,490	5.2

주 : 마지막 행의 평균은 단순평균이다.

출처 : Penn World Table Version 8.1./Feenstra, Robert C., Robert Inklaar and Marcel P. Timmer (2015), "The Next Generation of the Penn World Table" forthcoming American Economic Review.

돈은 행복을 낳는가?

돈은 행복을 낳는가? 좀 더 정확히 말해 1인당 소득이 높을수록 더 행복한 것일까? 경제학자는 1인당 소득 수준이나 그 성장률을 통해 경제 성과를 평가할 때 암묵적으로 1인당 소득의 증가가 행복의 증가를 의미한다고 가정한다. 소득과 개인이 직접 답해서 구한 행복의 측정치 간 관계를 검토한 초기의 결과들은 이러한 가정이 올바르지 않을 수 있다는 점을 보여준다. 이들은 이른바 **이스털린의 역설**[Easterlin Paradox, 증거를 처음 체계적으로 검토한 경제학자 이스털린(Richard Easterlin)을 따라 지어진 이름이다]이라는 것을 낳았다.

- 국가별로 볼 때, 특정 국가의 행복은 1인당 소득 수준이 높을수록 커지는 것으로 나타난다. 그러나 이러한 관계는 상대적으로 빈곤한 국가에서만 성립하는 것으로 나타난다. OECD 국가와 같은 부국을 검토하면 1인당 소득과 행복 간에는 일정한 관계를 찾아보기 어렵다.
- 시간적으로 볼 때, 부국의 평균 행복 수준은 소득이 높아져도 그리 크게 커지지는 않는 것으로 보인다. (빈국의 경우 신뢰할 만한 자료가 없다.) 다시 말해 부국의 경우 성장이 행복을 증가시키는 것으로는 보이지 않는다.
- 특정 국가에서 사람들을 비교해보면, 행복은 소득과 강한 상관관계를 갖는 것으로 나타난다. 부유층은 빈곤층에 비해 일관되게 더 행복하다. 부국이나 빈국에서나 모두 그렇게 나타난다.

처음 두 사실은 일단 기초적 욕구가 채워지면 1인당 소득이 높아져도 행복은 증가하지 않음을 제시한다. 세 번째 사실은 절대적 소득 수준이 중요한 것이 아니라 다른 사람과 비교한 상대적 소득 수준이 중요하다는 것이다.

이러한 발견이 맞다면, 세계와 경제정책에 대한 사고방식에 중요한 시사점을 얻는다. 부국에서 1인당 소득을 높이려는 정책은 방향을 잘못 잡은 것이다. 중요한 것은 소득의 배분이지 평균 수준이 아니기 때문이다. 빈국의 사람들이 서로를 비교하는 것이 아니라, 부국의 사람들과 비교할 정도로 확대된 세계화와 정보 확산은 사실상 행복을 증가시키기보다는 감소시켰을지도 모른다. 예상할 수 있듯이, 이러한 발견은 치열한 논쟁과 추가 연구를 자극했다. 새로운 자료를 이용할 수 있게 됨에 따라 새로운 증거가 쌓이고 있다. 스티븐슨(Betsey Stevenson)과 울퍼스(Justin Wolfers)는 현재 알려진 내용과 남아 있는 논쟁들을 최근 논문에서 분석했다. 이들의 결론은 그림 1에 잘 요약되어 있다.

그림에는 많은 정보가 담겨 있으므로 단계별로 살펴보자.

수평축은 131개 국가의 PPP 기준 1인당 산출을 측정한다. 척도는 로그값이어서 구간 크기는 GDP의 % 증가를 나타낸다. 수직축은 각 국가에서의 평균적인 생활만족도를 측정한다. 이 변수의 자료는 갤럽의 2006년 월드폴(2006 Gallup World Poll)로서 각국의 1,000명의 사람들에게 다음 질문을 던진 결과이다.

"여기에 '삶의 사다리'를 나타내는 사다리가 있습니다. 사다리의 가장 위 단계에는 여러분이 그리는 최선의 삶이, 사다리의 가장 아래 단계에는 최악의 삶이 놓여 있다고 합시다. 현재 여러분은 사다리에서 어디에 위치해 있다고 생각하십니까?"

사다리 단계는 0에서 10까지로 측정되었다. 수직축 변수는 각국에서 개인이 답한 평균값을 나타낸다.

우선 각국을 나타내는 점들에 초점을 맞추고, 각 점을 지나는 선은 잠시 잊자. 시각적 인상은 분명하다. 국가별로 평균 소득과 평균 행복 간에는 강한 관계가 존재한다. 빈국의 경우 지수의 값은 약 4이고 부국의 경우 약 8이다. 그리고 앞의 이스털린의 역설에 비추어볼 때 더 중요한 것은 이 관계가 빈국이나 부국 모두에서 성립한다는 것이다. 삶에 대한 만족도는 1인당

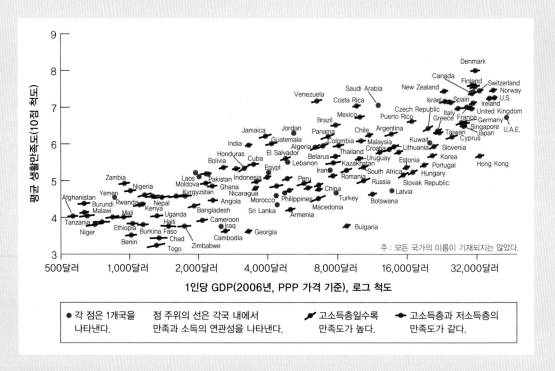

그림 1

생활만족도와 1인당 소득

출처 : Betsey Stevenson and Justin Wolfers, Wharton School at the University of Pennsylvania.

소득이 증가함에 따라 빈국보다 부국에서 더 빨리 증가하는 것으로 보인다.

이제 각 점을 지나는 선을 살펴보자. 각 선의 기울기는 각 국가에 포함된 개인을 대상으로 한 소득과 생활만족도의 추정된 관계를 반영한다. 우선 모든 선이 우상향한다는 점에 주의하자. 이는 이스털린의 역설의 세 번째 주장을 확인해준다. 각국에서 부자가 빈자보다 더 행복하다. 아울러 직선의 기울기는 국가들을 비교한 직선의 기울기와 대체로 유사하다는 점에도 주의하자. 이는 이스털린의 역설에 반한다. 국가가 부유해져서건 또는 국가 내에서 다른 사람들에 비해 부유해져서건 상관없이 소득이 증가하면 개인의 행복은 커진다.

스티븐슨과 울퍼스는 자신들의 발견으로부터 강한 결론을 유도했다. 개인의 행복이 소득 이상의 것에 의존하는 것은 분명하지만, 소득이 증가하면 행복이 높아지는 것도 분명하다. 특정 소득 수준을 넘어서면 소득은 더 이상 삶의 질에 영향을 미치지 않는다는 사고방식은 그럴듯하지만 데이터로 뒷받침되지 않는다. 따라서 경제학자가 1인당 소득 수준이나 그 성장률에 우선 초점을 맞추는 것은 범죄가 아니다.

그렇다면 논쟁은 끝난 것인가? 그렇지 않다. 증거를 이렇게 해석한다 해도 분명히 경제의 다른 측면이 후생에 있어서 중요하며, 확실히 소득배분은 그중 하나이다. 그리고 모든 사람이 이 증거에 설득된 것도 아니다. 특히 특정 국가 내에서 1인당 소득과 행복의 관계를 시간순으로 검토해보면 그 결과는 그림 1의 국가를 비교한 증거나 개인을 비교한 증거처럼 명확하지 않다.

이 질문의 중요성을 감안할 때 한동안 논쟁이 계속될 것이다. 예를 들어 노벨 경제학상 수상자 디턴(Angus Deaton)과 카너먼(Daniel Kahneman)의 연구에서 보듯이 명확해진 한 가지는 '행복'에 대해 생각할 때 사람이 자신의 복지 수준을 평가하는 두 가지 방법을 구별하는 것이 중요하다는 것이다. 첫째는 정서적 복지이다. 삶을 즐겁거나 불쾌하게 만드는 기쁨, 스트레스, 슬픔, 분노, 애정과 같은 경험의 빈도와 강도가 그것이다. 저소득은 이혼, 건강 악화, 외로움과 같은 불행과 관련된 정서적 고통을 악화시키기 때문에 소득이 증가하면 정서적 복지가 상승하는 것으로 보인다. 그러나 일정 임계 수준까지만 그러하다. 2009년의 실험에 따르면 연소득이 약 75,000달러를 넘어서면 더 이상의 상승은 없다. 두 번째는 삶의 만족이다. 이는 자신의 삶에 대한 개인의 평가이다. 삶의 만족은 소득과 더 밀접한 상관관계가 있는 것처럼 보인다. 디턴과 카너먼은 고소득이 삶의 만족을 제공하지만, 반드시 행복을 제공하는 것은 아니라고 결론 내린다. 복지의 척도가 정책 지침으로 사용된다면, 이들의 발견은 삶에 대한 평가나 정서적 복지가 이러한 목표에 더 잘 부합하는지에 대해 의문을 제기한다.[1]

1950년 이후 생활 수준의 현격한 증가

표 10-1의 마지막 열을 보자. 1950년 이후 1인당 산출은 미국이 3.8배, 프랑스가 5.6배, 일본은 15.9배 증가했다. 이 값들은 때때로 **복리의 힘**(force of compounding)을 보여준다. 젊었을 때의 아주 사소한 저축이 은퇴할 무렵에는 상당한 규모로 누적될 것이다. 예를 들어 이자율이 연 4.1%라면 1달러를 저축하고 이로부터 발생하는 이자수입을 매년 그대로 다시 투자하면 65년 후에 약 15.9달러가 될 것이다. 마찬가지 논리가 성장률에도 적용된다. 1950~2017년 (67년) 중 일본의 연평균 성장률은 4.1%였다. 이렇게 높은 성장률이 동기간 일본의 1인당 실질 산출의 15.9배 증가로 이어진 것이다.

분명히 성장을 더 잘 이해하고 성장정책을 설계한다면 생활 수준에 막대한 영향을 미칠 것이다. 성장률을 연간 1%가량 영원히 증가시킬 수 있는 정책은 40년 뒤에 생활 수준을 48% 높일 것인데, 이는 실로 상당한 차이다.

일본에서 성장의 대부분은 1990년 이전에 발생했다. 이후 일본은 낮은 성장률을 기록하며 지속적인 경제불황을 겪고 있다. ◀

$1.01^{40} - 1 = 1.48 - 1 = 48\%$ 아쉽게도 그런 마술같은 결과를 낳는 정책들은 찾기 어려운 것으로 알려져 왔다! ◀

1인당 산출의 수렴

표 10-1의 2열과 3열은 1인당 산출이 시간이 지남에 따라 더 가까워지며 수렴했음을 보여준다. 1인당 산출의 수치는 1950년보다 2017년에 더 유사해졌다. 다시 말해 뒤처져 있던 국가가 더 빨리 성장해 미국과의 격차가 감소했다.

------

1 출처 : Betsey Stevenson and Justin Wolfers, "Economic Growth and Subjective Well-Being Reassessing the Easterlin Paradox," Brookings Papers on Economic Activity, 2008: pp. 1-87 and "Subjective Well-Being and Income: Is There Any Evidence of Satiation?" American Economic Review: Papers & Proceedings, 2013, 103(3): pp. 598-604; Daniel Kahneman and Angus Deaton, "High Income Improves Evaluation of Life But Not Emotional Well-Being," Proceedings of the National Academy of Sciences, 2010, 107(38): pp. 16, 489-16,493. 이스틸린의 역설과 가까운 관점에서 정책적 시사점에 대해 멋진 논의를 하고 있는 Richard Layard, Happiness: Lessons from a New Science (2005, Penguin Books)를 참조하라.

저자는 프랑스에 있었던 1950 ▶
년대의 어린 시절에 미국을 마
천루, 대형 승용차, 할리우드
영화의 나라로 생각했다.

1950년 미국의 1인당 산출은 프랑스의 약 2배였고 일본의 5배 이상이었다. 유럽이나 일본의 관점에서 보면 미국은 모든 것이 크고 더 나은 풍요의 땅으로 비추어졌다.

오늘날 이러한 인식은 약해졌으며 수치가 이를 말해준다. PPP수치를 사용하면 미국의 1인당 산출은 아직 가장 높지만, 2017년에 미국의 1인당 산출은 다른 국가들의 평균 수준에 비해 단지 39% 높을 뿐이다. 이는 1950년대보다 훨씬 더 작은 차이라 할 수 있다.

1인당 산출 수준의 **수렴**(convergence)은 이들 4개국에 국한된 것은 아니다. OECD 국가에서도 수렴 현상이 관찰된다. 이는 그림 10-2에 나타나 있는데, 현재 OECD 회원국을 대상으로 1950년 이후 1인당 산출의 성장률을 1950년 1인당 산출 수준에 대비해 보여주고 있다. 분명히 초기의 1인당 산출 수준과 1950년 이후 성장률 간에는 음의 관계가 존재한다. 1950년대에 뒤처졌던 나라들은 통상적으로 빠르게 성장했다. 하지만 이 관계는 완전하지 않다. 1950년에 일본과 동일한 수준의 낮은 1인당 산출을 가졌던 튀르키예는 일본의 절반 정도 되는 경제성장률을 기록했다. 그러나 분명히 관계는 존재하고 있다.

그림에는 1950년의 1인당 산 ▶
출에 대한 믿을 만한 추정치가
있는 국가만을 포함한다.

일부 경제학자는 그림 10-2와 같은 그림에 내재된 문제를 지적해 왔다. 현재 OECD에 속한 국가에 초점을 맞추는 것은 실질적으로 경제적 승자 클럽에 초점을 맞추는 것이다. 물론 OECD 회원권이 공식적으로 경제적 성공에 기초하는 것은 아니다. 그렇지만 경제적 성공이 회원권의 중요한

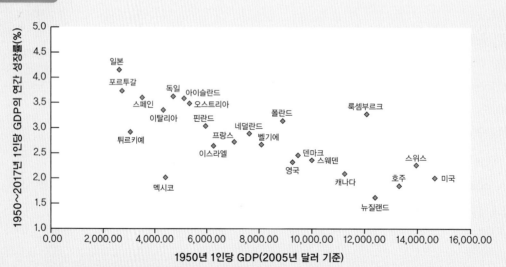

그림 10-2

1950년 이후 1인당 GDP 성장률과 1950년의 1인당 GDP : OECD 국가
1950년에 1인당 산출 수준이 더 낮았던 국가가 통상 더 빠른 속도로 성장했다.

출처 : Penn World Tables Version 9. /Feenstra, Robert C., Robert Inklaar and Marcel P. Timmer (2015), "The Next Generation of the Penn World Table" American Economic Review, 105(10), 3150–3182, available for download at www.ggdc.net/pwt.

결정 요인 중 하나임은 분명하다. 경제적 성공에 근거하는 클럽을 살펴보면 나중에 소속된 사람들이 가장 빠른 성장을 보였다는 것을 발견할 것이다. 바로 이 때문에 이들이 클럽에 가입하는 것이 가능했던 것이다! 수렴현상의 발견은 처음 그런 국가들을 선택했던 방식에 부분적으로 기인할 수 있는 것이다.

따라서 수렴 여부를 살펴보는 더 나은 방식은 현재 위치(그림 10-2에서 현재 OECD에 소속된 국가를 선택했던 것처럼)가 아니라 과거(예를 들면 1950년)의 위치에 기초한 정의다. 예를 들어 1950년에 1인당 산출이 최소한 미국의 1/4이 되는 모든 국가를 선택해 이들 집단 내에서 수렴 여부를 찾아보는 것이다. 이런 집단에 속한 대부분의 국가가 실제로 수렴한 것으로 알려져 있다. 따라서 수렴은 OECD 현상만은 아닌 것이다. 그러나 이들 집단 중 우루과이, 베네수엘라 등 몇몇 국가는 수렴하지 않았다. 1950년에 이 두 나라의 1인당 산출은 프랑스와 거의 같았으나 2017년 이들 국가는 프랑스에 크게 뒤처졌다. 우루과이의 1인당 산출은 프랑스의 1/3, 베네수엘라는 1/5(그 이후로 PPP 조정 수치는 없지만 베네수엘라의 산출이 더 하락했다는 증거가 있다)이었다.

10-3 시간과 공간을 넓혀서 본 결과

앞 절에서는 부유한 국가를 대상으로 지난 50년간의 성장을 살펴보았다. 이제 훨씬 더 긴 기간과 더 많은 국가에 대한 증거를 검토해 맥락을 짚어 보자.

2000년간 추이

현재의 부국들에 있어 1인당 산출은 표 10-1과 유사한 성장률을 항상 보여 왔을까? 답은 그렇지 않다는 것이다. 경제성장률 추정치는 과거로 갈수록 계산이 분명히 어려워진다. 그러나 지난 2,000년간 주요한 진화 양상에 관한 경제사학자들의 의견은 일치하고 있다.

로마제국 말엽부터 약 1500년까지 유럽에서 1인당 산출은 기본적으로 증가하지 않았다. 대부분의 노동자는 기술진보가 별로 없던 농업에 종사했다. 산출 중 농업의 비중이 컸기 때문에 농업을 벗어난 발견은 전반적인 생산과 산출에 사소한 기여를 했을 뿐이었다. 비록 어느 정도 산출 증가는 있었지만, 인구도 대체로 비례적으로 증가해 1인당 산출은 대체로 일정하게 유지되었다.

1인당 산출이 이렇게 정체된 시기를 종종 **맬서스의 시대**(Malthusian era)라 한다. 영국의 경제학자인 맬서스(Thomas R. Malthus)는 18세기 말 이러한 산출과 인구의 비례적 증가가 우연의 일치가 아니라고 주장했다. 그는 산출이 증가하기만 하면 사망률 감소가 생겨나 1인당 산출이 초기 수준으로 되돌아갈 때까지 인구 증가를 낳을 것이라고 주장했다. 유럽은 1인당 산출을 증가시킬 수 없는 **맬서스의 함정**(Malthusian trap)에 빠졌었다.

결국 유럽은 이 함정을 벗어날 수 있었다. 약 1500년부터 1700년까지 1인당 경제성장률은 양의 값으로 바뀌었다. 하지만 연간 0.1% 내외로 여전히 사소한 수치였다. 이어서 연간 경제성장률은 1700~1820년 중 약 0.2% 수준으로 높아졌다. 산업혁명과 더불어 성장률은 높아졌지만, 미국만 보더라도 1820~1950년 중 1인당 산출의 경제성장률은 1.5%에 지나지 않았다. 따라서 인류 역사를 놓고 볼 때 1인당 산출의 지속적 증가, 특히 1950년 이후 보아 왔던 높은 경제성장률은 분명히 최근의 현상이다. 초점상자 '성장의 현실 : 1851년 미국 노동자의 가계부'는 지난 150년간의 발전을 생생하게 보여준다.

국가별 추이

지금까지 OECD 국가들 간에 1인당 산출이 수렴했다는 것을 보았다. 다른 국가들은 어떠한가? 가장 빈곤한 국가들 역시 더 빠르게 성장하는가? 이들이 비록 아직 뒤처져 있지만 미국으로 수렴하고 있는가?

그림 10-2에서처럼 1950년을 초기 연도로 사용하므로 너무 많은 국가의 1950년에 대한 수치는 누락되어 있다. ▶ 이에 대한 답이 그림 10-3에 주어져 있다. 이 그림은 85개국의 1960년 이후 1인당 산출의 연간 성장률을 1960년 1인당 산출을 기준으로 보여준다.

그림 10-3의 두드러진 특징은 뚜렷한 패턴이 없다는 것이다. 일반적으로 1960년에 뒤처졌던

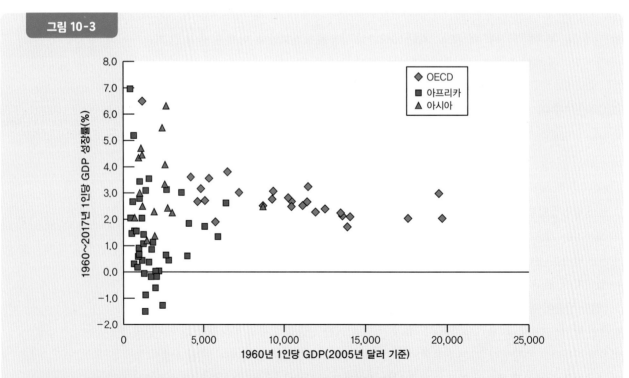

그림 10-3

85개국의 1960년 이후 1인당 GDP 성장률과 1960년 1인당 GDP(2005년 달러 기준)
1960년 이후 경제성장률과 1960년 1인당 산출 수준 간에는 분명한 관계가 존재하지 않는다.

출처 : Penn World Tables Version 9./Feenstra, Robert C., Robert Inklaar and Marcel P. Timmer (2015), "The Next Generation of the Penn World Table" American Economic Review, 105(10), 3150-3182, www.ggdc.net/pwt.

성장의 현실 : 1851년 미국 노동자의 가계부

1인당 GDP에 대한 자료는 성장의 현실과 그에 따른 생활 수준 증가를 충분히 전달하지 못한다. 1851년 필라델피아 노동자의 가계부를 검토하면 훨씬 더 나은 개선 효과를 볼 수 있다.

표 1 1851년 필라델피아 노동자의 연간 가계부(경상 달러)

소비 항목	지출액(달러)	비중(%)
정육점 고기(하루 2파운드)	72.80	13.5
밀가루(연간 6.5파운드)	32.50	6.0
버터(주당 2파운드)	32.50	6.0
감자(주당 2팩)	26.00	4.8
설탕(주당 4파운드)	16.64	3.0
커피와 차	13.00	2.4
우유	7.28	1.3
소금, 후추, 식초, 전분, 비누, 효모, 치즈, 계란	20.80	3.8
식비 총액	221.52	41.1
임대료	156.00	28.9
석탄(연간 3톤)	15.00	2.7
숯, 성냥, 장작	5.00	0.9
양초와 기름	7.28	1.4
가정용품 수선	13.00	2.4
침구 및 침구류	10.40	1.9
의복	104.00	19.3
신문	6.24	1.1
식비 외 지출 총액	316.92	58.9

노동자가 식비로 지출한 금액은 총지출의 41%이다. 소비자물가지수 계산에 사용된 소비바구니 구성에 반영된 오늘날의 식비 비율은 15.2%에 불과하다. 그리고 식당에서의 음식과 달리 오늘날 가정에서의 음식은 총소비의 9.4%에 불과하다. 그러나 아마도 식비 구성이 더 두드러질 것이다. 표의 식품과 우리가 오늘날 먹는 음식의 풍부함과 다양성을 비교해보라.

출처 : William Baumol, Sue Ann Batey Blackman, and Edward N. Wolff, *Productivity and American Leadership: The Long View* (1989, MIT Press), Chapter 3, Table 3.2. The composition of expenditures today comes from Appendix 9, Chapter 6, in the BLS *Handbook of Methods*.

국가가 더 빨리 성장했던 것은 아니다. 일부는 그랬지만 많은 국가가 그렇지 못했다.

하지만 국가들을 서로 다른 집단으로 나눌 경우 몇 가지 흥미 있는 패턴이 나타난다. 그림에서는 상이한 기호가 사용되었다. 다이아몬드는 OECD 국가이다. 네모는 아프리카 국가, 세모는 아시아 국가를 나타낸다. 집단별 패턴을 살펴보면 세 가지 중요한 결론을 얻을 수 있다.

1. OECD 국가(즉 부유한 국가)에 대한 그림은 그림 10-2와 거의 같다. 그림 10-2는 1950년 이후를 살펴본 데 비해 이 그림에서는 1960년 이후의 더 짧은 기간을 대상으로 한다. 거의 모든 국가가 높은 수준의 1인당 산출(말하자면 1960년 미국의 최소 1/3 수준)에서 출발하고 분명한 수렴의 증거가 보인다.

2. 수렴 현상은 대부분의 아시아 국가에 대해서도 분명하다. 이 기간 중 고도성장을 기록한 국가의 대부분은 모두 아시아에 포함된다. 일본은 처음 이륙을 시작한 국가다. 이후 10년 뒤인 1960년대부터 때때로 **네 마리 호랑이**(four tigers)라 불리는 한국, 대만, 싱가포르, 홍콩을 포함한 4개국이 빠르게 추격하기 시작했다. 1960년에 이들 국가의 1인당 평균 산출은 미국의 약 15%였는데, 2017년에는 미국 산출의 85%까지 증가했다. 더 최근에는 매우 높은 성장률 때문에 그리고 거대한 규모 때문에 중국이 주된 화젯거리가 되고 있다. 1960~2017년 중 중국의 1인당 경제성장률은 4.5%였다. 그러나 중국의 1인당 산출은 매우 낮은 수준에서 출발했기 때문에 여전히 미국의 약 1/4에 지나지 않는다.

3. 그러나 아프리카 국가의 모습은 다르다. 네모로 나타낸 대부분의 아프리카 국가는 1960년에 매우 가난했으며 이후에도 대부분 국가의 경제적 성과는 좋지 않았다. 많은 국가가 국내외 갈등으로 고통 받아 왔다. 이 중 4개국의 1인당 산출은 음의 성장률을 보여, 1960~2017년에 생활 수준은 절대적으로 감소했다. 중앙아프리카공화국의 연평균 경제성장률은 1.1%를 기록해 2017년 1인당 산출은 1960년의 52% 수준밖에 되지 않는다. 그러나 더 최근 수치는 약간의 희망을 준다. 사하라 이남 지역 아프리카 국가들의 1인당 경제성장률은 2000년 이후에는 3%에 근접했다.

역설적으로 그림 10-3에서 빠르게 성장하는 두 국가는 보츠와나와 적도 기니로서 모두 아프리카 국가이다. 그러나 두 경우 모두 고성장은 유리한 자연자원 때문이다. 보츠와나는 다이아몬드, 적도 기니는 석유가 풍부하다. ▶

시간을 더 되돌려보면 패턴이 드러난다. 첫 1,000년의 대부분과 15세기까지 중국은 아마도 세계에서 가장 높은 수준의 1인당 산출을 보였을 것이다. 200년간 주도권은 북부 이탈리아 도시들로 옮겨 갔다. 그러나 19세기까지 국가별 차이는 통상 현재보다 훨씬 더 작았다. 19세기부터 처음에는 서유럽에서, 이어서 북미와 남미에서 많은 국가가 다른 국가에 비해 더 빨리 성장하기 시작했다. 이후 아시아에서 가장 두드러지게 많은 국가가 빠르게 성장하기 시작했고 수렴하고 있다. 주로 아프리카에 속한 다른 많은 국가들은 그렇지 못하다.

이 장과 다음 장의 주된 관심은 부국과 신흥경제국의 성장이다. 그렇지만 방금 보았던 사실들이 제기하는 광범위한 일부 도전은 다루지 않을 것이다. 왜 1인당 산출의 성장이 19세기에 더 광범위하게 시작하지 않았는지 또는 왜 아프리카가 그렇게 오랫동안 지속적인 성장을 달성하는 데 실패했는지와 같은 질문이 이에 속한다. 그렇게 하려면 경제사와 경제발전론을 지나치게 깊숙이 다루어야 하기 때문이다. 그러나 이러한 사실들은 앞서 OECD 국가를 살펴보았을 때 논의했던 두 가지 기초적 사실에 대한 큰 맥락을 짚게 해준다 : 성장이나 수렴이 역사적 필연은 아니다.

'성장론'과 '경제발전론'의 구분은 모호하다. 대체적인 구별은 이렇다. 성장론은 한 국가의 많은 제도(예 : 법체계와 정부 형태)를 주어진 것으로 간주한다. 경제발전론은 지속적인 성장을 위해 어떤 제도가 필요하고 이들을 어떻게 확립해야 하는지를 다룬다.

10-4 성장에 대한 사고법 : 입문

성장에 대한 사고를 전개하기 위해 경제학자는 1950년대 말 MIT 경제학자 솔로(Robert Solow)가 처음 발전시킨 모형을 활용한다. 이 모형은 견고하고 유용한 것으로 드러났고 여기서도 이 모형을 따를 것이다. 이 절은 서론에 해당한다. 11장과 12장은 더 상세한 분석을 제공해 우선 자본축적의 역할을 다루고, 이어서 기술진보의 역할을 분석한다.

솔로는 성장에 대한 그의 업적으로 1987년에 노벨 경제학상을 수상했다.

총생산함수

어떠한 경제성장 이론이라 해도 그 출발점은 총산출과 생산요소의 관계를 구체화한 **총생산함수**(aggregate production function)에서 출발한다.

7장에서 단기와 중기에서의 산출 결정을 공부하기 위해 소개한 총생산함수는 아주 단순한 형태였다. 산출은 단순히 기업이 사용하는 노동량에 비례했다. 더 구체적으로 기업이 고용한 노동자 수에 비례했다[식 (7.2)]. 초점을 산출과 고용의 변동에 두는 한 이 가정이면 충분하다. 그러나 이제 관심이 성장으로 옮겨졌으므로 이 가정은 더 이상 충분하지 않다. 이 가정은 노동자 1인당 산출이 일정하다는 것을 시사하므로 성장(또는 최소한 1인당 산출의 성장)을 완전히 배제한다. 이제 이 가정을 완화할 시점이 왔다. 지금부터는 노동과 자본 두 가지 생산요소가 있으며 총산출과 두 생산요소의 관계는 다음과 같이 주어진다고 가정한다.

$$Y = F(K, N) \tag{10.1}$$

이전처럼 Y는 총산출, K는 자본(경제 내 모든 기계, 설비, 사무실의 합)이고 N은 경제 내 노동자 수로서 노동이라 한다. 함수 F는 일정한 자본과 노동으로 생산할 수 있는 산출량을 말해주는 총생산함수이다.

총생산함수는 $Y=F(K, N)$이다. 총산출(Y)은 총자본량(K)과 총고용(N)에 의존한다.

이런 식으로 총생산함수를 생각하는 것은 7장보다 나아진 것이다. 그러나 이 역시 현실을 과감하게 단순화한다. 분명히 기계와 사무실 빌딩은 생산에서 매우 다른 역할을 하며 다른 생산요소로 취급되어야 한다. 박사학위를 가진 노동자와 고등학교 중퇴자는 분명히 다르지만 노동 투입을 단순히 경제 내에 존재하는 노동자의 수로 정의함으로써 모든 노동자를 동질적인 것으로 취급했다. 우리는 이 단순한 가정의 일부를 후에 완화할 것이다. 그때까지는 생산에서 노동과 자본의 역할을 강조하는 식 (10.1)로 충분하다.

다음 단계는 산출과 두 생산요소를 연결하는 총생산함수 F가 어디에서 비롯한 것인지를 생각하는 것이어야 한다. 다시 말해 자본과 노동이 일정할 때 어떤 규모의 산출이 생산될지를 결정하는 것은 무엇일까? 이에 대한 답은 **기술상태**(state of technology)라는 것이다. 더 진보된 기술을 가진 국가가 동일한 노동량과 자본량을 사용하더라도 초보적 기술을 가진 국가보다 더 많은 산출을 생산할 것이다.

규모에 대한 수확과 요소에 대한 수확

총생산함수도 도입했으므로, 다음 질문은 "총생산함수에 어떤 제약을 부과하는 것이 합리적일까?"이다.

우선 경제 내 노동자 수와 자본량을 모두 2배 증가시키는 사고 실험을 해보자. 산출에 어떤 일이 발생할 것으로 기대하는가? 합리적인 답은 아마도 산출 역시 2배로 증가한다는 것이다. 사실 우리는 원래의 경제를 복제했고 복제된 경제는 원래의 경제와 같은 방식으로 산출을 생산해낼 수 있다. 이러한 성질은 **규모에 대한 수확불변**(constant returns to scale)이라 한다. 가동 규모를 2배 늘리면, 즉 노동과 자본의 양을 2배 늘리면 산출 역시 2배 늘 것이다.

$$F(2K, 2N) = 2Y$$

또는 더 일반적으로 임의의 수 x(이 방식이 아래에서 유용할 것이다)에 대해 다음이 성립한다.

$$F(xK, xN) = xY \tag{10.2}$$

노동과 자본이 모두 증가했을 때 생산에 어떤 일이 발생할지를 살펴보았다. 이제 다른 질문을 보자. 경제 내의 두 생산요소 중 한 요소(예 : 자본)만 증가시키면 어떤 일이 발생할까?

산출은 증가할 것이다. 여기까지는 분명하다. 그러나 자본이 동일한 규모로 증가하더라도 자본 규모가 증가함에 따라 그로 인한 산출의 증가 규모는 계속 작아진다고 가정하는 것 역시 합리적이다. 즉 처음에 자본이 별로 없었다면 자본량을 조금 더 늘려준다면 큰 도움이 될 것이다. 자본이 이미 상당한 규모로 있었다면 자본을 조금 더 늘려준다고 해서 큰 변화는 없을 것이다. 왜 그럴까? 예를 들어 일정한 수로 구성된 비서실을 고려하자. 컴퓨터를 자본으로 간주하자. 처음 컴퓨터가 도입되면 비서실의 생산성은 크게 증가할 것이다. 더 많은 시간이 소요되는 일부 작업이 컴퓨터에 의해 자동화될 것이기 때문이다. 컴퓨터 수가 증가함에 따라 비서실의 더 많은 비서가 자신의 컴퓨터를 가질 것이고 생산은 더 증가할 것이다. 물론 처음 컴퓨터가 도입될 때보다 추가된 컴퓨터 단위당 생산은 감소할 것이다. 일단 모든 비서가 컴퓨터를 가진 상태에서 컴퓨터를 더 늘리면 생산은 증가하겠지만 그리 많이 증가하지 않을 것이다. 추가된 컴퓨터는 그저 사용되지 않은 상태로 수화물 상자에 그대로 방치될 것이고 산출 증가로 이어지지 않을 것이다.

자본 증가가 계속됨에 따라 산출 증가는 지속되지만 그 증가 규모는 점차 작아지는 성질을 **자본에 대한 수확체감**(decreasing returns to capital)이라 한다(미시경제학을 수강한 사람은 익숙할 것이다).

유사한 논리가 다른 요소, 즉 노동에도 적용된다. 자본 규모는 일정한데 노동을 계속 증가시키면 산출의 증가 규모는 점차 줄어든다. (위의 예로 돌아가 컴퓨터 수가 일정한데 비서의 수를 계속 증가시키면 어떤 일이 발생할지 생각해보라.) **노동에 대한 수확체감**(decreasing returns to labor) 도 발생한다.

◀ 규모에 대한 수확불변에서 도 다른 요소를 일정하게 유지 하는 경우 각 요소에 대한 수 확체감이 존재한다. 자본에 대 한 수확체감이 존재한다. 노동 이 일정할 때 자본의 증가에 따른 산출의 증가 규모는 점차 감소한다. 노동에 대한 수확체 감이 존재한다. 자본이 일정할 때 노동 증가에 따른 산출의 증가 규모는 점차 감소한다.

1인당 산출과 1인당 자본

규모에 대한 수확불변의 가정하에서 우리가 도입한 생산함수는 **노동자 1인당 산출**과 **노동자 1인당 자본** 간에 단순한 관계가 존재한다는 것을 시사한다.

이를 보기 위해 식 (10.2)에서 $x = 1/N$로 두면 다음을 얻는다.

$$\frac{Y}{N} = F\left(\frac{K}{N}, \frac{N}{N}\right) = F\left(\frac{K}{N}, 1\right) \tag{10.3}$$

여기서 Y/N는 노동자 1인당 산출이고, K/N는 노동자 1인당 자본이다. 따라서 식 (10.3)은 노동 자 1인당 산출 규모가 노동자 1인당 자본량에 의존한다는 것을 말한다. 노동자 1인당 산출과 노동 자 1인당 자본의 이러한 관계는 앞으로의 논의에서 중심적 역할을 하므로 이를 좀 더 자세히 보자.

이 관계를 그림으로 나타낸 것이 그림 10-4이다. 수직축은 노동자 1인당 산출(Y/N)이고, 수평 축은 노동자 1인당 자본(K/N)이다. 둘은 양의 관계를 갖는 곡선으로 나타난다. 노동자 1인당 자 본이 증가함에 따라 노동자 1인당 산출 역시 증가한다. 노동자 1인당 자본이 증가함에 따라 증가 하는 산출 규모는 점차 작아지도록 곡선이 그려졌음에 주의하라. 이러한 관계는 **자본에 대한 수확 체감**의 성질에서 유도되었다. 노동자 1인당 자본이 적은 점 A에서 수평거리 AB로 나타낸 노동자 1인당 자본의 증가는 수직거리 $A'B'$에 해당하는 노동자 1인당 산출의 증가를 낳는다. 노동자 1인 당 자본이 커진 점 C에서 수평거리 CD로 나타낸 동일한 노동자 1인당 자본의 증가는(거리 CD와 거리 AB는 동일하다) 훨씬 더 작은 규모의 노동자 1인당 산출 증가를 낳는데, 이는 $C'D'$에 지나지 않는다. 이는 앞서 다루었던 비서실 예와 같이 추가된 컴퓨터가 총산출에 미치는 효과는 점점 더 작아진다.

◀ 이러한 계산의 배경을 이해하 도록 하라. 자본과 노동자가 2배가 되었다고 하자. 노동자 1인당 산출에는 어떤 변화가 발생하겠는가?

노동자 1인당 자본 규모가 증 가함에 따라 노동자 1인당 산 ◀ 출 증가 규모는 점차 감소한다.

성장의 원천

이제 기초적 질문으로 돌아갈 준비가 되었다. 성장은 어디에서 비롯하는가? 왜 노동자 1인당 산출 (또는 인구 대비 노동자의 비율이 시간이 흐르더라도 전체적으로 대체로 일정하다고 가정한다면 인구 1인당 산출)은 시간이 지남에 따라 증가하는가? 식 (10.3)이 첫 번째 답을 제공한다.

- 노동자 1인당 산출(Y/N)의 증가는 노동자 1인당 자본(K/N)의 증가에 기인한다. 이는 그림 10- 4에서 본 바로 그 관계이다. (K/N)가 증가함에 따라, 즉 수평축에서 오른쪽으로 이동함에 따라 (Y/N)는 증가한다.
- 아니면 생산함수 F를 이동시켜 노동자 1인당 자본이 일정하더라도 1인당 산출이 더 만들어지도

그림 10-4

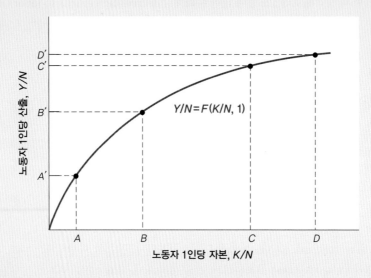

노동자 1인당 산출과 자본
노동자 1인당 자본이 증가할 경우 노동자 1인당 산출의 증가 규모는 점차 감소한다.

록 하는 기술 상태의 개선에서 기인할 수도 있다. 이것은 그림 10-5에 나타나 있다. 기술 상태의 개선은 생산함수를 $F(K/N, 1)$에서 $F(K/N, 1)'$으로 상향 이동시킨다. 노동자 1인당 자본 규모가 일정할 때 기술 개선은 1인당 산출 증가로 이어진다. 예를 들어 점 A에 대응하는 노동자 1인당 자본량에 대해 노동자 1인당 산출은 A'에서 B'으로 증가한다. (앞서의 비서실 예로 돌아가서 보면, 맞춤법을 검사하는 소프트웨어의 개선이 최종 문서의 더 빠른 생산 그리고 비서 1인당 산출의 증가를 낳는다.)

노동자 1인당 자본의 증가는 ▶
생산함수를 따라가는 이동으
로 나타난다. 기술 상태의 개선
은 생산함수의 (상향) 이동으로
나타난다.

따라서 성장은 **자본축적**(capital accumulation)과 **기술진보**(technological progress, 기술 상태의 개선)로부터 온다고 볼 수 있다. 그러나 앞으로 이들 두 요인이 성장 과정에서 매우 다른 역할을 함을 볼 것이다.

■ 자본축적 그 자체만으로는 성장을 지속할 수 없다. 이에 대한 엄밀한 논리는 11장으로 미룬다. 그러나 이 주장 뒤에 담긴 직관은 그림 10-5를 보더라도 미리 알 수 있다. 자본에 대한 수확체감으로 인해 노동자 1인당 산출의 꾸준한 상승이 지속되기 위해서는 더 많은 노동자 1인당 자본량의 증가가 필요하다. 그러나 경제가 일정 단계에 들어서면 자본을 증가시키는 데 필요한 정도로 더 이상 저축과 투자를 하려 하지 않거나 저축과 투자를 할 수 없게 될 것이다. 이 단계에서는 노동자 1인당 산출이 성장을 멈출 것이다.

그렇다면 이는 경제의 **저축률**(saving rate, 소득 중 저축되는 비율)이 아무 상관도 없다는 것인

그림 10-5

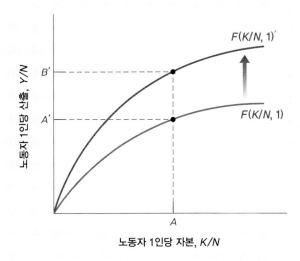

기술상태 개선의 파급효과
기술의 개선은 생산함수를 상향 이동시켜 노동자 1인당 자본 규모가 일정하더라도 노동자 1인당 산출을 증가시킨다.

가? 그렇지 않다. 높아진 저축률이 산출의 **성장률**을 영원히 증가시킬 수 없다는 것은 사실이다. 그러나 저축률이 높아지면 더 높은 산출 수준을 지속시킬 수 있다. 이를 약간 다른 방식으로 말해보자. 저축률만 다른 두 경제기 있다고 하자. 두 경제는 동일한 비율로 성장할 것이다. 그러나 일정 시점에서 보다 높은 저축률을 가진 국가가 다른 국가에 비해 1인당 산출 수준이 더 높아질 것이다. 어떻게 이런 일이 발생하고, 저축률이 얼마나 산출 수준에 영향을 미치며, 저축률이 매우 낮은 미국과 같은 국가가 저축률 증가를 위해 노력해야 하는지가 11장에서 다루어지는 주제 중 하나이다.

■ 지속적인 성장은 지속적인 기술진보를 필요로 한다. 이는 이전의 명제로부터 유도된다. 산출 성장을 낳는 두 요소가 자본축적과 기술진보라는 점에 비추어볼 때 자본축적이 성장을 영원히 지속할 수 없다면 기술진보가 성장의 열쇠임이 틀림없다. 그리고 실제로 그렇다. 12장에서 한 국가의 1인당 산출의 성장률이 결국에는 기술진보율에 의해 결정된다는 것을 볼 것이다.

이 내용은 중요하다. 이는 징기직으로 높은 기술진보율을 지속할 수 있는 국가가 결국 다른 모든 국가를 추월할 것임을 의미한다. 물론 이는 다른 질문을 낳기도 한다. 무엇이 기술진보율을 결정하는가? **기술상태**를 경제에서 생산할 수 있는 제품의 범위와 이를 생산하는 데 사용할 수 있는 기술을 모두 정의하는 청사진 목록으로 생각할 수 있다. 그러나 사실 제품이 얼마나 효율적으로 생산되는지는 청사진 목록뿐만 아니라 기업의 내부 조직, 법체계, 집행 수준, 정치체계까지 경제가 조직되는 방식에도 의존한다. 12장에서는 이에 대한 증거를 검토한다.

요약

- 장기간을 살펴보면 산출의 연간 변동은 시간의 흐름에 따른 총산출의 지속적인 상승 현상, 즉 경제성장에 비해 작아 보인다.
- 1950년 이후 부유한 4개국(프랑스, 일본, 영국, 미국)에서의 성장 과정을 살펴보면 두 가지 중요한 사실이 나타난다.
  1. 4개국은 모두 강한 성장과 현격한 생활 수준 향상을 경험했다. 1950~2017년의 경제성장은 미국과 일본의 1인당 실질산출을 각각 3.8배, 15.9배 증가시켰다.
  2. 4개국의 1인당 산출 수준은 점차 수렴해 왔다. 다시 말해 뒤처졌던 국가는 더 빨리 성장해서 현재의 선도국, 즉 미국과의 격차를 줄였다.
- 더 광범위한 국가들과 더 장기에 걸친 증거를 살펴보면 다음과 같은 사실이 나타난다.
  1. 인류 전체 역사를 기준으로 보면 지속적인 경제성장은 최근의 현상이다.
  2. 1인당 산출 수준의 수렴은 전 세계적으로 관찰되는 현상은 아니다. 많은 아시아 국가가 빠른 속도로 추격했지만,

대다수 아프리카 국가의 경우 1인당 산출이 매우 낮고 성장률도 낮았다.
- 경제성장을 분석하기 위해 경제학자는 총산출과 두 가지 생산요소, 즉 노동과 자본을 연결하는 총생산함수로부터 출발한다. 이들 생산요소가 일정하게 주어졌을 때 산출이 얼마나 생산될 것인지는 기술 상태에 의존한다.
- 규모에 대한 수확불변의 가정하에서 총생산함수는 1인당 산출의 증가가 1인당 자본의 증가나 기술 상태 개선에서 기인할 수 있음을 시사한다.
- 자본축적 그 자체는 항구적으로 1인당 산출의 성장을 지속시킬 수 없다. 하지만 특정 국가가 얼마나 저축하는지는 중요하다. 저축률은 성장률이 아니라 해도 1인당 산출 수준을 결정한다.
- 1인당 산출의 지속적 성장은 궁극적으로 기술진보에 기인한다. 경제성장 이론에서 가장 중요한 질문은 무엇이 기술진보를 결정하는지에 관한 것이다.

핵심 용어

구매력(purchasing power)

구매력평가(purchasing power parity, PPP)

규모에 대한 수확불변(constant returns to scale)

기술상태(state of technology)

기술진보(technological progress)

네 마리 호랑이(four tigers)

노동에 대한 수확체감(decreasing returns to labor)

로그값(logarithmic scale)

맬서스의 함정(Malthusian trap)

복리의 힘(force of compounding)

생활 수준(standard of living)

성장(growth)

수렴(convergence)

이스털린의 역설(Easterlin paradox)

자본에 대한 수확체감(decreasing returns to capital)

자본축적(capital accumulation)

저축률(saving rate)

총생산함수(aggregate production function)

1인당 산출(output per person)

연습문제

기초문제

1. 이 장의 내용에 기초해 다음에 대해 '사실', '거짓', '불확실' 여부를 밝히고 그 이유를 간단히 설명하라.

   a. 양의 기울기를 갖는 선을 따라 매년 5%씩 증가하는 변수는 로그값을 사용하면 0.05의 기울기를 갖는다.

   b. 음식 가격은 부유한 국가보다 가난한 국가에서 더 높다.

   c. 실증분석 결과 부국에서 행복 수준은 1인당 산출 증가와 더불어 증가한다.

   d. 세계 대부분 국가에서 1인당 산출은 미국의 1인당 산출 수준으로 수렴하고 있다.

   e. 로마 제국이 멸망한 이후 1,000년간 유럽에서 1인당 산출은 실질적으로 전혀 증가하지 않았다. 산출 증가는 그에 비례하는 인구의 증가를 낳았기 때문이다.

   f. 자본축적은 장기에 있어 산출에 영향을 미치지 않는다. 오직 기술진보만이 영향을 미친다.

   g. 총생산함수는 산출과 노동 및 자본 간의 관계이다.

2. 멕시코와 미국에서의 평균적 소비자가 다음 표에 나타난 수량만큼 사고 그에 해당하는 가격을 지불한다고 가정하자.

	음식		교통 서비스	
	가격	수량	가격	수량
멕시코	5페소	400	20페소	200
미국	1달러	1,000	2달러	2,000

   a. 미국의 1인당 소비를 달러 기준으로 계산하라.

   b. 멕시코의 1인당 소비를 페소 기준으로 계산하라.

   c. 1달러가 10페소의 가치를 갖는다고 하자. 멕시코의 1인당 소비를 달러 기준으로 계산하라.

   d. 구매력평가 방법과 미국의 가격을 사용해 멕시코의 1인당 소비를 달러 기준으로 계산하라.

   e. 각 방법에서 멕시코의 생활 수준은 미국에서보다 얼마나 낮은가? 방법에 따라 차이가 있는가?

3. 다음과 같은 생산함수를 고려하자

$$Y = \sqrt{K}\sqrt{N}$$

   a. $K = 49$이고 $N = 81$일 때 산출을 계산하라.

   b. 자본과 노동이 2배로 증가하면 산출은 어떻게 될 것인가?

   c. 이 생산함수는 규모에 대한 수확불변을 만족한다고 할 수 있는가? 설명하라.

   d. 이 생산함수를 1인당 산출과 1인당 자본의 관계로 나타내라.

   e. $K/N = 4$라 하자. Y/N는 얼마인가? 이제 K/N가 8로 2배가 되었다고 하자. Y/N는 2배보다 더 큰가, 아니면 더 작은가?

   f. 1인당 산출과 1인당 자본의 관계는 규모에 대한 수확불변 현상을 보이는가?

   g. (f)에 대한 답은 (c)에 대한 답과 동일한가? 왜 그런가?

   h. 1인당 산출과 1인당 자본의 관계를 그려보라. 이는 그림 10-4에서의 관계와 같은 일반적 모양을 갖는가? 설명하라.

심화문제

4. 자본 증가율과 경제성장률

   3번 문제에서 주어진 생산함수를 고려하자. N이 일정하고 1과 같다고 하자. $z = x^a$이면 $g_z \approx a g_x$가 성립한다. 단, 여기서 g_z와 g_x는 각각 z와 x의 증가율이다(책 끝부분의 부록 2 참조).

   a. 이러한 성장 근사식을 이용해서 경제성장률과 자본 증가율의 관계를 유도하라.

   b. 연간 경제성장률이 2%가 되기를 원한다고 하자. 이에 필요한 자본 증가율은 얼마인가?

   c. (b)에서 시간이 지남에 따라 산출 대비 자본의 비율에는 어떤 변화가 발생하는가?

   d. 이 경제에서 영원히 2%의 경제성장률을 유지하는 것이 가능한가? 왜 그런가?

5. 1950~1973년에 프랑스, 독일, 일본의 성장률은 미국보다 최소한 2%p 높았다. 그러나 이 기간 중 가장 중요한 기술진보는 미국에 의해 이루어졌다. 어떻게 이런 상황이 발생할 수 있는가?

6, 7, 8번 문제는 모두 본문에 설명된 구매력평가 환율을 사용해 1인당 실질 GDP를 측정하는 Penn World Table에서 데이터를 찾아야 한다. 작성 당시 버전 9가 가장 최신 데이터이다. 변수 rgdpo는 PPP, 2011년 미국달러 기준(단위 : 백만 달러)의 실질총산출이다. 변수 pop은 인구(단위 : 백만 명)이다. 스프레드시트에서 이들 변수를 구해 매년 각국의 1인당 실질 GDP를 계산해야 한다. 스프레드시트로 데이터를 처리해 6, 7, 8번 문제에 답할 수 있다.

6. 1960년 이후 일본과 미국 간의 수렴

   Penn World Table 데이터를 사용해 1960년, 1990년, 가장 최근 연도의 미국과 일본의 1인당 실질 GDP를 구하라.

   a. 미국과 일본에 있어 1인당 GDP의 연평균 성장률을 1960~1990년과 1990년~최근 연도의 두 기간에 대해 계산하라. 두 기간 모두에서 일본의 1인당 실질산출은 미국의 1인당 산출 수준에 수렴하는 경향을 보였는가? 설명하라.

   b. 1990년 이래 매년 일본과 미국이 각각 1960~1990년 기간의 연평균 성장률을 유지하고 있다고 가정하자. 오늘날 일본과 미국의 1인당 실질 GDP를 비교하라.

   c. 1990년부터 가장 최근 연도까지 미국과 일본의 1인당 실질GDP 성장은 실제로 어떻게 되었는가?

7. 국가 간 수렴

   프랑스, 벨기에, 이탈리아 3대 부국과 에티오피아, 케냐, 나이지리아, 우간다 4개 빈국을 고려하자. 1970년과 이용 가능한 가장 최근 연도(2014년 Penn World Table 버전 9)에 대해 미국 대비 1인당 실질 GDP의 비율을 각 국가에 대해 구하라.

   a. 데이터가 있는 기간에 대해 1970년과 2014년(또는 가장 최근 연도)의 프랑스, 벨기에, 이탈리아에 대해 이 비율을 계산하라. 데이터는 프랑스, 벨기에, 이탈리아가 미국에 수렴한다는 개념을 뒷받침하는가?

   b. 1970년과 2014년에 에티오피아, 케냐, 나이지리아, 우간다에 대해 이 비율을 계산하라. 데이터는 에티오피아, 케냐, 나이지리아, 우간다가 미국에 수렴한다는 개념을 뒷받침하는가?

8. 성장의 성공과 실패 사례

   Penn World Table을 사용해 데이터가 이용 가능한 모든 국가에 대해 1970년의 1인당 실질 GDP 데이터(연쇄 시계열)를 구하라. 데이터가 이용 가능한 모든 국가의 최근 연도 1인당 실질GDP 데이터(연쇄 시계열)를 구하라(일부 국가에서는 다른 국가보다 이 추정치를 계산하는 데 더 많은 시간이 소요된다).

   a. 1970년 1인당 GDP를 기준으로 국가들의 순위를 매겨 보라. 1970년에 가장 높은 수준의 1인당 GDP를 가진 국가들을 나열하라. 의외의 사실이 있는가?

   b. 최근 연도에 대해 (a)에서와 같은 분석을 다시 하라. 1970년 이후 가장 부유한 10개 국가에 변화가 있는가?

   c. 1970년과 최근 연도의 1인당 데이터가 있는 국가를 모두 사용하자. 어떤 5개 국가가 가장 높은 1인당 GDP 증가율을 기록했는가?

   d. 1970년과 최근 연도의 1인당 실질 GDP 데이터가 있는 국가를 고려하자. 어떤 5개국의 1인당 GDP 증가율이 가장 낮은가?

   e. 1인당 GDP 증가율이 가장 높은 (c)의 국가나 가장 낮은 (d)의 국가에 대해 웹 탐색을 하라. 이 국가가 성장에 성공했거나 실패한 이유를 찾아볼 수 있는가?

9. 도서관이나 웹의 *이코노미스트*(The Economist)에서 이 그래프를 찾을 수 있을 것이다. 2019년 3월 23일 자 "Graphic Detail: Happiness Economics" 섹션은 그림 1과 동일한 점을 지적한다.

   a. 1인당 실질 GDP 수준이 높아지면 행복도는 증가하는가?

   b. 2005~2008년에서 2015~2018년 사이에 중국과 인도의 성장과 행복 추이를 비교하라.

더 읽을거리

- Brad deLong은 상당수의 환상적인 논문이 있다(http://web.efzg.hr/dok/MGR/vcavrak//Berkeley%20Faculty%20Lunch%20Talk.pdf). 특히 이 장과 관련된 주제의 많은 것을 다루고 있는 "Berkeley Faculty Lunch Talk: Main Themes of Twentieth Century Economic History" 논문을 읽어보라.

- 성장에 관한 사실의 광범위한 소개는 Angus Maddison의 *The World Economy: A Millenium Perspective*(2001)를 참고하라. 관련된 사이트인 www.theworldeconomy.org는 지난 2,000년간의 성장에 관한 다수의 사실과 데이터를 제공한다.

- William Baumol, Sue Anne Batey Blackman과 Edward Wolff(1989)가 저술한 *Productivity and American Leadership*의 3장은 1880년대 중반 이후 미국에서의 성장으로 말미암아 생활이 어떻게 전환되었는지 생동감 있게 설명한다.

- Max Roser가 운영하는 https://ourworldindata.org/economic-growth 사이트는 성장에 관한 흥미로운 그림과 사실을 제공한다.

- 성장의 다양한 차원에 대한 풍부한 설명은 Charles Jones, "The Facts of Economic Growth," *Handbook of Macroeconomics*, 2016, Vol. 2A, pp. 3–69를 참조하라. Jones는 또한 경제성장에 관한 교과서도 저술했다: *Introduction to Economic Growth*, Charles Jones and Dietrich Vollrath, 3rd edition, W. W. Norton & Co, New York, 2013. 이 책보다 더 많은 것을 배울 수 있으므로 강력히 추천한다.

- 경제성장에 관한 사실을 광범위하게 제시하는 참고서적으로는 Angus Maddison, *The World Economy: A Millennial Perspective*(2001, OECD)가 있다. 이에 관련된 웹주소는 www.theworldeconomy.org로 지난 2,000년 동안의 성장에 관한 많은 사실과 데이터가 있다.

저축, 자본축적, 산출

19 70년 이래 미국 **저축률**(GDP 대비 저축의 비율)은 독일 23%, 일본 29%에 비해 평균 17%에 불과했다. 저축률이 높았다면 성장률이 더 높았을까? 저축률을 높이면 미래에 지속적인 성장률 증가로 이어질까?

이 질문들에 대한 기본적인 답은 이미 10장 끝에 제시했다. 답은 그렇지 않다는 것이다. 장기에 있어(이는 지금 우리가 관심을 돌리려는 것으로 중요한 수식어이다) 경제성장률은 저축률에 의존하지 않는다. 저축률이 높아진다고 지난 50년간의 미국의 높은 성장률이 높아지지는 않았을 것으로 보인다. 저축률 상승이 지속적인 고성장으로 이어질 것이라는 기대도 금물이다.

그러나 이러한 결론이 미국의 낮은 저축률을 우려할 필요가 없다는 것을 의미하지는 않는다. 저축률이 경제성장률에 영구히 영향을 미치지 않더라도 산출과 생활 수준에는 영향을 미친다. 저축률 증가는 일정 기간 고성장을 낳을 것이며 결국에는 생활 수준을 높일 것이다.

이 장은 산출 수준과 성장률에 대한 저축률의 영향에 초점을 맞춘다.

11-1절과 11-2절은 산출과 자본축적의 상호작용과 저축률의 영향을 살펴본다.

11-3절은 숫자를 직접 대입하면서 관련 문제의 중요성에 대한 감각을 키운다.

11-4절은 논의를 확대해 물적자본뿐만 아니라 인적자본도 검토한다.

> 이 장의 메시지 : 자본축적은 산출을 증가시키지만, 그것만으로는 성장을 지속할 수 없다. ▶ ▶ ▶

장기에 있어 산출 결정의 중심에는 산출과 자본 사이의 두 가지 관계가 있다.

- 자본량이 생산된 산출량을 결정한다.
- 산출 규모가 저축 규모를 결정하고 이는 다시 축적되는 자본 규모를 결정한다.

그림 11-1에 나타낸 이 두 관계가 산출과 자본의 추이를 결정한다. 초록색 화살표는 자본에서 산출로의 첫 번째 관계를 나타낸다. 파란색과 보라색 화살표는 산출에서 저축과 투자로, 그리고 투자에서 자본량 변화에 이르는 두 번째 관계를 나타낸다. 각 관계를 순서대로 보자.

자본의 산출에 대한 영향

10-4절에서 첫 번째 관계인 자본의 산출에 대한 영향을 논의하기 시작했다. 거기서 총생산함수를 도입했는데 규모에 대한 수확불변의 가정하에서 노동자 1인당 산출과 자본의 관계를 다음과 같이 나타낼 수 있다[식 (10.3)].

$$\frac{Y}{N} = F\left(\frac{K}{N}, 1\right)$$

즉 노동자 1인당 산출(Y/N)은 노동자 1인당 자본(K/N)의 증가함수이다. 자본에 대한 수확체감의 가정하에서 1인당 자본을 동일한 규모로 증가시켜 갈 때 1인당 산출은 증가하지만, 그 증가 규모는 점차 감소한다. 1인당 자본이 이미 매우 커진 상태에서 1인당 자본의 추가는 1인당 산출에 사소한 영향만을 미칠 뿐이다.

기호를 단순화하기 위해 노동자 1인당 산출과 자본의 관계를 다음처럼 간단히 나타낼 수 있다.

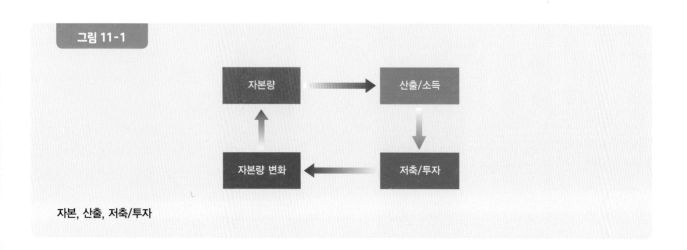

그림 11-1

자본, 산출, 저축/투자

$$\frac{Y}{N} = f\left(\frac{K}{N}\right)$$

표기를 단순화하기 위해 노동자 1인당 자본과 산출의 관계를 다음과 같이 다시 쓰자.

$$f\left(\frac{K}{N}\right) \equiv F\left(\frac{K}{N}, 1\right)$$

이 장에서는 다음 2개의 가정을 추가한다.

- 첫 번째 가정은 인구 규모, 경제활동참가율, 실업률이 모두 일정하다는 것이다. 이는 고용(N)도 일정함을 의미한다. 그 이유를 보기 위해 2장과 7장에서 보았던 인구, 노동력, 실업, 고용 간의 관계로 돌아가보자.
  - 경제활동인구는 생산가능인구 수에 경제활동참가율을 곱한 것과 같다. 따라서 인구와 경제활동참가율도 일정하면 경제활동인구 역시 일정하다.
  - 고용은 경제활동인구에 (1 − 실업률)을 곱한 것과 같다. 예를 들어 경제활동인구가 1억 명이고 실업률이 5%면 고용은 9,500만 명[= 1억 명×(1 − 0.05)]이다. 따라서 경제활동인구와 실업률이 일정하다면 고용도 일정하다.

이러한 가정하에 노동자 1인당 산출, 인구 1인당 산출, 산출 그 자체는 모두 비례적으로 움직인다. 노동자 1인당 산출 또는 자본에 초점을 맞추겠지만 편의상 '노동자 1인당' 또는 '1인당'의 수식어를 생략한 채 산출 또는 자본으로 부르기로 하자.

　N이 일정하다고 가정하는 이유는 자본축적이 성장에 미치는 영향에 초점을 맞추기 위해서이다. N이 일정하면 변화하는 유일한 생산요소는 자본이다. 물론 이 가정은 현실적이지 않으며, 이에 따라 다음 두 장에서 완화된다. (이것이 단순하다는 것은 두 가지 이유 때문이다. 첫째, 인구와 고용은 일반적으로 시간이 지남에 따라 증가한다. 둘째, 앞의 9개 장에서 보았듯이 단기적으로 고용은 잠재 수준에서 벗어날 수 있다.)

- 두 번째 가정은 기술진보가 없다는 것으로 생산함수 f(마찬가지로 F)가 변하지 않는다는 것이다. 　다시 말하지만, 현실과 명백히 반하는 이러한 가정을 하는 이유는 자본축적의 역할에 초점을 맞추기 위해서이다. 12장에서 기술진보를 도입하고 기술진보가 존재하는 경우에도 여기서 도출된 자본의 역할에 관한 기본적 결론이 여전히 성립한다는 것을 알게 될 것이다. 그러나 이 단계 역시 뒤로 남겨두는 것이 좋을 것이다.

이 두 가정에 기초해 생산 측면에서 1인당 산출과 자본의 첫 번째 관계는 다음과 같이 나타낼 수 있다.

$$\frac{Y_t}{N} = f\left(\frac{K_t}{N}\right) \tag{11.1}$$

◀ 예를 들어 F가 $F(K, N) = \sqrt{K}\sqrt{N}$처럼 이중제곱근 형태를 취해 $Y = \sqrt{K}\sqrt{N}$이라 하자. 양변을 N으로 나누면 $Y/N = \sqrt{K}\sqrt{N}/N$이다. 여기서 $\sqrt{N}/N = \sqrt{N}/(\sqrt{N}\sqrt{N})$이므로 1인당 소득은 $Y/N = \sqrt{K}/\sqrt{N} = \sqrt{K/N}$이다. 따라서 이 경우 노동자 1인당 산출과 노동자 1인당 자본의 관계를 주는 f함수는 단순히 제곱근 함수 형태를 취한다 : $f(K/N) = \sqrt{K/N}$.

◀ 2017년 미국의 1인당 산출 (2011년 PPP 달러 기준)은 54,795달러였다. 노동자 1인당 산출은 훨씬 더 커서 115,120 달러였다. (이들 두 수치로부터 인구 대비 고용의 비율을 구할 수 있는가?)

여기서 산출과 자본에 대해서는 시간첨자를 사용했고 노동 N에 대해서는 그렇지 않았다는 점에 주의하자. 이는 노동이 일정하다고 가정해 시간첨자가 불필요하기 때문이다.

생산 측면에서 : 노동자 1인당 자본 규모는 노동자 1인당 산출 수준을 결정한다. ▶

요약하면, 노동자 1인당 자본의 증가는 노동자 1인당 산출의 증가로 이어진다.

자본축적의 산출에 대한 영향

산출과 자본축적 간의 두 번째 관계를 유도하기 위해 두 단계로 접근해보자.

우선 산출과 투자의 관계를 도출한다.

이어서 투자와 자본축적의 관계를 도출한다.

산출과 투자

산출과 투자의 관계를 도출하기 위해 다음 세 가지 가정을 추가한다.

17장에서 보겠지만, 개방경제 ▶ 에서 저축과 투자는 일치할 필 요가 없다. 어떤 국가라도 투 자보다 저축을 덜할 수 있으며 그 차액은 해외에서 차입할 수 있다. 이것이 오늘날 미국에 해 당한다.

■ 경제는 폐쇄되었다고 계속 가정된다. 3장[식 (3.10)]에서 보았듯이 이는 투자 I가 저축(민간저축 S와 공공저축 $T-G$의 합)과 일치한다는 것을 의미한다.

$$I = S + (T - G)$$

■ 민간저축의 행태에 초점을 맞추기 위해 공공저축 $T-G$가 0과 같다고 가정하자. (이 가정은 후에 재정정책의 성장에 대한 영향을 분석할 때 완화된다.) 이 가정하에서 앞의 식은 다음과 같이 된다.

$$I = S$$

즉 투자는 민간저축과 일치한다.

■ 민간저축은 소득에 비례한다고 가정한다.

$$S = sY$$

지금까지 저축행태(마찬가지 로 소비행태)에 대한 두 가지 설정 방식을 살펴보았다. 하나 는 3장에서의 단기에 대한 것 이고, 다른 하나는 이 장에서의 장기에 관한 것이다. 이들 두 설정 방식이 서로 어떻게 관련 되며 일관성이 있는지 궁금해 ▶ 할 것이다. 답은 '그렇다'는 것 이다. 완전한 논의는 15장에서 한다.

여기서 모수 s는 저축률이며 0과 1 사이의 값을 갖는다. 이 가정은 저축에 관한 두 가지 기초적 사실을 포착한다. 첫째, 한 국가가 부유해짐에 따라 저축률은 체계적으로 증가하거나 감소하지 않는 것으로 나타난다. 둘째, 부유한 국가가 가난한 국가보다 저축률이 체계적으로 더 높거나 더 낮지 않은 것으로 나타난다.

이 두 관계를 결합하고 시간첨자를 도입하면 투자와 산출의 단순한 관계를 얻을 수 있다.

$$I_t = sY_t$$

즉 투자는 산출에 비례한다. 산출이 증가할수록 저축은 증가하고 투자 역시 증가한다.

투자와 자본축적

두 번째 단계는 주어진 기간 동안 새로이 생산된 기계와 새로이 구축된 공장으로서 유량(flow)인 투자와 특정 시점에서 경제 내에 존재하는 기존의 기계와 공장으로서 저량(stock)인 자본을 연결한다.

시간을 연 단위로 측정해 t년은 t, $t+1$년은 $t+1$ 등으로 나타내자. 자본량은 매년 초에 측정되어 t년도 초의 자본을 K_t, $t+1$년도 초의 자본을 K_{t+1} 등으로 두자.

자본이 매년 δ(그리스어 첨자 델타)율로 감가상각된다고 가정하자. 즉 한 해에서 다음 해로 넘어갈 때 자본량 중 δ의 비율이 망실되어 사용할 수 없게 된다고 하자. 다시 말해 자본의 $(1-\delta)$율만큼이 다음 해에도 그대로 유지된다.

이제 자본의 추이는 다음에 의해 주어진다.

$$K_{t+1} = (1 - \delta)K_t + I_t$$

▶ 유량(flow)은 시간 차원을 갖는 변수이고(즉 단위시간을 기준으로 정의된다), 저량(stock)은 시간 차원을 갖지 않는 변수(즉 특정 시점을 기준으로 정의된다)라는 점을 상기하라. 산출, 저축, 투자는 유량이다. 고용과 자본은 저량이다.

$t+1$년도 초의 자본 K_{t+1}은 t년도 초의 자본 중 $t+1$년도에도 여전히 사용할 수 있는 $(1-\delta)K_t$에 t년도에 새로이 자본시설로 장착된, 즉 t년도의 투자 I_t를 더한 것과 일치한다.

이제 산출과 투자의 관계와 투자와 자본축적의 관계를 결합해 성장을 분석하는 데 필요한 두 번째 관계로서 산출로부터 자본축적으로의 관계를 얻을 수 있다.

투자를 위에서 얻은 식으로 대체하고 양변을 N(경제 내에 존재하는 노동자 수)으로 나누면 다음을 얻는다.

$$\frac{K_{t+1}}{N} = (1 - \delta)\frac{K_t}{N} + s\frac{Y_t}{N}$$

요약하면, $t+1$년도 초의 노동자 1인당 자본은 감가상각으로 조정한 t년도 초의 노동자 1인당 자본에 t년도 중의 1인당 투자를 더한 값과 같다. 물론 1인당 투자는 t년도 중의 노동자 1인당 산출을 저축률로 곱한 값과 같다.

$(1-\delta)K_t/N$항을 $K_t/N - \delta K_t/N$로 전개한 후 K_t/N를 좌변으로 옮긴 후 우변을 정리하면 다음과 같다.

$$\frac{K_{t+1}}{N} - \frac{K_t}{N} = s\frac{Y_t}{N} - \delta\frac{K_t}{N} \tag{11.2}$$

요약하면, 노동자 1인당 자본량 변화(좌변의 두 항의 차)는 노동자 1인당 저축(우변의 첫 번째 항)에서 감가상각(우변의 두 번째 항)을 차감한 값과 같다. 이 식은 산출과 노동자 1인당 자본량 간의 두 번째 관계를 제공한다.

저축 측면에서 볼 때 노동자 1인당 산출은 시간이 지남에 따라 노동자 1인당 자본 규모의 변화를 결정한다. ◀

지금까지 두 가지 관계를 도출했다.

- 생산 측면에서 식 (11.1)은 자본이 어떻게 산출을 결정하는지 보여준다.
- 이어서 식 (11.2)는 저축 측면에서 산출이 어떻게 자본축적을 결정하는지 보여준다.

이제 이 두 관계를 함께 놓고 이들이 어떻게 산출과 자본의 추이를 결정하는지 보자.

자본과 산출의 동학

식 (11.2)에서 노동자 1인당 산출(Y_t/N)을 식 (11.1)의 노동자 1인당 자본으로 나타내면 다음과 같다.

$$\frac{K_{t+1}}{N} - \frac{K_t}{N} = sf\left(\frac{K_t}{N}\right) - \delta\left(\frac{K_t}{N}\right) \quad (11.3)$$

$$t\text{년에서 } t+1\text{년까지의} = \quad t\text{년의} \quad - \quad t\text{년의}$$
$$\text{자본 변화} \qquad \text{투자} \qquad \text{감가상각}$$

이 관계는 노동자 1인당 자본에 어떤 일이 발생하는지 보여준다. 올해에서 다음 해로 넘어갈 때 노동자 1인당 자본의 변화는 두 항의 차에 의존한다.

$K_t/N \Rightarrow f(K_t/N) \Rightarrow sf(K_t/N)$ ▶

- 우변의 첫 번째 항인 노동자 1인당 투자 : 올해 노동자 1인당 자본 규모는 올해 노동자 1인당 산출을 결정한다. 저축률이 일정할 때 노동자 1인당 산출은 노동자 1인당 저축 규모 그리고 그에 따라 올해 노동자 1인당 투자를 결정한다.

$K_t/N \Rightarrow \delta K_t/N$ ▶

- 우변의 두 번째 항인 노동자 1인당 감가상각 : 노동자 1인당 자본량은 올해 노동자 1인당 감가상각 규모를 결정한다.

노동자 1인당 투자가 노동자 1인당 감가상각보다 크면 노동자 1인당 자본 변화는 양의 값을 갖는다. 즉 노동자 1인당 자본은 증가한다.

노동자 1인당 투자가 노동자 1인당 감가상각보다 작으면 노동자 1인당 자본 변화는 음의 값을 갖는다. 즉 노동자 1인당 자본은 감소한다.

노동자 1인당 자본이 일정할 때, 노동자 1인당 산출은 식 (11.1)로 주어진다.

$$\frac{Y_t}{N} = f\left(\frac{K_t}{N}\right)$$

힘든 일은 끝났다. 식 (11.3)과 식 (11.1)은 시간에 따른 자본과 산출의 동학을 이해하는 데 필요한 모든 정보를 담고 있다. 이들을 해석하는 가장 쉬운 방법은 그림을 사용하는 것이다. 이는 그림

그림 11-2

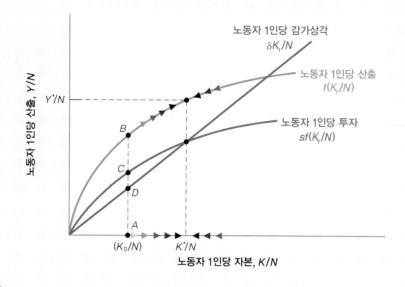

자본과 산출의 동학

자본과 산출 규모가 작을 때 투자는 감가상각을 초과하고 자본은 증가한다. 자본과 산출 규모가 충분히 크면 투자는 감가상각을 하회하고 자본은 감소한다.

11-2에 나타나 있다. 그림에서 수직축은 노동자 1인당 산출, 수평축은 노동자 1인당 자본이다.

그림 11-2에서 노동자 1인당 산출을 노동자 1인당 자본의 함수 $f(K_t/N)$로 나타낸 곡선을 보자. 이 관계는 그림 10-4에 나타난 것과 동일하다 — 노동자 1인당 산출은 노동자 1인당 자본을 따라 증가한다. 그러나 자본에 대한 수확체감 때문에 노동자 1인당 자본이 커질수록 그 효과는 작아진다.

이제 식 (11.3) 우변의 두 요소를 나타내는 두 곡선을 보자.

- 노동자 1인당 투자를 나타내는 관계 $sf(K_t/N)$는 생산함수와 같은 모양을 갖는다. 다만 저축률 s만큼 높이가 낮을 뿐이다. 그림 11-2에서 노동자 1인당 자본이 K_0/N라 하자. 노동자 1인당 산출이 거리 AB로 주어지면 노동자 1인당 투자는 수직거리 AC로 주어지는데, AC는 수직거리 AB에 s를 곱한 값과 같다. 따라서 노동자 1인당 산출과 마찬가지로 노동자 1인당 투자는 노동자 1인당 자본을 따라 증가한다. 그러나 노동자 1인당 자본 규모가 증가함에 따라 노동자 1인당 투자의 증가 규모는 점차 작아진다. 노동자 1인당 자본이 상당히 커진 상태에서는 노동자 1인당 자본이 추가되는 데 따른 노동자 1인당 산출 그리고 그에 따른 노동자 1인당 투자에 대한 효과는 매우 작다.

- 노동자 1인당 감가상각을 나타내는 관계 $\delta K_t/N$는 직선으로 나타난다. 노동자 1인당 감가상각은 노동자 1인당 자본량에 비례해 증가한다. 따라서 이 관계는 δ의 기울기를 갖는 직선에 의해

▶ 그림의 이해를 돕기 위해 비현실적으로 높은 저축률을 가정했다. (s에 대해 어떤 값을 가정했는지 말할 수 있는가? s에 대한 적절한 값은 얼마가 되어야 하는가?)

나타난다. 노동자 1인당 자본 규모가 K_0/N이면 노동자 1인당 감가상각은 수직거리 AD로 주어진다.

노동자 1인당 자본 변화는 노동자 1인당 투자와 노동자 1인당 감가상각의 차로 주어진다. K_0/N에서 그 격차는 양이다. 노동자 1인당 투자는 노동자 1인당 감가상각을 $CD = AC - AD$의 수직거리에 해당하는 크기만큼 초과하고 그에 따라 노동자 1인당 자본은 증가한다. 수평축을 따라 오른쪽으로 옮겨 가면서 노동자 1인당 자본이 증가할수록 투자의 증가 규모는 계속 감소하고 감가상각은 자본 규모에 비례해 계속 증가한다. 그림 11-2에서 K^*/N 수준의 노동자 1인당 자본에 대해서는 투자가 감가상각 규모와 동일하면 노동자 1인당 자본 규모는 그대로 유지된다. K^*/N의 왼쪽에서는 투자가 감가상각을 초과하고 그에 따라 노동자 1인당 자본은 증가한다. 이는 생산함수곡선에서 오른쪽을 향하는 화살표로 표시된다. K^*/N의 오른쪽에서는 투자는 감가상각에 미달하고, 그에 따라 노동자 1인당 자본은 감소한다. 이는 생산함수곡선에서 왼쪽을 향하는 화살표로 표시된다.

▶ 노동자 1인당 자본 수준이 낮을 때 노동자 1인당 자본과 노동자 1인당 산출은 시간이 지남에 따라 증가한다. 노동자 1인당 자본이 높을 때는 노동자 1인당 자본과 노동자 1인당 산출은 시간이 지남에 따라 감소한다.

이제 시간에 따른 노동자 1인당 자본과 산출 추이의 특성을 파악하는 것이 쉬워졌다. 그림 11-2의 K_0/N과 같이 노동자 1인당 자본 규모가 작은 상태에서 경제가 출발했다고 하자. 이 점에서 투자는 감가상각을 초과하고 노동자 1인당 자본은 증가한다. 산출은 자본을 따라 움직이므로 노동자 1인당 산출 역시 증가한다. 노동자 1인당 자본은 결국 K^*/N에 도달하는데 이 수준에서 투자와 감가상각은 일치한다. 일단 경제가 K^*/N의 노동자 1인당 자본 규모에 도달하면 노동자 1인당 산출과 노동자 1인당 자본은 각각 Y^*/N와 K^*/N에 머무는데 이것이 이들의 장기 균형 수준이다.

예를 들어 전쟁 중 폭격으로 자본의 일부가 파괴된 국가를 생각해보자. 방금 본 메커니즘에 비추어볼 때, 인명손실보다 큰 자본손실을 겪는다면, 전쟁이 끝났을 때 노동자 1인당 자본 규모는 작아져 K^*/N의 왼쪽에 놓일 것이다. 하지만 이 국가는 일정 기간 노동자 1인당 자본이나 노동자 1인당 산출에 있어서 대규모 증가를 경험할 것이다. 이러한 현상은 제2차 세계대전 이후 인명보다 자본의 손실이 컸던 국가가 경험한 현상을 잘 설명해준다(초점상자 '제2차 세계대전 직후 프랑스에서의 자본축적과 성장' 참조).

▶ 이 모형은 전후 성장에 대해, 즉 인구와 자본의 비례적 파괴로 고통 받은 국가에 대해 무엇을 예측하는가? 이에 대한 답은 설득력이 있는가? 이 모형에서 놓치고 있는 요소는 무엇인가?

그러나 어떤 국가가 노동자 1인당 자본이 높은 수준에서(즉 K^*/N의 오른쪽 점에서) 출발했다면, 감가상각은 투자를 초과할 것이고 노동자 1인당 자본과 노동자 1인당 산출은 감소할 것이다. 주어진 저축률하에서 노동자 1인당 자본은 계속 유지되기에는 그 규모가 너무 크다. 노동자 1인당 자본 규모가 K^*/N가 되어 결국 투자와 감가상각이 일치하기까지 자본은 계속 감소할 것이다. K^*/N에 도달하고 나면 노동자 1인당 자본과 노동자 1인당 산출은 계속 동일한 수준으로 유지될 것이다.

이제 경제가 장기에 수렴하게 되는 노동자 1인당 산출과 노동자 1인당 자본 수준을 더 자세히 보자. 노동자 1인당 산출과 노동자 1인당 자본이 더 이상 변화하지 않는 상태를 경제의 **정상상태**(steady state, 또는 균제상태)라 한다. 식 (11.3)의 우변을 0으로 두면(정상상태에서는 정의에 의해 노동자 1인당 자본의 변화는 0이다), 노동자 1인당 자본의 정상상태 값 K^*/N는 다음으로 주어진다.

제2차 세계대전 직후 프랑스에서의 자본축적과 성장

1945년 제2차 세계대전이 끝났을 때 프랑스는 유럽국가 중에서 가장 큰 손실을 입었다. 4,200만 명 인구 중 55만 명 이상이 사망할 만큼 인명손실이 컸다. 하지만 상대적으로 자본 손실은 훨씬 더 컸다. 프랑스의 1945년 자본 규모는 전쟁 이전의 약 30% 수준에 지나지 않았다고 추정된다. 자본 손실의 생생한 모습이 표 1에 나타나 있다.

방금 검토한 성장 모형은 자본의 상당 부분을 잃은 나라가 어떻게 될지에 명확한 예측을 한다. 그 나라는 한동안 높은 자본축적과 경제성장을 경험할 것이다. 그림 11-2를 기준으로 처음에 K^*/N보다 크게 작은 1인당 자본을 가진 국가는 자본이 K^*/N로 수렴하고 노동자 1인당 산출이 Y^*/N로 수렴할 때까지 빠르게 성장한다.

이 예측은 전후 프랑스에 잘 들어맞는다. 자본의 소폭 증가가 산출의 대규모 증가를 가져왔다는 일화적 증거는 풍부하다. 주요 다리의 사소한 보수도 다리의 재

개로 이어질 것이다. 다리의 재개는 두 도시 간 여행시간을 크게 단축하고 교통비는 크게 절감될 것이다. 운송비용이 낮아지면 이어서 공장이 그렇게 필요로 했던 투입물을 얻을 수 있고 생산 증가가 가능해질 것이다.

그러나 더 설득력 있는 증거는 실제의 총산출 수치에서 볼 수 있다. 1946~1950년까지 프랑스 실질 GDP의 연간 성장률은 9.6%라는 매우 높은 수준을 기록했다. 이는 5년간 실질 GDP를 60%가량 증가시켰다.

프랑스 GDP의 증가는 모두 자본축적의 결과일까? 그렇지 않다. 우리 모형의 메커니즘 외에 다른 요인도 기여했다. 1945년 잔존 자본의 상당 부분은 오래된 것이었다. (대공황이 지배했던 10년인) 1930년대 이래로 투자는 낮았고 전쟁 중에는 투자가 거의 이루어지지 못했다. 전후 자본축적의 상당 부분은 더 현대적인 자본의 도입, 더 현대적인 생산기법의 사용과 관련되었다. 이들이 전후에 높은 성장률을 낳았던 또 다른 이유였다.[1]

표 1 프랑스에서 제2차 세계대전으로 손실된 자본의 비율

철도	철로	6%	강	수로	86%
	역	38%		운하갑문	11%
	엔진	21%		바지선	80%
	하드웨어	60%	빌딩	(개수)	
도로	자동차	31%		주택	1,229,000
	트럭	40%		산업시설	246,000

$$s\,f\left(\frac{K^*}{N}\right) = \delta\frac{K^*}{N} \tag{11.4}$$

----

1 출처 : Gilles Saint-Paul, "*Economic Reconstruction in France, 1945–1958*," *in Rudiger Dornbusch, Willem Nolling, and Richard Layard, eds.*, Postwar Economic Reconstruction and Lessons for the East Today (*1993, MIT Press*).

K^*/N는 노동자 1인당 자본의 ▶
장기 수준이다.

노동자 1인당 자본의 정상상태 값은 노동자 1인당 저축(좌변)이 노동자 1인당 자본의 감가상각 (우변)을 충당하기에 정확하게 충분한 값이다.

노동자 1인당 자본의 정상상태 값(K^*/N)이 주어지면 생산함수에 의해 노동자 1인당 산출의 정상상태 값(Y^*/N)이 결정된다.

$$\frac{Y^*}{N} = f\left(\frac{K^*}{N}\right) \tag{11.5}$$

이제 저축률 변화가 노동자 1인당 산출에 시간이 지남에 따라 그리고 정상상태에서 어떤 영향을 미치는지를 논의하는 데 충분한 모든 요소를 갖게 되었다.

저축률과 산출

우선 이 장의 도입 부분에서 제기했던 질문으로 돌아가자. 저축률은 노동자 1인당 경제성장률에 어떤 영향을 미칠까? 우리의 분석은 세 부분으로 구성된 답을 제공한다.

1. **저축률은 노동자 1인당 산출의 장기 성장률에 아무런 영향을 미치지 못한다.**

   이 결론은 꽤 명백하다. 우리는 경제가 결국 노동자 1인당 산출이 일정한 상태로 수렴하는 것을 보아 왔다. 다시 말해 장기에는 저축률과 상관없이 1인당 경제성장률이 0이 된다.

일부 경제학자는 1950~1990
년 사이에 소련이 달성한 높은
경제성장률은 지속적인 저축률
상승의 결과라고 주장한다. 물
론 이는 항구적으로 지속될 수
없다. 크루그먼(Paul Krugman)
은 이러한 유형의 성장, 즉 시
간이 흐를수록 높아지기만 하
는 저축률로 생겨나는 성장을
'스탈리니스트 성장(Stalinist
growth)'이라고 부른다. ▶

   그러나 이러한 결론을 이해하는 독특한 방식이 있는데 이는 12장에서 기술진보를 도입할 때 사용될 것이다. 장기에 노동자 1인당 산출을 일정한 양의 값을 갖도록 유지하는 데 필요한 것이 무엇인지 생각해보자. 노동자 1인당 자본이 증가해야만 한다. 뿐만 아니라 자본의 수확체감으로 노동자 1인당 자본은 노동자 1인당 산출보다 더 빠른 속도로 증가해야 한다. 이는 결국 매년 경제가 산출 중 더 많은 부분을 저축해서 자본축적으로 돌려져야 한다는 것을 의미한다. 그러나 일정 시점에 다다르면 저축되어야 할 산출의 비중이 1보다 커져야 하는 상황이 생겨난다. 당연히 이는 불가능하다. 바로 이 때문에 일정한 양(+)의 경제성장률을 영구히 지속하는 것은 불가능하다. 결국 장기에 노동자 1인당 자본은 일정해야 하며, 노동자 1인당 산출 역시 일정해야 한다.

첫 번째 명제는 노동자 1인당 ▶
산출의 성장률에 관한 주장이
다. 두 번째 명제는 노동자 1인
당 산출 수준에 관한 주장이다.

2. **그러나 장기적으로 노동자 1인당 산출은 저축률에 의존한다.** 다른 조건이 같다면 더 높은 저축률을 가진 국가는 장기적으로 노동자 1인당 산출이 더 높다.

   그림 11-3이 이 점을 보여준다. 생산함수, 고용 규모, 감가상각률은 동일하지만 저축률은 다른 두 국가를 고려해보자. 두 나라 저축률을 s_0와 s_1이라 하고 $s_1 > s_0$라 하자. 그림 11-3에는 두 국가의 공통된 생산함수 $f(K_t/N)$와 두 국가의 노동자 1인당 저축/투자 $s_0 f(K_t/N)$와 $s_1 f(K_t/N)$가 1인당 자본의 함수로 나타나 있다. 장기적으로 s_0의 저축률을 가진 국가는 노동자 1인당 자본 K_0/N와 산출 Y_0/N를 가질 것이다. 그리고 s_1의 저축률을 가진 국가는 더 큰 노동자 1인당 자본 K_1/N과 산출 Y_1/N을 가질 것이다.

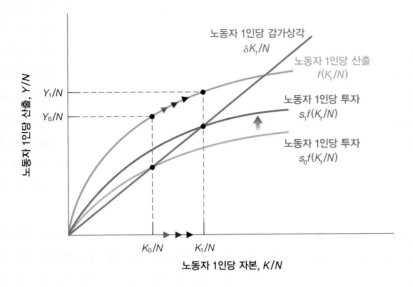

그림 11-3

상이한 저축률의 파급효과

더 높은 저축률을 가진 국가가 노동자 1인당 산출에 있어 더 높은 정상상태 값을 갖는다.

3. 저축률이 높아지면 노동자 1인당 경제성장률은 증가하지만, 영원히 증가하지는 않는다.

이 결론은 방금 논의한 두 가지 명제에서 유도된다. 첫 명제는 저축률 증가가 **노동자 1인당 산출의 장기 성장률에 영향을 미치지 못한다는 것**을 말한다. 장기 성장률은 0% 수준을 지속한다. 둘째 명제는 저축률 증가가 장기적으로 **노동자 1인당 산출 수준의 증가로 이어질 것임**을 말한다. 결국 저축률이 높아져 노동자 1인당 산출이 증가하면 양(+)의 성장률이 나타나는 시기를 가질 것이다. 경제가 새로운 정상상태에 도달하면 이러한 성장은 끝날 것이다.

그림 11-3은 이를 보여준다. 처음에 저축률이 s_0인 국가를 고려하자. 노동자 1인당 자본이 K_0/N와 같고 그에 따른 노동자 1인당 산출이 Y_0/N라고 가정하자. 저축률이 s_0에서 s_1으로 증가한 데 따른 효과를 살펴보자. 노동자 1인당 자본의 함수로 표시한 노동자 1인당 저축/투자는 $s_0 f(K_t/N)$에서 $s_1 f(K_t/N)$로 상향 이동한다.

노동자 1인당 자본이 K_0/N일 때에는 투자가 감가상각을 초과하고 그에 따라 노동자 1인당 자본량이 증가한다. 노동자 1인당 자본이 증가함에 따라 노동자 1인당 산출 역시 증가하며 경제는 양의 성장을 보이는 시기를 가진다. 그러나 노동자 1인당 자본이 결국 K_1/N에 도달하며 투자는 다시 감가상각과 일치하고 성장은 멈춘다. 이후 경제는 K_1/N에 머물고 그에 따라 노동자 1인당 산출은 Y_1/N에 머문다. 노동자 1인당 산출의 추이는 그림 11-4에 나타나 있다. 처음 Y_0/N에 있던 노동자 1인당 산출은 t시점에 저축률이 높아진 뒤 일정 기간 증가해 더

그림 11-4

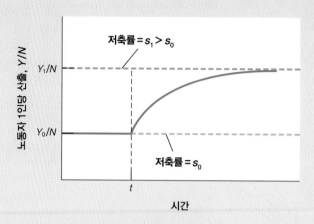

기술진보가 없는 경제에서 저축률 증가의 노동자 1인당 산출에 대한 파급효과
저축률 증가는 산출이 새로운 더 높은 정상상태에 이르기까지 고성장의 시기를 낳는다.

높은 Y_1/N에 도달하며, 이후 더 이상 증가하지 않는다. 즉 성장률은 0%로 돌아온다.

이상 세 가지 결과는 기술진보가 없고 그에 따라 장기적으로 노동자 1인당 산출의 성장이 없다는 가정하에 유도되었다. 그러나 12장에서 보듯이 이 세 가지 결과는 기술진보가 있는 경제에도 적용된다. 어떤 내용인지 잠시 살펴보자.

기술이 진보하는 경제에서는 노동자 1인당 산출의 성장률이 장기에서조차 양의 값을 갖는다. 이러한 장기 경제성장률은 저축률과 독립적이다. 이는 방금 설명한 첫 번째 결과를 적용한 것이다. 그러나 저축률은 노동자 1인당 산출 수준에 영향을 미친다. 이것은 두 번째 결과를 적용한 것이다. 저축률 증가는 더 높은 경로에 도달하기 전까지 일정 기간 정상상태 성장률보다 더 높은 성장을 낳는다. 이는 세 번째 결과를 적용한 것이다.

이 세 가지 결과가 그림 11-5에 나타나 있는데, 이는 기술이 진보하는 경제에서 저축률 증가가 미치는 영향을 보여주며 그림 11-4를 확장한 것이다. 그림은 노동자 1인당 산출을 측정하기 위해 로그값을 사용한다. 따라서 노동자 1인당 산출이 일정한 성장률을 보이는 경제는 기울기가 그 성장률과 일치하는 직선으로 나타난다. 처음 저축률이 s_0인 경우에 경제는 AA를 따라 움직인다. t시점에 저축률이 s_1으로 증가하면 경제는 더 높은 경로 BB에 도달할 때까지 일정 기간 더 높은 성장률을 나타낸다. BB 경로상에서 성장률은 다시 저축률 증가가 발생하기 전의 성장률과 같아진다 (즉 BB의 기울기는 AA의 기울기와 같다).

책 뒷부분 부록 2의 로그에 대한 논의를 참조하라. ▶

그림 11-5

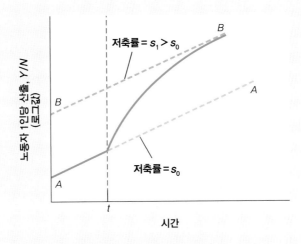

기술진보가 발생하는 경제에서 저축률 증가의 노동자 1인당 산출에 대한 파급효과
저축률 증가는 산출이 더 높은 수준에 도달할 때까지 일시적인 고성장의 시기를 낳는다.

저축률과 소비

정부는 다양한 방법으로 저축률에 영향을 미칠 수 있다. 우선 정부저축을 변화시킬 수 있다. 민간저축이 일정할 때 양의 정부저축, 즉 재정흑자는 경제 전체의 저축을 증가시킨다. 반대로 음의 정부저축, 즉 재정적자는 경제 전체의 저축을 감소시킨다. 둘째, 세금을 사용해 민간저축에 영향을 미칠 수 있다. 예를 들어 저축하는 사람들에게 세금을 감면해줌으로써 저축을 유리하게 하고 그에 따라 민간저축을 증가시킬 수 있다.

정부는 어떤 수준의 저축률을 목표로 해야 할까? 답을 얻기 위해서는 **산출**에서 **소비**로 관심을 돌려야 한다. 사람들에게 중요한 것은 얼마나 많이 생산하느냐가 아니라 얼마나 많이 소비하느냐이기 때문이다.

저축 증가가 소비를 희생하는 데서 비롯한다는 것은 분명하다(특별히 도움이 되는 경우를 제외하곤 이 절에서는 '노동자 1인당 소비', '노동자 1인당 자본' 등의 표현에서 '노동자 1인당'을 생략해 단순히 소비, 자본이라 할 것이다). 금년의 저축률 변화는 금년의 자본에 아무런 영향을 미치지 못하고 그에 따라 금년의 산출과 소득에 아무런 효과를 미치지 못한다. 따라서 저축 증가는 처음에 동등한 규모의 소비 감소를 동반한다.

저축 증가는 장기적으로 소비 증가를 낳을까? 반드시 그렇지는 않다. 소비는 초기뿐만 아니라 장기적으로도 감소할 수 있다. 이 점이 의외일 수 있다. 그림 11-3에서 보듯이 저축률의 증가는 결국 노동자 1인당 산출 수준의 증가로 이어진다. 그러나 산출은 소비와 같지 않다. 왜 그런지 보기 위해 두 가지 극단적인 저축률 값에 무슨 일이 발생하는지 보자.

저축은 민간저축과 정부저축의 합임을 기억하라. 아울러 다음도 상기하라.
정부저축 ⇔ 재정흑자
◀ 음(−)의 정부저축 ⇔ 재정적자

고용이 일정하다고 가정했으므로 3, 5, 9장에서 초점을 맞추었던 저축률 증가의 산출에 대한 단기적 영향은 무시하고 있는 셈이다. 단기에 저축률 증가는 주어진 소득 수준에서 소비를 감소시킬 뿐만 아니라 경기침체도 야기할 수 있고 소득을 더 감소시킬 수 있다. 이 책의 많은 부분에서 저축 변화의 단기 효과와 장기 효과에 대한 논의로 되돌아갈 것이다. 예를 들면 16장과 22장을 참조하라.

- 저축률이 0%인 경제는 자본도 0인 경제이다. 이 경우 산출은 0이며 소비 역시 0이다. 저축률이 0이라는 점은 장기적으로 소비가 0임을 의미한다.

- 이제 저축률이 1인 경제를 고려하자. 사람들은 소득을 모두 저축한다. 이 경제에서 자본 규모 그리고 그에 따라 산출량 역시 매우 높다. 그러나 사람들은 자신의 모든 소득을 저축하므로 소비는 0과 같다. 이러한 경제에서 생겨나고 있는 일은 과도한 자본을 유지하고 있는 것이다. 단순히 동일한 산출 수준을 유지하기 위해서만이라도 모든 생산물은 감가상각의 대체에 할당해야 한다. 저축률이 1과 같다는 것은 장기적으로 소비가 0이라는 것을 의미한다.

이들 두 가지 극단적 경우는 정상상태의 소비 수준을 극대화하는 저축률이 0과 1 사이에 존재해야 함을 의미한다. 이 값 밑으로 저축률이 증가하면 소비는 처음에는 감소하지만 장기적으로는 증가한다. 저축률이 이 값을 넘어서는 수준까지 증가하면 소비는 처음뿐만 아니라 장기적으로도 감소한다. 이러한 일이 발생하는 것은 저축률 증가와 관련된 자본의 증가가 사소한 규모의 산출 증가(증가한 감가상각 규모를 감당하기에는 지나치게 작은 증가)로 이어지기 때문이다. 다시 말해 경제는 지나치게 많은 자본을 갖고 있는 것이다. 정상상태에서 가장 높은 수준의 소비를 낳는 저축률 값과 관련된 자본 수준을 **자본의 황금률 수준**(golden-rule level of capital)이라 한다. 황금률 수준 이상으로 자본이 증가하면 정상상태 소비는 감소한다.

이러한 주장은 그림 11-6에 예시되어 있다. 이 그림은 정상상태에서 노동자 1인당 소비(수직축)를 저축률(수평축)의 함수로 나타낸다. 저축률이 0이면 노동자 1인당 자본은 0이며, 노동자 1인당 산출도 0이고 그에 따라 노동자 1인당 소비 역시 0이다. s가 0과 s_G(G는 황금률을 표시) 사

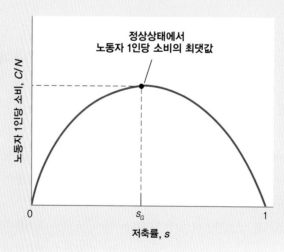

그림 11-6

저축률이 1인당 정상상태 소비에 미치는 영향
저축률 증가는 처음에는 노동자 1인당 정상상태 소비의 증가를 낳지만, 결국 감소한다.

이에 놓여 있으면 저축률 증가는 노동자 1인당의 자본, 산출, 소비를 증가시킨다. s가 s_G보다 크면 저축률 증가는 여전히 노동자 1인당의 자본과 산출을 높이지만 노동자 1인당 소비 수준은 감소한다. 이러한 현상이 발생하는 것은 산출 증가가 자본량 증가에 따른 감가상각의 증가를 상쇄하고도 남기 때문이다. 저축률 s가 1이면 노동자 1인당 소비는 0과 같다. 노동자 1인당의 자본과 산출은 높지만 모든 산출은 감가상각을 대체하는 데 사용되고 소비를 위해 남는 것은 아무것도 없다.

경제가 황금률을 넘어서는 상당한 자본을 갖고 있다면 저축 증가는 소비를 지금 당장뿐만 아니라 장기적으로도 감소시킨다. 과연 그럴까? 실제로 국가들이 지나치게 많은 자본을 보유하고 있을까? 실증분석 결과에 따르면 대부분의 OECD 국가가 실제로는 자본의 황금률 수준에 훨씬 못 미치는 상황에 놓여 있다. 만약 이들 국가가 저축률을 높인다면, 결국 미래에 더 높은 수준의 소비를 갖지 더 낮은 소비를 갖지는 않을 것이다.

이는 결국 현실 세계에서 상충관계에 직면함을 의미한다. 저축률 증가는 일정 기간 소비를 낮추겠지만 결국 나중에는 더 높은 소비를 낳을 것이다. 그렇다면 정부는 무엇을 해야 할까? 이들 국가는 황금률 수준에 얼마나 가까이 가야 할까? 이에 대한 답은 미래 세대(저축률 증대 정책으로부터 더 많은 것을 얻게 될 세대)의 후생과 현 세대(더 많은 것을 잃게 될 세대)의 후생 간에 각각 얼마나 많은 가중치를 부여하느냐에 달려 있다. 결국 정치 문제가 개입되는 것이다. 미래 세대는 투표를 하지 않는다. 따라서 정부가 현 세대에게 많은 희생을 요구할 가능성은 낮고 결국 자본은 황금률 수준보다 낮게 유지될 가능성이 크다. 이러한 세대 간 문제가 오늘날 미국에서 사회보장제도 개혁에 관한 논쟁의 전면에 놓여 있다. 초점상자 '미국에서의 사회보장제도, 저축, 자본축적'은 이 점을 살펴본다.

11-3 현실적인 감을 잡기

저축률 변화는 장기적으로 산출에 얼마나 큰 영향을 미칠까? 저축률은 성장에 얼마나 오랫동안 그리고 얼마나 크게 영향을 미칠까? 미국은 자본의 황금률 수준에서 얼마나 멀리 떨어져 있을까? 이러한 질문에 대한 감을 잡기 위해 더 구체적인 가정을 하고 수치를 대입한 뒤 그 결과를 보자.

생산함수가 다음과 같다고 하자.

$$Y = \sqrt{K}\sqrt{N} \tag{11.6}$$

산출은 자본의 제곱근과 노동의 제곱근의 곱과 같다. (콥-더글러스 생산함수라 불리는 더 일반적인 생산함수와 성장에 대한 시사점은 이 장의 부록에서 다룬다.)

◀ 이 생산함수가 규모에 대한 수확불변 그리고 노동 또는 자본에 대한 수확체감을 보임을 확인하라.

(노동자 1인당 산출에 관심이 있으므로) 노동자 1인당 산출로 나타내기 위해 양변을 N으로 나누면 다음을 얻는다.

미국에서의 사회보장제도, 저축, 자본축적

미국에서 사회보장제도는 1935년에 도입되었다. 제도의 목표는 노령인구가 생활하기에 충분하도록 하는 것이었다. 시간이 흐름에 따라 사회보장제도는 미국에서 가장 큰 규모의 정부 프로그램이 되었다. 은퇴자에 대한 급부는 이제 GDP의 4%를 초과한다. 사회보장급여는 은퇴자의 2/3에게 소득의 50% 이상을 지급한다. 그 자체만으로도 사회보장제도는 대단한 성공을 보인 제도로서 노령인구의 빈곤을 감소시켰음은 부정하기 어렵다. 아울러 미국의 저축률을 낮추었으며 그에 따라 자본축적의 하락 그리고 장기적으로 1인당 산출의 감소를 유발했음도 부정하기 어렵다.

그 이유를 살펴보기 위해서는 이론적 측면에서 우회를 해야 한다. 아무런 사회보장제도를 갖지 못한 경제를 생각해보자. 즉 근로자는 자신의 은퇴에 대비해 스스로 저축을 해야만 한다. 이제 근로자로부터 세금을 걷어 은퇴자에게 급부를 제공하는 사회보장제도를 도입했다고 하자. 이에는 두 가지 대안이 있다.

- 한 가지 대안은 근로자에게서 사회보험료를 거두어 금융자산에 투자하고 그에 따른 원리금을 해당 근로자가 은퇴할 때 돌려주는 것으로 **완전적립식 제도**(fully funded social security system)라 불린다. 어떤 시점에서도 이 제도는 근로자의 누적보험료와 일치하는 기금을 갖고 있으며 당해 근로자가 은퇴할 때 이 기금으로 근로자에게 지급할 수 있다.
- 다른 대안은 근로자에게 사회보험료를 거둔 뒤 지금 은퇴하는 사람에게 급부로 나누어 주는 것이다. 이러한 제도는 **부과식 제도**(pay-as-you-go social security system)라 불린다. 이 제도에서는 거두어들인 만큼 급부가 지급된다.

근로자 입장에서 두 제도는 유사하다. 두 경우 모두에 있어 근로자들은 일할 때 사회보험료를 지불하고 은퇴할 때 급부를 받는다. 그러나 두 가지 중요한 차이점이 존재한다.

첫째, 근로자들이 받는 것은 각 경우에 있어 약간 다르다.

- 완전적립식 제도에서 은퇴자가 받는 금액은 기금이 보유한 금융자산의 수익률에 의존한다.
- 부과식 제도에서 은퇴자가 받는 금액은 인구구조(근로자 대비 은퇴자 비율)와 제도상 세율의 추이에 의존한다. 인구가 고령화되면 근로자 대비 은퇴자 비율이 증가하므로 은퇴자가 덜 받거나 근로자가 더 내야 한다. 이것이 오늘날 미국의 상황이다. 현재 0.4인 근로자 대비 퇴직자 비율은 20년 안에 0.4~0.5에 근접하는 수준으로 상승할 것으로 예측된다. 현재의 규정하에서, 급부는 현재 GDP의 5%에서 20년 안에 6%로 증가할 것이다. 따라서 급부가 감소하거나 보험료가 인상되어야 한다. 전자의 경우 과거에 보험료를 냈던 근로자의 수익률이 하락하게 되며, 후자의 경우 지금 보험료를 내는 근로자의 수익률이 하락할 것이다. 아니면 더 현실적으로는 위 두 방식이 결합되어야 한다.

둘째, 고령화 문제를 제외할 경우, 두 제도는 상당히 상이한 시사점을 갖는다.

- 완전적립식 제도하에서 근로자는 덜 저축한다. 은퇴 후 급부를 받을 것으로 기대하기 때문이다. 그러나 사회보장제도는 이들을 위해 사회보험료를 금융자산에 투자함으로써 저축한다. 사회보장제도의 출현은 전체 저축의 구성을 변화시킨다. 민간저축은 감소하고 정부저축은 증가한다. 그러나 일차적 근사치로 보면 총저축에는 아무런 영향을 못 미치고 그에 따라 자본축적에도 아무런 영향이 없다.
- 부과식 제도에서도 근로자는 저축을 덜한다. 마찬가지로 은퇴 후 급부를 받을 것으로 기대하기

때문이다. 그러나 이제 사회보장제도는 이들을 위해 저축하지 않는다. 민간저축의 감소는 정부 저축의 증가에 의해 보완되지 않는다. 총저축은 감소하고 자본축적 역시 감소한다.

대부분의 사회보장제도는 이들 두 제도가 혼합되어 있다. 미국의 제도가 1935년에 확립되었을 때 원래의 의도는 부분적으로 기금을 마련하려는 것이었다. 그러나 이렇게 되지 못했다. 근로자가 납입한 보험료는 투자되기보다는 은퇴자 급부로 사용되었고 이후 이런 상황은 지속되었다. 1980년대 초 이후 보험료는 급부액을 약간 상회했으므로 사회보장기구는 **사회보장 신탁기금**(Social Security trust fund)을 설립했다. 그러나 이 신탁기금은 현재의 보험료 납부자에게 약속한 급부의 가치보다 크게 모자란다. 미국의 제도는 기본적으로 부과식 제도로서 이것이 아마도 지난 70년간 미국의 저축률을 낮추었을 것이다.

이런 맥락에서 일부 경제학자와 정치인들은 미국이 다시 완전적립식 제도로 돌아가야 한다고 제안했다. 이들이 펼치는 주장 중 하나는 미국의 저축률이 실제로 지나치게 낮으며 사회보장제도의 기금축적은 저축률을 높일 것이라는 것이다. 이러한 전환은 사회보험료를 은퇴자에게 급부로 나누어주기보다는 지금부터 금융자산에 투자함으로써 달성될 수 있다는 것이다. 이 전환이 실현되면 사회보장제도는 지속적으로 기금을 축적할 것이며 결국에는 완전적립식이 될 것이다. 하버드대학교 경제학자이자 이 전환에 찬성하는 펠드스타인(Martin Feldstein)은 장기적으로 이 전환이 자본을 34% 증가시킬 것이라고 주장한다.

이러한 제안에 대해 어떻게 생각해야 할까? 아마도 제도를 처음 시작할 때 사회보장제도를 완전적립했다면 좋은 아이디어였을 것이다. 미국은 더 높은 저축률을 가졌을 것이다. 미국의 자본량은 높아졌을 것이고 산출이나 소비 역시 높아졌을 것이다. 그러나 역사는 다시 쓸 수 없다. 현행 제도는 은퇴자에게 급부를 약속했으므로 이러한 약속은 지켜져야 한다. 이는 곧 방금

묘사한 제안하에서 현재의 근로자가 이중으로 사회보험료를 냈어야 한다는 것을 의미한다. 하나는 사회보장제도의 기금을 마련해 자기 자신의 은퇴자금을 조달하기 위한 사회보험료이고, 다른 하나는 현재의 은퇴자에게 약속된 급부를 지급하기 위한 사회보험료이다. 이는 현재의 근로자에게 과도한 비용을 부과하는 셈이다. 그리고 이는 인구 고령화가 낳은 가장 큰 문제가 되어 근로자 대비 은퇴자의 비율을 높이고, 은퇴급부의 지속을 위한 근로자의 보험료 부담 증가로 이어질 것이다. 현실적인 시사점은 이런 일이 발생하려면 완전적립식 제도로의 전환이 매우 천천히 이루어져야 한다는 것이다. 즉 조정의 부담이 특정 세대에 지나치게 집중되지 않도록 해야 한다.

논쟁은 일정 기간 우리 주위에 머물 것 같다. 행정부나 의회로부터의 제안을 평가할 때 이들 문제를 어떻게 다루어야 할지 자문해보라. 예를 들어 지금부터 근로자에게 사회보장제도에 대한 보험료 대신 개인 계정으로 보험료를 누적하는 것을 허용하고 이를 통해 근로자가 은퇴할 때 이 계정에서 인출할 수 있도록 하는 제안을 해보자. 그 자체만 보면 이 제안은 민간저축을 분명히 증가시킬 것이다 – 근로자는 저축을 더 할 것이다. 그러나 저축의 궁극적인 효과는 사회보장제도가 현재의 근로자와 은퇴자에게 약속한 급부에 필요한 자금을 어떻게 조달하느냐에 달려 있다. 일부 제안에서 볼 수 있듯이 이 급부가 추가적인 보험료가 아니라 부채를 통해 조달된다면 민간저축의 증가는 적자 증가, 즉 정부저축의 감소로 상쇄될 것이다. 개인 계정으로의 전환은 전체 미국 저축률을 증가시키지 않을 것이다. 대신 이들 급부가 세금 증가를 통해 조달된다면 미국 저축률은 높아질 것이다. 그러나 이 경우 현재의 근로자는 자신의 개인 계정에 대해 사회보험료를 지급하는 동시에 높아진 세금도 지불해야 한다. 이것은 사실상 이중으로 부담하는 것이다.

사회보장제도에 대한 논쟁을 살펴보려면 정당에 소속되지 않은 단체인 콩코드 연대(Concord Coalition)

가 운영하는 웹사이트(www.concordcoalition.org)를 찾아 사회보장과 관련된 논의를 살펴보라. 아니면 사회보장국의 연차보고서를 참조하라(www.ssa.gov/OACT/TR/2018/tr2018.pdf).

$$\frac{Y}{N} = \frac{\sqrt{K}\sqrt{N}}{N} = \frac{\sqrt{K}}{\sqrt{N}} = \sqrt{\frac{K}{N}}$$

즉 노동자 1인당 산출은 노동자 1인당 자본의 제곱근과 같다. 다시 말해 노동자 1인당 산출을 노동자 1인당 자본에 연결하는 생산함수 f는 다음으로 주어진다.

두 번째 등식은 $\sqrt{N}/N = \sqrt{N}/(\sqrt{N}\sqrt{N}) = 1/\sqrt{N}$에서 유도된다. ▶

$$f\left(\frac{K_t}{N}\right) = \sqrt{\frac{K_t}{N}}$$

식 (11.3)에서 $f(K_t/N)$를 $\sqrt{K_t/N}$로 대체하면 다음과 같이 된다.

$$\frac{K_{t+1}}{N} - \frac{K_t}{N} = s\sqrt{\frac{K_t}{N}} - \delta\frac{K_t}{N} \tag{11.7}$$

이 식은 노동자 1인당 자본의 추이를 보여준다. 이 식이 시사하는 바를 살펴보자.

저축률의 정상상태 산출에 대한 영향

저축률 증가가 노동자 1인당 산출의 정상상태 수준에 미치는 영향은 얼마나 클까?

식 (11.7)에서 출발해보자. 정상상태에서 노동자 1인당 자본은 일정하므로 좌변은 0이며, 그에 따라 다음이 성립한다.

$$s\sqrt{\frac{K^*}{N}} = \delta\frac{K^*}{N}$$

[여기서 시간첨자를 누락했는데 정상상태에서 K/N가 일정하기 때문이다. 별 표시(*)는 자본이 정상상태 값임을 나타내기 위해서이다.] 양변을 제곱하면 다음과 같다.

$$s^2\frac{K^*}{N} = \delta^2\left(\frac{K^*}{N}\right)^2$$

다시 양변을 (K/N)로 나눈 뒤 정렬하면 다음과 같다.

$$\frac{K^*}{N} = \left(\frac{s}{\delta}\right)^2 \tag{11.8}$$

즉 노동자 1인당 정상상태 자본은 감가상각률 대비 저축률의 비율을 제곱한 값과 같다.

식 (11.6)과 식 (11.8)로부터 노동자 1인당 정상상태 산출은 다음과 같다.

$$\frac{Y^*}{N} = \sqrt{\frac{K^*}{N}} = \sqrt{\left(\frac{s}{\delta}\right)^2} = \frac{s}{\delta} \tag{11.9}$$

즉 노동자 1인당 정상상태 산출은 감가상각률 대비 저축률의 비율이다.

저축률 증가와 감가상각률 하락은 노동자 1인당 정상상태 자본량[식 (11.8)]과 노동자 1인당 정상상태 산출[식 (11.9)]을 모두 높인다. 이것의 의미를 보기 위해 예를 생각해보자. 연간 감가상각률이 10%이고 저축률이 10%라고 하자. 이 경우 식 (11.8)과 식 (11.9)에서 노동자 1인당 정상상태 자본과 산출은 모두 1이다. 이제 저축률이 10%에서 20%로 2배 증가했다고 하자. 이 경우 식 (11.8)에 따르면 새로운 정상상태에서 노동자 1인당 자본은 1에서 4로 증가한다. 그리고 식 (11.9)에 따르면 노동자 1인당 산출은 1에서 2로 2배 증가한다. 결국 장기적으로 저축률이 2배 증가하면 노동자 1인당 산출은 2배 증가한다. 이는 큰 효과이다.

저축률 증가의 동태적 효과

지금까지 저축률 증가가 정상상태 산출의 증가를 낳는다는 것을 보았다. 그렇지만 산출이 새로운 정상상태 산출 수준에 도달하려면 얼마나 오래 걸릴까? 즉 저축률 증가는 성장률에 얼마나 크게 그리고 얼마나 오랫동안 영향을 미칠까?

이 질문에 답하기 위해 식 (11.7)을 사용해 0년도, 1년도, … 등으로 나누어 노동자 1인당 산출을 구하자.

우선 항상 10% 선을 유지했던 저축률이 0년도부터 20%로 높아진 뒤 영원히 높은 수준으로 유지된다고 하자. 이는 0년도 자본량에 아무런 영향도 미치지 못한다. 저축 증가와 그에 따른 투자 증가가 자본 증가로 나타나기까지는 1년이 소요된다고 했기 때문이다. 이에 따라 노동자 1인당 자본은 0.1의 저축률에 대응하는 정상상태 값과 같다. 식 (11.8)에서 다음이 유도된다.

$$\frac{K_0}{N} = (0.1/0.1)^2 = 1^2 = 1$$

1년도에 식 (11.7)은 다음과 같이 주어진다.

$$\frac{K_1}{N} - \frac{K_0}{N} = s\sqrt{\frac{K_0}{N}} - \delta\frac{K_0}{N}$$

감가상각률이 0.1, 저축률이 0.2라면 이 식은 다음과 같다.

$$\frac{K_1}{N} - 1 = [(0.2)(\sqrt{1})] - [(0.1)1]$$

그림 11-7

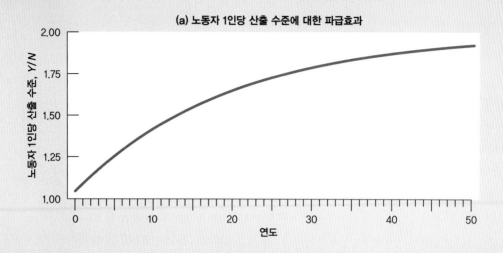

(a) 노동자 1인당 산출 수준에 대한 파급효과

(b) 산출 성장률에 대한 파급효과

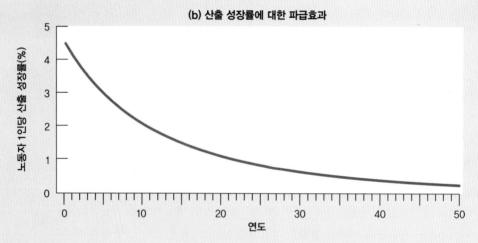

저축률이 10%에서 20%로 상승할 때 노동자 1인당 산출과 성장률에 발생하는 동태적 효과
저축률이 증가한 후 산출이 새로이 높아진 수준으로 조정하기까지 오랜 시간이 걸린다. 다시 말해 저축률 증가는 장기간의 고성장을 낳는다.

즉

$$\frac{K_1}{N} = 1.1$$

마찬가지로 K_2/N, K_3/N, … 등을 구할 수 있다. 일단 0년도, 1년도, … 등으로 노동자 1인당 자본 규모를 결정하면 식 (11.6)을 이용해 각 연도의 노동자 1인당 산출을 구할 수 있다. 이러한 계산의 결과값이 그림 11-7에 나타나 있다. 그림 11-7(a)는 노동자 1인당 산출의 추이를 보여준다. (Y/N)는 0년도의 초깃값 1로부터 장기적으로 정상상태 값 2로 증가한다. 그림 11-7(b)는 노동자

1인당 산출 **성장률**의 추이를 나타내어 동일한 정보를 다른 방식으로 제공한다. 그림 11-7(b)에서 보듯이, 노동자 1인당 산출 성장률은 초기에 가장 높고 점차 감소한다. 경제가 새로운 정상상태에 도달함에 따라 노동자 1인당 산출 성장률은 0%로 복귀한다.

▶ 투자와 감가상각의 차이는 초기에 가장 크다. 이로 인해 초기에 자본축적과 그에 따른 산출 성장률이 가장 높다.

그림 11-7은 장기 균형으로의 조정에는 장시간이 필요하다는 것을 분명히 보여준다. 10년 뒤에 단지 40%만이 완료되고 20년이 흘러도 63%만이 끝날 뿐이다. 다시 말해 저축률 증가는 오랜 시간에 걸쳐 노동자 1인당 산출 성장률을 높인다. 연평균 성장률은 첫 10년간 3.1%이고 다음 10년간은 1.5%이다. 비록 저축률 증가가 장기적으로 성장에 아무런 영향도 못 미치지만 오랜 기간 동안 더 높은 성장을 낳는다.

이 장 도입부에서 제기된 문제로 돌아가자. 1950년 이래 저축률이 더 높았다면 미국의 경제성장률은 훨씬 더 높았을까? 미국의 낮은 저축/투자율은 1950년 이래 미국의 성장률이 다른 OECD 국가들에 비해 낮았던 이유를 설명할 수 있을까? 과거에 미국의 저축률이 높았고 **지난 70년간 저축률**이 크게 하락했다면 그랬을 것이다. 그렇다면 이러한 저축률 하락이 그림 11-7의 조정 과정을 따라 지난 70년간 미국의 저성장을 낳았을 것이다. (물론 부호는 뒤바뀌어야 할 것이다. 저축률 증가가 아니라 저축률 감소를 보아야 하기 때문이다.) 그러나 사실은 그렇지 않다. 미국의 저축률은 장기간 동안 낮은 수준에 머물러 왔다.

미국의 저축률과 황금률

정상상태에서의 노동자 1인당 소비를 극대화하는 저축률은 얼마나 될까? 주지하다시피 정상상태에서 소비는 일정한 자본 수준을 유지하기 위해 충분할 정도로 산출물을 사용한 뒤 남은 것과 같다. 더 엄밀하게 정상상태에서 노동자 1인당 소비는 노동자 1인당 산출에서 노동자 1인당 감가상각을 뺀 것과 같다.

$$\frac{C}{N} = \frac{Y}{N} - \delta \frac{K}{N}$$

식 (11.8)과 식 (11.9)를 사용해 정상상태에서 노동자 1인당 산출과 노동자 1인당 자본의 값을 나타내면 노동자 1인당 소비는 다음과 같다.

$$\frac{C}{N} = \frac{s}{\delta} - \delta \left(\frac{s}{\delta} \right)^2 = \frac{s(1-s)}{\delta}$$

표 11-1은 위 식과 식 (11.8) 및 식 (11.9)를 사용해 상이한 저축률에 대한(감가상각률은 10%) 정상상태에서의 노동자 1인당의 자본, 산출, 소비 값을 나타낸다.

정상상태에서의 노동자 1인당 소비는 s가 1/2일 때 가장 큰 값을 갖는다. 다시 말해 자본의 황금률 수준은 저축률 50%와 관련된다. 저축률이 50%를 하회하면 저축률 증가는 노동자 1인당 소비의 장기적 수준을 증가시킨다. 이 장 도입부에서 보았듯이 1970년 이래 미국의 평균 저축률은

◀ 그러나 모든 국가에서 그렇지 않을 것이다 : 일부 연구자들은 저축률이 50%에 근접하는 중국은 황금률의 반대의 경우일 수 있다고 주장한다.

넛지 : 미국 가계의 저축 유인

미국 가계는 거의 저축하지 않는다. 가계 가처분소득 대비 가계 저축의 비율로 정의되는 가계 저축률은 2000년 이후 평균 6%로 예를 들어 같은 기간 독일의 10%와 비교된다.

역대 정부는 감세를 통해 저축률을 높이려 노력해왔으며, 이로 말미암아 저축의 매력은 커졌지만 성공은 제한적이었다. 실망스러운 결과를 감안해 행동경제학의 아버지 중 한 명으로 꼽히며 2017년 노벨 경제학상을 수상한 경제학자 탈러(Richard Thaler)는 대안을 제시했다.

그는 사람들이 저축을 거의 하지 않는 이유가 이자율이나 세금 감면과는 관련이 거의 없고 우리가 실제로 행동하는 방식과 훨씬 더 관련이 있다고 주장했다. 이는 우리가 적절한 결정을 내리지 않기 때문이며, 스스로를 되돌아보더라도 그렇다는 것이다.

첫째, 우리는 미래를 무시하거나 미래에 지나치게 적은 비중을 두며 의사결정을 한다. 우리는 과도한 가치폄하(hyperbolic discounting) 편향의 문제로 고통받고 있다. 간단히 말해 오늘의 사과 한 개와 다음 주의 사과 한 개를 선택할 때 우리는 오늘의 사과를 강력하게 더 선호한다. 그러나 지금부터 1주 뒤의 사과 한 개와 2주 뒤의 사과 한 개를 선택할 때 우리는 거의 무차별적이다. 이로 말미암아 우리는 오늘의 시점에서 소비를 너무 많이 한다. 둘째, 우리는 결정을 내일로 미루려는 경향이 있다. 최근 연구에 따르면 이러한 형편없는 결정으로 인해 미국인의 43%가 은퇴 후 저축이 부족해 사회보장급여에 의존해야만 한다.

이로 인해 리처드 탈러(Richard Thaler)와 슐로모 베나르치(Shlomo Benartzi)는 이 두 가지 문제를 다루기 위해 'Save More Tomorrow'라는 방법을 설계하게 되었다. 첫째, 사람들은 실제로 행동으로 옮기기 훨씬 전에 결정을 내리도록 요청받았다. 심리적으로 훨씬 부담이 적도록 사람들은 오늘 당장 저축을 늘리고 소비를 줄이지 않고, 미래에만 그렇게 하겠다고 약속했다. 둘째, 더 중요하게는 저축을 하지 않는 것이 아니라 저축을 하는 것이 계획 선택의 기본값이었다. 결과적으로 미루게 되면 사람들은 자동적으로 저축 옵션을 선택하는 셈이 된다. 따라서 사람들은 자신의 이익을 위해 저축하는 방향으로 '넛지(유인)'되는 것이다.

이 방식은 효과가 있었을까? 베르나치의 웹사이트의 말을 인용하면 다음과 같다. "이 '넛지'는 꾸준히 엄청난 성과를 낳았다. 2006년에는 연금보호법의 일부로 포함되어, 기업이 이 방식의 핵심 원리를 채택하도록 권장되었다. 최근 계산에 따르면 'Save More Tomorrow'는 약 1,500만 명의 미국인이 저축률을 크게 높이는 데 도움이 된 것으로 추정된다."[2]

이 문제에 대한 이해 정도를 점검하라. 이 절의 식을 사용해서 미국의 저축률 증가를 목표로 하는 정책의 장단점을 주장하라. 17%에 지나지 않았다. 결과적으로 최소한 미국의 경우 저축률 증가가 노동자 1인당 산출과 소비를 장기적으로 증가시킬 것이라는 점을 확신할 수 있다. 저축률 증가를 위한 정책대응에 대해서는 ▶ 초점상자 '넛지 : 미국 가계의 저축 유인'을 참조하라.

---

2 출처 : Shlomo Benartzi(www.shlomobenartzi.com/save-more-tomorrow)

표 11-1	저축률과 정상상태에서 1인당 자본, 산출, 소비			
저축률(s)	노동자 1인당 자본(K/N)	노동자 1인당 산출(Y/N)	노동자 1인당 소비(C/N)
0.0	0.0	0.0	0.0
0.1	1.0	1.0	0.9
0.2	4.0	2.0	1.6
0.3	9.0	3.0	2.1
0.4	16.0	4.0	2.4
0.5	25.0	5.0	2.5
0.6	36.0	6.0	2.4
...	...	...	...
1.0	100.0	10.0	0.0

11-4 물적자본과 인적자본

지금까지는 물적자본(physical capital, 기계, 공장, 사무실 빌딩 등)에 집중해 왔다. 그러나 경제에는 다른 유형의 자본도 존재한다. 바로 경제 내 노동자가 가진 기능의 집합, 즉 경제학자가 **인적자본**(human capital)이라 하는 자본이다. 매우 숙련된 노동자를 가진 경제는 대부분의 노동자가 읽거나 쓰지 못하는 경제보다 훨씬 더 생산적일 것이다.

지난 200년간 인적자본의 증가는 물적자본의 증가만큼 컸다. 산업혁명 초기에는 오늘날 OECD를 구성하는 국가들에서 인구의 30%만이 읽을 수 있었다. 오늘날 OECD 국가에서 읽고 쓸 수 있는 식자율(literacy rate)은 95%를 넘는다. 산업혁명 이전에는 학교교육이 의무가 아니었다. 오늘날 학교교육은 통상 16세까지는 의무적이다. 물론 국가별로 아직 큰 차이가 있다. 오늘날 OECD 국가 어린이의 100%가 초등교육, 90%가 중등교육, 38%가 고등교육을 받고 있다. 1인당 GDP가 400달러를 하회하는 빈국에서 이에 상응하는 숫자는 각각 95%, 32%, 4%이다.

인적자본이 산출에 미치는 효과는 어떻게 생각해야 할까? 앞의 결론들은 인적자본을 도입하면 어떻게 바뀔까? 이것이 바로 이 마지막 절에서 다루려는 질문이다.

▶ 이러한 비교조차도 잘못된 결론으로 이끌 수 있다. 교육의 질은 국가별로 매우 상이할 수 있다.

생산함수의 확장

지금까지의 분석을 가장 자연스럽게 확장하는 방법은 인적자본을 생산함수식 (11.1)에 도입하는 것이나.

$$\frac{Y}{N} = f\left(\frac{K}{N}, \frac{H}{N}\right) \qquad\qquad (11.10)$$

$$(+, +)$$

4장에서 본원통화를 나타낼 때 사용한 부호 *H*를 이 장에서 인적자본을 나타낼 때도 사용하고 있다. 이러한 사용법은 전통 때문이다. 혼동하지 않도록 하자.

노동자 1인당 산출 수준은 노동자 1인당 물적자본 수준 K/N와 노동자 1인당 인적자본 수준 H/N 모두에 의존한다. 앞에서처럼 노동자 1인당 자본(K/N)의 증가는 노동자 1인당 산출의 증가로 이어진다. 그리고 평균 숙련도(H/N)의 향상은 노동자 1인당 산출을 증가시킨다. 더 숙련된 노동자일수록 더 복잡한 업무를 할 수 있다. 이들은 예상치 못한 상황을 더 쉽게 다룰 수 있다. 이 모든 것이 노동자 1인당 산출을 높이는 것이다.

앞에서 노동자 1인당 물적자본의 증가가 노동자 1인당 산출의 증가를 낳지만, 노동자 1인당 자본 규모가 증가함에 따라 그 효과가 감소한다고 가정했다. 동일한 가정을 노동자 1인당 인적자본에 대해서도 할 수 있다. H/N의 증가가 교육연수의 증가로부터 비롯하는 경우를 상정해보자. 실증분석 결과에 따르면 초등교육을 받는 학생의 비율을 증가시키는 데 따른 수확은 매우 크다. 읽고 쓰는 능력은 더 복잡하지만 더 생산적인 장비를 사용할 수 있도록 한다. 그러나 부국의 경우 초등교육 그리고 이런 문제에 관한 한 중등교육은 더 이상 이런 역할을 하지 못한다. 대부분의 아이는 초등교육과 중등교육을 모두 받고 있다. 현재는 고등교육이 바로 이런 역할을 해내고 있다. 실증분석에 따르면 고등교육이 사람들의 숙련도(최소한 고등교육을 받은 사람들의 임금 증가로 측정한 숙련도)를 높이는 역할을 한다. 그러나 극단적인 예로서 모든 사람에게 대학 과정을 강제하는 것이 총산출을 크게 증가시킬지는 불분명하다. 많은 사람이 자격조건을 지나치게 뛰어넘게 될 것이며 아마도 더 생산적으로 되기보다는 좌절감을 더 느끼게 될 것이다.

가중치로서 상대임금을 사용하는 것은 상대임금이 상대적 한계생산물을 반영하기 때문이다. 다른 사람보다 3배의 임금을 받는 노동자는 3배의 한계생산물을 갖는다고 가정된다. 그러나 상대임금이 상대적 한계생산물을 정확히 반영하는지는 불분명하다. 논란이 많은 예를 본다면 동일한 직종에서 동일한 근속연수를 가진 여성이 아직도 종종 남성보다 낮은 임금을 받는다. 이는 한계생산물이 낮아서인가? 인적자본의 구축에 있어 남성보다 더 낮은 가중치를 부여해야 하는가?

어떻게 인적자본 H에 대한 측정치를 구할까? 물적자본 K에 대한 측정치를 구축할 때와 매우 유사하게 구축할 수 있다. K를 구축하기 위해서는 다양한 종류의 자본의 가치를 더하기만 하면 된다. 따라서 2,000달러인 기계는 1,000달러인 기계보다 가중치를 2배 갖게 된다. 마찬가지로 보수가 2배인 노동자가 2배의 가중치를 갖도록 H를 구축하면 된다. 예를 들어 100명의 노동자가 있는 경우에서 비숙련 노동자가 절반이고 나머지가 숙련 노동자이며 숙련 노동자의 상대임금이 비숙련 노동자의 2배라 하자. 이 경우 H는 $[(50 \times 1) + (50 \times 2)] = 150$으로 계산할 수 있다. 그리고 노동자 1인당 인적자본 H/N는 $150/100 = 1.5$이다.

인적자본, 물적자본, 산출

인적자본의 도입은 앞 절의 분석을 어떻게 바꿀까?

물적자본 축적에 관한 결론은 여전히 유효하다. 저축률 증가는 정상상태에서의 노동자 1인당 물적자본을 증가시키고 그에 따라 노동자 1인당 산출도 증가한다. 그러나 앞의 결론은 이제 **인적자본 축적**으로도 확장된다. 한 사회가 교육과 직장 내 훈련을 통해 인적자본 형태로 '저축'하는 규모를 증가시키면 정상상태에서의 노동자 1인당 인적자본 규모가 증가하고 이는 다시 노동자 1인당 산출의 증가로 이어진다. 확장된 모형은 노동자 1인당 산출이 어떻게 결정되는지에 관한 더 풍부한 그림을 제공한다. 장기에 있어 확장된 모형은 노동자 1인당 산출이 한 사회가 저축하는 정도와 교육에 지출하는 정도에 의존한다는 것을 말해준다.

노동자 1인당 산출을 결정하는 데 인적자본과 물적자본의 상대적 중요성은 어떠할까? 정규교육에 지출된 금액과 물적자본에 투자된 금액을 비교함으로써 분석을 시작할 수 있다. 미국의 경우 정규교육에 대한 지출은 GDP의 약 6.5%이다. 이 수치는 교육에 대한 정부지출과 민간지출을 모두 포함한다. 아울러 이는 물적자본에 대한 총투자율(약 17%)의 1/3~1/2에 달한다. 그러나 이러한 비교는 첫 단계에 불과하다. 다음과 같이 다소 복잡한 경우를 생각해보자.

- 교육, 특히 고등교육은 부분적으로는 그 자체가 목표가 되는 소비지만 부분적으로는 투자이기도 하다. 목적상 모형에는 투자에 해당하는 부분만을 포함해야 할 것이다. 그러나 앞서의 6.5%는 두 가지를 모두 포함한다.
- 최소한 초등 이후의 교육에 있어 교육에 따른 개인의 기회비용은 교육기간 중 포기된 임금이다. 교육지출은 교육의 실제 비용뿐만 아니라 그 기회비용도 포함해야 한다. 6.5%는 이러한 기회비용을 포함하지 않는다.

◀ 여러분의 기회비용은 등록금에 비해 얼마나 큰가?

- 정규교육은 교육의 일부분일 뿐이다. 우리가 배우는 상당 부분은 정규적이든 비정규적이든 상관없이 직장 내 훈련에 기인한다. 직장 내 훈련의 실제비용과 기회비용이 모두 포함되어야 한다. 6.5%는 이러한 직장 내 훈련과 관련된 비용을 포함하지 않는다.
- 아울러 감가상각을 제외한 투자율을 비교해야만 한다. 물적자본, 특히 기계에 대한 감가상각은 인적자본에 대한 감가상각보다 클 가능성이 높다. 기능 역시 감가상각되지만 천천히 이루어질 뿐이다. 그리고 물적자본과 달리 이들 기능은 더 사용될수록 덜 빠르게 감가상각된다.

이러한 모든 이유로 인적자본 투자에 대한 믿을 만한 수치를 구하는 것은 어렵다. 최근의 연구들은 물적자본에 대한 투자와 교육에 대한 투자는 산출을 결정하는 데 있어 대체로 유사한 역할을 한다고 결론 내리고 있다. 이는 노동자 1인당 산출이 물적자본의 양과 인적자본의 양에 대체로 등등하게 의존한다는 것을 시사한다. 더 많이 저축하는 또는 교육에 더 많이 지출하는 국가가 정상상태에서 더 높은 노동자 1인당 산출 수준을 달성할 수 있다.

내생적 성장

방금 도달한 결론이 시사하는 바와 그렇지 않은 것을 보자. 저축이나 교육지출을 더 많이 하는 국가가 정상상태에서 노동자 1인당 산출이 더 높을 것이라고 했다. 하지만 저축이나 교육지출 증가가 노동자 1인당 산출의 성장률을 영원히 더 높인다고는 하지 않았다.

그러나 루카스(Robert Lucas)와 로머(Paul Romer)의 주도하에 물적자본과 인적자본이 동시축적이 실제로 성장을 지속시킬 가능성이 검토되어 왔다. 인적자본이 일정한 상태에서 물적자본만의 증가는 결국 수확체감에 직면할 것이다. 그리고 물적자본이 일정한 상태에서 인적자본만의

◀ 루카스는 1995년 노벨 경제학상을 수상했으며, 시카고대학교에서 강의하고 있다. 로머는 2018년 노벨 경제학상을 수상했으며, 뉴욕대학교에서 강의하고 있다.

증가 역시 수확체감에 직면할 것이다. 그러나 물적자본과 인적자본이 함께 증가하면 어떻게 될까? 지속적으로 더 많은 자본과 숙련노동자를 가짐으로써 성장을 영원히 지속할 수 없을까?

기술진보 없이 지속적 성장을 만들어내는 모형을 **내생적 성장 모형**(models of endogenous growth)이라 한다. 앞에서 살펴본 모형과 달리 이 모형들은 성장률이 장기에서조차 저축률이나 교육지출과 같은 변수에 의존하도록 했기 때문에 이렇게 이름 붙여진 것이다. 아직 이런 종류의 모형에 대한 판단은 이르지만 지금까지의 징후로 볼 때 앞서 내렸던 결론들이 포기되기보다는 수정되어야 할 것으로 보인다. 현재 경제학자 사이에 합의된 내용은 다음과 같다.

- 노동자 1인당 산출은 노동자 1인당 물적자본과 노동자 1인당 인적자본 모두에 의존한다. 하나는 물적투자를 통해 다른 하나는 교육·훈련을 통해 두 형태의 자본 모두를 축적할 수 있다. 저축률을 높이거나 교육·훈련에 지출되는 산출의 비중을 높일 경우 장기적으로 노동자 1인당 산출은 훨씬 높아질 수 있다. 그러나 기술진보율이 일정할 때 그러한 조치가 항구적으로 더 높은 성장률로 연결되지는 않는다.
- 마지막 명제에서의 '기술진보율이 일정할 때'라는 수식어에 조심하자. 기술진보는 경제 내 인적자본 규모와 무관할까? 더 잘 교육받은 노동력이 더 높은 기술진보율로 이어질 수는 없을까? 이 질문들은 다음 장의 주제인 기술진보의 원천과 파급효과에 해당한다.

요약

- 장기에 산출의 추이는 두 가지 관계에 의해 결정된다. (요약이 쉽게 읽히도록 '노동자 1인당'이라는 표현은 누락시켰다.) 첫째, 산출은 자본량에 의존한다. 둘째, 자본축적은 저축과 투자를 결정하는 산출에 의존한다.
- 자본과 산출의 이러한 상호작용은 어떤 자본 수준에서 출발하더라도(그리고 12장의 주제인 기술진보를 무시하면) 경제는 장기적으로 정상상태의 (일정한) 자본 규모로 수렴한다. 이러한 규모의 자본과 관련된 산출이 정상상태 산출이다.
- 정상상태 자본 그리고 그에 따른 정상상태 산출은 저축률이 증가하면 함께 높아진다. 저축률 상승은 정상상태 산출을 높인다. 새로운 정상상태로의 이행기 동안 저축률 상승은 경제성장률이 양의 값을 갖도록 한다. 그러나 (다시 기술진보를 무시하면) 장기적으로 경제성장률은 0이 되며 그에 따라 저축률에 의존하지 않는다.
- 저축률 상승은 초기에 소비를 감소시켜야 한다. 장기적으로

는 저축률 증가가 소비를 증가시킬 수도 있고 감소시킬 수도 있다. 이는 경제가 **자본의 황금률** 수준을 하회하느냐 아니면 상회하느냐에 의존한다. 여기서 자본의 황금률 수준이란 정상상태 소비가 가장 커지는 자본 수준을 말한다.
- 대다수 국가의 자본 규모는 황금률 수준보다 작다. 따라서 저축률 증가는 초기에 소비를 감소시키지만, 장기적으로 소비를 증가시킨다. 저축률 증대 정책의 실시 여부를 결정할 때 정책 당국은 미래 세대의 후생 대비 현 세대의 후생에 얼마나 더 많은 가중치를 부여하는지를 결정해야 한다.
- 이 장 대부분의 분석은 물적자본 축적이 낳는 효과에 초점을 맞추지만, 산출은 물적자본과 인적자본 모두에 의존한다. 두 형태의 자본은 하나는 투자를 통해 다른 하나는 교육과 훈련을 통해 축적된다. 저축률이나 교육과 훈련에 지출되는 산출 비율이 증가하면, 장기적으로 산출은 크게 증가할 수 있다.

핵심 용어

내생적 성장 모형(models of endogenous growth)
부과식 제도(pay-as-you-go social security system)
사회보장신탁기금(Social Security trust fund)
완전적립식 제도(fully funded social security system)

인적자본(human capital)
자본의 황금률 수준(golden-rule level of capital)
저축률(saving rate)
정상상태(steady state)

연습문제

기초문제

1. 이 장의 내용에 기초해 다음에 대해 '사실', '거짓', '불확실' 여부를 밝히고 그 이유를 간단히 설명하라.

   a. 저축률은 항상 투자율과 일치한다.

   b. 높은 투자율은 더 높은 경제성장률을 영원히 유지시킬 수 있다.

   c. 자본에 아무런 감가상각이 발생하지 않는다면 성장은 영원히 지속될 수 있다.

   d. 저축률이 높아질수록 정상상태에서 소비는 커진다.

   e. 사회보장제도를 부과식 제도에서 완전적립식 제도로 전환해야 한다. 이는 현재와 미래의 소비를 모두 증가시킬 것이다.

   f. 미국의 자본량은 황금률 수준보다 크게 낮으므로 정부는 저축에 대해 감세 조치를 취해야 한다.

   g. 교육은 인적자본을 증가시키고 그에 따라 산출도 증가한다. 결국 정부는 교육에 보조금을 주어야 한다.

2. 다음 주장을 고려하자.

   "솔로 모형은 장기에 있어 저축률이 성장률에 영향을 미치지 않으므로 미국의 낮은 저축률에 대한 우려는 그만 멈추어야 한다. 저축률의 증가는 경제에 어떤 중요한 영향도 미치지 못한다." 이 주장에 동의하는가, 아니면 동의하지 않는가? 왜 그런가?

3. 3장에서는 저축률 상승이 단기에 경기침체를 야기할 수 있음을 보았다(저축의 역설). 7장에서는 중기에 있어 이 문제를 검토했다. 이제 저축 증가의 장기적 효과를 검토하자.

   본문에서 제시된 모형을 사용할 경우 저축률 증가가 10년 뒤 노동자 1인당 서술률에 미치는 파급효과는 무엇인가? 50년 뒤의 효과는 무엇인가?

심화문제

4. 다음과 같은 변화가 장기에 1인당 산출에 미치는 효과를 논하라.

   a. 소득세를 낼 때 과세 대상 소득에서 저축에 해당하는 부분은 제외

   b. 노동시장에서 여성의 경제활동참가율 상승(단, 인구 규모는 일정)

5. 미국이 현재의 부과식 사회보장제도에서 완전적립식 제도로 전환하고, 이러한 변화가 발생하는 과정에서 필요한 자금 조달은 추가적인 정부 차입 없이 이루어졌다고 하자. 완전적립식 제도로의 이행이 장기에 노동자 1인당 산출 규모와 그 성장률에 미치는 영향은 무엇인가?

6. 생산함수가 다음과 같이 주어졌다고 하자.

$$Y = 0.5\sqrt{K}\sqrt{N}$$

   a. 정상상태에서의 노동자 1인당 산출 수준과 자본을 저축률 s와 감가상각률 δ로 나타내라.

   b. 정상상태에서의 노동자 1인당 산출과 소비에 대한 방정식을 s와 δ의 방정식으로 나타내라.

   c. $\delta = 0.05$라 하자. 스프레드시트 프로그램을 이용해서 $s = 0.2$, 1일 때 정상상태에서의 1인당 산출과 소비를 계산하고 설명하라.

   d. 프로그램을 이용해 정상상태에서의 노동자 1인당 산출과 소비를 저축률의 함수로 그려보라(즉 그림에서 수평축을 저축률로 두고 이에 해당하는 1인당 산출과 소비를 수직축에 나타내라).

   e. 그림은 1인당 산출을 극대화하는 값이 존재함을 보여주는가? 그림은 1인당 소비를 극대화하는 값이 존재함을 보여주는가? 그렇다면 그 값은 얼마인가?

7. 콥-더글러스 생산함수와 정상상태

이 문제는 이 장 부록에 기초한다. 경제의 생산함수가 다음과 같이 주어진다고 하자.

$$Y = K^\alpha N^{1-\alpha}$$

단, $\alpha = 1/3$이라고 가정하자.

a. 이 생산함수는 규모에 대한 수확불변에 의해 특징지어지는가? 설명하라.

b. 자본에 대한 수확은 체감하는가?

c. 노동에 대한 수확은 체감하는가?

d. 생산함수를 노동자 1인당 산출과 노동자 1인당 자본 간의 관계로 전환하라.

e. 주어진 저축률(s)과 감가상각률(δ)하에서 정상상태에서 근로자 1인당 자본에 대한 식을 구하라.

f. 정상상태에서의 노동자 1인당 산출에 대한 식을 구하라.

g. $\delta = 0.08$, $s = 0.32$일 때 정상상태에서의 노동자 1인당 산출 수준을 구하라.

h. 감가상각률은 $\delta = 0.08$로 그대로지만 저축률은 절반으로 감소해 $s = 0.16$이 되었다고 하자. 새로운 정상상태에서의 노동자 1인당 산출은 얼마인가?

8. 7번 문제의 논리를 계속 사용해 경제의 생산함수가 $Y = K^{1/3} N^{2/3}$로 주어졌다고 하고 저축률 s와 감가상각률 δ는 0.10으로 같다고 하자.

a. 정상상태에서의 노동자 1인당 자본 수준은 얼마인가?

b. 정상상태에서의 노동자 1인당 산출 수준은 얼마인가?

경제가 정상상태에 있는데, t기에 감가상각률이 0.10에서 0.20으로 항구적으로 증가했다고 하자.

c. 새로운 정상상태에서의 노동자 1인당 자본과 산출의 수준은 얼마인가?

d. 감가상각률이 변화한 후 처음 3기간 동안 노동자 1인당 자본과 산출의 경로를 계산하라.

9. 재정적자와 자본량

생산함수 $Y = \sqrt{K}\sqrt{N}$에 대해 식 (11.9)는 정상상태 자본량에 대한 해를 제공한다.

a. 본문의 식 (11.9)를 유도하는 본문의 계산 단계를 반복해 보라.

b. 저축률 s가 최초에는 연간 15%였고, 감가상각률 δ는 7.5%였다고 하자. 정상상태에서 노동자 1인당 자본량과 산출은 얼마인가?

c. GDP의 5%에 달하는 재정적자가 존재하고 정부는 이를 없애려 한다. 민간저축에는 아무런 변화가 없다고 가정하자. 이에 따라 국민저축은 20%로 증가한다. 새로운 정상상태에서 노동자 1인당 산출은 얼마인가? 이에 대한 답을 (b)의 답과 비교하라.

추가문제

10. 미국의 저축

이 문제는 9번 문제의 논리를 따라 미국에서 재정적자가 장기 자본량에 주는 시사점을 찾아본다. 이 문제는 미국의 재정적자가 이 책의 이번 판이 지속되는 동안 지속될 것이라고 가정한다.

a. 세계은행은 국가별, 연도별로 국내 총저축률을 발표한다. 웹사이트는 data.worldbank.org/indicator/NY.GNS.ICTR.ZS이다. 미국의 최근 총저축률을 구하라. 미국의 GDP 대비 총저축률은 얼마인가? 감가상각률과 9번 문제의 논리를 사용하면 정상상태에서의 노동자 1인당 자본량과 산출은 얼마인가?

b. 가장 최근의 Economic Report of the President를 이용해 연방정부 재정적자를 GDP 대비 백분율로 구하라. 9번 문제의 방법을 따라 연방 예산적자가 소멸되고 개인저축에는 변화가 없다고 가정하자. 노동자 1인당 장기 자본량과 산출에 미치는 영향은 무엇인가?

c. 세계은행의 국내 총저축률 표를 이용해 중국과 미국의 저축률을 비교하라.

더 읽을거리

- 저축률과 산출의 관계에 대한 고전적인 분석은 다음을 참조하라. Robert Solow, *Growth Theory: An Exposition* (1970).
- 미국에서 저축 증진 여부와 그 방법 그리고 교육 개선 여부와 그 방법에 관한 읽기 쉬운 논의는 카터 행정부 때 대통령경제 자문위원회 위원장을 지낸 슐츠(Charles Schultze)의 다음 글을 참조하라. Charles Schultze, Memoranda 23 to 27 in *Memos to the President: A Guide through Macroeconomics for the Busy Policymaker*(1992).

부록 : 콥-더글러스 생산함수와 정상상태

1928년에 수학자 콥(Charles Cobb)과 미국 상원의원이 되려 했던 경제학자 더글러스(Paul Douglas)는 다음과 같은 생산함수가 1899~1922년 동안 미국에서 산출, 물적자본, 노동 간의 관계를 아주 잘 묘사한다고 결론 내렸다.

$$Y = K^{\alpha}N^{1-\alpha} \qquad (11.A1)$$

여기서 α는 0과 1 사이의 숫자이다. 이러한 발견은 놀라울 정도로 강건했다. 오늘날에도 **콥-더글러스 생산함수**(Cobb-Douglas production function)로 알려진 생산함수식 (11.A1)은 여전히 미국에서의 산출, 자본, 노동 간의 관계를 잘 설명하고 있으며, 경제학자가 자주 사용하는 표준적인 도구가 되었다. (이 생산함수가 본문에서 논의했던 두 가지 성질인 규모에 대한 수확불변과 자본 및 노동에 대한 수확체감을 만족함을 보여라.)

이 부록의 목적은 생산함수가 식 (11.A1)로 주어질 때 경제의 정상상태 특징을 찾아내는 데 있다. (이 단계를 따라가는 데 필요한 것은 지수함수의 성질에 대한 지식이 전부이다.)

정상상태에서 노동자 1인당 저축은 노동자 1인당 감가상각과 일치해야 한다는 점을 상기하자. 이것이 무엇을 시사하는지 보자.

- 노동자 1인당 저축을 유도하기 위해서는 우선 식 (11.A1)이 시사하는 노동자 1인당 기준 산출과 자본의 관계를 유도해야 한다. 식 (11.A1)의 양변을 N으로 나누자.

$$Y/N = K^{\alpha}N^{1-\alpha}/N$$

지수의 성질을 사용하면

$$N^{1-\alpha}/N = N^{1-\alpha}N^{-1} = N^{-\alpha}$$

가 되고, 따라서 앞서의 방정식을 대체하면 다음을 얻는다.

$$Y/N = K^{\alpha}N^{-\alpha} = (K/N)^{\alpha}$$

노동자 1인당 산출 Y/N는 노동자 1인당 자본비율을 제곱한 것과 같다. 노동자 1인당 저축은 저축률에 노동자 1인당 산출을 곱한 것과 같고 이에 따라 이전의 방정식을 사용하면 다음과 같다.

$$s(K^*/N)^{\alpha}$$

- 노동자 1인당 감가상각은 감가상각률에 노동자 1인당 산출을 곱한 것과 같다.

$$\delta(K^*/N)$$

- 정상상태에서의 자본 규모 K^*는 노동자 1인당 자본과 노동자 1인당 감가상각이 일치한다는 조건에 의해 결정되므로 다음과 같다.

$$s(K^*/N)^{\alpha} = \delta(K^*/N)$$

이 식을 정상상태에서의 노동자 1인당 자본 K^*/N에 대해 풀기 위해 양변을 $(K^*/N)^{\alpha}$로 나누면

$$s = \delta(K^*/N)^{1-\alpha}$$

가 되고, 양변을 δ로 나누고 양변을 바꾸어주면

$$(K^*/N)^{1-\alpha} = s/\delta$$

이다. 마지막으로 양변을 $1/(1-\alpha)$ 제곱하면 다음과 같다.

$$(K^*/N) = (s/\delta)^{1/(1-\alpha)}$$

이 식은 정상상태에서의 노동자 1인당 자본 규모를 제공한다.

결국 생산함수로부터 정상상태에서의 노동자 1인당 산출 규모는 다음과 같다.

$$(Y^*/N) = (K/N)^\alpha = (s/\delta)^{\alpha/(1-\alpha)}$$

이제 이 마지막 식이 시사하는 바를 보자.

■ 본문에서 우리는 식 (11.A1)의 특별한 경우로서 $\alpha = 0.5$인 경우를 다루었다. (어떤 변수를 0.5제곱하는 것은 이 변수의 제곱근을 취하는 것과 같다.) 만약 $\alpha = 0.5$이면 앞서의 식은 다음과 같다.

$$Y^*/N = s/\delta$$

노동자 1인당 산출은 감가상각률 대비 저축률의 비율과 같다. 이것이 본문에서 논의했던 식이다. 저축률을 2배 하는 것은 정상상태에서 노동자 1인당 산출을 2배 하는 것과 같다.

■ 그러나 실증분석에 따르면 K가 물적자본일 경우 α는 1/2보다는 1/3에 가깝다. $\alpha = 1/3$이라 가정하면, $\alpha(1-\alpha) = (1/3)[1$ $-1/3] = (1/3)/(2/3) = 1/2$이며 노동자 1인당 산출에 관한 식은 다음을 제공한다.

$$Y^*/N = (s/\delta)^{1/2} = \sqrt{s/\delta}$$

이 식은 저축률이 노동자 1인당 산출에 미치는 파급효과의 크기가 본문의 계산보다 작음을 시사한다. 예를 들어 저축률이 2배 증가하면 노동자 1인당 산출은 $\sqrt{2}$ 만큼 또는 약 1.4배만큼만 증가한다(다시 말해 1인당 산출은 40% 증가한다).

■ 그러나 모형에 있어 α에 대한 적절한 값이 1/2에 근접하다는 해석도 있으며, 이 경우 본문의 계산을 적용할 수 있다. 11-4절의 논의를 따라 물적자본뿐만 아니라 인적자본을 고려할 수 있는데 이렇게 광범위하게 해석된 자본(산출 대비)에 대해서는 약 1/2의 α값이 대체로 적절하다고 할 수 있다. 따라서 11-3절의 수치 결과에 대한 한 가지 해석은 이들이 저축의 효과를 보여준다는 것이겠지만, 저축에는 물적자본과 인적자본에 대한 저축(기계와 교육의 증가)을 포함하는 것으로 해석되어야 한다는 것이다.

핵심 용어

콥-더글러스 생산함수(Cobb-Douglas production function)

기술진보와 성장

자본축적 자체만으로는 성장을 지속할 수 없다는 11장의 결론은 간명한 시사점을 제공한다 : 지속적인 성장을 위해서는 기술진보가 필요하다. 이 장에서는 성장에서 기술진보의 역할을 살펴본다.

12-1절은 성장에서 기술진보와 자본축적의 역할을 각각 살펴본다.

12-2절은 기술진보의 결정요인, 연구개발(R&D)의 역할, 혁신 대 모방의 역할에 초점을 맞춘다.

12-3절은 왜 일부 국가는 기술이 꾸준히 진보하는데 다른 국가는 그렇지 못한지 논의한다. 이를 통해 성장을 유지하는 데 있어 제도의 역할을 살펴본다.

> 이 장의 메시지 : 지속적인 성장은 지속적인 기술진보를 요구한다. 기술진보는 혁신과 제도 모두에 의존한다. ▶ ▶ ▶

12-1 기술진보와 성장률

자본축적과 기술진보가 함께 발생하는 경제에서 경제성장률은 어떻게 결정될까? 이 질문에 답하려면 11장에서 개발한 모형을 확장해 기술진보를 허용해야 한다. 기술진보를 도입하기 위해서는 먼저 총생산함수를 재검토해야 한다.

기술진보와 생산함수

기술진보에는 매우 다양한 측면이 있다.

슈퍼마켓에서 판매하는 평균 품목 수는 1950년 2,200개에서 2010년 38,700개로 증가했다. 이것이 무엇을 의미하는지 감을 잡으려면 〈발디미르의 선택(Moscow on the Hudson)〉이라는 영화의 슈퍼마켓 장면에서 로빈 윌리엄스(소련에서 온 이민자 역)를 보라.

- 자본과 노동이 일정한 상태에서 산출을 증가시킨다. 새로운 윤활유는 기계를 더 빠른 속도로 돌게 하므로 더 많이 생산할 수 있다.
- 더 양질의 제품을 낳는다. 자동차의 안정성과 안락감이 꾸준히 높아진다.
- 신제품이 생겨난다. 아이패드, 무선통신기술, 평면 모니터, 자율주행 자동차의 도입을 생각해보자.
- 더 다양한 제품으로 이어진다. 동네 슈퍼마켓에서 구매 가능한 시리얼의 종류가 꾸준히 증가한다.

이렇게 다양한 측면은 겉보기보다 더 유사하다. 재화 그 자체보다 재화가 제공하는 서비스에 대해 생각해보면 이들은 모두 공통점을 보인다. 각각의 경우에 소비자는 더 많은 서비스를 받는다. 양질의 자동차는 더 나은 안정성을, 아이패드나 빨라진 통신기술과 같은 신제품은 더 좋은 통신 서비스를 제공한다. 산출을 경제에서 생산되는 재화가 제공하는 서비스의 종류로 간주한다면 기술진보는 결국 자본량과 노동량이 일정한 가운데 산출의 증가를 낳는 것으로 볼 수 있다. 그렇다면 **기술상태**(state of technology)는 특정 시점에서 주어진 노동과 자본의 양으로부터 얼마나 많은 산출이 생산될 수 있는지를 말해주는 변수로 볼 수 있다. 이제 기술상태를 A로 나타내면 생산함수는 다음과 같이 다시 나타낼 수 있다.

2장의 초점상자 '실질 GDP, 기술진보, 컴퓨터 가격'에서 보았듯이 재화를 다수의 기초적 서비스를 제공하는 수단으로 간주하는 것은 컴퓨터에 대한 가격지수를 구축하는 데 사용되는 방법이다.

$$Y = F(K, N, A)$$
$$(+, +, +)$$

이것이 확장된 생산함수이다. 산출은 자본(K)과 노동(N)뿐만 아니라 기술상태(A)에도 의존한다. 노동과 자본이 일정할 때 기술 상태 A의 개선은 산출 증가로 이어진다.

단순화를 위해 여기서는 인적 자본을 무시할 것이다. 이에 대해서는 이 장 뒷부분에서 다시 다룬다.

그러나 앞의 식보다 좀 더 제한적인 다음의 형태를 사용하는 것이 편리할 것이다.

$$Y = F(K, AN) \tag{12.1}$$

이 식은 생산이 자본과 기술상태로 곱해진 노동에 의존한다는 것을 말한다. 기술상태를 이렇게 도입하면 기술진보가 산출, 자본, 노동 간의 관계에 미치는 효과에 대해 쉽게 생각할 수 있다. 식

(12.1)은 기술진보를 두 가지 동등한 방식으로 생각해볼 수 있음을 시사한다.

- 기술진보는 일정한 산출을 생산하는 데 필요한 노동자의 수를 감소시킨다. A가 2배로 늘어나면 기업은 원래의 노동자 수 N의 절반만으로 동일한 양의 산출을 생산할 수 있다.
- 기술진보는 일정한 노동자가 생산할 수 있는 산출을 **증가**시킨다. AN은 경제 내에 존재하는 **유효노동**(effective labor)으로 볼 수 있다. 기술 A가 2배가 되는 것은 마치 경제에 2배로 노동자가 많은 셈이다. 즉 산출은 자본 K와 유효노동 AN 두 가지 요소에 의해 생산된다고 볼 수 있다.

AN은 **효율성 단위로 측정한 노동**(labor in efficiency units)으로 불리기도 한다. '효율성 단위'에서 '효율성'을 사용한 것과 6장에서 '효율성 임금'에 대해 '효율성'을 사용한 것은 우연의 일치다. 두 개념은 관련이 없다.

확장된 생산함수식 (12.1)에는 어떤 제약을 가해야 할까? 11장의 논의에 기초해 직접 부가할 수 있다.

반복하지만, 규모에 대한 수확불변을 가정하는 것이 합리적이다. 기술상태 A가 일정할 때 자본량 K와 노동량 N을 2배로 늘리면 산출도 2배가 될 것이다.

$$F(2K,\, 2AN) \;=\; 2Y$$

더 일반적으로 일정한 x에 대해 다음이 성립한다.

$$F(x\,K,\, x\,AN) \;=\; xY$$

또한 자본과 유효노동 각각에 대해 수확체감을 가정하는 것이 합리적이다. 유효노동이 일정할 때 자본 증가는 산출을 증가시키지만, 증가 규모는 점차 감소한다. 마찬가지로 자본이 일정할 때 유효노동의 증가는 산출을 증가시키지만, 증가 규모는 점차 감소한다.

11장에서는 **노동자 1인당 산출**과 **노동자 1인당 자본**을 중심으로 생각하는 것이 편리했다. 경제의 정상상태는 노동자 1인당 산출과 노동자 1인당 자본이 일정한 상태이기 때문이다. 여기서는 **유효노동자 1인당 산출**과 **유효노동자 1인당 자본**을 중심으로 살펴보는 것이 편리하다. 이유는 마찬가지다 : 앞으로 보겠지만 정상상태에서 **유효노동자 1인당 산출**과 **유효노동자 1인당 자본**은 일정하다.

유효노동자 1인당 산출과 유효노동자 1인당 자본의 관계를 얻기 위해 앞의 식에서 $x = 1/AN$으로 두어 보자. 그러면 다음을 얻을 수 있다.

노동자 1인당은 노동자 수(N)로 나눈 값이다. 유효노동자 1인당은 노동자 수 N을 기술상태 A로 곱한 유효노동자 수(AN)로 나눈 것이다.

$$\frac{Y}{AN} \;=\; F\!\left(\frac{K}{AN},\, 1\right)$$

또는 함수 f를 $f(K/AN) = F(K/AN,\, 1)$로 정의하자.

$$\frac{Y}{AN} \;=\; f\!\left(\frac{K}{AN}\right) \tag{12.2}$$

요약하면, **유효노동자 1인당 산출**(좌변)은 **유효노동자 1인당 자본**(우변의 괄호 안)의 함수이다.

유효노동자 1인당 산출과 유효노동자 1인당 자본의 관계는 그림 12-1에 나타나 있다. 이 그림

F가 '이중 근호' 형태를 갖는다고 하자.
$Y = F(K,\, AN) = \sqrt{K}\,\sqrt{A/N}$
즉
$$\frac{Y}{AN} = \frac{\sqrt{K}\,\sqrt{A/N}}{AN} = \frac{\sqrt{K}}{\sqrt{A/N}}$$
가 성립한다. 따라서 이 경우 함수 f는 단순히 제곱근 함수이다 : $f\!\left(\dfrac{K}{AN}\right) = \sqrt{\dfrac{K}{AN}}$

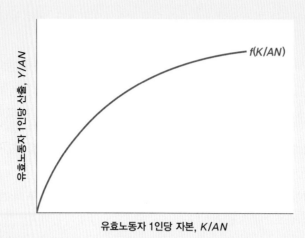

그림 12-1

유효노동자 1인당 산출과 유효노동자 1인당 자본
자본에 대한 수확체감 때문에 유효노동자 1인당 자본이 증가함에 따라 유효노동자 1인당 산출의 증가 규모는 점차 감소한다.

은 기술진보가 없을 때의 노동자 1인당 산출과 노동자 1인당 자본의 관계를 표현한 그림 11-2와 매우 유사해 보인다. 그림 11-2에서 K/N의 증가는 Y/N의 증가를 낳지만, 그 증가 규모는 점차 감소한다. 여기서도 K/AN의 증가는 Y/AN의 증가를 낳지만, 그 증가 규모는 점차 감소한다.

산출과 자본의 상호작용

이제 성장의 결정요인을 살펴보는 데 필요한 요소를 모두 갖추었다. 이 장의 분석은 11장의 분석과 유사하다. 11장에서 노동자 1인당 산출과 노동자 1인당 자본의 동학을 살펴보았다. 여기서는 유효 **노동자 1인당 산출과 유효노동자 1인당 자본의 동학을 살펴본다.**

이 절의 결과를 이해하는 간단한 방법은 다음과 같다. 11장에서 노동자 *1인당 산출*에 대해 유도한 결과는 이 장에서 여전히 성립한다. 다만 유효노동자 *1인당 산출*에 대해 성립하는 것이다. 예를 들어 11장에서는 1인당 산출이 정상상태에서 일정함을 보았다. 이 장에서는 유효노동자 1인당 산출이 정상상태에서 일정하다는 것을 볼 것이다. 다른 것도 마찬가지이다.

11장에서는 그림 11-2를 통해 노동자 1인당 산출과 자본이 갖는 동학의 특성을 살펴보았다. 그림에서는 세 가지 관계를 얻을 수 있었다.

- 노동자 1인당 산출과 노동자 1인당 자본의 관계
- 노동자 1인당 투자와 노동자 1인당 자본의 관계
- 노동자 1인당 감가상각(또는 노동자 1인당 자본을 일정하게 유지하는 데 필요한 노동자 1인당 투자)과 노동자 1인당 자본

노동자 1인당 자본의 동학 그리고 그에 따른 노동자 1인당 산출은 노동자 1인당 투자와 노동자 1인당 감가상각의 관계에 의해 결정되었다. 노동자 1인당 투자가 노동자 1인당 감가상각보다 크냐 또는 작냐에 따라 노동자 1인당 자본은 시간이 지남에 따라 증가하거나 감소하며 노동자 1인당

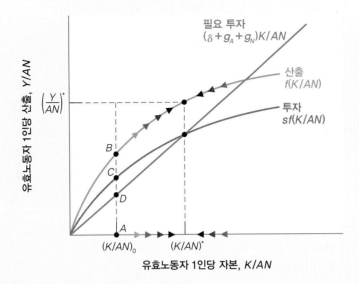

그림 12-2

유효노동자 1인당 자본과 유효노동자 1인당 산출의 동학

유효노동자 1인당 자본과 유효노동자 1인당 산출은 장기적으로 일정한 값으로 수렴한다.

산출도 마찬가지 움직임을 보인다.

그림 12-2도 동일한 접근방식을 따른다. 차이점은 노동자 1인보다는 **유효노동자 1인**을 기준으로 살펴보는 것이다.

■ 유효노동자 1인당 산출과 유효노동자 1인당 자본의 관계는 그림 12-1에 유도되었다. 이러한 관계는 그림 12-2에 반복되어 있다. 유효노동자 1인당 산출은 유효노동자 1인당 자본에 따라 증가하지만 그 증가 규모는 점차 감소한다.

■ 11장과 동일한 가정(투자가 민간저축과 동일하고 민간저축률은 일정하다는 가정)하에서 투자는 다음으로 주어진다.

$$I = S = sY$$

양변을 동일한 유효노동자 수 AN으로 나누면 다음을 얻는다.

$$\frac{I}{AN} = s\frac{Y}{AN}$$

유효노동자 1인당 산출 Y/AN를 식 (12.2)로 바꾸어주면 다음과 같다.

$$\frac{I}{AN} = sf\left(\frac{K}{AN}\right)$$

유효노동자 1인당 투자와 유효노동자 1인당 자본의 관계는 그림 12-2에 나타나 있다. 이는 유효노동자 1인당 산출과 유효노동자 1인당 자본의 관계를 나타내는 위쪽 곡선에 저축률 s를 곱한 것과 같으며 아래쪽 곡선이 이에 해당한다.

■ 마지막으로 유효노동자 1인당 자본 수준을 일정하게 유지하기 위해 유효노동자 1인당 투자가 얼마나 필요한지 질문해보아야 한다.

11장에서 $g_A = 0$과 $g_N = 0$을 가정했다. 이 장에서의 초점은 기술진보($g_A > 0$)의 시사점에 있다. 그러나 일단 기술진보를 허용하게 되면 인구성장 $g_N > 0$의 도입은 당연해진다. 따라서 이 장에서는 $g_A > 0$과 $g_N > 0$을 모두 허용한다.

11장에서 자본이 일정하게 유지되려면 투자가 기존 자본량에 대한 감가상각과 같아야 한다는 것이 답임을 보았다. 여기서의 답은 다소 복잡하다. 이유는 다음과 같다 : 기술진보를 허용했기 때문에(따라서 시간에 따라 A가 증가) 유효노동자 AN이 시간에 지남에 따라 증가한다. 따라서 유효노동자 1인당 자본의 비율 K/AN를 일정하게 유지하기 위해서는 유효노동자 수 AN의 증가에 비례해 자본량 K가 증가해야 한다. 이 조건을 더 자세히 살펴보자.

δ를 자본의 감가상각률, g_A를 기술진보율, g_N을 인구증가율이라 하자. 총인구 대비 고용의 비율이 일정하다고 가정하면 노동자 수 N 역시 연간 g_N율로 증가한다. 이들 가정은 합쳐서 유효노동 AN의 증가율이 $g_A + g_N$임을 시사한다. 예를 들어 노동자 수가 연간 1%로 성장하고 기술진보율이 연간 2%라면 유효노동자 증가율은 연간 3%이다.

두 변수의 곱의 성장률은 각 변수 성장률의 합이다. 이 책 끝부분 부록 2의 명제 7을 참조하라.

따라서 이들 가정은 유효노동자 1인당 자본을 일정 수준으로 유지하기 위한 투자 수준이 다음과 같음을 시사한다.

$$I = \delta K + (g_A + g_N)K$$

이를 정리하면 다음과 같다.

$$I = (\delta + g_A + g_N)K \tag{12.3}$$

자본량을 일정하게 유지하기 위해서는 δK가 필요하다. 감가상각률이 10%라면 동일한 규모의 자본을 유지하기 위해서는 자본량의 10%에 해당하는 투자가 발생해야 한다. 그리고 유효노동과 동일한 비율로 자본량이 증가하기 위해서는 추가로 $(g_A + g_N)K$가 필요하다. 예를 들어 유효노동이 연간 3%로 증가하려면 자본이 연간 3%로 증가해야 유효노동자 1인당 자본이 동일한 수준으로 유지된다. δK와 $(g_A + g_N)K$를 합하면 : 감가상각률이 10%이고 유효노동 증가율이 3%이면 유효노동자 1인당 자본량을 일정 수준으로 유지하기 위해서 자본량의 13%에 해당하는 투자가 발생해야 한다.

유효노동자 1인당 자본량을 일정하게 유지하기 위해 필요한 유효노동자 1인당 투자 규모를 얻기 위해서 위 식을 유효노동자 수로 나누면 다음 식과 같다.

$$\frac{I}{AN} = (\delta + g_A + g_N)\frac{K}{AN}$$

유효노동자 1인당 자본을 일정 수준으로 유지하기 위해 필요한 유효노동자 1인당 투자 수준은 그림 12-2에서 양의 기울기를 가진 직선 '필요 투자'로 나타나 있다. 이 직선의 기울기는 $(\delta + g_A + g_N)$이다.

자본과 산출의 동학

이제 유효노동자 1인당 산출과 유효노동자 1인당 자본의 동학을 그림으로 살펴보자.

유효노동자 1인당 자본이 일정 수준에 있다고 하자. 예를 들어 그림 12-2에서 $(K/AN)_0$으로 주어졌다고 하자. 이 수준에서 유효노동자 1인당 산출은 수직거리 AB와 같다. 유효노동자 1인당 투자는 AC와 같다. 유효노동자 1인당 자본을 일정하게 유지하기 위해 필요한 투자의 규모는 AD이다. 실제 투자가 유효노동자 1인당 자본의 기존 수준을 유지하기 위해 필요한 투자를 넘어서기 때문에 K/AN는 증가한다.

따라서 $(K/AN)_0$에서 출발해 시간이 지남에 따라 경제는 오른쪽으로 움직여 가며 유효노동자 1인당 자본 규모는 증가한다. 이러한 상황은 유효노동자 1인당 투자가 기존의 유효노동자 1인당 자본 수준을 유지하기에 정확히 충분하게 될 때까지, 즉 유효노동자 1인당 자본이 $(K/AN)^*$가 될 때까지 지속된다.

장기적으로 유효노동자 1인당 자본은 일정한 수준에 도달하고 그에 따라 유효노동자 1인당 산출도 마찬가지다. 즉 이 경제의 정상상태는 유효노동자 1인당 자본과 유효노동자 1인당 산출이 일정한 상태로 각각 $(K/AN)^*$와 $(Y/AN)^*$와 같다.

이는 정상상태에서 산출(Y)이 유효노동(AN)과 같은 율로 증가하고 그에 따라 두 변수의 비율이 일정하다는 것을 의미한다. 유효노동이 $(g_A + g_N)$율로 증가하므로 정상상태에서 산출 증가율 역시 $(g_A + g_N)$이다. 마찬가지 추론이 자본에도 적용된다. 유효노동자 1인당 자본이 정상상태에서 일정하므로 자본 역시 $(g_A + g_N)$율로 증가한다.

유효노동자 1인당 자본 또는 산출을 기준으로 볼 때 이러한 결과들은 다소 추상적이다. 그러나 이들 결과를 더 직관적으로 설명하는 것은 쉬운데, 그 첫 번째 중요한 결과가 다음과 같다 : **정상상태에서 경제성장률은 인구증가율(g_N)에 기술진보율(g_A)을 더한 것이다. 이는 경제성장률이 저축률과 무관함을 의미한다.**

직관을 강화하기 위해 11장에서 사용했던 주장으로 돌아가 기술진보와 인구증가가 없을 경우 경제는 양(+)의 경제성장률을 영원히 유지할 수 없다는 것을 살펴보자.

■ 논리는 다음과 같다 : 경제가 양의 경제성장률을 유지하려 한다고 하자. 자본에 대한 수확체감 때문에 자본은 산출보다 더 빠르게 증가해야 한다. 경제는 산출의 더 많은 부분을 자본축적에 투입해야 한다. 일정 시점이 되면 더 이상 자본축적에 투입할 산출은 남아 있지 않다. 성장은 결

◀ Y/AN가 일정하다면 Y는 AN과 동일한 비율로 성장해야 한다. 따라서 이는 $g_A + g_N$율로 성장해야 한다.

국 멈춘다.

■ 정확히 동일한 논리가 여기서도 작동한다. 유효노동은 $(g_A + g_N)$율로 증가한다. 경제가 $(g_A + g_N)$을 넘어서는 경제성장률을 유지하려 한다고 하자. 자본에 대한 수확체감으로 말미암아 자본은 산출보다 더 빠르게 증가해야만 한다. 경제는 산출 중 점점 더 많은 비중을 자본축적을 위해 투입해야만 한다. 일정 시점에 이르면 이는 결국 불가능하게 된다. 따라서 경제는 $(g_A + g_N)$보다 더 빠른 속도로 영원히 성장할 수 없다.

지금까지는 총산출의 행태에 초점을 맞추었다. 총산출보다는 시간 경과에 따른 생활 수준의 변화를 파악하기 위해서는 노동자 1인당 산출의 행태를 보아야 한다. 여기서 관심 있는 것이 유효노동자 1인당 산출은 아니라는 점에 주의해야 한다. 산출이 $(g_A + g_N)$율로 증가하고 노동자 수가 g_N율로 증가하면 노동자 1인당 산출은 g_A율로 증가한다. 즉 경제가 정상상태에 있을 때 노동자 1인당 산출은 기술진보율로 성장한다.

정상상태에서 산출, 자본, 유효노동이 모두 동일한 $(g_A + g_N)$율로 성장하므로 이 경제의 정상상태는 **균형성장**(balanced growth) 상태로도 불린다. 정상상태에서 산출과 두 생산요소, 즉 자본과 유효노동은 동일한 율로 '균형을 맞추어' 성장한다. 표 12-1에 균형성장의 특성이 요약되어 있는데 이 장의 뒷부분에서 도움이 될 것이다.

균형성장 경로상에서(마찬가지로 정상상태에서 또는 장기적으로)

■ 유효노동자 1인당 자본과 산출은 일정하다. 이는 그림 12-2에서 유도한 결과이다.
■ 노동자 1인당 자본과 산출은 기술진보율 g_A율로 성장한다.
■ 또는 노동, 자본, 산출로 나타내면 **노동**은 인구성장률 g_N으로 증가하고 **자본**과 **산출**은 인구증가율과 기술진보율의 합 $(g_A + g_N)$으로 성장한다.

Y/N의 성장률은 Y의 성장률에서 N의 성장률을 차감한 것과 같다(책 끝부분 부록 2의 명제 8 참조). 따라서 Y/N의 증가율은 $(g_Y - g_N) = (g_A + g_N) - g_N = g_A$이다.

표 12-1	균형성장의 특성	
		성장률
1	유효노동자 1인당 자본	0
2	유효노동자 1인당 산출	0
3	노동자 1인당 자본	g_A
4	노동자 1인당 산출	g_A
5	노동	g_N
6	자본	$g_A + g_N$
7	산출	$g_A + g_N$

저축률의 효과 재검토

정상상태에서 경제성장률은 인구증가율과 기술진보율에만 의존한다. 저축률의 변화는 정상상태 성장률에 영향을 미치지 않는다. 그러나 저축률의 변화는 정상상태에서의 유효노동자 1인당 산출 수준을 증가시킨다.

이 결과는 저축률이 s_0에서 s_1로 증가할 때의 효과를 보여주는 그림 12-3을 통해 가장 잘 볼 수 있다. 저축률 증가는 투자관계를 $s_0 f(K/AN)$에서 $s_1 f(K/AN)$로 이동시킨다. 이에 따라 정상상태에서의 유효노동자 1인당 자본은 $(K/AN)_0$에서 $(K/AN)_1$으로 증가하고 그에 대응해 유효노동자 1인당 산출 규모는 $(Y/AN)_0$에서 $(Y/AN)_1$으로 증가한다.

저축률 증가를 따라 유효노동자 1인당 자본과 유효노동자 1인당 산출이 일정 기간 증가해 새로이 높은 수준으로 수렴해 간다. 그림 12-4는 산출의 추이를 보여준다. 산출은 로그 기준으로 나타냈다. 경제는 처음에 균형성장 경로 AA에 위치한다. 산출은 $(g_A + g_N)$율로 증가하므로 AA의 기울기는 $(g_A + g_N)$과 같다. 저축률이 t시점에 증가한 후 산출은 일정 기간 더 빠르게 성장한다. 결국 산출은 저축 증가가 없었을 때보다 더 높은 수준에 도달한다. 그러나 성장률은 $g_A + g_N$으로 복귀한다. 새로운 정상상태에서 경제는 이전과 동일한 율로 성장하지만, 더 높아진 성장경로 BB 위에 놓인다. BB는 AA와 평행하고 그 기울기 역시 $(g_A + g_N)$과 같다.

요약하면, 기술진보와 인구증가가 발생하는 경제에서 시간이 지남에 따라 산출은 성장한다. 정상상태에서 **유효노동자 1인당 산출**과 **유효노동자 1인당 자본**은 일정하다. 다시 말해 **노동자 1인당 산출**과 **노동자 1인당 자본**은 기술진보율만큼 성장한다. 또 달리 표현하면, 산출과 자본은 유효노동의

그림 12-4는 그림 11-5와 같으며 여기서 소개된 유도 과정을 따른다.

◀ 로그값에 대한 설명은 이 책 끝부분의 부록 2를 참조하라. 로그값이 사용되면 변수는 직선을 따라 일정 율로 변화한다. 직선의 기울기는 변수의 성장률과 동일하다.

그림 12-3

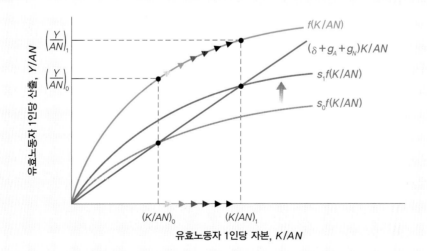

저축률 증가의 파급효과 I
저축률 증가는 정상상태에서의 유효노동자 1인당 산출과 유효노동자 1인당 자본을 증가시킨다.

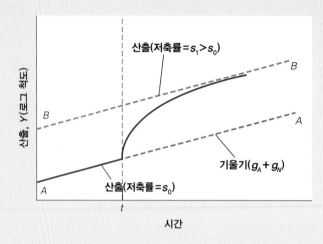

그림 12-4

저축률 증가의 파급효과 II
저축률 증가는 경제가 새로이 더 높아진 균형성장 경로에 도달할 때까지 고성장을 낳는다.

증가율과 동일한 율로 성장하며 그에 따라 그 성장률은 노동자 수의 증가율에 기술진보율을 더한 값과 같은 율로 성장한다. 경제가 정상상태에 있을 때 균형성장 경로에 놓인다고 한다.

정상상태에서 경제성장률은 저축률과 독립적이다. 그러나 저축률은 정상상태에서의 유효노동자 1인당 산출의 수준에 영향을 미친다. 그리고 저축률 증가는 일정 기간 동안 정상상태 성장률을 넘어서는 경제성장률의 상승을 낳는다.

12-2 기술진보율의 결정요인

방금 노동자 1인당 산출의 성장률은 궁극적으로 기술진보율에 의해 결정된다는 것을 보았다. 이는 자연스럽게 다음 질문으로 이어진다. 무엇이 기술진보율을 결정할까? 이 절에서 다루는 질문이 바로 이것이다.

기술진보라는 용어는 중대한 발견들의 이미지를 떠올리게 한다. 마이크로 칩의 발명, DNA 구조의 발견 등이 그것이다. 이러한 발견은 대체로 경제적 힘보다는 과학적 연구와 운에 의해 주도되는 과정임을 시사한다. 그러나 사실 현대 경제에서 대부분의 기술진보는 단조로운 과정의 산물이다. 즉 기업에 의한 **연구개발**(research and development, R&D) 활동의 결과물이다. 기업의 R&D 지출은 10장에서 보았던 주요 부국(미국, 프랑스, 일본, 영국)에 있어 GDP의 2~3%를 점하고 있다. R&D 분야에서 활동하는 약 100만 명의 미국 과학자와 연구자 중 75%를 기업에서 고용하고 있다. 미국 기업의 R&D 지출은 이들이 하는 총투자지출의 20%를 상회하며 이들이 하는 순투자(총투자감가상각)지출의 60%를 상회한다.

기업은 새로운 기계를 구입하고 새로운 공장을 건설하는 이유와 똑같은 이유로 R&D에 지출한다. 즉 이윤을 높이기 위해서이다. R&D 지출을 증가시킴으로써 기업은 신제품을 개발하고 개발할 확률을 높인다. [앞으로 '제품(product)'은 새로운 재화 또는 새로운 생산기법을 나타내는 고유한 용어로 사용된다.] 새로운 제품이 성공적이면 기업의 이윤이 증가할 것이다. 그러나 기계를 구입하는 것과 R&D에 지출하는 것에는 중요한 차이가 있다. 차이는 바로 R&D의 결과물이 근본적으로 아이디어라는 점이다. 그리고 기계와 달리 아이디어는 수많은 기업이 동시에 사용할 수 있는 잠재성을 갖는다. 방금 새로운 기계를 구입한 기업은 다른 기업이 곧바로 그 기계를 사용할까 걱정할 필요가 없다. 자신의 기계이기 때문이다. 그러나 새로운 제품을 발견하고 개발한 기업은 그런 가정을 할 수 없다.

바로 이 때문에 R&D 지출 규모가 **연구 과정의 산출력**(fertility of research, R&D 지출 중 얼마가 새로운 아이디어와 새로운 제품으로 이어지는가)뿐만 아니라 연구 결과의 **전유 가능성**(appropriability, 기업이 자신의 R&D 결과물로부터 혜택을 받는 정도)에도 의존한다. 이제 이 두 측면을 순서대로 살펴보자.

연구 과정의 산출력

연구 산출력이 매우 높다면, 즉 R&D 지출이 많은 신제품으로 이어진다면 기업은 R&D 지출을 증가시킬 강력한 유인을 갖는다. R&D 지출과 기술진보율은 더 높아질 것이다. 연구 산출력의 결정 요인은 대체로 경제학 영역을 벗어난 곳에 위치한다. 여기에는 많은 요인이 상호작용한다.

연구 과정의 산출력은 기초연구(일반적 원리와 결과에 대한 탐색)와 응용연구개발(이들 결과의 특정한 용처에의 응용과 새로운 제품의 개발) 사이의 성공적인 상호작용에 의존한다. 기초연구 자체가 기술진보로 이어지는 것은 아니다. 그러나 응용R&D의 성공은 결국 기초연구에 의존한다. 컴퓨터 산업 발전의 대부분은 트랜지스터 발명부터 마이크로 칩의 발명에 이르기까지 소수의 돌파구에서 비롯한다. 소프트웨어 측면에서 많은 발전은 수학 발전에 기인한다. 예를 들어 암호화의 발전은 소수(prime number) 이론의 발전에서 비롯한다.

어떤 나라는 기초연구에서 더 성공적인 것으로 보이고, 다른 나라는 응용R&D에서 더 성공적이다. 연구에 따르면 교육체계 차이가 그 이유 중 하나이다. 예를 들어 프랑스의 고등교육체계는 추상적 사고를 크게 강조해 응용R&D보다는 기초연구에 더 뛰어난 연구사들을 배출해낸다고 한다. 연구에 따르면 '기업가 정신을 가진 문화'의 중요성을 지적한다.

주요한 발견이 갖는 잠재성이 완전히 실현되기까지는 수년, 때로는 수십 년이 걸린다. 일반적인 순서는 주요 발전이 잠재적 응용분야에 대한 탐구로 이어지고 이어서 새로운 제품이 개발되고 마지막으로는 이들 신제품의 채택이 생겨난다. 초점상자 '신기술의 확산 : 교배종 옥수수'는 아이디

11장에서 생산에 대한 투입요소로서 인적자본의 역할을 살펴보았다. 더 교육받은 사람일수록 더 복잡한 기계나 더 복잡한 과제를 다룰 수 있다. 여기서는 인적자본의 두 번째 역할을 살펴본다 : 더 나은 연구자와 과학자는 기술진보율을 높인다.

신기술의 확산 : 교배종 옥수수

기술은 하루아침에 개발되거나 수용되는 것이 아니다. 신기술 확산에 관한 최초의 연구 중 하나는 1957년 하버드대학교 경제학자 그릴리커스(Zvi Griliches)가 수행했는데, 그는 미국의 다른 주에서의 교배종 옥수수의 확산을 살펴보았다.

교배종 옥수수는 그릴리커스의 표현을 빌리면 '발명 방법의 발명'이었다. 교배종 옥수수의 생산은 상이한 종류의 옥수수를 교배함으로써 국지적 조건에 적합한 옥수수 유형을 개발하는 과정이다. 교배종 옥수수의 도입은 옥수수 수확량을 20%까지 증가시킬 수 있다.

교배종 아이디어는 20세기 초에 개발되었지만, 첫 상용화는 1930년대 미국에서 이루어졌다. 그림 1은 교배종 옥수수가 1932~1956년 사이 미국의 일부 주에서 수용되어가는 속도를 보여준다.

이 그림은 두 가지 동태적 과정이 작용함을 보여준다. 하나는 개별 주에 적합한 다양한 교배종 옥수수의 변종이 발견되는 과정이다. 교배종 옥수수는 북부 주(아이오와, 위스콘신, 켄터키)에서 구할 수 있게 된 지 10년이 지나서야 남부 주(텍사스, 앨라배마)에서 구할 수 있게 되었다. 다른 하나는 교배종 옥수수가 각 주 안에서 수용되는 속도이다. 도입 8년 만에 아이오와의 모든 옥수수는 사실상 교배종 옥수수가 되었다. 남부 지역에서는 이 과정이 훨씬 느렸다. 앨라배마주에서 도입된 지 10년 이상이 지난 지금, 교배종 옥수수는 총 경작지의 60%에 불과하다.

왜 남부보다 아이오와에서 교배종 옥수수의 수용 속도가 더 높았을까? 그릴리커스의 논문은 그 이유가 경제적인 데 있음을 보여주었다. 각 주의 수용 속도는 교배종 옥수수 수용에 따른 수익성의 함수였다. 교배종 옥수수는 남부 지역보다 아이오와주에서 수익성이 더 높았다.[1]

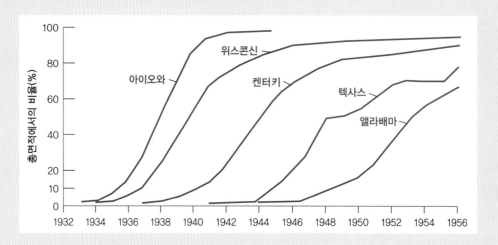

그림 1

미국 일부 주에서 교배종 옥수수 수용 비율(1932~1956년)

1 출처 : Zvi Griliches, "Hybrid Corn: An Exploration in the Economics of Technological Change," *Econometrica* 1957, Vol 25, No. 4, pp. 501-522. 기술 수용의 다양하고 순조로운 수용 사례는 https://ourworldindata.org/technology -adoption을 참조하라.

어의 확산 과정에 대한 최초 연구 결과 중 하나를 보여준다. 더 친숙한 예는 개인용 컴퓨터이다 : 개인용 컴퓨터가 상업적으로 소개(1976년에 애플 I이 출현)된 지 40년이 지난 후에야 사람들은 개인용 컴퓨터의 용도를 막 발견한 것처럼 대했다.

오래된 우려는 대부분의 주요 발견이 이미 발생했고, 연구 생산성은 점점 떨어질 것이며, 기술진보의 속도가 이제 늦춰질 것이라는 것이다. 이러한 걱정은 채광에 대한 사고방식으로부터 오는 것 같다. 더 높은 등급의 광산이 우선 활용되고 점차 더 낮은 등급의 광산을 활용해야만 하는 것이 채광의 모습이다. 그러나 이는 단지 유추에 불과하며 지금껏 이것이 옳다는 증거는 보이지 않는다.

연구 결과의 전유 가능성

R&D와 기술진보를 결정하는 두 번째 요인은 연구 결과의 전유 가능성이다. 기업이 신제품 개발에 따른 이윤을 확보할 수 없다면 R&D에 나서지 않고 기술진보는 느려질 것이다. 여기서도 많은 요인이 작용한다.

우선 연구 과정의 성격 자체가 중요하다. 예를 들어 한 기업의 신제품 발견이 다른 기업에서의 개선된 제품의 발견으로 빠르게 이어질 것으로 기대된다면 1등이 되는 데 따른 보상이 작다. 즉 어떤 기업도 투자가치를 발견하지 못하기 때문에 산출력이 매우 높은 연구라 해도 높은 수준의 R&D가 발생하지 않을 것이다. 이 예는 극단적이지만 본질적인 문제를 드러낸다.

이보다 더 중요한 것은 신제품에 대한 법적 보호이다. 법적 보호가 없다면 신제품 개발에 따른 이윤은 작을 것이다. 코카콜라처럼 영업비밀에 기반을 둔 제품과 같은 극히 일부의 경우를 제외하고, 일반적으로 다른 기업이 동일한 제품을 만들어 혁신기업이 초기에 가졌던 장점을 소멸시키는 데는 오래 걸리지 않는다. 그 때문에 특허법이 존재하는 것이다. **특허**(patent)는 새로운 제품(통상 새로운 기법이나 장치)을 개발한 기업에게 다른 기업들이 일정 기간 신제품의 생산이나 사용을 하지 못하게 하는 권리를 부여한다.

특허법은 어떻게 설계되어야 할까? 한편으로 특허보호는 기업에게 R&D에 지출할 유인을 제공해야 한다. 다른 한편으로 일단 기업이 신제품을 개발한 뒤라면 전체 사회로서는 이들 신제품에 담긴 지식이 다른 기업이나 사람들이 제한 없이 이용하도록 하는 것이 최선일 것이다. 예를 들어 생명기술 연구를 보자. 큰 수익을 낼 수 있다는 전망만이 생명공학기업으로 하여금 고비용의 연구 프로젝트에 뛰어들게 할 것이다. 일단 기업이 신제품을 개발한 뒤라면 그리고 제품이 많은 생명을 구할 수 있다면 모든 잠재적 사용자에게 일정 비용을 지불하게 하더라도 이용 가능하도록 하는 것이 분명히 최선일 것이다. 그러나 이러한 정책이 체계적으로 추구된다면 기업들이 앞장서서 연구에 뛰어들 유인이 사라질 것이다. 따라서 특허법은 힘든 균형을 맞추어 가야 한다. 지나치게 약한 보호는 R&D의 위축으로 이어질 것이다. 또한 지나치게 심한 보호는 새로운 R&D가 과거의 R&D 결과들을 활용하기 어렵게 만들고 결국 R&D의 위축을 낳을 것이다. (클로닝에 대한 만화는 양질의 특허법이나 지적재산권 법률을 설계하는 어려움을 보여준다.)

이러한 유형의 딜레마는 '동태적 비일관성(time inconsistency)'으로 알려져 있다. 22장에서는 다른 예를 살펴보고 이를 논의할 것이다.

이 문제는 특허법을 넘어선다. 논란이 많은 예 두 가지를 살펴보면 나름과 같다. 오픈소스의 역할은 무엇인가? 학생들은 원저자에게 아무런 보상 없이 음악, 영화, 심지어 교과서까지도 다운로드해야 하는가?

혁신 대 모방

R&D가 기술진보의 핵심이지만, 다른 요인도 중요할 수 있다. 기존 기술을 더 효율적으로 사용할 수도 있다. 또한 기업 간의 격심한 경쟁은 그들이 더 효율적이 되도록 압박한다. 초점상자 '경영방식 : 기술진보의 또 다른 차원'에서 보듯이 훌륭한 경영진은 기업 생산성에 큰 차이를 만들어낸다. 마지막으로 일부 국가의 경우 다른 국가보다 R&D가 덜 중요할 수 있다.

이러한 맥락에서 최근의 경제성장 연구는 혁신에 의한 성장과 모방에 의한 성장의 구별을 강조한다. 성장을 지속하려면 **기술 프런티어**(technology frontier)에 놓인 선진국은 혁신해야 한다. 이는 R&D에 막대한 지출을 요구한다. 첨단기술과는 거리가 먼 가난한 국가들은 신기술 개발 대신 기존 기술을 도입하고 채택함으로써 혁신보다는 모방을 통해 크게 성장할 수 있다. 기존 기술의 도입과 적응은 지난 30년간 중국이 높은 성장을 이룩하는 데 중심적 역할을 했다.

혁신과 모방의 차이는 (중국에서처럼) 기술 후발국에서 특허보호가 허술한 이유도 설명한다. 이상의 논의는 그 이유를 설명한다. 이들 국가는 일반적으로 신기술의 생산국이라기보다는 사용자에 해당한다. 생산성 향상은 국내의 발명이 아니라 외국기술의 적응에서 비롯한다. 그래서 어차피 국내에서의 발명이 거의 없을 것이기 때문에 취약한 특허보호의 비용은 적다. 하지만 낮은 수준의 특허보호의 이점은 분명한다. 국내기업은 기술을 개발한 외국기업에게 큰 로열티를 지불하지 않고도 외국기술을 사용하고 적응할 수 있다.

이 단계에서 다음과 같은 질문을 할 수 있다. 빈곤국에서 기술진보가 혁신 과정이 아닌 모방 과

경영방식 : 기술진보의 또 다른 차원

기술과 노동자의 인적자본이 일정할 때 기업의 경영방식 또한 성과에 영향을 미친다. 일부 경제학자는 기술혁신을 포함해 기업의 성과를 결정짓는 많은 다른 요인보다 경영방식이 더 큰 영향을 미칠 수 있다고 생각한다. 유럽, 미국, 아시아의 4,000개가 넘는 중소제조업체의 경영방식과 실적을 조사한 프로젝트에서 스탠퍼드대학교의 블룸(Nick Bloom)과 LSE의 리넨(John Van Reenen)은 전 세계 기업이 같은 기술이라도 양질의 경영기법을 적용하면 더 우수한 성과를 유의하게 나타낸다는 점을 발견했다. 이는 개선된 경영방식이 우수한 경영성과를 낼 수 있는 가장 효과적인 방법 중 하나임을 시사한다.[Nicholas Bloom and John Van Reenen(2010), "Why Do Management Practices Differ across Firms and Countries?" *Journal of Economic Perspectives*, 24(1): pp. 203–204.]

경영방식의 중요성에 대한 놀라운 증거는 블룸이 인도 직물공장 20곳을 대상으로 실시한 실험적 연구에서 비롯한다. 좋은 경영방식의 역할을 조사하기 위해 블룸은 무작위로 선택한 20개 공장을 대상으로 경영방식에 대한 무료 컨설팅을 제공했다. 그 후 경영 컨설팅을 받은 기업과 그렇지 않은 기업의 실적을 비교했다. 그는 양질의 경영방식을 채택하면 품질과 효율성이 향상되고 재고가 감소해 생산성이 18% 향상된다는 사실을 발견했다[Nicholas Bloom, Benn Eifert, Aprajit Mahajan, David McKenzie, and John Roberts(2012), "Does Management Matter? Evidence from India," *Quarterly Journal of Economics*, 120(1): pp 1–51].

정이라면 중국과 다른 아시아 국가와 같은 일부 국가는 왜 그렇게 잘하는가? 많은 아프리카 국가는 왜 그렇지 못할까? 이 질문은 우리를 거시경제학에서 경제발전론으로 인도하며, 이 주제를 제대로 다루려면 경제발전론 교과서가 필요할 것이다. 그러나 이는 완전히 무시하기에는 너무도 중요한 질문이다. 이 문제는 다음 절에서 논의한다.

12-3 제도, 기술진보, 성장

케냐와 미국을 비교해보면 일부 국가는 기존 기술을 모방하는 데 소질이 있는 반면 다른 국가는 그렇지 않은 이유를 알 수 있다. 케냐의 PPP 기준 1인당 GDP는 미국의 PPP 기준 1인당 GDP의 약 1/18이다. 그 차이는 부분적으로는 케냐의 1인당 자본 수준이 훨씬 낮기 때문이다. 그것은 또한 미국의 약 1/13 수준으로 평가되는 케냐의 낮은 기술 수준 때문이다. 왜 케냐의 기술 수준은 이렇게 낮을까? 케냐도 세계에 존재하는 대부분의 기술지식에 접근할 수 있다. 무엇이 선진국의 많은 기술을 수용하고 미국과의 기술격차를 빠르게 해소하는 것을 막고 있을까?

케냐의 지리적 위치와 기후, 문화까지 다양한 답을 생각해볼 수 있다. 그러나 대부분의 경제학자는 이 문제의 주요 원인이 케냐를 포함한 빈국이 가진 제도의 취약성에 놓여 있다고 보고 있다.

경제학자는 어떤 제도를 염두에 두고 있을까? 크게 보아 **사유재산권**(property rights)의 보호가 아마도 가장 중요할 것이다. 이윤이 국가에 의해 강제로 수용되거나 부패한 관료에 대한 뇌물로 뺏기거나 다른 이들에게 도난당한다면 창업을 하고 신기술을 도입하고 투자하려는 개인은 거의 없을 것이다. 그림 12-5는 90개국에 대한 1995년 PPP 기준 1인당 GDP(로그값)와 국제사업자기구가 각국에 대해 추계한 착취로부터의 보호 정도를 측정하는 지수의 조합을 보여준다. 두 수치 간에 양(+)의 상관관계가 두드러진다(그림에는 회귀선도 나타나 있다). 낮은 보호는 낮은 1인당 GDP와 관련되어 있고(그림에서 왼쪽 극단에 콩고민주공화국과 아이티가 있다) 높은 보호 수준은 높은 1인당 GDP와 관련되어 있다(오른쪽 극단에 미국, 룩셈부르크, 노르웨이, 스위스, 네덜란드가 있다).

케냐는 회귀선 아래 놓이는데 이는 1인당 산출이 지수에 기초한 예측보다 낮다는 것을 의미한다. ▶

'사유재산권 보호'란 실제로 무엇을 의미할까? 권력자가 시민들의 재산을 징발하거나 몰수하지 않는 양질의 정치체계를 의미한다. 갈등이 효율적으로 신속하게 해소될 수 있는 양질의 사법체계를 의미한다. 더 자세히 살펴보면 주식시장에서 내부자 거래를 금하는 법률을 의미해 사람들이 기꺼이 주식에 투자해 기업들에 자금을 공급하려 하고, 명료하고 적절히 강제되는 특허법을 의미해

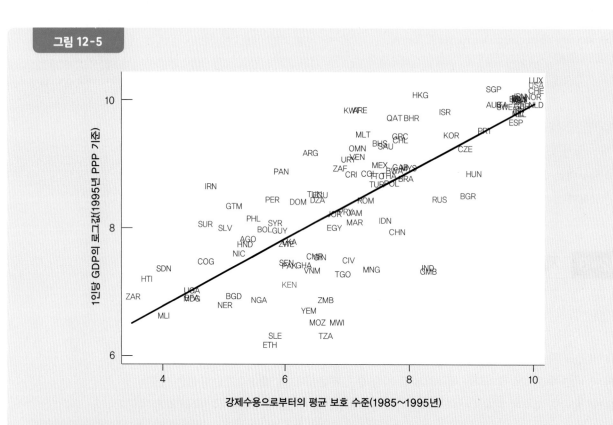

그림 12-5

강제수용으로부터의 보호와 1인당 GDP
강제수용으로부터의 보호 정도와 1인당 GDP 수준에는 강한 양의 관계가 존재한다.

출처 : Daron Acemoglu, "Understanding Institutions," Lionel Robbins Lectures, 2004, London School of Economics. http://economics.mit.edu/files/1353.

제도의 중요성 : 한국과 북한

1945년 일본의 항복 이후 한국은 공식적으로 독립했지만 38도선을 기준으로 양분되었다. 소련군은 북한에, 미군은 한국에 주둔했다. 한반도 전역에 관할권을 주장하려는 양측의 시도가 한국전쟁(1950~1953년)으로 이어졌다. 1953년 휴전협정과 더불어 한국은 공식적으로 북의 '조선민주주의인민공화국'과 남의 '대한민국'으로 분할되었다.

분단 이전부터 한국에서 찾아볼 수 있는 흥미로운 특징은 인종적 · 언어적 동질성이다. 한국과 북한은 동일한 문화와 종교를 가진 본질적으로 동일한 사람들이 거주하고 있었다. 경제적으로도 두 지역은 분단 시점에 매우 유사했다. 1인당 PPP GDP(1996년 달러 기준)는 남북 모두 700달러로 거의 같았다.

그러나 그림 1에서 보듯이 50년 후 1인당 GDP는 북한보다 한국이 10배 이상 높아졌다(1,100달러 대 12,000달러!). 한국은 부국들의 모임인 OECD에 가입한 반면, 북한은 기근에 직면해 1인당 GDP는 과거 3,000달러의 거의 2/3 가까이 하락했다. 애쓰모글루(Daron Acemoglu)가 제시한 그래프는 1998년에서 멈춘다. 2017년에는 그 차이가 더 커져 남한의 1인당 PPP GDP는 약 3만 달러, 북한은 1,800달러였다.

그 차이에 대한 놀라운 시각화는 밤에 한국의 위성사진을 보여주는 그림 2에 나타나 있다. 남한(오른쪽 아래 사분면)과 중국(왼쪽 위 사분면) 사이의 어두운 공간이 북한이다.

무슨 일 때문인가? 이 기간 동안 한국과 북한의 제도와 조직이 크게 달랐다. 한국은 자본주의적 경제조직에 의존해, 국가의 강한 개입은 있었지만 민간생산자에 대한 법적 보호가 존재했다. 북한은 중앙집중적 계획에 의존했다. 산업은 신속하게 국유화되었고, 소기업과 농가는 국가가 감독할 수 있도록 대규모 협동조합에 가입하도록 강제되었다. 개인들에 대해서 어

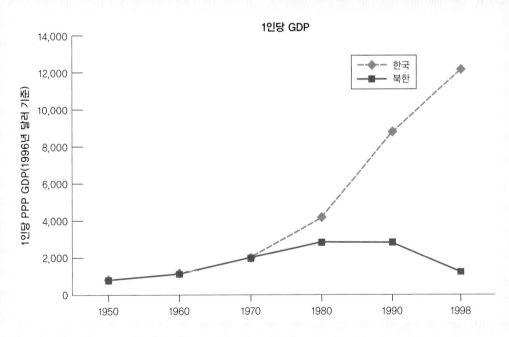

그림 1
한국과 북한의 1인당 PPP GDP(1950~1998년)

그림 2

심야의 한반도

떤 사적 소유권도 인정되지 않았다. 그 결과 산업부문
이 쇠퇴하고 농업이 몰락했다. 남겨진 교훈은 슬픈지
만 명확하다. 성장에 있어 제도는 매우 중요하다는 것
이다.[2]

기업들이 새로운 제품을 연구개발할 유인을 가져야 한다. 반독점법을 의미해 경쟁적 시장이 새로
운 생산기법과 새로운 제품을 도입할 유인이 적은 독점적 시장으로 변하지 않아야 한다. 물론 이
외에도 더 많이 있다. (제도의 역할에 관한 극적인 예가 초점상자 '제도의 중요성 : 한국과 북한'에
나타나 있다.)

　그렇지만 여전히 한 가지 본질적인 의문이 남아 있다. 왜 가난한 나라는 양질의 제도를 받아들
이지 않는 것일까? 답은 어렵다는 것이다! 양질의 제도는 가난한 국가가 정착시키기에는 복잡하고
어렵다. 그림 12-5에서 인과관계는 분명히 양방향으로 흐른다 : 강제수용으로부터의 보호가 열
악하기에 1인당 GDP가 낮다. 하지만 동시에 1인당 GDP가 낮기 때문에 강제수용으로부터 보호가
취약할 수밖에 없다. 예를 들어 가난한 국가들은 종종 너무나 가난해 양질의 사법체계를 수용하
고, 양질의 경찰력을 유지하기에 역부족이다. 따라서 제도를 개선해 1인당 GDP의 상승과 제도 개

2　출처 : Daron Acemoglu, "Understanding Institutions," *Lionel Robbins Lectures*, 2004. London School of Economics. http://economics.mit.edu/files/1353.

중국 경제성장의 배경

중화인민공화국이 수립된 1949년부터 1970년대 후반까지 중국의 경제시스템은 중앙집중 계획에 기초했다. 두 차례에 걸친 정치경제개혁(1958년 '대약진운동'과 1966년 '문화혁명')은 인적·경제적 파국으로 귀결되었다. 산출은 1959~1962년에 20% 감소했고 같은 기간 2,500만 명이 기근으로 사망했다. 산출은 1966~1968년 사이에 10% 이상 감소했다.

1976년 마오쩌둥 주석의 사망 이후, 새로운 지도자들은 경제에 시장 메커니즘을 점진적으로 도입하기로 했다. 1978년에는 농업개혁이 시작되어 농부들은 국가에서 할당한 생산량을 만족시킨 후에는 지역시장에 생산물을 판매할 수 있게 되었다. 시간이 지나면서 농부들은 토지에 대한 권리를 얻었고, 오늘날 국가 농장은 농업 생산의 1% 미만만을 생산하게 되었다. 1970년대 후반부터 농업 이외 부문에서도 국유기업에게 점점 더 많은 생산 결정의 자율권이 주어졌고, 점점 더 많은 재화에 시장 메커니즘과 가격기구들이 도입되었다. 민간의 기업가 정신이 장려되었는데, 이는 이윤 동기에 의해 이끌리는 집단 벤처인 '향진기업(鄕鎭企業)'의 형태를 종종 취했고, 세제 혜택과 특약을 통해 외국투자자를 유치했다.

이러한 누적된 개혁의 경제적 효과는 극적이었다. 노동자 1인당 산출의 평균 성장률은 1952~1977년 2.5%에서 이후 9% 이상으로 높아졌다. 오늘날에도 6% 이상의 성장률을 유지하고 있다(1장 참조). 이는 매우 높은 자본축적률과 기술진보의 결과였다(이 장 부록에서의 추가 논의 참조).

이렇게 높은 성장률은 놀라운 것일까? 누군가는 그렇지 않다고 주장할 수 있다. 앞의 초점상자에서 살펴본 남북한 간 10배 이상의 차이에 비추어볼 때, 중앙집중적 계획은 열악한 경제시스템이다. 따라서 중앙집중 계획으로부터 시장경제로 전환함으로써 각국은 생산성에 있어 큰 폭의 증가를 쉽게 경험할 것이라고 생각할 수 있다. 그러나 1980년대 후반부터 중앙집중 계획으로부터 전환한 많은 국가의 경험에 기초해볼 때 답은 그리 분명하지 않다. 대다수 중부 유럽국가의 경우 이러한 전환이 처음에는 통상 10~20%에 달하는 GDP의 하락을 동반했고, 체제 전환 이전 수준으로 산출이 올라서는 데 5년 이상이 소요되었다. 러시아와 구소련에서 독립한 새로운 국가들에 있어서 산출 감소는 그 규모가 훨씬 컸고 더 오랫동안 지속되었다.(대부분의 체제전환국은 현재 성장률이 중국보다 크게 뒤떨어지지만 강한 성장을 경험하고 있다.)

중부와 동부 유럽에서 전환의 초기 효과는 공공부문의 붕괴였지만, 새로이 생겨난 민간부문의 저성장으로 말미암아 부분적으로만 보충될 수 있었다. 중국에서 공공부문은 더 천천히 위축되었지만, 민간부문의 강력한 성장이 이를 보충하고도 남았다. 이 점은 중국과 다른 전환국들의 차이에 대한 다른 설명을 제공한다. 그러나 여전히 의문은 남는다. 어떻게 중국은 순조로운 전환이 가능했을까?

일부 관찰자는 문화적 설명을 제공한다. 이들은 공자의 가르침에 기초한 유교적 전통을 지적한다. 유교적 전통은 중국인의 가치관을 아직도 지배하며 근로, 헌신에 대한 존중, 친구 간의 신의를 강조한다. 이러한 특징은 시장경제가 잘 작동하도록 하는 제도적 기초가 된다고 주장한다.

일부 관찰자는 역사적 설명을 제시한다. 이들은 러시아와 달리 중국의 중앙집중 계획체계가 20~30년의 역사밖에 없었음을 지적한다. 따라서 시장경제로의 전환이 생겨났을 때 사람들은 경제가 어떻게 작동하는지 여전히 알고 있었고 새로운 경제적 환경에 쉽게 적응했다.

대부분의 관찰자는 이 과정에서 있었던 공산당의 강력한 역할을 지적한다. 중부 및 동부 유럽과 달리 정치체계가 변화하지 않았고 정부가 전환의 속도를 조절할 수 있었다. 이 과정에서 정부는 민간부문이 성장하는 사이에 국영기업으로 하여금 생산을 계속하도록 하고, 외국투자자들에게 사유재산권을 허용하는 실험을 할 수 있었다. (그림 12-5는 중국이 부유한 국가들에 그리 뒤처지지 않은 7.7의 사유재산권 지수를 가짐을 보여준다.) 외국투자자들은 부유한 국가로부터 기술을 들여왔고 시간이 지남에 따라 그 지식은 국내 기업에 이전되었다. 간단히 말해 정치적 이유로 인해 이러한 전략은 중부나 동부 유럽의 정부가 이용할 수 없는 것이었다.

중국의 전략이 갖는 한계는 분명하다. 민주주의의 한계라는 핵심 문제는 제쳐두고 경제 문제에만 집중하더라도 은행시스템은 여전히 비효율적이다. 최근 시

진핑(習近平) 국가주석 아래 민영화가 둔화되고 있다. 그러나 지금까지 이 문제는 6% 대에 머물고 있는 고성장에 걸림돌이 되지 않고 있다.

중국 경제에 대한 자세한 내용은 다음을 참조하라. Gregory Chow, *China's Economic Transformation*, 3rd ed. (2014, Wiley-Blackwell).

동부 유럽과 중국의 전환에 대한 비교는 다음을 참조하라. Jan Svejnar, "China in Light of the Performance of Central and East European Economies," IZA Discussion Paper 2791, May 2007.

영국의 전임 수상 브라운(G. Brown)은 "법치를 확립하는 데 있어 처음 500년이 항상 가장 어려운 시기"라고 했다. ▶ 선의 선순환을 시작하는 것은 종종 매우 어려운 과제이다. 아시아의 고성장 국가들은 이에 성공했다. (초점상자 '중국 경제성장의 배경'은 중국 사례를 더 자세히 다룬다.) 일부 아프리카 국가도 성공하고 있는 것으로 보인다. 다른 국가들은 여전히 고군분투하고 있다.

요약

- 기술진보의 성장에 대한 시사점을 생각할 때 기술진보를 경제에서 이용 가능한 유효노동(즉 노동을 기술상태로 곱한 값)이 증가하는 것으로 생각하는 것이 유용하다. 이어서 산출을 자본과 유효노동에 의해 생산되는 것으로 생각할 수 있다.

- 정상상태에서 유효노동자 1인당 산출과 유효노동자 1인당 자본은 일정하다. 다시 말해 노동자 1인당 산출과 노동자 1인당 자본은 기술진보율로 성장한다. 또 달리 표현하면, 산출과 자본은 유효노동의 증가율과 동일한 율로, 즉 노동자 수의 증가율과 기술진보율의 합과 동일한 율로 성장한다.

- 경제가 정상상태에 있을 때 경제는 균형성장 경로에 놓였다고 한다. 산출, 자본, 유효노동은 모두 '균형 있게', 즉 동일한 율로 성장한다.

- 정상상태에서 산출의 성장률은 저축률과 독립적이다. 그러나 저축률은 정상상태에서의 유효노동자 1인당 산출 수준에

영향을 미친다. 그리고 저축률은 일정 기간 정상상태 성장률을 상회하는 성장률의 상승을 낳을 것이다.

- 기술진보는 (1) 연구 과정의 산출력(R&D에 대한 지출의 새로운 아이디어와 새로운 제품으로 전환되는 정도)과 (2) R&D 결과의 전유 가능성(기업이 자신의 R&D 결과로부터 혜택을 받는 정도) 모두에 의존한다.

- 특허법을 설계할 때 정부는 기업이 미래의 발견을 보호하고 R&D를 수행하도록 유인을 제공하는 목표와 기존의 발견을 잠재적 사용자가 제한 없이 이용 가능하게 하는 목표 간의 균형을 잡아야 한다.

- 지속적인 기술진보를 위해서는 적절한 제도가 필요하다. 특히 사유재산권의 적절한 확립과 보호가 필요하다. 적절한 재산권이 없다면 국가는 가난에 머물 것이다. 그러나 거꾸로 가난한 나라에서는 적절한 재산권을 확립하기 어려울 수 있다.

핵심 용어

균형성장(balanced growth)

기술상태(state of technology)

기술 프런티어(technology frontier)

사유재산권(property rights)

연구개발(research and development, R&D)

연구 과정의 산출력(fertility of research)

유효노동(effective labor)

전유 가능성(appropriability)

특허(patents)

효율성 단위로 측정한 노동(labor in efficiency units)

연습문제

기초문제

1. 이 장의 내용에 기초해 다음에 대해 '사실', '거짓', '불확실' 여부를 밝히고 그 이유를 간단히 설명하라.

   a. 생산함수를 자본과 유효노동으로 나타내는 것은 기술 수준이 10% 상승할 경우 동일한 산출을 얻는 데 필요한 노동자 수가 10% 감소한다는 것을 시사한다.

   b. 기술진보율이 상승할 경우 유효노동자 1인당 자본을 일정하게 유지하기 위해서는 투자율(산출 대비 투자 비율)이 증가해야 한다.

   c. 정상상태에서 노동자 1인당 산출은 인구증가율로 성장한다.

   d. 정상상태에서 노동자 1인당 산출은 기술진보율로 성장한다.

   e. 저축률의 증가는 정상상태에서 유효노동자 1인당 자본의 증가를 시사하며 그에 따라 유효노동자 1인당 산출의 증가율이 높아진다.

   f. R&D 지출에 대한 잠재적 수익이 새로운 기계에 대한 투자로부터의 잠재적 수익과 같다고 해도, 기업으로서는 새로운 기계에 대한 투자보다 R&D 지출이 훨씬 더 위험하다.

   g. 수학의 정리로 특허를 획득할 수 없다는 사실은 민간기업이 기초연구에 종사하지 않을 것임을 시사한다.

   h. 결국 우리는 모든 것을 알게 될 것이므로 언젠가는 성장이 멈출 것이다.

   i. 기술은 중국의 경제성장에 중요한 역할을 하지 못했다.

2. R&D와 성장

   a. 왜 R&D 지출 규모가 성장에 중요한가? 연구 과정의 산출력과 전유 가능성은 R&D 지출 규모에 어떤 영향을 미치겠는가?

   (b)~(e)에 나열된 정책 제안은 연구의 전유 가능성과 산출력, 장기적인 R&D와 산출에 어떤 영향을 미치겠는가?

   b. 각 국가의 특허가 세계 전역에서 법적으로 보호되도록 하는 국제협약. 이는 TPP(Trans-Pacific Partnership)에도 포함될 수 있다.

   c. R&D 지출에 대한 세금감면

   d. 대학과 기업 간 컨퍼런스에 대한 정부 지원의 감소

   e. 신약에 대한 특허 만료. 따라서 신약은 이용 가능한 순간부터 저비용으로 판매될 수 있다.

3. 기술진보의 원천 : 경제 주도국과 개발도상국

   a. 세계경제의 주도국에 있어 기술진보는 어디에서 비롯하는가?

   b. 개발도상국은 (a)에서 답한 기술진보의 원천 이외에 다른 대안이 없는가?

   c. 개발도상국이 빈약한 특허보호를 하기로 선택한 이유에는 무엇이 있는가? 개도국의 이러한 정책 선택으로 말미암아 (개도국이 겪을) 위험성은 없는가?

심화문제

4. (a)와 (b)에 나열된 각각의 경제 변화에 대해 향후 5년 그리고 향후 50년에 걸쳐 경제성장률과 산출 수준에 미칠 파급효과를 평가하라.

   a. 기술진보율이 영원히 하락한다.

   b. 저축률이 영원히 감소한다.

5. 측정오차, 인플레이션, 생산성 증가

경제 내에 단 두 가지 재화, 미용과 은행 서비스만이 있다고 하자. 1년도와 2년도에 대한 각 재화의 가격, 수량, 생산에서의 노동자 수는 다음과 같다.

연도	1년도			2년도		
변수	P_1	Q_1	N_1	P_2	Q_2	N_2
미용	10	100	50	12	100	50
은행 서비스	10	200	50	12	230	60

a. 각 연도의 명목 GDP는 얼마인가?

b. 1년도의 가격을 사용하면 2년도의 실질 GDP는 얼마인가? 실질 GDP의 성장률은 얼마인가?

c. GDP 디플레이터를 사용한 인플레이션율은 얼마인가?

d. 1년도 가격을 사용하면 1년도와 2년도의 노동자 1인당 실질 GDP는 얼마인가? 전체 경제에 대한 1년도와 2년도 사이의 노동생산성 증가율은 얼마인가?

이제 1년도의 은행 서비스에 포함되지 않았던 텔레뱅킹이 2년도에 제공되어 2년도의 은행 서비스는 1년도의 은행 서비스와 같지 않다고 하자. 텔레뱅킹을 위한 기술은 1년도에도 이용할 수 있었지만 1년도의 텔레뱅킹을 포함한 은행 서비스의 가격은 13달러였고 아무도 이 서비스를 선택하지 않았다. 그러나 2년도에 텔레뱅킹을 포함한 은행 서비스의 가격은 12달러였고 누구나 2년도에 이 서비스를 선택했다. 즉 2년도에는 아무도 텔레뱅킹이 없는 은행서비스를 선택하지 않았다. (힌트 : 이제 두 가지 은행 서비스가 있다고 하자. 하나는 텔레뱅킹이 포함되어 있고 다른 하나는 그렇지 못하다. 세 가지 재화, 즉 미용과 두 유형의 은행 서비스를 이용해 위의 표를 다시 작성해보라.)

e. 1년도 가격을 사용하면 2년도 실질 GDP는 얼마인가? 실질 GDP 성장률은 얼마인가?

f. GDP 디플레이터를 사용한 인플레이션율은 얼마인가?

g. 전체 경제에 대한 1년도와 2년도 사이의 노동생산성 증가율은 얼마인가?

h. 다음 주장을 고려하자. "만약 은행 서비스가 잘못 측정되었다면, 예를 들어 텔레뱅킹의 도입을 고려하지 않았다면 인플레이션이 과도추정되고 생산성 증가를 과소추정했을 것이다." (a)~(g)까지의 답에 기초해 이 주장을 논의하라.

6. 경제의 생산함수가

$$Y = \sqrt{K}\sqrt{AN}$$

이고 저축률 s가 16%, 감가상각률 δ는 10%라고 하자. 더 나아가 노동자 수가 매년 2% 성장하고 매년 기술진보율은 4%라 하자.

a. 다음 변수에 대한 정상상태 값을 구하라.

i. 유효노동자 1인당 자본량

ii. 유효노동자 1인당 산출

iii. 유효노동자 1인당 산출의 성장률

iv. 노동자 1인당 산출의 성장률

v. 산출의 성장률

b. 기술진보율이 연간 8%로 2배 증가했다고 하자. (a)에 대한 답을 다시 계산하고 이를 설명하라.

c. 기술진보율이 여전히 연간 4%로 같지만 이제 노동자 수가 매년 6%로 증가한다고 하자. (a)에 대한 답을 다시 계산하라. (a)와 (c) 중 어떤 상황에서 사람들의 생활 수준이 더 높은가? 설명하라.

7. 아래에 나열된 요인이 정상상태에서의 노동자 1인당 산출을 결정하는 데 어떤 역할을 하는지 논의하라. 각 경우에 있어 그 효과가 A를 통해서인지, K를 통해서인지, H를 통해서인지, 아니면 이 요인들의 일정한 결합을 통해서인지를 나타내라. A는 기술 수준, K는 자본량 수준, H는 인적자본량 수준이다.

a. 지리적 위치

b. 교육

c. 재산권 보호

d. 무역 개방

e. 낮은 세율

f. 양질의 공공 인프라

g. 낮은 인구성장률

추가문제

8. 성장회계

이 장의 부록은 산출, 자본, 노동에 관한 데이터를 활용해 기술진보의 증가율 추정치를 계산하는 방법을 보여준다. 이 문제에서는 이를 수정해 노동자 1인당 자본의 성장을 분석하는 데 사용한다.

$$Y = K^{1/3}(AN)^{2/3}$$

이는 부국의 생산을 잘 묘사하는 함수이다.

$$(2/3)g_A = g_Y - (2/3)g_N - (1/3)g_K$$
$$= (g_Y - g_N) - (1/3)(g_K - g_N)$$

여기서 g_Y는 Y의 성장률, g_K는 자본 증가율, g_N은 노동 증가율을 나타낸다.

a. $g_Y - g_N$은 무엇을 나타내는가? $g_K - g_N$은 무엇을 나타내는가?

b. 10장에서 Penn World Table의 데이터에는 부록에 있는 성장회계 공식을 구성하는 요소를 계산하는 데 필요한 정보가 포함되어 있다. 그 공식은 다음과 같다.

$$\text{잔차} \equiv g_Y - [\alpha g_N + (1-\alpha)g_K]$$

Penn World Table을 이용해 오른쪽 표를 채울 수 있다.

산출은 **rgdpo**(2011년 미국 달러), 노동자의 노동투입량은 **emp**, 자본량은 **ck**(2011년 미국 달러), 노동분배율은 **labsh**이다. 이 값은 Penn World Table 버전 9에서 직접 구한 것이다.

	2000년				2014년			
	Y	N	K	노동분배	Y	N	K	노동분배
중국								
미국								

사용 가능한 14년의 데이터로 이 변수들의 연간 성장률을 계산하고 다음 질문에 답하라.

중국에서 K/N 비율은 상승하고 있는가, 아니면 하락하고 있는가? 미국에서는 어떠한가? 노동분배율이 가장 높은 나라는 어디인가? 어느 나라가 가장 큰 잔차를 보이는가? (2년 동안의 평균 노동분배율을 사용해 잔차를 계산한다.) 잔차는 무엇을 나타내는가? 결과는 놀라운가?

더 읽을거리

- 성장이론과 실증분석 결과에 대한 상세한 자료는 다음을 참조하라. Charles Jones, *Introduction to Economic Growth*, 3rd ed. (2013). 존스의 웹페이지는 성장 연구의 유용한 포털이다(http://web.standford.edu/~chadj/).

- 특허에 대한 더 자세한 논의는 이코노미스트의 Special Report : Patents and Technology(2005. 10. 20)를 참조하라.

- 빠르게 성장하는 2개의 대국에 대한 자세한 논의는 다음을 참조하라. Barry Bosworth and Susan M. Collins, "Accounting for Growth : Comparing China and India," *Journal of Economic Perspectives*, 2008, Vol. 22, No. 1 : 45–66.

- 성장에 있어 제도의 역할은 Abhijit Banerjee and Esther Duflo(2005), "Growth Theory Through the Lens of Development Economics," Chapter 7, *Handbook of Economic Growth*의 1~4절까지를 보라.

- 제도와 성장에 대한 자세한 내용은 Daron Acemoglu (2004), "Understanding Institutions," Lionel Robbins Lectures를 보라(http://economics.mit.edu/files/1353).

- 지속적 기술진보와 성장에서 아이디어의 역할은 다음을 참조하라. Paul Romer's 2018 Nobel Prize lecture, www.youtube.com/watch?v=vZmgZGIZtiM.

부록 : 기술진보 측정치의 구축과 중국의 사례

12-1절에서는 성장을 결정하는 자본축적과 기술진보의 역할을 논의했다. 정상상태에서 1인당 산출 증가가 전적으로 기술진보 속도에 의해 결정된다는 것을 보았다. 그러나 정상상태를 벗어나면 예를 들어 저축률 증가 등의 이유로 자본량 증가율이 경제성장률보다 높아져 한동안 더 높은 성장률이 생겨날 수 있다.

이는 다음과 같은 질문을 제기한다. 우리는 기술진보의 속도를 어떻게 측정해야 하는가? 이에 대한 답은 1957년 솔로(Robert Solow)가 제공했으며 오늘날에도 여전히 사용되고 있다. 다만 그 답은 한 가지 중요한 가정에 의존한다. 즉 각 생산요소에는 한계생산물이 지급된다는 것이다.

이 가정하에서 각 생산요소의 증가가 산출 증가에 미친 기여도를 계산하는 것이 쉽다. 예를 들어 노동자에게 연간 3만 달러가 지급된다면 이 가정은 그의 산출에 대한 기여가 3만 달러임을 시사한다. 이제 이 노동자가 근로시간을 10% 늘렸다고 하자. 따라서 근로시간 증가로 인한 산출의 증가는 $30,000 \times 10\%$ $=3,000$달러이다.

이를 좀 더 엄밀하게 살펴보자. 산출을 Y, 노동을 N, 실질임금을 W/P로 나타내자. 기호 Δx는 x의 변화를 나타낸다. 이 경우 방금 살펴보았듯이 산출의 변화는 실질임금을 노동의 변화로 곱한 것과 일치한다.

$$\Delta Y = \frac{W}{P}\Delta N$$

양변을 Y로 나눈 뒤 우변을 N으로 나누고 다시 곱해 정리하면 다음과 같다.

$$\frac{\Delta Y}{Y} = \frac{WN}{PY}\frac{\Delta N}{N}$$

여기서 우변의 첫 항(WN/PY)은 산출에서의 노동 비중, 즉 총임금을 총명목 산출로 나눈 값과 같다. 이 비중을 α라고 하자. 아울러 $\Delta Y/Y$는 경제성장률로서 g_Y로 나타내자. 마찬가지로 $\Delta N/N$은 노동투입의 변화율로서 g_N으로 나타내자. 결국 앞의 관계식은 다음과 같이 나타낼 수 있다.

$$g_Y = \alpha\, g_N$$

더 일반적으로 이러한 추론은 산출성장 중 노동투입에 돌릴 수 있는 부분이 α를 g_N으로 곱한 것과 같다는 것을 시사한다. 예를 들어 고용이 1.7% 증가하고 노동 비중이 0.6%라면 고용 증가로 인한 산출 증가는 1.0%(0.6×1.7%)와 같다.

마찬가지로 경제성장률 중 자본 성장에 기인하는 부분도 계산할 수 있다. 단지 두 가지 생산요소, 즉 노동과 자본만이 존재하고, 노동의 비중은 α이므로 소득 중 자본의 비중은 $(1-\alpha)$이다. 자본의 성장률이 g_K와 같다면 경제성장률 중 자본 성장에 기인하는 부분은 $(1-\alpha)$를 g_K로 곱한 것과 같다. 예를 들어 자본이 9.2% 증가하고 자본 비중이 0.4라면 자본 증가로 인한 산출 증가는 3.7%(0.4×9.2%)와 같다.

노동과 자본의 기여를 모두 고려하면 노동과 자본의 증가에서 기인하는 산출 증가는 $[\alpha g_N + (1-\alpha)g_K]$이므로 예에서는 1.0% + 3.7% = 4.7%가 된다.

이에 따라 솔로가 잔차라 불렀던 것을 계산하면 기술진보의 효과를 측정할 수 있다. 이는 실제 경제성장률 g_Y에서 노동성장과 자본성장으로 돌릴 수 있는 성장 $[\alpha g_N + (1-\alpha)g_K]$를 차감한 것과 같다.

$$잔차 \equiv g_Y - [\alpha g_N + (1-\alpha)g_K]$$

이 측정치는 솔로 잔차(Solow residual)라 불린다. 이는 계산하기 쉽다. 필요한 것은 경제성장률 g_Y, 노동 증가율 g_N, 자본 성장률 g_K, 노동 비중 α와 자본 비중 $1-\alpha$가 전부이다. 앞의 예를 계속 사용해 산출 증가율이 7.2%이면 솔로 잔차는 7.2% - 4.7% = 2.5%이다.

솔로 잔차는 때때로 **총요소생산성 증가율**[rate of growth of total factor productivity, 혹은 **TFP 증가율**(rate of TFP growth)이라고도 함]이라 불린다. '총요소생산성'이라는 용어는 노동생산성 증가율과 구분하기 위한 것인데, 후자는 경제성장률에서 노동 증가율을 차감한 ($g_Y - g_N$)으로 정의된다.

솔로 잔차는 기술진보율과 단순한 관계를 갖는다. 잔차는 노동 비중에 기술진보율을 곱한 값과 같다.

$$잔차 = \alpha\, g_A$$

이 결과는 여기서 유도하지 않을 것이다. 그러나 이 관계에 대한 직관은 생산함수식 $Y = F(K, AN)$[식 (12.1)]에서 중요한 것이 기술 수준과 노동의 곱 AN이라는 사실에서 유도된다. 앞에서 노동 성장의 산출 성장에 대한 기여를 얻기 위해서는 노동 증가율을 그 비중으로 곱해야 한다는 것을 보았다. N과 A가 생산함수에 같은 방식으로 도입되므로 산출 성장에 대한 기술진보의 기여를 얻으려면 기술진보율을 노동 비중으로 곱해야 한다.

솔로 잔차가 0과 같다면 기술진보 역시 0과 같다. g_A에 대한 추정치를 구축하기 위해서는 솔로 잔차를 구한 뒤 노동 비중으로 나누어야 한다. 이것이 바로 본문에서 사용한 g_A를 구축하는 방법이다. 수치 예로 돌아가 노동 분배 몫이 0.6이라면 기술진보율은 2.5%/0.6 = 4.2%이다.

왜 위의 수치를 사용했는지 궁금할 것이다. 이유는 간단하다. 초점상자에서 고성장기로 설명한 1978년부터 2017년까지의 중국 수치이다. 이 수치는 무엇을 말해주는가?

산출 증가율은 7.2%로 매우 높았다. 노동자 1인당 산출 증가율도 5.5%로 매우 높았다. 기술진보율도 높았지만 4.2%로 그다지 크지는 않았다. 산출 증가율과 기술진보 속도의 차이는 자본 대비 산출 비율이 연간 2%로 꾸준히 증가했음을 반영한다. 그림 12−2에서 중국 경제는 $(K/AN)_0$에서 $(K/AN)^*$로 이동했다.

결국 자본 대비 산출의 비율이 안정화되고 노동자 1인당 산출 증가는 기술진보 속도를 반영하게 될 것이다. 따라서 이 비율이 동일하게 유지되면 중국의 노동자 1인당 산출 증가율은 4.2%로 감소한다. 노동 증가율이 1.7%로 동일하게 유지되면 산출 증가율은 5.9%로 수렴된다. 이는 실제로 중국의 미래 성장 예측치와 거의 같다.

이 부록에서 논의한 아이디어가 처음 제시된 것은 Robert Solow, "Technical Change and the Aggregate Production Function," *Review of Economics and Statistics*, 1957 39(3): pp. 312−320이다.

핵심 용어

솔로 잔차(Solow residual)

총요소생산성 증가율(rate of growth of total factor productivity)

TFP 증가율(rate of TFP growth)

경제성장의 과제

10~12장의 초점은 대부분 정상상태에서의 성장, 즉 생활 수준의 지속적 증가 추이에 있었다. 이는 지나친 낙관으로 이어질 수 있다. 사실 경제성장은 복잡한 과정으로 많은 도전에 직면한다. 언론은 매일 경제성장을 다룬다 : 기술진보가 같은 속도로 계속될 것이라고 확신할 수 있는가? 로봇이 일자리를 파괴하고 대량 실업을 초래할 것이라고 걱정해야 하는가? 모든 사람이 생활 수준 향상으로 혜택을 실제로 받고 있는가? 그리고 성장하는 과정에서 인류는 지구를 파괴하고 미래를 저당잡히고 있지 않은가? 이것이 이 장이 다루는 문제이다.

13-1절에서는 기술진보의 미래를 논의한다. 일부 경제학자는 중대한 발명의 시대가 대체로 끝나 기술진보가 크게 둔화될 것으로 예상해야 한다고 믿고 있다. 다른 사람들은 우리가 또 다른 기술혁명을 눈앞에 두고 있고 미래는 밝다고 믿고 있다. 양측의 주장은 어떻고 무엇을 기대할 수 있는가?

13-2절에서는 기술진보가 대량실업으로 이어질지 여부를 논의한다. 이러한 두려움은 먼 옛날로 거슬러 올라가지만 아직까지는 근거가 없는 것으로 드러났다. 미래는 다를까? 다르다면 어떤 정책을 채택해야 하는가?

13-3절은 성장과 불평등의 관계를 논의한다. 불평등이 심화하고 기술진보와 세계화가 원인으로 지목되고 있다. 근거가 무엇인가? 그들이 책임이 있다면 불평등의 심화를 억제하기 위해 어떤 정책을 선택해야 하는가?

13-4절은 기후 변화를 논의한다. 경제성장은 다양한 생태학적 재난의 원인으로 지목된다. 특히 기후 변화가 주요 요인의 하나로 간주된다. 근거는 무엇인가? 책임이 있다면 어떤 정책을 선택해야 하겠는가? 그 정책들이 실제로 채택될 가능성은 얼마나 되는가?

> **이 장의 메시지 :** 지금까지 모든 장은 '이 장의 메시지'로 시작했다. 13장의 메시지는 한 문장으로 요약할 수 없다. 그러나 일반적 주제는 경제성장이 복잡한 과정으로 이를 공정하고 지속가능하게 만드는 정책이 핵심적이라는 것이다. ▶ ▶ ▶

빠른 기술진보에 대한 인식과 실제 생산성 증가의 성과 사이에는 묘한 긴장감이 있다. 주변을 보면 로봇 도입, 인공지능 발달, 머신러닝 활용, 더 구체적으로는 스마트폰 앱의 개수 등은 빠른 기술 변화를 각인시킨다. 이렇게 빠른 기술 변화는 생산성 성장률의 증가로 반영될 것이라고 예상할 수 있다. 그러나 표 1–2에서 보았듯이 미국에서 측정된 생산성 성장률은 2000년대 중반 이후 둔화되어 수십 년 전의 절반에도 미치지 못한다.

어떻게 하면 이 둘이 조화될 수 있을까? 한 가지 가능한 답은 측정 오류이다. 2장의 초점상자 '실질 GDP, 기술진보, 컴퓨터 가격'에서 논의했듯이 기술진보를 측정하는 것은 어렵다. 예를 들어 2010년 컴퓨터에 비해 2018년 컴퓨터가 얼마나 더 개선되었는가? 통계기관은 속도, 하드 디스크 크기 등의 변화에 맞춰 조정해왔지만 성과는 충분하지 못하다. 새로운 소프트웨어의 경우 이러한 문제는 훨씬 더 크다. 듣고 싶은 거의 모든 음악에 즉시 접근할 수 있다는 점에 얼마큼 가치를 부여해야 할까?

결과적으로 생산성 증가율이 과소평가되어 실제의 생산성 증가율은 더 높다고 할 수 있을까? 이 주제에 대한 연구들은 긍정적 답을 제시하지만 주의할 점이 있다 : 경제 전체의 경우 측정 오류가 크게 커진 것으로 보이지는 않는다. 즉 측정 오류는 과소측정된 생산성 증가치 중 극히 일부만을 설명할 수 있다. 만약 생산성 증가율이 실제로 감소한 것이라면 이는 어떻게 설명할 수 있는가? 이는 경제학자들 사이에서 격렬히 논쟁되고 있는 주제이다.

현재의 주요 혁신이 과거의 주요 혁신보다 덜 중요하다는 주장도 있다. 주요 혁신은 다양한 분야와 제품에 적용되는 혁신이다. [이러한 혁신을 **범용 기술**(general-purpose technology) 혁신이라고 한다.] 노스웨스턴대학교의 고든(Robert Gordon)은 기술 혁신의 역사를 연구했으며 지난 150년 동안 두 가지 주요 혁신은 전기와 내연기관이었다고 주장한다. 이들은 도입 후 수십 년 동안 생산과 삶의 방식을 극적으로 변화시켰다. 몇 가지 예를 들면 다음과 같다. 전기는 에어컨의 사용과 미국 남부의 발전으로 이어졌다. 냉장고도 발전해 음식을 훨씬 더 오래 보관하게 되었고, 식품의 생산과 유통체계를 변화시켰다. 내연기관은 자동차로 이어졌고, 주 간 고속도로 건설을 촉발하고 도시 발전에 영향을 미쳤다. 고든은 현재의 주요 혁신, 즉 디지털화(digitization)가 과거와 같은 광범위한 영향력을 갖지 못한다고 주장한다. 따라서 이전의 주요 혁신에서와 같은 파급효과를 기대해서는 안 된다. 고도의 기술진보 시대는 이미 지나갔다는 것이다.

다른 사람들, 특히 MIT의 브린욜프슨(Eric Brynjolfsson)은 디지털화가 컴퓨터의 성능 증가와 더불어 전기나 내연기관 이상으로 삶을 변화시킬 것이라고 주장한다. 인공지능과 머신러닝은 무인 자동차에서 인간 게놈 매핑 및 의학의 주요 발전, 변호사가 관련 법률에 접근하는 방식에 이르기까지 거의 모든 활동을 변화시킬 수 있다. 그는 현재의 저조한 생산성 성장이 느린 확산 과정과 새로운 응용 프로그램의 발견을 반영한다고 주장한다. 그는 미래가 밝으며 기술 발전은 끝이 없다고 본다.

당신의 스마트폰은 이전 스마트폰보다 얼마나 좋아졌는가? 확실히 더 낫지만 얼마나 더 나은가 : 20%, 50%, 100%?

12장에서 생산성 증가의 둔화는 산출 대비 자본 비율의 감소 또는 기술진보의 둔화에서 비롯될 수 있음을 보았다. 그러나 산출에 대한 자본 비율은 거의 일정하게 유지되어 생산성 증가가 둔화된 원인은 기술진보가 둔화된 데 있다.

디지털화는 digitization 혹은 digitalization이라고 하는데, 이에 대해서는 의견이 분분하다.

확산 속도에 대해서는 12장 초점상자 '신기술의 확산 : 교배종 옥수수'를 참조하라.

누가 맞을까? 솔직한 답은 아무도 모른다는 것이다. 1943년 "세계시장에서 컴퓨터 수요는 5대 정도라고 생각한다"고 말한 IBM의 전 CEO 왓슨(Thomas Watson)의 예측을 포함해 잘못된 예측이 매우 많다. 그러나 논쟁은 최전선에서의 기술진보를 설명할 때 혁신 과정과 확산 속도가 모두 중요하다는 것을 보여준다.(12장에서 논의한 바와 같이 최전선에 미치지 못한 국가의 기술진보는 다른 요인, 즉 기존 기술에 적응하고 활용할 수 있는 능력에 크게 좌우되며, 이는 다시 재산권에서 교육에 이르는 제도에 의존한다.)

▶ 기술진보에 대한 보다 괄벌 위하게 정확하지 못한 예측에 대해서는 다음을 참조하라. www.pcworld.com/article/155984/worst_tech_predictions.html

13-2 로봇과 실업

산업혁명 초기부터 노동자들은 기술진보가 일자리를 없애고 실업을 증가시킬 것이라고 우려했다. 19세기 초 영국에서 러다이트(Luddite)로 알려진 섬유산업 노동자는 일자리에 직접적 위협이 되는 새로운 기계들을 파괴했다. 비슷한 움직임이 다른 나라에서도 생겨났다. 사보타주(saboteur)라는 용어는 프랑스 노동자가 기계를 파괴하는 방법 중 하나에서 유래했다. 즉 나막신(sabot, 사보)을 기계에 넣는 것이다.

기술 실업(technological unemployment)이라는 주제는 일반적으로 실업률이 높을 때마다 다시 나타난다. 대공황 기간 동안 **테크노크라시 운동**(technocracy movement)은 높은 실업률이 기계의 도입으로 야기되며 기술발전이 계속되도록 허용된다면 상황은 더욱 악화할 것이라고 주장했다. 1990년대 후반 프랑스는 법정 주당 근무시간을 39시간에서 35시간으로 단축하는 법안을 통과시켰다. 제기된 이유 중 하나는 기술발전으로 인해 모든 노동자가 정규직으로 가질 수 있는 일자리가 없었기 때문이다. 제안된 해결책은 더 많은 노동자를 고용할 수 있도록 (동일한 시간당 임금으로) 더 적은 시간을 일하도록 하는 것이었다. (이것이 법의 근거가 되었던 유일한 근거는 아니었다. 더 나은 또 다른 이유는 생산성 증가가 한편으로는 더 높은 소득으로 다른 한편으로는 더 많은 여가로 이루어져야 한다는 것이다. 문제는 왜 소득과 여가의 선택을 노동자와 기업의 결정에 맡기지 않고 입법화했어야 했느냐는 것이다.)

기술진보가 반드시 더 높은 실업률로 이어져야 한다는 주장은 가장 조잡한 형태로 보면 분명히 잘못된 것이다. 선진국들이 누리는 생활 수준의 대폭적인 개선은 고용의 대폭적 증가를 동반했고 실업률의 증가는 없었다. 미국에서는 1890년 이후 1인당 실질산출이 10배 증가했으며 고용은 감소하지 않고 오히려 (인구의 동반 증가를 반영하며) 6.5배 증가했다. 우리가 보았듯이 실업률은 매우 낮다. 또한 여러 국가를 살펴볼 때 실업률과 생산성 수준 간에는 체계적인 양(+)의 관계가 있다는 증거가 없다.

그러나 기술 실업 가설의 보다 정교한 형태는 좀 더 심각하게 받아들여야 한다. 첫째, 생산성이 높아지면 일부 기업의 고용이 줄어들기 때문에, 새로운 일자리가 소멸된 일자리를 대체하는 데 시간이 걸릴 수 있으며, 영원히는 아니더라도 한동안 더 높은 실업률로 이어질 수 있다고 예상할 수

그림 13-1

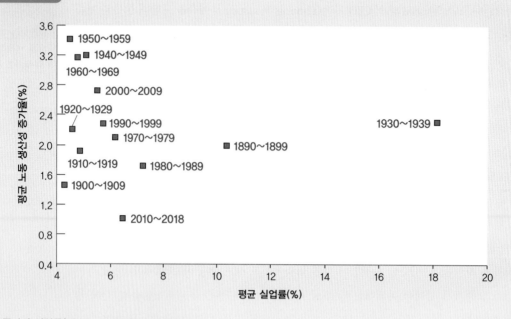

생산성 증가와 실업률(1890~2018년, 10년 평균)

출처 : 1960년 이전은 Historical Statistics of the United States, 1960년 이후는 Bureau of Labor Statistics.

있다. 그러나 증거는 그렇지 않음을 시사한다.

그림 13-1은 1890년 이후 각 10년 동안의 미국 노동생산성 평균 증가율과 평균 실업률을 나타낸다. 언뜻 보면 둘 사이에 거의 관계가 없어 보인다. 하지만 1930년대(대공황의 10년간)를 무시한다면 생산성 증가와 실업률의 관계가 나타난다. 그러나 그것은 기술 실업을 주장하는 사람들의 예측과는 정반대이다. 1940년대에서 1960년대처럼 생산성 성장이 높았던 기간은 낮은 실업률과 관련이 있다. 미국이 2010~2018년에 겪었던 것처럼 생산성 성장이 낮았던 기간은 더 높은 실업률과 관련이 있다.

그러나 과거에는 사실이었던 것이 미래에는 사실이 아닐 수도 있다. 로봇은 충분히 위협적으로 보인다(뒤페이지 사진이 이를 잘 보여준다). 로봇은 본질적으로 가장 숙련되지 않은 노동자를 대체할 수 있다. 그리고 그들이 더 정교해짐에 따라 기술 수준이 더 높은 노동자를 대체하게 된다. 최근 연구에 따르면 향후 20년 동안 미국 노동자의 47%가 로봇으로 대체될 위험에 처해 있다.

MIT의 애쓰모글루(Daron Acemoglu)와 레스트레포(Pascual Restrepo)가 지역노동시장에서 로봇 도입이 고용에 미치는 영향에 대한 증거를 조사한 연구에 따르면 로봇이 도입된 곳은 실제로 일자리를 파괴한다고 결론지었다. 로봇을 사용하는 기업이 제품을 원가절감으로 상품을 더 저렴하게 판매할 수 있어 매출과 생산량을 늘릴 수 있다고 해도 노동자를 로봇으로 교체하는 것이 지배적으로 되고 일자리 감소가 이어진다.

문제는 로봇이 다른 곳에서 일자리를 창출하느냐는 것이다. 예를 들어 로봇을 사용하는 기업이 더 저렴한 중간 투입물을 생산한다면, 다른 기업은 생산원가가 낮아질 것이고, 따라서 고용이 증가할 가능성이 있다. 이를 평가하기는 훨씬 더 어렵다. 기술수준이 떨어지는 노동자의 경우만 보더라도 지금까지 미국의 실업률은 역사적 기준으로 보면 낮다고 할 수 있다. 고졸이지만 대학을 나오지 않은 노동자와 고등학교를 마치지 않은 노동자의 실업률은 각각 3.8%와 5.7%로 역대 최저치이다. 분명히 로봇으로 인해 사라진 일자리는 다른 곳에서의 일자리로 대체되었다. 그러나 이는 다른 요인, 고용에 대한 다른 긍정적 충격으로 인한 것일 수 있으며 미래에 지속될 것이라고 확신할 수 없다. 또한 로봇에게 일자리를 잃은 노동자들이 같은 임금으로 일자리를 얻었는지 아니면 더 낮은 임금으로 일자리를 얻었는지에 대한 문제도 남겨두고 있다. 이는 다음 절에서 다루는 소득 불평등 문제로 이어진다.

간단히 말해 지금까지 로봇은 대량실업이나 더 높은 실업률로 이어지지 않았다. 공상과학 소설에 가깝지만, 로봇이 모든 일자리를 없애면 경제가 어떤 모습을 가질지 생각해보면 흥미롭다. 단도직입적으로 말하면 지옥이 될 수도 있고 천국이 될 수도 있다. 지옥 : 예를 들어 모든 로봇은 한 명의 매우 부유한 사람의 소유이고 나머지는 모두 실업자이다. 천국 : 누구나 로봇에 대한 권리를 가지며, 여가생활을 즐기면서 로봇 생산으로 벌어들이는 수입으로 생활한다. 물론 이는 극단적인 시나리오를 넘어서지만, 정책 입안자들이 미래에 불평등에 대처할 때 직면할 수 있는 문제를 나타낸다. 예를 들어 모든 사람에게 최소한의 소득을 보장해야 하는지 또는 부와 재산권을 얼마씩 재분배해야 하는지가 그것이다.

13-3 성장, 교반, 불평등

로봇은 특히 놀라운 기술진보의 한 형태이다. 그러나 그들이 제기하는 문제들은 더 일반적이다. 기술진보는 근본적으로 노동시장에서 발생할 일에 심대한 시사점을 갖는 구조적 변화의 과정이다. 이는 슘페터(Joseph Schumpeter) 저작의 핵심적 주제였다. 그는 하버드대학교의 경제학자로서 1930년대에 성장의 과정은 본질적으로 **창조적 파괴**(creative destruction)의 과정이라는 점을 강조했다 : 새로운 상품이 개발되어 오래된 상품이 쓸모없게 된다. 새로운 생산기술이 도입되어 새로운 숙련이 필요하고 일부 오래된 숙련의 유용성은 떨어진다. 이렇게 되면 오래된 일자리가 없어지고 새로운 일자리가 생겨난다.

이 과정의 핵심은 댈러스 연방준비은행의 전 총재인 맥티어(Robert McTeer)의 교반(The Churn)이라는 보고서 도입부의 다음과 같은 인용문에 잘 나타나 있다.

The Churn: The Paradox of Progress (1993) ▶

"저자의 조부는 증조부와 마찬가지로 대장장이였다. 그러나 부친은 교반이라는 진화적 과정에 놓였다. 부친은 중학교 1학년 때 제재소에서 일하기 위해 학교를 중퇴한 후 기업가적 열망을 갖게 되었다. 그는 창고를 빌려 조부를 망하게 했던 자동차를 서비스하는 주유소를 시작했다. 부친은 성공했고 언덕 위의 땅을 사서 트럭 정류소를 건설했다. 트럭 정류소는 새로운 주간고속도로가 서부로 32km를 더 뻗어갈 때까지 극히 성공적이었다. 하지만 75번 주간고속도로는 US 411 국도를 대체했고 행복한 삶에 대한 나의 꿈은 사라졌다."

대장장이부터 마구제작자까지 수많은 직업이 영원히 사라졌다. 예를 들어 20세기 초 미국에는 1,100만 명의 농장 노동자가 있었다. 하지만 농업부문에서의 매우 높은 생산성 증가 때문에 현재 농장 노동자는 100만 명 이하로 줄어들었다. 반대로, 미국에는 300만 명 이상의 트럭, 버스, 택시 운전사가 존재한다. 물론 1900년에는 이들 중 어느 누구도 존재하지 않았다. 마찬가지로 오늘날 100만 명 이상의 컴퓨터 프로그래머가 존재하지만 1960년에는 실질적으로 아무도 없었다.

적절한 기술을 가진 사람에게조차도 기술변화의 가속화는 불확실성과 고용의 위험을 증가시킨다. 자신이 일하고 있는 회사가 더 효율적인 기업에 의해 대체될 수 있으며 이들 기업이 팔고 있는 제품이 다른 제품에 의해 대체될 수도 있다. 소비자(그리고 그에 따라 기업과 그 주주들)가 누리는 기술진보의 혜택과 노동자가 직면한 위험의 긴장관계는 아래의 만화에 잘 포착되어 있다. 초점상자 '일자리 파괴, 교반, 손실'은 모든 사회에 대해 기술진보가 제공하는 대규모 이익과 직업을 잃게

일자리 파괴, 교반, 손실

기술진보가 경제를 위해서는 좋겠지만, 직업을 잃는 노동자에게는 고통스럽다. 이는 데이비스(Steve Davis)와 폰 바흐터(Till von Wachter)의 연구(2011)가 밝히고 있다. 이들은 1974~2008년 사회보장제도 기록을 사용해 대규모 해고로 직장을 잃은 노동자에게 발생하는 일을 살펴보았다.

데이비스와 폰 바흐터는 50인을 초과하는 노동자를 고용한 기업 중 최소한 30%의 노동자를 해고한 곳을 찾아 대량해고(mass layoff)라 불렀다. 이어서 이들은 최소 3년 이상 근무한 노동자를 골라냈다. 이들은 장기 노동자라 불린다. 이들은 대량해고된 장기 노동자의 노동시장 경험과 대량해고가 이루어진 연도나 그다음 연도에 해고된 유사한 노동자의 경험을 비교했다. 마지막으로 이들은 경기침체기에 대량해고된 노동자와 경기팽창기에 대량해고된 노동자를 비교했다.

그림1은 그 결과를 요약한다. 0년도는 대량해고가 발생한 연도이며 1, 2, 3년도 등은 그 이후, 음의 연도는 그 이전이다.

직장에 장기 근무한 노동자라면 대량해고 이전에는 그 수입이 사회의 다른 계층보다 상승한다. 동일 기업에서의 장기 근무는 개인의 임금 상승에 유리하게 작용한다. 경기가 침체되어도 그렇고 팽창해도 그렇다.

해고 후 첫해에 발생하는 일을 보자. 경기침체기에 대량해고되면 수입은 근무를 계속하는 노동자에 비해 40%p 하락한다. 다소 운이 없어서 경기팽창기에 대량해고되면 상대적 수입은 25%p만이 하락할 뿐이다. 결론은 대량해고가 경기 상황에 따라 막대한 수입 감소를 낳는다는 것이다.

그림 1은 또 다른 중요한 사항을 보여준다. 대량해고를 경험한 노동자의 상대적 수입은 해고 이후에도 지속된다. 대량해고 이후 5년을 넘어서까지 또는 심지어 20년까지, 경기침체기에 대량해고된 노동자들의

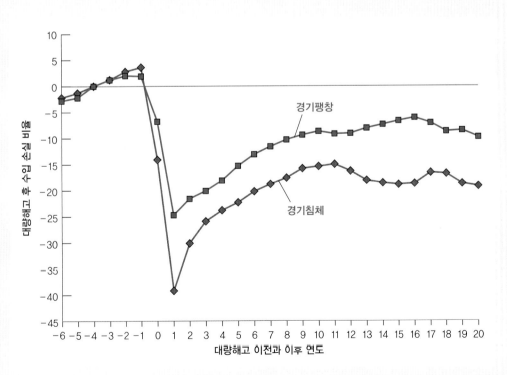

그림 1

대량해고를 경험한 노동자의 소득 손실

출처 : Steven J. Davis and Till M. von Wachter, "Recessions and the Cost of Job Loss," National Bureau of Economics Working Paper No. 17638, 2011.

상대적 수입은 약 20%p 하락한다. 경기팽창기에 대량 해고된 노동자들은 10%p의 하락을 경험한다. 따라서 대량해고가 생애소득의 매우 막대한 감소와 관련된다는 증거는 상당히 뚜렷하다.

수입 손실 규모가 놀랍기는 하지만, 그 이유를 설명하는 것은 어렵지 않다. 동일 기업에서 경력의 상당 부분을 보낸 노동자들은 매우 특수한 기능을 갖는다. 이러한 기능은 근무한 기업이나 산업에서 가장 유용하게 사용될 수 있다. 기술변화에 기인한 대량해고는 이러한 기능이 갖는 가치를 상당히 감소시킨다.

다른 연구들에 따르면 대량해고를 경험하지 않은 노동자와 비교해볼 때 대량해고를 경험한 노동자의 가족이 고용경로의 안정성이 떨어지며(실업기간이 더 길다), 건강상태가 열악하고, 자녀들의 교육 성취도는 낮으며 사망률은 더 높다. 이것이 대량해고와 관련된 추가적인 개인적 비용이다.

따라서 장기적으로 기술변화가 경제성장의 주요 원천이고 평균 노동자의 생활 수준을 높이도록 하지만, 대량해고를 경험하는 노동자는 분명한 패자이다. 결국 기술변화가 불안감을 낳을 수 있고 또 실제로 그렇다는 것은 놀라운 일이 아니다.

되는 노동자들이 부담할 대규모 비용의 갈등을 다룬다.

임금 불평등의 증가

성장하는 부문에 종사하는 사람이나 적절한 기술을 가진 사람들에게 기술진보는 새로운 기회와 더 높은 임금을 제공한다. 그러나 기술진보는 사양산업에 종사하거나 더 이상 필요로 하지 않는 기술을 가진 사람들에게 직업의 상실, 일정 기간의 실업, 그리고 아마도 훨씬 낮은 임금을 의미한다. 미국에서 지난 35년간 임금 불평등은 크게 증가한 것으로 나타난다. 대부분의 경제학자는 이러한 불평등 증가의 주요 원인이 기술진보에 있다고 믿고 있다.

그림 13-2는 1973년 이후 교육수준에 따른 노동자 그룹별 상대임금의 추이를 보여준다. 이 그림은 CPS의 개인 노동자에 관한 정보에 기초하고 있다. 그림에서 각 곡선은 특정 교육수준('고등학교 수료', '고등학교 졸업', '대학 수료', '대학 졸업', '대졸 이상 학위')을 가진 노동자의 임금을 고등학교 졸업장만 가진 노동자의 임금과 비교한 추이를 나타낸다. 모든 상대임금은 각각의 1973년 값으로 다시 나누어 각 임금 시계열의 1973년 값은 모두 1.0과 같도록 했다. 그림은 매우 놀라운 결론을 제공한다.

7장에서는 CPS 조사와 그 사용처의 일부를 설명했다.

1980년대 초부터 낮은 수준의 교육을 받은 노동자의 상대임금은 시간이 지남에 따라 계속 하락했지만 고등교육을 받은 노동자는 자신의 상대임금이 계속 상승하는 것을 경험했다. 교육수준이 가장 낮은 위치에 있는 고등학교 중퇴 노동자의 상대임금은 1980년대 초 이래로 11% 하락했다. 이는 결국 많은 경우에서 이 노동자들의 상대임금이 하락했을 뿐만 아니라 임금의 절대 수준도 하락했음을 의미한다. 한편 교육수준별로 가장 상위 학위를 가진 사람들의 상대임금은 31% 증가했다. 간단히 말해 미국에서 지난 30년간 임금 불평등은 증가했다.

2017년(그림의 최종 연도) 임금불평등의 소폭 감소에 주목하라. 희소식인가? 결론을 내리기에는 아직 이르다.

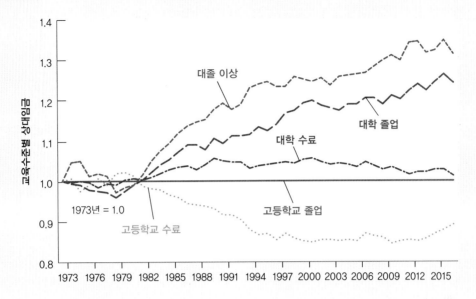

그림 13-2

교육수준에 따른 상대임금 추이(1973년 이후)

1980년대 초 이래 낮은 교육수준을 가진 근로자의 상대임금은 하락했다. 반면 높은 교육수준을 가진 근로자의 상대임금은 상승했다.

출처 : Economic Policy Institute Data Zone. www.epi.org/types/data-zone/.

임금 불평등 증가의 원인

임금 불평등이 이렇게 증가한 원인은 무엇일까? 저숙련 노동자의 임금에 비해 고숙련 노동자의 임금이 증가한 주요 요인에 저숙련 노동자에 대한 수요보다 고숙련 노동자에 대한 수요가 상대적으로 더 지속적으로 증가했다는 사실이 자리 잡고 있다는 데 대한 광범위한 동의가 존재한다. 이러한 상대적 수요의 추세가 새로운 것은 아니다. 이미 어느 정도 나타났었다. 그러나 그런 추세는 1980년대까지 고숙련 노동자의 꾸준한 상대적인 공급 증가에 의해 상쇄되었다. 어린아이 중 지속적으로 좀 더 높은 비율이 고등학교를 졸업했고, 대학을 갔으며, 대학을 졸업하는 등의 변화가 발생했다. 1980년대 초반 이후에도 상대적 공급이 계속 증가했지만 상대적 수요의 지속적 증가를 만족할 만큼 충분히 빠른 속도는 아니었다. 결과적으로 저숙련 노동자에 대비한 고숙련 노동자의 지속적인 상대임금 증가가 생겨났다. 초점상자 '장기 전망 : 수련, 교육, 불평등'은 수련에 대한 수요뿐만 아니라 공급도 20세기 동안 미국에서의 임금 불평등 추이에 영향을 미쳤음을 보여준다.

이는 다음 질문으로 이어진다. 어떤 요인이 상대적 수요의 지속적 변화를 설명할까?

■ 한 가지 수상은 국제부역의 역할에 조점을 맞춘다. 저숙련 노동자의 고용 비율이 상대적으로 너
  높은 미국기업들이 저임금 국가들에 소재한 유사기업들의 수입품 때문에 시장에서 점점 더 내

장기 전망 : 숙련, 교육, 불평등

20세기 첫 3/4기간 동안 임금 불평등은 감소했다. 이어서 상승하기 시작해 계속 성장했다. 하버드대학교 경제학자 골딘(Claudia Goldin)과 카츠(Larry F. Katz)는 교육을 불평등의 두 가지 추세 뒤에 자리 잡은 주요 요인으로 지적했다.

이어지는 학생 세대의 교육연수로 측정한 미국의 교육성취도는 20세기의 첫 3/4기간 동안 예외적으로 급속했다. 그러나 1970년대 초 청년들부터 시작해 1980년대 초에는 전체 노동력에 있어 교육 증가가 상당히 둔화되었다. 1870년대부터 약 1950년까지 태어난 세대의 경우, 매 10년마다 교육이 약 0.8년 늘어났다. 80년간 대다수 부모에게 있어 자녀의 교육수준은 부모를 크게 초과했다. 1945년에 태어난 아이는 1921년에 태어난 부모보다 학교를 2.2년 더 다녔다. 그러나 1975년에 태어난 아이는 1951년에 태어난 부모보다 단지 반년만 더 다녔다.

학교에 더 다니기로 한 결정은 확실한 경제적 유인에서 비롯했다. 그림 1에서 볼 수 있듯이, 1940년대에 대학교육을 1년 더 받은 데 따른 수익률(대학을 1년 더 다닌 데 따른 노동자 평균임금의 증가)은 높았다. 전체 남성은 10%, 청년 남성은 11%였다. 이로 인해 미국 가계는 자녀를 학교에 더 오래 보내고 이어서 대학에 진학하게 했다. 교육받은 노동자의 공급 증가는 교육수익률과 임금격차를 하락시켰다. 1950년까지 대학교육을 1년 더 받은 데 따른 수익률은 청년 남성의 경우 8%, 모든 남성의 경우 9%로 하락했다. 그러나 1990년까지 수익률은 1930년대 수준으로 돌아갔다. 오늘날 1년 대학교육에 따른 수익은 1930년대보다 높아졌다.

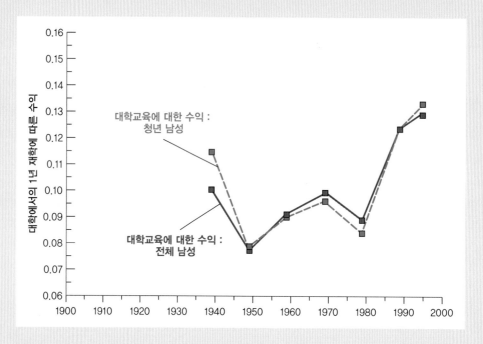

그림 1

임금격차와 교육 수익(1939~1995년)

출처 : Claudia Goldin and Larry F. Katz, "Decreasing (and then Increasing) Inequality in America: A Tale of Two Half Centuries," In: Finis Welch *The Causes and Consequences of Increasing Inequality*. Chicago: University of Chicago Press; 2001. pp. 37-82.

이상의 증거는 두 가지 시사점을 제공한다. 첫째, 교육받은 숙련 노동자에 대한 수요 증가를 동반하는 기술진보는 숙련 편향적인 경우에도 반드시 경제적 불평등을 높이는 것은 아니라는 것이다. 20세기의 첫 3/4기간 동안 숙련 공급의 증가는 숙련 수요 증가를 넘어서 불평등이 감소했다. 이후 수요 증가는 계속되었지만 공급 증가는 감소해 불평등은 다시 증가했다.

둘째, 시장의 힘은 수요가 임금격차에 대해 반응할 유인을 낳지만 제도 역시 중요하다. 20세기 초 대부분의 미국인에게 학교교육(적어도 고등학교까지는)에 대한 접근은 대체로 제한이 없었다. 교육은 공립의 형태로 제공되었고 교육비가 지원되었으며 최고 수준을 제외하곤 직접적인 교육비 납부는 없었다. 비록 남부를 중심으로 아프리카계 미국인이 다양한 교육수준에서 종종 배제되었지만, 깊은 농촌 지역의 미국인들도 자녀를 공립 중등학교에 보낼 수 있었다. 이것이 본질적 차이를 만들어냈다.

몰렸다는 주장이다. 경쟁력이 있기 위한 대안으로 기업은 자신의 생산설비를 저임금 국가에 재배치해야 한다. 두 경우 모두 미국에 있어 저숙련 노동자에 대한 상대수요의 지속적인 감소가 결과로 나타난다. 무역 효과와 기술진보 효과 간에는 분명한 유사성이 존재한다. 무역과 기술진보는 경제 전체에는 도움이 되지만 구조적 변화로 이어지고 일부 노동자의 상황을 악화시킨다.

무역이 임금 불평등 증가에 부분적으로 책임이 있다는 데 의문은 없다. 그러나 좀 더 자세히 관찰해보면 무역은 상대수요 이동의 일부분만을 설명한다는 것을 알 수 있다. 오직 무역에 기초한 설명에 반하는 가장 호소력 깊은 사실은 고숙련 노동자에 대한 상대적 수요의 이동이 대외경쟁에 노출되지 않은 부문에서조차 등장한 것으로 보인다는 점이다.

■ 다른 주장은 **숙련 편향적 기술진보**(skill-biased technological progress)에 초점을 맞춘다. 새로운 기계와 생산방법은 과거보다 고숙련 노동자를 더 필요로 하고 있다는 주장이다. 컴퓨터의 발전은 노동자가 컴퓨터에 더 능숙해질 것을 요구한다. 새로운 생산방법은 노동자가 더 신축적이고 새로운 과업에 더 잘 적응할 것을 요구한다. 더 높은 신축성은 다시 더 많은 기능과 교육을 필요로 한다. 무역에 기초한 설명과 달리 숙련 편향적 기술진보는 경제의 거의 모든 부문에 나타나는 것으로 보이는 상대수요의 이동현상을 설명할 수 있다. 이 점에서 대부분의 경제학자는 숙련에 기초한 기술진보가 임금 분산의 증가를 설명하는 지배적 요인이라고 믿는다.

◀ 국제무역의 효과를 다루는 것은 논의에서 너무 벗어날 수 있다. 무역에서 누가 이득을 보고 손해를 입는지에 대한 보다 깊은 논의는 Paul Krugman, Maurice Obstfeld, and Marc Melitz(2014), *International Economics*, 10th ed.을 참조하라.

불평등과 상위 1%

지금까지 모든 임금노동자를 대상으로 한 임금 분배, 즉 임금 불평등에 초점을 맞추었다. 그러나 불평등의 또 다른 차원은 가장 부유한 가계(예 : 소득 분배의 상위 1%에 속하는 사람들)에 귀속되는 소득의 비율이다. 매우 높은 소득 수준에서 발생하는 불평등을 고려할 때, 임금은 소득의 적절한 시표가 아니다. 기입가는 소득의 낳은 부문(빼빼토 서의 노부)를 임금이 아니라 사본소득과 사본이득에서 얻고 있다. 이는 기업가가 일반적으로 임금보다는 (일부 제한은 있지만) 이윤을 실현

그림 13-3

1913년 이후 미국의 상위 1% 및 하위 50% 소득 비중의 변화

출처 : World Inequality Database, https://wid.world/

하며 매각할 수 있는 회사의 지분으로 보상받기 때문이다.

그림 13-3에 나타난 상위 1% 점유율의 변화는 두드러진다. 1930년대부터 1970년대 후반까지 상위 1%가 차지하는 소득 비중은 꾸준히 감소했다. 하지만 그 이후로는 약 9%에서 22%로 급증했다. 반면, 하위 50%의 비중은 1970년대 초반의 약 21%(1965년 이전에는 데이터를 사용할 수 없음)에서 오늘날 13% 미만으로 급감했다.

상위 1% 내에서 그 수치는 더욱 두드러진다. 상위 1%가 소득의 22%를 차지하는 반면 상위 0.1%만 17%, 상위 0.01%는 5.1%를 차지한다. 부를 보면 불평등이 더 심하다. 상위 0.01%가 전체 부의 11%를 차지한다. 2014년 출간 당시 전 세계 베스트셀러 1위를 차지한 21세기 자본(Capital in the 21st Century)의 피케티(Thomas Piketty)는 미국의 불평등은 "세계 어느 곳보다도, 과거 어느 사회보다도 높을 것"이라고 쓰고 있다.

이 고소득층은 누구일까? 상위 1%에는 의사, 변호사, 임원, 중견기업 소유자가 포함된다. 0.01%는 어떠한가? 한 이미지는 상속자의 모습으로 대부분 자본투자에서 나오는 수입으로 생활한다. 또 다른 이미지는 성공적인 기업가로서 아마존, 페이스북, 구글과 같은 기업의 설립자이다. 어떤 이미지가 가장 잘 맞는지 파악하기 위해 포브스(Forbes)가 집계한 400대 미국 부자(상위 0.01%에 속하는 1만 6,000가구 중 2.5%를 차지하며 평균 4억 달러 정도의 부를 소유함)의 명단을 볼 수 있다. 이 명단에서 약 1/3은 그들 재산의 상당 부분을 상속받고 2/3는 대부분 자수성가한 기업가와 고위 경영진이다.

이 기업가와 경영진은 어떻게 그렇게 부자가 되었을까? 피케티는 회사 이사회의 기업 지배구조

2014년 미국에서 상위 1%가 되려면 가계는 40만 8,000달러 이상을 벌어야 했다. 상위 0.1% 안에 들려면 160만 달러 이상을 벌어야 했다. 상위 0.01%에 진입하려면 780만 달러 이상을 벌어야 했다.

가 불량해 경영진에게 과도한 급여를 지급하기 때문이라고 지적한다. 그는 일정 수준 이상에서는 급여와 성과의 연관성을 자료에서 찾아보기 어렵다고 주장한다. 과도한 급여에 대한 일화적 증거는 많지만, 기술진보의 특성이라는 또 다른 요인이 분명히 작용하고 있다. 많은 신흥 산업에서 규모에 대한 수익이 크게 증가하고 있다. 비용은 대부분 고정 비용이며 사용자 수에 크게 의존하지 않는다. 따라서 사용자가 증가할수록 사용자당 비용은 감소한다. 그 결과 매우 광범위한 고객을 보유한 매우 큰 회사가 출현한다. 2018년 말 페이스북 이용자 수는 23억 명, 아마존 프라임 가입자 수는 1억 명이었다. 가장 큰 펀드가 종종 수천억 달러, 심지어 수조 달러를 관리하는 금융에서도 마찬가지이다. 2018년 말 최대 자산운용 펀드인 블랙록(BlackRock)은 6조 달러의 자산을 운용했다. 이들 기업의 규모와 이익 규모를 감안하면 창업자와 최고 경영진이 이처럼 큰 수입과 부를 갖고 있다는 것은 놀라운 일이 아니다.

성장과 불평등

불평등이 심화되지 않고 국가가 성장을 지속할 수 있는가? 방금 살펴본 추이에 비추어볼 때 안심이 되지 않는다. 하지만 너무 비관하지 말아야 할 두 가지 이유가 있다.

첫째는 모든 선진국이 미국과 같지 않다는 점이다. 임금 불평등과 상위 1%의 비중은 대부분 국가에서 증가하고 있지만, 일반적으로 미국보다는 훨씬 적다. 둘째는 세금 및 이전지출을 고려하지 않은 **시장소득 불평등**(market income inequality)과 세금과 이전소득을 고려한 소득인 **가처분소득 불평등**(disposable income inequality)을 구분해야 한다는 점이다. 지금까지 시장 불평등을 살펴보았지만 결국 중요한 것은 가처분소득 불평등이다. 그리고 여기에서도 모든 선진국이 미국과 같은 것은 아니다.

그림 13-4는 미국과 프랑스에서의 두 가지 불평등 유형의 발전을 비교한 것으로 이 점을 명확하게 보여준다. 이는 **지니계수**(Gini coefficient) 또는 간단하게 지니(Gini)로 불리는 소득 불평등 표준측정치의 변화이다. 계수의 의미는 초점상자 '불평등과 지니계수'에 설명되어 있지만, 일반적인 특성은 간단하다 : 계수의 범위는 0~1 사이다. 계수 0은 모든 사람이 동일한 소득을 갖는 완전한 평등을 의미한다. 계수 1은 한 사람이 모든 소득을 받고 다른 모든 사람은 아무것도 받지 못하는 완전한 불평등을 의미한다. (실제로 계수 범위는 가장 평등한 국가의 0.2에서 가장 불평등한 국가의 0.6까지 걸쳐 있다.)

맨 위에 있는 두 시계열은 빨간색으로 표시된 미국과 파란색으로 표시된 프랑스의 시장소득 불평등에 대한 지니계수의 변화를 보여준다. 미국의 지니계수는 상승하는데 이는 앞서 논의한 임금과 상위 1% 소득 불평등을 반영한다. 그러나 프랑스의 지니계수는 거의 일정하게 유지되고 있다. 이는 양국이 세계화의 영향을 유사하게 받고, 동일한 기술에 접근할 수 있다는 점에서 중요한 사실이다. 이는 무역 및 기술진보를 넘어 '수용 가능한 급여'에 대한 제도나 사회규범과 같은 다른 요소가 시장 불평등에 영향을 미친다는 것을 시사한다.

◀ 이름은 20세기 초반에 계수를 개발한 이탈리아 통계학자 코라도 지니(Corrado Gini)에서 따왔다.

예를 들어 같은 규모의 은행을 보면 프랑스 은행가는 미국 은행가보다 훨씬 적은 급여를 받
◀ 는다.

그림 13-4

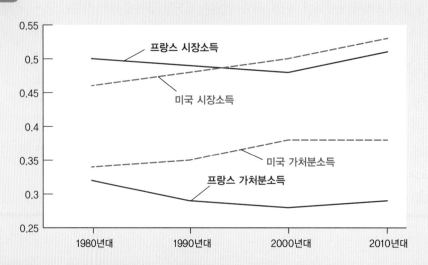

1980년대 이후 프랑스와 미국의 시장소득과 가처분소득에 대한 지니계수의 변화

출처 : Income Inequality by Max Roser and Esteban Ortiz-Ospina, First published in December 2013; updated October, 2016. (https://ourworldindata.org/income-inequality).

맨 아래에 있는 두 시계열은 두 국가의 **가처분소득 불평등**에 대한 지니계수의 추이를 보여준다. 다시 말하지만 두 국가는 뚜렷이 대조된다. 미국의 지니계수는 상승하지만, 프랑스의 지니계수는 1980년대보다 오늘날 더 낮아져 있다. 즉 세금과 이전지출을 통한 재분배는 불평등을 (조금) 감소시켰다. 이 또한 중요한 사실이다. 이는 지금까지 재분배가 불평등을 제한하기에 충분했음을 시사한다. (지니계수는 단순하지만 대략적 척도이며, 감소했다고 해서 모든 집단이 성장의 혜택을 동등하게 받았다는 의미는 아니다. 일부 노동자나 노동자 집단은 상대적으로 소득이 감소할 수 있다.)

불평등을 제한해 **포용적 성장**(inclusive growth)을 달성하려는 강력한 도덕적 이유가 있다. 정부가 그렇게 해야 할 충분한 정치적 이유도 있다. 상대적 임금에 대한 것이든 1%에 대한 것이든 인식된 불평등이 많은 국가에서 포퓰리즘을 부상시키는 데 한몫했다는 증거가 있다. 정부는 무엇을 할 수 있을까?

정부는 더 나은 교육, 최저임금, 기업지배구조를 통해 시장소득 불평등을 줄이려고 노력할 수 있다. 또는 시장소득 불평등이 주어졌을 때 저소득층의 수입을 높이는 부의 소득세를 포함한 누진세, 식권과 같은 이전지출, 실업급여를 통해 가처분소득 불평등을 줄일 수 있다. 모든 정부는 이러한 수단 중 일부를 사용하며 재분배는 불평등을 상당히 줄일 수 있다. 최근 OECD 연구의 증거가 그림 13-5에 제시되어 있는데, 이는 시장소득 및 가처분소득 불평등과 관련된 지니계수(100을 곱한 값)를 보여주고 OECD 국가의 재분배 정도를 함축적으로 보여준다.

이 그림은 세 가지 결론을 제시한다.

불평등과 지니계수

FOCUS

지니계수는 불평등 척도이다. 이를 이해하는 가장 좋은 방법은 아래 그림을 이용하는 것이다. 소득 증가에 따라 순위가 매겨진 인구 비율은 0에서 1까지 수평축에 표시된다. 소득 비율은 0에서 1까지 수직축에 표시된다. 주어진 인구 비율과 그에 관련된 소득 비율의 관계는 빨간색 볼록 곡선으로 표시된다. 지니계수는 면적 (A + B)와 대비 면적 A의 비율로 주어진다.

이것이 의미하는 바를 보기 위해 모든 사람이 동일한 소득을 가지는 경제를 고려하자. 이런 경제에서 소득 비중은 항상 인구 비중과 같으므로 둘 간의 관계는 대각선으로 표시된다. 면적 A는 0이므로 지니계수도 0과 같다. 반대로 모든 소득이 가장 부유한 개인에게 돌아가는 경제를 고려하자. 이 경우 소득 비중과 인구 비중의 관계는 수평축을 덮는 평평한 선으로 나타나 마지막 인구 비율 0에서 1로 점프하는 것으로 끝난다. 영역 B의 면적은 0과 같으므로 지니계수는 1과 같다.

이는 분명히 극단적이고 비현실적인 사례이며 지니계수는 일반적으로 0.2~0.6 사이이다. 일반적으로 불평등이 클수록 주어진 인구 비율이 차지하는 소득 비율이 작아진다. 예를 들어 인구의 많은 비율이 매우 가난한 형태로 불평등한 경우 곡선은 0부터 매우 평탄할 것이다. 인구의 일부가 매우 부유한 형태로 불평등한 경우 곡선은 1에 가깝게 매우 가파르게 된다.

소득 분포의 복잡성을 한 숫자로 요약하면 분명한 한계가 있다. 불평등의 형태가 다름에도 동일한 지니계수를 가질 수 있다. 그러나 이는 간단하고 직관적인 통계이며 시기별 또는 국가별 소득 분포를 비교할 수 있는 통계이다.

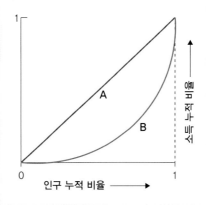

그림 1

- 국가마다 시장 불평등 정도가 상당히 다르며 미국은 상위권에 근접해 있다. 지니계수는 최저치인 한국의 30%, 아이슬란드의 34%에서 아일랜드와 그리스의 50%, 미국의 48%까지 다양하다. 이들 국가의 대부분은 무역이 개방되어 있고 유사한 기술에 접근할 수 있기 때문에 결과를 결정하는 데 있어 다른 요소의 중요성을 보여준다.
- 시장소득 지니계수와 가처분소득 지니계수의 차이로 정의되는 재분배 정도는 최저치인 칠레의 5%, 한국의 10%에서 핀란드의 38%, 아일랜드의 40%까지 다양하다. 미국은 18%로 가장 낮은 수준에 있다. 이것은 최종적 소득분배를 결정하는 데 있어 정치적 선택의 중요성을 보여준다.
- 재분배 결과, 가처분소득 지니계수는 시장소득 지니계수에 비해 큰 폭으로 낮은 경우가 많다. 예를 들어 아일랜드의 시장소득 불평등은 높지만, 재분배 결과 가처분소득 불평등은 낮다. 가처분소득 불평등의 변동폭은 25~45%로, 30~50%에 이르는 시장소득 불평등보다 작지만 여전히 상당하다. 미국에서는 시장소득 불평등이 심하지만 재분배는 제한적이다.

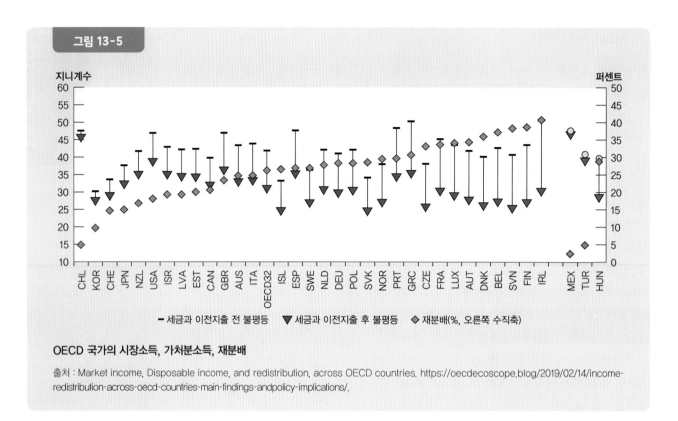

그림 13-5

지니계수 ... 퍼센트

OECD 국가의 시장소득, 가처분소득, 재분배

■ 세금과 이전지출 전 불평등　▼ 세금과 이전지출 후 불평등　◆ 재분배(%, 오른쪽 수직축)

출처 : Market income, Disposable income, and redistribution, across OECD countries. https://oecdecoscope.blog/2019/02/14/income-redistribution-across-oecd-countries-main-findings-andpolicy-implications/.

　　불평등이 계속 증가한다면 정부는 더 많은 일을 해야 할 것이다. 예를 들어 2020년 미국 대선에서 한계소득세율 또는 상속세 인상에 대한 논의가 중요한 역할을 할 것으로 보인다. 또한 이탈리아나 핀란드와 같은 국가에서는 노동 여부에 관계없이 사람들에게 최소한의 소득을 제공하는 보편적 소득 제공에 대한 논의가 이루어지고 있다. 불평등을 제한하거나 완화하는 동시에 성장을 지속하는 것은 오늘날 정책 당국자들이 직면한 가장 중요한 과제 중 하나이다.

13-4　기후 변화와 지구 온난화

외부효과가 있을 때 시장이 제대로 작동하지 않는다는 것은 널리 알려져 있다. 성장의 맥락에서 온실가스 배출은 주요 외부효과이다. 온실가스는 비용을 낮지만 기업과 개인은 예를 들어 기술 선택이나 자동차 구입 선택에서 고려하지 않는다.

　　가장 중요한 온실가스는 이산화탄소(CO_2)이다. 그 역할을 이해하기 위해 태양이 지구로 발산하는 빛을 고려하자. 햇빛의 일부는 지구에 흡수되고 일부는 다시 우주로 복사된다. 대기 중 CO_2의 양은 '온실효과'의 강도와 지구에 흡수되는 양과 재복사되는 양을 결정한다. 흡수되는 양은 지구 온도를 결정하는 주요 요인이다. 대기 중에 이산화탄소나 다른 온실가스가 없다면 너무 적은 양의

그림 13-6

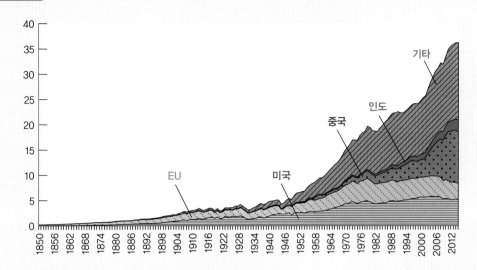

1850년 이래 지역별 CO₂ 배출

출처 : 연간 CO₂ 배출 측정은 10억 톤(Gt) 기준이다. Carbon Dioxide Information Analysis Center (CDIAC), http://cdiac.ornl.gov/CO2_Emission/.

햇빛이 흡수되고 너무 많은 양이 재복사될 것이며 지구의 온도는 약 −18°C 정도가 될 것으로 추정된다. 그러나 이산화탄소가 너무 많으면 지구의 온도가 상승해 지구 온난화로 이어질 것이다. 지구 온난화가 심화하면 해수면 상승과 극단적 기상 현상이 나타나며 세계 일부 지역이 살 수 없게 되는 재앙이 초래될 것이다.

산업혁명 이후 화석연료(주로 석탄)의 사용은 CO_2 배출량을 크게 증가시켰다. 동시에 지구 평균 기온도 꾸준히 상승하고 있다. 이는 그림 13-6 및 13-7에서 찾아볼 수 있다.

그림 13-6은 1850년 이후 세계 지역별로 CO_2 배출량이 증가한 것을 보여준다. 산업혁명 동안 유럽을 시작으로 배출량이 크게 증가했으며, 이는 나중에 미국으로 이어졌다. 그러나 2000년대 이후 중국의 배출량은 유럽과 미국의 배출량을 합친 것보다 많다.

그림 13-7은 1850년 이후 지구의 평균온도 증가를 1850년 온도와의 편차로 보여준다. 온도는 1850년 이후 약 1.2°C 상승했으며 대부분의 증가가 1970년대 후반 이후에 발생했다.

CO_2 수준과 지구 온도가 모두 증가했다는 사실은 논쟁의 여지가 없으며, (아쉽게도 우리 곁에 있는) 괴짜만이 이를 거부한다. 그러나 지구 온도의 증가가 CO_2 수준의 증가 때문인지 아니면 다른 요인 때문인지 의문을 가질 수 있다. 거의 모든 과학자가 인과관계가 실재한다고 믿고 있다. 그리고 그렇지 않더라도, 지구 온난화가 주요 관심사이며 CO_2를 제한하면 이 문제를 완화할 수 있다.

과거에서 미래로 관심을 돌릴 때 중요한 질문은 지구 온난화가 얼마나 빨리 진행될지다. 합의된 예측은 그림 13-8에 나와 있다. 기후정책이 전혀 없다면 온도가 2100년까지 산업혁명 이

그림 13-7

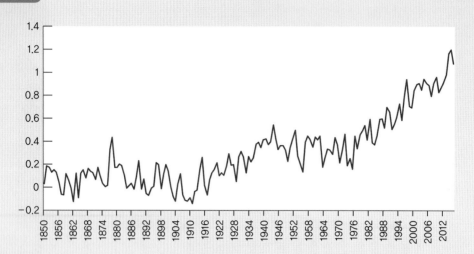

1850년 이후 세계 평균 기온

출처 : Met Office Hadley Center, www.metoffice.gov.uk/hadobs/hadcrut4/index.html.

그림 13-8

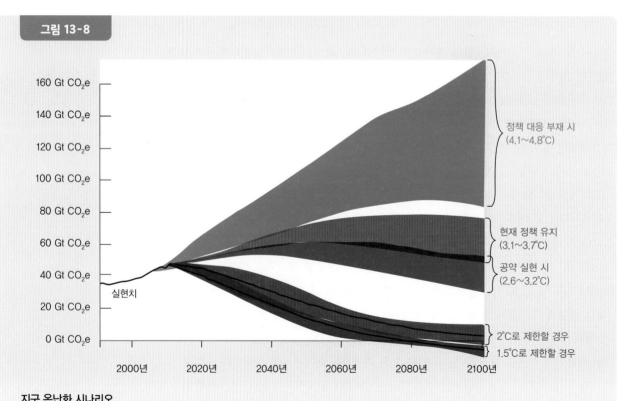

지구 온난화 시나리오

출처 : Max Roser, https://ourworldindata.org/uploads/2018/04/Greenhouse-gas-emission-scenarios-01.png.

전보다 4.1~4.8℃ 증가해 지구에 거의 거주할 수 없게 될 것으로 예상된다. 기존 정책하에서는 3.1~3.7℃ 상승할 것으로 예측되며 이는 여전히 파국적인 결과이다. 현재 세계적 공약에 따르면 2.6~3.2℃ 상승할 것으로 예상된다. 그러나 공약은 구속력이 없으며 많은 국가에서 이를 이행하지 않고 있다는 증거가 있다. 그렇다고 해도 공약은 과학자들이 수용할 수 있는 수준인 1.5~2%로 증가율을 제한하기에는 충분하지 않을 것이다.

CO_2 증가를 억제하기 위해 국가는 어떤 정책을 채택해야 할까? 경제학자 사이에서 가장 좋은 정책은 탄소 배출량에 가격을 매겨 사실상 외부효과를 내부화하는 것이라는 데 폭넓은 동의가 존재한다. 그럼에도 네 가지 이유로 그것이 현실화되지 못하고 있다. 첫째, 최근까지 지구 온난화는 높은 우선순위로 간주되지 않았다. 실제로 일부 국가는 여전히 현실을 받아들이기를 주저한다. 둘째, 먼 미래에 발생해 평가하기 곤란한 편익을 얻기 위해 현재에 비용을 초래하는 정책은 정치적으로 받아들여지기 어렵다. 셋째, 각국에서 상대적으로 가난한 사람들은 더 오래되고 더 많은 배기가스를 배출하는 자동차를 소유하는 경향이 있기 때문에 적절하게 보상되지 않는 한 정책은 역진적이다. 넷째, 아마도 가장 중요한 것은 정책 논의가 신흥시장과 선진국 사이에 극심한 긴장을 야기한다는 것이다. 그림 13-6에서 그 이유를 알 수 있다. 중국은 현재 CO_2 배출의 주요 원천이므로 비용이 가장 많이 증가할 것이다. 과거에 유럽과 미국은 그 비용을 부담하지 않고도 더 일찍 성장하고 배출할 수 있었고, 오늘날 중국에 전체 비용을 지불하라고 요구하는 것은 부당하다고 주장한다.

더 일반적으로 말하면 모든 국가가 합의를 이루는 것은 어렵고, 이는 과거 기후회의의 성공을 제한한 바 있다. 합의에 이르지 못한 채 예일대학교의 노드하우스(William Nordhaus)가 해결책을 제안했다. 탄소세를 도입하려는 국가는 그렇게 해야 하며 탄소세가 없는 국가에서 수입되는 상품에 탄소 관세를 부과해야 한다. 이는 결과적으로 해당 국가가 탄소세를 채택하고 더 이상 관세의 대상이 되지 않도록 하는 유인을 제공할 것이다. 이것이 채택되든 다른 해결책이 채택되든 문제는 사라지지 않을 것이다.

◀ 이 책이 저술되는 동안 27명의 노벨상 수상자와 15명의 전 경제자문위원회 의장을 포함해 3,000명 이상의 미국 경제학자가 서명한 성명서는 탄소세 도입을 주장하고 있다.

◀ 윌리엄 노드하우스(William Nordhaus)는 2018년 기후 변화에 대한 연구로 노벨 경제학상을 받았다.

요약

■ 기술진보가 바르다는 인식과 측정된 생산성 증가치의 둔화 사이에는 긴장감이 있다. 측정된 생산성 증가치의 둔화는 측정 오류로 인한 것이 아니라 실질적 둔화로 보인다. 과거에는 범용 기술이 발견되고 경제의 여러 부문으로 확산하면서 기술진보가 이루어졌다. 현재의 범용 기술인 디지털화가 같은 효과를 낼지는 아무도 모른다.

■ 기술발전이 대량실업으로 이어질 것이라는 우려는 지금까지 입증되지 않은 오래된 우려이다. 생산성은 예전보다 몇 배나 높아졌으며 고용도 마찬가지다. 저숙련 노동자의 경우에도 실업률은 낮다. 그러나 미래는 다를 수 있으며 로봇에 대한 우려가 반드시 잘못된 것은 아니다.

■ 기술진보는 구조적 변화 과정이다. 신제품이 출시되고 다른 제품은 사라진다. 새로운 기업이 생겨나고, 오래된 기업은 사라진다. 그 과정에서 소비자에게는 이익을 낳지만 반면에

일부 노동자는 삶의 악화를 경험한다. 회사가 잘 되지 않아 실직하는 사람들의 소득이 오랫동안 낮아진다는 것이 그 증거이다. 숙련 편향적 기술진보는 숙련도나 교육수준이 낮은 사람과 숙련도나 교육수준이 높은 사람 사이의 불평등을 증가시켰다.

■ 불평등 증가는 소득 상위 1% 집단의 상대적 소득과 부가 증가하는 형태로도 나타나고 있다. 일부 신기술은 규모에 대한 수익 증가를 나타내어 대기업의 출현과 설립자 및 경영진의 막대한 수입으로 이어지기 때문이다.

■ 시장소득 불평등은 유사한 세계화 및 기술진보 추세에 노출되어 있는 선진국에서도 국가별로 차이가 있어 제도나 사회 규범과 같은 다른 요인에도 영향을 받고 있음을 시사한다. 시장소득 불평등이 일정할 때 재분배는 가처분소득 불평등을 줄일 수 있다. 국가 간 재분배 정도에도 큰 차이가 있다.

■ 기후 변화는 성장의 주요 도전 과제일 것이다. 지구 평균 기온이 꾸준히 증가했으며 이는 CO_2 배출량 증가로 인한 것일 가능성이 높다. 지금까지는 성과가 충분하지 않았다. 가장 좋은 정책은 탄소세 도입이지만 정치적 · 지정학적 장애물에 직면해 있다.

핵심 용어

가처분소득 불평등(disposable income inequality)

기술 실업(technological unemployment)

범용 기술(general-purpose technology)

숙련 편향적 기술진보(skill-biased technological progress)

시장소득 불평등(market income inequality)

지니계수(Gini coefficient)

창조적 파괴(creative destruction)

포용적 성장(inclusive growth)

연습문제

기초문제

1. 이 장의 내용에 기초해 다음에 대해 '사실', '거짓', '불확실' 여부를 밝히고 그 이유를 간단히 설명하라.

   a. 지난 10년 동안 기술 성장 속도가 감소한 것은 분명하다.

   b. 1900년 이후 미국에서 1인당 고용과 산출의 변화는 기술진보가 고용의 지속적 증가를 낳는다는 주장을 뒷받침한다.

   c. 노동자는 창조적 파괴 과정을 통해 동등하게 혜택을 받는다.

   d. 지난 20년간 미국 저숙련 노동자의 실질임금은 고숙련 노동자의 실질임금에 비해 하락했다.

   e. 측정 오류는 기술진보 둔화의 상당 부분을 설명한다.

   f. 새로운 기술은 일반적으로 숙련 수준이 낮은 노동자를 대체한다.

   g. 범용 기술로 알려진 혁신이 자주 발생한다.

   h. 로봇의 도입은 실제로 고용을 증가시킬 수 있다.

   i. 기술 변화와 관련된 공장 폐쇄로 실직한 노동자가 장기간의 임금 손실을 겪는다는 증거가 있다.

2. (a)부터 (e)까지의 정책 변화가 미국 저숙련 노동자와 고숙련 노동자의 임금 격차에 어떤 영향을 미치겠는가?

   a. 공립학교에서의 컴퓨터에 대한 지출 증가

   b. 미국 입국이 허용된 외국인 임시 농업 노동자 수 제한

   c. 공립대학교 수 증가

   d. 중앙아메리카의 미국 기업에 대한 세금 공제

   e. 로봇을 생산 공정에 도입하는 기업에게 지급되는 보조금

3. 생산함수를 확장해 노동 투입 N, 자본 투입 K, 탄소 집약적 에너지투입 E를 포함하도록 할 수 있다.

   a. 아래 투입값을 사용할 때, 이 생산함수는 규모에 대한 수확불변을 보이겠는가?

N	K	E	산출
27	125	64	
54	250	128	
81	375	192	

b. 생산함수를 사용해 다음 각 행에서 지정된 수준의 산출을 생산하는 데 필요한 에너지양을 구하라: $Y = N^{1/3}K^{1/3}E^{1/3}$.

N	K	E	산출
54	250		120
54	375		120
81	250		120

c. (b)의 결과를 사용해 다음 진술에 대해 논하라.

"규모에 대한 수확불변 때문에 산출이 증가하려면 에너지 소비를 늘려야 한다."

d. 에너지 사용을 늘리지 않고 산출을 증가시킬 수 있는 방법을 설명하라. 본문은 경제학자 사이에 탄소 배출 에너지에 대한 세금이 탄소 배출을 줄이는 가장 효과적인 방법이라는 데 광범위한 동의가 있다고 지적한다. 이 명제는 위의 생산함수에 어떻게 적용되는가?

심화문제

4. 기술진보율의 변화

12장에서는 다음 식을 사용해 기술진보율을 나타내는 잔차항을 계산했다.

$$\text{잔차} \equiv g_Y - [\alpha g_N + (1-\alpha)g_K]$$

연간 경제성장률은 g_Y, 노동 투입 증가율은 g_N, 자본 투입 증가율은 g_K이다. 2000년부터 2014년까지의 잔차값은 얼마인가?

Penn World Table에서 아래 표를 채워라.

참고 : 산출은 rgdpo(2011년 미국 달러), 노동 투입은 emp, 자본량은 ck(2011년 미국 달러)를 사용하라. 노동 분배율은 labsh이다.

	1985년				1999년			
	Y	N	K	노동 분배율	Y	N	K	노동 분배율
미국								

1985년과 1999년 사이의 Y, N, K의 성장률을 계산하라. 2000년부터 2014년까지 동일한 계산을 하거나 12장의 결과를 사용하라.

a. 1985~1999년과 2000~2014년 기술진보율을 비교하라.

b. FRED 데이터베이스는 저숙련 노동자의 실업률 측정치로 다음 변수를 제공한다: 16~24세의 대학을 다니지 않은 고교 졸업생(LNU04023068 시계열). 이 데이터는 1985년부터 시작된다. 이 시계열을 찾아 1985년부터 2018년(또는 이용 가능한 최근 날짜)까지의 이 시계열의 그래프를 설명하라. 2009년부터 2013년까지 이 집단의 실업률은 어떻게 되었는가? 이어서 시계열을 스프레드시트로 다운로드한다.

c. 1985~1999년, 2000년~마지막 데이터, 2017년 이후의 세 기간 동안 이 집단의 평균 실업률을 계산하라. 세 가지 실업률을 비교하라. 결과는 기술진보의 심화가 저숙련 노동자의 실업률을 증가시킨다는 명제를 지지하는가? 2017년 이후 연도도 살펴보는 이유를 설명하라.

5. 기술진보, 농업, 고용

다음 진술에 대해 논하라.

"기술진보가 고용을 감소시키지 않는다고 주장하는 사람들은 농업을 봐야 한다. 지난 세기 초에 1,100만 명이 넘는 농장 노동자가 있었다. 오늘날에는 100만 명 미만이다. 모든 부문이 20세기에 농업에서 일어난 생산성 증가를 경험하기 시작하면 지금부터 한 세기 후에는 아무도 고용되지 못할 것이다."

6. 기술과 노동시장

7장 부록에서는 임금 설정식과 가격 설정식을 노동수요와 노동공급으로 나타낼 수 있음을 배웠다. 이 문제에서는 기술변화를 설명하기 위해 이를 확대한다.

다음 임금 설정식을 고려하자.

$$W/P = F(u, z)$$

이 식을 노동공급에 대응하는 식으로 간주하자. 일정한 경제활동인구 L에 대해 실업률 u는 다음과 같다.

$$u = 1 - N/L$$

단, 여기서 N은 고용이다.

a. 위의 u식을 임금 설정식에 대입하라.

b. (a)에서 유도한 관계를 사용해 수평축이 N, 수직축이 실

질임금 W/P인 평면에 노동공급곡선을 그려 보라. 이제 가격 설정식을 다음과 같이 나타내자.

$$P = (1 + m)MC$$

여기서 MC는 생산의 한계비용이다. 본문의 논의를 다소 일반화해

$$MC = W/MPL$$

이라 하자. 여기서 W는 임금, MPL은 노동의 한계생산성이다.

c. MC에 대한 식을 가격 설정식에 대입하고 실질임금에 대한 해를 구하라. 그 해는 노동수요 관계로서 W/P가 MPL과 마크업 m의 함수로 표시된다.

본문에서는 단순화를 위해 생산성이 일정한 경우 MPL 역시 일정하다고 가정했다. 여기서는 더 현실적으로 고용이 증가하면 MPL이 감소한다고 가정한다(물론 생산성은 일정하다고 가정한다).

d. 고용이 증가할 때 MPL은 감소한다고 가정하고 (c)에서 유도한 노동수요 관계를 그림으로 나타내라. (b)에서 유도한 그림을 사용하라.

e. 기술 수준이 개선되면 노동수요곡선에 어떤 일이 발생하는가?(힌트 : 기술이 개선되면 MPL에는 어떤 일이 발생하는가?) 설명하라. 기술 수준이 상승하면 실질임금에 어떤 영향을 미치는가?

추가문제

7. 교반

노동통계국은 일자리 감소가 가장 큰 직업과 일자리 증가가 가장 큰 직업에 대한 예측치를 발표한다. www.bls.gov/emp/tables/emp-by-detailed-occupation.htm의 표를 검토하라.

a. 사양 직종 중 기술변화와 관련지을 수 있는 직종은 무엇인가? 외국의 경쟁과 관련지을 수 있는 직종은 무엇인가?

b. 성장할 것으로 예측되는 직종 중 기술변화와 관련지을 수 있는 직종은 무엇인가? 인구 변화, 특히 미국 인구의 고령화와 관련지을 수 있는 직종은 무엇인가?

8. 실질임금

이 장은 고숙련 노동자와 저숙련 노동자의 상대임금 데이터를 보여주었다. 이 문제에서는 실질임금의 추이를 살펴본다.

a. 가장 최근의 Economic Report of the President 웹사이트로 이동해 표 B-15를 찾아라. 생산 및 비감독 직원의 시간당 평균 소득 데이터(1982~1984년 달러 기준, 즉 실질 시간당 소득 기준)를 이 표의 가장 이른 데이터와 최근 데이터로 살펴보라. 가장 이른 데이터의 실제 시간당 수입을 데이터가 있는 가장 최근 연도의 실제 시간당 수입과 비교하라. 민간 부문의 실제 시간당 소득이 하락한 사이에 기간이 있는가?

b. 이 장에 제시된 상대임금 데이터를 고려할 때, 1974년 이후 저숙련 노동자의 실질임금 변화에 대해 (a)의 결과가 시사하는 바는 무엇인가? 이는 저숙련 노동자에 대한 상대적 수요 감소의 강도에 대해 무엇을 시사하는가?

c. 노동자 보상에 대한 이 분석에서 누락된 것은 무엇인가? 노동자는 임금 이외의 형태로 보상을 받는가?

9. 소득 불평등

a. 본문에서는 미국에서 시간이 지남에 따라 소득 불평등이 증가했다는 점에 대해 어떤 증거가 제시되었는가?

b. 교육받은 노동자의 수요와 공급을 이용해 소득 불평등 증가를 설명하라.

c. 교육수준이 낮은 노동자의 수요와 공급을 이용해 소득 불평등 증가를 설명하라.

d. 웹 검색을 통해 소득 불평등이 정책적 해결책을 요구하는 문제인지에 대한 민주당과 공화당의 입장을 비교하라.

e. 2011년 교육수준별 결혼 상대자에 대한 자료를 참고하라(www.theatlantic.com/sexes/archive/2013/04/college-graduates-marry-other-college-graduates-most-of-the-time/274654/). 이는 소득 불평등에 어떻게 기여하는가? 예를 들어 교육받은 사람들은 서로 간에 결혼할 가능성이 더 높을 것이다.

10. 탄소 배출과 성장

지구 온난화로 탄소 배출에 대한 관심이 높다. 세계은행은 국가별 탄소 배출 데이터를 다양한 형태로 제공한다. 이는 https://data.worldbank.org/indicator/en.atm.co2e.pp.gd에서 찾을 수 있다. 가장 흥미로운 시계열 중 하나는 CO_2 배출량(GDP의 PPP 달러당 kg)이다. 이 데이터 세트를 스프레드시트로 다운로드하라. 실질 GDP 1달러당 CO_2 배출 추정치가 있으며, 때로는 생산

의 탄소 집약도라고도 하는 변수이다. 이 자료는 작성 당시 1990년에 시작해 2014년에 종료되었다.

a. 미국에 대한 값을 찾아라. 1990년부터 가장 최근의 데이터까지 미국의 탄소 집약도는 어떻게 변했는가?

b. 스프레드시트의 데이터를 정렬해 1990년 GDP 1달러당 배출량이 가장 큰 5개국을 찾아라. 가장 최근에 고배출 국가 목록이 변경되었는가?

c. 이제 1990년에 가장 높은 탄소집약도를 가진 5개국을 다시 고려하자. 이 기간 중 탄소집약도를 감축했는가?

d. Penn World Table로 돌아가 GDP(PPP 달러 기준) 자료를 사용해 1990년보다 2014년에 미국의 탄소 배출량이 더 높은지 측정하라. 중국의 탄소 배출량은 1990년에 높은가, 아니면 2014년에 더 높은가?

더 읽을거리

■ 현대경제를 특징짓는 자원 재배분의 과정에 대한 더 자세한 내용은 다음을 참조하라. *The Churn: The Paradox of Progress*, a report by the Federal Reserve Bank of Dallas(1993).

■ 컴퓨터가 어떻게 노동시장을 변화시켰는지에 관한 환상적인 설명은 다음을 참조하라. Frank Levy and Richard Murnane, *The New Division of Labor: How Computers are Creating the Next Job Market*(2004).

■ 미국의 다양한 불평등 상황에 대한 추가적인 통계는 Economic Policy Institute의 웹사이트(http://www.stateofworkingamerica.org)에서 "The State of Working America"를 참조하라.

■ 혁신과 소득 불평등에 대한 자세한 내용은 피케티의 *Capital in the XXI Century*(2014) 외에 다음을 참조하라. Thomas Piketty and Emmanuel Saez, "Income Inequality in the United States, 1913–1998." *The Quarterly Journal of Economics*, 118 (1): 1–41; Emmanuel Saez(2013) "Striking it Richer: The Evolution of Top Incomes in the United States," mimeo UC Berkeley.

■ 약간 다른 시각이지만 기술과 불평등에 대한 일반적 관점으로 다음을 참조하라. David Rotman, "Technology and Inequality", *MIT Technology Review*, October 21, 2014(http://www.technologyreview.com/featuredstory/531726/technologyand-inequality/).

■ 기술적 진보의 미래 : 비관적 견해는 다음에 제시되었다. R. Gordon, *The Rise and Fall of American Growth*(Princeton: Princeton University Press, 2016). 그의 주요 주장을 요약한 좋은 영상은 www.youtube.com/watch?v=PYHd7rpOTe8에 있다. 낙관적인 견해를 보려면 다음을 참조하라. Erik Brynjolfsson and Andrew McAfee, *The Second Machine Age: Work, Progress, and Prosperity in a Time of Brilliant Technologies* (Norton and Company, 2014).

■ 불평등에 관해 : 세계 불평등 데이터베이스는 시간 경과에 따른 불평등에 대한 정보와 국가 내, 국가 간 불평등에 대한 정보를 매우 편리한 형식으로 제공하는 주요 데이터이다(https://wid.world/). 상위 0.01% 소득 그룹에 대한 자료는 골드(Howard Gold)가 잘 요약했다: http://review.chicagobooth.edu/economics/2017/article/never-mind-1-percent-lets-talk-about-001-percent.

■ 기후 변화에 관해 : https://ourworldindata.org/의 에너지 섹션에는 기후 변화에 대한 많은 데이터와 시각적으로 뛰어난 그래프가 있다. 윌리엄 노드하우스의 노벨 강연도 들을 가치가 있다(www.nobelprize.org/prizes/economic-sciences/2018/nordhaus/lecture/).

기대

다음 3개 장은 핵심 모형을 확장해 산출변동에 있어 기대의 역할을 분석한다.

Chapter 14

14장에서는 금융시장에서 기대의 역할에 초점을 맞춘다. 자산가격의 결정과 소비 및 투자 결정에 있어 핵심적 역할을 하는 기대현재할인가치 개념을 도입한다. 이 개념을 이용해 채권 가격과 채권 수익률의 결정을 살펴본다. 수익률곡선의 관찰을 통해 어떻게 기대되는 미래의 이자율을 알 수 있는지 보인다. 이어서 관심을 돌려 주가가 어떻게 미래의 기대배당과 기대 이자율에 의존하는지 보인다. 마지막으로 주가가 항상 기본적인 여건을 반영하는지 아니면 거품이나 일시적인 유행을 반영하는지 논의한다.

Chapter 15

15장에서는 소비와 투자 결정에서 기대의 역할에 초점을 맞춘다. 이 장은 소비가 어떻게 현재 소득, 인적자산, 금융자산에 의존하는지 보인다. 아울러 이 장은 투자가 어떻게 현금흐름에 그리고 미래 이윤의 기대현재가치에 의존하는지 보인다.

Chapter 16

16장에서는 산출변동에서 기대의 역할을 살펴본다. *IS-LM* 모형에서 출발해 지출에서 기대의 역할을 반영하기 위해 재화시장의 균형에 대한 설명(관계)을 수정한다. 기대를 통한 효과를 고려해 통화재정정책의 산출에 대한 효과를 다시 검토한다.

금융시장과 기대

이 장은 채권, 주식, 주택 등 자산가격 결정에서 기대가 하는 역할에 초점을 맞춘다. 핵심 모형의 다양한 지점에서 이미 기대의 역할을 다룬 바 있다. 이제 좀 더 격식을 갖추어 다룰 때가 되었다. 보다시피 자산가격은 현재와 기대되는 미래 경제활동에 영향을 받을 뿐만 아니라, 이는 다시 현재의 경제활동에도 영향을 미친다. 따라서 이들 자산의 가격 결정을 이해하는 것이 경제변동을 이해하는 데 핵심적이다.

14-1절은 자산가격 결정과 소비 및 투자 결정에서 핵심 역할을 하는 기대현재할인가치의 개념을 소개한다.

14-2절은 채권가격과 채권 수익률의 결정을 살펴본다. 채권가격과 채권 수익률이 현재와 미래에 기대되는 단기 이자율에 어떻게 의존하는지 본다. 이어서 수익률곡선을 사용해 미래 단기 이자율의 기대되는 경로를 어떻게 알 수 있는지 살펴본다.

14-3절은 주식가격, 즉 주가의 결정을 살펴본다. 현재와 미래에 기대되는 이자율뿐만 아니라 현재와 미래의 기대되는 이윤에 따라 주가가 어떻게 달라지는지 살펴본다. 이어서 경제활동의 변화가 주가에 어떤 영향을 미치는지 논의한다.

14-4절은 일시적 유행(fad)이나 거품(bubble) 현상을 다룬다. 이는 자산가격(특히 주가 또는 주택가격)이 현재와 미래의 기대 지급액이나 이자율과 무관한 이유로 움직이는 것으로 보이는 현상이다.

> 이 장의 메시지 : 기대는 채권 및 주식 가격을 결정한다. ▶ ▶ ▶

기대현재할인가치

기대현재할인가치의 중요성을 이해하기 위해 새로운 기계를 구매할지를 고민하는 경영자를 고려해보자. 우선 기계를 구매해서 설치하는 데 지금 당장 비용이 지출되어야 한다. 그러나 기계설비는 미래의 생산량, 매출액, 이윤을 모두 높일 것이다. 경영자가 다룰 문제는 기대되는 이윤의 가치가 기계의 구매 및 설치 비용보다 더 큰지다. 여기서 기대현재할인가치 개념이 유용하게 활용된다. 미래에 발생할 지급 흐름에 대한 **기대현재할인가치**(expected present discounted value)는 이러한 기대된 지급 흐름이 현재 어떤 가치를 갖는지에 대한 답이다. 일단 경영자가 이윤 흐름의 기대현재할인가치를 계산하고 나면 문제는 단순해진다. 만약 이 가치가 초기비용보다 높다면 당연히 기계를 구매해야 한다. 낮다면 기계를 사지 말아야 한다.

　문제는 기대현재할인가치를 직접 관찰할 수 없다는 것이다. 즉 예상되는 지급 흐름과 이자율 정보를 이용해 기대현재할인가치를 계산해내야 한다. 계산 과정을 살펴보자.

기대현재할인가치 계산

이 절에서는 단순화를 위해 ▶ 6장에서 상세히 논의한 위험 문제를 무시하고 다음 절에서 다룬다.

1년 명목이자율이 i_t라면 올해 1달러를 빌려주면 내년에 $1 + i_t$달러를 상환받을 것이다. 마찬가지로 올해 1달러를 빌렸다면 내년에 $1 + i_t$달러를 갚아야 한다. 이런 의미에서 올해의 1달러는 내년에 $1 + i_t$달러의 가치를 갖는다. 이 관계는 그림 14-1의 첫 행에 나타나 있다.

　질문을 바꾸어보자. 내년의 1달러는 올해에 어느 정도 가치를 가질까? 답은 그림 14-1의 둘째 행에 나타나 있듯이 $1/(1 + i_t)$달러이다. 이렇게 생각해보자. 만약 올해에 $1/(1 + i_t)$달러를 빌려준다면, 내년에 $1/(1 + i_t)$에 $1 + i_t$를 곱한 1달러를 되돌려받을 것이다. 마찬가지로 $1/(1 + i_t)$달러를 빌렸다면 내년에 정확히 1달러를 갚아야 한다. 따라서 내년의 1달러는 올해의 $1/(1 + i_t)$달러의 가치에 해당한다.

그림 14-1

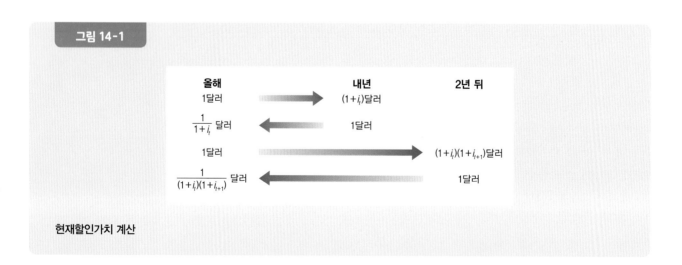

현재할인가치 계산

더 형식적으로 말하면, $1/(1 + i_t)$는 내년에 발생할 1달러의 **현재할인가치**라 한다. 여기서 '현재'라는 말은 내년에 발생할 지급의 가치를 오늘의 화폐가치로 환산했기 때문이다. '할인'은 내년의 가치를 $1/(1 + i_t)$이라는 **할인인자**[discount factor, 1년 명목이자율 i_t를 종종 **할인율**(discount rate)이라고도 부른다]를 사용해 할인했기 때문이다.

명목이자율이 높을수록 내년에 받게 될 1달러의 현재가치는 낮아진다. $i = 5\%$이면 내년의 1달러는 올해 기준으로 $1/1.05 \approx 0.95$달러의 가치만을 갖는다. $i = 10\%$이면 내년의 1달러는 올해 $1/1.10 \approx 0.91$달러의 가치를 갖는다.

i_t는 할인율(discount rate), $1/(1+i_t)$는 할인인자(discount factor)이다. 할인율이 상승하면 할인인자는 하락한다.

이제 같은 논리를 적용해 **지금부터 2년 뒤에 받게 될** 1달러의 현재가치를 계산해보자. 우선 올해의 1년 명목이자율 i_t와 내년의 1년 명목이자율 i_{t+1}을 분명히 알 수 있다고 하자. 이제 여러분이 지금부터 2년간 1달러를 빌려준다면 2년 뒤에 $(1 + i_t)(1 + i_{t+1})$달러를 돌려받을 것이다. 다시 말해 지금의 1달러는 2년 뒤의 $(1 + i_t)(1 + i_{t+1})$달러에 해당하는 가치를 갖는다. 이러한 관계는 그림 14–1의 세 번째 행에 나타나 있다.

그렇다면 2년 뒤에 생겨날 1달러는 지금 어느 정도 가치를 가질까? 앞서와 마찬가지의 논리를 적용하면 그 답은 $1/(1 + i_t)(1 + i_{t+1})$달러이다. 만약 여러분이 올해에 $1/(1 + i_t)(1 + i_{t+1})$달러를 빌려준다면 2년 뒤에는 정확히 1달러를 상환받을 것이다. 따라서 2년 뒤 1달러의 현재할인가치는 $1/(1 + i_t)(1 + i_{t+1})$이다. 이 관계는 그림 14–1의 마지막 행에 나타나 있다. 예를 들어보자. 만약 올해와 내년의 1년 명목이자율이 모두 5%로 동일하다면($i_t = i_{t+1} = 5\%$), 2년 뒤에 발생한 1달러의 현재할인가치는 $1/(1.05)^2$, 즉 약 91센트이다.

일반적 공식

이제 앞의 논의에 기초해 지급액이나 이자율이 모두 변화하는 경우 현재할인가치를 어떻게 유도하는지 살펴보자.

올해부터 먼 미래까지 계속해서 발생하는 지급 흐름이 있다고 하자. 잠시 미래에 발생할 지급액이나 이자율이 모두 확실하게 알려져 있다고 하자. 올해 지급액을 z_t, 내년 지급액을 z_{t+1}, 2년 뒤 지급액을 z_{t+2} 등으로 나타내자. 이러한 지급 흐름의 현재할인가치를 V_t라 하면 다음으로 주어진다.

$$V_t = z_t + \frac{1}{(1 + i_t)} z_{t+1} + \frac{1}{(1 + i_t)(1 + i_{t+1})} z_{t+2} + \cdots$$

위 식에서 미래에 발생할 각 지급액은 그에 대응하는 할인인자로 곱해졌다. 지급이 발생하는 시점이 멀면 멀수록 할인인자의 값은 작아지고 결국 현재가치의 크기 역시 작아진다. 다시 말해 먼 미래에 발생하는 지급액일수록 더 심하게 할인되고 결국 현재할인가치는 작아진다.

지금까지는 미래 지급액이나 미래 이자율이 모두 확실하게 알려져 있다고 했다. 그러나 미래에 발생할 지급액을 확실하게 알 수 없는 것이 현실이다. 결국 실제 의사결정은 미래 지급액에 대한 기대에 기초해야 한다. 앞서 다루었던 예에서 경영자는 새 기계가 얼마나 많은 이윤을 안겨줄지 또는 미래에 이자율이 어떤 값을 가질지 확신할 수 없다. 경영자로서 할 수 있는 최선은 가장 정확한 예측치를 구하고 그 예측치에 기초해 이윤의 기대현재할인가치를 계산하는 것이다.

미래 지급액이나 이자율이 불확실할 때 어떻게 기대현재할인가치를 계산할 수 있을까? 사실 확실한 경우와 마찬가지다. 다만 알려진 미래의 지급액과 알려진 이자율을 기대된 미래 지급액과 기대된 이자율로 바꾸어주기만 하면 된다. 더 엄밀하게 나타내보자. 내년에 발생할 기대지급액을 z^e_{t+1}, 2년 뒤에 발생할 기대지급액을 z^e_{t+2}, 그리고 이후의 지급액도 동일한 방식으로 나타내자. 마찬가지로 내년에 예상되는 기대 1년 명목이자율을 i^e_{t+1} 등으로 나타내자. (여기서 올해 1년 명목이자율 i_t는 현 시점에서 알려져 있으므로 위첨자 'e'가 불필요하다는 점에 주의할 필요가 있다.) 이제 이상의 기대된 지급 흐름의 기대현재할인가치는 다음과 같이 주어진다.

$$V_t = z_t + \frac{1}{(1 + i_t)} z^e_{t+1} + \frac{1}{(1 + i_t)(1 + i^e_{t+1})} z^e_{t+2} + \cdots \tag{14.1}$$

'기대현재할인가치'는 상당히 거추장스러운 표현이므로 **현재할인가치**(present discounted value)나 **현재가치**(present value)로 부르기로 하자. 또한 식 (14.1)도 간단하게 나타낼 필요가 있는데 z달러의 지급이 지속적으로 이루어지는 경우 이러한 지급 흐름의 현재가치를 단순히 $V(z_t)$ 또는 $V(z)$로 나타내기로 하자.

현재가치의 사용 : 예

식 (14.1)은 두 가지 중요한 시사점을 제공한다.

■ 현재가치는 현 시점의 지급액과 미래에 발생할 지급액의 기대치에 대해 양(+)의 의존관계를 갖는다. 즉 현 시점의 z나 미래의 z^e의 증가는 모두 현재가치의 증가를 낳는다.

■ 현재가치는 현재 이자율과 미래의 기대 이자율에 대해 음(−)의 의존관계를 갖는다. 현재의 i나 미래의 i^e의 증가는 모두 현재가치의 감소로 이어진다.

식 (14.1)은 단순하지 않으므로 몇 가지 사례를 통해 연습을 해보자.

z 또는 미래의 z^e 상승 ⇒ V의 ▶ 상승

i 또는 미래의 i^e 상승 ⇒ V의 ▶ 하락

이자율이 일정한 경우

지급 흐름이 현재가치에 미치는 영향에 초점을 맞추기 위해 이자율이 항상 일정할 것으로 기대된다고 하자. 즉 $i_t = i^e_{t+1} = \cdots$이고 이들은 모두 i의 값을 갖는다고 하자. 이 경우 현재가치 식 (14.1)은 다음과 같다.

$$V_t = z_t + \frac{1}{(1 + i)} z^e_{t+1} + \frac{1}{(1 + i)^2} z^e_{t+2} + \cdots \tag{14.2}$$

이 경우 현재가치는 현재와 미래 지급 흐름의 가중 합(weighted sum)이다. 가중치는 시간이 흐

를수록 **기하급수적으로** 하락한다. 올해의 지급에 대한 가중치는 1이고 지금으로부터 n년 뒤 지급에 대한 가중치는 $\left(\dfrac{1}{1+i}\right)^n$이다. 이자율은 양(+)의 값을 가지므로 먼 미래일수록 가중치는 0에 더 가까워진다. 예를 들어 이자율이 10%일 때 10년 뒤 발생할 지급액에 대한 가중치는 $1/(1+0.10)^{10}$ $=0.386$이고 10년 뒤에 지급받는 1,000달러는 현 시점에서 386달러의 가치를 갖는다. 지금으로부터 30년 뒤의 지급액에 대한 가중치는 $1/(1+0.10)^{30}=0.057$이고 30년 뒤에 지급받는 1,000달러는 현 시점에서 57달러의 가치를 가질 뿐이다!

◀ 가중치는 기하수열의 항들에 대응한다. 이 책 끝부분 부록 2의 기하수열에 관한 논의를 참조하라.

이자율과 지급액이 모두 일정한 경우

어떤 경우에는 현재가치의 계산이 매우 단순한 지급 흐름도 있을 수 있다. 예를 들어 고정금리의 30년 주택대출은 30년에 걸쳐 동일한 지급을 할 것을 요구한다. 이제 n년의 지급액이 z달러로 일정하다고 하자. 이 경우 현재가치식 (14.2)는 다음으로 단순화된다.

$$V_t = z\left[1 + \frac{1}{(1+i)} + \cdots + \frac{1}{(1+i)^{n-1}}\right]$$

이 식에서 괄호 안은 기하급수이므로 그 급수의 합을 다음과 같이 간단하게 나타낼 수 있다.

$$V_t = z\,\frac{1 - [1/(1+i)^n]}{1 - [1/(1+i)]}$$

◀ 지금쯤이면 기하급수가 신비스럽지 않고 이 관계를 유도하는 데 어려움이 없어야 한다. 어렵다면 이 책 끝부분의 부록 2를 참조하라.

여러분이 복권에서 1,000,000달러에 당첨되었다고 하자. 정부에서 여러분의 고질적인 지출습관과 새로운 '친구들'로부터 여러분을 보호하기 위해 당첨금을 지금 당장 지급하지 않고 대신 20년에 걸쳐 매년 일정액 50,000달러를 지급하기로 했다고 하자. 이 경우 당첨금의 현재가치는 얼마일까? 예를 들어 이자율이 연간 6%라고 하면, 현재가치식에서 $V = 50{,}000(0.688)/(0.057) = 608{,}000$달러이다. 나쁘진 않지만 당첨되었다 해도 백만장자는 되지 못한다.

◀ i가 4%라면 현재가치는 얼마인가? 8%라면 얼마인가? (답 : 706,000달러, 530,000달러)

이자율과 지급액이 영원히 일정한 경우

이제 한 발 더 나아가 지급액이 일정할 뿐만 아니라 영원히 지급된다고 하자. 이런 경우에 해당하는 실례를 찾기는 어렵지만 19세기 영국에 예가 있다. 당시 영국 정부는 매년 고정된 금액을 영원히 지급하기로 약속한 **콘솔**(consol)이라는 채권을 발행했다. z를 일정한 지급액이라 하고, 계산 편의상 지급이 시작되는 시점을 올해가 아닌 내년이라고 하자. 식 (14.2)로부터 다음을 얻는다.

이들 콘솔은 2015년까지 여전히 유통되었다. 2015년에 영국 정부는 콘솔을 되사기로 결정했다. ◀

$$V_t = \frac{1}{(1+i)}z + \frac{1}{(1+i)^2}z + \cdots$$

$$= \frac{1}{(1+i)}\left[1 + \frac{1}{(1+i)} + \cdots\right]z$$

여기서 두 번째 행은 $1/(1 + i)$을 괄호 밖으로 인수분해를 한 것이다. 이유는 괄호 안의 항을 보면 알 수 있다. 이는 무한 기하수열의 합으로 기하수열 합의 성질을 이용하면 현재가치를 다음과 같이 나타낼 수 있다.

$$V_t = \frac{1}{1 + i} \frac{1}{(1 - (1/(1 + i)))} z$$

또는 더 단순화하면(이는 이 책 끝부분 부록 2의 명제 2를 응용하면 된다) 다음과 같다.

$$V_t = \frac{z}{i}$$

즉 매년 일정한 지급액 z가 발생하는 지급 흐름의 현재가치는 이자율 i 대비 지급액 z의 비율이다. 예를 들어 이자율이 영원히 5%에서 유지될 것으로 기대된다면 매년 10달러를 영원히 지급하는 콘솔의 현재가치는 10달러/0.05 = 200달러이다. 만약 이자율이 증가해 10%가 되었고 이 수준에서 영원히 지속될 것으로 기대된다면, 콘솔의 현재가치는 10/0.10 = 100달러로 감소한다.

이자율이 0인 경우

할인인자 때문에 현재가치를 계산하기 위해서는 계산기의 도움이 필요하다. 그러나 계산이 단순화되는 경우도 있다. 바로 이자율이 0%인 경우이다. 만약 $i = 0$이라면 $1/(1 + i)$은 1과 같고 모든 에 대해 $1/(1 + i)^n$도 1이다. 결국 이 경우 발생하는 예상지급액 흐름의 기대할인가치는 예상지급액의 단순 합계이다. 사실 이자율의 합은 통상 양(+)의 값을 가지므로 이자율이 0이라는 가정은 근사치를 얻기 위한 것이다. 그러나 간편하게 사용하기에 매우 유용한 방법이다.

명목이자율, 실질이자율, 현재가치

지금까지는 달러화로 표시한 이자율, 즉 명목이자율을 사용해 달러화로 지급되는 지급액 흐름의 현재가치를 사용했다. 구체적으로 말하면 식 (14.1)을 다음과 같이 사용했다.

$$V_t = z_t + \frac{1}{(1 + i_t)} z^e_{t+1} + \frac{1}{(1 + i_t)(1 + i^e_{t+1})} z^e_{t+2} + \cdots$$

여기서 i_t, i^e_{t+1}, $\cdots$은 현재 이자율과 미래에 기대되는 이자율이고 z_t, z^e_{t+1}, z^e_{t+2}, $\cdots$는 현재의 지급액과 미래에 기대되는 지급액의 흐름이다.

이제 실질지급액 흐름의 현재가치를 계산해보자. 즉 지급은 달러화가 아닌 재화 묶음으로 이루어진다고 하자. 이전과 같은 논리를 따른다면 필요한 것은 적절한 이자율, 즉 재화의 묶음으로 표시한 이자율인 실질이자율이다. 구체적으로 실질지급액 흐름의 현재가치는 다음과 같다.

$$V_t = z_t + \frac{1}{(1 + r_t)} z_{t+1}^e + \frac{1}{(1 + r_t)(1 + r_{t+1}^e)} z_{t+2}^e + \cdots \qquad (14.3)$$

여기서 r_t, r_{t+1}^e, $\cdots$은 현재 실질이자율과 미래에 기대되는 실질이자율의 흐름이고 z_t, z_{t+1}^e, z_{t+2}^e, $\cdots$는 현재의 실질지급액과 미래에 기대되는 실질지급액의 흐름이며, V_t는 미래 지급액의 실질현재가치이다.

현재가치를 나타내는 이상의 두 가지 방식은 실제로 동일하다. 즉 식 (14.1)을 사용해 V_t를 계산한 뒤 물가 수준 P_t로 나눈 실질가치와 식 (14.3)으로부터 얻어지는 실질가치 V_t는 동일하다.

$$V_t/P_t = V_t$$

◀ 증명은 이 장의 부록에 있다. 이 장에서 소개한 두 가지 도구를 이해하고 있는지를 보기 위해 실질이자율 대 명목이자율, 기대현재가치를 증명해보라.

다시 말해 지급액 흐름의 현재가치는 두 가지 방법으로 구할 수 있다. 한 가지는 달러화로 표시한 지급액 흐름의 현재가치를 명목이자율을 사용해 할인한 후 다시 금년의 물가 수준으로 나누는 방법이다. 다른 한 가지는 실질가치로 나타낸 지급액 흐름의 현재가치를 실질이자율로 할인해 구하는 방법이다. 두 방식 모두 동일한 답을 준다. 답이 같은데도 두 공식이 모두 필요한 것일까? 그렇다. 문제의 종류에 따라 더 간편한 방식은 달라진다.

예를 들어 채권의 경우를 보자. 통상 채권은 수년에 걸친 명목지급액의 흐름에 대한 청구권을 제공한다. 이를테면 50달러의 이자를 10년 동안 지급하고 마지막 해에는 최종적으로 1,000달러를 지급할 것을 약속하는 10년 채권이 있을 수 있다. 따라서 다음 절에서는 채권의 가격을 계산할 때 실질지급액으로 나타낸 식 (14.3)보다는 달러 지급액으로 나타낸 식 (14.1)을 사용한다.

그러나 때때로 여러분은 미래의 기대명목가치보다 미래의 기대실질가치에 대해 더 좋은 감각을 갖고 있다. 여러분은 20년 뒤에 여러분의 명목소득이 얼마나 될지 잘 모를 것이다. 20년 뒤의 명목소득가치는 지금부터 20년간 인플레이션에 어떤 일이 발생할지에 크게 의존하기 때문이다. 하지만 명목소득이 인플레이션만큼 증가할 것이라고 확신할 수 있을 것이다. 다시 말해 여러분의 실질소득이 감소하지 않을 것이라고 확신할 수 있다. 이 경우 미래의 명목소득에 대한 예상치가 필요한 식 (14.1)을 사용하는 것은 어려울 것이다. 미래의 실질소득에 대한 예상치에 기초한 식 (14.3)을 사용하는 것이 좀 더 쉬울 것이다. 바로 이런 이유로 15장에서 소비와 투자의사결정을 논의할 때 식 (14.1)보다는 식 (14.3)에 의존할 것이다.

14-2 채권가격과 채권 수익률

채권은 두 가지 차원에서 달라질 수 있다.

- **만기** : **만기**(maturity)는 채권이 채권 보유자에게 지급하기로 약속한 기간의 크기이다. 6개월 뒤에 1,000달러를 한 번에 지급하기로 약속한 채권은 만기가 6개월이다. 20년에 걸쳐 매년 100

달러씩 지급하고 20년 뒤에 1,000달러를 최종적으로 지급하기로 약속한 채권은 20년 만기 채권이다.

■ **위험** : 이는 채권 발행자(정부나 회사일 수 있다)가 채권이 약속한 전액을 갚지 않는 **채무불이행 위험**(default risk)일 수 있다. 이는 또한 미래 만기 이전에 채권을 매각할 경우의 가격에 대한 불확실성을 의미하는 **가격 위험**(price risk)일 수도 있다.

위험과 만기는 모두 이자율 결정에 있어 중요하다. 여기서는 만기의 역할과 그에 따른 기대의 역할에 초점을 맞추려 하므로, 우선 위험을 무시하고 후에 다시 고려할 것이다.

우선 몇 가지 정의부터 보자. 상이한 만기를 가진 채권은 각각 가격과 그와 관련한 **만기 수익률**(yield to maturity) 또는 간단히 **수익률**(yield)이라 불리는 이자율을 갖는다. 통상 1년 또는 그 미만인 단기의 만기를 가진 채권에 대한 수익률을 **단기 이자율**(short-term interest rate)이라 한다. 더 긴 만기를 가진 채권에 대한 수익률은 **장기 이자율**(long-term interest rate)이라 한다. 특정일에 상이한 만기를 가진 채권에 대한 수익률을 관찰할 수 있으므로 어떻게 수익률이 채권 만기에 의존하는지를 그림으로 추적해볼 수 있다. 채권 만기와 수익률의 이러한 관계를 **수익률곡선**(yield curve) 또는 **이자율의 기간별 구조**(term structure of interest rates, 여기서 '기간'은 만기와 동의어로 사용된다)라고 한다.

예를 들어 그림 14-2는 2000년 11월 1일 미국 국채의 기간별 구조와 2001년 6월 1일 미국 국채의 기간별 구조를 제공한다. 두 날짜가 우연히 선택된 것은 아니며 곧 그 이유가 분명해질 것이다.

앞서 실질이자율과 명목이자율, 정책이자율과 차입이자율을 구분했다. 이제 단기 이자율과 장기 이자율을 구분하자. 이 경우 6개의 조합이 생겨나는 점에 유의하자.

현 시점에서의 이자율의 기간별 구조 현황을 알려면 yieldcurve.com으로 가서 'yield curves'를 참고하라. 영국과 미국 채권의 수익률곡선을 볼 수 있다.

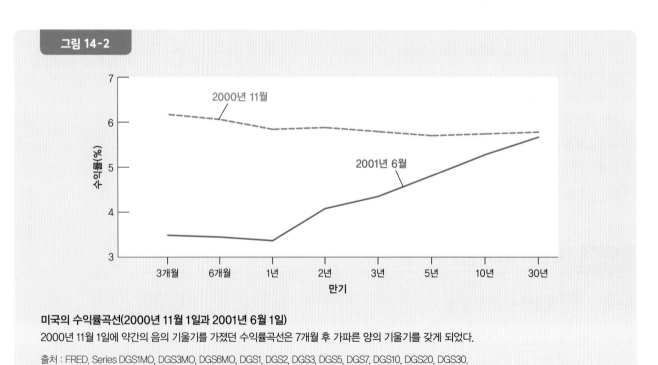

그림 14-2

미국의 수익률곡선(2000년 11월 1일과 2001년 6월 1일)
2000년 11월 1일에 약간의 음의 기울기를 가졌던 수익률곡선은 7개월 후 가파른 양의 기울기를 갖게 되었다.

출처 : FRED. Series DGS1MO, DGS3MO, DGS6MO, DGS1, DGS2, DGS3, DGS5, DGS7, DGS10, DGS20, DGS30.

우선 그림 14-2에서 2000년 11월 1일 수익률곡선이 어떤 형태로 약간의 음(−)의 기울기를 갖는지 주목하자. 즉 3개월 이자율 6.2%에서 30년 이자율 5.8%로 이자율이 낮아진다. 다시 말해 장기 이자율이 단기 이자율보다 약간 낮다. 7개월 후인 2001년 6월 1일 수익률곡선이 급격한 양의 기울기를 갖게 되었다는 점도 주목하자. 즉 3개월 이자율 3.5%에서 30년 이자율 5.7%로 이자율이 증가한다. 따라서 장기 이자율이 단기 이자율보다 크게 높아졌다.

왜 수익률곡선은 2000년 11월에 음의 기울기를 보이다가 2001년 6월에는 양의 기울기를 갖게 되었을까? 다시 말해 왜 2000년 11월에 단기 이자율보다 약간 낮았던 장기 이자율이 2001년 6월에는 단기 이자율보다 더 높아졌을까? 두 시점 각각에서 금융시장 참여자는 무엇을 생각하고 있었을까? 이 질문에 답하기 위해서 그리고 수익률곡선의 결정과 장·단기 이자율 간의 관계를 생각해보기 위해서 두 단계로 나누어 접근해보자.

1. 첫째, 상이한 만기를 가진 채권에 대해 **채권가격**을 유도하자.
2. 둘째, 채권가격에서 **채권 수익률**을 유도해보고 이어서 수익률곡선의 결정요인과 장·단기 이자율의 관계를 검토해보자.

현재가치로서 채권가격

이 절의 상당 부분에서 두 가지 유형의 채권만을 살펴볼 것이다. 하나는 1년 뒤에 100달러를 한 번에 지급할 것을 약속한 채권, 즉 만기 1년 채권이고 다른 하나는 2년 뒤에 100달러를 한 번에 지급할 것을 약속한 채권, 즉 만기 2년 채권이다. 일단 이 두 채권의 가격과 수익률이 어떻게 결정되는지 이해하면 만기가 다른 채권에도 그 결과를 일반화하기 쉽다.

◀ 두 채권 모두 할인채임에 주의하라(초점상자 '채권시장의 주요 용어'를 참조하라).

하지만 이는 뒤로 미루어 두고 두 채권의 가격을 유도하는 데서 시작해보자.

■ 만기 1년 채권은 다음 해에 100달러를 지급하기로 약속하므로 14-1절로부터 알 수 있듯이 그 가격(P_{1t}로 두자)은 다음 해 지급액 100달러의 현재가치와 같아야 한다. 현재 시점에서 1년 명목이자율이 i_{1t}라 하자. 지금 t년도에서의 1년 이자율을 이전 장에서처럼 단순히 i_t로 두기보다는 i_{1t}로 나타낸다는 점에 주의하라. 이는 이것이 1년 이자율이라는 것을 기억하기 쉽게 하기 위함이다. 따라서 다음이 성립한다.

$$P_{1t} = \frac{100}{1 + i_{1t}} \qquad (14.4)$$

즉 1년 채권의 가격은 현재의 1년 명목이자율과 음(−)의 관계를 가지며 변동한다.

◀ 4-2절에서 이미 이 관계를 살펴보았다.

■ 만기 2년 채권은 2년 뒤에 100달러를 지급할 것을 약속하므로 그 가격 P_{2t}는 2년 뒤 100달러의 현재가치와 일치해야 한다.

채권시장의 주요 용어

금융시장의 기초용어를 이해하고 있으면 금융시장의 신비함을 더는 데 도움이 된다. 여기서는 기초용어를 검토한다.

- 채권은 정부나 기업이 발행한다. 정부나 공공기관에서 발행한 채권은 **정부채권**(goverment bond)이라 한다. 기업이 발행한 채권은 **회사채**(corporate bond)라 한다.

- 미국에서 채권은 두 민간기업, 즉 S&P(Standard and Poor's)와 무디스(Moody's)에 의해 채무불이행 위험에 따라 그 등급이 매겨진다. 무디스의 **채권등급**(bond ratings)은 미국 정부채권과 같이 채무불이행 위험이 거의 없는 채권에 대한 AAA등급부터 채무불이행 위험이 높은 채권에 대한 D등급까지 걸쳐 있다. 2011년 8월 S&P는 대규모 재정적자를 이유로 미국 정부채권의 등급을 AAA에서 AA+로 강등했다. 이 강등은 상당한 논란을 일으켰다. 통상 낮은 등급의 채권은 높은 이자율을 지급하지 않으면 투자자가 매입하려 하지 않는다. 주어진 채권에 지급되는 이자율과 최우량 등급 채권에 지급되는 이자율의 차이를 해당 채권의 **위험프리미엄**(risk premium)이라 한다. 채무불이행 위험이 높은 채권은 때때로 **정크 본드**(junk bond)라 불린다.

- 만기에 한 번만 지급이 이루어질 것을 약속한 채권을 **할인채**(discount bond)라 한다. 이때 만기에 한 번만 이루어지는 지급액을 채권의 **액면가치**(face value)라 한다.

- 만기 이전에 여러 차례 지급이 이루어지고 만기에 1회의 지급이 약속된 채권은 **이표채**(coupon bond)라 한다. 만기 이전의 지급액은 **이자지급액**(coupon payment)이라 불리며, 최종 지급액은 채권의 액면가치라 불린다. 액면가치 대비 이자지급액의 비율은 **표면이자율**(coupon rate)이라 한다. **단순 수익률**(current yield)은 채권가격 대비 이자지급액을 말한다.

예를 들어 매년 5달러의 이자를 지급하고 액면가치 100달러, 채권가격 80달러인 채권은 표면이자율이 5%이고 단순 수익률은 5/80 = 0.0625 = 6.25%이다. 경제학 관점에서 볼 때 표면이자율이나 단순 수익률 모두 관심을 둘 만한 측정치는 아니다. 채권에 대한 이자율의 적절한 측정치는 만기 수익률 또는 단순히 수익률이다. 만기 수익률은 대체로 채권의 **잔존기간**(life)에 걸쳐 지급되는 평균 이자율이라고 생각할 수 있다(채권의 잔존기간은 채권의 최종 지급액이 지급되기까지 남아 있는 시간의 크기이다). 만기 수익률에 대해서는 이 절의 뒷부분에서 더 정확히 정의할 것이다.

- 미국 정부채권의 만기는 2~3일에서 30년까지 걸쳐 있다. 채권이 발행되었을 때 만기가 1년 이하인 채권을 **미국 재무부 단기채권**(Treasury bills, T-bills)이라 한다. 이들은 지급이 만기에 한 번만 발생하는 할인채이다. 채권이 발행되었을 때 만기가 1~10년인 채권은 **미국 재무부 중기채권**(Treasury notes)이라 한다. 채권이 발행되었을 때 만기가 10년 이상인 채권은 **미국 재무부 장기채권**(Treasury bonds)이라 한다. 재무부 중기채권과 장기채권은 모두 이표채이다. 만기가 길수록 채권은 더 위험해지며 일반적으로 위험프리미엄이 생겨나며 **기간 프리미엄**(term premium)이라고도 한다.

- 채권은 통상 명목채권이다. 이들은 일련의 고정된 명목지급액, 즉 국내통화로 표시된 지급액을 약속한다. 그러나 다른 유형의 채권도 존재한다. 이 중에는 고정된 명목지급액 대신 인플레이션이 조정된 지급액을 약속하는 **물가연동채권**(또는 지수연계채권, indexed bond)이 있다. 예를 들어 1년 물가연동채권은 매년 100달러를 지급하기를 약속하기보다는 $100(1+\pi)$달러를 지급할 것을 약속한다. 여기서 π는 다음 해에 발생할 인플레이션율로서 어떤 값을

갖더라도 상관없다. 인플레이션 위험에 대해 채권 소유자를 보호한다는 이유로 인해 많은 국가에서 물가연동채권이 대중적이다. 이들은 영국에서 특히 중요한 역할을 하고 있는데 지난 20년간 사람들은 이들 채권을 은퇴목적으로 저축하는 규모를 늘리고 있다. 장기의 물가연동채권을 보유함으로써 사람들은 자신이 은퇴할 때 받게 되는 지급액이 인플레이션으로부터 보호될 것임을 확실하게 할 수 있다. 미국의 경우 물가연동채권[**인플레이션 지수 연계채권**(Treasury Inflation Protected Securities, TIPS)이라 함]은 1997년에 도입되었다.

$$P_{2t} = \frac{100}{(1 + i_{1t})(1 + i^e_{1t+1})} \qquad (14.5)$$

여기서 i_{1t}는 올해의 1년 이자율을 나타내고 i^e_{1t+1}은 다음 해에 금융시장에서 기대되는 1년 이자율을 나타낸다. 2년 채권의 가격은 올해의 1년 이자율과 다음 해에 기대되는 1년 이자율과 모두 음의 의존관계를 갖는다.

재정과 채권가격

식 (14.4)와 식 (14.5)의 시사점을 더 깊이 파고들기 전에 식 (14.5)를 유도하는 다른 방법을 살펴보자. 이 방법은 **재정**(arbitrage)이라는 중요한 개념을 도입한다.

여러분이 1년 채권 또는 2년 채권을 선택할 수 있다고 가정하고, 여러분이 원하는 것은 **지금으로부터 1년 뒤에** 얼마나 많이 갖는지에 있다고 하자. 어떤 채권을 선택해야 하는가?

- 1년 채권을 선택했다고 하자. 이 경우 1년 채권에 1달러를 투자하면 다음 해에 $(1 + i_{1t})$달러를 얻을 것이다. 이 관계는 그림 14-3의 첫 행에 나타나 있다.
- 2년 채권을 선택했다고 하자. 2년 채권의 가격은 P_{2t}이므로 1달러를 투자하면 $1/P_{2t}$만큼의 2년 채권을 매입할 수 있다. 다음 해가 되면 2년 채권은 만기가 되기까지 1년만 남을 것이다. 따라서 지금부터 1년 뒤에 2년 채권은 1년 채권이 될 것이다. 따라서 2년 채권을 다음 해에 매각할 예정이라면 그 가격은 다음 해의 1년 채권의 기대가격이다. 따라서 2년 채권에 1달러를 투자했다면 여러분은 내년에 $1/P_{2t}$에 P^e_{1t+1}을 곱한 금액, 즉 P^e_{1t+1}/P_{2t}을 회수할 수 있을 것이다. 이는 그림 14-3의 두 번째 행에 나타나 있다.

어떤 채권을 보유해야 하는가? 투자자가 오직 기대수익률에만 주의한다고 하자. 이러한 가정은 **기대가설**(expectations hypothesis)로 알려져 있다. 이는 강력한 단순화이다. 금융투자자들은 기대수익뿐만 아니라 채권 보유와 관련된 위험에 대해서도 유념할 것이다. 1년 채권을 보유하면 다음 해에 얼마큼을 얻게 될지 확실히 알 수 있다. 2년 채권을 보유하면 다음 해의 매각가격은 불확실하다. 다시 말해 2년 채권을 보유하는 것은 위험하다. (이미 언급했듯이 잠시 이 점을 무시하자.

그림 14-3

	t년도	t+1년도
1년 채권	1달러	1달러 × $(1 + i_{1t})$
2년 채권	1달러	1달러 × $\dfrac{P^e_{1t+1}}{P_{2t}}$

1년 동안 1년 채권과 2년 채권을 보유하는 데 따른 수익

후에 이를 다룰 것이다.)

투자자가 기대수익에만 유념한다는 가정하에 두 채권은 동일한 1년 기대수익률을 제공해야만 한다는 조건이 뒤따른다. 이러한 조건이 만족되지 않는다고 하자. 예를 들어 1년 채권에 대한 1년 수익이 2년 채권에 대한 1년 기대수익보다 낮다고 하자. 이 경우 어떤 금융투자자도 기존에 공급된 1년 채권을 보유하려 하지 않을 것이며 1년 채권에 대한 시장은 균형 상태에 놓일 수 없다. 두 채권에 대한 1년 기대수익이 동일할 때에만 금융투자자들이 1년 채권과 2년 채권을 모두 보유하려 할 것이다.

두 채권이 동일한 1년 기대수익률을 제공한다면 그림 14-3으로부터 다음이 성립한다.

$$1 + i_{1t} = \frac{P^e_{1t+1}}{P_{2t}} \qquad (14.6)$$

여기서 좌변은 1년 채권을 1년간 보유했을 때 얻게 되는 1달러당 수익이며, 우변은 2년 채권을 1년간 보유했을 때 얻게 되는 기대수익이다. 식 (14.6)과 같이 두 자산의 기대수익은 동일하다는 주장을 **재정관계**라 부른다. 식 (14.6)을 다음과 같이 다시 쓸 수 있다.

여기서 '재정(arbitrage)'은 두 자산의 '기대'수익률이 일치해야 한다는 명제를 나타낸다. 일부 경제학자는 '재정'을 '위험 없이' 이익을 낳을 수 있는 기회가 활용되지 않은 상태가 지속될 수 없다는 의미에서 좀 더 좁은 명제로 제한한다.

$$P_{2t} = \frac{P^e_{1t+1}}{1 + i_{1t}} \qquad (14.7)$$

재정은 현재 시점에서 2년 채권의 가격이 다음 해 기대가격의 현재가치임을 시사한다. 이는 다음과 같은 질문을 제기한다. 다음 해의 1년 채권 기대가격 P^e_{1t+1}은 무엇에 의존하는가?

이에 대한 답은 즉각 나온다. 금년의 1년 채권 가격이 금년의 1년 이자율에 의존하듯이, 내년의 1년 채권 가격은 내년의 1년 이자율에 의존할 것이다. 기대를 통상적인 방식으로 나타내며 식 (14.4)를 다음 해($t + 1$년)에 대해 써보면 다음과 같다.

$$P^e_{1t+1} = \frac{100}{(1 + i^e_{1t+1})} \qquad (14.8)$$

즉 다음 해의 1년 채권 가격은 최종 지급액 100달러를 다음 해에 기대되는 1년 이자율로 할인한 가치와 동일할 것으로 기대된다.

이제 식 (14.8)을 식 (14.7)에 대입하면 다음과 같다.

$$P_{2t} = \frac{100}{(1 + i_{1t})(1 + i^e_{1t+1})} \qquad (14.9)$$

이 식은 식 (14.5)와 동일하다. 지금까지의 과정은 무엇을 보여주는가? 1년 채권과 2년 채권의 재정은 2년 채권의 가격이 2년 뒤 지급액의 최종 가격의 **현재가치** 또는 100달러를 금년 1년 이자율과 내년 1년 기대 이자율로 할인한 가치와 같다는 것을 시사한다는 것이다.

◀ 재정과 현재가치의 관계 : 상이한 만기를 가진 채권의 재정은 채권가격이 그 채권의 기대 현재가치와 일치해야 한다는 것을 시사한다.

채권가격에서 채권 수익률로

채권가격을 살펴보았으므로 이제 채권 수익률로 넘어가보자. 주목할 것은 채권 수익률은 채권가격과 마찬가지로 미래 기대이자율에 대해 동일한 정보를 담고 있다는 점이다. 다만 이 점을 훨씬 명료하게 보여줄 뿐이다.

우선 만기 수익률의 정의가 필요하다. n년 채권에 대한 만기 **수익률** 또는 **n년 이자율**(n-year interest rate)은 현재의 채권가격과 채권에 대한 미래 지급액의 현재가치를 동일하게 만드는 일정한 연간 이자율로 정의된다.

이 정의는 들리는 것보다 더 단순하다. 예를 들어 앞에서 소개한 2년 채권으로 다시 돌아가, 그 수익률을 i_{2t}로 나타내자. 여기서 아래첨자 2는 2년 채권에 대한 만기 수익률 또는 2년 이자율이라는 점을 상기시키기 위한 것이다. 만기 수익률의 정의에 따르면 이 수익률은 2년 뒤 100달러의 현재가치와 금년의 채권가격을 일치시키는 일정한 연간 이자율이다. 결과적으로 다음 관계를 만족한다.

$$P_{2t} = \frac{100}{(1 + i_{2t})^2} \qquad (14.10)$$

현재 이 채권이 90달러에 팔린다고 하자. 이 경우 2년 이자율 i_{2t}는 $\sqrt{100/90} - 1$ 또는 5.4%이다. 다시 말해 2년 채권을 2년 동안, 즉 만기까지 보유하는 경우 연간 5.4%의 이자율을 얻게 된다.

2년 이자율과 1년 이자율 및 1년 기대이자율 간의 관계는 어떻게 될까? 이 질문에 답하기 위해 식 (14.10)과 식 (14.9)를 살펴보자. 두 식을 연결하는 P_{2t}를 소거하면 다음을 얻는다.

◀ 90달러 − 100달러/$(1+i_{2t})^2$ → $(1+i_{2t})^2$ = 100달러/90달러 ⇒ $(1+i_{2t})$ $\sqrt{100달러/90달러}$ ⇒ i_{2t} = 5.4%

$$\frac{100}{(1 + i_{2t})^2} = \frac{100}{(1 + i_{1t})(1 + i^e_{1t+1})}$$

정렬하면 다음과 같다.

$$(1 + i_{2t})^2 = (1 + i_{1t})(1 + i_{1t+1}^e)$$

이는 2년 이자율 i_{2t}와 현재의 1년 이자율 i_{1t}, 내년의 1년 기대이자율 i_{t+1}^e 간의 정확한 관계를 제공한다. 이 관계는 다음 식으로 근사하면 유용하게 사용할 수 있다.

6장에서 명목이자율과 실질이자율의 관계를 살펴볼 때 유사한 근삿값을 사용했다. 이 책 뒷부분 부록 2의 명제 3을 참조하라.

$$i_{2t} \approx \frac{1}{2}(i_{1t} + i_{1t+1}^e) \tag{14.11}$$

식 (14.11)은 간단히 2년 이자율이 (근사적으로) 현재의 1년 이자율과 내년의 1년 기대이자율의 평균이라는 점을 말하고 있다.

지금까지는 1년 채권과 2년 채권의 가격 및 수익률 간의 관계에 초점을 맞추었다. 그러나 이상의 결론은 상이한 만기의 채권에도 일반화할 수 있다. 예를 들어 만기가 1년 미만인 채권에도 적용할 수 있다. 예를 들어보자. 6개월 만기 채권에 대한 수익률은 (근사적으로) 현재의 3개월 이자율과 다음 분기의 3개월 기대이자율 평균과 일치한다. 또는 만기가 2년을 초과하는 채권에도 적용할 수 있다. 예를 들어 10년 채권의 수익률은 (근사적으로) 현재의 1년 이자율과 다음 9년 동안 기대되는 1년 이자율 평균과 일치한다.

일반적 원리는 명료하다. 장기 이자율은 현재와 미래에 기대되는 단기 이자율을 반영한다. 그림 14-2의 수익률곡선 해석으로 돌아가기에 앞서, 마지막 단계로 위험을 다시 도입하자.

위험의 고려

지금까지는 투자자가 위험을 걱정하지 않는다고 가정했다. 그러나 실제로는 그렇지 않다. 1년간 1년 채권을 보유할지 아니면 2년 채권을 보유할지 골라야 하는 선택을 고려하자. 첫 번째 방법은 위험이 없다. 두 번째 방법은 1년 안에 채권을 팔아야 하는 가격을 모르는 만큼 위험하다. 따라서 2년 채권의 보유에 대해서는 위험프리미엄을 요구할 가능성이 높다. 차익거래식은 다음과 같은 형태를 취한다.

$$1 + i_{1t} + x = \frac{P_{1t+1}^e}{P_{2t}}$$

2년 채권(우변)의 기대수익은 위험프리미엄 x만큼 1년 채권 수익률을 상회한다. 정리하면 다음을 얻을 수 있다.

$$P_{2t} = \frac{P_{1t+1}^e}{1 + i_{1t} + x}$$

2년 채권의 가격은 내년의 1년 채권 기대가격의 할인가치로서 할인율은 이제 위험프리미엄을 반영한다. 1년 채권은 그 수익률이 알려져 있어 위험하지 않으므로 내년 1년 채권의 기대 가격은 여전히 식 (14.8)에 의해 주어진다. 따라서 앞의 식에 대입하면 다음과 같다.

$$P_{2t} = \frac{100}{(1 + i_{1t})(1 + i^e_{1t+1} + x)} \tag{14.12}$$

이제 가격에서 수익률로 전환하기 위해 이전과 동일한 단계를 거쳐 보자. 2년 채권의 가격에 대한 식 (14.10)과 식 (14.12)을 이용하면 다음과 같다.

$$\frac{100}{(1 + i_{2t})^2} = \frac{100}{(1 + i_{1t})(1 + i^e_{1t+1} + x)}$$

식을 정리하면 다음과 같다.

$$(1 + i_{2t})^2 = (1 + i_{1t})(1 + i^e_{1t+1} + x)$$

마지막으로, 이전처럼 근사치를 구하면 다음과 같다.

$$i_{2t} \approx \frac{1}{2}(i_{1t} + i^e_{1t+1} + x) \tag{14.13}$$

2년 채권의 이자율은 현재의 1년 채권 이자율과 미래의 1년 채권 기대이자율에 위험프리미엄을 더한 값의 평균이다. 내년에도 1년 이자율이 금년과 같을 것으로 기대되는 경우를 고려하자. 이어서 2년채 이자율은 2년 채권을 보유하는 데 따른 위험만큼 1년 이자율을 초과한다. 채권 만기와 더불어 가격 위험이 증가함에 따라 일반적으로 위험프리미엄은 만기와 더불어 증가하며 장기채권의 경우 1~2%에 달한다. 이는 평균적으로 수익률곡선의 약간 우상향하는 기울기를 시사한다. 만기가 더 긴 채권을 보유할 경우 그만큼 위험도 높아진다는 점을 반영하는 것이다.

> 최근에는 연준의 양적완화 활용으로 프리미엄 항이 감소했다(23장에서 추가로 검토한다).

수익률곡선의 해석

이제 그림 14-2를 해석하는 데 필요한 것을 얻었다.

2000년 11월 1일의 수익률곡선을 고려하자. 이자율이 시간이 지나도 일정하다고 예상될 때, 위험프리미엄이 만기와 더불어 증가한다는 사실을 반영해서 수익률곡선은 약간 위쪽으로 기울어져야 한다. 따라서 상대적으로 드물지만 수익률곡선이 우하향의 기울기를 가졌다는 것은 이자율이 시간이 지남에 따라 약간 하락할 것으로 예상되고, 예상되는 이자율의 감소 규모가 기간 프리미엄의 상승분보다 컸다는 것을 시사한다. 당시의 거시경제 상황을 살펴보면 투자자들이 이러한 견해를 유지할 충분한 이유가 있었다. 2000년 11월 말에 미국 경제는 둔화하고 있었다. 투자자들은 연착륙(smooth landing)을 기대했다. 투자자들은 성장을 유지하기 위해 연준이 정책이자율을 서서히 낮출 것이라고 생각했으며, 이러한 기대감이 우하향하는 수익률곡선의 배경이 되었던 것이다.

그러나 2001년 6월까지 성장은 2000년 11월의 예상보다 훨씬 더 감소했으며, 그때까지 연준은 투자자들의 예상보다 훨씬 더 크게 이자율을 인하했다. 이제 투자자들은 경제가 회복됨에 따라 연준이 정책이자율을 인상하기 시작할 것이라고 예상했다. 그 결과 수익률곡선은 위쪽으로 기울어졌다. 그러나 수익률곡선은 최대 1년 만기까지 거의 평평했다. 이는 금융시장이 금리가 1년 후까지 (즉 2002년 6월 이전까지) 상승하지 않을 것으로 기대했다는 것을 의미한다. 이들의 예상은 정확했던 것으로 드러났을까? 그렇지 못했다. 사실 경기회복은 예상보다 훨씬 약했고 연준은 2004년 6월까지 정책이자율을 인상하지 않았다. 금융시장이 예상했던 것보다 2년 늦었던 것이다.

5장의 2001년 경기침체에 대한 초점상자를 참조하라.

요약 : 재정이 어떻게 채권가격을 결정하는지 보았다. 채권가격과 채권 수익률이 현재 및 미래의 기대이자율과 위험프리미엄에 의존하는지를 보았고 수익률곡선을 통해 무엇을 배울 수 있는지 살펴보았다.

14-3 주식시장과 주가 변화

정부는 스스로 채권을 발행해 자금을 조달하지만, 기업은 다르다. 기업은 네 가지 방식으로 자금을 조달한다. 첫째, 수익의 일부를 이용할 수 있는데 이는 **내부금융**(internal finance)이라 한다. 둘째, 은행대출로서 소기업이 주로 의존하는 방식으로 **외부금융**(external finance)의 주요 경로이다. 6장에서 보았듯이 이 방식은 글로벌 금융위기 동안 중심적 역할을 했다. 셋째, 채권과 대출 등 **부채를 통한 자금조달**(debt finance) 방식이다. 넷째, 주식 또는 **지분**(share) 발행에 의한 **주식을 통한 자금조달**(equity finance) 방식이다. **주식**(stock)은 사전에 결정된 금액을 지급하는 채권과 달리 기업이 스스로 결정한 금액만큼만 **배당**(dividend)을 지급한다. 배당은 기업의 이윤으로부터 지급된다. 통상적으로 배당은 이윤보다 작은데 이는 기업이 이윤의 일부를 투자에 필요한 자금을 확보하기 위해 유보하기 때문이다. 그러나 배당은 이윤과 같은 움직임을 보인다. 즉 이윤이 증가하면 배당 역시 증가한다.

더 널리 알려진 또 다른 지수로 '다우존스산업지수(Dow Jones Industrial Index)'가 있는데 이는 공업에 종사하는 기업의 주식만으로 구성된 지수로서 S&P 지수보다 평균 주가의 대표성이 떨어진다. 다른 국가에도 유사한 지수가 있다. '닛케이 지수'는 도쿄의 주가 변화를 반영한다. 그리고 'FTSE'와 'CAC40' 지수는 각각 런던과 파리에서의 주가 변화를 반영한다.

이 절은 주가의 결정에 초점을 둔다. 논점을 확실하게 하기 위해 1980년 이후 미국의 주가지수인 스탠더드앤드푸어스 500 종합지수(Standard & Poor's 500 Composite Index 또는 간단히 S&P 지수)의 행태를 살펴보자. S&P 지수의 움직임은 500개 대기업 평균 주가의 움직임을 측정한다.

그림 14-4는 각 분기에 있어서의 S&P 지수를 CPI로 나누어 만든 실질주가지수를 다시 1970년 1분기의 값이 1이 되도록 정규화한 값을 나타내고 있다. 그림에서 두드러지는 점은 분명히 지수의 급격한 변화이다. 어떻게 지수가 1995년 1.4에서 2000년 3.5로 상승한 뒤 계속 하락해 2003년에는 2.1까지 급락했는지 주목하라. 최근의 위기 동안 지수가 어떻게 2007년 3.4에서 2009년 1.7로 하락하고 이후 부분적으로만 회복되었는지에 주목하라. 무엇이 주가의 이러한 급변동을 결정하는가? 무엇이 주가의 움직임을 결정하며, 경제환경과 거시정책의 변화에 주가는 어떻게 반응하는가? 이것이 바로 이 절에서 다룰 질문이다.

그림 14-4

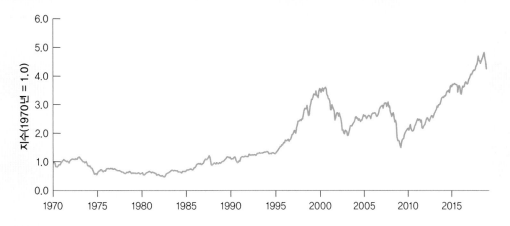

1970년 이후 실질 S&P 지수

1990년대 중반 이후 주가의 급격한 변동에 주목하라.

출처 : FRED SP500, CPIAUCSL.

현재가치로서 주가

미래에 일련의 배당을 지급하기로 약속한 주식의 가격은 어떻게 결정될까? 지금쯤이라면 14-1절의 내용이 여러분에게 제2의 본성이 되었을 것이고 그렇다면 이에 대한 답을 이미 알고 있을 것이다. 주가는 미래에 기대되는 배당의 현재가치와 일치해야 한다.

채권에서처럼 1년 채권과 주식의 재정거래를 통해 이를 유도해보자. 1년간 투자하는 데 있어 1년 채권에 투자할지 아니면 주식에 투자할지 선택해야 한다고 하자. 무엇을 선택할까?

- 1년 채권에 투자하기로 했다고 하자. 이 경우 1년 채권에 1달러를 투자하면 다음 해에 $1 + i_{1t}$를 얻을 것이다. 그림 14-5에서 위에 놓인 화살표가 이를 나타낸다.
- 채권 대신 1년간 주식에 투자하기로 했다고 하자. Q_t달러를 주식의 가격, D_t달러를 금년의 배당, D_{t+1}^e달러를 내년에 기대되는 배당이라고 하자. 우리가 관심 있는 것은 금년에 배당이 지급된 이후의 주가[이 주가는 **배당락가**(ex-dividend price)로 알려져 있다]라고 하자. 즉 주식을 매입한 뒤 처음 받게 될 배당은 내년의 배당이다(이는 관습의 문제이다. 대신 우리는 금년의 배당이 지급되기 전 주가를 살펴볼 수 있다. 그렇다면 어떤 항을 추가해야 할까?).

주식에 1년간 투자한다는 것은 오늘 주식을 사서 내년에 배당을 받은 뒤 주식을 판다는 것이다. 주식가격은 Q_t달러이므로, 주식에 1달러를 투자하면 $1/Q_t$달러만큼의 주식을 갖게 된다. 그리고 이 각각에 대해 기대배당과 내년의 주식가격 $(D_{t+1}^e + Q_{t+1}^e)$달러를 얻을 것으로 기대할 수 있다. 따라서 주식에 1달러를 투자하면 $(D_{t+1}^e + Q_{t+1}^e)/Q_t$달러의 수익금이 발생한다. 이 수익은 그림 14-5의

그림 14-5

1년 채권의 수익과 주식 1년 투자의 수익

아래 화살표로 나타난다.

이제 앞서 채권에 사용했던 것과 마찬가지의 재정거래 논리를 사용하자. 1년간 주식을 보유하는 것은 위험하며 위험이 없는 1년 채권을 보유하는 것보다 훨씬 위험하다. 채권에서처럼 (처음에는 위험은 배제한 뒤 이후 위험프리미엄을 도입하는) 2단계로 진행하기보다는 처음부터 위험을 고려해 금융투자자가 주식을 보유하기 위해 위험프리미엄을 요구한다고 가정하자.

주식의 경우 위험프리미엄은 **주식프리미엄**(equity premium)이라고 한다. 균형을 위해서는 1년간 주식 보유에 따른 기대수익률이 1년 채권 수익률에 주식프리미엄을 더한 것과 같아야 한다.

$$\frac{D^e_{t+1} + Q^e_{t+1}}{Q_t} = 1 + i_{1t} + x$$

여기서 x는 주식프리미엄을 나타낸다. 이 식을 다음과 같이 정렬하자.

$$Q_t = \frac{D^e_{t+1}}{(1 + i_{1t} + x)} + \frac{Q^e_{t+1}}{(1 + i_{1t} + x)} \tag{14.14}$$

재정거래는 현재의 주가가 기대배당의 현재가치와 내년 기대주가의 현재가치의 합이라는 것을 시사한다.

다음 단계는 무엇이 내년의 기대주가 Q^e_{t+1}을 결정하느냐이다. 다음 해에도 금융투자자는 다시 주식과 1년 채권 간 의사결정 문제에 직면할 것이다. 따라서 동일한 재정거래 관계가 성립할 것이다. 앞의 방정식을 $t + 1$시점을 기준으로 나타내고 기댓값임을 고려한다면 다음을 얻는다.

$$Q^e_{t+1} = \frac{D^e_{t+2}}{(1 + i^e_{1t+1} + x)} + \frac{Q^e_{t+2}}{(1 + i^e_{1t+1} + x)}$$

다음 해의 기대가격은 기대배당과 2년 뒤 주가의 합의 내년 기준 현재가치이다. 이제 식 (14.14)

의 기대가격 Q^e_{t+1}에 이를 대입하면 다음을 얻는다.

$$Q_t = \frac{D^e_{t+1}}{(1 + i_{1t} + x)} + \frac{D^e_{t+2}}{(1 + i_{1t} + x)(1 + i^e_{1t+1} + x)} + \frac{Q^e_{t+2}}{(1 + i_{1t} + x)(1 + i^e_{1t+1} + x)}$$

주가는 내년 기대배당의 현재가치에 2년 뒤 기대배당의 현재가치와 2년 뒤 기대주가를 더하는 것으로 나타난다.

2년 뒤 기대주가를 다시 3년 뒤 기대주가와 배당의 현재가치로 나타내고, 이러한 과정을 n년간 계속하면 다음을 얻는다.

$$Q_t = \frac{D^e_{t+1}}{(1 + i_{1t} + x)} + \frac{D^e_{t+2}}{(1 + i_{1t} + x)(1 + i^e_{1t+1} + x)} + \cdots$$
$$+ \frac{D^e_{t+n}}{(1 + i_{1t} + x)\cdots(1 + i^e_{1t+n-1} + x)} + \frac{Q^e_{t+n}}{(1 + i_{1t} + x)\cdots(1 + i^e_{1t+n-1} + x)}$$

$$(14.15)$$

식 (14.15)의 마지막 항은 n년 뒤 기대주가의 현재가치이다. 사람들이 주가가 미래에 폭등한다고 기대하지 않는 한 Q^e_{t+n}을 계속 대체해 갈 수 있고 n이 증가함에 따라 마지막 항은 0으로 갈 것이다. 왜 그런지 보기 위해 이자율이 일정하고 i와 같다고 하자. 이 경우 마지막 항은 다음과 같이 된다.

$$\frac{Q^e_{t+n}}{(1 + i_{1t} + x)\cdots(1 + i^e_{1t+n-1} + x)} = \frac{Q^e_{t+n}}{(1 + i + x)^n}$$

사람들이 먼 미래에 주가가 일정한 값 $\overline{Q}$로 수렴할 것으로 기대한다고 하자. 이 경우 마지막 항은 다음과 같다.

$$\frac{Q^e_{t+n}}{(1 + i + x)^n} = \frac{\overline{Q}}{(1 + i + x)^n}$$

만약 할인율이 양의 값을 갖는다면, 이는 n이 커짐에 따라 0으로 갈 것이다. 이제 식 (14.15)는 다음과 같이 정리된다.

$$Q_t = \frac{D^e_{t+1}}{(1 + i_{1t} + x)} + \frac{D^e_{t+2}}{(1 + i_{1t} + x)(1 + i^e_{1t+1} + x)} + \cdots$$
$$+ \frac{D^e_{t+n}}{(1 + i_{1t} + x)\cdots(1 + i^e_{1t+n-1} + x)} + \cdots$$

$$(14.16)$$

주가는 내년 배당을 1년 이자율과 주식프리미엄으로 할인한 현재가치, 2년 뒤의 배당을 금년 이자율과 내년의 기대 이자율과 주식프리미엄으로 할인한 현재가치 등을 계속 더해 간 값과 일치한다.

미묘한 점이 있다. 사람들이 주가가 일정한 값에 수렴한다고 예상하는 조건은 합당해 보인다. 사실상 대부분 시기에 이 조건은 만족할 가능성이 크다. 그러나 주가가 합리적 버블에 지배받을 때(14-4절), 이는 사람들이 미래에 주가가 대폭 상승할 것으로 기대하는 시기이고 동시에 기대주가가 폭등하지 않는다는 조건이 만족하지 않는 시기에 해당한다. 이에 따라 버블이 존재할 때는 방금 제시한 주장이 성립하지 않고 주가는 더 이상 미래 배당의 현재가치와 일치하지 않는 것이다.

식 (14.16)은 주가를 **명목배당**을 **명목이자율**로 할인한 현재가치로 정의한다. 14-1절의 논의에 따라 이 식을 이용해 실질주가는 실질배당을 실질이자율로 할인한 현재가치로 나타낼 수 있다. 따라서 다음과 같이 실질주가를 나타낼 수 있다.

주가를 나타내는 두 가지 동등 ▶ 한 방법이 있다. 하나는 명목 주가로 이는 현재와 미래의 명목이자율로 할인한 미래 명목 배당의 기대현재할인가치와 같다. 다른 하나는 실질주가로 이는 현재와 미래의 실질이자율로 할인한 미래 실질배당의 기대현재할인가치와 같다.

$$Q_t = \frac{D^e_{t+1}}{(1 + r_{1t} + x)} + \frac{D^e_{t+2}}{(1 + r_{1t} + x)(1 + r^e_{1t+1} + x)} + \cdots \quad (14.17)$$

여기서 Q_t와 D_t는 t시점에서의 실질주가와 실질배당을 나타낸다. 실질주가는 미래에 발생하는 일련의 실질배당을 일련의 1년 실질이자율로 할인한 현재가치로 주어진다.

이 관계는 세 가지 중요한 시사점을 제공한다.

■ 미래의 기대실질배당이 증가하면 주가가 상승한다.

■ 현재의 1년 이자율과 미래의 기대 1년 이자율이 상승하면 실질주가는 하락한다.

■ 주식프리미엄이 높아질수록 주가는 낮아진다.

이제 이러한 관계가 주식시장 움직임에 어떤 시사점을 던지는지 살펴보자.

주식시장과 경제활동

그림 14-4는 지난 20년간 주가의 대규모 움직임을 보여준다. 주가지수가 연중 15%의 상승과 하락을 보이는 것은 이례적인 현상이 아니다. 1997년 주식시장은 24% 상승했다(실질주가 기준). 2008년에 주식시장은 46% 하락했다. 일중 2% 또는 그 이상의 변화 역시 이례적인 현상이 아니다. 무엇이 이러한 변화를 발생시키는가?

가장 먼저 지적해야 할 점은 이러한 변화가 대부분의 경우 예측 불가능해야 한다는 것이다. 그 이유는 사람들의 주식과 채권 간 선택 문제를 중심으로 생각해보면 가장 잘 이해할 수 있다. 만약 지금부터 1년 뒤에 주가가 현재 가격보다 20% 더 높아질 것으로 광범위하게 기대되고 있다면, 1년간 주식을 보유하는 것은 이례적으로 매력적일 것이며 특히 단기 채권을 보유하는 것보다는 훨씬 더 매력적일 것이다. 이 경우 주식에 대한 거대한 수요가 발생할 것이다. 주가는 주식 보유에 따른 기대수익률이 다른 자산에 대한 기대수익률과 동일하게 되는 수준까지 오늘 당장 상승할 것이다.

주가가 **임의 보행**(random ▶ walk)을 따른다는 명제를 들어본 적이 있을 것이다. 이는 기술적 용어이지만 해석은 단순하다. 분자이든 자산가격이든 어떤 것이 임의 보행을 따른다는 것은 각 단계가 이전보다 증가할 가능성과 하락할 가능성이 동일하다는 것이다. 결과적으로 그 변화는 예측 불가능하다.

달리 말해 내년에 주가가 높아질 것이라는 기대는 오늘의 주가를 높이게 될 것이다.

실제로 경제학에는 주가의 움직임이 예측 불가능하다는 것이 **주식시장이 잘 작동하고 있다**는 신호라는 격언이 있다. 이 격언은 지나치게 강한 표현이다. 어떤 순간에서도 더 나은 정보를 갖거나 또는 단순히 미래를 더 잘 파악하는 소수의 투자자가 존재할 수 있다. 만약 이들이 소수에 불과하다면 주가를 지금 당장 예상되는 수준까지 끌어올릴 정도로 충분한 주식을 살 수 없을 것이다. 결과적으로 이들은 상당한 기대수익을 얻을 수 있다. 그럼에도 불구하고 기본적인 아이디어는 옳다. 정기적으로 주식시장이 즉각 커다란 움직임을 보일 것이라고 예측하는 금융시장 베테랑들은 엉터리다. 주식시장에서 발생하는 중요한 변화는 예측할 수 없다.

주식시장의 변화를 예측할 수 없다면, 주식시장 변화가 새로운 뉴스의 결과라면 이러한 점들은 우리를 어디로 인도하고 있는 것일까? 아직 두 가지 할 일이 남아 있다.

- 월요일 아침마다 시장을 되돌아보고 시장이 반응했던 뉴스를 찾아내며 쿼터백처럼 미래를 헤쳐 나가려 할 수 있다.
- '이러면 어떻게 될까(what if)'식의 질문을 던질 수 있다. 예를 들어 "중앙은행이 더 팽창적인 정책을 시작한다면 또는 소비자가 더 낙관적이 되어 지출을 증가시키면 주식시장에는 무슨 일이 발생할까?"라는 질문을 생각해볼 수 있다.

이제 *IS-LM* 모형을 사용해 '이러면 어떻게 될까'에 해당하는 두 가지 질문을 살펴보자. (다음 장에서 기대를 명시적으로 고려할 것인데, 현재로서는 단순한 모형을 다루자.) 단순화를 위해 앞에서와 마찬가지로 기대인플레이션율이 0%여서 실질이자율과 명목이자율은 일치한다고 가정하자.

통화팽창과 주식시장

경제가 침체 상태에 있고 중앙은행이 더 팽창적인 통화정책을 실시하기로 했다고 하자. 통화 증가는 그림 14-6에서 *LM* 곡선을 아래로 이동시키고 이에 따라 균형산출은 점 *A*에서 점 *A′*으로 이동

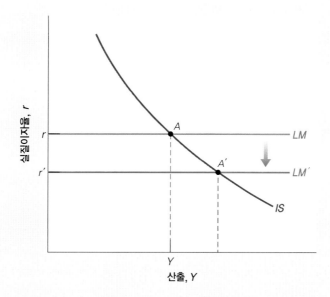

그림 14-6

팽창적 통화정책과 주식시장
팽창적 통화정책은 이자율을 낮추고 산출을 증가시킨다. 이러한 변화가 주식시장에 미치는 영향은 금융시장이 통화팽창을 기대했는지 여부에 의존한다.

한다. 주식시장은 어떻게 반응할까?

답은 주식시장 참여자가 중앙은행의 움직임에 앞서 통화정책을 어떻게 예상하고 있었는지에 의존한다.

주가가 상승할 수 있다. 연준의 움직임이 적어도 부분적으로는 예상되지 못한 경우 주가는 두 가지 이유로 상승할 가능성이 있다. 첫째, 통화정책이 더 확장적으로 되면 일정 기간 이자율이 더 낮아질 것임을 시사한다. 둘째, 이는 또한 (경제가 자연산출 수준으로 돌아올 때까지) 일정 기간 산출이 높아지고 배당도 높아질 것임을 시사한다. 식 (14.17)에서 알 수 있듯이 낮은 이자율과 높은 배당금(현재 및 예상) 모두 주가 상승으로 이어질 것이다.

주가가 변화하지 않을 수 있다. 투자자가 확장정책을 충분히 예상했다면 주식시장은 반응하지 않을 것이다. 미래 배당에 대한 기대나 미래 이자율에 대한 기대는 이미 예상되었던 움직임에는 영향을 받지 않는다. 따라서 식 (14.17)에서 아무 변화도 나타나지 않고 주가는 그대로 유지된다.

주가가 하락할 수도 있다. 만약 주식시장 참가자가 자신이 알지 못하는 것, 즉 경제가 생각보다 훨씬 더 나쁘다는 것을 알기 때문에 연준이 조치를 취한다고 믿는다면, 전체적으로 저금리로는 나쁜 소식을 상쇄하기에 충분하지 않을 것이라고 결론 내릴 수 있다. 그러면 산출 및 배당에 대한 예측치를 낮추어 주가를 하락시킬 수 있다.

소비지출 증가와 주식시장

이제 IS 곡선이 예기치 않게 오른쪽으로 이동한 경우를 고려하자. 이런 경우는 예를 들어 예상보다 강한 소비지출로부터 생겨날 수 있다. 이러한 이동의 결과로 그림 14-7에서 산출은 A에서 A′으로 증가한다.

주가는 상승할까? 얼핏 보아 상승할 것이라고 답할 수 있다. 강해진 경제는 일정 기간 이윤이 높아지고 배당도 높아진다는 것을 의미한다. 그러나 이 답이 항상 옳은 것은 아니다.

그 이유는 연준의 반응을 무시했기 때문이다. 시장에서 연준이 반응하지 않고 실질정책이자율을 r로 유지할 것으로 기대하면, 경제가 A′으로 이동함에 따라 산출이 크게 증가할 것이다. 변화가 없는 정책이자율과 높은 산출로 말미암아 주가는 상승한다. 연준의 행동은 금융투자자가 종종 가장 큰 관심을 기울이는 것이다. 의외로 탄탄한 경제활동에 대한 정보를 접한 월가의 주된 질문은 '연준이 어떻게 반응할 것인가'이다.

연준이 Y_A를 초과하는 산출 증가가 인플레이션을 상승시킬 것으로 우려한다고 시장에서 우려하면 어떻게 될까? Y_A가 이미 자연산출 수준에 근접한 경우가 이에 해당할 것이다. 이 경우 산출이 추가로 증가하면 인플레이션이 높아질 수 있는데 이는 연준이 피하고 싶은 것이다. 정책이자율 인상으로 IS 곡선의 우측 이동을 상쇄하기 위한 연준의 결정은 LM 곡선을 LM에서 LM′으로 상향 이동시켜 경제는 A에서 A″으로 이동하고 산출은 변하지 않는다. 이 경우 주가는 확실히 떨어질 것이다. 기대이윤에는 변화가 없지만 이제 금리는 더 높아졌다.

그림 14-7

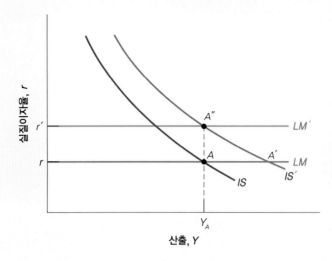

소비지출 증가와 주식시장

소비 증가는 산출 증가로 이어진다. 주식시장에 어떤 일이 일어날지는 연준의 반응에 의존한다.

요약해보자 : 주가는 현재와 미래의 경제활동에 상당히 의존한다. 그렇지만 이것이 주가와 산출 간에 간단한 관계가 존재한다는 것을 시사하지는 않는다. 주가가 산출의 변화에 어떻게 반응하는 지는 다음 세 가지 질문에 대한 답에 모두 의존한다. (1) 시장이 당초에 무엇을 기대했는가? (2) 산출 변화를 가져온 충격의 원인은 무엇인가? (3) 중앙은행의 산출 변화에 대한 반응을 시장이 어떻게 기대하고 있는가? 새로 알게 된 내용을 초점상자 '(명백하게) 비상식적인 것을 (어느 정도) 이해하기 : 전일 주식시장의 동향'을 통해 확인해보자. 행운을 빈다!

14-4 위험, 버블, 패드, 자산가격

주가의 모든 변화는 미래의 배당 또는 이자율에 관한 뉴스에서 비롯하는가? 두 가지 이유에서 답은 그렇지 않다. 첫째, 위험에 대한 인식이 변화한다. 둘째, 주가의 기본적 가치로부터의 이탈, 즉 버블과 패드(fads)가 존재한다. 각각을 순서대로 보자.

주가와 위험

앞에서는 주식프리미엄 x가 일정하다고 가정했다. 그러나 실제로는 그렇지 않다. 대공황 이후 주식프리미엄은 매우 높았는데, 아마도 1929년 증권시장 붕괴를 기억하는 투자자가 프리미엄이 충

(명백하게) 비상식적인 것을 (어느 정도) 이해하기 : 전일 주식시장의 동향

다음은 1997년 4월부터 2001년 8월까지의 월스트리트 저널에서 발췌한 인용문이다. 배운 것을 가지고 이 내용을 이해해보자(시간이 있다면 여러분 스스로 찾아 보라).

- **1997년 4월. 경제에 대한 호재로 주가가 상승**

  "낙관적 투자자는 시장의 우호적인 경제데이터 발표를 기뻐하며 주식과 채권시장으로 쇄도해 되돌아갔다. 다우존스산업지수는 사상 두 번째로 높은 상승폭을 기록했고 블루칩 지수는 동요하기 시작한 지 수 주가 지난 후에야 기록을 깰 수 있는 근접 거리까지 올라갔다."

- **1999년 12월. 경제에 대한 호재에도 주가는 하락**

  "좋은 경제뉴스가 주식시장에는 악재였고 채권 시장에는 더 악재였다. 기대했던 것 이상으로 강했

던 11월의 소매매출 발표는 반갑지 않았다. 경제가 힘을 더욱 받음에 따라 인플레이션에 대한 두려움이 생겨났고 중앙은행이 이자율을 다시 올릴 위험은 더욱 커졌다."

- **1998년 9월. 경제에 대한 악재로 주가가 하락**

  "나스닥은 미국 경제의 저력에 대한 우려로 급락했고 미국 기업의 수익성은 투매를 촉발했다."

- **2001년 8월. 경제에 대한 나쁜 소식으로 주가가 상승**

  "투자자는 더 우울해진 경제뉴스를 떨쳐 버리고 대신 최악의 경제 및 주식시장 상황이 이제 끝났다는 희망에 초점을 맞추고 있다. 투자자의 낙관은 나스닥 종합지수의 2% 추가 상승으로 이어졌다."

Dan Wasserman Editorial cartoon/Boston Globe/TNS

분히 높지 않으면 주식 보유를 꺼린다는 사실을 반영했을 것이다. 주식프리미엄은 1950년대 초 약 7% 수준부터 시작해서 오늘날 4% 미만으로 감소했다. 주식프리미엄은 또한 빠르게 변할 수 있다. 2008년 주가 폭락의 일부는 미래 배당에 대한 비관적 기대의 심화뿐만 아니라 투자자의 불확실성 증가와 고위험에 대한 우려 때문이었다. 따라서 주가 움직임의 많은 부분은 미래 배당과 이자율에 대한 기대뿐만 아니라 주식프리미엄의 변동에서 기인한다.

자산가격, 기본적 가치, 버블

지금까지는 주가가 식 (14.17)로 주어지는 기대 배당의 현재가치로 정의되는 **기본적 가치**와 항상 일치한다고 가정했다. 주가는 항상 기본적 가치에 상응하는 것일까? 대부분의 경제학자는 이를 의심한다. 이들은 1929년 검은 10월을 지적한다. 당시 미국 증시는 이틀간 23% 하락했다. 아울러 1987년 10월 19일도 주목한다. 당시 다우존스지수는 단 하루 만에 22.6% 하락했다. 이들은 일본의 닛케이지수(Nikkei index, 일본의 주가지수)가 1985년 약 13,000에서 1989년 약 35,000까지 증가한 뒤 결국 1992년 약 16,000으로 다시 하락했음도 지적한다. 이들 각각의 경우에 있어 경제학자들은 분명한 뉴스의 부족 또는 최소한 그렇게 막대한 움직임을 야기할 정도로 충분히 중요한 뉴스의 부족을 지적한다.

대신 이들은 주식의 가격이 식 (14.17)로 주어진 기대 배당의 현재가치로 정의되는 주식의 **기본적 가치**(fundamental value)와 항상 일치하는 것은 아니며, 주식이 때때로 지나치게 높게 평가되거나 지나치게 낮게 평가된다고 주장한다. 과평가 현상은 때로는 1929년 10월처럼 파국으로 또는 닛케이지수와 같이 장기간 하락으로 결국 종말을 맞게 된다.

어떤 조건하에서 이러한 과평가 현상이 발생하는가? 놀라운 답이겠지만 투자자가 합리적이고 재정이 성립할 때조차도 발생할 수 있다. 왜 그런지 보기 위해 정말 아무 가치도 없는 주식의 경우를 고려하자. (즉 아무런 이윤도 낳지 않고 배당도 전혀 지급하지 않는 회사의 주식을 고려해보자.) 식 (14.17)에서 D^e_{t+1}, D^e_{t+2} 등을 0과 같다고 놓으면 단순하고 놀랍지 않은 답을 제공한다. 이러한 주식의 기본적 가치는 0과 같다.

그럼에도 불구하고 이 주식에 대해 기꺼이 값을 치를 의향이 있을까? 아마 그럴지도 모른다. 해당 주식을 내년에 올해 가격보다 더 높은 가격으로 팔 수 있다고 기대한다면 주식을 사려 할 수 있다. 그리고 마찬가지 논리가 내년에 이 주식을 산 매입자에게도 적용된다. 그는 이듬해에 훨씬 더 높은 가격으로 주식을 팔 수 있다면 높은 가격에라도 기꺼이 주식을 사려 할 것이다. 이러한 과정은 주가가 투자자가 그렇게 될 것이라고 기대한다는 바로 그 이유 때문에 증가할 수 있음을 알려준다. 주가의 이러한 움직임을 **합리적인 투기적 버블**(rational speculative bubble)이라 부른다. 투자자는 버블의 가치가 커짐에 따라 당연히 합리적으로 행동하고 있을 것이다. 가격이 파국에 도달한 순간에 주식을 소유해 큰 손실을 감당해야만 하는 투기자조차도 합리적이었을 것이다. 이들은 파국 가능성이 있다고 인식했겠지만 버블이 지속되어 훨씬 더 높은 가격으로 되팔 수 있을 가능성도 있을 것이라고 인식하고 있었을 것이다.

논의를 단순화하기 위해 이 예는 해당 주식이 기본적으로 아무런 가치가 없다고 가정했다. 그러나 이러한 논리는 일반적이어서 기본적 가치가 있는 주식에도 적용된다. 사람들은 주가가 미래에 더 상승할 것이라고 기대한다면 주식의 기본적 가치를 넘어서는 가격을 지불하려 할 것이다. 그리고 동일한 논리가 주택, 금, 미술품 등 다른 자산에도 그대로 적용된다. 이러한 버블의 두 가지 예가 초점상자 '대표적 버블 : 17세기 네덜란드 튤립 광풍에서 1994년 러시아까지'에 설명되어 있다.

금융시장에서 기본적 가치를 벗어나는 모든 차이는 합리적 버블일까? 아마도 그렇지 않을 것이다. 사실 많은 투자자가 합리적이지 않다. 이를테면 희소식이 계속 이어진 데 따라 발생한 과거의 주가 상승은 종종 지나친 낙관을 낳는다. 투자자가 과거의 수익이 미래에도 이어질 것이라고 단순하게 예상한다면 주식은 과거에 주가가 상승했다는 그 이유만으로도 '과열'(높은 가격이 책정)될 수 있다. 이는 주식뿐만 아니라 주택에서도 발생할 수 있다(초점상자 '2000년대 미국 주택가격의 상승 : 기본적 가치인가, 버블인가?'를 참조하라). 주가가 이런 식으로 기본적 가치에서 벗어날 때 **패드(fads)**라 불린다. 사람들은 모두 주식시장 외에서 패드가 발생하는 사례를 익히 알고 있다. 주식시장에서도 패드가 존재한다고 믿을 만한 좋은 이유가 있다. 아래의 만화는 이 점을 잘 보여준다.

이 장에서는 경제활동에 관한 뉴스가 어떻게 채권과 주식 가격에 영향을 미치는지에 초점을 맞추었다. 그러나 채권과 주식시장은 여흥 이상의 것이다. 이들은 거꾸로 소비와 투자지출에 영향을 미침으로써 경제활동 전반에 영향을 미친다. 예를 들어 주식시장의 위축이 2001년 경기침체를 낳은 요인 중 하나일 것이라는 약간의 의문이 있다. 또한 대다수 경제학자는 1929년 주식시장의 파국이 대공황을 낳은 하나의 이유라고 믿고 있다. 6장에서 보았듯이, 주택가격 하락은 글로벌 금융위기를 촉발했다. 자산가격, 기대, 경제활동 간의 상호작용이 다음 2개 장의 주제이다.

대표적 버블 : 17세기 네덜란드 튤립 광풍에서 1994년 러시아까지

네덜란드의 튤립 광풍

17세기에 튤립은 서부 유럽의 정원에서 갈수록 대중적이 되었다. 당시 네덜란드에서는 희귀한 튤립 구근과 통상적 튤립 구근 모두에 대한 시장이 발전했다.

'튤립 버블'이라 불리는 사태는 1634~1637년에 발생했다. 1634년에 희귀한 튤립 구근의 가격이 상승하기 시작했다. 투기자들이 미래에 훨씬 더 높아질 가격에 대한 기대를 하며 튤립 구근을 매입함에 따라 시장은 격앙되었다. 예를 들어 '반 더 아이크 제독(Admiral Van de Eyck)'이라 불린 튤립의 가격은 1634년 1,500기니에서 1637년 7,500기니로 상승했는데 이는 당시 주택 한 채의 가격에 해당했다. 실수로 구근을 먹은 선원에 대한 이야기가 있는데, 그는 나중에야 '식사' 값을 알게 되었다고 한다. 1637년 초 가격은 더 빠르게 상승했다. 일부 평범한 구근의 가격조차도 폭등해 1월에 20배까지 상승했다. 그러나 1637년 2월에 가격은 붕괴되었다. 수년 뒤 구근은 버블의 정점에서의 가치의 약 10% 수준에서 거래되고 있었다.

이 설명은 다음에서 인용되었다. Peter Garber, "Tulipmania," *Journal of Political Economy*, 1989, 97(3): pp. 535-560.

러시아의 MMM 피라미드

1994년 러시아 '금융업자' 마브로디(Sergei Mavrodi)는 MMM이라 불리는 회사를 설립해 연간 최소 3,000%의 수익률을 주주에게 약속하며 주식 매각에 나섰다!

회사는 즉시 성공을 거두었다. MMM 주식의 가격은 2월 1,600루블(당시 1달러에 상당)에서 7월에는 105,000루블(당시 51달러에 상당)로 급등했다. 그리고 회사의 주장에 따르면 7월까지 주주 수는 1,000만 명으로 늘어났다.

문제는 이 회사가 러시아 내 140개 사무실 외에 어떤 형태의 생산활동도 하지 않았고 어떤 자산도 보유하지 않았다는 것이다. 주식은 본질적으로 아무런 가치도 없었다. 회사의 초기 성공은 표준적인 피라미드 구조에 기초했다. 즉 새로운 주식(신주)의 매각에서 발생한 자금을 이미 발행한 주식(구주)에 대해 약속한 수익금을 지급하기 위해 사용했던 것이다. MMM은 사기이며 주가 상승은 버블이라는 옐친(Boris Yeltsin)을 포함한 정부 관료들로부터의 계속되는 경고에도 불구하고 약속한 수익은 당시 많은 러시아 국민에게, 특히 깊은 경기침체의 와중에 놓여 있던 러시아 국민에게는 지나칠 정도로 매력적이었다.

피라미드 구조는 새로운 주주의 수가 그리고 그에 따라 기존 주주에게 배분할 수 있는 새로운 자금이 충분히 빨리 증가하는 한에서만 작동할 수 있다. 1994년 7월 말 회사는 더 이상 약속을 지킬 수 없었고 결국 피라미드 구조는 붕괴했다. 회사는 문을 닫았다. 마브로디는 정부를 협박해 주주에게 지급을 하게 했다. 그렇게 하지 않으면 혁명이나 내전이 촉발될 것이라는 것이 그의 주장이었다. 정부는 거절했고 이에 따라 많은 주주가 마브로디보다는 정부에 화를 냈다. 1994년 말에 마브로디는 저축을 잃게 된 주주의 보호자를 자처하며 실제로 의원선거에 출마했다. 그리고 그는 선거에서 이겼다!

2000년대 미국 주택가격의 상승 : 기본적 가치인가, 버블인가?

FOCUS

6장에서 현재의 위기를 촉발한 것은 2006년에 시작된 주택가격의 하락이라고 했다(그림 6-7에 나타난 주택 가격지수의 추이를 검토하라). 되돌아보면 이러한 하락이 있기 전에 2000년부터 지속되었던 대규모 상승이 버블이었다는 해석이 현재 광범위하게 받아들여지고 있다. 그러나 실시간으로 보면 가격이 상승했을 때 그 배경에 대한 합의는 거의 존재하지 않았다.

경제학자들은 3개 그룹에 속했다.

비관론자는 가격 상승이 기본적 가치에 의해 정당화될 수 없다고 주장했다. 2005년에 쉴러(Robert Shiller)는 "주택가격 버블은 1999년 가을의 주식시장 열풍과 비슷하게 느껴진다. 2000년 초 주가는 군집투자와 지속적 가격 상승의 불가피성에 대한 절대적 확신과 더불어 함께 파열했다"고 말했다.

그의 입장을 이해하기 위해 본문의 주가 유도식으로 가보자. 버블이 없다면 주가는 현재와 미래에 기대되는 이자율과 배당, 위험프리미엄에 의존하는 것으로 간주할 수 있다. 마찬가지 논리가 주택가격에도 적용된다. 버블이 없다면 주택가격은 현재와 미래에 기대되는 이자율과 임대료, 위험프리미엄에 의존하는 것으로 볼 수 있다. 이런 맥락에서 비관주의자는 주택가격의 상승이 임대료의 상응하는 상승으로 뒷받침되지 않는다는 점을 지적했다. 이는 1987년부터 최근까지의 가격-임대료 비율(즉 임대료지수 대비 주택가격지수의 비율)을 나타낸 그림 1에서 볼 수 있다(지수는 1987년 값이 100이 되도록 만들어졌다). 1987년부터 1990년대 후반까지 대체로 일정하게 유지되던 이 비율은 60% 가까이 상승해 2006년에 정점에 도달했으며, 이후 하락했다. 더욱이 쉴러는 종종 연간 10%를 초과하는 자본이득을 제공하는 주택가격의 지속적인

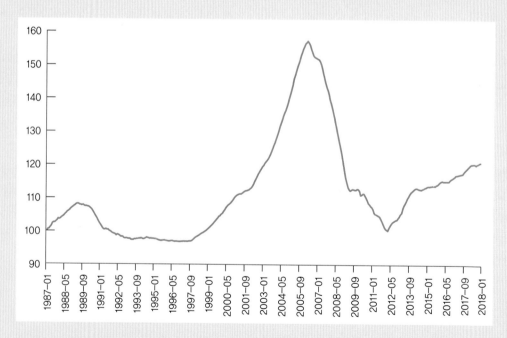

그림 1

1987년 이후 미국 주택가격-임대료 비율

출처 : FRED: CSUSHPISA: Case-Shiller Home Price Index, CUSR0000SEHA, Rent of Primary Residence.

대규모 상승에 대한 극단적으로 높은 기대가 주택 구입자의 설문조사 결과에 나타났다고 지적했다. 앞에서 보았듯이 자산가격이 기본적 가치로 평가된다면 투자자는 미래에 막대한 규모의 자본이득을 기대해서는 안 된다.

낙관주의자는 가격-임대료 비율이 상승할 만한 좋은 이유가 있었다고 주장한다. 첫째, 그림 6-2에서 보았듯이 실질이자율은 하락해 임대료의 현재가치를 높이고 있었다. 둘째, 모기지 시장이 변화하고 있었다. 더 많은 사람이 차입에 의존해 주택을 구매할 수 있었다. 차입자는 주택가치의 더 많은 부분을 차입할 수 있었다. 이들 요인이 수요의 증가 그리고 그에 따라 주택가격의 상승을 낳았다. 아울러 낙관주의자는 비관주의자가 2000년 이래 매년 버블의 종식을 주장했지만, 주택가격의 상승은 계속되었다고 지적한다. 비관주의자

는 신뢰를 잃고 있었다.

세 번째 그룹이 훨씬 더 많은 비중을 차지했는데, 그들은 모르겠다고 했다. [트루먼(Harry Truman) 미국 전 대통령은 "외팔이 경제학자를 보내줘! 내 주변의 경제학자들은 '한편으로는, 다른 한편으로는'이라고만 해!"라고 말했다.] 이들은 주택가격의 상승이 기본적 가치와 버블의 개선을 모두 반영하며, 각각의 상대적 중요성을 식별하는 것은 어렵다고 결론 내렸다.

어떤 결론을 내려야 하는가? 버블과 패드는 발생할 때보다 발생한 후에 더 분명해 보인다. 이로 말미암아 정책 당국자의 역할은 더 어려워진다. 버블이라고 확신한다면 지나치게 커져서 파열하기 전에 멈출 수 있도록 노력해야 한다. 그러나 지나치게 늦어지기 전까지는 버블이라는 확신을 얻기 매우 어렵다.[1]

요약

- 일련의 지급액의 기대현재할인가치는 예상 지급액 흐름의 현 가치와 같다. 이는 현재와 미래의 기대지급액과 양의 관계를 가지며 현재와 미래의 기대 이자율과 음의 관계를 갖는다.

- 현재와 미래에 기대되는 명목지급액을 할인할 경우 현재 이자율과 미래의 기대 명목이자율을 사용해야 한다. 현재와 미래의 실제 지급액의 흐름을 할인할 때, 현재와 기대되는 미래의 실질이자율을 사용해야 한다.

- 상이한 만기의 채권 간 재정거래는 채권가격이 채권에 대한 지급금을 채권의 만기에 걸친 현재와 미래의 기대되는 단기 이자율과 위험프리미엄으로 할인한 현재가치임을 시사한다.

- 따라서 현재와 기대되는 미래의 단기 이자율 상승은 채권가격을 낮출 것이다.

- 채권에 대한 만기 수익률은 채권의 잔존기간에 있어 현재와 기대되는 단기 이자율에 위험프리미엄을 더한 값의 평균과 (근사적으로) 같다.

- 수익률곡선의 기울기 또는 기간별 구조는 금융시장이 미래의 단기 이자율에 무엇을 기대하는지 말해준다.

- 주가의 기본적 가치는 기대되는 미래 실질배당을 현재와 미래의 기대되는 1년 실질이자율과 위험프리미엄을 사용해 할인한 현재가치이다. 버블이나 패느가 없을 경우 주가는 ㄱ 기

1 출처 : "Reasonable People Did Disagree: Optimism and Pessimism about the U.S. Housing Market before the Crash," Kristopher S. Gerardi, Christopher L. Foote, and Paul S. Willen, Federal Reserve Bank of Boston, Discussion Paper No. 10-5, September 10, 2010, available at www.bostonfed.org/economic/ppdp/2010/ppdp1005.pdf.

본적 가치와 일치한다.

■ 기대 배당의 상승은 주식의 기본적 가치의 상승을 낳는다. 현재와 기대되는 1년 이자율의 상승은 기본적 가치의 하락을 낳는다.

■ 산출 변화는 같은 방향으로 변화하는 주가와 관련될 수 있고 그렇지 않을 수도 있다. 이는 (1) 처음에 시장이 무엇을 기대했는지, (2) 충격의 원천, (3) 산출 변화에 대해 중앙은행이 어떻게 반응하리라고 시장이 기대했는지에 의존한다.

■ 자산가격은 그 기본적 가치로부터 크게 벗어나게 하는 버블과 패드에 지배될 수 있다. 버블은 투자자가 훨씬 더 높은 가격으로 다시 매각할 것을 기대하면서 자산을 기본적 가치보다 더 높은 가격으로 매입하는 상황이다. 패드는 유행이나 과도한 낙관으로 금융투자자가 기본적 가치 이상으로 자산을 기꺼이 매입하려 하는 상황이다.

핵심 용어

가격 위험(price risk)

기간 프리미엄(term premium)

기대가설(expectations hypothesis)

기대현재할인가치(expected present discounted value)

기본적 가치(fundamental value)

내부금융(internal finance)

단기 이자율(short-term interest rate)

단순 수익률(current yield)

만기(maturity)

만기 수익률(yield to maturity)

물가연동채권(지수연계채권, indexed bonds)

미국 재무부 단기채권(Treasury bills, T-bills)

미국 재무부 장기채권(Treasury bonds)

미국 재무부 중기채권(Treasury notes)

배당(dividend)

배당락가(ex-dividend price)

부채를 통한 자금조달(debt finance)

수익률(yield)

수익률곡선(yield curve)

액면가치(face value)

외부금융(external finance)

위험프리미엄(risk premium)

이자율의 기간별 구조(term structure of interest rates)

이자지급액(coupon payment)

이표채(coupon bond)

인플레이션 지수 연계채권(Treasury Inflation Protected Securities, TIPS)

임의 보행(random walk)

(채권의) 잔존기간[life (of a bond)]

장기 이자율(long-term interest rate)

재정(arbitrage)

정부채권(government bond)

정크 본드(junk bond)

주식(stock)

주식을 통한 자금조달(equity finance)

주식프리미엄(equity premium)

지분(share)

채권등급(bond ratings)

채무불이행 위험(default risk)

패드(fads)

표면이자율(coupon rate)

할인율(discount rate)

할인인자(discount factor)

할인채(discount bond)

합리적인 투기적 버블(rational speculative bubble)

현재가치(present value)

현재할인가치(present discounted value)

회사채(corporate bond)

n년 이자율(n-year interest rate)

연습문제

기초문제

1. 이 장의 내용에 기초해 다음에 대해 '사실', '거짓', '불확실' 여부를 밝히고 그 이유를 간단히 설명하라.

   a. 수익률 흐름의 현재할인가치는 실제 또는 명목 기준으로 계산될 수 있다.

   b. 1년 이자율이 높을수록 1년 뒤 지급액의 현재할인가치가 낮아진다.

   c. 1년 이자율은 통상적으로 시간이 지나더라도 일정할 것으로 예상된다.

   d. 채권은 수년에 걸친 일정한 지급액에 대한 청구권이다.

   e. 주식은 수년에 걸친 배당금 지급액에 대한 청구권이다.

   f. 주택가격은 수년에 걸쳐 예상되는 미래 임대료에 대한 청구권이다.

   g. 수익률곡선은 일반적으로 우상향의 기울기를 갖는다.

   h. 1년간 보유하는 모든 자산은 동일한 기대수익률을 가져야 한다.

   i. 버블에서 자산의 가치는 미래 수익의 기대현재할인가치이다.

   j. 주식시장의 전반적인 실질가치는 1년에 걸쳐 크게 변동하지 않는다.

   k. 물가연동채권은 예상하지 못한 인플레이션으로부터 채권 보유자를 보호한다.

2. 다음 열거된 문제에 대해 기대현재할인가치를 계산하기 위해 실질지급액과 실질이자율을 사용해야 하는가, 명목지급액과 명목이자율을 사용해야 하는가? 각 경우에 대해 이유를 설명하라.

   a. 새로운 기계에 대한 투자로 얻는 이익의 현재할인가치를 추정한다.

   b. 20년 만기 미국 재무부 장기채권의 현재가치를 추정한다.

   c. 자동차를 살지 아니면 리스할지를 결정한다.

3. 다음에 나열된 가정에 대해 정확한 식과 근사식을 사용해 2년 명목이자율을 계산하라.

   a. $i_t = 2\%$, $i_{t+1}^e = 3\%$

   b. $i_t = 2\%$, $i_{t+1}^e = 10\%$

   c. $i_t = 2\%$, $i_{t+1}^e = 3\%$. 2년 채권의 기간 프리미엄은 1%이다.

4. 주식프리미엄과 주식가치

   a. 식 (14.14)에서 주식이 방금 배당금을 지불했고 다음 배당금은 1년 뒤에 지불할 것이라 기대하는 것으로 봐야 하는(배당락 주식) 이유를 설명하라.

   b. 식 (14.14)에서 각 구성요소가 현재 주가에 미치는 영향을 설명하라.

   c. 다른 모든 것이 일정할 때 위험프리미엄이 더 크다면 현재 주가는 어떻게 되겠는가?

   d. 1기 이자율이 상승하면 현재 주가는 어떻게 되겠는가?

   e. $t+1$기가 시작되는 시점에서 주식의 기대가치가 상승하면 현재 주식의 가치는 어떻게 되겠는가?

   f. 이제 식 (14.15)에서 모든 n에 대해 $i_{1t} = i_{1t+n} = 0.05$, $x = 0.03$으로 두자. D_{t+3}^e과 D_{t+10}^e의 계수를 구하라. 3년 후와 10년 후 배당금이 1달러 증가한 것으로 기대될 때 그 효과를 비교하라.

   g. 모든 n과 $x = 0.05$에 대해 $i_{1t} = i_{1t+n} = 0.08$로 두고 (f)의 계산을 반복하라.

5. 장기채권의 가격 근사

   명목이자율 i가 일정할 때 내년에 시작되어 무한히 계속되는 z달러 지불액의 현재가치는 z/i이다. 이 식은 매년 고정된 명목 지급액을 영원히 지불하는 채권의 가격을 제공한다. 이는 i가 일정할 경우 영원하지는 않지만 장기간에 걸친 고정된 지급액 흐름의 현재할인가치에 대한 좋은 근삿값이다. 근삿값이 얼마나 근사하는지 보자.

   a. $i = 10\%$라고 가정하자. z달러 $= 100$으로 두자. 콘솔(consol)의 기대현재할인가치는 얼마인가?

   b. $i = 10\%$인 경우 향후 10년 동안 z달러를 지불하는 채권의 기대현재할인가치는 얼마인가? 20년, 30년, 60년은 얼마인가? (힌트 : 이 장의 수식을 사용하라. 그러나 첫 번째 지급액은 조정해야 한다.)

   c. $i = 2\%$와 $i = 5\%$에 대해 (a)와 (b)의 계산을 반복하라.

6. 통화정책과 주식시장

   현재와 미래의 모든 정책이자율이 2%라고 가정하자. 연준이 긴축적 통화정책을 실시해 단기 이자율(r_{1t})을 2%에서 3%로 인상한다고 가정하자.

  a. r_{1t}의 변동이 일시적일 것으로 예상되는 경우, 즉 1기간 동안만 지속될 경우 주가는 어떻게 되는가? 예상되는 실제 배당이 변하지 않는다고 가정하라. 식 (14.17)을 사용하라.

  b. r_{1t}의 변동이 영구적일 것으로 예상되는 경우, 즉 지속될 것으로 예상되는 경우 주가는 어떻게 되는가? 예상되는 실제 배당이 변하지 않는다고 가정하라. 식 (14.17)을 사용하라.

  c. r_{1t}의 변경이 영구적일 것으로 예상되고, 이러한 변경으로 인해 미래에 기대되는 산출과 배당이 증가하는 경우 주가는 어떻게 되는가?

심화문제

7. 정규 IRA 대 Roth IRA

40년 뒤 은퇴를 위해 오늘 2,000달러를 저축하려 한다. 다음 계획 중에서 선택해야 한다.

  i. 오늘 세금을 내지 않고, 이자를 낳는 계좌에 돈을 넣고 은퇴 시 인출한 총액의 20%에 해당하는 세금을 납부하라. [미국에서는 이를 정규개인퇴직계좌(individual retirement account, IRA)라고 한다.]

  ii. 오늘 투자액의 30%를 세금으로 내고, 이자를 낳는 계정에 잔액을 넣고 은퇴 시 자금을 인출하되 세금은 내지 않는다. (미국에서는 이를 Roth IRA라고 한다.)

  a. 이자율이 1%일 경우 각 계획의 기대현재할인가치는 얼마인가? 10%라면 얼마인가?

  b. 각 경우에 어떤 계획을 선택하겠는가?

8. 주택가격과 버블

주택은 미래의 실질 임대수입의 기대현재할인가치와 일치하는 기본적 가치를 지닌 자산으로 생각할 수 있다.

  a. 주택의 가치를 평가하기 위해 실질 임대수입과 실질이자율을 사용하겠는가, 아니면 명목 임대수입과 명목이자율을 사용하겠는가?

  b. 소유한 주택에 직접 거주해서 임대료를 절약하든 소유주택을 임대해 임대료를 받든 집에 대한 임대료는 주식에 대한 배당금과 같다. 주택에 대해서도 식 (14.17)에 해당하는 식을 구하라.

  c. 왜 낮은 이자율이 가격-임대료 비율의 상승을 설명하는 데 도움이 되는가?

  d. 주택이 안전한 투자로 인식되면 가격-임대료 비율은 어떻게 되겠는가?

  e. 초점상자 '2000년대 미국 주택가격의 상승 : 기본적 가치인가, 버블인가?'에는 가격-임대료 비율이 그래프로 나타나 있다. 세인트루이스 연준의 FRED 경제 데이터베이스에서 케이스-쉴러 주택가격지수와 소비자물가지수상의 임대료 수치(각각 SPCS20RSA 및 CUSR0000SEHA 변수)를 구하라. 초점상자 그림 1의 그래프는 2018년 11월까지이다. 2018년 11월과 데이터가 이용 가능한 가장 최근 기간 사이의 주택가격지수 증가율을 계산하라. 임대료지수의 증가율을 2018년 11월부터 데이터가 이용 가능한 가장 최근까지 계산하라. 2018년 6월 이후 가격-임대료 비율은 증가했는가, 감소했는가?

추가문제

9. 전 세계 주택가격

*이코노미스트*는 매년 The Economist House Price Index를 발표한다. 이는 주택의 기본적 가치와 비교해볼 때 어떤 주택시장이 가장 고평가 또는 저평가되어 있는지를 평가한다. 이 데이터의 최근 수치를 웹에서 구하라.

  a. 고평가 지수의 하나가 주택가격과 임대료 비율이다. 이 지수가 주택가격 버블을 감지하는 데 도움이 되는 이유는 무엇인가? 검토한 데이터에서 주택가격이 임대료 대비 가장 높은 국가는 어디인가? 이 수치는 미국의 주택시장 붕괴를 예측하는 데 도움이 되었는가?

  b. 두 번째 고평가 지수가 주택가격과 소득 비율이다. 이 지수가 주택가격 버블을 감지하는 데 도움이 되는 이유는 무엇인가? 검토한 데이터에서 어떤 국가가 임대료에 대한 주택가격 비율이 가장 저평가되었는가? 이 수치는 미국의 주택시장 붕괴를 예측하는 데 도움이 되었는가?

10. 인플레이션지수 연계 채권

미국 재무부가 발행한 일부 채권은 인플레이션에 연동되어 지급이 이루어진다. 인플레이션지수 연계 채권(Inflation-indexed bond)은 인플레이션에 대해 투자자를 보상한다. 따라서 이 채권에 대한 현재의 이자율은 실질이자율(재화 기준 이자율)이다. 이 이자율은 명목이자율과 함께 기대인플레이션의 척도를 제공한다. 구체적으로 방법을 보자.

연준의 웹사이트로 가서 이자율을 포함한 최근 통계 발표치를 구하라(www.federalreserve.gov/releases/h15/Current). 5년 만기 국채에 대한 현재의 명목이자율을 구하라. 이제 5년 만기 '인플레이션연동' 국채의 현재 이자율을 구하라. 금융시장 참가자들은 향후 5년간의 평균 인플레이션이 어떻게 될 것이라고 생각하는가?

더 읽을거리

- 주식시장에 관한 좋지 않은 책은 많다. 재미있고 괜찮은 책으로는 다음이 있다. Burton Malkiel(2019), *A Random Walk Down Wall Street*, 12th ed., W. W. Norton.

- 역사적 버블에 대한 설명은 다음을 참조하라. Peter Garber (1990), "Famous First Bubbles," *Journal of Economic Perspectives*, Spring 4(2): pp. 35-54.

부록 : 명목이자율과 실질이자율을 이용한 기대현재할인가치의 유도

현재할인가치를 나타내는 식 (14.1)과 식 (14.3)이 동일하다는 점을 확인해보자.

식 (14.1)은 현재와 미래의 기대 **명목이자율**을 사용해 할인함으로써 현재와 미래의 기대 **명목지급액**의 현재가치를 유도하는 식이다.

$$V_t = z_t + \frac{1}{1 + i_t} z_{t+1}^e + \frac{1}{(1 + i_t)(1 + i_{t+1}^e)} z_{t+2}^e + \cdots \quad (14.1)$$

식 (14.3)은 현재와 미래의 기대 **실질이자율**을 사용해 할인함으로써 현재와 미래의 기대 **실질지급액**의 현재가치를 유도하는 식이다.

$$V_t = z_t + \frac{1}{1 + r_t} z_{t+1}^e + \frac{1}{(1 + r_t)(1 + r_{t+1}^e)} z_{t+2}^e + \cdots \quad (14.3)$$

이제 식 (14.1)의 양변을 모두 현재의 물가 수준 P_t로 나누어 보자.

$$\frac{V_t}{P_t} = \frac{z_t}{P_t} + \frac{1}{1 + i_t} \frac{z_{t+1}^e}{P_t} + \frac{1}{(1 + i_t)(1 + i_{t+1}^e)} \frac{z_{t+2}^e}{P_t} + \cdots \quad (14.A1)$$

이제 식 (14.3) 우변의 각 항을 살펴보고 각 항이 식 (14.A1)의 대응하는 항과 동일하다는 것을 확인해보자.

- 우선 첫 항은 $z_t/P_t = z_t$이므로 올해 지급액의 실질가치에 해당한다. 따라서 이 항은 식 (14.3) 우변의 첫 항과 동일하다.
- 둘째 항을 보자.

$$\frac{1}{1 + i_t} \frac{z_{t+1}^e}{P_t}$$

둘째 항의 분자와 분모를 모두 내년에 예상되는 물가 수준 P_{t+1}^e로 곱하면 다음을 얻는다.

$$\frac{1}{1 + i_t} \frac{P_{t+1}^e}{P_t} \frac{z_{t+1}^e}{P_{t+1}^e}$$

여기서 우변의 z_{t+1}^e/P_{t+1}^e은 $t + 1$시점에 발생할 것으로 기대되는 지급액 z_{t+1}^e과 일치한다. 한편 우변에서 P_{t+1}^e/P_t은 $1 + [(P_{t+1}^e - P_t)/P_t]$로 바꿀 수 있고 이는 다시 기대인플레이

선의 정의를 활용하면 $1 + \pi^e_{t+1}$로 나타낼 수 있다. 이상의 두 결과를 이용하면 둘째 항은 다음과 같이 바꿀 수 있다.

$$\frac{(1 + \pi^e_{t+1})}{(1 + i_t)} z^e_{t+1}$$

이제 실질이자율, 명목이자율, 기대인플레이션율에 관한 식 (14.3), 즉 $(1 + r_t) = (1 + i_t)/(1 + \pi^e_{t+1})$를 활용하면 위 식은 다음과 같이 간단히 나타낼 수 있다.

$$\frac{1}{(1 + r_t)} z^e_{t+1}$$

이 항은 식 (14.3) 우변의 둘째 항과 일치한다.

■ 동일한 방법으로 다른 항도 마찬가지로 바꾸어 쓸 수 있다.

스스로 확인해보자.

지금까지는 식 (14.3)과 식 (14.A1)의 우변이 서로 일치함을 보였다. 결과적으로 두 식의 좌변의 항 역시 일치한다. 즉 다음과 같다.

$$V_t = \frac{V_t}{P_t}$$

이는 현재와 미래의 기대 실질이자율을 이용해 할인한 현재와 미래의 기대 **실질지급액**의 현재가치는 현재와 미래의 기대 **명목이자율**을 이용해 할인한 현재와 미래의 기대 **명목지급액**의 현재가치를 현재의 물가 수준으로 나눈 값과 일치한다는 것을 보여준다.

금융시장과 기대, 투자

기 대가 금융시장에서 하는 역할을 보았으므로 이제 지출의 두 가지 주요 요소인 소비와 투자를 결정하는 데 있어서 기대의 역할로 관심을 돌리자. 이 장에서의 소비와 투자에 대한 논의는 16장에서 발전시킬 확장된 *IS-LM* 모형의 주요 구성요소가 될 것이다.

15-1절은 소비를 살펴본다. 어떻게 소비 결정이 개인의 현재 소득뿐만 아니라 미래 기대소득과 금융자산에도 의존하는지 논의한다.

15-2절은 투자로 관심을 돌린다. 어떻게 투자 결정이 현재와 미래의 기대이윤 그리고 현재와 미래의 기대실질이자율에 의존하는지 살펴본다.

15-3절은 시간에 걸친 소비와 투자의 변화를 살펴보고 이 장에서 학습한 내용에 비추어 이러한 변화를 어떻게 해석하는지 살펴본다.

이 장의 메시지 : 소비와 투자 결정은 모두 미래의 기대에 크게 의존한다. ▶ ▶ ▶

사람들은 얼마나 소비할지와 얼마나 저축할지를 어떻게 결정할까? 지금까지는 소비와 저축이 오로지 현재 소득에만 의존한다고 가정했다. 여러분은 지금쯤 이들이 훨씬 더 많은 것들, 특히 미래에 대한 기대에 의존함을 깨달았을 것이다. 이제 이러한 기대가 소비 결정에 어떻게 영향을 미치는지 검토하자.

이 절이 기초하는 현대소비이론은 1950년대에 시카고대학교의 프리드먼(Milton Friedman)과 MIT의 모딜리아니(Franco Modigliani)에 의해 별도로 발전되었다. 자신들이 발전시킨 소비이론을 프리드먼은 **소비의 항상소득이론**(permanent income theory of consumption)이라 불렀고 모딜리아니는 **소비의 생애주기이론**(life-cycle theory of consumption)이라 불렀다. 두 경제학자는 소비이론의 명칭을 주의 깊게 붙였다. 프리드먼의 '항상소득'은 소비자가 현재 소득을 넘어 멀리 바라본다는 점을 강조했다. 모딜리아니의 '생애주기'는 소비자의 자연스러운 계획기간이 자신의 전 생애임을 강조했다.

이후 총소비 행태는 두 가지 이유에서 열띤 연구 분야로 남았다. 한 가지 이유는 단순한 것으로 소비가 GDP에서 차지하는 비중이 매우 크며 따라서 소비의 움직임에 대한 이해가 필요하다는 것이었다. 다른 이유는 개인 소비자들에 대한 대규모 설문조사 자료의 이용 가능성이 커졌다는 것이다. 설문조사 자료의 예로 초점상자 '개인 행태 : 패널 자료에 근거한 연구'에 소개되어 있는 PSID를 들 수 있다. 이들 설문조사 자료는 프리드먼과 모딜리아니가 자신들의 이론을 개발했을 때에는 이용할 수 없었던 것으로 소비자가 실제로 어떻게 행동하는지에 대한 경제학자들의 이해를 지속적으로 높이는 데 기여하고 있다. 이 절은 오늘날 우리가 알고 있는 것들을 요약한다.

프리드먼과 모딜리아니는 각각 1976년과 1985년에 노벨 경제학상을 수상했다.

3장에서는 소비가 미국 총지출의 68%를 설명한다고 했다.

인터넷을 통해 점점 더 많이 접할 수 있는 소비자 행동에 대한 정보는 말할 것도 없다. 머신러닝 기술과 함께 이 정보를 가장 잘 활용하는 방법은 오늘날 실증연구의 최전방 중 하나이다.

통찰력이 뛰어난 소비자

분명히 그리고 당연히 극단적으로 보이지만 편리한 출발점이 될 수 있는 가정에서 시작하자. 바로 **통찰력이 뛰어난 소비자**(very foresighted consumer) 이론이라 불리는 것이다. 통찰력이 뛰어난 소비자는 얼마나 소비할지를 어떻게 결정할까? 두 단계를 거친다.

■ 첫째, 소유 주식과 채권의 가치, 예금의 가치, 소유 주택의 가치(주택대출은 차감) 등을 모두 더한다. 이는 자신의 **금융자산**(financial wealth)과 **주택자산**(housing wealth)의 가치가 얼마나 되는지에 관한 아이디어를 준다.

또한 자신이 은퇴 전까지 얻게 될 세후 노동소득을 추정해 기대 세후 노동소득의 현재가치를 계산한다. 그러면 통찰력 있는 소비자는 경제학자가 **인적자산**[human wealth, 금융자산과 주택자산의 합으로 정의되는 **비인적자산**(nonhuman wealth)에 대조되는 자산]이라고 부르는 것에 대한 추정치를 얻는다.

용어를 다소 확대해서, 이 책에서는 '주택자산'을 주택뿐만 아니라 차부터 그림 등까지 소비자가 소유할 수 있는 다른 재화도 나타내기로 한다.

■ 통찰력 있는 소비자는 인적자산과 비인적자산을 더해 자신의 **총자산**(total wealth)에 대한 추

개인 행태 : 패널 자료에 근거한 연구

패널 자료(panel dataset)는 다수의 개인이나 기업과 관련한 하나 이상의 변수들의 시간의 흐름에 따른 값을 보여주는 자료이다. 7장에서 한 예로 '인구동향조사(Current Population Survey, CPS)'를 설명한 바 있다. 또 다른 예로 소득 동학에 대한 패널연구(Panel Study of Income Dynamics, PSID)가 있다.

PSID는 약 4,800개 가계를 대상으로 1968년부터 시작되었다. 이들 가계에 대한 설문조사는 이후 매년 이루어졌으며 아직도 지속되고 있다. 설문조사는 원래 조사 대상이었던 가계에 새로운 개인이 결혼이나 출생을 통해 추가되면서 늘어났다. 매년 설문조사는 소득, 임금, 근로시간, 의료, 소비에 관련된 사항을 사람들에게 묻는다.

개인들과 이들을 중심으로 팽창된 가계에 관한 50년간의 정보를 제공함으로써 설문조사는 경제학자가 이전에는 일화적인 증거만 존재했던 질문을 할 수 있게 되었다. PSID에 사용되었던 질문 중에는 다음이 포함된다.

■ 소비의 어느 정도가 소득의 일시적 변동(예 : 실업으로 인한 소득 손실 등)에 기인하는가?
■ 가계 내에서 어느 정도의 위험 분담이 이루어지고 있는가? 예를 들어 가계 구성원이 아프거나 실직하면 그는 다른 가계 구성원으로부터 어느 정도의 도움을 얻는가?
■ 사람들은 자신의 가계에 지리적으로 가깝게 머물려고 얼마나 노력하는가? 예를 들어 실직했을 때 다른 도시로 이사할 확률이 현재 살고 있는 도시에 거주하는 가계 구성원의 수에 어느 정도나 의존하는가?

더 자세한 내용은 다음을 참조하라. Katherine A. McGonagle et al., "The Panel Study of Income Dynamics: Overview, Recent Innovations, and Potential for Life Course Research," *Longitudinal and Life Course Studies*, 2012, 3(2): pp. 268-284, https://psidonline.isr.umich.edu/llcs2012.pdf.

정치를 얻는다. 이어서 이 총자산에서 얼마만큼을 지출할지 결정한다. 그는 전 생애에 걸쳐 대체로 매년 동일한 수준의 소비를 유지하도록 총자산의 일부를 지출할 것을 결정한다고 가정하면 합리적일 것이다. 만약 이렇게 결정된 소비 수준이 현재 소득보다 크다면 그 차액을 차입한다. 반대로, 현재 소득보다 작다면 대신 차액을 저축한다.

◀ 인적자산 + 비인적자산 = 총자산

이를 명시적으로 표현해보자. 지금까지 설명한 것은 다음과 같은 형태의 소비 결정식이다.

$$C_t = C(총자산_t) \tag{15.1}$$

여기서 C_t는 t시점에서의 소비이며, (총자산$_t$)는 t시점에서의 비인적자산(금융자산 + 주택자산)과 인적자산(t시점에서의 현재와 미래 세후 노동소득의 기대된 현재가치의 합)이다.

이러한 설명은 많은 진리를 담고 있다. 통찰력 있는 소비자처럼 우리도 분명히 오늘 얼마나 소비할지 결정하는 데 있어 자신의 자산과 미래의 기대되는 노동소득에 대해 생각할 것이다. 그렇지만 통상적인 소비자를 기준으로 본다면 이상의 논의는 지나치게 많은 계산과 통찰력을 요구하는 가정이라는 생각을 지울 수 없다.

이상의 설명이 무엇을 말하고 또 무엇이 잘못되었는지에 대해 더 나은 감을 갖기 위해 위의 결정 과정을 대학생이 직면하는 통상적인 문제에 적용해보자.

사례

여러분이 19세이고 첫 직장생활을 시작하기 전까지 3년의 대학 과정이 남아 있다고 하자. 대학에 가기 위해 대출을 받았기 때문에 현 시점에서 채무 상태에 있을 수 있다. 그리고 자동차와 얼마 안 되는 다른 일상적인 물건들을 갖고 있을 수 있다. 단순화를 위해 부채와 일상적인 물건들이 대체로 서로 상쇄된다고 가정하자. 즉 비인적자산은 아무것도 없다. 결국 기대하는 세후 노동소득의 현재가치인 인적자산이 가진 자산의 전부이다.

자기 자신에게 해당하는 수치를 사용해서 계산 결과가 어떻게 나타나는지 살펴보는 것도 좋다.

여러분은 3년 후에 첫 연봉을 약 4만 달러(2018년 달러 기준)로 기대하고 실질 기준으로 60세에 은퇴할 때까지 매년 3%씩 증가한다고 기대한다. 소득의 약 25%는 세금으로 나간다.

14장에서 보았던 내용에 기초해서 노동소득의 현재가치를 실질이자율로 확인된 세후 노동소득의 **실질 기대가치**로 계산해보자. Y_{Lt}를 t년도의 실질 노동소득, T_t를 t년도의 실질 세금, $V(Y_{Lt}^e - T_t^e)$를 t년도에 기대되는 인적자산, 즉 세후 노동소득의 기대현재가치라고 하자.

계산을 간단히 하기 위해 실질이자율은 0으로 두자. 즉 기대현재가치는 단순히 은퇴하기 전까지 기대된 노동소득의 총합이며 다음으로 주어진다.

$$V(Y_{Lt}^e - T_t^e) = (40,000\,달러)(0.75)[1 + (1.03) + (1.03)^2 + \cdots + (1.03)^{38}]$$

여기서 첫 번째 항(40,000달러)은 2018년 달러 기준으로 본 초기 노동소득 수준이다.

두 번째 항(0.75)은 세금 때문에 벌어들인 소득의 75%만이 여러분이 실제로 가질 수 있다는 사실을 반영하기 위한 것이다.

세 번째 항$[1 + (1.03) + (1.03)^2 + \cdots + (1.03)^{38}]$은 실질소득이 39년간 매년 3%씩 증가할 것이라고 기대하고 있다는 사실을 반영한다(여러분은 22세부터 소득을 벌기 시작할 것이며 60세까지 일할 것이다).

기하급수의 성질을 이용해 대괄호 안의 합을 구하면 다음과 같다.

$$V(Y_{Lt}^e - T_t^e) = (40,000\,달러)(0.75)(72.2) = 2,166,000\,달러$$

이제 현 시점에서 자산, 즉 생애에 걸친 세후 노동소득의 기대가치는 약 200만 달러이다.

지속할 수 있는 소비 수준의 계산은 이자율이 0%라는 가정 때문에 더 간편해졌다. 이 경우 현 시점에서 재화를 덜 소비하면 내년에 재화를 정확히 한 단위 더 소비할 수 있다. 아울러 생애에 걸친 소비의 합계가 자산과 일치해야 한다는 조건도 만족해야 한다. 따라서 매년 동일한 양을 소비하려면 총자산을 기대수명 연수로 나누어 주면 된다.

여러분은 어느 정도를 소비해야 하는가? 은퇴 후에 약 20년을 더 살 것으로 기대한다고 하자. 이 경우 현 시점에서 남은 생애기간은 62년이다. 매년 똑같은 규모의 소비를 하려면 실현 가능한 일정한 소비 수준은 총자산을 여러분의 남은 생애기간으로 나눈 값, 즉 연간 2,166,000달러/62 = 34,935달러이다. 첫 직장을 얻을 때까지 소득이 0이라는 점을 고려한다면 지금부터 향후 3년간 매년 34,935달러를 차입해야 할 것이고 첫 직장을 잡는 순간부터 저축하기 시작할 것이다.

더 현실적인 설명

이러한 계산에 대한 첫 반응은 생애를 사악하고 다소 불경스러운 방식으로 요약한 것이 아니냐는 반응일 것이다. 하지만 390쪽의 만화에서 소개한 은퇴계획에는 더 쉽게 동의할 것이다.

두 번째 반응은 계산에 사용한 대부분의 내용에는 동의하겠지만 분명히 앞으로 3년에 걸쳐 34,935달러×3 = 104,805달러를 차입하려 하지 않을 것이라는 반응이다. 예를 들면

◀ '행동경제학' 분야의 목표 중 하나는 실제 행동이 선견지명이 있는 소비자의 행동에 더 가까운지, 아니면 만화에 더 가까운지를 평가하는 것이다.

1. 생애에 걸쳐 일정한 소비를 하는 계획을 세우고 싶지 않을 수 있다. 대신에 인생 후반까지 높은 수준의 소비를 정말 기꺼이 늦추려 할 수 있다. 학생으로서 생활은 통상 사치스러운 활동에 그리 많은 시간을 남기지 못하도록 한다. 골프클럽 가입이나 갈라파고스 제도 여행을 인생의 후반부로 미룰 수 있다. 또한 태어날 아이들을 위한 보육비용, 여름 캠프, 대학 등으로 인한 추가적 비용도 생각해야 한다.

2. 방금 거쳐 온 계산 과정에 포함된 계산과 통찰력의 규모가 통상적인 의사결정의 수준을 크게 넘어선다고 생각할 수 있다. 지금까지 정확히 얼마의 소득을 벌게 될지 그리고 몇 년 동안이나 벌게 될지를 한 번도 생각해본 적이 없을 수 있다. 대부분의 소비 결정이 더 단순하고 앞을 내다보지 않는 방식으로 이루어진다고 생각할 수도 있다.

3. 총자산의 계산은 발생할 것으로 기대되는 예측에 기초하고 있다. 하지만 현실은 더 나을 수도 있고 더 나쁠 수도 있다. 실직하거나 아프다면 무슨 일이 생겨날까? 차입한 돈을 어떻게 갚아 나갈까? 신중하길 원할 수도 있다. 최악의 상황이 발생하더라도 적절히 생존해 가는 것을 확실하게 하고 싶을 수 있다. 그리고 그에 따라 104,805달러보다는 훨씬 덜 차입하려고 결정할 수 있다.

4. 104,805달러를 차입하기로 마음먹었다고 해도 기꺼이 돈을 빌려줄 은행을 찾는 데 어려움을 겪을 수 있다. 왜 그럴까? 은행은 여러분이 상황이 악화될 때 지키지 못할 약속을 하고 있고 실제로 돈을 갚을 수 없거나 갚을 의사가 없을 수 있다는 것을 걱정할 수 있다.

이상의 네 가지 이유는 모두 타당한 것으로 소비자의 실제 행태를 이해하기 위해서는 앞서의 설명을 수정해야 함을 말해준다. 특히 마지막 세 가지 이유는 소비가 총자산뿐만 아니라 현재 소득에도 의존한다는 것을 제안한다.

두 번째 이유를 보자. 여러분은 단순하다는 이유로 소비 수준을 소득에 맞추도록 결정하고 자산의 규모가 얼마가 될지에 대해서는 고려하지 않을 수 있다. 이 경우 소비는 현재 소득에 의존하지 자산 규모에는 의존하지 않는다.

세 번째 이유를 보자. 안전한 규칙을 찾는다면 벌어들인 현재 소득 이상으로 소비하지 않는 것이 한 방법이다. 이런 방식을 따른다면 상황이 악화될 때 갚을 수 없는 부채를 쌓아 갈 위험을 피할 수 있다.

아니면 네 번째 이유를 보자. 이는 어찌되었든 선택의 여지가 별로 없음을 말해준다. 현재 소득

놀라운 은퇴계획

장기 저축

1,000달러를 남겨서 은행에 맡긴 다음에 완전히 '잊어버리는' 거야. 그러면 30년 뒤에 신나는 일이 생길 거야.

자녀 교육

'우리 아이들'이 날 보살필 거야. 암 그렇고말고.

도박

대박이 터질 텐데 은퇴 계획이 왜 필요해. 당연하지.

무대책

다음 주 계획조차도 세울 수 없단 말이야. 내일 작은 행성이 지구와 충돌할지 모르는데, 무슨 필요가 있지?

이상으로 소비하길 원더라도 은행이 돈을 빌려주지 않기 때문에 그렇게 할 수 없다.

현재 소득의 소비에 대한 직접적 영향을 포함하길 바란다면 현재 소득의 어떤 측정치를 사용해야 할까? 편리한 측정치 중 하나가 앞서 인적자산을 정의할 때 도입한 세후 노동소득이다. 이는 다음과 같은 형태의 소비함수를 낳는다.

$$C_t = C(\text{총자산}_t, Y_{Lt} - T_t) \qquad (15.2)$$
$$(\quad + \quad , \quad + \quad)$$

말로 하면, 소비는 총자산의 증가함수이며 세후 현재 노동소득의 증가함수이다. 총자산은 비인 적자산(금융자산 + 주택자산)과 인적자산(세후 기대 노동소득의 현재가치)의 합이다.

소비는 얼마만큼 총자산(그리고 그에 따라 미래 소득에 대한 기대)에 의존하며 또 얼마만큼 현재 소득에 의존할까? 실증분석에 따르면 대부분이 모딜리아니와 프리드먼이 개발한 이론의 정신을 따라 장래를 내다보는 것으로 나타나고 있다(초점상자 '사람들은 은퇴에 대비해 충분히 저축하는가?'를 참조하라). 그러나 일부 소비자, 특히 일시적으로 낮은 소득을 벌거나 금융기관 신용에 대한 접근도가 낮은 사람은 미래에 자신에게 무슨 일이 발생할지에 대한 자신의 기대와 상관 없이 현재 소득을 소비할 가능성이 높다. 실업자가 되었고 금융자산이 없는 노동자는 곧 새로운 직장을 잡을 것이라고 분명히 확신하고 있다 해도 소비 수준을 유지하기 위해 차입하려 할 경우 어려움을 겪을 수 있다. 물론 부유하고 대출에 더 손쉽게 접근할 수 있는 소비자는 기대된 미래에 좀 더 가중치를 부여하고 시간이 흐르더라도 대체로 일정한 소비를 유지하려 할 가능성이 높다.

종합적 논의 : 현재 소득, 기대, 소비

기대의 중요성에 초점을 맞추어 소비 의사결정을 살펴보자. 우선 식 (15.2)에 의해 설명된 소비 행태에 따르면 기대는 소비에 두 가지 방식으로 영향을 미친다는 점에 주목하자.

- 기대는 **인적자산**을 통해 소비에 직접적인 영향을 미친다. 자신의 인적자원을 계산하기 위해 소비자는 미래의 노동소득, 실질이자율, 세금에 대한 기대를 형성해야 한다.
- 기대는 주식, 채권, 주택과 같은 **비인적자산**을 통해 소비에 간접적으로 영향을 미친다. 이 경우 소비자는 어떤 계산도 불필요하며 단지 이들 자산의 가치를 일정한 것으로 간주할 수 있다. 14장에서 살펴보았듯이, 실질적으로 금융시장이 소비자를 대신해 계산을 해준다. 예를 들어 주식 가격은 미래 배당과 이자율에 대한 시장의 기대에 의존한다.

이어서 소비의 기대에 대한 의존성은 소비와 소득의 관계에 대한 두 가지 시사점을 제공한다.

- **소비는 현재 소득의 변동에 대해 일대일보다는 약한 반응을 보일 가능성이 높다.** 얼마만큼 소비하느냐를 결정할 때 소비자는 현재 소득뿐만 아니라 그 이상을 바라본다. 자신의 소득 감소가 항구적인 것이라고 결론 내린다면 소비자는 소득 감소에 대응해 소비를 일대일로 감소시킬 것이다. 그러나 자신의 소득이 일시적으로 감소한다고 결론 내린다면 소비를 소득보다는 덜 조정할 것이다. 경기침체기에 소비는 소득 감소에 대해 일대일보다 덜 조정된다. 이는 경기침체가 통상 몇 분기 이상 지속되지 않으며 경제가 결국 잠재산출 수준으로 복귀할 것이라는 것을 소비자가 알기 때문이다. 경기팽창도 마찬가지다. 이례적으로 **빠른** 소득 증가를 경험하고 있는 소비자가 소득만큼 소비를 증가시킬 가능성은 낮다. 소비자는 경기호황은 일시적인 것이며 경제 상황이 다시 정상으로 돌아갈 것이라고 가정할 것이다.
- **현재 소득이 변화하지 않더라도 소비가 변화할 수 있다.** 활력 있는 미래에 대한 비전을 제시하는

미래 산출 증가의 기대가 현재 소비에 영향을 미치는 경로는 다음과 같다 : 기대되는 미래 산출의 증가 ⇒ 기대되는 미래 노동소득의 증가 ⇒ 인적자산의 증가 ⇒ 소비의 증가 기대되는 미래 산출의 증가 ⇒ 기대되는 미래 배당의 증가 ⇒ 주가 상승 ⇒ 비인적자산 증가 ◀ ⇒ 소비 증가

단기(3장)에서는 (세금을 무시할 경우) $C = c_0 + c_1 Y$라고 가정했다. 이는 소득이 증가할 경우 소비는 소득에 비례 이하로 증가함(C/Y가 감소함)을 시사한다. 경기변동과 소득의 일시적 증가에 초점을 맞추었으므로 이러한 시사점은 적절했다. 장기(10장)에서는 $S = sY$ 또는 $C = (1-s)Y$라고 가정했다. 이는 소득이 증가할 때 소비가 소득에 비례해 증가함(C/Y는 같게 유지됨)을 시사한다. 소득의 항구적인 장기적 움직임에 초점을 맞추었으므로 이러한 시사점은 적절했다.

사람들은 은퇴에 대비해 충분히 저축하는가?

사람들은 소비와 저축 결정을 할 때 얼마나 조심스럽게 미래를 생각할까? 이 질문에 답하는 한 가지 방법은 사람들이 은퇴에 대비해 얼마나 저축하는지 살펴보는 것이다.

MIT의 포터바(James Poterba), 다트머스대학교의 벤티(Steven Venti), 하버드대학교의 와이즈(David Wise)의 연구에서 가져온 표 1은 기초적 데이터를 제공한다. 이는 미시간대학교가 운영하는 패널 연구 *Health and Retirement Study*의 패널 자료에 기반하고 있으며, 2년마다 50세 이상의 미국인 약 2만 명의 대표 표본을 조사한다. 표는 2008년 당시 65~69세로 대부분 이미 은퇴한 사람들이 보유한 (총)자산의 평균 규모와 그 구성을 보여준다. 아울러 표는 해당 연령에 도달했을 때 독신이었는지 기혼이었는지(이 경우 자산은 부부 자산의 합계이다)를 두고 구별을 한다.

자산의 첫 세 행은 은퇴소득의 다양한 원천을 포착한다. 첫째는 사회보장급부의 현재가치이다. 둘째는 고용주가 제공하는 퇴직급부의 현재가치이다. 셋째는 본인이 가입한 퇴직연금의 현재가치이다. 나머지 세 행은 채권, 주식, 주택과 같이 소비자가 보유하고 있는 다른 자산을 포함한다.

기혼의 경우 평균 110만 달러의 자산을 가진 경우가 상당하다. 이는 안락한 은퇴생활을 즐기기 위해 저축을 통해 충분한 자산을 보유한 채 은퇴하려 하는 미래지향적 개인들의 모습을 보여준다. 그러나 조심할 필요가 있다. 높은 평균에는 개인 간 상당한 차이가 숨어 있을 수 있다. 일부는 저축을 많이 하지만 다른 이들은 그렇지 못하다. 위스콘신대학교의 숄즈, 세스하드리, 키타트라쿤(Scholz, Seshadri, Khitatrakun)에 의한 다른 연구는 이 점을 밝혀준다. 이 연구 역시 *Health and Retirement Study*의 패널 자료에 의존한다. 이 정보에 기초해 저자들은 각 가계가 목표로 하는 자산 규모를 구축했다(목표 자산 규모는 각 가계가 은퇴 후 대체로 동일한 소비 수준을 유지하기 위해 보유해야 하는 자산 규모를 말한다). 이어서 저자들은 각 가계의 실제 자산 규모를 목표 수준과 비교했다.

이들의 연구가 제시한 첫 결론은 포터바, 벤티, 와이즈가 도달했던 결론과 유사했다. 평균적으로 개인들은 은퇴에 대비해 저축을 충분히 한다. 보다 구체적으로 저자들은 가계의 80% 이상이 목표 규모 이상

표 1 2008년 65~69세 사람들의 평균 자산 규모(2008년 기준, 단위 : 천 달러)

	부부	독신
사회보장연금	262	134
고용주 부담 연금	129	63
개인 가입 연금	182	47
기타 금융자산	173	83
주택자산	340	188
기타 자산	69	18
합계	1,155	533

출처 : James M. Poterba, Steven F. Venti, and David A. Wise, "The composition and drawdown of wealth in retirement," *Journal of Economic Perspectives*, 25(4), pages 95-118, Fall 2011.

의 자산을 가지고 있음을 발견했다. 다시 말해 가계의 20%만이 목표 수준을 밑도는 자산을 가지고 있다. 그러나 이들 수치는 소득 수준에 따른 중요한 차이점을 숨기고 있다.

소득 분포에 있어 상위 50%를 점하는 사람들 중 90% 이상이 목표 수준을 상회하는 자산을 가지고 있으며 종종 상당한 초과 규모를 가지고 있다. 이는 결국 이들 가계가 유산을 남길 계획이 있어 은퇴에 필요한 이상으로 저축을 한다는 것을 보여준다.

그러나 소득 분포의 하위 20% 중에서는 70% 미만의 가계만이 목표 수준을 상회하는 자산을 보유한다. 목표를 하회하는 가계의 30%는 실제 자산 규모와 목표 자산 수준의 차이가 통상적으로 작다. 그러나 목표 수준을 하회하는 자산 규모를 보유한 개인들이 상대적으로 대규모라는 점은 계획이나 운이 나빠 은퇴를 위해 충분히 저축하지 않은 가계가 많다는 점을 보여준다. 이들 가계의 대부분은 그 보유자산이 거의 사회보장급부의 현재가치(표 1에서 자산 구성의 첫 항목)에서 비롯한다. 따라서 사회보장제도가 존재하지 않는다면 목표 이하의 자산을 보유한 사람들의 비율은 훨씬 더 커질 것이라고 생각하는 것이 합리적일 것이다. 실제로 이것이 바로 사회보장제도가 설계된 이유이다. 즉 사람들이 은퇴할 때 생활하기에 충분한 자산을 보유하도록 하기 위해서이다. 이 점에서 사회보장제도는 성공한 것으로 보인다.[1]

카리스마 넘치는 대통령이 당선되면 일반적으로 사람들은 미래에 대해 더 낙관적으로 바뀐다. 특히 자기 자신의 미래 소득에 대한 생각이 낙관적으로 바뀌어 현재 소득은 똑같은데도 불구하고 소비를 증가시킬 수 있다. 다른 사건들은 반대되는 효과를 낳을 것이다.

이런 점에서 위기의 파급효과는 특히 두드러진다. 그림 15-1은 가계조사 자료를 이용해서 1990년 이후 매년 가계소득 증가에 대한 기대의 추이를 보여준다. 기대가 2008년까지 얼마나 비교적 안정적이었고, 2008, 2009년에 기대가 얼마나 급격히 악화했으며, 이후 얼마나 저조하게 지속되었는지 확인하라. 2014년 이후가 되어서야 기대가 회복하기 시작했다.

위기가 시작될 때의 악화는 놀랍지 않다. 소비자가 생산이 위축되는 것을 보았을 때 다음 해에 소득이 감소할 것으로 예상하는 것은 정상적이었다. 이전의 1991년과 2000년 경기침체기에도 예상 소득 증가율이 하락했다. 그러나 그 규모나 지속성은 훨씬 작았다. 2008년 소비자들은 크게 두려워했고 오랫동안 그 상태가 계속되었다. 이로 인해 소비는 제한되었고, 이는 다시 부진한 회복으로 이어졌다.

---

1 출처 : James M. Poterba, Steven F. Venti, and David A. Wise, "The Composition and Drawdown of Wealth in Retirement," *Journal of Economic Perspectives*, 2011, 25(4): pp. 95-118. John Scholz, Ananth Seshadri, and Surachai Khitatrakun, "Are Americans Saving 'Optimally' for Retirement?" *Journal of Political Economy*, 2006, 114(4): pp. 607-643.

그림 15-1

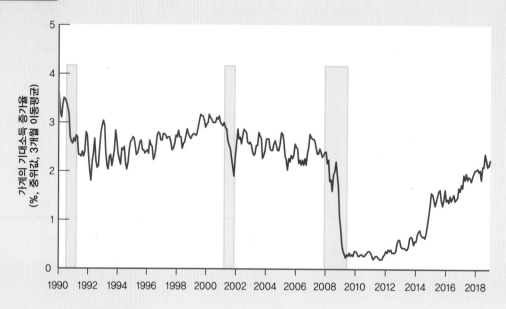

1990년 이후 가계의 기대소득 증가율 추이

2008, 2009년에 급감한 후 기대소득 증가율은 장기간 낮은 수준을 유지했다.

출처 : Surveyr of Consumers, Table 14, University of Michigan, https://www.data.sca. isr.umich.edu/. 음영 부분은 경기침체를 나타낸다.

15-2 투자

기업은 어떻게 투자 결정을 하는가? 핵심 모형(5장)에서 처음 그 답을 다룰 때 투자는 현재 이자율과 매출 규모에 의존하도록 했다. 6장에서는 중요한 것이 실질이자율이지 명목이자율은 아니라고 하면서 이 답을 좀 더 정확하게 바꾸었다. 이제 투자 결정도 소비 결정처럼 현재 매출이나 실질이자율 이상의 것에 의존한다는 것이 분명해져야 한다. 미래에 대한 기대에도 상당히 의존해야 하는 것이다. 이제 기대가 투자 결정에 어떤 영향을 미치는지 보자.

소비의 기초이론과 마찬가지로 투자의 기초이론 역시 간단하다. 투자 여부, 예를 들어 새로운 기계의 구입 여부를 결정하는 기업은 단순한 비교를 해야 한다. 기업은 우선 추가적인 기계를 보유함으로써 기대할 수 있는 이윤의 현재가치를 계산해야 한다. 이어서 이윤의 현재가치를 기계 구입비용과 비교해야 한다. 만약 현재가치가 비용을 초과한다면 기업은 기계를 구입해야, 즉 투자해야 한다. 만약 현재가치가 비용보다 낮다면 기업은 기계를 구입하지 말아야, 즉 투자하지 말아야 한다. 이것이 간결하게 나타낸 투자이론이다. 이를 더 자세히 살펴보자.

투자와 이윤의 기대

새로운 기계의 구입 여부를 결정할 때 기업이 취해야 하는 단계를 검토해보자. (예로 기계를 들고 있지만 동일한 논리를 투자의 다른 요소, 이를테면 새로운 공장 건설, 사무실 단지 개·보수 등에도 적용할 수 있다.)

감가상각

기대이윤의 현재가치를 계산하려면 우선 기계를 얼마나 오랫동안 사용할 수 있을지를 추정해야 한다. 대부분의 기계는 자동차와 같다. 기계는 거의 영원히 사용할 수 있다. 하지만 시간이 지남에 따라 유지보수하는 데 점점 더 많은 비용이 들고 점점 의지할 수 없게 된다.

◀ 쿠바의 자동차를 보라.

기계가 매년 δ의 율로 유용성을 잃어 간다고 하자. 금년에 새로 사들인 기계는 내년이 되면 $(1-\delta)$의 가치만 남고 2년 차에는 $(1-\delta)^2$의 가치만을, 그리고 이러한 가치의 감소 과정이 이어진다. 감가상각률 δ는 한 해에서 다음 해로 넘어갈 때 그 유용성을 얼마나 잃게 되는지 측정한다. δ의 합리적인 값은 얼마나 되는가? 이는 미국 자본량 추이를 계산하는 업무를 담당하는 통계학자가 해야만 하는 질문이다. 기계와 건물의 감가상각 연구에 기초해 통계학자는 사무실에 대한 2.5%부터 통신장비의 경우 15%, 패키지 소프트웨어 55%까지 다양한 수치를 사용한다.

◀ 기업이 많은 기계를 갖고 있다면 매년 기계들의 일정 비율이 사라진다고 생각할 수 있다. (전구를 생각해보라. 전구는 멈출 때까지 새것처럼 작동한다.) 기업이 K개의 작동 가능한 기계로 시작했지만 새로운 기계를 전혀 구매하지 않았다면 1년 뒤에는 $K(1-\delta)$개의 기계만을 갖고 있을 것이다.

기대이윤의 현재가치

이어서 기업은 기대이윤의 현재가치를 계산해야 한다.

기계를 장착하는 데 시간이 걸린다는 (그리고 공장이나 사무실 빌딩을 건설하는 데 추가적인 시간이 더 소요된다는) 사실을 반영하기 위해 t년도에 매입한 기계가 1년이 지난 $(t+1)$년에야 사용되기(그리고 감가상각되기) 시작한다고 가정하자. 실질가치로 표시한 기계당 이윤을 Π라 하자.

기업이 t년에 기계를 구입하면 $(t+1)$년에 그 첫 이윤을 창출할 것인데 이러한 기대이윤을 Π^e_{t+1}로 나타내자. $(t+1)$년에 발생하는 기대이윤의 t년도 현재가치는 다음으로 주어진다.

◀ Π는 그리스어 대문자로서 인플레이션을 나타내는 그리스어 소문자 π와 구별된다.

◀ 단순화를 위해 그리고 위험 대신 기대의 역할에 초점을 맞추기 위해 위험프리미엄을 다시 0으로 두어 아래의 공식에서는 제외한다.

$$\frac{1}{1+r_t}\Pi^e_{t+1}$$

이 항은 그림 15-2에서 윗줄의 왼쪽을 가리키는 화살표로 나타나 있다. 이윤은 실질가치로 측정하고 있으므로 미래의 이윤을 할인하는 데 실질이자율을 사용하고 있다.

$(t+2)$년도의 기계당 기대이윤을 Π^e_{t+2}로 나타내자. 감가상각 때문에 $(t+2)$년도에 $(1-\delta)$의 기계만이 남아 있는 셈이 되고 그에 따라 기계로부터의 기대이윤은 $(1-\delta)\Pi^e_{t+2}$와 같다. 이러한 이윤의 t년도 기준 현재가치는 다음과 같다.

$$\frac{1}{(1+r_t)(1+r^e_{t+1})}(1-\delta)\Pi^e_{t+2}$$

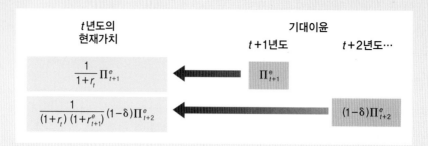

기대이윤의 현재가치 계산

이러한 계산은 그림 15-2에서 아랫줄의 왼쪽을 가리키는 화살표로 나타나 있다.

　동일한 논리가 이어지는 해에 발생하는 기대이윤에도 그대로 적용된다. 이렇게 계산한 값을 모두 합하면 t년도에 기계를 구입한 데 따른 기대이윤의 현재가치를 얻을 수 있는데 그 값을 $V(\Pi_t^e)$라 하자.

$$V(\Pi_t^e) = \frac{1}{1 + r_t} \Pi_{t+1}^e + \frac{1}{(1 + r_t)(1 + r_{t+1}^e)}(1 - \delta) \Pi_{t+2}^e + \cdots \qquad (15.3)$$

　기대현재가치는 내년도 기대이윤 할인가치에 지금으로부터 2년 뒤 기대이윤 현재가치(기계에 대한 감가상각을 고려), 그리고 그 이후 기대이윤 현재가치(기계에 대한 감가상각을 고려)를 모두 합한 값과 같다.

투자 결정

이어서 기업은 기계의 구입 여부를 결정해야 한다. 이 결정은 기대이윤의 현재가치와 기계가격의 관계에 의존한다. 부호를 단순화하기 위해 기계의 실질가격(즉 경제 내에서 생산되는 재화묶음으로 나타낸 기계가격)이 1과 같다고 가정하자. 기업이 해야 할 일은 이윤의 현재가치와 1을 비교하는 것이다.

　현재가치가 1보다 작다면 기업은 기계를 구입하지 말아야 한다. 왜냐하면 후에 이윤으로 돌려받을 것으로 기대되는 것보다 더 지불하는 셈이 되기 때문이다. 현재가치가 1을 넘어서면 기업은 새로운 기계를 구입할 유인을 갖는다.

　이제 하나의 기업이 기계 한 대를 구입하는 예에서 경제 전체의 투자로 가보자.

　우선 총투자를 I_t로 나타내자.

　기계당 이윤 또는 더 일반적으로 경제 전체의 자본(자본은 기계, 공장, 사무실 건물 등을 포함한

다) 한 단위당 이윤을 Π_t로 나타내자.

식 (15.3)에서 정의한 것처럼 자본 한 단위당 이윤의 기대현재가치를 $V(\Pi_t^e)$라 하자.

지금까지의 논의는 다음과 같은 형태의 투자함수를 제시한다.

$$I_t = I\left[V(\Pi_t^e)\right] \qquad\qquad (15.4)$$
$$(\quad + \quad)$$

말로 하면, 투자는 (자본 한 단위당) 미래 이윤의 기대현재가치에 대해 양(+)의 의존관계를 갖는다. 현재 또는 기대이윤이 높을수록 기대현재가치가 높아지고 투자 수준도 높아진다. 현재 또는 기대 실질이자율이 높아질수록 기대현재가치가 낮아지고 그에 따라 투자 수준도 낮아진다.

기업이 해야 하는 현재가치 계산이 14장에서 주식의 기본적 가치를 계산할 때 보았던 현재가치 계산과 매우 유사하게 보인다면, 여러분이 옳은 것이다. 이는 예일대학교의 토빈(James Tobin)이 처음 탐구했던 관계로, 바로 이런 이유로 투자와 주식시장의 가치 간에는 긴밀한 관계가 존재해야 한다고 주장했다. 그의 주장과 실증적 증거는 초점상자 '투자와 주식시장'에 제시되어 있다.

◀ 토빈은 이러한 내용과 그 외의 많은 기여를 해 1981년에 노벨경제학상을 수상했다.

편리한 특별한 경우

식 (15.4)의 추가적인 시사점과 확장을 다루기 전에 투자, 이윤, 이자율 간의 관계가 간단하게 나타나는 특별한 경우를 살펴보는 것이 유용하다.

미래 이윤(자본 한 단위당)과 미래 이자율이 현재와 동일한 수준으로 유지될 것으로 기대된다고 가정하자. 즉

$$\Pi_{t+1}^e = \Pi_{t+2}^e = \cdots = \Pi_t$$

그리고

$$r_{t+1}^e = r_{t+2}^e = \cdots = r_t$$

경제학자는 미래가 현재와 같을 것이라는 이러한 기대를 **정태적 기대**(static expectation)라고 부른다. 이 두 가정하에서 식 (15.3)은 다음과 같아진다.

$$V(\Pi_t^e) = \frac{\Pi_t}{r_t + \delta} \qquad\qquad (15.5)$$

즉 기대이윤의 현재가치는 실질이자율과 감가상각률을 더한 값에 대한 이윤율(자본 한 단위당 이윤)의 비율이다. 식 (15.5)를 이용해 식 (15.4)를 다시 나타내면 투자는 다음과 같다.

$$I_t = I\left(\frac{\Pi_t}{r_t + \delta}\right) \qquad\qquad (15.6)$$

투자와 주식시장

기업이 100대의 기계와 100주의 주식을 갖고 있다고 하자. 즉 기계 한 대당 1주를 갖고 있다. 이제 주식이 1주당 2달러라 하고 기계의 구입가격은 1달러에 지나지 않는다고 하자. 분명히 이 기업은 투자, 즉 새로운 기계를 구매하고 이를 주식 발행을 통해 조달해야 한다. 기업이 각 기계를 구입하는 데는 1달러면 충분하지만, 주식투자자들은 이 기업에 설치된 기계에 해당하는 주식에 대해서는 2달러를 지불하려 한다.

토빈이 말한 주식시장과 투자 간에 밀접한 관계가 존재해야 한다는 더 일반적인 주장의 한 가지 예가 바로 이것이다. 토빈은 투자 여부를 결정할 때 기업이 책에서 본 것과 같은 유형의 복잡한 계산을 거치지 않아도 될 것이라고 주장했다. 주가는 이미 장착된 각 자본설비 단위에 대해 주식시장이 얼마큼 가치를 부여하는지를 기업에게 효과적으로 말해준다. 그렇다면 기업

은 단순한 문제를 갖게 된다. 자본설비의 추가적 단위에 대한 매입가격과 이에 대해 주식시장이 지급하려고 하는 가격을 비교하라. 주식시장 가치가 자본설비의 매입가격을 초과한다면 기업은 기계를 매입해야 하고, 그렇지 않다면 매입하지 않아야 한다.

토빈은 이어서 구입가격 대비 장착된 자본설비 한 단위의 가치 비율에 상응하는 변수를 구축해 이 변수가 투자와 얼마나 밀접하게 움직이는지를 살펴보았다. 그는 이 변수를 나타내기 위해 기호 'q'를 사용했고, 이후 이 변수는 **토빈의 q**(Tobin's q)로 알려지게 되었다. 구축 과정은 다음과 같다.

1. 금융시장이 평가하는 미국 기업의 총가치를 고려한다. 즉 이들 기업의 주식시장가치(주식 수×주가, 또는 시가총액)를 계산한다. 아울러 이들 기업

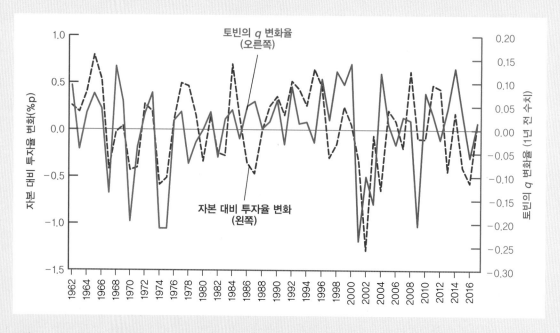

그림 1

1962년 이후 자본 대비 투자 비율과 토빈의 q(연간 변화율)

출처 : Flow of Funds, Table s5a.
주 : q의 분자는 미국 비금융 기업의 '주식의 시장가치+(부채+차입−금융자산)'이며 q의 분모는 미국 비금융기업의 비금융자산이다.

이 발행한 채권의 총가치를 계산한다(기업은 주식뿐만 아니라 채권을 통해서도 자금을 조달하기 때문이다). 채권과 주식의 가치를 합산한다. 현금, 은행 예금, 채권 등 기업의 금융자산을 차감한다.

2. 대체비용(기업이 보유한 기계, 공장 등을 교체하는 데 지불해야 하는 가격)을 기준으로 계산한 미국 기업의 자본량 총가치로 위의 총가치를 나눈다.

이 비율은 효과적으로 현재의 매입가격에 대비한 장착된 자본설비 한 단위의 가치를 제공한다. 이 비율이 바로 **토빈의** q이다. 직관적으로 q가 높을수록 현재의 매입가격에 대비한 장착된 자본설비 한 단위의 가치는 높고 투자는 증가한다. (이 초점상자를 시작할 때 다룬 예에서 토빈의 q는 2와 같으므로 기업은 당연히 투자해야 한다.)

토빈의 q와 투자의 관계는 얼마나 긴밀할까? 이에 대한 답은 미국에 대해 1960년 이래 이 두 변수를 보여주고 있는 그림 1에 나타나 있다.

왼쪽 수직축은 자본 대비 투자 비율의 변화이다. 오른쪽 수직축은 토빈의 q 변화율이다. 이 변수는 시차를 나타낸다. 예를 들어 2000년의 경우 이 그림은 2000년에 대한 자본 대비 투자 비율의 변화를 보여주지만 토빈의 q 변화율은 1년 전인 1999년의 값을 나타낸다. 두 변수를 이렇게 나타낸 이유는 금년의 투자와 전년의 토빈의 q 간에 가장 강한 관계가 자료에서 나타나기 때문이다. 다시 말해 금년의 투자 변화는 금년보다는 전년의 주식시장 변화와 더 밀접하게 관련되어 있다. 타당성 있는 설명은 기업이 투자 의사결정을 하고 새로운 공장을 건설하는 등에 있어 시간이 걸린다는 것이다.

그림은 실제로 토빈의 q와 투자 간에 분명한 관계가 존재한다는 것을 보여준다. 이는 아마도 기업이 주식시장의 신호를 맹목적으로 따르기 때문이라기보다는 투자 결정과 주식시장 가격이 동일한 요소(기대되는 미래 이윤과 기대되는 미래 이자율)에 매우 상당한 정도로 의존하기 때문일 것이다.

즉 투자는 실질이자율과 감가상각률을 더한 값에 대한 이윤 비율의 함수이다.

실질이자율과 감가상각률을 더한 값은 자본의 **사용자 비용**(user cost) 또는 **임대비용**(rental cost)이라 한다. 그 이유를 보기 위해 기업이 기계를 구입하는 대신 임대회사로부터 임대했다고 하자. 임대회사는 매년 얼마를 임대료로 부과할까? 기계는 감가상각되지 않음에도 불구하고 임대회사는 기계의 가격에 r_t를 곱한 금액에 해당하는 이자를 요구할 것이다(기계가격이 실질 기준으로 1이라고 가정했으므로 r_t에 1을 곱한 값은 바로 r_t이다). 임대회사는 기계를 매입한 뒤 임대하는 데 있어서 최소한 채권을 매입했을 때의 수입은 거둬들여야 한다. 이와 더불어 임대회사는 감가상각에 대해서도 보상을 요구하는데 이는 δ에 기계의 가격 1을 곱한 값과 같다. 따라서

◀ 이런 제도는 실제로 존재한다. 예를 들어 많은 기업이 임대회사에서 차와 트럭을 임대해 사용한다.

$$\text{자본의 사용자 비용} - \text{임대비용} - r_t + \delta$$

기업은 통상 자신들이 사용하는 기계를 임대해 사용하지는 않지만 $(r_t + \delta)$는 기업이 기계를 1년간 사용하는 것에 대한 암묵적 비용[때때로 잠재비용(shadow cost)이라고도 함]을 여전히 대표한다고 할 수 있다.

그렇다면 식 (15.6)에 의해 주어지는 투자함수는 단순하게 해석할 수 있다. 투자는 사용자 비용에

대한 이윤 비율에 의존한다. 이윤이 높아질수록 투자 수준도 높아지며, 사용자 비용이 높아질수록 투자 수준도 낮아진다.

　이윤, 실질이자율, 투자 간의 이러한 관계는 한 가지 강력한 가정에 의존한다. 즉 미래는 현재와 똑같을 것이라는 기대이다. 이는 기억할 만한 가치가 있는 유용한 관계로서 거시경제학자 자신들의 도구로 언제든지 사용할 수 있도록 갖고 있다. 그러나 이제 이러한 가정을 완화해 투자 결정에서 기대의 역할로 되돌아갈 때가 되었다.

현재 이윤과 기대이윤

지금까지 발전시킨 이론은 투자가 미래를 내다보는 것이어야 하며, 주로 미래의 기대이윤에 의존해야 한다는 것을 시사한다. [투자가 이윤을 낳는 데 1년이 소요된다는 가정하에서 현재의 이윤은 식 (15.3)에는 등장조차 하지 않는다.]

　그러나 투자에 관한 놀라운 실증적 사실 가운데 하나가 바로 투자가 현재 이윤(current profit)의 변화와 더불어 얼마나 강하게 반응하는지다. 이러한 관계는 그림 15-3에 나타나 있는데, 이는 1960년 이래 미국 경제에 있어 투자와 이윤의 연간 변화를 나타낸다. 여기서 이윤은 세후 이윤과 미국의 비금융법인이 지급하는 이자지급액의 합을 자본량 대비 비율로 계산했다. 투자는 비주거용 투자의 비주거용 자본에 대한 비율로 계산되었다. 이윤은 1년 전 수치로 나타냈다. 2000년의 예를

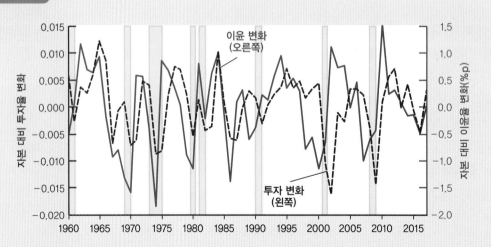

1960년 이래 미국에서의 투자와 이윤의 변화
투자와 이윤은 상당한 정도로 함께 움직인다.

출처 : Gross investment: Federal Reserve Board, Flow of Funds, series FA105013005.A. Capital stock: BEA Fixed Assets Tables, net stock of private nonresidential fixed assets, nonfinancial. Profit : BEA, NIPA Table 1.14, Net operating surplus minus taxes, minus transfers, minus net interest payments.

보면 2000년의 투자 변화와 1년 전인 1999년의 이윤 변화를 보여준다. 이런 방식으로 두 변수를 제시한 이유는 데이터에서 가장 강한 관계가 특정 해의 투자와 전년도의 이윤 간에 나타나기 때문이다. 이러한 시차는 이윤 증가에 대응해 기업이 새로운 투자를 결정하는 데 시간이 걸리기 때문일 수 있다. 그림에서 음영이 있는 부분은 경기침체, 즉 최소 2분기 이상 연속적으로 산출이 감소한 해를 나타낸다.

그림 15-3에서 투자 변화와 이윤 변화 간 명백한 양의 관계를 찾아볼 수 있다. 이 관계는 지금까지 발전시킨 투자이론, 즉 투자가 현재 이윤보다는 미래 기대이윤의 현재가치와 관련되어야 한다고 주장하는 이론과 일관성이 없는 것일까? 반드시 그런 것은 아니다. 기업의 미래 이윤이 현재 이윤과 매우 유사하게 움직일 것이라고 기대한다면 미래 이윤의 현재가치는 현재 이윤과 상당히 유사하게 움직일 것이고 투자 역시 그럴 것이다.

그러나 이러한 질문을 더 자세히 살펴보았던 경제학자들은 현재의 이윤이 투자에 미치는 효과는 지금까지 발전시킨 이론이 예측하는 것보다 훨씬 더 강하다고 결론 내렸다. 어떻게 이들이 실증적 증거를 수집했는지는 초점상자 '수익성 대 현금흐름'에 설명되어 있다. 한편 상당히 수익성 있는 투자 프로젝트를 가졌지만 현재 이윤은 낮은 일부 기업은 지나치게 적게 투자하는 것으로 나타난다. 다른 한편 현재의 이윤이 높은 일부 기업은 때때로 수익성이 의문인 프로젝트에 투자하는 것으로 나타난다. 간단히 말하면, 이윤의 기대현재가치를 감안한 후에도 현재의 이윤이 투자에 영향을 미치는 것으로 나타난다.

왜 현재 이윤이 투자 결정에 일정한 역할을 하는 것일까? 그에 대한 답은 15-1절에 있으며, 여기서는 왜 소비가 현재 소득에 직접적으로 의존하는지를 논의했다. 소비자의 행태를 설명하는 데 사용된 일부 이유는 기업에도 그대로 적용된다.

■ 현재의 이윤이 낮다면 새로운 기계를 사려 하는 기업은 필요한 자금을 차입에 의해서만 조달할 수 있다. 하지만 차입하기를 꺼릴 수 있다. 기대되는 이윤이 좋아 보일지라도 실제 상황은 나빠질 수 있고 그 경우 기업은 부채를 상환할 수 없게 된다. 반면에, 현재의 이윤 수준이 높다면 기업은 차입하지 않고 자신의 수익 중 일부를 유보해서 투자자금을 조달할 수 있다. 핵심은 현재의 이윤이 높아지면 기업이 더 투자하게 할 수 있다는 점이다.

■ 기업이 투자를 하고 싶다고 해도 차입하는 데 어려움을 겪을 수 있다. 잠재적 대출자는 기업이 말하는 것만큼 투자 프로젝트를 확신하지 못할 수 있고 기업이 상환하지 못할까 걱정할 수도 있다. 기업이 현재 대규모 이윤을 창출하고 있다면 차입할 필요가 없으며 따라서 잠재적 대출자를 설득할 필요도 없다. 자신이 원하는 대로 일을 추진하고 투자할 수 있으며 실제로 행동에 옮길 가능성도 크다.

요약하면, 현실 세계에서 관찰되는 투자 행태에 부합하도록 하려면 투자식은 다음과 같이 설정하는 편이 나을 것이다.

수익성 대 현금흐름

투자는 기대되는 미래 이윤의 현재가치와 현재 이윤에 각각 얼마나 의존할까? 달리 말해 **수익성**(profitability, 기대되는 미래 이윤의 현재가치)과 **현금흐름**(cash flow, 현재 이윤, 현재 기업에 유입되는 순현금흐름) 중 어느 것이 투자 결정에 있어 더 중요한가?

이 질문에 답하는 데 있어 어려운 점은 대부분의 경우 현금흐름과 수익성이 함께 움직인다는 데 있다. 성과가 좋은 기업은 통상 대규모 현금흐름과 밝은 미래 전망을 동시에 갖는다. 손실로 어려움을 겪는 기업에는 종종 어두운 미래 전망도 함께 나타난다.

투자에 대한 현금흐름과 수익성 효과를 분리하는 최선의 방법은 현금흐름과 수익성이 상이한 방향으로 움직였던 시점과 사건을 파악하고 투자에 어떤 일이 발생했는지를 살펴보는 것이다. 하버드대학교 경제학자 라몽(Owen Lamont)이 바로 이러한 접근 방식을 취했다. 한 가지 예를 살펴보면 라몽의 전략을 이해하는 데 도움이 될 것이다.

두 기업 A와 B를 고려하자. 두 기업은 모두 철강생산업을 운영하고 있다. B기업은 석유탐사에도 참여하고 있다.

이제 유가가 급락해 석유탐사에서 손실이 발생한다고 하자. 이러한 충격은 B기업의 현금흐름을 감소시킨다. 석유탐사에서의 손실이 석유생산으로부터의 이윤을 상쇄하기에 충분하다면, B기업은 전체적으로도 손실을 보일 것이다.

우리가 던질 수 있는 질문은 유가 하락으로 인해 B기업은 A기업보다 철강설비에 덜 투자할 것인가 하는 것이다. 만약 철강생산의 수익성만 중요하다면, B기업이 A기업보다 철강설비에 덜 투자해야 할 이유가 없다. 그러나 만약 현재의 현금흐름 역시 중요하다면 B기업의 현금흐름이 감소했다는 사실은 B기업이 A기업보다 철강설비에 투자를 덜하게 되는 요인으로 작용한다. 두 기업의 철강설비에 대한 투자 검토는 투자가 현금흐름과 수익성에 각각 얼마나 의존하는지를 말해줄 수 있다.

이것이 바로 라몽이 따랐던 실증분석 전략이다. 그는 미국에서 유가가 50% 하락해 석유 관련 사업에 막대한 손실을 야기했던 1986년에 발생한 상황에 초점을 맞추었다. 그는 이어서 대규모 석유사업을 하는 기업이 다른 사업에 대한 투자를 다른 기업들에 비해 더 감소시켰는지를 살펴보았다. 그는 실제로 그러했다고 결론 내렸다. 유가 하락에 따른 현금흐름이 1달러 감소할 경우 비석유사업에서의 투자지출은 10~20센트 감소한다는 것을 발견했다. 간단히 말하면 현재의 현금흐름이 중요하다.[2]

$$I_t = I\left[V(\Pi_t^e), \Pi_t\right] \qquad (15.7)$$
$$(\quad + \quad, + \,)$$

말로 하면, 투자는 미래 이윤의 기대현재가치와 이윤의 현재 수준에 모두 의존한다.

---

2 출처 : Owen Lamont, "Cash Flow and Investment: Evidence from Internal Capital Markets," *Journal of Finance*, 1997, 52(1): pp. 83-109.

이윤과 매출

현재 위치를 점검해보자. 우리는 투자가 현재 이윤과 기대이윤 모두에 또는 자본 한 단위당 현재 이윤과 기대이윤에 모두 의존한다고 주장했다. 이제 마지막 단계를 밟아야 한다. 무엇이 자본 한 단위당 이윤을 결정할까? 답은 두 가지 주요한 요인인 (1) 매출 수준과 (2) 기존의 자본량에 의존한다는 것이다. 매출이 자본량에 비해 상대적으로 적다면 자본 한 단위당 이윤 역시 낮을 가능성이 크다.

이를 좀 더 명확히 표현해보자. 매출과 산출의 차이를 무시하고 Y_t는 산출, 다시 말해 매출을 나타낸다고 하자. 아울러 K_t를 t시점에서의 자본량이라 하자. 위 논의는 다음 관계를 제안한다.

$$\Pi_t = \Pi \left(\frac{Y_t}{K_t} \right) \qquad (15.8)$$
$$(\; + \;)$$

자본량 한 단위당 이윤은 자본량에 대한 매출 비율의 증가함수이다. 자본량이 일정할 때 매출 수준이 높을수록 자본 한 단위당 이윤 역시 높다. 그리고 매출이 일정할 때 자본량이 많을수록 자본 한 단위당 이윤 수준이 낮다.

이러한 관계가 현실 세계에서 얼마나 잘 성립할까? 그림 15-4는 1960년 이래 미국에서 매년 자본 한 단위당 이윤 변화(오른쪽 수직축)와 자본 대비 산출에서의 변화(왼쪽 수직축)를 나타낸 것이다. 그림 15-3에서 보듯이, 자본 한 단위당 이윤은 미국 비금융법인의 세후 이윤과 이자지급액을 합한 값을 자본량(대체비용을 측정)으로 나눈 값으로 정의된다. 산출/자본 비율은 GDP/총자본량 비율로 계산되었다.

그림 15-4는 자본 한 단위당 이윤 변화와 산출/자본 비율 변화 간에 밀접한 관계가 있음을 보여준다. 이를 해석하기 위해서는 자본은 시간이 지남에 따라 서서히 변해 간다는 점에 주의해야 한다. 자본은 매년의 투자액에 비교해본다면 훨씬 크기 때문에 투자가 크게 움직인다 해도 자본량의 변화는 작을 것이다. 결국 산출/자본 비율의 연간 변화 대부분이 산출의 움직임에서 비롯하고 자본 한 단위당 이윤의 연간 변화 대부분이 이윤의 움직임에서 비롯한다는 점을 감안하면, 위의 관계는 다음과 같이 말할 수 있다 : 이윤은 경기침체기(음영 부분이 경기침체기)에 감소하고 경기팽창기에 증가한다.

왜 여기서 산출과 이윤의 관계가 중요한가? 한편으로는 현재의 **산출**과 미래의 **기대산출** 그리고 다른 한편으로는 **투자** 간에 연결고리가 있음을 시사하기 때문이다. 현재의 산출은 현재익 이윤 수준에 영향을 미치고, 미래의 기대산출은 미래의 기대이윤에 영향을 미치며, 현재와 미래의 기대이윤은 투자에 영향을 미친다. 예를 들어 장기의 지속적인 경기팽창에 대한 기대는 기업으로 하여금 지금 당장과 미래의 일정 기간 동안 높은 이윤을 기대하게 만든다. 이러한 기대는 다시 높은 투자로 이어진다. 현재와 기대산출의 투자에 대한 영향은 투자 수요와 산출에 대한 영향과 함께 16장에서 산출의 결정을 다시 다루게 될 때 핵심적인 역할을 한다.

◀ 높은 기대산출 ⇒ 높은 기대이 윤 ⇒ 현 시점에서의 높은 투자

그림 15-4

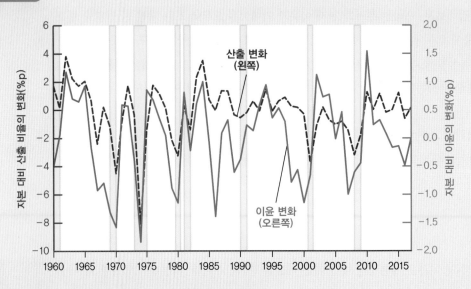

1960년 이래 미국에서의 자본 한 단위당 이윤 변화와 산출/자본 비율 변화
자본 한 단위당 이윤과 산출/자본 비율은 대체로 함께 움직인다.

출처 : Capital stock: BEA Fixed Assets Tables, Net stock of private nonresidential fixed assets, nonfinancial assets; Profit: BEA, NIPA Table 1.14, net operating surplus minus taxes minus transfers minus net interest and miscellaneous payments; Output: BEA, Gross value added of nonfinancial corporate business sector.

15-3 소비와 투자의 변동성

여러분은 분명히 15-1절과 15-2절에서의 소비 행태에 관한 설명이나 투자 행태에 관한 설명이 유사함을 느꼈을 것이다.

■ 소비자가 현재 소득의 움직임을 일시적인 것으로 생각하는지 아니면 항구적인 것으로 생각하는지 여부가 자신의 소비 결정에 영향을 미친다. 현재 소득의 증가가 지속될 가능성이 낮다고 기대할수록 소비자는 소비를 덜 증가시킬 것이다.

■ 마찬가지로 기업이 현재 매출의 움직임을 일시적인 것으로 생각하는지 아니면 항구적인 것으로 생각하는지 여부가 투자 결정에 영향을 미친다. 현재 매출의 증가가 지속될 가능성이 낮다고 기대할수록 기업은 이윤의 현재가치에 대한 자신의 평가를 덜 수정하고 그에 따라 새로운 기계를 구입하거나 새로운 공장을 건설할 가능성도 감소할 것이다. 예를 들어 매년 추수감사절과 크리스마스 사이 기간에 발생하는 매출 붐이 매년 12월에 투자 붐으로 이어지지 않는 이유는 바로 이 때문인 것이다. 기업은 이러한 붐을 일시적인 것으로 이해한다.

미국에서 12월의 소매판매액은 평균적으로 다른 달보다 24% 더 높다. 프랑스와 이탈리아의 경우 12월에 60% 더 높아진다. ▶

그러나 소비 결정과 투자 결정 간에는 중요한 차이점도 있다.

■ 지금까지 발전시킨 소비이론은 소비자가 소득 증가를 항구적인 것으로 인식하면 소비를 거의 동일한 규모로 증가시킬 것임을 시사한다. 소득 증가의 항구적 속성이 소득 증가와 동일한 규모로 소비를 지금 당장과 미래에 증가시키더라도 감당할 수 있음을 시사하기 때문이다. 만약 소비를 일대일 이상으로 증가시킨다면, 후에 소비를 감소시킬 필요가 있으므로 소비자가 이런 식으로 소비 계획을 세울 이유는 없다.

■ 이제 항구적일 것이라고 예상되는 매출 증가를 경험하고 있는 기업의 행태를 살펴보자. 기대이윤의 현재가치가 증가하므로 투자 증가가 생겨난다. 그러나 소비와 달리 이는 투자가 매출 증가와 동일해야 한다는 것을 시사하지는 않는다. 일단 기업이 매출이 증가해 새로운 기계의 구입이나 새로운 공장의 건설이 정당하다고 결정하며 이를 빨리 행동에 옮기려 하고, 결국 단기에 끝나지만 대규모 투자지출 증가가 발생한다. 투자지출 증가 규모가 매출 증가 규모를 초과할 수 있다.

좀 더 구체적으로 말해 연간 매출 대비 자본 비율이 3인 기업이 있다고 하자. 금년에 매출이 1,000만 달러 증가했는데 이러한 매출 증가가 항구적이라고 기대된다면 기업은 이전과 동일한 산출/자본 비율을 유지하기 위해서는 자본설비를 늘리는 데 3,000만 달러를 추가로 지출해야 한다. 기업이 추가해야 할 자본설비를 즉각 구입한다면 금년의 투자지출 증가 규모는 매출 증가 규모의 3배에 달할 것이다. 일단 자본량이 조정되면 기업은 다시 자신의 정상적인 투자 패턴으로 돌아갈 것이다. 기업이 즉각 자신의 자본량을 변경할 가능성은 적으므로 이러한 예는 극단적이다. 그러나 기업이 자신의 자본량을 더 천천히 조정한다고 해도, 예를 들어 수년에 걸쳐 조정한다고 해도 투자 증가 규모는 당분간 여전히 매출 증가 규모를 초과할 것이다.

동일한 이야기를 식 (15.8)을 통해 전개할 수 있다. 여기서는 산출과 매출을 구별하지 않고 있으므로 최초의 매출 증가는 산출 Y를 동일한 규모로 증가시키고 결국 기업의 기존 자본량 대비 산출의 비율인 Y/K 역시 증가한다. 결과적으로 이윤은 높아지고 기업은 투자를 더 늘린다. 시간이 지남에 따라 투자 증가는 자본량 K를 증가시키고 결국 Y/K는 다시 정상 수준으로 감소할 것이다. 자본 한 단위당 이윤 역시 정상 수준으로 돌아가고 투자 역시 마찬가지다. 따라서 매출의 항구적인 증가에 반응해 투자는 최초에는 상당한 규모로 증가할 것이고 이어서 시간이 지남에 따라 정상 수준으로 되돌아갈 것이다.

이러한 차이에 비추어볼 때 투자는 소비보다 그 변동성이 더 커야 한다는 것을 알 수 있다. 얼마나 더 커야 하는가? 그 답은 1960년 이래 미국에서 소비와 투자의 연간 변화율을 나타낸 그림 15-5에 담겨 있다. 그림에서 음영이 있는 부분은 미국 경제가 경기침체에 놓여 있던 해에 해당한다. 그림을 이해하기 쉽도록 변화율을 모두 평균 변화율로부터의 편차로 나타냈다. 결과적으로, 평균적으로 이들 연간 변화율의 평균은 0이다.

그림 15-5는 세 가지 결론을 제시한다.

그림 15-5

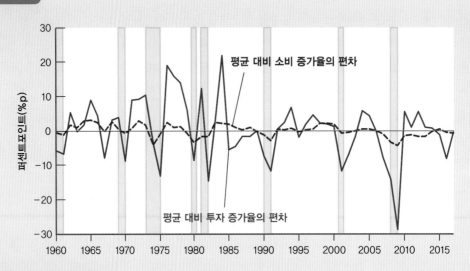

1960년 이래 소비와 투자의 변화율
투자 변화율이 소비 변화율보다 훨씬 크다.

출처 : FRED, series PCECC96, GPDI

- 소비와 투자는 대개 함께 움직인다. 예를 들어 경기침체기는 통상적으로 투자와 소비가 함께 감소하는 시기로 특징지어진다. 소비와 투자가 대체로 동일한 결정요인에 의존한다는 것을 강조한 논의에 비추어볼 때 이러한 결론을 놀라운 것으로 받아들일 필요는 없다.

- 투자는 소비보다 훨씬 더 큰 변동성을 보인다. 투자의 상대적 변화는 −29%에서 24%에 걸쳐 있지만 소비의 상대적 변화는 −5%에서 3%에 걸쳐 있다.

- 그러나 투자 규모는 소비 규모보다 훨씬 작기 때문에(미국의 경우 투자는 GDP의 15%를 설명하는 반면, 소비는 70%를 설명한다), 연간 투자의 변화는 결국 소비의 변화와 전반적 크기에 있어 동일하게 끝나게 된다. 달리 말해 두 요소 모두 시간에 걸친 산출 변화에 대체로 동일한 영향을 미친다.

요약

- 소비는 자산과 현재 소득에 동시에 의존한다. 자산은 비인적 자산(금융자산과 주택자산)과 인적자산(세후 기대 노동소득의 현재가치)의 합이다.

- 소득 변화에 대한 소비의 반응은 소비자가 이러한 변화를 일시적인 것으로 인식하는지 아니면 항구적인 것으로 인식하는지에 의존한다.

- 소비는 소득 변화에 일대일보다 더 약하게 반응할 가능성이 높다. 현재 소득이 변화하지 않은 경우에도 소비가 변화할 수 있다.

- 투자는 현재 이윤과 미래 기대이윤의 현재가치에 동시에 의존한다.

- 기업의 이윤과 이자율이 미래에도 현재와 동일한 수준에 머물 것이라고 기대한다는 단순화 가정하에서 투자는 자본의 사용자 비용 대비 이윤 비율에 의존한다. 여기서 사용자 비용은 실질이자율과 감가상각률의 합이다.

- 이윤 변화는 산출 변화와 밀접하게 관련된다. 따라서 투자는 현재와 미래에 기대된 산출 변화에 간접적으로 의존하는 것으로 생각해볼 수 있다. 장기간의 산출팽창과 그에 따라 장기간의 높은 이윤의 지속을 기대하는 기업은 투자를 할 것이다. 오랫동안 지속되지 않을 것으로 기대되는 산출 변화는 투자에 사소한 영향을 미칠 것이다.

- 투자는 소비보다 훨씬 크게 변동한다. 그러나 투자가 GDP의 15%만을 설명하고 소비는 70%를 설명하므로 투자와 소비의 변화는 그 규모에 있어 대체로 동일하다.

핵심 용어

금융자산(financial wealth)

비인적자산(nonhuman wealth)

소비의 생애주기이론(life cycle theory of consumption)

소비의 항상소득이론(permanent income theory of consumption)

수익성(profitability)

인적자산(human wealth)

임대비용(rental cost)

자본의 사용자 비용(user cost)

정태적 기대(static expectation)

주택자산(housing wealth)

총자산(total wealth)

토빈의 q(Tobin's q)

패널 자료(panel data sets)

현금흐름(cash flow)

연습문제

기초문제

1. 이 장의 내용에 기초해 다음에 대해 '사실', '거짓', '불확실' 여부를 밝히고 그 이유를 간단히 설명하라.

   a. 전형적인 대학생의 경우 인적자산과 비인적자산은 근사적으로 같다.

   b. 은퇴와 같은 자연적 실험은 미래 소득에 대한 기대가 소비에 영향을 미치는 주요 요인이라는 것을 입증하지 않는다.

   c. 금융위기 이후 예상되는 미래 경제성장률은 하락했다.

   d. 빌딩과 공장은 기계보다 훨씬 더 빨리 감가상각된다.

   e. 토빈의 q가 높다는 것은 주식시장에서 자본이 고평가되어 있어 투자가 낮아져야 한다는 것을 나타낸다.

   f. 현재 이익이 미래 이익에 대한 기대에 영향을 미치지 않는다면 투자에 아무런 영향을 미치지 않아야 한다.

   g. 지난 30년간 미국의 자료는 기업이윤이 경기변동과 밀접하게 관련이 있음을 보인다.

   h. 소비와 투자의 변화는 통상적으로 같은 방향으로 움직이며 대체로 동일한 크기를 갖는다.

2. 어떤 소비자가 10만 달러의 비인적자산을 갖고 있다. 그는 금년에 4만 달러를 벌고 향후 2년간 연봉이 실질가치로 매년 5% 상승한다고 기대한다. 그 후 그는 은퇴한다. 실질이자율은 0%와 같으며 미래에도 0%에 머물 것으로 기대된다. 노동소득은 25%의 세율로 과세된다.

    a. 소비자의 인적자산은 얼마인가?

    b. 그의 총자산은 얼마인가?

    c. 그는 은퇴 후에 7년 더 산다고 기대하고 소비가 지금부터 매년 (실질가치로) 계속 동일하게 유지되기를 바란다. 금년에 그는 얼마를 소비할 수 있는가?

    d. 그가 금년에만 2만 달러의 보너스를 받고 미래의 모든 연봉 지급액은 앞에서와 같다면, 금년과 미래의 소비를 얼마나 증가시킬 수 있는가?

    e. 남은 근로기간 동안 그가 수령한 연봉의 60%에 해당하는 사회보장급여를 은퇴 시점부터 시작해 매년 수령한다고 하자. 사회보장급여에는 세금이 부과되지 않는다. 생애기간 동안 일정한 소비를 유지하려면 그는 금년에 얼마를 소비해야 하는가?

3. 프레츨 제조업체가 새로운 프레츨 제조기계를 10만 달러에 사려 한다. 기계는 매년 8%씩 감가상각된다. 기계는 내년에 18,000달러, 2년 뒤에 18,000달러(1−0.08)(즉 동일한 실질이윤이지만 감가상각 8%만큼 조정된다), 3년 뒤에 18,000달러(1−0.08)^2 등으로 실질이윤을 낳을 것이다. 실질이자율이 (a)∼(c) 수준에서 각각 일정하게 유지된다고 가정할 때 제조업체의 기계 구입 여부를 결정하라.

    a. 5%

    b. 10%

    c. 15%

4. 22세의 나이에 방금 대학을 마쳤고 첫 연봉이 4만 달러인 직업을 가질 수 있다고 하자. 연봉은 실질가치로 일정하게 유지될 것이다. 그러나 동시에 전문대학원에도 입학허가를 받았다고 하자. 대학원은 졸업하려면 2년이 걸린다. 졸업 시 연봉은 실질 기준으로 10% 높으며 이후 실질가치로 동일하게 유지될 것이다. 노동소득에 대한 세율은 40%이다.

    a. 실질이자율이 0%이고 60세에 은퇴한다고 기대된다면(즉 전문대학원에 가지 않으면 총 38년을 일할 것으로 기대된다), 이 전문대학원에 다니기 위해 기꺼이 지급할 수

있는 수업료의 최대 액수는 얼마인가?

    b. 세금을 30% 낼 것으로 기대하면 (a)에 대한 답은 무엇인가?

심화문제

5. 개인의 저축과 총자본축적

   모든 소비자가 0의 금융자산을 갖고 태어나고 세 기간(청년기, 중년기, 고령기)을 산다고 하자. 소비자는 처음 두 기간 동안 일하고 마지막 기간에는 은퇴한다. 이들의 소득은 첫 기간에는 5달러이고, 둘째 기간에는 25달러, 마지막 기간에는 0달러이다. 인플레이션과 기대인플레이션율은 0과 같고 실질이자율 역시 0과 같다.

    a. 생애 시작 시점에서 노동소득의 현재할인가치는 얼마인가? 세 기간에서 모두 동일한 가장 높은 수준의 유지 가능한 소비 규모는 얼마인가?

    b. 각 연령그룹에 대해 (a)에서 발견한 일정한 소비 수준을 유지하는 것을 가능하게 하는 저축 수준은 얼마인가? (힌트 : 소비자가 일정한 소비 수준을 유지하기 위해 차입할 필요가 있다면 저축은 음의 값을 가질 수 있다.)

    c. 각 기간에 n명의 사람이 태어난다고 하자. 이 경제의 총저축은 얼마인가? (힌트 : 각 연령그룹의 저축을 모두 더하라. 일부 연령그룹은 음의 저축을 가질 수 있다는 점을 기억하라.) 설명하라.

    d. 이 경제의 전체 금융자산은 얼마인가? (힌트 : 생애 첫 기간, 두 번째 기간, 마지막 기간의 시작 시점에서 사람들의 금융자산 규모를 계산해서 모두 더하라. 사람들은 부채를 가질 수 있으며, 이에 따라 금융자산은 음의 값을 가질 수 있다.)

6. 차입 제약과 총자본축적

   5번 문제의 내용을 기초로 하되 차입에 대한 제약이 존재해 청년 소비자가 차입을 할 수 없다고 하자. 소득과 전체 금융자산의 합계를 '수중의 현금'이라 부른다면, 차입 제약은 소비자들이 수중의 현금 이상을 소비할 수 없게 한다. 각 연령그룹에서 소비자는 자신의 총재산을 계산하고 이어서 자신이 목표로 하는 소비 수준을 모든 기에 있어 소비 규모가 동일하도록 하는 최대 수준으로 결정할 것이다. 그러나 어떤 시점에서도 바람직한 소비가 수중의 현금을 초과하면 소비자는 수중의 현금만큼만 소비하도록 제약된다.

    a. 각 기간에 있어 소비 수준을 유도하라. 이 답을 5번 문제

의 (a)에 대한 답과 비교하고 차이가 있다면 설명하라.

b. 총저축을 유도하라. 이 답을 5번 문제의 (c)에 대한 답과 비교하고 차이가 있다면 설명하라.

c. 총금융자산을 유도하라. 이 답을 5번 문제의 (d)에 대한 답과 비교하고 차이가 있다면 설명하라.

d. 다음의 주장을 고려하자. "금융자유화는 소비자에게는 좋겠지만, 전반적인 자본축적에 대해서는 좋지 않다." 논의하라.

7. 불확실한 미래 소득과 저축

세 기간, 즉 청년기, 중년기, 고령기를 살아가는 소비자를 고려하자. 청년기에 소비자는 노동소득으로 2만 달러를 번다. 중년기의 소득은 불확실하다. 소비자가 4만 달러를 벌 확률이 50%이고 10만 달러를 벌 확률이 50%이다. 고령기에 소비자는 이전 기간 동안 축적한 저축을 지출한다. 인플레이션, 기대인플레이션, 실질이자율은 0과 같다. 이 문제에서 세금은 무시하라.

a. 중년기 수익의 기대가치는 얼마인가? 생애기간 동안 기대되는 노동소득의 현재할인가치는 얼마인가? 소비자가 생애기간 동안 일정한 기대소비를 유지하려 한다면 각 시기에 얼마를 소비할 것인가? 각 시기에 얼마를 저축하겠는가?

b. 소비자가 다른 무엇보다도 생애의 각 시기에 있어 최소 2만 달러의 소비 수준을 유지하려 한다. 이를 위해 그는 최악의 상황을 고려해야 한다. 중년기 소득이 4만 달러로 실현된다면 각 기간에 최소 2만 달러를 소비하기 위해 소비자는 청년기에 얼마를 소비해야 하는가? 이러한 소비 수준은 (a)에서의 청년기 소비 수준과 어떻게 비교되는가?

c. (b)에 대한 답을 감안하고 중년기 소득이 10만 달러로 실현되었다고 하자. 소비자의 생애기간 동안 소비는 일정하겠는가?(힌트 : 일단 소비자가 중년기에 도달하면 각 기간에 최소 2만 달러를 소비할 수 있는 한 남아 있는 두 기간 동안 일정한 소비를 유지하려 할 것이다.)

d. 미래 노동소득에 대한 불확실성은 청년기 소비자 저축(또는 차입)에 어떤 영향을 미치는가?

추가문제

8. 소비와 투자의 변화

FRED 데이터베이스를 이용해 국내총생산, 개인소비지출과 총국내민간투자의 연간 데이터를 구하라. 데이터는 실질 달러로 측정된다. 스프레드시트에 1960년부터 최근까지의 데이터를 구하라. (FRED를 사용하면 스프레드시트로 직접 다운로드할 수 있다.) 이 책의 집필 당시 시계열 이름은 다음과 같다 : 실질GDP(2012년 연쇄 달러) GDPCA, 실질 개인소비지출(2012년 연쇄 달러) PCECCA, 실질 총국내민간투자(2012년 연쇄 달러) GPDICA. 이 이름을 검색할 수 있지만 이 변수들을 연율로 다운로드해야 한다. 변수가 백만 달러 기준인지 십억 달러 기준인지 주의하라.

a. 평균적으로 소비는 투자보다 그 규모가 얼마나 더 큰가? GDP 대비 비율로 계산하라.

b. 소비와 투자 규모의 연간 변화를 계산하고 1961년에서 현재까지의 기간에 대해 그려 보라. 소비와 투자의 연간 변화 규모는 유사한가?

c. 1961년부터 실질소비와 실질투자의 연간 퍼센트 변화율을 계산하라. 어느 것이 변동성이 더 큰가?

9. 소비자 신뢰와 가처분소득, 경기침체

FRED 경제 데이터베이스의 웹사이트에 가서 분기별 1인당 실질 가처분소득(시계열 A229RX0Q048SBEA, 2012년 연쇄 달러), 미시간대학교 소비자 신뢰지수(시계열 UMCSENT)를 다운로드하라. 소비자 신뢰 데이터는 월별이며 이들을 평균해 분기별 데이터를 계산해야 한다. 월별 데이터는 1978년 1월에 시작하므로 그때부터 계산을 시작하라.

a. 데이터를 살펴보기 전에 소비자 신뢰가 가처분소득에 관련될 것이라고 기대할 만한 이유가 있는가? 소비자 신뢰가 가처분소득과 관련되지 않을 이유는 있는가?

b. 1인당 가처분소득 증가율과 대비해 소비자 신뢰지수를 그림으로 나타내라. 관계는 양의 관계인가?

c. 1인당 가처분소득의 증가율에 대비해 소비자 신뢰지수를 그려 보라. 관계는 어떻게 생겼는가? 가처분소득의 변화가 절댓값으로 0.2% 미만인 관측치에 초점을 맞춰라. 소비자 신뢰 수준이 바뀌었는가? 관찰 결과를 어떻게 해석할 것인가?

d. 2007년, 2008년, 2009년에 초점을 맞춰라. 2007~2008년까지 소비자 신뢰의 움직임은 소비자 신뢰의 일반적 행

태와 어떻게 다른가? 왜 그런가? (힌트 : 리먼브러더스는 2008년 9월에 파산했다.) 소비자 신뢰의 하락은 위기에 동반된 실질 개인 가처분소득의 감소를 예측하는가?

e. 도널드 트럼프(Donald Trump)는 2017년 11월에 예상과 달리 대통령에 당선되었다. 2017년 1분기에 소비자 신뢰도가 변화했다는 증거가 있는가?

f. 2017년 12월 22일에 법안으로 통과되어 2018년에 시행된 대규모 감세가 있었다. 2017년부터 2018년까지 1인당 가처분소득에 큰 변화가 있는가? 2017~2018년 사이에 소비자 신뢰지수에 변화가 있는가?

부록 : 정태적 기대하에서 이윤의 기대현재가치 유도

본문에서[식 (15.3)] 기대현재가치가 다음과 같이 주어졌다.

$$V(\Pi_t^e) = \frac{1}{1 + r_t}\Pi_{t+1}^e + \frac{1}{(1 + r_t)(1 + r_{t+1}^e)}(1 - \delta)\,\Pi_{t+2}^e + \cdots$$

기업들이 미래 이윤(자본 한 단위당)과 미래 이자율이 현재와 같은 수준에서 머물 것으로 기대한다면 $\Pi_{t+1}^e = \Pi_{t+2}^e = \cdots = \Pi_t$ 와 $r_{t+1}^e = r_{t+2}^e = \cdots = r_t$가 성립하고 위 식은 다음이 된다.

$$V(\Pi_t^e) = \frac{1}{1 + r_t}\,\Pi_t + \frac{1}{(1 + r_t)^2}\,(1 - \delta)\,\Pi_t + \cdots$$

$[1/(1 + r_t)]\Pi_t$항을 추출하면 다음과 같다.

$$V(\Pi_t^e) = \frac{1}{1 + r_t}\,\Pi_t \left(1 + \frac{1 - \delta}{1 + r_t} + \cdots\right) \quad \text{(15.A1)}$$

괄호 안의 항은 기하수열로서 $1 + x + x^2 + \cdots$의 형태를 취한다. 따라서 이 책 끝부분에 있는 부록 2의 명제 2에 의해

$$(1 + x + x^2 + \cdots) = \frac{1}{1 - x}$$

이다. 여기서 x는 $(1-\delta)/(1 + r_t)$이므로 다음과 같다.

$$\left(1 + \frac{1 - \delta}{1 + r_t} + \left(\frac{1 - \delta}{1 + r_t}\right)^2 + \cdots\right)$$
$$= \frac{1}{1 - (1 - \delta)/(1 + r_t)} = \frac{1 + r_t}{r_t + \delta}$$

식 (15.A1)에 대입하면 다음을 얻는다.

$$V(\Pi_t^e) = \frac{1}{1 + r_t}\frac{1 + r_t}{r_t + \delta}\,\Pi_t$$

이를 단순화하면 본문의 식 (15.5)를 얻는다.

$$V(\Pi_t^e) = \frac{\Pi_t}{(r_t + \delta)}$$

기대, 산출, 정책

14장에서 기대가 채권가격과 주식가격에 영향을 미친다는 것을 알았다. 15장에서는 기대가 어떻게 소비 결정과 투자 결정에 영향을 미치는지 살펴보았다. 이 장에서는 이 논의들을 모아 통화 및 재정정책의 효과를 다른 관점에서 검토한다.

16-1절은 지금까지 학습한 내용이 제공하는 시사점을 유도한다. 즉 미래 산출과 미래 이자율 모두에 대한 기대는 현재의 지출에 영향을 미치고 그에 따라 현재의 산출에 영향을 미친다.

16-2절은 통화정책을 살펴본다. 통화정책의 효과는 정책이자율 변화가 개인과 기업의 미래 이자율과 소득에 대한 기대치를 바꾸고 그에 따라 지출 결정을 바꾸는 데 결정적으로 의존한다는 것을 검토한다.

16-3절은 재정정책으로 관심을 돌린다. 이 절은 이전에 핵심 모형에서 보았던 단순한 모형과는 대조적으로 재정긴축이 어떤 상황에서는 단기에서조차 산출 증가를 낳을 수 있음을 살펴본다. 다시 반복하면, 정책에 기대가 어떻게 반응하는지가 논의의 핵심이다.

이 장의 메시지 : 통화정책과 재정정책의 효과는 이들이 기대에 어떤 영향을 미치는가에 의존한다.
▶ ▶ ▶

이제까지 학습한 내용의 검토에서 출발해 핵심 모형에서 발전시킨 재화 및 금융시장의 특성(*IS-LM* 모형)을 어떻게 수정해야 하는지 논의해보자.

기대, 소비, 투자 의사결정

15장의 주제는 소비와 투자 결정이 미래 소득과 이자율에 대한 기대에 크게 의존한다는 것이었다. 기대가 소비와 투자지출에 영향을 미치는 경로는 그림 16-1에 요약되어 있다.

기대된 미래의 변수가 직접적으로 그리고 자산가격을 통해 현재 의사결정에 영향을 미치는 수많은 경로에 주목해보자.

■ 현재와 미래에 기대되는 세후 실질노동소득의 증가 또는 현재와 미래에 기대되는 실질이자율의 감소는 인적자산(세후 실질노동소득의 기대현재할인가치)을 증가시키고, 이는 다시 소비 증가를 낳는다.

■ 현재와 미래에 기대되는 실질배당 증가 또는 현재와 미래에 기대되는 실질이자율 감소는 주가를 상승시켜 비인적자산 증가를 낳고 이는 다시 소비 증가를 낳는다.

■ 현재와 미래에 기대되는 명목이자율 감소는 채권가격을 상승시켜 비인적자산 증가를 낳고 이는 다시 소비 증가로 이어진다.

■ 현재와 미래에 기대되는 세후 실질이윤 증가 또는 현재와 미래에 기대되는 실질이윤 감소는 세후 실질이윤의 현재가치 증가를 낳고 이는 다시 투자 증가로 이어진다.

채권의 경우 중요한 것은 실질 ▶ 이자율이 아니라 명목이자율임에 주의하라. 채권은 미래의 재화에 대한 청구권이라기보다는 미래의 화폐에 대한 청구권이기 때문이다.

기대와 *IS* 관계

그림 16-1이 나타내는 것과 같은 방식으로 소비와 투자를 자세히 다루는 모형은 매우 복잡할 것이다. 이는 가능한 일이고 실제로 거시경제학자는 경제를 이해하고 정책을 분석하기 위해 대규모 실증 모형을 구축함으로써 그렇게 하고 있다. 그러나 여기는 그렇게 복잡한 작업을 할 곳이 아니다. 지나치게 세밀한 곳에서 길을 잃지 않고 소비와 투자가 어떻게 미래에 대한 기대에 의존하는지에 대해 지금까지 학습한 내용의 본질을 포착하고자 한다.

이를 위해 크게 단순화해보자. 즉 현재와 미래를 두 기간으로 압축해보자. (1) 한 기간은 금기이다. 이는 금년으로 생각해볼 수 있다. 그리고 (2) 나머지 한 기간은 미래 기간이다. 이는 모든 미래를 함께 합쳐 놓은 것으로 생각할 수 있다. 이런 방식을 따르면 일일이 미래의 각 해에 대한 기대를 추적할 필요가 없다.

'현재'와 '미래'로 시간을 구분 ▶ 하는 것은 많은 사람이 자신의 삶을 조직하는 방식이다. '현재할 일'과 '기다릴 수 있는 일'로도 생각해보라.

이러한 가정하에서 우리가 던지는 질문은 다음과 같다. 금기에 대한 *IS* 관계는 어떻게 나타내야 하는가? 6장에서 *IS* 관계식은 다음과 같았다.

그림 16-1

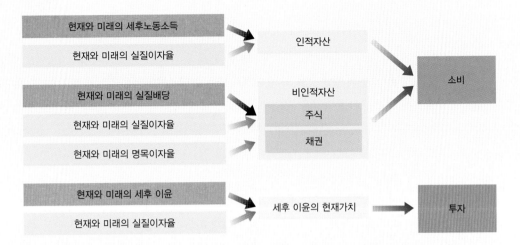

기대와 지출 : 연결 경로
기대는 소비와 투자 결정에 직접적으로 그리고 자산가격을 통해 간접적으로도 영향을 미친다.

$$Y = C(Y - T) + I(Y, r + x) + G$$

즉 소비는 현재의 소득에 의존하며 투자는 현재의 산출과 차입이자율(정책이자율과 위험프리미엄의 항)에만 의존한다고 가정했다. 이제 기대가 어떻게 소비와 투자에 영향을 미치는지 고려하기 위해 이 관계를 수정하자. 이는 두 단계로 나누어 진행된다.

첫째, 일단 위 식을 내용을 바꾸지 않은 채 더 간결하게 다시 나타내자. 이를 위해 소비와 투자 지출의 합계를 총민간지출로 정의하자.

◀ 이렇게 하는 이유는 수요 중 기대에 의존하는 두 요소인 C 와 I를 함께 묶기 위함이다.

$$A(Y, T, r, x) \equiv C(Y - T) + I(Y, r + x)$$

여기서 A는 **총민간지출**(aggregate private spending) 또는 간단히 **민간지출**(private spending)을 나타낸다. 이 기호를 사용하면 IS 관계는 다음과 같이 나타낼 수 있다.

$$Y = A(Y, T, r, x) + G \qquad (16.1)$$
$$(+, -, -, -)$$

총민간지출 A의 특성은 앞 장들에서 유도했던 소비와 투자의 성질로부터 유도된다. 총민간지출은

■ 소득 Y의 증가함수이다. 소득(마찬가지로 산출)이 증가하면 소비와 투자가 증가한다.

■ 세금 T의 감소함수이다. 세금 증가는 소비를 감소시킨다.

■ 실질정책이자율 r의 감소함수이다. 이자율 상승은 투자를 감소시킨다.

■ 위험프리미엄 x의 감소함수이다. 위험프리미엄이 높을수록 차입이자율이 높아지고 투자가 감소한다.

1단계에서는 단지 기호만 단순화했다. 2단계는 기대의 역할을 고려해 식 (16.1)을 확장하는 것이다. 이 장의 초점은 위험프리미엄보다는 기대에 관한 것이므로 위험프리미엄은 일정하다는 가정을 하고, 표현의 단순성을 위해 이하에서는 위험프리미엄을 무시한다. 기대에 초점을 맞춘 식 (16.1)의 자연스러운 확장은 지출이 현재 변수뿐만 아니라 미래의 기대가치에도 의존하게 하는 것이다.

모형에 공식적으로 불확실성과 위험을 도입하면 지나치게 복잡해질 것이다. 이 장 끝의 초점상자 '불확실성과 경제변동'에서 비공식적인 논의를 한다.

$$Y = A(Y, T, r, Y'^e, T'^e, r'^e) + G \qquad (16.2)$$
$$(+, -, -, +, -, -)$$

기호 : 프라임 ' ' '은 미래 변수의 값을 나타낸다. 위첨자 'e'는 '기대된(expected)'을 나타낸다.

여기서 프라임 부호($'$)는 미래 값을 나타내고 위첨자 'e'는 기대를 나타낸다. 따라서 Y^e, T^e, r^e는 미래 기대소득, 미래 기대세금, 미래 기대 실질이자율을 각각 나타낸다. 표기방법이 다소 복잡하지만, 이들이 포착하는 것은 간단하다.

Y 또는 Y'^e 증가⇒A 증가
■ 현재나 미래의 기대소득 증가는 민간지출을 증가시킨다.

T 또는 T'^e 증가⇒A 감소
■ 현재나 미래의 기대세금 증가는 민간지출을 감소시킨다.

r 또는 r'^e 증가⇒A 감소
■ 현재나 미래의 기대 실질정책이자율 상승은 민간지출을 감소시킨다.

식 (16.2)가 제공하는 재화시장의 균형에 의해 그림 16-2는 새로운 IS 곡선을 보여준다. 늘 그랬듯이 곡선을 그리기 위해서는 현재 산출 Y와 현재 실질정책이자율 r을 제외한 다른 모든 변수는 일정한 것으로 간주한다. 따라서 IS 곡선은 현재 세금(T), 미래의 기대세금(T^e), 미래의 기대산출(Y^e), 미래의 기대 실질정책이자율(r^e)가 모두 일정하다는 가정하에 그려졌다.

식 (16.2)에 기초한 새로운 IS 곡선은 6장에서와 마찬가지 이유로 여전히 음의 기울기를 갖는다. 현재의 실질정책이자율 하락은 지출 증가를 낳는다. 민간지출 증가는 승수효과를 통해 산출 증가를 낳는다. 그러나 훨씬 더 많은 이야기를 할 수 있다. 새로운 IS 곡선은 앞 장들에서 그렸던 IS 곡선보다 기울기가 훨씬 더 가파르다. 달리 말해, 모든 조건이 동일하다면 현재 정책이자율이 크게 하락해도 균형 산출에는 사소한 영향만을 미칠 가능성이 크다.

영향이 왜 그렇게 작을 수 있는지를 보기 위해 그림 16-2에서 IS 곡선상의 점 A을 잡고 실질정책이자율이 r_A에서 r_B로 하락하는 데 따른 파급효과를 생각해보자. 실질이자율 하락이 산출에 미치는 파급효과는 두 가지 효과의 강도에 의존한다. 즉 소득이 일정한 상황에서 실질정책이자율이 지출에 미치는 효과와 승수의 크기이다. 이제 각각의 효과를 살펴보자.

여러분이 30년 대출을 가지고 있고 1년 이자율이 5%에서 2%로 감소한다고 하자. 모든 미래의 1년 이자율은 동일하게 유지된다. 30년 이자율은 얼마나 하락하겠는가? [답 : 5%에서 4.9%로 하락한다. 식 (14.11)을 30년 수익률까지 확대해보라. 30년 수익률은 30개의 1년 이자율 평균이다.]

■ 현재의 실질정책이자율 하락은 미래의 실질정책이자율에 대한 기대가 일정한 상황에서 민간지출에 큰 영향을 미치지 않는다. 왜 그런지는 이전 장들에서 살펴본 바 있다. 현재의 실질이자율만 변화할 때 현재가치는 큰 변화를 겪지 않으며 그에 따라 지출에도 큰 변화를 가져오지 못한다.

그림 16-2

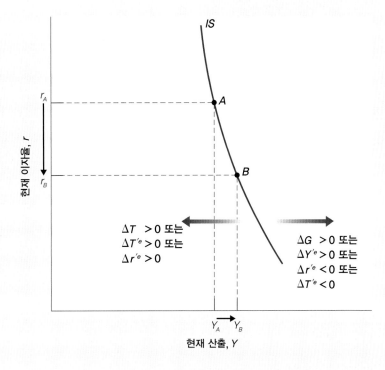

새로운 *IS* 곡선

기대가 일정할 때 실질정책이자율의 하락은 산출을 소규모로 증가시킨다. *IS* 곡선은 가파른 음의 기울기를 갖는다. 정부지출 증가 또는 미래 기대산출의 증가는 *IS* 곡선을 오른쪽으로 이동시킨다. 세금, 미래 기대세금, 미래 기대 실질정책이자율의 증가는 *IS* 곡선을 왼쪽으로 이동시킨다.

예를 들어 기업은 현재의 실질이자율이 하락할 때 미래의 실질이자율도 동시에 하락할 것으로 기대하지 않는다면 투자 계획을 그리 많이 변화시키지 않을 것이다.

■ 승수 역시 작을 것이다. 승수의 규모는 현재 소득(산출)의 변화가 지출에 미치는 파급효과의 크기에 의존한다. 그러나 미래 소득에 대한 기대가 변하지 않은 상황에서 현재 소득의 변화는 지출에 큰 영향을 미치지 못한다. 이유는 이렇다. 소득이 변한다고 해도 오랫동안 지속될 것으로 기대되지 않는다면 소비나 투자 모두에 제한적인 영향만을 미친다. 자신의 소득이 1년 동안만 높아질 것으로 기대하는 소비자는 소비를 증가시키더라도 소득의 증가 규모보다는 훨씬 작게 증가시킬 것이다. 매출이 1년 동안만 높아질 것으로 기대하는 기업은 자신의 투자를 변화시킨다고 해도 그리 많이 변화시키지는 않을 것이다.

이상의 논의를 합치면 그림 16-2에서 현재의 실질정책이자율가 r_A에서 r_B로 크게 하락해도 산출은 Y_A에서 Y_B로 소폭 증가하는 데 그칠 것이다. 결국 점 *A*와 *B*를 통과하는 *IS* 곡선은 가파른 음의 기울기를 갖는다.

어떤 기업이 모든 노동자에게 특별수당으로 1만 달러를 주기로 했다고 하자. 이러한 특별수당 지급이 다시는 없을 것으로 기대된다. 노동자는 금년에 소비를 얼마나 증가시키겠는가? (필요하다면 16장이 ▲비행태에 대한 논의를 참조하라.)

식 (16.2)에서 다른 변수들의 영향을 살펴보자. 식 (16.2)에서 Y와 r 이외의 다른 모든 변수의 변화는 IS 곡선의 이동을 낳는다.

- 현재의 세금(T) 변화나 현재의 정부지출(G) 변화는 IS 곡선을 이동시킨다.

    현재의 정부지출 증가는 주어진 이자율하에서 지출을 증가시켜 IS 곡선을 오른쪽으로 이동시킨다. 세금 증가는 IS 곡선을 왼쪽으로 이동시킨다. 이러한 이동은 그림 16-2에 나타나 있다.

- 미래 변수(Y^e, T^e, r^e)에 대한 기대 변화 역시 IS 곡선을 이동시킨다.

    미래 기대산출 Y^e의 증가는 IS 곡선을 오른쪽으로 이동시킨다. 미래 소득의 기대 수준이 높아지면 소비자는 더 부유하게 느낄 것이고 지출을 늘릴 것이다. 미래 기대산출의 증가는 기대이윤이 더 높아졌다는 것을 의미하므로 기업은 투자를 늘릴 것이다. 지출 증가는 승수효과를 통해 산출을 증가시킨다. 마찬가지 논리로 미래의 기대세금 증가는 소비자로 하여금 현재의 지출을 감소시키게 해 IS 곡선을 왼쪽으로 이동시킨다. 그리고 미래의 기대 실질정책이자율 상승은 현재 지출을 감소시켜 산출 감소를 야기하며 IS 곡선을 왼쪽으로 이동시킨다. 이러한 이동들 역시 그림 16-2에 나타나 있다.

이제 통화 및 재정 정책의 효과를 살펴볼 준비가 되었다. 여기에서 앞의 두 장에 걸친 노력이 결실을 맺을 것이다.

16-2 통화정책, 기대, 산출

연준이 직접적으로 영향을 미치는 이자율은 현재의 실질이자율 r이다. 따라서 LM 곡선은 연준에 의해 선택된 실질정책이자율에서 수평선으로 주어지는데, 이를 $\bar{r}$로 두자. IS와 LM 관계는 다음과 같이 주어진다.

$$IS: \quad Y = A(Y, T, r, Y'^e, T'^e, r'^e) + G \tag{16.3}$$

$$LM: \quad r = \bar{r} \tag{16.4}$$

이러한 IS와 LM 곡선은 그림 16-3에 나타나 있다. 재화시장과 금융시장의 균형은 경제가 점 A에 있음을 의미한다.

통화정책의 재검토

이제 경제가 침체 상태에 있어서 중앙은행이 정책이자율을 인하하기로 했다고 하자.

우선 팽창적 통화정책이 미래 실질정책이자율이나 미래 산출 모두에 대한 기대를 변화시키지 않는다고 가정하자. 그림 16-4에서 LM 곡선은 LM에서 아래의 LM''으로 이동한다. (앞에서 이미 프라임 부호를 변수의 미래 값을 나타내는 데 사용했으므로 이 장에서는 LM''과 같이 이중 프

그림 16-3

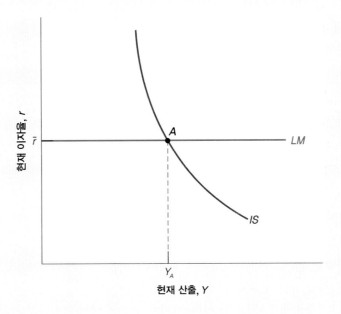

새로운 *IS-LM*

IS 곡선은 가파른 음의 기울기를 갖는다. 다른 조건이 동일하다면 현재 이자율의 변화는 산출에 작은 영향을 미친다. 중앙은행이 정책이자율을 $\bar{r}$로 두었을 때 균형은 점 *A*로 결정된다.

그림 16-4

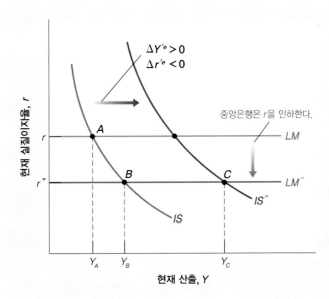

팽창적 통화정책의 파급효과

통화정책의 산출에 대한 효과는 통화정책이 기대에 영향을 미치는지 여부와 어떻게 영향을 미치는지에 상당히 의존한다.

라임을 사용해 곡선의 이동을 나타내기로 한다.) 균형은 점 *A*에서 *B*로 이동해 산출은 증가하고 실질이자율은 하락한다. 그러나 가파른 *IS* 곡선은 정책이자율의 인하가 산출에 사소한 영향만을 미친다는 것을 시사한다. 현재 이자율의 변화는 기대의 변화를 수반하지 않는다면 지출에 미치는 영향이 적고, 결과적으로 생산에 미치는 영향도 미미하다.

그러나 기대가 팽창적 통화정책에 의해 영향을 받지 않는다고 가정하는 것이 합리적일까? 중앙은행이 실질정책이자율을 인하함에 따라 이제 금융시장은 미래에도 실질이자율이 낮아지고 또 이로 말미암아 미래 산출은 더 높아질 것이라고 기대하지 않을까? 만약 이러한 변화를 기대한다면 어떤 일이 발생할까?

현재 실질정책이자율이 일정할 때 미래 실질정책이자율이 하락하고 산출이 상승할 것이라는 전망은 지출과 산출을 증가시킨다. 이들은 *IS* 곡선을 *IS*에서 오른쪽의 *IS″*으로 이동시킨다. 이제 새로운 균형은 점 *C*로 주어진다. 따라서 통화팽창의 산출에 대한 직접적인 효과는 제한적이지만 기대의 변화를 고려하게 되면 전체적인 효과는 훨씬 더 커진다.

방금 중요한 것을 배웠다. 통화정책의 효과 그리고 더 일반적으로 거시경제정책의 효과는 기대에 미치는 효과에 결정적으로 의존한다.

이 때문에 통화정책을 분석하는 거시경제학자들이 종종 중앙은행의 정책과제로 정책이자율을 조정하는 것뿐만 아니라 정책이자율 변화가 경제에 예측 가능한 파급효과를 낳을 수 있도록 '기대를 관리'하는 것도 포함된다고 주장하는 것이다. 이에 대해서는 21장과 23장에서 더 자세히 다룬다. ▶

- 통화팽창이 투자자, 기업, 소비자의 미래 이자율과 산출에 대한 기대를 수정시킨다면 통화팽창의 산출에 대한 파급효과는 매우 클 수 있다.
- 그러나 만약 기대가 변하지 않는다면 통화팽창의 산출에 대한 파급효과는 작을 것이다.

이상의 논의는 주식시장에서의 통화정책 변화 효과에 관한 14장의 논의와 연결될 수 있다. 많은 같은 문제가 소개되었다. 통화정책 변화가 발생할 때 그것이 투자자, 기업, 소비자에게 놀랄 만한 일이 아니라면 기대는 변하지 않을 것이다. 설령 주식시장이 변화해도 그 반응은 사소한 수준에 머물 것이다. 산출이 변화한다고 해도 그 크기는 사소할 것이다. 그러나 만약 통화정책 변화가 급작스럽게 발생하고 일정 기간 지속될 것으로 간주된다면 미래 산출에 대한 기대는 상향 조정되고, 미래의 기대 이자율은 하락할 것이며, 주식시장은 활황을 보이고, 산출은 증가할 것이다.

이 단계에서 여러분은 정책이나 다른 충격의 파급효과에 관해 거시경제학자가 말할 수 있는 것이 얼마나 많을지 회의적일 수 있다. 파급효과가 기대 변화에 크게 의존한다면 거시경제학자가 무슨 변화가 발생할지 예측할 수 있을까? 답은 '그렇다'이다.

특정 정책의 파급효과가 기대 변화에 의존한다고 하는 것은 무엇이든 발생할 수 있다고 말하는 것과 같지 않다. 기대라는 것은 임의적이지 않다. 주식에 투자할지 채권에 투자할지 여부를 결정해야만 하는 뮤추얼 펀드의 매니저, 공장을 증설할지 여부를 생각하는 기업, 은퇴를 대비해 얼마나 저축해야 하는지를 생각하는 소비자 모두 미래에 무슨 일이 발생할지에 대해 많은 생각을 한다. 각자는 정책의 가능성 높은 미래 경로를 평가해 미래에 대한 기대를 형성하고 미래 활동에 대한 시사점을 도출해낸다. 만약 이들이 스스로 하지 않는다고 해도(분명히 우리들 대부분은 의사결정을 하기에 앞서 거시경제 모형을 풀면서 시간을 보내지 않는다) TV를 보고, 소식지와 신문

합리적 기대

거시경제학에서 기대의 중요성은 오래된 주제이다. 그러나 1970년대 초까지 거시경제학자는 기대를 다음 두 가지 방식 중 하나로 생각했다.

- 한 가지 방식은 **동물적 충동(animal spirit)**이다. 이는 케인스가 그의 일반이론에서 현 시점에서의 변수 움직임으로 설명할 수 없는 투자의 움직임을 나타내기 위해 사용한 표현이다. 달리 말해 기대의 변화는 중요하게 간주되었지만 설명되지 않은 채로 남겨졌다.

- 다른 방식은 단순한 과거 회고적 규칙의 결과였다. 예를 들어 사람들은 종종 **정태적 기대(static expectation)**를 갖는다고 가정되었다. 즉 미래가 현재와 같을 것이라고 기대하는 것이다(8장에서 필립스 곡선을 논의할 때 그리고 15장에서 투자 의사결정을 살펴볼 때 이 가정이 사용되었다). 또는 사람들이 **적응적 기대(adaptive expectation)**를 갖는다고 가정되었다. 예를 들어 만약 일정한 기간에 주어진 변수에 대한 자신의 예측치가 낮은 것으로 드러나면 사람들은 다음 기간의 해당 변수 기댓값을 높임으로써 '적응'한다고 가정했다. 예를 들어 기대했던 것보다 더 높은 인플레이션율을 관찰하면 사람들은 미래에 있어 인플레이션에 대한 자신의 예측치를 상향 조정한다는 것이다.

1970년대 초 루카스(Robert Lucas, 시카고대학교)와 사전트(Thomas Sargent, 미네소타대학교)가 주도하는 거시경제학자 그룹은 이러한 가정들이 사람들이 기대를 형성하는 방식을 반영하지 못한다고 주장했다. (루카스는 1995년에, 사전트는 2011년에 노벨상을 수상했다.) 이들은 성책 효과를 생각할 때 사람들이 합리적 기대를 갖는다고, 즉 사람들이 미래를 내다보며 미래를 예측할 때 자기 자신이 할 수 있는 최선의 작업을 수행하는 것으로 가정해야 하다고 주장했다 이는 사람들이 미래를 안다고 가정하는 것과는 다르

다. 오히려 사람들은 자신들이 가진 정보를 가능한 최선의 방식으로 사용한다고 가정하는 것이다.

당시의 통상적인 거시경제 모형을 사용해 루카스와 사전트는 기대 형성에 관한 전통적 가정을 합리적 기대의 가정으로 전환하는 것이 결과를 얼마나 근본적으로 바꾸는지를 보였다. 예를 들어 루카스는 디스인플레이션은 일정 기간 실업 증가를 요구한다는 개념에 도전했다. 그는 합리적 기대하에 신뢰성 있는 디스인플레이션 정책이 실업 증가 없이 인플레이션율을 감소시킬 수 있을 것이라고 주장했다. 더 일반적으로 말한다면, 루카스와 사전트의 연구는 합리적 기대의 가정하에 거시경제 모형의 완전한 재검토가 필요하다는 것을 보였으며 실제로 이것이 이후 20년간 생겨난 일이다.

오늘날 대부분의 거시경제학자는 자신들의 모형과 정책분석에 있어 합리적 기대를 통상적인 가정으로 사용한다. 이는 사람들이 항상 합리적 기대를 한다고 믿고 있기 때문이 아니다. 분명히 사람, 기업, 금융시장 참여자가 현실에 대한 감각을 잃어버리고 지나치게 낙관적으로 또는 비관적으로 바뀌는 시기가 존재한다. (14장에서의 버블과 패드에 대한 논의를 생각해보라.) 특정 경제정책의 잠재적 효과에 대해 생각할 때 할 수 있는 최선의 가정은 금융시장, 사람, 기업이 정책에 따른 시사점을 파악하기 위해 최선을 다하려 한다고 보는 것이다 : 사람들이 정책 변화에 대해 체계적인 실수를 한다는 가정하에서 정책을 설계하는 것은 현명하지 못하다.

동시에 합리적 기대의 가정은 개인과 기업이 미래에 대해 생각하는 능력을 지나치게 강조하므로 이 가정을 극복해야 한다는 점은 분명하다. 실제로, 현재 많은 연구는 사람들이 기대를 형성하는 데 있어 한계와 편향성을 고려하는 데 초점을 두고 있다. 그러나 아직 현실성 있고 신뢰할 만한 대안은 없으므로 현재로서는 합리적 기대가 대부분의 거시경제 모형의 기본 가정으로 남아 있다.

을 읽거나 웹에서 공개된 정보를 확인하면서 간접적으로도 한다. 이 모든 것은 공공 및 민간 예측 기관의 예측에 의존한다. 경제학자는 이렇게 앞을 내다보며 형성된 기대를 **합리적 기대**(rational expectation)라고 부르고 있다. 1970년대에 시작된 합리적 기대라는 가정의 도입은 거시경제학자의 정책에 대한 사고방식을 크게 변화시켰다. 이에 대해서는 초점상자 '합리적 기대'에서 추가로 논의한다.

이제 되돌아가서 방금 공부한 통화팽창이 발생한 경우에 합리적 기대가 제공하는 시사점을 생각해볼 수 있다. 하지만 재정정책 변화라는 맥락에서 이렇게 해보는 것이 더 재미있을 것이며 이것이 바로 지금부터 관심을 가지려는 주제이다.

16-3 재정적자 감축, 기대, 산출

9-3절에서 재정정책 변화의 ▶
단기와 중기에서의 효과를 논
의했다. 재정정책 변화의 장기
효과는 11-2절에서 논의했다.

핵심 모형에서 재정적자 감축의 효과에 관해 도달했던 결론을 되돌아보자.

■ 단기에 재정적자 축소가 통화팽창으로 상쇄되지 않는다면 민간지출과 산출은 감소한다.
■ 중기에 재정적자 감소는 저축과 투자의 증가를 시사한다.
■ 장기에 투자 증가는 자본 증가와 그에 따른 산출 증가를 시사한다.

세금 증가나 정부지출 프로그램 감소에 대한 대중의 반감과 단기에 나타나는 부정적 효과로 말미암아 정부는 재정적자 감축에 적극적인 태도를 취하지 못한다. 현재가 아니라 먼 미래에 생겨날 편익을 위해 왜 지금 경기침체 위험을 감당해야 하는가?

그러나 많은 경제학자가 일정한 가정하에 감축이 단기에서조차도 실제로 산출 증가로 이어질 수 있다고 주장한다. 그들의 주장은 이렇다. 만약 사람들이 재정적자 감축이 미래에 낳을 긍정적 효과를 고려한다면 이들의 미래에 대한 기대가 충분히 고쳐져 현재 지출은 감소하기보다 증가할 것이고 그에 따라 현재 산출이 증가할 수 있을 것이라는 것이다. 이 절에서는 이들의 주장을 좀 더 엄밀하게 검토한다. 초점상자 '재정적자 감축은 산출팽창으로 이어질 수 있을까? 1980년대 아일랜드'는 이를 지지하는 증거를 검토한다.

경제가 IS 관계인 식 (16.3)과 LM 관계인 식 (16.4)에 의해 설명된다고 하자. 정부에서 현재 정부지출 G와 미래 정부지출 G'^e를 감소시키는 재정적자를 줄이기 위한 프로그램을 발표했다고 하자. 현재의 산출에는 어떤 일이 발생하겠는가?

미래에 대한 기대의 역할

먼저 미래 산출 Y'^e와 미래 이자율 r'^e에 대한 기대가 변하지 않는다고 가정해보자. 그렇다면 표준적인 답변에 도달한다. 금기에 정부지출 감소는 IS 곡선의 좌측 이동을 낳고 결국 균형산출은 감소한다.

제5부 기대

따라서 핵심적인 질문은 '기대에 무슨 일이 발생하는가'이다. 답하기 위해 중·장기에 있어서 재정적자 감축의 파급효과에 대해 핵심 모형에서 배웠던 바로 돌아가보자.

■ 중기에 재정적자 감축은 산출에 아무런 영향을 미치지 않는다. 그러나 재정적자 감축은 이자율을 낮추고 투자를 높인다. 이것은 9장의 주요한 결론 중 두 가지다. 이제 각각에 담긴 논리를 검토해보자.

앞에서 중기를 살펴볼 때 자본축적이 산출에 미치는 효과를 무시한다고 한 바 있다. 따라서 중기에 잠재산출 수준은 생산성 수준(일정하다고 가정)과 자연고용 수준에 의존한다. 자연고용 수준 자체는 자연실업률에 의존한다. 재화와 서비스에 대한 정부 지출이 자연실업률에 영향을 미치지 않는다면(그래야 할 당연한 이유는 없다) 지출 변화는 잠재산출에 아무런 영향을 미치지 않는다. 결국 재정적자 감축은 중기에 산출에 아무런 영향을 미치지 않는다.

이제 산출이 지출과 일치해야 하며 지출은 공공지출과 민간지출의 합계라는 점을 기억해보자. 산출이 일정한 상태에서 공공지출이 감소한다면 결국 민간지출이 높아져야 한다. 민간지출 증가는 균형이자율이 낮아질 것을 요구한다. 이자율 하락은 투자 증가를 낳고 따라서 민간지출이 증가한다. 민간지출 증가는 공공지출 감소를 상쇄하고 결국 산출의 변화는 없다.

◀ 중기에 : 산출 Y는 변하지 않지만 투자 I는 커진다.
장기에 : I 증가 ⇒ K 증가 ⇒
◀ Y 증가

■ 장기에, 즉 자본축적이 산출에 미치는 효과를 고려하면 투자 증가는 자본량 증가를 낳고 이는 다시 산출 증가로 이어진다.

이상이 바로 11장의 주요 결론이었다. 산출 중 더 많은 부분이 저축되면(또는 투자되면. 재화시장 균형을 위해서는 투자와 저축이 일치해야 한다) 자본량은 증가하고 장기에 산출 수준은 높아진다.

미래 기간은 중기와 장기를 함께 포함한 기간으로 생각해볼 수 있다. 가계, 기업, 금융시장 참여자가 **합리적 기대**를 갖는다면 재정적자 감축정책이 발표되는 데 반응해 이러한 변화들이 미래에 발생할 것으로 기대할 것이다. 따라서 이들은 미래 산출(Y'^e)이 상승할 것이라고 기대를 수정할 것이고, 미래 이자율(r'^e)은 하락할 것이라고 기대할 것이다.

어떻게 이런 상황이 생겨날 수 있을까? 경제학자의 예측이 적
◀ 자 감소가 미래에 산출 증가와 이자율 하락을 낳을 것임을 보일 것이기 때문이다. 이러한 예측에 반응해 장기 이자율이 감소할 것이고 주가는 상승할 것이다. 사람들과 기업들은 이러한 예측치를 읽고 채권과 주식 가격을 살펴보면서 자신의 지출 계획을 변경해 지출을 늘릴 것이다.

금기에 대한 검토

이제 재정적자 감축정책이 발표되고 실제 집행되기 시작하는 데 대응해 **금기**에 무슨 일이 발생할 것인지에 관한 질문으로 되돌아갈 수 있다. 그림 16-5는 금기에 대한 IS 곡선과 LM 곡선을 나타내고 있다. 재정적자 감축정책의 발표에 반응해 IS 곡선을 이동시키는 세 가지 요인이 나타난다.

■ 현재 정부지출(G)의 하락은 IS 곡선을 왼쪽으로 이동시킨다. 이자율(r)이 일정한 상황에서 정부 지출 감소는 총지출 감소를 낳고 그 결과 산출은 감소한다. 이는 정부지출 감소의 표준적인 효과이며 기초적인 IS-LM 모형에서 고려하는 유일한 요인이다.

■ 미래 기대산출(Y'^e)의 증가는 IS 곡선을 오른쪽으로 이동시킨다. 이자율이 일정할 때 미래 기대 산출 증가는 민간지출 증가를 가져오고 이는 산출 증가로 이어진다.

재정적자 감축은 산출팽창으로 이어질 수 있을까? 1980년대 아일랜드

아일랜드는 1980년대에 두 차례 중대한 재정적자 감축 프로그램을 경험했다.

1. 첫 번째 프로그램은 1982년에 시작되었다. 재정적자는 1981년에 GDP의 13%에 달하는 매우 높은 수준에 도달했다. 과거의 누적된 재정적자로 인해 정부부채는 GDP의 77%에 달했는데 이 역시 매우 높은 수준이다. 아일랜드 정부는 분명히 정부 재정에 대한 통제권을 다시 회복해야만 했다. 이후 3년간 정부는 세금 증가에 대부분 기초하는 재정적자 감축 프로그램을 시작했다. 이것은 의욕적인 프로그램이었다. 산출이 정상 성장률로 계속 성장했다면 이 프로그램은 재정적자를 GDP의 5%까지 감축했을 것이다.

    그러나 결과는 참담했다. 표 1의 2행이 보여주듯이 경제성장률은 1982년에는 낮았고 1983년에는 음의 값을 보였다. 낮은 경제성장률은 실업률의 상당한 증가를 동반해, 1981년 9.5%에서 1984년에는 15%로 상승했다(3행). 낮은 경제성장률 때문에 경제활동 수준에 의존하는 조세수입은 기대했던 것보다 낮아졌다. 1981~1984년의 실제 재정 감축은 1행에서 보여주듯이 GDP의 3.5%에 지나지 않았다. 그리고 지속적인 높은 재정적자와 낮은 경제성장률은 GDP 대비 부채 비율을 1984년에 97%까지 추가로 상승시켰다.

2. 재정적자를 감축하려는 두 번째 프로그램은 1987년 2월에 시작되었다. 당시 상황은 여전히 상당히 나빴다. 1986년 적자는 GDP의 10.7%였고 부채는 당시 유럽에서는 기록적으로 높은 수준인 GDP의 116%에 머물렀다. 새로운 재정적자 감축 프로그램은 앞서의 경우와 달랐다. 세금 인상보다는 정부 역할을 축소하고 정부지출을 감소시키는 데 더 초점을 맞추었다. 세금 인상의 경우에도 한계세율 인상보다는 세금을 납부하는 가계 수를 확대하는, 즉 세금 기반을 확대하는 조세개혁을 통해 이루어졌다. 프로그램은 더 의욕적으로 추진되었다. 산출이 정상 성장률로 성장했다면 재정적자 감축은 GDP의 6.4%였을 것이다.

    두 번째 프로그램의 결과는 앞서의 결과와 크게 달랐다. 1987~1989년까지 강한 성장이 나타나 평균 경제성장률은 5%를 상회했다. 실업률은 2% 가까이 하락했다. 강한 경제성장률로 조세수입은 기대했던 것보다 컸고 재정적자는 GDP의 9% 가까이 감소했다.

많은 경제학자가 두 가지 프로그램의 결과에 있어 큰 차이점은 각 경우에서 기대의 상이한 반응에 기인한다고 주장한다. 이들은 첫 번째 프로그램이 세금 인상에

표 1 아일랜드의 재정 및 기타 거시경제 지표(1981~1984년, 1986~1989년)

		1981년	1982년	1983년	1984년	1986년	1987년	1988년	1989년
1	재정적자(GDP 대비 %)	−13.0	−13.4	−11.4	−9.5	−10.7	−8.6	−4.5	−1.8
2	산출성장률(%)	3.3	2.3	−0.2	4.4	−0.4	4.7	5.2	5.8
3	실업률(%)	9.5	11.0	13.5	15.0	16.1	16.9	16.3	15.1
4	가계 저축률(가처분소득 대비 %)	17.9	19.6	18.1	18.4	15.7	12.9	11.0	12.6
출처 : OECD Economic Outlook, June 1998.									

초점이 맞추어졌고 경제 내에서 정부의 역할이 지나치게 크다는 사람들의 시각에 변화를 낳지 못했다고 주장한다. 두 번째 프로그램은 지출 감소와 세제개혁에 초점이 맞추어져 기대에 훨씬 더 긍정적인 효과를 낳았고, 결과적으로 지출과 산출에 긍정적인 효과를 가져왔다.

이들 경제학자의 주장은 옳을까? 한 가지 변수인 가계 저축률(가처분소득에서 소비를 뺀 금액을 가처분소득으로 나눈 비율)은 기대가 이야기의 중요한 부분이라는 것을 강하게 시사한다. 저축률의 행태를 해석하기 위해서는 소비 행태에 관한 15장의 교훈을 다시 보아야 한다. 가처분소득이 (경기침체기에 나타나는 것처럼) 비정상적으로 낮은 성장률을 보이거나 감소하면 소비 역시 낮은 성장률을 보이거나 감소하지만, 그 변화 규모는 가처분소득보다 작다. 이는 사람들이 미래에는 상황이 개선될 것으로 기대하기 때문이다. 달리 말해 가처분소득의 증가가 비정상적으로 낮거나 음의 값을 보이면 저축률은 통상 하락한다. 이제 1981년부터 1984년까지 어떤 일이 발생했는지 살펴보자(표 1의 4행). 이 기간의 낮은 경제성장률과 1983년의 경기침체에도 불구하고 가계 저축률은 실제로 다소 증가했다. 달리 말해 사람들은 자신의 가처분소득 감소 규모보다 소비를 더 감소시켰다. 그 이유는 미래에 대해 매우 비관적이었기 때문이다.

이제 1987~1989년으로 관심을 돌려 보자. 이 기간 동안 경제성장은 비정상적으로 강했다. 앞에서와 마찬가지의 논리를 따르면 우리는 소비가 덜 강하게 증가할 것으로 그리고 그에 따라 저축률이 증가할 것으로 기대할 것이다. 그러나 대신에 저축률은 1986년 15.7%에서 1989년 12.6%로 급락했다. 소비자는 미래에 대해 훨씬 더 낙관적으로 변해 가처분소득 증가 이상으로 소비를 증가시켰음에 틀림없다.

다음 질문은 두 사례에 있어서 기대 조정의 이러한 차이를 전부 두 재정 프로그램의 차이로 돌릴 수 있는지다. 대답은 그렇지 않다는 것이다. 아일랜드는 두 번째 재정 프로그램을 시행할 시기에 많은 방향에서 변화하고 있었다. 생산성은 실질임금보다 훨씬 더 빠르게 증가하고 있었고 그에 따라 기업에 대한 노동비용은 감소하고 있었다. 세금 우대, 낮은 노동비용, 교육받은 노동력에 끌려 많은 외국기업이 아일랜드로 이전하고 새로운 공장을 건설하고 있었다. 이러한 요인이 1980년대 말 경기팽창에 중요한 역할을 했다. 아일랜드의 성장은 이후에도 상당한 강세를 지속해, 2007년 위기의 순간까지 5%를 초과했다. 분명히 이러한 장기 팽창은 많은 요인에 기인한다. 그럼에도 불구하고 1987년의 재정정책 변경은 아마도 사람들, 기업(외국기업 포함), 금융시장 참여자로 하여금 정부가 정부재정에 대한 통제력을 다시 회복할 것이라는 점을 확신시키는 데 중요한 역할을 했을 것이다. 그리고 1987~1989년의 상당한 적자 감축은 기초적 *IS-LM* 모형이 예측하는 바와 같은 경기침체가 아니라 강한 산출 팽창을 동반했다는 사실도 남아 있다.

주 : 더 상세한 논의는 다음 논문을 참조하라. Francesco Giavazzi and Marco Pagano, "Can Severe Fiscal Contractions Be Expansionary? Tales of Two Small European Countries," NBER Macroeconomics Annual (MIT Press, 1990), Olivier Jean Blanchard and Stanley Fischer, editors.

재정건전화가 팽창적이었는지(그리고 대부분 부정적인 답) 여부와 시기에 대한 더 체계적인 검토를 위해서는 "Will It Hurt? Macroeconomic Effects of Fiscal Consolidation," Chapter 3, World Economic Outlook, International Monetary Fund, October 2010을 참조하라.

그림 16-5

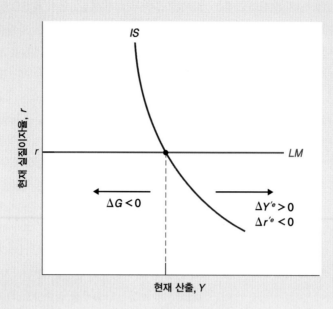

재정적자 감축의 금기 산출에 대한 영향
기대에 대한 영향을 고려하면 정부지출 감소가 반드시 산출 하락을 초래할 필요가 없다.

■ 미래 기대 이자율(r'^e)의 하락은 IS 곡선을 오른쪽으로 이동시킬 것이다. 현재 이자율이 일정한 상황에서 미래 이자율 하락의 기대는 지출을 촉진하고 산출 증가를 낳는다.

이 세 가지 요인이 상호작용한 순효과는 IS 곡선을 어떻게 이동시킬까? 소비와 투자지출에 대한 기대의 효과가 정부지출 감소의 효과를 상쇄할 수 있을까? IS 관계의 정확한 형태와 재정적자 감축 프로그램의 상세한 내역에 대한 훨씬 많은 정보 없이는 어떤 효과가 지배적이며 그에 따라 산출이 증가하고 감소할지 여부를 말할 수 없다. 그러나 우리의 분석은 두 가지 경우가 모두 발생할 수 있음을 말한다. 즉 산출은 재정적자 감소에 대응해 증가할 수도 있다. 그리고 우리의 분석은 언제 이런 일이 발생할 것인지에 관해 약간의 힌트를 제공한다.

■ 시점이 중요하다. 현재의 정부지출(G) 감소 규모가 작을수록 현재의 지출에 대한 부정적 효과는 감소한다는 점에 주의하라. 아울러 기대된 미래 정부지출(G'^e) 감소 규모가 클수록 기대되는 미래 산출과 이자율에 대한 효과는 커지며 이에 따라 현재 지출에 대한 긍정적 효과는 커진다. 이것은 현재보다는 미래의 재정 감축 규모를 증가시켜 재정 감축 프로그램을 미래로 **연기**(backloading)하는 것이 산출 증가를 낳을 가능성이 더 높을 것임을 시사한다. 다른 한편 미래로의 연기는 다른 문제를 야기한다. 지출의 고통스러운 감소에 대한 필요성을 발표하면서도 구체적인 행동은 미래로 미루는 것은 프로그램의 **신뢰성**(credibility, 정부가 때가 되면 자신이 약

속한 것을 실제로 할 것에 관한 인식된 가능성)을 감소시킬 것이다. 정부는 미묘한 균형을 유지해야 한다. 금기의 충분한 감소는 재정긴축에 대한 진지함을 보여준다. 반면 미래로 충분한 감소를 넘길 경우 단기에 경제에 대한 부정적 효과를 감소시킬 것이다.

- 구성이 중요하다. 적자 감소의 얼마가 세금 인상에서 비롯하고 얼마가 지출 감소에서 비롯하는지가 중요할 수 있다. 일부 정부지출 프로그램이 '낭비'로 간주될 경우 이 프로그램을 오늘 중단하면 미래에 세금을 삭감할 수 있다. 미래에 세금과 왜곡이 낮아질 것이라는 기대는 현재의 기업 투자를 유도해 단기에 산출을 높일 수 있다.

- 초기 상황이 중요하다. 정부가 사실상 예산에 대한 통제를 상실한 것으로 보이는 경제를 고려하자. 정부지출은 많고 조세수입은 적으며 재정적자가 크다. 정부부채가 빠르게 증가하고 있다. 이런 환경에서 신뢰할 수 있는 적자 감축 프로그램 역시 단기에 산출을 증가시킬 가능성이 더 크다. 프로그램 발표 이전에 사람들은 미래의 중대한 정치경제 문제를 예상했을 것이다. 적자 감축 프로그램 발표는 정부가 통제력을 되찾았으며 미래가 예상보다 덜 우울하다는 점을 확신시킬 수 있다. 적자 감축 프로그램의 일환으로 세금이 인상되더라도 미래에 대한 비관론의 감소로 지출과 산출이 증가할 수 있다. 정부의 채무불이행을 예상해 상당한 위험프리미엄을 요구하던 투자자는 채무불이행 위험이 더 낮아졌고 더 낮은 이자율을 요구하는 것으로 결론 내릴 수 있다. 정부에 대한 낮아진 이자율은 기업과 개인에 대한 이자율 인하로 이어질 수 있다.

- 통화정책이 중요하다. 앞의 세 주장은 통화정책의 변화 없이 *IS* 곡선의 이동 방향에만 초점을 맞추었다. 그러나 앞서 논의했듯이, *IS* 곡선의 불리한 이동에 따른 효과를 완전히 상쇄할 수 없더라도 통화정책은 정책이자율을 낮춤으로써 산출에 대한 부작용을 줄이는 데 도움이 될 수 있다.

요약해보자.

적자 감축 프로그램은 단기에서조차 산출을 증가시킬 수 있다. 실제로 그럴지는 많은 요인에 의존한다. 특히 다음 요인이 중요하다.

- 프로그램 신뢰성 : 발표된 대로 지출 감소와 세금 인상이 현실화될 것인가?
- 프로그램 구성 : 프로그램은 경제의 왜곡된 부분의 일부를 제거하는가?
- 최초의 정부 재정 상태 : 최초 적자의 규모는 얼마나 큰가? 이는 '최후의 기회'라 할 수 있는 프로그램인가? 실패하면 어떤 일이 발생하겠는가?
- 통화정책과 기타 정책 : 이들은 단기에 수요에 대한 직접적인 부정적 효과를 상쇄하는 데 도움이 될 것인가?

이는 성과를 결정하는 데 있어 기대의 중요성과 이런 맥락에서 재정정책의 사용과 관련된 복잡성에 대해 감을 잡게 해준다. 그리고 이는 단순한 사례를 넘어선다. 이는 2010년 초 이래 유로 지역에서 큰 논쟁거리가 되었다.

이러한 논의는 지출과 조세 수준을 현명하게 선택해 정부는 필요한 산출 수준을 달성할 수 있다는 3장의 결론과 크게 다르다. 여기서는 적자 감축의 산출에 대한 영향조차 모호하다. 현재의 재정정책 문제에 대한 ◀ 추가 논의는 22장을 참조하라.

2010년까지 급격한 경제 침체는 2009년의 수요 감소를 제한하기 위해 취해진 재정정책과 함께 대규모 재정적자와 큰 폭의 정부부채 증가를 낳았다. 대규모 적자가 영원히 지속될 수 없다는 점에는 의문의 여지가 거의 없었으며 결국 부채는 안정화되어야 했다. 질문은 언제, 어떤 속도로 이루어지느냐였다.

일부 경제학자와 유로 지역의 대다수 정책 당국은 재정건전화가 즉각 이루어져야 하고 강력해야 한다고 믿었다. 이들은 재정상황이 통제되고 있음을 투자자에게 납득시키는 것이 필수적이라고 주장했다. 이들은 미래 산출을 증가시키기 위한 구조개혁과 병행된다면 미래의 산출 증가에 대한 기대를 통한 효과가 재정건전화의 직접적인 부정적 영향을 넘어설 것이라고 주장했다. 이들은 **재정긴축**(fiscal austerity)으로 알려진 것을 주장했다.예를 들어 유럽중앙은행 총재 트리셰(Jean Claude Trichet)는 2010년 9월에 다음과 같이 말했다.

"(재정건전화는) 정부의 재정목표 신뢰성에 대한 믿음을 유지하기 위한 전제 조건이다. 믿음에 대한 긍정적 효과는 재정 구조조정 전략이 신뢰성 있고, 야심 차고, 지출에 초점을 맞추고 있다고 인식될 때 재정긴축에 따른 수요 감소를 메울 수 있다. 그러한 긍정적 효과에 대한 조건은 현재와 같은 거시경제 불확실성이 존재하는 환경에서 특히 유리하다."

다른 사람들은 더 회의적이었다. 그들은 침체된 상황을 고려할 때 긍정적 기대효과가 강할 것

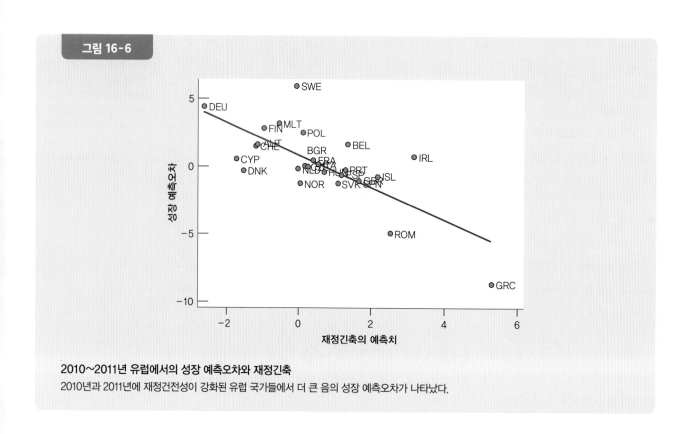

그림 16-6

2010~2011년 유럽에서의 성장 예측오차와 재정긴축
2010년과 2011년에 재정건전성이 강화된 유럽 국가들에서 더 큰 음의 성장 예측오차가 나타났다.

이라는 주장에 회의적이었다. 그들은 정책이자율이 이미 명목이자율 하한에 이르러서 통화정책은 큰 도움이 되지 못할 것이라는 점을 지적했다. 부채가 안정화될 때까지는 비록 부채 수준이 높아지더라도 느리고 지속적인 재정건전화가 필요하다고 주장했다.

이 논쟁은 **재정승수**(fiscal multiplier) 논쟁으로 알려져 있다. 강력한 긴축에 찬성하는 사람들은 재정승수, 즉 직접효과와 기대효과를 고려한 재정긴축의 순효과가 음의 **값**을 가질 수 있다고 주장했다. 재정적자의 감소는 다른 조건이 일정할 때 산출을 **증**가시킬 것이다. 이에 반대하는 사람들은 재정승수가 **양의 값**을 가지며 아마도 클 것이라고 주장했다. 적자의 감소는 산출의 위축 또는 최소한 경기회복 속도의 지연으로 이어질 것이다.

불행하게도 회의론자가 옳은 것으로 드러났다. 증거가 쌓여 감에 따라 재정건전화의 순효과는 긴축적인 것이 분명해졌다. 가장 강력한 증거는 국가 간 예측오차와 재정건전화 규모의 관계였다. 대다수 유로 국가에서 2010년과 2011년의 성상은 예측된 것보나 훨씬 저조했다. 국가별로 보면 이러한 음의 예측오차는 재정건전화 규모와 밀접한 상관관계가 있었다. 재정건전화 척도에 대비한 성장률 예측오차를 나타낸 그림 16-6에서 볼 수 있듯이 재정건전화 규모가 큰 국가에서 큰 (음의) 예측 오차가 나타났다. 이는 그리스에서 특히 두드러졌지만 다른 나라들도 마찬가지였다. 작은 양의 승수를 시사했던 모형을 사용해 예측이 이루어졌다는 점을 감안할 때, 이 증거는 재정승수가 실제로는 양수일 뿐만 아니라 가정된 것보다 컸음을 시사한다. 기대효과는 지출 감소와 세금 인상에 따른 부정적인 직접적 효과를 상쇄하지 못했다.

불확실성과 경제변동

미래는 본질적으로 불확실하다. 결과에 대해 일정한 기대를 하지만 결과가 불확실하다는 것을 알고 있다. 지금까지는 기대가 소비 및 투자 결정에 미치는 영향에 초점을 맞추고 이러한 불확실성을 무시했다. 그러나 기대가 주어졌을 때, 불확실성은 의사결정에도 영향을 미칠 수 있다. 세 가지 예를 고려하자.

두 가지 시나리오를 생각해보자. 첫 번째 시나리오에서 당신은 지금부터 1년 후에 승진하고 급여가 10% 인상될 것이라고 확신한다. 두 번째 시나리오에서는 승진할 확률이 50%이고 임금이 40% 인상되지만, 해고될 확률이 50%이다. 해고될 경우 다른 직업을 찾을 수 있지만 현재보다 20% 낮은 임금을 받을 것으로 확신한다. 기대소득은 두 경우 모두 동일하다. 즉 모두 10% 더 높아진다. 올해 소비 역시 두 시나리오 모두에서 동일할까? 아마 아닐 것이다. 두 번째 시나리오에서는 더 수의 싶게 행동하고 소비를 줄일 가능성이 높나.

이제 당신이 회사의 CEO인데, 해외 판매 일부에 영향을 미칠 수 있는 관세전쟁이 있을 것이라는 소식을 들었다고 가정하자. 하지만 소문이 아직 모호하고 영향을 받을 제품 목록도 명확하지 않다. 즉 앞의 경우와 달리 확률과 그 결과에 대한 의견조차 형성할 수 없는 경우이다. 이 경우 당신은 극도로 신중하게 행동하고 이전에 고려하던 많은 투자계획을 취소할 가능성이 매우 크다.

앞의 예를 계속 다루되 불확실성이 1년 이내에 해소될 것이라고 확신한다고 가정하자. 관세조치가 취해질지 여부와 관세가 사업에 영향을 미치는지 여부와 경로를 알게 될 것이다. 그렇다면 투자 결정을 되돌리기 어려운 경우 불확실성이 해소될 때까지 그러한 결정을 내리는 것을 기다리는 것이 좋다. 경제학자는 이러한 상황을 **기다림의 옵션 가치**(option value of waiting)를 반영한다고 말한다. 잘못된 투자 결정은 매우 큰 비용을 야기할 수 있다. 불확실성이 해소되고 올바른 결정을 내릴 수 있을 때까지 기다리는 것이 훨씬 더 적은 비용이 들 수 있다.

지금까지는 개인의 결정에 집중했다. 그러나 충분히 많은 개인과 기업이 불확실성에 노출되면 거시경제는 큰 영향을 받을 수 있다. 다음 세 가지 예를 살펴보자.

첫 번째는 대공황으로 거슬러 올라간다. 1929년 10월 주식시장이 붕괴했을 때 사람들은 미래가 예상보다 더 나쁠 것임을 깨달았다. 그러나 동시에 그들은 미래가 훨씬 더 불확실하다고 생각했다. 주식시장 붕괴는 일시적인 사건이었을까, 아니면 길고 고통스러운 경기침체를 촉발할 예정이었을까? 버클리의 로머(Christina Romer)는 낮아진 기대와 높은 불확실성 인식이 모두 작용했다고 주장한다 : 10월과 11월에 자동차 판매가 급감했다. 하지만 백화점 매출은 거의 변하지 않았다. 기대치가 낮았더라면 자동차 판매량과 백화점 판매량이 모두 줄었을 것이다. 자동차 판매는 많이 줄었지만 백화점 판매는 거의 비슷한 수준이었다는 사실은 불확실성과 기다림의 옵션 가치가 작용했음을 시사한다. 무슨 일이 일어날지 모르는 소비자들은 차를 사기 전에 기다려보기로 결정했다. 이러한 행동은 수요 감소와 미국 경제 붕괴 속도에 영향을 미쳤다.

두 번째는 대침체의 경우이다. 2008년 9월 리먼 파산 이후(6장 참조) 금융시스템이 심각한 위기에 처해 있음이 분명해졌다. 그러나 상황이 얼마나 나쁜지 평가하고 어떤 일이 일어날지 추측하는 것이 매우 어려웠다.(나는 당시 IMF에 있었기 때문에 알고 있었다.) 금융시장에 만연한 불확실성의 정도에 대한 측정치로

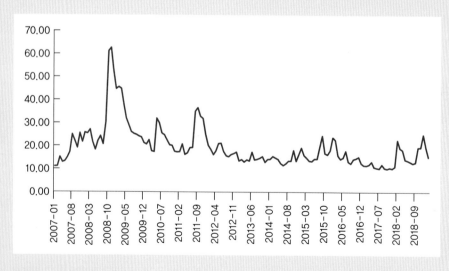

그림 1

2007년 이후 VIX의 추이

출처 : FRED, VIXCLS

VIX라 하는 주식시장 변동성 지수의 변화 추이가 그림 1에 나타나 있다. VIX는 미래에 일정 가격으로 주식을 매매하기로 하는 옵션가격을 사용해 계산된다. 투자자가 주식시장이 붕괴될 것을 우려한다면 미래에 주어진 가격에 매도할 수 있는 옵션을 갖기 위해 기꺼이 높은 가격을 지불할 것이다. 반대로, 주식시장이 빠르게 회복될 것으로 기대한다면 미래에 주어진 가격으로 매입할 수 있는 옵션을 갖기 위해 기꺼이 높은 가격을 지불할 것이다. VIX는 이러한 정보를 종합해 구성되며 주어진 시점에서 시장의 불확실성에 대한 감각을 제공한다. 그림 1은 2008년 9월과 10월에 VIX가 얼마나 급등했는지 보여준다. 이는 당시 불확실성의 급증을 반영하고 수요 급감과 깊은 경기침체에 기여했다. 또한 모호함이 얼마나 빨리 해소되고 그 이후로 얼마나 빨리 가라앉았는지 보여준다.

세 번째는 현재의 무역 긴장의 경우이다. 2016년 선거 이후 트럼프 행정부는 미국 수출품에 대한 관세가 너무 높으므로 인하해야 한다고 주장했다. 멕시코, 중국, 유럽연합(EU)과의 회담이 협상 중이지만 최종 결과가 어떻게 될지에 대해서는 상당한 불확실성이 있다. 그런 맥락에서 기업, 특히 수출기업이 일부 투자를 보류하며 협상 결과가 더 명확해질 때까지 기다릴 것으로 예상할 수 있다. 이것은 실제로 증거가 보여주는 바이다. 2019년 1월 애틀랜타 연준이 기업을 대상으로 한 설문조사에 따르면 19%가 관세협상의 결과 투자계획을 재평가하고 있는 것으로 나타났다. 그중 36%는 계획 중 일부를 연기하고 있었다. 기다림의 옵션 가치는 분명히 작용했고, 전체 투자를 크게 감소시키기에는 충분하지 않았지만 집계 데이터에서 눈에 띄기에는 충분했다.

요약

- 재화시장에서 민간지출은 현재와 기대되는 미래 산출 그리고 현재와 기대되는 미래 실질이자율에 의존한다.

- 기대되는 미래 산출이나 실질이자율의 변화는 현 시점에서의 지출과 산출의 변화를 낳는다.

- 재정 및 통화정책의 지출과 산출에 대한 영향은 정책이 미래 산출과 실질이자율에 어떤 영향을 미치는지에 의존한다.

- 합리적 기대라는 가정은 사람, 기업, 금융시장 참여자가 미래에 기대되는 정책의 경로를 평가하고, 이어서 미래의 산출과 이자율 등에 대한 시사점을 추정함으로써 미래에 대한 기대를 형성한다는 가정이다. 대부분의 사람들이 이러한 과정을 직접 하지 않는다는 것은 분명하다. 하지만 사람들이 공공 및 민간 예측기관의 예측에 의존해 간접적으로 그렇게 한다고 볼 수 있다.

- 가계, 기업, 금융시장 참여자가 합리적 기대를 하지 않는 경우도 분명히 존재한다. 그렇지만 합리적 기대의 가정은 정책의 잠정적 효과를 평가하는 가장 좋은 기준선을 제공하는 것으로 보인다. 사람들이 정책 예측에 있어 체계적 실수를 한다는 가정에 기초해 정책을 설계하는 것은 현명하지 않다.

- 중앙은행은 단기 실질이자율을 통제한다. 그러나 지출은 현재와 기대되는 미래 실질이자율에 의존한다. 따라서 통화정책의 경제에 대한 영향은 단기 실질이자율의 변화가 현재와 기대되는 미래 실질이자율의 변화를 발생시키는지와 어떤 변화를 발생시키는지에 크게 의존한다.

- 재정적자 감축은 산출을 감소시키기보다는 증가시킬 수 있나. 미래에 있어 산출 증가와 이자율 하락이 발생할 것으로 기대하면 지출 증가가 발생할 수 있기 때문이다. 이로 인한 지출 증가 효과가 적자 감축에 따른 총지출 감소의 효과를 넘어서면 재정적자 감축은 산출 증가를 낳는다. 물론 이는 재정 감축의 속도, 신뢰성, 성격, 수요를 수용하고 유지하려는 통화정책의 능력에 의존한다.

핵심 용어

기다림의 옵션 가치(option value of waiting)
동물적 충동(animal spirit)
신뢰성(credibility)
연기(backloading)
재정긴축(fiscal austerity)
재정승수(fiscal multiplier)
재정승수(fiscal multipliers)

적응적 기대(adaptive expectation)
정태적 기대(static expectation)
총민간지출 또는 민간지출(aggregate private spending or private spending)
합리적 기대(rational expectation)
VIX

연습문제

기초문제

1. 이 장의 내용에 기초해 다음에 대해 '사실', '거짓', '불확실' 여부를 밝히고 그 이유를 간단히 설명하라.

   a. 현재의 1년 실질이자율 변화는 기대되는 미래의 1년 실질이자율 변화보다 지출에 훨씬 더 큰 영향을 미칠 것이다.

   b. 재화시장 모형에 기대를 도입하면 *IS* 곡선은 여전히 음의 기울기를 갖지만 더 평평해진다.

   c. 투자는 현재와 미래에 기대되는 이자율에 의존한다.

   d. 합리적 기대 가정은 소비자가 미래의 재정정책이 산출에 미치는 영향을 고려할 것임을 시사한다.

   e. 기대되는 미래의 재정정책은 기대되는 미래의 경제활동에는 영향을 미치지만, 현재의 경제활동에는 영향을 미치지 못한다.

   f. 기대에 대한 영향에 따라 재정긴축은 실제로 경제팽창을 낳을 수 있다.

   g. 아일랜드에서의 1982년과 1987년의 재정긴축 프로그램의 경험은 재정긴축이 산출 팽창을 낳을 수 있다는 가설에 반하는 강력한 증거를 제공한다.

   h. 2010년과 2011년 유로 지역의 경험은 재정건전화가 기대를 통해 산출의 상당한 증가를 낳는다는 것을 시사한다.

2. 최근 연준의 정책에 관한 다음 두 인용문을 고려하자.

   a. 2012년 1월 25일, 미 연준은 두 가지 발표를 했다. 다음은 각각에서 발췌한 내용이다.

   <u>단기 이자율 경로에 대한 발표</u> : 더 강력한 경제회복을 지원하고 시간이 지남에 따라 인플레이션이 이중 책임(dual mandate: 물가안정과 완전고용)과 일관되도록 연준은 통화정책에 대해 고도로 수용적인 자세를 유지할 것으로 기대한다. 특히 연준은 오늘 연방기금금리 목표 범위를 0~0.25%로 유지하기로 결정했으며, 현재 자원의 저조한 활용률과 중기 인플레이션의 하향 전망 등의 경제 여건을 고려할 때 최소한 2014년 말까지 연방기금금리를 극히 낮은 수준에서 유지하는 것이 필요하다고 예상했다.

   <u>목표 인플레이션의 발표</u> : 장기적으로 인플레이션율은 주로 통화정책에 의해 결정되므로 연준은 인플레이션 장기 목표를 정할 수 있다. 연준은 소비자물가지수의 연간 변화로 측정한 2%의 인플레이션율이 장기적으로 연준의 법적 권한과 가장 부합한다고 판단한다. 이 인플레이션 목표를 국민에게 명확하게 전달하면 장기 인플레이션 기대치를 확고하게 고정시켜 물가안정과 적정한 장기 이자율을 촉진하고 심각한 경제적 혼란에 직면했을 때 최대 고용을 촉진하는 연준의 능력을 강화할 수 있다.

   두 발표의 전체적 목표는 무엇이라고 생각하는가? 이들은 실질이자율에 무엇을 시사하는가?

   b. 2018년 12월 19일 통화정책 발표 : 11월 연방공개시장위원회(Federal Open Market Committee) 이후 입수된 정보에 따르면 노동시장 활황이 지속되고 경제활동이 강

한 속도로 강화되고 있다. 최근 몇 개월 동안 일자리 증가는 평균적으로 강세를 보였으며, 실업률은 낮은 수준을 유지했다. 가계지출은 강세를 이어간 반면 기업 고정투자 증가는 연초보다 다소 둔화되었다. 12개월 기준으로 전체 인플레이션과 식품 및 에너지 제외 품목에 대한 인플레이션 모두 2%에 가깝다. 장기 인플레이션 기대치를 나타내는 지표는 대체로 거의 변하지 않았다.

법적 책임에 따라 연준은 최대 고용과 물가안정을 촉진하기 위해 노력한다. 연준은 연방기금금리 목표 범위를 점진적으로 높이는 것은 경제활동의 지속적 확장, 강력한 노동시장 조건, 연준의 2% 중기 목표에 근접하는 인플레이션과 일관된 것이라고 판단한다.

현재 및 미래에 예상되는 노동시장 상황과 인플레이션을 고려해 연준은 연방기금금리 목표 범위를 2.25%에서 2.5%로 인상하기로 결정했다.

이번 발표의 정책이자율 목표 범위는 어떻게 되었는가? 향후 정책이자율 방향에 대해 어떤 정보가 제공되었는가? 그 결정은 어떻게 정당화되었는가? 이번 발표를 통해 중립적 이자율 수준을 유추할 수 있는가?

3. 다음 각각에 대해 *IS* 곡선과 *LM* 곡선 중 무엇이 이동할지, 동시에 이동할지, 아니면 아무런 이동이 없을지를 결정하라. 각 경우에 있어 아무런 외생변수도 변화하지 않는다고 가정하라.

   a. 기대되는 미래의 실질이자율 감소
   b. 현재의 실질 정책이자율 증가
   c. 미래에 기대되는 세금 증가
   d. 미래에 기대되는 소득의 감소

4. 다음 주장을 논의하라. "합리적 기대 가정은 비현실적이다. 본질적으로 모든 소비자가 경제에 대한 완벽한 지식을 갖는다고 가정하는 셈이 되기 때문이다."

5. 대선 기간 동안 세금 이하를 약속한 새 대통령이 방금 선출되었다. 사람들은 대통령이 약속을 지키겠지만, 세금 인하는 미래에 집행될 것으로 믿는다. 다음의 각 가정이 성립한다고 할 때 선거가 현재 산출, 현재 이자율, 현재 민간지출에 미치는 영향을 결정하라. 각 경우에 있어, 그리고 Y'^e, r'^e, T'^e에 이떤 일이 발생할지를 나타내고 기대에 대한 이러한 변화가 현재 산출에 어떤 영향을 미칠 것인지 생각하라.

   a. 중앙은행이 현재 실질정책이자율을 바꾸지 않는다.
   b. 중앙은행은 미래 산출의 변화를 방어할 정책을 취할 것이다.
   c. 중앙은행은 미래 이자율의 변화를 방어할 정책을 취할 것이다.

6. 아일랜드의 적자 감축 패키지

   초점상자 '재정적자 감축은 산출팽창으로 이어질 수 있을까? 1980년대 아일랜드'는 재정건전화 사례를 제공한다. 아일랜드는 1981~1982년에 막대한 재정적자를 기록했다.

   a. 적자 감축의 중기와 장기에서의 시사점은 무엇인가? 적자를 감축하는 데 따른 장점은 무엇인가?
   b. 이 초점상자는 두 가지 적자 감축 프로그램을 논의한다. 어떻게 다른가?
   c. 이 초점상자는 두 가지 적자 감축 프로그램이 가계의 기대에 다른 영향을 미쳤다는 증거를 제시한다. 그 증거는 무엇인가?
   d. 데이터는 1987~1989년에 높은 경제성장률을 보였지만 두 번째 재정건전화 과정에서 아일랜드의 거시경제가 계속 약화되었다는 증거가 있다. 그 증거가 무엇인가?

심화문제

7. 새로운 중앙은행장의 임명

   가상적 경제에서 미국의 중앙은행장, 즉 연준의장이 예상과 달리 1년 안에 은퇴할 것을 발표했다고 하자. 동시에 대통령은 새로운 임명자가 중앙은행장을 대체할 것이라고 발표했다. 금융시장 참여자는 의회에서 새로운 임명자가 인준될 것으로 예상한다. 아울러 금융시장에서는 새로운 중앙은행장이 미래에 더 긴축적인 통화정책을 수행할 것으로 믿고 있다. 다시 말해 시장 참여자는 통화공급이 미래에 감소할 것으로 기대한다.

   a. 현재 시점을 현 중앙은행장 임기의 마지막 연도라 하고 미래를 그 이후라 하자. 통화정책이 미래에 더 긴축적이라면 미래 이자율과 산출(최소한 잠시만이라도 산출이 잠재 GDP에 복귀하기 전이라 하자)은 어떻게 되겠는가? 이러한 미래 산출과 이자율이 예측되었다고 할 때 현재의 산출과 이자율은 어떻게 되겠는가? 중앙은행장이 1년 안에 은퇴할 것이라는 발표가 있은 날 수익률곡선에

는 어떤 일이 발생하겠는가?

예상과 다른 발표 대신 중앙은행장이 법률에 의해 1년 안에 은퇴해야 하고(연준의장의 임기에는 제한이 있다) 금융시장 참여자는 일정 기간 동안 이를 인식해 왔다고 하자. (a)에서와 마찬가지로 대통령이 현 중앙은행장보다 더 긴축적인 통화정책을 수행할 것으로 기대되는 인물을 새로 임명한다고 하자.

b. 금융시장 참여자는 대통령의 선택에 놀라지 않았다고 하자. 다시 말해 시장 참여자는 대통령이 새로운 중앙은행장으로 누구를 임명할지 올바르게 예측했다고 하자. 이 상황에서 새로운 임명자 발표는 수익률곡선에 영향을 미치겠는가?

c. 대신 새로운 임명자가 예상치 못한 인물이고 금융시장 참여자는 새로운 임명자가 현 중앙은행장보다 훨씬 더 팽창적인 통화정책을 선호할 것으로 기대했다고 가정하자. 이러한 상황에서 발표한 당일의 수익률곡선에는 어떤 일이 발생할 것인가? (힌트 : 주의하라. 기대되었던 것과 달리 실제 임명자는 더 긴축적인 정책을 시행하겠는가, 아니면 더 팽창적인 통화정책을 시행할 것으로 예상되는가?

d. 2017년 11월 2일 파월(Jerome Powell)은 옐런(Janet Yellen)의 뒤를 이어 연준 의장으로 지명되었다. 10년 만기 국채수익률(FRED 변수 DGS10)과 다우존스 평균주가(FRED 변수 DJCA)를 확인할 수 있다. 금융시장 참가자가 파월의 지명에 놀랐음을 시사하는 주가나 채권 수익률 변화가 있는가? 파월의 지명을 전후한 기간 동안 8번 문제에 설명된 형태의 수익률곡선 분석을 수행할 수 있다. (이 경우 1년, 10년 이자율을 사용한다.)

추가문제

8. 재정적자와 재정건전화

다음 표에서 볼 수 있듯이 2008년 위기로 인해 2009년 미국은 막대한 연방예산 적자를 기록했다. 2011년 이후로 상당한 재정건전화가 있었지만 실질산출은 계속 증가했다.

2009~2014년 미국의 재정건전화				
연도	세입 (GDP 대비 %)	지출 (GDP 대비 %)	흑자 또는 적자(−) (GDP 대비 %)	경제성장률 (%)
2008	17.1	20.2	−3.1	−0.3
2009	14.6	24.4	−9.8	−2.8
2010	14.6	23.4	−8.7	2.5
2011	15.0	23.4	−8.5	1.6
2012	15.3	22.1	−6.8	2.3
2013	16.7	20.8	−4.1	2.2
2014	17.5	20.3	−2.8	2.4

출처 : Economic Report of the President 2015, table B-1, table B-20.

a. 세금 인상과 지출 감소 중 무엇이 재정건전화에 큰 역할을 했는가?

b. 본문의 용어를 사용해 2009년 현재 재정건전화가 예상된다면, 그것은 '연기(backloading)(경제가 회복한 후의 재정건전화)'되었는가? 재정건전화가 산출 증가에 미치는 영향을 최소화하는 데 이 방법은 어떤 도움을 줄 것인가?

c. 2번 문제와 4장, 6장으로부터 통화정책은 이 기간 동안 명목정책이자율을 0%에 가깝게 유지했고 미래에도 저금리를 지속할 것이라고 약속했다는 것을 알 수 있다. 왜 그렇게 했겠는가?

d. 연준은 2012년 1월 25일 건전화 기간 동안 인플레이션 목표율을 도입했다. 인플레이션이 명목정책이자율이 0% 하한에 있고 재정건전화가 이루어지는 시기에 2% 인플레이션율을 목표로 하는 정책을 도입한 이점은 무엇인가?

e. 앞 장의 미시간대학교 소비자 신뢰지수를 미래에 대한 가계의 기대치 척도로 사용했다. FRED 데이터베이스에서 이 지수(UMCSENT 시계열)를 찾아볼 수 있다. 재정건전화가 진행됨에 따라 2010~2014년의 이 지수를 찾아 그 추이를 논의하라.

더 읽을거리

- 불확실성이 거시경제에 미치는 영향에 대한 일반적 논의는 다음을 참조하라. "Fluctuations in Uncertainty" by Nicolas Bloom, *Journal of Economic Perspectives*, Spring 2014.

- 불확실성의 영향에 대한 더 많은 증거를 보려면 다수의 국가에서 다양한 지수 추이를 보여주는 www.policy-uncertainty.com을 참조하라.

- 관세가 미국 기업의 의사결정에 미치는 영향에 대한 연구는 다음을 참조하라. https://macroblog.typepad.com/macroblog/2019/02/tariff-worries-and-us-business-investment-take-two.html.

개방경제

다음 4개 장은 핵심 모형을 두 번째로 크게 확장한다. 이 장들은 개방성, 즉 대부분의 경제가 재화와 자산을 외국과 교환한다는 사실이 주는 시사점을 살펴본다.

Chapter 17

17장은 재화시장과 금융시장의 대외 개방이 주는 시사점을 논의한다. 재화시장이 개방되어 있으면 사람들은 국내 재화와 외국 재화(또는 국내재와 외국재) 간 선택을 할 수 있다. 사람들의 의사결정에 있어 중요한 결정요인은 국내재로 표시한 외국재의 상대가격, 즉 실질환율이다. 금융시장이 개방되어 있으면 사람들은 국내 자산과 해외 자산 간에 선택을 할 수 있다. 이는 환율(현재 환율과 기대환율 모두를 포함)과 국내외 이자율 간의 밀접한 관계, 즉 *이자율 평형조건*으로 알려진 관계를 부과한다.

Chapter 18

18장은 개방경제에서 재화시장 균형에 초점을 맞춘다. 이 장은 국내재 수요가 어떻게 실질환율에 의존하는지 보여준다. 어떻게 재정정책이 산출과 무역수지에 영향을 미치는지 살펴보고, 환율 절하가 무역수지 개선과 산출 증가를 가져올 조건을 논의한다.

Chapter 19

19장은 개방경제에서 재화시장과 금융시장 균형의 특성을 규명한다. 다시 말해 핵심적인 *IS-LM* 모형이 개방경제하에서 어떻게 수정되는지 보여준다. 변동환율제도하에서 통화정책이 이자율뿐만 아니라 환율을 통해 어떻게 산출에 영향을 미치는지 살펴본다. 이 장은 환율을 고정하는 것이 이자율을 변경할 수 있는 능력을 포기하는 것임을 보인다.

Chapter 20

20장은 상이한 환율체제의 특성을 살펴본다. 이 장은 고정환율제도하에서 실질환율이 중기에 어떻게 조정될 수 있는지 우선 보여준다. 이어서 고정환율제도하에서의 환율 위기를 살펴보고 변동환율제도하에서 환율 행태를 검토한다. 이 장은 유로와 같은 공통통화의 수용을 포함한 다양한 환율체제에 대한 찬반양론을 논의하며 마친다.

재화시장과 금융시장 개방

지금까지 경제가 '폐쇄'되었다고, 즉 경제가 다른 국가와 상호작용하지 않는다고 가정했다. 현상을 단순화하고 기본적인 거시경제 메커니즘에 대한 직관을 구축하기 위해 이런 방식으로 시작해야만 했다. 그림 17-1은 이러한 가정이 얼마나 부적절한지를 보여준다. 그림은 2005년 이후 선진국과 신흥경제의 경제성장률을 보여준다. 놀라운 점은 성장률이 함께 움직여 왔다는 것이다. 미국에서 위기가 비롯했다는 사실에도 불구하고, 결과는 전 세계적인 경기침체로 선진국과 신흥경제 모두에서 음의 성장률이 나타났다. 따라서 이 가정을 완화할 위치에 와 있다. 이 장과 다음 3개 장에서 경제 개방의 거시경제적 시사점을 이해하는 데 주력할 것이다.

'개방'은 세 가지 상이한 측면이 있다.

1. **재화시장 개방** — 국내재와 외국재 간에 선택을 할 수 있는 소비자와 기업의 능력. 어떤 국가도 이 선택을 아무런 제한 없이 방치하지 않는다. 자유무역에 가장 적극적인 국가들조차도 수입재에 세금, 즉 **관세**(tariff)를 부과하며 일부 외국재에는 수입할 수 있는 재화의 규모에 대한 제한, 즉 **수입쿼터**(quota)를 부과한다. 동시에 대다수 국가에서 평균 관세율은 낮으며 점점 낮아지고 있다.

2. **금융시장 개방** — 금융시장 투자자가 국내자산과 해외자산 간에 선택할 수 있는 능력. 최근까지 프랑스와 이탈리아처럼 세계에서 가장 부유한 국가들조차도 **자본통제**(capital control), 즉 국내거주자가 보유할 수 있는 해외자산이나 외국인이 보유할 수 있는 국내자산에 대한 제약을 유지해왔다. 그러나 이 제약은 빠른 속도로 사라지고 있다. 결과적으로 각국 금융시장은 점점 더 밀접하게 통합되어 가고 있다.

3. **요소시장 개방** — 기업이 생산 지역을 선택할 수 있고 노동자들은 일할 지역을 선택할 수 있는 능력. 여기에서도 추세는 명백하다. 다국적 기업은 많은 국가에서 공장을 운영하며 낮은 비용을 활용하기 위해 세계 전역에 걸쳐 조직을 이동시킨다. 1993년 미국, 캐나다, 멕시코가 체결한 **북미자유무역협정**(North American Free Trade Agreement, NAFTA)에 관한 논쟁의 대부분은 이 협정이 미국 기업이 멕시코로 다시 배치되는 현상에 미치는 영향에 집중되었다. 비슷한 우려가 중국에 집중되고 있다. 그리고 저임금 국가로부터의 이민은 유럽에서 미국에 이르기까지 많은 국가에서 뜨거운 정치 문제가 되고 있다.

이 장과 다음 3개 장의 초점이 되는 단기와 중기에 있어 요소시장 개방은 재화시장이나 금융시장 개방보다 큰 역할을 하지 못한다. 따라서 요소시장 개방성을 무시하고 개방이 처음 두 측면이 주는 시사점에 초점을 맞춘다.

그림 17-1

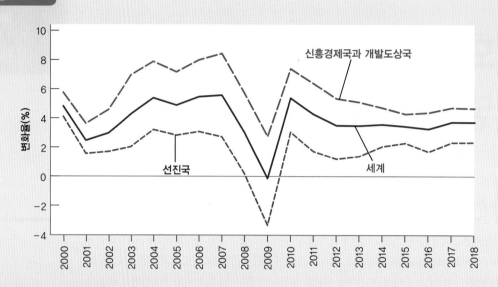

선진국과 신흥경제국의 성장(2000년 이후)
선진국, 신흥경제, 개발도상국 경제는 매우 밀접하게 함께 움직인다.

출처 : IMF, World Economic Outlook Database, Oct 2015.

17-1절은 재화시장 개방, 국내재와 외국재 간 선택의 결정요인인 실질환율의 역할을 살펴본다.

17-2절은 금융시장 개방, 국내자산과 해외자산 간 선택의 결정요인인 이자율과 환율의 역할을 살펴본다.

17-3절은 이어지는 3개 장을 전체적으로 개관한다.

> 이 장의 메시지 : 개방경제를 고려할 때 국내재와 외국재의 선택, 국내자산과 외국자산의 선택 모두를 생각해야 한다. ▶▶▶

17-1 재화시장의 개방

미국이 여타 세계로부터 얼마나 많은 재화를 사고파는지부터 살펴보며 시작하자. 그러고 나면 국내재화와 외국재화 간의 선택 그리고 국내재로 나타낸 외국재의 상대가격, 즉 실질환율에 대해 생각할 수 있는 위치에 서게 될 것이다.

수출과 수입

그림 17-2는 1960년 이래 미국의 수출과 수입 추이를 GDP 대비 비율로 나타내고 있다('미국의 수

그림 17-2

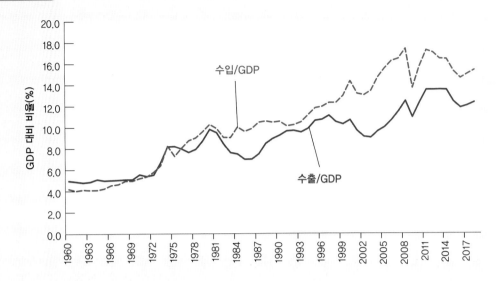

1960년 이래 미국 수출과 수입의 GDP 대비 비율

1960년 이래 수출과 수입(GDP 대비)은 대략 3배 증가했다. 미국 경제의 대외 개방도는 더 높아졌다.

출처 : Series GDP, EXPGS, IMPGS. Federal Reserve Economic Data (FRED) https://research.stlouisfed.org/fred2/

출'은 미국으로부터의 수출을 의미하고 '미국의 수입'은 미국으로의 수입을 의미한다). 그림은 두 가지 중요한 결론을 내리게 한다.

■ 미국 경제는 시간이 흐를수록 더 개방되어 가고 있다. 수출과 수입은 1960년대 초에는 GDP의 약 5%였지만 현재는 GDP의 약 14%에 달한다(수출의 경우 12.3%, 수입의 경우 15.4%). 달리 말해 미국은 50년 전에 했던 것보다 다른 나라들과 GDP 대비 3배 이상의 무역을 하고 있다.

■ 수입과 수출은 대체적으로 같이 상향 추세를 밟아 왔지만, 1970년대 후반 이후 수입은 지속적으로 수출을 초과해 왔다. 달리 말해 지난 40년간 미국은 지속적인 무역적자를 기록했다. 2000년대 중반 4년간 연속으로 GDP 대비 무역적자 비율은 GDP의 5%를 초과했다. 위기가 시작된 후 무역적자 비율은 감소했지만, 오늘날에도 여전히 높아 3%에 머물러 있다. 대규모 재정적자의 원인과 시사점은 중요한 문제로 후에 다룰 것이다.

◀ 3장에서 무역수지는 수출과 수입의 차로 정의했다. 수출이 수입을 초과하면 무역흑자(양의 무역수지)가 나타난다. 수입이 수출을 초과하면 무역적자(음의 무역수지)가 나타난다.

언론에서의 **글로벌화**에 관한 무수한 논평을 감안해볼 때 GDP 대비 약 14%의 무역 규모(GDP 대비 수출입 비율의 평균)는 사소하게 보일 것이다. 그러나 무역 규모가 개방도를 나타내는 적절한 지표일 필요는 없다. 많은 기업이 외국기업과의 경쟁에 노출되어 있지만 경쟁적이고 제품가격을 충분히 낮게 유지함으로써 이들 기업은 국내에서의 시장 비중을 유지하고 수입을 억제할 수 있다. 결국 수출이나 수입 비율보다 더 나은 개방 지수는 **교역재**(tradable goods), 즉 국내시장이나 외국

표 17-1	OECD 국가에서의 GDP 대비 수출 비율(2017년)		
국가	수출 비율(%)	국가	수출 비율(%)
미국	12.3	독일	47.2
일본	16.1	오스트리아	53.9
칠레	28.7	스위스	65.0
영국	30.5	네덜란드	86.4

출처 : World Bank database, exports

교역재에는 자동차, 컴퓨터 등 ▶
이 포함되고, 비교역재에는 주
택, 대부분의 의료 서비스, 미
용 등이 포함된다.

시장에서 외국재화와 경쟁하는 재화로 구성된 총산출의 비율이다. 추정에 따르면 교역재는 오늘날 미국에서 총산출의 약 60%를 나타낸다.

하지만 수출이 GDP의 12.3% 정도이므로 미국이 세계의 부국 중에서 GDP 대비 수출 비율이 가장 낮은 국가 중 하나임은 사실이다. 표 17-1은 다수의 OECD 국가에서 GDP 대비 수출 비율을 보여준다.

OECD와 그 회원국 구성에 대 ▶
해서는 1장을 참조하라.

미국은 수출 비율이 가장 낮은 국가에 속한다. 일본은 약간 높으며 영국은 거의 3배에 달한다. 독일은 4배 높다. 그리고 유럽의 소국들은 스위스 65.0%, 네덜란드 86.4% 등 높은 비율을 보이고 있다. (네덜란드의 GDP 대비 높은 수출 비율 86.4%는 기이한 가능성을 제기한다. 수출이 GDP를 넘어설 수 있을까? 달리 말해 어떤 나라의 수출 비율이 1보다 클 수 있을까? 답은 '그렇다'이다. 그 이유는 초점상자 '수출이 GDP보다 클 수 있는가?'에 있다.)

이 수치들은 미국이 이를테면 영국이나 네덜란드에 비해 더 많은 무역장벽이 있다는 것을 말할까? 아니다. 이 차이를 낳는 주요 요인은 국가의 지리적 위치와 규모이다. 다른 시장으로부터의 거리는 일본의 낮은 수출 비율의 상당 부분을 설명한다. 국가 규모 역시 중요하다. 국가가 작을수록 생산에 더 특화되어야 하고 소수의 제품만을 수출하며, 다른 상품에 대해서는 수입품에 의존해야 한다. 네덜란드는 경제 규모가 약 20배에 달하는 국가인 미국이 생산하는 모든 종류의 재화를 생

아이슬란드는 격리되어 있는 ▶
소규모 국가이다. 이 국가의 수
출 비율은 얼마나 되리라고 기
대하는가? (답 : 47%)

산할 여력을 갖기는 어렵다.

국내재와 외국재 간 선택

재화시장 개방에 대한 고려가 재화시장에서의 균형을 살펴보는 방법에 어떤 영향을 미칠까?

지금까지 재화시장에서 소비자의 의사결정을 생각할 때 저축과 소비의 결정에 초점을 맞추었다. 재화시장이 개방되어 있으면 국내 소비자는 두 번째 의사결정 문제를 접하게 된다. 그것은 바로 국내에서 생산된 재화를 구입할 것인지 아니면 외국에서 생산된 재화를 구입할 것인지의 문제다. 사실 국내외 기업과 정부를 포함한 모든 구매자는 동일한 문제에 접한다. 이 결정은 국내산출에 직접적인 영향을 미친다. 만약 구매자가 더 많은 국내재를 매입하면, 국내재에 대한 수요가 증

수출이 GDP보다 클 수 있는가?

한 국가가 GDP를 초과하는 수출을 할 수 있는가? 즉 수출 비율이 1보다 클 수 있는가?

그렇지 않은 것으로 보일 수 있다. 자신이 생산하는 것보다 더 많이 수출할 수 없으므로 수출 비율은 1보다 작아야 할 것이다. 하지만 그렇지 않다. 답에 대한 열쇠는 수출과 수입이 중간재에 대한 수출과 수입을 포함할 수 있다는 점을 인식하는 데 있다.

예를 들어 어떤 나라가 중간재를 10억 달러 수입하는 경우를 고려하자. 이 나라는 이어서 노동만을 사용해 이들 중간재를 최종재로 변화시킨다. 노동자에게 2억 달러가 지불되고 이윤은 없다고 하자. 이 경우 이들 최종재의 가치는 12억 달러와 같다. 최종재 중 10억 달러

만 수출되고 2억 달러는 국내에서 소비된다고 하자.

결국 수출과 수입은 모두 10억 달러이다. 이 경제의 GDP는 얼마일까? GDP는 경제 내에서 부가된 가치이다(2장 참조). 따라서 이 예의 경우 GDP는 2억 달러와 같고 GDP 대비 수출 비율은 10억 달러/2억 달러 = 5와 같다.

따라서 수출이 GDP를 초과할 수 있다. 실제로 이는 대부분의 경제활동이 항구와 수출입 활동을 중심으로 조직되어 있는 많은 소규모 국가에서 발생한다. 이는 제조업이 중요한 역할을 하는 싱가포르와 같은 소규모 국가에도 적용된다. 2017년에 싱가포르의 GDP 대비 수출 비율은 173%였다.

가하고 결과적으로 국내산출도 증가한다. 만약 외국재를 더 구입하면 국내산출 대신 외국의 산출이 증가한다.

이 두 번째 의사결정(국내재와 외국재 간 선택)에서 중심적인 요소는 외국재 가격에 대비한 국내재의 상대가격이다. 이 상대가격을 **실질환율**(real exchange rate)이라 부른다. 실질환율은 직접적으로 관찰할 수 없고 신문에서도 발견할 수 없다. 신문에서 볼 수 있는 것은 통화의 상대가격인 **명목환율**이다. 따라서 이 절의 나머지 부분은 명목환율을 살펴보는 데서 출발해 이어서 어떻게 명목환율을 이용해 실질환율을 구축할 수 있는지 살펴본다.

> ◀ 폐쇄경제에서 사람들은 한 가지 선택 문제에 직면한다. 바로 저축 대 구입(소비)의 문제이다. 개방경제에서는 두 가지 선택을 해야 하는데, 저축 대 구입과 국내재 구입 대 외국재 구입이 그것이다.

명목환율

두 통화 간 명목환율은 두 가지 방식으로 나타낼 수 있다.

- 외국통화를 기준으로 한 국내통화의 가격. 예를 들어 미국과 영국을 대상으로 달러를 국내통화로 그리고 파운드를 외국통화로 간주한다면, 명목환율은 파운드를 기준으로 한 달러의 가격으로 표시할 수 있다. 2018년 12월 이런 식으로 정의된 환율은 0.79였다. 달리 말해 1달러는 0.79파운드의 가치를 가졌다.

- 국내통화를 기준으로 한 외국통화의 가격. 동일한 예를 사용해 명목환율은 달러화를 기준으로 한 파운드의 가격으로도 표시할 수 있다. 이런 식으로 정의된 환율은 2018년 12일 1.26이었다. 다시 말해 1파운드는 1.26달러의 가치를 가졌다.

> ◀ 경고 : 이 정의 중 무엇을 사용하느냐에 대해 경제학자나 언론에서 합의된 규칙은 없다. 둘 모두를 마주칠 것이다. 항상 어떤 정의가 사용되었는지 검토하라.

어떤 정의를 사용하든 상관없다. 중요한 점은 일관되게 사용해야 한다는 것이다. 이 책에서는 첫 번째 정의를 사용한다. 즉, **명목환율**(nominal exchange rate)을 국내통화로 나타낸 외국통화의 가격으로 정의할 것이고 E로 표기한다. 예를 들어 미국과 영국의 환율을 살펴볼 때(미국의 입장에서 달러는 국내통화), E는 달러화로 나타낸 파운드의 가격을 지칭한다(예를 들어 E는 2018년 12월에 0.79였다).

E : 명목환율 — 국내통화로 표 ▶ 시한 외국통화의 가격(영국의 관점에서 미국을 살펴보면 달러로 표시한 파운드화의 가격이다.)

달러와 대다수 외국통화 간 환율은 외환시장에서 결정되며 매일, 매분 변화한다. 이 변화는 **명목절상** 또는 **명목절하**(간단히 절상 또는 절하)라 불린다.

국내통화의 절상 ⟺ 국내통화 표시 외국통화가격의 하락 ⟺ ▶ 환율의 하락

- 국내통화의 **절상**(appreciation)은 국내통화로 나타낸 외국통화 가격의 하락을 의미한다. 이 책이 따르는 환율의 정의에 의하면 절상은 환율 E의 하락에 대응한다.

- 국내통화의 **절하**(depreciation)는 국내통화로 나타낸 외국통화 가격의 상승을 의미한다. 이 책이 따르는 환율의 정의에 의하면 절하는 환율 E의 상승에 대응한다.

국내통화의 절하 ⟺ 국내통화 ▶ 표시 외국통화가격의 상승 ⟺ 환율의 상승

여러분은 환율의 움직임을 나타내는 두 가지 다른 단어인 '평가절상'과 '평가절하'를 만난 적이 있을 것이다. 이 두 용어는 **고정환율**(fixed exchange rate)제도를 운영하는 국가에서 사용한다. 고정환율제도는 2개국 이상의 국가가 통화 간 환율을 일정하게 유지하는 제도이다. 이 제도하에서 환율의 하락은 정의상 빈번하지 않지만 (절상이라 하지 않고) **평가절상**(revaluation)이라 불린다.

고정환율제도는 20장에서 논 ▶ 의할 것이다.

환율의 상승은 (절하라 하지 않고) **평가절하**(devaluation)라 불린다.

그림 17-3은 1971년 이래 달러와 파운드 간 명목환율을 나타낸다. 그림의 두 가지 중요한 특징에 주목하라.

- **환율의 추세적 하락.** 1971년에 달러/파운드 환율은 2.44였다. 2015년 달러/파운드 환율은 1.54달러로 하락했다. 즉 시간이 지남에 따라 파운드화 대비 달러화는 절상되었다.

- **환율의 대폭적 변동.** 1980년대에 달러의 가치가 파운드 대비 2배 이상 높아진 급격한 절상은 거의 유사한 급격한 절하로 이어졌다. 2000년대 들어 대규모 절하는 위기가 시작됨에 따라 대규모 절상으로 이어졌고, 이후 소폭의 절하로 연결되었다. 2010년대에 환율은 2016년 6월 브렉시트 투표로 다시 환율 상승으로 이어질 때까지 거의 변동이 없었다.

그러나 이 절의 관심은 국내재화와 외국재화 간 선택에 있기 때문에 명목환율은 필요한 정보의 일부에 지나지 않는다. 예를 들어 그림 17-3은 달러와 파운드 두 통화의 상대적 가격에 대해서만 말해줄 뿐이다. 영국을 방문하려는 미국 여행자의 관심은 자신의 달러화로 얼마나 많은 파운드화를 얻을 수 있는지뿐만 아니라 영국에서 재화의 구입비용이 미국에 비해 얼마나 더 큰지에도 관심을 갖는다. 결국 다음 단계, 즉 실질환율의 구축이 필요한 것이다.

명목환율에서 실질환율로

어떻게 미국과 영국 간 실질환율, 즉 미국 재화로 표시한 영국 재화의 가격을 구축할 수 있을까?

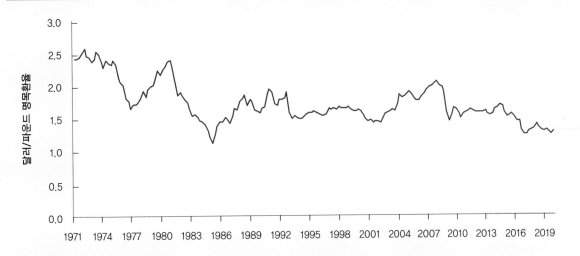

그림 17-3

1971년 이후 달러/파운드 명목환율 추이

비록 지난 40년간 달러화가 파운드화 대비 절상되었지만, 이 절상은 두 통화의 명목환율에 있어서 상당한 변동을 동반했다.

출처 : FRED DEXUSUK

　　미국은 오직 한 가지 재화인 캐딜락(Cadillac)만을 생산하고 영국 역시 재규어(Jaguar)만을 생산한다고 하자. (이 '가정'은 현실과 크게 배치되지만 곧 보다 현실적으로 변경될 것이다.) 미국 재화(캐딜락)로 표시한 영국 재화(재규어)의 가격인 실질환율을 구축하는 과정은 단순하다. 두 재화를 동일한 통화로 나타내고 이어서 그 상대가격을 비교하면 된다.

▶ 대신 두 재화를 모두 달러로 나타내더라도 실질환율에 대해 동일한 결과를 얻게 될지 검토하라.

　　예를 들어 두 재화를 파운드로 나타내었다고 하자.

- 첫 단계는 캐딜락의 달러표시 가격을 파운드표시 가격으로 전환하는 것이다. 미국에서 캐딜락의 가격은 40,000달러이다. 달러는 말하자면 0.79파운드의 가치가 있어 캐딜락의 파운드표시 가격은 40,000달러에 0.79를 곱한 31,600파운드이다.

- 두 번째 단계는 캐딜락의 파운드표시 가격에 대비한 재규어의 파운드표시 가격의 비율을 계산하는 것이다. 영국에서 재규어의 가격은 30,000파운드이다. 따라서 캐딜락의 재규어표시 가격, 즉 미국과 영국 간 실질환율은 31,600파운드/30,000파운드 = 1.05이다. 캐딜락은 재규어보다 5% 더 비쌀 것이다.

　　단순한 이 예를 어떻게 일반화할 수 있을까? 미국과 영국은 각각 캐딜락과 재규어만을 생산하는 것이 아니다. 이 절에서는 미국에서 생산되는 모든 재화로 표시된 영국에서 생산되는 모든 재화의 상대가격을 반영하는 실질환율을 구축하고자 한다.

　　방금 거쳐 온 계산방법이 진행방법을 말해준다. 재규어 가격이나 캐딜락 가격 대신 영국에서 생

그림 17-4

실질환율의 구축

산된 모든 재화에 대한 물가지수와 미국에서 생산된 모든 재화에 대한 물가지수를 사용해야 한다. 2장에서 소개한 GDP 디플레이터가 바로 이 역할을 한다. 정의상 GDP 디플레이터는 경제에서 생산된 최종 재화와 서비스 집합에 대한 물가지수이다.

P를 미국의 GDP 디플레이터, P^*를 영국의 GDP 디플레이터[이 책에서는 별 표시(*)로 외국변수를 나타내기로 한다], 그리고 E를 달러/파운드 명목환율이라 하자. 그림 17-4는 실질환율을 구축하는 데 거치는 단계를 보여준다.

■ 파운드로 표시된 영국재화의 가격은 P^*이다. 이를 환율(파운드의 달러표시 가격) E로 곱하면 달러화로 표시된 영국재화의 가격 EP^*를 얻는다.

ε : 실질환율은 국내재화로 표 ▶ 시한 외국재의 가격이다. (예를 들어 미국 관점에서 보면, 미국 재화의 가격으로 표시한 영국 재화의 가격이다.)

■ 미국재화로 나타낸 영국재화의 가격인 **실질환율** ε(그리스어 소문자 엡실론)은 다음으로 주어진다.

$$\varepsilon = \frac{EP^*}{P} \tag{17.1}$$

실질환율은 외국의 물가를 명목환율로 곱하고 이어서 국내 물가로 나누면 된다. 이는 앞에서 다룬 캐딜락/재규어에서 한 계산을 그대로 확장한 것이다.

그러나 캐딜락/재규어 예와 위의 일반적 계산에는 중요한 차이가 있다. 캐딜락으로 표시한 재규어의 가격과 달리 실질환율은 하나의 지수이다. 즉 절대 수치는 임의적인 것으로 그 안에는 의미 있는 정보가 없다. 왜냐하면 실질환율을 구축하는 데 사용한 GDP 디플레이터 자체가 지수이기 때문이다. 2장에서 보았듯이 GDP 디플레이터는 기준년으로 선택한 해에 무조건 1(또는 100)과 일치한다.

그렇다고 모든 것이 사라진 것은 아니다. 실질환율의 절대 수치에는 의미 있는 정보가 없지만 실질환율의 변화율에는 정보가 담겨 있다. 예를 들어 미국과 영국 간 실질환율이 10% 하락했다면 이는 미국 재화가 이제 영국 재화보다 전보다 10% 더 비싸졌음을 말해준다.

명목환율과 마찬가지로 실질환율도 시간이 지남에 따라 변화한다. 이 변화를 **실질절상**이나 **실질절하**라 한다.

- 실질환율의 하락, 즉 국내재로 표시한 외국재의 상대가격 하락은 **실질절상**(real appreciation)이라 한다.

실질절상 ⇔ 국내재로 표시한 외국재의 가격 하락 ⇔ 실질환율의 하락

- 실질환율의 상승, 즉 국내재로 표시한 외국재의 상대가격 상승은 **실질절하**(real depreciation)라 한다.

실질절하 ⇔ 외국재로 표시한 국내재의 가격 하락 ⇔ 실질환율의 상승

그림 17-5는 식 (17.1)을 사용해 구축한 1971년 이후의 미국과 영국 간 실질환율의 추이를 보여준다. 편의상 그림 17-3의 **명목환율** 추이도 옮겨 놓았다. 양국의 GDP 디플레이터는 모두 2000년 1분기에 1의 값을 갖도록 했으므로 명목환율과 실질환율은 동 분기에 같은 값을 갖는다.

그림 17-5가 보여주는 두 가지 특징에 주목하자.

- 명목환율과 실질환율은 반대 방향으로 움직일 수 있다. 1971~1976년 명목환율은 하락했지만 실질환율은 실제로 상승했다.

동 기간에 (파운드화 대비 달러화에 있어서의) 명목절상과 (영국재화 대비 미국재화에 있어서의) 실질절하가 동시에 발생한 사실은 어떻게 조화시킬 수 있는가? 그 이유를 살펴보기 위해 실질환율의 정의로 돌아가보자.

그림 17-5

1971년 이후 미국과 영국의 실질환율 및 명목환율
1990년대 초까지 미국보다 영국에서 평균 인플레이션율이 더 높았다는 점을 반영하는 추세의 차이를 제외하곤 명목환율과 실질환율은 대체로 함께 움직여 왔다.

출처 : FRED. GDPDEF, GBRGDPDEFQISMEI, DEXUSUK.

$$\varepsilon = E\frac{P^*}{P}$$

1970년대에 두 가지 상황이 발생했다.

첫째, E가 하락했다. 달러화 표시 파운드화 환율은 하락했다. 즉 앞에서 보았듯이 이것이 바로 명목절상이다.

둘째, P^*/P가 상승했다. 물가는 영국보다 미국에서 덜 상승했다. 달리 말해 동 기간에 인플레이션율은 영국보다 미국에서 더 낮았다.

그에 따른 P^*/P의 상승은 E의 하락보다 컸고 결국 이는 ε의 상승, 즉 실질절하(국내재로 표시한 외국재의 상대가격 하락)를 낳은 것이다.

무슨 일이 발생했는지 보다 잘 이해하기 위해 영국을 방문하려 하는 1976년경 미국인 여행자의 예로 돌아가보자. 미국인은 1971년보다 달러당 더 많은 파운드를 살 수 있었다(E가 하락했다). 그렇다면 이것이 여행경비가 덜 든다는 것을 의미하는 것일까? 아니다. 미국인이 영국에 도착했을 때 영국에서의 재화가격이 미국에서의 재화가격보다 훨씬 더 상승했음을 발견할 것이다(P^*는 P보다 더 상승했고 그에 따라 P^*/P는 상승했다). 아울러 이는 달러화로 표시한 파운드 가치의 하락을 상쇄하고도 남는다는 것을 알게 될 것이다. 미국 여행자는 실제로 5년 전보다 (미국재화로 표시했을 때) 여행경비가 훨씬 더 높아졌음을 발견할 것이다.

여기에는 일반적인 교훈이 담겨 있다. 장기간에 걸쳐 국가 간 인플레이션율 격차는 명목환율과 실질환율의 매우 상이한 변화로 이어질 수 있다. 이 문제는 20장에서 다시 다룰 것이다.

명목절상 없이 실질절상이 발생할 수 있을까? 실질절상 없이 명목절상이 발생할 수 있을까? (두 질문에 대한 답은 모두 '그렇다'이다.)

■ 그림 17-3에서 보았던 명목환율의 대폭적인 변동 역시 실질환율에 나타나 있다.

인플레이션율이 같다면, P^*/P는 일정할 것이며 ε과 E는 정확히 함께 움직일 것이다.

■ 이는 그리 놀랄 일은 아니다. 물가 비율 P^*/P의 연도별 변화는 종종 발생하는 명목환율 E의 급격한 변화에 비해 통상 작은 편이다. 따라서 연도별 또는 수년에 걸쳐 실질환율 ε의 변화는 명목환율 E의 움직임에 의해 대부분 결정되는 경향이 있다. 1990년대 초반 이래 명목환율과 실질환율이 거의 함께 움직여 왔음에 주목하자. 이는 1990년대 초반 이래 인플레이션율이 양국에 있어 매우 유사했다는 사실을 반영한다.

2국 간 환율에서 다국 간 환율로

이제 마지막 단계를 밟자. 지금까지는 미국과 영국 간 환율에 집중했다. 그러나 영국은 미국과 국제무역관계가 있는 수많은 국가 중 하나에 지나지 않는다. 표 17-2는 수출과 수입에 있어 미국 무역의 지역별 구성을 보여준다.

그동안 중국과 트럼프 행정부 간 긴장 요인이었던 미국의 대중국 수입과 대중국 수출 간 불균형이 첨예한 점도 주목해야 한다. 이 때문에 트럼프 행정부는 이 같은 적자를 줄이기 위해 중국산 제품에 대한 관세를 도입하게 되었다. 이에 대한 자세한 내용은 19장을 참조하라.

표가 제공하는 중요한 정보는 미국 무역의 대부분이 3개 국가군에 집중되어 있다는 점이다. 첫 번째 국가군은 미국의 북쪽과 남쪽의 인접국인 캐나다와 멕시코를 포함한다. 캐나다, 멕시코와의 무역이 미국 수출과 수입의 34%와 26%를 각각 차지한다. 두 번째 국가군은 EU를 포함하는데 이들은 미국 수출의 19%, 수입의 19%를 차지한다. 세 번째 국가군은 일본과 중국을 포함한 아시아

표 17-2	미국 수출과 수입의 국가별 구성(2018년)	
	수출 비중(%)	수입 비중(%)
캐나다	18	12
멕시코	16	14
유럽연합	19	19
중국	7	21
일본	4	6
아시아(중국, 일본 제외)	15	9
기타 국가	21	19

출처 : US Census, International Trade Data, FT900, exhibit 14.

국가들로 구성되는데 이들은 미국 수출의 26%와 수입의 36%를 차지한다.

어떻게 앞에서 초점을 맞추었던 미국과 영국 간 실질환율과 같은 **2국 간 환율**(bilateral exchange rate)에서 무역의 구성을 반영하는 **다국 간 환율**(multilateral exchange rate)로 넘어갈 수 있을까?

구하는 방법은 복잡하지만 사용하려는 원리는 간단하다. 우리는 각국의 미국과의 무역 규모뿐만 아니라 다른 국가에서의 미국과의 경쟁도 포함하는 각국의 비중을 원한다. (왜 미국과 각국 간 무역 비중만을 고려하지 않는가? 미국과 *A*국의 두 국가를 고려하자. 미국과 *A*국은 상호 간에 직접적으로는 무역이 없어 무역 비중은 0이지만 모두 다른 국가인 *B*국에 수출하고 있다고 하자. 미국과 *A*국 간 실질환율은 미국이 *B*국에 얼마나 수출할 수 있는지에 중요하며 그에 따라 미국의 수출 성과에 영향을 미칠 것이다.) 이런 방식으로 구축된 변수는 미국의 **다국 간 실질환율**(multilateral real exchange rate) 또는 간단히 미국의 실질환율이라 불린다.

그림 17-6은 1973년 이후에 대해 미국재화로 표시한 외국재의 상대가격인 다국 간 실질환율의 추이를 보여준다. 앞에서 보았던 2국 간 실질환율과 마찬가지로 이는 지수로서 그 절대 수치는 임의적이다. 그림에서 가장 두드러진 것은 다국적 실질환율에 있어 1980년대, 그리고 더 소규모로 2000년대에 나타났던 대규모 변동이다. 이러한 대규모 변동은 너무 놀라운 것이어서 '달러 순환'부터 좀 더 회화적인 '춤추는 달러'와 같은 다양한 이름이 붙여졌다. 이어지는 장에서는 이러한 대규모 변동으로 되돌아가 이들이 어디에서 비롯되는지를 살펴보는 한편 이들이 무역수지와 경제활동에 미치는 파급효과를 살펴볼 것이다.

◀ *bi*는 '둘'을 의미하고, multi는 '다수'를 의미한다.

다음은 미국재화로 나타낸 외국재의 상대가격을 나타내는 동일한 이름이다 : 미국의 **무역가중 실질환율**, 미국의 **유효 실질환율**, 미국의 다국 간 실질환율

◀ 그림은 1973년에 시작한다. 미국 연방준비위원회에서 구축한 다국 간 실질환율이 1973년부터만 이용 가능하기 때문이다.

그림 17-6

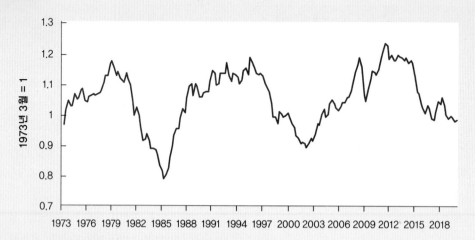

1973년 이후 미국의 다국 간 실질환율

1973년 이후 미국 달러화는 2차례의 대규모 실질절상과 2차례의 대규모 실질절하를 경험했다.

출처 : FRED, TWEXBPA

17-2 금융시장의 개방

금융시장이 개방되어 있을 경우 투자자는 국내 자산뿐만 아니라 외국 자산도 보유할 수 있고, 포트폴리오를 다변화할 수 있으며, 국내외 금리차, 환율 등에 대한 투기를 할 수 있다.

실제로 투자자들은 다변화와 투기를 하고 있다. 외국 자산 매매는 외환 매매를 수반하므로 **외환시장**(foreign exchange market) 거래량은 국제금융거래의 중요성이 어느 정도인지를 알려준다. 예를 들어 2016년의 전 세계 외환거래의 일별 거래량은 5조 1,000억 달러를 기록했는데 이 중 88%는 거래 상대방이 달러화인 경우이며, 31%는 유로화인 경우이다.

2016년 미국의 연중 수출입 총액은 일별로 약 130억 달러에 달하므로 이들 수치에 대한 감을 잡을 수 있다. 이제 외환시장에서 이루어지는 달러 거래가 미국의 수출업자와 수입업자만으로 구성되었다고 가정해보자. 즉 한편으로 미국의 수출업자는 외환 형태인 이익을 외환시장에서 매각하려 하고 다른 한편으로 미국의 수입업자는 외국재화를 구입하기 위해 외환시장에서 외환을 매입하려 하며, 다른 형태의 달러 거래는 없다고 하자. 이 경우 외환시장에서 달러를 포함한 거래량은 일간 130억 달러였을 것이고 이는 외환시장에서 달러를 포함한 전체 일별 외환거래량 5조 1,000억 달러의 약 0.29%에 지나지 않는다(5조 1,000억 달러×0.88 = 4조 5,000억 달러). 이 계산에 비추어 볼 때 외환거래의 대부분은 무역과 무관하며 금융자산의 매매와 관련된다는 것을 알 수 있다. 더욱이 외환시장에서의 거래량은 그 규모가 클 뿐만 아니라 빠르게 증가하고 있다. 2001년 이래 외환거

거래의 한쪽에서 측정한 외환거래의 일별 거래량 : 4조 5,000억 달러. 미국의 일별 무역 규모 : 130억 달러(외환거래량의 0.29%)

래량은 4배 이상 증가했다. 다시 반복하지만, 이 증가는 대부분 무역 증가보다는 금융거래 증가를 반영한다.

일국의 금융시장 개방은 또 다른 중요한 시사점을 갖는다. 무역흑자와 무역적자가 가능하게 되기 때문이다. 어떤 국가가 무역적자를 보이는 것은 그 나라가 타국에 판매하는 것보다 더 많은 것을 사들이기 때문이라는 것을 기억하자. 자신이 판 것과 산 것의 차액을 지불하기 위해 이 나라는 다른 나라로부터 차입을 해야만 한다. 외국인 투자자가 이 나라 금융자산의 보유를 증가시키는 것, 다시 말해 이 나라에 돈을 빌려주는 것을 매력적으로 만듦으로써 차입이 가능한 것이다.

무역 흐름과 금융 흐름의 관계를 보다 자세히 살펴보면서 논의를 시작하자. 이후 이러한 금융 흐름의 결정요인을 살펴보자.

국제수지

무역 흐름과 금융 흐름을 모두 포함해서 특정 국가의 세계 여타 국가와의 거래는 **국제수지**(balance of payments)라 불리는 회계계정에 의해 요약된다. 표 17-3은 2018년 중 미국의 국제수지를 보여준다. 표는 선에 의해 두 부분으로 나뉘어 있다. 거래는 **선의 위쪽**(above the line) 거래나 **선의 아래쪽**(below the line) 거래로 분류된다.

표 17-3	2018년 미국의 국제수지(단위 : 십억 달러)	
경상계정		
수출	2,500	
수입	3,122	
무역수지(적자 = − 부호) (1)		−622
본원소득 수취	1,200	
본원소득 지급	1,067	
순수취 본원소득 (2)		133
경상수지 (1)+(2)(적자 = − 부호)		−489
자본금융계정		
순자본이전 (3)	9	
외국인의 미국 자산 보유액 증가 (4)	811	
미국인의 외국 자산 보유액 증가 (5)	301	
자본금융수지 (7) = (3)+(4)−(5)		519
통계적 오차(자본금융수지−금융수지)		30
출처 : US Bureau of Economic Analysis, US International Transactions, Table. 17.1.		

경상계정

선의 위쪽 거래는 타국에 대한 지급이나 수취를 기록한다. 이들은 **경상계정**(current account) 거래라 불린다.

- 처음 두 행은 재화와 용역에 대한 수출입을 기록한다. 수출은 세계의 타국들로부터의 수취로 이어지고, 수입은 세계의 타국들에 대한 지급을 낳는다. 수출과 수입의 차이가 무역수지이다. 2018년 수입이 수출을 초과했고 미국은 GDP의 약 3%에 달하는 6,220억 달러의 무역적자를 기록했다.

- 수출과 수입이 타국에 대한 지급이나 수취를 낳는 전부가 아니다. 미국 거주자들은 보유한 외국 자산에 대해 투자소득을 획득하며, 반대로 외국 거주자들은 미국 자산의 보유로부터 투자소득을 얻는다. 2018년 중 세계 각국으로부터의 투자소득은 1조 2,000억 달러에 달하며 외국인에게 지급된 투자소득은 1조 670억 달러로, 전체 **소득수지**(income balance)는 1,330억 달러를 기록했다.

무역적자인데 경상수지는 적자가 아닌 경우가 있는가? 경상수지가 적자이면서 무역수지는 적자가 아닌 경우가 있는가? (두 질문에 대한 답은 모두 '그렇다'이다.)

외국으로의 순지급액과 외국으로부터의 순지급액의 합계를 **경상수지**(current account balance)라 부른다. 외국으로부터의 순지급액이 양의 값을 보이면 **경상수지 흑자**(current account surplus)를 기록하고 있는 것이며, 음의 값을 보이면 **경상수지 적자**(current account deficit)를 기록하고 있는 것이다. 외국으로의 그리고 외국으로부터의 모든 지급액을 더해보면 미국으로부터 외국으로의 모든 순지급액은 2018년에 −6,220 + 1,330 = −4,890억 달러이다. 달리 말해 2018년에 미국은 4,890억 달러, 즉 GDP의 약 2.4%에 달하는 경상수지 적자를 기록했다.

자본금융계정

최근까지 금융계정은 **자본계정**(capital accoun)으로 불렸고, 여전히 많은 국가와 언론에서 자본계정이라 불린다. 엄밀히 말하면, 오늘날 미국에서 '자본계정'은 표 17-3의 순자본이전만을 가리킨다. 네, 혼란스럽습니다!

미국이 2018년에 4,890억 달러에 달하는 경상수지 적자를 기록했다는 사실은 외국으로부터 4,890억 달러를 차입해야 했다는 것을 시사한다. 즉 외국의 미국 자산의 순보유 규모는 4,890달러 증가했다. 선 아래쪽의 수치는 이것이 어떻게 달성되었는지를 묘사한다. 선 아래쪽 거래는 **자본금융계정**(capital and financial account) 거래라 불린다.

한 국가가 경상수지 적자를 충당할 수 있는 한 가지 방법은 다른 국가로부터 선물을 받는 것이다. 그러한 선물의 한 가지가 외채의 일부를 탕감하는 것이다. 이는 '순자본이전(net capital transfer)'에 반영된다. 미국과 같은 나라의 경우 이는 중요한 항목이 아니며 순자본이전 건수는 0에 가깝다. 거의 모든 자금조달은 해외의 미국 자산에 대한 순보유 증가에서 비롯된다.

마찬가지로 수입보다 지출이 많으면 그 차액은 어디선가 차입해야 한다.

2018년 외국인의 미국 자산에 대한 보유 증가액은 8,110억 달러였다. 외국인 투자자(개인, 정부, 중앙은행)는 8,110억 달러 상당의 미국 주식, 채권 및 기타 미국 자산을 매입했다. 그러나 동시에 미국의 해외자산 보유액도 3,010억 달러로 증가했다. 미국의 민간 및 공공 투자자는 3,010억 달러 상당의 해외 주식, 채권 및 기타 자산을 매입했다.

그 결과 미국으로의 **순자본유입**(net capital flow)이라고도 부르는 미국 순대외부채 증가(미국 자산의 해외 보유 증가 + 순자본이전 − 미국의 해외자산 보유 증가)는 8,110 + 90 − 3,010 = 5,190억 달러에 달했다. 순자본흐름은 **금융계정수지**(financial account balance)라고도 한다. 양의 순자본흐름은 **금융계정 흑자**(financial account surplus), 음의 순자본흐름은 **금융계정 적자**(financial account deficit)라고 한다. 다시 말해 2018년에 미국은 5,190억 달러의 금융계정 흑자를 기록했다.

순자본흐름 또는 금융계정 흑자는 경상수지 적자(위에서 보았던 규모는 2018년에 4,890억 달러와 같았다)와 같아야 하지 않은가? 원칙적으로는 같아야 한다. 하지만 현실 세계에서는 다를 수 있다.

경상계정과 자본금융계정의 거래에 대한 수치는 상이한 자료원을 사용해 구축된다. 비록 동일한 답을 제공해야 하지만 통상 그렇지 못하다. 2018년에 **통계적 오차**(statistical discrepancy)라 불리는 둘의 차이는 300억 달러로 경상수지의 약 6%에 달했다. 이는 미국과 같은 부유한 국가에 있어서도 경제 데이터는 완전한 것과는 거리가 멀다는 것을 또다시 상기시켜 준다. (이 측정 문제는 다른 방식으로도 드러난다. 세계 모든 국가의 경상수지 적자를 합하면 0과 같아야 한다. 전체적으로 보면 일국의 적자는 다른 국가의 흑자로 나타나야 한다. 그러나 데이터에서는 그렇지 않다. 세계 모든 국가의 발표된 경상수지 규모를 단순히 모두 더하면 세계 전체가 대규모 경상수지 적자를 기록하는 것으로 나타난다!)

이제 경상계정을 살펴보았으므로 2장에서 다루었던 주제로도 돌아갈 수 있다. 지금까지 사용한 총산출의 측정치인 GDP와 총산출의 또 다른 측정치인 **국민총생산**(gross national product, GNP)의 차이가 그것이다.

GDP는 국내에서의 부가가치를 측정한다. GNP는 국내 생산요소의 부가가치를 측정한다. 경제가 폐쇄되었을 때는 두 측정치가 일치한다. 그러나 경제가 개방되어 있으면 달라질 수 있다. 국내 생산에 따른 소득의 일부가 외국인에게 주어지며, 국내 거주자가 외국으로부터 소득을 얻는다. 따라서 GDP에서 GNP로 가기 위해서는 GDP에서 출발해서 다른 국가들로부터 수취한 소득을 더하고 다른 국가에 지급한 소득을 차감해야 한다. 달리 말해 GNP는 GDP에 국외순수취요소소득을 더하면 된다. 더 명시적으로 국외순수취요소소득을 *NI*라 할 때 다음과 같다.

$$GNP \ = \ GDP \ + \ NI$$

대부분의 국가에서 GNP와 GDP의 차이는 GDP에 비해 작다. 예를 들어 미국의 경우 표 17-3에서 보듯이 국외순수취요소소득은 1,330억 달러로 GNP는 GDP보다 1,330억 달러 또는 GDP의 0.6%만큼 더 크다. 그러나 일부 국가의 경우 차이가 클 수 있다. 이는 초점상자 'GDP와 GNP : 쿠웨이트의 예'에서 검토한다.

국내 자산과 외국 자산 간 선택

금융시장의 개방은 투자자(또는 투자자를 대리하는 금융기관)가 새로운 의사결정, 즉 국내 자산을

◀ 경상수지 적자를 보이는 국가는 양(+)의 순자본 유입을 통해 그 재원을 조달해야 한다. 즉 자본금융수지 흑자를 기록해야 한다.

◀ 일부 경제학자는 화성인과의 기록되지 않은 무역에 그 설명이 있을 것이라고 추측한다. 대부분의 다른 경제학자는 측정의 오류 때문이라고 믿고 있다.

보유할지 아니면 외국 자산을 보유해야 할지 여부에 관한 의사결정에 직면한다는 것을 시사한다.

실제로 최소한 두 가지 의사결정에 대해 생각해보아야 하는 것으로 보인다. 하나는 **국내화폐와 외국화폐** 간 선택이고 다른 하나는 국내의 이자지급 자산과 외국의 이자지급 자산 간 선택이다. 그러나 사람들이 화폐를 보유하는 이유를 기억할 필요가 있다. 바로 거래를 하기 위해서이다. 미국에 거주하는 사람은 대부분 또는 전부 달러로 거래하므로 외환을 보유할 필요가 없다. 외환은 미국 내에서 거래목적으로 사용될 수 없다. 그리고 목표가 외국 자산을 보유하는 데 있다 해도 외환을 보유하는 것은 이자를 지급하는 외국채권을 보유하는 것보다 덜 바람직한 것이 분명하다. 결국 남는 것은 국내의 이자지급 자산과 외국의 이자지급 자산 간 선택에 관한 단지 하나의 새로운 의사결정뿐이다.

잠시 이들 자산을 국내의 1년 채권과 외국의 1년 채권이라고 하자. 예를 들어 미국 투자자의 입장에서 미국의 1년 채권과 영국의 1년 채권 간 선택을 고려해보자.

■ 우선 미국 채권을 보유하기로 결정했다고 하자.

i_t를 미국의 1년 명목이자율이라 하자. 이 경우 그림 17-7에서 보듯이 미국 채권을 1달러에 매입한다면 다음 해에 $(1 + i_t)$달러를 얻게 될 것이다. (이는 그림 윗부분에서 오른쪽을 향하는 화살표로 표시된다.)

■ 이제 대신 영국 채권을 보유하기로 결정했다고 하자.

영국 채권을 구입하기 위해서는 우선 파운드를 구입해야 한다. E_t를 달러와 파운드 간 명목환율이라 하자. 이 경우 1달러를 지급하면 $\frac{1}{E_t}$파운드를 얻을 수 있다(이는 그림에서 아래쪽을 가리키는 화살표로 나타나 있다).

영국 채권(파운드표시)에 대한 1년 명목이자율을 i_t^*로 나타내자. 다음 해에 여러분은 $\frac{1}{E_t}(1 + i_t^*)$를 얻게 될 것이다(이는 그림 아래에서 오른쪽을 향하는 화살표로 나타나 있다).

4장에서 보듯이 두 가지 점에 주의해야 한다. (1) 불법 활동에 가담한 외국인은 종종 달러를 보유한다. 달러는 쉽게 바꿀 수 있고 추적할 수 없기 때문이다. (2) 매우 높은 인플레이션 시기에 사람들은 때때로 일부 국내 거래를 위해서도 외환으로(종종 달러로) 전환한다.

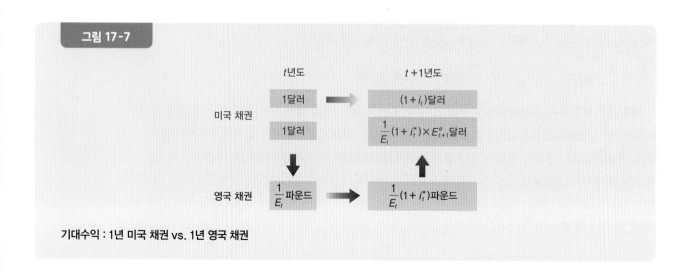

그림 17-7

기대수익 : 1년 미국 채권 vs. 1년 영국 채권

GDP와 GNP : 쿠웨이트의 예

FOCUS

쿠웨이트에서 석유가 발견되었을 때 쿠웨이트 정부는 석유 수입의 일정 부분을 소비하기보다는 해외에 저축하고 투자할 것을 결정했다. 석유 수입이 고갈되었을 때 투자소득을 쿠웨이트의 미래 세대에게 제공하기 위함이었다. 쿠웨이트는 막대한 경상수지 흑자를 기록했고 지속적으로 대규모 해외 자산을 축적했다. 결과적으로, 현재 쿠웨이트는 대규모 해외 자산을 보유하고 있고 해외로부터 상당한 투자소득을 받고 있다. 표 1은 쿠웨이트의 1989~1994년 GDP, GNP, 순투자소득을 나타낸다.

이 기간 동안 GNP가 GDP를 얼마나 크게 상회했는지 주목하라. 1989년 해외로부터의 순소득은 GDP의 34%였다. 아울러 순소득이 1989년 이후 어떻게 감소했는지도 주목하라. 이는 1990~1991년 걸프전 비용의 일부를 연합국에 지불해야 했고 전후 재건비용을 지급해야 했기 때문이다. 쿠웨이트는 이를 경상수지 적자를 통해, 즉 대외 자산의 순보유액을 감소시킴으로써 조달했다. 이는 다시 해외자산으로부터 벌어들이는 소득의 감소를 야기했고 그에 따라 순요소지급액의 감소를 낳았다.

걸프전 이후 쿠웨이트는 상당한 규모의 순대외자산을 다시 축적했다. 2018년에 해외로부터의 순소득은 GDP의 6%였다.

표 1 쿠웨이트의 GDP, GNP, 순소득(1989~1994년)

연도	GDP	GNP	순소득(NI)
1989	7,143	9,616	2,473
1990	5,328	7,560	2,232
1991	3,131	4,669	1,538
1992	5,826	7,364	1,538
1993	7,231	8,386	1,155
1994	7,380	8,321	941

출처 : *International Financial Statistics*, IMF. 모든 수치는 100만 쿠웨이트 디나르(dinar) 기준(1디나르는 2018년 기준으로 3달러임)

이어서 파운드화를 달러로 환전해야 한다. 명목환율이 내년에 E_{t+1}^e이 될 것으로 기대된다면 각 파운드는 E_{t+1}^e달러의 가치를 가질 것이다. 따라서 여러분은 투자한 1달러에 대해 내년에 $\frac{1}{E_t}(1 + i_t^*)E_{t+1}^e$달러를 벌 것으로 기대할 수 있다(이는 그림에서 위로 향하는 화살표에 의해 나타나 있다).

곧 방금 유도한 식을 더 자세히 살펴볼 것이다. 하지만 이 식이 이미 제시하는 기초적 시사점에 주목하자. 미국과 영국 채권 간 상대적 매력도를 평가하는 데 있어 영국 이자율과 미국 이자율만으로는 정보가 미흡하다. 올해와 내년 사이에 달러/파운드 환율에 어떤 일이 생겨날지에 관한 기대도 고려해야 한다.

이제 14장에서 단기채권과 장기채권 간 선택 또는 채권과 주식 간 선택을 논의했을 때와 같은 가정을 해보자. 여러분과 다른 투자자들이 위험의 차이는 무시하고 **기대수익률**에만 주의를 기울이고 가장 높은 기대수익률을 제공하는 자산만을 보유하려 한다고 하자. 이 경우 영국 채권과 미국 채권이 모두 보유되려면 두 자산은 동일한 기대수익률을 가져야 한다. 달리 말해 재정(arbitrage)에 의해 다음과 같은 관계가 성립해야 한다.

$$(1 + i_t) = \left(\frac{1}{E_t}\right)(1 + i_t^*)E_{t+1}^e$$

정리하면 다음 식을 얻는다.

$$(1 + i_t) = (1 + i_t^*)\left(\frac{E_{t+1}^e}{E_t}\right) \tag{17.2}$$

'커버되지 않은'이라는 단어는 '커버된 이자율 평형조건'과 구별하기 위해서이다. 커버된 이자율 평형조건은 다음 선택을 살펴보면 유도된다 : 미국 채권을 사서 1년간 보유한다. 아니면 파운드화를 매입한 뒤 그 돈으로 1년 영국 채권을 매입한다. 이와 더불어 파운드화를 선도환율이라 불리는 미리 결정된 가격에 1년 앞서 달러로 매각하기로 합의한다. 이들 두 대안에 대한 수익률은 현재 시점에서 아무런 위험 없이 실현 가능하며 일치해야 한다. 커버된 이자율 평형조건은 무위험 재정조건이다. 이 조건은 일반적으로 잘 성립한다.

식 (17.2)는 **커버되지 않은 이자율 평형조건**(uncovered interest parity relation, UIP) 또는 간단히 **이자율 평형조건**(interest parity condition)이라 불린다.

물론 투자자가 가장 높은 기대수익률을 제공하는 채권만을 보유할 것이라는 가정은 두 가지 이유에서 지나치게 강하다.

■ 거래비용을 무시하고 있다. 영국 채권을 사고팔기 위해서는 세 가지 거래가 필요하며 그때마다 거래비용이 든다.

■ 위험을 무시하고 있다. 지금으로부터 1년 뒤 환율이 어떻게 될지는 불확실하다. 이는 달러 기준으로 볼 때 미국 채권보다 영국 채권을 보유하는 것이 더 위험하다는 것을 의미한다.

영국 채권 보유와 미국 채권 보유 중 어떤 것이 더 위험한지는 실제로 투자자가 누구냐에 의존한다. 미국 투자자의 입장에서 보면 영국 채권의 보유가 더 위험하다. 영국 투자자의 입장에서 보면 미국 채권의 보유가 더 위험하다. (왜 그런기?)

그러나 주요 세계금융시장(뉴욕, 프랑크푸르트, 런던, 도쿄) 간 자본이동이 갖는 특징으로서 위 가정이 그리 비현실적인 것도 아니다. 이자율의 사소한 변화와 코앞에 닥친 절상과 절하의 소문은 수 분 내에 수십억 달러를 움직이게 만들 수 있다. 세계의 부유한 국가들에 식 (17.2)의 차익거래 가정은 현실의 좋은 근사치이다. 규모가 더 작고 발전이 미흡한 자본시장을 가진 다른 국가들이나 다양한 형태로 자본통제를 하고 있는 국가들은 식 (17.2)에서 요구하는 것과 다른 국내 이자율을 선택할 수 있는 보다 많은 여지를 갖고 있다. 이 문제에 대한 논의는 20장 끝부분에서 다시 이루어질 것이다.

이자율과 환율

이자율 평형조건이 시사하는 바가 무엇인지 더 확실한 감을 잡아보자. 우선 $\frac{E_{t+1}^e}{E_t}$을 $1 + \frac{E_{t+1}^e - E_t}{E_t}$로 쓸 수 있고, 이에 따라 식 (17.2)는 다음과 같이 변환된다.

$$1 + i_t = (1 + i_t^*)\left[1 + \frac{E_{t+1}^e - E_t}{E_t}\right] \tag{17.3}$$

이 식은 국내 명목이자율 i_t, 해외 명목이자율 i_t^*, 국내통화의 기대절하율 $(E_{t+1}^e - E_t)$ 간의 관계를 제공한다. 이자율이나 기대절하율이 예를 들어 연간 20% 정도에 달할 정도로 지나치게 크지 않은 한, 이 방정식은 다음과 같이 근사할 수 있다.

이는 이 책 끝부분 부록 2의 명제 3에서 유도된다.

$$i_t \approx i_t^* + \frac{E_{t+1}^e - E_t}{E_t} \tag{17.4}$$

이 식이 바로 여러분이 기억해야만 하는 **이자율 평형조건**의 형태이다. 투자자에 의한 재정거래에 따라 국내 이자율은 외국 이자율에 국내통화의 기대절하율을 더한 값과 같아야 한다.

물론 국내통화의 기대절하율은 외국통화의 기대절상률이기도 하다. 따라서 식 (17.4)는 **국내 이자율이 외국 이자율에 외국통화의 기대절상률을 더한 값과 같아야 한다**고 해도 동일한 의미를 지닌다.

이 식을 미국 채권과 영국 채권 간 선택에 응용해보자. 1년 명목이자율이 미국에서 2.0%이고 영국에서 5.0%라 가정해보자. 여러분이라면 영국 채권을 보유하겠는가, 아니면 미국 채권을 보유하겠는가?

◀ 달러가 파운드 대비 3% 절상될 것으로 기대되면 파운드화는 달러 대비 3% 절하될 것으로 기대되는 셈이다.

■ 내년에 파운드화가 달러화에 대해 미국 이자율과 영국 이자율의 차[우리의 경우 3.0% (= 5.0% − 2.0%)]보다 얼마나 절하될 것으로 기대하느냐에 달려 있다.

■ 이자율이 미국보다 영국에서 더 높다고 해도 만약 파운드화가 3.0% 이상 절하될 것으로 기대된다면 영국 채권에 투자하는 것이 미국 채권에 투자하는 것보다 덜 매력적일 것이다. 영국 채권을 보유할 경우 내년에 더 높은 이자율을 얻겠지만 파운드화는 내년에 달러 기준으로 보았을 때 그 가치가 하락할 것이다. 결국 영국 채권에 대한 투자가 미국 채권에 투자하는 것보다 덜 매력적이 된다.

■ 만약 파운드화가 3.0% 이하로 절하되거나 더 나아가 절상까지 이루어질 것으로 기대한다면 반대의 경우가 성립하고 영국 채권이 미국 채권보다 더 매력적이 된다.

이를 다른 방식으로 보자. 커버되지 않은 이자율 평형조건이 성립하고 미국의 1년 이자율이 영국의 이자율보다 3% 낮다면 투자자들이 향후 1년간 달러가 파운드화에 대비해 3%가량 절상될 것을 평균적으로 기대하고 있음에 틀림없으며, 이것이 바로 낮은 이자율에도 불구하고 미국 채권을 기꺼이 보유하려는 이유이다. (커버되지 않은 이자율 평형조건의 또 다른 응용사례는 초점상자 '브라질 채권의 매입'에 있다.)

식 (17.2)의 형태이건 식 (17.4)의 형태이건 이자율과 환율의 재정관계는 이어지는 장들에서 중심적인 역할을 할 것이다. 재정관계는 각국이 자국 환율의 거대한 변화를 기꺼이 감수하지 않는 한 국내 이자율과 해외 이자율이 상당한 정도로 함께 움직일 가능성이 높을 것임을 시사한다.

두 국가가 서로의 환율을 일정한 값으로 유지하기로 약속한 극단적인 경우를 고려하자. 금융시장이 이 약속을 신뢰한다면 환율은 일정하게 유지될 것으로 기대될 것이고 기대절하율은 0이 될 것이다. 이 경우 재정조건은 양국의 이자율이 정확히 함께 움직여야 할 것임을 시사한다. 앞으로 살펴보겠지만 대부분의 경우 각국 정부는 환율 유지를 위해 그렇게 절대적으로 약속하지는 않지만, 종종 환율의 과도한 변화는 피하려 한다. 이는 각국이 자국 이자율을 타국 이자율로부터 얼마나 벗어나도록 허용하는지에 관해 상당한 제한을 가한다.

◀ $E_{t+1}^e = E_t$이면 이자율 평형조건은 $i_t = i_t^*$를 시사한다.

브라질 채권의 매입

1993년 9월로 되돌아가자(당시 브라질의 이자율은 매우 높았는데, 이는 여기서 검토하려는 점을 부각하는 데 도움이 된다). 브라질 채권은 월 36.9%의 이자를 지급하고 있다. 이는 미국 채권에 대한 연 3%의 이자율(월 이자율로는 약 0.2%)과 비교할 때 매우 매력적이다. 브라질 채권을 사야 하지 않을까?

이 장에서의 논의는 이 선택 문제에 있어 한 가지 더 결정적인 요소가 필요함을 지적한다. 그것은 달러로 나타낸 크루제이루(cruzeiro)의 기대평가절하율이다[당시 브라질 통화의 이름은 크루제이루였으며 현재는 헤알(real)로 불린다].

이 정보가 필요한 이유는 식 (17.4)에서 보았듯이 1개월 동안 브라질 채권에 투자한 데 따른 수익에 1을 더한 후 달러 대비 크루제이루의 기대평가절하율에 1을 더한 값으로 곱해야 하기 때문이다.

$$(1 + i_t^*)\left[1 + \frac{E_{t+1}^e - E_t}{E_t}\right]$$

다음 달에 크루제이루의 평가절하율은 얼마나 될 것으로 기대해야 하는가? 합리적인 가정은 다음 달 평가절하율이 지난달 평가절하율과 같을 것으로 기대하는 것이다. 100,000크루제이루는 1993년 7월 말에 1.01달러, 그리고 8월 말에는 0.75달러의 가치가 있었으므로 8월의 크루제이루 대비 달러의 평가절상률 또는 달러 대비 크루제이루의 평가절하율은 34.6%이다. 만약 9월에도 평가절하가 8월과 같은 율로 지속된다면 1개월간 브라질 채권에 투자할 경우 기대수익률은 다음과 같다.

$$1.369 \times \left(1 + \frac{0.75 - 1.01}{1.01}\right) = 1.017$$

브라질 채권 보유에 따른 달러 기준 수익률은 처음의 매력적인 월 36.9%가 아니라 월 $(1.017 - 1) = 1.7\%$에 지나지 않는다. 물론 월 1.7%의 수익률은 미국 채권에 대한 수익률(약 0.2%)에 비해 여전히 크게 높은 수준이다. 그러나 재정조건을 생각할 때 지금까지 무시했던 모든 다른 요소, 즉 위험과 거래비용을 생각해 보라. 이 요인들을 고려한다면 자금을 브라질에서 멀리 떨어뜨려 놓아야 할 것이다.

실제로 명목이자율은 주요국에서 어느 정도나 함께 움직일까? 그림 17-8은 1970년 이래 미국과 영국의 3개월 명목이자율(연율 기준) 추이를 보여주고 있다. 그림은 두 이자율이 일정한 관계를 갖지만 그렇다고 동등한 것은 아님을 보여준다. 1980년대 초 두 국가에서 이자율은 매우 높았고 1980년대 말에 다시 높아졌다(미국보다는 영국에서 훨씬 높아졌다). 이자율은 1990년대 중반 이래 두 국가에서 모두 낮은 상태를 보였다. (2009년 중반 미래 양국 모두에서 이자율이 명목이자율 0% 하한에 근접했음에 주의하자.) 동시에 양국 이자율 간의 차이는 때때로 상당히 큰 편이기도 했다. 예를 들어 1990년 영국 이자율은 미국 이자율보다 거의 7% 이상 높았다. 이어지는 장에서는 왜 이런 차이가 발생하고 그로 인한 시사점이 무엇인지 살펴볼 것이다.

잠시 다음을 해보자 : 최근 이코노미스트 뒷부분 표지에서 다른 국가들의 단기 이자율을 미국과 비교해보라. 커버되지 않는 이자율 평가를 가정하라. 어떤 국가의 통화가 달러 대비 절상될 것으로 기대되는가? ▶

그림 17-8

1970년 이래 미국과 영국에서의 3개월 명목이자율

지난 40년간 영국과 미국의 명목이자율은 대체로 함께 움직였다.

출처 : FRED TB3MS; IR3TTS01GBM156N

17-3 결론과 조망

이제 이 책은 개방경제의 연구를 위한 무대를 마련했다.

■ 재화시장의 개방은 사람과 기업이 국내재와 외국재 간 선택을 할 수 있게 한다. 이 선택은 주로 외국재로 표시한 국내재의 가격, 즉 **실질환율**에 의존한다.

■ 금융시장의 개방은 투자자가 국내 자산과 외국 자산 간 선택을 할 수 있게 한다. 이 선택은 주로 자산의 상대적 수익률에 의존하며, 상대적 수익률은 다시 국내 이자율, 외국 이자율, 국내통화의 평가절하율에 의존한다.

다음 18장에서는 재화시장의 개방이 제공하는 시사점을 살펴볼 것이다. 19장은 금융시장의 개방을 다룬다. 20장에서는 상이한 환율체제의 장단점을 논의한다.

요약

- 재화시장 개방은 사람과 기업으로 하여금 국내재와 외국재의 선택을 가능하게 한다. 금융시장 개방은 금융 투자자가 국내 금융자산뿐만 아니라 외국 금융자산을 보유하는 것을 가능하게 한다.

- 명목환율은 국내통화로 표시한 외국통화의 가격이다. 미국의 관점에서 볼 때 미국과 영국 간 명목환율은 달러로 표시한 파운드화의 가격이다.

- 명목절상(또는 간단히 절상)은 국내통화로 표시한 외국통화의 가격 하락을 의미한다. 다시 말해 환율의 하락에 해당한다. 명목절하(또는 간단히 절하)는 국내통화로 표시한 외국통화의 가격 상승을 의미한다. 이는 환율의 상승에 해당한다.

- 실질환율은 국내재화로 표시한 외국재화의 가격이다. 이는 명목환율을 외국 물가로 곱한 뒤 국내 물가로 나눈 값과 같다.

- 실질절상은 국내재화로 표시한 외국재화의 상대가격 하락, 즉 실질환율의 하락을 의미한다. 이는 명목절상이나 국외 인플레이션보다 높은 국내 인플레이션에서 비롯할 수 있다. 실질절하는 국내재화로 표시한 외국재화의 상대가격 상승, 즉 실질환율의 상승을 의미한다. 이는 명목절하 또는 국외 인플

레이션보다 낮은 국내 인플레이션에서 비롯할 수 있다.

- 다국 간 실질환율 또는 간단히 실질환율은 2국 간 실질환율의 가중평균이다.

- 국제수지는 한 국가와 세계 다른 국가들과의 거래를 기록한다. 경상수지는 무역수지, 순투자소득, 해당 국가가 세계 각국으로부터 받은 순이전지출의 합계와 같다. 자본금융수지는 해외로부터의 자본유입에서 해외로의 자본유출을 차감한 것과 같다.

- 경상수지와 자본금융수지는 거울에 비친 모습에 비교할 수 있다. 통계적 문제를 무시하면 경상수지와 자본금융수지를 합하면 0과 같아야 한다. 경상수지 적자는 해외로부터의 순자본유입으로 조달되어야 한다. 마찬가지로 경상수지 흑자는 자본금융수지 적자에 대응한다.

- 커버되지 않은 이자율 평형 또는 간단히 이자율 평형은 국내채권과 외국채권에 대한 국내통화 표시 기대수익률이 같아야 한다는 것을 말해주는 재정조건이다. 이자율 평형은 국내 이자율이 외국 이자율에서 해당 국가의 기대절상률을 차감한 것과 근사적으로 같아야 함을 시사한다.

핵심 용어

경상계정(current account)

경상수지(current account balance)

경상수지 적자(current account deficit)

경상수지 흑자(current account surplus)

고정환율(fixed exchange rate)

관세(tariff)

교역재(tradable goods)

국민총생산(gross national product, GNP)

국제수지(balance of payments)

금융계정수지(financial account balance)

금융계정 적자(financial account deficit)

금융계정 흑자(financial account surplus)

금융시장 개방(openness in financial markets)

다국 간 환율(multilateral exchange rates)

다국 간 실질환율(multilateral real exchange rate)

명목환율(nominal exchange rate)

무역가중 실질환율(trade-weighted real exchange rate)

북미자유무역협정(North American Free Trade Agreement, NAFTA)

선의 아래쪽(below the line)

선의 위쪽(above the line)

소득수지(income balance)

순자본유입(net capital flow)

실질절상(real appreciation)

실질절하(real depreciation)

실질환율(real exchange rate)

외환시장(foreign exchange market)

요소시장 개방(openness in financial markets)

유효 실질환율(effective real exchange rate)

이자율 평형조건(interest parity condition)

자본계정(capital account)

자본금융계정(capital and financial account)

자본통제(capital control)

재화시장 개방(openness in goods markets)

절상(appreciation)

절하(depreciation)

커버되지 않은 이자율 평형조건(uncovered interest parity relation, UIP)

쿼터(quota)

통계적 오차(statistical discrepancy)

평가절상(revaluation)

평가절하(devaluation)

2국 간 환율(bilateral exchange rates)

연습문제

기초문제

1. 이 장의 내용에 기초해 다음에 대해 '사실', '거짓', '불확실' 여부를 밝히고 그 이유를 간단히 설명하라.

   a. 통계적 오류가 없을 경우 경상수지 흑자를 기록하는 국가는 순자본유입을 획득해야 한다.

   b. 수출 비율은 싱가포르처럼 1보다 클 수 있지만, 같은 현상이 GDP 대비 수입 비율에서는 발생할 수 없다.

   c. 일본과 같은 부유한 국가의 GDP 대비 수입 비율이 그렇게 낮다는 사실은 일본을 대상으로 하는 미국의 수출업자가 불공정한 상황에서 경쟁을 하고 있다는 분명한 증거이다.

   d. 커버되지 않은 이자율 평형은 이자율이 국가별로 같아야 할 것임을 시사한다.

   e. 이 장의 명목환율은 외국통화의 국내통화 표시 가격으로 정의된다.

   f. 명목환율과 실질환율은 항상 같은 방향으로 움직인다.

   g. 명목환율과 실질환율은 통상적으로 같은 방향으로 움직인다.

   h. 달러가 엔에 대해 절상될 것으로 기대된다면, 커버되지 않은 이자율 평형은 미국의 명목이자율이 일본의 명목이자율보다 더 클 것임을 시사한다.

   i. 이 장에서 사용한 환율의 정의를 사용했을 때 달러가 국내통화이고 유로가 외국통화이면, 명목환율이 0.75라는 것은 0.75달러가 1유로의 가치가 있음을 의미한다.

   j. 실질절상은 국내재가 외국재에 비해 덜 비싸진다는 것을 의미한다.

2. 가상적인 두 국가를 고려하자. 한 국가는 국내 경제라 하고 다른 국가는 외국 경제라 하자. 다음에 나열된 거래에 기초해 각 국가의 국제수지를 구축하라. 필요하다면 통계적 오차를 포함하라.

   a. 국내 경제는 외국 경제로부터 100달러의 석유를 구입했다.

   b. 외국 여행자가 국내 스키장에서 25달러를 지출했다.

   c. 외국 투자자가 국내 경제에서 보유한 주식으로부터 15달러의 배당을 받았다.

   d. 국내 투자자가 외국 경제에 25달러의 자선금을 주었다.

   e. 국내 기업이 외국 은행으로부터 65달러를 차입했다.

   f. 외국 투자자들이 국내 정부가 발행한 채권을 15달러만큼 구입했다.

   g. 국내 투자자가 자신이 보유하고 있던 외국 정부가 발행한 채권을 50달러에 팔았다.

3. 두 채권을 생각해보자. 한 채권은 독일에서 유로(€)로 발행되었고, 다른 하나는 미국에서 달러($)로 발행되었다. 두 정부채권이 모두 지금부터 1년 뒤에 액면가치만큼 지불하는 1년 채권이라 하자. 환율 E는 0.75유로가 1달러에 해당한다. 두 채권의 액면가치와 가격은 다음과 같다.

	액면가치	가격
미국(달러)	10,000	9,615.38
독일(유로)	10,000	9,433.96

a. 각 채권의 명목이자율을 계산하라.

b. 커버되지 않은 이자율 평형과 일관성 있는 기대환율을 계산하라.

c. 달러가 유로에 대해 절하된다면 어떤 채권을 구입해야 하는가?

d. 미국 투자자를 고려하자. 이 투자자는 달러를 유로로 환전해서 독일 채권을 구입한다. 지금으로부터 1년 뒤 환율 E는 실제로 0.72(0.72유로＝1달러)로 드러났다. 이 투자자가 미국 채권을 보유했을 경우 벌어들였을 실질 수익률과 달러 기준 실현 수익률을 비교하라.

e. (d)의 수익률 격차는 커버되지 않은 이자율 평형조건과 일치하는가? 왜 그런가?

심화문제

4. 규모가 같은 3개국(A, B, C)의 3개 재화(의복, 자동차, 컴퓨터)로 구성된 세계를 고려하자. 이들 3개국 소비자는 3개 재화에 대해 동일한 금액만큼 지출하려 한다고 하자.

3개 경제에서 각 재화의 생산물 가치는 다음과 같다.

	A	B	C
의복	10	0	5
자동차	5	10	0
컴퓨터	0	5	10

a. 각 경제의 GDP는 얼마인가? GDP의 총가치가 모두 소비되고 그에 따라 어떤 나라도 해외로부터 차입하지 않는다면 각 경제에서 소비자는 재화를 각각 얼마나 소비하겠는가?

b. 어떤 국가도 외국에서 차입을 하지 않는다면 각국에서 무역수지는 얼마가 되겠는가? 이 세계에서 무역 패턴은 어떤 모습을 갖는가? (즉 각국은 어떤 재화를 어떤 나라에 수출하는가?)

c. (b)에 대한 답에 기초한다면 A국은 B국과 무역수지 균형을 보이는가? C국과는 어떠한가? 특정 국가가 다른 나라와 무역수지 균형을 갖는 경우가 있는가?

d. 미국은 막대한 무역적자를 보인다. 미국은 자국의 주요 무역상대국들과 무역적자를 보인다. 그러나 일부 국가,

예를 들어 중국과 같은 국가와의 적자는 훨씬 더 크다. 미국이 세계 전체의 다른 나라들과의 모든 무역적자를 소멸시켰다고 하자. 미국이 모든 무역상대국과 0의 무역수지를 기록해야 할 것으로 기대하는가? 중국과의 특히 큰 규모의 무역적자는 중국이 미국 재화를 중국 재화와 대등한 기초 위에서 경쟁하지 못하도록 하기 때문이라고 할 수 있는가?

5. 환율과 노동시장

국내통화가 절하된다고 하자(E가 하락한다). P와 P^*가 일정하게 머문다고 가정하자.

a. 명목절하는 국내재의 상대가격, 즉 실질환율에 어떤 영향을 미치는가? 답에 기초할 때 명목절하는 국내재에 대한 (세계의) 수요에 어떤 효과를 미칠 것인가? 국내 실업률에 대한 영향은 어떠한가?

b. 외국의 물가가 P^*로 주어졌을 때 국내통화로 나타낸 외국재의 가격은 얼마인가? 명목절하는 국내통화 기준으로 외국재의 가격에 어떤 영향을 미치는가? 명목절하는 국내 소비자물가지수에 어떤 영향을 미치는가? [힌트 : 국내 소비자는 국내재뿐만 아니라 외국재(수입품)도 구입한다.]

c. 명목임금이 일정하게 유지된다면 명목절하는 실질임금에 어떤 영향을 미치겠는가?

d. 다음 주장을 평가하라. "절하는 국내 노동을 할인 판매하는 셈이다."

추가문제

6. 세인트루이스 연방은행 FRED 데이터에서 미·일 간 명목환율 시계열 AEXJPUS를 구하라. 환율은 달러당 엔으로 표시되어 있다.

a. 이 장의 용어에 기초할 때, 환율이 달러당 엔으로 표시된다면 어느 나라가 국내 국가로 취급되는 것인가?

b. 1971년 이후의 엔/달러 환율을 나타내라. 어떤 기간 동안 엔은 절상되었는가? 어떤 기간 동안 엔은 절하되었는가?

c. 현재 일본의 불황하에서 수요를 증가시키는 한 가지 방법은 일본 재화를 보다 저렴하게 하는 것일 것이다. 이는 엔의 절상을 요구하는가, 아니면 절하를 요구하는가?

d. 지난 수년간 엔에는 어떤 일이 발생했는가? 절상되었는

가, 아니면 절하되었는가? 이는 일본 경제에 대해 좋았는가, 아니면 나빴는가?

7. 가장 최근에 발표된 World Economic Outlook(WEO)을 IMF(www.imf.org)에서 구하라. Statistical Appendix에서 세계 전역에 걸친 경상수지를 보여주는 표 'Balances on Current Account'를 찾아라. 이용 가능한 최근 해의 데이터를 사용해 (a)~(c)에 답하라.

    a. 세계 전체에 대한 경상수지의 합계에 주목하라. 이 장에서 지적했듯이 경상수지의 합계는 0과 같아야 한다. 이 합계는 실제로 얼마인가? 왜 이 합계는 일종의 측정오차를 시사할 수 있는가?(즉 합계가 올바르다면 무엇을 시사하는 것이겠는가?)

    b. 세계의 어떤 지역이 차입하고 있고 어떤 지역이 대출하고 있는가?

    c. 미국의 경상수지와 다른 선진국의 경상수지를 비교하라. 미국은 선진국으로부터만 차입하고 있는가?

    d. WEO의 통계표는 통상 2년 후에 대한 전망치를 포함한

다. 경상수지계정에 대한 전망치를 검토하라. (b)와 (c)에 대한 답이 가까운 미래에 바뀔 것으로 보이는가?

8. 세계 전역에 걸친 저축과 투자

    가장 최근에 발표된 WEO를 IMF(www.imf.org)에서 구하라. Statistical Appendix에서 세계 전역에 걸쳐 GDP 대비 저축과 투자를 보여주는 표 'Summary of Net Lending and Borrowing'을 찾아라. 이용 가능한 최근 연도에 대한 데이터를 사용해 다음에 답하라.

    a. 세계 저축과 세계 투자는 일치하는가? (사소한 통계적 오차는 무시할 수 있다.) 답을 직관적으로 해석하라.

    b. 미국에서 저축과 투자는 어떻게 비교되는가? 어떻게 미국은 투자자금을 조달할 수 있는가?(이는 다음 장에서 분명히 설명되지만, 직관을 통해 파악할 수 있어야 한다.)

    c. FRED 데이터베이스에서 1947년에서 최근까지의 실질 GDP(변수 GDPC1)와 실질 GNP(변수 GNPC96)를 구하라. 미국의 GNP와 GDP 성장률 차이를 계산하라. 어느 쪽이 더 큰가? 왜 그런가?

더 읽을거리

- 국제무역과 국제경제에 대해 더 배우려 한다면 좋은 책이 있다. Paul Krugman, Marc Melitz, and Maurice Obstfeld, *International Economics, Theory and Policy*, 10th ed. Prentice Hall, 2014.

- 거의 모든 통화에 대한 현재 환율을 알고 싶다면 www.oanda.com/currency/converter에서 'currency converter'를 참조하라.

개방경제에서 재화시장

2009년에 세계 각국은 미국에서의 경기침체 위험에 대해 걱정했다. 그러나 이들의 걱정은 미국보다는 자국에 대한 것이었다. 이 국가들에게 미국의 경기침체는 대미수출 하락, 무역수지 악화, 자국 내 경제성장의 둔화를 의미했다.

이들의 우려는 정당화될 수 있는가? 앞 장의 그림 17-1은 실제로 그렇다는 것을 보여준다. 미국의 경기침체는 분명히 세계의 경기침체를 낳았다. 어떤 일이 발생했는지를 이해하려면 재화시장 개방을 포함할 수 있도록 핵심 모형에서 다루었던 재화시장(3장)을 확장해야 한다. 이 장의 목표가 바로 이것이다.

18-1절은 개방경제에서 재화시장 균형이 갖는 특징을 살펴본다.

18-2절과 **18-3절**은 국내 충격과 해외 충격이 국내 경제의 산출과 무역수지에 미치는 파급효과를 살펴본다.

18-4절은 실질절하가 산출과 무역수지에 미치는 파급효과를 살펴본다.

18-5절은 균형을 묘사하는 다른 방법을 살펴보는데 여기에서는 저축, 투자, 무역수지 간의 밀접한 연관성을 알게 될 것이다. (정말 중요한 부분이다. 읽고 나면 개방경제 문제에 대해 다르게 생각하게 될 것이다.)

이 장의 메시지 : 산출은 국내 수요와 해외 수요 모두에 의존한다. ▶ ▶ ▶

경제가 대외무역에 폐쇄적이라고 가정하고 있다면 재화에 대한 국내 수요와 국내재에 대한 수요를 구별할 필요가 없다. 분명히 이들은 같다. 그러나 이제 이 둘을 구별해야 한다. 일부 국내 수요는 외국재를 대상으로 한 것이며 국내재에 대한 수요 일부는 외국으로부터 기인한다. 이를 좀 더 자세히 살펴보자.

> '재화에 대한 국내 수요'와 '국내재에 대한 수요'는 비슷해 보이지만 같지 않다. 국내 수요의 일부는 외국재에 할당되며, 외국 수요의 일부는 국내재에 할당된다.

국내재에 대한 수요

개방경제에서 **국내재에 대한 수요**(demand for domestic goods)는 다음으로 주어진다.

$$Z = C + I + G - \varepsilon IM + X \tag{18.1}$$

우변의 첫 세 항인 소비 G, 투자 I, 정부지출 G는 **재화에 대한 국내 수요**(domestic demand for goods)를 구성한다. 경제가 무역으로부터 폐쇄되어 있다면 $C + I + G$는 국내재에 대한 수요이기도 하다. 바로 이 때문에 지금까지 $C + I + G$만을 살펴본 것이다. 그러나 이제 두 가지 조정을 해야만 한다.

- 첫째, 국내 수요 중 국내재보다는 외국재를 대상으로 한 수입을 차감해야 한다.

  > 3장에서는 실질환율을 무시해 εIM이 아니라 IM을 차감했다. 하지만 이는 부정확했다. 너무 일찍 실질환율에 대해 이야기해서 상황을 복잡하게 하지 않으려 했기 때문이다.

  여기서 조심할 필요가 있다. 외국재는 국내재와는 다르므로 단순히 수입량 IM을 차감해서는 안 된다. 오렌지(국내재)에서 사과(외국재)를 빼는 셈이 되기 때문이다. 우선 외국재의 가치를 국내재로 나타내야 한다. 식 (18.1)에서 εIM이 바로 이를 나타낸다. 17장에서 실질환율 ε을 국내재로 표시한 외국재의 가격이라 정의한 바 있다. 따라서 εIM은 국내재로 표시한 수입재의 가치이다.

- 둘째, 국내재에 대한 수요 중 외국으로부터 비롯되는 수요인 수출을 차감해야 한다. 이는 식 (18.1)에서 X항으로 파악된다.

> (재화에 대한 국내 수요 $C + I + G$) − (외국재에 대한 국내 수요, 즉 수입 εIM) + (국내재에 대한 외국 수요, 즉 수출 X) = 국내재에 대한 수요 $C + I + G - \varepsilon IM + X$

C, I, G의 결정요인

수요의 다섯 가지 요소를 모두 나열했으므로 남은 과제는 이들의 결정요인을 구체화하는 것이다. 우선 처음 세 항 C, I, G에서 출발하자. 경제가 개방되었다고 가정한 상태에서 앞에서의 소비, 투자, 정부지출에 대한 설명을 어떻게 수정해야 할까? 답은 그리 많지 않다는 것이다. 소비자가 얼마나 소비해야 할 것인지는 여전히 자신의 소득과 부에 의존한다. 실질환율은 확실히 국내재와 외국재 간 소비지출 **구성**에 영향을 미치겠지만, 그것이 전반적인 소비 수준에 영향을 미쳐야 할 분명한 이유는 없다. 투자도 마찬가지다. 실질환율은 기업이 국내 기계를 살지 외국 기계를 살지 여부에 영향을 미칠 수 있지만, 전체 투자에 영향을 미치지는 않을 것이다.

여기까지는 희소식이다. 왜냐하면 지금까지 발전시킨 소비, 투자, 정부지출에 대한 설명을 사용할 수 있기 때문이다. 결과적으로 다음이 성립한다.

$$\text{국내 수요}: C + I + G = \underset{(+)}{C(Y - T)} + \underset{(+,-)}{I(Y, r)} + G$$

여기서 가처분소득 $Y-T$가 증가하면 소비가 증가하며, 생산 Y가 증가하거나 실질정책이자율 r이 하락하면 투자는 증가한다. 하지만 여기서는 6장과 14장에서 주목한 위험프리미엄의 존재나 14~16장에서 다룬 기대의 역할에 대한 수정사항은 배제했다. 우리는 경제 개방 효과를 이해하기 위해 한 번에 한 단계씩 다루려 한다. 이들 수정사항의 일부는 후에 다시 도입한다.

◀ 여기서도 약간의 왜곡이 있다. 소득은 국내 소득뿐만 아니라 외국으로부터의 순수취요소소득과 이전소득을 포함해야 한다. 단순화를 위해 이 두 가지 항목을 무시했다.

수입의 결정요인

수입은 국내 수요 중 외국재를 대상으로 한 부분이다. 수입은 무엇에 의존하는가? 분명히 국내 소득에 의존한다. 국내 소득의 증가는 국내에서 생산되었든 외국에서 생산되었든 상관없이 모든 재화에 대한 국내 수요의 증가를 낳을 것이다. 따라서 국내 소득의 증가는 수입 증가를 유발한다. 수입은 또한 국내재로 표시한 외국재의 가격인 실질환율에도 분명히 의존한다. 외국재에 비해 국내재의 가격이 더 높을수록 또는 국내재에 비해 외국재가 더 저렴할수록 외국재에 대한 국내 수요는 높아질 것이다. 결국 실질환율의 하락은 수입 증가를 유발할 것이다. 따라서 수입은 다음과 같이 나타낼 수 있다.

◀ 이 장 시작 부분의 논의를 상기하라. 외국들은 미국의 경기침체를 우려하고 있다. 미국의 경기침체는 외국재에 대한 미국 수요의 감소를 의미하기 때문이다.

$$IM = \underset{(+, +)}{IM(Y, \varepsilon)} \tag{18.2}$$

- 국내 소득 Y의 증가(마찬가지로 국내산출의 증가 — 개방경제에서도 소득과 산출은 여전히 일치한다)는 수입 증가를 유발한다. 소득의 수입에 대한 양(+)의 영향력은 식 (18.2)에서 Y 밑의 양의 부호로 나타나 있다.
- 실질환율 ε의 하락은 수입 IM의 증가를 유발한다. 이러한 양의 영향력은 식 (18.2)의 ε 밑의 양의 부호로 표시되었다. (ε이 하락함에 따라 IM은 상승하므로 국내재로 표시한 수입재의 가치인 εIM에 무슨 변화가 발생할지는 모호하다. 이에 대해서는 아래에서 살펴본다.)

수출의 결정요인

수출은 외국의 수요 중 국내재에 대한 수요를 의미한다. 수출은 무엇에 의존하는가? 외국인의 소득에 의존한다. 외국인의 소득 증가는 국내재와 외국재를 포함한 모든 재화에 대한 외국인의 수요 증가를 의미한다. 따라서 외국인의 소득 증가는 수출 증가를 의미한다. 수출은 실질환율에도 의존한다. 국내재로 표시한 외국재의 가격이 높을수록 국내재에 대한 외국인의 수요는 승가한다. 달리 말해 실질환율이 높을수록 수출은 증가한다.

Y^*를 외국인의 소득 또는 외국인의 산출이라 하면 결국 수출을 다음과 같이 나타낼 수 있다.

$$X = X(Y^*, \varepsilon) \tag{18.3}$$
$$(+, +)$$

- 외국 소득 Y^*의 증가는 수출 증가를 낳는다.
- 실질환율 ε의 상승, 즉 실질환율 절하는 수출 증가를 낳는다.

지금까지 논의의 통합

그림 18-1은 지금까지 학습한 것을 함께 모았다. 이 그림은 산출에 대비해 수요의 다양한 요소를 나타낸다. 물론 수요에 영향을 미치는 다른 모든 변수(이자율, 세금, 정부지출, 외국산출, 실질환율)은 일정하다고 가정하고 있다.

그림 18-1(a)에서 직선 DD는 산출 Y의 함수로서 국내 수요($C + I + G$)를 나타낸다. 산출과 수요의 관계는 3장에서 이미 다룬 바 있다. 표준적 가정하에서 수요와 산출의 관계식은 양(+)의 기울기를 갖지만 1보다는 작다. 산출 또는 마찬가지로 소득의 증가는 수요를 증가시키지만 일대일 증가에는 못 미친다. (달리할 뚜렷한 이유가 없으므로 이 책에서는 수요와 산출의 관계 그리고 이 장의 다른 관계들을 곡선보다는 직선으로 나타냈다. 이는 오직 편리함을 위한 것이고 이어지는 어떤 논의도 이 가정에 의존하지 않는다.)

국내재에 대한 수요를 얻기 위해 먼저 수입을 차감해야 한다. 이는 그림 18-1(b)에서 직선 AA로 나타나 있다. AA는 국내재에 대한 국내 수요를 나타낸다. DD와 AA 간 거리는 수입의 가치 εIM을 나타낸다. 수입량은 소득에 비례해 증가하므로 두 직선 간 거리는 소득과 더불어 증가한다. 직선 AA에 관한 두 가지 사실을 파악할 수 있는데, 이는 이 장의 뒤에서 유용하게 사용될 것이다.

- AA는 DD보다 평평하다. 소득이 증가할 때 증가하는 국내 수요의 일부는 국내재보다는 외국재에 할당된다. 달리 말해 소득이 증가함에 따라 국내재에 대한 국내 수요는 총국내 수요보다 덜 증가한다.
- 추가된 수요의 일부가 국내재에 할당되는 한 AA는 양의 기울기를 갖는다. 소득 증가는 국내재에 대한 수요 증가로 일부 나타난다.

마지막으로, 수출이 더해져야 한다. 그림 18-1(c)가 이를 나타내며 직선 AA 위에 놓인 직선 ZZ를 제공한다. ZZ는 국내재에 대한 수요를 나타낸다. ZZ와 AA 간 거리는 수출 X와 일치한다. 수출은 국내 소득에 의존하지 않기 때문에(외국 소득에 의존한다) ZZ와 AA 간 거리는 일정하며 이 때문에 두 직선은 평행하다. AA는 DD보다 평평하므로 ZZ 역시 DD보다 평평하다.

그림 18-1(c)의 정보로부터 산출의 함수로서 순수출(수입과 수출의 격차 $X - \varepsilon IM$의 행태가 갖는 특징을 찾아낼 수 있다. 예를 들어 Y의 산출 수준에서 수출은 거리 AC이며 수입은 거리 AB이므로 순수출은 거리 BC로 나타난다.

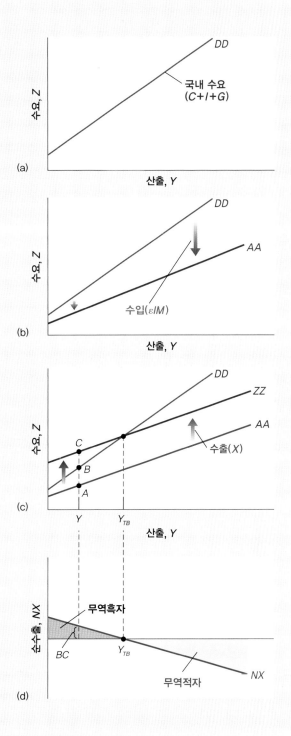

그림 18-1

국내재에 대한 수요와 순수출

(a) 재화에 대한 국내 수요는 소득(산출)의 증가함수이다.

(b)~(c) 국내재에 대한 수요는 국내재 수요에서 수입의 가치를 차감하고 수출을 더하면 구해진다.

(d) 무역수지는 산출의 감소함수이다.

순수출과 산출 간의 이 관계는 그림 18-1(d)에서 NX(Net eXport)선으로 나타난다. 순수출은 산출의 감소함수이다. 산출이 증가함에 따라 수입은 증가하지만 수출은 영향을 받지 않으므로 순수출은 감소한다. Y_{TB}(TB는 무역수지)를 수입액과 수출액이 일치하는, 즉 순수출이 0이 되는 산출 수준이라 하자. Y_{TB}를 넘어서는 산출 규모는 수입을 증가시키며 무역적자를 낳는다. 반면 산출이 Y_{TB}를 하회하면 수입이 감소하고 무역흑자가 발생한다.

18-2 균형산출과 무역수지

국내산출이 국내재에 대한 수요(국내와 국외)와 일치할 때 재화시장은 균형에 놓인다.

$$Y = Z$$

국내재에 대한 수요 Z의 구성요소에 대해 유도했던 관계를 통합하면 다음을 얻는다.

$$Y = C(Y - T) + I(Y, r) + G - \varepsilon IM(Y, \varepsilon) + X(Y^*, \varepsilon) \tag{18.4}$$

이 균형조건은 세금부터 실질환율 그리고 외국산출까지 주어진 것으로 간주했던 모든 변수의 함수로 산출을 결정한다. 이는 단순한 관계가 아니다. 그림 18-2는 이를 익숙한 형태로 그림을 통해 나타내고 있다.

그림 18-2(a)에서 수직축은 수요를 그리고 수평축은 산출(마찬가지로 생산 또는 소득)을 나타낸다. 직선 ZZ는 수요를 산출의 함수로 나타낸다. 이 선은 그림 18-1(c)에서 ZZ를 반복한 것일 뿐이다. ZZ는 양의 기울기를 갖지만 그 기울기는 1보다 작다.

균형산출은 수요와 산출이 일치하는, 즉 그림 18-2(a)에서 ZZ와 45° 선이 교차하는 점 A에서 발생하며 Y로 나타난다.

그림 18-2(b)는 순수출을 산출의 감소함수로 나타낸 그림 18-1(d)를 반복하고 있다. 일반적으로 균형산출 Y가 무역 균형이 발생하는 산출 수준 Y_{TB}와 같아야 할 이유는 없다. 그림에서 나타나듯이 균형산출은 거리 BC에 해당하는 무역적자와 관련된다. 물론 달리 그렸다면 균형산출에서 무역흑자가 발생할 수도 있다.

이제 이 장 도입부에서 던졌던 질문에 답하는 데 필요한 수단을 갖추었다.

균형산출 수준은 Y=Z라는 조건이다. 무역수지 균형이 발생하는 산출 수준은 X=εIM이라는 조건으로 주어진다. 이들은 다른 조건이다.

18-3 국내 수요 또는 외국 수요의 증가

개방경제에서 수요 변화는 산출에 어떤 영향을 미칠까? 오래전부터 다루어 왔던 주제, 즉 정부지출 증가를 우선 다룬 뒤 새로운 주제, 즉 해외 수요의 증가에 따른 파급효과를 다루자.

그림 18-2

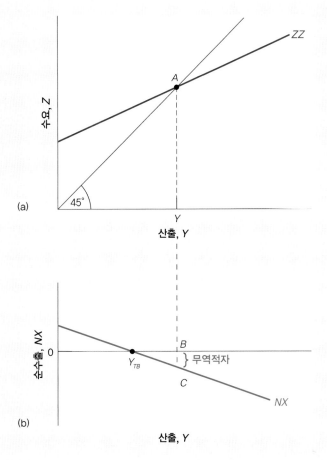

(a)

수요, Z

ZZ

A

45°

Y

산출, Y

(b)

순수출, NX

0

B

} 무역적자

Y_{TB}

C

NX

산출, Y

균형산출과 순수출
국내산출과 국내재에 대한 수요가 일치할 때 재화시장은 균형에 놓인다. 균형산출 수준에서 무역수지는 적자일 수도 있고 흑자일 수도 있다.

국내 수요의 증가

경제가 침체 상태에 놓여 국내 수요와 산출을 증가시키기 위해 정부에서 정부지출을 증가시켰다고 하자. 산출과 무역수지에 어떤 파급효과가 발생할까?

◀ 핵심 모형에서와 같이 재화시장에서 출발하고 이어서 금융시장과 노동시장을 도입한다. 여기서 도출한 결론은 금융시장과 노동시장을 나중에 도입하더라도 대체로 유지된다.

답은 그림 18-3에 있다. 정부지출이 증가하기에 앞서 수요는 그림 18-3(a)에서 ZZ로 주어져 있고 균형은 점 A에서 발생해 산출은 Y와 같다. 물론 일반적으로 무역수지가 균형을 보일 이유는 없지만 무역수지가 처음에는 균형을 보였다고 가정하자. 따라서 그림 18-3(b)에서 $Y = Y_{TB}$가 성립한다

정부지출이 ΔG만큼 증가하면 어떤 일이 생겨날까? 산출 수준이 어떤 수준에 있었건 수요는 ΔG만큼 증가해 수요관계는 ZZ에서 ZZ'으로 ΔG만큼 상향 이동한다. 균형점은 A에서 A'으로 이동하

그림 18-3

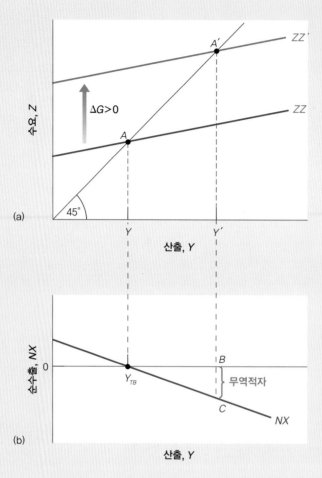

정부지출 증가의 파급효과
정부지출 증가는 산출 증가와 무역적자 증가를 낳는다.

고 산출은 Y에서 Y'으로 증가한다. 산출의 증가 규모는 정부지출의 증가 규모보다 크다. 승수효과가 나타나는 것이다.

지금까지의 논의는 3장의 폐쇄경제에 대한 논의와 비슷하다. 그러나 두 가지 중요한 차이가 있다.

■ 지금은 무역수지에 대한 파급효과가 존재한다. 정부지출은 수출관계식이나 수입관계식에 직접 들어가지 않으므로 그림 18-3(b)에서 순수출과 산출의 관계식은 이동하지 않는다. 따라서 산출은 Y에서 Y'으로 이동하며 **무역적자는 BC로** 증가한다. 수입은 증가하지만 수출은 변화하지 않기 때문이다.

무역수지 균형에서 출발하면 ▶
정부지출은 무역적자를 낳는다.

■ 정부지출 증가가 무역적자를 야기할 뿐만 아니라, 정부지출의 산출에 대한 파급효과는 폐쇄경

제의 경우보다 작아진다. 3장에서 보았듯이 수요관계의 기울기가 작을수록 승수의 크기는 작다(예를 들어 ZZ가 수평이면 승수는 1이 될 것이다). 그림 18-1에서 수요관계 ZZ는 폐쇄경제에서의 수요관계 DD보다 평평하다. 이는 **승수가 개방경제에서 감소한다**는 것을 의미한다.

무역적자와 승수의 감소는 같은 원인에서 비롯한다. 경제가 개방되었으므로 수요의 증가는 이제 국내재뿐만 아니라 외국재에도 할당된다. 따라서 소득이 증가할 때 국내재 수요에 대한 효과는 폐쇄경제에서보다 감소하며 승수는 감소한다. 그리고 수요 증가의 일부는 수입에 할당되고 수출은 변하지 않으므로 무역적자가 발생하는 것이다.

이 두 가지 시사점은 중요하다. 개방경제에서 국내 수요의 증가는 산출에 더 작은 파급효과를 낳으며 무역수지에는 부정적인 영향을 미친다. 사실상 경제가 더 개방될수록 산출에 대한 파급효과는 더 작아지며 무역수지에 대한 부정적 파급효과는 더 커진다. 예를 들어 네덜란드의 경우를 보자. 17장에서 보았듯이 네덜란드의 GDP 대비 수출 비율은 매우 높다. 아울러 네덜란드의 GDP 대비 수입 비율 역시 매우 높다. 네덜란드에서 국내 수요가 증가할 때 대부분의 수요 증가는 국내재에 대한 수요 증가보다는 외국재에 대한 수요 증가로 귀결될 가능성이 크다. 따라서 정부지출 증가는 네덜란드의 무역적자를 대규모로 증가시키고 산출에는 사소한 증가를 낳을 가능성이 높다. 결과적으로, 네덜란드의 입장에서 국내 수요 팽창은 오히려 매력적이지 못한 정책이다. 수입 비율이 훨씬 낮은 미국의 경우에도 수요 증가는 무역수지 악화와 관련된다.

외국 수요의 증가

이제 외국산출의 증가, 즉 Y^*의 증가를 살펴보자. 이 변화는 방금 분석한 정책 변화인 외국 정부지출 G^*의 증가에 기인할 수 있다. 물론 국내가 아닌 국외에서 발생한 변화이다. 그러나 이 변화가 미국 경제에 미치는 영향을 분석하는 데 있어 Y^*의 변화가 어디에서 비롯하는지를 알아야 할 필요는 없다.

그림 18-4는 외국인의 경제활동 증가가 국내산출과 무역수지에 미치는 파급효과를 보여준다. 국내재에 대한 초기 수요는 그림 18-4(a)에서 ZZ로 주어진다. 변화가 있기 전에 균형은 점 A에 있고 산출은 Y였다고 하자. 아울러 무역수지는 균형 상태에 있었다고 가정해 그림 18-4(b)에서 Y와 관련된 순수출은 0과 같다($Y = Y_{TB}$).

재화에 대한 **국내 수요** $C + I + G$를 소득의 함수로 나타내는 선을 참고하는 것이 아래에서 유용할 것이다. 이 선은 DD로 나타나 있다. 그림 18-1에서 DD는 ZZ보다 기울기가 가파르다. ZZ와 DD 간 격차는 순수출과 일치하고 그에 따라 무역은 점 A에서 균형을 이루고 있다면 ZZ와 DD는 점 A에서 교차한다.

이제 외국산출 ΔY^*가 증가하는 데 따른 파급효과를 고려하자(잠시 직선 DD는 무시하자. 뒤에 가서야 필요하기 때문이다). 외국산출의 증가는 미국 재화에 대한 외국 수요의 증가를 포함한 외국 수요의 증가를 의미한다. 따라서 외국산출 증가의 직접적 효과는 일정량의 미국 수출 증가이며

◀ 정부지출 증가는 산출을 증가시킨다. 승수는 폐쇄경제에서보다 개방경제에서 더 작다.

◀ 승수 감소와 무역적자는 같은 원인에서 비롯한다. 일부 국내 수요가 외국재화에 할당되기 때문이다.

DD는 재화에 대한 국내 수요이며, ZZ는 국내재에 대한 수요이다. 양자의 차이는 무역적자와 일치한다. ▶

그림 18-4

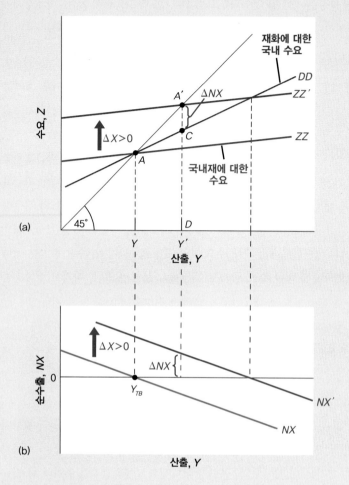

외국 수요 증가의 파급효과
외국 수요의 증가는 산출 증가와 무역흑자를 낳는다.

이는 ΔX로 나타낼 수 있다.

- 산출이 주어져 있을 때 수출의 증가는 ΔX에 해당하는 만큼의 미국 재화에 대한 수요 증가를 낳고 산출의 함수로서 국내재에 대한 수요를 나타내는 선은 ZZ에서 ZZ'으로 ΔX만큼 상향 이동한다.

- 산출이 일정할 때 순수출은 ΔX만큼 증가한다. 따라서 그림 18-4(b)에서 산출의 함수로서 순수출을 나타내는 선도 NX에서 NX'으로 ΔX만큼 상향 이동한다.

새로운 균형은 그림 18-4(a)의 점 A'에서 발생하고 산출은 Y'이 된다. 외국산출의 증가는 국내

산출의 증가를 낳는다. 그 경로는 분명하다. 외국산출의 증가는 국내재에 대한 수출 증가를 낳고 이는 승수효과를 통해 국내 수요와 국내산출의 증가를 가져온다.

무역수지에는 어떤 일이 발생할까? 수출이 증가한다는 것은 안다. 그러나 국내산출의 증가는 무역수지가 실제로 악화될 수 있을 정도로 수입의 대규모 증가를 낳을 수 있을까? 그렇지 않다. 무역수지가 개선되어야만 한다. 왜 그런지를 보기 위해 외국 수요가 증가할 때 국내재에 대한 수요가 ZZ에서 ZZ'으로 상향 이동하지만 산출에 대한 함수로서 **재화에 대한 국내 수요**를 나타내는 직선 DD는 이동하지 않는다는 점에 주의할 필요가 있다. 새로운 균형산출 수준 Y'에서 국내 수요는 DC이며 국내재에 대한 수요는 DA'이다. 따라서 순수출은 CA'으로 주어지며, DD가 반드시 ZZ' 밑에 놓여야 하므로 CA는 양의 값을 가져야 한다. 따라서 수입이 증가할 때, 이는 수출 증가로 상쇄되지 않으며 무역수지는 개선된다.

재정정책의 재고

지금까지 두 가지 기초적 결과를 유도했다.

- 국내 수요의 증가는 국내산출의 증가를 낳지만 무역수지의 악화를 야기한다. (여기서는 정부지출 증가를 살펴보았지만 세금 감소나 소비지출 증가 등의 경우에도 동일한 결과가 생겨났을 것이다.)
- 외국 수요의 증가(외국에서 발생하는 같은 유형의 변화에 기인한다)는 국내산출의 증가와 무역수지의 개선을 낳는다.

이 결과는 다시 두 가지 시사점을 갖는다. 이 시사점은 최근의 위기에서 확인되었다.

첫째이자 가장 분명한 것은 특정 국가에서 발생한 총수요 충격이 다른 모든 국가에도 영향을 미친다는 것이다. 국가 간 무역을 통한 연결관계가 강할수록 상호작용의 강도가 강하고 더 많은 국가가 공통된 움직임을 보일 것이다. 이것이 그림 17-1에 나타나 있다. 위기는 미국에서 시작되었지만 곧 다른 국가에 영향에 미쳤다. 무역관계만이 유일한 이유는 아니었다. 금융관계 역시 중심적 역할을 했다. 그러나 실증분석 결과는 무역의 강력한 효과를 보여준다. 이는 각국의 대미 수출 감소에서 비롯했다.

둘째, 상호작용은 정책 당국자의 과제를 훨씬 더 복잡하게 만들며, 재정정책의 경우 특히 더 그렇다. 이 주장을 더 자세히 살펴보자.

우선 다음의 관찰로부터 시작해보자. 정부는 무역적자를 달가워하지 않는데 여기에는 그만한 이유가 있다. 중요한 이유는 다음과 같다. 일관되게 무역적자를 보이는 국가는 다른 국가에 대해 채무를 누적하는 셈이고 결국 다른 국가에 대해 지속적으로 높아지는 이자를 지급해야만 한다. 따라서 국가들이 (무역수지를 악화시키는) 국내 수요 증가보다 (무역수지를 개선하는) 외국의 수요 증가를 선호한다.

그러나 이러한 선호는 불운한 결과를 초래할 수 있다. 상호 간에 상당한 무역관계를 가져 특정

Y^*는 수출에 직접적인 영향을 미치므로 국내재에 대한 수요와 산출의 관계에 포함된다. Y^*의 증가는 ZZ를 위로 이동시킨다. Y^*는 국내소비, 국내투자, 국내정부지출에 직접 영향을 미치지 못한다. 이에 따라 Y^*는 국내재에 대한 수요와 산출 간의 관계에 포함되지 않는다. Y^*의 증가는 DD를 이동시키지 않는다.

외국산출의 증가는 국내산출을 증가시키고 무역수지를 개선한다.

국가에서의 수요 증가가 다른 국가들에서 생산한 제품에 상당 부분 할당되는 일련의 국가를 생각해보자. 아울러 이 모든 국가들이 무역수지가 대체로 균형인 상태에서 출발해 경기침체에 직면했다고 하자. 이 경우 각국은 국내 수요를 증가시키는 조치를 상당히 꺼릴 수 있다. 그런 조치를 취할 경우, 결과적으로 산출은 소폭 늘겠지만 무역적자는 크게 증가할 것이다. 대신에 각국은 다른 국가들이 수요를 증가시키기만을 기다릴 것이다. 이렇게 할 경우 각국은 꿩 먹고 알 먹는 식으로 산출 증가와 무역수지 개선을 모두 달성할 수 있을 것이다. 그러나 모든 국가가 기다린다면 아무 일도 생겨나지 않으며 경기침체는 장기간 지속될 수 있다.

이 상황을 벗어나는 방법이 있을까? 최소한 이론적으로는 있다. 만약 모든 국가가 각국의 거시경제정책에 있어 협조해 국내 수요를 동시에 증가시킬 수 있다면 각국은 무역적자를 증가시키지 않고 수요와 산출을 증가시킬 수 있다(물론 이는 상호 간에만 성립한다. 즉 협조하는 국가들의 다른 국가들에 대한 무역적자는 여전히 증가할 것이다). 이유는 분명하다. 수요의 협조적 증가는 각국에서 수출과 수입을 동시에 증가시킬 것이다. 물론 국내 수요의 팽창이 수요 증가를 낳는 것은 여전히 사실이지만 수입 증가가 타국의 수요 팽창으로 인한 수출 증가에 의해 상쇄된다.

그러나 현실적으로 **정책 협조**(policy coordination)는 달성하기가 그렇게 쉽지 않다.

일부 국가는 다른 국가들에 대해 더 많은 양보를 해야 하는데 그렇게 하고 싶지 않을 수 있다. 예를 들어 일부 국가만이 경기침체에 놓여 있다고 하자. 경기침체에 있지 않은 국가들은 자국 수요를 증가시키기를 꺼릴 것이다. 만약 자국의 수요를 증가시키면 그렇게 하지 않은 국가들에 대해 무역적자를 나타낼 것이다. 다른 예로 일부 국가가 이미 상당한 재정적자를 보이고 있다고 하자. 이 국가들은 더 이상 세금을 인하하거나 지출을 증가시키려 하지 않을 것인데, 그렇게 할 경우 적자는 더욱 증가할 것이다. 이들 국가는 다른 국가에게 좀 더 많은 조정을 할 것을 요청할 것이다. 물론 다른 국가들은 그렇게 하는 것을 꺼릴 수 있다.

협조를 약속한 뒤 그 약속을 지키지 않을 강력한 유인이 존재한다. 예를 들어 일단 모든 국가가 지출 증가에 동의한다면 각국은 약속을 지키지 않을 동기를 갖게 되는데, 그렇게 함으로써 타국의 수요 증가와 그에 따른 무역수지 개선을 즐길 수 있기 때문이다. 그러나 만약 모든 국가가 이런 식으로 약속을 위반한다면 경기침체를 벗어나기에 충분한 수요 팽창은 생겨나지 않을 것이다.

결과적으로, 국제회의에서 각국 정부가 펼치는 주장에도 불구하고 정책 협조는 쉽지 않다. 상황이 아주 나빠질 경우에만 정책 협조가 성사되는 것으로 보인다. 2009년의 경우가 그러한데 이는 초점상자 'G20과 2009년 재정자극'에서 다루어진다.

18-4 평가절하, 무역수지, 산출

미국 정부가 달러화의 평가절하, 즉 명목환율의 상승을 낳는 정책을 실시했다고 하자. (20장에서 통화정책을 통해 어떻게 이를 달성할 수 있는지 살펴볼 것이다. 여기서는 잠시 정부에서 환율을

G20과 2009년 재정자극

2008년 11월 **G20**의 리더들은 워싱턴에서 긴급회합을 가졌다. G20은 20개국의 재무부 장관과 중앙은행행장으로 구성된 그룹으로서 주요 선진국과 신흥경제국을 포괄한다. 이는 1999년 창설되었지만 위기 전까지는 큰 역할을 하지 않았다. 위기가 심화하고 확산할 것이라는 증거가 계속 쌓여 감에 따라 G20은 거시경제 및 금융정책에 의한 위기대응을 협조하기 위해 회합을 가졌다.

거시경제정책에 있어서는 통화정책으로 충분하지 않다는 것이 분명해졌고, 그에 따라 초점은 재정정책으로 옮겨졌다. 산출 위축은 세수입 감소를 낳고 그에 따라 재정적자 증가로 이어지려 했다. 당시 IMF의 총재였던 스트로스 칸(Dominique Strauss-Kahn)은 추가적인 재정조치가 필요하며 각국에서 GDP의 평균 2%에 달하는 추가적인 재량적 조치(감세나 지출 증가)가 필요하다고 제안했다. 다음은 그의 주장이다.

"이제 세계경제의 성장을 회복하기 위해서는 재정자극이 긴요하다. 각국의 재정자극은 경제성장률을 높이는 데 있어 주요 무역상대국이 동시에 재정자극을 할 때 2배 정도로 효과적일 수 있다."

그는 일부 국가가 다른 국가에 비해 재정자극의 여지가 더 크다는 것을 지적했다. "우리는 가장 강력한 재정정책 체계를 갖고 있고 재정팽창에 필요한 자금조달 능력이 가장 뛰어나고 국가채무 유지 가능성이 가장 분명한 이들 선진국과 신흥경제국이 주도를 해야만 한다고 믿고 있다."

다음 몇 개월 동안 대다수 국가는 실제로 민간이나 공공지출을 증가시키는 재량적 조치를 취했다. 2009년에 G20 전체의 재량적 조치는 GDP의 약 2.3%에 달했다. 이탈리아 같이 재정상 여유가 작았던 일부 국가는 역할이 작았다. 반면 미국이나 프랑스 같은 국가는 더 많은 지출을 했다.

이러한 재정자극은 성공적이었는가? 일부에서는 그렇지 않았다고 주장한다. 결국 세계경제는 2009년에 대규모 음의 성장을 보였다. 여기서의 문제는 반사실적 질문이다. 만약 재정자극이 없었다면 어떻게 되었을까? 많은 사람이 재정자극이 없었다면 경제성장은 더 큰 음의 값을 기록했을 것이고 그것도 파국적이었을 것이라고 주장한다. 반사실적 추론은 증명하기도 반증하기도 어렵기 때문에 논쟁은 계속될 것 같다. 반사실적 추론과 경제학자와 정치가 간 차이에 대한 문제는 미국 국회의원 프랭크(Barney Frank)의 아주 훌륭한 언급이 있다.

"처음이 아니지만, 선출된 의원으로서 나는 경제학자를 질투한다. 경제학자는 분석적 접근에서 반사실적 추론을 이용할 수 있다. 경제학자는 반사실적 상황에서 어떤 일이 벌어질 수 있는지 보여줄 수 있기 때문에 어떤 결정이 가능한 한도 내에서는 최선이라고 설명할 수 있다. 경제학자는 발생한 것과 발생했을 수도 있는 것을 대비할 수 있다. '제가 아니었다면 상황이 더 악화될 수 있었다'는 표어를 내걸고 재선된 사람은 없다. 이런 방식으로 종신교수직을 얻을 수는 있겠지만, 선거에 이길 수는 없다."

이번의 재정자극은 위험했는가? 일부에서는 재정자극이 국가채무를 크게 증가시켰고, 그에 따라 지금 정부는 채무를 조정해야만 하는 입장이며 결국 재정긴축으로 이어지고 경기회복이 더 어려워지고 있다고 주장한다(이 점은 5장에서 논의했는데, 22장에서 다시 다룰 것이다). 이러한 주장은 대체로 잘못된 것이다. 국가채무 증가의 대부분은 지금까지 취해졌던 재량적 조치 때문이 아니라 위기 중 발생한 산출 감소에서 기인하는 세수입 감소에서 기인하는 것이다. 그리고 많은 국가는 위기 이전부터 대규모 재정적자를 보이고 있었다. 하지만 이러한 대규모 국가채무 증가는 경기회복을 위해 재정정책을 사용할 여지를 더 줄이고 있다.

당시 상황에 대한 더 자세한 논의는 다음을 참조하

라. IMF(2008. 12. 29.), "Financial Crisis Response: IMF Spells Out Need for Global Fiscal Stimulus," IMF Survey Magazine Online(www.imf.org/external/pubs/ft/survey/so/2008/int122908a.htm).

선택할 수 있다고 가정한다.)

실질환율은 다음처럼 정의하기로 한 바 있다.

$$\varepsilon = \frac{EP^*}{P}$$

실질환율 ε(국내재로 표시한 외국재의 가격)는 명목환율 E(국내통화로 표시한 외국통화의 가격)을 외국 물가 P^*로 곱한 뒤 국내 물가 P로 나눈 값과 같다. 단기에 있어 P와 P^*를 모두 일정하다고 간주할 수 있으므로 명목절하는 일대일로 실질절하를 낳을 것이다. 보다 구체적으로 달러가 엔에 대해 10% 절하되고(10%의 명목절하), 일본과 미국의 물가가 변화하지 않는다면 미국 재화는 일본 재화에 비해 10% 값이 싸지게 될 것이다(10%의 실질절하).

이제 이러한 실질절하가 미국의 무역수지와 산출에 어떤 영향을 미칠지 살펴보자.

> P와 P^*가 주어졌을 때 E가 상승한다. $\varepsilon = \frac{EP^*}{P}$가 상승한다.

> 20장에서는 물가가 시간이 지남에 따라 조정된다고 허용되었을 때 명목절하의 효과를 살펴본다. 명목절하는 단기에는 실질절하를 낳지만 중기에는 그렇지 못함을 볼 것이다.

절하와 무역수지 : 마셜–러너 조건

순수출의 정의를 되돌아보자.

$$NX = X - \varepsilon IM$$

X와 IM을 식 (18.2)와 식 (18.3)의 표현으로 대체하면 다음과 같다.

$$NX = X(Y^*, \varepsilon) - \varepsilon IM(Y, \varepsilon)$$

실질환율 ε이 방정식의 우변에 세 번 들어가므로 실질환율 절하는 세 가지 경로를 통해 무역수지에 영향을 미친다는 것이 분명하다.

> 보다 구체적으로 보자. 엔화 대비 달러의 10% 절하가 발생하면 다음 상황이 일어난다 : 미국 재화를 일본에서 더 싸게 만들어 미국의 대일 수출을 증가시킨다. 일본 재화는 미국에서 더 비싸지므로 미국의 대일 수입을 감소시킨다. 일본 재화의 가격이 더 높아지므로 일본 재화의 수입량이 일정하더라도 수입금액은 커진다.

- **수출 X의 증가.** 실질절하는 미국 재화를 외국재에 비해 상대적으로 저렴하게 한다. 이는 미국 재화에 대한 외국의 수요 증가, 즉 미국 수출의 증가를 낳는다.

- **수입 IM의 감소.** 실질절하는 외국재를 미국 재화에 비해 상대적으로 더 비싸게 한다. 이는 국내재로의 수요 전환과 수입량 감소로 이어진다.

- **국내재로 표시한 외국재의 상대가격 ε의 상승.** 이는 수입금액 εIM을 증가시킨다. 수입량이 동일하다고 해도 (국내재로 표시한) 구입비용은 이제 더 증가한다.

절하 이후 무역수지가 개선되기 위해서는 수입가격의 상승을 상쇄하기에 충분할 정도로 수출이 증가하고 수입이 감소해야만 한다. 실질절하가 순수출의 증가를 낳을 조건은 **마셜-러너 조건** (Marshall-Lerner condition)으로 알려져 있다. (이는 이 장 끝부분에 있는 부록 '마셜-러너 조건의 유도'에서 엄밀하게 유도되어 있다.) 이 조건은 실제로 만족된다. 따라서 이 책에서는 실질절하 (ε의 상승)이 순수출 NX의 증가를 낳는다고 가정할 것이다.

◀ 이를 처음 유도한 두 경제학자 마셜(Alfred Marshall)과 러너(Abba Lerner)의 이름을 따라 붙여졌다.

평가절하의 파급효과

지금까지는 미국과 외국의 산출이 일정하다는 가정하에서 평가절하가 무역수지에 미치는 직접적인 효과만을 살펴보았다. 그러나 파급효과는 거기서 멈추지 않는다. 순수출 변화는 국내산출을 변화시키며 이는 순수출에 추가적인 영향을 미친다.

실질절하의 효과는 외국산출의 증가와 매우 유사하므로 앞서 외국산출의 증가에 따른 효과를 살펴보는 데 사용한 그림 18-4를 다시 사용할 수 있다.

외국산출의 증가와 마찬가지로 평가절하는 모든 산출 수준에 대해 순수출의 증가를 낳는다(늘 그랬던 것처럼 마셜-러너 조건을 가정한다). 수요관계[그림 18-4(a)의 ZZ]와 순수출 관계[그림 18-4(b)의 NX]는 위로 이동한다. 균형은 A에서 A'으로 이동하고 산출은 Y에서 Y'으로 증가한다. 앞에서와 같은 이유로 무역수지는 개선된다. 산출 증가로 인한 수입 증가는 평가절하로 인한 무역수지의 직접적 개선보다 작다.

요약해보자. 평가절하는 외국과 국내 수요가 모두 국내재로 이동하도록 한다. 이 수요 변화는 다시 국내산출의 증가와 무역수지 개선을 낳는다.

평가절하와 외국산출의 증가는 국내산출과 무역수지에 동일한 효과를 낳지만 둘 간에는 미묘하지만 중요한 차이가 존재한다. 평가절하는 외국재를 상대적으로 더 비싸게 만듦으로써 작동한다. 그러나 이는 소득이 일정한 상황에서 평가절하로 인해 외국재화를 구입할 때 더 많이 지불해야만 하는 사람들의 입장에서 보면 상황이 악화된 것이다. 이 과정은 대규모 평가절하를 거쳐야 하는 국가들에게 더 강하게 느껴진다. 대규모 평가절하를 실시하려는 국가들에서 정책 당국자들은 거리의 폭동과 소요에 직면한다. 사람들이 크게 높아진 수입재 가격에 반응하기 때문이다. 멕시코의 사례가 이를 잘 보여준다. 페소는 1994~1995년 동안 1994년 11월에 페소당 29센트에서 1995년 5월 17센트로 크게 평가절하되었는데, 이로 말미암아 노동자의 생활 수준은 크게 하락했고 사회적 불안도 발생했다.

폭동의 대안이 있다. 임금 상승을 요구하고 실제로 획득하는 것이다. 그러나 임금이 상승하면 국내재 가격도 뒤이어 상승해 실질절하의 크기는 감소할 것이다. 이 과정을 논의하기 위해서는 지금까지 다루어 왔던 것보다 공급 측면을 더 자세히 살펴볼 필요가 있다. 평가절하, 임금, 가격 변화의 동학은 20장에서 다룬다. ◀

환율과 재정정책의 결합

산출이 잠재 수준에 있고 경제는 대규모 무역적자를 보인다고 하자. 정부에서는 산출은 그대로 유지하면서 무역적자를 감축하려 한다. 무엇을 해야 할까?

평가절하만으로는 부족하다. 무역적자는 감소하겠지만 산출은 증가하기 때문이다. 재정긴축 역

그림 18-5

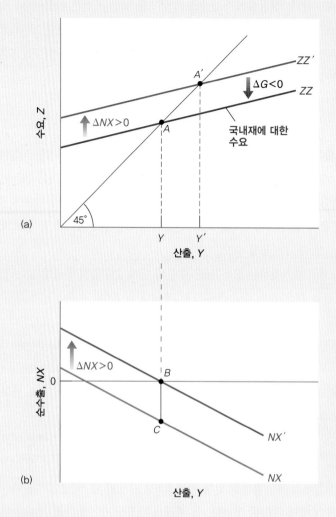

산출을 일정하게 유지할 때 무역적자의 감축

산출을 변화시키지 않은 채 무역적자를 감소시키기 위해 정부는 평가절하를 달성하고 정부지출을 감소시켜야 한다.

시 부족할 것이다. 무역적자는 감소하겠지만 산출도 감소할 것이다. 정부는 무엇을 해야 할까? 답은 평가절하와 재정긴축을 적절히 조합하는 데 있다. 그림 18-5는 이 조합이 어떠해야 하는지를 보여준다.

그림 18-5(a)에서 초기 균형이 A에서 이루어지고 있고 그와 관련된 산출이 Y라 하자. 이 산출수준에서는 그림 18-5(b)에서 BC에 해당하는 무역적자가 발생한다. 정부가 산출을 변화시키지 않고 무역적자를 소멸시키려 한다면 두 가지 일을 해야 한다.

표 18-1	환율과 재정정책 조합	
초기 조건	무역흑자	무역적자
저산출	ε? $G\downarrow$	$\varepsilon\uparrow$ G?
고산출	$\varepsilon\downarrow$ G?	ε? $G\downarrow$

■ 초기 산출에서 무역적자를 소멸시키기에 충분할 정도로 평가절하를 해야 한다. 따라서 평가절하는 그림 18-5(b)에서 순수출 관계를 NX에서 NX'으로 이동시킬 정도는 되어야 한다. 문제는 평가절하가 그로 인한 순수출 증가와 더불어 그림 18-5(a)에서 수요관계를 ZZ에서 ZZ'으로 이동시킨다는 데 있다. 다른 조치가 없다면 균형은 A에서 A'으로 변화하고 산출은 Y에서 Y'으로 증가할 것이다.

■ 산출 증가를 피하려면 ZZ'을 ZZ로 되돌릴 수 있도록 정부지출을 감소시켜야 한다. 평가절하와 재정긴축의 조합은 산출 수준을 이전과 동일하게 유지하면서 무역수지를 개선한다.

이 예는 일반적인 시사점을 제공한다. 정부가 산출 수준과 무역수지를 동시에 고려하는 한 재정정책과 환율정책을 동시에 사용해야 한다는 것이다. 위에서 살펴본 것이 바로 이 조합의 하나이다. 표 18-1은 초기 산출 수준과 무역 상황에 따른 정책 조합을 보여주고 있다. 예를 들어 저산출 –무역적자의 경우를 보자. 이 경우 초기 산출 수준은 지나치게 낮고(달리 말해 실업률이 지나치게 높다). 경제는 무역적자를 보인다. 평가절하는 무역과 산출 측면 모두에서 도움을 줄 것이다. 평가절하는 무역적자를 감소시키며 산출을 증가시킨다. 그러나 평가절하가 적절한 산출 증가와 적절한 무역적자의 소멸을 동시에 달성할 이유는 없다. 초기 상황과 평가절하의 산출과 무역수지에 대한 상대적 효과에 따라 정부는 평가절하를 정부지출의 증가 또는 감소로 보완할 필요가 있다. 표 18-1에서 물음표는 이 모호성을 나타내고 있다. 여러분 스스로 각 경우에 담긴 논리를 확실히 이해하길 바란다. (경상수지에 영향을 미치는 실질환율과 산출의 역할에 대한 또 다른 예를 보려면 초점상자 '그리스 경상수지 적자의 소멸 : 희소식인가?'를 참조하라.)

▶ 이 조합이 트럼프 행정부가 미국의 무역적자를 줄이기 위해 채택한 정책과 상당히 다른 것처럼 보인다면 제대로 본 것이다. 이에 대한 자세한 내용은 19장을 참조하라.

▶ 일반적 교훈 : 2개의 목표를 달성하길 원한다면(여기서는 산출과 무역수지) 2개의 정책수단을 가져야 한다(여기서는 재정정책과 환율).

18-5 저축, 투자, 무역수지

3장에서는 재화시장의 균형조건을 투자와 저축(민간저축과 정부 공공저축의 합계)의 일치로 나타내었다. 개방경제에 대해서도 이에 상응하는 조건을 유도할 수 있는데, 균형을 이렇게 살펴보는 것이 얼마나 유용한지 보자.

우선 다음의 균형조건에서 시작해보자.

▶ 이를 유도하려면 몇 단계를 거쳐야 하지만 걱정하지 말라. 최종적 결과는 직관적이다.

그리스 경상수지 적자의 소멸 : 희소식인가?

2000년대 초부터 많은 유로 주변 국가가 경상수지 적자의 확대를 보였다. 특히 인상적인 것은 그리스 경상수지 적자의 증가였다. 그림 1에서 보듯이 경상수지는 2000년 GDP 대비 6%로 이미 큰 규모의 적자였는데 그것이 2008년에는 15%까지 증가했다. 대금융위기가 시작했을 때 그리스는 대외차입이 갈수록 어려움을 경험했고 결국 차입을 줄여야 했으며 그에 따라 경상수지 적자를 줄여야 했다. 그러나 2018년에 이르러 경상수지 적자는 GDP 대비 1% 미만이 되었다.

인상적인 반전이다. 희소식이 분명한가? 꼭 그런 것은 아니다. 본문은 경상수지가 개선될 수 있는 두 가지 경로가 있음을 시사한다. 첫째는 국가 경쟁력이 높아지는 것이다. 실질환율이 상승해 수출이 증가하고 수입이 감소해 경상수지가 개선된다. 둘째는 국가의 산출 감소이다. 수출은 타국에서 전개되는 상황에 의존하기 때문에 동일하게 유지될 수 있다. 그러나 수입은 산출과 함께 낮아지고 경상수지는 개선된다. 불행

히도, 증거를 보면 두 번째 메커니즘이 지금까지 지배적인 역할을 해 왔다.

그리스가 유로 지역의 회원국이라는 점을 감안하면 적어도 다른 유로국과 비교할 때 명목환율 조정을 통해서는 경쟁력을 높일 수 없다. 이들은 임금과 물가의 하락에 의존해야 했고, 이는 느리고 어려운 과정으로 드러났다(이에 대한 추가 논의는 20장을 참조하라).

대신 조정의 상당 부분은 산출 감소로 촉발된 수입 감소를 통해 발생했다. 이는 **수입압축**(import compression)으로 알려진 조정이다. 그림 2는 2000년 이후 그리스의 수입, 수출, GDP 변화를 보여준다. 3개 시계열은 모두 2000년을 1.0으로 표준화했다. 2008년 이후 산출이 얼마나 감소했는지 주의 깊게 살펴보라. 2008년 이래 약 36% 감소했다. 수입도 산출과 함께 움직여 36% 감소했다. 수출은 크게 기여하지 못했다. 세계 금융위기와 세계 다른 나라의 수요 감소를 반영해 수출은 2009년에 급감한 후에도 2008년 수준

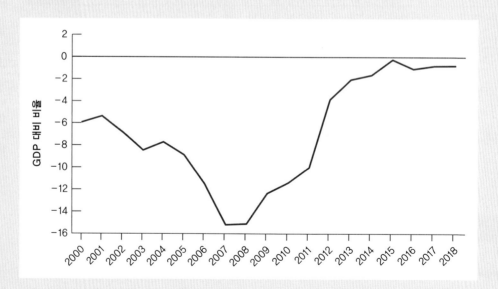

그림 1

2000년 이후 그리스 경상수지 적자의 추이

출처 : IMF Managing Director Dominique Strauss-Kahn Calls G-20 Action Plan Significant Step toward Stronger International Cooperation, Press Release No. 08/286, November 15, 2008.

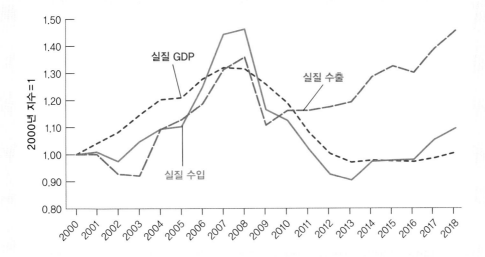

그림 2

2000년 이후 그리스의 수입, 수출, GDP

출처 : IMF Managing Director Dominique Strauss-Kahn Calls G-20 Action Plan Significant Step toward Stronger International Cooperation, Press Release No. 08/286, November 15, 2008.

보다 단지 10% 높아졌을 뿐이다(2008년 이래 세계 경제성장률은 누적적으로 34%에 달한다.)

간단히 말해 그리스에서의 경상수지 적자 소멸은 대체로 나쁜 소식이었다. 미래를 보면 경상수지에 어떤 일이 발생할지는 대체로 산출에 어떤 일이 발생하는지에 달려 있다. 그리고 이는 산출이 잠재적 산출에 대비해 어떤 위치에 있었는가에 따라 달라진다. 실제

산출 감소의 상당 부분이 잠재산출 감소를 반영한다면, 산출은 낮게 유지되고 경상수지 흑자는 유지될 것이다. 가능성이 더 높은 경우로 실제 산출이 잠재산출보다 크게 낮다면(9장의 용어로 산출갭이 큰 음수라면), 추가적인 실질절하가 발생하지 않는 한 산출의 잠재 수준으로의 복귀는 수입을 증가시키고 경상수지 적자로 돌아설 가능성이 있다.

$$Y = C + I + G - \varepsilon IM + X$$

우변의 소비 C를 좌변으로 옮기고 양변에서 세금 T를 차감한 뒤 순수출($\varepsilon IM + X$)를 NX로 표기하면 다음과 같다.

$$Y - T - C = I + (G - T) + NX$$

개방경제에서 국내 거주자의 총소득은 국내소득(domestic income)과 같은데 이는 산출 Y에 국외순수취요소소득 NI를 더한 것과 일치하므로 양변에 NI를 더하면 다음과 같다.

$$(Y + NI - T) - C = I + (G - T) + (NX + NI)$$

여기서 좌변 괄호 안의 항은 가처분소득과 일치하므로 좌변은 가처분소득에서 소비를 차감한 저축 S와 일치한다. 우변의 순수출, 국외순수취요소소득과 순이전지출 수취의 합은 경상계정과 일치한다. 경상계정을 CA로 나타내고 위 식을 다시 쓰면 다음과 같다.

$$S = I + (G - T) + CA$$

이를 다시 정리하면 다음을 얻을 수 있다.

$$CA = S + (T - G) - I \tag{18.5}$$

즉 경상수지는 저축(민간저축과 정부저축의 합계)에서 투자를 차감한 값과 일치한다. 결국 경상수지 흑자는 투자보다 저축을 많이 하고 있음을 시사하고, 경상수지 적자는 저축보다 투자를 더 많이 하고 있다는 것을 시사한다.

평론가들은 무역수지와 경상수지를 구별하지 않기도 한다. 그렇다고 중대 범죄일 필요는 없다. 해외순수취요소소득과 이전소득은 통상 크게 변화하지 않기 때문에 무역수지와 경상수지는 대체로 밀접하게 함께 움직인다. 그러나 미국의 경우 해외순수취요소들의 규모가 크다. 따라서 경상수지는 통상적으로 무역수지보다 훨씬 양호해 보인다.

이 관계를 직관적으로 이해하기 위해 17장의 경상계정과 자본금융계정에 대한 논의로 돌아가보자. 17장에서 경상수지 흑자는 특정 국가로부터 타 국가로의 순대출을 그리고 경상수지 적자는 해당 국가의 타국으로부터의 순차입을 의미한다.

따라서 저축보다 투자를 많이 하고 그에 따라 $S + (T-G) - I$가 음의 값을 갖는 경우를 생각해보자. 이 국가는 타국들로부터 그 차액을 차입해야만 한다. 따라서 경상수지 적자를 나타내야만 한다. 대칭적으로 타국에 자금을 대여하는 국가는 투자보다 저축을 많이 하는 국가이다.

식 (18.5)가 시사하는 몇 가지 점에 주목하자.

- 투자 증가는 민간저축이나 정부저축의 증가 또는 경상수지의 악화에 반영되어야 한다. 단, 여기서 경상수지의 악화는 물론 경상수지가 최초에 흑자였느냐 적자였느냐에 따라 달리 해석된다. 즉 경상수지가 최초에 흑자였느냐 적자였느냐에 따라 각각 경상수지 흑자의 감소나 경상수지 적자의 심화를 경험해야 한다.
- 적자의 증가나 흑자의 감소로 나타나는 정부 재정적자의 악화는 민간저축 증가나 투자 감소 또는 경상수지 악화로 반영되어야 한다.
- 높은 저축률(민간저축과 공공저축의 합계로서)을 가진 국가는 높은 투자율이나 대규모 경상수지 흑자를 나타내야 한다.

아울러 식 (18.5)가 시사하지 않는 바에도 주목해야 한다. 예를 들어 이 식은 예산적자가 경상수지 흑자를 낳을지 또는 민간저축의 증가를 낳을지 또는 투자의 감소를 낳을지 여부에 확답을 줄 수 없다. 예산적자에 대응해 어떤 일이 발생할지 알기 위해서는 소비, 투자, 수출, 수입에 사용했던 가정을 사용해 산출과 그 구성요소에 무슨 일이 생겨나는지를 명시적으로 분석해내야 한다. 즉 이 장에서 소개한 분석 수단을 모두 사용할 필요가 있다. 조심스럽지 않을 경우 식 (18.5)를 사용하다 크게 잘못된 결론에 도달할 수 있기 때문이다. 얼마나 잘못될 수 있는지를 알아보기 위해 예를 들어 다음의 주장을 고려하자(사실 이 주장은 너무나 흔해서 유사한 내용을 신문에서 읽은 경험이 있을 것이다).

"미국이 평가절하를 통해 대규모 경상수지 적자를 줄일 수 없는 것이 분명하다. 식 (18.5)를 보라. 이 식은 경상수지 적자가 저축에서 투자를 차감한 것과 일치한다고 말한다. 평가절하가 저축이나 투자에 영향을 미칠 이유는 없다. 그렇다면 어떻게 평가절하가 경상수지 적자에 영향을 미치겠는가?"

이 주장은 설득력 있게 들릴 수 있지만 여러분은 잘못된 것임을 안다. 앞에서는 평가절하가 수출을 자극하고 수입을 억제해 소득수지와 경상이전수지가 일정할 때 경상수지의 개선을 낳는다는 것을 보았다. 그렇다면 이 주장에서 무엇이 잘못된 것일까? 평가절하는 실제로 저축과 투자에 영향을 미친다. 바로 국내재 수요에 영향을 미침으로써 그리고 그에 따라 산출에 영향을 미침으로써 가능한 것이다. 산출 증가는 투자를 상회하는 저축 증가를 낳고 경상수지 적자의 감소를 낳는다.

이 절의 내용을 이해하고 있는지를 확실하게 하는 좋은 방법은 다시 되돌아가서 지금까지 고려했던 다양한 경우, 즉 정부지출 변화, 외국산출 변화, 평가절하와 재정긴축의 조합 등을 살펴보는 것이다. 각 경우에 있어 식 (18.5)의 네 가지 구성요소, 즉 민간저축, 정부저축(또는 재정흑자), 투자, 무역수지 각각에 무슨 일이 발생하는지를 추적해보라. 항상 그랬듯이 일상적인 언어로 이야기할 수 있는지를 확실하게 하라.

이 장을 한 가지 도전 문제를 생각하며 마무리 짓자. 다음 세 가지 문장을 평가하고 어느 것이 옳은지 판단하라.

- (17장에서 보았던) 미국의 대규모 경상수지 적자는 미국이 더 이상 경쟁력이 없다는 것을 보여준다. 이는 약점을 보여준다. 저축이나 투자를 잊자. 미국은 긴급히 경쟁력을 향상시켜야 한다.
- 미국의 대규모 경상수지 적자는 미국이 투자를 하기에 충분한 저축을 하지 못한다는 것을 보여준다. 이는 약점을 보여준다. 경쟁력은 잊자. 미국은 긴급히 저축률을 높여야 한다.
- 미국의 대규모 경상수지 적자는 미국의 금융계정 흑자를 반영할 뿐이다. 이는 세계의 나머지 국가들이 미국에 자금을 투자하기를 원한다는 것이다. 미국의 금융계정 흑자 그리고 그것이 시사하는 미국의 경상수지 적자는 사실 힘의 상징이며, 이를 줄이기 위한 정책 조치를 취할 필요가 없다.

◀ 예를 들어 미국 정부가 산출 수준의 변화 없이 무역적자를 감소시키려 한다고 하자. 이를 위해 미국 정부는 평가절하와 재정긴축을 함께 사용한다. 민간저축, 정부저축, 투자에 어떤 일이 발생하겠는가?

요약

- 개방경제에서 국내재에 대한 수요는 재화에 대한 국내 수요(소비＋투자＋정부지출)에서 수입의 가치(국내재화표시)를 차감하고 수출을 더한 값과 일치한다.
- 개방경제에서 국내 수요 증가에 따른 산출 증가는 폐쇄경제에서보다 작다. 추가된 수요의 일부가 수입품에 할당되기 때문이다. 같은 이유로 국내 수요의 증가는 동시에 무역수지의 악화를 야기한다.
- 외국 수요의 증가는 수출 증가를 따라 국내산출과 무역수지의 개선을 모두 가져온다.
- 외국 수요의 증가는 무역수지를 개선하고, 국내 수요의 증가는 무역수지의 악화를 낳으므로 각국은 외국 수요의 증가가

움직여 자국을 경기침체로부터 탈출시키기를 기다리는 유혹에 빠질 수 있다. 많은 국가가 경기침체에 빠졌을 경우 정책협조는 원칙적으로 경기회복에 도움을 줄 수 있다.
- 마셜－러너 조건이 만족된다면, 실증분석 결과도 이 가정이 실제로 나타나고 있음을 보여주듯이 실질절하는 순수출의 개선을 낳는다.
- 재화시장에서의 균형조건은 저축(공공과 민간)에서 투자를 차감한 값이 경상수지와 일치해야 한다는 조건으로 다시 쓰일 수 있다. 경상수지 흑자는 투자를 초과하는 저축에 대응한다. 경상수지 적자는 저축을 초과하는 투자에 해당한다.

핵심 용어

국내재에 대한 수요(demand for domestic goods)

마셜－러너 조건(Marshall-Lerner condition)

수입압축(import compression)

재화에 대한 국내 수요(domestic demand for goods)

정책 협조(policy coordination)

G20

연습문제

기초문제

1. 이 장의 내용에 기초해 다음에 대해 '사실', '거짓', '불확실' 여부를 밝히고 그 이유를 간단히 설명하라.

   a. 2008~2018년간 그리스의 경상수지 적자의 감소는 그리스 시민들의 생활 형편 개선을 의미한다.

   b. 국민소득계정은 재정적자가 무역적자를 야기한다는 것을 시사한다.

   c. 지출 증가가 수출 증가를 낳으므로 무역개방은 승수를 높이는 경향이 있다.

   d. 무역적자가 0과 같으면 재화에 대한 국내 수요와 국내재에 대한 수요는 일치한다.

   e. 소규모 개방경제는 대규모 개방경제보다 산출에 있어 더 적은 비용을 치르면서 재정긴축을 통해 무역적자를 감소시킬 수 있다.

   f. 실질소득의 감소는 수입의 감소 그리고 그에 따라 무역

흑자를 낳을 수 있다.

   g. 그리스는 유로에 합류하면서 무역 상대국과의 실질환율 조정을 더 용이하게 만들었다.

2. 실질 및 명목환율과 인플레이션

   실질환율의 정의(그리고 이 책 끝부분 부록 2의 명제 7과 8)를 사용해서 다음을 보일 수 있다.

   $$\frac{(\varepsilon_t - \varepsilon_{t-1})}{\varepsilon_{t-1}} = \frac{(E_t - E_{t-1})}{E_{t-1}} + \pi_t - \pi_t^*$$

   말로 하면, 실질절하율은 명목절하율에 국외와 국내의 인플레이션율 차이를 더한 값과 같다.

   a. 만약 국내 인플레이션이 외국 인플레이션보다 높은데 국내 경제가 고정환율을 유지한다면 실질환율에는 어떤 변화가 발생하겠는가? 마셜－러너 조건이 성립한다고 하자. 무역수지 추이는 어떠한가? 말로 설명하라.

b. 실질환율이 순수출 또는 경상수지가 0이 되도록 하는 수준에 있다고 하자. 이 경우 국내 인플레이션율이 외국보다 높다면 무역수지가 균형을 유지하기 위해 시간이 지남에 따라 어떤 일이 발생해야 하는가?

3. 유럽의 경기침체와 미국 경제
    a. 2017년에 미국 재화에 대한 유럽의 지출은 미국 수출의 19%에 달했다(표 17-2 참조). 미국의 수출은 미국 GDP의 12.3%에 달했다(표 17-1 참조). 미국 GDP 대비 '미국 재화에 대한 유럽의 지출' 비중은 얼마였는가?
    b. 미국의 승수가 2이고 심한 불황 때문에 유럽의 산출 수준과 미국으로부터의 수입이 (정상 수준에 비해) 5% 감소했다고 하자. (a)에 대한 답에 기초해볼 때, 유럽 불황이 미국 GDP에 미친 파급효과는 얼마인가?
    c. 유럽의 불황이 미국 재화를 수입하는 다른 경제의 둔화도 낳았다고 한다면 이 효과는 더 커질 수 있다. 이 효과가 갖는 규모를 구체화하기 위해 미국 수출이 외국산출의 변화로 인해 5% 감소했다고 가정하자. 수출 5% 하락은 미국 GDP에 어느 정도의 효과를 낳는가?
    d. 다음 주장에 대해 평가하라. "유럽이 심각한 불황에 빠지면 미국의 성장은 결국 멈출 것이다."

4. 표 18-1의 추가 검토
    표 18-1에는 4개 항목이 있다. 그림 18-5를 지침으로 사용해 이 4개 항목이 예시하는 상황을 나타내라. 각 항목에서 왜 정부지출과 실질환율의 변화 방향이 모호한 것으로 분류되는지 이해하도록 하라.

심화문제

5. 순수출과 외국 수요
    a. 외국산출의 증가가 있었다고 하자. 국내 경제에 대한 파급효과를 보여라(즉 그림 18-4를 다시 보여라). 국내산출에 대한 효과는 무엇인가? 국내 경제의 순수출에 대한 효과는 얼마인가?
    b. 이자율이 일정하게 유지되면 국내 투자에는 어떤 일이 발생하겠는가? 조세가 일정하다고 할 때 국내 재성석사에는 어떤 일이 발생하겠는가?

c. 식 (18.5)를 이용하면 민간저축에는 어떤 일이 발생해야 하는가? 설명하라.
d. 외국산출은 식 (18.5)에 나타나 있지 않다. 하지만 외국산출은 분명히 순수출에 영향을 미친다. 어떻게 이것이 가능한지 설명하라.

6. 무역적자의 소멸
    a. 무역적자($NX < 0$)를 보이고 산출은 잠재 수준과 일치하는 경제를 고려하자. 산출이 단기에는 잠재 수준을 벗어날 수 있지만 중기에는 잠재 수준으로 되돌아간다고 하자. 잠재산출 수준은 실질환율에 영향을 받지 않는다고 하자. 중기에 무역적자가 소멸되려면(즉 NX를 0으로 높이려면) 실질환율은 어떻게 되어야 하는가?
    b. 국민소득 항등식을 써보라. 산출이 중기에 잠재 수준으로 복귀한다고 가정하자. NX가 0으로 증가하면 중기에 국내 수요($C+I+G$)에는 어떤 일이 발생해야 하는가? 중기에 $C+I+G$를 감소시키기 위해 이용 가능한 정부 정책은 무엇인가? $C+I+G$의 구성요소 중 이 정책의 영향을 받는 것은 무엇인가?

7. 승수, 개방도, 재정정책
    다음 식에 의해 특징지어지는 개방경제를 고려하자.

    $$C = c_0 + c_1(Y - T)$$
    $$I = d_0 + d_1 Y$$
    $$IM = m_1 Y$$
    $$X = x_1 Y^*$$

    계수 m_1과 x_1은 각각 수입성향과 수출성향을 나타낸다. 실질환율이 1에서 고정되어 있고 외국소득 Y^*를 고정된 것으로 간주하자. 세금은 고정되어 있고 정부지출은 외생적, 즉 정부에 의해 결정된다고 하자. 수입성향에 대한 상이한 가정하에서 정부지출 G를 변화하는 정책의 유효성을 검토한다.

    a. 국내재 시장에 대한 균형조건을 쓰고 Y에 대한 해를 구하라.
    b. 정부지출이 1단위 증가했다고 하자. 산출에 대한 효과는 얼마인가?
    ($0 < m_1 < c_1 + d_1 < 1$을 가정하자. 왜 그런지 설명하라.)
    c. 정부지출이 1단위 증가할 때 순수출은 어떻게 변화하

는가?

2개의 국민경제를 고려하자. 하나는 $m_1 = 0.5$인 경제이고, 다른 하나는 $m_1 = 0.1$인 경제이다. 각 경제에서 $c_1 + d_1 = 0.6$이 성립한다.

d. 두 국가의 경제 규모가 크게 다르다 하자. 어떤 경제가 더 큰 m_1값을 갖는다고 기대되는가? 설명하라.

e. 적절히 계수값을 대입해 각 경제에 대해 (b)와 (c)에 대한 답을 계산하라.

f. 어떤 경제에서 재정정책이 산출에 더 큰 효과를 갖는가? 어떤 경제에서 재정정책이 순수출에 더 큰 효과를 갖는가?

8. 정책 협조와 세계 경제

다음과 같은 개방경제를 고려하자. 실질환율이 고정되어 있고 1과 같다. 소비, 투자, 정부지출, 세금은 다음과 같다.

$$C = 10 + 0.8(Y - T), I = 10, G = 10, T = 10$$

수입과 수출은 각각 다음과 같다.

$$IM = 0.3\,Y, \ X = 0.3\,Y^*$$

여기서 Y^*는 외국산출을 나타낸다.

a. Y^*가 주어졌을 때 국내 경제의 균형산출을 구하라. 이 경제의 승수는 얼마인가? 경제를 폐쇄해 수출과 수입이 항등적으로 0과 같다면 승수는 얼마가 되는가? 승수는 폐쇄경제에서 왜 달라지는가?

b. 외국 경제가 국내 경제와 동일한 관계식을 갖고 있다고 하자(물론 *는 바뀐다). 국내 경제에 대한 방정식 체계와 외국 경제에 대한 방정식 체계를 함께 사용해 각국의 균형산출을 구하라. [힌트 : 외국 경제에 대한 방정식을 이용해 Y^*를 Y의 함수로 나타내고 (a)에서 구한 Y^*에 대입하라.] 이제 각국의 승수는 얼마인가? 이는 (a)에서의 개방경제 승수와 왜 다른가?

c. 국내 정부가 125에 달하는 산출 수준을 목표로 한다고 하자. 외국 정부가 G^*를 변화시키지 않는다고 가정하면 국내 경제에서 목표산출을 달성하기 위해 G는 얼마나 증가해야 하는가? 각국에서의 순수출과 재정적자를 구하라.

d. 각국 정부가 125의 산출을 목표로 한다고 하자. 아울러 각국 정부는 동일한 규모만큼 정부지출을 증가시킨다고 하자. 양국에서 산출목표를 달성하기 위해 필요한 G와 G^*의 공통된 증가 규모는 얼마인가? 각국에서의 순수출과 재정적자를 구하라.

e. (d)에서와 같은 G와 G^*의 동시 증가와 같은 재정정책의 협조는 왜 현실 세계에서 달성하기 어려운가?

추가문제

9. 미국의 무역적자, 경상수지 적자, 투자

a. 국민저축을 민간저축과 재정흑자의 합, 즉 $S + T - G$로 정의하라. 이제 식 (18.5)를 이용해 경상수지 적자, 순투자소득, 국민저축과 국내투자의 차 간에는 어떤 관계가 성립하는지를 설명하라.

b. FRED 데이터에서 명목 GDP(연간, GDPA 시계열), 국내총투자(W170RC1A027NBEA 시계열), 순수출(A019RC1A027NBEA 시계열)을 1980년부터 최근년까지 구하라. 각 연도별로 국내총투자와 순수출을 GDP로 나누어 GDP 대비 비율로 나타내라. GDP 대비 무역적자 비율이 가장 크게 나타나는 연도는 언제인가?

c. 미국은 1980년에 무역흑자가 대략 0이었다. 1980~1989년, 1990~1999년, 2000~2009년, 2010년~최근 연도까지 네 기간에 대해 GDP 대비 투자 비율과 무역수지 비율을 계산하라. 무역적자는 투자에 필요한 재원을 조달하는 데 사용되어 왔다고 볼 수 있는가?

d. 투자 증가를 수반하지 않는 무역적자는 더 우려되는 현상인가? 답을 설명하라.

e. 위 문제는 경상수지 적자보다는 무역적자에 초점을 두었다. 미국에서 해외순수취요소소득(net investment income, NI)은 무역적자와 경상수지 적자의 차이와 어떻게 관련되는가? 세인트루이스 연준의 FRED 데이터베이스에서 GDP(GDP 시계열)와 GNP(GDP 시계열)를 구할 수 있다. 이 차이가 해외순수취요소소득 NI에 해당한다. 이 값은 상승했는가, 아니면 하락했는가? 이러한 변화의 시사점은 무엇인가?

더 읽을거리

■ 무역적자, 재정적자, 민간저축, 투자 간의 관계에 대한 좋은 논의는 다음 논문을 참조하라. Barry Bosworth, *Saving and Investment in a Global Economy*(Brookings Institution, 1993).

■ 환율과 무역수지의 관계에 대해서는 다음을 참조하라. "Exchange Rates and Trade Flows: Disconnected?" Chapter 3, World Economic Outlook, International Monetary Fund, October 2015.

부록 : 마셜-러너 조건의 유도

순수출의 정의로부터 출발하자.

$$NX = X - IM/\varepsilon$$

무역이 초기에는 균형상태였다고 가정하자. 즉 $NX = 0$이며 $X = IM/\varepsilon$ 혹은 $\varepsilon X = IM$이다.

마셜-러너 조건은 실질절하가, 즉 ε의 상승이 순수출의 증가를 낳을 조건이다.

이제 이 조건을 유도하기 위해 실질환율의 변화 $\Delta\varepsilon$을 고려하자. 실질환율의 방정식 좌변에 대한 영향은 다음으로 주어진다.

$$\Delta NX = \Delta X - \varepsilon(\Delta IM) - \Delta\varepsilon(IM)$$

첫 번째 항 ΔX는 수출의 변화를 보여준다. 두 번째 항 $\varepsilon(\Delta IM)$은 실질 환율에 수입량의 변화를 곱한 것이다. 세 번째 항 $\Delta\varepsilon(IM)$은 수입량에 실질환율의 변화를 곱한 것이다.

양변을 X로 나누면 다음과 같아진다.

$$\frac{\Delta NX}{X} = \frac{\Delta X}{X} - \varepsilon\frac{\Delta IM}{X} - \frac{IM\Delta\varepsilon}{X}$$

$\varepsilon IM = X$라는 사실을 이용해 우변의 두 번째 항에서 ε/X을 $1/IM$로 나누고, 우변의 세 번째 항에서 IM/X을 $1/\varepsilon$로 바꾸어 주면 다음을 얻는다.

$$\frac{\Delta NX}{X} = \frac{\Delta X}{X} - \frac{\Delta IM}{IM} - \frac{\Delta\varepsilon}{\varepsilon}$$

실질절하에 대한 반응으로서(수출에 대한 비율로서) 무역수지의 변화는 세 가지 항의 합과 같다.

■ 첫 항은 실질절상이 야기하는 수출의 비례적 변화 $\frac{\Delta X}{X}$이다.
■ 둘째 항은 실질절하로 야기되는 수입에 있어서의 음의 비례적 변화 $-\frac{\Delta IM}{IM}$이다.
■ 셋째 항은 실질환율의 음의 비례적 변화 $-\frac{\Delta\varepsilon}{\varepsilon}$, 또는 음의 실질절하율이다.

마셜-러너 조건은 이들 3개 항의 합이 양의 값을 가져야 한다는 조건이다. 이 조건이 만족되면 실질절하는 무역수지의 개선을 가져온다.

수치를 사용한 예가 도움이 될 것이다. 1%의 절하가 0.9%에 달하는 수출의 상대적 증가와 0.8%에 달하는 수입의 상대적 감소를 낳았다 하자.(실질환율 변화에 따른 수출과 수입의 반응에 대한 계량경제적 실증분석 결과는 이들이 실제로 적절한 수치임을 보여준다.) 이 경우 식의 우변은 0.9%-(-0.8%)-1.0% = 0.7%와 같다. 따라서 무역적자는 개선된다 : 마셜-러너 조건은 만족된다.

산출, 이자율, 환율

18 장에서는 환율을 정부가 이용 가능한 정책수단의 하나로 간주했다. 그러나 환율은 정책수단이 아니다. 환율은 외환시장에서 결정되며, 외환시장은 17장에서 보았듯이 수많은 거래가 발생하는 시장이다. 이 사실은 두 가지 명백한 의문점을 제기한다. 무엇이 환율을 결정하는가? 어떻게 정책 당국자는 환율에 영향을 미칠 수 있는가?

이것이 바로 이 장의 동기가 된 질문이다. 이에 답하기 위해 18장에서 미루었던 금융시장을 다시 도입한다. 이 장은 외환시장을 포함해 재화시장과 금융시장이 모두 균형일 때의 시사점을 살펴본다. 이는 개방경제에서 산출, 이자율, 환율의 연관된 움직임을 파악할 수 있도록 한다. 이 장에서 발전시키는 모형은 5장에서 보았던 *IS-LM* 모형을 개방경제 모형으로 확장한 것으로 1960년대에 처음으로 통합적 모형을 제시한 경제학자 먼델(Robert Mundell)과 플레밍(Marcus Fleming)의 이름을 따라 **먼델-플레밍 모형**(Mundell-Fleming model)이라 불린다. (여기서 제안된 모형은 초기의 먼델-플레밍 모형의 정신을 담고 있지만 상세한 측면에서는 다르다.)

19-1절은 재화시장의 균형을 살펴본다.

19-2절은 외환시장을 포함한 금융시장의 균형을 살펴본다.

19-3절에서는 두 균형조건을 결합해 산출, 이자율, 환율의 결정을 살펴본다.

19-4절은 변동환율제하에서 정책의 역할을 살펴본다.

19-5절은 고정환율제하에서 정책의 역할을 살펴본다.

이 장의 메시지 : 통화 및 재정정책의 효과는 환율레짐에 상당히 의존한다. ▶ ▶ ▶

재화시장의 균형은 18장의 주제였는데, 거기에서 다음과 같은 균형조건 식 (18.4)를 유도했다.

$$Y = C(Y - T) + I(Y, r) + G - \varepsilon IM(Y, \varepsilon) + X(Y^*, \varepsilon)$$
$$(+) \qquad (+,-) \qquad\qquad (+,-) \qquad (+,+)$$

재화시장이 균형을 이루려면 산출(방정식의 좌변)이 국내재 수요(방정식의 우변)와 일치해야 한

재화시장 균형(IS) : 산출 = 국 ▶ 다. 국내재 수요는 소비 C, 투자 I, 정부지출 G를 더한 값에 수입액 εIM을 차감하고 수출 X를 더
내재화에 대한 수요 한 값과 일치한다.

■ 소비 C는 가처분소득 $Y - T$가 높아지면 증가한다.
■ 투자 I는 산출 Y가 높아지면 증가하고 실질이자율 r이 증가하면 감소한다.
■ 정부지출 G는 일정한 값으로 간주된다.
■ 수입 IM은 산출 Y가 높아지면 증가하고 실질환율 ε이 하락하면 증가한다. 국내재로 표시한 수
   입액은 수입량을 실질환율로 곱한 값과 일치한다.
■ 수출 X는 외국산출 Y^*가 높아질 때 증가하고 실질환율 ε이 상승하면 증가한다.

위 식에서 마지막 두 항은 수출에서 수입을 차감한 값으로 정의되는 '순수출'로 다시 묶어주는
것이 편리하다.

$$NX(Y, Y^*, \varepsilon) \equiv X(Y^*, \varepsilon) - \varepsilon IM(Y, \varepsilon)$$

수출과 수입에 대한 가정에 따라 순수출 NX는 국내산출 Y, 외국산출 Y^*, 실질환율 ε에 의존한다.
국내산출의 증가는 수입을 증가시키고 그에 따라 순수출을 감소시킨다. 외국산출의 증가는 수출을
이 장을 통해 마셜-러너 조건 ▶ 증가시키고 그에 따라 순수출을 증가시킨다. 실질환율의 하락은 순수출의 감소를 가져온다.
이 성립한다고 가정한다. 이 조 순수출에 대한 이 정의를 사용해 균형조건은 다음과 같이 나타낼 수 있다.
건하에서 실질환율의 하락(실
질절상)은 순수출의 감소를 낳
는다(18장 참조).

$$Y = C(Y - T) + I(Y, r) + G + NX(Y, Y^*, \varepsilon) \tag{19.1}$$
$$(+) \qquad (+,-) \qquad\qquad (-,+,+)$$

이 절의 목적상 식 (19.1)의 중요한 시사점은 실질이자율과 실질환율이 수요에 영향을 미치고
그에 따라 균형산출에 영향을 미친다는 점이다.

■ 실질이자율의 상승은 투자지출의 감소를 낳고 그에 따라 국내재 수요를 감소시킨다. 이는 승수
   효과를 통해 산출 감소를 낳는다.
■ 실질환율의 상승은 국내재로의 수요 이동을 낳고 그에 따라 순수출의 증가를 낳는다. 순수출 증
   가는 국내재 수요를 증가시킨다. 이는 다시 승수효과를 통해 산출 증가를 낳는다.

이 장의 나머지에서는 식 (19.1)에 대해 두 가지 단순화를 할 것이다.

■ 단기에 초점을 맞추기 위해 전에 *IS-LM* 모형을 다룰 때 (국내) 물가가 일정한 것으로 간주했다. 여기서도 같은 가정을 하며 이 가정을 외국 물가에도 확대한다. 이에 따라 실질환율 $\varepsilon = EP^*/P$와 명목환율 E는 같이 움직인다. 명목환율의 상승, 즉 명목절하는 일대일로 실질환율의 상승, 즉 실질절하를 낳는다. 역으로 명목환율의 하락, 즉 명목절상은 일대일로 실질환율의 하락, 즉 실질절상을 낳는다. 표기의 편리함을 위해 $P = 1$, $P^* = 1$로 두면 $P^*/P = 1$이며(두 변수 모두 지수이므로 이렇게 할 수 있다), $\varepsilon = E$가 되고 식 (19.1)에서 ε을 E로 바꿀 수 있다.

◀ 단순화를 위해 $P = P^* = 1$로 두자. 이 경우 $\varepsilon = E$이다.

■ 국내 물가는 일정하다고 간주했기 때문에 실제인플레이션이나 기대인플레이션은 발생하지 않는다. 따라서 명목이자율과 실질이자율은 동일하며 식 (19.1)에서 실질이자율 r은 명목이자율 i로 교체할 수 있다.

◀ 두 번째 단순화 : $\pi^e = 0$으로 두자. 이 경우 $r = i$이다.

이러한 두 가지의 단순화를 위한 가정하에서 식 (19.1)은 다음과 같아진다.

◀ 지금쯤 여러분은 다양한 거시경제 메커니즘을 이해하는 방법이 한편으로는 기초 모형을 강화하고 다른 한편으로는 단순화하는 것(여기서는 위험을 무시하고 대신 경제를 개방하는 것)임을 알게 되었을 것이다. 모든 방면으로 모형을 강화하는 경우 모형은 풍부해지겠지만(이것이 거시계량 모형이 하는 일이다) 끔찍한 교과서가 될 것이다. 모형이 지나치게 복잡해지기 때문이다.

$$Y = C(Y - T) + I(Y, i) + G + NX(Y, Y^*, E) \qquad (19.2)$$
$$\quad (+) \qquad (+, -) \qquad\qquad (-, +, +)$$

말로 하면, 재화시장 균형조건에 따르면 명목이자율의 상승과 명목환율의 하락은 산출을 감소시킨다.

19-2 금융시장의 균형

IS-LM 모형에서 금융시장을 검토했을 때 사람들은 단지 두 가지 금융자산, 즉 화폐와 채권 간 선택만을 한다고 가정했다. 이제 금융시장이 개방된 경제를 살펴보고 있으므로 사람들이 국내채권과 외국채권 간 선택도 한다는 사실도 고려해야 한다.

◀ 사람들이 국내통화나 외국통화를 자발적으로 기꺼이 보유하려 하지 않는다고 가정했음을 상기하라.

국내채권과 외국채권

국내채권과 외국채권의 선택을 분석하는 데는 17장에서 도입한 가정에 의존해야 한다. 투자자는 국내 투자자든 외국 투자자든 위험을 무시하고 가장 높은 기대수익률을 추구한다. 이는 균형에서 국내채권과 외국채권이 동일한 기대수익률을 낳아야 함을 시사한다. 그렇지 않다면 투자자는 두 종류의 채권을 모두 보유하기보다는 하나만을 보유할 것이며 이는 균형상태라 할 수 없다. (다른 모든 경제적 관계와 마찬가지로 이 관계는 현실에 대한 근사일 뿐이며 항상 성립하는 것은 아니다. 이에 대한 보다 자세한 논의는 초점상자 '자본흐름, 급정지 그리고 이자율 평형조건의 한계'를 참조하라.)

17장에서 보았듯이[식 (17.2)], 이 가정은 다음과 같은 재정관계(**이자율 평형조건**)가 성립해야 한

자본흐름, 급정지 그리고 이자율 평형조건의 한계

이자율 평형조건은 투자자가 기대수익률에만 유념한다고 가정한다. 그러나 14장에서 논의했듯이 투자자는 수익률뿐만 아니라 위험과 유동성(자산을 사고팔 수 있는 정도)에도 유념한다. 대부분의 경우 이들 다른 요인들은 무시할 수 있다. 그러나 때때로 이 요인들이 투자자의 의사결정이나 환율을 결정하는 데 큰 역할을 한다. 위험이 높아졌다는 인식은 금리가 어떻든 투자자들이 특정 국가에 보유한 자산의 대부분이나 모두를 매각하게 만든다. 과거 많은 중남미와 아시아 신흥국에 영향을 미쳤던 이러한 매도 에피소드는 **급정지**(sudden stop)로 알려져 있다. 이러한 에피소드 동안 이자율 평형조건이 성립하지 않고, 신흥시장국들의 환율은 국내외 금리의 큰 변화 없이도 크게 상승할 수 있다.

대침체의 시작은 대규모 자본이동과 관련이 있었으며, 이 역시 기대수익과 거의 무관했다. 불확실성을 우려해 선진국의 많은 투자자가 안전하다고 생각하는 본국으로 옮기기로 했다. [아이러니하게도 미국에서 위기가 비롯되었음에도 미국은 여전히 **안전 투자처**(safe haven)로 보여 많은 투자자가 신흥시장국 자산을 팔고 미국 자산을 사들이는 것으로 나타났다.] 그 결과 몇몇 신흥국으로부터 대규모 자본이 유출되었다. 한 가지 예가 2000년 이후 외국인 투자자들의 브라질 주식 순매수를 보여주는 그림 1에 나와 있다. 2008년 하반기에 순매수는 마이너스로 급격히 전환되어 연간 GDP의 거의 30%에서 −25%로 바뀌었으며, 2009년 들어서야 반등했다. (마이너스의 순매수는 외국인 투자자들이 분기 동안 구입한 주식보다 더 많은 주식을 매도했음을 나타낸다.)

급격한 자본 유출은 브라질을 비롯한 신흥시장국에

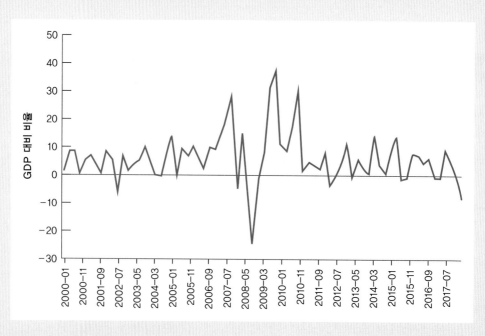

그림 1

2000년 이후 브라질 주식의 순매수 추이

출처 : IMF BOP statistics.

큰 영향을 미쳐 환율 상승 압력을 낳고 금융시스템에 심각한 문제를 초래했다. 예를 들어 외국인 투자자에 자금을 의존해 온 국내 은행들은 자금 부족을 알게 되었고, 이로 인해 국내 기업과 가계에 대한 대출을 줄일 수밖에 없었다. 이는 미국에서 전 세계로 위기가 전달되는 중요한 통로였다.

추가 논의 : 2008년과 2009년에 대규모 자본 유출로 영향을 받은 국가 중에는 특히 아일랜드, 아이슬란드와 같은 많은 소규모 선진국이 포함된다. 이들 중 많은 국가가 미국과 동일한 금융시스템 취약성(6장에서 살펴본 바와 같은)을 누적해 왔고 이들 중 많은 국가가 심하게 고통 받았다. 이에 대한 읽기 쉽고 좋은 글은 *Boomerang: Travels in a New Third World* (2011, Norton Books) 중 루이스(Michael Lewis)가 아일랜드와 아이슬란드에 대해 작성한 부분이다.

다는 것을 시사한다.

$$(1 + i_t) = (1 + i_t^*)\left(\frac{E_{t+1}^e}{E_t}\right) \tag{19.3}$$

여기서 i_t는 국내 이자율, i_t^*는 외국 이자율, E_t는 현재 환율, E_{t+1}^e은 미래의 기대환율이다. 좌변은 국내채권 보유에 따른 수익률을 국내통화로 나타낸 것이다. 우변은 외국채권을 보유하는 데 따른 기대수익률을 국내통화로 표시한 것이다. 균형에서 두 기대수익률은 일치해야 한다.

양변을 E_{t+1}^e로 곱하고 정리하면 다음과 같다.

$$E_t = \frac{1 + i_t^*}{1 + i_t} E_{t+1}^e \tag{19.4}$$

◀ E_t가 등장한 것은 외국채권을 매입하기 위해서는 우선 국내통화를 외국통화로 교환해야 한다는 사실 때문이다. E_{t+1}^e이 등장한 것은 다음 기에 받을 자금을 국내로 들여오기 위해서는 외국통화를 국내통화로 환전해야 하기 때문이다.

여기서는 미래의 기대환율을 일정한 것으로 간주할 것이며 $\bar{E}^e$로 나타낸다(20장에서 이 가정은 완화할 것이다). 이 가정하에서 그리고 시간을 나타내는 첨자를 생략하면 이자율 평형조건은 다음과 같이 된다.

$$E = \frac{1 + i^*}{1 + i} \bar{E}^e \tag{19.5}$$

이 식은 현재의 환율이 국내 이자율, 외국 이자율, 기대되는 미래 환율에 의존한다는 것을 말해준다.

- 국내 이자율의 상승은 환율 하락을 낳는다.
- 외국 이자율의 상승은 환율 상승을 낳는다.
- 기대되는 미래 환율의 상승은 현재 환율의 상승을 낳는다.

이 관계는 현실 세계에서 중심적 역할을 하며 이 장에서도 중심적 역할을 할 것이다. 이에 대한 이해를 높이기 위해 다음 예를 생각해보자.

미국 채권과 일본 채권 간 선택을 해야 하는 금융투자자 또는 간단히 투자자를 고려하자. 미국 채권의 1년 이자율이 2%이고 일본 채권의 1년 이자율 역시 2%라 하자. 현재 환율이 100엔/달러 (1달러 = 100엔의 가치를 갖는다)라 하고 지금으로부터 1년 뒤 기대환율 역시 100엔/달러라 하자. 이 가정하에서 미국과 일본의 채권은 모두 달러화 기준으로 동일한 수익률을 낳으며 이자율 평형 조건은 만족된다.

이제 투자자가 환율이 지금부터 1년 뒤 10% 낮아질 것으로 기대한다고 하자. 이 경우 $\bar{E}^e$는 110과 일치한다. 현재 환율이 일정한 상황에서 미국 채권은 일본 채권보다 이제 훨씬 더 매력적으로 되었다. 미국 채권은 달러화 기준으로 2%의 이자율을 제공한다. 일본 채권은 여전히 엔화 기준으로 2%의 이자율을 제공하지만 엔화는 달러화 기준으로 지금부터 1년 뒤 그 가치가 10% 하락할 것으로 기대된다. 따라서 달러화 기준으로 일본 채권에 대한 이자율은 2%(이자율) − 10%(달러 대비 엔화의 기대평가절하율) 또는 −8%이다.

$\bar{E}^e$의 증가는 엔화에 대한 달러의 기대 절상이다. 마찬가지로 달러 대비 엔화의 가치 하락이 예상되는 것이다.

그렇다면 현재 환율에는 무슨 일이 발생할까? 최초의 환율 100에서 투자자는 일본 채권에서 미국 채권으로 옮겨 가려 한다. 이를 위해 투자자는 일본 채권을 팔아 일본 엔화를 얻고, 이어서 엔화를 달러화로 환전한 뒤 마지막으로 달러화로 미국 채권을 매입해야 한다. 투자자가 엔화를 매각하고 달러화를 매입함에 따라 달러화가 평가절상된다. 얼마나 절상될까? 식 (19.5)가 답을 제공한다. 즉 $E = (1.02/1.02)110 = 110$이다. 현재 환율은 기대되는 미래 환율과 같은 비율로 상승해야 한다. 다시 말해 현 시점에서 달러는 10% 절상되어야 한다. 이 경우 $E = \bar{E}^e = 110$이 되고 미국과 일본의 채권에 대한 기대수익률은 다시 일치하며 외환시장에는 균형이 성립한다.

이제 대신에 미국 연준이 정책이자율을 2%에서 5%로 인상했다고 가정해보자. 아울러 일본의 이자율은 2%에 머물러 있고 기대되는 미래 환율 역시 100에 머물러 있다고 하자. 현재 환율이 일정한 상황에서 미국 채권은 이제 다시 일본 채권보다 훨씬 더 매력적으로 되었다. 미국 채권은 달러화 기준으로 5%의 수익률을 낳지만, 일본 채권은 엔화 기준으로 2%의 수익률을 낳으며 환율은 내년에도 지금과 같은 수준에 머물 것으로 기대되므로 일본 채권의 달러화 기준 수익률 역시 2%이다.

그렇다면 무슨 일이 발생할까? 이 경우에도 초기 환율 100 수준에서 투자자는 일본 채권에서 벗어나 미국 채권으로 이동하려 한다. 이를 위해 투자자는 엔화를 달러로 전환하고 그에 따라 달러는 절상된다. 얼마나 절상될까? 식 (19.5)가 답을 준다. 즉 $E = (1.05/1.02)(100) \approx 103$이다. 즉 현재 환율은 약 3% 하락한다.

왜 3%인가? 달러가 절상될 때 무슨 일이 발생하는지 생각해보라. 지금까지 가정해 왔듯이 투자자가 미래 환율에 대한 기대를 바꾸지 않는다면 현 시점에서 달러가 더 절상될수록 투자자는 미래에 달러가 더 절하될 것으로 기대한 것이다(미래에 동일한 가치로 복귀할 것으로 기대함에 따라). 달러가 현 시점에서 3% 절상되었다면 투자자는 돌아오는 해에 3% 절하될 것으로 기대한다. 마찬가지로 투자자는 돌아오는 해에 엔화가 달러 대비 3% 절상될 것으로 기대한다. 따라서 일본 채권 보유에 따른 달러 기준 기대수익률은 2%(엔화 기준 이자율) + 3%(엔의 기대절상률) 또는 5%가 된

그림 19-1

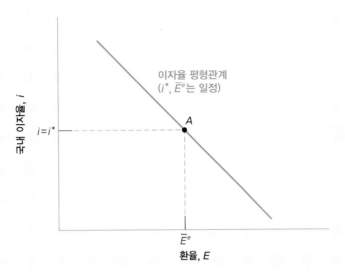

이자율 평형관계
(i^*, $\bar{E}^e$는 일정)

$i = i^*$ ·················· A

$\bar{E}^e$

환율, E

국내 이자율, i

이자율 평형관계가 시사하는 이자율과 환율의 관계
국내 이자율 상승은 환율의 하락, 즉 절상을 낳는다.

다. 이 기대수익률은 미국 채권을 보유하는 데 따른 수익률과 같으므로 외환시장에서는 균형이 성립한다.

주의할 것은 이상의 주장이 이자율 변화 시 기대환율은 변화하지 않을 것이라는 가정에 크게 의존한다는 점이다. 이 가정은 현 시점에서 절상이 미래에는 기대절하를 낳을 것임을 시사한다. 이는 환율이 현재와 동일한 수준으로 복귀할 것으로 기대된다고 가정했기 때문이다. 20장에서 미래환율이 고정되었다는 가정을 완화할 것이다. 그러나 기본적인 결론은 동일할 것이다. 외국 이자율에 대비한 국내 이자 상승은 국내 통화의 절상으로 이어진다.

그림 19-1은 이자율 평형관계인 식 (19.5)가 시사하는 국내 이자율 i와 환율 E의 관계를 나타낸다. 이 관계는 기대 미래 환율 $\bar{E}^e$와 외국 이자율 i^*가 일정하다는 가정하에서 그려진 것으로 양(+)의 기울기를 갖는다. 국내 이자율이 높을수록 현재 환율은 높아진다. 식 (19.5)는 국내 이자율이 외국 이자율과 동일할 때($i = i^*$), 현재 환율이 기대 미래 환율과 일치할 것($E = \bar{E}^e$)이라는 점도 시사한다. 이는 그림에서 이자율 평형조건에 대응하는 직선이 점 A($i = i^*$인 곳)을 통과할 것임을 말한다.

◀ 주장을 확실하게 이해하라. 왜 달러는 이를테면 20% 절상되지 않았는가?

◀ 다음 상황이 발생하면 직선에는 어떤 변화가 발생하겠는가?
(1) i^*의 상승
(2) $\bar{E}^e$의 하락

이제 산출, 이자율, 환율의 움직임을 이해하는 데 필요한 요소를 갖추었다.

재화시장 균형은 산출이 다른 요소 중에서 이자율과 환율에 의존할 것임을 시사한다.

$$Y = C(Y - T) + I(Y, i) + G + NX(Y, Y^*, E)$$

i를 중앙은행이 설정한 정책이자율로 간주하자.

$$i = \bar{i}$$

이자율 평형조건은 국내 이자율과 환율 간 음의 관계를 시사한다.

$$E = \frac{1 + i^*}{1 + i} \bar{E}^e$$

이 세 관계가 함께 산출, 이자율, 환율을 결정한다. 세 가지 관계를 함께 다루는 것은 쉽지 않다. 하지만 이자율 평형조건을 사용해 재화시장 관계에서 환율을 소거하면 2개의 관계로 쉽게 줄일 수 있다. 이를 통해 이미 익숙한 IS와 LM 관계의 개방경제에서의 변형된 형태를 보여주는 두 가지 방정식을 얻을 수 있다.

$$IS : Y = C(Y - T) + I(Y, i) + G + NX\left(Y, Y^*, \frac{1 + i^*}{1 + i} \bar{E}^e\right)$$
$$LM : i = \bar{i}$$

두 식은 함께 이자율과 균형산출을 결정한다. 식 (19.5)는 그에 따른 환율을 제공한다. 우선 IS 관계를 가지고 이자율이 산출에 미치는 파급효과를 고려하자. 이자율 상승은 두 가지 효과를 갖는다.

■ 첫 번째 효과는 이미 폐쇄경제에서도 나타났지만 투자에 대한 직접적 효과이다. 이자율 상승은 투자 감소, 국내재에 대한 수요 감소, 산출 감소를 낳는다.
■ 두 번째 효과는 개방경제에서만 나타나는 것으로 환율을 통한 효과이다. 국내 이자율의 상승은 환율 하락, 즉 절상을 낳는다. 절상은 국내재를 외국재보다 더 비싸게 해 순수출 감소로 이어지며 결국 국내재에 대한 수요와 산출 감소를 낳는다.

두 가지 효과는 동일한 방향으로 작동한다. 이자율 상승은 직접적으로 수요를 감소시키기도 하지만 환율 절상의 부정적 효과를 통해서도 간접적으로 수요를 감소시킨다.

이자율과 산출의 IS 관계는 다른 모든 변수, 즉 T, G, Y^*, i^*, $\bar{E}^e$의 값이 일정하다는 가정하에서 그림 19-2(a)에 나타나 있다. IS 곡선은 음의 기울기를 갖는다. 이자율 상승은 산출 감소를 낳는다. 곡선은 폐쇄경제와 상당한 정도로 동일해 보이지만 이전보다 복잡한 관계를 숨기고 있다. 이

그림 19-2

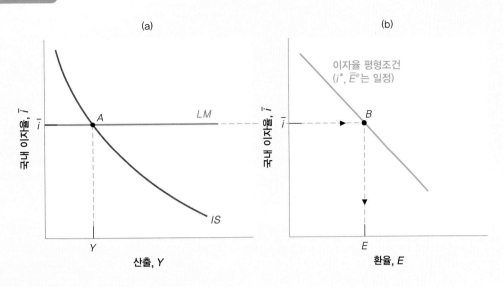

개방경제에서의 *IS-LM* 모형
이자율 상승은 직접적·간접적으로 (환율을 통해) 산출을 위축시킨다. *IS* 곡선은 음의 기울기를 갖는다. *LM* 곡선은 평평하다.

자율은 산출에 직접적으로 영향을 미칠 뿐만 아니라 환율을 통해 간접적으로도 영향을 미친다.

　LM 관계는 폐쇄경제와 동일하다. 중앙은행이 설정한 이자율 *i*의 수준에서 수평선이다.

　재화시장과 금융시장의 균형은 그림 19-2(a)의 점 *A*에서 달성되는데, 이때 산출은 *Y*, 이자율은 *i*로 결정된다. 환율의 균형값은 그림으로부터 직접 읽어낼 수 없다. 그러나 이는 그림 19-1을 옮긴 그림 19-2(b)에서 쉽게 얻어지며, 점 *B*의 이자율과 외국 이자율 *i**와 기대환율에 상응하는 환율을 제공한다. 균형이자율 *i*와 관련된 환율은 *E*와 일치한다.

▶ 이자율의 상승은 직간접적으로 (환율을 통해) 산출 감소를 야기한다.

　요약해보자. 이상에서 개방경제의 *IS*와 *LM* 관계를 유도했다.

　IS 곡선은 음의 기울기를 갖는다. 이자율 상승은 직접적·간접적으로 (환율을 통해) 수요 및 산출의 감소로 이어진다.

　LM 곡선은 중앙은행이 설정한 이자율에서 수평선으로 나타난다.

　균형산출과 균형이자율은 *IS*와 *LM* 곡선의 교차점에서 발생한다. 외국 이자율과 기대 미래 환율이 주어졌을 때 균형이지율이 균형환율을 결정한다.

19-4　개방경제에서 정책의 파급효과

개방경제에서 *IS-LM* 모형을 유도했으므로 이제 이를 활용해 정책효과를 살펴보자.

개방경제에서 통화정책의 효과

중앙은행의 국내 이자율 인상 정책의 효과부터 시작하자. 그림 19-3(a)를 보자. 산출이 일정할 때 이자율의 상승은 LM 곡선을 LM에서 LM'으로 상향 이동시킨다. IS 곡선은 이동하지 않는다(IS 곡선은 T, G, Y*, i*가 변화할 때만 이동한다). 균형은 A에서 A'으로 이동한다. 그림 19-3(b)에서 이자율의 상승은 절상을 낳는다.

통화긴축은 LM 곡선을 위로 ▶ 이동시키지만, IS 곡선이나 이자율 평형 곡선은 이동하지 않는다.

따라서 개방경제에서는 통화정책이 두 가지 경로를 통해 이루어진다. 첫째, 폐쇄경제와 마찬가지로 이는 지출에 대한 이자율의 효과를 통해 작동한다. 둘째, 이자율이 환율에 미치는 영향과 환율이 수출입에 미치는 영향을 통해 작동한다. 두 효과는 같은 방향으로 작용한다. 통화긴축의 경우, 이자율 상승과 절상은 수요와 산출을 모두 감소시킨다.

순수출에 어떤 일이 발생할까?(답은 아무것도 없다는 것이다. 증가할 수도, 감소할 수도 있다. 왜 그런지 검토하라.) ▶

개방경제에서 재정정책의 파급효과

정부지출의 변화를 살펴보자. 균형예산에서 출발해 정부가 세금을 인상하지 않고 국방비 지출을 증가시키기로 그리고 그에 따라 재정적자를 감수하기로 결정했다고 하자. 산출은 어떻게 될까? 산출 구성에는 어떤 변화가 발생할까? 이자율에는? 환율에는?

먼저 정부지출이 증가하기 이전에 산출 Y가 잠재 수준보다 낮다고 가정하자. G의 증가가 산출을 잠재 수준으로 증가시키지만, 잠재 수준을 넘어서지 않는다면 중앙은행은 인플레이션 상승을

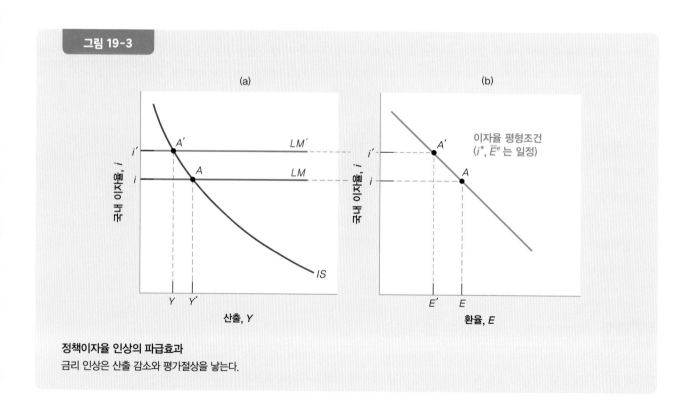

그림 19-3

(a)

(b)

정책이자율 인상의 파급효과
금리 인상은 산출 감소와 평가절상을 낳는다.

우려하지 않을 것이며(9장, 특히 그림 9-2의 논의를 기억하라), 금리 수준을 그대로 유지할 것이다. 경제에 어떤 일이 발생할 것인지는 그림 19-4에 설명되어 있다. 경제는 초기에 점 A에 위치한다. $\Delta G > 0$만큼의 정부지출 증가는 이자율이 일정할 때 산출을 증가시키며 이는 그림 19-4(a)에서 IS 곡선을 IS에서 IS′으로 우측 이동시킨다. 정부지출은 LM 관계에 들어가 있지 않으므로 LM 곡선은 이동하지 않는다. 새로운 균형은 점 A'에서 발생하는데, 산출 r'은 높아진다. 그림 19-4(b)에서 이자율이 변하지 않았으므로, 환율도 변화하지 않는다. 따라서 중앙은행이 금리를 일정하게 유지할 때 정부지출이 증가하면 환율이 변화하지 않고 산출 증가를 낳는다.

 정부지출 증가는 IS 곡선을 오른쪽으로 이동시킨다. 하지만 LM 곡선이나 이자율 평형선에는 아무런 이동을 발생시키지 않는다.

수요의 각 구성요소에 어떤 일이 발생하는지를 말할 수 있을까?

■ 분명히 소비와 정부지출은 모두 증가한다. 소비는 소득 증가 때문에 증가하고, 정부지출은 가정에 의해 증가한다.

■ 투자 역시 증가한다. 산출과 이자율에 의존하기 때문이다. 즉 $I = I(Y, i)$이다. 여기서 산출은 증가하고 이자율은 변화하지 않으므로 투자가 증가한다.

■ 순수출은 어떠한가? 순수출은 국내산출, 외국산출, 환율에 의존한다는 점을 고려하라. 즉 $NX = NX(Y, Y^*, E)$이다. 다른 나라들이 국내 정부지출 증가에 반응하지 않는다고 가정하므로 외국의 산출은 변하지 않는다. 이자율이 변하지 않기 때문에 환율도 변하지 않는다. 국내산출 증가에 따른 효과만 남는다. 산출 증가는 일정한 환율에서 수입을 증가시키고, 순수출은 감소한

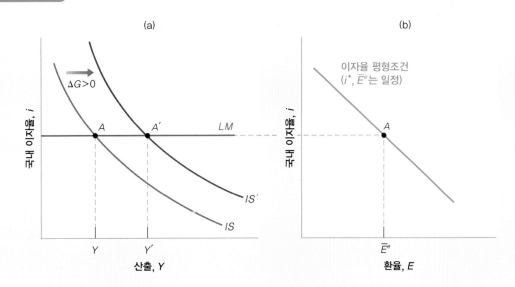

그림 19-4

(a)

(b)

이자율 평형조건
(i^*, $\bar{E}^e$는 일정)

금리가 일정할 때 정부지출 증가의 효과
정부지출의 증가는 산출 증가를 낳는다. 중앙은행이 정책이자율을 일정하게 유지하면 환율 역시 변하지 않는다.

다. 결과적으로 재정적자는 무역수지 악화로 이어진다. 처음에 무역수지가 균형이었다면 재정 적자는 무역적자를 야기한다. 재정적자의 증가는 무역적자를 증가시키지만 그 효과는 기계적 인 것과는 거리가 멀다는 점에 주의하라. 이는 재정적자의 산출에 대한 효과와 환율에 대한 효 과 그리고 다시 무역적자에 대한 효과를 통해 작동한다.

이제 산출이 잠재산출 Y_n에 근접한 경제에서 G의 증가가 발생한다고 가정하자. 정부는 산출이 이미 잠재산출과 일치하더라도 정부지출을 늘릴 수 있다. 예를 들어 대홍수와 같은 이례적 사건에 대응하거나 세율 인상을 연기(22장에서 더 자세히 설명한다)하고 싶을 때 그러하다. 이 경우 중앙 은행은 G의 증가가 경제를 잠재산출 이상으로 움직여 인플레이션을 밀어 올릴지 걱정할 것이다. 중앙은행은 이자율 인상으로 대응할 가능성이 있다. 이후 무엇이 발생할 것인지는 그림 19-5에 설명되어 있다. 이자율이 일정할 때 산출이 Y_n에서 Y'으로 증가할 것이고 환율은 변하지 않을 것이 다. 그러나 정부지출 증가에 동반해 중앙은행이 금리 인상으로 대응하면, 산출은 Y_n에서 Y''으로 덜 증가하고 환율은 E에서 E''으로 낮아질 것이다.

이제 수요의 다양한 구성요소에 어떤 일이 발생할지 말할 수 있는가?

■ 이전과 마찬가지로 소비와 정부지출은 모두 증가한다. 소득 증가로 소비가 늘어나고, 가정에 의해 정부지출은 상승한다.

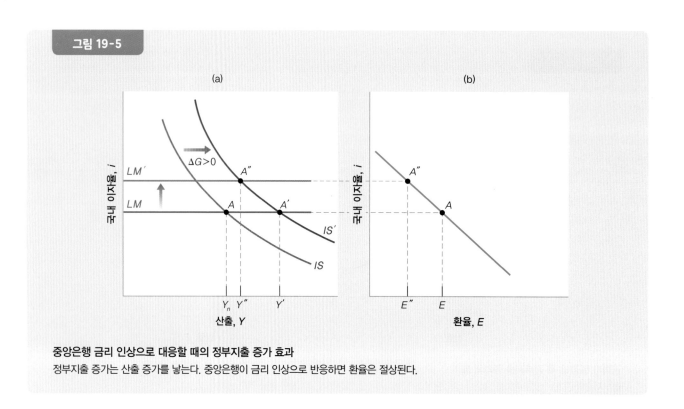

그림 19-5

(a)

(b)

중앙은행 금리 인상으로 대응할 때의 정부지출 증가 효과
정부지출 증가는 산출 증가를 낳는다. 중앙은행이 금리 인상으로 반응하면 환율은 절상된다.

- 투자의 변화는 모호하다. 투자는 산출과 이자율에 의존한다. 즉 $I = I(Y, i)$이다. 여기서 산출은 상승하지만 이자율 역시 상승한다.
- 순수출은 두 가지 이유로 감소한다. 산출은 증가하고 수입이 증가한다. 환율은 절상되어 수입은 증가하고 수출은 감소한다. 재정적자는 무역적자로 이어진다. (그러나 정책이자율이 일정한 경우에 비할 때 무역적자가 더 클지 여부는 모호하다. 절상은 상황을 악화시킨다. 그러나 이자율이 높아지면 산출의 증가를 약화시키며 수입의 증가도 약화한다.)

개방경제에 대한 이러한 *IS-LM* 모형은 1960년대에 이 장의 시작 부분에서 언급한 경제학자인 컬럼비아대학교의 먼델과 IMF의 플레밍이 제시했다. 다만 이들의 모형은 오늘날처럼 중앙은행이 금리보다는 통화공급을 설정해왔던 1960년대의 경제를 반영한다(4장과 6장의 논의를 참조하라). 따라서 이들의 모형은 여기서 다룬 모형과 다소 다르다.

◀ 먼델은 1999년에 노벨 경제학상을 수상했다.

먼델-플레밍 모형은 사실에 얼마나 잘 맞는가? 통상적으로 꽤 잘 맞았으며, 때문에 이 모형이 오늘날에도 여전히 사용된다. 모든 단순한 모형과 마찬가지로, 이 모형은 종종 확장해야만 한다. 예를 들어 위기의 두 가지 중요한 측면, 즉 포트폴리오 결정에 영향을 미치는 위험의 역할이나 명목이자율 하한의 함의를 포함해야 한다. 그러나 그림 19-3, 19-4, 19-5에서의 간단한 연습을 통해 생각을 정리할 수 있다. 모형을 사용해 사건을 해석하거나 정책에 대해 생각하는 방법은 2개의 초점상자에 나타나 있다. 첫째는 1980년대 초 미국에서 발생한 통화 긴축과 재정 확장의 결합 효과를 살펴본다. 둘째는 트럼프 행정부가 도입한 무역관세가 무역적자를 감소시킬지에 대한 것이다.

19-5 고정환율

지금까지는 중앙은행이 통화공급을 결정하고 환율은 외환시장의 균형이 성립하는 수준으로 자유롭게 조정된다고 가정했다. 많은 국가에서 이 가정은 현실을 반영하지 못한다. 중앙은행은 암묵적이거나 명시적인 환율목표하에서 움직이며 이 목표를 달성하기 위해 통화정책을 사용한다. 목표는 암묵적인 경우도 있고 명시적인 경우도 있다. 구체적인 값을 갖는 경우도 있고 대역이나 범위일 수도 있다. 이러한 환율제도 또는 환율 레짐은 많은 이름을 갖고 있다. 우선 이러한 이름이 의미하는 바를 살펴보자.

페그, 크롤링 페그, 환율대역, 유로

환율제도의 한 극단에는 미국, 영국, 일본이나 캐나다처럼 변동환율제도를 가진 국가가 있다. 이 국가들은 명시적인 환율목표를 갖고 있지 않다. 분명히 중앙은행은 환율의 움직임을 무시하지 않지만 환율이 상당한 정도로 변동하는 것을 아주 기꺼이 받아들이고 있음을 보여 왔다.

통화긴축과 재정팽창 : 1980년대 초 미국

1980년대 초 미국은 통화정책과 재정정책이 모두 급격한 변화에 지배되었다.

1970년대 말 연준 의장 볼커(Paul Volcker)는 미국의 인플레이션이 지나치게 높아 낮아져야 한다고 결론 내렸다. 1979년 말부터 시작해서 볼커는 단기에는 경기침체를 야기할 수 있지만 중기에 인플레이션율을 하락시킬 수 있을 것이라는 인식하에 급격한 통화긴축 경로를 시작했다.

재정정책의 변화는 1980년 레이건 대통령의 당선으로 촉발되었다. 레이건은 보다 보수적인 정책, 즉 세금과 경제활동에서 정부의 역할 감소를 공약하며 당선되었다. 이러한 약속은 1981년 8월의 경제활성화법(Economic Recovery Tax Act)의 배경이 되었다. 개인소득세는 1981년부터 1983년까지 3회에 걸쳐 전체적으로 23% 감소했다. 법인세 역시 감소했다. 그러나 이들 세금 인하는 이에 대응한 정부지출의 감소를 수반하지 못했다. 결과적으로 재정적자는 지속적으로 증가했다.

상응하는 지출 감소 없이 세금을 인하한 레이건 행정부의 동기는 무엇이었을까? 이에 대해서는 오늘날에도 여전히 논쟁이 벌어지고 있지만 두 가지 주요한 동기가 있었다는 합의는 있다.

한 가지 동기는 **공급중시론자**(supply siders)라 불리는 주변적이지만 영향력 있는 경제학자 집단의 믿음에서 비롯한다. 이들은 세금 인하가 사람과 기업으로 하여금 더 열심히 그리고 더 생산적으로 일하게 할 것이라고 주장했고 그에 따른 경제활동의 증가는 실제로 조세수입의 감소보다는 증가로 이어질 것이라고 주장했다. 이들 주장의 장점이 당시에 어떻게 보였건 상관없이 잘못된 것으로 판명되었다. 일부 사람들은 세금 인하 후에 더 열심히 그리고 더 생산적으로 일했지만 조세수입은 감소했고 재정적자는 증가했다.

다른 동기는 세금 인하와 그에 따른 재정적자의 증가가 의회를 위협해 지출 삭감에 나서게 하거나 아니면 최소한 추가적 지출 증가를 못하게 할 것이라는 희망이었다('야수 굶겨 죽이기'로 알려져 있는 전략). 이러한 동기는 부분적으로 옳은 것으로 드러났다. 의회는 지출 증가를 하지 말라는 막대한 압력에 놓였고 1980년대의 지출 성장은 그렇지 않았을 경우보다 분명히 낮아졌다. 그럼에도 불구하고 지출의 조정은 세금 감소와 급속한 적자 증가를 피하기에 충분하지 못했다.

재정적자의 이유가 무엇이 되었건 통화긴축과 재정팽창은 먼델–플레밍 모형이 예측하는 것과 일치한다. 표 1은 1980~1984년의 주요 거시경제 변수 추이를 보여준다.

1980~1982년의 경제 추이는 통화긴축의 효과가 지배했다. 명목 및 실질이자율은 급격히 상승해서 대규모 달러 절상과 경기침체를 모두 낳았다. 인플레이션 하락 목표는 달성되었다. 인플레이션율은 1980년 12.5%에서 1982년경에는 4%를 하회했다. 산출 감소와 달러 절상은 무역수지에 반대되는 효과를 낳아(산출 감소는 수입 감소와 무역수지의 개선을 낳지만 달러 절상은 무역수지 악화를 초래한다), 1983년까지 무역수지에는 큰 변화가 없었다.

1983년부터 경제의 추이는 재정팽창 효과가 지배했다. 이 장의 모형이 예측하듯 이들 효과는 강한 산출 증가, 높은 이자율, 추가적인 달러 절상이었다. 높은 산출 증가율과 달러 절상은 무역적자를 증가시켜 1984년경 무역적자는 GDP의 2.7%에 달했다. 1980년대 중반 주요 거시경제정책 문제는 **쌍둥이 적자**(twin deficit), 즉 재정적자와 무역적자가 병행이 되었다. 쌍둥이 적자는 1980년대와 1990년대 초 동안 중심적인 거시경제 문제의 하나로 남게 되었다.

표 1   미국의 주요 거시경제 변수(1980~1984년)

	1980년	1981년	1982년	1983년	1984년
GDP 성장률(%)	−0.5	1.8	−2.2	3.9	6.2
실업률(%)	7.1	7.6	9.7	9.6	7.5
인플레이션율(CPI)(%)	12.5	8.9	3.8	3.8	3.9
명목이자율(%)	11.5	14.0	10.6	8.6	9.6
실질이자율(%)	2.5	4.9	6.0	5.1	5.9
실질환율	85	101	111	117	129
무역흑자(GDP 대비 %)	−0.5	−0.4	−0.6	−1.5	−2.7

인플레이션율 : CPI의 변화율. 명목이자율은 3개월 T-bill 이자율이다. 실질이자율은 명목이자율에서 민간 예측회사인 DRI의 인플레이션 예측치를 차감한 것이다. 실질환율은 무역 가중 실질환율로서 1973＝100이 되도록 표준화했다. 음의 무역흑자는 무역적자이다.

다른 극단에는 **고정환율제도**를 가진 국가들이 있다. 이 국가들은 외국통화를 기준으로 고정된 환율을 유지한다. 일부 국가는 자국의 통화를 달러에 **페그**(peg)한다. 예를 들어 1991~2001년 아르헨티나는 자국의 통화인 페소를 상당히 상징적으로 1페소당 1달러로 페그했다(이에 대한 추가적 논의는 20장을 참조하라). 다른 국가들은 자국의 통화를 프랑스 프랑에 페그했다(이 국가들은 대부분 과거 아프리카에 위치한 프랑스 식민지였다). 이후 프랑스 프랑이 유로로 대체됨에 따라 이 국가들은 이제 유로에 페그되어 있다. 그리고 또 다른 국가들은 복수의 외국통화에 페그하는데 그 가중치는 무역에서의 비중을 반영한다.

'고정'이라는 이름은 오해를 낳을 여지가 있다. 고정환율제를 가진 국가의 환율이 실제로 절대로 변하지 않는다는 것은 아니다. 대신에 변화가 드물다는 것이다. 극단적인 경우가 프랑스 프랑에 페그된 아프리카 국가들이다. 이 국가들의 환율이 1994년 1월에 다시 조정되었을 때 이는 45년만의 첫 조정에 해당했다. 환율 변화가 드물기 때문에 경제학자는 변동환율제하에서 발생하는 매일의 변화와 구별하기 위해 별도의 용어를 사용한다. 고정환율제하에서 환율 상승은 절하(depreciation)가 아니라 **평가절하**(devaluation)로 불리며, 환율 하락은 절상(appreciation)이 아니라 **평가절상**(revaluation)으로 불린다.

◀ 이 용어들은 17장에서 처음 소개되었다.

이들 두 극단 사이에 환율목표치에 대해 다양한 공약을 하는 국가들이 존재한다. 예를 들어 일부 국가는 **크롤링 페그**(crawling peg, 점진적 환율조정제)를 운영한다. 이름 자체가 무엇을 의미하는지를 잘 보여준다. 이들 국가의 인플레이션율은 통상 미국의 인플레이션율을 상회한다. 이들 국가가 명목환율을 달러화에 페그한 상황에서 미국 물가보다 자국의 물가가 더 빨리 상승하면 지속적 실질절상이 발생하고 이들 국가의 가격경쟁력은 급속히 떨어진다. 이 효과를 피하기 위해 이들 국가는 달러화에 대해 사전에 결정된 절하율을 선택한다. 이들 국가는 달러에 대해 천천히 움

실질환율의 정의식 $\varepsilon = \dfrac{EP^*}{P}$ 를 상기하라. 국내 인플레이션율이 외국 인플레이션율보다 높아지면 P는 P^*보다 더 빨리 상승한다. E가 고정되어 있으면 EP^*/P는 계속 하락한다.

미국의 무역적자와 트럼프 행정부의 관세

트럼프 대통령의 2016년 대선 캠페인 주제 중 하나는 당시 GDP의 2.7%에 불과했던 미국 무역적자를 줄여야 한다는 것이었다. 그는 무역적자를 외국, 특히 중국이 미국을 이용하고 있음을 보여준다고 보았다. 이같은 약속에 따라 2018년에 트럼프 행정부는 태양광 패널에 대한 관세를 인상한 뒤 철강 및 알루미늄 수입품에 대한 관세를 인상한 다음 다양한 중국 제품에 대한 관세를 인상했다.

대다수 경제학자는 진단과 방법 모두에 동의하지 않았다.

진단에 대해 : 대부분의 경제학자는 무역적자가 외국인들이 미국에 기꺼이 자금을 빌려주려는 의사와 함께 투자에 비해 만성적으로 낮은 미국 저축 수준을 반영하는 것으로 보고, 무역적자는 대외차입을 통해 쉽게 충당할 수 있다고 보았다. 따라서 그들은 무역적자가 미국의 문제를 반영한 것이며, 국내에서 민간 또는 공공의 저축을 높여 해결해야 한다고 주장했다. 일부 경제학자는 더 나아가 무역적자가 실제로 미국 자산의 강점에서 비롯한다고 주장했다. 외국인들은 미국 자산을 보유하기를 열망했고, 이러한 외국인의 수요가 달러 강세로 이어지며, 이는 다시 미국 상품의 상대적 경쟁력을 떨어뜨리고 무역적자로 이어졌다. (여러분은 18-5절의 무역적자, 저축, 투자 간의 관계에 대한 논의를 다시 검토할 필요가 있다.) 따라서 이 경제학자들은 무역적자가 미국의 금융적 강점을 반영하며 특별히 걱정할 정도는 아니라고 주장했다.

방법에 대해 : 경제학자들은 무역적자가 미국의 낮은 저축이나 자산의 매력에 있다면 관세가 효과가 없을 것이라고 주장했다. 그 이유를 알아보자.

주어진 환율에서 관세 인상은 미국 소비자의 수입가격을 상승시킬 것이다. 어느 정도일지는 관세에 대한 반응으로 외국기업이 무엇을 하느냐에 달려 있다.

세전 가격을 낮춘다면 미국 소비자가 직면하는 가격은 관세보다 적게 상승할 것이다. 심지어 미국에서의 소비자 가격이 변하지 않을 정도로 세전 가격을 낮출 수도 있다. 이 경우 수입 규모는 변하지 않을 수 있지만, 미국이 수입품에 대해 지불하는 금액(관세 전 가격)이 감소해 국내 상품으로 환산한 수입액의 가치는 하락하게 된다.

외국기업은 세전 가격을 그대로 유지할 수 있는데, 이 경우 관세 인상으로 미국 소비자가 직면한 가격이 상승해 수입 수요가 감소할 수 있다. 이 경우 미국이 수입품에 대해 지불하는 가격은 변하지 않지만 수입량이 감소해 수입금액의 하락으로 이어진다.

두 경우 모두 주어진 명목환율에서 국내 상품의 수입금액은 감소한다. 수출이 일정한 상태에서 이는 무역적자가 더 감소할 것임을 의미한다. (단, 관세를 누가 부담하느냐에 따라 차이가 있다. 첫 번째 경우에는 외국기업이 부담하고 두 번째 경우에는 미국 소비자가 부담한다.) 무역적자가 줄어들면 수요가 증가하고, 산출 증가가 생겨날 것이다. 두 경우 모두 작동하는 것 같다. 그렇다면 경제학자는 왜 관세로 무역적자가 줄어들지 않을 것이라는 점에 대해 회의적일까?

네 가지 이유가 있다.

- 관세 전쟁이 촉발되고 다른 국가들이 미국산 제품에 대한 관세 인상으로 대응함으로써 미국 수입의 감소에 따라 미국 수출도 감소해 무역적자에 변화가 없을 수 있다. 그리고 실제로 미국의 관세 부과에 대응해 중국은 2018년 말 미국 제품에 대한 관세를 인상했다.
- 2018년과 같이 미국 경제가 잠재산출 수준에 가까웠던 만큼, 산출 증가가 과열로 이어져 연준이 금리를 인상하도록 할 수 있다. 이는 달러 절상으로 이어져(이자율 평형 조건을 기억하자) 순수출에 대한 관세의 영향을 부분적으로 상쇄한다.
- 연준이 이자율을 인상하지 않더라도 무역적자 감소에 대한 기대와 이에 따른 해외차입 수요 감소에 대

그림 1

2010년 이후 순수출/GDP와 실질 다자간 환율

출처 : FRED: NETEXP, GDP, RBUSBIS

한 기대는 현재와 미래에 달러 강세로 이어질 수 있으며, 이는 다시 순수출에 대한 관세의 영향을 부분적으로 상쇄할 수 있다.

■ 관세를 인상하는 동안 트럼프 행정부는 2017년에 통과된 세제 개혁을 단행해 2018년 재정적자가 크게 증가했다. 이 장에서 살펴본 바와 같이 재정적자 확대가 무역적자 확대로 이어질 수 있다 : 연준이 개입하지 않으면 재정적자는 산출 증가와 수입 증가로 이어질 것이다. 연준이 산출 증가를 억제하기 위해 개입한다면, 이자율 인상은 달러 절상으로 이어지며 무역적자도 커질 것이다. 어느 경우든, 재정정책은 무역수지에 대한 관세의 영향을 상쇄하거나 반전시킬 가능성이 높다.

무슨 일이 발생했을까? 이 책을 집필하는 현 시점은 강한 결론을 내리기에는 너무 이르다. 무역협상은 여전히 진행 중이다. 수출업자와 수입업자가 관세와 환율 변동에 반응하는 데는 시간이 걸린다. 그러나 지금까지 증거는 경제학자들 편에 있다. 이는 2010년 이후 분기별로 GDP 대비 순수출 비율과 실질환율(2010년에 100으로 정규화됨)의 변화를 나타낸 그림 1에 나와 있다.

음영 처리된 부분은 2018년 4분기에 해당한다. 2018년 초부터 실질환율(왼쪽 세로축)이 9% 가까이 상승했다. 무역적자(오른쪽 세로축)는 2018년 초와 거의 동일하며 GDP의 약 3%이다. 현재로서는 트럼프 행정부가 바라던 방향으로 일이 진전되지 않고 있다. (잠재산출을 유지하면서 미국의 무역적자를 줄이려면 어떻게 하겠는가?)

직이기를, 즉 '기어가기(crawling)'를 선택한다.

또 다른 환율제도는 일군의 국가들이 쌍무적 환율(모든 2개 국가 간 환율)을 일정한 대역에 머물도록 하는 것이다. 아마도 가장 두드러진 예가 **유럽통화제도**(European Monetary System, EMS)일 것이다. EMS는 1978~1998년까지 유럽연합(European Union) 내에서 환율의 변화를 결정한 제도이다. EMS 규칙에서 회원국들은 회원국 내에서 다른 통화 대비 자국의 환율을 특정 **중심 환율**(central parity)을 기준으로 좁은 한계 또는 **대역**(band)에 유지하도록 동의했다. 중심 환율의 변경과 특정 통화의 평가절상이나 평가절하는 가능하지만 회원국 간 동의에 의해서만 가능했다. 많은 국가의 탈퇴를 야기했던 1992년의 중대한 위기 이후 환율 조정은 더욱 빈번하지 않게 되었고 이를 따랐던 많은 국가가 한 발 더 나아가 공통통화인 **유로**(euro)를 수용했다. 국내통화의 유로로의 전환은 1999년 1월 1일에 시작해 2002년 초 완결되었다. 20장에서는 유로로의 이행이 갖는 시사점을 살펴볼 것이다.

20장에서 1992년 위기를 살펴볼 것이다.

공통통화를 수용하는 국가를 극단적 형태의 고정환율제도를 수용하는 국가로 간주할 수 있다. '환율'은 모든 국가 간에 일대일의 가치로 고정된다.

다음 장에서는 상이한 환율제도의 장단점을 논의한다. 그러나 우선 환율의 페그[pegging, 또는 고정(fixing)]가 통화 및 재정정책에 어떤 영향을 미치는지를 이해해야 한다. 이 절의 나머지에서는 이를 다룬다.

고정환율하에서의 통화정책

특정 국가가 자신의 환율을 일정한 값 $\bar{E}$에 페그했다고 하자. 어떻게 이를 실제로 달성할 수 있을까? 정부가 단지 환율을 발표하고 거기에 머무를 수는 없다. 오히려 선택한 환율이 외환시장에서 자리 잡을 수 있도록 일정한 조치를 취해야 한다. 이제 페그의 시사점과 운영 과정을 살펴보자.

페그 여부와 상관없이 환율과 명목이자율은 다음의 이자율 평형조건을 만족해야 한다.

$$(1 + i_t) = (1 + i_t^*)\left(\frac{E_{t+1}^e}{E_t}\right)$$

이제 환율을 $\bar{E}$에 페그해 현재 환율이 $E_t = \bar{E}$라 하자. 금융 및 외환시장이 환율이 이 값에 페그된 채로 남아 있다고 믿는다면 이들의 미래 환율에 대한 기대 E_{t+1}^e 역시 $\bar{E}$와 같고 이자율 평형조건은 다음이 된다.

$$(1 + i_t) = (1 + i_t^*) \Rightarrow i_t = i_t^*$$

이 결과는 이자율 평형조건에 의존하며, 이는 다시 금융투자자가 가장 높은 수익률을 찾아 움직인다는 완전자본이동성에 의존한다. 자본이동이 불완전할 때 고정환율은 남미와 같은 중진국의 현실에 더 부합하며, 이 장의 부록에서 다룬다.

말로 하면, 투자자들이 환율이 변하지 않을 것으로 기대하면 두 국가에서의 명목이자율이 동일할 것을 요구할 것이다. 고정환율과 완전자본이동하에서, 국내 이자율은 이 국가의 통화가 페그된 외국의 이자율과 같아야 한다.

요약 : 고정환율하에서 중앙은행은 정책수단으로 통화정책을 포기한다. 고정환율제하에서 중앙은행은 환율을 고정시키기 위해 국내 이자율을 외국 이자율과 같도록 유지해야 하기 때문이다.

고정환율하에서의 재정정책

통화정책이 고정환율하에서 더 이상 사용될 수 없다면 재정정책은 어떠한가?

정부가 환율을 고정할 때 정부지출 증가의 효과는 변동환율의 경우 그림 19-4에서 나타난 경우와 동일하다. 이는 지출 증가가 이자율 상승을 동반하지 않는 한 환율이 변화하지 않기 때문이다. 따라서 정부지출 증가의 효과는 환율의 고정 여부에 의존하지 않는다. 고정환율과 변동환율의 차이점은 중앙은행의 대응 능력에 있다. 그림 19-5에서는 정부지출 증가가 경제를 잠재산출 이상으로 밀어 올려 인플레이션 가능성을 높이면 중앙은행이 금리를 인상해 대응할 수 있다고 보았다. 이 방법은 고정환율하에서는 더 이상 사용할 수 없다. 국내 이자율이 외국 이자율과 같아야 하기 때문이다.

이 장이 끝나 감에 따라 한 가지 질문이 머리에 떠오르기 시작해야 할 것이다. 왜 환율을 고정하려 하는가? 여러분은 이것이 좋지 않은 생각이라는 이유를 많이 보아 왔다.

■ 환율을 고정함으로써 무역 불균형이나 경제활동 수준의 변화를 도모할 수 있는 강력한 정책수단을 포기한다.

■ 특정 환율을 공약함으로써 이자율에 대한 통제력도 상실된다. 그뿐만 아니라 자국의 경제활동에 대한 바람직하지 못한 효과가 발생할 위험을 감수하고 국내 이자율을 외국 이자율의 움직임에 맞춰 주어야 한다. 1990년대 초 유럽에서 바로 이런 일이 생겼다. 독일의 통일로 발생한 수요 증가 때문에 독일은 이자율을 인상해야만 하는 상황에 봉착했다. 독일 마르크화와 환율을 유지하기 위해 EMS 내의 다른 국가들도 자국의 이자율을 인상할 수밖에 없었다. 물론 이는 피하고 싶었던 일일 것이다. (이것은 초점상자 '독일 통일, 이자율, EMS'의 주제이다).

■ 비록 국가가 재정정책에 대한 통제력을 유지한다 해도 한 가지 정책수단으로는 충분하지 않다. 18장에서 살펴보았듯이, 재정팽창은 경제를 경기침체로부터 벗어나도록 도울 수 있지만 무역적자 증가라는 비용을 치러야만 한다. 그리고 예를 들어 재정적자 감소를 도모하는 경우에도 고정환율제하에서는 재정정책의 산출에 대한 긴축적 효과를 상쇄할 수 있는 통화정책을 사용할 수 없다.

그렇다면 왜 일부 국가는 고정환율제도를 유지하는가? 왜 19개의 유럽국가는 공통통화를 수용했을까? 이 질문에 답하기 위해서는 약간의 작업이 더 필요하다. 이 장에서 보았던 것처럼 단기에 발생하는 현상뿐만 아니라 물가가 조정되는 중기에 발생하는 현상도 살펴보아야 한다. 환율 위기의 특성도 살펴보아야 한다. 이들을 검토하고 나면 상이한 환율 레짐의 상단점을 평가할 수 있는 위치에 서게 된다. 20장에서는 바로 이 주제를 다룬다.

◀ 변동환율제하에서 중앙은행은 그림 19-5에서와 같이 이자율을 인상해 정부지출의 증가에 대응할 수 있다. 이 옵션은 이자율이 외국 환율과 같아야 하기 때문에 고정환율로는 더 이상 사용할 수 없다.

독일 통일, 이자율, EMS

유로 도입에 앞서 시행되었던 유럽통화제도(EMS)와 같은 고정환율제하에서는 다른 국가들도 이자율을 변경하지 않는 한 어떤 국가도 자국의 이자율을 변경할 수 없다. 그렇다면 어떻게 이자율이 실제로 변화할까? 두 가지 방식이 가능하다. 한 가지 방식은 모든 회원국이 동시에 이자율의 조정을 조율하는 것이다. 다른 방식은 한 국가가 선도하고 다른 국가가 이를 따르는 것이다. 후자의 방식이 EMS에서 실제로 전개되었는데 당시 독일이 주도국이었다.

1980년대 동안 대부분의 유럽 중앙은행은 유사한 목표를 공유했고 독일의 중앙은행인 분데스방크(Bundesbank)가 주도하는 것을 반갑게 받아들였다. 그러나 1990년 독일의 통일은 분데스방크와 EMS 내 다른 국가들의 중앙은행이 추구하는 목표 간에 큰 괴리를 낳았다. 동독에 있는 사람과 기업에 대한 이전지출이 야기한 대규모 재정적자는 투자 붐과 더불어 독일에서의 대규모 수요 증가를 야기했다. 분데스방크

는 이 변화가 지나치게 강력한 경제활동의 증가를 유발할 것을 두려워해 긴축적인 통화정책을 취했다. 결과적으로 독일은 강한 성장과 큰 폭의 이자율 상승을 경험했다.

이는 독일 입장에서는 적절한 정책 조합이었을 것이다. 그러나 다른 유럽국가들에게 이 정책 조합은 그리 만족스럽지 못했다. 이들 국가들은 유사한 수요 증가를 경험하지 않고 있었지만 EMS에 머물러 있기 위해서는 독일의 이자율 인상을 따라야 했다. 결국 다른 국가에서는 수요와 산출이 급락했다. 이 결과는 1990~1992년 독일과 EMS 국가인 프랑스와 벨기에 대한 명목이자율, 실질이자율, 인플레이션율, GDP 성장률을 보여주는 표 1에 나타나 있다.

우선 독일의 높은 이자율을 프랑스와 벨기에가 어떻게 상대했는지에 주목하자. 사실상 3년의 모든 기간에 있어 프랑스의 명목이자율은 독일보다 더 높았다! 이는 DM/프랑 환율을 유지하기 위해서는 프랑스

표 1 독일의 통일 이후 이자율, 인플레이션율, 경제성장률 : 독일, 프랑스, 벨기에(1990~1992년)

	명목이자율(%)			인플레이션율(%)		
	1990년	1991년	1992년	1990년	1991년	1992년
독일	8.5	9.2	9.5	2.7	3.7	4.7
프랑스	10.3	9.6	10.3	2.9	3.0	2.4
벨기에	9.6	9.4	9.4	2.9	2.7	2.4
	실질이자율(%)			경제성장률(%)		
	1990년	1991년	1992년	1990년	1991년	1992년
독일	5.8	5.5	4.8	5.7	4.5	2.1
프랑스	7.4	6.6	7.9	2.5	0.7	1.4
벨기에	6.7	6.7	7.0	3.3	2.1	0.8

주 : 명목이자율은 단기 명목이자율이다. 실질이자율은 해당 연도에 실현된 실질이자율로서 명목이자율에서 실제 인플레이션율을 차감한 것이다. 모든 수치는 연율이다.

출처 : OECD Economic Outlook.

가 독일보다 이자율을 더 높여야 했기 때문이다. 그리고 이는 금융시장에서 과연 프랑스가 실제로 DM 대비 프랑 환율을 유지할지에 대해 확신하지 않았기 때문이다. 프랑화의 잠재적 평가절하 가능성을 우려해 금융투자자들은 독일 채권보다 프랑스 채권에 대해 더 높은 이자율을 요구했다.

비록 프랑스와 벨기에는 독일의 명목이자율과 유사한 수준을 유지해야 했지만(또는 앞서 보았던 것처럼 유사한 수준 이상으로 유지해야 했지만) 양국의 인플레이션율은 독일보다 낮았다. 결국 매우 높은 실질이자율이 생겨났는데 이는 독일의 이자율보다 훨씬 더 높았다. 프랑스와 벨기에 양국에서 1990~1992년 평균 실질이자율은 7%에 근접했다. 그리고 양국에서 1990~1992년은 저성장과 실업률 상승 시기로 특징지어졌다. 프랑스의 실업률은 1990년 8.9%에서 1992년에는 10.4%로 높아졌다. 같은 기간 벨기에의 실업률은 8.7%에서 12.1%로 높아졌다.

유사한 이야기가 다른 EMS 국가들에서도 전개되었다. 1990년 8.7%였던 EU의 평균 실업률은 1992년 10.3%로 증가했다. 높은 실질이자율의 지출에 대한 파급효과는 경기침체의 유일한 원인은 아니었지만 중요한 원인으로 작용했다.

1992년경 더 많은 국가가 EMS 기준환율을 방어할지 아니면 포기하고 이자율을 낮출지를 고민하고 있었다. 평가절하 위험을 우려해 금융시장은 평가절하 가능성이 더 큰 국가들에 대해 더 높은 이자율을 요구하기 시작했다. 결과적으로 1992년 가을과 1993년 여름 두 차례의 중대한 환율 위기가 생겨났다. 두 위기가 끝날 무렵, 이탈리아와 영국은 EMS를 탈퇴했다. 20장에서 이들 위기의 원인과 시사점을 살펴볼 것이다.

요약

- 개방경제에서 국내재에 대한 수요는 이자율과 환율 모두에 의존한다. 이자율의 상승은 국내재에 대한 수요를 감소시킨다. 환율 하락, 즉 절상도 국내재에 대한 수요를 감소시킨다.
- 환율은 국내채권과 외국채권이 국내통화 기준으로 동일한 기대수익률을 가져야 한다는 이자율 평형조건에 의해 결정된다.
- 기대되는 미래 환율과 외국 이자율이 주어졌을 때 국내 이자율의 상승은 환율 하락, 즉 절상을 발생시킨다. 국내 이자율의 하락은 환율 상승, 즉 절하를 낳는다.
- 변동환율제하에서 긴축적 재정정책은 산출 감소, 이자율 상승, 절상을 가져온다. 재정팽창이 통화긴축으로 부분적으로 상쇄되면 이자율 상승과 절상이 나타난다.
- 변동환율제하에서 긴축적 통화정책은 산출 감소, 이자율 상승, 절상을 가져온다.

- 환율제도에는 다양한 유형이 존재한다. 여기에는 완전한 신축적 환율제도부터 크롤링 페그, 고정환율제도(또는 페그), 공통통화의 수용까지 포함된다. 고정환율제하에서는 특정 외국통화를 기준으로 또는 복수의 통화를 기준으로 고정환율을 유지한다.
- 고정환율제도와 이자율 평형조건하에서 정부는 국내 이자율을 외국 이자율과 같도록 유지해야 한다. 중앙은행은 정책 수단 중 통화정책을 사용할 수 없다. 그러나 재정정책은 고정환율제하에서 보나 강력한 성책수난이 된다. 재성정책은 통화공급의 수용을 발생시켜 국내 이자율과 환율의 상쇄하는 변화를 가져오지 않는다.

핵심 용어

공급중시론자(supply siders)

급정지(sudden stops)

대역(band)

먼델-플레밍 모형(Mundell-Fleming model)

쌍둥이 적자(twin deficits)

안전 투자처(safe haven)

유럽통화제도(European Monetary System, EMS)

유로(euro)

중심환율(central parity)

크롤링 페그(crawling peg)

페그(peg)

연습문제

기초문제

1. 이 장의 내용에 기초해 다음에 대해 '사실', '거짓', '불확실' 여부를 밝히고 그 이유를 간단히 설명하라.

    a. 이자율 평형조건은 국가 간 이자율이 동일하다는 것을 의미한다.

    b. 다른 조건이 같다면 이자율 평형조건은 국내통화가 기대환율의 증가에 반응해 절하될 것임을 시사한다.

    c. 투자자가 달러가 내년에 엔에 대해 절하될 것으로 예상한다면, 1년 이자율은 일본에서보다 미국에서 더 높아질 것이다.

    d. 기대 환율이 절상하면 현재 환율은 즉시 절상한다.

    e. 중앙은행은 국내 이자율을 외국 이자율과 비교해 변화시킴으로써 환율 수준에 영향을 미친다.

    f. 다른 조건이 모두 동일할 때 국내 이자율의 상승은 수출을 증가시킨다 .

    g. 다른 조건이 모두 동일할 때 재정팽창은 순수출을 증가시키는 경향이 있다.

    h. 변동환율보다 고정환율하에서 재정정책의 산출에 대한 영향이 더 크다.

    i. 고정환율하에서 중앙은행은 국내 이자율을 외국 이자율과 일치하도록 유지해야 한다.

    j. 무역적자를 줄이기 위한 방법으로 수입품에 대한 관세를 인상하는 것과 관련된 한 가지 중요한 문제는 다른 나라들이 자국의 수출품(타국의 수입품)에 대한 관세를 인상함으로써 보복할 수 있다는 것이다.

2. 변동환율하에서의 개방경제를 고려하자. 산출이 잠재산출 수준에 있지만 무역적자가 발생하고 있다고 하자. 정책목표는 무역적자를 감축시키되 산출은 잠재 수준으로 유지하는 것이다.

    적절한 통화-재정정책 조합은 무엇인가?

3. 이 장에서는 변동환율제도하에서 금리 인하가 산출 증가와 국내통화 절하를 낳는다는 것을 보았다.

    a. 변동환율제하에서 이자율 인하는 소비와 투자에 어떤 영향을 미치는가?

    b. 변동환율제하에서 이자율 인하는 순수출에 어떤 영향을 미치는가?

4. 변동환율제도와 외국의 거시경제정책

    변동환율제도하에 있는 개방경제를 고려하자. 커버되지 않은 이자율 평형조건을 UIP로 나타내자.

    a. IS-LM-UIP 도표에서 중앙은행이 정책이자율을 변화시키지 않을 때 외국산출 Y^*의 증가가 국내산출 Y와 환율 E에 미치는 영향을 보여라. 말로 설명하라.

    b. IS-LM-UIP 도표에서 중앙은행이 정책이자율을 변화시키지 않을 때 외국 이자율 i^*의 증가가 국내산출(Y)과 환율(E)에 미치는 영향을 보여라. 말로 설명하라.

5. 변동환율과 외국의 거시경제정책 변화에 대한 대응

    외국에서의 팽창적 재정정책이 Y^*와 i^*를 동시에 증가시켰다고 하자.

    a. IS-LM-UIP 도표에서 국내 중앙은행이 정책이자율을 변화시키지 않을 때 외국산출 Y^*와 외국 이자율 i^*의 동반 증가가 국내산출(Y)과 환율(E)에 미치는 효과를 보여라. 말로 설명하라.

b. *IS-LM-UIP* 도표에서 국내 중앙은행이 외국만큼 정책금리를 인상할 때 외국산출 Y^*와 외국 이자율 i^*의 동반 증가가 국내산출(Y)과 환율(E)에 미치는 효과를 보여라. 말로 설명하라.

c. *IS-LM-UIP* 도표에서 국내 통화정책의 목표가 국내산출(Y)을 일정하게 유지하는 것이라고 할 때, 외국산출 Y^*와 외국 이자율 i^*의 동반 증가에 요구되는 국내통화정책은 무엇인가? 말로 설명하라. 언제 그러한 정책이 필요한가?

심화문제

6. **고정환율과 외국의 거시경제정책**

일련의 국가(추종국)가 자국통화를 다른 특정국(선도국)의 통화에 고정시키는 고정환율제를 고려하자. 선도국의 통화가 고정환율제를 채택하지 않는 국가의 통화에 대해 고정되어 있지 않으므로, 선도국은 원하는 대로 통화정책을 실행할 수 있다. 이 문제를 위해 본국을 추종국, 외국을 선도국으로 간주하자.

a. 선도국의 이자율 인상이 추종국의 이자율 및 산출에 어떤 영향을 미치는가?

b. 선도국의 이자율 인상이 추종국의 산출물 구성을 어떻게 바꾸는가? 추종국은 재정정책을 바꾸지 않는다고 가정하라.

c. 추종국은 재정정책을 사용해 주요국의 이자율 인하 효과를 상쇄하고 국내산출을 이전대로 유지할 수 있는가? 언제 그러한 재정정책이 바람직한가?

d. 재정정책은 정부지출 변화나 세금 변경을 포함한다. 선도국이 이자율을 인상할 경우에 대해 소비와 국내산출을 기존대로 유지하는 재정정책을 제시하라. 산출의 어떤 구성요소가 변경되는가?

7. **정책수단으로서 환율**

국내 이자율을 변경할 의사가 있는 **변동환율**은 개방경제에서의 통화정책의 효과를 높일 수 있다. (투자를 위축하는 경향이 있는) 기업의 신뢰 위축으로 어려움을 겪고 있는 경제를 고려하라.

a. *IS-LM-UIP* 도표에서 중앙은행이 이자율을 변경하지 않을 때 기업 신뢰의 위축이 산출과 환율에 미치는 단기 효과를 보여라. 산출 구성은 어떻게 변하는가?

b. 중앙은행은 산출을 원래 수준으로 되돌리기 위해 이자율을 인하하려 한다. 이는 산출의 구성을 어떻게 변화시키는가?

c. 환율이 고정되었고 중앙은행이 이자율을 변경할 수 없는 경우(이자율은 외국 이자율 i^*로 고정된다는 점을 상기하라) 중앙은행에게 남겨진 정책은 무엇인가?

d. 중앙은행은 일반적으로 변동환율을 선호한다. 이유를 설명하라.

추가문제

8. **미국 자산에 대한 수요와 무역적자**

이 문제는 미국 자산에 대한 수요 증가가 어떻게 달러 절하를 늦출 수 있는지를 살펴본다. 많은 경제학자가 미국의 대규모 무역적자로 말미암아 달러 절하 압력이 발생한다고 믿고 있다. 여기서는 *IS-LM-UIP* 체계를 수정해 미국 자산에 대한 수요 증가의 파급효과를 검토한다. 커버되지 않은 이자율 평형조건을 다음과 같이 나타내자.

$$(1 + i_t) = (1 + i_t^*)\left(\frac{E_{t+1}^e}{E_t}\right) - x$$

여기서 x는 국내 자산에 대한 상대수요에 영향을 미치는 요인을 나타낸다. x의 증가는 투자자가 (외국 이자율과 현재 환율 및 기대 미래 환율이 일정할 때) 더 낮은 이자율하에서 국내 자산을 보유할 의향이 있음을 의미한다.

a. UIP 조건을 이용해 현재 환율 E_t에 대한 해를 구하라.

b. (a)에서의 결과를 IS 곡선에 대입하고 UIP 도표를 만들어보라. 본문에서처럼 P와 P^*가 일정하며 1과 같다고 가정할 수 있다.

c. 국내경제의 대규모 무역적자의 결과로 금융시장 참여자가 국내통화가 미래에 절하해야 한다고 믿는다고 하자. 따라서 기대환율 E_{t+1}^e이 상승한다. 기대환율 상승에 따른 피급효과를 *IS-LM-UIP* 도표에 나타내라. 환율과 무역수지에 대한 파급효과는 어떠한가? (힌트 : 무역적자에 대한 파급효과를 분석하는 데 있어서 왜 처음부터 IS 곡선이 이동하는지를 상기하라.)

d. 국내 자산에 대한 상대수요 x가 증가한다고 하자. 판단 기준으로 삼기 위해 환율 상승이 있기 전에 x의 증가가

IS 곡선을 정확히 원래 위치로 돌리기에 충분하다고 가정하자. E^e_{t+1}의 감소와 x의 증가가 결합한 효과를 IS-LM-UIP 도표에 나타내라. 환율과 무역수지에 대한 최종 효과는 어떠한가?

e. 이상의 분석에 기초해볼 때 미국 자산에 대한 수요 증가가 달러가 절하되는 것을 막기에 충분하다고 할 수 있는가? 미국 자산에 대한 수요 증가가 미국의 무역적자를 악화시킬 수 있는가? 답을 설명하라.

9. 채권 수익률과 장기 환율 변화

a. 이코노미스트의 웹사이트(www.economist.com)를 방문해 10년 이자율에 대한 데이터를 살펴보자. 'Markets & Data'섹션의 하위 섹션인 'Economic and Financial Indicators'를 찾아보라. 미국, 일본, 중국, 영국, 캐나다, 멕시코, 유로 지역에 대한 10년 이자율을 살펴보라. 각국(유로 지역을 한 국가로 간주)에 대해, 각국의 이자율

과 미국의 이자율 차이로 이자율 스프레드를 계산하라.

b. UIP 조건으로부터 (a)에서 구한 이자율 스프레드는 다른 통화에 대비한 달러의 기대절상률을 연율로 표시한 것이다. 10년 기대절상률을 계산하기 위해서는 복리 계산을 해야 한다. [따라서 x가 이자율 스프레드라면 10년 기대절상률은 $(1+x)^{10}-1$이다. 소수점에 조심하라.] 6대 무역상대국의 통화에 대해 달러가 명목 기준으로 상당히 절하될 것으로 기대되는가, 절상될 것으로 기대되는가?

c. (b)의 답을 기준으로 보았을 때 향후 10년간 어떤 국가가 달러에 대해 상당한 절상 또는 절하를 보이겠는가?

10. 트럼프 행정부의 관세 부과

검색엔진을 이용해 트럼프 행정부의 관세가 경제에 미치는 영향에 대한 자료를 살펴보라. 경제학자들은 이들에 대해 어떻게 말하는가? 3~5개 정도의 기사 제목과 첫 단락만 읽어도 무언가를 배울 수 있다.

부록 : 고정환율, 이자율, 자본이동성

완전한 자본이동성의 가정은 미국, 영국, 일본, 유로 지역처럼 크게 발전한 금융시장과 제한된 자본통제를 가진 국가에서 어떤 일이 발생하는지에 대한 좋은 근사이다. 그러나 이 가정은 덜 발전한 금융시장이나 자본통제가 존재하는 국가에 대해서는 그 적절성이 의문시된다. 이들 국가에서 국내 투자자는 이자율이 낮을 때 외국 채권을 살 수 있는 요령이나 법적 권리를 가질 수 없다. 중앙은행은 환율을 일정하게 유지하면서 이자율을 인하할 수 있다.

이 문제를 살펴보기 위해서는 중앙은행의 대차대조표를 다시 볼 필요가 있다. 4장에서는 중앙은행이 보유하는 유일한 자산이 국내채권이라 했다. 개방경제에서 중앙은행은 실제로 두 가지 종류의 자산을 보유한다. 바로 (1) 국내채권과 (2) **외환보유고**(foreign exchange reserves)이다. 외환보유고는 외국 채권이나 외국의 이자지급 자산 형태도 취할 수 있지만 단순히 외환이라고 생각할 수 있다. 그림 1과 같은 중앙은행의 대차대조

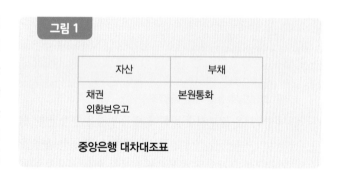

그림 1

자산	부채
채권 외환보유고	본원통화

중앙은행 대차대조표

표를 생각해보자.

자산 쪽에는 채권과 외환보유고, 부채 쪽에는 본원통화가 있다. 이제 중앙은행이 본원통화를 변화시킬 수 있는 두 가지 방식이 있다. 즉 채권시장에서 채권을 매매하거나 외환시장에서 외환을 매매하는 방식이다. (4-3절을 읽지 않았을 경우 '본원통화'를 '통화공급'으로 대체한다면 기본적인 내용을 이해할 수 있다.)

완전자본이동과 고정환율제도

우선 (이 장의 마지막 절에서 했던 가정인) 완전자본이동성과 고정환율을 함께 가정하고 공개시장조작의 효과를 살펴보자.

- 국내 이자율과 외국 이자율이 처음에는 같다고 가정하자. 따라서 $i = i^*$이다. 이제 중앙은행이 팽창적인 공개시장조작을 시작했다고 하자. 즉 채권시장에서 ΔB에 달하는 채권을 매입함으로써 대신 통화를 창출해 본원통화를 증가시켰다고 하자. 이러한 채권의 구입은 국내 이자율 i의 하락을 낳는다. 그러나 이는 이야기의 시작에 지나지 않는다.

- 이제 국내 이자율이 외국 이자율보다 낮아졌으므로 투자자들은 외국채권 보유를 신호할 것이다. 외국채권을 매입하기 위해서는 우선 외국통화를 매입해야 한다. 즉 외환시장으로 가서 외국통화를 얻기 위해 국내통화를 매각한다.

- 중앙은행이 아무것도 하지 않는다면 국내통화가치는 하락할 것이며 평가절하가 발생한다. 고정환율제도를 유지해야 하므로 중앙은행은 환율의 평가절하를 허용할 수 없다. 따라서 중앙은행은 외환시장에 개입해 외국통화를 팔고 국내통화를 매입해야 한다. 중앙은행이 외국통화를 매각하고 국내통화를 매입함에 따라 본원통화는 감소한다.

- 중앙은행은 외국통화를 얼마나 매각해야 하는가? 본원통화가 공개시장조작 이전 수준으로 되돌아가 국내 이자율이 다시 외국 이자율과 같아질 때까지 계속 매각해야 한다. 이 경우에만 금융투자자들이 국내채권을 보유하려 할 것이다.

이 단계는 얼마나 오랫동안 유지될까? 완전자본이동성하에서 이 모든 것은 처음 공개시장조작을 시행한 수 분 정도 내에서 발생한다. 이 단계 이후 중앙은행 대차대조표는 그림 2에 나타난 것처럼 보인다. 채권 보유 규모는 ΔB만큼 올라가고 외환보유고는 ΔB만큼 하락하며, 본원통화는 변화하지 않는다. 공개시장조작 시에 ΔB만큼 올라간 후 외환시장에서의 외환 매각 결과로 ΔB만큼 하락했기 때문이다.

요약해보자. 고정환율과 완전자본이동성하에서 공개시장조작의 유일한 효과는 본원통화나 이자율 변화가 아니라 중앙은행 대차대조표의 **구성** 변화이다.

불완전자본이동과 고정환율제도

이제 완전자본이동성 가정에서 벗어나자. 대신에 투자자들이 국내채권과 외국채권 간에 이동하기 위해서는 일정한 기간이 소요된다고 하자.

이제 팽창적인 공개시장조작은 처음에는 국내 이자율을 외국 이자율보다 낮춘다. 시간이 지남에 따라 투자자들은 외국 채권으로 옮겨 가고 외환시장에서는 외국통화에 대한 수요 증가가 나타난다. 국내통화의 평가절하를 피하기 위해 중앙은행은 다시 외국통화를 팔고 국내통화를 사야만 한다. 궁극적으로 중앙은행은 최초의 공개시장조작 효과를 상쇄하기에 충분한 국내통화를 매입한다. 본원통화는 공개시장조작 이전 수준으로 되돌아가고 이자율 역시 그렇다. 중앙은행은 이제 국내채권을 더 보유하고 외환보유고는 덜 보유한다.

이 경우와 완전자본이동성 경우의 차이는 외환보유고의 손실을 받아들임으로써 중앙은행은 이제 **일정 기간** 국내 이자율을 낮출 수 있다는 점이다. 금융투자자들이 조정하는 데 단지 수일이 걸린다면 이 상충관계는 상당한 외환보유고 손실에도 불구하고 이자율에 큰 영향력을 행사할 수 없는 많은 국가에서 자신들이 치른 비용을 발견함에 따라 상당히 매력적이지 못할 수 있다. 그러나 중앙은행이 수 주 또는 수개월간 국내 이자율에 영향을 미칠 수 있다면 일부 상황에서 중앙은행은 기꺼이 이 정책을 펼 것이다.

이제 완전자본이동성에서 더 벗어나 보자. 국내 이자율 하락에 대응해 투자자들이 자신들의 포트폴리오 상당 부분을 외국채권으로 이동하지 않으려 하거나 그럴 수 없는 경우를 상정해보자. 예를 들어 금융거래에 대한 행정 및 법적 통제가 존재해 국내 거주자들이 국외로 투자하는 것이 불법이거나 과도한 비용을 부과할 수 있다. 이는 남미에서 중국까지의 많은 중위소득 국가에 잘 들어맞는 경우이다.

그림 2

자산	부채
채권 : ΔB 외환보유고 : $-\Delta B$	본원통화 : $\Delta B - \Delta B$ $= 0$

공개시장조작 후 중앙은행 대차대조표와 이후 이어지는 외환시장 개입

팽창적인 공개시장조작 후에 국내 이자율이 하락하면 국내 채권이 덜 매력적으로 된다. 일부 국내투자자는 외국통화를 얻기 위해 국내통화를 매각하며 외국채권으로 옮겨 간다. 환율을 유지하기 위해 중앙은행은 국내통화를 매입하고 외환을 매각해야 한다. 그러나 중앙은행에 의한 외환시장 개입 정도는 최초의 공개시장조작에 비해 작을 수 있다. 그리고 만약 자본통제가 실제로 투자들로 하여금 외국채권으로 옮겨 가는 것을 완전히 막고 있다면 외환시장 개입은 불필요할 것이다.

이러한 극단적인 경우는 차치하더라도 최초의 공개시장조작과 이어지는 외환시장 개입의 순효과는 본원통화의 증가, 국내 이자율 하락, 중앙은행의 채권 보유 규모 증가, 일부 외환보유고의 손실일 것이다.

불완전한 자본이동으로 자신의 환율을 유지하면서도 국내 이자율을 움직일 수 있는 어느 정도의 자유를 가질 수 있다. 이러한 자유는 주로 세 가지 요인에 의존한다.

- 금융시장의 발전 정도, 국내 및 외국 투자자가 국내외 자산 간 이동을 하려는 의향
- 국내외 투자자에게 부과할 수 있는 자본통제 정도
- 외환보유고 규모. 외환보유고가 높을수록 주어진 환율에서 이자율을 감소시키기 위해 지속할 수 있는 외환보유고 손실에 대한 여유가 커진다.

이 장에서 논의한 국제자본의 대규모 변동으로 말미암아 이 모든 문제는 열띤 토의 주제가 되고 있다. 많은 국가가 과거보다 더 적극적으로 자본통제를 사용할 것을 고려하고 있다. 더불어 대규모 자본 유출에 대비해 대규모 외환보유고를 축적하고 있다.

핵심 용어

외환보유고(foreign-exchange reserves)

환율제도

1944년 7월, 44개 국가의 대표가 새로운 국제통화 및 환율체계를 설계하기 위해 미국 뉴햄프셔주 브레턴우즈에서 모임을 가졌다. 이들이 선택한 환율체계는 고정환율제에 기초한 것으로 미국 이외의 모든 회원국은 미국 달러화를 기준으로 자신들의 통화 가격을 고정했다. 1973년에 환율 위기가 이어짐으로써 현재 '브레턴우즈 시기'라 불리는 이 체계는 급작스럽게 종말을 맞이했다. 이후 세계는 다양한 환율제도로 특징지어졌다. 일부 국가는 변동환율제를 유지했고, 일부 국가는 고정환율제를 유지했으며, 일부 국가는 두 제도를 오갔다. 어떤 레짐을 선택해야 하는지는 거시경제학에 있어 가장 논란이 되는 문제 중 하나이며, 아래 만화가 보여주듯이 세계 모든 국가가 직면한 의사결정 과제이다. 이 장은 이 문제를 논의한다.

20-1절은 중기를 살펴본다. 이 절의 결과는 19장의 단기에 대해 도출한 결과와 크게 대조되는데, 경제는 고정환율제하에서든 변동환율제하에서든 상관없이 중기에 동일한 실질환율과 산출 수준을 갖게 된다. 단기에 환율제도는 매우 중요하므로 이 결과는 분명 환율제도가 중요하지 않다는 것을 말하지는 않지만 이

"자, 합의된 걸로 합시다. 달러가치가 확실히 자리 잡을 때까지는 조개껍데기의 가치는 변동하는 것으로 합니다."

전의 분석을 의미 있게 확장하고 수정하는 것은 사실이다.

20-2절은 고정환율제도를 다시 살펴보고 환율 위기에 초점을 맞춘다. 전형적인 환율 위기 동안 고정환율제를 운영했던 국가는 종종 극적인 상황에서 기존 환율제도를 포기하고 평가절하를 단행할 수밖에 없게 된다. 이 위기들이 브레턴우즈 체제의 붕괴 뒤에 놓여 있었다. 아울러 이들은 1990년대 초반 유럽통화제도(EMS)를 뒤흔들었고 1990년대 후반 아시아 위기의 중요한 요소이기도 했다. 왜 이러한 일들이 발생했으며 시사하는 바가 무엇인지를 이해하는 것이 중요하다.

20-3절은 변동환율제도를 다시 살펴보고 변동환율제도하에서 환율의 행태에 초점을 맞춘다. 환율의 행태 그리고 환율의 통화정책에 대한 관계가 사실상 19장에서 가정한 것보다 훨씬 더 복잡하다는 것을 보인다. 환율의 대규모 변동 그리고 환율에 영향을 미치기 위해 통화정책을 사용하는 데 있어서의 어려움 때문에 19장에서 주장했던 것보다 변동환율제도의 매력은 떨어진다.

20-4절은 이 모든 결과를 통합해서 고정환율제도와 변동환율제도의 장단점을 검토한다. 최근의 두 가지 중요한 환율제도의 발전을 논의하는데, 여기에는 유럽에서의 공통통화로의 움직임과 통화위원회(currency board)에서 달러라이제이션(dollarization)까지 강력한 형태의 고정환율제도로의 움직임이 포함된다.

> 이 장의 메시지 : 완벽한 환율제도는 없다. 고정환율과 변동환율 모두 장점과 단점이 있다. ▶ ▶ ▶

20-1 중기

단기에 초점을 맞춘 19장은 변동환율제하에서의 경제 행태와 고정환율제하에서의 경제 행태를 극적으로 대비했다.

■ 변동환율제하에서, 예를 들어 무역적자를 감축하거나 경기침체에서 탈피하기 위한 목적으로 실질절하 조치를 취해야 할 필요가 있는 국가는 팽창적 통화정책을 통해 이자율 하락과 환율 상승, 즉 절하를 동시에 달성할 수 있다.

■ 고정환율제하에서는 이들 두 정책수단을 모두 잃게 된다. 정의에 의해 명목환율은 고정되고 따라서 조정될 수 없다. 그리고 고정환율과 이자율 평형조건은 이자율을 조정할 수 없다는 것을 시사한다. 국내 이자율은 외국 이자율과 같은 수준으로 유지해야 하기 때문이다.

이렇게 볼 때 변동환율제는 고정환율제보다 훨씬 더 매력적으로 보인다. 2개의 거시경제 수단(환율과 이자율)을 포기할 이유가 무엇인가? 그러나 초점을 단기에서 중기로 옮겨 감에 따라 앞서의 결론은 수정되어야 함을 볼 것이다. 단기에 관한 결론은 유효하지만 중기에 두 제도의 차이는 사라진다. 보다 구체적으로 고정환율제든 변동환율제든 상관없이 경제는 중기에 동일한 실질환율과 산출 수준에 도달한다.

이 결과는 직관적으로 이해할 수 있다. 실질환율의 정의를 생각해보자.

$$\varepsilon = \frac{EP^*}{P}$$

실질환율 ε은 명목환율 E(국내통화로 표시한 외국통화의 가격)를 외국 물가 P^*로 곱한 뒤 국내 물가 P로 나눈 것과 일치한다. 따라서 실질환율이 조정될 수 있는 방법에는 두 가지가 있다.

- 명목환율 E의 변화를 통해서 : 이것은 변동환율제에서만 가능하다. 만약 단기에 국내 물가 P와 외국 물가 P^*가 변하지 않는다고 가정하면 오직 이 방법만이 단기에 있어 실질환율이 조정되는 방법이다.
- 외국 물가 P^*에 대비한 국내 물가 P의 변화를 통해서 : 중기에 이 옵션은 고정(명목)환율제를 가진 국가조차도 가능한 것이다. 그리고 이것이 실제로 고정환율제하에서 발생하는 일이다. 조정은 명목환율을 통해서라기보다는 물가 변화를 통해 이루어진다.

◀ 미국 자동차가 일본 사동자보다 더 저렴해질 수 있는 세 가지 방식이 있다. (1) 미국 자동차의 달러표시 가격의 하락, (2) 일본 자동차의 엔화표시 가격의 상승, (3) 명목환율 상승, 즉 달러표시 엔화가치의 상승을 통해서이다.

고정환율제하에서의 IS 관계

고정환율제하의 개방경제에서 IS 관계는 다음과 같이 나타낼 수 있다.

$$Y = Y\left(\frac{\bar{E}P^*}{P},\ G,\ T,\ i^* - \pi^e,\ Y^*\right) \tag{20.1}$$
$$(+,\ +,-,\qquad -,\ +)$$

식 (20.1)의 유도는 이 장 마지막의 부록 1 '고정환율하에서 IS 관계의 유도'로 남겨둔다. 식이 담고 있는 직관은 간단하다. 수요와 산출은 다음에 의존한다.

- 실질환율 $\dfrac{\bar{E}P^*}{P}$ 상승은 수요와 산출을 증가시킨다. $\bar{E}$는 고정 명목환율, P와 P^*는 각각 국내 물가와 해외 물가이다. 실질환율이 높을수록 국내재 수요가 높아지고 결과적으로 산출이 증가한다.
- 정부지출 G의 증가는 수요와 산출을 증가시키고 세금 T의 증가는 수요와 산출을 위축시킨다.
- 국내 실질이자율의 상승은 수요와 산출을 위축시킨다. 여기서 국내 실질이자율은 국내 명목이자율에서 기대인플레이션을 뺀 수치이다. 이자율 평형조건과 고정환율하에서 국내 명목이자율은 외국 명목이자율 i^*와 동일하므로 국내 실질이자율은 $i^* - \pi^e$로 주어진다.
- 외국산출 Y^*가 증가하면 수요와 산출은 증가한다. 수출에 대한 영향을 통해서이다.

단기와 중기에서 균형

실질환율이 지나치게 높은 경제를 고려하자. 결과적으로 무역수지는 적자이며, 산출은 잠재 수준에 못 미친다.

19장에서 보았듯이, 변동환율제하에서 중앙은행은 문제를 해결할 수 있다. 이자율을 인하하면 명목절하를 만들어낼 수 있다. 단기에 국내 물가와 해외 물가가 일정하다고 가정했을 때 명목절하는 실질절하, 무역수지 개선, 산출 증가를 시사한다.

그러나 고정환율하에서 중앙은행은 국내 이자율을 변경할 수 없다. 따라서 단기에 무역적자가 지속되며, 경제는 여전히 경기침체 상태에 있다.

그러나 중기에는 가격이 조정될 수 있다. 9장에서 물가의 변화를 필립스 곡선 관계[식 (9.3)]에 잘 나타낼 수 있음을 보았다.

$$\pi - \pi^e = (\alpha/L)(Y - Y_n)$$

산출이 잠재 수준보다 높으면 인플레이션율(즉 물가 상승률)은 예상보다 높다. 지금 다루고 있는 것처럼 산출이 잠재산출보다 낮으면 인플레이션율이 예상보다 낮다. 9장의 논의를 따라 기대인플레이션이 일정하다고 가정해 필립스 곡선 관계가 다음과 같다고 하자.

$$\pi - \bar{\pi} = (\alpha/L)(Y - Y_n) \tag{20.2}$$

이제 중기에서의 동학을 살펴볼 준비가 되었다. 초기의 국내와 해외 인플레이션율에 대한 일정한 가정이 필요하다. 외국의 인플레이션율을 π^*로 나타내자. 산출이 잠재산출과 일치하면 국내 인플레이션과 해외 인플레이션은 서로 같고 둘 다 $\bar{\pi}$와 같아서 $\pi = \pi^* = \bar{\pi}$가 된다고 가정하자. 즉 두 경제가 모두 잠재 수준에서 운영되면 인플레이션율은 같을 것이고 상대가격 수준은 일정하게 유지될 것이며 실질환율도 일정하게 유지될 것이다.

산출이 잠재산출보다 낮은 상황에서 시작한다고 가정할 때, 식 (20.2)는 국내 인플레이션은 산출이 잠재산출 수준에 있을 때의 수준보다 낮고, 그에 따라 해외 인플레이션보다 낮을 것임을 의미한다. 달리 말해 국내 물가는 해외 물가보다 천천히 증가한다. 이는 명목환율이 고정된 상황에서 실질환율이 상승함을 의미한다. 결과적으로, 순수출은 점차 증가하고 산출도 마찬가지이다. 중기에서 산출은 잠재 수준으로 복귀하고, 국내 인플레이션은 $\bar{\pi}$로 복귀하며 그에 따라 해외 인플레이션과 동일해진다. 국내 인플레이션과 해외 인플레이션이 일치할 때 실질환율은 일정하다.

$\pi < \pi^* \Rightarrow \overline{E P^*}/P \downarrow$ ▶

요약해보자.

■ 단기에 명목환율의 고정은 실질환율의 고정을 시사한다.
■ 중기에 명목환율이 고정되어 있어도 실질환율이 조정될 수 있다. 이러한 조정은 상대물가의 변화를 통해 이루어진다.

평가절하에 대한 찬반론

고정환율제하에서도 경제가 중기에 잠재산출 수준으로 복귀한다는 결과는 중요하다. 그렇지만 조정 과정이 오래 걸릴 수 있으며 고통스러울 수 있다는 사실은 남아 있다. 조정 과정 중 매우 오랫동안 산출은 지나치게 낮은 수준에 머물고 실업률은 매우 높은 상태를 지속할 수 있다.

산출이 정상 수준으로 복귀하는 보다 신속하고 나은 길이 있는가? 방금 발전시킨 모형을 기준으로 볼 때 이에 대한 답은 분명히 존재한다는 것이다. 정부가 고정환율제를 유지하되 평가절하를 한 번만 허용하기로 했다고 가정하자. 물가가 일정할 때 평가절하(명목환율의 상승)는 실질절하(실질환율의 상승)를 낳으며 이는 산출 증가로 이어진다. 이론적으로 적절한 규모의 평가절하는 위에서 보듯이 중기에나 달성할 수 있는 것을 단기에 달성하게 하고 그에 따라 많은 고통을 피하도록 한다. 따라서 고정환율제하에서 특정 국가가 대규모 무역적자나 심각한 경기침체를 경험할 때 고정환율제를 아예 포기하거나 최소한 한 차례의 평가절하를 요구하는 상당한 정치적 압력이 발생한다. 아마도 이 관점을 가장 부각시킨 것은 90년 전 케인스인데, 당시 그는 1925년 영국 파운드화를 제1차 세계대전 이전의 환율 수준으로 복귀시키기로 한 처칠(Winston Churchill)의 결정에 반대했다. 그의 주장은 초점상자 '영국의 금본위제로의 복귀 : 케인스 대 처칠'에 소개되어 있다. 대부분의 경제사가는 케인스가 옳았으며 파운드화의 고평가가 제1차 세계대전 이후 영국이 보여주었던 저조한 경제성과의 중요한 이유 중 하나였다는 것을 역사가 보여주고 있다고 믿는다.

변동환율제로의 전환을 반대하거나 평가절하에 반대하는 사람들은 고정환율제를 선택할 충분한 이유가 있으며 평가절하를 하는 지나친 경향은 처음부터 고정환율제를 받아들인 이유에 반한다고 주장한다. 이들은 평가절하에 대한 과도한 의존이 실제로 환율 위기 가능성을 높인다고 주장한다. 이 주장을 이해하기 위해 이제 환율 위기로 관심을 돌려 무엇이 환율 위기를 촉발하고 그에 따른 시사점은 무엇인지를 살펴보자.

20-2 고정환율제하에서의 환율 위기

어떤 국가가 고정환율제하에서 작동하고 있다고 하자. 아울러 투자자들은 곧 평가절하나 평가절하를 수반하는 변동환율제로의 전환이라는 환율 조정이 있을 수 있다고 믿기 시작했다고 가정해보자. 앞 절에서 이러한 일이 왜 실제로 발생할 수 있는지를 살펴보았다.

- 실질환율이 지나치게 높을 수 있다. 또는 달리 말해 국내통화가 과대평가되어 과도한 경상수지 적자를 낳을 수 있다. 이 경우 실질절하가 요청된다. 물론 이는 중기에 평가절하 없이 달성될 수도 있지만 투자자는 정부가 빨리 벗어나기 위해 평가절하를 단행할 것이라고 결론 내릴 수 있다.

  이러한 과대평가는 인플레이션율이 낮은 국가의 통화에 명목환율이 페그된 국가들에서 종종 발생한다. 상대적으로 인플레이션이 높아졌다는 것은 국내재 가격이 외국재에 비해 지속적으로 상승한다는 것을 의미하고, 지속적인 실질절상과 그에 따른 지속적인 무역수지 악화를 의미한다. 시간이 지남에 따라 실질환율의 조정 필요성이 높아지고 투자자는 더욱더 민감해진다. 그들은 평가절하가 곧 이루어질 것이라고 생각할 수도 있다.

- 내부 상황이 국내 이자율의 인하를 요청할 수 있다. 이미 살펴보았듯이 고정환율제하에서 국내 이자율의 인하는 가능하지 않다. 그러나 기꺼이 변동환율제로 전환한다면 달성할 수 있다. 환

영국의 금본위제로의 복귀 : 케인스 대 처칠

1925년에 영국은 금본위제로의 복귀를 결정했다. **금본위제**(gold standard)는 각국이 자국의 환율을 금을 기준으로 고정하고 규정된 환율에서 어떤 통화에 대해서도 금으로 바꾸어줄 것을 약속하는 제도이다. 이 제도는 국가 간 명목환율이 고정된다는 것을 시사했다. 예를 들어 A국의 통화 1단위가 금 2단위의 가치를 갖고 B국의 통화 1단위가 금 1단위의 가치를 가지면 두 통화 간의 환율은 2이다. (국내통화로 무엇을 선택하느냐에 따라 1/2일 수 있다.)

금본위제는 1870년부터 제1차 세계대전까지 계속되었다. 영국은 전쟁비용을 조달하기 위해 그리고 전쟁비용 중 일부분을 통화증발을 통해 조달하기 위해 1914년에 금본위제를 포기했다. 1925년 당시 영국의 재무부 장관이었던 처칠은 금본위제로의 복귀와 전쟁 전 환율(즉 전쟁 이전에 금으로 표시한 파운드화의 가치)로의 복귀를 결정했다. 그러나 영국의 물가는 다른 많은 교역상대국에 비해 더 빠른 속도로 상승했기 때문에 전쟁 전 환율로의 복귀는 대규모 실질절상을 의미했다. 전쟁 전과 같은 명목환율에서 영국재화는 외국재화에 비해 상대적으로 더 비싸졌다. (실질환율의 정의 $\varepsilon = \dfrac{EP^*}{P}$ 로 돌아가보자. 영국의 물가 P 가 외국 물가 P^* 보다 더 증가했다. 명목환율 E 가 일정하게 주어졌을 때, 이는 실질환율 ε 이 낮아졌다는 것과 영국이 실질절상으로 인해 피해를 보았음을 의미한다.)

케인스는 전쟁 전의 환율제도로 복귀하는 결정을 격렬하게 비판했다. 1925년에 출간된 자신의 저서 *The Economic Consequences of Mr. Churchill*에서 케인스는 다음과 같이 주장했다 : 만약 영국이 금본위제로 복귀하려 한다면, 금 기준으로 볼 때 더 낮은 통화가격하에서, 즉 전쟁 이전보다 더 낮은 명목환율로 복귀해야 한다. 신문 사설에서 그는 자신의 견해를 다음과 같이 분명히 제시했다.

"그러나 나는 무역과 고용에 끼칠 수 있는 파급효과라는 관점에서 현재의 조건하에서 금본위제로 복귀하는 것에 반대한다. 이 반대가 갖는 중요성을 강조하는 데 결코 소홀할 수 없다. 제시된 환율을 기준으로 영국의 물가를 금으로 표시할 경우 그 수준은 다른 나라에서의 금 표시 물가에 비해 지나치게 높으며, 국제무역의 대상이 되지 않는 노동의 가격, 즉 임금이 과도하게 높다는 것을 알게 될 것이다. 그것도 5% 미만이 아니라 아마도 10% 가까이 말이다. 따라서 다른 국가에서의 물가 상승으로 상황이 바뀌지 않는 한 재무부 장관은 파운드화 기준으로 아마도 2실링 정도 명목임금을 하락시키는 정책을 요구하고 있는 것이다.

나는 이 정책이 산업의 이윤과 평화에 대한 매우 심각한 위험 없이 달성될 수 있다고 믿지 않는다. 명목임금을 감소시키기 위해 전국의 모든 노동조합과의 투쟁에 나서기보다는 오히려 통화를 몇 개월 전의 금 표시 가치대로 유지하는 것이 좋을 것이다. 투쟁이 야기할 비용은 차치하더라도 고용주들이 문을 닫거나 임금을 인하하지 않으면 안 되는 상황을 강요하기보다는 좀 더 오랫동안 통화가 자기 자리를 찾아갈 수 있도록 놓아두는 것이 더 현명하고, 간단하고, 또한 적절하게 보인다.

이런 이유로 나는 재무부 장관이 잘못 판단된 정책을 시행하고 있다는 입장을 고수한다. 모든 것이 잘된다고 해도 적절한 보상이 주어지지 않을 위험을 감수해야 하기 때문에 판단이 잘못된 것이다."

케인스의 예측은 적절했던 것으로 드러났다. 다른

국가들은 성장하고 있었지만, 영국은 1920년대 나머지 기간 동안 경기침체를 경험했다. 대부분의 경제사가는 최초의 과도한 평가절상에 상당한 책임이 있었다고 한다.[1]

율을 **자유롭게 변동(float)**하게 한 후 국내 이자율을 인하하면 된다. 19장에서 보았듯이, 이것은 명목환율의 상승, 즉 명목절하를 야기할 것이다.

◀ 'float'라는 표현은 고정환율제의 변동환율제로의 전환을 의미한다. floating exchange rate는 flexible exchange rate와 같은 의미이다.

금융시장이 평가절하가 곧 실현될 것이라고 믿게 되는 순간 환율을 유지하기 위해서는 국내 이자율의 인상(종종 대규모의 인상)을 요구한다.

이를 살펴보기 위해 17장에서 보았던 이자율 평형조건으로 돌아가보자.

◀ 편리성 때문에 원래의 이자율 평형조건식 (17.2)보다는 근사식 (17.4)를 사용한다.

$$i_t = i_t^* + \frac{(E_{t+1}^e - E_t)}{E_t} \tag{20.3}$$

17장에서 이 방정식은 1년 채권에 대한 국내외 명목이자율, 현재 환율, 1년 뒤 기대환율 간의 관계로 해석되었다. 그러나 1년이라는 기간의 선택은 임의적인 것이다. 이 관계는 일간, 주간, 월간 단위로도 성립할 수 있다. 금융시장에서 환율이 지금부터 한 달 뒤 2% 높아질 것으로 기대한다면, 투자자는 1개월 국내 이자율이 1개월 외국 이자율을 2%만큼 상회해야만(또는 연율 기준으로 국내 이자율이 외국 이자율을 2%×12 = 24% 상회해야만) 국내채권을 보유할 것이다.

고정환율제하에서 현재 환율 E_t는 일정 수준, 이를테면 $E_t = \bar{E}$에서 고정된다. 시장에서 평형조건이 일정 기간에 걸쳐 유지된다고 기대된다면 $E_{t+1}^e = \bar{E}$가 성립하고, 이자율 평형조건은 단순히 국내 이자율과 외국 이자율이 일치해야 할 것을 강제한다.

그러나 금융시장 참여자가 평가절하, 즉 중앙은행이 고정환율을 포기하고 미래에 환율을 인상할 것이라고 예측하기 시작했다고 하자. 예를 들어 이들이 다음 달에 평형조건이 계속 유지될 확률은 75%이고 20%의 평가절하가 발생할 확률이 25%라고 믿는다고 하자. 이자율 평형조건 식 (20.3)에서 전에 0과 같다고 가정되었던 $(E_{t+1}^e - E_t)/E_t$항은 이제 0.75×0% + 0.25×(-20%) = 5%(아무런 변화가 발생하지 않을 확률 75%에 20%의 평가절하가 발생할 확률 25%를 더한 값)와 같다.

상당한 위험이 존재하므로 이 이상의 것이 필요하다. 본문의 논의는 위험프리미엄을 무시 ◀ 했다.

이는 중앙은행이 기존의 평형조건을 유지하려면 이전보다 5% 높은 월 이자율을 제공해야 한다는 것을 의미한다. 즉 연율로는 60%(12개월×월별 5%) 더 높은 이자율을 제시해야 하는데, 이 60%가 바로 투자자로 하여금 외국채권보다는 국내채권을 보유하도록 하는 데 필요한 이자율 차이인 것이다! 이보다 작은 이자율 차이가 난다면 투자자는 국내채권을 보유하려 하지 않을 것이다.

그렇다면 정부와 중앙은행이 직면하고 있는 선택은 무엇일까?

대부분의 국가에서 정부는 중심 환율을 선택할 책임이 있으며, 중앙은행은 이를 유지하는 책임을 갖는다. 현실적으로 중심 환율을 선택하고 유지하는 것은 정부와 중앙은행의 공동 ◀ 책임에 속한다.

---

1 출처 : *"An American Study of Shares versus Bonds as Permanent Investment,"* The Nation and the Athenaeum, *Supplement, May 2, 1925, pp. 157-158.*

■ 첫째, 정부와 중앙은행은 평가절하를 할 의도가 없음을 시장 참여자가 확신할 수 있도록 노력할 수 있다. 이것이 항상 첫 방어선이 된다. 보도자료가 발표되고 경제 관련 부서 장관들은 TV에서 기존 환율을 절대적으로 유지할 것임을 반복해서 언급한다. 그러나 말하기는 쉽지만 투자자가 쉬사리 설득되는 경우는 드물다.

1998년 여름에 옐친(Boris ▶ Yeltsin)은 러시아 정부가 루블화를 평가절하할 의도가 없다고 발표했다. 그러나 2주 후 루블화는 붕괴했다.

■ 둘째, 중앙은행은 이자율을 인상할 수 있다. 하지만 식 (20.3)을 만족하는 데 필요한 크기에는 못 미치는 수준일 것이다. 예를 기준으로 본다면 60% 미만으로 이자율을 인상하는 것이다. 비록 국내 이자율은 높지만 투자자들이 인식한 평가절하 위험을 완전히 보상하기에는 충분히 높지 않다. 이 조치는 통상 대규모의 자본유출을 야기한다. 투자자들은 여전히 국내채권에서 벗어나 국내통화 기준으로 더 높은 수익을 제공하는 외국채권으로 옮겨 가는 것을 선호하기 때문이다. 따라서 투자자들은 국내채권 매각, 국내통화 표시의 투자금액 회수, 외환시장에서의 국내통화 매각과 외국통화 매입 그리고 외국채권 매입의 과정을 밟는다. 중앙은행이 외환시장에 개입하지 않는다면 대규모의 국내통화 매각과 외국통화 매입은 평가절하를 낳을 것이다. 따라서 환율을 유지하고 싶다면 중앙은행은 언제든지 현재 환율로 국내통화를 매입하고 외국통화를 매각할 자세가 되어 있어야 한다. 그렇게 함으로써 중앙은행은 종종 외환보유고의 대부분을 소진한다. (중앙은행의 개입 절차는 19장 부록에 설명했다.)

■ 결국 몇 시간 후나 몇 주 후에 중앙은행에게 남겨진 선택은 식 (20.3)이 만족되기에 충분할 만큼 이자율을 인상하거나 아니면 시장의 기대에 부합하게 평가절하를 단행하는 것이다. 국내의 단기 이자율을 매우 높게 설정하는 것은 수요와 산출에 심각한 충격을 낳을 수 있다. 이자율이 너무 높으면 어떤 기업도 투자를 원하지 않고 어떤 소비자도 차입을 원하지 않을 것이다. 이 행동은 (1) 인식된 평가절하의 가능성이 낮아 국내 이자율이 그리 높지 않아도 되거나, (2) 시장이 평가절하가 발생하지 않을 것이라고 곧 믿게 될 것이라고 정부가 확신하는 경우에만 적절한 행동이 될 것이다. 그렇지 않다면 남아 있는 유일한 옵션은 평가절하를 단행하는 것이다. (이상의 모든 단계는 1992년 서유럽의 많은 국가에 영향을 미쳤던 환율 위기 중에 발생했던 상황들과 상당 부분 일치한다. 초점상자 '1992년 EMS 위기'를 참조하라.)

요약해보자. 평가절하가 곧 발생할 것이라는 기대는 환율 위기를 촉발할 수 있다. 이러한 기대에 직면했을 때 정부는 두 가지 정책대안을 갖는다.

■ 기대에 맞추어 평가절하를 한다.

■ 기대에 대항해 기존 환율을 유지한다. 물론 매우 높은 이자율과 잠재적인 경기침체의 위험을 감수해야 한다. 그러나 이러한 대항은 결국 무위에 그칠 것이다. 경기침체로 인해 정부는 후에 정책을 변경하거나 아니면 정책 당국자가 사임을 해야 할 것이다.

묘한 상황이 발생할 수 있는데, 그것은 평가절하가 임박했다는 믿음이 처음에는 근거가 없다고 하더라도 평가절하가 실제로 발생할 수 있다는 것이다. 다시 말해 정부가 처음에는 평가절하를 할

1992년 EMS 위기

이 절에서 논의했던 문제의 예로서 1990년대 초 유럽 통화제도(EMS)를 뒤흔들었던 환율 위기를 들 수 있다.

1990년대 초 EMS는 잘 작동하는 것으로 보였다. 1979년에 시작된 EMS는 일정한 변동대역을 가진 고정환율에 기초한 환율제도였다. 각 회원국(여기에는 프랑스, 독일, 이탈리아가 포함되고 영국은 1990년에 가입했다)은 다른 모든 회원국에 대해 자신의 환율을 협소한 변동대역 안에서 유지해야 했다. 첫 몇 년간은 회원국 간에 환율 재조정이 빈번해 불안정했지만 1987~1992년까지는 단지 두 차례의 환율 재조정만이 발생했다. 추가적인 변동대역의 축소 그리고 더 나아가 다음 단계로의 이행, 즉 공통통화의 수용에 대한 논의가 늘어났다.

그러나 1992년에 금융시장은 더 많은 환율 재조정이 곧 발생할 것이라고 점차 믿게 되었다. 그 이유는 19장에서 이미 보았던 것으로 독일 통일이 낳았던 거시경제적 시사점 때문이었다. 통일로 야기되는 수요압력 때문에 독일의 중앙은행 분데스방크는 독일 내에서 산출과 인플레이션율의 지나친 증가를 피하기 위해 높은 이자율을 유지하고 있었다. 독일의 EMS 상대국들은 점증하는 실업 문제를 완화하기 위해 더 낮은 이자율이 필요했지만, EMS 내에서의 고정환율을 유지하기 위해 이자율을 독일 이자율에 맞추어야만 했다. 금융시장은 독일에 대비한 EMS 상대국의 위치가 점차 유지되기 어려운 상황으로 비추어졌다. 독일 밖에서의 이자율 인하 그리고 다른 많은 통화가 DM(Deutsche Mark) 대비 평가절하될 가능성이 점차 커지는 것으로 보였다.

1992년 내내 인식된 평가절하의 가능성은 결국 독일의 많은 무역상대국으로 하여금 이자율을 독일보다 더 높게 유지하도록 압력을 가했다. 그러나 첫 번째 중대한 위기는 1992년 9월에 나타났다.

9월 초 많은 국가가 곧 평가절하할 것이라는 믿음으로 인해 투자자들은 임박한 평가절하에 대한 기대로 매도에 나섰고 결국 많은 통화에 대한 투기적 공격이 생겨났다. 공격을 받았던 국가의 통화 당국과 정부는 앞에서 언급한 모든 방어수단을 사용했다. 우선 진지한 성명이 발표되었다. 하지만 뚜렷한 효과가 없었다. 이어서 이자율이 인상되었다. 스웨덴의 경우 익일물에 대한 이자율(하룻밤 동안의 대출과 차입에 적용되는 이자율)은 연율로 500%까지 상승했다. 그러나 이러한 상승 규모는 자본유출을 막기에는 부족했고 압력에 시달리던 중앙은행은 큰 규모의 외환보유고 손실을 경험했다.

이 시점에서 국가별로 서로 다른 조치가 취해졌다. 스페인은 자국 환율을 절하했다. 이탈리아와 영국은 EMS 참여를 그만두었고 프랑스는 폭풍이 끝날 때까지 이자율 인상을 통해 강경하게 대처하기로 했다. 그림 1은 1992년 1월부터 1993년 12월까지 많은 유럽국가의 독일 DM 대비 환율 추이를 보여준다. 그림에서 1992년 9월 위기의 파급효과와 그에 따른 절하와 평가절하를 분명히 볼 수 있다.

9월 말 금융시장은 더 이상의 평가절하가 임박하지 않다고 믿었다. 일부 국가는 더 이상 EMS에 속하지 않았고, 다른 국가들은 평가절하는 했지만 EMS에 머물렀으며, 자신들의 환율을 고수했던 국가들은 비록 이것이 매우 높은 이자율을 의미했지만 EMS에 머물려는 의지를 보여주었다. 그러나 기초적 문제, 즉 독일의 높은 이자율 문제는 여전히 상존하며 다음 위기가 언제 발생할지는 시간 문제에 지나지 않았다. 1992년 11월 추가적인 투기로 인해 스페인의 페세타(peseta), 포르투갈의 이스쿠두(escudo), 스웨덴의 크로나(krona)의 평가절하를 야기했다. 페세타와 이스쿠두는 1993년 5월에 추가로 절하되었다. 1993년 7월 또 다른 대규모의 투기적 공격이 발생한 후 EMS 국가들은 중심 환율을 기준으로 대규모의 변동대역(±15%)을 수용하기로 결정했다. 이는 환율의 상당한 변동을 수용하는 제도로의 전환을 의미했다. 보다 넓은 변동대역을 가진 이

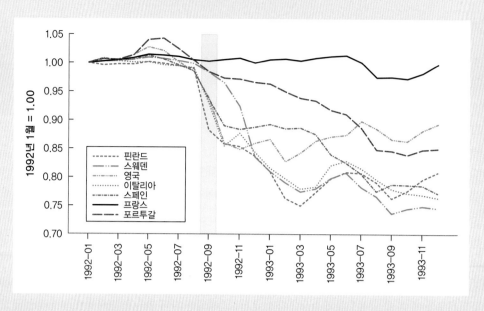

그림 1

유럽국가들의 DM 대비 환율(1992년 1월~1993년 12월)

출처 : IMF database

주 : DM 대비 환율은 각국 통화 1단위를 얻기 위해 지급해야 하는 DM의 단위를 나타낸다. 따라서 그래프의 값이 낮을수록 각 국 통화의 DM 대비 가치가 낮다는 것을 의미한다.

제도는 1999년 1월 공통통화, 즉 유로를 수용하기까지 지속되었다.

요약해보자. 1992년 EMS 위기는 EMS의 규칙하에서 독일이 무역상대국에 부과했던 높은 이자율에 따른 비용이 매우 높아지고 있다는 금융시장의 인식에서 비롯했다.

일부 국가가 평가절하나 EMS에서의 탈락을 원할 수 있다고 믿는 투자자로 하여금 더 높은 이자율을 요구하게 만들었고 기존 환율을 유지해야 했던 국가들에게는 더 큰 비용을 야기했다.

결국 일부 국가는 그 비용을 감당할 수 없었으며 이에 따라 일부 국가는 평가절하를 했고, 일부 국가는 EMS에서 탈퇴했다. EMS에서 머물렀던 다른 국가들은 산출을 기준으로 볼 때 상당한 비용을 부담해야 했다.(예를 들어 1990~1996년 프랑스의 평균성장률은 1.2%였는데 이는 동기간 독일의 성장률 2.3%와 잘 대비된다.)

이는 6장의 지불인출 쇄도를 상기하게 한다. 은행에 문제가 발생했다는 소문은 소문의 진위와 상관없이 지불인출 소동을 일으키고 결국 은행 폐쇄로 이어질 것이다.

의도가 없었다 해도 금융시장이 평가절하가 이루어질 것으로 믿는다면 그렇게 될 수밖에 없다. 기존 환율을 유지하는 비용은 장기간의 높은 이자율과 경기침체일 수 있으며, 정부는 이것 대신 평가절하를 선택한다.

20-3 변동환율제하에서의 환율변동

19장에서 발전시킨 모형에서 이자율과 환율 간에는 단순한 관계가 존재했다. 이자율이 낮을수록 환율은 높았다. 이에 따라 안정적인 환율을 유지하려면 국내 이자율을 세계 이자율에 가깝게 유지하기만 하면 된다. 아울러 일정한 정도의 평가절하를 달성하고 싶은 정부는 이자율을 적절한 크기만큼만 인하하면 된다.

현실 세계에서 이자율과 환율의 관계는 그리 단순하지 않다. 환율은 종종 이자율에 아무런 변화가 없는데도 움직인다. 동일한 규모로 이자율을 인하하더라도 환율에 대한 파급효과의 크기는 예측하기 어려우며, 이로 인해 통화정책이 원하는 목표를 달성하는 것이 훨씬 어려워진다.

왜 상황이 더 복잡해지는지를 보기 위해서는 17장에서 유도했던 이자율 평형조건[식 (17.2)]으로 돌아가야 한다.

$$(1 + i_t) = (1 + i_t^*)\left(\frac{E_{t+1}^e}{E_t}\right)$$

19장에서처럼[식 (19.4)] $E_t/(1 + i_t)$로 곱하고 정리하면 다음이 얻어진다.

$$E_t = \frac{1 + i_t^*}{1 + i_t} E_{t+1}^e \qquad (20.4)$$

t에서 $t + 1$까지의 기간을 1년이라고 하자. 금년의 환율은 1년 국내 이자율, 1년 외국 이자율, 내년에 기대되는 환율에 의존한다.

19장에서는 내년에 기대되는 환율 E_{t+1}^e이 일정하다고 가정했다. 하지만 이는 단순화를 위한 것이었다. 1년 뒤에 기대되는 환율은 일정하지 않다. 식 (20.4)를 사용하면 내년 환율은 내년의 1년 국내 이자율, 내년 1년 외국 이자율, 내후년에 기대되는 환율에 의존한다. 따라서 **현재와 미래의 국내 및 외국 이자율에 대한 기대의 변화 그리고 먼 미래의 기대환율에서의 변화가 발생하면 오늘의 환율은 영향을 받는다.**

이를 더 자세히 살펴보자. 식 (20.4)를 t년보다는 $t + 1$년에 대해 나타내면 다음과 같다.

$$E_{t+1} = \frac{1 + i_{t+1}^*}{1 + i_{t+1}} E_{t+2}^e$$

$t + 1$년 차의 환율은 $t + 1$년의 국내 이자율과 외국 이자율, $t + 2$년 차에 기대되는 미래 환율에 의존한다. 따라서 t시점에서 $t + 1$년 차 환율에 대한 기대는 다음으로 주어진다.

$$E_{t+1}^e = \frac{1 + i_{t+1}^{*e}}{1 + i_{t+1}^e} E_{t+2}^e$$

이제 식 (20.4)에서 E_{t+1}^e를 앞의 식으로 대체하면 다음과 같다.

$$E_t = \frac{(1 + i_t^*)(1 + i_{t+1}^{*e})}{(1 + i_t)(1 + i_{t+1}^e)} E_{t+2}^e$$

즉 현재 환율은 올해의 국내외 이자율, 내년에 기대되는 국내외 이자율, 지금으로부터 2년 뒤에 기대되는 환율에 의존한다. 이상의 과정을 E_{t+2}^e, E_{t+3}^e …등에 계속 반복하면 다음을 얻을 수 있다.

$$E_t = \frac{(1 + i_t^*)(1 + i_{t+1}^{*e}) \cdots (1 + i_{t+n}^{*e})}{(1 + i_t)(1 + i_{t+1}^e) \cdots (1 + i_{t+n}^e)} E_{t+n+1}^e \tag{20.5}$$

이제 n을 큰 값, 예를 들어 10년이라고 하자[식 (20.5)는 어떤 n값에 대해서도 성립한다]. 이 관계는 현재 환율이 두 요인에 의존할 것임을 말해준다.

■ 현재와 향후 10년간 미래에 기대되는 국내 이자율과 외국 이자율
■ 10년 뒤의 기대 환율

다른 목적을 위해 좀 더 나아가 현재의 국내외 실질이자율, 현재와 기대되는 미래 실질이자율, 기대되는 미래의 실질환율 간의 관계를 유도하는 것이 유용하다. 이에 대해서는 이 장의 부록 2에 나타나 있다. (유도하는 과정은 쉽지 않지만 실질이자율, 명목이자율, 실질환율과 명목환율 간의 관계를 복습하는 데 유용한 방법이다.) 하지만 식 (20.5)는 여기서 명료히 하고 싶은 세 가지 점을 지적하는 데 충분한데, 이하에서 이를 더 자세히 살펴보자.

부록 2가 제시하는 기본적인 ▶ 교훈 : 환율 앞에 '실질'이라는 단어를 추가하더라도 아래의 모든 주장은 모두 적절하다.

■ 현재 환율 수준은 미래에 대한 기대환율과 일대일로 움직일 것이다.
■ 현재 환율은 양국에서 미래에 대한 기대이자율이 변화하면 움직일 것이다.
■ 현재의 환율은 기대의 변화만 발생하면 움직이므로, 환율은 변동성이 클 것이다. 즉 환율은 빈번하게 그리고 아마도 대규모로 움직일 것이다.

환율과 경상수지

기대되는 미래 환율 E_{t+n}^e을 변화시키는 어떤 요인도 현재 환율 E_t를 변화시킨다. 사실 국내 이자율과 외국 이자율이 두 국가에서 t시점부터 $t+n$시점까지 동일할 것으로 기대된다면 식 (20.5) 우변의 분수는 1과 같으며, 이 식은 $E_t = E_{t+n}^e$으로 줄어든다. 즉 기대되는 미래 환율의 어떠한 변화 효과도 현재 환율에 대해 일대일의 효과를 낳는다.

만약 n을 큰 값(예를 들어 10년 또는 그 이상)으로 두면, E_{t+n}^e은 중기와 장기에 있어 경상수지 균형을 달성하는 데 필요한 환율로 간주될 수 있다. 어떤 국가라도 영원히 차입할 수 없으며(즉 경상수지 적자를 보일 수 없으며), 거꾸로 어떤 국가라도 영원히 대여만 할 수 없다(즉 경상수지 흑자를 보일 수 없다). 따라서 미래 경상수지 균형의 예측치에 영향을 미치는 어떤 뉴스라도 기대되는

미래 환율에 영향을 미칠 수 있으며 그에 따라 현재 환율에도 영향을 미칠 수 있다. 예를 들어 예상 보다 큰 규모의 무역적자를 발표하면 투자자들은 결국 무역수지 균형을 위해 평가절하가 불가피하다고 결론 내릴 수 있다. 결국 E_{t+n}^e은 상승하고 이는 다시 현재 시점에서 E_t의 상승을 낳을 것이다.

환율과 현재 및 미래의 이자율

t와 $t + n$년 사이에 현재 또는 미래에 기대되는 국내 또는 국외 이자율의 변화를 가져오는 어떤 요인도 현재 환율을 변화시킨다. 예를 들어 외국 이자율이 일정할 때 현재와 미래의 기대되는 국내 이자율 상승은 E_t의 하락, 즉 평가절상을 낳는다.

이는 미래 이자율에 대한 투자자의 기대를 변화시키는 어떤 변수도 현재 환율에 변화를 가져올 것임을 시사한다. 예를 들어 17장에서 논의했던 1980년대의 '춤추는 달러'(1980년대 전반부에 발생했던 급격한 달러 절상은 후에 동등한 정도의 급격한 절하로 이어졌다)는 해당 기간 동안 외국에 대비한 미국의 현재와 미래 기대 이자율의 변동에 의해 대체로 설명될 수 있다. 1980년대 전반 동안 긴축적 통화정책과 팽창적 재정정책이 결합해 미국의 단기 이자율과 장기 이자율을 모두 상승시켰다. 장기 이자율의 상승은 미래 단기 이자율의 상승에 대한 기대를 반영한다. 현재와 미래 기대 이자율의 이러한 상승은 이어서 달러화 절상의 주요한 원인이 되었다. 재정정책과 통화정책은 모두 1980년대 후반부에 반전되었고 그에 따라 미국의 이자율은 낮아졌으며 달러화 절하가 생겨 났다.

환율 변동성

세 번째 시사점은 앞의 두 시사점으로부터 유도된다. 현실적으로 그리고 19장의 분석과 달리 이자율과 환율의 관계는 완전히 기계적인 것은 아니다. 중앙은행이 이자율을 인하하면 금융시장은 이를 두고 통화정책의 중대한 전환으로 이자율 인하가 앞으로 지속될 이자율 인하의 첫 단계인지 아니면 이자율의 일시적 조정에 불과한지 여부를 판단해야 한다. 중앙은행의 발표 내용도 유용하지 않을 수 있다. 중앙은행은 미래에 자신이 무엇을 할지조차 모를 수 있다. 통상적으로 중앙은행은 초기 신호에 반응할 것이며 뒤에 반전될 수도 있다. 아울러 금융시장은 외국 중앙은행이 어떻게 반응할지, 즉 기존 이자율 수준을 유지할지 아니면 동반해 이자율을 낮출지 여부도 판단해야 한다. 이런 모든 점은 이자율이 환율에 어떤 영향을 미칠 것인지를 예측하는 것을 훨씬 어렵게 만든다.

보다 구체적으로 살펴보자. 식 (20.5)로 돌아가서 $E_{t+n}^e = 1$이라고 가정하자. 아울러 현재와 미래에 기대되는 국내 이사율 그리고 현재와 미래에 기대되는 외국 이자율이 모두 5%로 같다고 가정하자. 이 경우 현재 환율은 다음과 같이 주어진다.

$$E_t = \frac{(1.05)^n}{(1.05)^n} 1 = 1$$

◀ 경상계정에 대한 뉴스는 환율에 영향을 미칠 것이다. 예를 들어 막대한 유전지대를 발견했다는 발표는 어떤 효과를 낳을 것으로 기대하는가?

◀ 현재와 미래의 국내외 이자율에 대한 뉴스는 환율에 영향을 미칠 것이다.

◀ 장기 이자율과 현재와 미래에 기대되는 단기 이자율 간의 관계에 대한 추가적 논의는 14장으로 되돌아가서 살펴보라.

◀ 여기서 위험에 대한 인식과 같이 환율에 영향을 미치는 다른 요인은 무시했다 19장의 초점상자 '자본흐름, 급정지 그리고 이자율 평형조건의 한계'에서는 위험에 대한 인식을 다루었다.

이제 현재의 국내 이자율 i_t를 5%에서 3%로 인하하는 통화팽창정책을 생각해보자. 이것이 환율 E_t의 상승, 즉 절하를 야기할까? 그리고 만약 그렇다면 얼마나 상승할까? 이에 대한 답은 상황에 전적으로 의존한다는 것이다.

이자율이 단지 1년간만 낮게 유지될 것으로 기대한다고 가정해 $n-1$시점의 기대되는 미래 이자율은 변하지 않아 일정하다고 하자. 이 경우 현재 환율은 다음과 같이 상승한다.

$$E_t = \frac{(1.03)(1.05)^{n-1}}{(1.05)^n} = \frac{1.03}{1.05} = 0.98$$

팽창적인 통화정책은 단지 2%의 환율 상승(절하)을 낳는다.

대신에 현재 이자율이 5%에서 3%로 하락했을 때 투자자들이 낮은 이자율이 5년간 지속된다고 기대한다고 가정하자($i_{t+4}^e = \cdots = i_{t+1}^e = i_t = 3\%$). 이 경우 환율은 다음으로 상승한다.

$$E_t = \frac{(1.03)^5(1.05)^{n-5}}{(1.05)^n} = \frac{(1.03)^5}{(1.05)^5} = 0.90$$

팽창적 통화정책은 이제 전보다 훨씬 대규모의 10% 환율 상승, 즉 절하를 낳는다.

물론 또 다른 결과도 생각해볼 수 있다. 예를 들어 투자자들이 중앙은행에서 이자율을 인하하리라고 기대했었지만 실제 하락 규모는 기대했던 것보다 작았다고 하자. 이 경우 투자자들은 미래의 명목이자율에 대한 기대치를 **상향** 조정할 것이고 이는 결국 절하보다는 절상을 낳게 될 것이다.

브레턴우즈 시기 말엽에 각국이 고정환율제에서 변동환율제로 전환했을 때 대부분의 경제학자들은 환율이 안정적일 것으로 기대했다. 그러나 이어진 환율의 변동은 매우 커서(그리고 현재까지 계속 그렇다) 충격으로 받아들여졌다. 얼마 동안 이러한 변동은 외환시장에 대한 비합리적 투기에 따른 것으로 판단되었다. 1970년대 중반이 되어서야 경제학자들은 이러한 대규모 환율변동이 이 장에서 다루었던 것처럼 미래 이자율과 미래 환율에 대한 금융시장의 합리적 반응에 의해 설명될 수 있음을 인식했다. 이는 중요한 시사점을 갖는다.

변동환율제를 수용하기로 결정한 국가는 상당한 정도의 환율변동에 노출될 것이라는 점을 받아들여야 한다는 것이 그것이다.

20-4 환율제도의 선택

이제 이 장의 동기가 되었던 질문으로 되돌아가자. 변동환율제를 선택해야 하는가, 아니면 고정환율제를 선택해야 하는가? 변동환율제가 유리한 상황이 있고, 고정환율제가 유리한 상황이 있는가? 이 장과 앞 장에서 살펴보았던 내용은 변동환율제가 우월함을 지적하고 있는 것으로 보인다.

■ 20-1절에서는 환율제도가 중기에 중요한 문제가 아닐 수 있음을 주장했다. 하지만 단기에 환

이는 14장에서의 통화정책의 주가에 대한 논의를 상기시킨다. 이는 우연의 일치 이상의 일이다. 주가처럼 환율은 먼 미래의 변수에 대한 기대에 상당히 의존한다. 기대가 현재 변수(여기서는 이자율)의 변화에 반응해 어떻게 변화하는지가 결과에 상당한 영향을 미친다.

율제도의 선택은 여전히 중요했다. 단기에 고정환율제와 완전자본이동하에 놓여 있는 국가는 두 가지 거시경제정책 수단, 즉 이자율과 환율을 포기하는 셈이 된다. 이는 충격에 대응할 수 있는 능력을 약화시킬 뿐만 아니라 환율 위기를 낳을 수도 있다.

- 20-2절은 고정환율제 국가에서 평가절하의 기대는 투자자로 하여금 매우 높은 이자율을 요구하게 하고 경제상황을 악화시켜 평가절하 압력을 강화한다고 주장했다. 따라서 이 역시 고정환율제에 반대하는 주장이다.
- 20-3절은 변동환율제에 반대하는 주장을 소개했다. 즉 변동환율제하에서 환율은 대규모로 변동할 수 있으며 통화정책으로 통제하기 어려울 수 있다.

거시경제 관점에서 전체적으로 변동환율제가 고정환율제보다 유리하다고 할 수 있다. 사실상 이는 경제학자와 정책 당국자 사이에서 공유되는 의견 일치로 보인다. 일치된 의견의 구체적인 내용은 다음과 같다.

일반적으로 변동환율제가 선호될 수 있다. 그러나 두 가지 예외가 있다. 첫째, 많은 국가가 이미 상당한 정도로 이미 통합되어 있을 경우 공동통화(common currency)가 적절한 해법일 수 있다. 둘째, 중앙은행이 변동환율제하에서 책임 있는 통화정책을 수행할 것이라고 신뢰할 수 없는 경우이다. 이 경우 통화위원회나 달러라이제이션 같은 강한 형태의 고정환율제가 적절한 해결책이 될 것이다.

이 두 가지 예외적 경우를 각각 논의하자.

공동통화지역

고정환율제를 운영하는 국가들은 동일한 이자율을 유지하도록 제약을 받는다. 하지만 그런 제약이 얼마나 많은 비용을 초래하는가? 만약 각국이 대체로 동일한 거시경제 문제와 동일한 충격에 직면한다면 처음부터 동일한 정책을 선택했을 것이다. 이런 상황에서는 이들 국가에게 동일한 통화정책을 취하라고 강제해도 큰 제약이 아닐 수 있다.

이 주장은 먼델이 처음 살펴보았다. 그는 다수의 국가가 고정환율제를 수용하거나 또는 공통통화까지 수용하는 조건들을 검토했다. 먼델은 다수의 국가가 **최적통화지역**(optimal currency area)을 구성하기 위해서는 다음 두 조건 중 하나를 만족해야 한다고 주장했다.

◀ 19장에서 보았던 '먼델-플레밍' 모형을 통합했던 먼델과 같은 사람이다.

- 각국은 유사한 충격을 경험해야만 한다. 방금 이에 대한 이유를 살펴보았다. 각국이 유사한 충격을 경험한다면, 각국은 어찌되었건 동일한 **통화정책**을 선택했을 것이다.
- 또는 각국이 겪는 충격이 다를 경우 가격과 임금이 매우 유연해야 한다. 그래야 국가가 경쟁력을 회복해야만 하는 경우 환율에 의존할 수 없는 상황에서 다른 회원국에 비해 가격을 낮출 수 있다.
- 또는 만약 각국이 상이한 충격을 경험한다면 각국은 높은 요소이동성을 가져야 한다. 예를 들어 노동자들이 경제 상황이 좋지 않은 국가로부터 경제 상황이 좋은 국가로 기꺼이 이동한다면 거

시경제정책 대신 생산요소의 이동성이 각국이 충격에 적응하는 메커니즘이 된다. 특정 국가에서 실업률이 높다면 노동자들은 그 국가를 떠나 다른 국가에서 직업을 가지며, 해당 국가의 실업률은 정상 수준으로 감소한다. 어떤 국가에서 실업률이 낮다면 노동자들은 그 국가로 몰려들 것이며 실업률은 정상 수준으로 다시 증가할 것이다. 환율에 대한 의존은 불필요하다.

먼델의 분석을 따라 대다수 경제학자는 예를 들면 미국의 50개 주로 구성된 공동통화지역이 최적통화지역에 가깝다고 믿는다. 사실이지만 첫 번째 조건은 만족되지 않는다. 각 주는 상이한 충격을 경험한다. 캘리포니아는 미국의 다른 지역에 비해 아시아로부터의 수요 변동에 보다 영향을 받는다. 텍사스는 석유가격 등에 발생하는 일에 보다 영향을 받는다. 그러나 세 번째 조건은 대체로 만족한다. 미국 내에서 각 주 사이에는 상당한 노동이동성이 존재한다. 특정 주의 경제 상황이 좋지 않으면 노동자들은 그 주를 떠난다. 그 주의 경제 상황이 좋으면 노동자들은 그 주로 돌아온다. 주 실업률은 빠르게 정상 수준으로 돌아오는데 이는 주 수준의 거시경제정책이 동일해서가 아니라 노동이동성 때문이다.

미국의 각 주는 자신만의 통화를 가져 다른 주의 통화에 대해 변동환율을 유지할 수도 있을 것이다. 그러나 이런 상황은 아니다. 미국은 단일 통화인 달러화를 가진 공동통화지역이다.

그리고 분명히 공동통화를 사용하는 데 따른 많은 장점이 존재한다. 미국 내 기업이나 소비자에게 공동의 통화를 갖는 데 따른 장점은 명백하다. 만약 주 경계를 넘어설 때마다 화폐를 환전해야 한다면 삶이 얼마나 복잡해질 것인지를 상상해보라. 공동통화의 사용에 따른 장점은 이러한 거래비용의 하락을 넘어선다. 가격이 동일한 통화로 표시된다면 구매자가 가격을 구별하기 쉬워지고 기업 간 경쟁이 증가해 소비자에게 혜택이 돌아간다. 이러한 장점과 제한된 거시경제적 비용에 비추어볼 때 미국이 단일 통화를 갖는 것은 의미 있는 것이다.

유로를 수용했을 때 유럽도 미국과 동일한 선택을 했었다. 각국의 통화에서 유로화로 전환하는 과정이 2002년 초에 종료되었을 때 유로는 최소 11개 유럽국가에 대해 공동통화가 되었다. (초점상자 '유로 : 짧게 본 역사'를 참조하라.) 이 책을 쓰고 있는 현재는 19개국이 되었다. 이러한 새로운 공동통화지역에 대한 경제학의 논리는 미국에서만큼 설득력이 있을까?

공동통화가 미국에서 낳았던 동일한 혜택의 많은 부분을 유럽에도 제공할 것이라는 데 대해서는 의문의 여지가 별로 없다. 유럽위원회(European Commission)의 한 보고서는 유로지역 내에서의 외환거래 소멸은 이들 국가의 전체 GDP의 0.5%에 달하는 비용 절감을 낳을 것이라고 추정한다. 아울러 공통통화의 사용이 이미 경쟁을 촉진하고 있다는 뚜렷한 신호가 있다. 예를 들어 차를 매입하려 할 때 유럽 소비자는 이제 유로 지역 어디든 상관없이 가장 낮은 유로표시 가격을 찾고 있다. 이는 이미 많은 국가에서 자동차의 가격 하락을 낳고 있다.

그러나 유럽이 최적공동통화지역을 구성하는지에 대해서는 의견 일치가 낮은 상황이다. 이는 먼델의 두 조건 중 어느 것도 만족되지 않기 때문이다. 미래는 다를지 모르겠지만 과거에 유럽 각국은 매우 상이한 충격을 경험해 왔다. 1990년대 독일의 재통일 그리고 그것이 독일과 다른 유럽국가에 얼마나 다른 변화를 가져왔는지 생각해보라. 더욱이 유럽에 있어 노동이동성은 매우 낮으며 앞으로도 낮은 상태에 머물러 있을 가능성이 크다. 노동자들은 미국 내에서보다 유럽국가 내에

유로 : 짧게 본 역사

- 1988년 EU가 30주년을 축하하면서 많은 국가가 공동통화로의 이행을 계획할 시기가 왔다고 결정했다. 이들은 EU 의장이었던 들로르(Jacques Delors)에게 보고서를 요청했고, 이에 그는 1989년 6월에 보고서를 제시했다.

    들로르의 보고서는 3단계에 걸쳐 유럽통화공동체(European Monetary Union, EMU)로 이행할 것을 제안했다. 1단계는 자본통제의 철폐였다. 2단계는 '이례적 상황'을 제외하곤 유지되어야 하는 고정환율의 선택이었다. 3단계는 단일 통화의 도입이었다.

- 1단계는 1990년 7월에 시행되었다.

- 2단계는 1992~1993년의 환율 위기가 가라앉자 1994년에 시작되었다. 사소하지만 상징성 있는 결정은 새로운 공동통화의 명칭을 선택하는 것이었다. 프랑스는 과거 프랑스의 화폐이름이기도 한 '에쿠(Ecu, European currency unit)'를 선호했다. 그러나 상대국은 유로를 선호했고 1995년에 유로가 받아들여졌다.

- 이와 병행해 EU 국가들은 **마스트리히트 협약**(Maastricht treaty)의 수용 여부에 대한 국민투표를 실시했다. 1991년에 협의된 협약은 EMU에 가입하기 위한 세 가지 주요 조건을 설정했는데, 낮은 인플레이션율, 3% 미만의 재정적자, 60% 미만의 정부부채가 그것이다. 협약은 그리 대중적이지 못했고 많은 국가에서 국민투표 결과는 공표되지 않았다. 프랑스의 경우 협약은 51%의 찬성만으로 통과되었다. 덴마크에서는 협약이 기각되었다. 영국은 새로운 통화동맹에는 참여하지 않는다는 '탈퇴(opt out)' 조합을 협상했다.

- 1990년대 중반 소수의 유럽국가만이 마스트리히트 조건을 만족할 것으로 비추어졌다. 그러나 많은 국가가 재정적자를 감축하기 위해 극적인 조치를 취했다. EMU의 회원국 여부를 결정하는 시점인 1998년 5월이 되자 11개국이 이에 참여하기로 했다(오스트리아, 벨기에, 핀란드, 프랑스, 독일, 이탈리아, 아일랜드, 룩셈부르크, 네덜란드, 포르투갈, 스페인). 영국, 덴마크, 스웨덴은 최소한 초창기만이라도 밖에 머물러 있기로 결정했다. 그리스는 자격조건에 미달했고 2001년까지 참여하지 못했다. (2004년에 그리스는 부분적으로 보고서를 조작해 재정적자 규모를 축소시킴으로써 자격을 갖도록 했다는 사실이 드러났다.) 그 이후로 사이프러스, 몰타, 슬로바키아, 슬로베니아, 에스토니아의 5개국이 회원국으로 가입했다.

- 3단계는 1999년 1월에 시작했다. 11개 통화와 유로 간 환율은 '되돌릴 수 없게' 고정되었다. 프랑크푸르트에 본부를 가진 새로운 유럽중앙은행(European Central Bank, ECB)이 유로 지역에서의 통화정책에 대한 책임을 담당하게 되었다.

1999~2002년까지 유로는 회계단위로서 존재했지만 유로 동전과 은행권은 존재하지 않았다. 결국 유로 지역은 여전히 고정환율제를 가진 지역으로 기능하고 있었다. 이어진 마지막 단계는 2002년 1월의 유로 동전과 은행권의 도입이었다. 2002년 첫 몇 개월 동안 각국 통화와 유로는 동시에 통용되었지만 그해 말이 되면서 각국 통화는 회수되었다.

오늘날 유로는 회원국이 스스로 부르듯이 '유로 지역'에서 사용되고 있는 유일한 화폐이다. 현재 유로를 채택한 국가는 19개국에 달한다. 라트비아와 리투아니아가 가장 최근에 참여했다.

주 : 유로에 대한 상세한 내용은 www.euro.ecb.int/를 참고하라. 유로에 관한 위키피디아 웹페이지도 매우 유용하다.

서 훨씬 덜 이동한다. 유럽국가 간 언어와 문화적 차이를 고려할 때 각국 간 이동성은 훨씬 더 낮을 것이다.

각국에서 발생한 부정적 충격처럼 이것이 회원국의 장기 침체를 낳을 수 있다는 우려는 위기 이전에도 존재했다. 위기는 그러한 우려가 실제로 정당했음을 보여주었다. 수요가 급증하고 경상수지 적자가 크게 증가한 포르투갈, 그리스, 아일랜드(18장의 경상수지 적자에 대한 초점상자 참조) 등의 국가들은 갑작스럽게 지출 급감, 산출 급감, 경상수지 적자의 재원 조달에 있어 점증하는 어려움을 겪었다. 대규모 절하는 수요 증가와 경상수지 개선을 낳지만, 공동통화를 사용하는 경우에는 유로 지역 내 타국과 비교한 가격 하락을 통해서만 가능하다. 결과는 길고 고통스러운 조정 과정이었다. 이 과정은 이 책을 쓰고 있는 당시에도 끝나지 않았다.

그림 20-1은 스페인의 실질환율 추이를 보여준다. 1994년부터 2007년까지의 호황은 실업률을 꾸준히 감소시켰지만 실질절상도 꾸준히 발생시켰다. 2008년 호황은 붕괴했고 2013년까지 실업률이 급증했으며 실질절하가 나타났다. (실질절하가 끝난 2015년 이후에도 실업률이 계속 하락한 이유가 궁금할 것이다. 이는 부분적으로는 비가격 경쟁력이 개선되고 부분적으로는 국내수요가 강화되었기 때문이다.)

유로화에 대한 도전은 앞으로 이러한 긴 불황을 피할 수 있는지 여부이다. 각국의 경기침체를 악화시킨 일부 요인의 제거를 위한 개혁이 진행되고 있다. 금융통합에서 재정통합까지 많은 개혁 조치가 취해지고 있다. 이러한 조치들이 미래의 위기를 피하기에 충분한지는 더 지켜봐야 한다.

그림 20-1

1994년 이후 스페인에서의 실업률과 실질환율의 추이
1994~2007년간 활황은 실업률 하락과 실질절상을 낳았다. 2008년 활황은 파열되었고 실업률의 급등과 실질절하가 생겨났다.

출처 : FRED: RBESBIS, LRHUTTTTESM156S

완전고정환율제, 통화위원회, 달러라이제이션

고정환율제를 지지하는 두 번째 상황은 첫 상황과 크게 다르다. 이는 특정 국가가 통화정책을 사용할 수 있는 능력을 스스로 제한하려는 시기가 존재한다는 주장에 기초한다.

◀ 이 점에 대한 추가 논의는 21장을 참조하라.

근년에 매우 심한 인플레이션을 경험했던 국가가 있다고 하자. 예를 들어 통화팽창 외에는 다른 방법으로 재정적자 조달이 불가능해 높은 통화 증가율과 고인플레이션이 생겨났다고 하자. 이제 이 국가가 통화 증가율과 인플레이션율을 하락시키기로 했다고 하자. 당국이 가진 의도의 심각성을 금융시장에 설득하는 한 가지 방법은 환율을 고정하는 것이다. 이 경우 고정된 환율을 유지하기 위해 통화공급을 사용해야만 하는 필요성은 통화 당국의 손을 묶게 된다.

금융시장에서 환율이 유지될 것이라는 기대가 생겨나면, 통화 증가가 재정적자 조달에 사용될 것이라는 우려는 사라질 것이다.

여기서 '금융시장에서 환율이 유지될 것이라는 기대가 생겨나면'이라는 조건문에 주의하라. 환율의 고정은 요술 같은 해법이 아니다. 환율이 현재뿐만 아니라 미래에도 고정될 것이라고 금융시장을 설득할 필요가 있다. 이렇게 할 수 있는 방법에는 두 가지가 있다.

- 고정환율을 보다 일반적인 거시경제 프로그램의 한 부분이 되도록 할 수 있다. 대규모 재정적자를 계속 기록하면서 환율을 고정하는 것은 금융시장에게 통화 증가가 다시 시작될 것이고 평가절하가 곧 발생할 것이라는 점을 믿게 만들 것이다.
- 상징적으로 또는 기술적으로 중심 환율의 변경을 더 어렵게 만드는 정책을 사용할 수 있다. 이 접근 방식은 **완전고정환율제**(hard peg)라 불린다.

완전고정환율제의 극단적 형태 중 하나가 단순히 국내통화를 외국통화로 대체하는 것이다. 선택된 외국통화는 통상 달러이기 때문에 이는 **달러라이제이션**(dollarization)으로 불린다. 그러나 자국의 통화를 포기하고 다른 나라의 통화를 수용하려 하는 국가는 소수일 것이다. 덜 극단적인 방법이 **통화위원회**(currency board)의 사용이다. 통화위원회하에서 중앙은행은 공식 환율에 따라 국내통화를 언제든지 외국통화로 바꾸어줄 태세를 갖춘다. 아울러 정부채권을 매매하는 공개시장조작도 할 수 없다(즉 정부채권을 사거나 팔 수 없다).

◀ 이스라엘이 1980년대에 고인플레이션으로 고통 받고 있을 때 이스라엘 재무부 장관은 안정화 프로그램의 하나로 달러라이제이션을 제안했다. 그의 제안은 이스라엘 주권에 대한 공격으로 인식되었고 곧 파면되었다.

통화위원회제도 중 아마도 가장 널리 알려진 사례는 아르헨티나가 1991년에 수용하고 2001년 말의 위기 시에 포기한 것이다. 관련된 이야기는 초점상자 '아르헨티나의 통화위원회'에 담겨 있다. 아르헨티나의 경험에 대한 결론은 경제학자마다 다르다. 일부는 통화위원회가 충분히 완전(hard)하지 못했다고 결론 내린다. 통화위원회는 외환위기를 막지 못했다. 따라서 어떤 국가가 고정환율제를 수용하기로 결정했다면 끝까지 가서 달러라이즈해야 한다. 다른 사람들은 고정환율제의 수용은 좋지 않은 생각이라고 결론 내린다. 통화위원회가 사용되어야 한다면 단기에만 사용되어야 한다. 중앙은행이 신뢰성을 회복하고 변동환율제로 복귀하게 되면 사용을 그만두어야 한다.

아르헨티나의 통화위원회

1989년에 메넴(Carlos Menem)이 아르헨티나의 대통령이 되었을 때 그는 경제적 혼란을 넘겨받았다. 인플레이션율은 월 30%를 상회하고 있었고, 경제성장률은 음의 값을 보였다.

메넴과 그의 경제장관 카바요(Domingo Cavallo)는 이 상황에서 통화 증가율 그리고 그에 따른 인플레이션을 통제하기 위한 유일한 방법은 페소(아르헨티나의 통화)를 달러에 페그하는 것이라는 결론에 빠르게 도달했다. 그래서 1991년 카바요는 통화위원회제도의 도입을 발표했다. 중앙은행은 수요에 대응해 페소화를 달러화로 즉각 교환해주었다. 더욱이 교환 비율은 1페소당 1달러로서 상당히 상징적인 값을 취했다.

통화위원회 설립이나 상징적 환율의 선택은 모두 동일한 목표를 갖고 있었다. 즉 금융시장으로 하여금 정부가 페그를 심각하게 받아들이며 미래의 정부가 환율을 포기하고 평가절하하는 것을 어렵게 만들었다는 신뢰감을 주기 위함이었다. 그리고 이렇게 고정환율을 보다 신뢰성 있게 함으로써 외환위기의 위험을 감소시킬 수 있었다.

통화위원회는 일정 기간 동안 극히 잘 작동하는 것으로 보였다. 1990년 2,300%를 초과했던 인플레이션율은 1994년 4%로 하락했다. 이는 분명히 통화위원회가 통화 증가율에 가한 엄격한 제약의 결과였다. 훨씬 더 인상적이었던 것은 대규모의 인플레이션율 하락이 강한 경제성장을 동반했다는 점이다. 경제성장률은 1991~1999년까지 평균 5%를 기록했다.

그러나 1999년부터 성장률은 마이너스로 돌아섰고 아르헨티나는 심각한 장기 경기침체로 빠져들었다. 경기침체는 통화위원회 때문이었는가? 그렇기도 하고 그렇지 않기도 하다.

■ 1990년대 후반 달러는 세계의 다른 주요 통화에 대해 지속적으로 그 가치가 절상되었다. 페소는 달러에 페그되었기 때문에 페소 역시 절상되었다. 1990년대 말 페소가 과대평가되어 아르헨티나 재화에 대한 수요의 감소, 산출 감소, 무역적자 증가를 야기한다는 것이 분명해졌다.

■ 통화위원회제도가 경기침체에 전적으로 책임이 있는 것일까? 그렇지 않다. 다른 이유도 존재한다. 그러나 통화위원회제도는 이 이유들에 대응하는 것을 훨씬 어렵게 만들었다. 이자율 하락과 페소의 절하는 경제 회복을 도왔을 것이다. 그러나 통화위원회제도하에서 이것은 선택할 수 없는 대안이었다.

2001년에는 20-2절에서 설명한 방식을 따라 경제 위기가 금융 및 환율 위기로 전환되었다.

■ 경기침체로 인해 재정적자가 증가해 정부부채의 증가를 야기했다. 정부가 부채 상환 의무를 이행하지 않을 것을 두려워한 투자자들은 정부부채에 대해 매우 높은 이자율을 요구하기 시작함으로써 재정적자를 더 크게 만들었다. 그리고 그렇게 함으로써 채무불이행 위험은 더 증가했다.

■ 경기침체를 극복하기 위해 아르헨티나 정부가 통화위원회제도를 포기하고 절하를 할 것이라는 우려로 인해 투자자들은 페소에 대해 매우 높은 이자율을 요구하기 시작했다. 이에 따라 달러화와의 고정환율을 유지하는 데 따른 정부의 비용은 증가했고 결국 통화위원회가 포기될 것이라는 가능성을 더 키웠다.

2001년 12월 정부는 부채의 일부에 대해 채무불이행을 선언했다. 2002년 초 정부는 통화위원회를 포기하고 페소화를 변동하도록 했다. 페소는 급격히 절하되어 2002년 6월에 1달러당 3.75페소에 도달했다! 페소화에 대한 초기의 신뢰하에서 달러화 차입에 나섰던 많은 기업과 사람의 페소화로 환산한 부채 금액이 급증했다. 결국 많은 기업이 파산했다. 은행제도는 붕괴했다. 수출 증가에 기여했을 급격한 실질절하에도 불구하고 2002년에 GDP는 11% 하락했고 실업률은 20% 가까이 상승했다. 경제성장률은 2003년에 양의 값으로 돌아섰지만 1998년 수준으로 GDP가 되돌아가는 데는 2005년까지 기다려야 했다.

이것은 통화위원회제도가 나쁜 아이디어였다는 것을 의미하는가? 경제학자들은 아직 동의하지 않는다.

- 일부 경제학자는 좋은 아이디어였지만 충분히 충실하게 실시되지 않았다고 주장한다. 아르헨티나는 단순히 달러를 통화로 받아들이는(달러라이제이션) 한편 페소를 완전히 소멸시켰어야 했다고 주장한다. 이 방법은 국내통화를 소멸시킴으로써 평가절하의 위험을 제거했을 것이다. 이들은 통화위원회제도조차도 환율에 대해 충분히 강한 페그를 제공하지 못한다는 교훈을 남겼다고 주장한다. 즉 달러라이제이션만이 이를 가능하게 할 것이라는 것이다.
- 다른 (사실상 대부분의) 경제학자는 통화위원회제도가 시작할 때는 좋은 생각이었지만 그렇게 오랫동안 유지할 필요는 없었다고 주장한다. 일단 인플레이션이 통제된 후에는 아르헨티나가 통화위원회제도에서 변동환율제도로 이행했어야 한다. 문제는 아르헨티나가 달러화와의 고정환율을 지나치게 오랫동안 유지해 페소화가 고평가되기에 이르렀고 결국 환율 위기는 불가피했다는 것이다.

'고정 대 변동', 불완전고정환율제도(soft peg), 완전고정환율제도, 통화위원회, 공동통화에 관한 논쟁은 앞으로도 지속될 것 같으며, 유로 지역의 재정 문제를 고려할 때 새로운 중요성을 갖추어 가고 있다.

주 : 아르헨티나의 위기에 대한 환상적이고 재미있고 강한 견해가 담겨 있는 책으로는 다음이 있다. Paul Blustein, *And the Money Kept Rolling In (and Out): Wall Street, the IMF, and the Bankrupting of Argentina* (Perseus Books Group, 2005).

요약

- 고정환율제하에서도 중기에 있어서는 실질환율이 조정될 수 있다. 이는 물가의 조정을 통해서이다. 하지만 이 조정은 오래 걸릴 수 있고 고통스러울 수 있다. 환율 조정은 좀 더 빠른 조정을 가능하게 하고 장기 조정으로 야기되는 고통을 줄일 수 있다.
- 환율 위기는 통상적으로 금융시장 참여자가 환율이 곧 평가절하될 것이라고 믿는 경우에 시작된다. 이 경우 중심 환율의 방어는 매우 높은 이자율을 요구하며 이는 다시 잠재적으로 대규모의 부정적 거시경제 효과를 낳는다. 이 부정적 효과로 말미암아 평가절하가 불가피해진다. 처음에 이러한 평가절하에 대한 계획이 없었더라도 평가절하가 불가피하다.
- 현재의 환율은 (1) 현재와 미래에 기대되는 국내 이자율과 현재와 미래에 기대되는 외국 이자율의 차이, (2) 미래에 기대

되는 환율에 모두 의존한다.

현재나 미래에 기대되는 국내 이자율의 상승을 발생시키는 모든 요인은 현재 환율의 하락을 가져온다.

현재나 미래에 기대되는 외국 이자율의 상승을 발생시키는 모든 요인은 현재 환율의 상승을 가져온다. 미래에 기대되는 환율의 상승을 발생시키는 모든 요인은 현재 환율의 상승을 가져온다.

- 경제학자들 사이에는 두 가지 경우만 제외하고 일반적으로 변동환율제가 고정환율제보다 우월하다는 광범위한 동의가 존재한다.

  1. 국가그룹이 상당히 통합되어 있고 최적통화지역을 구성하고 있을 때이다(국가그룹에 대한 공동통화는 이들 국가그룹 사이에 존재하는 극단적 형태의 고정환율제라고 생

각할 수 있다). 국가들이 최적통화지역을 형성하려면 대체로 유사한 충격에 직면하거나 각국 사이에 상당한 노동이동성이 존재해야 한다.

2. 중앙은행이 고정환율제하에서 책임 있는 통화정책을 따른다고 믿을 수 없을 때이다. 이 경우 달러라이제이션이나 통화위원회와 같은 강력한 형태의 고정환율제가 중앙은행의 손발을 묶는 방법을 제공한다.

핵심 용어

금본위제(gold standard)

달러라이제이션(dollarization)

마스트리히트 협약(Maastricht treaty)

변동환율제로의 전환(float)

완전고정환율제(hard peg)

유럽중앙은행(European Central Bank, ECB)

최적통화지역(optimal currency area)

통화위원회(currency board)

연습문제

기초문제

1. 이 장의 내용에 기초해 다음에 대해 '사실', '거짓', '불확실' 여부를 밝히고 그 이유를 간단히 설명하라.

   a. 명목환율이 고정된 경우 실질환율은 고정된다.

   b. 국내 인플레이션율이 외국 인플레이션과 같으면 실질환율은 고정된다.

   c. 평가절하는 명목환율의 하락이다.

   d. 영국의 금본위제 복귀는 수년간의 고실업을 야기했다.

   e. 평가절하를 할 것이라는 급작스러운 우려는 국내 이자율의 상승으로 이어진다.

   f. 미래 기대환율의 변화는 현재 환율을 변화시킨다.

   g. 국내 이자율 하락의 환율에 대한 효과는 국내 이자율이 외국 이자율보다 낮게 유지되는 기간에 의존한다.

   h. 경제는 중기에 잠재산출 수준으로 되돌아가는 경향이 있으므로 고정환율제와 변동활율제의 선택은 아무런 차이도 낳지 못한다.

   i. 유럽 내에서의 높은 노동이동성은 유로 지역을 공동통화의 좋은 대상으로 만든다.

   j. 통화위원회는 고정환율을 운영하는 최선의 방법이다.

2. 고정환율을 가진 국가를 고려하자. IS 곡선은 식 (20.1)에 의해 주어진다.

$$Y = Y\left(\frac{\bar{E}P^*}{P}, G, T, i^* - \pi^e, Y^* \right)$$
$$(+, \quad +, -, \quad \quad -, +)$$

   a. $(i^* - \pi^e)$항을 설명하라. 왜 외국 명목이자율이 식에 나타나는가?

   b. 왜 π^e가 증가할 때 IS 곡선이 왼쪽으로 이동하는지 설명하라.

   c. 다음 표에서 실질환율은 1기에서 5기까지 어떻게 변하는가? 국내 인플레이션은 얼마인가? 외국 인플레이션은 얼마인가? 1기의 IS 곡선과 5기의 IS 곡선을 사용해 IS-LM 도표로 나타내라.

기간	P	P^*	E	π	π^*	실질환율 ε
1	100.0	100.0	0.5			
2	103.0	102.0	0.5			
3	106.1	104.0	0.5			
4	109.3	106.1	0.5			
5	112.6	108.2	0.5			

   d. 다음 표에서 실질환율은 1기에서 5기까지 어떻게 변하는가? 국내 인플레이션은 얼마인가? 외국 인플레이션은 얼마인가? 1기의 IS 곡선과 5기의 IS 곡선을 사용해 IS-LM 도표로 나타내라.

기간	P	P^*	E	π	π^*	실질환율 ε
1	100.0	100.0	0.5			
2	102.0	103.0	0.5			
3	104.0	106.1	0.5			
4	106.1	109.3	0.5			
5	108.2	112.6	0.5			

e. 다음 표에서 실질환율은 1기에서 4기까지 어떻게 변하는가? 국내 인플레이션은 얼마인가? 외국 인플레이션은 얼마인가? 4기와 5기 사이에서는 어떻게 변하는가? 1기의 IS 곡선과 5기의 IS 곡선을 사용해 IS-LM 도표로 나타내라.

기간	P	P^*	E	π	π^*	실질환율 ε
1	100.0	100.0	0.5			
2	103.0	102.0	0.5			
3	106.1	104.0	0.5			
4	109.3	106.1	0.5			
5	112.6	108.2	0.52			

3. 실질환율이 '너무 낮고' 명목환율이 고정되어 있을 때의 정책 선택

과소평가된 실질환율은 국내재가 외국재보다 매우 비싸고 순수출이 과소해 국내재에 대한 수요를 과소하게 만드는 환율이다. 이는 정부와 중앙은행의 정책 선택을 어렵게 만든다. 경제를 설명하는 식은 다음과 같다.

$$IS \text{ 곡선} : Y = Y\left(\frac{\bar{E}P^*}{P}, G, T, i^* - \pi^e, Y^*\right)$$
$$(+, \quad +, -, \qquad -, \quad +)$$

국내 경제의 필립스 곡선 : $\pi - \bar{\pi} = (\alpha/L)(Y - Y_n)$

외국 경제의 필립스 곡선 : $\pi^* - \bar{\pi}^* = (\alpha^*/L^*)(Y^* - Y_n^*)$

본문과 이 식에서는 두 가지 중요한 가정을 한다. 이는 (a)와 (b)에서 검토한다. 이어서 고평가된 환율을 가진 국가의 정책대안을 분석한다.

a. 외국 경제는 항상 중기 균형을 유지하고 있다고 가정하자. 이 가정이 외국의 산출과 인플레이션에 시사하는 것은 무엇인가?

b. 국내 기대인플레이션율(π)과 외국의 기대 인플레이션율(π^*)이 같은 수준에서 고정되었다고 가정하자 : $\bar{\pi} = \bar{\pi}^*$. 국내 경제와 외국 경제가 모두 중기 균형에 있다면 이 가정은 무엇을 시사하는가?

c. 본국의 명목환율이 고평가된 경우를 IS-LM-UIP 도표로 나타내라. 그 도표의 핵심적 특징은 무엇인가? 평가절하가 없는 고정환율에서 경제는 어떻게 중기 균형으로 복귀하는가?

d. 본국의 명목환율이 고평가된 경우를 IS-LM-UIP 도표로 나타내라. 평가절하 정책을 사용할 수 있는 경우 경제는 어떻게 중기 균형으로 돌아갈 수 있는가?

e. 이자율 평형조건이 성립해서 항상 $i = i^*$를 유지한다고 가정했던 점을 상기하자. 평가절하 기간에 국내채권 수익률과 외국채권 수익률을 비교하라. 채권 보유자는 명목환율이 완전히 고정된 채로 유지될 것이라고 계속 믿겠는가? 채권 보유자가 평가절하가 가능하다고 판단하면 국내 이자율에 미치는 영향은 무엇인가?

4. 환율 위기 모형

환율 위기는 페그(고정환율)가 신뢰를 잃을 때 발생한다. 채권 보유자는 더 이상 다음 기의 환율이 금기의 환율과 같을 것이라고 믿지 않는다.

기간	i_t	i^*_t	E_t	E^e_{t+1}
1		3	0.5	0.5
2		3	0.5	0.45
3		3	0.5	0.45
4		3	0.5	0.5
5	15	3	0.5	0.4
6		3	0.4	0.4

a. 커버되지 않은 이자율 평형조건으로부터 1기의 국내 이자율 해를 구하라. [아래의 질문에 대해서는 커버되지 않은 이자율 평형조건의 근사식 (17.4)를 이용하라].

b. 2기에 위기가 시작된다. 커버되지 않은 이자율 평형조건으로부터 2기의 국내 이자율 해를 구하라.

c. 위기는 3기에도 지속된다. 그러나 4기에 중앙은행과 정부가 위기를 해소한다. 어떻게 이 결과를 얻을 수 있는가?

d. 불행히도 5기에 위기가 재발해 그 어느 때보다도 크고 깊어진다. 중앙은행은 커버되지 않은 이자율 평형조건을 유지하기에 충분할 정도로 이자율을 인상했는가? 외환보유고 수준에는 어떤 영향이 있는가?

e. 6기의 위기는 어떻게 해소되는가? 이는 중앙은행과 정부의 미래 신뢰성에 대한 시사점을 제공하는가?

5. 환율 행태에 대한 모형

식 (20.5)는 국내와 외국 간의 명목환율 변화에 대한 통찰을 제공한다. 식이 고려하는 기간은 어떠한 시간 단위도 가능하다. 식은 다음과 같다.

$$E_t = \frac{(1 + i_t^*)(1 + i_{t+1}^{*e}) \cdots (1 + i_{t+n}^{*e})}{(1 + i_t)(1 + i_{t+1}^e) \cdots (1 + i_{t+n}^e)} E_{t+n+1}^e$$

a. 1일의 기간을 고려하자. 이 경우 금리는 오버나이트(1일) 금리가 있다. 1일 이자율에 어떤 변화도 없음에도 하루 동안에 발생하는 환율의 막대한 변동은 어떻게 해석할 것인가?

b. 15장에서 1개월(30일 또는 31일 이자율)은 오늘의 1일 이자율과 다음 30일 동안 예상되는 1일 이자율의 평균임을 알았다. 이는 양국 모두에서 마찬가지이다. 다음은 2월 1일에 게재된 신문 기사이다. "ECB가 금리를 2월 14일 인하할 것으로 예측되자 달러가치가 높아졌다." 이는 의미 있는 기사인가?

c. 15장에서는 2년 채권 수익률이 현재의 1년 이자율과 1년 후 기대되는 1년 이자율의 평균임을 배웠다. 이는 양국 모두에서 마찬가지이다. 다음은 2월 1일에 게재된 신문 기사이다. "연준은 금리가 당분간 낮은 수준을 유지할 것이라고 발표했다. 달러가치는 하락했다." 기사는 의미가 있는가?

d. 경상수지는 타국에 대한 금기의 대출(양수일 경우)이거나 타국으로부터의 차입(음수일 경우)이다. 경상수지는 예상보다 더 적자를 보였고 이는 놀라운 뉴스였다고 가정하자. 이 놀라운 뉴스로 인해 환율이 왜 절하될지 설명하라.

심화문제

6. 환율 변동

초점상자 '1992년 EMS 위기'의 그림 1을 보라. 유럽의 명목환율은 대략 1979~1992년간 주요 통화 간에 고정되어 있었다.

a. 그림 1의 수직축은 어떻게 해석하는가? 가장 큰 절하를 경험한 국가는 어디인가? 가장 작은 절하를 경험한 국가는 어디인가? (주의 : 그림에서 DM 대비 환율은 각국통화 1단위를 얻기 위해 지급해야 하는 DM의 단위를 나타낸다.)

b. 1992년 1월 프랑스와 이탈리아의 2년 명목이자율이 유사했다면 2년 채권에서 가장 높은 수익률을 기록한 국가는 어디인가?

c. 명목환율의 변화로 중기 균형으로 복귀된다면, 1992년에 어떤 국가가 가장 과도하게 고평가되었는가?

7. 캐나다와 멕시코에서의 실질환율과 명목환율

캐나다와 멕시코는 미국의 가장 큰 교역 상대국에 속한다. FRED 데이터베이스에서 4개의 시계열을 구하라. 시계열은 멕시코에 대한 포괄적 실질실효환율(RBMXBIS), 캐나다에 대한 포괄적 실질실효환율(RBCABIS), 미국 달러당 멕시코 페소의 명목환율(EXMSUS), 미국 달러당 캐나다 달러의 환율(EXCAUS)이다. 월간 시계열을 모두 다운로드하고 시작하는 월을 1994년 1월로 하는 스프레드시트를 작성하라.

a. FRED 환율은 미국 달러당 멕시코 페소의 수와 캐나다 달러의 수로 정의한다. 페소당 미국 센트와 캐나다 달러당 미국 센트 수로 다시 정의하라. 왜 이 수치를 구하는가?

b. 다시 정의된 수치로 1994년부터 마지막 데이터 연도까지 멕시코-미국의 명목환율과 광범위한 실질환율지수 RBMXBIS 시계열 그래프를 만들라. 명목환율이 고정된 기간이 있는가? 페그가 해제되었을 때 페소는 절상되었는가, 절하되었는가? 페소에 있어 명목환율은 절상되었지만 실질환율은 절하가 된 시기가 있는가? 몇 년경에 실질환율지수가 정점에 도달했는가? 정점부터 2018년까지 실질 기준으로 페소는 어떻게 변화했는가? 이러한 페소의 변화는 멕시코 경제에 어떤 영향을 미쳤는가?

c. 다시 정의된 수치로 캐나다-미국 명목환율과 광범위한 실질환율지수 RBCABIS의 시계열 그래프를 작성하라.

1994년부터 마지막 데이터 연도까지의 캐나다-미국 실질환율지수의 변동률을 계산하라. 캐나다 달러가 고정된 기간이 있는가? 캐나다-미국 사례에서 실질환율지수가 명목환율을 따르는 이유를 설명하라. 이 기간 동안 캐나다 달러를 미국 달러화에 고정한다면 어떤 이익이 있겠는가?

추가문제

8. **환율과 기대**

   이 장에서는 기대가 환율에 중요한 영향을 미친다고 강조했다. 이 문제에서 기대가 얼마나 큰 역할을 할 수 있는지 감을 잡기 위해 데이터를 사용하고자 한다. 이 책 끝부분 부록 2의 결과를 사용하면 커버되지 않은 이자율 평형식 (20.4)를 다음과 같이 나타낼 수 있음을 보일 수 있다.

$$\frac{(E_t - E_{t-1})}{E_{t-1}} \approx (i_t - i_t^*) - (i_{t-1} - i_{t-1}^*) + \frac{(E_t^e - E_{t-1}^e)}{E_{t-1}^e}$$

   말로 하면, 환율의 % 변화율(국내통화 절하율)은 근사적으로 이자율 격차(국외와 국내 이자율 간)에 기대환율의 변화율(국내통화 기대절하율)을 더한 값과 같다. 이자율 격차는 스프레드라 부르기로 하자.

   a. 뱅크오브캐나다의 웹사이트(www.bank-banque-canada.ca)로 가서 지난 10년간 캐나다의 월별 1년 국채 금리에 대한 데이터를 구하라. 데이터를 스프레드시트로 다운로드하라. 세인트루이스 연준의 웹사이트(research.stlouisfed.org/fred2)로 이동해 같은 기간 동안 미국 1년 국채 금리에 대한 데이터를 다운로드하라.('Treasury Bills'보다는 'Constant Maturity' 항목의 재무부 증권을 참고할 필요가 있다.) 월별로 미국 이자율에서 캐나다 이자율을 차감해 스프레드를 구하라. 이어서 월별로 전월 대비 스프레드의 변화를 계산하라. (이자율 데이터가 적절한 소수 난위를 갖도록 주의하라.)

   b. 세인트루이스 연준의 웹사이트에서 (a)의 데이터와 동일한 기간에 대해 미국 달러와 캐나다 달러 간 월별 환율 데이터를 구하라. 다시 데이터를 스프레드시트 프로그램에 다운로드하라. 월별로 미국 달러의 절상률을 계산하라. 스프레드시트 프로그램의 표준편차함수를 사용해 미국 달러화의 월별 절상률의 표준편차를 계산하라. 표준편차는 데이터의 변동성을 측정하는 수단이다.

   c. 월별로 [(b)에서 구한] 달러의 절상률에서 [(a)에서 구한] 이자율 스프레드를 차감하라. 이 차이를 기대치 변화라 부르자. 기대치 변화의 표준편차를 계산하라. 달러의 월별 절상률 표준편차와 비교하라.

   이 연습문제는 매우 간단하다. 하지만 여전히 이 분석의 요지는 보다 정교한 경우에도 살아남는다. 단기에 단기 금리의 변화는 환율 변화의 대부분을 설명하지 못한다. 환율 변화의 대부분은 기대 변화에 기인한다.

9. **중국과 미국의 실질 및 명목 환율**

   a. FRED 데이터베이스에서 EXCHUS 시계열을 다운로드하라. 이는 중국 위안화 환율을 미국 1달러당 위안의 단위로 표현한 것이다. 중국을 본국으로 두기 위해 환율을 1위안당 미국 센트 단위 수로 변환하라. 1994년 이후 중국이 고정환율을 유지하는 기간이 있는가?

   b. RBCNBIS 시계열을 다운로드하라. 이는 중국의 실질환율지수 $\varepsilon = EP^*/P$로 해석될 수 있다. 명목환율이 고정된 기간 동안 실질환율의 가치는 고정되어 있는가? 그 기간 동안 실질환율의 가치는 중국의 총수요에 어떤 영향을 미쳤는가?

   c. 2007년 7월부터 2010년 6월까지 위안화 가치는 미화 14.6센트에 매우 근접했다. 이는 두 번째 고정환율의 기간이었다. 2010년 6월 이후 명목환율과 실질환율의 움직임에서 중국이 중국 수출을 장려하고 중국 수입을 줄이기 위해 더 낮은 위안화 가치를 변화시켰다는 증거를 찾을 수 있겠는가?

더 읽을거리

- 유로에 대한 비판적 견해는 다음을 참조하라. Martin Feldstein, "The European Central Bank and the Euro: The First year," 2000, http://www.nber.org/papers/w7517, "The Euro and the Stability Pact," 2005, http://www.nber.org/papers/w11249.
- 유로 위기에 대해 읽을 만한 두 권의 책으로는 다음을 참고하라(두 번째 책은 대체로 유로에 대해 매우 비판적이다).
  - Jean Pisani-Ferry, *The Euro Crisis and its Aftermath*, Oxford University Press, 2014.
  - Ashoka Mody, *Euro-Tragedy: A Drama in Nine Acts*, Oxford University Press, 2018.

부록 1 : 고정환율하에서 *IS* 관계의 유도

재화시장에 대한 총수요를 유도하기 위해서 19장에서 유도한 재화시장 균형조건식 (19.1)에서 출발하자.

$$Y = C(Y - T) + I(Y, r) + G + NX(Y, Y^*, \varepsilon)$$

이 조건은 재화시장이 균형에 놓이기 위해서는 산출이 국내 재화에 대한 수요, 즉 소비, 투자, 정부지출, 순수출의 합과 일치해야 한다는 것을 말한다. 다음으로 다음 관계를 기억해보자.

- 실질이자율 r은 명목이자율 i에서 기대인플레이션율 π^e를 뺀 값과 일치한다(14장 참조).

$$r \equiv i - \pi^e$$

- 실질환율 ε은 다음으로 정의된다(17장 참조).

$$\varepsilon = \frac{EP^*}{P}$$

- 고정환율제하에서 명목환율 E는 정의에 의해 고정된다. $\bar{E}$가 고정된 명목환율의 값이라 하자. 즉 다음이 성립한다.

$$E = \bar{E}$$

- 고정환율제와 완전자본이동성하에서 국내 이자율 i는 외국 이자율 i^*와 일치해야 한다(17장 참조).

$$i = i^*$$

이 네 관계를 사용해 식 (20.1)을 다시 쓰면 다음과 같다.

$$Y = C(Y - T) + I(Y, i^* - \pi^e) + G + NX\left(Y, Y^*, \frac{\bar{E}P^*}{P}\right)$$

이는 다음과 같이 더 간단히 정리할 수 있다.

$$Y = Y\left(\frac{\bar{E}P^*}{P}, G, T, i^* - \pi^e, Y^*\right)$$
$$(+, +, -, \quad -, +)$$

이는 본문의 식 (20.1)이다.

부록 2 : 실질환율과 국내외 실질이자율

20-3절에서는 현재 명목환율, 현재와 미래에 기대되는 국내외 명목이자율, 기대되는 미래 명목환율 간의 관계를 유도했다[식 (20.5)]. 이 부록은 실질이자율과 실질환율을 기준으로 유사한 관계를 유도한다. 이어서 이 관계를 이용해 어떻게 실질환율의 변화를 생각할 수 있는지를 논의한다.

실질이자율 평형조건의 유도

명목이자율 평형조건에서 시작하자. 식 (19.3)은 다음과 같다.

$$(1 + i_t) = (1 + i_t^*)\left(\frac{E_{t+1}^e}{E_t}\right)$$

6장의 실질이자율을 정의한 식 (6.3)을 사용하면 다음과 같다.

$$(1 + r_t) = \frac{(1 + i_t)}{(1 + \pi_{t+1}^e)}$$

여기서 $\pi_{t+1}^e \equiv (P_{t+1}^e - P_t)/P_t$는 기대인플레이션율이다. 마찬가지로 외국의 실질이자율은 다음으로 주어진다.

$$(1 + r_t^*) = \frac{(1 + i_t^*)}{(1 + \pi_{t+1}^{*e})}$$

여기서 $\pi_{t+1}^{*e} \equiv (P_{t+1}^{*e} - P_t^*)/P_t^*$는 외국의 기대인플레이션율이다.

이 두 관계를 이용해 이자율 평형조건에서 명목이자율을 제거하면 다음과 같다.

$$(1 + r_t) = (1 + r_t^*)\left[\frac{E_{t+1}^e(1 + \pi_{t+1}^{*e})}{E_t\ (1 + \pi_{t+1}^e)}\right] \quad (20.A1)$$

인플레이션에 대한 정의로부터 $1 + \pi_{t+1}^e = P_{t+1}^e/P_t$와 $1 + \pi_{t+1}^{*e} = P_{t+1}^{*e}/P_t^*$임에 주의하자.

이 두 관계를 중괄호에 대입하면

$$\frac{E_{t+1}^e}{E_t}\frac{(1 + \pi_{t+1}^{*e})}{(1 + \pi_{t+1}^e)} = \frac{E_{t+1}^e}{E_t}\frac{P_{t+1}^{*e}P_t}{P_t^*P_{t+1}^e}$$

항등식을 정리하면

$$\frac{E_t\ P_{t+1}^{*e}\ P_t}{E_{t+1}^e P_t^* P_{t+1}^e} = \frac{E_t\ P_t/P_t^*}{E_{t+1}^e P_{t+1}^e/P_{t+1}^{*e}}$$

실질환율의 정의를 사용하면

$$\frac{E_t P_t/P_t^*}{E_{t+1}^e P_{t+1}^e/P_{t+1}^{*e}} = \frac{\varepsilon_{t+1}^e}{\varepsilon_t}$$

식 (20.A1)에 이를 대체하면

$$(1 + r_t) = (1 + r_t^*)\frac{\varepsilon_{t+1}^e}{\varepsilon_t}$$

다시 정리하면

$$\varepsilon_t = \frac{1 + r_t^*}{1 + r_t}\varepsilon_{t+1}^e \quad\quad (20.A2)$$

결국 현재의 실질환율은 금년의 국내외 실질이자율과 내년에 기대되는 미래 실질환율에 의존한다. 이 방정식은 본문의 식 (20.4)에 대응한다. 그러나 명목환율과 이자율 대신 실질 기준으로 나타냈다.

미래로의 실질이자율 평형조건의 확장

다음 단계는 본문의 식 (20.4)에서처럼 식 (20.A2)를 미래로 확장하는 것이다. 위의 방정식은 $t + 1$년도의 실질환율이 다음과 같이 주어짐을 시사한다.

$$\varepsilon_{t+1} = \frac{1 + r_{t+1}^{*e}}{1 + r_{t+1}^e}\varepsilon_{t+2}^e$$

t년도 기준으로 기댓값을 취하면

$$\varepsilon_{t+1}^e = \frac{1 + r_{t+1}^{*e}}{1 + r_{t+1}^e}\varepsilon_{t+2}^e$$

이전의 관계에 대체하면

$$\varepsilon_t = \frac{(1 + r_t^*)\ (1 + r_{t+1}^{*e})}{(1 + r_t)\ (1 + r_{t+1}^e)}\varepsilon_{t+2}^e$$

ε_{t+2}^e에 대해 풀고 이 과정을 반복하면

$$\varepsilon_t = \frac{(1 + r_t^*)(1 + r_{t+1}^{*e})\cdots(1 + r_{t+n}^{*e})}{(1 + r_t)(1 + r_{t+1}^e)(1 + r_{t+n}^e)}\varepsilon_{t+n+1}^e$$

이 관계식은 현재의 실질이자율을 현재와 미래에 기대되는 국내 실질이자율, 현재와 미래에 기대되는 외국 실질이자율, $t + n$년도에 기대되는 실질환율의 함수로 나타냈다.

본문에서 유도한 명목환율과 명목이자율 간 관계식 (20.5)에 비추어볼 때 이 관계식의 장점은 미래의 명목환율을 예측하는 것보다 미래의 실질환율을 예측하기가 통상적으로 더 쉽다는 점이다. 예를 들어 경제가 대규모 무역적자로 피해를 보고 있다면 실질절하가 발생해야만 할 것을, 즉 ε_{t+n}^e이 상승할 것임을 상당히 확신할 수 있다. 명목절하가 있을지, 즉 E_{t+n}^e에 무슨 일이 생길지 말하기 더 어렵다. 이는 향후 n년에 걸쳐 국내와 국외 모두에서의 인플레이션에 어떤 일이 발생하는지에 의존한다.

정책에 대한 검토

이 책의 거의 모든 장은 정책의 역할을 살펴보고 있다. 다음 3개 장은 정책에 대한 논의를 종합한다.

Chapter 21

21장은 두 가지 질문을 제기한다. 거시경제정책의 효과가 확실하지 않다면 정책을 아예 사용하지 않는 것이 더 좋지 않을까? 그리고 원칙적으로 정책이 유용하다고 해도 정책 당국자가 올바른 정책을 수행할 것이라고 믿을 수 있을까? 결론은 '불확실성은 정책의 역할을 제한한다'는 것이다. 정책 당국자라고 항상 올바른 일을 하는 것은 아니다. 그러나 적절한 제도하에서 정부 정책은 도움이 될 수 있으며 또한 사용되어야 한다.

Chapter 22

22장은 재정정책을 검토한다. 그동안 학습한 내용을 장별로 검토하고, 이어서 정부예산제약이 부채, 지출, 세금 간의 관계에 제공하는 시사점을 더 밀접하게 살펴본다. 이어서 이 장은 오늘날 선진국의 중심적 문제인 정부 부채의 과도한 누적에 따른 위험에 초점을 맞춘다.

Chapter 23

23장은 통화정책을 살펴본다. 그동안 학습한 것을 장별로 정리하고 이어서 현재의 도전 과제에 초점을 맞춘다. 먼저 위기 이전에 대부분의 중앙은행이 채택한 인플레이션 목표제(inflation targeting) 체계를 설명한다. 이어서 최적 인플레이션율부터 금융규제의 역할과 거시건전성 수단(macroprudential tool)으로 불리는 새로운 정책수단까지 위기가 제기한 많은 문제를 다룬다.

정책에 대한 제약

앞 장의 많은 곳에서 재정 및 통화정책의 적절한 조합이 어떻게 경제를 경기침체로부터 탈출시키고, 경제활동과 인플레이션에 대한 자극 없이 무역수지를 개선하고, 과열된 경제를 감속하며 투자와 자본축적을 촉진하는 등에 있어 도움이 될 수 있는지를 보았다.

그러나 이러한 결론들은 정책 당국자가 엄격히 제약되어야 한다는 자주 언급되는 요구와 어울리지 않는 것처럼 보인다.

1994년 미국 중간 선거에서 공화당이 작성한 프로그램인 '미국과의 계약(Contract with America)'의 첫 항목은 헌법에 균형예산을 위한 수정조항을 포함하는 것이었다(그림 21-1에 '계약'이 나타나 있다). 유럽에서 유로를 수용했던 국가들은 재정적자를 GDP의 3% 이하로 유지하고 불이행 시 대규모 벌금을 약속한 **안정 및 성장을 위한 협약**(Stability and Growth Pact, SGP)에 참여했다. 1989년 제정된 뉴질랜드 중앙은행의 헌장은 통화정책의 역할로 다른 거시경제 목표를 배제하고 물가 안정을 유지하는 것으로 정의했다.

이 장은 거시경제정책에 대해 이러한 제약이 필요한 경우를 살펴본다.

21-1절과 21-2절은 그 이유 중 하나로 정책 당국자의 의도가 좋을지는 몰라도 상황을 개선하기보다는 악화시키는 것으로 끝날 수 있음을 보인다.

21-3절은 더 회의적인 다른 이유를 살펴보는데 그것은 정책 당국자가 자신들에게 최선이지만 국가 전체로는 반드시 최선이 아닌 일들을 한다는 것을 보인다.

흥미롭게도 미국의 균형예산에 대한 약속은 실현되지 못했다. 유로존 국가들은 SGP 목표를 정기적으로 초과했다. 그리고 2018년에 뉴질랜드 중앙은행은 높은 고용목표를 포함하도록 의무를 변경했다. 여기에 얻어야 할 교훈이 있는 것이다.

> 이 장의 메시지 : 정책을 정책 당국과 민간 간, 정책 당국과 유권자 간, 정책 당국들 간의 게임 결과로 생각하는 것이 유용하다. 이에 따라 정책 당국에게 제약을 가하는 사례도 있다. ▶ ▶ ▶

그림 21-1

House Republican
Contract with America

A Program for Accountability

We've listened to your concerns and we hear you loud and clear. If you give us the majority, on the first day of Congress, a Republican House will:

Force Congress to live under the same laws as every other American
Cut one out of three Congressional committee staffers
Cut the Congressional budget

Then, in the first 100 days there will be votes on the following 10 bills:

1. **Balanced budget amendment and the line item veto:** It's time to force the government to live within its means and restore accountability to the budget in Washington.

2. **Stop violent criminals:** Let's get tough with an effective, able, and timely death penalty for violent offenders. Let's also reduce crime by building more prisons, making sentences longer and putting more police on the streets.

3. **Welfare reform:** The government should encourage people to work, not have children out of wedlock.

4. **Protect our kids:** We must strengthen families by giving parents greater control over education, enforcing child support payments, and getting tough on child pornography.

5. **Tax cuts for families:** Let's make it easier to achieve the American Dream: save money, buy a home, and send their kids to college.

6. **Strong national defense:** We need to ensure a strong national defense by restoring the essentials of our national security funding.

7. **Raise the senior citizens' earning limit:** We can put an end to government age discrimination that discourages seniors from working if they want.

8. **Roll back government regulations:** Let's slash regulations that strangle small business and let's make it easier for people to invest in order to create jobs and increase wages.

9. **Common-sense legal reform:** We can finally stop excessive legal claims, frivolous lawsuits, and overzealous lawyers.

10. **Congressional term limits:** Let's replace career politicians with citizen legislators. After all, politics shouldn't be a lifetime job.
(Please see reverse side to know if the candidate from your district has signed the Contract as of October 5, 1994.)

IF WE BREAK THIS CONTRACT, THROW US OUT, WE MEAN IT.

미국과의 계약

21-1 불확실성과 정책

정책에 대한 제약이 필요한 첫 번째 이유를 간명하게 말하면 아는 것이 별로 없다면 많은 일을 해서는 안 된다는 것이다. 여기에는 두 가지 이유가 있다. 우선 거시경제학자 그리고 이들의 조언에 의존하는 정책 당국자는 아는 것이 별로 많지 않다는 것이며, 아울러 그에 따라 하는 일도 많아서는 안 된다는 것이다. 각 부분을 나누어서 살펴보자.

거시경제학자가 실제로 얼마나 알고 있는가

거시경제학자는 암을 다루는 의사와 같다. 아는 것도 많지만, 모르는 것도 많다.

실업률이 높아 중앙은행이 경제활동을 촉진하기 위해 통화정책의 사용을 고려하는 상황을 생각해보자. 이자율을 인하할 여지가 있다고 하자. 다시 말해 경제가 유동성 함정(4장)에 놓일 때 어떤 정책을 사용해야 하는지와 같은 훨씬 더 어려운 문제는 잠시 뒤로 하자. 중앙은행이 통제하는 이자율 인하로부터 산출 증가까지의 일련의 연결관계, 즉 이자율을 인하해야 할지 여부와 얼마나 인하할지와 관련해 중앙은행이 직면하는 모든 질문을 생각해보자.

- 현재의 높은 실업률은 자연실업률을 상회하는 것일까, 아니면 자연실업률이 높아져서일까?(7장)
- 만약 실업률이 자연실업률에 가깝다면, 이자율 인하가 자연실업률 이하로 실업률을 감소시키고 인플레이션을 심화시킬 중대한 위험은 없을까?(9장)
- 정책 이자율의 하락은 장기 이자율에 어떤 효과를 낳을까?(14장) 주가는 얼마나 상승할까?(14장) 통화가치는 얼마나 절하될까?(19, 20장)
- 낮아진 장기 이자율과 높아진 주가가 투자와 소비지출에 영향을 미치는 데 얼마나 오랜 시간이 소요될까?(15장) 환율 절하는 무역수지를 얼마나 개선할까?(18장) 이들 효과가 지나치게 늦게 실현되어 경제가 이미 회복된 뒤일 위험성은 얼마나 될까?

이 질문들을 평가하는 데 있어 중앙은행 또는 일반적으로 거시경제정책 당국자들이 진공상태에서 업무를 보는 것은 아니다. 특히 이들은 거시계량경제 모형에 의존한다. 이 모형에서 방정식들은 이들 개별 연결관계가 과거에 어떻게 보여 왔는지를 보여준다. 그러나 모형이 달라지면 답도 달라진다. 모형의 구조와 방정식, 변수가 달리 구성되기 때문이다.

그림 21-2는 이러한 다양성의 예를 보여준다. 이 예는 IMF가 조율하는 진행 중인 연구에서 비롯하며, 10개의 주요 거시계량경제 모형에 유사한 질문에 답하도록 했다. 미국 정책이자율이 2년 동안 100베이시스포인트(1%) 하락할 경우 그 파급효과를 추적하라.

이 모델 중 세 가지는 중앙은행에서 개발·사용되어 왔다. 4개는 IMF나 OECD와 같은 국제기구에서 개발·사용되어 왔으며, 3개는 학술기관이나 일반기업에서 개발·사용되어 왔다. 이들은 대체로 비슷한 구조를 가지고 있는데, 이 책에서 우리가 발전시킨 *IS-LM-PC* 체계를 상세하게 확대한 것으로 생각할 수 있다. 그러나 볼 수 있듯이 이 모형들의 답은 구별된다. 응답은 1년 후 미국 산출이 평균 0.8% 증가한다는 것이지만 응답은 0.1%에서 2.1%까지 다양한다. 2년 후 미국 산출은 평균 1.0% 증가하고, 범위는 0.2%에서 2%까지 다양하다. 간단히 말해 이 모델들이 제공한 답의 범위를 기준으로 불확실성을 측정한다면, 정책효과에는 실제로 상당한 불확실성이 존재한다.

◀ 이는 비교적 간단한 실험이다. 심각한 금융위기를 겪고 있는 나라에서 이 같은 질문을 하는 것을 생각해보자 : 금리 변화는 금융 시스템, 투자자들의 리스크 인식 등에 어떤 영향을 미칠까?

불확실성을 고려할 때 정책 당국자는 제약되어야 하는가

정책효과에 관한 불확실성이 정책 당국자의 활동을 축소시킬 이유가 될 수 있을까? 일반적으로 답은 '그렇다'이다. 방금 살펴본 시뮬레이션에 기초해 다음의 예를 고려하자.

경제가 경기침체에 놓여 있다고 하자. 실업률은 6%이고 중앙은행은 산출 증가를 위해 통화정책을 사용하려 한다. 정책효과에 대한 불확실성에 집중하기 위해 중앙은행은 다른 모든 것에 대해서는 확실히 알고 있다고 하자. 자신의 예측치에 기초할 경우 통화정책의 변화가 없다면 다음 해 실업률은 여전히 6%일 것임을 안다고 하자. 중앙은행은 자연실업률이 4%라는 것을 알고 있고, 따라서 실업률이 자연율보다 2% 높다는 것을 알고 있다. 그리고 오쿤의 법칙으로부터 1년간 경제성장

그림 21-2

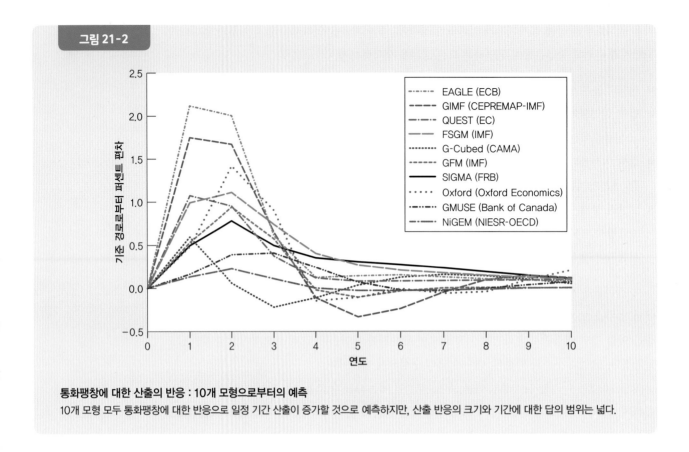

통화팽창에 대한 산출의 반응 : 10개 모형으로부터의 예측
10개 모형 모두 통화팽창에 대한 반응으로 일정 기간 산출이 증가할 것으로 예측하지만, 산출 반응의 크기와 기간에 대한 답의 범위는 넓다.

물론 현실 세계에서 중앙은행은 이 중 어떤 것도 확실히 알지 못한다. 단지 추정만을 할 수 있을 뿐이다. 중앙은행은 자연실업률의 정확한 값이나 오쿤의 법칙의 계수를 알지 못한다. 이와 같은 불확실성을 낳는 원인들을 도입하면 위의 기본적 결론이 강화될 것이다.

▶ 률이 1% 높아지면 실업률은 0.4% 감소한다는 것을 알고 있다.

이러한 가정하에서 중앙은행이 통화정책을 사용해 다음 해에 5% 더 높은 성장률을 달성할 수 있다면 지금부터 1년 후 실업률은 0.4×5% = 2%만큼 낮아져 자연실업률 4%로 되돌아갈 것임을 알고 있다. 그러나 중앙은행은 정책이자율을을 얼마나 인하해야 하는가?

그림 21-2에서 모형들이 제공하는 응답의 평균을 취하면 정책이자율이 1% 감소하면 산출은 첫해에 0.8% 증가한다. 중앙은행이 이 평균적 관계가 **확실하게** 성립하는 것으로 받아들인다고 하자. 이 경우 중앙은행이 취해야 할 조치는 단순하다. 실업률을 1년 안에 자연율로 돌리기 위해서는 경제성장률이 5% 더 필요하다. 5%의 경제성장률을 위해서는 중앙은행이 정책이자율을 5%/0.8% = 6.25% 인하해야 할 필요가 있다. 중앙은행은 따라서 정책이자율을 6.25%만큼 인하해야 한다. 경제의 반응이 10개 모형에서 얻은 **평균** 반응과 일치한다면, 이러한 정책이자율의 인하는 경제를 연말에 자연실업률로 복귀시킬 것이다.

중앙은행이 실제로 정책이자율을 6.25%만큼 인하했다고 하자. 그러나 이제 그림 21-2에서 상이한 모형의 반응 범위로 측정한 불확실성을 고려하자. 정책이자율 1% 인하에 대한 산출의 반응 범위는 0.1~2.1%로 다양하다. 이는 정책이자율 인하 시 산출의 반응이 모형별로 0.625%(0.1×6.25%)

에서 13.1%(2.1×6.25%)까지 달리 나타난다는 것을 의미한다. 이러한 산출 수치는 0.25%(0.4×0.625%)~5.24%(0.4×13.1%)의 실업 감소를 의미한다. 즉 실업률은 1년 후 0.76%(6%−5.24%)와 5.75%(6%−0.25%) 사이가 될 수 있다!

결론은 명확하다. 통화정책의 산출에 대한 효과의 불확실성을 고려할 때 정책이자율을 6.25% 인하하는 것은 무책임할 수 있다. 이자율의 산출에 대한 효과가 10개 모형 중 하나가 시사하는 것처럼 강하다면 연말의 실업률은 자연실업률을 3.24%(4%−0.76%) 밑돌 수 있으며 막대한 인플레이션 압력을 낳을 수 있다. 이러한 불확실성을 고려할 때 중앙은행은 6.25%보다 훨씬 작은 규모로 이자율을 인하해야 한다. 예를 들어 이자율을 3%로 인하하면 1년 뒤 실업률의 범위를 5.9%에서 3.5%로 만드는데 이것이 분명히 더 안전한 범위로 볼 수 있는 결과이다.

이 예는 복합적 불확실성(multi-plicative uncertainty)이라는 개념에 의존한다 : 정책의 효과가 불확실하므로 보다 적극적인 정책은 불확실성을 높인다. 다음을 참조하라 : William Brainard, "Uncertainty and the Effectiveness of Policy," *American Economic Review*, 1967, 57(2): pp. 411 –425.

불확실성과 정책 당국자에 대한 제약

요약해보자. 거시경제정책의 효과에는 상당한 불확실성이 존재한다. 이러한 불확실성에 비추어 볼 때 정책 당국자는 더 주의 깊어야 하며 덜 적극적인 정책을 사용해야 한다. 정책은 오래 끄는 경기침체를 피하고 경기활황을 완화하고, 인플레이션 압력을 피하는 더 광범위한 목표를 추구해야 한다. 실업이 증가하거나 인플레이션이 높아질수록 정책은 보다 적극적이어야 한다. 한 가지 예는 전례 없는 통화·재정정책 변화로 대공황 중이던 1930년대의 상황이 반복되는 것을 피할 수 있었던 2008~2009년의 경기침체이다. 그러나 정상적 시기에 거시경제정책은 실업률이나 경제성장률을 달성하려는 **미세조정**(fine tuning)에도 미치지 못하는 수준에서 멈추어야 한다.

이 결론들은 20년 전에는 논쟁거리였다. 당시 두 집단의 경제학자들이 열띤 논쟁을 벌였다. 시카고대학교의 프리드먼이 주도하는 한 집단은 장기의 변동하는 시차 때문에 적극적인 정책은 좋은 일보다는 나쁜 일을 더 많이 할 가능성이 높다고 주장했다. MIT의 모딜리아니가 주도하는 다른 집단은 당시 첫 세대에 해당하는 대규모 거시계량 모형을 막 구축했고 경제학자의 지식이 경제에 대한 점증적인 미세조정을 허용하기에 충분할 정도로 개선되고 있다고 믿었다. 오늘날 대부분의 경제학자는 정책효과에 상당한 불확실성이 존재한다고 인식하고 있다. 아울러 이러한 불확실성이 덜 적극적인 정책으로 이어져야 한다는 점도 받아들이고 있다. 또한 2008~2009년과 같은 특별한 상황을 제외하고는 불확실성 때문에 덜 적극적인 정책을 사용해야 한다.

프리드먼과 모딜리아니는 15장에서 보았던 현대 소비이론을 독립적으로 발전시켰던 바로 그 경제학자들이다.

그러나 지금까지 발전시킨 것은 정책 당국자 스스로의 **자율적 제약**이 필요하다는 주장이지 정책 당국자에 대한 제약이 필요하다는 주장은 아니었다. 만약 정책 당국자가 불확실성이 던져주는 시사점을 이해한다면 그리고 이들이 이해하시 못할 특별한 이유도 없다면 정책 당국자 스스로 덜 적극적인 정책을 따라야 한다. 통화 증가율을 일정하게 하거나 정부예산이 균형을 이루어야 한다는 등의 추가적인 제약을 부과해야 할 이유는 없다. 이제 정책 당국자에 대한 제약이 필요하다는 주장을 살펴보자.

거시경제정책의 결과가 불확실한 이유 중 하나는 정책과 기대 간의 상호작용이다. 어떻게 정책이 작동하고 또 제대로 작동하는지 여부는 현재의 변수들에 어떤 영향을 미치는지뿐만 아니라 미래에 대한 기대에 어떻게 영향을 미치는지에도 의존한다(이는 16장의 주요 주제였다). 정책에 있어서 기대의 중요성은 정책효과에 관한 불확실성을 넘어선다. 이는 게임에 대한 논의로 이어진다.

30년 전까지만 해도 거시경제정책은 복잡한 기계의 통제와 마찬가지 방식으로 보였다. 로켓을 통제하고 가이드하기 위해 처음 개발된 **최적 통제**(optimal control)의 기법이 점증적으로 거시경제정책 설계에 사용되었다. 경제학자들은 이제 더는 이런 방식으로 생각하지 않는다. 경제는 근본적으로 기계와 다르며 매우 복잡한 기계와도 다르다는 것은 분명해졌다. 기계와 달리 경제는 정책 당국자가 무엇을 하려 하는지 예측하려 하고 현재의 정책뿐만 아니라 미래 정책에 대한 기대에도

기계조차도 더 똑똑해지고 있다. 1968년 영화 〈2001 스페이스 오디세이〉의 로봇 HAL은 우주선에서 인간이 무엇을 할 것인지를 예측하기 시작한다. 그 결과는 그리 행복한 것은 아니다(영화를 보라).

반응하는 가계와 기업으로 구성된다. 따라서 거시경제정책은 정책 당국자와 '경제'보다 구체적으로 경제 내 가계와 기업 간의 **게임**(game)으로 간주되어야 한다. 따라서 정책을 생각할 때 필요한 것은 **최적 통제이론**(optimal control theory)이 아니라 **게임이론**(game theory)이다.

경고 : 경제학자가 '게임'을 얘기할 때는 '오락'을 의미하지 않으며, **참여자**(player) 간 **전략적 상호작용**(strategic interaction)을 의미한다. 거시경제정책의 맥락에서 참여자들의 한쪽에는 정책 당국자가 위치하고 다른 쪽에는 사람과 기업이 위치한다. 전략적 상호작용은 명확하다. 사람과 기업이 무엇을 하는지는 정책 당국자가 무엇을 할 것으로 기대하는지에 의존한다. 거꾸로 정책 당국자가 무엇을 하는지는 경제에서 어떤 일이 발생하는지에 의존한다.

게임이론은 경제학자에게 많은 통찰을 제공하며 진행되는 게임의 속성을 이해하게 되면 분명히 이상한 행태가 어떻게 의미를 가질 수 있는지도 종종 설명한다. 이러한 통찰 중 하나가 정책 당국자에 대한 제약을 논의하는 데 있어 중요하다. 게임에서 때때로 선택 가능한 옵션 중 일부를 포기함으로써 좀 더 나은 성과를 거둘 수 있다. 왜 그런지 살펴보기 위해 경제학을 벗어나 인질범에 대한 정부 정책의 예에서 시작해보자.

게임이론은 모든 경제학 분야에서 중요한 수단이 되고 있다. 1994년과 2005년 노벨 경제학상은 게임이론가에게 주어졌다. 1994년 노벨 경제학상은 프린스턴대학교의 내쉬(John Nash), 버클리대학교의 하사니(John Harsanyi), 독일의 젤텐(Reinhard Selten)이 수상했다(내쉬의 삶은 영화 〈뷰티풀 마인드〉에 묘사되어 있다). 2005년에는 이스라엘의 오먼(Robert Aumann)과 하버드대학교의 셸링(Tom Schelling)이 수상했다.

인질과 협상

대다수 정부는 인질범과 협상하지 않을 것이라는 공개적 정책을 갖고 있다. 이러한 공개적 정책이 존재하는 이유는 분명하다. 애당초 인질을 매력적이지 못하게 함으로써 인질 범죄를 단념시키고자 하는 것이다.

예를 들어 공표된 정책에도 불구하고 어떤 사람이 인질로 잡혔다고 하자. 어쨌든 인질 상황이 발생했으므로 협상을 안 할 이유가 어디 있는가? 인질범이 요구하는 어떤 보상도 대안, 즉 인질이 살해될 가능성보다는 더 좋을 것이다. 따라서 최선의 정책은 다음처럼 보일 것이다 : 공개된 정책에서는 협상하지 않을 것으로 한다. 그러나 실제로 인질 상황이 발생하면 협상하라.

그러나 다시 생각해보면 사실 이는 정말 나쁜 정책일 것이다. 인질범의 결정은 발표된 정책에 의존하지 않고, 인질을 잡았을 때 실제로 어떤 일이 발생할 것인지에 대한 기대에 의존한다. 만약 협상이 가능할 것임을 안다면, 인질범은 공표된 정책이 무의미하다고 제대로 파악할 것이다. 그리고 인질 상황이 실제로 발생할 것이다.

그렇다면 최선의 정책은 무엇일까? 실제 인질 상황이 발생해도 협상에 나서지 않는 것이 통상 더 나은 결과로 이어진다. 최선의 정책은 정부가 협상하지 않는다는 공약을 지키는 것이다. 협상의 옵션을 포기함으로써 정부가 처음부터 인질 상황을 방지할 가능성이 높아진다.

이제 인플레이션과 실업의 관계에 기초한 거시경제 사례로 돌아가자. 여기에도 동일한 논리가 담겨 있다.

인플레이션과 실업의 재고찰

8장에서 유도했던 인플레이션과 실업의 관계를 다시 생각해보자[아래 식은 (8.10)에서 단순화를 위해 시간첨자를 생략한 것이다].

$$\pi = \pi^e - \alpha(u - u_n) \tag{21.1}$$

인플레이션 π는 기대인플레이션 π^e, 실제 실업률 u와 자연실업률 u_n 간의 차이에 의존한다. 계수 α는 기대인플레이션이 일정할 때 실업률의 인플레이션에 대한 효과를 포착한다. 실업률이 자연율을 넘어서면 인플레이션율은 기대치보다 낮아지며, 실업률이 자연율을 밑돌면 인플레이션율은 기대치보다 높아진다.

이제 중앙은행이 0%의 인플레이션율 목표($\bar{\pi} = 0$)와 일관성 있는 통화정책을 추진하기로 발표했다고 하자. 사람들이 이 발표를 믿는다는 가정하에서 임금계약에 담긴 기대인플레이션율(π^e)은 0%이고 중앙은행은 실업과 인플레이션의 다음과 같은 관계에 직면한다.

$$\pi = -\alpha(u - u_n) \tag{21.2}$$

만약 중앙은행이 발표한 정책을 계속 따른다면 자연율과 동일한 실업률을 선택할 것이다. 식 (21.2)에서 중앙은행이 발표했고 사람들이 기대했던 것처럼 인플레이션율은 0이다.

자연율에 일치하는 실업률과 0%의 인플레이션율을 달성하는 것은 나쁘지 않은 성과이다. 그러나 중앙은행은 실제로 이보다 훨씬 더 좋은 성과를 낼 수 있는 것처럼 보인다.

■ 이 계산을 위해 α를 0.5라고 가정하자. 식 (21.2)는 중앙은행이 1%의 인플레이션율을 수용함으로써 실업률을 자연실업률보다 1%/0.5 = 2% 낮출 수 있다는 것을 시사한다. 중앙은행과 다른 경제주체들은 이 상충관계를 매력적인 것으로 간주해 1%의 인플레이션율과 교환해 실업률을 2% 감소시키기로 결정했다고 하자. 게임이론에서 다른 참여자가 일단 행동을 한 뒤에(이 경우에는 임금 설정자들이 임금을 일단 결정한 뒤에) 발표한 정책으로부터 벗어나려는 이러한 동기

이 사례는 카네기멜론대학교의 키들랜드(Finn Kydland)와 당시 미네소타대학교(현재 애리조나주립대학교)에 있는 프레스콧(Edward Prescott)이 다음에서 발전시킨 것이다: "Rules Rather than Discretion:The Inconsistency of Optimal Plans," *Journal of Political Economy*, 1997 85(3) pp. 473-492. 키들랜드와 프레스콧은 2004년에 노벨경제학상을 수상했다.

기억을 되살려보자. 노동시장 여건과 물가에 대한 기대가 일정할 때 기업과 노동자는 명목임금을 설정한다. 지불해야 할 명목임금이 결정된 뒤 기업은 가격을 결정한다. 따라서 물가는 기대물가와 노동시장 여건에 의존한다. 마찬가지로 인플레이션은 기대인플레이션과 노동시장 여건에 의존한다. 식 (21.1)은 이를 포착하고 있다.

단순화를 위해 중앙은행이 실업 그리고 그에 따라 인플레이션율을 정확히 결정할 수 있다고 가정한다. 그렇게 함으로써 정책의 효과에 대한 불확실성을 무시할 수 있다. 이것은 21-1절의 주제였지만 여기서는 중요한 문제가 아니다.

자연실업률은 어떤 의미에서든 자연적이지도 않고 최고도 아니라는 점을 기억하자.(7장 참조) 연준을 비롯한 경제계 모두가 자연실업률보다 낮은 실업률을 선호하는 것이 합리적일 수 있다.

는 최적 정책의 **동태적 비일관성**(time inconsistency)으로 알려져 있다. 이 예에서 중앙은행은 목표 인플레이션율을 0%로 두겠다는 공표된 정책에서 벗어남으로써 현재의 성과를 개선할 수 있다. 약간의 인플레이션을 감수함으로써 실업률의 상당한 감소를 달성할 수 있다.

■ 불행히도 이야기는 여기에서 끝나지 않는다. 중앙은행이 약속한 것 이상으로 통화를 증가시켰음을 알고 난 후 임금 설정자들은 현명해져 1%의 양의 인플레이션을 기대하기 시작할 것이다. 만약 중앙은행이 여전히 자연율보다 2% 낮은 실업률을 달성하려 한다면 기대가 변했기 때문에 2%의 인플레이션율을 달성해야 할 것이다. 1%의 인플레이션은 더 낮은 실업을 유지하기에는 더 이상 충분하지 않다. 그러나 중앙은행이 실제로 2%의 인플레이션율을 달성하면 임금 설정자들은 자신의 기대인플레이션율을 더 높일 것이며 이러한 과정은 계속 반복된다.

■ 최종 결과는 높은 인플레이션율일 것이다. 임금 설정자는 중앙은행의 동기를 이해하기 때문에 기대인플레이션은 실제 인플레이션을 따라잡을 것이다. 그 결과 경제에는 중앙은행이 공표한 정책을 그대로 따를 경우 나타났을 실업률과 동일한 실업률이 나타나겠지만 인플레이션율은 **훨씬 더 높아진다.** 간단히 말해 상황을 개선하려는 중앙은행의 노력은 결국 상황을 더 악화시킨다.

이 예는 얼마나 현실성이 있을까? 매우 현실성 있다. 8장으로 돌아가보자. 필립스 곡선의 역사와 1960, 1970년대의 인플레이션율 상승이 바로 중앙은행이 실업률을 자연율 아래에서 유지하려는 시도에서 비롯했음을 읽을 수 있으며, 이로 인해 기대인플레이션율은 상승을 거듭했고 실제 인플레이션율 역시 상승을 거듭했다. 이 점에서 원래의 필립스 곡선의 이동은 중앙은행의 행태에 대한 임금 설정자의 기대 조정으로 간주할 수 있다.

그렇다면 이 경우 중앙은행이 따라야 할 최선의 정책은 무엇일까? 실업률을 자연율 아래로 하락시키지 않을 것이라는 신뢰성 있는 약속을 하고 이를 지켜야 한다. 발표된 정책으로부터 벗어나는 옵션을 포기함으로써 중앙은행은 자연율과 동일한 실업률과 0의 인플레이션율을 달성할 수 있다. 인질의 예와의 유사성은 분명하다. 상황이 실제로 발생했을 당시에 바람직할 것으로 보이는 일을 하지 않을 것이라고 신뢰성 있게 약속하고, 또 이를 실제로 따름으로써 정책 당국자는 더 나은 결과를 달성할 수 있다. 앞서의 예에서 인질 범죄 소멸은 여기서 인플레이션 소멸에 해당한다.

신뢰성 확립

어떻게 중앙은행은 자신이 발표한 정책으로부터 이탈하지 않을 것이라는 점을 신뢰성 있게 약속할 수 있을까?

신뢰성을 확립하는 한 가지 방법은 중앙은행이 자신의 정책 결정 권한을 포기하거나 법률에 의해 불가능하게 하는 것이다. 예를 들어 중앙은행이 따라야 할 준수사항을 단순한 규칙에 의해 법률로 정의할 수 있다. 명목통화 증가율을 영원히 0%로 설정하는 것이 이 규칙의 예다. (20장에서 논의했듯이 대안으로 통화위원회나 심지어 달러라이제이션과 같이 완전고정환율제도를 수용하는 방법도 있다. 이 경우 중앙은행은 어떤 상황에서도 이자율을 해외이자율과 일치하도록 유지해야 한다.)

이 법률은 분명히 동태적 비일관성 문제를 해소할 것이다. 그러나 이로 인한 엄격한 제약은 빈대를 잡으려 초가삼간을 태우는 것에 가깝다. 자연율 아래로 실업률을 떨어뜨리기 위해 중앙은행이 지나치게 높은 통화 증가율을 추구하는 것은 바람직하지 않다. 중앙은행은 21-1절에서 논의했던 제약하에서 실업률이 자연율을 크게 넘어설 때 통화공급을 늘려 정책이자율을 낮추고, 자연율을 크게 밑돌 때 통화공급을 줄여 정책이자율을 높이는 것이 바람직하다. 통화 증가율을 일정하게 유지해야 하는 경우 이 행동은 불가능하다. 실제로 동태적 비일관성 문제를 다룰 수 있는 더 나은 방법이 있다. 앞서의 논의는 통화정책의 경우 문제를 다루는 다양한 방법이 있음을 말해준다.

1단계는 중앙은행을 독립적 기관으로 만드는 것이다. **독립적 중앙은행**(independent central bank)이란 현재 선출된 정치인의 영향력으로부터 독립적으로 이자율과 통화공급에 대한 결정이 이루어지는 중앙은행을 말한다. 빈번한 재선을 치러야 하는 정치인들은 후에 인플레이션을 심화시키더라도 지금 당장 실업률을 낮추려 할 가능성이 높다. 중앙은행이 독립적으로 행동하게 하고 정치인들이 중앙은행장을 해임하는 것을 어렵게 만든다면, 중앙은행이 실업률을 자연율 아래로 하락시키도록 요구하는 정치적 압력에 저항하는 것이 더 쉬워질 것이다.

그러나 이것만으로는 충분하지 않다. 중앙은행이 정치적 압력에 종속되지 않는다고 해도 중앙은행은 여전히 실업률을 자연율 아래로 하락시키려는 유혹에 빠질 수 있다. 그렇게 한다면 단기에는 더 나은 성과가 생겨날 것이다. 따라서 2단계는 중앙은행이 장기적 시야를 갖도록, 즉 인플레이션율 상승으로 인한 장기적 비용을 고려하도록 유인하는 것이다. 이렇게 하는 한 가지 방법이 중앙은행장의 임기를 장기화하는 것이다. 그렇게 함으로써 중앙은행은 장기적 시야를 가지며 동시에 신뢰성을 구축하려 하는 유인을 가질 수 있다.

3단계는 '보수적', 즉 인플레이션을 아주 싫어하며 자연율에 이미 도달한 실업률을 더 낮추려고 인플레이션의 악화를 감수하는 경향이 약한 중앙은행장을 임명하는 것이다. 경제가 자연율에 있을 때 보수적인 중앙은행장은 통화팽창을 감행하려는 유혹에 덜 빠질 것이다. 따라서 동태적 비일관성의 문제는 완화된다.

이상은 많은 국가가 지난 20년간 취해 왔던 조치들이다. 중앙은행에게 더 많은 독립성이 주어지고 있고 중앙은행장의 임기는 늘어났다. 그리고 정부는 통상 정부 자체보다 더 '보수적인', 즉 정부보다 인플레이션을 더 우려하고 실업에 대해서는 덜 우려하는 중앙은행장을 임명했다. (초점상자 '블라인더가 진실을 말한 것이 잘못인가?'를 참조하라.)

이러한 조치는 성공적이었을까? 그림 21-3은 중앙은행의 독립성을 강화하는 것이 최수한 인플레이션을 낮추는 데 있어 성공적이었음을 보여준다. 수직축은 1960~1990년 기간 중 18개 OECD 국가의 연평균 인플레이션율이다. (오늘날 대다수 중앙은행은 최소한 공식적으로 독립적이다.) 수평축은 정부가 중앙은행장을 해임할 수 있는지와 어떻게 해임하는지 등 중앙은행법상의 법률적 조항들을 토대로 구축한 '중앙은행의 독립성' 지수의 크기를 나타낸다. 이들 두 변수 간에는 회귀선이 요약하듯이 눈에 띄는 역의 관계가 존재한다. 즉 중앙은행의 독립성이 높을수록 인플레이션

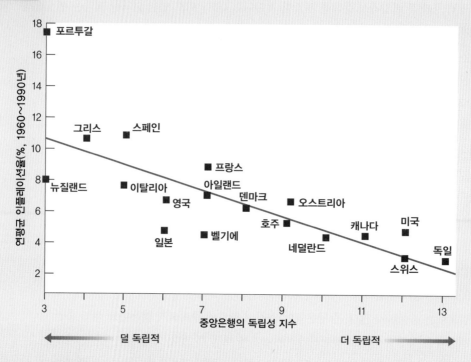

그림 21-3

인플레이션과 중앙은행의 독립성

OECD 국가들의 경우 중앙은행의 독립성이 높을수록 인플레이션율이 낮다.

출처 : Vittorio Grilli, Donato Masciandaro, and Guido Tabellini, "Political and Monetary Institutions and Public Financial Policies in the Industrial Countries," *Economic Policy*, 1991, 6(13): pp. 341-392.

주의 : 그림 21-3은 상관관계를 보이지만 반드시 인과관계를 나타내는 것은 아니다. 인플레이션을 싫어하는 국가는 중앙은행장에게 더 많은 독립성을 주고 더 낮은 인플레이션을 갖는 경향이 있기 때문이다. (이는 이 책 끝부분의 부록 3에서 논의한 상관관계와 인과관계의 차이를 보여주는 또 다른 예이다.)

▶ 율은 체계적으로 낮아지는 것으로 나타나고 있다. 메커니즘은 다음과 같다 : 중앙은행의 독립은 발표된 인플레이션 목표를 더욱 신뢰할 수 있게 만든다. 이로 인해 인플레이션 기대치가 발표된 목표치에 근접해서 유지되고, 이는 다시 중앙은행이 목표치를 달성하기 쉽게 만든다. 그러나 8장에서 신뢰 구축이 하루아침에 이루어지지 않는다는 것을 살펴본 바 있다. 연준은 일찍이 1980년대 초반에 낮은 인플레이션을 약속했지만, 1990년대 중반에 들어서야 인플레이션 기대치가 목표 인플레이션율에 고정되었다.

동태적 비일관성과 정책 당국자에 대한 제약

이 절에서 학습한 내용을 정리해보자.

　　동태적 비일관성 문제에 기초해 정책 당국자에게 제약을 가해야 한다는 주장을 검토했다.

　　동태적 비일관성 문제가 생겨날 때 정책 당국자에 대한 엄격한 제약, 예를 들어 통화정책의 경

블라인더가 진실을 말한 것이 잘못인가?

1994년 여름, 빌 클린턴 대통령은 프린스턴대학교의 경제학자 블라인더(Alan Blinder)를 연방준비위원회 부의장(의장에 이어 2위 자리에 해당)에 임명했다. 몇 주 후에 블라인더는 경제 컨퍼런스에서 연설을 하면서 연준은 실업률이 높을 때 통화정책을 사용해 경제가 회복되도록 도울 수 있는 책임과 능력을 모두 가진다는 자신의 믿음을 나타냈다. 문제는 이러한 발언이 잘못 받아들여졌다는 데 있었다. 채권가격은 하락했고 많은 신문이 블라인더에 대해 비판적인 사설을 게재했다.

왜 시장과 신문의 반응은 그렇게 부정적이었을까? 분명히 블라인더가 잘못된 것은 아니었다. 통화정책은 경제가 경기침체에서 벗어나도록 도울 수 있고 또 그렇게 해야 한다는 것에는 의문의 여지가 없다. 사실상 1977년 연방준비은행법은 연준으로 하여금 낮은 인플레이션율뿐만 아니라 완전고용도 도모하라고 요구하고 있다.

본문에서 발전시켰던 주장을 기준으로 볼 때 블라인더는 자신이 보수적인 중앙은행인이 아니며 인플레이션뿐만 아니라 실업에도 유념한다는 것을 직접 말로 나타냈기 때문에 반응이 부정적이었던 것이다. 당시 실업률이 자연실업률로 여겨졌던 수준에 근접한 6.1%였으므로 시장은 블라인더의 표현을 블라인더가 실업률을 자연율 이하로 하락시키길 원한다는 것으로 해석했다. 결과적으로 기대인플레이션이 상승해 이자율은 상승했고 채권가격은 하락했다.

이 이야기의 교훈은 이렇다. 중앙은행인은 자신이 가진 견해가 무엇이든 간에 상관없이 보수적으로 비추어져야 하고 보수적으로 들리도록 노력해야 한다는 것이다. 이것이 바로 많은 중앙은행장이 심지어 단기에서조차도 실업과 인플레이션 간 상충관계의 존재를 인정하는 것을 최소한 공개적으로 주저하는 이유이다.

우 고정된 통화 증가율을 유지하는 것과 재정정책의 경우 균형예산을 유지하는 것과 같은 제약은 대체적인 해결책을 제공할 수 있다. 그러나 이 해결책은 거시경제정책을 사용할 수 없게 만들기 때문에 상당한 비용을 수반한다. 통상적으로 더 나은 해결책은 독립적인 중앙은행이나 예산절차의 개선과 같이 동태적 비일관성 문제를 완화할 수 있도록 더 나은 제도를 설계하고 이와 동시에 산출 안정화를 위한 정책의 사용을 허용하는 것이다. 그러나 이는 실행에 옮기는 것이 쉽지 않다.

21-3 정치와 정책

지금까지는 정책 당국자가 박애적이라고, 즉 경제에 최선인 것을 도모한다고 가정했다. 그러나 상당히 공개적으로 이 가정은 도전받고 있다. 정치인이나 정책 당국자는 자신을 위해서는 최선이지만 국가를 위해서는 항상 최선이라고 할 수 없는 것을 추구한다.

여러분도 이런 주장을 들은 적이 있을 것이다. 정치인은 어려운 의사결정을 회피하며 유권자의 비위를 맞추고, 파벌정치는 교착상태를 낳으며 아무것도 되는 것이 없다. 민주주의의 결함을 논하는 것은 이 책의 범위를 크게 넘어선다. 여기서 할 수 있는 것은 이러한 주장이 거시경제정책에 어떻게 적용되는지를 간단히 검토하고, 실증적 증거에 기초해 정책 제약의 문제에 대한 시사점을 살펴보는 것이다.

정책 당국자와 투표자 간의 게임

거시경제에 관한 많은 정책 결정이 단기적 손실과 장기적 이득 간 상충관계 또는 역으로 단기적 이득과 장기적 손실 간 상충관계를 동반한다.

예를 들어 세금 인하의 경우를 보자. 정의에 따라 세금 인하는 현 시점에서의 세금 인하를 가져온다. 아울러 세금 인하는 경제활동 증가로 이어져 결과적으로 일정 기간 세전 소득의 증가를 낳는다. 그러나 세금 인하가 동일 규모의 정부지출 감소에 의해 상쇄되지 않는 한 재정적자 증가를 낳고 미래에 세금 인상의 필요성을 낳는다. 만약 유권자가 단기에 집착한다면, 정치인은 세금 인하의 유혹을 거부할 수 없을 것이다. 최소한 정부부채가 과도해 정치인들이 구체적 조치를 취하는 것에 두려움을 느끼지 않는 한 정치 상황은 체계적인 재정적자를 낳을 수 있다.

이제 세금에서 일반적인 거시경제정책으로 관심을 돌려보자. 다시 한 번 유권자가 단기에 집착한다고 가정하자. 정치인의 주요 목표가 유권자를 만족시켜 재선되는 데 있다면 선거 이전에 총수요를 확대해 성장률 상승과 실업률 하락을 도모하는 것보다 더 좋은 정책이 어디 있는가? 사실 잠재성장률을 초과해 성장하는 것은 지속될 수 없으며, 결국 경제는 잠재산출 수준으로 되돌아가야 한다. 현 시점에서의 성장률 상승은 미래 시점에서의 성장률 하락으로 이어질 수밖에 없다. 그러나 적절한 타이밍과 단기에 집착하는 유권자가 결합하면 높은 성장과 세금 인하가 선거에서의 승리를 가져온다. 따라서 선거 후보가 선거 전에 평균적으로 성장률이 높아지는 분명한 **정치적 경기**

◀ 9장에서 통화정책이 단기에 산출을 높이는 데 사용되지만, 중기에 있어 산출은 잠재산출 수준으로 복귀하고 실업률은 자연실업률 수준으로 복귀한다는 점을 보았다.

▶ **변동**(political business cycle, 선거가 발생시키는 경제변동)을 기대할 수 있는 것이다.

여러분은 이런저런 형태로 이런 논의를 과거에 들어 본 적이 있을 것이다. 그리고 이들의 주장은 그럴듯해 보인다. 문제는 이들이 얼마나 사실과 잘 맞아떨어지는지다.

우선 재정적자와 부채를 살펴보자. 위에서의 주장은 재정적자와 높은 정부 부채가 항상 있어 왔고 앞으로도 항상 존재할 것임을 예상하게 만든다. 1900년 이래 미국에서 GDP 대비 정부부채 비율의 추이를 보여주는 그림 21-4는 현실이 이보다 훨씬 복잡함을 보여준다.

먼저 1900~1980년까지 GDP 대비 부채 비율의 추이를 살펴보자. 그림에서 음영 처리된 부분은 부채가 크게 누적되었던 시기로, 이들 각각은 특별한 상황과 관련된다. 첫 번째 누적기는 제1차 세계대전, 두 번째는 대공황기, 세 번째는 제2차 세계대전에 해당한다. 이 시기는 비정상적으로 높은 군비 지출이 있었거나 산출이 비정상적으로 위축되었던 시기였다. 이들 세 시기 각각은 모두 유권자를 만족시키기 위한 것보다는 불리한 상황이 대규모 재정적자와 그에 따른 부채 증가를 낳았음을 보여준다. 아울러 각 경우에 있어 어떻게 부채의 누적이 부채의 지속적인 감소로 이어지고 있는지 주목하자. 특히 1946년 120%까지 높아졌던 GDP 대비 부채 비율이 지속적으로 낮아져 1981

재정적자, 부채, 부채/GDP 비율의 추이 간 정확한 관계는 22장에서 자세히 살펴본다. 여기서는 재정적자가 부채 증가를 낳는다는 것을 아는 것만으로도 충분하다.

▶ 년에 전후 가장 낮은 31%까지 감소했다.

그림 21-4

1900년 이후 GDP 대비 미국 국채 비율의 추이

1900년 이래 부채가 크게 누적되었던 세 경우는 제1차 세계대전, 대공황, 제2차 세계대전과 관련된다. 대조적으로 금융위기로 인한 부채의 증가를 제외하고 1980년 이후의 누적은 두 차례의 전쟁이나 부정적 경제충격에서 비롯하지 않았다.

출처 : 1900~1939년 : Historical Statistics of the United States, U.S. Census Bureau. 1939년 : FRED GFDGDPA188S(1939년에서의 시계열 단절에 주의한다.)

더 최근의 증거에 따르면 불안이 생긴다. GDP 대비 부채 비율은 2018년에 다시 105%에 도달했다. 증가한 주요 원인에는 세 가지가 있다 : 1980년대 초반 레이건 행정부의 대규모 감세, 2000년대 초반 부시 행정부의 또 다른 대규모 감세, 2008년과 2009년 금융위기로 촉발된 대규모 적자.

6장에서 보았듯이, 금융위기 동안의 대규모 적자는 거시경제적 이유로 대부분 정당화되었다. 적자를 감수하지 않았다면 경기침체가 훨씬 더 심했을 것이다. 그러나 두 차례의 감세는 어떻게 보아야 하는가? 근시안적인 유권자에게 영합하려는 열망에 자극받은 것일까? 아마 그렇지 않거나 적어도 주로는 아닐 것이다. 아래에서 논의되는 한 가지 동기는 나중에 지출을 삭감하라는 정치적 압력을 낳을 수 있는 적자를 만들기 위해 '야수를 굶겨 죽이는' 것이다. 다른 하나는 **공급 측면 이론**(supply side theory)에 근거한 것인데, 감세가 사람들로 하여금 더 많은 일을 하게 하고 기업의 생산성을 더 높여 미래에 더 큰 잠재산출과 세수를 가져올 것이라는 믿음에 근거한 것이다. (감세가 세수 증가로 이어지리라는 희망은 실현되지 않았고 결국 부채가 더 늘어났다.)

요컨대 냉소적인 정치인과 근시안적인 유권자의 결합이 반드시 꾸준한 적자와 높은 부채로 이어져야 한다는 단순한 가설은 사실과 맞지 않는다. 정책입안자가 선거 전에 높은 경제성장률을 시도해 재선에 성공한다는 정치적 경기순환론은 어떤가? 정치적 경기순환이 중요하다면 선거 이후

공급 측면 이론의 주요 주창자는 래퍼(Arthur Laffer)라는 경제학자였다. 1974년 그는 냅킨에 세율에 대한 세수 그래프를 그려 당시 포드 대통령을 설득했다고 한다. 그는 미국의 경우처럼 세율이 너무 높은 상황에서는 세율을 낮추는 것이 오히려 수입을 증가시킬 것이라고 주장했다.

표 21-1	민주당 행정부와 공화당 행정부하에서의 성장률(1948~2018년)				
	집권 연차				
	1년 차(%)	2년 차(%)	3년 차(%)	4년 차(%)	평균(%)
민주당	2.4	5.1	3.8	3.4	3.7
공화당	3.3	0.9	3.3	3.8	2.8
평균	2.8	3.0	3.5	3.6	3.2

출처 : Calculated using Series GDPCA, from 1948 to 2018: Federal Reserve Economic Data (FRED) https://fred.stlouisfed.org/

보다 더 빠른 성장을 기대할 수 있을 것이다. 이를 보기 위해 표 21-1은 1948년부터 2018년까지 미국 각 행정부의 4년간 평균 경제성장률을 공화당과 민주당 대통령 행정부로 구분해 제시하고 있다. 표의 마지막 행을 보자. 성장률은 실제로 행정부의 마지막 해에 평균적으로 가장 높았다. 첫해의 2.8%에 비해 3.6%에 달한다. (아래에서는 표의 또 다른 흥미로운 특징, 즉 공화당과 민주당 행정부의 차이점을 다시 볼 것이다.) 이는 선거에서 승리하기 위해 경제정책을 조작했다는 증거를 뒷받침하는 것으로 볼 수 있다.

요약 : 정책입안자들은 자신의 선거 전망에 무관심하지 않으며, 유권자는 종종 근시안적이다. 정치적 경기순환에 대한 증거는 이것이 거시경제정책의 결정에서 역할을 한다는 것을 시사한다. 그러나 부채와 적자의 진화를 설명하려면 전쟁, 위기, 특이한 경제이론, 다음 소절에서 살펴볼 정책입안자 간의 게임과 같은 다른 요인이 필요하다는 것이 분명하다.

정책 당국자 간 게임

예를 들어 여당이 정부지출을 감축하려 하지만 의회에서는 반대한다고 하자. 의회와 미래 여당에 압력을 가하는 한 가지 방법은 세금을 인하하고 적자를 허용하라는 것이다. 시간이 흐르면서 부채가 증가하고 이로 말미암은 재정적자 감소 압력의 증가는 다시 의회와 미래 여당으로 하여금 지출을 줄이도록 강제한다. 물론 이는 다른 경우라면 기꺼이 이루어졌을 리 없는 일일 것이다.

이 전략에는 '야수 굶겨 죽이기 ▶ (Starve the Beast)'라는 추한 이름이 따라붙는다.

아니면 방금 보았던 이유나 다른 이유로 인해 대규모 재정적자에 직면해 있다고 하자. 의회에서 각 정당은 적자 감축을 원하지만 감축 방법에는 일치된 의견을 보이지 못한다. 어떤 정당은 주로 세금 인상을 통해 적자를 감축할 것을 요구하지만 다른 정당은 주로 지출 감축을 통해 적자를 줄일 것을 원한다. 두 정당 모두 상대방 정당이 먼저 포기할 것이라는 희망을 하며 타협을 거부할 것이다. 부채가 충분히 증가할 경우에만 그리고 재정적자를 감축하는 것이 긴박한 경우에만 한 정당이 포기할 것이다.

게임이론가는 이 상황을 **소모전**(wars of attrition)이라 부른다. 상대방이 포기할 것이라는 희망은 장기적이고 때로는 상당한 손실을 낳는 지연을 야기한다. 이 소모전은 재정정책의 경우 종종 발생하며, 재정적자 감축은 필요한 시점에 비해 상당한 시간이 흐른 후에야 현실화된다.

소모전은 예를 들어 초인플레이션 기간 중의 다른 거시경제적 맥락에서도 발생한다. 22장에서 보겠지만 초인플레이션은 통화 증발을 통해 대규모 재정적자를 조달할 때 야기된다. 재정적자 감축의 필요성은 일찌감치 인식되지만 재정적자 소멸을 포함한 안정화 프로그램에 대한 지지는 통상 경제활동이 심각하게 영향을 받을 만큼 인플레이션율이 높아진 후에야 생겨난다.

이 게임은 1980년대 초 이후 미국에서 부채/GDP 비율의 상승을 설명하는 데 도움을 준다. 레이건 행정부가 1981~1983년까지 세금을 인하했을 때 목표 중 하나는 정부 지출의 증가 속도를 늦추는 것이었음을 의심하기 어렵다. 아울러 1980년대 중반 정책 당국자 간에 재정이 감축되어야 한다는 일반적 합의가 존재했다는 점에 대해서도 의문의 여지가 적다. 그러나 재정적자 감소가 주로 증세를 통해서 이루어질지 지출 감소로 이루어질지에 관한 민주당과 공화당 간 의견 불일치 때문에 적자 감소는 1990년대 말이 되어서야 현실화되었다. 2000년대 초반 부시 행정부의 감세에서도 같은 역학관계가 이어졌으며, 이러한 역학관계는 다시 작동할 수 있다. 트럼프 행정부의 감세는 더 큰 재정적자를 초래했다. 증세나 지출 삭감을 통해 이들이 결국 감소할지는 공화당과 민주당 간 또 다른 소모전 결과에 달려 있다.

정당 간 게임에 관한 다른 예는 여당의 교체로 야기되는 경제활동의 변동이다. 공화당은 통상 민주당보다 인플레이션에 대해 더 우려한다. 반면에 이들은 민주당보다 실업에 대해 덜 걱정한다. 따라서 공화당 행정부보다 민주당 행정부하에서 더 강한 성장세(더 낮은 실업률과 더 높은 인플레이션율)를 보일 것으로 기대할 수 있을 것이다. 이 예측은 사실과 아주 잘 맞는 것 같다. 다시 표 21-1을 보자. 평균 성장률은 공화당 행정부 동안 2.8%였던 데 비해 민주당 행정부에서는 3.7%였다. 가장 두드러진 차이는 2년 차에 있다. 민주당 행정부에서는 5.1%, 공화당 행정부에서는 0.9%였다.

이는 흥미로운 질문을 제기한다. 왜 행정부의 2년 차에 있어 이러한 효과가 그렇게 강하게 나타나는 것일까? 8장에서 발전시킨 실업과 인플레이션에 대한 이론이 한 가지 타당성 높은 가설을 제시한다. 정책의 파급효과에는 시차가 존재하기 때문에 새로운 행정부가 경제에 영향을 미치는 데는 1년의 시간이 걸린다. 그리고 정상보다 더 높은 성장률을 지나치게 장기간 유지하는 것은 인플레이션의 심화를 야기한다. 따라서 민주당 행정부라 하더라도 정권을 잡은 기간 동안 더 높은 성장률을 지속하는 것을 원치 않을 것이다. 따라서 공화당 행정부이든 민주당 행정부이든 상관없이 정권의 전반부보다 후반부에 성장률이 훨씬 더 유사할 것이다.

정치와 재정 제약

만약 정치가 때때로 장기적이고 지속적인 재정적자를 야기하면 이러한 부정적 효과를 제한하기 위한 규칙을 확립할 수 있을까?

미국에서 1994년에 제안된 수정안처럼 예산균형을 위한 헌법 수정은 분명히 재정적자 문제를 제거할 것이다. 그러나 통화정책에 있어 일정한 통화 증가율을 유지하려는 정책처럼 이는 동시에 거시경제적 수단으로서 재정정책의 역할도 함께 제거한다. 이는 너무 비싼 대가를 치르는 것이다.

◀ 경제학을 넘어선 또 다른 예로 2004~2005년 미국에서의 북미 아이스하키 리그 폐쇄가 있다. 당시 구단주와 선수들이 합의에 도달할 수 없어 시즌의 전체 경기가 취소되었다. 2011년 여름에 미국농구협회 선수권 대회도 유사한 폐쇄를 겪었다.

◀ 19장 초점상자 '통화긴축과 재정팽창 : 1980년대 초 미국'의 논의를 참조하라.

◀ 현재 미국의 재정 상황에 대한 자세한 논의는 22장을 참조하라.

더 나은 방법은 재정적자나 부채에 대해 제한을 가하는 규칙을 확립하는 것이다. 그러나 이는 겉보기보다 어렵다. 적자/GDP 비율이나 부채/GDP 비율에 대한 제약과 같은 규칙은 균형예산 규칙보다 신축적인 것이 사실이다. 그러나 이는 경제가 특별히 불리한 충격에 영향 받고 있을 때에 요구되는 신축성을 확보하기에는 여전히 미흡할 수 있다. 이는 유럽에서 성장 및 안정성 협약(SGP)이 직면한 문제로 인해 분명해졌다. 이 문제는 초점상자 '성장 및 안정성 협약 : 짧게 본 역사'에 더 자세히 논의되어 있다. 특별한 상황을 고려하는 규칙이나 경제의 상태를 고려하는 규칙처럼 더 신축적이거나 더 복잡한 규칙은 설계하기 더 어려우며 특히 집행하는 것도 더 어렵다. 예를 들어 실업률이 자연율보다 더 높을 때 재정적자의 증가를 허용하기 위해서는 자연율이 얼마인지에 관한 단순하고 모호하지 않은 계산방식이 필요한데 이는 거의 불가능한 작업이다.

이를 보완하는 한 가지 방법은 적자가 발생할 경우 적자를 감축하는 메커니즘을 확립하는 것이다. 예를 들어 적자가 과도해지면 자동적인 지출 삭감을 촉발하는 메커니즘을 고려할 수 있다. 적자가 과도해져 지출을 전반적으로 5% 감소시키는 것이 바람직하다고 하자. 국회의원은 선거구민에게 이들이 좋아하는 지출 프로그램이 왜 5% 감축되어야 하는지 설명하는 데 어려움을 겪게 될 것이다. 이제 재정적자가 자동적으로 전반적 지출의 5% 감소를 강제한다고 하자. 다른 프로그램이 감축될 것임을 안다면 국회의원들은 자신이 선호하는 프로그램의 감축을 받아들일 것이다. 아울러 국회의원은 감축에 대한 비난도 좀 더 쉽게 피해 갈 수 있을 것이다. (다른 프로그램을 더 감축해 전반적인 지출 수준을 낮게 유지하도록 국회를 설득함으로써) 우선시하는 프로그램의 감축을 이를테면 4%로 제한하는 데 성공한 국회의원은 선거구민에게 돌아가 더 큰 규모의 감소를 성공적으로 막았다고 주장할 수 있을 것이다.

사실상 이것이 바로 1990년대 미국에서 재정적자를 감축하는 데 사용한 일반적 접근 방식이다. 1990년에 통과되었고 1993년과 1997년에 새로운 입법조치로 확대된 예산강제법(Budget Enforcement Act)은 두 가지 중요한 규칙을 도입했다.

- 지출에 대해 제약을 부과했다. 지출은 두 가지 종류, 즉 재량적 지출(대체로 국방지출을 포함한 재화와 용역에 대한 지출)과 의무적 지출(대체로 개인에 대한 이전지출)로 분류되었다. 다음 5년간에 걸쳐 재량적 지출에 대해 **지출상한**(spending cap)이라 불렸던 제약이 설정되었다. 이 제약은 재량적 지출(실질 기준)에 대해 소규모지만 지속적인 감축을 요구하는 방식으로 설정되었다. 비상시를 위한 명시적인 조항도 설정했다. 예를 들어 1991년 걸프전 때의 '사막의 폭풍' 작전을 위한 지출은 이 상한 제약에 해당하지 않았다.
- 새로운 이전지출 프로그램은 (새로운 수입원을 확보하거나 기존 프로그램에 대한 지출을 감소시킴으로써) 미래에 적자를 증가시키지 않을 것임을 보일 수 있어야만 추가될 수 있도록 요구했다. 이 규칙은 빚을 추가하지 않는 규칙(pay-as-you-go rule) 또는 **PAYGO 규칙**(PAYGO rule)으로 알려져 있다.

적자 그 자체보다는 지출에 초점이 맞춰진 정책은 한 가지 중요한 시사점을 갖는다. 지출 감소

성장 및 안정성 협약 : 짧게 본 역사

1991년 EU 회원국 간에 협의된 마스트리히트 협약은 각국이 유로에 가입하기 위해 만족해야 하는 일련의 수렴 조건(convergence criteria)이다. (유로에 대한 더 자세한 역사는 20장 초점상자 '유로 : 짧게 본 역사'를 참조하라.) 이 중 두 가지가 재정정책에 대한 제약이었다. 하나는 GDP 대비 재정적자 비율이 3%를 하회해야 한다는 것이고, 다른 하나는 GDP 대비 부채 비율이 60%를 하회해야 하거나 아니면 최소한 '이 값에 만족할 만한 속도로 접근하고 있어야 한다'는 것이다.

1997년 유로의 잠재적 회원국들은 이 기준의 일부를 항구적인 것으로 만드는 데 동의했다. 1997년에 서명된 성장 및 안정성 협약(Stability and Growth Pact, SGP)은 유로 지역의 회원국이 다음과 같은 재정 규칙을 준수하도록 요구했다.

■ 각국은 중기에 있어서의 재정균형을 약속한다. 각국은 EU 당국에 이러한 중기 목표를 향해 어떻게 진행할지를 보이기 위해 현재와 향후 3년간의 목표를 구체화한 프로그램을 제출한다.

■ 각국은 예외적 상황을 제외하곤 과도한 재정적자를 피해야 한다. 마스트리히트 협약 기준을 따르면 과도한 재정적자는 GDP의 3%를 초과하는 적자로 정의한다. 예외적 상황은 GDP의 하락이 2%보다 큰 경우로 정의한다.

■ 과도한 적자를 보이는 국가에 대해서는 제재를 부과한다. 이들 제재는 GDP의 0.2~0.5%까지이다. 따라서 프랑스와 같은 국가는 약 100억 달러에 상당한다!

그림 1은 1995년 이후 재정적자의 추이를 유로 지역 전체를 대상으로 보여준다. 1995~2000년 재정수지가 유로 지역 GDP의 7.5%에 달하는 적자에서 재정호평으로 변했음에 주의하자. 회원국 중 일부 국가의 성과는 특히 인상적이다. 그리스는 적자를 GDP의 13.4%에서 1.4%로 줄였다. (그리스 정부가 적자수치를 조작했고 실제 수치는 인상적이긴 하지만 보고한 것보다는 작다는 사실이 알려졌다. 2000년 중 적자는 4.1%로 추정된다.) 이탈리아는 1993년 GDP의 10.1%

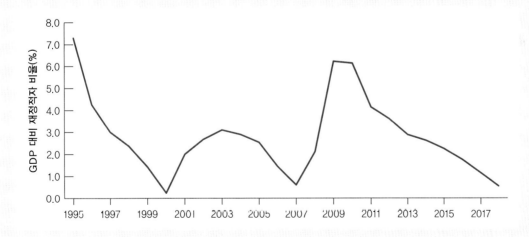

그림 1

1995년 이후 유로 지역의 GDP 대비 재정적자(%)

출처 : European Central Bank. References: If you want to get a sense of the complexity of the current rules, read the Wikipedia entry at https://en.wikipedia.org/wiki/European_Fiscal_Compact.

에 달하던 적자를 2000년에 0.9%의 흑자로 전환해 적자를 없앴다.

이 모든 개선은 마스트리히트 기준과 SGP 규칙에 기인했는가? 그렇지 않다. 1990년대 후반의 강한 팽창이 중요한 역할을 했다. 그러나 재정규칙도 의미 있는 역할을 했다. 유로 지역의 회원 자격이라는 당근은 많은 국가로 하여금 재정적자를 감축시키기 위해 강력한 조치를 시행하게 하는 데 충분히 매력적이었다.

그러나 2000년 이후에 상황은 반전되어 재정적자가 증가하기 시작했다. 제한선을 넘어선 첫 번째 국가는 2001년에 4.4%의 재정적자를 기록한 포르투갈이었다. 이어진 두 국가는 프랑스와 독일로, 두 국가 모두 2002년 이후 GDP의 3%를 초과하는 적자를 보이고 있다. 각 경우에 있어 각국 정부는 SGP 규칙을 만족하는 것보다 경제성장률을 더 낮출 수 있는 금융긴축을 피하는 것이 더 중요하다고 결정했다.

(각 국가의 산출이 낮았지만 양의 값을 보여 예외적 상황에도 속하지 않는 상태에서 발생한) 분명한 '과도한 재정적자'에 직면한 EU의 정책 당국자들은 곤경에 빠졌다. 포르투갈이 벌금을 기꺼이 지불할 의향이 있는지는 의심스럽지만 소규모 국가인 포르투갈이 과도한 재정적자 시정 프로그램을 시작하는 것은 정치적으로 가능할 수 있을 것이다. 그러나 유로 지역의 두 최대 회원국인 프랑스와 독일에 동일한 조치를 취한다는 것은 정치적으로 불가능한 것으로 드러났다. 두 주요 EU 당국인 유럽위원회와 유럽의회 간 내부 논쟁(유럽위원회는 과도한 재정적자 시정조치가 지속되기를 원했지만 각국을 대표하는 유럽의회는 그렇지 않았다)이 있은 후 이 조치는 철회되었다.

위기는 규칙이 지나치게 경직적이라는 점을 분명히 했다. 유럽위원회 의장인 프로디(Romano Prodi)는 이 점을 인정했다. 2002년 10월의 인터뷰에서 그는 "경직적인 모든 의사결정이 그러하듯이 안정성 협약이 멍청한 것이라는 점을 아주 잘 안다"고 했다. 그리고 프랑스와 독일 양국의 태도는 과도한 적자를 가진 국가에 대한 거액의 벌금 위협은 간단히 말해 믿을 수 없는 것임을 보여주었다.

이에 따라 2년간 유럽위원회는 더 신축적이고 그에 따라 더 신뢰성을 얻을 수 있도록 규칙을 개선할 수 있는 방안을 모색했다. 2005년에 새롭게 수정된 SGP가 수용되었다. 이는 3%의 재정적자와 60%의 부채 수치를 바람직한 목표로 유지하되 규칙으로부터의 이탈에 대해 더 많은 신축성을 허용했다. 규칙이 유예되기 위한 조건으로 성장률이 더 이상 -2% 미만일 것을 요구하지 않는다. 음의 성장률이나 지속적으로 낮은 양의 성장률조차도 가능하다. 적자가 구조개혁이나 공공투자에서 비롯한다면 예외가 허용될 수 있다. 벌금은 사라졌고 계획은 조기의 매우 공개적인 경고 그리고 다른 유로 지역의 동료 국가로부터의 압력에 의존하도록 하는 것이 되었다.

잠시 동안 GDP 대비 적자 비율은 하락했는데, 이는 대체로 강한 성장과 세수 증가에 기인했다. 적자 비율은 2007년에 0.5%라는 낮은 수준에 도달했다. 그러나 위기와 그로 인한 세수입 급감으로 말미암아 재정적자는 다시 급증했다. 2010년에 적자 비율은 6%에 근접해 있는데 이는 SGP 임계 수준의 2배이다. 27개 EU 국가 중 23개국이 3% 적자 비율을 위반하고 있어 이 규칙은 재고되어야 하는 것이 분명하다. 결국 2012년에 EU 회원국 간에 재정협약(Treaty on Stability, Coordination and Governance; Fiscal Compact)이라는 새로운 정부 간 조약이 체결되었다. 이 조약에는 네 가지 주요 조항이 있다.

- 회원국은 헌법 개정이나 기본법을 통해 균형예산안을 입법화해야 한다.
- 정부예산은 균형을 이루거나 흑자를 보여야 한다. 이 조약은 균형예산을 GDP의 3.0%를 초과하지 않는 예산적자와 국가별 목표를 초과하지 않는 경기조정 재정적자로 정의한다. 후자의 경우 부채/GDP 비율이 60%를 초과하는 국가의 경우 GDP 대비 0.5% 이하로, 60% 이하인 국가는 1.0% 이하로 설

정할 수 있다.

- 정부 부채/GDP 비율이 60%를 초과하는 국가는 초과된 %p 중 매년 평균 1/20(5%)을 축소해야 한다. [예를 들어 정부 부채/GDP 비율이 100%이면 부채 비율은 적어도 GDP의 2%=0.05(100−60)만큼 감소해야 한다.]

- 특정 국가의 예산이 두 번째 규칙에서 크게 벗어나면 과잉적자 절차(Excessive Deficit Procedure, EDP)를 따르는 자동교정 메커니즘이 시작된다. 이 메커니즘의 실제 집행은 국가별로 정의되지만 유럽연합 집행위원회(European Commission)가 제시한 기본원칙을 준수해야 한다. 그 세밀한 절차는 다음 사이트에 그래픽으로 잘 설명되어 있다 : https://ec.europa.eu/info/business-

economy-euro/economic-and-fiscal-policy-coordination/european-economy-explained/graphs-economic-topics_en (2014-11-10).

2015년에는 네 가지 조항에 새로운 조항이 추가되었다. 새로운 조합은 국가가 EDP의 적용 여부를 를 결정할 때 구조개혁(예 : 연금, 노동, 재화, 서비스 시장개혁)의 이행 정도도 고려될 것임을 규정했다.

2018년경 유로 지역 국가의 평균 재정적자는 0.7%로 하락했으며 19개 유로회원국 중 1개국(스페인)만이 다른 재정협약준칙을 위반했기 때문에 여전히 과잉적자 절차에 있다. 규칙들이 너무 복잡하고 혼란스러워져서 규칙을 단순화해야 한다는 데 광범위한 합의가 있다. 작업은 진행 중이지만 간단한 규칙들을 설계하는 것은 어렵다.

를 유발하지 않더라도 경기침체, 그에 따라 세수 감소가 발생하면 적자가 증가할 수 있다. 정부 지출의 상한 제약을 만족했음에도 불구하고 경기침체로 재정적자가 증가했던 1991년과 1992년에 이런 상황이 생겨났다. 지출에 대한 초점은 두 가지 바람직한 효과를 갖는다. 경기침체 동안 재정적자를 허용할 수 있을 뿐만 아니라 경기침체 동안 규칙을 이탈하라는 압력도 감소시킨다. 전자는 거시경제정책적 관점에서 바람직한 것이며 후자는 정치적 관점에서 바람직한 것이다.

1998년 재정적자는 사라졌고 20년 만에 처음으로 연방 재정수지가 흑자를 기록했다. 재정적자 감소의 모든 것이 '예산강제법'에 기인한 것은 아니었다. 냉전의 종결에 따른 국방비 감소와 1990년대 후반의 강한 경기팽창에 따른 대규모 세수 증가가 중요한 요인이었다. 그러나 다른 지출의 증가보다 국방비 지출 감소와 증세가 적자 감축에 확실하게 사용되도록 만드는 데 있어 재정규칙이 중요한 역할을 했다는 점에 광범위한 동의가 존재한다.

그러나 일단 재정흑자가 발생하자 미 의회는 점점 자신의 규칙에서 기꺼이 이탈했다. 지출상한제는 체계적으로 무시되었고 PAYGO 규칙은 2002년에 종료되었다. 이는 2010년 오바마 대통령에 의해 재도입되었시만, 내체도 소세 인하로 인해 재정적자의 증가를 막지 못했다. 이 사례나 초점상자 '성장 및 안정성 협약 : 짧게 본 역사'가 주는 교훈은 규칙이 도움이 될 수는 있지만, 정책 당국자의 결단력 부족을 대체할 수 없다는 것이다.

요약

- 거시경제정책의 효과는 항상 불확실하다. 이러한 불확실성을 고려할 때 정책 당국자로 하여금 더 주의 깊고 덜 적극적인 정책을 사용하게 해야 한다. 정책은 지속적인 경기침체의 회피, 과열의 완화, 인플레이션 압력의 회피 등 광범위한 목표를 추구해야 한다. 실업률이나 인플레이션율이 높을수록 정책은 더 적극적이 되어야 한다. 그러나 일정한 실업률이나 경제성장률을 유지하려는 미세조정은 피해야 한다.

- 거시경제정책을 사용해 경제를 통제하는 것은 기계를 통제하는 것과 근본적으로 다르다. 기계와 달리 경제는 정책 당국자가 하려는 것이 무엇인지를 기대하려 하고, 현재의 정책뿐만 아니라 미래 정책에 대한 기대에도 반응하는 가계와 기업으로 구성된다. 이런 의미에서 거시경제정책은 정책 당국자와 경제 내 사람들 간의 게임으로 생각할 수 있다.

- 게임을 할 때 경기 참여자가 활용할 수 있는 일부 옵션을 포기하게 하는 것이 때때로 더 나을 수 있다. 예를 들어 인질 상황이 발생할 때는 인질범과 협상하는 것이 더 좋다. 그러나 인질범과 협상하지 않는다는 것을 신뢰성 있게 약속하는 정부, 즉 협상의 옵션을 포기하는 정부는 인질 상황이 발생하는 것을 실제로 억제할 가능성이 더 높다.

- 동일한 주장이 거시경제정책의 다양한 측면에 적용된다. 자연율 아래로 실업률을 하락시키는 통화정책을 사용하지 않는다고 신뢰성 있게 약속함으로써 중앙은행은 통화 증가율이 높아질 것이라는 우려를 덜 수 있고, 그 과정에서 기대와

실제 인플레이션이 감소할 것이다. 동태적 비일관성 문제가 관련된 경우 정책 당국자에 대한 엄격한 제약, 예를 들어 통화정책의 경우 고정된 통화 증가율 규칙이 하나의 대체적 해법이 될 수 있다. 그러나 이 해법이 거시경제정책의 사용을 막는다면 큰 비용이 발생할 수 있다. 더 나은 방법은 거시경제정책 수단으로서 통화정책의 사용을 없애지 않고 동태적 비일관성 문제를 경감할 수 있는 양질의 제도(독립적인 중앙은행과 같은)를 설계하는 것이다.

- 정책 당국자가 대중이나 서로 간에 게임을 할 수 있으며, 이 게임은 바람직하지 않은 결과로 이어질 수 있다는 점도 정책 당국자에 대한 제약을 부과할 이유가 된다. 정치인은 단기에 편익을 낳지만 장기적으로 대규모 비용, 예를 들어 대규모 재정적자를 낳는 정책을 선택함으로써 근시안적인 유권자를 속이려 할 수 있다. 정당들은 다른 정당이 조정을 하고 비난을 받을 것이라는 희망에서 고통스러운 결정을 지연할 것이다. 이 상황에서 정책에 대한 엄격한 제약, 예를 들어 균형예산을 의무화하는 헌법 수정은 하나의 대안을 제공할 것이다. 통상적으로 더 나은 제도 그리고 정책과 결정이 이루어지는 과정에 대한 더 나은 설계 방식을 갖는 것이 우월한 대안이다. 그러나 미국과 유럽연합에서 보듯이 이러한 재정체계의 설계와 일관성 있는 집행은 현실적으로 매우 어려운 것으로 나타나고 있다.

핵심 용어

게임(game)

게임이론(game theory)

공급 측면 이론(supply side theory)

독립적 중앙은행(independent central bank)

동태적 비일관성(time inconsistency)

미세조정(fine tuning)

소모전(wars of attrition)

안정 및 성장을 위한 협약(Stability and Growth Pact, SGP)

전략적 상호작용(strategic interaction)

정치적 경기변동(political business cycle)

지출상한(spending cap)

참여자(player)

최적 통제(optimal control)

최적 통제이론(optimal control theory)

PAYGO 규칙(PAYGO rule)

연습문제

기초문제

1. 이 장의 내용에 기초해 다음에 대해 '사실', '거짓', '불확실' 여부를 밝히고 그 이유를 간단히 설명하라.

   a. 통화정책의 효과에 있어 상당한 불확실성이 존재하므로 사용하지 않는 편이 좋다.

   b. 정책이자율 1%p 인하는 사용된 모델에 따라 금리 인하 연도에 경제성장률을 최소 0.1%p 높이는 것으로 추정된다.

   c. 정책이자율 1%p 인하는 사용된 모델에 따라 금리 인하 연도에 경제성장률을 최대 2.1%p 높이는 것으로 추정된다.

   d. 낮은 실업률을 원한다면 민주당 출신을 대통령으로 선출하라.

   e. 미국에서 정치적 경기변동에 대한 분명한 증거가 존재한다.

   f. 미국의 재정지출 규칙은 재정적자 축소에 효과적이지 못했다.

   g. 유럽의 균형예산규칙은 재정적자를 제한하는 데 효과적이었다.

   h. 정부는 인질범과는 협상이 없다는 정책을 발표하는 것이 현명하다.

   i. 비록 정부가 비협상 정책을 발표했다 해도 인질 상황이 일단 발생하면 인질범과 협상하는 것이 분명히 현명하다.

   j. 보다 독립적인 중앙은행을 가진 국가가 일반적으로 인플레이션을 낮춘다는 증거가 있다.

   k. '야수 굶겨 죽이기' 재정정책에서는 감세 전에 지출 삭감이 이루어진다.

2. 정치적 경기변동의 구체화

   여러분이 새로이 선출된 대통의 경제자문관이라 하자, 4년 뒤에 다시 선거를 치를 것이다. 유권자는 낮은 실업률과 인플레이션율을 원한다. 그러나 투표 결과는 선거 전년의 실업률과 인플레이션율 크기에 크게 영향을 받는다. 취임 후 처음 3년간의 경제성과는 투표 행태에 사소한 영향을 미친다.

   작년의 인플레이션율이 10%이고 실업률은 자연율과 같다고 하자. 필립스 곡선은 다음과 같다.

$$\pi_t = \pi_{t-1} - \alpha(u_t - u_n)$$

재정 및 통화정책을 사용해서 다음 4년 각각에 대해 원하는 실업률은 어떤 수준이라도 달성할 수 있다고 가정하자. 여러분의 임무는 대통령을 도와 임기 4년 동안 낮은 실업률과 인플레이션율을 달성하는 것이다.

   a. 다음 선거 전년(지금으로부터 4년째)에 낮은 실업률(자연율을 하회하는 실업률)을 달성하려 한다고 하자. 4년 차에 인플레이션율은 어떻게 되겠는가?

   b. (a)에서 구한 인플레이션에 대한 영향을 고려한다면, 4년 차에 낮은 인플레이션을 달성하기 위해 대통령에게 집권 초기에 무엇을 권고하겠는가?

   c. 이제 필립스 곡선이 다음과 같다고 하자.

$$\pi_t = \pi_t^e - \alpha(u_t - u_n)$$

   이에 더해 사람들의 기대인플레이션 π_t^e의 형성은 (전년의 인플레이션만 살펴보는 것이 아니라) 미래에 대한 고려에 기초하며, 대통령은 (a)와 (b)에서 발견한 정책을 수행할 유인을 갖는다고 가정하자. (a)와 (b)에 설명된 정책이 성공적이겠는가? 왜 그런가?

3. 정부가 헌법을 수정해서 정부 관료가 테러리스트와 협상하는 것을 금지했다고 하자. 이 정책의 장점과 단점은 무엇인가?

4. 1989년에 뉴질랜드는 낮은 인플레이션의 달성을 유일한 목표로 삼기 위해 중앙은행 헌장을 다시 제정했다. 뉴질랜드는 왜 그렇게 했겠는가?

5. 2018년에 뉴질랜드는 높은 고용과 낮은 인플레이션을 목표에 포함하도록 중앙은행의 헌장을 다시 제정했다. 뉴질랜드는 왜 그렇게 했겠는가?

심화문제

6. 정치적 기대, 인플레이션, 실업

   민주당과 공화당 두 정당을 가진 국가를 고려하자. 민주당은 공화당보다 실업률에 더 유념하고, 공화당은 민주당보다 인플레이션에 더 유념한다. 민주당 정권이 들어서면 π_D의 인플레이션을 선택하고, 공화당이 정권을 잡으면 π_R의 인플레이션율을 선택한다. 다음을 가정하자.

$$\pi_D > \pi_R$$

필립스 곡선 관계는 다음과 같이 주어진다.

$$\pi_t = \pi_t^e - \alpha(u_t - u_n)$$

선거가 예정되어 있다. (π_t^e로 나타나는) 내년의 인플레이션에 대한 기대는 선거 이전에 형성된다고 하자. (본질적으로 이 가정은 내년의 임금이 선거 전에 결정된다는 것을 의미한다.) 더욱이 민주당과 공화당이 선거에서 이길 가능성은 똑같다고 하자.

a. 기대인플레이션율을 π_D와 π_R로 나타내라.

b. 민주당이 선거에 이겨 목표 인플레이션율 π_D를 실제로 집행한다고 하자. (a)에서의 기대인플레이션에 대한 답에 기초해볼 때 실업률은 자연율에 대비할 때 어떻게 되겠는가?

c. 공화당이 선거에 이겨 목표 인플레이션율 π_R을 실제로 집행한다고 하자. (a)에서의 기대인플레이션에 대한 답에 기초해볼 때 실업률은 자연율에 대비할 때 어떻게 되겠는가?

d. 이 결과들은 표 21-1의 증거와 맞아떨어지는가? 왜 그런가?

e. 이제 모두 민주당이 선거에서 이길 것으로 기대한다고 하고 실제로 민주당이 이겼다고 하자. 민주당이 자신의 목표 인플레이션율을 집행하면, 실업률은 자연율과 비교할 때 어떻게 되겠는가?

f. 중앙은행이 인플레이션 목표치를 설정하며, 중앙은행이 독립적이어서 누가 선거에서 이기느냐에 따라 통화정책이 영향을 받지 않는다면 공화당과 민주당의 선호가 중요한가? 연준이 진정으로 독립적이라면 표 21-1의 결과를 어떻게 설명할 수 있는가?

7. 죄수의 딜레마 게임과 재정적자 감축

재정적자가 있다고 하자. 재정적자 감축은 국방비 감축이나 복지 프로그램의 축소 또는 두 가지를 동시에 감축함으로써 달성할 수 있다. 민주당은 복지 프로그램의 축소를 지지할지 여부를 결정해야 한다. 공화당은 국방비 감축을 지지할지 여부를 결정해야 한다.

가능한 결과는 다음 표로 나타낼 수 있다.

		복지 프로그램 축소	
		예	아니요
국방비 감축	예	($R=1$, $D=-2$)	($R=-1$, $D=3$)
	아니요	($R=3$, $D=-2$)	($R=-1$, $D=-1$)

이 표는 다양한 결과하에서 각 정당이 얻게 되는 이득을 보여준다. 이득은 주어진 결과에서 각 정당이 얻는 행복의 측정치라고 생각하자. 예를 들어 민주당이 복지 프로그램 축소에 찬성하고 공화당이 국방비 감축에 반대한다면, 공화당은 3의 이득을, 민주당은 -2의 이득을 얻는다.

a. 공화당이 국방비 감축을 결정하면 민주당의 최선의 대응은 무엇인가? 이런 대응에 기초해볼 때 공화당의 이득은 무엇인가?

b. 공화당이 국방비 감축에 반대하면 민주당의 최선의 대응은 무엇인가? 이런 대응에 기초해볼 때 공화당의 이득은 무엇인가?

c. 공화당은 어떤 선택을 할 것인가? 민주당은 어떠한가? 재정적자는 줄어들 수 있는가? 왜 그런가? [이 문제와 같은 이득 구조 그리고 방금 설명한 것과 같은 결과를 낳는 게임은 죄수의 딜레마(prisoner's dilemma)로 알려져 있다.] 성과를 개선하는 방법은 있는가?

추가문제

8. 뉴스에서의 게임, 사전 공약(pre-commitment)과 동태적 비일관성

현재 발생하는 경제적 사건들은 정당들이 게임 상황에 있고 사전에 일련의 행동에 스스로 공약하려 하며 동태적 일관성 문제에 직면하고 있음을 보여주는 풍부한 쟁점의 사례를 제공한다. 국내의 정치적 과정, 국제 문제, 노사관계가 대표적인 사례이다.

a. 살펴볼 만한 당면한(또는 최근에 해소된) 쟁점을 선택하라. 논쟁에 관련된 문제, 현재까지 각 정당이 취한 행동, 각 정당의 현재 대응 상황을 알기 위해 인터넷 검색을 하라.

b. 어떤 방식으로 정당들은 미래의 일정한 행동에 대해 공약하려 하는가? 이들은 동태적 비일관성 문제에 직면하고 있는가? 정당은 자신들이 위협했던 행동을 행동에 옮기는 데 실패했는가?

c. 쟁점은 죄수의 딜레마(6번 문제에서 설명한 바와 같은

이득 구조를 가진 게임)를 닮았는가? 다시 말해 각 정당의 개별적 유인이 우호적이지 못한 결과, 즉 협조를 통해 두 정당 모두 개선될 수 있는 결과를 낳는 것처럼 보이는가? 성공적인 협상이 존재하는가? 각 정당이 협상하도록 하기 위해서는 어떻게 해야 하는가?

d. 쟁점은 어떻게 해소될 수 있는가? (또는 어떻게 해소되어 왔는가?)

9. 연방준비이사회(Federal Reserve Board)를 규제하는 법안

1977년 도입한 연방준비제도법(Federal Reserve Act, 1978년, 1988년, 2000년 개정)은 연준의 운영을 지배한다.

a. 이 법안에서 발췌한 다음 조항은 연준의 정책목표를 분명히 하는가?

2B절. 통화정책 목표

연방준비제도이사회와 연방공개시장위원회(FOMC)는 최대 고용, 물가안정, 적절한 장기 이자율의 목표를 효과적으로 촉진하기 위해 생산 증가를 위한 경제의 장기적 잠재력에 비례해 통화신용 총액의 장기적 증가를 유지해야 한다.

b. 이 법안에서 발췌한 다음 조항은 그림 21-3에 나타난 미국의 입장과 일치하는가?

2B절. 의회에의 출석과 보고

의회에의 출석

일반적으로 이사회 의장은 2항에 명시된 바와 같이 통화정책의 수행과 관련해 이사회와 연방공개시장위원회의 A. 노력, 활동, 목표, 계획과 B. 부속 조항(b)에서 요구되는 보고서에 기술된 미래 경제추이와 전망과 관련해 의회의 반기청문회에 출석해야 한다.

10절. 연방준비제도이사회

1. 이사의 임명 및 자격

연방준비제도이사회(이하 '이사회')는 1935년 은행법 제정 이후 상원의 권고와 동의를 얻어 대통령이 임명하는 7명의 14년 임기의 이사로 구성한다.

더 읽을거리

■ 모형 비교는 다음을 참조하라. Günter Coenen et al., "Effects of Fiscal Stimulus in Structural Models," *American Economic Journal : Macroeconomics*, 2012, 4(1), pp: 22-68.

■ 이 장의 주제에 관해 더 배우고 싶다면 다음 참고서가 매우 유용하다. Allan Drazen, *Political Economy in Macroeconomics*, Princeton University Press, 2002.

■ 1990년대에 중앙은행의 독립성이 높아진 결과 인플레이션이 감소했다는 주장에 대해서는 다음을 참조하라. "Central Bank Independence and Inflation", 2009 Annual Report of the Federal Reserve Bank of St. Louis(www.stlouisfed.org/annual-report/2009/central-bank-independence-and-inflation).

■ 정부가 잘못된 행동을 하면 엄격히 제약되어야 한다는 견해의 선도적 주창자는 조지메이슨대학교의 뷰캐넌(James Buchanan)이다. 뷰캐넌은 공공선택에 관한 그의 저작에 기초해 1986년 노벨상을 수상했다. 예를 들어 와그너(Richard Wagner)와의 공저인 다음 책을 참조하라. *Democracy in Deficit: The Political Legacy of Lord Keynes*, Liberty Fund, 1977.

■ 1970년대의 인플레이션 상승을 동태적 비일관성의 결과로 해석한 논문은 다음을 참조하라. Henry Chappell and Rob McGregor, "Did Time Consistency Contribute to the Great Inflation?", *Economics & Politics*, 2004, Vol. 16, No. 3, pp: 233-251.

재정정책 : 종합

금융위기와 대침체로 대규모 재정적자가 발생했고, 이로 인해 GDP 대비 부채 비율이 크게 증가했다. 선진국의 GDP 대비 부채 비율은 2007년 73%에서 2018년 104%로 높아졌다. 일부 국가에서는 이탈리아 130%, 그리스 188%, 일본 240%로 훨씬 높았다. 정부가 직면한 주요 거시경제 문제는 이러한 비율을 줄여야 하는 것이며, 줄인다면 어떤 속도로 줄여야 하는지다.

이 장의 목적은 지금까지 재정정책에 대해 배운 것을 검토하고, 재정적자와 부채의 동학을 더 깊이 탐구하며, 높은 부채의 비용을 논의하고, 앞의 질문에 대한 잠정적 답을 찾는다.

22-1절은 이 책에서 지금까지 재정정책에 대해 배운 바를 정리한다.

22-2절은 정부의 예산제약식을 더 자세히 살펴보고 재정적자, 이자율, 성장률, 정부 부채 간의 관계에 제공하는 시사점을 검토한다.

22-3절은 정부의 예산제약이 중심적 역할을 하는 세 가지 재정정책 문제를 검토한다. 이에는 재정적자가 실질적으로 중요하지 않다는 명제, 경기변동기에 재정정책을 어떻게 운영해야 하는지 그리고 정부 부채 조달에 있어 조세와 국채 발행 간의 선택 문제가 포함된다.

22-4절은 증세, 고이자율, 채무불이행, 고인플레이션 등 과도한 국가채무와 관련된 위험을 논의한다.

22-5절은 오늘날 미국 재정정책이 직면하고 있는 도전 과제를 다룬다.

> 이 장의 메시지 : 재정정책은 강력한 거시경제정책 도구가 될 수 있다. 재정정책을 사용할 때는 단기, 중기, 장기 효과를 모두 생각해야 한다. ▶ ▶ ▶

22-1 재정정책 : 지금까지 학습한 내용과 현 위치

재정정책에 대해 지금까지 배운 것을 정리해보자.

- 3장에서는 단기에 수요와 산출을 결정하는 경우 정부지출의 역할을 살펴보았다.

   단기에 재정팽창, 즉 정부지출 증가나 감세는 산출을 증가시킨다는 것을 보았다.

- 5장에서는 재정정책의 산출과 이자율에 대한 단기 효과를 살펴보았다.

   재정긴축이 가처분소득을 감소시켜 사람들이 소비를 줄이는 것을 보았다. 이어서 수요 감소
   는 승수효과를 통해 산출과 소득을 감소시킨다. 정책이자율이 일정할 때, 재정긴축은 결국 산
   출 감소로 이어진다. 그러나 중앙은행의 정책이자율 인하는 재정긴축의 부정적 영향을 부분적
   으로 상쇄할 수 있다.

- 6장에서는 최근 위기 상황에서 재정정책이 어떻게 산출 감소를 제한하는 데 사용되었는지 보
   았다.

   경제가 유동성 함정에 빠졌을 때는 금리를 인하해도 산출을 증가시킬 수 없으므로 재정정책
   이 중요한 역할을 하게 된다는 것을 알았다. 그러나 지출 증가와 세금 삭감은 경기침체를 피하
   기에 충분하지 못했다.

- 9장에서는 단기와 중기의 재정정책 효과를 살펴보았다.

   중기(즉 자본량이 일정한 기간)에서 재정건전화는 산출에 영향을 미치지 않지만 지출의 다른
   구성요소에 반영된다는 것을 배웠다. 그러나 단기에 산출은 감소한다. 즉 산출이 잠재 수준인
   상황에서 다른 관점에서는 바람직했더라도 재정건전화는 초기에 경기침체로 이어진다.

- 11장에서는 장기에 있어 민간저축과 공공저축을 포함한 저축이 자본축적과 산출 수준에 영향
   을 미친다는 것을 살펴보았다.

   장기에 자본축적을 고려할 경우 재정적자 증가와 그에 따른 국민저축률 감소는 자본축적을
   위축시켜 산출 하락을 가져온다는 것을 보았다.

- 16장에서는 재정정책의 단기 효과로 돌아가 조세와 정부지출을 통한 직접적 효과뿐만 아니라
   기대에 대한 파급효과도 고려했다.

   재정정책의 효과는 미래 재정정책과 통화정책에 대한 기대에 의존한다. 특히 재정긴축은 경
   우에 따라 사람들이 미래의 가처분소득 증가를 기대함에 따라 단기에서조차 산출 증가를 낳을
   수 있다는 것을 보았다.

- 18장에서는 재화시장이 개방된 경제에서 재정정책의 효과를 살펴보았다.

   재정정책의 산출과 무역수지에 대한 파급효과와 재정적자와 무역적자의 관계를 검토했다.

- 19장에서는 재화와 금융시장이 모두 개방된 경제에서 재정정책의 역할을 살펴보았다.

   국제 자본이동이 존재하는 경우 재정정책의 효과는 환율제도에 의존한다. 재정정책은 변동
   환율제하에서보다 고정환율제하에서 산출에 훨씬 더 강한 영향을 미친다는 것을 보았다.

- 21장에서는 정책효과에 대한 불확실성부터 동태적 일관성과 신뢰성까지 정책 당국자가 일반적으로 접하는 문제를 검토했다. 이 문제들은 통화정책뿐만 아니라 재정정책 분석에서도 발생한다. 지출상한제, 균형예산에 대한 헌법 수정 등 재정정책 집행에 대한 제약의 장점과 단점을 검토했다.

지금까지는 이 결론들을 도출하는 데 부채, 재정적자, 지출, 조세 간의 관계에 대한 정부예산제약을 자세히 검토하지 않았다. 그러나 이러한 관계는 오늘날 우리의 상황에 어떻게 도달했는지 그리고 정책 당국자가 직면한 문제가 무엇인지를 이해하는 데 중요하다. 이 점이 다음 절에서 다룬 주제이다.

22-2 정부의 예산제약 : 재정적자, 부채, 지출, 조세

균형예산에서 출발해 정부가 세금을 인하함에 따라 재정적자가 발생했다고 하자. 시간이 흐르면서 정부 부채에는 어떤 일이 발생하는가? 정부는 후에 세금을 인상할 필요가 있는가? 만약 그렇다면 얼마나 인상해야 하는가?

◀ '적자'와 '부채'를 혼동하지 말라. (많은 저널리스트와 정치인이 실제로 그런다.) 부채는 과거 적자의 결과로 정부에 생겨난 지급의무로서 저량이다. 재정적자는 주어진 연도 동안 정부가 얼마나 차입했는지를 보여주는 유량이다.

재정적자와 부채 계산

이 질문들에 답하기 위해서는 재정적자의 정의에서 출발해야 한다. t년도의 재정적자는 다음과 같이 나타낼 수 있다.

$$\text{재정적자}_t = rB_{t-1} + G_t - T_t \tag{22.1}$$

모든 변수는 물가의 영향을 배제한 실질변수이다.

- B_{t-1}은 $t-1$년도 말 또는 t년도 초 정부 부채이고 r은 실질이자율로서 일정한 값을 갖는다고 가정된다. 따라서 rB_{t-1}은 t년도 정부 부채에 대한 실질이자 지급이다.
- G_t는 t년도에서의 정부의 재화와 용역에 대한 지출이다.
- T_t는 t년도 조세수입에서 이전지출을 차감한 것이다.

◀ 이전지출은 실업급여나 메디케어와 같은 개인에 대한 정부의 이전지출이다.

말로 하면 재정적자는 정부 부채에 대한 이자 지급을 포함한 정부지출에서 (이전지출을 차감한) 조세수입을 뺀 값과 같다.

식 (22.1)의 두 가지 특성에 주의하자.

- 이자 지급은 실제 이자 지급액(명목이자율에 기존 부채를 곱한 금액)보다는 실질이자 지급(실질이자율에 기존 부채를 곱한 금액)으로 측정한다. 초점상자 '인플레이션 회계와 재정적자 측정'이 보여주듯이 이런 방식으로 해야 이자 지급액을 올바르게 계산할 수 있다. 그러나 재정적자의

공식적 수치는 (명목) 이자 지급액을 사용하므로 부정확하다. 인플레이션율이 높을 때 공식적 측정치는 상당히 잘못된 판단으로 이끌 수 있다. 적자의 올바른 측정치는 때때로 **인플레이션 조정 재정적자**(inflation-adjusted deficit)라 불린다.

G를 정부의 재화와 용역에 대한 지출, T_r을 이전지출, T_{ax}를 총세금이라 하자. 단순화를 위해 이자 지급 rB는 0으로 두어 식에서 제외하자. 이 경우 재정적자$= G + T_r - T_{ax}$이다. 이는 두 가지 대등한 방식으로 나타낼 수 있다. (1) 재정적자$= G + (T_r - T_{ax})$: 재정적자는 재화와 용역에 대한 지출에서 순조세를 차감한 값과 일치한다. 본문은 이 방식을 따랐다. 또는 이렇게도 쓸 수 있다. (2) 재정적자$= (G + T_r) - T_{ax}$: 공식통계는 이 방식을 따른다(이 책 끝부분의 부록 1 표 A1-4를 참조하라).

■ 앞서 재화와 용역에 대한 정부지출을 G로 정의했던 것과 일관성을 유지하기 위해 G는 이전지출을 포함하지 않는다. 이전지출은 대신 T에서 차감되며, 이에 따라 T는 조세수입에서 이전지출을 차감한 값을 나타낸다. 정부지출에 대한 공식적 측정치는 재화와 용역의 지출에 이전지출을 더하며, 수입은 이전지출을 차감한 조세수입이 아니라 조세수입으로 단순하게 정의한다.

■ 이것들은 단지 회계 관행일 뿐이다. 이전지출을 지출에 더했는지 아니면 조세수입으로부터 차감했는지 여부는 G와 T 측정에 차이를 낳지만 분명히 $G - T$에는 영향을 미치지 않고, 따라서 재정적자 측정에는 영향을 미치지 않는다.

결국 **정부예산제약**(government budget constraint)은 단순하게 t년도 정부 부채의 변화가 t년도에서의 재정적자와 일치함을 말한다.

$$B_t - B_{t-1} = \text{재정적자}_t$$

정부가 적자를 보이면 세입을 넘어서는 초과지출에 필요한 자금을 차입하므로 정부 부채는 증가한다. 정부가 흑자를 보이면 예산흑자를 부채 상환에 사용하므로 정부 부채가 감소한다.

재정적자의 정의[식 (22.1)]를 사용해 정부예산제약은 다음과 같이 나타낼 수 있다.

$$B_t - B_{t-1} = rB_{t-1} + G_t - T_t \tag{22.2}$$

정부예산제약은 정부 부채의 변화를 최초의 부채 수준(이는 이자 지급 규모에 영향을 미친다)과 현재의 정부지출, 조세수입에 연결한다. 재정적자를 두 항의 합으로 분해하는 것이 종종 편리하다.

■ 부채에 대한 이자 지급 rB_{t-1}

■ 지출과 조세수입의 차 $G_t - T_t$. 이 항은 **기초 재정적자**(primary deficit)라 불린다[마찬가지로 $T_t - G_t$는 **기초 재정흑자**(primary surplus)라 불린다].

이러한 분해를 사용해 식 (22.2)는 다음과 같이 나타낼 수 있다.

$$\underbrace{B_t - B_{t-1}}_{\text{부채 변화}} = \underbrace{rB_{t-1}}_{\text{이자 지급}} + \underbrace{(G_t - T_t)}_{\text{기초 재정적자}}$$

B_{t-1}항을 우변으로 옮겨 다시 정리하면 다음과 같다.

$$B_t = (1 + r)B_{t-1} + \underbrace{(G_t - T_t)}_{\text{기초 재정적자}} \tag{22.3}$$

인플레이션 회계와 재정적자 측정

재정적자에 대한 공식적 측정치, 즉 공식적 재정적자(official deficit)는 (여기서는 불필요한 시간첨자를 제외하고) 명목이자 지급액 iB에 재화와 용역에 대한 지출 G를 더하고 이전지출을 제외한 세금 T를 차감하면 구해진다.

$$\text{공식적 재정적자} = iB + G - T$$

이는 정부의 현금흐름에 대한 정확한 측정치이다. 양의 값을 보인다면 정부는 수입보다 많은 지출을 하는 것이고 이에 따른 새로운 부채를 발행해야 한다. 음이라면 정부는 이전에 발행한 채권을 되산다.

그러나 이는 **실질부채의 변화**를 나타내는 정확한 측정치는 아니다. 즉 달러가 아니라 재화를 기준으로 해서 정부가 갚아야 하는 부채의 변화를 나타낸 것이 아니다.

그 이유를 파악하기 위해 다음의 예를 살펴보자. 재정적자에 관한 공식적 측정치가 0과 같아 정부는 부채를 발행하지도 상환하지도 않는다고 하자. 이제 인플레이션율이 양의 값을 가져 10%라고 하자. 이 경우 연말이 되면 부채의 실질가치는 10% 감소한다. 만약 늘 그래야 하듯이 재정적자를 정부부채의 실질가치 변화로 정의하면, 부채는 1년에 걸쳐 실질부채를 10% 감소시킨 것이다. 다시 말해 사실상 초기 부채 규모의 10%에 달하는 재정흑자를 기록한 셈이 된다.

보다 일반적으로 B를 부채, π를 인플레이션율이라 하면 재정적자의 공식적 측정치는 올바른 측정치를 πB만큼 과도하게 나타낸 것이다. 다시 말해 재정적자의 올바른 측정치는 공식적 측정치에서 πB만큼을 차감함으로써 구해진다.

$$
\begin{aligned}
\text{재정적자의 올바른 측정치} &= iB + G - T - \pi B \\
&= (i + \pi)B + G - T \\
&= rB + G - T
\end{aligned}
$$

여기서 $r = i - \pi$는 (실현된) 실질이자율이다. 그렇다

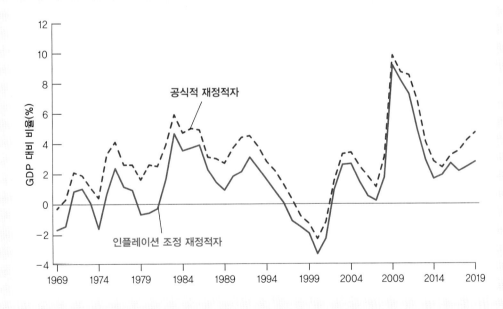

그림 1

1969년 이후 미국의 GDP 대비 연방 재정적자에 대한 공식적 측정치와 인플레이션 조정 측정치

출처 : FRED: CPIAUCSL, and Tables B-18 and B-19 *Economic Report of the President*.

면 재정적자의 올바른 측정치는 실질이자 지급액에 정부지출을 더하고 이전지출을 제외한 세금을 차감한 값으로서, 이것이 본문에서 사용한 측정치이다.

재정적자에 관한 공식적 측정치와 올바른 측정치 간의 차이는 πB와 같다. 따라서 인플레이션율 π가 높을수록 또는 부채 B의 수준이 높을수록 공식적 측정치는 정확도가 떨어진다. 인플레이션율과 부채가 모두 높은 국가에서는 사실상 정부 부채가 감소하고 있을 때 공식적 측정치는 매우 큰 규모의 재정적자를 기록할 수 있다. 재정정책의 상황에 대한 결론에 도달하기에 앞서 항상 인플레이션에 대한 조정을 해야 하는 이유가 바로 여기에 있다.

그림 1은 1969년 이후 미국의 (연방)재정적자에 대

한 공식적 측정치와 인플레이션율이 조정된 측정치를 보여준다. 공식적 측정치는 1970~1997년까지 매년 재정적자가 발생했음을 보여준다. 대신에 인플레이션이 조정된 측정치는 1970년대 말까지 적자와 흑자가 번갈아가며 발생했음을 보여준다. 하지만 두 측정치 모두 재정적자가 1980년대에 얼마나 악화되었으며, 1990년대에는 어떻게 상황이 개선되었는지 그리고 2000년대 이후 어떻게 다시 악화했는지를 보여준다. 현재 인플레이션율은 연간 약 2%를 보이고 GDP 대비 부채 비율은 대체로 80%와 일치한 상황에서 두 측정치의 격차는 대체로 2%에 80%를 곱한 값 또는 GDP의 1.6%에 달한다.

이 관계는 t년도 말의 부채는 $(1 + r)$과 $t-1$년도 말의 부채를 곱한 뒤 t년도 중의 기초 재정적자 $G_t - T_t$를 더한 값과 같음을 보여준다. 이 관계가 제공하는 시사점을 살펴보자. 이 절에서 실질이자율을 가정할 것인데, 이 경우 기초 재정적자는 0과 같으며 시간이 지남에 따라 부채가 증가한다. 이는 항상 그런 것이 아니며 이 가정은 후에 다룰 것이다.

현재와 미래의 세금

1년간의 감세가 부채와 미래 세금의 경로에 제공하는 시사점을 살펴보자. 1년도까지 정부가 균형 예산을 유지해왔다고 하자. 결과적으로 초기 부채는 0과 같다. 1년도 중에 정부는 세금을 1년간 1만큼(예를 들어 10억 달러라고 간주하라) 감소시켰다고 하자. 따라서 1년도 말에 부채 B_1은 1과 같다. 앞으로 다루려는 질문은 이후 무슨 일이 발생할 것인지다.

2년도에서의 전액 상환

정부가 2년도에 부채를 전액 상환하기로 했다고 하자. 식 (22.3)으로부터 2년도의 예산제약은 다음과 같이 주어진다.

$$B_2 = (1 + r)B_1 + (G_2 - T_2)$$

부채가 2년도에 완전히 상환되면 2년도 말의 부채는 0과 같다 : $B_2 = 0$. B_1을 1로 B_2를 0으로 바꾼 뒤 항의 위치를 바꾸면 다음을 얻는다.

그림 22-1

(a) 2년도에서의 부채 상환

연도	0	1	2	3	4	5
세금	0	−1	$(1+r)$	0	0	0
연말의 부채	0	1	0	0	0	0

(b) 5년도에서의 부채 상환

연도	0	1	2	3	4	5
세금	0	−1	0	0	0	$(1+r)^4$
연말의 부채	0	1	$(1+r)$	$(1+r)^2$	$(1+r)^3$	0

(c) 2년도에서의 부채 안정화

연도	0	1	2	3	4	5
세금	0	−1	r	r	r	r
연말의 부채	0	1	1	1	1	1

세금 인하, 부채 상환, 부채 안정화

(a) 부채가 2년도에 완전히 상환되려면 1년도의 1단위 세금 인하는 2년도에 $(1+r)$과 같은 조세 증가가 필요하다. (b) 부채가 5년도에 완전히 상환되려면 1년도의 1단위 세금 인하는 5년도에 $(1+r)^4$과 같은 조세 증가가 필요하다. (c) 부채가 2년도 이후 안정화되려면 세금은 2년도 이후 r만큼 항구적으로 상승해야 한다.

$$T_2 - G_2 = (1+r)1 = (1+r)$$

2년도에 부채를 완전히 상환하기 위해 정부는 $(1+r)$에 해당하는 기초 재정흑자를 보여야 한다. 정부는 이를 정부지출 감소나 세금 인상 중 한 가지 방식으로 해낼 수 있다. 여기서 그리고 앞으로 조정은 조세를 통해 이루어진다고 가정하자. 결과적으로 지출 경로는 영향을 받지 않는다. 1년도의 세금 감소는 2년도의 $(1+r)$만큼의 세금 증가로 상쇄되어야 한다.

이 경우에 대응하는 조세와 부채의 경로는 그림 22-1(a)로 주어진다. 만약 부채가 2년도에 완전히 상환되려면 1년도의 세금 감소는 2년도에 $(1+r)$에 해당하는 세금 증가를 요구한다.

◀ 2년도에 부채를 완전히 상환하면 T_1이 1만큼 감소 → T_2는 $1+r$만큼 증가

t년도에서의 완전한 상환

이제 정부가 t년도까지 기다린 뒤 부채를 상환하기로 했다고 하자. 따라서 2년도부터 $t-1$년도까지

기초 재정적자는 부채에 대한 이자 지급을 포함하지 않아 조세수입과 지출이 일치하므로 0과 같다.

2년도 중 기초 재정적자는 0과 같다. 따라서 식 (22.3)으로부터 2년도 말의 부채는 다음과 같다.

$$B_2 = (1 + r)B_1 + 0 = (1 + r)1 = (1 + r)$$

여기서 두 번째 등호는 $B_1 = 1$이라는 사실을 사용한다.

3년도에 기초 재정적자가 여전히 0과 같으므로 3년도 말의 부채는 다음과 같다.

$$B_3 = (1 + r)B_2 + 0 = (1 + r)(1 + r)1 = (1 + r)^2$$

이어서 4년도 말의 부채에 대해 풀고 이러한 과정을 반복하면, 정부가 기초 재정적자를 0으로 유지하는 한 부채는 이자율과 같은 율로 증가하며 그에 따라 $t-1$년도 말의 부채는 다음으로 주어진다.

$$B_{t-1} = (1 + r)^{t-2} \qquad (22.4)$$

세금이 1년도에만 인하된다는 사실에도 불구하고 부채는 시간이 지남에 따라 이자율과 같은 율로 계속 증가한다. 이유는 간단하다. 기초 재정적자는 0과 같지만 부채는 이제 양의 값을 가지며 그에 따라 부채에 대한 이자 지급액 역시 양의 값을 갖는다. 매년 정부는 기존 부채에 대한 이자를 지급하기 위해 더 많은 정부채권을 발행해야 한다.

정부가 부채를 상환하기로 예정된 t년도에 예산제약은 다음과 같다.

$$B_t = (1 + r)B_{t-1} + (G_t - T_t)$$

부채가 t년도에 완전히 상환된다면 t년도 말의 부채 B_t는 0이다. B_t를 0으로 대체하고 B_{t-1}은 식

지수를 더하라 : $(1+r)(1+r)^{t-2}$ ▶ $=(1+r)^{t-1}$. 이 책 끝부분의 부록 2를 참조하라.

(22.4)로 바꾸어주면 다음이 성립한다.

$$0 = (1 + r)(1 + r)^{t-2} + (G_t - T_t)$$

식을 정리하고 $(G_t - T_t)$를 좌변으로 이동하면 다음과 같다.

$$T_t - G_t = (1 + r)^{t-1}$$

부채를 상환하기 위해서는 정부가 t년도에 $(1 + r)^{t-1}$에 해당하는 기초 재정흑자를 기록해야 한다. 만약 이 조정이 조세를 통해 이루어지면 1년도의 1만큼 최초의 세금 인하는 t년도 중의 $(1 + r)^{t-1}$에 해당하는 세금 인상을 낳는다. 5년도에 부채가 상환되는 경우의 세금과 부채의 경로는 그림 22-1(b)에 주어져 있다.

5년도의 총상환액 : T_1이 1만큼 ▶ 감소 ⇒ T_5는 $(1+r)^4$만큼 증가

이상의 예는 첫 번째 결론을 제시한다.

■ 정부지출이 변화하지 않는다면 세금 인하는 결국 미래의 세금 인상으로 상쇄되어야 한다.

- 세금 인상 시점을 뒤로 미룰수록 또는 실질이자율이 높을수록 정부의 궁극적 세금 인상 규모는 증가한다.

2년도에서의 부채 안정화

지금까지는 정부가 부채를 완전히 상환한다고 가정했다. 이제 정부가 세금을 안정시키는 데만 만족한다면 세금에 어떤 변화가 생겨나는지 살펴보자. (단, 여기서 부채를 안정화한다는 것은 세금이나 지출을 변화시켜 부채를 계속해서 일정하게 유지하는 것을 의미한다.)

정부가 2년도부터 부채를 안정화하기로 결정했다고 하자. 2년도부터 부채를 안정화한다는 것은 2년도 말과 그 이후의 부채를 1년도 말 부채 수준과 동일하게 유지한다는 것을 의미한다.

식 (22.3)으로부터 2년도의 예산제약은 다음과 같이 주어진다.

$$B_2 = (1 + r)B_1 + (G_2 - T_2)$$

2년도에 부채가 안정화된다는 가정하에서 $B_2 = B_1 = 1$이 성립한다. 앞의 방정식에 이를 대입하면 다음과 같다.

$$1 = (1 + r) + (G_2 - T_2)$$

정리하고 $(G_2 - T_2)$를 좌변으로 옮기면 다음과 같다.

$$T_2 - G_2 = (1 + r) - 1 = r$$

2년도에 부채가 더 증가하는 것을 막기 위해서는 정부가 기존 부채에 대한 실질이자 지급액과 동일한 규모의 기초 재정흑자를 기록해야만 하며, 이어지는 각 연도에도 같은 조치를 취해야 한다. 각 연도에 이자 지급액을 감당하기에 충분할 정도로 기초 재정흑자가 발생해야 부채 규모가 변하지 않는다. 세금과 부채의 경로는 그림 22-1(c)에 나타나 있다. 부채는 1년도부터 계속해서 1의 값으로 유지된다. 세금은 2년도부터 계속해서 r의 크기만큼 영원히 높아진다. 즉 2년도부터 계속해서 정부는 r에 해당하는 기초 재정흑자를 보여야 한다.

이 주장에 담긴 논리는 정부가 안정화를 시작하는 시점을 t년도까지 미루는 경우에도 그대로 확장된다. 부채의 안정화를 시작하는 순간부터 정부는 계속해서 부채에 대한 이자 지급에 필요한 만큼 기초 재정흑자를 보여야 한다.

이 예는 두 번째 결론을 제공한다.

◀ 2년도부터 부채를 안정화하면 T_1이 1만큼 감소 ⇒ T_2, T_3, … 는 r만큼 증가

- 과거의 재정적자는 정부 부채 증가라는 유산을 남긴다.
- 부채 안정화를 위해서는 정부가 재정적자를 소멸시켜야 한다.
- 재정적자를 소멸시키기 위해 정부는 기존 부채에 대한 이자 지급과 같은 규모의 재정흑자를 기록해야 한다. 이는 세금이 항구적으로 높아질 것을 요구한다.

부채/GDP 비율의 추이

지금까지는 부채의 절대 **규모**(level) 추이에 초점을 맞추어 왔다. 그러나 시간이 지남에 따라 산출이 증가하는 경제에서는 **부채/산출 비율**(ratio)에 초점을 맞추는 것이 더 적절하다.

이러한 초점의 변화가 앞서의 결론을 어떻게 수정하는지를 보기 위해서는 식 (22.3)으로부터 **부채/GDP 비율**(debt-to-GDP ratio), 혹은 간단히 **부채 비율**(debt ratio)의 추이를 보여주는 방정식으로 관심을 돌릴 필요가 있다.

부채 비율의 추이를 유도하기 위해서는 몇 단계를 거쳐야 한다. 하지만 최종적으로 유도되는 방정식은 이해하기 쉬우므로 걱정할 필요가 없다.

우선 식 (22.3)의 양변을 실질산출 Y_t로 나누면 다음이 구해진다.

$$\frac{B_t}{Y_t} = (1 + r)\frac{B_{t-1}}{Y_t} + \frac{G_t - T_t}{Y_t}$$

이어서 B_{t-1}/Y_t을 $(B_{t-1}/Y_{t-1})(Y_{t-1}/Y_t)$로 바꾸어주면(즉 Y_{t-1}로 분자와 분모를 곱해주면) 다음과 같이 구해진다.

$$\frac{B_t}{Y_t} = (1 + r)\left(\frac{Y_{t-1}}{Y_t}\right)\frac{B_{t-1}}{Y_{t-1}} + \frac{G_t - T_t}{Y_t}$$

이제 방정식의 모든 항은 산출 Y에 대한 비율로 표현되었다. 이 방정식을 단순화하기 위해 경제성장률이 g로 일정하다고 가정하면 Y_{t-1}/Y_t은 $1/(1 + g)$로 쓸 수 있다. 아울러 $(1 + r)/(1 + g) \approx 1 + r - g$라는 근사식을 적용하자.

이상의 두 가정을 사용하면 앞의 방정식은 다음과 같이 다시 나타낼 수 있다.

> $Y_t = (1+g)Y_{t-1}$에서 출발해 양변을 Y_t로 나누어 $1 = (1+g)Y_{t-1}/Y_t$를 얻은 뒤 다시 정리하면 $Y_{t-1}/Y_t = 1/(1+g)$을 얻는다. 이러한 근사는 이 책 끝부분에 있는 부록 2의 명제 6에서 유도된다.

$$\frac{B_t}{Y_t} = (1 + r - g)\frac{B_{t-1}}{Y_{t-1}} + \frac{G_t - T_t}{Y_t}$$

마지막으로 방정식을 정리하면 다음을 얻을 수 있다.

$$\frac{B_t}{Y_t} - \frac{B_{t-1}}{Y_{t-1}} = (r - g)\frac{B_{t-1}}{Y_{t-1}} + \frac{G_t - T_t}{Y_t} \tag{22.5}$$

지금까지 많은 단계를 거쳤지만 마지막으로 나타난 관계는 해석이 단순하다.

시간이 지남에 따른 부채 비율의 변화(식의 좌변)는 두 항의 값과 같다.

- 첫 항은 실질이자율과 성장률의 차를 초기 부채 비율로 곱한 것이다.
- 둘째 항은 GDP 대비 기초 재정적자의 비율이다.

GDP 대비 부채 비율의 추이를 보여주는 식 (22.5)와 부채 규모 자체의 추이를 보여주는 식

578 제7부 정책에 대한 검토

(22.2)를 비교해보자. 기초 재정적자(와 GDP 대비 기초 재정적자 비율)가 0이라고 가정하자. 이때 부채가 증가하느냐 감소하느냐는 이자율이 양수냐 아니냐에 달려 있다. 그러나 GDP 대비 부채 비율의 증가 또는 감소 여부는 이자율이 성장률보다 큰지 작은지에 따라 달라진다(22-5절에서 자세히 설명한다).

식 (22.5)는 GDP 대비 부채 비율의 증가율이

- 실질이자율이 높을수록
- 경제성장률이 낮을수록
- 초기 부채 비율이 높을수록
- GDP 대비 기초 재정적자 비율이 높을수록

더 커질 것임을 시사한다. 이 관계에 기초해 초점상자 '제2차 세계대전 이후 각국은 어떻게 부채 비율을 감축했는가?'는 전후 매우 높은 부채 비율을 물려받은 정부가 낮은 실질이자율, 높은 성장률, 기초 재정흑자의 결합을 통해 어떻게 부채 비율을 지속적으로 감축했는지 보여준다. 다음 절은 지금까지의 분석이 다른 많은 재정정책 문제의 이해에 있어서 어떻게 사용되는지 보여준다.

◀ 두 변수(여기서는 부채와 GDP)가 r과 g의 율로 각각 증가하면 이들의 비율(여기서는 부채/GDP 비율)은 $(r - g)$의 율로 증가한다. 이 책 끝부분에 있는 부록 2의 명제 8을 참조하라.

22-3 리카디안 동등성, 경기조정 재정적자, 전비조달

정부예산제약의 동학을 살펴보았으므로 이제 예산제약이 중심적 역할을 하는 세 가지 주제를 다룰 수 있다.

리카디안 동등성

정부의 예산제약에 대한 고려는 재정적자가 산출에 미치는 영향에 대해 생각하는 방식을 어떻게 바꾸는가?

한 가지 극단적인 견해는 일단 정부예산제약을 고려하면 재정적자나 정부 부채 모두 경제활동에 영향을 미치지 못한다고 주장한다! 이 주장은 **리카디안 동등성**(Ricardian Equivalence) 명제로 알려져 있다. 19세기 영국 경제학자인 리카도(David Ricardo)는 이 논리를 처음으로 명확히 밝혔다. 그의 주장은 1970년대에 당시 시카고대학교에 있었고 현재 하버드대학교에 있는 배로(Robert Barro)가 더 발전·부가시켰다. 이에 따라 이 주장은 **리카도-배로 명제**(Ricardo-Barro proposition)로도 알려져 있다.

이 명제의 논리를 이해하는 최선의 방법은 22-2절의 세금 변화의 예를 사용하는 것이다.

- 정부가 금년에 세금을 1만큼 감소시켰다고 가정하자(10억 달러로 생각하자). 그리고 이에 따라 정부는 부채를 상환하기 위해 다음 해에 $(1 + r)$만큼 세금을 인상한다고 발표했다. 최초의 세금

리카도는 이 주장이 논리를 밝혔지만, 동시에 현실적으로 이 ◀ 주장이 성립하지 않는 많은 이유도 주장했다. 반대로, 배로는 이 주장이 논리적으로 옳을 뿐만 아니라 현실을 잘 설명한다고도 주장한다.

제2차 세계대전 이후 각국은 어떻게 부채 비율을 감축했는가?

제2차 세계대전 이후 많은 국가가 매우 높은 부채 비율을 보여 종종 GDP의 100%를 넘어섰다. 그러나 20~30년 후 부채 비율은 훨씬 낮아져 종종 50%를 하회했다. 어떻게 이렇게 되었는가? 답은 표 1에 있다.

표 1은 호주, 캐나다, 뉴질랜드, 영국을 본다. 1열은 부채 비율이 하락했던 시기를 보여준다. 첫해는 1945년이나 1946년이다. 마지막 해는 부채 비율이 가장 낮아진 해이다. 조정기간은 캐나다의 13년부터 영국의 30년까지 다양하다. 2열은 기초와 기말의 부채 비율을 보여준다. 여기서 가장 두드러진 것은 영국이다. 초기 부채 비율은 1946년 GDP의 270%였는데 인상적으로 하락해 1974년에는 47%가 되었다.

표의 수치를 해석하기 위해 식 (22.5)로 가보자. 이는 부채 비율을 하락시킬 수 있는 2개의 상호 배타적이지 않은 방식이 있음을 말해준다. 하나는 높은 초기 재정흑자를 통해서이다. 예를 들어 $(r-g)$를 0이라 하자. 이 경우 일정 기간에 걸친 부채 비율의 하락은 그 기간 동안의 GDP 대비 기초 재정흑자 비율의 단순합일 것이다. 다른 하나는 낮은 $(r-g)$를 통해서이다. 즉 낮은 실질이자율이나 높은 성장률 또는 그 둘의 결합을 통해서이다.

이를 염두에 두고 3, 4, 5열은 각각 해당 기간에 있어서 GDP 대비 기초 재정수지 비율의 평균, GDP의 평균 경제성장률, 평균 실질이자율을 나타낸다.

우선 3열의 기초 재정수지를 보자. 4개국 모두 해당 기간 동안 평균적으로 기초 재정흑자를 실제로 기록했음에 주의하자. 그러나 동시에 이들 기초 수지는 부채 비율 하락에서 작은 비중을 차지한다는 점에도 주의하자. 예를 들어 영국의 경우를 보자. 해당 기간 동안 GDP 대비 기초 재정흑자 비율의 합계는 GDP 대비 2.1%×30 = 63%로서 GDP 대비 부채 비율 하락 규모 (270%−47% = 233%)의 1/3보다 작다.

이제 4열과 5열의 경제성장률과 실질이자율을 보자. 해당 기간 동안 성장률이 얼마나 높았고 실질이자율이 얼마나 낮았는지 주목하자. 예로 호주를 보자. 해당 기간 동안 $(r-g)$의 평균값은 −6.9%(= −2.3%− 4.6%)였다. 이는 비록 기초 수지가 0이라 해도 부채 비율은 매년 6.9%만큼 하락했을 것임을 시사한다. 다시 말해 부채의 감소는 주로 기초 재정흑자의 결과가 아니라 지속적인 고성장과 음의 이자율에 따른 결과였던 것이다.

이는 마지막 질문으로 이어진다. 왜 실질이자율은

표 1 제2차 세계대전 이후 부채 비율의 변화

국가	1 기간	2 기초 및 기말 비율	3 기초 재정수지	4 경제성장률	5 실질이자율	6 인플레이션율
호주	1946~1963년	92~29	1.1	4.6	−2.3	5.7
캐나다	1945~1957년	115~59	3.6	4.3	−1.4	4.0
뉴질랜드	1946~1974년	148~41	2.3	3.9	−2.9	4.9
영국	1946~1975년	270~47	2.1	2.6	−1.5	5.5

주 : 2열과 3열은 GDP 대비 비율, 4~6열은 %이다.

출처 : S. M. A. Abbas et al., "Historical Patterns and Dynamics of Public Debt: Evidence from a New Database," *IMF Economic Review*, 2011 (November): pp. 717-742.

그렇게 낮았을까? 답은 6열에 있다. 해당 기간 동안 평균 인플레이션율은 상대적으로 높았다. 이러한 인플레이션율은 지속적으로 낮은 명목이자율과 결합해 음의 실질이자율을 낳았던 것이다. 달리 말해 부채 비율 하락의 많은 부분은 채권 보유자에게 수년 동안 음의 이자율을 지급했기 때문에 가능했던 것이다.

인하가 소비에 미치는 영향은 무엇인가?

- 한 가지 가능한 답은 전혀 효과가 없다는 것이다. 왜? 소비자는 세금 인하가 선물이 되지 못한다고 인식하기 때문이다. 금년의 낮아진 세금은 현재가치 기준으로 다음 해의 높아진 세금으로 정확히 상쇄된다. 달리 말해 소비자의 인적자산(세후 근로소득의 현재가치)은 영향을 받지 않는다. 현재의 세금이 1만큼 감소하면 다음 해 세금의 현재가치는 $(1 + r)/(1 + r) = 1$만큼 상승하며, 이러한 두 가지 변화의 순효과는 정확히 0과 같다.

◀ 인적자산의 정의와 소비에서의 역할은 15장을 참조하라.

- 동일한 답에 이르는 다른 방식은 소비 대신 저축을 살펴보는 것이다. 소비자가 세금 인하에 반응해 소비를 변화시키지 않는다는 것은 **민간저축이 재정적자만큼 증가한다**는 것을 말한다. 따라서 리카도 명제는 정부가 일정한 지출 경로를 재정적자로 조달할 경우 민간저축은 공공저축이 감소한 만큼 증가하고 총저축은 변화하지 않을 것이라고 말한다. 즉 투자를 위해 남겨진 총액은 영향을 받지 않는다. 정부의 예산제약식은 시간이 지남에 따라 정부 부채가 증가할 것임을 시사한다. 그러나 이 증가가 자본축적의 희생으로 생겨난 것은 아니다.

◀ IS-LM 모형을 기준으로 이 경우 현재의 감세와 관련된 승수가 어떻게 될지 살펴보라.

리카디안 동등성 명제에 따르면 장기 재정적자와 정부 부채 증가에 대해 걱정할 이유가 없다. 정부가 음의 저축을 함에 따라 사람들은 높아질 세금에 대비해 저축을 더 한다. 공공저축 감소는 민간저축이 동일한 규모로 증가해 상쇄된다. 따라서 총저축은 아무런 변화도 없고 투자 역시 그렇다. 경제는 부채 증가가 없었을 경우와 같은 규모의 자본량을 갖는다. 높은 부채는 우려할 것이 아니다.

리카디안 동등성 명제는 얼마나 심각하게 받아들여야 할까? 대부분의 경제학자는 다음과 같이 말할 것이다. "심각하게 받아들여야 한다. 그러나 재정적자와 부채가 무관하다고 생각할 정도로 심각하게는 아니다." 이 책의 주요 주제 중 하나는 기대가 중요하다는 것이었다. 즉 소비는 현재 소득뿐만 아니라 미래 소득에도 의존한다. 금년의 세금 인하가 내년의 세금 증가로 상쇄될 것으로 광범위하게 믿는다면 소비에 대한 파급효과는 아마도 작을 것이다. 대부분의 소비자는 내년에 높아질 세금을 예상해서 감소된 세금의 대부분 또는 전부를 저축할 것이다. ('년'을 '월' 또는 '주'로 교체하면 이 주장은 더 설득력 있게 들린다.)

물론 감세가 그에 상응하는 1년 뒤의 증세 발표를 동반하는 경우는 드물다. 소비자는 언제 그리고 어떻게 세금이 결국 증가할지 추측해야 한다. 이 사실은 그 자체로서 리카디안 동등성 명제를 무효화하지 않는다. 세금이 언제 증가하더라도 정부의 예산제약은 여전히 미래에 증가하는 세금의 현재가치가 현재의 세금 감소액과 항상 일치한다는 것을 시사한다.

◀ 이는 지출이 변하지 않는다는 것을 가정한다는 점에 주의하자. 사람들이 미래 지출의 감소를 기대한다면, 어떤 행동을 하겠는가?

22-2절[그림 22-1(b)]에서 살펴보았던 두 번째 예를 고려해보자. 이 예에서 정부는 t년을 기다린 뒤 $(1 + r)^{t-1}$만큼 세금을 증가시킨다. 이러한 기대된 세금 증가의 0년도에서의 현재가치는 $(1 + r)^{t-1}/(1 + r)^{t-1} = 1$로서 정확히 최초의 세금 감소 규모와 일치한다. 세금 인하로 인한 인적자

*t*년도의 세금 증가는 $(1+r)^{t-1}$이다. 지금부터 *t*년도 후의 달러에 대한 할인인자는 $1/(1+r)^{t-1}$이다. 따라서 지금부터 *t*년도 후 세금 증가의 가치는 $(1+r)^{t-1}/(1+r)^{t-1} = 1$이다.

산의 변화는 여전히 0이다.

그러나 세금 인상 시점이 더 멀리 떨어진 것처럼 보일수록 그리고 더 불확실하게 보일수록 소비자들은 사실상 이 점을 더욱더 무시할 것이다. 소비자들이 세금 인상 이전에 사망할 것으로 기대하거나 아니면 더 현실적으로는 단지 그렇게 먼 미래를 생각하지 않기 때문이다. 두 경우 모두 리카디안 동등성은 실패할 가능성이 크다.

따라서 재정적자는 경제활동에 중요한 영향을 미친다고 결론 내리는 것이 안전하다. 물론 그 규모는 리카디안 동등성 주장을 감안하기 전에 생각했던 것보다는 아마도 작을 것이다. 단기에 재정적자의 증가는 수요 증가와 산출 증가를 낳을 가능성이 크다. 장기에 정부 부채 증가는 자본축적을 낮추고 그에 따라 산출을 낮춘다.

재정적자, 산출 안정화, 경기조정 재정적자

통화정책과의 유추에 주의하라. 통화 증가율의 상승이 장기에 있어 인플레이션의 심화를 낳는다는 사실은 통화정책이 산출 안정화에 사용되어서는 안 된다는 것을 시사하지 않는다.

재정적자가 자본축적 그리고 그에 따라 산출에 장기적으로 부정적인 효과를 미친다는 사실은 재정정책이 산출변동을 완화하는 데 사용되어서는 안 된다는 것을 시사하지는 않는다. 이는 오히려 경기침체기의 재정적자가 경기활황기의 재정흑자로 상쇄되도록 함으로써 부채의 지속적인 증가를 낳지 않아야 한다는 것을 시사한다.

재정정책의 적절성을 평가할 수 있도록 경제학자들은 기존의 세금과 지출규칙하에서 산출이 잠재산출 수준에 놓일 경우 재정적자 규모가 얼마인지 알려주는 적자지표를 구축했다. 이 측정치는 **완전고용 재정적자**(full-employment deficit), **경기 중립적 재정적자**(midcycle deficit), **고용 수준으로 표준화된 재정적자**(standardized employment deficit), **구조적 재정적자**(structural deficit, OECD가 사용하는 용어) 등 다양한 이름이 있다. 이 책에서는 **경기조정 재정적자**(cyclically adjusted deficit)라는 이름을 사용할 것인데, 이 명칭이 가장 직관적이기 때문이다.

경기조정 재정적자는 재정정책 방향을 판단하는 단순한 기준을 제공한다. 만약 실제 재정적자는 크지만 경기조정 적자가 0이라면, 현재의 재정정책은 시간이 지남에 따라 부채를 체계적으로 증가시키지 않는다. 부채는 산출이 잠재산출 수준을 밑도는 경우 증가하겠지만 산출이 잠재 수준으로 복귀함에 따라 사라질 것이며 결국 부채는 안정화될 것이다.

그렇지만 재정정책의 목표가 경기조정 적자를 항상 0과 일치하도록 유지하는 데 있다는 것을 시사하는 것은 아니다. 경기침체 시에 정부는 경기조정 재정적자조차도 양의 값을 가질 정도로 충분히 큰 규모의 재정적자를 기록하려 할 수 있다. 이 경우 경기조정 재정적자가 양이라는 사실은 유용한 정보를 제공한다. 그것은 산출이 잠재 수준으로의 복귀가 부채를 안정화하기에 충분하지 않을 수 있다는 것이다. 정부가 미래의 일정 시점에서 재정적자를 감소시키려면 세금 인상에서 지출 감소까지 구체적 조치를 취해야 할 것이다.

경기조정 재정적자 개념에 담긴 이론은 단순하다. 그러나 이를 현실 세계에서 구체화하는 것은 어려운 일로 알려져 왔다. 그 이유를 보기 위해서는 어떻게 경기조정 재정적자 지표가 구축되는지를 살펴볼 필요가 있다. 지표의 구축은 두 단계를 필요로 한다. 첫째, 산출이 이를테면 1% 높아진다면 적자가 얼마나 낮아질지를 파악해야 한다. 둘째, 산출이 잠재 수준에서 얼마나 멀리 떨어져 있는지를 평가해야 한다.

- 첫 번째 단계는 간단하다. 믿을 만한 관행은 미국의 경우 1%의 산출 감소가 GDP의 0.5%에 해당하는 재정적자 증가를 자동적으로 발생시킨다는 것이다. 이 증가는 대부분의 세금이 산출에 비례하지만, 대부분의 정부지출은 산출 수준에 의존하지 않기 때문에 발생한다. 즉 산출 감소는 세입 감소를 낳지만, 지출에 대한 영향은 크지 않으므로 자연적으로 재정적자 증가를 낳는다.

  이에 따라 예를 들어 산출이 잠재 수준을 5% 하회한다면 GDP 대비 재정적자의 비율은 산출이 잠재산출 수준에 있을 때보다 2.5%가량 증가할 것이다. [경제활동의 재정적자에 대한 영향은 **자동안정장치**(automatic stabilizer)라 불렸다. 경기침체는 자연적으로 재정적자 그리고 그에 따라 재정팽창을 가져오는데 이는 부분적으로 경기침체를 완화한다.]

- 두 번째 단계는 더 어렵다. 7장에서 살펴보았듯이 잠재산출 수준은 경제가 자연실업률에서 움직일 때의 산출 수준이다. 자연실업률 추정치가 너무 낮으면 잠재산출 수준의 추정치는 지나치게 커지고 그에 따라 지나치게 낙관적인 경기조정 재정적자 추정치가 만들어진다.

이러한 어려움은 1980년대 유럽에서 발생한 상황을 부분적으로 설명한다. 자연실업률이 변하지 않는다는 가정하에서 1980년대의 경기조정 재정적자는 그리 나빠 보이지 않았다. 만약 유럽의 실업률이 1970년대 수준으로 복귀했다면, 관련된 산출의 증가는 대부분의 국가에서 재정균형을 다시 회복하는 데 충분했을 것이다. 그러나 실업률 증가의 상당 부분은 자연율 증가를 반영한 것으로 드러났으며 실업률은 1980년대 내내 매우 높은 상태를 지속했다. 결과적으로 대부분의 국가에서 1980년대는 높은 재정적자와 부채 비율의 대규모 증가가 나타난 시기로 특징지어졌다.

전쟁과 재정적자

전쟁은 통상 대규모 재정적자를 낳는다. 21장에서 보았듯이 20세기 미국 정부 부채의 두 차례 기록적인 증가는 제1차 세계대전과 제2차 세계대전 기간 중이었다. 제2차 세계대전의 경우는 초점 상자 '제2차 세계대전 기간 중 미국에서의 재정적자, 소비, 투자'에서 더 자세히 검토한다.

◀ 그림 21-4에서 제1, 2차 세계대전과 관련된 두 정점을 살펴보라.

성부가 전쟁비용의 상당 부분을 재정적자에 의존하는 것이 적절하다고 할 수 있을까? 결국 전쟁 중인 경제는 통상적으로 낮은 실업률하에 놓여 있는 것이며 그에 따라 앞에서 검토한 산출 안정화를 위한 재정적자 운영은 이 경우 무관하다. 그럼에도 불구하고 답은 그렇다는 것이다. 사실상 전쟁 기간 중 재정을 적자로 운영해야 할 두 가지 좋은 이유가 있다.

- 첫째는 소득분배와 관련된 이유이다. 재정적자를 통한 전쟁비용 조달은 전쟁 후에도 살아남은

사람들에게 전쟁 부담의 일부를 넘기는 방식이며 미래 세대에게 있어 전쟁이 요구하는 희생의 일부를 부담하는 것은 공정해 보인다.

- 둘째는 훨씬 좁은 경제적 이유에 근거한다. 적자 지출은 조세에 따른 왜곡을 감소시키는 데 도움을 준다. 각 이유를 순서대로 살펴보자.

전쟁비용 부담의 전가

전쟁은 정부지출을 크게 증가시킨다. 지출 증가로 인한 자금조달의 필요성이 어떤 시사점을 주는지 보기 위해 세금을 인상하는 경우와 부채를 증가시키는 경우로 나누어 살펴보자. 단, 앞서의 산출 안정화 논의와 구별하기 위해 산출은 잠재산출 수준에서 고정되어 있다고 가정하자.

- 정부가 재정적자에 의존한다고 가정하자. 정부지출이 급증함에 따라 재화에 대한 수요는 크게 증가할 것이다. 산출이 동일한 수준에 머물 것이라는 가정하에 균형이 유지되려면 이자율이 충분히 증가해야 한다. 그리고 이자율에 의존하는 투자는 급격히 감소한다.(좀 더 현실적으로는 전시 경제에서 정부가 고금리에 의존하지 않고 전쟁과 무관한 투자를 줄이기 위한 직접적인 조치를 취할 수 있다.)

- 대신에 정부가 세금 인상, 예를 들어 소득세 인상을 통해 지출 증가에 필요한 자금을 조달한다고 가정하자. 소비는 급격히 감소할 것이다. 정확히 얼마나 감소할 것인지는 소비자의 기대에 의존한다. 예상되는 전쟁 종료 시점이 멀면 멀수록 소비자는 고율이 지속될 기간을 길게 잡고 소비는 더 감소한다. 어떤 경우라도 정부지출 증가는 소비 감소로 부분적으로 상쇄된다. 이자율 상승폭은 재정적자의 경우보다 작고, 그에 따라 투자 감소 규모도 줄어든다.

> $Y=C+I+G$가 성립하는 폐쇄 경제를 고려하자. G가 증가했지만 Y는 그대로라고 하자. 이 경우 $C+I$는 감소해야 한다. 증세가 없다면 대부분의 감소는 I의 감소로 나타날 것이다. 세금이 증가한다면 대부분의 감소는 C의 감소로 나타날 것이다.

간단히 말하면, 산출 수준이 고정되어 있을 때 정부지출 증가는 소비 감소나 투자 감소를 필요로 한다. 세금 인상에 의존하는지 아니면 재정적자에 의존하는지 여부가 정부지출 증가 시 소비나 투자 중 무엇이 더 많은 조정역할을 담당하는지를 결정한다.

이러한 사실이 전쟁비용 부담을 누가 하는지에 어떤 영향을 미치는가? 정부가 재정적자에 더 의존할수록 전쟁 기간 중 소비 감소폭은 작을 것이고 투자 감소폭은 클 것이다. 투자 감소는 전쟁이 끝난 뒤 자본량 감소를 의미하며 그에 따라 전후 산출 수준의 하락을 의미하기도 한다. 자본축적을 위축시킴으로써 재정적자는 전쟁비용 부담의 일부를 미래 세대에게 전가한다.

조세 왜곡의 완화

전쟁 기간 등 정부지출이 예외적으로 높아지는 시기에 있어 재정적자를 활용해야 할 또 다른 이유가 있다. 예를 들어 지진 후의 재건 사업이나 1990년대 초 독일 통일에 소요된 비용을 생각해볼 수 있다.

이유는 다음과 같다. 정부가 증가된 지출의 재원 조달을 위해 증세해야 한다면 소세율은 매우 높아야 할 것이다. 매우 높은 세율은 매우 높은 경제적 왜곡을 야기할 수 있다. 매우 높은 소득세

제2차 세계대전 기간 중 미국에서의 재정적자, 소비, 투자

1939년에 미국 GDP 중 재화와 용역에 대한 정부지출의 비중은 15%였다. 1944년에 이는 45%로 증가했다! 이 상승은 1939년 GDP의 1%에서 1944년 36%로 증가한 국방지출 증가에 기인한 것이다.

이러한 막대한 지출 증가에 직면해 미국 정부는 대규모 세금 인상으로 대응했다. 미국 역사상 처음으로 개인소득세가 수입의 주요 원천이 되었다. 1939년 GDP의 1%였던 개인소득세 수입은 1944년 8.5%로 증가했다. 그러나 세금 인상은 지출 증가에 여전히 크게 못 미쳤다. 1939년 GDP의 7.2%에서 1944년 22.7%로 늘어난 연방수입의 증가 규모는 지출 증가의 절반을 조금 상회했을 뿐이다.

결과적으로 대규모 재정적자가 이어졌다. 1944년 미국의 재정적자는 GDP의 22%에 도달했다. 대공황 중 정부가 보였던 재정적자로 인해 1939년 이미 53%로 상승했던 GDP 대비 부채 비율은 1944년에는 110%에 달했다!

정부지출의 증가는 소비 또는 민간투자의 희생을 대가로 가능했던 것일까? (18장에서 보았듯이 원칙적으로 수입 증가와 경상수지 적자로부터 생겨날 수 있다. 그러나 미국은 전쟁 기간 중 어느 누구로부터도 차입하지 않았다. 오히려 미국은 연합국의 일부 국가들에 대출을 하고 있었다. 미국 정부에서 외국 정부로의 이전지출은 1944년에 미국 GDP의 6%였다.)

■ 이는 대부분 소비 감소에 의해 만족되었다. GDP 중 소비의 비중은 74%에서 51%로 23%p 감소했다. 소비 감소의 일부분은 전후 세금 증가에 기인했을 것이다. 아울러 일부분은 많은 소비자 내구재를 이용할 수 없었던 데 기인한다. 그리고 사람들로 하여금 저축을 증가시키고 정부가 전비를 조달하기 위해 발행했던 전쟁 채권을 매입하게 한 애국심도 일정한 역할을 했을 것이다.

■ 그러나 정부 구매 증가는 GDP에서의 (민간)투자 비중이 10%에서 4%로 6%p 감소함으로써 메워졌다. 결과적으로 전쟁 부담의 일부는 전후 세대를 위한 자본축적의 감소라는 형태로 전가된 것이다.

율에 직면하면 사람들은 일을 덜 하려 하거나 불법적이고 세금이 부과되지 않는 경제활동에 가담한다. 항상 균형예산을 맞추기 위해 세율의 인상과 인하를 반복하기보다는 (왜곡을 완화한다는 관점에서) 상대적으로 안정적인 세율을 유지하는, 즉 세금의 **평탄화**를 도모하는 것이 더 좋을 것이다. **세금 평탄화**(tax smoothing)는 정부지출이 이례적으로 높아질 때 대규모 적자를 기록하고 다른 기간 중에는 소규모 흑자를 기록한다는 것을 시사한다.

22-4 │ 과다한 부채의 위험

지금까지 과도한 부채는 미래의 세금 증가를 요구한다는 점을 보았다. 역사가 주는 교훈은 높은 부채가 악순환을 낳을 수 있고 재정정책의 사용을 극단적으로 어렵게 만든다는 것이다. 이를 더 자세히 살펴보자.

고부채, 채무불이행 위험, 악순환

식 (22.5)로 되돌아가자.

$$\frac{B_t}{Y_t} - \frac{B_{t-1}}{Y_{t-1}} = (r - g)\frac{B_{t-1}}{Y_{t-1}} + \frac{(G_t - T_t)}{Y_t}$$

높은 부채 비율, 예를 들어 100%의 부채 비율을 가진 국가를 생각해보자. 실질이자율은 3%이고 경제성장률은 2%라고 가정하자. 우변의 첫 항은 (3%−2%)×100%로 GDP의 1%에 달한다. 더 나아가 정부가 부채 비율을 현 수준에서 정확히 유지할 수 있는 1% 규모의 재정흑자를 유지한다고 가정하자[이 경우 식의 우변 전체는 (3%−2%)×100% + (−1%) = 0%가 된다].

이제 금융투자자들이 정부가 부채를 완전히 상환할 능력이 없다고 걱정하기 시작했다고 하자. 이들은 자신들이 보기에 부채에 대해 더 높아진 채무불이행 위험에 대한 보상으로 더 높은 이자율을 요구한다. 그러나 이에 따라 정부는 부채 안정화에 더 큰 어려움을 갖게 된다. 예를 들어 이자율이 3%에서 8%로 높아졌다고 하자. 이 경우 정부가 부채를 안정화하기 위해서는 6%에 달하는 재정흑자를 기록해야 할 필요가 있다[이 경우 방정식의 우변은 (8%−2%)×100 + (−6%) = 0이다].

이자율 상승에 대응해 정부가 실제로 재정흑자를 6%로 높이는 조치를 취했다고 하자. 필요한 지출 삭감과 증세는 정치적 부담으로 작용할 가능성이 있으며, 잠재적으로 더 큰 정치적 불확실성을 만들어내고 채무불이행 위험을 높이며 그에 따라 이자율을 더 상승시킬 것이다. 아울러 급격한 재정긴축은 경기침체를 낳아 성장률을 하락시킬 가능성이 있다. 실질이자율 증가와 성장률 하락 모두 $(r-g)$를 더 높이므로, 결국 부채를 안정화하기 위해 필요한 재정흑자의 규모는 훨씬 더 커진다. 일정 시점에서 정부는 재정흑자를 충분히 증가시킬 수 없게 되고, 부채 비율은 증가하기 시작할 수 있다. 이에 따라 금융시장은 훨씬 더 우려하게 되고 더욱 높은 이자율을 요구할 것이다. 이자율 상승과 부채 비율 상승은 서로를 자극한다. 간단히 말해 GDP 대비 부채 비율이 높아질수록 파국적인 부채 동학의 가능성은 더 커진다. 처음에는 정부가 부채를 완전히 상환할 수 없을 것이라는 두려움은 근거가 없었다고 해도 쉽게 자기실현적으로 될 수 있다. 정부가 지급해야 하는 이자지급액의 증가는 정부의 예산 통제능력을 상실하게 하고 정부가 상환할 수 없는 수준까지 부채 규모를 증가시켜 결국 최초의 두려움을 타당하게 만들 수 있다.

이는 추상적인 문제가 아니다. 위기 때 유로 지역에서 일어난 일을 다시 살펴보자. 그림 22−2는 이탈리아와 스페인의 2012년 3월부터 12월까지의 국채이자율 추이를 보여주고 있다. 각국에 대해 그림은 독일 2년 국채와 자국의 2년 국채 간 이자율 차이 또는 **스프레드**(spread)를 나타내고 있다. 독일 이자율과 비교하는 이유는 독일 국채가 거의 위험이 없는 채권으로 간주되고 있기 때문이다. 스프레드는 수직축에 퍼센트의 1/100인 **베이시스 포인트**(basis point, bp)를 기준으로 했다.

두 스프레드는 2012년 3월에 상승하기 시작했다. 7월 말까지 이탈리아 채권의 스프레드는 500bp(5%)에 달했고 스페인 채권의 스프레드는 660bp(6.6%)였다. 이러한 스프레드는 두 가지 우려를 반영했다. 이탈리아와 스페인 정부의 채무불이행과 평가절하 가능성이 그것이었다. 유로 지

이는 은행인출쇄도와 6장의 논의를 상기하게 한다. 은행이 지불능력이 없다고 기대해 인출하기로 하면 은행은 자산을 급매가격에 매각해야만 하고, 실제 지불능력이 사라져 최초의 기대가 실현된다. 여기서는 투자자가 자금인출을 요구하지 않고 대신 더 높은 금리를 요구한다. 그래도 결과는 마찬가지다.

▶ 20-2절로 돌아가 고정환율 하에서 평가절하의 기대가 어떻게 이자율 상승으로 이어지는지 검토하라.

그림 22-2

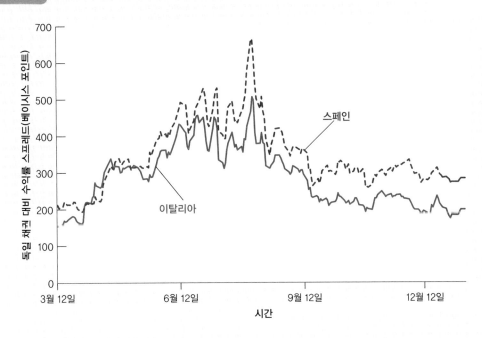

유럽 채권 스프레드의 증가

독일 2년 국채 대비 스페인, 이탈리아의 2년 채권 스프레드는 2012년 3~7월 사이에 급증했다. 7월 말 유럽중앙은행(ECB)은 유로의 붕괴를 막기 위해 필요한 모든 조치를 취할 것임을 언급했고, 스프레드는 감소했다.

출처 : Haver Analytics.

역과 같은 통화동맹에서는 시장에서 통화동맹이 붕괴되어 각국이 절하된 환율로 자국통화를 다시 도입할 수 있다고 생각되지 않는 한 원칙적으로 평가절하를 기대해서는 안 된다. 이것이 바로 2012년 봄과 여름에 발생한 일이다. 이 단락 앞부분의 자기실현적 채무위기에 대한 논의로 돌아가면 그 이유를 알 수 있다.

예를 들어 이탈리아를 고려하자. 3월에 이탈리아의 2년 채권에 대한 이자율은 3% 미만이었다. 이는 1%를 약간 밑도는 독일의 2년 채권에 대한 이자율과 이탈리아 정부의 신용도에 대한 투자자들의 우려로 인한 2%의 위험스프레드를 더한 값이었다. 당시 (그리고 아직도) 이탈리아의 부채/GDP 비율은 130%를 상회했다. 부채부담은 높았지만 3% 이하의 이자율로는 지속 가능했다. 이탈리아는 부채를 안정적으로 유지하기에 충분한 기초 재정흑자를 창출했다. 이탈리아는 (부채가 너무 많아서) 취약했지만 '좋은 균형' 상태에 있었다. 이 지점에서 투자자들은 어떤 이유에서건 이탈리아 채권에 대한 이자율이 2배인 6%에 도달하면 어떻게 될지 자문하기 시작했다. 만약 그런 일이 벌어지면 이탈리아가 부채를 안정적으로 유지할 만큼 충분한 흑자를 올릴 수 없을 것이라고 결론내렸다. 이탈리아가 부채 악순환에 빠져 채무불이행을 할 가능성이 더 컸다. 그 지점에서 이탈리이 주장을 통해 드라기 총재는 낮은 이자율을 유지하고 '좋은 균형'으로 복귀하기 위해 스페인이나 이탈리아 채권을 언제나 사들일 것임을 시사할 것이다. 이 상황에서 이러한 약속은 이자율을 낮추기에 충분했고 ECB는 전혀 개입할 필요가 없었다.

위험이 완전히 사라진 것은 아니다. 집필 당시 이탈리아 채권에 대한 스프레드는 약 2.5%라는 높은 수준에 머물렀다. EU 규칙보다 여전히 높은 부채와 적자 그리고 정부의 반박 성명에도 불구하고 정부가 유로 탈퇴를 고려할 것이라는 우려 때문이었다.

아는 통화동맹을 포기하고 경쟁력을 향상시키고 성장을 지원하기 위해 평가절하에 의존할 수 있다. 채무불이행은 보통 급격한 경기침체를 동반하기 때문이다. 이런 상황이 전개될 수 있다는 두려움 때문에 이탈리아는 '좋은' 균형에서 '나쁜' 균형으로 바뀌었다. 투자자가 채무불이행과 유로 탈퇴 가능성을 인식함에 따라 이자율은 6%로 뛰었으며 이자율 상승은 초기의 두려움을 확인해주었다. 결국 이탈리아를 좋은 균형으로 복귀시킨 것은 유럽중앙은행(ECB)이었다. 2012년 7월 26일에 드라기(Mario Draghi) ECB 총재는 유로 붕괴는 가능성이 없으며 ECB는 유로 붕괴를 피하기 위해 필요한 모든 조치를 취할 것이라고 분명히 주장했다. 투자자들은 그 약속을 믿었고 이탈리아는 좋은 균형으로 복귀했다.

따라서 이탈리아와 스페인은 ECB의 도움을 받아 부실채권 동학과 채무불이행을 피하는 데 성공했다. 정부가 부채 안정화에 실패하고 부채 악순환에 접어들면 어떻게 될까? 그 경우 역사적으로 둘 중 하나가 발생한다. 정부가 부채를 명시적으로 채무불이행을 하거나 통화증발을 통해 재원 조달에 대한 의존성을 높여 갈 것이다. 각 경우를 차례로 살펴보자.

채무불이행

일정 시점에서 매우 높은 이자율에 직면한 정부는 채무불이행을 결정할 수 있다. 채무불이행은 종종 부분적으로 이루어져, 채권자는 **부채탕감**(haircut)이라는 것을 받아들여야 한다. 예를 들어 30%의 부채탕감은 채권자가 원금의 70%만을 받게 되는 것이다. 채무불이행은 많은 이름으로 불리는데, 다수가 완곡어이다. 아마도 이는 채권자에게 더 호소력 있는 (또는 덜 불만스러운) 전망을 주기 위해서인 것 같다. 이들은 이자 지급이 지연되는 경우 **채무 구조조정**(debt restructuring, debt rescheduling)이라 불리고, 채권자가 부채탕감에 참여하는 경우 **채권자 참여**(private sector involvement)라 불린다. 이는 정부에 의해 일방적으로 강제되거나 또는 채권자와의 협상 결과물일 수도 있다. 채권자는 어떤 경우에도 완전상환이 어렵다는 것을 아는 상황에서 정부와 함께 해결방안을 모색하는 것을 선호할 것이다. 민간 채권자가 약 50% 부채탕감안을 받아들인 2012년 그리스에서 바로 이런 상황이 전개되었다.

부채가 막대할 경우 채무불이행은 매력적인 해결책일 것 같다. 채무불이행 이후 부채 비율이 낮아지면 필요한 재정긴축의 규모도 감소해 신뢰성이 높아질 것이다. 필요한 세수입도 낮추고, 고성장의 가능성도 열리게 된다. 그러나 채무불이행은 매우 높은 비용을 수반한다. 만약 부채를 연금기금에서 보유하고 있다면, 은퇴자들은 채무불이행으로 인해 큰 고통을 겪을 것이다. 채무를 은행이 보유하고 있다면, 은행이 파산해 경제에 상당한 부정적 파급효과를 낳을 수 있다. 대신 부채의 대부분을 외국인이 보유하고 있다면, 이 국가의 평판이 훼손되고 정부는 장기간 동안 차입이 상당히 어려워질 것이다. 따라서 일반적으로 그리고 당연하게 정부는 채무불이행을 상당히 꺼린다.

통화증발을 통한 재원조달

다른 방법은 통화증발을 통한 재원조달이다. 지금까지는 정부의 유일한 재원조달 방법을 채권 매각이라고 가정했다. 그러나 다른 가능성도 있다. 정부는 통화증발을 통해 효과적으로 재원을 조달할 수 있다. 이 방법은 실제로 통화 그 자체를 인쇄하는 것이 아니라 정부가 채권을 발행하고 중앙은행으로 하여금 통화로 채권을 매입하도록 강제하는 것이다. 이 과정을 **통화증발을 통한 재원조달**(money finance) 또는 **부채의 화폐화**(debt monetization)라고 한다. 이 경우 통화 발행률은 중앙은행의 결정이 아니라 정부의 재정적자에 의해 결정되므로 통화정책에 대한 **재정지배**(fiscal dominance)로 알려져 있다.

▶ 중앙은행 통화에 대한 기억을 되살리려면 4-3절을 참조하라.

정부가 이러한 통화증발을 통해 조달할 수 있는 재정적자의 규모는 얼마나 될까? H를 경제 내에 존재하는 중앙은행 통화의 규모라 하자. (앞으로 '중앙은행 통화'를 간단히 '통화'라 하겠다.) ΔH를 통화증발, 특히 1개월간의 명목통화량 변화 규모라 하자. 정부가 통화증발 ΔH를 통해 창출해야 하는 수입은 실질 기준으로(즉 재화기준으로) 나타내면 통화증발 규모를 물가로 나눈 $\Delta H/P$이다. 통화증발을 통한 수입을 **세뇨리지**(seignorage)라 부른다.

◀ 세뇨리지는 단어 자체가 많은 것을 말해준다. 통화를 발행할 수 있는 권리는 과거의 '군주(seigneurs)'에게 있어서는 소중한 자원이었다. 그들은 스스로 발행한 통화를 사용해 원하는 재화를 구매할 수 있었다.

$$\text{세뇨리지} = \frac{\Delta H}{P}$$

세뇨리지는 통화증발 규모를 물가로 나눈 것이다. 특정 규모의 세뇨리지를 얻는 데 필요한 (중앙은행의) 명목통화 증가율을 보기 위해 $\Delta H/P$를 다음과 같이 나타내자.

$$\frac{\Delta H}{P} = \frac{\Delta H}{H}\frac{H}{P}$$

말로 하면, 세뇨리지($\Delta H/P$)는 명목통화 증가율($\Delta H/H$)과 실질통화량(H/P)이 곱해진 것이다. 이 표현을 앞의 식에 대입하면 다음과 같다.

$$\text{세뇨리지} = \frac{\Delta H}{H}\frac{H}{P}$$

이는 세뇨리지, 명목통화 증가율, 실질통화량 간의 관계를 제공한다. 관련된 수치로 생각해보기 위해서는 양변을 월간 GDP인 Y로 나누어보자.

$$\frac{\text{세뇨리지}}{Y} = \frac{\Delta H}{H}\left(\frac{H/P}{Y}\right) \tag{22.6}$$

이제 정부가 GDP의 10% 재정적자를 기록하고 있고 이를 세뇨리지를 통해 조달하려 한다고 하자. 즉 (적자/Y) = (세뇨리지/Y) = 10%이다. 선진국의 경우 월간 GDP 대비 중앙은행 통화의 평균 비율은 대체로 1 수준이다. 이에 따라 (H/P)/Y = 1로 두자. 이는 명목통화 증가율이 다음을 만족해야 함을 시사한다.

$$10\% = \frac{\Delta H}{H} \times 1 \Rightarrow \frac{\Delta H}{H} = 10\%$$

즉 월간 GDP 대비 중앙은행 화폐가 1일 때, GDP의 10%에 달하는 재정적자를 세뇨리지를 통해 조달하기 위해서는 명목통화 증가율의 월간 증가율이 10%가 되어야 한다.

이는 아주 높은 통화 증가율이지만, 재정적자를 조달하기 위해 필요한 수용할 수 있는 부담이라고 결론 내릴 수도 있을 것이다. 불행히도 이러한 결론은 잘못된 것이다. 통화 증가율이 높아짐에 따라 인플레이션도 이를 닮아 간다. 그리고 매우 높은 인플레이션이 발생할 경우 사람들은 통화수요를 줄이려 하고, 이는 중앙은행 통화에 대한 수요를 감소시킨다. 다시 말해 통화 증가율이 높아짐에 따라 사람들이 보유하고자 하는 실질화폐잔고는 감소한다. 예를 들어 인플레이션이 낮을 때 1개월 소득에 해당하는 금액을 보유하려 한 경우, 인플레이션이 10%에 도달하면 1주일 이내의 소득으로 제한하는 결정을 내릴 수 있다. 식 (22.6)을 기준으로 ($\Delta H/H$)가 증가함에 따라 (H/P)/Y가 감소한다. 그리고 동일한 수준의 수입을 얻으려면 정부는 통화 증가율을 더 높일 필요가 있다. 그러나 더 높은 통화 증가율은 더 높은 인플레이션, (H/P)/Y의 추가적 하락, 더 높은 통화 증가율의 필요성을 낳는다.

▶ 이는 일반적 명제의 한 가지 예다. 세율을 증가시키면(본문의 경우 인플레이션율), 과세표준(tax base, 본문의 경우 실질화폐잔고)은 감소한다.

곧 높은 인플레이션은 **초인플레이션(hyperinflation)**으로 바뀐다. 초인플레이션은 경제전문가들이 매우 높은 인플레이션을 지칭하는 용어로 일반적으로 월 30%를 초과하는 인플레이션을 의미한다. 초점상자 '통화를 통한 재원조달과 초인플레이션'은 가장 유명한 에피소드 중 일부를 설명한다. 초인플레이션은 재정정책이 극적으로 개선되고 적자가 없어지는 경우에만 소멸된다. 하지만 그때쯤이면 이미 피해는 충분히 발생한 뒤다.

인플레이션이 크게 높아지면 이를 막아야 한다는 공감대가 높아진다. 결국 정부는 적자를 줄이고 더 이상 금융에 의존하지 않게 된다. 인플레이션은 멈추지만 경제가 상당한 비용을 치른 뒤에야 그렇게 된다.

22-5 | 미국 재정정책의 당면 과제

오늘날 미국의 부채 상황은 얼마나 심각한가? 2018년에 연방정부가 발행한 부채[일반적으로 신문에 인용되는 통계로 **총부채(gross debt)**라고 함]는 21조 3,000억 달러 또는 GDP의 104%에 달했다. 그러나 이 부채의 일부는 사회보장 신탁기금과 같은 일부 정부기관에 의해 보유되고 있다. **순부채(net debt)**라 불리는 보다 관련이 깊은 부채는 5조 7,500억 달러 또는 GDP의 77%로 역사적으로 높은 수치지만 총부채 비율보다 상당히 낮은 비율이다.

연방정부 적자는 7,800억 달러로 GDP의 3.8%에 달했다. GDP 대비 이자 지급 비율은 1.6%이므로 기초 재정적자(즉 이자 지급 차감 후 순적자)는 3.8% − 1.6% = 2.2%였다. 미시 말러 기간, 전쟁이나 경기침체가 없는 상황에서는 역사적으로 여전히 높은 수치이다.

통화를 통한 재원조달과 초인플레이션

이 장에서는 통화창출을 통한 재정적자의 재원조달이 어떻게 높은 인플레이션을 유발할 수 있는지, 심지어 초인플레이션을 초래할 수 있는지 보았다. 이 시나리오는 과거에 여러 번 반복되었다. 아마도 제1차 세계대전 이후 독일에서 일어났던 초인플레이션에 대해 들어봤을 것이다. 1913년 독일에서 유통되는 모든 통화의 가치는 60억 마르크였다. 10년 후인 1923년 10월 60억 마르크는 베를린에서 1킬로의 호밀 빵을 사기에도 부족할 정도였다. 한 달 후 동일한 빵의 가격이 4,280억 마르크로 상승했다. 그러나 독일의 초인플레이션만이 다가 아니다.

표 1은 제1차 세계대전과 제2차 세계대전에 이어서 나타난 7차례의 중요한 초인플레이션을 요약한 것이다. 이들은 몇 가지 특징을 공유한다. (1년 정도 지속되었지만) 모두 짧았고 강렬했으며, 통화 증가율과 인플레이션율은 월간 50%를 넘어섰다. 모든 경우에 물가 상승은 현기증이 날 정도이다. 보다시피, 가장 큰 규모의 물가 상승은 실제로 독일에서 일어난 것이 아

니라 제2차 세계대전 이후 헝가리에서 발생했다. 1945년 8월 1헝가리 펭괴(pengö)를 지불하면 충분했던 것이 1년도 안 되어 3,800조 펭괴를 지불해야 했다. 헝가리는 한 번이 아니라 두 번의 초인플레이션을 겪었는데, 제1차 세계대전 후에 한 차례를 겪은 뒤 제2차 세계대전 이후에도 또 한 차례 초인플레이션을 겪었다.

이 정도의 인플레이션율은 1940년대 이후로 보이지 않았다. 그러나 많은 국가가 통화를 통한 재정적자 조달로 인해 높은 인플레이션을 경험했다. 1980년내 밀 낮은 숭남미 국가에서 월간 인플레이션이 20%를 넘어섰다. 가장 최근의 높은 인플레이션 사례는 짐바브웨로, 2009년 초에 안정화 프로그램이 채택되기 전에 2008년 월간 인플레이션이 500%에 달했다. 집필 당시 베네수엘라의 월간 인플레이션율은 300%로 하락했다. 뒤페이지 사진은 베네수엘라 화폐인 볼리바르의 창의적이고 가치 있는 사용을 보여준다.

초인플레이션이 엄청난 경제적 비용을 낳는다는 것은 놀랄 일이 아니다.

표 1 1920년대와 1940년대의 7대 초인플레이션

국가	시점	종점	P_T/P_0	월평균 인플레이션율(%)	월평균 통화 증가율(%)
오스트리아	1921년 10월	1922년 8월	70	47	31
독일	1922년 8월	1923년 11월	1.0×10^{10}	322	314
그리스	1943년 11월	1944년 11월	4.7×10^6	365	220
헝가리 1	1923년 3월	1924년 2월	44	46	33
헝가리 2	1945년 8월	1946년 7월	3.8×10^{27}	19,800	12,200
폴란드	1923년 1월	1924년 1월	699	82	72
러시아	1021년 12월	1924년 1월	1.2×10^5	57	49

P_T/P_0 : 초인플레이션이 발생한 마지막 달의 물가를 첫 달의 물가로 나눈 값.

출처 : Philip Cagan, "The Monetary Dynamics of Hyperinflation," in Milton Friedman ed., *Studies in the Quantity Theory of Money* (University of Chicago Press, 1956), Table 1.

- 거래체계의 효율성이 약화된다. 비효율적인 거래의 유명한 예가 초인플레이션 말기에 독일에서 발생했다. 사람들은 매일 거래에 필요한 막대한 현금을 운반하기 위해 손수레를 사용해야만 했다.
- 가격 신호의 유용성이 감소한다. 가격이 너무 자주 변하므로 소비자나 생산자가 재화의 상대가격을 평가하거나 가격정보에 기초한 의사결정을 하기 어렵다. 실제 사례를 보면 인플레이션율이 높을수록 재화 간 상대가격의 변동성은 커진다. 따라서 시장경제 기능에 핵심적인 가격체계의 효율성 역시 점점 더 떨어진다. 1980년대 과도한 인플레이션을 경험했던 이스라엘에서 들을 수 있었던 농담이 이를 잘 보여준다. "버스요금보다 택시요금이 낮은 이유는? 버스요금은 탈 때 내지만, 택시요금은 내릴 때 낸다."
- 인플레이션율의 변화폭이 더 커진다. 가까운 미래에 인플레이션율이 어떻게 될지 예측하기 어려워진

다. 예를 들어 내년에 500%가 될지 아니면 1,000%가 될지 예측하기 어려워진다. 일정한 명목이자율로 차입하는 것은 점점 더 도박이 되어 간다. 여러분이 1년간 1,000%의 이자율로 차입한다면 실제로 여러분은 500% 또는 0%의 실질이자율을 지불하는 셈이 될 수 있다. 이는 막대한 차이다! 초인플레이션이 끝날 무렵에 차입과 대여는 통상적으로 거의 중지된 상태에 이르고 결국 투자는 크게 위축된다.

이것이 부채 동학에 시사하는 바를 보기 위해 식 (22.5)로 돌아가보자. 부채 비율의 변화는 두 가지 항으로 구성된다. 첫째 항은 이자율과 성장률의 차이에 GDP 대비 부채 비율을 곱한 수치이며 둘째 항은 GDP 대비 기초 재정적자 비율이다.

$$\frac{B_t}{Y_t} - \frac{B_{t-1}}{Y_{t-1}} = (r - g)\frac{B_{t-1}}{Y_{t-1}} + \frac{(G_t - T_t)}{Y_t}$$

2018년 국채에 대한 실질이자율은 명목이자율 2.5%와 인플레이션율 2%의 차이인 0.5%이다. 경제성장률은 2.9%였다. GDP 대비 부채 비율은 77%이므로 위의 첫째 항은 (0.5%−2.9%)×77% = −1.8%와 같다. 기초 재정적자가 없었다면 GDP 대비 부채 비율은 −1.8% 감소했을 것이다. 그러나 기초 재정적자는 2.2%로 플러스였다. 이 두 항을 합하면 부채 비율이 GDP의 −1.8%+2.2% = 0.4%로 소폭 증가했다는 것을 의미한다.

GDP 대비 부채 비율이 0.4% 증가한 것은 미미한 수준이며 우려할 이유가 거의 없다. 그러나 미래에 부채가 더 크게 증가할 수 있다. 2.9%의 경제성장률은 2018년에 비정상적으로 높은 것으로 2%에 근접할 것으로 전망된다. 그리고 앞으로 다음 두 가지 주요 정부지출 항목이 크게 증가할 것으로 예상된다.

■ 사회보장지급액은 2018년 GDP의 4.9%에서 2029년 6.0%로 증가할 것으로 예상된다. 이는 미국의 고령화를 반영한 것으로 베이비붐 세대가 은퇴함에 따라 65세 이상 인구의 비율이 급격히 증가할 것이다.

■ 메디케어(퇴직자에 대한 의료서비스 제공 프로그램)와 메디케이드(빈곤층에 대한 의료 서비스 제공 프로그램)는 2018년 GDP의 5.4%에서 2029년 7.2%로 증가할 것으로 예상된다. 이러한 대규모 증가는 메디케이드의 경우에는 의료비 증가, 메디케어의 경우 퇴직자 증가 등을 반영한다.

이러한 지출 증가 예상과 앞부분에서 논의한 이유를 감안할 때 현재의 납세자들이 향후 지출 증가의 부담을 더 많이 떠안고 미래의 대규모 왜곡적 조세 증가를 피하기 위해서는 지금 세금을 인상하고 GDP 대비 부채 비율을 줄이는 것이 바람직할 것이다. 이를 통해 부채를 더 이상 늘리지 않고 기초 재정적자를 줄이거나 기초 재정흑자를 창출함으로써 GDP 대비 부채 비율을 낮추기 시작했음을 시사한다.

기초 재정적자 규모는 얼마나 그리고 어느 정도 감소해야 할까? 이에는 세 가지 관련된 주장이 있다.

첫 번째 주장은 정부가 부채에 대해 지급하는 실질이자율이 현재 매우 낮아 성장률보다도 낮다는 것이다. 그림 22-3은 1960년 이후 명목 1년물 국채이자율에서 실제 CPI 인플레이션을 뺀 실질이자율 추이를 보여준다. 1980년대에 급증해 1984년에 거의 7%의 정점을 기록하던 것이 2018년에는 −0.3%로 낮아졌다. 현재의 전망은 이자율이 당분간 성장률보다 낮게 유지될 것이라는 것이다.

이는 두 가지 시사점을 제공한다. 첫째는 정부 부채가 많지만 부채 상환액, 즉 부채에 대해 지급되는 이자가 여전히 낮다는 점이다. 둘째는 이자율이 성장률보다 낮게 유지되면 정부가 기초 재정적자를 계속 유지하면서도 시간이 지날수록 GDP 대비 부채 비율을 줄일 수 있다는 점이다. 이를 확인하려면 부채 동학식 (22.5)로 돌아가면 된다. 2018년 기초 재정적자가 없었다면 GDP 대비 부채 비율은 1.8% 감소했을 것이다. 다시 말해 정부는 GDP의 최대 1.8%까지 기초 재정적자를 기록할 수 있었고 GDP 대비 부채 비율은 여전히 감소했을 것이다. 향후 성장률과 이자율의 차이는 더 작아질 가능성이 높지만, 이자율이 성장률보다 낮게 유지되는 한 기초 재정적자를 보이면서도 시간이 지날수록 GDP 대비 부채 비율은 낮아질 수 있음을 의미한다.

두 번째 주장은 공공투자에 초점을 맞춘다. 대침체 때 크게 증가했던 정부 적자를 줄였던 방법 중 하나가 공공 투자를 줄이는 것이었다. 2018년 GDP 대비 정부투자 비율은 1950년 이후 최저 수준이다. 증액될 사유가 많고, 정부의 차입비용이 매우 낮기 때문에 증액될 가능성이 높다. 따라서 현재의 기초 재정적자를 경상 지출이나 세금감면 대신에 공공부자의 자금조달에 사용할 경우 이를 수용하거나 심지어 증가시켜야 한다는 주장이 있다.

세 번째 주장이 가장 중요할 수 있다. 5장에서는 재정적자 감소에 대응해 산출 감소를 피하기 위해서는 중앙은행이 이자율을 낮추어야 한다는 것을 보았다. 집필 당시 미국 경제는 더 이상 명목 정책이자율은 0% 하한에 위치하지는 않지만 2.4%로 여전히 낮다. 기초 재정적자가 크게 감소하려

정부 부채의 평균 실질이자율은 앞서 살펴본 것처럼 조금 (0.5%) 높았다. 정부 부채의 만기가 1년을 초과하며, 장기 이자율은 1년 금리를 넘어서기 때문이다.

이는 미국뿐만 아니라 대부분의 나라에서 사실이었다. 재정통합은 종종 현재 지출보다는 공공투자 삭감으로 이어지는데, 이유는 눈에 덜 띄고, 현재의 유권자들에게 덜 영향을 미치며, 따라서 정치적으로 비용이 덜 들기 때문이다.

그림 22-3

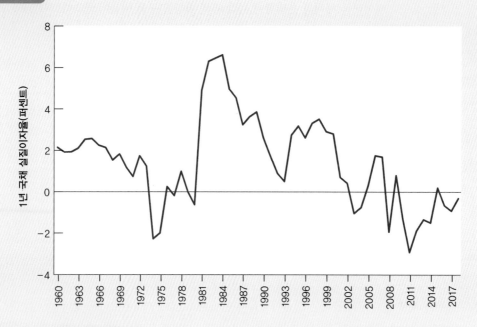

1960년 이후 1년 국채 실질이자율의 추이

실질이자율은 1980년대 초 급등한 후 지속적으로 하락했다.

출처 : FRED: TB1YR, CPIAUCSL

면 정책이자율의 대폭의 감소가 필요하지만, 이러한 감소는 명목이자율 하한을 감안할 때 실현 불가능할 수 있다.

약식 계산이 편리할 수 있다. 정부지출 감소와 관련된 승수가 1.5이므로 기초 재정적자가 1% 감소하면 수요가 1.5% 감소한다고 가정하자. 정책이자율이 1% 하락하면 수요가 1% 증가한다고 가정하자. 그런 다음 산출 감소를 피하기 위해 GDP 대비 기초 재정적자 비율을 2% 낮추려면 정책이자율을 3% 낮추어야 하므로 명목이자율 하한을 감안할 때 가능한 수준보다 더 큰 감소가 필요하다. 달리 말하면, 통화정책의 한계를 감안할 때 산출을 잠재 수준으로 유지하기 위해서는 기초 재정적자가 필요할 수 있다.

요약 : 미국의 GDP 대비 부채 비율은 높고 시간이 지날수록 서서히 증가하고 있다. 향후 지출 증가 가능성을 감안할 때 기초 재정적자를 줄이고 부채 비율을 낮추는 것이 바람직할 것이다. 저금리 그리고 그에 따른 낮은 부채 비용은 이 과정이 서서히 이루어질 수 있음을 암시한다. 그리고 명목이자율 하한과 함께 저금리는 통화정책의 사용에 엄격한 제한을 가하기 때문에 수요와 산출 감소를 피하기 위해서는 서서히 진행되어야 함을 시사한다.

요약

- 정부의 예산제약은 지출과 조세의 함수로서 정부 부채의 추이를 보여준다. 이 제약을 나타내는 한 가지 방법은 부채의 변화(적자)를 기초 재정적자와 부채에 대한 이자 지급의 합계와 같도록 두는 것이다. 기초 재정적자는 재화와 용역에 대한 정부지출 G와 이전지출을 제외한 세금 T의 차이다.
- GDP 대비 부채 비율의 추이는 이자율, 경제성장률, 초기 부채 비율, 기초 재정흑자의 네 가지 요인에 의존한다.
- 리카디안 동등성 명제하에서 재정적자의 증가는 민간저축의 동등한 증가로 상쇄된다. 재정적자는 수요나 산출에 아무런 영향을 미치지 않는다. 부채의 누적은 자본축적에 아무런 영향을 미치지 않는다. 리카디안 동등성이 성립하지 않는다면 적자 증가는 단기에 수요와 산출의 증가를 낳는다. 부채 누적은 자본축적 감소와 장기의 산출 하락을 낳는다.
- 경제를 안정화하기 위해 정부는 침체기에는 적자를, 활황기에는 흑자를 기록해야 한다. 경기조정 재정적자는 기존의 조세 및 지출규칙하에서 산출이 잠재산출 수준에 있을 경우 발생할 적자 규모를 말해준다.

- 재정적자는 전쟁과 같이 지출 규모가 큰 시기에는 정당화된다. 세금 인상과 달리 재정적자는 전쟁 기간 동안 소비 증가와 투자 위축을 낳는다. 따라서 이들은 전쟁 중에 사는 사람들로부터 전쟁 후에 사는 사람들에게로 전쟁의 부담을 이전시킨다. 재정적자는 세금을 평탄화하고 조세왜곡을 감소시키는 데도 도움이 될 수 있다.
- 높은 부채 비율은 악순환의 위험성을 높인다. 채무불이행 위험에 대한 인식이 커지면 이자율이 높아지고 부채가 증가할 수 있다. 부채의 증가는 다시 채무불이행 위험에 대한 인식을 높이고 이자율을 높인다. 결국 이 둘은 결합해서 채무를 폭증시킨다. 정부는 채무불이행이나 통화증발을 통한 재원조달 외에 다른 대안이 없게 된다. 통화증발은 다시 초인플레이션으로 이어진다. 두 경우 모두 경제적 비용은 매우 높을 것이다.
- 미국의 GDP 대비 부채 비율은 높고 천천히 증가하고 있다. 시간이 지날수록 이 비율을 줄이는 것이 바람직하다. 통화정책 사용에 있어서의 한계로 말미암아 감소는 점진적이고 제한적이어야 함을 알 수 있다.

핵심 용어

경기조정 재정적자(cyclically adjusted deficit)

경기 중립적 재정적자(midcycle deficit)

고용 수준으로 표준화된 재정적자(standardized employment deficit)

구조적 재정적자(structural deficit)

기초 재정적자(primary deficit)

기초 재정흑자(primary surplus)

리카도-배로 명제(Ricardo-Barro proposition)

리카디안 동등성(Ricardian Equivalence)

베이시스 포인트(basis point, bp)

부채/GDP 비율(debt-to-GDP ratio)

부채 비율(debt ratio)

부채의 화폐화(debt monetization)

부채탕감(haircut)

세금 평탄화(tax smoothing)

세뇨리지(seignorage)

순부채(net debt)

스프레드(spread)

완전고용 재정적자(full-employment deficit)

인플레이션 조정 재정적자(inflation-adjusted deficit)

자동안정장치(automatic stabilizer)

재정지배(fiscal dominance)

정부예산제약(government budget constraint)

채권자 침여(private sector involvement)

채무 구조조정(debt restructuring, debt rescheduling)

초인플레이션(hyperinflation)

총부채(gross debt)

통화증발을 통한 재원조달(money finance)

연습문제

1. 이 장의 내용에 기초해 다음에 대해 '사실', '거짓', '불확실' 여부를 밝히고 그 이유를 간단히 설명하라.

   a. 재정적자는 실질 정부지출과 이전지출을 차감한 세금과의 차액이다.

   b. 기초 재정적자는 실질 정부지출과 이전지출을 차감한 세금과의 차액이다.

   c. 지난 세기에 미국의 GDP 대비 부채 비율은 크게 변동했다.

   d. 세금 평탄화와 재원조달은 전쟁부담을 세대 간에 분산시키는 데 도움이 된다.

   e. 정부는 경기조정 재정적자를 소멸시키기 위해 항상 즉각적인 조치를 취해야 한다.

   f. 리카디안 동등성이 성립하면 소득세 증가가 소비나 저축에 아무런 영향을 미치지 않을 것이다.

   g. 부채/GDP 비율은 100%를 초과할 수 없다.

   h. 부채탕감은 현행 국가채무의 가치를 크게 감소시킨다.

   i. 경기조정 재정적자는 항상 실제 적자보다 작다.

   j. 인플레이션 조정 재정적자는 항상 실제 적자보다 작다.

   k. GDP 대비 부채 비율이 높을 때 최선의 정책은 재정건전화이다.

   l. 초인플레이션은 월 30%를 초과하는 인플레이션율을 기록하는 것이다.

   m. 초인플레이션은 가격을 왜곡할 수 있지만, 실질산출에 아무런 영향을 미치지 못한다.

2. 다음 주장을 고려하자.

   "전쟁 기간 동안의 재정적자는 좋은 일이 될 수 있다. 첫째, 적자는 일시적이므로 전쟁이 끝나면 정부는 과거 수준의 지출과 조세 수준으로 곧바로 되돌아갈 수 있다. 둘째, 리카디안 동등성 명제를 지지하는 증거에 비추어볼 때, 재정적자는 전쟁 기간 동안 경제를 자극해 실업률을 낮게 유지하는 데 도움이 될 것이다."

   이 문장에서 오류를 밝혀라. 이 주장에서 옳은 부분은 있는가?

3. 다음과 같은 특성을 갖는 경제를 고려하자.

   i. 공식적 재정적자는 GDP 대비 4%이다.

   ii. 부채/GDP 비율은 100%이다.

   iii. 명목이자율은 10%이다.

   iv. 인플레이션율은 7%이다.

   a. GDP 대비 기초 재정적자/흑자 비율은 얼마인가?

   b. GDP 대비 인플레이션 조정 재정적자/흑자 비율은 얼마인가?

   산출이 자연 수준 아래로 떨어질 때 실제 적자가 어떻게 변하는지 이해할 수 있는 '경험 법칙'이 이 장에 있다.

   c. 산출이 잠재 수준을 2% 하회한다고 하자. GDP 대비 경기조정, 인플레이션 조정 재정적자/흑자 비율은 얼마인가?

   d. 대신 산출이 잠재 수준에서 출발했다고 하고 경제성장률이 정상성장률 2%에서 일정하게 유지된다고 하자. 부채/GDP 비율은 시간이 지남에 따라 상승하는가, 아니면 하락하는가?

4. 통화수요가 다음과 같은 형태를 갖는다고 하자.

   $$\frac{M}{P} = Y[1 - (r + \pi^e)]$$

   단, $Y = 1{,}000$이며 $r = 0.10$이다.

   a. 단기에 π^e는 일정하며 25%라고 가정하자. 통화 증가율 $\Delta M/M$이 다음과 같을 때 세뇨리지 규모를 계산하라.

   i. 25%

   ii. 50%

   iii. 75%

   b. 중기에 있어 $\pi^e = \pi = \Delta M/M$이다. (a)에서 주어진 통화 증가율에 대해 관련된 세뇨리지 규모를 계산하라. 왜 답이 (a)와 다른지 설명하라.

5. 3번 문제에서 설명된 경제를 고려하고 환율은 $\overline{E}$에서 고정되었다고 가정하자. 투자자들은 부채 규모가 너무 크고 정부가 부채 상환을 위해 생산의 촉진과 그에 따른 세수 증가를 위해 평가절하를 할지 모른다고 우려한다고 하자. 투자자들은 10%의 평가절하를 기대하기 시작한다. 달리 말해 기대환율 E^e_{t+1}이 이전의 $\overline{E}$에서

10% 상승한다고 하자.

a. 커버되지 않은 이자율 평형조건은 다음과 같았다.

$$i_t = i_t^* - \frac{E_{t+1}^e - \bar{E}}{\bar{E}}$$

외국 이자율이 10%에 머문다면 E_{t+1}^e이 10% 하락할 때 국내 이자율에는 어떤 변화가 발생하는가?

b. 국내 인플레이션율은 동일한 수준에 머물러 있다고 하자. 국내 이자율에는 어떤 변화가 발생하는가? 경제성장률에는 어떤 변화가 있는가?

c. 공식적 재정적자에는 어떤 변화가 있는가? 인플레이션 조정셈사에는 어떤 변화가 있는가?

d. 경제성장률이 2%에서 0%로 감소했다고 하자. 부채 비율에는 어떤 변화가 발생하는가? (경제성장률의 하락은 세금 수입을 줄이겠지만 GDP 대비 기초 재정적자/흑자 비율은 변화하지 않는다고 가정하라.)

6. 리카디안 동등성과 재정정책

리카디안 동등성이 성립하지 않는 경제를 고려하자.

a. 정부는 균형예산에서 출발한다고 하자. 이어서 정부지출 증가가 발생했지만 세금에는 아무런 변화가 없었다고 하자. IS-LM 그림을 이용해서 단기에 이 정책이 산출에 미치는 영향을 보여라. 정부는 정부지출의 증가를 어떻게 조달하는가?

b. (a)에서처럼 정부는 균형예산에서 출발했고 이어서 정부지출이 증가했다고 하자. 그러나 이번에는 정부지출과 같은 규모로 세금도 증가했다고 가정하자. IS-LM 그림을 이용해 단기에 있어 이 정책의 효과를 보여라. (3장의 승수에 대한 논의를 상기하면 도움이 될 것이다. 정부지출 또는 조세정책은 더 큰 승수를 갖는가?) (a)에서의 효과와 비교해 산출은 어떤 변화를 보이는가?

이제 이 경세에서 리카니안 동등성이 성립한다고 하자. [(c)와 (d)는 그림의 사용을 요구하지 않는다.]

c. 다시 세금 증가를 동반하지 않는 정부지출 증가를 고려하자. (a)와 (b)의 산출효과와 비교해볼 때 산출에 대한 효과는 어떠한가?

d. 동일한 규모의 세금 증가를 동반하는 정부지출 증가를 다시 고려하자. (a)와 (b)의 산출 효과와 비교해볼 때 산출에 대한 효과는 어떠한가?

e. 다음 각 문장을 평가하라.
   i. "리카디안 동등성하에서 정부지출 변화는 산출에 아무런 영향을 미치지 못한다."
   ii. "리카디안 동등성하에서 세금 변화는 산출에 아무런 영향을 미치지 못한다."

추가문제

7. 다음과 같은 경제를 고려하자.
   ⅰ. 부채/GDP 비율은 40%이다.
   ⅱ. 기초 재정적자는 GDP의 4%이다.
   ⅲ. 정상성장률은 3%이다.
   ⅳ. 실질이자율은 3%이다.

a. 스프레드시트 소프트웨어를 사용해 10년 후 부채/GDP 비율을 계산하라. 단, 각 연도의 기초 재정적자는 GDP의 4%에서 유지되고, 각 연도에 경제는 정상성장률로 성장하고 실질이자율은 3%로 일정하다.

b. 실질이자율만 5%로 증가하고 나머지 변수는 (a)에서와 같이 유지된다고 하자. 10년 후 부채/GDP 비율을 계산하라.

c. 정상성장률이 1%로 하락하고 경제는 각 연도에 정상성장률로 성장한다고 하자. 나머지 변수는 (a)에서와 같이 유지된다고 하자. 10년 후 부채/GDP 비율을 계산하고 (b)의 답과 비교하라.

d. (a)의 가정으로 되돌아가자. 정책 당국자는 부채/GDP 비율이 50%를 상회하면 위험하다고 결정한다고 하자. 기초 재정적자를 즉각 1% 감소시키고 이 적자를 10년간 유지하면 10년 뒤 부채/GDP 비율은 50%가 된다는 것을 보여라. 이후 부채/GDP 비율을 50%로 유지하는 데 필요한 기초 재정적자의 값은 얼마인가?

e. (d)의 문제를 계속해서 정책 당국자가 재정정책을 변화시키기 전에 5년을 기다린다고 하자. 5년 동안 기초 재정적자는 GDP의 4%로 유지한다. 5년 뒤 부채/GDP 비율은 얼마인가? 5년이 지난 후에 정책 당국자는 부채/GDP 비율을 50%로 감소하기로 결정한다고 하자. 6~10년도

까지 10년 차 말에 부채/GDP 비율을 50%가 되게 하려면 기초 재정적자는 어떤 일정한 값을 가져야 하는가?

   f. 정책 당국자가 (d) 또는 (e)의 정책을 수행한다고 하자. 이 정책들이 일정 기간 경제성장률을 감소시킨다면 이것이 10년 뒤 부채/GDP 비율 50%를 달성하는 데 필요한 기초 재정적자의 감소 규모에 어떤 영향을 미치겠는가?

   g. (d)의 정책이나 (e)의 정책 중 어떤 것이 경제의 안정성에 더 위험하다고 생각하는가?

8. 미국과 다른 국가의 재정 상황

FRED 경제 데이터베이스에서 2개의 시계열을 구하라. 시계열은 미국의 총일반정부부채(GGGDTAUSA188N)와 미국 모든 정부의 기초 재정적자(USAGGXONLBGDP)이다. 이들은 GDP 대비 비율로 측정한 것이며, 모든 수준의 정부를 통합한 수치이다. 이 데이터는 IMF가 작성한다. IMF나 다른 국제기구의 데이터를 사용하면 여러 국가를 비교할 수 있다. 데이터는 정치색이 약화되어 제공되는 경우가 많다.

   a. 최근 연도 데이터로 미국의 부채/GDP 비율은 얼마인가? 지난 10년간 변수의 추이를 설명하라.

   b. 전년 데이터로 전년의 부채/GDP 비율의 변화는 얼마인가? 기초 재정적자가 양수여도 부채/GDP 비율은 하락할 수 있는가?

   c. 부채/GDP 비율과 기초 재정적자 비율의 변화에 대한 수치를 이용해 데이터의 마지막 해에 대해 식 (22.5)에서 누락된 항을 추산하라. 계산이 의미가 있는가?

   d. 모든 국가를 대상으로 해서 유사한 데이터가 있다. G7 국가의 정부부문 전체의 재정 상황은 캐나다 재무부의 'Fiscal Reference Tables'를 이용하면 편리하게 비교할 수 있다. 이 문서 말미의 International Fiscal Comparisons는 최신 데이터를 제공한다. 총부채/GDP 비율이 가장 높은 국가는 어디인가? 가장 낮은 국가는 어디인가? 재정적자/GDP 비율이 가장 높은 국가는 어디인가? 가장 낮은 국가는 어디인가? 이는 총적자인가, 기초 재정적자인가?

9. 의회예산국(CBO)은 매년 연방 재정 상황을 전망해야 한다. 이 문제는 2019년 1월의 전망을 사용한다. 'A Visual Summary of The Budget and Economic Outlook 2019 to 2029'를 참조하라. 아래 질문에 답하는 데 도움이 되는 관련 수치를 참조하라.

   a. 연방정부가 10년 동안 적자(또는 흑자)를 기록할 것으로 예상되는가?

   b. 이 전망치에서 지출에 부채에 대한 이자가 포함되는가? 그들은 이전지출을 포함하는가?

   c. GDP 대비 부채 비율은 10년 동안 증가(또는 감소)할 것으로 예상되는가?

   d. GDP 대비 부채 비율 변화를 설명하는 식의 $(r-g)$항에 대해 CBO는 어떻게 가정하는가?

더 읽을거리

■ 리카디안 동등성 명제의 현대적 주장은 다음을 참조하라. Robert Barro, "Are Government Bonds Net Wealth?" *Journal of Political Economy*, 1974, 82(6) : pp. 1095-1117.

■ 매년 의회예산국은 당해연도와 미래의 회계연도에 대해 *The Economic and Budget Outlook*을 발표한다. 이 문서는 현재의 예산, 현재의 예산 문제, 예산 추이에 대한 분명하고 편향되지 않은 소개를 한다. http://www.cbo.gov에서 이용할 수 있다.

■ 독일의 초인플레이션에 대한 더 자세한 내용은 다음을 참조하라. Steven Webb, *Hyperinflation and Stabilization in the Weimar Republic*(Oxford University Press, 1989).

■ 초인플레이션에 대한 경제학자들의 지식과 그 한계는 다음에서 알 수 있다. Rudiger Dornbusch, Federico Sturzenegger, and Holger Wolf, "Extreme Inflation : Dynamics and Stabilization," *Brookings Papers on Economic Activity*, 1990, Vol. 2, pp.1-84.

■ 유럽의 '재정긴축'에 관한 토론은 다음을 참조하라. www.voxeu.org/debates/has-austerity-gone-too-far.

통화정책 : 종합

대침체에 앞선 20년간 대부분의 중앙은행은 **인플레이션 목표제**(inflation targeting)라 불리는 통화정책 체계에 대체로 수렴했다. 이는 두 가지 원리에 기초했다. 첫째, 통화정책의 주요 목표는 인플레이션을 안정적이고 낮게 유지하는 데 있다. 둘째, 이 목표를 달성하는 최선의 방법은 **이자율 규칙**(interest rate rule)을 따르는 것이다. 이 규칙은 중앙은행이 직접 통제하는 이자율이 인플레이션과 경제활동에 반응해 움직이도록 하는 것이었다.

위기 전까지 이 체계는 잘 작동하는 것으로 보였다. 인플레이션은 하락해 대부분 국가에서 낮은 수준에 머무르며 안정화되었다. 산출변동성은 진폭이 감소했다. 이 시기는 **대안정기**(Great Moderation)라고 알려졌다. 많은 연구자가 이러한 안정의 원인을 살펴보았고, 개선된 통화 정책이 이러한 개선을 낳은 주요 요인 중 하나라고 결론 내렸다.

그리고 위기가 찾아왔다. 위기로 인해 거시경제학자들과 중앙은행장들은 최소한 두 가지 측면에서 재평가해야 했다.

첫째는 유동성 함정이 낳은 문제들이다. 경제가 유동성 함정에 있을 때 이자율은 더 이상 경제활동을 촉진하는 데 사용될 수 없다. 이는 두 가지 질문을 낳는다. 첫째, 통화정책은 우선 유동성 함정에 놓이지 않도록 수행될 수 있는가? 둘째, 일단 경제가 유동성 함정에 놓이면, 중앙은행이 경제활동을 촉진하는 데 도움을 줄 수 있는 다른 정책 수단은 있는가?

둘째로 그리고 더 깊은 문제는 중앙은행의 권한과 통화정책의 수단에 관한 것이다. 2000년대 초부터 위기가 시작될 때까지 대다수 선진국의 경제성과는 좋아 보여, 지속적인 경제성장과 안정적 인플레이션이 나타났다. 그러나 6장에서 보았듯이 무대 뒤에서는 모든 것이 좋았던 것은 아니다. 중요한 변화가 금융 시스템에서 발생하고 있었다. 레버리지가 크게 증가했고 은행의 도매금융에 대한 의존도가 커졌다. 아울러 많은 국가에서 주택가격이 급등했다. 이 요인들은 위기의 원인으로 드러났다. 이는 다시 최소한 두 가지 문제를 제기한다. 미래를 보았을 때, 중앙은행은 인플레이션과 전반적인 경제활동 수준뿐만 아니라 자산가격, 주식시장 호황, 주택 호황, 금융부문에서의 과도한 위험을 피하기 위한 규제의 도입과 집행을 고민해야 하는 것이 아닐까? 만약 그렇다면 중앙은행은 어떤 수단을 사용할 수 있는가?

이 장은 통화정책에 대해 지금까지 배운 바를 정리하고, 이어서 인플레이션 목표제의 논리와 이자율 규칙의 사용을 설명하고, 마지막으로 위기가 제기한 문제들에 대한 우리의 입장을 논의한다.

23-1절은 지금까지 통화정책에 대해 배운 바를 요약한다.

23-2절은 인플레이션 목표제 체계를 설명한다.

23-3절은 인플레이션의 비용과 편익을 재검토하고 목표 인플레이션율 선택에 대한 시사점을 검토한다.

23-4절은 중앙은행이 명목이자율 하한에 도달했을 때 취한 비전통적 통화정책 조치를 설명한다.

23-5절은 금융 안정성을 확보하는 데 있어 중앙은행의 잠재적 역할을 논의한다 .

이 장의 메시지 : 위기 이전에 통화정책은 인플레이션 목표제라는 틀로 수렴되었다. 위기로 인해 통화정책의 책임과 수단 모두에 대한 재평가가 요구되었으며, 재평가는 여전히 진행 중이다. ▶ ▶ ▶

23-1 통화정책 : 학습한 내용

- 4장에서는 통화수요와 통화공급, 이자율의 결정에 대해 살펴보았다. 중앙은행이 통화공급 변화를 통해 정책이자율을 통제할 수 있는 방법을 보았다. 또한 정책이자율이 0%(유동성 함정 또는 명목이자율 하한)일 때 통화공급의 추가적 증가는 정책이자율에 아무런 영향을 미치지 않는다는 것을 알았다.

- 5장에서는 통화정책이 산출에 미치는 단기적 효과를 살펴보았다. 통화공급의 증가는 이자율 하락을 통해 지출 증가와 산출 증가로 이어진다는 것을 보았다. 통화정책과 재정정책이 산출 수준과 그 구성에 어떤 영향을 미치는지를 보았다.

- 6장은 명목이자율과 실질이자율의 차이점 그리고 차입이자율과 정책이자율의 차이점을 소개했다. 실질이자율은 명목이자율에서 기대인플레이션을 차감한 값과 같다. 차입이자율은 정책이자율에 위험프리미엄을 더한 값과 같다. 민간지출 결정에 중요한 것은 실질 차입이자율임을 알았다. 금융시스템의 상태가 정책이자율과 차입이자율 간의 관계에 어떤 영향을 미치는지 논의했다.

- 9장에서는 중기 통화정책 효과를 살펴보았다. 중기에 통화정책은 산출이나 실질이자율에 영향을 미치지 않는 것을 보았다. 산출은 잠재 수준으로 복귀하고 실질이자율은 **자연율** 또는 **빅셀 이자율**이라 하는 자연율로 복귀한다. 산출이나 실질이자율에 영향을 미치지 않기 때문에 높은 통화 증가율은 인플레이션 상승으로 이어진다. 그러나 명목이자율 하한은 조정을 방해한다는 것을 보았다. 높은 실업률은 디플레이션을 야기할 수 있는데, 명목이자율 하한에서 실질이자율이 높아지므로 수요가 감소하고 실업은 증가한다.

- 14장에서 단기 이자율과 장기 이자율의 차이점을 도입했다. 장기 이자율은 미래의 단기 이자율 기대치와 기간 프리미엄에 의존한다. 주가는 미래의 단기 이자율, 미래 배당, 주식 프리미엄에 의존한다. 주가는 거품이나 유행의 영향을 받아 기본적 가치와 다를 수 있다.

- 16장에서 소비와 생산에 대한 기대 효과와 이런 맥락에서의 통화정책의 역할을 살펴보았다. 통화정책이 단기 명목이자율에 영향을 미치지만, 지출은 현재와 기대되는 미래의 단기 실질이자율에 의존한다. 통화정책의 산출에 대한 영향은 기대가 통화정책에 어떻게 반응하는지에 결정적으로 의존한다.

- 19장에서는 재화시장과 금융시장이 모두 개방된 경제에서 통화정책의 효과를 검토했다. 개방경제에서 통화정책은 이자율을 통해서뿐만 아니라 환율을 통해서도 지출과 산출에 영향을 미친다는 것을 보았다. 통화 증가는 이자율 하락과 평가절하를 낳으며, 이 변화는 모두 지출과 산출의 증가를 낳는다는 것을 보았다. 고정환율제하에서 중앙은행은 통화정책을 정책수단으로 사용하지 못한다.

- 20장에서는 상이한 통화정책 체제, 즉 변동환율제와 고정환율제를 대비해 각각에 대한 찬반론을 논의했다. 변동환율제하에서 이자율 변화는 환율의 대규모 변화를 낳을 수 있다. 고정환율

제하에서 투기는 환율위기와 급격한 절하로 이어질 수 있다. 유로와 같은 공동통화 수용이나 통화위원회 또는 달러라이제이션의 수용을 통한 통화정책의 전면적 포기에 대한 찬반 논의를 검토했다.

■ 21장에서는 일반적인 거시경제정책과 더불어 통화정책이 직면하는 문제들을 살펴보았다. 정책 효과에 대한 불확실성은 더 주의 깊은 정책을 요구한다. 좋은 의도를 가진 정책 당국자도 때때로 최선의 정책을 펴지 않고, 정책 당국자에 제약을 부과할 필요가 있는 경우도 존재한다. 독립적인 중앙은행을 보유하고 보수적인 중앙은행장을 지명하는 데 따른 혜택도 존재한다.

이 장에서는 분석을 확장해 위기 전의 인플레이션 목표제를 먼저 살펴보고 위기가 제기한 통화정책의 도전 과제를 살펴본다.

23-2 통화량 목표제에서 인플레이션 목표제로

통화정책의 목표는 두 가지로 생각할 수 있다. 첫째, 낮고 안정적인 인플레이션을 유지하는 것이다. 둘째, 잠재산출을 중심으로 한 산출의 안정화, 즉 경기침체나 호황을 피하거나 아니면 최소한 제한하는 것이다.

통화량 목표제

1980년대까지 통화정책 전략은 목표성장률을 선택하고, 경제활동에 따라 목표치로부터의 이탈을 허용하는 것이었다. 이유는 간단했다. 낮은 통화 증가율 목표는 낮은 평균 인플레이션율을 시사했다. 경기침체기에 중앙은행은 통화 증가율을 높여 이자율 하락과 산출 증가를 얻을 수 있다. 경기 활황기에 중앙은행은 통화 증가율을 낮추어 이자율 상승과 산출 감소를 얻을 수 있다.

이 전략은 잘 작동하지 않았다.

첫째, 통화 증가율과 인플레이션율의 관계는 중기에서조차도 엄격하지 않은 것으로 나타났다. 이는 그림 23-1에서 볼 수 있는데, 1970년부터 위기까지의 10년간 평균 통화 증가율(10년 평균)에 대해 미국 인플레이션율 평균을 그래프로 나타낸 것이다(예를 들어 2000년 인플레이션율과 통화 증가율은 1991~2000년까지의 평균 인플레이션율과 평균 통화 증가율이다). 인플레이션율은 소비자물가지수를 사용해 계산된다. 명목통화 증가율은 **M1** 통화와 요구불예금의 합계를 기준으로 한 통화량을 사용해 계산했다.

10년 평균을 사용하는 이유는 분명히 할 필요가 있다. 단기에 명목통화 증가율의 변화는 물가 상승보다는 대부분 산출에 영향을 미친다. 중기에만 명목통화 증가율과 인플레이션율의 관계가 나타난다. 명목통화 증가율과 인플레이션율 모두를 10년 평균으로 계산하는 것은 이러한 중기의 관계를 포착하는 한 가지 방법이다. 위기에서 멈춘 이유는 4장에서 볼 수 있듯이, 경제가 (2008년

그림 23-1

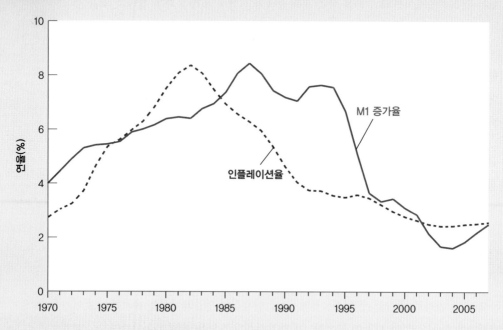

M1 증가율과 인플레이션율 : 1970~2007년 10년 평균
M1 증가율과 인플레이션율 간에는 중기에서조차도 엄밀한 관계가 존재하지 않는다.

출처 : FRED: CPIAUSL, M1SL

말 미국 경제처럼) 명목이자율 하한에 도달한 경우 통화공급의 증가는 더 이상 정책이자율에 영향을 미치지 않으며, 그에 따라 중앙은행은 더 이상 산출과 인플레이션에 영향을 미칠 수 없다. 그래서 미국 경제가 명목이자율 하한에 머물렀던 기간을 제외한다.

그림 23-1은 미국에서 M1 증가율과 인플레이션율의 관계가 그리 밀접하지 않았음을 보여준다. 사실 두 값은 1970년대에는 같이 상승했고 이후 같이 하락했다. 그러나 1980년대 초에 인플레이션율이 하락하기 시작했지만 명목통화 증가율은 다음 30년 동안 높은 상태를 지속했고 1990년대에 들어서야 하락하기 시작했음에 주목해야 한다. 1981~1990년까지 평균 인플레이션율은 4%로 하락했지만 동기간 평균 통화 증가율은 여전히 7.5%에 머물렀다.

둘째, 단기에 통화공급과 이자율의 관계도 신뢰할 수 없다는 것이 밝혀졌다. 예를 들어 저조한 경제활동에 따른 통화 증가율의 감소는 이자율에 상이한 영향을 미치며, 그에 따라 수요와 산출에 영향을 미치는 수단으로서 통화 증가율은 신뢰할 수 없는 수단이 될 수 있다.

중기에 통화 증가와 인플레이션의 취약한 관계와 단기에 이자율의 통화공급에 대한 일관되지 않은 관계라는 두 가지 문제는 같은 요인, 즉 화폐에 대한 수요의 이동에서 기인한다. 예제가 도움이 될 것이다. 신용카드가 도입된 결과, 사람들은 이전에 보유하던 화폐의 절반만을 보유하기로 했다고 가정하자. 즉 화폐에 대한 실질수요가 절반으로 줄어들었다. 단기에 주어진 물가 수준에서 화폐 수요의 이러한 큰 폭의 감소는 이자율의 큰 하락을 낳을 것이다. 다시 말해 통화공급의 변화 없이 이자율이 크게 감소할 것이다. 4장의 그림 4-2에서 통화수요는 왼쪽으로 이동해 균형이자율의 하락을 낳을 것이다. 중기에 이자율이 일정할 때 물가가 조정되고 실질통화량은 결국 절반으로 감소한다. 명목통화량이 주어진 상황에서 물가는 결국 2배가 될 것이다. 따라서 명목통화량이 일정하게 유지되더라도 물가 수준은 2배가 되면서 인플레이션이 발생할 것이다. 이 기간 동안 명목통화 증가율(0%)과 인플레이션율(양의 값) 간에는 밀접한 관계가 없다.

1970년대와 1980년대에 걸쳐 이렇게 대규모 통화수요 변화가 빈번하게 발생해 중앙은행에 심각한 문제를 야기했다. 중앙은행은 통화 증가율 목표를 안정적으로 유지해야 하는 목표와 (신뢰성을 유지하기 위해) 발표된 범위 안에 머물러야 하는 또는 통화수요의 변동에 맞추어 나가야 하는 (단기에는 산출 그리고 중기에는 인플레이션의 안정화를 위해) 목표 사이에서 심각한 갈등을 겪게 된다. 1990년대 초반부터 통화정책에 대한 극적인 사고 전환이 발생했다. 그것은 명목통화 증가율 목표보다는 인플레이션율 목표에 기초해야 한다는 것이었으며 이자율 규칙을 사용하는 것이었다. 이제 통화정책의 수행방식이 어떻게 진화해 왔는지 살펴보자.

◀ 5장에서 LM 방정식인 식 (5.3)에서 실질통화공급(좌변)은 실질통화수요(우변)와 일치해야 한다.

$$\frac{M}{P} = YL(i)$$

신용카드 도입으로 인해 실질 통화수요가 절반으로 감소하면

$$\frac{M}{P} = \frac{1}{2}YL(i)$$

가 된다. 단기에 P는 변화하지 않으므로 이자율이 조정되어야 한다. 산출과 이자율이 일정할 때 M/P 역시 절반이 되어야 한다. M이 주어졌을 때 이는 P가 2배가 되어야 함을 의미한다.

인플레이션 목표제

중앙은행의 주요 목표 중 하나가 낮고 안정적인 인플레이션을 달성하는 것이라면, 통화 증가율보다는 인플레이션율을 직접 목표로 삼는 것이 좋지 않을까? 단기에 경제활동에 영향을 미치기 위해 이자율의 지출에 대한 효과에 의존한다면, 통화 증가는 이자율에 직접 초점을 맞추는 것이 좋지 않을까? 이것이 인플레이션 목표제에 대한 의존을 가져온 추론이다. 중앙은행은 목표 인플레이션율 달성에 전념했다. 그리고 중앙은행은 이를 달성하기 위한 수단으로 이자율을 사용하기로 결정했다. 이러한 통화전략의 두 부분을 살펴보자.

중기에 특정 인플레이션 목표에 전념하는 것에는 논쟁의 여지가 거의 없다. 단기에 있어 주어진 인플레이션율 목표를 달성하려 하는 것은 훨씬 더 논쟁의 여지가 많은 것처럼 보일 것이다. 인플레이션율만을 목표로 삼는 것은 산출변동을 완화하는 데 있어서의 통화정책의 역할을 소멸시키는 것처럼 보일 수 있다. 그러나 사실 그렇지 않다.

왜 그런지를 보기 위해 인플레이션 π_t와 기대인플레이션 π_t^e, 자연실업률 u_n으로부터 실업률 u_t의 이탈 정도 간 관계에 관한 필립스 곡선으로 되돌아가자[식 (8.10)].

$$\pi_t = \pi_t^e - \alpha(u_t - u_n)$$

목표 인플레이션율을 $\bar{\pi}$라 하자. 중앙은행이 항상 인플레이션 목표를 정확히 달성할 수 있다고 가정하자. 이 경우 위 관계는 다음과 같아진다.

$$\pi_t = \bar{\pi} - \alpha(u_t - u_n)$$

$0 = -\alpha(U_t - U_n) \Rightarrow U_t = U_n.$ ▶

중앙은행이 인플레이션 목표를 정확히 맞출 수 있어서 $\pi_t = \bar{\pi}$라고 하면, 실업은 자연율과 일치할 것이다. 중앙은행은 인플레이션 기대치에 부합하는 일정한 목표 인플레이션율을 설정하고 달성함으로써 실업률을 자연율로 유지하고 그에 따라 산출을 잠재 수준으로 유지한다.

강하게 말하자면, 정책 당국이 인플레이션 그 자체에는 관심이 없고(실제로는 관심이 크다), 산출에 대해서만 유념한다 해도 인플레이션 목표제는 여전히 의미가 있다. 인플레이션을 안정적으로 유지하는 것은 산출을 잠재 수준으로 유지하는 한 가지 방법이다. 이러한 결과는 **섭리**(divine coincidence)로 불려 왔다. 필립스 곡선이 식 (8.10)의 형태로 주어질 때 인플레이션을 일정하게 유지하는 것과 산출을 잠재 수준으로 유지하는 것 사이에는 모순이 없다. 따라서 인플레이션을 안정적으로 유지하는 것은 단기와 중기 모두에서 통화정책에 대한 올바른 접근 방식이다.

이 결과는 유용한 기준이긴 하지만 너무 강한 주장이다. 삶은 그리 간단하지 않다. 주요 반론은 8장에서 보았듯이 필립스 곡선 관계가 그리 정확하지 않다는 것이다. 매기에 목표 인플레이션율을 달성하려고 하기보다는 실업률의 큰 변동을 감수하고 시간이 지나면서 목표 인플레이션율을 달성하려고 노력하는 것이 바람직하다. 따라서 대부분의 중앙은행은 이른바 **유연한 인플레이션 목표제**(flexible inflation targeting)라는 것을 채택하고 있다. 인플레이션이 목표치에서 멀어지면 즉시 목표로 되돌리기보다는 시간이 지나면서 목표 인플레이션으로 돌아가도록 이자율을 조정한다.

이자율 규칙

인플레이션은 중앙은행의 직접 통제하에 있지 않다. 정책이자율을 통제한다. 따라서 질문은 목표 인플레이션율을 달성하기 위해 정책이자율을 어떻게 설정하는지다. 답은 간단하다. 인플레이션이 목표치보다 높으면 정책이자율을 인상해 물가 상승 압력을 낮춘다. 목표 인플레이션율보다 낮으면 정책이자율을 낮춘다. 이를 고려해 1990년대 스탠퍼드대학교의 테일러(John Taylor)는 **테일러 규칙**(Taylor rule)으로 알려진 정책이자율에 대해 다음과 같은 규칙을 제안했다.

- π_t를 인플레이션율, $\bar{\pi}$를 목표로 하는 인플레이션율이라 하자.
- i_t를 중앙은행이 통제하는 명목이자율인 정책이자율, $\bar{i}$를 목표로 하는 명목이자율, 즉 중립적 이자율 r_n과 목표 인플레이션율 $\bar{\pi}$와 관련된 명목이자율이라 하자. 이에 따라 $\bar{i} = r_n + \bar{\pi}$가 성립한다.

기억을 되살리려면 9-1절을 ▶
참조하라.

- u_t를 실업률, u_n을 자연실업률이라 하자.

중앙은행이 명목이자율 i를 선택한다고 하자(4장에서 유동성 함정을 무시할 경우 공개시장조작을 통해 중앙은행은 원한다면 어떤 수준의 단기 이자율도 달성할 수 있음을 보았다). 테일러는 이 경우 중앙은행이 다음과 같은 규칙을 따라야 한다고 주장했다.

$$i_t = \bar{i} + a(\pi_t - \bar{\pi}) - b(u_t - u_n)$$

여기서 a와 b는 중앙은행이 선택하는 계수로 양의 값을 갖는다.

이 규칙에 담겨 있는 내용을 보자.

- 인플레이션율이 목표 인플레이션율과 일치하고($\pi_t = \bar{\pi}$) 실업률이 자연실업률과 일치하면($u_t = u_n$), 중앙은행은 명목이자율 i_t를 목표치 $\bar{i}$와 일치하도록 설정해야 한다. 이런 방식으로 경제는 인플레이션율은 목표 인플레이션율과 동일하고 실업률은 자연실업률과 일치하는 동일한 경로에 머물 수 있다.

- 만약 인플레이션율이 목표치보다 높다면($\pi_t > \bar{\pi}$), 중앙은행은 명목이자율 i_t를 $\bar{i}$보다 높게 인상해야 한다. 이자율 인상은 실업률을 증가시킬 것이고, 이러한 실업률의 증가는 인플레이션율의 감소로 이어질 것이다. 따라서 계수 a는 중앙은행이 실업률에 대비해 인플레이션을 얼마나 더 유념하는지를 반영해야 한다. a의 값이 클수록 중앙은행은 인플레이션에 대응해 이사율을 더 증가시킬 것이고, 경제는 더 감속될 것이며, 실업률은 더 증가할 것이고 인플레이션율은 목표 인플레이션율로 더 빨리 복귀할 것이다.

- 어떤 경우에도 테일러는 a가 1보다 커야 한다고 지적했다. 왜 그런가? 지출에 중요한 것은 명목이자율이 아니라 실질이자율이기 때문이다. 인플레이션율이 상승할 때 중앙은행이 지출과 산출을 감소시키려면 **실질이자율**을 상승시켜야 하기 때문이다. 달리 말해 중앙은행은 인플레이션에 대해 일대일 이상으로 명목이자율을 상승시켜야 한다.

- 실업률이 자연실업률보다 높다면($u_t > u_n$) 중앙은행은 명목이자율을 인하해야 한다. 명목이자율 하락은 산출 증가를 가져오고, 이것은 실업률 감소로 이어진다. 계수 b는 중앙은행이 인플레이션에 대비해 실업률을 얼마나 더 유념하는지를 반영해야 한다. b가 클수록 중앙은행은 실업률을 자연실업률 수준에 근접하게 유지하기 위해 목표 인플레이션율로부터 기꺼이 벗어나려 할 것이다.

이 규칙을 제안할 때 테일러는 이자율 규칙을 맹목적으로 추종해야 한다고는 주장하지 않았다. 많은 다른 사건, 예를 들어 환율 위기, 지출의 구성과 그에 따른 통화정책과 재정정책의 조합을 변화시킬 필요성 등은 위 규칙에 담긴 것 이외의 이유로 명목이자율 변경을 도모하는 것을 정당화한다. 그러나 테일러는 이자율 규칙이 통화정책을 생각하는 유용한 방식을 제공한다고 주장한다. 일단 중앙은행이 목표 인플레이션율을 선택한 뒤에는 명목이자율을 조정해 그 목표를 달성하기 위해 노력해야 한다. 따라야 할 규칙은 현재의 인플레이션율뿐만 아니라 현재의 실업률도 고려해야 한다.

규칙의 논리는 설득력이 있었고, 2000년대 중반경 선진국에서는 대부분의 중앙은행이 일정한 형태의 인플레이션 목표제를 취하고 있었다. 즉 이자율 규칙의 사용과 함께 인플레이션 목표제를 채택했다.

이어서 위기가 닥쳤고 많은 문제를 던졌다. 이에는 인플레이션 목표의 선택, 이자율 규칙이 시사하는 이자율이 명목이자율 하한에 도달했을 때의 정책대안, 인플레이션과 경제활동 수준 외에

일부 경제학자는 1970년대 미국에서의 인플레이션율 상승은 연준위가 인플레이션에 대해 일대일 미만으로 명목이자율을 상승시켰다는 사실에 기인한다고 주장한다. 이들은 결과적으로 인플레이션율의 상승이 실질이자율 하락을 낳아 수요 증가, 실업률 감소, 인플레이션율의 추가 상승, 추가적인 실질이자율 하락 등이 생겨났다고 주장한다.

금융 안정성에 대한 중앙은행의 고려 여부와 방법이 포함된다. 다음 절에서는 인플레이션 목표의 선택에 대해 논의하고 이어지는 절에서는 위기가 제기한 다른 질문에 대해 논의한다.

23-3 최적 인플레이션율

표 23-1은 선진국의 인플레이션이 1980년대 초 이래 어떻게 지속적으로 감소했는지를 보여준다. 1981년에 OECD 평균 인플레이션은 10.5%였다. 2018년에는 2.3%로 하락했다. 1981년 당시 2개 국(당시 OECD 회원국은 24개국)만이 인플레이션율이 5% 미만이었다. 2018년에는 36개국 중 35개 국으로 증가했다.

5% 이상의 인플레이션을 기록 ▶ 한 국가는 튀르키예(15%)였다.

위기 이전에 대부분의 중앙은행은 약 2%의 인플레이션율을 목표로 했다. 이것이 적절한 목표였을까? 답은 인플레이션의 비용과 편익에 의존한다.

인플레이션 비용

22장에서는 매우 높은 인플레이션율, 예를 들어 월 30%나 그 이상의 인플레이션율이 경제활동을 교란시킬 수 있음을 보았다. 그러나 오늘날 선진국에서의 논쟁은 월간 30%나 이를 넘어서는 인플레이션율 비용에 관한 것이 아니다. 오히려 연간 인플레이션율이 예를 들어 4%보다는 0%가 되는 데 따른 이득에 관한 것이다. 이 범위 내에서 경제학자는 네 가지 중요한 인플레이션 비용을 제시한다. 이는 (1) 구두창 비용, (2) 조세왜곡, (3) 화폐 환상, (4) 인플레이션 변동성이다.

구두창 비용

중기에 있어 인플레이션율 상승은 명목이자율 상승을 낳고 화폐 보유의 기회비용을 높인다. 결과적으로 사람들은 은행에 더 자주 방문함으로써 화폐잔고를 감소시키며, 바로 이런 이유로 **구두창 비용**(shoe-leather cost)이라는 표현이 등장한 것이다. 인플레이션율이 낮다면 이러한 방문은 피할 수 있고 사람들은 일을 더하거나 여가를 즐기는 등 대신 다른 일을 할 수 있다.

초인플레이션이 발생하는 경우 구두창 비용은 상당히 커질 수 있다. 그러나 완만한 인플레이션

표 23-1	OECD에서의 인플레이션율(1981~2018년)				
연도	1981년	1990년	2000년	2010년	2018년
OECD 평균*	10.5%	6.2%	2.8%	1.2%	2.3%
인플레이션율이 5% 미만인 국가의 수**	2/24	15/24	24/27	27/30	35/36

* PPP가격을 가중치로 해 측정한 상대 GDP를 사용해 계산한 GDP 디플레이터 기준 평균 인플레이션율
** 두 번째 수치는 당시의 회원국 수이다.

이 발생하는 기간에 이들의 중요성은 제한적이다. 예를 들어 4%의 인플레이션율은 사람들로 하여금 매월 은행을 한 번 더 방문하게 하거나 아니면 매월 MMF와 예금계정 간 거래를 한 번 더 하게 만들 것이다. 하지만 이것이 인플레이션의 주요 비용이라고 보기는 어렵다.

조세 왜곡

인플레이션의 두 번째 비용은 조세제도와 인플레이션의 상호작용에 기인한다.

예를 들어 자본이득에 대한 세금을 고려해보자. 자본이득에 대한 세금은 통상 매입했을 때 자산가격과 매각할 때 자산가격 간 차이에 기초한다. 이에 따라 인플레이션율이 높아질수록 세금 규모도 커진다. 한 가지 예를 보면 명확해질 것이다.

- 인플레이션율이 지난 10년간 연간 π%를 꾸준히 보였다고 하자.
- 이제 주택을 10년 전에 100,000달러에 구입했고 오늘 100,000달러에 $(1 + \pi\%)^{10}$을 곱한 금액에 팔았다고 하자. 즉 실질가치는 변하지 않았다.
- 자본이득세가 30%라면 주택 매각에 따른 **유효세율**(주택 매각가격 대비 납부세액의 비율)은 다음과 같다.

◀ 분자는 판매가격에서 매입가격을 뺀 값이다. 분모는 판매가격이다.

$$(30\%) \frac{100,000(1 + \pi\%)^{10} - 100,000}{100,000(1 + \pi\%)^{10}}$$

- 처음 샀을 때와 똑같은 실질가격으로 주택을 매각해 실질자본이득은 0이므로 세금을 지불해서는 안 된다. 사실상 $\pi = 0$%, 즉 인플레이션이 없었다면 유효세율은 0%이다. 그러나 $\pi = 4$%라면 유효세율은 9.7%이다. 실질자본이득이 0이라는 사실에도 불구하고 높은 세금을 지불하는 셈이 된다.

조세와 인플레이션의 상호작용으로 발생하는 문제는 자본이득세를 넘어 확장된다. 자산에 대한 실질수익률은 명목이자율이 아니라 실질이자율이라는 것을 알지만, 소득세를 목적으로 한 소득은 실질이자수입이 아니라 명목이자수입을 포함한다. 또 다른 예로 미국의 경우 1980년대 초반까지 상이한 소득세율이 적용되는 기준소득이 인플레이션과 더불어 증가하지 않았다. 결국 사람들은 명목소득이 계속 증가함에 따라 더 높은 소득세율이 적용되는 구간으로 밀려 올라갔다. 물론 실질소득이 반드시 함께 올라간 것은 아니었으며 이는 **세율 등급 상승**(bracket creep)으로 불렸다.

이러한 비용은 그 자체로서 인플레이션이 초래하는 비용이라기보다는 잘못 설계된 조세체계의 산물이라 할 수 있다. 주택의 예에 있어서 주택매입가격을 물가에 연동해 매입 시점 이후의 인플레이션만큼 구입가격을 상향 조정하고 매각가격과 조정된 구입가격 간 차액에 세금을 부과했다면 문제를 해소할 수 있을 것이다. 이 경우 자본이득은 존재하지 않으며 그에 따라 자본이득세도 지불할 필요가 없을 것이다. 그러나 조세 조항은 이러한 체계적 조정을 허용하지 않으므로 인플레이션은 문제가 되고 왜곡을 낳는다.

◀ 일부 경제학자는 세율 등급의 비용이 훨씬 더 크다고 주장한다. 세금수입이 지속적으로 증가함에 따라 정부지출 통제에 대한 압력은 경미해진다. 결과적으로, 1960년대와 1970년대에 정부의 규모는 바람직한 규모를 크게 초과했다.

화폐 환상

세 번째 비용은 **화폐 환상**(money illusion)으로부터 온다. 화폐 환상이란 사람들이 실질 변화와 명목 변화를 평가할 때 체계적 실수를 하는 것처럼 보인다는 것을 말한다. 물가가 안정적일 때 단순했을 수많은 계산이 인플레이션이 발생하면 더 복잡해진다. 올해 소득을 과거 소득과 비교할 때 사람들은 인플레이션의 역사를 추적해야 한다. 사람들은 상이한 자산 간 선택을 하거나 소비와 저축 간 선택을 할 때 실질이자율과 명목이자율의 차이를 계속 추적해야 한다. 일상적 증거를 살펴보면, 많은 사람이 이런 계산을 어렵게 느끼고 종종 관련된 구별을 하지 못한다. 경제학자와 심리학자는 더 엄밀한 증거를 수집해 왔고 그 결과 인플레이션으로 말미암아 사람과 기업이 종종 잘못된 의사결정을 한다는 것을 보여주고 있다(초점상자 '화폐 환상'을 참조하라). 만약 그렇다면 단순한 해결책은 인플레이션율을 0%로 만드는 것이다.

인플레이션 변동성

이 비용은 인플레이션율 상승이 통상 **인플레이션 변동성**의 증가와 관련된다는 사실에서 비롯한다. 그리고 인플레이션 변동성의 증가는 미래에 확정된 명목금액을 약속하는 채권과 같은 금융자산의 위험도가 증가한다는 것을 의미한다.

10년 뒤 1,000달러를 지급해야 하는 채권을 고려하자. 10년간 인플레이션율이 일정하므로 10년 후 채권의 명목가치뿐만 아니라 실질가치까지 확실히 알 수 있다. 즉 10년 후 1달러가 어느 정도 가치를 가질지 정확히 계산할 수 있다. 그러나 인플레이션율이 변동할 경우 10년 뒤 1,000달러의 실질가치는 불확실해진다. 인플레이션율의 변동성이 클수록 그것이 낳는 불확실성은 더 커진다. 은퇴를 위한 저축은 더욱 어려워진다. 채권에 투자한 사람에게 있어 기대했던 것보다 낮은 인플레이션율은 더 나은 은퇴를 의미하지만 높은 인플레이션율은 빈곤을 의미할 수 있다. 이것이 바로 다른 인구집단에 비해 퇴직자가 인플레이션에 대해 더 걱정하는 이유 중 하나이다. 퇴직자의 경우 그 소득의 일부가 명목금액 기준으로 고정되어 있기 때문이다.

세금의 경우처럼 이 비용들은 인플레이션에 기인하기보다는 금융시장이 금융자산 보유자를 인플레이션으로부터 보호할 수 있는 자산을 제공할 수 없기 때문이라고 할 수 있다. 정부나 기업은 미래에 고정된 명목금액을 약속하는 채권인 명목채권만을 발행하기보다는 인플레이션이 조정된 명목금액을 약속하는 채권인 **물가연동채권**(indexed bond)을 발행할 수 있고 사람들은 자신이 은퇴할 때 채권의 실질가치가 어떻게 될지 걱정할 필요가 없다. 사실 14장에서 보았듯이 미국을 포함한 많은 국가가 오늘날 물가연동채권을 도입하고 있으며 사람들은 인플레이션 변동에 대해 자신들을 더 잘 보호할 수 있다.

제2차 세계대전 중 이탈리아에서 고정연금을 받으며 생존하는 삶을 다루어 좋지만 슬픈 영화로는 비토리오 데 시카(Vittorio de Sica)의 1952년 작품인 〈움베르토디(Umberto D)〉가 있다.

인플레이션의 혜택

인플레이션이 실제로 모두 나쁜 것만은 아니다. 인플레이션은 세 가지 혜택을 제공한다. 바로 (1)

화폐 환상

많은 사람이 자신들의 금융 계산에 있어서 인플레이션에 적절히 적응하는 데 실패한다는 일화적 증거는 많다. 최근 경제학자와 심리학자는 화폐 환상을 더 자세히 살펴보기 시작했다. 최근 연구에서 심리학자인 프린스턴대학교의 샤피르(Eldar Shafir)와 스탠퍼드대학교의 트버스키(Amos Tversky), 경제학자인 MIT의 다이아몬드(Peter Diamond)는 화폐 환상이 얼마나 보편적이고 무엇이 이를 야기하는지 보기 위해 설문조사를 설계했다. 다양한 그룹(뉴어크국제공항의 사람들, 뉴저지주 소재 2개 쇼핑몰의 사람들, 프린스턴대학교 학부생)의 사람들에게 던졌던 많은 질문 중에는 다음이 포함된다.

애덤, 바버라, 카를로스가 각각 20만 달러의 상속을 받아 모두 주택을 구입하기 위해 즉각 사용했다고 하자. 이들은 모두 자신의 집을 매입한 지 1년이 지나 매각했다. 각 경우에 있어 경제적 상황은 모두 다르다.

■ 애덤의 주택 소유기간 동안 25%의 디플레이션(모든 재화와 용역의 가격이 대체로 25% 하락)이 발생했다. 주택을 매입한 지 1년 뒤에 그는 (자신이 지급했던 금액보다 23% 작은) 154,000달러를 받고 주택을 팔았다.

■ 바버라의 주택 소유기간 동안 인플레이션도 디플레이션도 없어서 모든 재화와 용역의 가격은 연중 내내 의미 있는 변화를 보이지 않았다. 바버라는 주택을 매입한 지 1년 후 (자신이 지급했던 금액보다 1% 작은) 198,000달러를 받고 주택을 팔았다.

■ 카를로스의 주택 소유기간 동안 25%의 인플레이션이 발생해 모든 재화와 용역의 가격이 대체로 25% 상승했다. 카를로스는 주택을 매입한 지 1년 후 (자신이 지급했던 금액보다 23% 높은) 246,000달러를 받고 주택을 팔았다.

주택거래에 있어서의 성과를 기준으로 애덤. 바버라, 카를로스의 순위를 매겨라. 가장 거래를 잘한 사람에게 '1'을 부여하고 가장 최악의 거래를 한 사람에게 '3'을 부여하라.

명목금액 기준으로 볼 때 카를로스의 거레가 가장 뛰어났고, 이어서 바버라, 애덤 순서로 성과를 보였다. 그러나 중요한 것은 인플레이션율을 고려한 뒤의 실질금액 기준으로 이들 거래가 어땠는지다. 실질금액 기준으로 보면 순위는 뒤바뀐다. 2%의 거래이득을 보인 애덤이 가장 좋은 거래를 했고 이어 바버라(1% 손실), 카를로스(2% 손실) 순으로 거래성과가 나타난다.

설문조사의 답변은 다음과 같았다.

순위	애덤	바버라	카를로스
1	37%	15%	48%
2	10%	74%	16%
3	53%	11%	36%

응답자 중 48%가 카를로스를 1위로, 53%가 애덤을 3위로 꼽았다. 이들 답변은 화폐 환상이 매우 보편적이라는 것을 보여준다. 달리 말해 사람들(심지어 프린스턴대학교의 학부생조차도)이 인플레이션율에 따른 조정을 하는 데 어려움이 있다.[1]

---

1 출처 : Eldar Shafir, Peter Diamond, and Amos Tversky, "Money Illusion," in D. Kahneman and A. Tversky, eds., *Choices, Values, and Frames* (New York: Cambridge University Press & Russell Sage Foundation, 2000).

세뇨리지, (2) 거시경제정책을 위한 음의 실질이자율 형성 가능, (3) (다소 역설적이지만) 화폐 환상과 인플레이션의 상호작용을 통한 실질임금의 조정 촉진이다.

세뇨리지

통화증발(인플레이션의 궁극적 원천)은 정부지출을 조달할 수 있는 방법 중 하나이다. 달리 말해 통화증발은 일반대중으로부터의 차입이나 증세를 하는 대신 사용할 수 있는 정책대안이다.

22장에서 살펴보았듯이 통상적으로 정부는 정부지출의 지급을 위해 통화를 '찍어내지' 않는다. 오히려 정부가 채권을 발행해 매각한 수입금으로 지출한다. 그러나 중앙은행이 정부채권을 매입하고 이를 지급하기 위해 통화를 발행해도 그 결과는 동일하다. 다른 조건이 똑같을 때 통화증발로부터의 수입, 즉 **세뇨리지**는 정부로 하여금 일반대중으로부터의 차입을 줄이거나 세금을 낮출 수 있게 한다.

식 (22.6)을 다시 보자: H를 중앙은행이 발행한 통화, 즉 본원통화라 하자. 그러면

$$\frac{\text{세뇨리지}}{Y} = \frac{\Delta H}{PY} = \frac{\Delta H}{H}\frac{H}{PY}$$

가 성립한다. 여기서 $\Delta H/H$는 본원통화 증가율, H/PY는 명목 GDP 대비 본원통화 비율이다.

현실적으로 세뇨리지의 규모는 얼마나 될까? 초인플레이션 시기에 세뇨리지는 종종 중요한 정부 재원이 된다. 그러나 오늘날 OECD 국가에 있어 그리고 우리가 고려하는 인플레이션율 범위에서 그 중요성은 훨씬 더 제한적이다. 미국의 경우를 보자. GDP 대비 중앙은행이 발행하는 통화(4장 참조), 즉 본원통화의 비율은 약 6%이다. 명목통화 증가율이 연간 4% 증가하면(이것은 결국 인플레이션율을 4% 증가시킨다), GDP 대비 4%×6% 또는 0.24%에 달하는 세뇨리지의 증가를 낳을 것이다. 이는 4% 더 높은 인플레이션율에 대한 대가로는 작은 수입이다.

여기서 '이자를 지급하지 않는 화폐'라고 했다. 위기가 야기한 변화 중 하나가 현재 많은 중앙은행이 이자를 지급하지 않는 화폐와 이자를 지급하는 화폐를 동시에 발행하고 있기 때문이다. 이에 대한 자세한 내용은 23-4절에서 설명한다. 이자를 지급하는 화폐잔고는 채권과 유사한 이자율을 지불한다는 점을 감안할 때 채권과 같으며 세뇨리지 수익을 내지 못한다.

따라서 세뇨리지에 기초한 주장이 때때로 타당하긴 하지만(예를 들어 양호한 재정체계를 아직 갖지 못한 경제의 경우), 오늘날 OECD 국가가 0%의 인플레이션율 대신 4%의 인플레이션율을 가져야 하는지에 관한 논의에 있어서는 타당성이 매우 적어 보인다.

화폐 환상의 재검토

화폐 환상이 역설적으로 양의 인플레이션율을 요구하는 한 가지 이유가 될 수 있다.

왜 그런지 살펴보기 위해 두 가지 상황을 고려하자. 첫 번째 상황에서 인플레이션율은 4%이고 명목임금은 1% 상승한다. 두 번째 상황에서는 인플레이션율은 0%이며 명목임금은 3% 하락한다. 노동자들은 어느 상황이든 무관할 것이다. 그러나 실제 증거를 살펴보면 많은 사람이 두 번째 상황보다는 첫 번째 상황에서 실질임금 인하를 더 쉽게 받아들일 것이다.

은유의 충돌 : 인플레이션은 실질임금의 조정을 더 쉽게 하므로 일부 경제학자는 인플레이션을 경제에 있어 '윤활유'라 부른다. 다른 경제학자는 인플레이션의 상대가격에 대한 부정적 효과를 강조하기 위해 인플레이션은 경제에 '모래를 넣는 것'이라 한다.

이 예가 우리의 논의와 관련될까? 13장에서 보았듯이 현대 경제를 특징짓는 지속적인 변화 과정으로 말미암아 일부 노동자는 때때로 실질임금의 하락을 받아들여야 하기 때문이다. 따라서 주장을 따르면 인플레이션의 출현은 인플레이션이 0일 때에 비해 실질이자율의 하향조정을 허용한다. 8장의 높거나 낮은 인플레이션하에서 포르투갈의 임금 변화 분포에 대한 증거는 이것이 실제로 적절한 논증임을 시사한다.

음의 실질이자율 정책대안

인플레이션의 증가는 명목이자율 하한에 도달할 확률을 감소시킨다. 이 주장은 가장 중요할 수 있는 데, 4장의 명목이자율 하한에 대한 논의에서 비롯한다. 수치를 사용한 예가 도움이 될 것이다.

■ 잠재 실질이자율이 2%로 동일한 두 경제를 고려하자.

■ 첫 번째 경제에서 중앙은행은 4%의 평균 인플레이션율을 유지하고 그에 따라 명목이자율은 평균적으로 2% + 4% = 6%와 같다.

■ 두 번째 경제에서 중앙은행은 0%의 평균 인플레이션율을 유지하고 그에 따라 명목이자율은 평균적으로 2% + 0% = 2%와 같다.

■ 이제 두 경제가 유사한 부정적 충격을 받았다고 가정하자. 부정적 충격은 주어진 이자율에서 단기적으로 지출과 산출의 감소를 낳는다.

■ 첫 번째 경제에서 중앙은행은 명목이자율을 6%에서 0%로 감소시킬 수 있어 6%의 감소를 낳는다. 기대인플레이션율이 즉각 변화하지 않고 4%에서 유지된다는 가정하에서 실질이자율은 2%에서 −4%로 감소한다. 이는 지출에 강한 긍정적 영향을 미칠 것이며 경제가 회복되도록 도울 것이다.

■ 두 번째 경제에서 중앙은행은 명목이자율을 2%에서 0%로만 감소시켜 2%의 감소만을 낳을 수 있다. 기대인플레이션이 즉각적으로 변화하지 않고 0%로 계속 유지된다는 가정하에서 실질이자율은 2%에서 0%로 단지 2%만 감소한다. 이러한 실질이자율의 사소한 하락은 지출을 그리 많이 증가시키지 않을 것이다.

간단히 말하면, 평균 인플레이션율이 더 높은 경제는 더 여유 있게 통화정책으로 경기침체에 대처할 수 있다. 평균 인플레이션율이 낮은 국가는 산출을 잠재산출 수준으로 되돌리는 데 통화정책을 사용할 수 없음을 알게 될 것이다. 6장에서 살펴보았듯이 이러한 가능성은 단지 이론적인 것만은 아니다. 오늘날 많은 국가가 유동성 함정에 놓여 더 이상 이자율을 하락시킬 수 없다. 문제는 이를 고려해 미래에 약간 더 높은 평균 인플레이션율을 선택해야 하는지다. 일부 경제학자는 현재의 위기가 예외적 상황으로 미래에 각국이 유동성 함정에 빠질 가능성이 낮으며 따라서 더 높은 평균 인플레이션율을 수용할 필요는 없다고 주장한다. 다른 경제학자들은 유동성 함정에서 각국이 직면하는 문제는 지나치게 심각해서 재발 위험을 피해야 하며, 그에 따라 인플레이션율의 상향은 실제로 정당화된다고 주장한다. 그러나 확실한 것은 인플레이션이 영구적으로 낮아지면 중앙은행이 실질이자율에 영향을 줄 수 있다는 것이다.

최적 인플레이션율 : 현재의 논쟁 상황

현 단계에서 부국들의 중앙은행은 대부분 2% 수준의 인플레이션 목표치를 갖고 있다. 그러나 이에 대해서는 두 가지 측면에서 도전이 있다. 일부 경제학자는 물가안정성, 즉 0%의 인플레이션을 달성하길 희망하지만, 다른 경제학자는 대신 더 높은 인플레이션, 예를 들어 4%의 인플레이션을 희망한다.

0%를 목표로 삼아야 한다는 사람들은 0%는 다른 모든 목표와는 상당히 구별된다고 지적한다. 0%는 물가안정에 해당하며, 그 자체로서 바람직하다. 물가가 10년 또는 20년 뒤에도 현재와 대체로 동일하다면 복잡한 의사결정도 감소하고 화폐 환상의 여지도 제거할 수 있다. 아울러 중앙은행이 직면한 동태적 비일관성(21장에서 논의함)을 감안할 때 목표 인플레이션율의 신뢰성과 단순성은 중요하다. 일부 경제학자와 중앙은행장은 물가안정성, 즉 0%의 목표는 2% 수준의 목표 인플레이션율보다 이 목표를 더 쉽게 달성할 수 있다고 믿고 있다. 그러나 지금까지 실제로 0%의 목표 인플레이션을 선택한 중앙은행은 없다.

더 높은 수준의 인플레이션을 목표로 삼길 원하는 사람들은 미래에 유동성 함정에 빠지지 않는 것이 중요하며, 이 목표를 위해서는 더 높은 목표 인플레이션율, 예를 들어 4% 수준이 도움이 될 것이라고 주장한다. 2% 목표의 선택은 명목이자율 하한에 도달하지 않을 것이라는 믿음에 기초하는데, 이러한 믿음은 잘못된 것으로 드러났다. 이들의 주장은 각국의 중앙은행 사이에서 지지를 거의 받지 못하고 있다. 이들은 중앙은행이 목표 인플레이션율을 2%에서 4%로 높일 경우, 사람들은 곧 목표율이 5%가 되고, 이어서 6%가 되며 높아질 것이라고 기대하기 시작할 것이며, 인플레이션 기대는 더 이상 안정적으로 머물지 않을 것이라고 주장한다. 따라서 이들은 현재의 목표 인플레이션 수준을 유지하는 것이 중요하다고 본다.

▶ 이러한 사고방식은 때때로 '미끄러운 기울기(slippery slope)' 논리라 불린다.

논쟁은 아직 끝나지 않았다. 현재 대부분의 중앙은행은 당분간 낮지만 양의 인플레이션율, 즉 약 2%의 인플레이션율을 도모하는 것으로 보인다.

23-4 비전통적 통화정책

위기가 시작된 시점에서 이자율이 명목이자율 하한에 도달했을 때, 중앙은행은 더 이상 이자율을 인하할 수 없어서 **전통적 통화정책**(conventional monetary policy)을 사용할 수 없었다. 이 책은 지금까지 통화정책이 무력화되었다고 가정했다. 그러나 이는 단순화한 것이다. 중앙은행들은 경제활동에 영향을 미치는 다른 방법, 즉 **비전통적 통화정책**(unconventional monetary policy)으로 알려진 일련의 조치를 모색했다.

아이디어는 간단했다. 정책이자율이 0%인 동안에도 위험프리미엄을 반영해 다른 이자율은 여전히 양의 값을 가졌다. 6장에서 정책이자율과 차입금리의 관계에서 위험프리미엄을 도입했지만, 그것이 무엇에 의존하고 또 금리정책이 어떻게 영향을 미칠 수 있는지는 구체적으로 논의하지 않았다. 사실 자산에 대한 위험프리미엄이 자산에 대한 수요와 공급에 의해 결정되는 것으로 간주할 수 있다. 매입자의 위험기피도가 커지거나 아니면 일부 투자자가 자산을 보유하지 않기로 결정해서 자산에 대한 수요가 감소하면 프리미엄이 증가할 것이다. 대신 수요가 증가하면 프리미엄은 감소한다. 이는 수요 증가가 민간 투자자에서 비롯하건 아니면 중앙은행에서 비롯하건 사실이다.

이 논리에 기초해 중앙은행은 경제활동을 자극하기 위해 단기채권 이외의 자산을 사들여 이들 자산에 대한 프리미엄을 하락시키고, 그에 따라 상응하는 차입금리를 줄이려 했다. 중앙은행은 통화창출을 통해 채권 매입에 필요한 자금을 조달했으므로 이는 통화공급을 크게 증가시켰다. 통화공급의 증가는 정책이자율에 아무런 영향을 미치지 못했지만, 다른 자산의 매입은 그들의 프리미엄을 감소시켜 차입금리를 낮추고 지출을 증가시켰다. 이러한 채권 구매 프로그램은 **양적 완화**(quantitative easing) 정책 또는 **신용 완화**(credit easing) 정책이라고 한다.

미국 연준은 2008년 11월 1차 양적 완화 프로그램을 시작했다. Quantitative Easing 1(간단히 **QE1**)로 알려진 정책에서 연준은 특정 유형의 주택담보증권을 매입하기 시작했다. 6장에서는 이에 대한 이유를 보았다. 위기의 원인 중 하나는 그 증권이 기초를 둔 저당권의 가치를 평가하는 것이 어렵다는 데 있었다. 그 결과 많은 투자자가 주택담보증권의 보유를 그만두기로 결정했으며 상대적으로 안전하다고 판단되는 증권에 대해서도 프리미엄이 매우 높게 상승했다. 이러한 증권을 매입함으로써 연준은 프리미엄을 줄이고 금융시스템과 지출에 미치는 영향을 제한했다. **QE2**라고 알려진 2차 양적 완화 프로그램은 2010년 11월에 시작되어, 장기채권에 대한 기간 프리미엄을 낮추기 위해 연준이 장기채권을 구매하기 시작했다. 3차 양적 완화 프로그램인 **QE3**는 주택담보증권의 추가 매입으로 2012년 9월에 시작되어 모기지 비용을 줄이고 주택시장 회복을 도우려 했다.

위험프리미엄 감소에 대한 양적 완화의 효과를 평가하기 위해 많은 연구가 진행되었다. QE1이 큰 차이를 만들었다는 것에는 넓은 합의가 있다. 기능장애를 보이는 시장에 개입해 연준은 프리미엄의 상승을 제한했다. 더 이상 기능장애를 보이지 않는 시장에 개입한 QE2와 QE3의 효과는 논쟁의 여지가 많다. 장기 국채에 대한 기간 프리미엄을 인하했다는 것은 널리 받아들여지고 있다. 문제는 얼마나 인하했는지에 달려 있다.

미국과 다른 나라의 양적 완화 정책에 대한 일반적 평가는 차입금리에 일정한 영향을 미침으로써 통화정책이 여전히 명목이자율 하한에서도 경제활동에 영향을 미칠 수 있다는 것이다. 그러나 이 정책이 기존의 통화정책보다 복잡하고 신뢰가 떨어지는 방식으로 작동한다는 점에 대해서도 광범위한 합의가 존재한다. 달리 말해 명목이자율 하한은 통화정책을 무력화시키지 않을 수도 있지만, 그 효과성을 분명히 제한한다.

우리는 연준이 무엇을 매입했는지 살펴보았다. 어떻게 자금을 조달했을까? 통화를 발행함으로써이다. 이자율이 (거의) 0%여서 은행은 채권을 보유하거나 현금을 보유하는 것에 무차별했다. 그래서 은행들은 연준에 준비금의 형태로 중앙은행 통화를 기꺼이 적립했다. (실제로 연준은 0.25%의 소폭의 양의 이자율을 지불할 용의가 있었기 때문에 은행이 준비금을 보유하는 것이 매력적이었다.) 그 결과 본원통화, 즉 중앙은행이 발행한 통화는 2008년 9월 GDP의 약 6.6%인 8,500억 달러에서 2015년에는 GDP의 약 22%인 4조 달러로 증가했다. 이러한 전개는 그림 23-2에서 빨간색 선으로 나타났다. 파란색 선은 은행이 보유한 준비금을 나타내는데, 증가액의 대부분은 연준의 은행 준비금 증가에 반영되었다. 그 결과, 연준의 대차대조표는 위기 이전보다 훨씬 더 커졌다.

그림 23-2

2005~2018년 미국 본원통화의 추이

양적 완화로 인해 2005~2015년 중 본원통화는 4배 이상 증가했다.

출처 : FRED: RESBALS BOGMBASE

유동성 함정 종식 후의 통화정책

연준이 2015년 말 경제가 더 건실해지고 연방기금금리를 다시 인상해야 한다고 결정했을 때 뚜렷한 문제에 직면했다. 준비금에 대한 이자를 계속 지불하지 않는다면(더 정확하게는 매우 낮은 금액을 지불하기 위해) 은행은 준비금을 보유하려고 하지 않을 것이다. 은행들은 연방기금시장에서 이를 모두 매각하려 할 것이고, 연준이 기꺼이 이를 모두 다시 매입하려 하지 않는 한(그리고 그에 따라 QE로 축적한 모든 채권을 매각하지 않는 한) 연방기금금리는 0%로 돌아갈 것이다. 연준이 이런 일이 일어나기를 원치 않는다면 준비금에 대한 이자를 지급하기 시작해야 했다. 연준은 그렇게 했고 오늘날에도 여전히 그렇다.

<table>
<tr><td>연준은 위기 동안 획득한 모든 자산을 즉각 매각하려 하지 않았다. 자산시장에 큰 혼란을 초래할 수 있으므로 매도는 시간이 지남에 따라 천천히 이루어져야 한다고 생각했다.</td><td>

연준은 현재 **회랑 시스템**(corridor system)을 운영하고 있다. 이는 두 가지 이자율을 설정하는데, (은행이 실제로 연준에 대출할 때 적용하는) 준비금 이자율과 (은행이 연준으로부터 차입할 때 적용되는) 할인율이 그것이다. 연방기금금리는 여전히 연방기금시장에서 결정되지만 두 금리가 설정하는 범위에 놓여야 한다. 그 이유를 보기 위해 연방기금금리가 준비금 이자율보다 낮다고 가정해보자. 연준에 대출을 하면 더 좋은 이자율을 주기 때문에 어떤 은행도 다른 은행에 대출을 하려고 하지 않는다. 대신 연방기금금리가 할인율보다 높다고 가정하자. 연준에서 차입하면 더 낮은 이자를 주므로 어떤 은행도 다른 은행에서 차입하기를 원하지 않는다. 따라서 연방기금금리는 여전히 연방기금시장에서 결정되지만 두 이자율이 설정하는 범위 내에서만 차이가 날 수 있다. 세</td></tr>
</table>

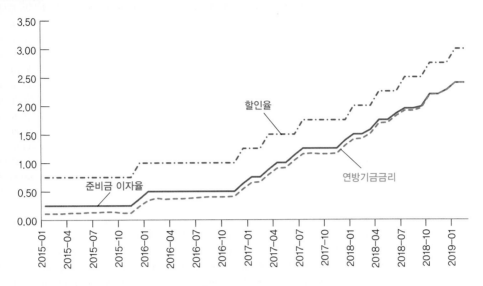

그림 23-3

2015년 이후 준비금에 대한 이자율, 연방기금금리, 할인율
연방기금금리는 준비금에 대한 이자율과 함께 변화한다.

출처 : FRED: IOER, FEDFUNDS, INTDSRUSM193N

가지 이자율 변화는 그림 23-3에 있으며, 준비금 이자율과 함께 연방기금금리가 어떻게 변동했는지 보여준다.

요약 : 통화정책은 유동적이다. 위기는 일반적으로 중앙은행이 인플레이션 목표제에 초점을 맞추는 것에 의문을 제기했고 정책이자율 이외의 도구를 모색하도록 강요했다. 명목이자율이 하한에 도달했던 기간 동안 비전통적인 정책을 사용한 결과 중앙은행의 대차대조표는 예전보다 훨씬 커졌다. 그들은 위기 이전보다 훨씬 더 많은 양의 자산을 보유하고 훨씬 더 많은 부채를 가지고 있다. 그들은 부채의 많은 부분, 즉 중앙은행에서 은행이 보유하는 준비금에 대해 이자를 지불한다. 주요 정책도구는 연준의 준비금에 대해 은행에 지불하는 이자율이 되었다. 이 시점에서 중앙은행이 직면한 주요 선택은 큰 대차대조표를 유지할 것인지, 아니면 대부분 무이자부채로 구성된 적은 대차대조표로 위기 이전의 상황에 더 가깝게 돌아갈 것인지이다. 대부분의 경우 안정화되거나 대차대조표가 감소하기 시작했지만, 종점은 아직 결정되지 않았다.

본문의 주장과 달리 연방기금금리가 준비금 금리보다 약간 낮은 상태를 유지하고 있음을 알 수 있다! 이는 기술적 문제 때문이다. 일부 금융기관은 연준 준비금에 접근할 수 없으며 준비금 금리보다 낮은 금리로 대출하려 한다. 결국 연방기금금리의 하한선은 대부분 준비금 금리에 의해 결정된다는 것을 알 수 있다.

23-5 통화정책과 금융 안정성

금융위기가 시작되자 중앙은행들은 수요가 크게 감소했을 뿐만 아니라 금융시스템에 심각한 문제가 있음을 알게 되었다. 6장에서 보았듯이, 주택가격 하락이 위기의 방아쇠였다. 이어서 이는 금융시스템 실패로 증폭되었다. 자산의 불투명성으로 인해 금융기관의 지급능력에 의문이 제기되었다. 지급능력에 대한 의문은 다시 투자자들이 자금을 회수하려는 인출쇄도를 낳았고, 이는 급매를 초래해 지급불능에 대한 의문은 더 커졌다. 중앙은행이 직면한 첫 번째 현안은 앞의 절에서 이미 설명한 조치를 넘어서 취해야 할 조치였다. 두 번째 문제는 미래에 통화정책이 또 다른 유사한 금융위기의 가능성을 줄이기 위해 노력해야 하는지 그리고 어떻게 줄여야 하는지였다. 두 가지 문제를 차례대로 다루어보자.

유동성 공급과 최종 대부자

중앙은행은 오랫동안 은행인출쇄도에 대해 알고 있었다. 6장에서 보듯이, 은행의 대차대조표 구조는 인출쇄도의 위험에 노출시킨다. 대출과 같은 자산의 대부분은 비유동적이다. 요구불예금과 같은 많은 부채는 유동적이다. 이름에서 알 수 있듯이, 특히 요구불예금은 투자자의 요구가 발생하면 상환되어야 한다. 따라서 근거가 있건 없건 예금자의 우려는 은행 폐쇄가 아니면 자산의 급매가격으로의 매각을 낳는다. 대부분의 국가에서 전통적으로 은행인출쇄도를 제한하기 위해 두 가지 조치가 취해졌다.

- 예금보험 : 이는 투자자에게 은행이 파산하더라도 자금을 회수할 것이라는 자신감을 제공하므로 인출쇄도의 유인을 갖지 못한다.
- 인출쇄도가 실제로 발생할 경우 담보에 기초한 중앙은행의 유동성 공급 : 즉 중앙은행은 은행의 일부 자산을 담보로 잡고 유동성을 은행에 제공한다. 이렇게 하면 은행은 자산을 매각하지 않고도 예금자에게 지불해야 하는 유동성을 확보할 수 있다. 중앙은행의 이 기능은 **최종 대부자** (lender of last resort) 기능으로 알려져 있으며, 1913년 창설 이래 연준의 기능 중 하나였다.

그러나 위기가 보여준 것은 은행이 인출쇄도 대상이 될 수 있는 유일한 금융기관이 아니었다는 점이다. 자산이 부채보다 유동성이 낮은 기관은 유사한 위험에 처해 있다. 투자자들이 자금을 상환받기를 원하면 금융기관은 필요한 유동성을 얻기가 어려울 수 있다. 위기 시의 긴박감을 감안해서 연준은 은행 이외의 다른 일부 금융기관에도 유동성 공급을 확대했다. 당시에는 선택의 여지가 거의 없었지만, 앞으로는 중앙은행으로부터 유동성을 공급할 때 어떤 규칙이 있어야 하며 또 어떤 기관이 대상기관이 될 수 있는지에 대한 문제가 있다. 문제는 해결되지 않았다. 중앙은행은 자신이 실제로 규제하지 않는 기관에 그러한 유동성을 제공하기를 원할까?

거시건전성 규제

2000년대 중반부터 미국 연준은 주택가격의 상승을 걱정하게 되었다. 그러나 유사한 주택가격 상승에 직면했던 연준과 다른 중앙은행들은 개입하길 꺼렸다. 여기에는 여러 가지 이유가 있었다.

첫째, 가격 상승이 기본적 요인(예를 들어 낮은 이자율)의 상승을 반영하는지 아니면 버블(기본적 요인으로 정당화되는 수준을 넘어선 가격 상승)을 반영하는지 평가하는 데 어려움이 있었다. 둘째, 이들은 이자율 상승이 주택가격 상승을 실제로 멈출 수 있겠지만, 경제를 둔화시켜 경기침체를 촉발할 수 있다는 것을 우려했다. 셋째, 이들은 주택가격의 상승이 실제로 버블이고, 후에 버블이 파열해 주택가격 하락을 낳아도 자신들이 개입해 이자율의 적절한 인하를 통해 수요에 미치는 부정적 효과에 대응할 수 있다고 생각했다.

위기는 이들에게 재고할 것을 요구하고 있다. 앞서 보았듯이 주택가격 하락은 금융시스템에서의 위험 누적과 결합해 중대한 금융 위기와 거시경제적 위기를 낳았다.

결과적으로 두 가지 차원에서 광범위한 합의가 출현했다.

- 기다리는 것은 위험하다. 자산가격의 상승이 기본적 요인을 반영하는지 아니면 버블을 반영하는지 의심이 되어도 가만히 있는 것보다는 무엇이든 하는 것이 더 좋다. 버블이 축적되다 파열해 중대한 부정적 거시경제 효과를 낳도록 하기보다는 잠시라도 기본적 요인에 의한 상승을 방해하고 잘못된 것으로 드러나는 것이 더 좋은 것이다. 동일한 논리가 금융위험의 누적에도 적용된다. 예를 들어 과도한 은행 레버리지가 그렇다. 누적되도록 놔두어 금융위기의 위험을 높이기보다는 은행대출이 위축되는 위험을 감수하더라도 높은 레버리지를 억제하는 것이 더 좋은 것이다.

◁ 이는 'Better lean than clean'이라는 금언으로 이어진다. 여기서 lean은 자산가격 상승에 적극 반응하는 것이며 clean은 자산가격 붕괴 후에 청소를 하는 것이다.

- 버블, 신용호황 또는 금융시스템의 위험한 행태를 다루는 데 있어 이자율은 적절한 정책수단이 아니다. 너무 거친 수단이어서 당면한 문제를 해소하기보다는 전체 경제에 영향을 미친다. 적절한 정책수단은 **거시건전성 정책**(macroprudential tool)이다. 이는 상황이 요구하는 대로 차입자, 대출자 또는 은행과 기타 금융기관을 직접 목표로 하는 것이다.

거시건전성 정책은 구체적으로 어떤 형태를 취할까? 차입자를 목표로 하는 수단에는 다음이 있다.

- 중앙은행이 주택가격의 과도한 상승을 인식해 우려하고 있다고 하자. 중앙은행은 차입자들의 주택담보대출 조건을 강화할 수 있다. 많은 국가에서 사용되는 조치가 주택매입가격 대비 차입 가능한 금액의 규모에 상한을 두는 것이다. 이 조치는 최대 **담보대출비율**(loan-to-value ratio) 또는 간단히 최대 **LTV**비율이라 불린다. 최대 담보대출비율의 인하는 수요를 위축시키고 주택가격 상승을 둔화시킬 것이다. (초점상자 '2000~2007년 LTV 비율과 주택가격 상승'은 위기에 이르는 기간 동안의 최대 LTV와 주택가격 상승 간의 관계를 검토한다.)
- 중앙은행이 외국통화로 지나치게 과도한 차입이 이루어지고 있다고 우려한다고 하자. 한 가지 예가 이해에 도움이 될 것이다. 2010년대 초반에는 헝가리에서 주택대출의 2/3 이상이 스위스 프랑 표시로 이루어졌다! 이유는 간단하다. 스위스의 이자율이 매우 낮기 때문에 헝가리인 입장에서는 헝가리 이자율보다 스위스 이자율로 차입하는 것이 매우 유리하다는 것이 분명하다.

이에 따라 헝가리 정부는 보다 유리한 환율로 스위스 프랑 표시 주택담보대출을 헝가리 포린트 표시 대출로 전환하도록 했다. 결과적으로 가계는 상황이 개선되었지만, 가계에 대출했던 은행들의 사정은 악화했다. ▶

그러나 차입자가 고려하지 못한 위험은 헝가리 포린트가 스위스 프랑에 비해 절하될 위험이었다. 이러한 절하가 실제로 발생하면, 헝가리 사람들이 상환해야 할 주택대출의 실질가치는 평균적으로 50% 이상 증가할 것이다. 많은 가계가 더 이상 주택대출금 상환을 할 수 없고, 그에 따라 거시경제적 위기를 낳는다. 이러한 상황은 가계에 의한 외국통화 표시 대출의 양에 제한을 부과하는 것이 현명했을 것이라는 점을 시사한다.

일부 정책수단은 은행이나 외국 투자자와 같은 대출기관을 목표로 할 수 있다.

레버리지와 자본비율의 관계를 다시 살펴보려면 6장을 참조하라. ▶

■ 중앙은행이 은행 레버리지의 증가를 우려한다고 하자. 6장에서 이러한 상황이 관심대상이 되어야 하는 이유를 검토했다. 높은 레버리지는 주택가격 하락이 금융위기를 낳게 되는 주요 원인 중 하나였다. 중앙은행은 최소 자본비율을 부과해 레버리지를 제한할 수 있다. 이는 다양한 형태를 취할 수 있다. (예를 들어 자산 대비 자본비율에 최저 수준을 설정하거나 위험한 자산일수록 더 큰 중요도를 갖도록 위험가중자산 대비 자본비율에 최저 수준을 설정하는 것이다.) 사실 **바젤 II**(Basel II)와 **바젤 III**(Basel III)라 불리는 일련의 협정을 통해 많은 국가가 자국 은행에게 동일한 최저 수준을 설정하기로 합의한 바 있다. 더 어렵고 해소되기 어려운 문제는 경제 금융 상황이 바뀜에 따라 이러한 자본비율을 어떻게 조정해야 하는지 또 얼마나 조정해야 하는지에 관한 것이다. (예를 들어 과도한 신용팽창이 발생한 것으로 판단되는 경우 자본비율은 높여야 하는지다.)

19장 초점상자 '자본흐름, 급정지 그리고 이자율 평형조건의 한계'를 참조하라. ▶

■ 중앙은행이 과도한 자본유입을 우려한다고 하자. 이는 위에서 논의한 헝가리의 경우에 해당한다. 중앙은행은, 비록 대출기관이 헝가리에 낮은 이자율로 대출을 하려 하지만, 마음을 바꿀 수 있으며 이 경우 급정지가 생겨날 수 있다는 점을 우려한다. 이 경우 중앙은행은 유입에 대한 **자본통제**(capital control)를 부과해 자본유입을 제한하길 원할 것이다. 이는 상이한 자본유입 유형에 대한 조세 부과의 형태를 취할 수 있다. 예를 들어 외국인이 물리적 자산을 구입하는 **외국인 직접투자**(foreign direct investment)와 같이 급정지에 큰 영향을 받지 않는 자본유입에 대해서는 낮은 조세를 부과하고 국내 거주자의 외국으로부터의 대출에 대해서는 직접적인 제한을 부과하는 것이다.

한편 이와 같은 거시건전성 수단이 바람직하다는 데는 상당한 합의가 존재하지만, 많은 질문이 남아 있다.

■ 많은 경우 이러한 수단이 얼마나 잘 작동할지 모른다. (예를 들어 최대 LTV를 얼마나 하락시키는 것이 주택 수요에 영향을 미치는지 그리고 외국인 투자자가 자본통제를 피할 수 있는지 불확실하다.)

■ 전통적인 통화정책수단과 이상의 거시건전성 정책수단 간에는 복잡한 상호작용이 발생할 수 있다. 예를 들어 매우 낮은 이자율은 투자자나 금융기관 모두로 하여금 과도한 위험을 취하게 한다는 증거가 일부 존재한다. 그렇다면 거시경제적 이유에서 이자율을 인하해야 하는 중앙은

2000~2007년 LTV 비율과 주택가격 상승

2000~2007년간 차입에 대해 더 엄격한 제한을 가한 국가들이 더 낮은 주택가격 상승을 경험했는가? 그림 1에 답이 있다. 그림은 IMF 연구 결과로서 데이터를 구할 수 있는 21개 국가에 대한 증거를 보여준다.

수평축은 각국별로 새로운 주택대출에 대한 최대 담보대출(LTV)비율을 나타낸다. 최대치가 반드시 법적 최대치는 아니지만, 방침일 수도 있고 때에 따라서는 차입자에게 모기지 보험과 같이 추가적인 요건을 요구하는 한계선일 수도 있다. 100% 비율은 차입자가 주택 가치만큼 차입할 수 있다는 것을 의미한다. 실제 비율은 한국의 60%에서 미국을 포함한 다수 국가의 100%, 네덜란드의 125%까지 있다. 수직축은 2000~2007년 명목주택가격의 상승률을 나타낸다(실질가격으로 측정해도 매우 유사할 것이다). 그림에는 관찰치를 가장 잘 설명하는 회귀선도 나타나 있다.

그림은 두 가지 결론을 제시한다.

첫째, 실제로 LTV비율과 주택가격 상승 간에는 양의 관계가 존재하는 것으로 보인다. 낮은 LTV비율을 부과했던 한국과 홍콩에서 주택가격 상승률은 작았다. 더 높은 비율을 가진 스페인과 영국에서 주택가격 상승률은 훨씬 더 높았다.

둘째, 둘 간의 관계는 그리 엄밀하지 않다. 다른 많은 요인이 주택가격 상승에 영향을 미치므로 놀랄 일도 아니다. 그러나 다른 요인을 통제하더라도, LTV비율의 정확한 효과를 신뢰도 높게 식별하는 것은 어렵다. 전망하건대, LTV 기반 규제수단을 믿을 만한 거시건전성 수단으로 사용할 수 있기 전에 LTV 기반 규제수단이 어떻게 작용하는지에 관해 더 많은 것을 알아야 한다.

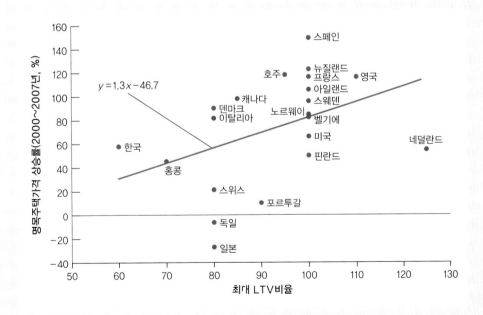

그림 1

최대 담보대출비율과 주택가격 상승(2000~2007년)

---

2 출처 : Christopher Crowe, Giovanni Dell'Ariccia, Deniz Igan, and Pau Rabanal, "Policies for Macrofinancial Stability : Options to Deal with Real Estate Booms," Staff Discussion Note, International Monetary Fund, February 2011.

행은 잠재적인 위험 증가를 상쇄하기 위해 다양한 거시건전성 수단을 사용해야 할 것이다. 다시 반복하지만, 이를 어떻게 구체화하는 것이 적절한지에 대해 아는 바가 상당히 제한적이다.

■ 거시건전성 수단이 전통적인 통화정책수단과 함께 중앙은행의 통제하에 놓여야 하는지 아니면 별도의 정책 당국에게 주어져야 하는지에 대한 의문이 남는다. 중앙은행이 두 정책수단을 모두 보유해야 한다는 주장은 이들 정책수단이 상호작용하기 때문에 단일의 집중화된 정책 당국에 맡겨야 적절한 방식으로 사용할 수 있다는 것이다. 그러나 반대론자들은 이러한 정책수단의 통합이 독립적인 중앙은행에게 지나치게 많은 권력을 줄 수 있다는 점에서 반론을 제기한다.

현 단계에서 국가마다 취하는 방식이 다르다. 영국의 경우 중앙은행이 두 정책수단을 모두 보유하지만, 미국의 경우 재무부의 공식적 통제를 받는 위원회에 책임을 주고, 연준이 이 위원회에서 주요 역할을 맡도록 하고 있다.

요약 : 위기는 거시경제적 안정성을 위해서는 전통적인 통화정책수단뿐만 아니라 거시건전성 수단도 필요하다는 점을 보여 왔다. 이들을 어떻게 사용하는 것이 최선인지가 오늘날 거시경제 정책 당국자가 직면한 도전 중 하나이다.

요약

■ 1980년대까지 통화정책의 설계는 명목통화 증가율에 초점이 맞추어졌다. 그러나 인플레이션율과 명목통화 증가율 간의 미흡한 관계 때문에 대부분의 중앙은행은 이 접근 방식을 포기했다.

■ 중앙은행은 이제 명목통화 증가율 목표보다는 인플레이션율 목표에 초점을 맞춘다. 그리고 명목통화 증가율의 결정보다는 명목이자율의 결정을 통해 통화정책을 판단하려 한다.

■ 테일러 규칙은 명목이자율 선택에 관한 유용한 사고방식을 제공한다. 이 규칙하에서 중앙은행은 두 가지 주요 요인, 즉 목표 인플레이션율과 실제 인플레이션율의 괴리와 실제 실업률과 자연율의 괴리에 대응해 이자율을 변경해야 한다. 이 규칙을 따르는 중앙은행은 중기에 경제활동을 안정화하고 목표 인플레이션율을 달성할 것이다.

■ 최적 인플레이션율은 인플레이션의 비용과 편익에 달려 있다. 높은 인플레이션은 특히 세금 제도와 상호작용할 때 더 많은 왜곡을 초래한다. 그러나 인플레이션율 상승은 평균 명목이자율 상승을 통해 최근 위기에서 비용을 초래하는 것으로 나타난 명목이자율 하한에 직면할 가능성을 감소시킨다.

■ 선진국 경제가 명목이자율 하한에 직면하자 중앙은행은 양적 완화와 같은 비전통적 통화정책도구를 모색했다. 이들 정책은 중앙은행의 자산매입이 다양한 자산의 위험프리미엄에 미치는 효과를 통해 작동했다. 이러한 매입으로 인해 중앙은행의 대차대조표가 크게 증가했다. 중앙은행의 대차대조표 감소 여부와 정상 시기에서의 비전통적 통화정책 사용 여부는 향후 풀어야 할 과제이다.

■ 위기는 안정적 인플레이션이 거시경제적 안정성을 위한 충분조건이 아님을 보였다. 이에 따라 중앙은행은 거시건전성 정책수단을 모색해왔다. 이들 수단은 원칙적으로 버블을 제한하고, 신용팽창을 통제하고, 금융시스템 위험을 줄이는 데 기여할 수 있다. 그러나 이들을 어떻게 사용하는 것이 최선인지는 여전히 제대로 이해되지 못하고 있으며, 오늘날 거시경제정책 당국자가 직면한 도전 중 하나인 상황이다.

핵심 용어

거시건전성 정책(macroprudential tool)

구두창 비용(shoe-leather cost)

담보대출비율(loan-to-value ratio)

대안정기(Great Moderation)

바젤 II(Basel II)

바젤 III(Basel III)

비전통적 통화정책(unconventional monetary policy)

섭리(divine coincidence)

세율 등급 상승(bracket creep)

신용 완화(credit easing)

양적 완화(quantitative easing)

외국인 직접투자(foreign direct investment)

유연한 인플레이션 목표제(flexible inflation targeting)

이자율 규칙(interest rate rule)

인플레이션 목표제(inflation targeting)

자본통제(capital control)

전통적 통화정책(conventional monetary policy)

최종 대부자(lender of last resort)

테일러 규칙(Taylor rule)

화폐 환상(money illusion)

회랑 시스템(corridor system)

M1

QE1

QE2

QE3

연습문제

기초문제

1. 이 장의 내용에 기초해 다음에 대해 '사실', '거짓', '불확실' 여부를 밝히고 그 이유를 간단히 설명하라.

   a. OECD 국가에서 양의 인플레이션율을 찬성하는 가장 중요한 근거는 세뇨리지이다.

   b. 인플레이션에의 대응이 중앙은행의 유일한 목적이 되어야 한다.

   c. 1970~2009년에 인플레이션과 통화 증가율은 함께 움직였다.

   d. 대부분의 사람은 명목가치와 실질가치를 구별하는 데 큰 어려움이 없으므로 인플레이션은 의사결정을 왜곡하지 않는다.

   e. 세계 각국의 대다수 중앙은행은 4%의 인플레이션 목표치를 갖고 있나.

   f. 인플레이션율이 높을수록 자본이득에 대한 유효세율은 높다.

   g. 테일러 규칙은 중앙은행이 경기변동에 따라 통화 증가율을 어떻게 조정하는지 설명한다.

   h. 인플레이션 목표제가 시작될 때 명목 정책이자율에 대한 명목이자율 하한이 통화정책의 정상적 특징이 될 것으로 예상되었다.

   i. 연준은 회원은행들이 보유한 준비금에 대해 이자를 지급한다.

   j. 양적 완화는 중앙은행이 자산의 수익률에 직접적 영향을 미칠 의도로 자산을 구매하는 것을 의미한다.

   k. 위기 상황에서 중앙은행은 자신이 규제하지 않은 금융기관에 유동성을 제공했다.

   l. 위기의 한 가지 결과는 은행에 대한 자본요건과 규제체제의 강화였다.

2. 중기 통화 증가와 인플레이션 사이의 연계 단절

   4장의 통화수요 관계는 그림 23-1에서 암묵적으로 사용되었다. 그 관계는 다음과 같다

   $$\frac{M}{P} = YL(i)$$

   중앙은행은 정부 당국과 연계해 인플레이션 목표 π^*를 선택한다.

   a. 중기 균형에서 목표 명목이자율을 유도하라.

b. 잠재산출이 증가하지 않는 중기 균형을 고려하자. 통화 증가와 인플레이션 사이의 관계를 유도하고 설명하라.

c. 잠재산출이 매년 3%씩 증가하는 중기 균형을 고려하자. 이제 통화 증가와 인플레이션 사이의 관계를 유도하라. 인플레이션이 통화 증가율보다 높을 것으로 예상되는 가, 낮을 것으로 예상되는가? 설명하라.

d. 그림 23-1을 고려하라. 먼저 대체로 1995년으로 끝나는 기간을 살펴보자. (b), (c)의 결과와 어떤 관련이 있는가?

e. 모든 통화가 현금인 경우를 고려하자. 이 경우 통화수요 는 현금에 대한 수요로 간주할 수 있다(필요한 경우 4장 의 부록을 다시 참조하라). 지난 50년 동안

   i. 현금자동인출기는 은행의 정상업무시간 외에 현금을 출금할 수 있도록 했다.

   ii. 구매 시 신용카드 사용이 크게 확대되었다.

   iii. 구매 시 직불카드 사용이 크게 확대되었다.

   iv. 최신 기술로 금전등록기 근처의 결제터미널을 통해 신용카드와 직불카드에 의한 소액 구매가 가능해졌 다. 이상의 혁신들은 각각 통화수요에 어떤 영향을 미치겠는가?

f. FRED 데이터베이스의 현금 시계열(CURRVALALL)을 고려하자. 이 시계열과 명목 GDP 시계열(GDPA)을 다운 로드하라. 현금/명목 GDP 비율을 구하라. 이 시계열은 1993~2018년에 어떻게 움직여왔는가? 결과는 놀라운 가? 가계와 기업 외에 누가 미국의 현금통화를 보유하고 있는가?

3. 인플레이션 목표 : 거의 모든 주요 중앙은행은 인플레이션 목표를 2%로 설정해왔다.

a. 왜 더 낮은 목표, 예를 들어 0%를 설정하지 않았을까?

b. 왜 더 높은 목표, 예를 들어 4%를 설정하지 않았을까?

4. 물가연동채권과 인플레이션 불확실성

14장의 초점상자 '채권시장의 주요 용어'에서 인플레이션지수 연 계 채권을 도입했다. 이러한 채권은 일반적으로 만기가 길지만, 다음의 예는 표준적인 1년 국채와 인플레이션연동 1년 국채를 비 교한다.

a. 100달러의 표준적 1년 국채는 1년 뒤 100달러의 지불을 약속하며, 판매가격은 P_B(4장 기호)이다. 국채의 명목이 자율은 얼마인가?

b. 물가가 현재 P, 내년 $P(t+1)$이고 국채는 현재 P_B에 판매 된다고 가정하자. 국채의 실질이자율은 얼마인가?

c. 물가연동채권은 발행시점과 상환시점 간의 인플레이션 을 보상하기 위해 내년에 더 많은 지급을 한다. 물가지 수가 100일 때 채권이 현재 발행되면 1년 뒤 물가지수가 110으로 오르면 내년의 상환액은 어떻게 되는가? 오늘 P_B로 매각된 인플레이션지수 연계 채권에 대한 실질이 자율은 얼마인가?

d. 투자자는 표준적인 채권과 인플레이션지수 연계채권 중 무엇을 보유하겠는가?

5. 비전통적 통화정책의 해소

본문에서 연준은 양적 완화의 일환으로 국채와 함께 주택담보부 증권과 장기국채를 대량 매입한 것으로 지적되었다. 그림 23-2 는 2015년에 본원통화로 약 4조 달러의 자산이 있음을 나타낸다. 2018년까지 총자산은 3조 5,000억 달러로 감소했다. 아래 표는 세 가지 유형의 연방준비은행 자산에 대한 세부 정보를 십억 달러 단위로 보여준다.

자산	2015년 말	2017년 말
만기 1년 미만의 국채	216.1	443.7
만기 1년 이상의 국채	2245.4	2010.5
주택담보부증권	1747.5	1764.9

출처 : Annual Reports of the Federal Reserve Board, Table 2, Federal Reserve Bank holdings of US Treasury and federal agency securities

a. 왜 연준은 주택담보부증권을 매입했는가?

b. 왜 연준은 장기국채를 매입했는가?

c. 연준이 주택담보부증권 5,000억 달러를 매각하고 만기 1년 미만의 국채 5,000억 달러를 매입할 경우 어떤 파급 효과가 발생하는가?

d. 연준이 만기 1년 이상의 국채 5,000억 달러를 매각하고 만기 1년 미만의 국채 5,000억 달러를 매입할 경우 어떤 파급효과가 발생하는가?

e. 연준은 2015~2017년 사이에 대차대조표의 구성을 어떻 게 바꾸었는가? 양적 완화의 증거가 있는가?

6. 최대 LTV비율

대부분의 주택 구매자는 현금 계약금과 주택담보대출을 통해 주택을 구입한다. LTV비율은 주택 구매 시 허용되는 최대 담보대출 규모를 설정하는 규칙이다.

a. 주택가격이 300,000달러이고 최대 LTV 비율이 덴마크에서와 같이 80%인 경우 최소 계약금은 얼마인가?

b. 최대 LTV가 감소하면, 이는 주택수요에 어떤 영향을 미칠 것인가?

c. 14장에서는 *The Economist House Price Index*를 검토했다. 이 지수를 이용해서 1970~2015년간의 캐나다와 미국의 주택가격 추이를 살펴보라. 2015년 12월 10일 캐나다 재무부 장관은 50만 달러 이상의 모기지에 대해 최소 계약금을 인상한다고 발표했다(발표문은 www.fin.gc.ca/n15/15-088-eng.asp에서 확인할 수 있다). 왜 이러한 조치가 취해졌는가? 캐나다의 주택가격에 어떤 효과가 나타나는가? 어떤 결론을 내릴 수 있는가?

7. 이자율 회랑에서의 은행 행동

미국에는 (다른 나라와 달리) 두 가지 유형의 은행과 같은 금융기관이 있다. 회원 은행은 연준에서 할인율로 차입할 수 있으며 통화를 자신들의 금고에 보관하거나 연준에 예치해 예금이자를 준비금으로 적립해야 한다. 이 비율은 그림 22-3에 나와 있다. 비회원 은행은 준비금을 화폐로 보유하거나 회원 은행에 예치할 수 있다. 연방기금금리는 금융시장에서의 당일 대출에 대한 이자율로, 회원 및 비회원 은행 모두의 수요와 공급에 의해 결정된다. 4장은 준비금 요건과 대차대조표를 모두 소개했다.

a. 지급준비율이 10%이고 연준에 예치할 수 있는 회원 은행이 아래와 같은 대차대조표를 가지고 있을 때 이 은행에 초과지급준비금이 있는가? 예금이자율이 0.5%이고 연방기금금리가 0.4%인 경우 회원 은행이 이익을 극대화하는 초과 준비금은 얼마인가?

은행	
자산	부채
현금 60 연준에의 예금 50 대출 600 채권 290	요구불예금 1,000

b. 지급준비율이 10%이고 연준에 예치할 수 있는 회원 은행이 아래와 같은 대차대조표를 가지고 있을 때 이 은행에 초과지급준비금이 있는가? 할인율이 0.75%이고 연방기금금리가 0.8%라면 이윤을 극대화하는 회원 은행은 준비금 요건을 충족하기 위해 얼마나 차입해야 하는가?

은행	
자산	부채
현금 30 연준에의 예금 50 대출 600 채권 320	요구불예금 1,000

c. 미국의 모든 은행이 회원 은행이라면 연준이 연방기금금리가 예금이자율과 할인율 사이에 놓였다고 확신할 수 있는 이유를 설명하라.

d. 그림 22-3에서 연방기금금리는 예금이자율보다 약간 낮다. 아래의 비회원 은행의 대차대조표를 사용해 이러한 상황이 어떻게 발생하는지 설명하라. 비회원 은행은 필요 준비금의 일부를 회원 은행에 예치한다.

은행	
자산	부채
현금 50 연준에의 예금 20 대출 330 채권 100	요구불예금 500

심화문제

8. 세금, 인플레이션, 주택 소유

이 장에서는 인플레이션의 주택매각에 대한 유효 자본이득세율에 대한 효과를 논의했다. 이 문제에서는 조세의 다른 특징, 즉 주택담보대출 금리에 대한 세금공제가 인플레이션에 미치는 영향을 살펴본다.

5만 달러의 주택담보대출을 받았다고 하자. 기대인플레이션율은 π^e이고 주택담보대출에 대한 명목이자율은 i이다. 두 경우를 고려하자.

i. $\pi^e = 0\%$, $i = 4\%$

ii. $\pi^e = 10\%$, $i = 14\%$

a. 각 경우에 있어 주택담보대출에 대해 지급하는 실질이자율은 얼마인가?

b. 미국에서처럼 여러분의 주택담보대출에 대한 이자 지급액을 소득세 지급 전에 소득에서 공제할 수 있다고 하자. 세율이 25%라 가정하자. 지급하는 주택담보대출 이자 1달러에 대해 세금을 25센트 덜 내며, 이는 실질적으로 주택담보대출의 이자비용에 대해 정부로부터 보조금을 얻는 것과 같다. 각 경우에 있어 이 보조금을 고려할 때 주택담보대출에 대해 지급하게 되는 실질이자율을 계산하라.

c. 자본이득세는 무시하고 주택담보대출 이자율의 공제만을 고려한다면 인플레이션은 주택 소유자들에게 좋은 것인가?

9. 여러분이 국회의원으로 선출되었다고 하자. 어느 날 동료 중 한 사람이 다음과 같은 주장을 했다고 하자.

"중앙은행장은 이 국가에서 가장 강력한 경제정책 당국자이다. 우리는 선출되지 않았고 그에 따라 설명의무도 갖지 않은 사람에게 경제에 대한 열쇠를 넘겨서는 안 된다. 의회는 중앙은행에게 명시적인 테일러 규칙을 부과해야 한다. 의회는 목표로 하는 인플레이션 규칙뿐만 아니라 인플레이션과 실업률 목표치 간의 상대적 비중에 대해서도 결정해야 한다. 민주적이고 법적인 절차를 통해 표현된 대중의 의지를 개인의 특정한 선호로 대체해야 한단 말인가?

여러분의 동료에게 동의하는가? 명시적인 테일러 규칙을 중앙은행에 부과하는 방식의 장점과 단점을 논의하라.

추가문제

10. 세계 각국에서의 명목이자율 하한의 발생빈도

FRED 데이터베이스를 이용해 4대 주요국의 월평균 명목정책이자율을 구하라. 미국 연방기금금리(FEDFUNDS), 영국(INTDSRGBM193N), 유럽중앙은행(이탈리아, 프랑스, 독일을 포함하는 유로존 국가들을 포함), Euro정책이자율(IRSTCI01EZM156N), 일본은행, 엔 정책이자율(IRSTCI01JPM156N), 캐나다은행, 정책이자율(IRSTCB01CAM156N).

어떤 중앙은행이 2000년 이래 상당기간 동안 명목이자율 하한에 머물렀는가?

11. 현재의 통화정책

4장의 연습문제 10번에서는 현재의 통화정책기조를 고려하도록 요구했다. 여기서는 이를 반복하되 이 장과 앞 장들의 추가적인 통화정책에 대한 논의를 바탕으로 다루어보자.

(4장의 삽화문제 10번에 답했다면) 연준의 웹사이트(www.federalreserve.gov)에 가서 4장에서 보았던 보도자료나 가장 최근에 공표된 연방공개시장위원회(FOMC)의 보도자료를 다운로드하라.

a. 보도자료에 설명된 통화정책의 기조는 무엇인가?

b. FOMC가 이자율을 설정하는 데 있어 테일러 규칙이 시사하는 바와 같이 인플레이션과 실업을 동시에 고려한다는 증거가 있는가?

c. 보도자료의 표현은 인플레이션 목표치를 구체적으로 밝히고 있는가?

d. 보도자료는 자연이자율 또는 목표 실질이자율에 대해 구체적으로 언급하고 있는가?

e. 보도자료의 표현은 금융기관에 대한 거시건전성 규제와 관련한 문제들을 제기하고 있는가?

더 읽을거리

- 인플레이션 목표제에 대해서는 다음을 참조하라. Ben Bernanke and Frederic Mishkin, "Inflation Targeting: A New Framework for Monetary Policy?" *Journal of Economic Perspectives*, 1997, Vol. 11(Spring): pp. 97–116. 이 논문은 버냉키 교수가 연준위 의장이 되기 전에 작성된 것

이다.

- 연준위가 어떻게 운영되는지에 대한 더 상세한 내용은 다음을 참조하라. www.federalreserve.gov/aboutthefed/default.htm.

- 2008~2011년간 시간 흐름에 따른 금융 변화와 연준의 조

치에 대한 것은 다음을 참조하라. www.nytimes.com/
interactive/2008/09/27/business/economy/ 20080927_
WEEKS_ TIMELINE.html.

■ 위기 동안 금융부문의 문제와 미국 통화정책에 대해 길지만

대단한 책으로는 연준 의장이 직접 저술한 다음을 참조하라.
Ben Bernanke *The Courage to Act: A Memoir of a Crisis and Its Aftermath* W.W. Norton & Co., Inc., 2015.

후기 : 거시경제학의 역사

24

이 책에서는 대부분의 경제학자가 거시경제 문제에 관해 생각할 때 사용하는 사고체계, 이들이 내린 주요 결론, 그리고 이들이 동의하지 않는 문제들을 검토하며 23개의 장을 지나 왔다. 이 사고체계가 구축되어 온 역사는 환상적인 이야기라 할 수 있다. 이 장에서 살펴보고자 하는 것이 바로 이 이야기이다.

24-1절은 케인스 및 대공황과 함께 현대 경제학의 출발점에서 시작한다.

24-2절은 '신고전파 종합'으로 관심을 돌린다. 신고전파 종합은 케인스의 아이디어와 이전 경제학자들의 아이디어를 종합한 것으로 1970년대 초까지 거시경제학을 지배했다.

24-3절은 '합리적 기대가설의 비판'을 살펴본다. 이는 신고전파 종합에 대한 강공으로 1970년대에 거시경제학의 완전한 재편을 가져왔다.

24-4절은 위기 때까지 거시경제의 주요 연구흐름에 대한 감을 잡게 한다.

24-5절은 위기가 거시경제학에 미친 영향에 대해 잠정적 평가를 한다.

이 장의 메시지 : 현대 거시경제학은 구축, 위기, 재건이라는 길고 풍부한 과정의 결과이다. ▶ ▶ ▶

존 메이너드 케인스

현대 거시경제학의 역사는 케인스(John Maynard Keynes)의 고용, 이자율, 화폐에 관한 일반이론의 발간과 더불어 1936년에 시작했다. 그는 이 책을 저술하면서 친구에게 다음과 같이 털어놓았다. "나는 세계가 경제 문제에 대해 사고하는 방식을 당장은 아니겠지만 다음 10년간 크게 변혁시킬 경제이론에 관한 책을 저술하고 있다고 자신한다."[1]

케인스의 말은 옳았다. 이 책의 발간 시점은 즉각적 성공을 낳은 이유 중 하나였다. 대공황은 경제적 파국이었을 뿐만 아니라 당시 **경기변동 이론**(business cycle theory)이라 불렸던 거시경제학에 대한 경제학자의 작업방식에 있어서의 지적 실패이기도 했다. 대공황에 대해, 특히 그 심도나 지속 기간에 대해 일관성 있는 설명을 제공한 경제학자는 극히 드물었다. 루스벨트 행정부가 뉴딜의 일부로서 취했던 경제적 조치는 경제이론보다는 본능에 기초했다. 일반이론은 사건에 대한 해석, 지적인 체계, 정부 개입의 필요성에 대한 분명한 주장을 제공했다.

일반이론은 오늘날 **총수요**라 불리는 **유효수요**(effective demand)를 강조했다. 단기에 있어 케인스는 유효수요가 산출을 결정한다고 주장했다. 산출이 궁극적으로 잠재 수준으로 복귀한다고 해도 최선의 경우에도 그 과정은 느리다. 케인스의 가장 유명한 인용구 중 하나는 다음과 같다. "장기적으로 모두 죽는다(In the long run, we are all dead)."

유효수요를 유도하는 과정에서 케인스는 현대 거시경제학을 구성하는 많은 요소를 도입했다.

■ 어떻게 수요에 대한 충격이 증폭되고 산출의 더 큰 변동을 낳는지 설명하는 소비의 소득에 대한 관계와 승수

■ 어떻게 통화정책이 이자율과 총수요를 변화시킬 수 있는지 설명하는 **유동성 선호**(liquidity preference, 통화수요에 대해 케인스가 부여한 이름)

■ 소비와 투자에 영향을 미치는 데 있어서 기대가 갖는 중요성, 그리고 **동물적 본능**(기대의 변동)이 수요와 산출의 변동을 낳는 주요 요인이라는 아이디어

일반이론은 경제학자를 위한 전문서적 이상의 것이었다. 이 책은 분명한 정책적 시사점을 제공했고 당시의 시대적 상황과도 잘 부합했다. 경제가 스스로 회복되기를 기다리는 것은 무책임하다. 공황의 와중에 예산 균형을 도모하는 것은 멍청한 것일 뿐만 아니라 위험하기까지 하다. 재정정책의 적극적 사용은 높은 고용으로 복귀하는 데 있어 핵심적이다.

---

1 출처 : J. M. Keynes, *The General Theory of Employment, Interest, and Money*, Palgrave Macmillan, 1936.

폴 새뮤얼슨

수년 내에 **일반이론**은 거시경제학을 바꾸어 놓았다. 물론 모든 사람이 전향한 것도 아니었으며 모든 것에 동의한 사람도 드물었다. 그러나 대부분의 논의는 **일반이론**을 중심으로 조직화되었다.

1950년대 초에 이르러 케인스 아이디어의 많은 부분과 기존 경제학자들의 아이디어가 통합된 기초 위에서 커다란 공감대가 생겨났다. 이러한 공감대는 **신고전파 종합**(neoclassical synthesis)이라 불렸다. 최초의 현대경제학 교과서인 **경제학**(Economics) 1955년 판으로부터 새뮤얼슨(Paul Samuelson)의 평가를 인용해보자.

> "근년에 미국 경제학자의 90%는 '케인지언 경제학자' 또는 '반(反)케인지언 경제학자'가 되기를 그만두었다. 대신 그들은 기존의 경제학에서 그리고 소득결정에 관한 현대 이론에서 가치 있는 것은 무엇이든 종합하는 방향으로 작업을 해왔다. 그 결과물은 신고전파 경제학이라 불릴 수 있으며 그 전반적 개요는 5%의 극좌적이거나 극우적인 저자들을 제외한 모든 이들에 의해 받아들여졌다."[2]

신고전파 종합은 이후 20년간 지배적 관점으로 자리 잡았다. 개선은 놀랄 만한 것이었으며, 이로 인해 많은 사람이 1940년대 초부터 1970년대 초까지의 기간을 거시경제학의 황금시대라고 부르게 되었다.

모든 방향에서의 개선

일반이론 이후 가장 먼저 진행되어야 할 과제는 케인스가 의도한 바를 수학적으로 정형화하는 것이었다. 케인스가 수학에 조예가 깊었던 것은 사실이지만 **일반이론**에서는 수학의 사용을 피했다. 이로 인해 케인스가 무엇을 의미했는지 그리고 그의 주장 중 일부에 논리적 오류가 존재하는지에 대한 끝없는 논쟁이 생겨났다.

IS-LM 모형

케인스의 아이디어를 수학적으로 형식화하는 수많은 방식이 제시되었다. 이 중 가장 영향력이 있었던 것은 1930년대와 1940년대 초에 힉스(John Hicks)와 한센(Alvin Hansen)이 개발한 *IS-LM* 모형이었다. 실제로 이 책의 5장에서 소개한 형태와 매우 가까운 *IS-LM* 모형의 초기 형태는 케인스의 많은 통찰을 약화시켰다는 이유로 비판받았다. 기대는 아무런 역할을 못했으며 물가와 임금 조정은 모두 결여되었다. 그러나 *IS-LM* 모형은 건물의 토대를 제공했고 결과적으로 상당히 성공적이었다. 논의는 *IS*와 *LM* 곡선의 기울기, 두 관계에서 누락된 변수가 무엇인지, 물가와 임금에

---

2 출처 : Paul A. Samuelson, *Economics*, Tata McGraw-Hill Education, 2010.

프랑코 모딜리아니

제임스 토빈

로버트 솔로

로렌스 클라인

관한 어떤 방정식이 모형에 추가되어야 하는지 등을 중심으로 조직화되었다.

소비, 투자, 통화수요이론

케인스는 소비 행태, 투자 행태 그리고 통화와 다른 금융자산 간 선택의 중요성을 강조했다. 세 가지 측면에서 모두 중요한 개선이 곧 이루어졌다.

1950년대에 모딜리아니(Franco Modigliani, 당시에는 카네기멜론대학교, 후에는 MIT에 재직)와 프리드먼(Milton Friedman, 당시 시카고대학교에 재직)은 15장에서 살펴보았던 소비이론을 독립적으로 발전시켰다. 두 경제학자는 현재의 소비결정에 있어서 기대의 중요성을 강조했다.

예일대학교의 토빈(James Tobin)은 이윤의 현재가치와 투자의 관계에 기초해 투자이론을 발전시켰다. 투자이론은 하버드대학교의 조겐슨(Dale Jorgenson)에 의해 더 발전, 검증되었다. 이 이론들은 15장에서 살펴보았다.

토빈은 또한 통화수요이론 그리고 더 일반적으로 유동성, 수익, 위험에 기초한 상이한 자산 간 선택에 관한 이론을 발전시켰다. 그의 작업은 거시경제학에서의 금융시장 분석뿐만 아니라 재무이론의 토대가 되었다.

성장이론

경기변동에 대한 연구와 더불어 성장에 대해서도 새로운 초점이 제시되었다. 제2차 세계대전 시기 이전의 경제 정체와는 대조적으로 대부분의 국가는 1950년대와 1960년대에 빠른 속도로 성장하고 있었다. 이 국가들은 경기변동을 경험하긴 했지만 생활 수준이 빠르게 향상되고 있었다. 11장과 12장에서 살펴보았듯이, MIT의 솔로(Robert Solow)가 1956년에 발전시킨 성장이론은 성장의 결정요인에 대한 사고체계를 제공했다. 그의 성장이론은 경제성장을 결정하는 데 있어 저축과 기술진보의 역할에 대한 연구의 폭증으로 이어졌다.

거시계량 모형

이상의 모든 거시경제학에 대한 기여는 그 규모가 계속 증가한 대규모 거시계량 모형에 의해 통합되었다. 미국 경제를 대상으로 한 최초의 거시계량 모형은 1950년대 초 펜실베이니아대학교의 클라인(Lawrence Klein)이 발전시킨 것으로 확장된 IS 관계였으며 16개 방정식을 가지고 있었다. 더 양질의 데이터를 이용 가능하게 한 국민소득 및 생산계정의 발전 그리고 계량경제학 및 컴퓨터의 발전과 더불어 거시계량 모형은 그 규모가 빠르게 커졌다. 가장 인상적인 노력은 MPS 모형의 구축[MPS는 MIT-Penn-SSRC의 약어로서 모형 구축 과정에 참여한 두 대학교와 연구소(Social Science Research Council)를 나타낸다]으로서 모딜리아니가 주도한 그룹에 의해 1960년대에 발전된 것이다. 모형의 구조는 IS-LM 모형이 확장되고 필립스 곡선 메커니즘이 더해진 것이었다. 그러나 그 구성요소(소비, 투자, 통화수요)는 모두 케인스 이래의 막대한 이론적 · 실증적 개선을 반영했다.

케인지언과 통화주의자

이러한 급속한 진보와 더불어 자신들을 **케인지언**(Keynesians)이라고 정의한 거시경제학자들은 미래가 밝다고 믿게 되었다. 경기변동의 속성은 점점 더 잘 이해되어 갔고 모형의 발전은 정책결정을 더 효과적으로 할 수 있도록 했다. 경제가 미세조정될 수 있고 경기침체는 모두 소멸시킬 수 있는 시점이 가까운 미래에 가능할 것으로 보였다.

밀턴 프리드먼

이러한 낙관주의는 작지만 영향력 있는 소수였던 **통화주의자**(monetarist)의 회의론에 부딪혔다. 통화주의자의 지적 리더는 프리드먼(Milton Friedman)이었다. 비록 많은 진전이 이루어졌고 그 자신이 거시경제학에 대한 중대한 기여 중 하나인 소비이론을 창시한 사람이었지만 일반적 열광과는 거리를 두었다. 그는 경제에 대한 이해도가 매우 제한된 상태로 남아 있다고 믿었다. 그는 정부의 동기뿐만 아니라 정부가 거시경제적 성과를 개선할 수 있을 정도로 실제로 충분히 알고 있다는 개념도 의문시했다.

1960년대에 '케인지언'과 '통화주의자'의 논쟁은 경제면을 장식했다. 논쟁은 세 가지 문제를 중심으로 전개되었는데, (1) 통화정책과 재정정책의 상대적 유효성, (2) 필립스 곡선, (3) 정책의 역할이 그것이다.

통화정책과 재정정책

케인스는 경기침체를 다루는 열쇠로서 **통화정책**보다는 **재정정책**을 강조했다. 그리고 이는 지배적인 지혜로 남아 있다. 많은 사람이 *IS* 곡선은 매우 가파른 기울기를 가졌다고 주장했다. 이자율 변화는 수요와 산출에 큰 영향을 미치지 못한다. 따라서 통화정책은 그리 잘 작동하지 못한다. 재정정책은 수요에 직접적인 영향을 미치므로 산출에 더 빨리 그리고 더 믿을 만하게 영향을 미칠 수 있다.

안나 슈워츠

프리드먼은 이 결론에 강하게 도전했다. 프리드먼과 슈워츠(Anna Schwartz)는 그들의 1963년 저서 **미국의 통화사**(A Monetary History of the United States, 1867~1960)에서 통화정책과 미국에서의 통화와 산출의 관계에 대한 1세기에 걸친 증거를 성실히 검토했다. 그들의 결론은 통화정책이 매우 강력했다는 것뿐만 아니라 통화 변화가 산출변동의 대부분을 설명했다는 것이었다. 이들은 대공황을 통화정책에 있어 중대한 실수에서 기인한 것으로 해석했다. 즉 은행 실패로 인한 통화공급의 감소는 사실 중앙은행이 본원통화를 증가시키기만 했다면 피할 수 있었지만 그렇지 못했다는 것이다.

프리드먼과 슈워츠의 도전은 격렬한 논쟁과 재정정책과 통화정책의 상대적 효과에 대한 심도 있는 연구로 이어졌다. 그리고 결국에는 실질적인 의견일치에 도달했다. 분명히 재정정책과 통화정책 모두 경제에 영향을 미친다. 그리고 정책 당국자가 산출 수준뿐만 아니라 그 구성에도 주의를 기울인다면 최선의 정책은 통상 재정정책과 통화정책의 적절한 조합이다.

필립스 곡선

에드먼드 펠프스

두 번째 논쟁은 필립스 곡선에 초점을 맞추었다. 필립스 곡선은 처음에는 케인지언 모형의 일부분이 아니었다. 그러나 필립스 곡선은 시간 흐름에 따른 임금과 물가의 변화를 설명하는 편리한 (그리고 분명히 의존할 만한) 방식을 제공했기 때문에 결국 신고전파 종합의 일부분이 되었다. 1960년대에 당시까지의 실증적 증거에 기초해 많은 케인지언 경제학자는 실업과 인플레이션 간에 믿을 만한 상충관계가 장기에서조차도 존재한다고 믿었다.

프리드먼과 컬럼비아대학교의 펠프스(Edmund Phelps)는 이를 강하게 부인했다. 이들은 기초적 경제이론에 비추어볼 때 이러한 장기적 상충관계의 존재는 사라진다고 주장했다. 이들은 정책당국자가 실제로 상충관계를 활용하려 한다면, 즉 인플레이션율의 상승을 통해 낮은 실업률을 달성하려 노력한다면 명백한 상충관계가 빠르게 소멸할 것이라고 주장했다. 필립스 곡선의 추이를 연구한 8장에서 살펴보았듯이, 프리드먼과 펠프스는 당연히 옳았다. 1970년대 중반 인플레이션과 실업 간에 장기적 상충관계가 존재하지 않는다는 사실상의 의견일치가 생겨났다.

정책의 역할

세 번째 논쟁은 정책의 역할에 초점이 맞추어졌다. 경제학자가 산출을 안정화시킬 정도로 충분히 알고 있는지 그리고 정책 당국자가 올바른 일을 하리라고 믿을 수 있는지에 대해 회의적이었던 프리드먼은 일정한 통화 증가율(23장에서 논의했던 규칙)과 같은 단순한 규칙의 사용을 주장했다. 다음은 그가 1958년에 의회에서 증언했던 내용이다.

> "통화공급에 있어서 일정한 증가율의 유지는 과거에 때때로 경험했던 바와 같은 과도한 경기변동을 막을 수 있겠지만 완전한 안정성을 의미하지는 않을 것이다. 한 발 더 나아가 통화 변화를 통해 팽창과 긴축을 발생시키는 다른 요인을 상쇄하려는 유혹이 강렬하다. (중략) 지금까지 이용 가능한 증거는 최소한 현재와 같은 지식 상태하에서 통화정책의 미세조정을 통해 경제활동의 미세한 조정을 낳을 가능성에 대해 상당한 의문을 제기한다. 따라서 재량적 통화정책의 가능성에는 심각한 한계가 존재하며 그러한 정책이 상황을 개선하기보다는 악화시킬 상당한 위험이 존재한다.
>
> 상대적으로 완만한 물가 상승이나 상대적으로 완만한 물가와 고용 감소에 직면해 '무엇인가를 하라'는 정치적 압력은 현재 대중들의 태도에 비추어볼 때 분명히 매우 강력하다. 앞의 두 가지 점에서 도출할 수 있는 주요 교훈은 이러한 압력에 굴복하는 것이 자주 좋은 일보다는 나쁜 일을 더 많이 하게 될 수 있다는 것이다."[3]

21장에서 살펴보았듯이, 거시경제정책의 역할에 대한 논쟁은 완전히 정리된 것은 아니다. 각 주

---

3 출처 : Milton Friedman. *The Optimum Quantity Of Money*, Aldine Transaction; Revised edition (October 1, 2005). P. 185. ["The Supply of Money and Changes in Prices and Output," Testimony to Congress, 1958].

장의 본질이 약간 변하기는 했지만, 오늘날에도 아직 우리 곁에 있다.

24-3　합리적 기대가설 비판

케인지언과 통화주의자 간 전쟁에도 불구하고, 1970년경 거시경제학은 성공적이고 성숙한 분야로 비추어졌다. 성공적으로 사건을 설명하고 정책 선택을 인도할 수 있는 것으로 보였다. 대부분의 논쟁은 공통된 지적 체계 내에서 이루어졌다. 그러나 수년 내에 거시경제학은 위기에 빠졌다. 위기는 두 가지 이유에서 비롯했다.

하나는 사건들이었다. 1970년대 중반 무렵 대부분의 국가는 **스태그플레이션**을 경험하고 있었다. 스태그플레이션은 고실업과 고인플레이션율이 공존하는 것을 나타내기 위해 당시에 등장한 용어이다. 거시경제학자는 스태그플레이션을 예측하지 못했었다. 상황이 발생하고 수년 간의 연구가 있은 뒤에야 부정적 공급충격이 물가와 산출 모두에 주는 효과에 기초해 설득력 있는 설명이 제공되었다. (9장에서 이러한 충격의 파급효과를 논의했다.) 그러나 거시경제학의 이미지에 가해진 손상을 회복하기에는 너무 늦었다.

로버트 루카스

다른 이유는 아이디어였다. 1970년대 초 시카고대학교의 루카스(Robert Lucas), 당시에는 미네소타대학교 그리고 현재는 뉴욕대학교에 있는 사전트(Thomas Sargent), 당시에는 시카고대학교 그리고 현재는 하버드대학에 있는 배로(Robert Barro)로 구성된 소규모 경제학자 그룹은 주류 거시경제학에 대한 강한 공격을 주도했다. 이들은 조심스럽게 말하지 않았다. 1978년 논문에서 루카스와 사전트는 다음과 같이 말했다.

토머스 사전트

> "(케인지언 경제학자의) 예측은 광범위하게 부정확한 것이고, 이들이 기초로 하는 교리는 근본적으로 잘못된 것이라는 점은 이제 간단한 사실관계에 지나지 않으며 경제이론의 미묘한 점이 관련된 것은 아니다. 현재의 경기변동 연구자들이 직면한 과제는 이 잔해를 잘 골라내고, 케인지언 혁명이라 불리는 주목할 만한 지적 사건의 어떤 측면들이 구제되어 좋은 용도로 사용되도록 하고 어떤 것들은 폐기되어야 하는지를 결정하는 것이다."[4]

합리적 기대가설의 세 가지 시사점

루카스와 사전트의 주된 주장은 기대가 경제주체의 행태에 미치는 영향에 따른 전체적 시사점을 케인지언 경제학이 무시했다는 것이었다. 이들은 사람들이 자신이 가진 정보에 기초해 가능한 한 합리적으로 기대를 형성한다고 가정할 것을 주장했다. 사람들이 **합리적 기대**를 한다고 생각하는 것은 세 가지 시사점을 갖는데, 이들은 케인지언 거시경제학에 상당한 손상을 가한다.

로버트 배로

----

4 출처 : Robert E. Lucas, Thomas J. Sargent, *Rational Expectations and Econometric Practice*, Volume 2, University of Minnesota Press, 1981.

루카스 비판

첫 번째 시사점은 기존의 거시경제 모형이 정책 설계에 도움을 주도록 사용될 수 없다는 것이었다. 비록 이 모형들은 기대가 행태에 영향을 미친다고 인식하고 있지만 기대를 명시적으로 포함하지 않았다. 모든 변수는 정책변수를 포함한 다른 변수들의 현재와 과거의 값에 의존한다고 가정되었다. 따라서 모형들이 포착하고 있는 것은 과거의 정책하에서 경제변수 간에 과거에 성립했던 관계들이었다. 루카스는 정책이 변화한다면 사람들이 기대를 형성하는 방식도 변화할 것이고 추정된 관계는(그리고 그에 따라 기존의 거시계량 모형을 사용해 만들어진 시뮬레이션은) 이러한 새로운 정책하에서 무엇이 발생할지에 관해 빈약한 지침이 되어 버린다고 주장했다. 거시계량 모형에 대한 이러한 비판은 **루카스 비판**(Lucas critique)으로 알려지게 되었다. 필립스 곡선의 역사를 예로 다시 본다면 1970년대 초까지의 자료들은 실업과 인플레이션의 상충관계를 제안했다. 그러나 정책 당국자들이 상충관계를 활용하려 하자 상충관계는 사라졌다.

합리적 기대와 필립스 곡선

두 번째 시사점은 합리적 기대를 케인지언 모형에 도입할 때 이들 모형은 실제로 상당히 케인지언적이지 못한 결론들을 낳는다는 것이었다. 예를 들어 모형들은 산출의 잠재산출로부터의 이탈이 케인지언 경제학자가 주장하는 것보다 훨씬 더 짧은 기간 내에 종료되었다는 것을 암시했다.

이 주장은 총공급 관계의 재검토에 기초했다. 케인지언 모형에서 산출의 잠재산출 수준으로의 지연된 조정은 필립스 곡선 메커니즘을 통한 물가와 임금의 지연된 조정 때문에 발생한다. 예를 들어 통화의 증가는 우선 산출을 높이고 실업을 낮춘다. 실업률 하락은 명목임금 상승과 물가 상승으로 이어진다. 조정은 임금과 물가가 명목통화와 동일한 비율만큼 상승할 때까지 그리고 실업과 산출이 모두 잠재 수준으로 되돌아갈 때까지 지속된다.

루카스는 이러한 조정이 임금 설정자의 과거 지향적 물가 기대형성 방식에 상당히 의존한다고 지적했다. 예를 들어 MPS 모형에서 임금은 현재와 과거의 인플레이션율 그리고 현재의 실업률에만 반응한다. 그러나 일단 임금 설정자들이 합리적 기대를 갖는다고 가정되면 조정은 훨씬 더 빨라질 것이다. 통화공급의 변화는 이들이 예측되는 한 산출에 아무런 영향을 미치지 못할 것이다. 예를 들어 다음 해에 통화가 5% 증가할 것으로 예상되면 임금 설정자들은 다음 해의 계약서에 설정하는 명목임금을 5%만큼 인상할 것이다. 이 경우 기업 역시 제품가격을 5% 인상할 것이다. 결과적으로 실질통화량에는 아무런 변화가 없을 것이고 수요나 산출에도 아무런 변화가 없을 것이다.

따라서 루카스는 케인지언 모형의 논리 내에서 **기대되지 않은 통화 변화**만이 산출에 영향을 미쳐야 한다고 주장했다. 통화의 예측 가능한 변화는 경제활동에 아무런 영향을 미쳐서는 안 된다. 더 일반적으로 임금 설정자가 합리적인 기대를 갖는다면 수요의 이동은 명목임금이 고정되어 있는 동안에만 산출에 영향을 미칠 것이다. 케인지언 자신의 용어에 기초한다고 해도 케인지언 모형은 수요가 산출에 장기간 지속되는 효과에 관한 설득력 있는 이론을 제공하지 못했다.

최적 통제 대 게임이론

세 번째 시사점은 정책에 대한 접근 방식이다. 즉 사람과 기업이 합리적 기대를 하는 경우 정책을 복잡하지만 수동적인 시스템에 대한 통제로 간주하는 것은 잘못이라는 것이었다. 오히려 정책은 정책 당국자와 경제주체의 게임으로 접근하는 것이 옳다. **최적 통제**가 아니라 **게임이론**이 정책에 접근하는 올바른 수단이다. 아울러 게임이론은 정책에 관해 이전과는 상이한 관점을 낳았다. 이 책 21장에서 대표적인 예를 논의한 바 있는데 그것은 키들랜드(Finn Kydland, 당시에는 카네기멜론대학교, 현재는 캘리포니아대학교 샌타바버라캠퍼스)와 프레스콧(Edward Prescott, 당시에는 카네기멜론대학교, 현재는 애리조나주립대학교)이 논의한 **동태적 비일관성** 문제였다. 정책 당국자 입장에서 좋은 의도가 실제로 재난으로 이어질 수 있다.

요약해보자 : 합리적 기대가 도입되었을 때, 케인지언 모형은 정책을 결정하는 데 사용될 수 없고, 케인지언 모형은 산출이 잠재산출에서 장기간 이탈한 상태를 지속하는 것을 설명할 수 없으며, 정책에 관한 이론은 게임이론의 수단을 사용해 다시 설계되어야 한다.

합리적 기대의 통합

루카스와 사전트의 인용문 논조에서 추측할 수 있듯이, 1970년대 초 거시경제학의 지적 분위기에는 상당한 긴장감이 돌았다. 그러나 수년 내에 통합 과정이 시작되었고(사람들의 기질은 고조된 상태를 지속했기 때문에 사람의 통합이 아닌 아이디어의 통합이었다) 이것은 1970년대와 1980년대를 지배했다.

상당히 빠른 속도로 합리적 기대가 실용적인 적절한 가정이라는 생각이 널리 받아들여지게 되었다. 이는 사람, 기업, 금융시장 참여자가 항상 기대를 합리적으로 형성한다고 모든 거시경제학자가 믿었기 때문은 아니었다. 최소한 실제의 기대가 합리적 기대와 체계적으로 다른지와 또 어떻게 다른지를 이해하는 데 있어 경제학자가 더 많은 진전을 이룩하기 전까지 합리적 기대는 자연스러운 기준점으로 보였기 때문이다.

이어서 루카스와 사전트가 제기했던 도전을 해소하려는 노력이 시작되었다.

합리적 기대의 시사점

첫째, 재화시장, 금융시장, 노동시장에서 합리적 기대의 역할과 시사점에 대한 체계적인 탐구가 진행되었다. 지금까지 발견된 상당 부분은 이 책에 소개되었다. 예를 들어보자.

■ MIT에 있었고 현재 스탠퍼드대학교에 있는 홀(Robert Hall)에 따르면 소비자가 상당한 통찰력이 있다면(15장에서 정의한 의미에서) 소비의 변화는 예측 불가능해야 한다. 다음 해의 소비에 대한 최선의 예측치는 올해의 소비일 것이다! 다시 말해 소비의 변화는 예측하기 상당히 어려워야 한다. 이 결과는 당시 대부분의 거시경제학자에게는 놀라운 것으로 다가왔지만 사실 이는 단순한 직관에 기초한다. 소비자가 상당한 통찰력을 갖는다면 미래에 관해 새로운 것을 알게 될

로버트 홀

루디거 돈부시

때에만 소비를 변화시킬 것이다. 그러나 정의에 의해 그러한 뉴스는 예측될 수 없다. 이러한 소비 행태는 **소비의 임의보행 가설**(random walk of consumption)로 알려져 있으며 이후 소비 연구에 있어 기준점 역할을 하고 있다.

■ MIT의 돈부시(Rudiger Dornbusch)는 변동환율제하에서 비합리적 투자자의 투기 결과로 간주되던 환율의 대규모 변동이 합리성과 완전한 일관성을 갖는다는 것을 보였다. 그의 주장은 20장에서 보았던 것이다. 통화정책의 변화는 명목이자율에 장기간 지속되는 변화를 낳을 수 있다. 현재와 기대된 명목이자율의 변화는 다시 환율의 대규모 변화를 낳는다. 환율의 **오버슈팅**(overshooting) 모형으로 알려져 있는 돈부시의 모형은 환율 변화에 대한 논의에 있어 기준점이 되었다.

임금과 가격 설정

스탠리 피셔

필립스 곡선 관계를 넘어서 임금과 가격 설정에 관한 체계적 탐구가 진행되었다. 당시 MIT에 있었고 이스라엘 중앙은행 총재를 역임한 피셔(Stanley Fischer)와 당시 컬럼비아대학교에 있었고 현재 스탠퍼드대학교에 있는 테일러(John Taylor)가 두 가지 중요한 기여를 했다. 두 사람은 실업의 변화에 반응해 가격과 임금의 조정이 **합리적 기대가설하에서조차** 천천히 진행될 수 있다는 것을 보였다.

피셔와 테일러는 임금과 가격 설정 모두에 있어 중요한 특징을 지적했는데 그것은 바로 임금과 가격 결정이 **시차**(staggering)를 두고 번갈아 가며 이루어진다는, 즉 비동조적이라는 것이었다. 통화 증가의 기대에 따라 모든 임금과 가격이 동시에 증가한다는 앞서의 단순한 이야기와 달리 실제 임금과 가격 설정은 시간이 지남에 따라 번갈아 가며 이루어진다. 따라서 통화 증가에 따라 모든 임금과 가격이 단번에 급작스럽게 동시적으로 조정되는 것이 아니다. 오히려 조정은 천천히 이루어지며 임금과 가격은 시간이 지남에 따라 남을 따라 하는 과정을 통해 이루어진다. 따라서 피셔와 테일러는 합리적 기대가설 비판의 두 번째 문제는 해소될 수 있으며, 산출의 잠재산출로의 복귀가 지연되는 것이 노동시장에서의 합리적 기대와 일관성을 가질 수 있다는 것을 보였다.

정책에 관한 이론

존 테일러

게임이론을 통한 정책 검토는 정책 당국자와 경제주체 사이에서뿐만 아니라 정책 당국자 사이(정당 사이, 중앙은행과 정부 사이, 다른 국가들의 정부 사이)에서도 진행되는 게임의 속성에 관한 연구의 폭증을 낳았다. 이 연구의 주요한 성과 중 하나는 '신뢰성', '평판', '약속'과 같은 분명치 않은 개념에 관한 더 엄밀한 사고방식의 발전이었다. 동시에 '정부가 무엇을 해야 하는가'로부터 '정부가 실제로 무엇을 하는가'로의 뚜렷한 초점의 이동이 생겨났는데, 정책 당국자들에 대한 권고에 있어 경제학자가 고려해야만 하는 정치적 제약에 대한 인식도 점증했다.

요약하면, 1980년대 말경 합리적 기대 비판이 제기한 도전은 거시경제학의 완전한 재편을 가져왔다. 기초적 구조는 합리적 기대 또는 더 일반적으로 사람들과 기업의 미래지향적 행태가 갖는 시사점을 고려하도록 확장되어 왔다. 지금까지 보았듯이 이들 주제는 이 책에서 중심적 역할을 하고 있다.

24-4 2009년 위기까지의 거시경제학 발전

1980년대 후반 이후 3개 집단이 연구의 선두를 지배해 왔다. 새로운 고전학파, 새로운 케인지언, 새로운 성장이론가가 그들이다. (여기서 '새로운'이라는 단어의 일반적 사용에 주의하자. 세탁 세제의 생산자와 달리 경제학자는 '새롭고 개선된'이라는 단어를 붙이기를 주저한다. 그러나 밑바탕에 흐르는 메시지는 동일하다.)

새로운 고전학파 경제학과 실물경기변동이론

에드워드 프레스콧

합리적 기대 비판은 케인지언 경제학에 대한 단순한 비판을 뛰어넘는 것이었다. 그것은 경기변동에 대한 자신만의 해석도 제시했다. 루카스는 경기변동을 설명하기 위해 노동시장의 불완전성, 임금과 가격의 지연된 조정 등에 의존하는 대신, 거시경제학자들이 경기변동을 완전히 신축적인 가격과 임금하에서 경쟁적 시장에서 발생하는 충격의 효과로 얼마나 설명할 수 있는지를 검토해야 한다고 주장했다.

이는 **새로운 고전학파**(new classicals)가 추구해왔던 연구 주제이다. 지적인 리더는 프레스콧(Edward Prescott)이었으며 그와 그의 추종자가 발전시킨 모형은 **실물경기변동 모형**[real business cycle(RBC) model]이라 불린다. 이들의 접근 방식은 두 가지 전제에 기초해왔다.

첫 번째 전제는 방법에 관한 것이었다. 루카스는 이전의 위험을 피하기 위해서는 거시경제 모형이 명시적인 미시경제적 기초, 즉 노동자의 효용극대화, 기업의 이윤극대화, 합리적 기대로부터 구축되어야 한다고 주장해왔다. 컴퓨터가 개발되기 전에 이를 실현하기는 불가능하거나 어려웠다. 이런 식으로 구축된 모형들은 지나치게 복잡해서 분석적으로 풀 수 없었다. 사실상 거시경제학에서 필요한 기술의 상당 부분은 모형을 풀기에 충분할 정도로 간단하게 유지하면서 모형의 핵심을 포착하는 단순한 지름길을 찾아내는 데 있었다(이는 여전히 좋은 교과서를 쓰는 기술이다). 컴퓨터 연산능력의 발전은 이런 모형들에 대한 수치해를 구하는 것을 가능하게 했다. 그리고 RBC 이론의 중요한 기여는 더욱더 강력하게 해를 구할 수 있는 수치적 방법의 발전에 있는데, 이를 통해 너욱 풍부한 모형의 발선이 가능해졌다.

두 번째 전제는 개념적인 것이다. 1970년대까지 대부분의 경제변동은 불완전성의 결과로 그리고 천천히 움직이는 잠재산출을 중심으로 한 산출의 편차로 간주되었다. 루카스의 제안을 따라 프레스콧은 영향력 있는 기여를 이어 가면서 경제의 변동이 사실상 완전신축적 가격과 임금을 가진 경쟁적 시장에서 발생한 기술충격의 파급효과로부터 발생하는 것으로 해석될 수 있다고 주장했다. 달리 말해 그는 실제 산출의 변동이 잠재산출로부터의 이탈이 아니라 잠재산출 자체의 변동으로 간주될 수 있다고 주장했다. 새로운 발견이 이루어짐에 따라 생산성이 향상되어 산출 증가를 낳는다. 생산성의 증가는 임금 상승을 낳고 이는 여가를 즐기기보다는 일하는 것을 더 유리하게 만들며 결국 노동자의 근로시간이 증가한다. 따라서 생산성 증가는 현실 세계에서 관찰되는 것과 마찬가지로 산출과 고용 모두를 증가시킨다. 경제변동은 정책 당국자가 완화해야 할 대상이 아니라 경제의 바람직한 속성이다.

놀랄 일도 아니겠지만, 경제의 변동에 대한 이러한 극단적 견해는 많은 측면에서 비판을 받아왔다. 12장에서 논의했듯이 기술진보는 수많은 혁신의 결과이며, 각각의 혁신이 경제 전체로 확산하는 데는 긴 시간이 필요하다. 어떻게 이 과정이 실제로 관찰되는 것처럼 산출을 단기에 대규모로 변동시킬 수 있는지를 이해하기는 쉽지 않다. 아울러 경기침체를 기술 **후퇴**의 시기, 즉 생산성과 산출이 동시에 낮아지는 시기로 간주하는 것도 어렵다. 마지막으로 이 책에서 보았듯이 RBC 모형에서는 산출에 아무런 효과를 낳지 않는 통화의 변화가 현실 세계에서 산출에 강력한 파급효과를 낳는다는 상당히 분명한 증거도 존재한다. 그럼에도 불구하고 개념적인 RBC 접근 방식은 유용하고 영향력 있는 것으로 드러나고 있다. 이 접근 방식은 한 가지 중요한 점을 더 각인시켰다. 산출의 모든 변동이 잠재산출로부터의 이탈인 것은 아니다.

새로운 케인지언 경제학

새로운 케인지언(new Keynesian)이라는 용어는 합리적 기대 비판에 대한 대응으로 등장한 종합적 관점이 기본적으로 옳다는 믿음을 공유하는, 느슨하게 연결된 연구자 집단을 지칭한다. 그러나 이들은 각 시장에서의 불완전성 특성에 관해 그리고 이러한 불완전성이 거시경제에 주는 시사점에 관해 더 많은 것이 밝혀져야 한다는 믿음도 공유한다.

조지 애컬로프

명목 경직성(nominal rigidity)의 속성에 대해서는 추가적인 연구가 있다. 이 장의 앞에서 보았듯이, 피셔와 테일러는 임금 또는 가격 설정이 시차를 두고 이루어지는 경우 산출은 장기간 잠재수준에서 이탈할 수 있다는 것을 보였다. 이 결론은 많은 의문을 제기한다. 만약 최소한 부분적으로 의사결정상의 시차가 경기변동에 책임이 있다면 왜 임금 설정자/가격 설정자는 의사결정을 동시에 하려 하지 않는가? 왜 가격과 임금은 더 자주 조정되지 않는가? 왜 모든 가격과 임금은 이를테면 매주 첫째 요일에 한꺼번에 조정되지 않는가? 이 문제를 다루는 데 있어 애컬로프(George Akerlof, 버클리대학교)와 옐런(Janet Yellen, 버클리대학교에 있었고, 현재 연방준비제도이사회 이장), 맨큐(N. Gregory Mankiw, 하버드대학교)는 종종 **메뉴비용**(menu cost)에 기초한 산출변동론이라 불리는 놀랍고 중요한 결과를 유도했다.

각 임금 설정자 또는 가격 설정자는 언제 그리고 얼마나 자주 자신의 임금 또는 가격을 변경해야 할지에 대해 대체로 무차별하다(소매상의 경우 선반 위의 가격을 매일 변경하느냐 아니면 매주 변경하느냐는 가게의 전체 이익에 비추어볼 때 그리 큰 차이를 낳지 않는다). 따라서 예를 들어 새로운 메뉴판의 인쇄비용과 같은 사소한 가격 변경 비용이 존재해도 가격 조정은 빈번하지 않고 시차를 가지며 발생하게 될 수 있다. 이러한 시차를 둔 조정은 물가의 지연된 조정 그리고 총수요 변동에 따른 총산출의 대규모 변동으로 이어진다. 간단히 말해 개인 수준에서 그리 중요하지 않은 결정(얼마나 자주 가격 또는 임금을 변경하는지의 결정)이 대규모 거시경제적 효과(물가의 지연된 조정과 산출에 대규모 효과를 갖는 총수요의 변동)를 낳는다.

다른 연구계열은 노동시장의 불완전성에 초점을 맞춘다. 7장에서는 **효율성 임금**이라는 개념을 논의한 바 있다. 이는 노동자가 임금이 너무 낮다고 인식할 경우 직무 기피와 근로의욕 저하를 낳고 양질의 노동자를 구하거나 유지하기 어렵게 만든다는 것이다. 이 분야에서 영향력 있는 연구자는 애컬로프로서 어떤 조직(이 경우에는 기업)에서 무엇이 공정하고 불공정한지를 평가하기 위해 발전된 규칙인 '표준(norms)'의 역할을 탐구해왔다. 그와 다른 연구자들은 이 연구를 과거 사회학과 심리학에 미루었던 문제들에 대한 탐구와 이 문제들의 거시경제적 시사점의 검토로 연결했다.

재닛 옐런

또 다른 계열로, MIT의 다이아몬드(Peter Diamond)와 코넬대학교의 모텐슨(Dale Mortensen), 런던정치경제대학의 피서라이즈(Christopher Pissarides)는 노동시장을 끊임없는 인력 배분, 대규모 인력흐름, 노동자와 기업 간 협상으로 특징지을 수 있는 시장으로 보았다. 이러한 관점은 극히 유용한 것으로 알려졌고, 이 책의 7장도 이 관점에 기초했다.

위기가 발생하자 그 진가가 드러난 또 다른 연구계열은 신용시장의 불완전성이 갖는 역할을 탐구해왔다. 대부분의 거시 모형은 통화정책이 이자율을 통해 작동하며, 기업은 시장이자율로 원하는 만큼 차입할 수 있다고 가정했다. 현실적으로 많은 기업은 은행에서만 빌릴 수 있다. 그리고 은행들은 은행이 부과하는 이자율을 기꺼이 지급할 의사가 있는 기업의 차입을 종종 거절한다. 왜 이런 일이 발생하고 이것이 통화정책이 작동하는 방식에 관한 관점에 어떤 영향을 미치는지가 특히 프린스턴대학교의 버냉키(Ben Bernanke, 전 연준위 의장, 현재 브루킹스연구소)와 뉴욕대학교의 거틀러(Mark Gertler)의 중심 연구과제였다.

벤 버냉키

새로운 성장이론

1960년대에 가장 활발했던 연구 주제 중 하나였던 성장이론은 이후 지적인 불황상태로 빠져들었다. 그러나 1980년대 후반 이래 성장이론은 강한 회복을 보였다. 새로운 발전들은 **새로운 성장이론**(new growth theory)이라는 이름하에 모이고 있다.

합리적 기대 비판을 주도한 루카스와 당시에는 버클리대학교, 현재는 뉴욕대학교에 있는 로머(Paul Romer)가 문제를 정의하는 데 중요한 역할을 했다. 성장이론이 1960년대 후반 쇠퇴했을 때 두 가지 문제가 대체로 해결되지 못한 채로 남겨졌다. 한 가지 문제는 수확체증의 역할에 관한 것이었다. 즉 예를 들어 노동과 자본의 2배 증가가 실제로 산출을 2배 이상 증가시킬 수 있는지가 그것이다. 또 다른 문제는 기술진보가 어떻게 결정되는지였다. 이들은 새로운 성장이론이 집중해 온 두 가지 주요 문제였다.

폴 로머

12장에서의 R&D가 기술진보에 미치는 효과에 대한 논의와 13장에서의 기술진보와 실업 간의 상호작용에 관한 논의는 경제학자들이 이 측면에서 이루어낸 성과의 일부를 반영한다. 한 예가 하버드대학교의 아기온(Philippe Aghion, 현재는 콜레주 드 프랑스)과 브라운대학교의 호윗(Peter

필립 아기온

피터 호윗

안드레이 슐라이퍼

Howitt)이다. 이들은 1930년대에 슘페터(Joseph Schumpeter)가 처음 탐구했던 주제를 발전시켰다. 이는 성장이 창조적 파괴의 과정으로서 새로운 제품이 끊임없이 소개되어 오래된 제품을 구식으로 만들어 버린다는 내용을 담고 있다. 예를 들어 새로운 기업의 탄생을 어렵게 하거나 기업들의 해고비용을 높게 만드는 등의 자원의 재배분을 늦추는 제도는 기술진보율을 늦춰 결국 성장을 위축시킬 것이다.

경제학자들은 성장을 결정하는 특정 제도의 정확한 역할을 식별하려는 노력을 하고 있다. 하버드대학교의 슐라이퍼(Andrei Shleifer)는 상이한 법률제도가 금융시장과 노동시장을 포함하는 경제 조직에서 수행하는 역할과 이들 채널을 통해 법률제도의 성장에 대한 파급효과를 탐구했다. MIT의 애쓰모글루(Daron Acemoglu)는 제도와 성장의 상관관계(예를 들어 민주국가가 평균적으로 더 부유하다)로부터 제도에서 성장으로의 인과관계로 어떻게 이어지는지를 탐구해왔다. 상관관계는 민주주의가 더 높은 1인당 산출을 낳는다는 것을 시사하는가? 상관관계는 더 높은 1인당 산출이 민주주의를 낳는다는 것을 시사하는가? 아니면 다른 어떤 요인이 동시에 더 나은 민주주의와 더 높은 1인당 산출을 낳는가? 기존 식민지의 역사에 대한 검토를 통해 그는 경제성장의 성과가 식민지 개척국이 처음 이식한 제도의 유형에 의해 상당히 영향받았음을 보임으로써 경제적 성과에 대한 제도의 강한 인과적 역할을 보였다.

통합을 향해

1980년대와 1990년대에 이들 세 그룹 간, 특히 '새로운 고전학파'와 '새로운 케인지언' 간의 논의는 종종 열띤 수준에 이르렀다. 새로운 케인지언은 경제변동에 대한 타당하지 않은 설명에 의존하고 명백한 불완전성은 무시한다고 비난하려 했다. 새로운 고전학파는 거꾸로 새로운 케인지언 모형의 취약한 미시경제적 기초를 지적하려 했다. 외부에서 볼 때 그리고 사실상 때때로 내부에서 볼 때 거시경제학은 연구 분야라기보다는 전쟁터처럼 보였다.

그러나 2000년대 즈음 종합이 이루어지고 있는 것으로 보인다. 방법에 있어서는 RBC 접근 방식 그리고 사람과 기업의 최적화 문제에 대한 조심스러운 설정에 기반을 두고 있다. 개념적으로는 RBC 접근 방식과 신성장이론이 강조된 기술진보의 속도에 있어서 변화의 잠재적 중요성을 인식하고 있다. 그러나 임금결정에서 협상의 역할, 신용 및 금융시장에서의 불완전한 정보의 역할, 총수요가 산출에 영향을 미치도록 하는 데 있어서 명목 경직성의 역할 등 새로운 케인지언이 강조하는 불완전성의 많은 내용을 허용하고 있다. 단일 모형으로나 중요한 불완전성의 한 가지 목록으로의 수렴은 이루어지고 있지 않지만, 체계나 진행되어야 할 방식에 있어서는 전반적 합의가 존재한다.

컬럼비아대학교의 우드포드(Michael Woodford)와 폼페우파브라대학교의 갈리(Jordi Galí)가 이러한 수렴의 아주 좋은 예를 보여준다. 우드포드, 갈리 그리고 많은 공저자가 효용과 이윤극대화, 합리적 기대, 명목 경직성을 포함하는 **새로운 케인지언 모형**(new Keynesian model)으로 알려진 모형을 발전시켜 왔다. 이는 16장에서 나타난 모형의 첨단 행태로 생각할 수 있다. 이 모형은 23장에서 설명한 바와 같이 인플레이션 목표제에 초점을 맞추기보다는 이자율 규칙에 의존하도록

대런 애쓰모글루

마이클 우드포드

통화정책을 새롭게 설계하는 데 있어 매우 유용하고 영향력 있음을 증명하고 있다. 이는 단순한 구조를 기반으로 하지만 상당한 불완전성을 허용해 수치적 해를 구해야만 하는 더 큰 규모의 모형을 낳고 있다. 이 모형들은 현재 대다수 중앙은행에서 사용되고 있으며 **동태적 확률 일반 균형 모형** (dynamic stochastic general equilibrium model) 또는 DSGE 모형으로 불린다.

조르디 갈리

24-5 위기가 준 거시경제학에 대한 첫 교훈

새로운 종합이 가시화된 것으로 보였고 거시경제학자들이 경제를 이해하고 정책을 설계하는 수단을 가졌다고 느꼈던 바로 그 순간에 금융위기가 시작되었고, 이 장을 쓰고 있는 시점에도 여전히 계속되고 있다. 24-1절에서는 대공황이 어떻게 거시경제학의 극적인 재평가와 케인지언 혁명을 불러일으켰는지를 보았다. 여러분은 이렇게 물을 것이다. 이번 위기가 거시경제학에 동일한 효과를 낳아 또다시 새로운 혁명을 낳지 않을까? 아직 이르긴 하지만 추측하건대 혁명이 아니라 중요한 재평가일 것 같다.

위기가 거시경제학 면에서 중대한 지적 실패를 반영한다는 것에 의문은 없다. 실패는 그렇게 대규모 위기가 발생할 수도 있다는 것과 미국 주택가격 하락과 같은 상대적으로 사소한 충격이 중대한 금융과 거시경제적 글로벌 위기를 낳을 수 있는 경제의 특성을 인식하지 못했다는 데 있었다. 그리고 실패의 원인은 경제에서 금융기관이 갖는 역할에 초점을 맞추지 못했다는 데 있었다. [공정하게 말하면 금융시스템을 더 밀접하게 살펴보고 있던 소수의 거시경제학자가 경고 신호를 보낸 바 있다. 이 중 가장 널리 알려진 것이 뉴욕대학교의 루비니(Nouriel Roubini)와 스위스 바젤에 위치한 국제결제은행에서 금융발전을 밀접히 추적해 온 경제학자들이다.]

대체로 금융시스템과 차입자와 대여자 간의 자금 중개를 담당하는 은행과 여타 금융기관의 복잡한 역할이 대부분의 거시경제 모형에서 무시되었다. 예외들은 있었다. 시카고대학교의 다이아몬드(Doug Diamond)와 워싱턴대학교의 디비그(Philip Dybvig)의 1980년대 작업은 (6장에서 검토한) 은행인출쇄도의 속성을 명확히 했다. 비유동자산과 유동부채는 지급능력이 있는 은행에 대해서도 쇄도의 위험을 창출시켰다. 이러한 문제는 중앙은행이 필요한 시점에 유동성을 공급해야만 회피할 수 있다. MIT의 홀름스트룀(Bengt Holmström)과 티롤(Jean Tirole)은 유동성 문제가 현대 경제에서 고질적이라는 것을 보였다. 은행뿐만 아니라 기업도 역시 지급능력은 있지만 유동성이 없는 상황에 빠져 투자 프로젝트를 완수하는 데 필요한 추가적 현금을 확보하지 못하거나, 상환을 원하는 투자자에게 상환할 수 없는 상황에 빠질 수 있다. 하버드대학교의 슐라이퍼와 시카고대학교의 비시니(Robert Vishny)는 '차익거래의 한계'라 불리는 중요한 논문을 통해 자산가격이 기본적 가치 밑으로 하락한 후 투자자들은 차익거래 기회를 이용하지 못할 수 있음을 보였다. 실제로는 자산을 매각해야만 하는 상황에 몰려 가격이 추가로 하락하고 기본적 가치에서의 이탈이 심화될 수 있다. 시카고대학교의 탈러(Richard Thaler)와 같은 행동경제학자들은 사람들은

벵트 홀름스트룀

장 티롤

경제학에서 통상 사용하는 합리적 인간 모형과 다른 방식으로 행동한다는 것을 지적하며, 금융시장에 대한 시사점을 유도했다.

따라서 위기를 이해하기 위해 필요한 요소들의 대부분은 이용할 수 있었다. 그러나 많은 결과가 거시경제학을 벗어난 금융이나 기업 재무분야에서 이루어졌다. 이들 요소들은 일관성 있는 거시경제 모형으로 통합되지 않았고, 이들의 상호작용에 대한 이해는 부족했다. 6장에서 보았듯이 함께 위기를 초래한 레버리지, 복잡성, 유동성은 중앙은행이 사용한 거시경제 모형에서는 거의 완전히 빠져 있었다.

위기가 시작된 지 10년 이상이 지난 후에 상황은 극적으로 변화했다. 당연히 연구자들은 관심을 금융시스템과 거시 금융 연결관계의 속성으로 돌렸다. 다양한 부문에서 추가적인 작업이 이루어지고 있고, 이들 부문은 대규모 거시경제 모형으로 통합되기 시작했다. 거시건전성 정책수단이나 과도한 국채의 위험성 등 정책에 대한 교훈 역시 유도되고 있다. 여전히 갈 길은 멀지만 결국 금융시스템에 대한 이해의 개선과 더불어 거시경제 모형은 풍성해질 것이다. 그러나 현실성이 있어야 한다. 역사가 어떤 지침을 제공한다면, 경제는 상상하지 않은 유형의 새로운 충격에 의해 영향을 받을 것이다.

금융위기의 교훈은 아마도 금융 부문을 거시경제 모형과 분석에 추가하는 것을 넘어설 것이다. 대공황은 당연하게 대부분의 경제학자에게 시장경제의 거시경제적 속성에 의문을 갖게 했고 정부 개입의 역할을 확대하는 제안을 하게 했다. 이번 위기도 유사한 의문을 제기하고 있다. 새로운 고전학파와 새로운 케인지언 모형 모두 최소한 중기에서 경제는 잠재 수준으로 자연히 돌아갈 것이라는 믿음을 공유했다. 새로운 고전학파는 극단적 위치를 점해 산출은 항상 잠재 수준에 머물 것이라고 했다. 새로운 케인지언은 단기에 산출은 잠재 수준에서 이탈할 가능성이 있다는 입장을 취했다. 그러나 이들은 결국 중기에 자연적 힘이 경제를 잠재 수준으로 되돌릴 것이라는 입장을 유지했다. 대공황과 일본의 장기 불황은 잘 알려졌다. 그러나 이들은 이례적 상황으로 보여졌고, 피할 수 있었던 중대한 정책적 실수에 의해 야기되었다고 간주되었다. 오늘날 많은 경제학자가 이러한 낙관주의는 지나친 것이라고 믿고 있다. 유동성 함정에서 7년을 보낸 뒤에야 통상적인 조정 메커니즘(즉 낮은 산출로 인한 이자율의 하락)이 작동하지 않는다는 것이 분명해졌다. 아울러 통화정책이든 재정정책이든 정책의 여지 역시 생각보다 제한적이라는 것도 분명해졌다.

합의가 있다면 사소한 충격과 정상적인 변동의 경우 조정 과정이 작동하지만, 대규모의 예외적인 충격의 경우 정상적인 조정 과정은 실패할 수 있고 정책의 여지도 제한적이며, 경제가 스스로를 교정하는 데 오랜 시간이 걸릴 것이라는 점일 것이다. 얼마간 연구자의 경우에는 발생한 일들을 더 잘 이해하고, 정책 당국자의 경우에는 갖고 있는 통화 및 재정정책을 사용해 세계경제를 건강한 상태로 되돌리기 위해 할 수 있는 최선을 다하는 것이 우선 이루어져야 할 과제일 것이다.

만화와 함께 책을 끝내자. 거시경제학은 복잡하다. 이 책이 거시경제학을 더 잘 이해하는 데 도움이 되길 바란다.

요약

- 현대경제학의 역사는 케인스가 고용, 이자율, 화폐에 관한 일반 이론을 발표한 1936년에 시작한다. 케인스의 기여는 힉스와 한센이 1930년대와 1940년대 초에 모형으로 공식화한다.

- 1940년대 초부터 1970년대 초까지의 기간은 거시경제학의 황금기로 불린다. 중요한 발전에는 소비, 투자, 통화수요, 포트폴리오 선택 이론의 발전, 성장이론의 발전, 대규모 거시 계량 모형의 발전이 포함된다.

- 1960년대의 주요 논쟁은 케인지언과 통화주의자 간 논쟁이었다. 케인지언은 거시경제이론의 발전이 경제의 더 나은 통제를 가능하게 했다고 믿었다. 프리드먼이 주도한 통화주의자는 정부가 경제를 안정화하는 데 도움이 될 수 있는 능력에는 더 회의적이었다.

- 1970년대에 거시경제학은 위기를 경험했는데, 여기에는 두 가지 이유가 있었다. 하나는 대부분의 경제학자에게는 놀라움으로 다가온 스태그플레이션의 출현이었다. 다른 하나는 루카스에 의한 이론적 공격이었다. 루카스와 그 추종자들은 합리적 기대가 도입되면 (1) 케인지언 모형은 정책을 결정하는 데 사용될 수 없고, (2) 케인지언 모형은 산출의 잠재수준으로부터의 장기간 지속되는 이탈 현상을 설명할 수 없으며, (3) 정책이론은 게임이론이라는 수단을 이용해 다시 설계되어야 함을 보였다.

- 1970년대와 1980년대의 대부분은 합리적 기대가설을 거시경제학에 통합하면서 지나갔다. 이 책에 반영되었듯이 거시경제학자는 이제 충격과 정책의 효과를 결정할 때 기대의 역할과 정책의 복잡성에 대해 20년 전보다 훨씬 더 주의한다.

- 거시경제이론의 최근 연구는 위기 전까지 세 가지 방향으로 진행되었다. 새로운 고전학파 경제학자는 경기변동이 잠재산출로부터의 이탈이라기보다는 잠재산출의 변동으로 설명될 수 있는 정도를 탐구하고 있다. 새로운 케인지언 경제학자는 경기변동에 있어 시장의 불완전성이 갖는 역할을 더 엄밀하게 탐구하고 있다. 새로운 성장이론은 기술진보의 결정요인을 탐구하고 있다. 이들 노선은 갈수록 중복되고 있고 새로운 종합이 나타나고 있는 것처럼 보인다.

- 위기는 거시경제학자 입장에서 볼 때 막대한 지적 실패를 반영한다. 금융시스템의 거시경제적 중요성에 대한 이해에 실패한 것이다. 위기 이전에 위기를 이해하는 데 필요한 많은 요소가 개발되었지만, 이들은 거시경제적 사고에서 중심적 위치를 갖지 못했고 대규모 거시경제 모형에도 통합되지 않았다. 많은 연구가 현재 거시-금융 연결관계에 초점을 맞추고 있다.

- 아울러 위기는 산출이 잠재 수준으로 복귀하는 조정 과정에 대한 더 큰 문제를 제기해왔다. 합의가 있다면 다음일 것이

다 : 소규모 충격과 정상적 경기변동의 경우 조정 과정은 작동하며 정책은 회복 과정을 가속화할 수 있다. 그러나 대규모 예외적 충격의 경우 정상적인 조정 과정은 실패할 수 있고, 정책의 역할은 제한적이며, 경제가 스스로 회복하는 데 오랜 시간이 걸릴 것이다.

핵심 용어

경기변동 이론(business cycle theory)

루카스 비판(Lucas critique)

메뉴비용(menu cost)

명목 경직성(nominal rigidities)

(임금과 가격결정의) 시차[staggering (of wage and price decisions]

새로운 고전학파(new classicals)

새로운 성장이론(new growth theory)

새로운 케인지언(new Keynesian)

소비의 임의보행 가설(random walk of consumption)

신고전파 종합(neoclassical synthesis)

실물경기변동 모형(RBC 모형)(rea business cycle model, RBC model)

유동성 선호(liquidity preference)

유효수요(effective demand)

케인지언(Keynesians)

통화주의자(monetarist)

더 읽을거리

- 거시경제학의 두 가지 고전적 저서에는 다음이 있다. J. M. Keynes, *The General Theory of Employment, Interest and Money*(Palgrave Macmillan, 1936); Milton Friedman and Anna J. Schwartz, *A Monetary History of the United States*(Princeton University Press, 1963). 경고 : 앞의 책은 읽기 쉽지 않고 뒤의 책은 상당히 두껍다.

- 케인스의 저작과 영향에 대한 보다 평이한 설명은 다음을 보라. Peter Temin and David Vines, *Keynes: Useful Economics for the World Economy*(MIT Press, 2014).

- 1940년대 이후 교과서에서 거시경제학의 역사를 살펴보려면 다음을 보라. Paul Samuelson, "Credo of a Lucky Textbook Author," *Journal of Economic Perspectives*, 1997, Vol. 11(Spring): pp. 153-160.

- 다음 책의 서문에서 루카스는 거시경제학에 대한 자신의 접근 방식을 발전시켰으며 자신의 기여에 대한 가이드를 제공한다. Robert Lucas, *Studies in Business Cycle Theory*(MIT Press, 1981).

- 실물경기변동 이론을 출범시킨 논문은 다음과 같다. Edward Prescott, "Theory Ahead of Business Cycle Measurement," *Federal Reserve Bank of Minneapolis Review*, 1996 (Fall): pp. 9-22. 이 논문은 쉽게 읽히지는 않는다.

- 새로운 케인지언에 대한 더 자세한 내용은 다음을 보라. David Romer, "The New Keynesian Synthesis," *Journal of Economic Perspectives*, 1993, Vol. 7(Winter): pp. 5-22.

- 새로운 성장이론에 대한 더 자세한 내용은 다음을 보라. Paul Romer, "The Origins of Endogenous Growth," *Journal of Economic Perspectives*, 1994, Vol. 8(Winter): pp. 3-22.

- 거시경제학 아이디어의 상세한 관찰과 대다수 주요 연구자와의 심도 있는 인터뷰는 다음을 보라. Brian Snowdon and Howard Vane, *Modern Macroeconomics: Its Origins, Development and Current State*(Edward Elgar Publishing Ltd., 2005).

- 거시경제학의 현황에 대한 두 가지 관점은 다음을 참조하라. V. V. Chari and Patrick Kehoe, "Macroeconomics in Practice: How Theory Is Shaping Policy," *Journal of Economic Perspectives*, 2006, 20 (4): pp. 3-28; N. Gregory Mankiw, "The Macroeconomist as Scientist and

Engineer," *Journal of Economic Perspectives*, 20(4): pp. 29–46.

- 금융시장과 Thaler와 Shleifer의 기여에 대한 비판적 검토는 다음을 참조하라. *The Myth of the Rational Market: A History of Risk, Reward, and Delusion on Wall Street*, by Justin Fox(Harper Collins Publishers, 2009).

- 오늘날 정책 당국자가 직면한 통화재정정책상의 도전은 다음을 참조하라. Olivier Blanchard and Lawrence Summers, *Rethinking Stabilization Policy: Evolution or Revolution?* www.nber.org/papers/w24179, 2018.

- 경제학적 사고(거시경제를 넘어)의 역사에 대한 추가논의는 멋진 블로그사이트인 다음을 참조하라. "The Undercover Historian," https://beatricecherrier.wordpress.com/

- 대부분의 경제학 잡지는 수학을 많이 사용하고 읽기 어렵다. 하지만 일부는 독자에게 더 친숙해지기 위해 노력하고 있다. 특히 *Journal of Economic Perspectives*는 현재 경제 연구와 문제에 대한 기술적이지 않은 논문을 담고 있다. 1년에 두 번 발간되는 *Brookings Papers on Economic Activity*는 현재의 거시경제 문제를 분석한다. 유럽에서 발간되는 *Economic Policy*도 마찬가지인데 이 책은 유럽의 경제 문제에 더 초점을 맞춘다.

- 대다수 지역 연방준비은행은 읽기 쉬운 논문에 대한 리뷰를 발표한다. 이들 리뷰는 무료로 이용 가능하다. 이 중 다음이 대표적이다 : *Economic Review*(Cleveland Fed), *Economic Review*(Kansas City Fed), *New England Economic Review*(Boston Fed), *Quarterly Review*(Minneapolis Fed).

- 대체로 대학원 1학년 거시경제학 수준에 맞는 현재의 거시경제이론에 대한 더 전문적인 내용은 다음을 참조하라. David Romer, *Advanced Macroeconomics*, 5th ed. (McGraw-Hill, 2018); Olivier Blanchard and Stanley Fischer, *Lectures on Macroeconomics*(MIT Press, 1989).

부록

부록 1 국민소득 및 생산계정 소개

이 부록은 국민소득 및 생산계정의 기본 구조와 용어를 소개한다. 총체적 경제활동의 기본 척도는 국내총생산(GDP)이다. **국민소득 및 생산계정**(national income and product accounts, NIPA) 또는 단순히 **국민계정**(national accounts)은 GDP의 두 가지 분해를 중심으로 구성된다.

하나는 GDP를 소득 측면에서 분해한다 : 누가 무엇을 받는가?

다른 하나는 GDP를 생산 측면에서 분해한다 : 무엇을 생산하고 누가 그것을 사는가?

소득 측면

표 A1-1는 GDP의 소득 측면을 살펴본다 – 즉 누가 무엇을 받는지 보여준다.

표의 윗부분(1~8행)은 GDP에서 국민소득(상이한 생산요소에 따른 소득의 합계)으로 이어진다.

- 1행의 출발점은 **국내총생산**(gross domestic product, GDP)이다. GDP는 국내에 소재한 노동과 자본에 의해 생산된 재화와 용역의 시장가치로 정의된다.
- 다음 3행은 GDP에서 **국민총생산**(gross national product, GNP)으로 이어진다(4행). GNP는 총산출을 측정하는 또 다

표 A1-1	GDP : 소득 측면(2018년, 단위 : 십억 달러)		
GDP에서 국민소득까지			
1 국내총생산(GDP)	20,494	
2 + : 해외로부터의 요소소득수취		1,076
3 − : 해외로의 요소소득지급		−815
4 = : 국민총생산	20,755	
5 − : 고정자본 소비		−3,273
6 = : 국민순생산	17,481	
7 − : 통계적 오차		−62
8 = 국민소득	17,544	
국민소득의 분해			
9 간접세	1,429	
10 피용자 보수	10,856	
11 임금 및 급여		8,834
12 보완적 임금 및 급여		2,021
13 기업이윤과 기업 이전지출	2,263	
14 순이자	577	
15 자영업자 소득	1,579	
16 개인의 임대소득	760	

출처 : *Survery of Current Business*, April 2019, Table 1-7-5, 1-12

른 방법이다. 이는 국내 거주자가 제공하는 노동과 자본에 의해 생산되는 재화와 용역의 시장가치로 정의된다.

1990년대까지 대부분의 국가는 총체적 활동의 주요 측정치로 GDP보다는 GNP를 사용했다. 미국 국민계정의 초점은 1991년에 GNP에서 GDP로 바뀌었다. 이 둘의 차이는 '미국에 소재한'(GDP)과 '미국 거주자에 의해 공급된'(GNP) 간의 차이에서 비롯한다. 예를 들어 미국 소유의 일본 소재 공장의 이윤은 미국 GDP에서 포함되지 않지만, 미국 GNP에는 포함된다.

따라서 GDP에서 GNP로 가기 위해서는 우선 **해외로부터의 요소소득수취**(receipts of factor income from the rest of the world), 즉 해외의 미국 자본이나 미국 거주자의 소득(2행)을 더해야 한다. 이어서 **해외로의 요소소득지급**(payments of factor income to the rest of the world), 즉 미국 내에서 외국 자본이나 외국 거주자가 얻은 소득(3행)을 차감해야 한다.

2018년에 해외로부터의 수취는 지급액을 2,610억 달러만큼 초과했으므로 GNP는 GDP보다 2,610억 달러 컸다.

- 다음 단계는 GNP에서 **국민순생산**(net national product, NNP, 6행)으로 가는 것이다. GNP와 NNP의 차이는 자본의 감가상각으로 국민계정에서는 **고정자본 소비**(consumption of fixed capital, 5행)로 불린다.
- 마지막으로 7행은 NNP에서 **국민소득**(national income, 8행)으로 이어진다. 국민소득은 미국의 거주자가 공급한 재화와 용역의 생산에서 기인하는 소득으로 정의된다. 이론적으로는 국민소득과 국민순생산은 같아야 한다. 실제로는 이 둘 간에 차이가 발생하는데 이는 이 둘이 다른 방식으로 구축되기 때문이다.

NNP는 GDP에서 출발해 방금 표 A1-1에서 거쳐온 것처럼 하향식으로 구성된다. 대신 국민소득은 요소소득의 상이한 요소(근로자에 대한 보상, 기업 이윤 등)가 더해져 상향식으로 구성된다. 모든 것이 정확히 측정된다면 두 측정치는 같아야 한다. 실제로는 두 수치가 다를 수 있으며 둘 간의 차이는 통계적 오차라 불린다. 2018년에 상향식으로 계산된 국민소득(8행의 수치)은 하향식으로 계산된 국민순생산(6행의 수치)보다 620억 달러 더 컸다. 통계적 오차는 국민소득계정의 구축에 관련된 통계학적 문제를 잘 상기시켜준다. 620억 달러는 큰 오류로 보

이지만, GDP 대비로 볼 때 약 0.3%p 정도이다.

표의 아랫부분(9~16행)은 국민소득을 상이한 유형의 소득으로 분해한다.

- **간접세**(indirect taxes, 9행) : 국민소득의 일부는 판매세 형태로 국가로 곧바로 귀속된다.(간접세는 판매세의 또 다른 이름일 뿐이다.)

나머지 국민소득은 근로자나 기업에게 돌아간다.

- **피용자 보수**(compensation of employees, 10행) 또는 노동소득은 근로자에게 가는 부분이다. 노동소득은 국민소득의 가장 큰 부분으로 국민소득의 61%를 차지한다. 노동소득은 피고용자가 수행한 업무의 대가로 고용주로부터 받은 임금 및 급여(11행)와 연금, 이윤 분배, 퇴직금, 사회보험료 등의 보완적 급여도 포함된다(12행). 여기에는 사회보장기금에 납부한 고용주의 분담금(가장 큰 항목이다)부터 치안판사에 대한 혼인수수료까지 이례적 항목을 포함한다.
- **기업이윤과 기업 이전지출**(corporate profits and business transfers, 13행) : 이윤은 수입에서 이자를 포함한 비용과 감가상각액을 차감한 것이다. (기업 이전지출은 2조 2,630억 달러 중 1,590억 달러를 차지하며 개인 재해에 대한 지급과 비영리기관에 대한 기업의 기여와 같은 항목을 포함한다.)
- **순이자**(net interest, 14행)는 기업이 지급한 이자에서 기업이 수령한 이자를 차감하고 해외로부터 수령한 이자를 더하고 해외로 지급한 이자를 차감한 것이다. 2018년에 대부분의 순이자는 기업이 지급한 순이자를 나타냈다. 미국은 해외로 지급한 만큼 해외로부터 이자를 수령했다. 따라서 기업의 이윤 합계에 기업이 지급한 순이자를 더하면 2조 2,630억 달러+5,770억 달러=2조 8,400억 달러 또는 국민소득의 16%이다.
- **자영업자 소득**(proprietors' income, 15행)은 자영업자가 받은 소득이다. 이는 단독 소유주, 합명회사, 면세적용을 받는 **협동조합**의 소득으로 정의된다.
- **개인의 임대소득**(rental income of persons, 16행)은 부동산 임대소득에서 부동산에 대한 감가상각을 차감한 것이다. 주택은 주거서비스를 제공하고 임대소득은 이 서비스에 대해 수령한 소득을 측정한다.

국민계정이 실제 임대료만 집계했다면 임대소득은 소유

자가 소유한 주택 대신 임대된 아파트와 주택의 비율에 의존할 것이다. 예를 들어 모든 사람이 자신이 살고 있는 아파트 또는 주택의 소유자가 된다면 임대소득은 0으로 갈 것이며 측정된 GDP의 규모는 감소할 것이다. 이 문제를 피하기 위해 국민계정은 주택과 아파트를 모두 임대된 것처럼 간주한다. 따라서 임대소득은 실제 임대료에 이들 소유주가 살고 있는 주택과 아파트에 대한 귀속임대료의 합계로 구축된다.

생산 측면으로 가기 전에, 표 A1-2는 어떻게 국민소득에서 개인 가처분소득, 즉 이전지출을 수령하고 세금을 낸 후 개인이 이용할 수 있는 소득으로 갈 수 있는가를 보인다.

■ 모든 국민소득(1행)이 개인에게 배분되는 것은 아니다.

소득의 일부는 간접세 형태로 국가에 귀속되므로, 1단계는 우선 간접세를 차감하는 것이다.(표 A1-2의 2행은 표 A1-1의 9행과 동일하다).

기업이윤의 일부는 기업에 의해 기업 내부에 유보된다. 이자 지급의 일부는 은행이나 해외로 나간다. 따라서 두 번째 단계는 모든 기업 이윤(표 A1-1에서 3행과 13행은 같다)과 모든 순이자 지급(표 A1-1에서 4행과 14행은 같다)을 차감하고 개인이 수령하는 다른 자산으로부터의 모든 소득(배당과 이자 지급)을 더하는 것이다(5행).

■ 국민은 소득을 생산으로부터만 받는 것이 아니라 이전지출을 통해서도 받는다(6행). 이전지출은 2006년에 2조 9,800억 달러를 기록했다. 이전지출에서는 사회보장에 대한 개인의 기여분 1조 3,610억 달러(7행)를 차감해야 한다.

■ 이 조정의 최종적 결과는 **개인소득**(personal income)이라 하는데 개인이 실제로 수령한 소득을 말한다(8행). **개인 가처분소득**(personal disposable income)(10행)은 개인소득에서 개인세금과 비과세 급여를 차감한 금액과 같다. 2018년에 개인 가처분소득은 15조 5,320억 달러로 GDP의 약 75%에 달했다.

생산 측면

표 A1-3은 국민계정의 생산 측면, 즉 무엇이 생산되었고 누가 그것을 구입했는지 살펴본다. 국내수요의 세 가지 요소에서 출발하자 : 소비, 투자. 정부지출.

■ **개인소비지출**(personal disposable income, 2행)로 불리는 소비는 단연코 수요의 가장 큰 항목이다. 이는 미국에 거주하는 개인들이 구입하는 재화와 용역의 합계로 정의한다.

국민계정이 귀속된 임대소득을 소득 쪽에 포함시키는 것과 마찬가지로 귀속 주거서비스를 소비에 포함시킨다. 주택소유자들은 해당 주택의 귀속임대소득과 동일한 가격으로 주택서비스를 소비한다고 가정된다.

소비는 **내구재**(durable goods, 3행), **비내구재**(non-durable goods, 4행), **서비스**(service, 5행)의 세 가지 요소로 구분한다. 내구재는 최소 3년 이상의 평균 수명을 갖는

표 A1-2	국민소득에서 개인 가처분소득까지(2018년, 단위 : 십억 달러)	
1 국민소득	17,544	
2 - : 간접세		-1,429
3 - : 기업이윤과 기업 이전지출		-2,263
4 - : 순이자		-577
5 + : 자산소득		2,768
6 + : 이전지출		2,980
7 - : 사회보험료		-1,361
8 = 개인소득	17,582	
9 - : 개인소득세와 비조세지급		-2,050
10 = 개인 가처분소득	15,532	

출처 : *Survery of Current Business*, April 2019, Table 1-7-5, 1-12, 2-1

표 A1-3	GDP : 생산 측면(2018년, 단위 : 십억 달러)		
1 국내총생산	20,494		
2 개인소비지출	13,949		
3 　　내구재		1,459	
4 　　비내구재		2,879	
5 　　서비스		9,610	
6 민간국내총투자	3,650		
7 　　비주거투자		2,799	
8 　　　　구조물			637
9 　　　　장비 및 소프트웨어			2,161
10 　　주거투자		794	
11 정부 구매	3,520		
12 　　연방정부		1,320	
13 　　　국방			779
14 　　　비국방			541
15 　　주 및 지방정부		2,201	
16 순수출	−625		
17 　　수출		2,531	
18 　　수입		−3,156	
19 기업 재고 변화	56		

출처 : *Survery of Current Business*, April 2019, Table 1-1-5

저장 가능한 상품으로, 이 중에서 자동차 구입이 가장 큰 항목이다. 비내구재는 저장 가능하지만 3년 미만의 수명을 가진다. 서비스는 저장될 수 없고 구입한 장소와 시점에 소비되어야 한다.

■ 투자는 **민간국내총투자**(gross private domestic fixed investment)로 불린다(6행). 이는 두 가지 매우 상이한 요소의 합계이다.

　　비주거투자(nonresidential investment, 7행)는 기업에 의한 새로운 자본재 구입이다. 이는 **구조물**(structures, 8행, 대부분 새로운 설비)이거나 기계, 컴퓨터나 사무실 기자재 같은 **장비 및 소프트웨어**(equipment and software)이다.

　　주거투자(residential investment, 10행)는 개인에 의한 새로운 주택이나 아파트의 구매이다.

■ **정부 구매**(government purchase, 11행)는 정부 구입에 공무원에 대한 보상(정부는 공무원의 서비스를 구입하는 것으로 간주)의 합계이다.

　정부 구매는 연방정부의 구매(12행)[이는 다시 국가 방위를 위한 지출(13행)과 비방위용 지출(14행)로 구분될 수 있다]와 주 및 지방정부에 의한 구매(15행)를 더한 것과 같다.

　정부 구매는 정부로부터의 이전지출이나 정부 부채에 대한 이자 지급을 포함하지 않는다는 점에 주의하자. 이는 재화나 용역의 구입에 대응하지 않기 때문에 포함하지 않는다. 이는 표 A1-3에서 표시된 정부 구매 수치가 이전 지출과 이자 지급을 포함하는 정부지출보다 상당히 적다는 것을 의미한다.

■ 소비, 투자, 정부 구매의 합계는 미국 기업, 미국의 개인, 미국 정부의 재화에 대한 수요를 제공한다. 미국이 폐쇄경제라면 이는 미국 재화에 대한 수요와 같은 것이다. 그러나 미국 경제는 개방되어 있으므로 두 수치는 다르다. 미국 재화에 대한 수요로 가기 위해서는 두 가지 조정을 해야 한다. 첫째, 외국인에 의한 미국 재화의 구매, 즉 **수출**(export, 17행)을

더해야 한다. 둘째, 미국의 외국재화 구매, 즉 **수입**(import)을 차감해야 한다. 2014년에 수출은 수입보다 6,250억 달러 작았다. 따라서 **순수출**[net export, 마찬가지로 **무역수지**(trade balance)]은 −6,250억 달러였다(16행).

■ 소비, 투자, 정부 구매, 순수출을 더하면 **미국 재화에 대한 총지출**을 얻는다. 그러나 생산은 지출보다 작을 수 있다. 기업이 생산과 지출의 차이를 재고 감소로 만족시키기 때문이다. 반대로 기업이 재고를 누적하고 있다면 생산은 지출을 초과할 수 있다. 표 A1-3의 마지막 행은 **기업 재고 변화**(change in business inventories, 19행) 또는 때때로 '재고투자'로 불리는 항목을 제공한다. 이는 기업이 보유한 재고의 물리적 규모 변화를 의미한다. 기업 재고의 변화는 양의 값을 가질 수도 있고 음의 값을 가질 수도 있다. 2014년의 경우 그 값은 작은 양의 값이었다. 미국 산출은 전체 미국 재화에 대한 지출보다 560억 달러 많았다.

국민소득계정의 연방정부

표 A1-4는 2018년 연방정부의 경제활동을 설명하는 기본 수치를 NIPA 수치로 보여준다.(수치는 때때로 역년이 아닌 회계연도 기준으로 제시된다. 일반적으로 예산 전망이 회계연도 기준으로 제시되기 때문이다. 회계연도는 이전 역년의 10월 1일부터 현재 역년의 9월 30일까지다.)

공식 예산수치보다 NIPA 수치를 사용하는 이유는 예산문서에 제시된 수치보다 정부가 경제에서 무엇을 하고 있는지를 더 잘 나타내므로 경제적으로 의미가 있기 때문이다. 정부가 제시한 예산수치는 국민소득계정 관례를 따를 필요가 없으며 때로는 창조적 회계처리를 수반하기도 한다.

2018년 연방정부 수입은 3조 5,000억 달러(1행)였다. 이 중 개인소득세(소득세라고도 함)는 수입의 46%인 1조 6,140억 달러를 차지했고 사회보험료(payroll tax)는 수입의 38%인 1조 3,450억 달러를 차지했다.

표 A1-4	미국 연방정부 예산의 수입과 지출(2018년, 단위 : 십억 달러)		
1	수입	3,500	
2	개인소득세		1,614
3	법인세		158
4	간접세		160
5	사회보험료		1,345
6	기타		223
7	지출(순이자 지급 제외)	3,937	
8	소비지출		1,032
9	국방		778
10	비국방		254
11	개인에 대한 이전지출		2,180
12	주 및 지방정부에 대한 보조금		578
13	기타		147
14	기초 재정흑자(+ : 흑자, − : 적자)	−437	
15	순이자 지급	545	
16	실질이자 지급		258
17	인플레이션에 따른 지급		287
18	공식 흑자 : 1−7−15	−982	
19	인플레이션 조정 흑자 : 18+17	−695	

출처 : *Survery of Current Business*, April 2019, Table 3-2. 인플레이션 조정 흑자는 *Economic Report of the President* 중 Table B-45의 채무를 이용해 조정함.

이자 지급을 제외하지만 개인에 대한 이전지출을 포함한 지출은 3조 9,370억 달러(7행)였다. 소비지출(대부분 공무원의 임금과 급여, 자본의 감가상각)이 1조 320억 달러로 지출의 26%를 차지했다. 국방비를 제외하면 소비지출은 2,540억 달러에 불과했다. **개인에 대한 이전지출**(transfers to persons, 주로 실업, 퇴직, 건강 급여로 entitlement programs라고도 불림)은 훨씬 더 큰 2조 1,800억 달러였다.

따라서 연방정부는 4,370억 달러의 기초 재정적자를 기록하고 있었다[1행에서 7행을 차감한 14행은 **기초수지**(primary balance)로 적자를 보임].

국민이 보유한 국가채무에 대한 순이자 지급액은 총 5,450억 달러다(15행). 따라서 **공식 적자**(official deficit)는 9,820억 달러(14행 + 15행)였다. 그러나 우리는 이 측정치가 잘못되었다는 것을 알고 있다(22장 초점상자 '인플레이션 회계와 재정적자의 측정' 참조). 인플레이션이 공공채무의 실질가치를 하락시키는 점을 고려해 공식 적자 측정치를 수정하는 것이 적절하기 때문이다. 실제로 **인플레이션 조정 적자**(inflation-adjusted deficit, 공식 적자 + 실질이자 지급)는 GDP의 3.4%인 6,950억 달러였다.

경고

국민계정은 총체적 경제활동에 대해 내부적으로 일관성 있는 설명을 제공한다. 그러나 이들 계정의 하위 범주에 무엇을 포함하고 무엇을 포함하지 않을 것이며, 어떤 유형의 소득이나 지출을 포함할 것이냐 등에 대한 많은 선택을 해야 한다. 여기 다섯 가지 예가 있다.

- 가사 노동은 GDP에 포함하지 않는다. 예를 들어 두 여성이 각자의 아이를 보살피는 데 있어 자기 아이 대신 상대방 아이를 보살피고 서로 돌봄 가격을 지급하면 측정된 GDP는 상승한다. 물론 실제 GDP는 명백히 상승하지 않는다. 가사 노동을 GDP에 포함시키는 해결책은 주택 소유자가 거주하는 주택에 대해 귀속임대료를 계산한 것과 같은 방식일 것이다. 그러나 지금까지 이런 계산은 이루어지지 않고 있다.

- 주택 구입은 투자로, 주거서비스는 소비의 일부로 취급한다. 이와 대비되는 것이 자동차이다. 이들이 장기간 — 집처럼 길지는 않겠지만 — 서비스를 제공하지만 자동차 구입은

투자로 간주되지 않는다. 이들은 소비로 취급되어 구입된 연도에만 국민계정에 나타난다.

- 기업의 기계 구입은 투자로 처리한다. 교육의 구매는 교육서비스에 대한 소비로 간주한다. 그러나 교육은 분명히 부분적으로 투자이다. 사람들은 부분적으로 자신의 미래소득을 증가시키기 위해 교육을 받는다.

- 정부 구매의 상당수는 시장거래가 없는 상황에서 국민계정으로 평가되어야 한다. 의무교육의 일환으로 국가에 의해 교육이 제공될 때, 아이들에게 읽기를 가르치는 교사들의 노동을 어떻게 평가해야 할까? 사용되는 규칙은 그 비용을 계산하는 것으로 교사의 월급을 사용하는 것이다.

- 정부의 재정적자와 부채를 정확하게 계산하는 것은 도전적 과제이다. 한 가지 문제를 보자 : 교사들이 일부는 현금으로, 일부는 미래 퇴직연금에 대한 약속으로 급여를 받는다고 가정해보자. 연금은 정부부채(즉 납세자의 미래 부채)와 같다는 점에서 중요한 의미가 있다. 그러나 이러한 부채는 표 A1-4의 재정적자 측정치나 공채의 표준 측정치에 반영되지 않는다. 또 다른 문제는 연방정부나 주정부가 보증한 민간부문 부채에 대한 보증의 처리에 있다. 이러한 우발부채는 공공채무의 일부로 계산되어야 하는가?

이러한 열거는 계속될 수 있다. 그러나 이러한 예시의 요점은 국민계정이 잘못되었다는 것이 아니다. 방금 본 대부분의 회계기록 결정은 상당한 근거가 있다. 종종 데이터의 이용 가능성이나 단순화 때문에 이루어진 경우가 많다. 중요한 점은 국민계정을 가장 잘 이용하기 위해서는 이들 논리를 이해하면서도, 선택과 그에 따른 한계를 이해해야 한다는 것이다.

핵심 용어

- 간접세(indirect tax)
- 개인 가처분소득(personal disposable income)
- 개인소득(personal income)
- 개인소비지출(personal consumption expenditure)
- 개인에 대한 이전지출(transfers to persons)
- 개인의 임대소득(rental income of persons)
- 고정자본 소비(consumption of fixed capital)
- 공식 적자(official deficit)

- 구조물(structure)
- 국내총생산(gross domestic product, GDP)
- 국민계정(natioanl account)
- 국민소득 및 생산계정(national income and product accounts, NIPA)
- 국민순생산(net national product, NNP)
- 국민총생산(gross national product, GNP)
- 기업이윤과 기업 이전지출(corporate profits and business transfers)
- 기업 재고 변화(change in business inventories)
- 기초 수지(primary balance)
- 내구재(durable goods)
- 무역수지(trade balance)
- 민간국내총투자(gross private domestic fixed investment)
- 비내구재(nondurable goods)
- 비주거투자(nonresidential investment)
- 서비스(service)
- 수입(import)
- 수출(export)

- 순수출(net export)
- 순이자(net interest)
- 인플레이션 조정 적자(inflation-adjusted deficit)
- 자영업자 소득(proprietors' income)
- 장비 및 소프트웨어(equipment and software)
- 정부 구매(government purchase)
- 주거투자(residential investment)
- 피용자 보수(compensation of employees)
- 해외로부터의 요소소득수취(receipts of factor income from the rest of the world)
- 해외로의 요소소득지급(payments of factor income to the rest of the world)

더 읽을 거리

보다 상세한 내용은 다음을 참조하라. "A Guide to the National Income and Product Accounts of the United States," May 2019 (www.bea.gov/national/pdf/nipaguid.pdf)

부록 2　수학 기초

이 부록은 이 책에서 사용되는 수학적 도구를 소개한다.

기하수열

정의 : 기하수열(geometric series)은 다음 형태와 같은 수치들의 합이다.

$$1 + x + x^2 + \cdots + x^n$$

여기서 x는 1보다 클 수도 있고 작을 수도 있는 수이다. 그리고 x^n은 x를 n제곱, 즉 자기 자신을 n번 곱한 것이다.

이러한 수열의 예로는 다음이 있다.

- 반복되는 지출의 합인 승수(3장). c가 소비성향이면 n회 후 지출 증가분의 합은 다음과 같다.

$$1 + c + c^2 + \cdots + c^n$$

- 이자율이 i일 때 n년간 매년 1달러를 지급하는 지급흐름의 현재할인가치(14장)는 다음과 같다.

$$1 + \frac{1}{1+i} + \frac{1}{(1+i)^2} + \cdots + \frac{1}{(1+i)^{n-1}}$$

이러한 수열을 마주칠 때 답하고자 하는 질문은 통상 두 가지다.

1. 합계가 얼마인가?
2. n이 증가할 때 그 합계가 발산하는가, 아니면 유한한 값을 갖는가? 유한하다면 그 값은 얼마인가?

다음 명제는 이 질문들에 답하기 위해 알아야 할 것들이다. 명제 1은 전체 합계를 어떻게 계산하는지 알려준다.

명제 1

$$1 + x + x^2 + \cdots + x^n = \frac{1 - x^{n+1}}{1 - x} \quad \text{(A2.1)}$$

증명 : 우변의 합계 $1 + x + x^2 + \cdots + x^n$을 $(1-x)$로 곱하고 $x^a x^b = x^{a+b}$(곱할 때는 지수를 더한다)라는 사실을 사용하라. 첫 항과 마지막 항을 제외하곤 우변의 모든 항이 상쇄된다. 양변을 $(1-x)$로 나누면 (A2.1)이 구해진다.

$$(1 + x + x^2 + \cdots + x^n)(1 - x) = 1 + x + x^2 + \cdots + x^n$$
$$- x - x^2 - \cdots - x^n - x^{n+1}$$
$$= 1 \qquad\qquad - x^{n+1}$$

이 공식은 x와 n이 어떤 값을 갖더라도 사용할 수 있다. 예를 들어 x가 0.9이고 n이 10이라면 합계는 6.86이다. x가 1.2이고 n이 10이라면 합계는 32.15이다.

명제 2는 n이 커지면 어떻게 되는지 알려준다.

명제 2

x가 1보다 작을 때 n이 커지면 그 합은 $1/(1-x)$로 간다. x가 1과 같거나 클 때는 n이 커지면 합은 발산한다.

증명 : x가 1보다 작을 때 x^n은 n이 커지면 0으로 간다. 따라서 식 (A2.1)로부터 합은 $1/(1-x)$로 간다. 만약 x가 1보다 크면 x^n은 n이 증가할수록 커지며 $1-x^n$은 더 큰 음의 값이 되고 $(1-x^n)/(1-x)$은 더 큰 양의 값이 된다. 따라서 n이 커지면 이는 발산한다.

14장에서의 응용 : 이자율이 i일 때 내년부터 영원히 계속되는 매년 1달러 지급의 현재가치를 생각해보자. 현재가치는 다음과 같다.

$$\frac{1}{(1+i)} + \frac{1}{(1+i)^2} + \cdots \quad \text{(A2.2)}$$

$1/(1+i)$을 추출해 현재가치를 다시 쓰면 다음과 같다.

$$\frac{1}{(1+i)}\left[1 + \frac{1}{(1+i)} + \cdots \right]$$

중괄호 안의 항은 $x = 1/(1+i)$인 기하수열이다. i가 양이면 x는 1보다 작다. 명제 2를 적용할 경우 n이 커지면 중괄호 안의 값은 다음이 된다.

$$\frac{1}{1 - \frac{1}{(1+i)}} = \frac{(1+i)}{(1+i-1)} = \frac{(1+i)}{i}$$

중괄호 안의 값을 $(1+i)/i$로 대체하면 다음과 같다.

$$\frac{1}{(1+i)}\left[\frac{(1+i)}{i} \right] = \frac{1}{i}$$

내년부터 영원히 계속되는 매년 1달러 지급의 현재가치는

1달러를 이자율로 나눈 값과 같다. i가 연간 5%라면 현재가치는 1달러/0.05 = 20달러이다.

유용한 근사식

이 책에서는 계산을 쉽게 하기 위해 많은 근사식을 사용했다. 이 근사식은 아래에서 x, y, z변수가 예를 들어 0~10% 사이의 수처럼 작은 값을 가질 때 가장 유용하다. 밑의 명제 3의 수치 예는 $x = 0.05$와 $y = 0.03$인 경우이다.

명제 3

$$(1 + x)(1 + y) \approx (1 + x + y) \qquad (A2.3)$$

증명 : $(1 + x)(1 + y)$를 전개하면 $(1 + x)(1 + y) = 1 + x + y + xy$이다. x와 y가 작다면 곱인 xy는 아주 작으며 근사치로서 무시될 수 있다. (예를 들어 $x = 0.05$이고 $y = 0.03$이면 $xy = 0.0015$이다). 따라서 $(1 + x)(1 + y)$는 근사적으로 $(1 + x + y)$와 같다. 예를 들어 위에서 주어진 x와 y의 값에 대해 근사치(우변)로 1.08을 구할 수 있으며 정확한 값(좌변)은 1.0815이다.

명제 4

$$(1 + x)^2 \approx 1 + 2x \qquad (A2.4)$$

증명 : $x = y$로 두고 명제 3에서 직접 유도한다. $x = 0.05$라면 근사치는 1.10이고 정확한 값은 1.1025이다.

14장에서의 응용 : 재정에 의해 2년 이자율과 현재 및 기대되는 1년 이자율 간 관계는 다음과 같이 주어진다.

$$(1 + i_{2t})^2 = (1 + i_{1t})(1 + i^e_{1t+1})$$

좌변에 명제 4를 적용하면

$$(1 + i_{2t})^2 \approx 1 + 2i_{2t}$$

우변에 명제 3을 적용하면

$$(1 + i_{1t})(1 + i^e_{1t+1}) \approx 1 + i_{1t} + i^e_{1t+1}$$

이 식을 이용해 원래의 재정관계식에서 $(1 + i_{1t})(1 + i^e_{1t+1})$을 대체하면

$$1 + 2i_{2t} = 1 + i_{1t} + i^e_{1t+1}$$

정리하면

$$i_{2t} = \frac{(i_{1t} + i^e_{1t+1})}{2}$$

즉 2년 이자율은 현재와 미래의 기대되는 1년 이자율 평균과 근사적으로 같다.

명제 5

$$(1 + x)^n \approx 1 + nx \qquad (A2.5)$$

증명 : 명제 3과 4를 반복적으로 적용하면 유도된다. 예를 들어 명제 4에 의해 $(1 + x)^3 = (1 + x)^2(1 + x) \approx (1 + 2x)(1 + x)$ 그리고 명제 3에 의해 $\approx (1 + 2x + x) = (1 + 3x)$이다.

그러나 근사치는 n이 증가함에 따라 악화된다. 예를 들어 $x = 0.05$와 $n = 5$에 대해 근사치는 1.25이고 정확한 값은 1.2763이다. $n = 10$인 경우 근사치는 1.50이지만 정확한 값은 1.63이다.

명제 6

$$\frac{(1+x)}{(1+y)} \approx (1+x-y) \qquad (A2.6)$$

증명 : 곱 $(1 + x - y)(1 + y)$를 고려하자. 이 곱을 전개하면 $(1 + x - y)(1 + y) = 1 + x + xy - y^2$이다. x와 y가 모두 작다면 xy와 y^2은 매우 작으며 결국 $(1 + x - y)(1 + y) \approx (1 + x)$가 성립한다. 이 근사식의 양변을 $(1 + y)$로 나누면 명제가 유도된다.

$x = 0.05$이고 $y = 0.03$이면 근사치는 1.02이고 정확한 값은 1.019이다.

14장에서의 응용 : 실질이자율은 다음과 같이 정의된다.

$$(1 + r_t) = \frac{(1 + i_t)}{(1 + \pi^e_{t+1})}$$

명제 6을 사용하면

$$(1 + r_t) \approx (1 + i_t - \pi^e_{t+1})$$

단순화하면

$$r_t \approx i_t - \pi^e_{t+1}$$

이는 이 책의 많은 곳에서 사용한 근사식이다. 실질이자율은 명목이자율에서 기대인플레이션율을 차감한 값과 근사적으로 일치한다.

이 근사식은 성장률을 다룰 때에도 매우 편리하다. 이제 x의 성장률을 $g_x \equiv \Delta x/x$로 정의하고 z와 y에 대해서도 각각 g_z와 g_y를 유사하게 정의하자. 밑의 수치 예는 $g_x = 0.05$와 $g_y = 0.03$에 기초한다.

명제 7

$z = xy$이면

$$g_z \approx g_x + g_y \qquad (A2.7)$$

증명 : x가 Δx만큼 증가하고 y가 Δy만큼 증가할 때 z의 증가 규모를 Δz라 하자. 그렇다면 정의에 의해

$$z + \Delta z = (x + \Delta x)(y + \Delta y)$$

양변을 z로 나누면 좌변은 다음과 같다.

$$\frac{(z + \Delta z)}{z} = \left(1 + \frac{\Delta z}{z}\right)$$

우변은 다음과 같다.

$$\frac{(x + \Delta x)(y + \Delta y)}{z} = \frac{(x + \Delta x)}{x}\frac{(y + \Delta y)}{y}$$
$$= \left(1 + \frac{\Delta x}{x}\right)\left(1 + \frac{\Delta y}{y}\right)$$

여기서 첫 번째 등호는 $z = xy$에서 유도되며 두 번째 등호는 두 분수를 단순화하면 얻어진다.

좌변과 우변의 표현을 정리하면

$$\left(1 + \frac{\Delta z}{z}\right) = \left(1 + \frac{\Delta x}{x}\right)\left(1 + \frac{\Delta y}{y}\right)$$

또는

$$(1 + g_z) = (1 + g_x)(1 + g_y)$$

명제 3으로부터 $(1 + g_z) \approx (1 + g_x + g_y)$이므로

$$g_z \approx g_x + g_y$$

$g_x = 0.05$이고 $g_y = 0.03$이라면 근사식은 $g_z = 8\%$를 낳고 정확한 값은 8.15%이다.

13장에서의 응용 : 생산함수가 $Y = NA$라 하자. 단, Y는 생산, N은 고용, A는 생산성이다. Y, N, A의 성장률을 각각 g_Y, g_N, g_A로 두자. 명제 7은 다음을 시사한다.

$$g_Y \approx g_N + g_A$$

산출성장률, 즉 경제성장률은 고용 성장률과 생산성 증가율의 합계와 근사적으로 같다.

명제 8

$z = x/y$이면

$$g_z \approx g_x - g_y \qquad (A2.8)$$

증명 : x가 Δx만큼 증가하고 y가 Δy만큼 증가할 때 z의 증가 규모를 Δz라 하자. 정의에 의해 다음이 성립한다.

$$z + \Delta z = \frac{x + \Delta x}{y + \Delta y}$$

양변을 z로 나누면 좌변은 다음과 같다.

$$\left(\frac{z + \Delta z}{z}\right) = \left(1 + \frac{\Delta z}{z}\right)$$

우변은 다음과 같다.

$$\frac{(x + \Delta x)1}{(y + \Delta y)z} = \frac{(x + \Delta x)y}{(y + \Delta y)x} = \frac{(x + \Delta x)/x}{(y + \Delta y)/y} = \frac{1 + (\Delta x/x)}{1 + (\Delta y/y)}$$

여기서 첫 번째 등호는 $z = x/y$라는 사실에서 유도되며 두 번째 등호는 항을 정리한 것이고, 세 번째 등호는 단순화하면 얻어진다.

좌변과 우변의 표현을 정리하면

$$1 + \Delta z/z = \frac{1 + (\Delta x/x)}{1 + (\Delta y/y)}$$

대입하면

$$1 + g_z = \frac{1 + g_x}{1 + g_y}$$

명제 8에 의해 $(1 + g_z) \approx (1 + g_x - g_y)$이므로

$$g_z \approx g_x - g_y$$

이다.

$g_x = 0.05$이고 $g_y = 0.03$이라면 근사식은 $g_z = 2\%$를 주고 정확한 값은 1.9%이다.

9장에서의 응용 : M을 명목통화, P를 물가로 두자. 이 경우 실질통화량의 증가율은 다음과 같다.

$$g_{M/P} \approx g_M - \pi$$

여기서 π는 물가 상승률 또는 인플레이션율이다.

함수

이 책에서는 특정 변수가 하나 이상의 다른 변수에 어떻게 의존하는지 나타내기 위해 함수를 사용했다. 어떤 경우 특정 변수 Y가 다른 변수 X와 어떻게 함께 움직이는지 살펴보았으며, 이 관계를 다음과 같이 기재할 수 있다.

$$Y = f(X)$$
$$+$$

X 밑의 양의 부호는 양의 관계를 나타낸다 : X의 증가는 Y의 증가를 낳는다. X밑의 음의 부호는 음의 관계를 나타낸다 : X의 증가는 Y의 감소를 낳는다.

일부 경우에 Y는 하나 이상의 변수에 의존할 수 있다. 예를 들어 Y가 X와 Z에 의존하는 경우 다음과 같이 나타난다.

$$Y = f(X, Z)$$
$$(+,-)$$

부호는 X의 증가가 Y의 증가를 낳고 Z의 증가가 Y의 감소를 낳는다는 것을 나타낸다.

한 함수의 예로 5장의 투자함수 (5.1)이 있다.

$$I = I(Y, i)$$
$$(+,-)$$

이 식은 투자 I가 생산 Y가 증가할 때 증가하고 이자율 i가 증가할 때는 감소한다는 것을 말한다.

어떤 경우 2개 이상의 변수 간 관계가 **선형관계**(linear relation)라고 가정하는 것이 합리적일 수 있다.

$$Y = a + bX$$

이 관계는 X의 모든 값에 해당하는 Y의 값을 주는 선으로 나타낼 수 있다.

상수 a는 X가 0일 때 Y의 값을 준다. 이는 **절편**(intercept)이라 한다. 이 관계를 나타내는 선이 수직축을 '자를' 때의 값을 주기 때문이다.

상수 b는 X가 1단위 증가할 때 Y의 증가 규모를 말한다. 이는 **기울기**(slope)라 불리는데 이 관계를 나타내는 선의 기울기와 같기 때문이다.

단순한 선형관계는 $Y = X$의 관계로 주어지는데 이는 $45°$ 선으로 나타나며 1의 기울기를 갖는다. 선형관계의 다른 예로는 3장에서의 식 (3.2)인 소비함수가 있다.

$$C = c_0 + c_1 Y_D$$

여기서 C는 소비, Y_D는 가처분소득, c_0은 가처분소득이 0일 때 소비수준을 말해준다. c_1은 소득이 한 단위 증가할 때 소비가 얼마나 증가하는지를 말해준다. c_1은 소비의 한계성향이라 불린다.

로그 척도

일정한 성장률로 성장하는 변수는 시간이 흐를수록 그 증가 규모가 더욱 커진다. 일정한 성장률, 예를 들어 연간 3%로 시간이 흐름에 따라 성장하는 X변수를 고려하자.

- 0년도에서 출발해 $X = 2$라 하자. 따라서 X의 3% 증가는 $0.06(0.03 \times 2)$의 증가로 나타난다.
- 20년도로 가자. X는 이제 $2(1.03)^{20} = 3.61$과 같다. 3%의 증가는 이제 $0.11(0.03 \times 3.61)$의 증가로 나타난다.
- 100년도로 가자. X는 이제 $2(1.03)^{100} = 38.4$와 같다. 3%의 증가는 이제 $1.15(0.03 \times 38.4)$의 증가로 나타난다. 이는 0년도의 증가에 비해 약 20배가 더 크다.

표준적인 (선형) 수직축을 이용해 X를 시간에 대해 그려보면 그림 A2-1(a)와 같이 나타난다. X의 증가 규모는 시간이 흐를수록 커진다(0년도에는 0.06, 20년도에는 0.11, 100년도에는 1.15). 시간에 대한 X의 움직임을 나타내는 곡선은 갈수록 가팔라진다.

X의 추이를 나타내는 다른 방법은 수직축에서 X를 측정할 때 로그 척도를 사용하는 것이다. 로그 척도는 이 변수의 동일한 비례적 증가는 척도에서 수직거리가 동일하게 나타난다는 성질을 갖는다. 따라서 매년 동일한 비율(3%)로 성장하는 X와 같은 변수의 행태는 이제 직선으로 나타난다. 그림 A2-1(b)도 X의

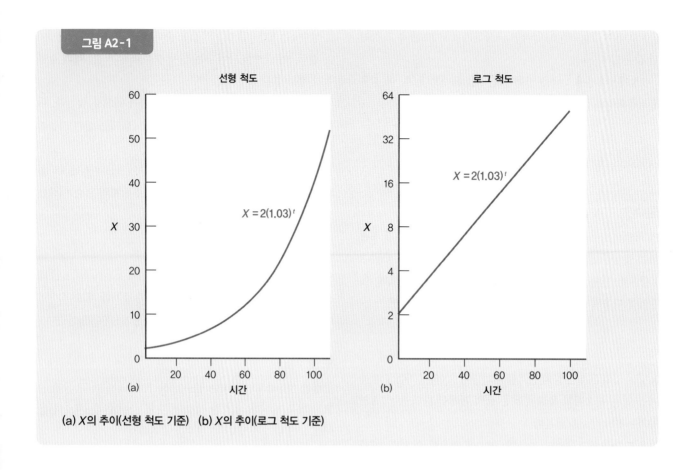

선형 척도

로그 척도

$X = 2(1.03)^t$

$X = 2(1.03)^t$

(a) (b)

시간 시간

(a) X의 추이(선형 척도 기준)   (b) X의 추이(로그 척도 기준)

행태를 보여주는데, 이번에는 수직축에 로그 척도를 사용한 것이다. 관계가 직선으로 나타난다는 사실은 X가 시간이 흐름에 따라 일정률로 성장한다는 것을 나타낸다. 성장률이 높아질수록 직선의 기울기는 가팔라진다.

X와 대조적으로 GDP와 같은 경제변수는 매년 일정율로 증가하지 않는다. 이들의 성장률은 일부 시기에는 높아질 수 있고 다른 시기에는 낮아질 수 있다. 경기침체는 수년간 음의 성장을 낳을 수도 있다. 그러나 이들 변수의 시간에 따른 추이를 살펴볼 때 선형 척도보다는 로그 척도를 사용하는 것이 보다 많은 정보를 제공할 수 있다. 왜 그런지 보자.

그림 A2-2(a)는 1890년부터 2011년까지 미국의 실질 GDP 추이를 표준적인 (선형)척도로 나타냈다. 미국의 실질 GDP는 1890년보다 2011년에 약 51배 커졌으므로 GDP에 있어서 동일한 비례적 증가라 하더라도 2006년의 GDP 증가 규모는 1890년보다 51배 커진다. 따라서 시간이 흐름에 따른 GDP의

추이를 나타내는 곡선은 시간이 흐를수록 가팔라진다. 그림을 통해서는 미국 경제가 50년 전 또는 100년 전보다 더 빨리 또는 더 느리게 성장하고 있는지 살펴보기가 정말 어렵다.

그림 A2-2(b)는 미국 GDP를 1890년부터 2011년까지 다시 보여주는데, 이번에는 로그 척도를 사용하고 있다. GDP의 성장률이 매년 동일하다면 ─ 즉 GDP의 비례적 증가가 매년 동일하다면 ─ 그림 A2-1(b)에서 X가 직선으로 나타났던 것처럼 GDP의 추이는 직선으로 나타났을 것이다. 그러나 GDP의 증가율은 연도별로 일정하지 않으므로, 즉 GDP의 비례적 증가 규모는 매년 동일하지 않으므로, GDP의 추이는 더 이상 직선으로 나타나지 않는다. 그림 A2-2(a)와 달리 GDP는 시간이 지나더라도 폭증하지 않으며 그림은 보다 많은 정보를 준다. 여기 두 가지 예가 있다.

■ 그림 A2-2(b)에서 1890년에서 1929년까지의 곡선에 적합

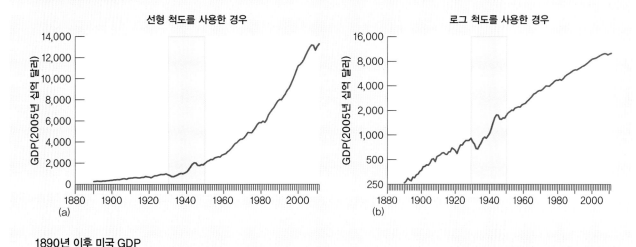

선형 척도를 사용한 경우

로그 척도를 사용한 경우

(a)

(b)

1890년 이후 미국 GDP

출처 : 1890-1928: Historical Statistics of the United States, Table F1-5, adjusted for level to be consistent with the post-1929 series. 1929-2011 BEA, billions of chained 2005 dollars. www.bea.gov/national/index.htm#gdp.

한 직선을 그리고 1950년부터 2011년까지의 곡선에 적합한 또 다른 직선을 그린다면[그림 A2-2(b)에서 두 시기는 분리되어 있다], 두 직선은 대체로 동일한 기울기를 갖는다. 이것이 말해주는 것은 두 기간에 있어 평균성장률이 대체로 동일했다는 것이다.

■ 1929년부터 1933년까지 산출 하락은 그림 A2-2(b)를 보면 아주 생생하다. 대조적으로, 대침체는 대공황에 비해 작아 보인다. 마찬가지로 뒤이은 강력한 회복 역시 생생하다. 1950년대에 이르러 산출은 과거 추세선에 되돌아간 것으로 보인다. 이는 대공황이 항구적으로 낮아진 산출 수준과 관련된 것이 아님을 제안한다.

이러한 결론은 그림 A2-2(a)에서 유도할 수 없지만, 그림 A2-2(b)를 이용하면 유도할 수 있다. 이는 로그 척도의 유용성을 보여준다.

핵심 용어

■ 기울기(slope)

■ 선형관계(linear relation)

■ 절편(intercept)

부록 3   계량경제학 소개

소비가 가처분소득에 의존한다는 것을 어떻게 알 수 있는가? 소비성향의 값을 어떻게 알 수 있는가?

이러한 질문에 답하기 위해 또는 보다 일반적으로 행태관계를 추정하고 관련된 모수의 값을 찾아내기 위해 경제학자는 계량경제학, 즉 경제학에서의 활용을 위해 설계된 통계기법들을 사용한다. 계량경제학은 매우 기술적일 수 있지만, 그 뒤에 놓인 기본 원리는 단순하다. 이 부록은 이러한 기본 원리를 보여준다. 단, 3장에서 소개한 소비함수를 예로 잡아 가처분소득 중 소비되는 성향을 나타내는 c_1의 추정에 집중해보자.

소비 변화와 가처분소득 변화
소비성향은 가처분소득의 주어진 변화에 대해 소비가 얼마나 변화하는지 보여준다. 자연스러운 첫 단계는 소비 변화와 가처분소득 변화를 그림에 나타내고 둘의 관계가 어떻게 보이는지 살펴보는 것이다. 이는 그림 A3-1에 나타나 있다.

그림 A3-1의 수직축은 소비의 연간 변화에서 1970~2018년 소비의 연평균 변화를 뺀 값을 각 연도에 대해 보여준 것이다. 좀 더 정확하게 보자.

C_t를 t년도의 소비라 하자. ΔC_t를 $C_t - C_{t-1}$, 즉 $t-1$년도에서 t년도까지의 소비 변화라 하자. 1970년 이후 소비의 연평균 변화를 $\overline{\Delta C}$라 하자. 수직축 변수는 $\Delta C_t - \overline{\Delta C}$를 나타낸다. 변수가 양의 값을 보이면 소비 증가가 평균보다 컸다는 것이고, 음의 값이면 소비의 증가 규모가 평균보다 작았다는 것을 나타낸다.

마찬가지로 수평축은 가처분소득의 연간 변화에 1970년 이후 가처분소득의 연평균 변화를 차감한 $\Delta Y_t - \overline{\Delta Y}$이다.

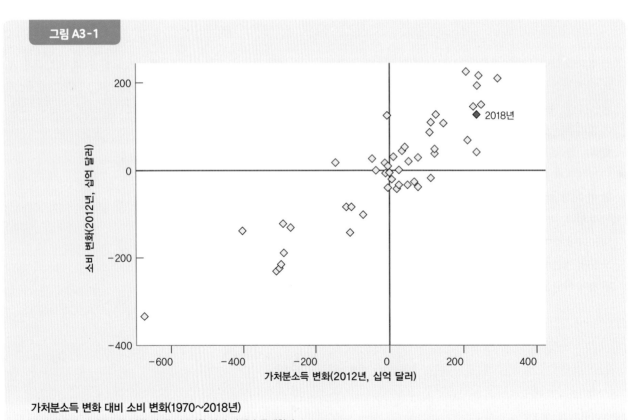

그림 A3-1

가처분소득 변화 대비 소비 변화(1970~2018년)
소비 변화와 가처분소득 변화 간에는 분명한 양의 관계가 존재한다.

출처 : FRED : PCECCA, GDPC1

그림에서 사각형 부호는 1970년에서 2018년까지에서 특정 연도의 소비와 가처분소득이 각각의 평균으로부터 얼마나 편차를 보이는지 나타낸다. 예를 들어 2018년에 소비 변화는 평균보다 1,270억 달러 컸으며 가처분소득은 평균보다 2,370억 달러 컸다. (이 절의 목적상 어떤 사각형이 어떤 연도를 가리키는지는 중요하지 않으며 그림에서 점들의 집합이 무엇으로 보이는지가 중요하다. 그래서 2018년을 제외하곤 사각형에 연도 표시를 하지 않았다.)

그림 A3-1은 두가지 중요한 결론을 제안한다.

■ 하나는 소비 변화와 가처분소득 변화 간에 분명한 양의 관계가 존재한다는 것이다. 대부분의 점은 그림에서 1사분면과 3사분면에 놓인다. 가처분소득이 평균보다 높게 증가하면 소비 역시 통상 평균보다 크게 증가한다. 또한 가처분소득이 평균보다 낮게 증가하면 소비 역시 통상 평균보다 낮게 증가한다.

■ 둘째로 두 변수의 관계는 좋아 보이지만 완전한 것은 아니다. 특히 일부 점은 2사분면에 나타난다. 이 점들은 평균보다 작은 가처분소득 증가가 평균보다 큰 소비 변화와 관련되는 연도에 대응한다.

계량경제학은 이상의 두 결론을 보다 정확하게 나타내고 소비성향의 추정치를 얻도록 해준다. 계량경제 소프트웨어를 사용해 그림 A3-1에서 구름같은 점들에 가장 적합한 선을 발견할 수 있다. 이처럼 적합한 선을 찾는 과정은 **통상최소제곱**(ordinary least squares, OLS)이라 불린다.[1]

우리의 경우 추정된 식은 다음과 같다.

$$(\Delta C_t - \overline{\Delta C}) = 0.56(\Delta Y_t - \overline{\Delta Y}) + 잔차$$

$$\overline{R}^2 = 0.81 \tag{A3.1}$$

이 추정식에 대응하는 회귀선은 그림 A3-2에 나타나 있나.

----

1 **최소제곱**이라는 용어는 점들로부터 선까지의 거리를 제곱한 값의 합을 최소화한다는 사실에서 비롯한다. 즉 '제곱'을 '최소'로 만드는 것이다. '통상'은 이 방법이 계량경제에서 가장 단순하고 널리 사용한다는 사실로부터 유래한다.

식 (A3.1)은 두 가지 중요한 수치를 제공한다(계량경제 소프트웨어는 위에서 보고된 것보다 더 많은 정보를 제공한다. 통상적인 출력물과 더 자세한 설명은 초점상자 '계량경제학 결과의 이해에 대한 가이드'에 있다).

■ 첫 번째 중요한 수치는 추정된 소비성향이다. 식은 가처분소득이 정상적인 경우보다 10억 달러 증가하면 이는 정상보다 5억 6,000만 달러 더 증가한 소비와 통상 관련된다는 것을 말한다. 말로 하면 추정된 소비성향은 0.56과 같다. 양의 값이지만 1보다 작다.

■ 두 번째 중요한 수치는 $\overline{R}^2$으로서 이는 회귀선이 얼마나 적합한지 말해주는 측정치다.

가처분소득이 소비에 미치는 효과를 측정한 후 우리는 각 연도에 대해 소비 변화를 가처분소득 변화에 기인하는 부분[식 (A3.1) 우변의 첫항]과 **잔차**(residual)로 부르는 나머지 부분에 기인하는 부분으로 분해할 수 있다. 예를 들어 2018년의 잔차는 그림 A3-2에서 2018년에 대응하는 점들에서 회귀선까지의 수직거리로 나타나 있다. 만약 그림 A3-2의 모든 점이 추정된 선에 있었다면 모든 잔차는 0이었을 것이다. 모든 소비 변화는 가처분소득 변화에 의해 설명되었을 것이다. 그러나 보다시피 우리의 경우는 이런 상황이 아니다. $\overline{R}^2$은 직선이 얼마나 잘 적합한지 말해주는 통계량이다. $\overline{R}^2$은 항상 0과 1 사이의 값을 갖는다. 1의 값은 두 변수의 관계가 완벽하고 모든 점은 정확히 회귀선상에 놓인다는 것을 시사할 것이다. 0의 값은 컴퓨터가 두 변수 간에 어떠한 관계도 찾아볼 수 없음을 시사할 것이다. 식 (A3.1)에서 $\overline{R}^2$의 값 0.81은 높지만 매우 높지는 않다. 이는 그림 A3-2의 메시지를 확인해준다 : 가처분소득 변화는 분명히 소비에 영향을 미치지만 가처분소득 변화에 의해 설명될 수 없는 소비 변화가 여전히 상당히 존재한다.

상관관계와 인과성

지금까지 발전시킨 것은 소비와 가처분소득이 통상적으로 함께 움직인다는 것이다. 보다 엄밀하게 우리가 본 것은 소비의 연간 변화와 가처분소득의 연간 변화 간에 양의 **상관관계**(correlation, 'co-relation'에 대한 기술적 용어)가 존재한다

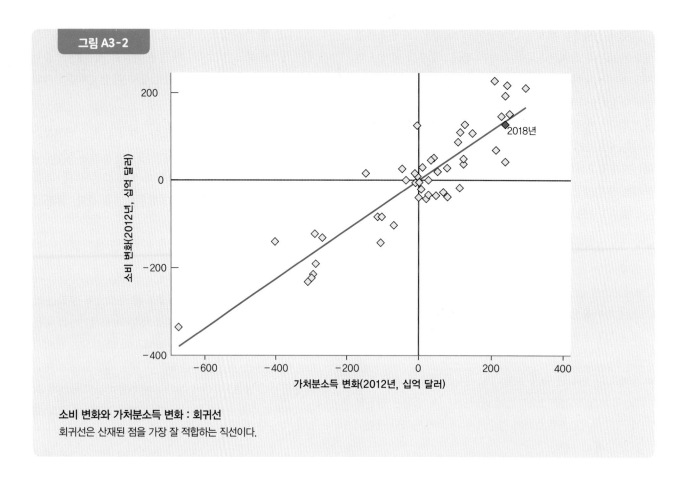

소비 변화와 가처분소득 변화 : 회귀선
회귀선은 산재된 점을 가장 잘 적합하는 직선이다.

는 것이다. 그리고 우리는 이 관계를 **인과관계**(causality)를 보여주는 것으로, 즉 가처분소득의 증가가 소비의 증가를 발생시키는 것으로 해석했다.

이 해석에 대해서는 다시 생각해볼 필요가 있다. 소비와 가처분소득 간 양의 관계는 가처분소득의 소비에 대한 영향을 반영할 수 있다. 하지만 이는 동시에 소비의 가처분소득에 대한 효과를 반영할 수도 있다. 사실 3장에서 발전시킨 모형은 우리에게 어떤 이유에서 소비자가 더 소비하기로 결정한다면 산출, 그리고 그에 따라 소득, 그리고 다시 가처분소득이 증가할 것이라고 말하고 있다. 만약 소비와 가처분소득 간 관계의 일부가 소비의 가처분소득에 대한 영향으로부터 기인한다면 식 (A3.1)을 가처분소득의 소비에 대한 영향을 말해주는 것으로 해석하는 것은 옳지 않다.

한 가지 예가 도움이 될 것이다. 소비가 가처분소득에 의존하지 않는다고 가정해서 c_1의 참된 값이 0이라 하자. (이는 그리

현실적이지 않다. 그러나 요점을 가장 명확히 보여줄 것이다.) 이 경우 소비함수는 그림 A3-3에서 수평선(0의 기울기를 갖는 선)으로 나타난다. 이어서 가처분소득이 Y와 같다고 하자. 따라서 최초의 소비와 가처분소득의 조합은 점 A로 주어진다.

이제 신뢰의 향상으로 인해 소비자가 소비를 증가시켜 소비선이 위로 이동했다고 하자. 소비가 산출에 영향을 미친다면 소득과 가처분소득 역시 증가할 것이고 소비와 가처분소득의 새로운 조합은 예를 들어 점 B로 주어질 것이다. 한편 소비자가 더 비관적으로 된다면 소비선은 아래로 이동하고 산출 역시 감소해 점 D 같은 소비와 가처분소득의 조합이 나타날 것이다.

경제를 살펴보면 우리는 A, B, D를 관찰한다. 그리고 위에서 한 것처럼 이 점들에 가장 적합한 선을 그려보면 양의 기울기를 가지는 직선을 추정할 수 있다. 예를 들어 CC'과 같은 선이 나타날 것이고 이 경우 양의 값을 갖는 소비성향 c_1이 추정된다. 그러나 c_1의 참된 값은 0이라는 점을 기억할 필요가 있다. c_1

계량경제학 결과의 이해에 대한 가이드

이 책과 관련된 글들을 읽으면서 여러분은 계량경제학을 사용한 추정 결과를 마주칠 수 있다. 이 가이드는 약간 단순화했지만 큰 변화가 없는 식 (A3.1)에 대한 컴퓨터 산출물이다.

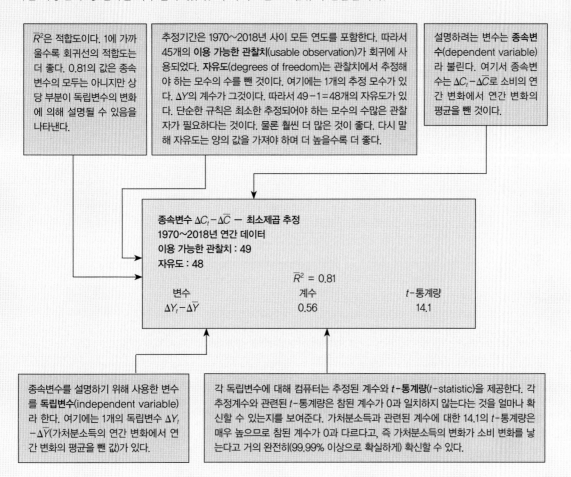

$\bar{R}^2$은 적합도이다. 1에 가까울수록 회귀선의 적합도는 더 좋다. 0.81의 값은 종속변수의 모두는 아니지만 상당 부분이 독립변수의 변화에 의해 설명될 수 있음을 나타낸다.

추정기간은 1970~2018년 사이 모든 연도를 포함한다. 따라서 45개의 **이용 가능한 관찰치**(usable observation)가 회귀에 사용되었다. **자유도**(degrees of freedom)는 관찰치에서 추정해야 하는 모수의 수를 뺀 것이다. 여기에는 1개의 추정 모수가 있다. ΔY의 계수가 그것이다. 따라서 $49-1=48$개의 자유도가 있다. 단순한 규칙은 최소한 추정되어야 하는 모수의 수많은 관찰자가 필요하다는 것이다. 물론 훨씬 더 많은 것이 좋다. 다시 말해 자유도는 양의 값을 가져야 하며 더 높을수록 더 좋다.

설명하려는 변수는 **종속변수**(dependent variable)라 불린다. 여기서 종속변수는 $\Delta C_t - \Delta \bar{C}$로 소비의 연간 변화에서 연간 변화의 평균을 뺀 것이다.

종속변수 $\Delta C_t - \Delta \bar{C}$ ― 최소제곱 추정
1970~2018년 연간 데이터
이용 가능한 관찰치 : 49
자유도 : 48

$\bar{R}^2 = 0.81$

변수	계수	t-통계량
$\Delta Y_t - \Delta \bar{Y}$	0.56	14.1

종속변수를 설명하기 위해 사용한 변수를 **독립변수**(independent variable)라 한다. 여기에는 1개의 독립변수 $\Delta Y_t - \Delta \bar{Y}$(가처분소득의 연간 변화에서 연간 변화의 평균을 뺀 값)가 있다.

각 독립변수에 대해 컴퓨터는 추정된 계수와 **t-통계량**(t-statistic)을 제공한다. 각 추정계수와 관련된 t-통계량은 참된 계수가 0과 일치하지 않는다는 것을 얼마나 확신할 수 있는지를 보여준다. 가처분소득과 관련된 계수에 대한 14.1의 t-통계량은 매우 높으므로 참된 계수가 0과 다르다고, 즉 가처분소득의 변화가 소비 변화를 낳는다고 거의 완전히(99.99% 이상으로 확실하게) 확신할 수 있다.

의 참된 값이 0임에도 불구하고 양의 값이라는 잘못된 답을 얻었을까? 이는 우리가 가처분소득과 소비 간 양의 관계를 가처분소득의 소비에 대한 영향을 보여주는 것으로 해석했기 때문이다. 그러나 사실상 이 관계는 소비의 가처분소득에 대한 영향을 반영하는 관계이다. 즉 소비 증가는 수요 증가, 산출 증가 그리고 그에 따라 가처분소득 증가를 낳는다.

여기에 중요한 교훈이 있는데 그것은 상관관계와 인과관계의 차이이다. 두 변수가 함께 움직인다는 사실은 첫 번째 변수의 변화가 두 번째 변수의 변화를 가져온다는 것을 시사하지 않는다. 아마도 인과관계는 반대 방향일 수 있다. 두 번째 변수의 변화는 첫 번째 변수의 변화를 일으킨다. 아니면 아마도 이 경우도 그럴 것이겠지만 인과관계는 쌍방으로 성립할 수 있다. 가처분소득은 소비에 영향을 미치고 소비는 가처분소득에 영향을 미친다.

이러한 인과관계와 상관관계의 문제에서 벗어나는 방법은 있을까? 우리가 가처분소득의 소비에 대한 영향에 관심이 있다면(그리고 실제로 그렇다), 우리는 여전히 데이터로부터 무언가를 배울 수 있는가? 답은 '그렇다'이다. 그러나 정보를 더 사

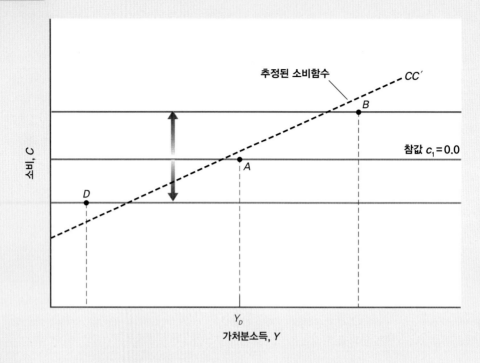

그림 A3-3

추정된 소비함수

CC′

B

참값 $c_1 = 0.0$

소비, C

A

D

Y_D

가처분소득, Y

오도하는 회귀

가처분소득과 소비의 관계는 소득의 소비에 대한 영향보다는 소비의 소득에 대한 영향에서 기인한다.

용해야만 가능하다.

이제 가처분소득의 특정한 변화가 소비의 변화에 의해 발생하지 않았다는 것을 알고 있다고 하자. 이 경우 가처분소득의 변화에 대한 소비의 반응을 살펴봄으로써 가처분소득에 소비가 얼마나 반응하는지 배울 수 있다. 즉 소비성향을 추정할 수 있다.

이러한 대답은 새로운 가정을 해 문제를 없애버리는 것처럼 보일 수 있다. 언제 가처분소득 변화가 소비 변화로부터 기인하지 않는다고 할 수 있을까? 사실상 때때로 말할 수 있는 경우가 있다. 예를 들어 정부가 국방지출을 상당한 규모로 증가시키기 시작했다고 하자. 이는 수요의 증가를 낳고 다시 이는 산출 증가로 이어질 것이다. 이 경우 가처분소득과 소비의 증가를 동시에 관찰한다면 소비의 변화가 가처분소득의 소비에 대한 영향을 반영한다고 안전하게 가정할 수 있고 그에 따라 소비성향을 추정할 수 있다.

이 예는 일반적인 전략을 제안한다.

■ 외생변수를 찾아라. 즉 가처분소득에 영향을 미치지만 거꾸로 가처분소득에는 영향을 받지 않는 변수를 찾아라.

■ 앞의 회귀에서 했던 것처럼 가처분소득의 모든 변화에 대한 소비의 반응이 아니라 외생변수의 변화에 의해 설명될 수 있는 가처분소득의 변화에 대한 반응을 찾아보라.

이 전략을 따른다면 우리가 추정하고 있는 것은 가처분소득의 소비에 대한 영향이지 반대의 것은 아니라는 것을 확신할 수 있다.

이러한 외생변수를 발견하는 문제는 계량경제학에서 **식별문제**(identification problem)로 알려져 있다. 이렇게 발견된 외생변수는 **도구변수**(instruments)라 한다. 도구변수의 사용에 의존해 추정하는 방법은 **도구변수법**(instrumental variable method)이라고 한다.

앞에서 했던 것처럼 통상최소제곱 회귀보다는 현재와 과거의 정부 국방지출의 변화를 도구변수로 사용한 도구변수법을 사용해 식 (A3.1)이 추정되었을 때 추정된 방정식은 다음과 같다.

$$(\Delta C_t - \overline{\Delta C}) = 0.41(\Delta Y_t - \overline{\Delta Y})$$

이제 가처분소득 계수는 0.41로 식 (A3.1)의 0.56보다는 작다. 추정된 소비성향의 감소는 정확히 기대했던 바이다. 식 (A3.1)에 대한 앞서의 추정치는 가처분소득의 소비에 대한 영향뿐만 아니라 다시 소비의 가처분소득에 대한 영향도 반영한다. 도구변수의 사용은 두 번째 효과를 제거하는 것으로 이것이 바로 가처분소득의 소비에 대한 영향의 계수 추정치가 작게 발견된 이유이다.

이상과 같은 계량경제학에 대한 단순한 소개는 물론 계량경제학 과정의 대안이 될 수 없다. 그러나 이는 경제학자가 관계와 모수를 추정하고 경제변수 간에 존재하는 인과관계를 식별하는데 있어 데이터를 어떻게 사용하는지 감을 잡게 한다.

핵심용어

- 도구변수(instrument)
- 도구변수법(instrument variable method)
- 독립변수(independent variable)
- 상관관계(correlation)
- 식별 문제(identification problem)
- 이용 가능한 관찰치(usable observation)
- 인과관계(causality)
- 자유도(degrees of freedom)
- 잔차(residual)
- 종속변수(dependent variable)
- 통상최소제곱(ordinary least squares, OLS)
- 회귀(regression)
- 회귀선(regression line)
- $\overline{R}^2$
- t-통계량(t-statistics)

용어 해설

가격설정 관계(price-setting relation) 기업이 설정한 가격과 명목임금, 마크업 간의 관계

가격위험(price risk) 자산가격이 하락해 그 보유자에게 손실을 낳는 위험

가격자유화(price liberalization) 보조금과 가격에 대한 통제를 철폐하고 가격이 시장을 조절하도록 하는 과정

가속도론자의 필립스 곡선(accelerationist Phillips curve) 수정된 필립스 곡선 참조

가처분소득(disposable income) 소득에서 정부에 대한 세금을 차감하고 정부로부터의 이전지출을 더한 금액

간접세(indirect tax) 재화와 용역에 대한 조세. 미국 등에서는 주로 물품세를 지칭

감가상각률(depreciation rate) 시간이 경과함에 따른 자본의 유용성이 훼손된 정도

개인 가처분소득(personal disposable income) 개인소득에서 개인의 세금과 세외부담. 즉 이자 지급 등 비소비지출을 공제하고 여기에 이전소득(사회보장금, 연금 등)을 더한 것으로 개인소비와 개인저축으로 사용될 수 있음

개인기업 소득(proprietors' income) 국민소득계정에서 일인회사, 합자회사, 면세대상 상호조합이 획득한 소득

개인소득(personal income) 개인이 실제로 수령한 소득으로 개인이 받는 요소소득에 이전소득을 합계한 금액에서 법인유보와 법인세를 공제한 금액

개인소비지출(personal consumption expenditure) 국민소득계정에서 국내 거주자가 구매하는 재화와 용역의 합계

개인의 임대소득(rental income of persons) 국민계정에서 실물 재산으로부터의 임대소득에서 그 재산의 감가상각액을 차감한 값

거시건전성 수단(macroprudential tool) LTV비율이나 자본비율 요건과 같은 금융시스템 규제를 위한 정책수단

거시경제학(macroeconomics) 경제 전체의 생산이나 물가와 같이 집계된 거시경제 변수에 대한 연구

게임(game) 경기자 간의 전략적 상호작용

게임이론(game theory) 게임의 결과를 예측하는 이론

경기변동(business cycle) '산출변동' 참조

경기변동이론(business cycle theory) 국민 경제의 단기적 변동에 대한 연구

경기조정 재정적자(cyclically adjusted deficit) 산출이 정상 수준이라는 가정하에서 측정된 정부 세입과 세출 간의 차이. *완전고용 실업률, 경기 중립적 재정적자, 고용을 정규화한 재정적자, 구조적 재정적자*라고도 함.

경기 중립적 재정적자(mid-cycle deficit) 경기변동에 따른 재정수지의 변화를 배제해 조정된 재정적자

경기침체(recession) 음(−)의 GDP 증가율이 나타나는 시기. 최소 2분기 이상 연속되어 음의 GDP 증가율이 나타나는 경우를 지칭

경상 GDP(GDP in current dollars) '명목 GDP' 참조

경상계정(current account) 국제수지표에서 한 나라가 다른 나라와 행한 상품 및 서비스 거래와 소득의 이전 상황을 요약한 계정

경상수지(current account balance) 순수출, 순해외소득, 순경상이전의 합계

경상수지 적자(current account deficit) 경상수지가 음수인 경우

경상수지 흑자(current account surplus) 경상수지가 양수인 경우

경제협력개발기구(Organization for Economic Cooperation and Development, OECD) 다수의 국가에서 경제 데이터를 수집하고 연구하는 국제조직. 세계의 대부분의 부유한 나라를 포함

경제활동인구(노동력, labor force) 취업자와 실업자의 합계. 일하고 있거나 일자리를 찾는 사람들의 수

경제활동참가율(participation rate) 생산가능인구 대비 경제활동인구의 비율

계량경제학(econometrics) 경제학에 응용된 통계적 방법

고성능 화폐(high-powered money) '중앙은행 통화' 참조

고용률(employment rate) 노동력 대비 고용 비율

고용보호(employment protection) 기업이 근로자를 해고할 수 있는 조건을 정한 일련의 규정

고정된 인플레이션(anchored inflation) 기대 인플레이션이 실제 인플레이션에 반응하지 않으면 고정되어 있다고 함

고정자본 소비(consumption of fixed capital) 자본의 감가상각

고정투자(fixed investment) 장비 및 구조물 구매(재고투자에 대비됨)

고정환율(fixed exchange rate) 일정 수준에서 고정되고 간헐적으로만 조정되는 2국가 이상의 통화 간의 환율

공개시장조작(open-market operation) 통화공급량을 변화시키기 위한 중앙은행의 국채 매매

공급중시론자(supply sider) 세율 인하가 결과적으로는 조세수입의 증가를 낳을 정도의 경제활동의 활성화를 낳는다고 주장했던 1980년대의 일부 경제학자

공식 적자(official deficit) 명목이자 지급을 포함한 정부지출과 정부수입의 차이

공동통화(common currency) 공동통화지역의 구성원인 국가에서 사용되는 통화

공황(depression) 정도가 심하고 장기간 지속되는 경기침체

관세(tariff) 수입재화에 대한 조세

교반(churn) 신제품이 기존 제품을, 신기술이 기존 기술과 기존 숙련을 진부하게 하는 현상

교역재(tradable goods) 국내외시장에서 외국재화와 경쟁하는 재화

구두창 비용(shoe leather cost) 요구불예금 계정에서 현금을 인출하기 위해 은행을 이용하는 과정에서 소요되는 시간이나 교통비 등 각종 비용

구매력(purchasing power) 화폐가 아닌 일반 재화의 단위로 나타낸 소득

구매력평가(purchasing power parity, PPP) GDP의 국제 비교를 위해 사용되는 환율조정 방법

구조물(structures) 국민소득계정에서 공장 설비, 사무실, 호텔 등을 말함

구조적 실업률(structural rate of unemployment) '자연실업률' 참조

구조적 재정적자(structural deficit) 경기변동이 조정된 적자

구조화 투자회사(Structured Investment Vehicles, SIV) 은행이 설립한 금융기관. SIV는 통상 단기부채 형태로 투자자로부터 차입해 증권에 투자함

국내재에 대한 수요(demand for domestic goods) 국내와 해외의 가계, 기업, 정부에

의 한 국내재화의 수요. 재화에 대한 수요에 순수출을 더한 금액

국내총생산(gross domestic product, GDP) 국내에서 부가된 가치를 측정. 국민총생산(GNP)은 국내생산요소에 의해 부가된 가치를 측정

국민계정(national account) 국민소득과 생산계정

국민소득(national income) 국내의 거주자에 의해 이루어지는 재화와 용역의 생산으로부터 비롯된 소득

국민소득 및 생산계정(national income and product accounts, NIPA) 총산출의 합계, 구성, 배분을 묘사하는 데 사용하는 계정 체계

국민순생산(net national product, NNP) 국민총생산에서 자본에 대한 감가상각을 차감한 값

국민총생산(gross national product, GNP) 국민계정에서 총산출의 측정치. 특정 국가에 속한 노동과 자본에 의해 생산된 재화와 용역의 시장가치

국제수지(balance of payments) 일정 기간 동안 일국이 다른 나라와 행한 모든 거래를 체계적으로 분류한 것

국제통화기금(International Monetary Fund, IMF) 국제금융시장의 안정을 목적으로 설립된 주요 국제경제기구. 매년 World Economic Outlook, 매월 International Financial Statistics(IFS)를 발간

국채(government bond) 정부나 공공기관이 발행하는 채권

규모에 대한 수확불변(constant returns to scale) 생산 과정에서 모든 투입 요소를 동일한 비율로 증가(감소)시켰을 때 산출도 동일한 비율로 증가(감소)한나는 명제

균형(equilibrium) 수요와 공급이 일치하는 상태

균형성장(balanced growth) 산출, 자본, 유효노동이 모두 동일한 성장률을 보이는 상황

균형식(equilibrium equation) 균형조건을 나타내는 방정식

균형예산(balanced budget) 조세수입과 정부지출이 일치하는 예산

균형조건(equilibrium condition) 수요와 공급이 일치하는 조건

그림자 은행(shadow banking) SIV, 헤지펀드 등 비은행금융기관의 총칭

근원적 인플레이션율(core inflation rate) 식료품, 에너지 가격같이 변동성이 큰 품목을 제외한 인플레이션율

금본위제(gold standard) 정부에서 통화의 가격을 금의 양으로 표시하고 통화 보유자가 요청할 경우 언제든지 공표된 가격으로 금으로 교환해주는 제도

금융계정(financial account) 한 국가의 외국과의 금융거래를 기록하는 국제수지 계정

금융계정수지(financial account balance) 특정 국가의 타국으로부터의 차입과 타국에의 대여의 차이

금융계정적자(financial account deficit) 음(−)의 금융계정수지

금융계정흑자(financial account surplus) 양(+)의 금융계정수지. 타국에의 대여보다는 타국으로부터의 차입이 많은 경우로 금융계정흑자는 경상수지 적자에 상응

금융 순자산(financial wealth) 개인의 모든 금융자산에서 모든 금융부채를 차감한 값

금융시장(financial market) 금융자산이 매매되는 시장

금융시장의 개방(openness in financial market) 투자자가 국내외 금융자산 간의 투자 선택을 자유롭게 할 수 있는 기회

금융중개기관(financial intermediary) 가계, 기업 또는 다른 금융기관으로부터 자금을 받아 대출을 하거나 금융자산을 구입하는 금융기관

금융투자(financial investment) 금융자산의 구매

급매가격(fire sale price) 판매자가 판매하려 하지만 유동성 제약으로 충분한 구매가 없어 형성되는 매우 낮은 자산가격

급정지(sudden stop) 외국인 투자자가 특정 국가의 채권을 보유하려는 동기가 급작스럽게 감소하는 경우

기간 프리미엄(term premium) 장기채권 이자율과 단기채권 이자율의 차이

기다림의 옵션가치(option value of waiting) 되돌릴 수 없는 결정의 경우의 불확실성이 해소될 때까지 기다려 보다 많은 정보에 기초한 결정을 내리는 옵션

기대가설(expectations hypothesis) 투자자가 위험중립적이라는 가설로서 모든 금융자산에 대한 기대수익이 동일해야 함을 함축

기대를 고려한 필립스 곡선(expectations-augmented Phillips curve) 수정 필립스곡선

기대현재할인가치(expected present discount value) 기대되는 미래 지급액의 현재 시점 기준의 가치. 현재할인가치 또는 현재가치라고도 함.

기본적 가치(주식의 기본적 가치, fundamental value of a stock) 기대되는 배당의 현재가치

기술 수준(state of technology) 특정 국가나 특정 산업에서 기술 발전의 정도

기술적 실업(technological unemployment) 기술진보에 의해 발생하는 실업

기술진보(technological progress) 기술수준의 개선

기술 프런티어(technology frontier) 기술지식의 상태

기업이윤(corporate profit) 국민계정에서 기업의 매출액에서 비용(이자 지급액 포함)과 감가상각을 제외한 금액

기업재고의 변화(changes in business inventories) 국민계정상에서 기업이 보유한 재고 규모의 변화를 지칭

기울기(slope) 두 변수 간의 선형관계를 나타내는 직선에서 한 변수가 한 단위 증가할 때 다른 변수가 증가하는 규모

기준년(base year) 물가 변화를 제외한 실질 GDP를 계산하기 위해서는 특정 연도의 가격으로 각 연도의 산출량 가치를 측정하는데, 이때의 특정 연도를 지칭

기초 재정적자(primary deficit) 국채에 대한 이자 지급액을 제외한 정부지출에서 정부세수입을 차감한 금액

기초 재정흑자(primary surplus) 정부 세수입에서 국채에 대한 이자 지급을 제외한 정부지출을 차감한 금액

기하급수(geometric series) 인접한 두 항 간의 비율이 일정한 수열 형태를 취함

긴축적 공개시장조작(contractionary open-market operation) 중앙은행이 채권을 매각해 시중의 통화를 흡수하는 공개시장조작

내구재(durable goods) 저장 가능하며 평균 수명이 최소 3년인 재화

내로우 뱅킹(narrow banking) 은행이 단기 정부채권만을 보유하도록 요구하는 제약

내부금융(internal finance) 내부자금(이익잉여금)을 통한 기업의 자금조달

내생변수(endogenous variable) 모델 내의 다른 변수에 의해 설명되는 변수

내생적 성장 모형(models of endogenous growth) 기술진보 없이 물리적 자본과 인적자본의 축적만으로도 지속적 성장이 가능하다는 모형

네 마리 호랑이(four tigers) 한국, 싱가포르, 대만, 홍콩의 아시아 4개 경제

노동생산성(labor productivity) 근로자 수에 대비한 산출의 비율. 산출을 근로자 수로 나눈 비율

노동시장 경직성(labor market rigidity) 기업이 자신의 고용 규모를 조정하는 데 있어서의 제약

노동에 대한 수확체감(decreasing returns to labor) 고용 규모가 증가함에 따라 추가적인 노동으로 인한 산출의 증가 규모가 감소하는 경향

노동저장(labor hoarding) 기업이 매출 감소에 대응해 일부 초과 근로자를 유지하는 결정

다국 간 (실질)환율(multilateral exchange rate, multilateral real exchange rate) 한 국가와 그 교역 상대국 간의 실질환율로 2국 간 실질환율의 가중평균으로 계산함. 무역가중 실질환율 또는 유효 실질환율이라고도 함

다요인 생산성 증가율(rate of growth of multifactor productivity) '솔로 잔차' 참조

단기(short-run) 최대 2~3년에 미치지 못하는 기간

단기 이자율(short-term interest rate) (일반적으로 1년 이하의) 단기채권에 대한 이자율

단순 수익률(current yield) 이자를 지급하는 채권에 있어 가격 대비 이자 지급액의 비율

단체협상(collective bargaining) 사용자와 노동조합 간 임금에 대한 협상

달러 GDP(dollar GDP) '명목 GDP' 참조

달러라이제이션(dollarization) 미국 이외의 국가에서의 자국 내 거래를 위한 달러의 사용

담보(collateral) 대출을 받기 위해 제공한 자산. 채무불이행이 발생할 경우 해당 자산은 채권자에게 넘겨짐

대공황(Great Depression) 1930년대 세계 각국에서 발생한 심각한 경기불황

대금융위기(Great Financial Crisis) 2008년과 2009년에 전 세계에 걸친 경기침체를 야기한 금융위기

대안정기(Great Moderation) 1980년대 중반에서 2000년대 중반까지 산출 변동성과 인플레이션 변동성이 모두 감소했던 기간

대침체(Great Recession) 2008년에 시작된 금융위기가 촉발한 전 세계에 걸친 경기침체

도구변수(instruments) 계량경제학에서 식별 문제의 해결을 허용하는 외생변수

도구변수법(instrumental variable method) 계량경제학에 있어 상이한 변수 간의 인과관계를 추정하기 위해 도구변수를 사용하는 추정기법

독립변수(independent variable) 어떤 관

계나 모형에서 주어진 것으로 받아들이는 변수

독립적 지출(autonomous spending) 재화에 대한 수요 중 산출 변화에 의존하지 않고 독립적으로 결정되는 지출

동물적 충동(animal spirits) 케인스가 도입한 용어로 경제변수의 움직임에 의해 설명될 수 없는 투자의 변화를 지칭

동태적 비일관성(time inconsistency) 게임이론에서 어떤 경기자가 다른 경기자의 행동이 실현된 뒤에 자신이 이전에 공표한 행동으로부터 이탈하려는 유인

동태적 확률 일반 균형 모형(dynamic stochastic general equilibrium model, DSGE) 기업, 소비자, 근로자의 최적화로부터 유도된 거시경제 모형

동학(dynamics) 하나 이상의 경제변수의 시간에 걸친 변화

디스인플레이션(disinflation) 인플레이션율의 하락

디플레이션(deflation) 물가의 지속적 하락, 음(−)의 인플레이션

디플레이션 악순환(deflation spiral) 디플레이션이 실질이자율을 증가시켜 경제활동이 감소하고 추가적인 디플레이션과 실질이자율의 추가 상승이 발생하는 메커니즘

디플레이션 함정(deflation trap) 디플레이션 악화를 겪고 있는 경제상황

레버리지 비율(leverage ratio) 자본 대비 은행 자산의 비율(자본 비율의 역수)

로그값(logarithmic scale) 동일한 비례적 증가가 척도상에서 동일 거리로 나타내는 척도. 동일한 율로 증가하는 변수는 직선으로 나타남

루카스 비판(Lucas critique) 정책이 변화할 때 경제변수 간의 기존 관계도 변화한다는 루카스(Robert Lucas)의 명제. 인플레이션과 실업 간의 뚜렷한 상관관계도 정책 당국이 이를 활용하려 한다면 사라질 수 있다는 것이 대표적인 예

리보 이자율(libor rate) 은행 상호 간에 대

출할 때 적용되는 이자율

리카도−배로 명제(Ricardo-Barro proposition) '리카디안 동등성' 참조

리카디안 동등성(Ricardian equivalence) 정부 재정적자나 정부부채는 경제활동에 아무런 영향도 미치지 못한다는 명제. 리카도−배로 명제로도 알려져 있음

마셜−러너 조건(Marshall-Lerner condition) 실질환율 절하가 순수출의 증가를 낳을 조건

마스트리히트 협약(Maastricht treaty) 1991년에 유럽공동체의 공동통화체제로의 이행을 위한 제 단계를 정의한 협정

마크업(markup) 생산원가 대비 가격 비율

맬서스의 함정(Malthusian trap) 생산성이 증가하면 사망률이 감소하고 인구가 증가해 1인당 소득이 변하지 않는 경제 상황

만기(maturity) 금융자산, 특히 채권이 그 소유자에게 지급을 약속한 기간

만기 수익률(yield to maturity) n년 만기의 채권가격과 미래 지급액의 현재가치를 서로 일치하게 하는 일정한 이자율. n년 이자율이라고도 함

머니마켓 펀드(money market funds, MMF) 일반 대중으로부터 자금을 받아 단기 채권에 투자하는 금융기구

먼델−플레밍 모형(Mundell-Fleming model) 개방경제에 있어 재화시장과 금융시장의 동시적 균형에 관한 모형

메뉴 비용(menu cost) 가격을 변화시킬 때 소요되는 비용

명목 GDP(nominal GDP) 특정 국가에서 생산된 최종재 수량에 그 가격을 곱한 뒤 합계한 금액. 경상 GDP라고도 함

명목 경직성(nominal rigidity) 경제활동 변화에도 불구하고 명목임금과 가격의 조정이 지연되는 상황

명목이자율(nominal interest rate) 통화를 기준으로 한 이자율. 현재 1원을 빌렸을 때 미래에 얼마나 많은 원화를 상환해야 하는지를 알려줌

명목이자율 하한(zero lower bound) 중앙은행이 채권 보유보다 현금 보유가 더 유리하게 만들기 전까지 달성할 수 있는 최저 이자율

명목절하(nominal depreciation) 국내통화의 외국통화 표시가격의 감소. 환율의 상승에 해당

명목환율(nominal exchange rate) 국내통화로 표시한 외국통화의 가격. 외국통화를 한 단위 얻기 위해 포기해야 하는 국내통화의 단위 수

모수(parameter) 행태방정식의 계수

모형(model) 경제 현상에 대해 생각하고 해석하는 데 사용되는 개념적 구조

무역가중 환율(trade-weighted exchange rate) '다국 간 (실질)환율' 참조

무역수지(trade balance) 수출과 수입의 차이. 순수출이라고도 함

무역적자(trade deficit) 수입이 수출을 초과해 발생하는 음(−)의 무역수지

무역흑자(trade surplus) 수출이 수입을 초과해 발생하는 양(+)의 무역수지

물가(price level) 특정 국가에서의 가격의 일반적 수준

물가연동임금제도(wage indexation) 물가 상승에 따라 임금을 자동적으로 상승시키는 규칙

물가연동채권(indexed bonds) 인플레이션이 조정된 지급을 약속한 채권

미국 경제회복 및 재투자법(American Recovery and Reinvestment Act, ARRA) 미국 행정부가 2009년에 도입한 재정팽창 프로그램

미국 의회예산처(Congressional Budget Office, CBO) 미국 의회에서 의회에 의한 예산 심의 과정을 보완하기 위해 정부 재정에 대한 미래 추정치를 계산해 발표하는 역할을 하는 기관

미국 재무부 단기채권(T-bill, Treasury bill) 만기가 1년 이하인 미국 정부 발행 채권

미국 재무부 장기채권(T-bond, Treasury

bond) 만기가 10년 이상인 미국 정부 발행 채권

미국 재무부 중기채권(T-note, Treasury note) 만기 1~10년의 미국 정부 발행 채권

미세조정(fine-tuning) 일정한 실업률이나 일정한 경제성장률 등 주어진 목표를 정확히 달성하는 것을 도모하는 거시경제정책

미시경제학(microeconomics) 특정 시장에서의 생산 규모와 가격 수준의 결정에 관한 연구

민간국내총투자(gross private domestic fixed investment) 국민계정에 있어 비주거투자와 주거투자의 합계

민간저축(private saving) 민간부문에 의한 저축. 소비자의 가처분소득에서 소비를 차감한 금액

바젤 II(Basel II), 바젤 III(Basel III) 은행부문에 대한 규제를 권고하는 국제협정

배당(dividend) 기업의 이윤 중 주주에게 자본 사용의 대가로 지급되는 금액

배당락가(ex-dividend price) 배당이 지급된 직후의 주가

범용기술(general-purpose techno-logy) 다수의 부문에 걸쳐 응용될 수 있는 기술

베이시스 포인트(basis points, bp) 100분의 1퍼센트 이자율이 100bp 상승하면 이자율은 1% 상승함

변동환율(flexible exchange rate) 중앙은행 간섭 없이 외환시장에서 결정되는 환율

변동환율제로의 전환(float) 환율이 중앙은행의 간섭 없이 외환시장에서 결정되도록 함

본원통화(monetary base) 중앙은행이 발행하는 통화(현금과 중앙은행에 예치된 지급준비금의 합)

복리의 힘(force of compounding) 지속적 성장이 변수의 수준에 미치는 큰 효과

부가가치(value added) 기업이 생산 과정에서 부가하는 가치이며 생산액에서 중간투입물의 가치를 차감한 가치

부과식 제도(pay-as-you-go social secur-ity system) 퇴직자에게 제공되는 사회보장 급부의 자금원이 당시 근로자의 납부액에 기초하는 퇴직연금제도

부도 위험(insolvency) 개인, 기업, 정부 등 채무자가 부채를 상환하지 못하는 경우

부실대출(underwater) 가치가 대응한 담보가치보다 높은 대출. 예를 들어 모기지는 그 가치가 주택가격을 초과하면 부실대출이 됨

부실자산구제 프로그램(Troubled Asset Relief Program, TARP) 미국 행정부에 의해 2008년 10월에 도입된 프로그램으로 독성자산을 구입하고 후에는 문제가 있는 은행 등의 금융기관에 자본을 공급

부채/GDP 비율(debt-to-GDP ratio) 국채의 GDP 대비 비율. 간단히 국채 비율이라고도 함

부채담보부증권(collateralized debt obli-gation, CDO) 자산의 포트폴리오에 기초해 발행된 증권

부채를 통한 자금조달(debt finance) 대출이나 채권 발행을 통한 자금조달

부채 비율(debt ratio) 부채/GDP 비율 참조

부채의 화폐화(debt monetization) 정부의 재정적자를 상쇄하기 위한 화폐의 발행

부채탕감(haircut) 부채의 명목가치 감액

북미자유무역협정(North American Free Trade Agreement, NAFTA) 북미 지역에서 자유무역 지대를 창출하려 이루어진 미국, 캐나다, 멕시코 3개국 간의 협정

불변 GDP(GDP in constant dollars) '실질 GDP' 참조

비경제활동인구(out of the labor force) (시장경제에서) 일하지 않고 직업을 찾고 있지 않는 근로 연령대의 사람들

비내구재(nondurable goods) 저장 가능하지만 평균 수명이 3년 미만인 재화

비인적자산(nonhuman wealth) 개인이 보유한 부 중에서 금융자산과 주택자산

비전통적 통화정책(unconventional mon-etary policy) 정책이자율이 0%보다 낮은

수준에 도달했을 때 경제활동을 자극하기 위한 통화정책 수단

비주거투자(nonresidential investment) 기업에 의한 신규 자본의 구매. 구축물과 생산에 내구적으로 사용할 수 있는 장비

빅셀 이자율(Wicksellian rate of inter-est) '중립적 이자율' 또는 '자연이자율' 참조

사회보장신탁기금(Social Security Trust Fund) 미국의 사회보장제도 운영 과정에서 과거의 흑자가 누적되어 축적된 기금

산출갭(output gap) 실제 산출과 잠재 산출의 차이

산출변동(output fluctuation) 추세 주변에서 산출의 변동. 통상 *경기변동*이라 불림

상관관계(correlation) 두 변수가 함께 움직이는 정도. 양의 상관관계는 두 변수가 동일한 방향으로 움직이는 상관관계를, 음의 상관관계는 두 변수가 반대방향으로 움직이는 상관관계를 나타내며 0의 상관관계는 두 변수 간에 명백한 상관관계가 없는 경우를 지칭

새로운 고전학파(new classicals) 경기변동이 완전히 신축적인 물가와 임금을 가진 경쟁적 시장에 주어지는 충격으로 발생한다고 해석하는 경제학자 집단

새로운 성장이론(new growth theory) 성장 이론 분야에서 기술진보의 결정 요인과 성장에 있어서의 규모에 대한 수확체증의 역할을 탐구하는 최근의 흐름

새로운 케인지언(new Keynesians) 경기변동에 있어 명목경직성의 중요성을 믿고 경기변동에 있어 시장 불완전성의 역할을 탐구하는 일련의 경제학자들로서 효용극대화, 이윤극대화, 명목경직성에 기초한 모형을 사용함

생계비(cost of living) 특정 소비품목 묶음의 평균가격

생산가능인구(non-institutional civilian population) 민간부문에서 고용될 수 있는 사람들의 수

생산자물가지수(producer price index, PPI) 기업 상호 간에 거래가 이루어지는 국내에서 생산된 모든 재화 및 일부 서비스에 대한 가격지수. 상품가 서비스의 2개 부문으

로 나뉘며 농림 수산품, 광산품, 공산품, 전력·수도·도시가스, 운수, 통신, 금융, 부동산, 리스·임대, 광고, 전문 서비스, 기타 서비스 등이 포함됨

생산함수(production function) 생산 과정에 사용된 생산요소의 투입량과 산출된 생산량 간의 관계

생활 수준(standard of living) 1인당 실질 GDP

서브프라임 모기지(subprime mortgage) 주택담보대출 차입자의 파산 위험이 높은 모기지

서비스(service) 저장할 수 없고 특정 장소와 구매 시점에서 소비되어야만 하는 상품

석유수출국기구(Organization of Petroleum Exporting Countries, OPEC) 오랫동안 석유 생산 카르텔로 활동해 온 산유국의 모임

선순위 증권(senior security) 지급불능이 발생할 경우 후순위 증권에 앞서 상환되는 증권

선의 위쪽, 선의 아래쪽(above the line, below the line) 국제수지표를 구성하는 각 항목을 양분하는 선을 긋고 선의 위쪽은 경상수지 항목을, 아래쪽은 자본수지 항목을 기재

선형관계(linear relation) 두 변수 간의 관계 중 한 변수의 변화가 다른 변수에 있어 항상 n단위만큼의 변화를 발생시키는 경우

섭리(divine coincidence) 인플레이션의 안정적 유지가 실제 산출이 잠재산출과 일치한다는 것을 알려주는 신호라는 주장

성장(growth) 총산출의 시간에 걸친 지속적 성장

세금 평탄화(tax smoothing) 조세율을 대체로 일정하게 유지함으로써 정부가 정부지출이 이례적으로 높을 경우 대규모 재정적자를 기록하고 그렇지 않은 경우 소규모의 재정흑자를 기록하는 원리

세뇨리지(seignorage) 화폐의 발행으로부터 얻는 수입

세율 등급 상승(bracket creep) 명목소득이 증가하지만 명목 과세구간이 고정되어 개인의 한계세율이 증가하는 현상

소득(income) 임금, 임대소득, 이자수입, 배당

소득정책(incomes policy) 임금이나 물가에 대해 가이드라인을 제시하거나 통제하는 정부의 정책

소모전(war of attrition) 분쟁 중인 두 당사자가 상대방이 결국 포기할 것이라는 기대하에 자신의 입장을 고수하는 상황

소비(consumption, *C*) 소비자가 구매한 재화와 용역

소비성향(propensity to consume) 가처분소득이 추가로 한 단위 증가할 때 소비에 미치는 영향

소비의 생애주기이론(life cycle theory of consumption) 모딜리아니(F. Modigliani)가 처음 제안한 소비이론으로 소비자의 계획 기간이 생애 전체임을 강조

소비의 임의 보행 가설(random walk of consumption) 소비자가 완전한 예측력을 가진 경우 소비의 움직임은 예측이 불가능해야 한다는 명제

소비의 한계성향(marginal propensity to consume) 가처분소득이 추가로 한 단위 증가했을 때 추가로 증가한 소비 규모

소비의 항상소득이론(permanent income theory of consumption) 프리드먼(Milton Friedman)이 제안한 소비이론으로 소비자는 현재 소득보다는 항상소득에 의존해 소비 의사결정을 한다고 주장

소비자물가지수(Consumer Price Index, CPI) 대표적인 도시 가구가 소비하는 일정한 재화와 용역을 소비하는 데 드는 비용을 지수화한 지표

소비자 신뢰지수(consumer confidence index) 현재와 미래의 경제 상황에 내한 소비자의 신뢰도를 측정한 지수

소비함수(consumption function) 소비와 그 결정 요인 간의 관계를 나타내는 함수

솔로 잔차(Solow residual) 산출 증가 중 노동과 자본의 성장에 의해 설명하고 남은 부분

수렴(convergence) 1인당 산출이 낮은 국가의 성장이 빨라지면서 1인당 산출이 국가별로 동일해지는 현상

수익률(yield) 채권의 가치에 대비한 이자 지급의 비율

수익률곡선(yield curve) 상이한 만기를 가진 채권들에 있어 수익률과 만기 간의 관계. *이자율의 기간별 구조*라고도 함

수익성(profitability) 이윤의 기대현재할인 가치

수입(import, *IM*) 국내 소비자, 기업, 정부에 의한 외국의 재화와 용역의 구입

수입압축(import compression) 내수 감소로 인한 수입 감소

수입의 한계성향(marginal propensity to import) 가처분소득이 추가로 한 단위 증가했을 때 추가로 증가한 수입 규모

수정된 필립스 곡선(modified Phillips curve) 실업률 변화에 대해 인플레이션 변화를 나타낸 곡선. *기대조정 필립스 곡선, 가속도론자의 필립스 곡선*이라고도 함

수출(export, *X*) 외국인에 의한 국내재화와 용역의 구입

숙련 편향적 기술진보(skill-biased technological progress) 새로운 기계나 새로운 생산 방법이 과거보다 더 많은 숙련 근로자를 필요로 한다는 명제

순수출(net export) 수출에서 수입을 차감한 값. *무역수지*라고도 함

순이자(net interest) 국민계정에서 기업이 지급한 이자에서 수령한 이자를 차감하고, 여기에 해외로부터 수령한 이자와 해외로 지급한 이자의 차이를 더한 값

순이전지출의 수취(net transfers received) 경상계정에서 외국으로부터의 원조 수입에서 외국에 대한 원조 지급액을 차감한 순가치

순자본유입(net capital flow) 국내로의 자본유입에서 해외로의 자본유출을 차감한 금액('금융계정 수지' 참조)

순자산(savings) 과거 저축의 누적된 값. *부(富)*라고도 함

순채무(net debt) 정부의 금융채무의 가치에서 정부가 보유한 금융자산의 가치를 차감한 가치

순투자소득(Net Investment payments, NI) 내국인이 국외에서 취득한 소득에서 외국인이 국내에서 취득한 소득을 차감한 소득

스태그플레이션(stagflation) 경제의 정체와 인플레이션이 함께 발생하는 상황

스프레드(spread) 위험 채권에 대한 이자율과 안전 채권에 대한 이자율 간의 차이

승수(multiplier) 외생변수의 변화에 따른 내생변수의 변화 비율. 예를 들어 독립적 지출의 증가에 대응하는 산출의 변화 비율

시뮬레이션(simulation) 외생변수의 변화가 모형 내의 내생변수들에 미치는 영향을 파악하기 위한 모형의 사용

(임금과 가격결정의) 시차[staggering (of wage and price decisions)] 직종별로 상이한 임금이 상이한 시점에 조정됨으로써 명목임금 인플레이션을 동시에 감소시킬 수 없는 상황

식별 문제(identification problem) 계량경제학에서 변수 X와 Y 간의 상관관계가 X에서 Y로의 또는 Y에서 X로의 인과관계를 시사하는지를 발견하는 문제. 이 문제는 도구변수라 불리는 외생변수를 찾아냄으로써 해결됨. 도구변수는 X에는 영향을 미치지만 Y에는 직접적으로 영향을 미치지 못하거나 Y에는 영향을 미치지만 X변수에는 직접적으로 영향을 미치지 못하는 변수임

신고전파 종합(neoclassical synthesis) 1950년대에 나타났던 거시경제학자들 간의 일치된 견해로 케인스의 아이디어와 케인스 이전 경제학자의 아이디어 통합에 기초

신뢰대역(confidence band) 한 변수가 다른 변수에 미친 동태적 파급효과를 추정하는 데 있어 실제의 동태적 효과가 놓여 있으리라고 확신할 수 있는 범위

신뢰성(credibility) 일반 국민과 시장이 정책 당국의 정책 발표가 실제로 집행되고 계속되리라고 믿는 정도

신용부도스왑(credit default swap, CDS) 특정 금융수단에 대한 채무불이행 위험에 대비해 구매자에게 보험을 제공하는 계약

신용완화(credit easing) 은행의 신용공급 증가를 목표로 하는 통화정책

신용채널(credit channel) 은행의 기업에 대한 대출에 영향을 미침으로써 통화정책이 작동하는 채널

실망실업자(discouraged worker) 취업 탐색을 포기한 사람

실물경기변동(real business cycle, RBC) 모형 국민경제의 산출은 항상 자연 수준에 머문다고 가정하는 경제 모형. 따라서 모든 산출 변동은 자연산출 수준에서의 이탈이라기보다는 자연산출 수준 그 자체의 변동이라고 주장

실업률(unemployment rate) 경제활동인구 중 실업 상태에 있는 사람들의 비율

실업보험(unemployment insurance) 국가가 실업자에게 지불하는 실업급여

실업자 수(unemployment) 일하지 않고 있지만 일자리를 구하고 있는 사람들의 수

실업지속기간(duration of unemployment) 근로자가 실업 상태를 지속하는 기간

실질 GDP(real GDP) 국민경제의 총산출 수준의 측정치. 특정 국가에서 생산된 산출량에 기준연도의 가격을 곱해 유도. *재화표시 GDP, 불변 GDP, 인플레이션 조정 GDP*로도 불림. 현재 미국의 실질 GDP는 2012년을 기준으로 산출되고 있으며 이에 따라 미국의 실질 GDP는 2012년 (연쇄) 달러표시 GDP라고 불림

실질이자율(real interest rate) 재화로 표시한 이자율. 현재 한 단위의 재화를 차입했을 때 미래에 얼마나 많은 재화를 상환해야 하는지를 말해줌

실질절상(real appreciation) 외국재화로 나타낸 국내재화의 상대가격 상승. 실질환율의 하락

실질절하(real depreciation) 외국재화로 표시한 국내재화 가격의 하락. 실질환율의 상승

실질환율(real exchange rate) 외국재화로 나타낸 국내재화의 상대가격

쌍둥이 적자(twin deficit) 1980년대 미국을 특징지었던 재정수지와 무역수지의 동시 적자

안전 투자처(safe haven) 금융투자자가 안전하다고 생각하는 국가

안정 및 성장을 위한 협약(Stability and Growth Pact, SGP) 유럽연합의 공공지출, 적자 및 부채를 관리하는 일련의 규칙

안정화 정책(stabilization program) 경제의 안정화를 도모하기 위한 정부의 정책. 통상 높은 인플레이션율을 억제하는 정책

액면가치(face value) 할인채에 있어 만기에 지급하기로 약속된 단일 지급액

양적완화(quantitative easing) 명목이자율 하한에서의 중앙은행에 의한 금융자산의 구매로 중앙은행 대차대조표의 증가를 낳음

연구개발(Research and Development, R&D) 새로운 아이디어나 제품의 발견이나 개발을 목표로 한 지출

연구 과정의 산출력(fertility of research) 연구개발에 대한 지출이 새로운 아이디어와 상품으로 전환되는 정도

연기(backloading) 정책이 현재가 아닌 미래에 집행될 경우 정책 지연이 발생했다고 함

연방기금금리(federal funds rate) 연방기금시장이 균형을 이룰 때의 이자율. 대개의 경우 중앙은행의 통화정책에 의해 직접적인 영향을 받음

연방기금시장(federal funds market) 은행 영업시간 종료 후 과도한 지급준비금을 보유한 은행이 그렇지 않은 은행에 자금을 대여하는 시장

연방예금보험(federal Deposit Insurance) 정부가 은행 예금자의 예금에 대해 제공하는 보험(각 예금자에 대해 계정당 250,000달러까지 보호)

연방준비은행(Federal Reserve Bank, Fed) 미국의 중앙은행

연쇄 실질 GDP(real GDP in chained dollars) '실질 GDP' 참조

연쇄 (2012년 기준) 실질 GDP[real GDP in chained (2012) dollars] '실질 GDP' 참조

연장협정(extension agreement) 노조와 기업 간의 협상 결과를 특정 산업부문의 모든 기업으로 확대하기로 한 협약

예측오차(forecast error) 어떤 변수의 실제 치와 예측치 간의 차이

오쿤의 계수(Okun coefficient) 경제성장률의 실업률 변화에 대한 파급효과

오쿤의 법칙(Okun's law) GDP 성장과 실업률 변화의 관계

오버슈팅(overshooting) 통화의 팽창과 위축에 의해 발생하는 환율의 급격한 변동

완전고용 재정적자(full-employment deficit) 경기변동요인이 조정된 재정적자

완전고정환율제(hard peg) 환율을 고정된 수준으로 유지하려는 중앙은행의 강한 의지가 있는 고정환율제도

완전적립식 제도(fully funded social security system) 현재 근로자의 사회보험료가 금융자산에 투자되고 그에 따른 원리금을 해당 근로자가 은퇴할 때 받는 사회보장제도

외국인 직접투자(foreign direct investment) 외국인 투자자에 의한 기존 기업의 매입이나 새로운 회사의 설립

외부금융(external finance) 외부자금을 통한 기업 자금조달(내부유보와 반대되는 개념)

외환(foreign exchange) 외국통화. 특정 국가의 국내통화 이외의 모든 통화

외환보유고(foreign-exchange reserves) 중앙은행이 보유하고 있는 외국자산

요구불예금(demand deposit) 예금자로 하여금 예치된 금액 내에서 언제든지 인출하거나 수표를 발행하는 것이 허용된 은행 계정

요소시장의 개방(openness in factor markets) 기업은 자유롭게 공장입지를 선정할 수 있고 근로자는 근로지역과 거주지를 자유로이 선택할 수 있는 기회

원래의 필립스 곡선(original Phillips curve) 인플레이션율과 실업률의 관계 (가속도론자의 필립스 곡선은 인플레이션율의

변화와 실업률 간의 관계를 파악함)

위험기피(risk aversion) 어떤 사람이 불확실한 금액보다는 그 기댓값과 동일한 규모의 확실한 금액을 더 선호하는 경우

위험중립적(risk neutral) 어떤 사람이 불확실한 금액과 그 기댓값과 동일한 규모의 확실한 금액 간에 아무런 차이를 느끼지 못하는 경우

위험 차익거래(risky arbitrage) '재정' 참조

위험프리미엄(risk premium) 일정한 채권에 대해 지급되는 이자율과 최우량등급의 채권에 지급되는 이자율 간의 차이

유동성(liquidity) 신속한 매각이 가능한 자산은 유동성이 있다고 함. 금융기관이 자산을 신속히 매각할 수 있다면 유동성 있는 기관

유동성 공급(liquidity provision) 중앙은행의 은행에 대한 유동성 제공

유동성 공급장치(liquidity facility) 중앙은행이 금융기관에 대출할 수 있는 구체적 방법

유동성 선호(liquidity preference) 케인스가 화폐에 대한 수요를 나타내기 위해 도입한 용어

유동성 함정(liquidity trap) 명목이자율이 0이 되어 통화정책이 더 이상 이자율을 감소시킬 수 없는 상황

유동자산(liquid asset) 큰 비용을 치르지 않고 용이하게 매각할 수 있는 자산

유량(flow) 소득, 소비와 같이 일정한 단위 시간을 지정하고 그 기간에서의 양으로 표현할 수 있는 변수

유로(euro) 2002년에 유럽 11개 국가의 통화를 대체한 새로운 유럽통화. 현재는 19개국이 사용함

유로 지역(Euro area) 유로를 공동통화로 공유하는 국가들의 모임

유보임금(reservation wage) 취업하거나 실업 상태로 있거나 무차별하게 생각하는 임금 수준

유연한 인플레이션 목표제(flexible inflation targeting) 시간이 지남에 따라 인플레이션을 목표인플레이션으로 되돌리려는 통화정책

유효노동(effective labor) 특정 국가의 근로자 수에 기술 수준을 곱한 것

유효수요(effective demand) 총수요의 동의어

유효실질환율(effective real exchange rate) '다국 간 환율' 참조

의무지출 프로그램(entitlement program) 법률이 규정한 요건을 충족하는 모든 사람에게 급부의 지급이 의무화된 지출항목

은행인출쇄도(bank runs) 은행 파산을 우려해 은행으로부터 돈을 인출하려는 예금주들의 집단적 행동

이력현상(hysteresis) 일시적 충격이 항구적인 파급효과를 낳는 경우. 예를 들어 경기침체는 경제활동 참가에 항구적인 파급효과를 낳음

이스털린의 역설(Easterlin paradox) 일국의 소득 증가가 행복 수준의 증가와는 관련이 없다는 주장

이용 가능한 관찰치(usable observation) 회귀분석에서 분석 중인 모든 변수의 값 중 회귀 목적상 이용 가능한 관찰치

이자율 규칙(interest rate rule) 산출과 인플레이션에 따라 이자율이 조정되는 통화정책 규칙

이자율의 기간별 구조(term structure of interest rate) '수익률곡선' 참조

이자율 평형조건(interest parity condition) '커버되지 않은 이자율 평형조건' 참조

이자 지급액(coupon payment) 이표채에 있어서 만기 이전에 지급하는 금액

이전지출(transfers to persons) 국가에 의한 실업, 은퇴, 건강 및 기타 급여의 지급

이직(quit) 더 나은 대안을 위해 직장을 그만두는 것

이표채(coupon bond) 만기와 만기 이전에 일정한 자금을 약속하는 채권

인과관계(causality) 어떤 현상과 다른 현상 간의 원인과 효과 관계

인구동향조사(Current Population Survey,

CPS) 미국에서 가계를 대상으로 매월 실시하는 조사. 실업률 등을 계산하는 데 사용됨

인적자본(human capital) 특정 국가에서 근로자들이 소유하고 있는 일련의 기능

인적자산(human wealth) 자산에 있어 노동소득에 해당하는 부분

인플레이션(inflation) 일반 물가수준의 지속적인 상승

인플레이션 목표제(inflation targeting) 주어진 인플레이션율을 달성하는 것을 목표로 하는 통화정책

인플레이션율(inflation rate) 물가 상승률

인플레이션 조정 GDP(GDP adjusted for inflation) '실질 GDP' 참조

인플레이션 조정 재정적자(inflation-adjusted deficit) 재정적자에 대한 적절한 경제학적 측정치. 기초 재정적자와 실질이자 지급액의 합계

인플레이션 지수 연계채권(Treasury Inflation Protected Securities, TIPS) 명목이자율이 아닌 실질이자율을 지급하는 미 정부의 채권

임금물가 상승작용(wage-price spiral) 임금 상승이 물가 상승을 낳고 이로 인해 임금이 또다시 상승해 임금과 물가가 서로에게 영향을 미치며 연쇄적으로 상승하는 메커니즘

임금설정 관계(wage-setting relation) 임금설정자에 의해 선택된 임금, 물가, 실업률 간의 관계

임의 보행(random walk) 변수의 변화 방향이 예측 불가능한 경로

입직(hire) 기업에 의한 근로자의 새로운 고용

자동안정장치(automatic stabilizer) 세율과 총산출 대비 정부지출 비율이 일정할 때 산출 감소로 인한 재정적자의 증가 현상. 재정적자의 증가는 총수요를 자극하며 결국 산출을 안정화시킴

자본계정(capital account) 타국과의 순자본이전을 기록한 국제수지의 계정

자본 비율(capital ratio) 은행의 총자산 대비 자본의 비율

자본에 대한 수확체감(decreasing returns to capital) 생산에 있어 자본이 증가함에 따라 추가적인 자본으로 인한 산출의 증가 규모가 점차 감소하는 경향

자본의 사용자 비용(user cost of capital) 1년 또는 일정 기간 자본을 사용하는 데 따른 비용. 실질이자율과 감가상각률의 합이며 *자본의 임대비용*이라고도 함

자본의 임대비용(rental cost of capital) '자본의 사용자 비용' 참조

자본의 황금률 수준(golden-rule level of capital) 정상상태의 소비가 극대화되는 자본 수준

자본축적(capital accumulation) 자본 저량의 증가

자본통제(capital control) 국내 거주자의 외국자산 보유나 외국인의 국내자산 보유에 대한 제약

자산(wealth) '금융 순자산' 참조

자연고용 수준(natural level of employment) 실업률이 자연률 수준과 일치할 때의 고용 수준

자연산출(natural level of output) 실업률이 자연율 수준과 일치할 때의 산출 수준. *잠재산출*이라고도 함

자연실업률(natural rate of unemployment) 가격 의사결정과 임금 의사결정이 서로 일관성이 있을 때 나타나는 실업률 수준

자연이자율(natural rate of interest) 총수요가 잠재산출과 일치하는 경우의 이자율 수준

자유도(degrees of freedom) 회귀분석에 있어 관측치 수에서 추정하고자 하는 모수의 수를 차감한 수

잔존기간[life (of a bond)] 채권의 이자 지급이 이루어지는 기간으로 원금 상환과 더불어 종료됨

잔차(residual) 변수의 실제값과 회귀선이 함축하는 값과의 차이. 잔차가 작을수록 적합

도가 높음을 나타냄

잠재산출(potential output) 실제 실업률이 자연실업률과 일치하는 산출 수준. *자연산출*이라고도 함

장기(long run) 수십 년에 걸친 기간

장기 이자율(long-term interest rate) 장기채에 대한 이자율

장비 및 소프트웨어 투자(equipment and software investment) 회사에 의한 기계와 소프트웨어의 구매

재고투자(inventory investment) 생산액과 매출액 간의 차이

재정(arbitrage) 두 가지 금융자산으로부터의 기대수익률은 동일해야 한다는 명제로 위험 차익거래의 줄인 말. 두 가지 금융자산에 대한 실제 수익률은 동일해야 한다는 명제는 무위험 차익거래라 함

재정건전화(fiscal austerity) 재정적자 감축을 목표로 한 공공지출의 감소 또는 세금 인상

재정긴축(fiscal contraction) 정부지출 감소나 증세를 통해 재정적자 감소를 도모하는 정책

재정승수(fiscal multiplier) 정부지출이 산출량에 미치는 영향의 크기

재정위축(fiscal consolidation) '재정긴축' 참조

재정적자(budget deficit) 정부지출이 정부세입을 상회하는 상황

재정정책(fiscal policy) 조세나 정부지출에 대한 정부의 정책

재정지배(fiscal dominance) 통화정책이 재정정책에 종속되는 상황. 예를 들어 중앙은행이 적자를 조달하기 위해 화폐를 발행하는 경우

재정팽창(fiscal expansion) 정부지출 증가나 감세로 재정적자 확대를 이루는 경우

재정흑자(budget surplus) '정부저축' 참조

재조정(realignment) 고정환율제도에서 중심 환율의 조정

재화로 평가한 GDP(GDP in terms of

goods) '실질 GDP' 참조

재화시장의 개방성(openness in goods market) 소비자나 기업이 국내재화와 외국재화 간의 선택을 자유롭게 할 수 있는 기회

재화시장의 균형(equilibrium in the goods market) 재화에 대한 공급이 그 수요와 일치하는 상태

재화에 대한 국내수요(domestic demand for goods) 소비, 투자, 정부지출의 합계

저량(stock) 재고나 지분에 대한 또 다른 용어

저량(stock) 부(富)와 같이 특정 시점에서의 수량으로 나타낼 수 있는 변수

저축(saving) 민간저축과 공공부문의 저축을 합계한 금액

저축률(saving rate) 소득 중 저축되는 비율

저축성향(propensity to save) 가처분소득이 추가로 한 단위 증가할 때 저축에 미치는 영향

저축의 역설(paradox of saving) 개인들의 저축 증가에도 불구하고 국민경제 전체의 산출이 감소하거나 국민저축이 일정한 상태가 지속되는 현상

저축의 한계성향(marginal propensity to save) 가처분소득이 추가로 한 단위 증가했을 때 추가로 증가한 저축 규모

적응적 기대(adaptive expectation) 과거의 실수를 반영해 기대를 형성하는 과거 회고적 기대 형성 방법

전달경로(propagation mechanism) 국민경제에 발생한 충격이 산출과 그 구성요소에 미치는 동태적 효과

전략적 상호작용(strategic interaction) 한 참여자의 행동이 다른 참여자의 행동에 이존하는 동시에 영향도 미치는 상황

전유가능성(appropriability) 기업이 자신의 연구개발 결과에서 얻게 되는 혜택의 정도

전통적 통화정책(conventional monetary policy) 경제활동에 영향을 미치는 주요 통화 정책 수단으로 정책이자율을 사용하는 경우

절상(appreciation) (명목) 외국통화에 대비한 국내통화 가치의 상승. 환율 하락에 해당

절편(intercept) 두 변수 간의 선형관계에서 한 변수가 0의 값을 가질 때 다른 변수의 값

절약의 역설(paradox of thrift) '저축의 역설' 참조

정부 구매(government purchase) 국민계정에서 정부에 의한 재화의 구입과 공무원에 대한 급여를 합계한 금액

정부예산제약(government budget constraint) 정부가 지켜야 하는 예산제약

정부 이전지출(government transfer) 반대급부 없이 정부가 개인에게 행한 지출. 사회보장지출이 대표적인 예

정부저축(public saving) 정부에 의한 저축으로 정부의 세수입에서 정부지출을 차감한 금액. 재정흑자라고도 함. [재정적자는 공공부문의 음(−)의 저축을 말함]

정부지출(government spending, G) 중앙정부와 지방정부가 구입한 재화와 용역

정상상태(steady state) 기술진보가 발생하지 않는 경제에서 1인당 산출과 자본 규모가 더 이상 변화하지 않는 상태. 기술진보가 발생하는 경제에서는 유효노동 한 단위당 산출과 자본 규모가 더 이상 변화하지 않는 상태를 말함

정책이자율(policy rate) 중앙은행이 설정한 이자율

정책 조합(policy mix) '통화−재정정책 조합' 참조

정치적 경기변동(political business cycle) 선거에서의 승리를 위해 경제를 조절함으로써 발생하는 경제활동의 변동

정크 본드(junk bond) 높은 채무불이행 위험을 가진 채권

정태적 기대(static expectation) 미래가 과거와 같을 것이라는 가정에서 형성되는 기대

종속변수(dependent variable) 그 값이 다른 변수들에 의해 결정되는 변수

주거용 투자(residential investment) 일반 국민의 신규 주택 구입

주식을 통한 자금조달(equity finance) 주식 발행에 기초한 자금조달

주식 프리미엄(equity premium) 투자자가 단기채권 대신 주식을 보유하기 위해 필요한 위험프리미엄

주택자산(housing wealth) 주택 저량 가치

중간재(intermediate good) 최종재의 생산에 사용된 재화

중기(medium run) 단기와 장기 사이의 시기

중립적 이자율(neutral rate of interest) '자연이자율' 참조

중심환율(central parity) 고정환율제도하에서 변동이 허용된 환율변동폭의 중심

중앙은행의 수용(Fed accommodation) 통화수요나 지출 변화에 대응해 일정한 이자율을 유지하기 위한 중앙은행의 통화공급 변화

중앙은행 통화(central bank money) 중앙은행에 의해 발행된 화폐. *본원통화* 또는 *고성능 화폐*라 부름

증권화(securitization) 주택담보대출 또는 기업어음과 같은 자산 포트폴리오에 기초한 증권의 발행

지급준비금(reserves) 예금 지급의 준비에 충당하기 위해 은행이 보유하는 중앙은행 통화. 예금자의 예금에서 대출이나 유가증권 투자를 하지 않은 잔여액

지급준비율(reserve ratio) 금융기관의 예금에 대한 지급준비금의 비율

지니계수(Gini coefficient) 불평등의 측정치. 0은 완전 평등, 1은 완전 불평등(모든 소득이 1명에게 귀속)인 상태에 대응함

지분(share) 기업이 미래에 있어 배당을 지속적으로 지급할 것을 약속하며 발행한 금융자산. 주식이라고도 함

지수(index number) GDP 디플레이터와 같이 자연스러운 수준이 없어 특정 기간에 대해 일정한 값(통상 1이나 100)과 같다고 정하는 수

지출상한(spending cap) 공공 지출에 대한 법적 한도

지하경제(underground economy) 국민경제 활동 중 불법성이나 세금회피로 인해 공식 통계 지표로는 측정되지 않는 부분

차입금리(borrowing rate) 개인이나 기업이 금융기관으로부터 차입할 수 있는 이자율

참여자(player) 게임의 참여자. 사용 맥락에 따라 개인이나 기업이 될 수 있으며 정부도 가능함

창조적 파괴(creative destruction) 성장이 직업의 창조와 소멸을 동시에 낳는다는 명제

채권(bond) 일정한 기간에 걸쳐 알려진 금액의 지급을 약속하는 금융자산

채권등급평가(bond rating) 채무를 이행하지 않을 위험에 기초한 채권의 평가

채권에 대한 위험프리미엄(risk premium on bonds) 채권의 채무불이행 위험을 반영해 채권이 지불해야 하는 추가 이자율

채권자 참여(private sector involvement) 부채조정 또는 부채구조조정에서 민간부문이 보유한 부채를 감액시키는 경우

채권평가기관(rating agency) 다양한 채무 증권과 채무발행기관의 신용가치를 평가하는 기업

채무 구조조정(debt restructuring) 원금 상환액 감소나 이자 지급 감소를 통한 부채 규모의 감소

채무불이행 위험(default risk) 채권에 대한 원리금 상환이 제대로 이행되지 못할 위험

채무 재조정(debt rescheduling) 통상적으로 현재의 상환액을 줄이기 위한 이자 지급이나 원금 상환액의 재조정

초인플레이션(hyperinflation) 매우 높은 수준의 인플레이션

총공급 관계(aggregate supply relation) 기업이 특정 산출 수준을 기꺼이 공급하려는 물가. 노동시장의 균형 조건으로부터 유도됨

총민간지출(aggregate private spending) 정부 이외의 경제 주체에 의한 지출의 합계

총부채(gross debt) 정부의 금융채무(순채무는 정부의 금융채무에서 금융자산을 차감한 값)

총산출(aggregate output) 국민경제에서 생산한 산출의 총량

총생산함수(aggregate production function) 요소투입량과 총산출 간의 관계

총수요관계(aggregate demand relation) 다른 요인이 일정할 때 각각의 물가 수준에 대응하는 산출에 대한 수요를 나타내는 관계. 재화시장과 금융시장의 균형으로부터 유도

총요소생산성(total factor productivity, TFP) 증가 기술진보율

총자산(total wealth) 인적자산과 비인적자산의 합계

총통화(broad money) 'M2' 참조

최적 통제(optimal control) 수리적 방법에 의한 시스템(기계, 로켓, 경제)의 통제

최적 통제이론(optimal control theory) 최적 통제를 위해 사용되는 수리적 방법론

최적통화지역(optimal currency area) 공동통화가 원활하게 작동하는 데 필요한 속성

최종재(final good) 생산 또는 투자에 직접 사용되는 재화(생산 과정에서 사용되는 중간재와 대비됨)

최종 대부자(lender of last resort) 지급불능에 빠지지 않은 은행이 스스로 자금을 조달할 수 없는 경우 최종 대부자로 활동하는 중앙은행에서 차입이 가능

충격(shock) 총수요와 총공급에 영향을 주는 요인의 움직임

취업자 수(employment) 고용된 사람의 수

커버되지 않은 이자율 평형조건(uncovered interest parity relation) 국내채권과 외국채권은 공통의 화폐로 나타낼 경우 동일한 기대수익을 가져야 한다는 재정관계

콥-더글러스 생산함수(Cobb-Douglas production function) 노동과 자본의 가중 기하 평균으로 산출이 결정되는 생산함수

쿼터(quota) 수입 가능한 재화의 수량에 대한 제약

크롤링 페그(crawling peg) 사전에 설정한 공식에 따라 환율이 변화하도록 허용하는 환

율제도. 통상 중심 환율의 좁은 범위 내에서 변동하도록 하되, 중심 환율을 수시로 그러나 아주 작은 폭으로 변경함

테일러 규칙(Taylor's rule) 인플레이션이 인플레이션 목표치로부터 이탈하거나 실업률이 자연실업률 수준에서 이탈할 경우 어떻게 중앙은행이 이자율을 조정하는지를 알려주는 준칙으로 경제학자 테일러(John Taylor)가 제안함

토빈의 q(Tobin's q) 기업이 보유한 자본설비를 대체하는 비용에 대비한 주식의 시장가치

통계적 오차(statistical discrepancy) 일치해야 할 두 숫자 간 차이. 두 숫자의 자료원이나 구축방법에 있어서의 차이에서 기인함

통상최소제곱(ordinary least squares) 2개 이상의 변수 간 관계를 가장 잘 설명하는 관계를 찾는 통계적 방법

통화(money) 재화를 구매하는 데 있어 직접 사용할 수 있는 금융자산

통화긴축(monetary contraction) 이자율의 상승을 낳는 통화정책의 변화. 통화위축이라고도 함

통화승수(money multiplier) 중앙은행 통화의 1단위 증가에 따라 생겨나는 통화공급의 증가 규모

통화위원회(currency board) 환율제도의 하나로서 (1) 중앙은행이 공식적으로 지정된 환율을 기준으로 언제든지 외환을 공급하거나 매입하며, (2) 중앙은행이 정부채권의 매매를 통해 공개시장조작을 할 수 없는 제도

통화위축(monetary tightening) '통화긴축' 참조

통화-재정정책 조합(monetary-fiscal policy mix) 일정 시점에 있어서 통화정책과 재정정책을 동시에 사용하는 정책

통화주의, 통화주의자(monetarism, monetarists) 1960년대에 통화정책이 경제활동에 대해 강력한 영향을 미친다고 주장한 프리드먼에 의해 주도된 일련의 경제학자 집단과 그 주장

통화증발을 통한 자금조달(money finance)

통화발행을 통해 재정적자에 필요한 자금을 조달하는 경우

통화지표(monetary aggregate) 유동자산의 시장가치 합계. M1은 가장 유동성이 높은 자산만을 포함한 통화집계치

통화팽창(monetary expansion) 이자율의 감소를 낳는 통화정책의 변화

퇴직(separation) 직장을 그만두거나 잃게 되는 것

투자(investment, I) 개인들에 의한 새로운 주택의 구입과 기업에 의한 새로운 자본재(기계와 구조물)의 구입

특허(patent) 일정 기간 동안 제품의 생산이나 새로운 제품이나 기술의 사용을 배타적으로 사용할 수 있는 법적 권리

패널자료(panel data set) 다수의 개인이나 기업에 대해 일정 기간에 걸쳐 수집된 데이터

패드(fad) 유행이나 과도한 낙관으로 투자자들이 주식에 대해 그 근본적 가치 이상으로 지급하려 하는 시기

팽창적 공개시장조작(expansionary open-market operation) 중앙은행이 통화공급을 증가시키기 위해 채권을 매입하는 공개시장조작

페그(peg) 고정환율제도하에서 한 나라가 그 수준에서 유지하기로 설정한 환율

평가절상(revaluation) 고정환율제도하에서 환율의 하락

평가절하(devaluation) 고정환율제도에서의 환율의 상승

포용적 성장(inclusive growth) 모든 사람이 성장의 혜택을 누리는 성장

표면 이자율(coupon rate) 이표채에 있어 채권의 명목가격 대비 이자 지급액의 비율

표준화된 완전고용적자(standardized employment deficit) 경기변동이 조정된 재정적자

피셔 가설(Fisher hypothesis) '피셔 효과' 참조

피셔 효과(Fisher effect) 장기에 있어 명목

통화 증가율의 증가는 명목이자율과 인플레이션율의 동일한 증가로 반영된다는 명제

피용자 보수(compensation of employee) 국민계정에서 노동을 제공한 대가로 가계에 분배한 급료와 임금

필립스 곡선(Phillips curve) 인플레이션과 실업의 관계를 나타내는 곡선

할인율(discount rate) (1) 미래에 발생하는 지급의 흐름을 할인하는 데 사용하는 이자율. 지급액이 명목금액이면 명목이자율, (2) 중앙은행이 시중은행에 자금을 대여할 때 적용하는 이자율

할인인자(discount factor) 미래 1원 또는 1단위 명목통화의 현재가치

할인채(discount bond) 만기일에 단 한 번의 상환만을 약속하는 채권

합리적 기대(rational expectation) 과거의 자료를 단순히 미래에 연장시키기보다는 이용 가능한 모든 정보를 바탕으로 이루어지는 합리적 예측에 기초한 기대의 형성

합리적인 투기적 버블(rational speculative bubble) 미래에 있어 자산가격이 추가로 상승하리라는 합리적 기대에 바탕을 둔 자산가격의 상승 현상

항등식(identity) 정의상 항상 성립하는 방정식으로 기호로 나타냄

해고(layoff) 일시적으로 또는 항구적으로 자신의 직업을 잃는 것

해외로부터의 요소소득수취(receipts of factor income from the rest of the world) 외국에 있는 내국인이나 그가 소유한 자본이 획득한 소득

해외로의 요소소득지급(payments of factor income to the rest of the world) 외국인 자본 소유자나 외국인 거주자가 획득하는 소득. 세입을 초과한 정부지출은 반드시 차입에 의해서 조달되어야 하고 이는 결국 국가채무의 증가로 귀결됨

행태방정식(behavioral equation) 경제주체의 일정 행태를 설명하는 방정식

헤도닉 가격책정(hedonic pricing) 재화가

다양한 서비스를 제공하며 각각의 서비스에 대해 암묵적 가격이 존재한다고 간주해 실질 GDP를 계산하는 접근 방식

현금(currency) 동전과 지폐

현금흐름(cash flow) 기업이 획득하고 있는 현금의 순흐름

현재가치(present value) '기대현재할인가치' 참조

현재할인가치(present discounted value) '기대현재할인가치' 참조

협상력(bargaining power) 협상이나 쟁의에 있어 대응하는 능력

협의통화(narrow money) 'M1' 참조

화폐의 중립성(neutrality of money) 명목통화의 증가는 산출이나 이자율에 아무런 영향을 못 미치고 오로지 물가 수준의 비례적 상승만을 낳는다는 명제

화폐 환상(money illusion) 사람들이 명목 변화와 실질 변화를 평가하는 데 있어 체계적인 실수를 한다는 명제

환율 변동대역(band for exchange rates) 고정환율제하에서 환율의 변동이 허용된 범위

회계연도(fiscal year) 12개월간의 회계기간. 미국의 경우 전년 10월 1일부터 금년 9월 30일까지의 기간

회귀(regression) 통상최소제곱의 결과물. 변수 간의 추정된 관계를 나타내는 방정식과 적합한 정도 그리고 각 변수의 상대적 중요성에 관한 정보를 제공함

회귀선(regression line) 통상최소제곱을 이용해 얻은 방정식에 대응해 가장 높은 적합도를 보이는 직선

회랑 시스템(corridor system) 중앙은행이 2개의 이자율을 설정하는 통화제도. 중앙은행이 은행들에게 대출하는 이자율을 설정하고 이보다 낮게 은행들이 중앙은행에 대출하는 이자율이 설정됨

회사채(corporate bond) 회사가 발행하는 채권

효율성 단위로 측정한 노동(labor in efficiency units) '유효노동' 참조

효율성 임금(efficiency wage) 근로자의 작업 수행이 가장 효율적이거나 생산적인 임금

효율성 임금이론(efficiency wage theory) 임금 인상은 근로자의 참여 증대와 생산성 향상을 가져올 수 있다는 주장

후순위 증권(junior security) 지급불능 시 선순위 증권의 상환 이후에 상환이 이루어지는 증권

1인당 산출(output per person) 한 나라의 GDP를 그 인구수로 나눈 값

AIG(American International Group) 미국의 보험 회사로 2000년대에 다양한 증권의 채무불이행 위험에 대항해 신용부도스왑(credit default swap)이라 불리는 보험계약을 대규모로 판매함

G20 세계 산출의 85%를 차지하는 20개 국가 그룹으로 글로벌 금융위기 시에 정기적으로 모임을 갖고 경제정책의 조정을 위한 포럼으로 역할

GDP 디플레이터(GDP deflator) 명목 GDP/실질 GDP. 특정 국가에서 생산된 최종재의 평균가격, 즉 전체 물가수준의 측정치

GDP 성장률(GDP growth) 특정 연도에 있어 실질 GDP 증가율. t년도의 경우 $(Y_t - Y_{t-1})/Y_{t-1}$로 계산

IS 곡선(IS curve) 산출과 이자율 간의 관계를 보여주는 우하향 곡선. 재화시장의 균형조건인 IS 관계에 대응하는 곡선

IS 관계(IS relation) 재화에 대한 수요와 재화의 공급이 일치할 것을 요구하는 균형조건. 또는 투자와 저축이 일치할 것을 요구하는 균형조건. 재화시장의 균형조건

J-곡선(J-curve) 실질환율의 절하로 인해 무역수지가 초기에는 감소하지만 시간이 지남에 따라 증가하는 현상을 나타내는 곡선

LM 곡선(LM curve) 이자율과 산출의 관계를 보여주는 우상향 곡선. 금융시장의 균형조건을 나타내는 LM 관계에 대응하는 곡선

LM 관계(LM relation) 화폐에 대한 수요가 화폐공급과 일치하는 균형조건. 금융시장에 대한 균형조건

LTV비율(loan-to-value ratio) 사람들이 매입하려는 주택이나 아파트의 가치 대비 차입 가능한 금액의 비율

M1(통화) 현금, 여행자수표, 요구불예금의 합으로 거래에 즉시 사용할 수 있는 자산

M2(총통화) M1에 MMF 및 저축성 예금을 더한 값. 광의의 통화(broad money)

M3(총유동성) 연준이 추계하는 통화지표

NAIRU(인플레이션이 가속되지 않는 실업률, nonaccelerating inflation rate of unemployment) 인플레이션율이 일정한 상태에서의 실업률. '자연실업률' 참조

n년 이자율(n-year interest rate) '만기 수익률' 참조

PAYGO 규칙(PAYGO rule) 신설되는 지출 항목은 새로운 수입원으로부터 조달해야 하는 예산 규칙

QE1, QE2, QE3 금융위기 당시의 미국의 비전통적 통화정책의 첫 번째, 두 번째, 세 번째 사례

$\bar{R}^2$ 회귀방정식의 적합도로 0과 1 사이의 값을 가짐. 0의 값을 갖는 경우 변수들 간에 뚜렷한 관계가 없다는 것이며 1인 경우 관계가 극단적으로 분명하다는 것을 말함

t-통계량(t-statistic) 회귀방정식의 추정계수와 관련해 실제 계수값이 0과 다를 것이라고 신뢰할 수 있는 정도를 나타내는 통계량

찾아보기

역자 소개

최희갑

서강대학교 경제학과를 졸업하고, 미국 컬럼비아대학교에서 경제학 석사 및 박사 학위를 받았다. 삼성금융연구소를 거쳐 2005년까지 삼성경제연구소에서 수석연구원으로 연구활동에 전념했으며, 현재는 아주대학교 사회과학부 경제학과 교수로 재직 중이다.

연구논문으로 '금융발전과 경제성장', '외환위기와 소득분배의 양극화', '불확실성과 기업의 투자활동', '인플레이션과 상대가격 변동성', '소비, 경기 변동과 소비자태도' 등이 있으며, 저서로는『한국경제론: 성취와 유산 그리고 도전』,『불확실성을 경영하라』,『상생의 경제학』(공저) 등이 있다.

이 책에서 사용된 기호

기호	정의	도입한 장
$()^d$	위첨자 d는 수요를 의미	
$()^e$	위첨자 e는 기대를 의미	
A	총민간지출	16
	또는 노동생산성/기술 수준	7, 12
α	실업의 인플레이션율에 대한 파급효과의 크기	8
B	정부채권	22
C	소비	3
CU	현금	4
c	현금으로 보유한 통화의 비율	4
c_0	가처분소득이 0과 같을 때의 소비	3
c_1	소비성향	3
D	요구불예금	4
d	주식에 대한 실질배당	14
D	주식에 대한 명목배당	14
δ	감가상각률	11
E	명목환율(국내통화로 표시한 외국통화의 가격)	17
$\overline{E}$	고정 명목환율	19
E^e	기대되는 미래의 환율	17
ε	실질환율	17
G	정부지출	3
g_A	기술진보율	12
g_K	자본 증가율	12
g_N	인구증가율	12
g, g_y	산출 증가율	8
H	고성능 화폐/본원통화/중앙은행 통화	4
	또는 인적자산	11
I	고정투자	3
IM	수입	3
i	명목이자율	4
i_1	1년 명목이자율	14
i_2	2년 명목이자율	14
i^*	외국의 명목이자율	17
K	자본량	10
L	노동력	2
M	통화량(명목)	4
M^d	통화수요(명목)	4

기호	정의	도입한 장
M^s	통화공급(명목)	4
m	임금 대비 가격의 마크업	7
N	고용	2
N_n	자연고용수준	9
NI	소득수지	17
NX	순수출	18
P	GDP 디플레이터/CPI/물가	2
P^*	외국 물가	17
π	인플레이션	2
Π	자본 한 단위당 이윤	15
Q	실질주가	14
Q	명목주가	14
R	지급준비금	4
r	실질이자율	6
S	민간저축	3
s	민간저축률	11
T	순조세(세금－이전지출)	3
T_r	정부 이전지출	22
θ	지급준비율	4
U	실업	2
u	실업률	2
u_n	자연실업률	7
v	실질지급 흐름의 현재가치	14
V	명목지급 흐름의 현재가치	14
W	명목임금	7
Y	실질 GDP/산출/생산	2
PY	명목 GDP	2
Y_D	가처분소득	3
Y_L	노동소득	15
Y_n	잠재산출	9
Y^*	외국산출	18
X	수출	3
Z	재화에 대한 수요	3
z	임금에 영향을 미치는 실업률 이외의 요인들	7
z	실질지급액	14
Z	명목지급액	14